The Legal Risk Review of the Belt and Road Countries

“一带一路”国家法律风险报告 上

国家开发银行　编著

法律出版社
LAW PRESS · CHINA

序　　言

“道之贵者时，其行势也。”“一带一路”建设是党中央、国务院根据全球经济形势变化和我国发展面临的新形势新任务，统筹国际国内两个大局，审时度势作出的重大战略决策。对于开创中国全方位对外开放新格局、推动国内经济结构调整和转型升级、促进世界和平发展都具有划时代的重大意义。

特别是在当前世界经济持续深度调整的背景下，“一带一路”建设与供给侧结构性改革内外呼应、正向联动，将为中国经济的持续健康发展奠定坚实基础。一方面，“一带一路”建设稳步推进，中方与沿线国家在基础设施互联互通、经贸、产业投资、金融、生态环保、人文交流等领域不断深化合作，积聚了全球经济增长的新动力，也为我国“去产能、去库存、去杠杆、降成本、补短板”提供了更大的腾挪和检验空间。另一方面，供给侧改革深入推进，新的发展动能不断激发，新的产业不断培育，中国企业不断向全球价值链的高端环节攀升，将持续提升中国企业的国际竞争力，从根本上增强“一带一路”建设的战略实施能力。

当前，“一带一路”建设正在由战略构想步入全面实施阶段。根据商务部“2015年与‘一带一路’相关国家经贸合作情况”的统计，“一带一路”沿线已成为2015年中国企业对外投资合作的热点区域。在对外直接投资方面，我国企业共对“一带一路”相关的49个国家进行了直接投资，投资额合计148.2亿美元，同比增长18.2%；在对外承包工程方面，我国企业在“一带一路”相关的60个国家新签对外承包工程项目合同3987份，新签合同额926.4亿美元，占同期我国对外承包工程新签合同额的44.1%，同比增长7.4%；完成营业额692.6亿美元，占同期总额的45%，同比增长7.6%。

作为国际合作和全球治理新模式的积极探索，“一带一路”建设将构筑全球经济贸易新的大循环，覆盖60多个国家、100多个城市，占全球60%的人口与1/3的GDP总量，成为继大西洋、太平洋之后的第三大经济发展空间，但同时无疑也是一项没有任何现成经验可资借鉴的全新系统工程。加之这一区域各国在发展水平、地缘政治、宗教信仰、文化风俗等方面的差异性、复杂性远远超出世界其他区域。因此，中国企业和金融机构参与“一带一路”投融资合作，寻求国际发展机会的同时，必须要充分考虑可能面临的各种风险。

尤其是，“一带一路”的政治和法制环境复杂多元，不同的国家针对外国直接投资的政策和法律不同，在国家安全、反垄断、环境保护、劳工、税务以及行业限制等方面都有完全迥异的规定，同时，相关政策与法律还经常因外部经济、政治环境的变化而不断调整。因此，法律风险是中国企业和金融机构参与“一带一路”建设首先要考虑的风险问题，直接关系着中国企业“走出去”的方方面面，贯穿中国企业海外发展的各个阶段。兵法云，“知己知彼，胜乃不殆；知天知地，胜乃无穷”。在服务和参与“一带一路”建设中，中国企业必须要充分研究并尊重当地的法律制度，正确处理好与当地政府、企业及社会组织的关系，顺应变化、切合需求，充分重视法律的重要性，牢固树立规则意识和依法合规经营理念，建立健全海外业务法律风险管理制度和管理体系，善于运用法治思维、法治方式解决“一带一路”建设乃至国际化经营中遇到的各种问题，努力塑造中国企业的良好形象。

多年来，国家开发银行在服务国家经济外交大局、保障我国能源资源安全、服务“一带一路”建设、支持中资企业“走出去”的过程中，做了大量的有益探索，积累了较为丰富的国际业务法律实务经验。在此基础上，我们整理形成了《“一带一路”国家法律风险报告》，对沿线64个国家法律制度和法律风险按国别做了逐个介绍，开展了多层次、多角度的深度分析，为投资者了解“一带一路”沿线各国投融资法律环境和法律风险提供最直观信息与法律指引。作为国内首部系统研究“一带一路”国别法律风险的著作，本《报告》实现了对沿线64个国家的全覆盖，在对各国政治、经济、外交等进行系统总结的基础上，对各国法律体系状况、司法制度、司法效率等做了全面介绍；重点突出投融资法律需求，针对中国企业和金融机构在“一带一路”沿线国家开展投融资合作最为关心的法律问题，如市场准入、担保制度、企业形态、外汇管制、税收规定、投资优惠以及特定行业的法律制度和特殊规定，作了专门论述；根据各国法律现状和整体法律环境，参考国际权威机构的相关数据，初步构建了国别法律风险评价标准，并结合国家开发银行国际业务一线实践经验，尝试提出了我们的评价结论。

“浩渺行无极，扬帆但信风。”“一带一路”战略开启了亚欧非合作的新航程，中国梦与世界梦交相辉映，沿线古老的文明迎来了共同复兴的曙光。希望本《报告》的出版，能为中国企业推进“一带一路”建设，合理识别与防控国别法律风险提供借鉴与参考，帮助中国企业和金融机构以更高的站位、更宽的视野、更远的眼光，坚持共商、共建、共享，遵循市场规律和国际通行规则，积极发挥“一带一路”建设的市场主体作用，为携手共建“一带一路”利益共同体、责任共同体和命运共同体不断做出新贡献！

2016.8.16

目　录

第三篇 南亚八国

第四篇 中东欧十九国

前　　言

一、"一带一路"战略的提出

"伊吾之右，波斯以东，商旅相继，职贡不绝。"自张骞"凿空西域"，开启东西文明交流新纪元以来，无数民族穿过文明边界，跨越地理极限，建立了一条横贯东西、连接欧亚的经济走廊。1877 年，德国地理学家李希霍芬为它赋予了一个充满诗意的名字"丝绸之路"。两千多年以来，古丝绸之路汇聚了最早的国际贸易，承载着不同文明之间跨越时空的经济和政治交往，各种商品、科技、宗教、文化、哲学也随着频繁交流和沟通，成就了一条辉耀千古的贸易之路、文明之路和信仰之路。

2013 年 9 月和 10 月，中国国家主席习近平出访中亚和东南亚国家期间，先后提出共建"丝绸之路经济带"和"21 世纪海上丝绸之路"（以下简称"一带一路"）的战略构想。"一带一路"战略，构建了一个从波罗的海到太平洋，从中亚到印度洋和波斯湾的交通运输经济大走廊，描绘出一幅东西贯穿欧亚大陆，南北与中巴经济走廊、孟中印缅经济走廊相连接的新蓝图。"一带一路"战略顺应了时代变化，满足了广大发展中国家建立更紧密经济联系的需求，引起国际社会的高度关注和强烈共鸣。目前，已经有 70 多个国家和国际组织表达了合作的意愿，有 30 多个国家同中国签署了共建"一带一路"合作协议。

今天，作为背靠亚欧大陆，面朝太平洋，西接西亚众国的经济发展大国，中国正经历着从内陆文明向海洋文明、从农耕文明向工业信息文明、从地域文明向全球性文明的转型，开放和发展是中国的主旋律。"一带一路"战略构想，是以习近平同志为总书记的党中央在中国由大到强的关键阶段作出的重大决策，是推进中国全方位开放新格局的内在要求，也是包容性全球化的必然趋势，标志着中国发展从参与全球化到塑造全球化的转变。

千百年来,“和平合作、开放包容、互学互鉴、互利共赢”的丝路精神薪火相传,推进了人类文明进步。今天,共建“一带一路”,打造开放、包容、均衡、普惠的区域经济合作框架,需要沿线国家的全方位推进务实合作,坚持以政策沟通、设施联通、贸易畅通、资金融通、民心相通为合作重点,打造政治互信、经济融合、文化包容的利益共同体、责任共同体和命运共同体。

“一带一路”沿线60多个国家,大部分是转型中国家和发展中国家,具有巨大的发展需求和融资需求。这将会吸引更多的中国企业、银行等市场主体“走出去”,投身“一带一路”经贸融资合作。金融合作是“一带一路”资金融通的本质要求,也是“一带一路”建设的重要支撑和关键抓手。随着“一带一路”进入全面务实阶段,金融支持就显得至关重要,甚至是项目推进过程中的决定性因素。“一带一路”国家主要分布在中亚、东南亚、南亚、中东欧和西亚北非地区,是与我国政治、经济、外交有着传统友好、互利互信的国家。这些国家由于法律体系、政治体制、民族宗教等因素,法律情况与风险有着较大差异。在这一过程中,如何发挥金融对“一带一路”的支撑作用并控制好风险,对金融机构而言是新的课题。

二、“一带一路”国家的法律版图

古老的丝绸之路跨越千年,作为中西交通的大动脉沟通了彼时因地理隔离显得神秘而遥远的东西方文明,使得贸易、经济、科技、文化、法律等多方面的交流第一次超越了地缘界限,成为不同民族、不同文化相互交流与合作的精神象征。

“无数铃声遥过碛,应驮白练到安西。”驼铃声声,背负的不仅是丝绸和手工制品、动植物、美术品等货物,更有造纸术、指南针以及儒、佛袄以及伊斯兰教等人类的智慧成果。法律制度也不例外,早在汉朝中国传统法律文化开始西传,据《后汉书》记载,萨车王庭幼时长居中国,回国即位后,“慕乐中国,亦复参其法典”。唐代开始在西域地区有效管辖,很多国家接受了唐代的婚姻、刑律和赋税制度。同时,唐代依托丝路贸易,建立了有效的对外贸易法律制度,在《唐六典》《唐律疏议》中都明确规定了胡汉商人通关、入关的程序以及商品勘验和管理手续,有效解决了双边贸易大增出现的混乱无序和人身财产安全风险。

“一带一路”沿线国家几乎贯穿了整个亚欧大陆,这里孕育了辉煌的古代文明。政治、经济、宗教、历史文化等方面的差异,产生了印度法系、中华法系、伊斯兰法系等不同法系,不同法系在此交汇融合,此消彼长。随着近现代西方的崛起、殖民运动和各国的现代化改革,“一带一路”国家的法律制度增添了更多西方的色彩。目前,“一带一路”沿线国家主要分属英美法系和大陆法系,宗教对“一带一路”国家法律体系的影响也非常明显,一些中东国家仍然沿袭了伊斯兰法系。

“一带一路”沿线国家绝大多数属于大陆法系。大陆法系又称民法法系，起源于古代罗马法，在罗马法的基础上，吸收了日耳曼法、教会法等有关法律，逐渐发展而成。由于大陆法系遵循严格的成文法体例，在形式上具有体系化、概念化的特点，便于模仿和移植，成为大多数国家仿效的对象。“一带一路”国家中，英美法系的范围主要是曾经属于英国殖民地的国家和地区，如印度、新加坡、马来西亚、巴基斯坦、孟加拉、缅甸以及中国香港等。英美法系源于中世纪的英国法，以判例为主要渊源。

一些国家法律体系带有鲜明宗教色彩。“一带一路”沿线是伊斯兰教的主要活动区域，以伊斯兰教作为国教的国家有 22 个，穆斯林人口约占全球伊斯兰总人口的 70%，一些国家的法律带有伊斯兰宗教属性。目前“一带一路”沿线国家中有 14 个属于伊斯兰法系，主要是中东国家，如沙特、也门、约旦、伊朗、卡塔尔、阿联酋、叙利亚等。伊斯兰法系，又称阿拉伯法系，它以《古兰经》《圣训》为主要立法渊源和依据，内容涵盖了穆斯林宗教、社会、家庭等各方面的法律规范。由于传统的伊斯兰法理论不承认公法私法之分，也不存在宪法、刑法、民商法等部门法，因此目前不存在纯粹的伊斯兰法系国家。大多数国家在人身和婚姻家庭领域施行伊斯兰法，在民商法领域采用西方法律制度，存在法律的“双轨制”，同时规定民商事法律不得违反伊斯兰法的原则。

“一带一路”国家法系受历史、文化、宗教和地缘等因素影响呈现驳杂多样的特点。大致来看，中亚、东欧国家大多属于大陆法系国家，而南亚、东南亚则多为英美法系国家，西亚国家多存在伊斯兰法系。然而，同一法系内部存在较大差异，如俄罗斯和一些中东欧国家虽属大陆法系，但由于历史原因，其法律转型期色彩明显，且在宪法、破产法、银行法等方面受到英美法系影响；阿联酋等国就有宗教法庭与现代法庭并存，而科威特、沙特阿拉伯等国就更多地受到宗教影响，法律也带有鲜明的伊斯兰教色彩。此外，有些国家两大法系融合程度较高，具有混合法系色彩，如菲律宾先后受西班牙和美国的殖民统治，虽然其法律渊源主要为制定法，属于大陆法系，但在公司法、破产法、担保法、保险法、银行法等商法领域受英美法系影响更大。

基于上述特点，“一带一路”建设的推进面临较为复杂的法律环境。自改革开放以来，中国深度融入世界市场和经济全球化，与“一带一路”各国经济往来关系密切，较早就建立了法律合作纽带。据商务部统计，在“一带一路”领域，中国已与 56 个国家签署了《双边投资保护协定》，与 51 个国家签署了《避免双重征税协定》，与俄罗斯、哈萨克斯坦、蒙古、泰国、越南、新加坡等 20 个国家签署了《司法互助协定》，为推动“一带一路”建设奠定了良好的法律基础。然而，由于各国法律体系、司法环境、社会制度、宗教信仰、文化背景差异较大，导致出现法律争端时各国的处理方式不同，法律的适用性被削弱，从而带来一系列法律风险；同时，在政策协调、金融投资、基础设施建设及人员流动方面，中国尚缺乏与沿线各国深入全面的条约和协定，在构建“五通三同”的包容发展平台时还需重视法治建设，防范法律风险。

三、"一带一路"设施联通、贸易畅通与资金融通的法律聚焦

（一）设施联通

设施联通是"一带一路"建设的优先领域，在"一带一路"建设和发展中发挥着先导性作用。设施联通本质是打通各国基础设施之间的障碍和瓶颈，疏通基础设施的理路和脉络，建立便利化和通畅化的"基础设施高速公路"。设施联通，应抓住交通基础设施的关键通道、关键节点和重点工程，加强能源基础设施互联互通，共同推进跨境光缆等干线网络建设，逐步形成连接亚洲各次域的以及亚欧非之间的基础设施网络。

"一带一路"国家绝大多数为发展中经济体，基础设施薄弱，交通运输、电力、通信等是许多国家发展的重点领域。新建或改善公路、铁路、机场、港口、供水、电力等基础设施成为这些国家振兴经济的优先发展方向，孕育着巨大的投资需求，将吸引越来越多的中国企业到沿线国家投资。根据普华永道的预测，至 2020 年全球基础设施交通建设领域达到 3.2 万亿英镑，亚太地区基础设施市场将在未来十年实现年均 7% –8% 的增长，并在 2025 年接近 5.3 万亿美元。

同时，我们也应看到，"一带一路"国家多为新兴经济体，基础设施等领域的法律法规、税收等规定与国内相关规定有很大不同，其本身的法律体系也差异较大，甚至在某些方面仍处于空白或缺失状态。"一带一路"沿线国家风险系数整体较高，基础设施合作领域面临着较大风险和挑战。据中信保《"一带一路"沿线国家风险分析报告 2015》统计，"一带一路"60 多个国家中，一般风险以上的国家有 59 个，风险水平较高的国家有 16 个，包括阿富汗、叙利亚等高风险国家。为此，中国企业要做好多方面准备和法律应对工作。

关注东道国政府有关投资的限制，防范市场准入法律风险。为了提升投资吸引力，"一带一路"国家普遍都在努力完善各自立法上的不足。根据 2015 年营商环境报告，"一带一路"国家 2013 ~2014 期间出台了 96 项法律政策改善其法律投资环境，法律环境整体向好。但是，有关基础设施的投资限制需引起重视。例如，俄罗斯、哈萨克斯坦、乌兹别克斯坦的矿产、能源领域，越南自然资源的考察、寻找、勘探、开采，以色列的发电及其基础设施领域等均有条件地吸引外资。哈萨克斯坦《建筑法》规定，外国投资者在建筑合资企业中的持股比重不得超过 49%。乌兹别克斯坦采用许可证方式设置矿业权，油气资源许可证需要乌国的地质和矿产资源委员会联合国家石油天然气股份公司向乌内阁提交议案，内阁通过议案后采用公开招标这一途径发放许可证。印度尼西亚的港口、海运、航空领域，印度的航空业，乌兹别克斯坦的航空、铁路领域等均有一定的保护措施。针对东道国的投资限制和强制性法律要求，需要企业做好尽职调

查，提前预判和防范相关法律风险。

准确把握项目运作模式的法律风险，制定有效的风险管控措施。交通、电力、资源开发等基础设施类项目，具有资金密集、技术密集的行业特征，建设和回报周期长，操作模式上多采用 PPP、BOT 方式，参与主体多，项目结构、合同体系、信用安排等都十分复杂，对东道国的法律基础环境要求较高。许多国家的 PPP/BOT 立法不完善或空白，项目的法律风险较高，而且融资、建设和完工、运营、市场等风险也往往高于其他项目。尤其是项目收益主要依赖收费模式和财政补贴，政府违约风险问题较为突出。例如，根据缅甸新《外国投资法》，只有酒店或房地产能够采用 BOT 模式，其他项目领域则需要特别批准。法律体系不同可能导致合同条款难以执行，比如在沙特阿拉伯、伊朗等政教合一的国家，合同条款很可能因违反古兰经教义而无法执行。吉尔吉斯斯坦法律就规定，政府有权随时终止或中止通过特许经营协议授予的地下资源使用权，这将严重影响项目的稳定性，明显不利于项目的顺利推动。实践中，因此而发生争议和遭受损失以及无法收回投资的案例并不鲜见。企业或投资者应设置科学的退出机制、价格机制（电价和收费等）、争议解决机制、风险评估与分担机制、利益共享机制，构建良好的项目风险管控体系。

关注“一带一路”国家土地法律制度的差异，防范基础设施项目土地使用风险。在基础设施项目建设中，土地的使用和开发是最需要考量的问题之一。从“一带一路”沿线各国目前的情况来看，许多市场开放程度较高的国家，如俄罗斯、罗马尼亚等国允许外国投资者直接购买本国土地。而一些国家则禁止外国投资者获得土地所有权，如印度尼西亚就规定，外国人和外国公司均不能拥有印尼土地，但可以享受不动产的建筑权、使用权和开发权。另有国家对土地所有权的问题有更严苛的规定，如在老挝，外国投资者只能通过特许或租赁的方式取得对其使用权。然而，大多数“一带一路”国家都允许外国投资者租赁和使用其土地，不同国家对租赁的条件、期间、用途等都有着不同的规定，是最常见的一种土地权益获取方式。在“一带一路”国家中对土地的使用时还需注意各国对土地利用的限制，不论通过何种方式取得土地，在土地开发和管理方面会受到当地法律规定的限制，不遵守相关要求将直接影响项目运行，如在马来西亚，违反相关使用规定，当地政府将无条件收回土地。因此我国企业赴“一带一路”国家开展交通项目时，应当首先了解项目所在国的土地政策，评估土地取得方式和使用要求对项目结构的影响，可通过融资结构安排予以规避。

重视环境保护的法律要求，共建绿色丝绸之路。基建能源项目大部分为环境高危行业，一旦发生污染事件将对环境造成巨大危害。为此，“一带一路”许多国家制定专门立法，明确了环境保护强制性要求。《哈萨克斯坦共和国石油法》中规定了石油作业过程中防止环境破坏的危险情况，同时要求“在没有国家矿产利用和保护机关同意的情况下禁止火炬燃烧和用其它方法燃烧伴生气和(或)天然气,在任何情况下只要这种燃烧危及人的生命和健康或破坏环境时,国家矿产利用和保护机关有权拒绝发放燃烧伴生气或天然气许可证”。《乌兹别克斯坦共和国地下资源法》规定地方政府有权中止对环境造成威胁的矿产开发活动。此外如土库曼斯坦,在《石油法》《油气资源法》等中也都专门规定了环境保护条款。在有的项目中,国际上一些非政府组织质疑中国企业采用的项目评价标准和施工标准不符合国际标准,以及评价机构缺乏独立性。在此形势下,中国企业在项目规划时应做好环境尽职调查,在熟悉当地环境法律的基础上,做好环境独立监测和评估,建立环境持续监测机制,在相关协议中对环境指标作出具体要求。有关金融机构应主动作为,加入“赤道原则”等国际现行标准,绿色金融要素融入到“一带一路”的投融资中去,通过绿色信贷、绿色投资的引导注重对生态环境的保护以及环境污染的治理,通过对社会经济资源的引导,促进推动“一带一路”各国的可持续发展。

关注政治风险导致的法律风险,全方位实施风险管控。“一带一路”地区地缘政治关系错综复杂,是政治博弈的敏感区域,部分国家政局不稳,民族、宗教矛盾由来已久,政治风险较高。政治风险突出表现为一国政治不稳定、政府更迭或战争、汇兑限制、征收、国有化等重大事件,往往导致法律政策变动、协议终止等重大法律风险。例如,乌克兰政府经常通过国有化政敌资产的方式进行政治打击;埃及政权更迭导致对前政府石油合同承认的不确定性;印度尼西亚终止67项双边投资协议导致投资保护水平下降;缅甸因政府更迭及内部政治斗争需要叫停密松水电站项目。这些事件都反映出政治要素对投资者利益和项目法律安排的重大影响。据中国与全球化智库(CCG)发布的《中国企业国际化报告(2014)蓝皮书》显示,在2005~2014年发生的120起“走出去”失败案例中,有25%是因为政治原因所致。企业“走出去”,政治风险难以根本避免,但事前应加强评估,并制定有效的管控措施。中国企业有必要参考世界银行、经济学人智库、中信保等专业机构的国别评估报告,开展国别风险评估,充分利用包括政治风险保险等各种法律保护手段,加强对政治风险的缓释。政府也应加强与各国的政策沟通与战略协调,强化区域反恐合作机制以及相关制度建设,为企业“走出去”提供坚强的国家后盾。

(二)贸易融通

贸易畅通是“一带一路”建设的重点内容。贸易融通着力解决投资贸易便利化问题,消除投资和贸易壁垒,构建区域内和各国良好的营商环境,积极同沿线国家和地区共同商建自由贸易区,激发释放合作潜力,做大做好合作“蛋糕”。

自“一带一路”倡议提出以来,我国积极提升与沿线各国的经贸合作水平,大力拓展产业投资,推进能源、资源、产能等多领域务实合作和重大项目实施,贸易畅通取得了重大进展。在贸易投资和对外经济合作方面,2015 年中国与“一带一路”沿线国家进出口贸易总额就达到了 9950 亿美元,同比增长 25%。

应当看到,“一带一路”沿线多数国家市场化程度不高,法律制度不健全,对贸易、投资保护不足。繁琐的贸易程序,复杂的贸易制度,各种贸易壁垒等已成为制约“一带一路”沿线国家经济发展的瓶颈。企业乃至银行经营缺乏规范的行业准则,违反国际惯例与商业欺诈的现象时有发生。国际大宗商品价格的下跌和国际贸易的萎缩对部分资源出口型国家经济的影响尤其严重。部分国家的经济状况受资源价格、国际资本等外部冲击影响较大,汇率波动剧烈,国内金融市场不确定性增加,需要关注由此带来的贸易投资风险。

中资企业海外投资时常因知识产权、技术许可使用等问题影响到海外市场和资产安全。这些知识产权问题突出表现为:企业对自身拥有品牌的保护力度和意识不够,海外相关商标、专利诉讼不时发生。据统计,国内知名商标被抢注案件每年超过 100 起,每年约 10 亿无形资产流失。目前,我国企业对知识产权的重视程度还不够,大部分中国企业在国际上申请专利的数量仍屈指可数。高铁、核能等高端装备“走出去”,需要加强对专利权、商标权的申请和保护,推进“中国制造到中国创造、中国智造”建设,扶植和推进“中国优良产品形象建设”。同时,加大我国海外知识产权维权援助力度,为中国企业和产品“走出去”保驾护航;加强国际知识产权交流与合作,积极参与知识产权国际规则制定,推动知识产权国际规则朝着互惠包容的方向发展。

技术标准和规范的联通,在某种程度上比物理层面的联通更为重要。目前,“一带一路”国家之间在高铁、电力等行业上存在较大的技术标准差异,影响了国与国之间的互联互通。以铁路为例,中国使用的是 1435 毫米的标准轨距,俄罗斯、蒙古国使用的是 1520 毫米的宽轨,而东南亚国家铁路的轨距却为 1000 毫米的窄轨。在此情况下,尽管铁路线路可以联结起来,但仍然难以实现火车的直通,影响到投资、贸易和物流的畅通。“一带一路”战略提出要加强标准计量的合作、技术标准体系的对接,中国企业应充分利用“一带一路”战略下的合作和交流机制,创新技术标准,参与区域化标准的制定与合作,以及协助有关国家制定和完善标准体系,推广“中国智造”。我国政府也应积极实施技术标准战略,支持标准化服务业,健全和落实相关政策机制,助推标准联通。

(三)资金融通

资金融通是落实“一带一路”战略、实现互联互通的重要支撑。目前,中国与“一带一路”国家在融资服务、金融机构合作等方面取得了显著进展。尤其是近年来,随着亚洲基础设施投资银行、金砖国家开发银行、上海合作组织银行联合体、丝路基金等机构的成立,金融机构合作全面提速,将有效促进“一带一路”沿线国家投融资环境的改善。在跨境人民币结算方面,2015 年来,中国与沿线国家经常项目下跨境人民币结算金额已超过 2.63 万亿元,签署双边本币互换协议的沿线国家达 15 个。在融资服务方面,开发性金融和商业性金融发挥各自优势,加大对重大基础设施项目的融资支持力度。据银监会数据,截至 2015 年 6 月,共有 11 家中资商业银行在"一带一路"沿线国家设立了 55 家一级分支机构,业务覆盖沿线所有国家。国家开发银行多年来与"一带一路"沿线国家和地区建立了良好的合作基础,在基础设施、能源资源、产业发展、金融合作等方面取得了积极成效。截至 2015 年 6 月,国家开发银行已为"一带一路"沿线国家 400 多个项目提供融资支持,承诺贷款达 1567 亿美元。

然而,由于沿线国家经济发展水平不一、金融基础设施差异较大、金融生态环境和监管体制不同,中国与"一带一路"国家金融合作处于初级阶段,对于金融机构而言既是机遇也是挑战。为有效推进资金融通,金融机构必须事先对东道国的金融体系和营商环境有一个准确地把握,特别是在市场准入、担保、土地使用、外汇管制等金融机构关心的重要领域,一定要做到心中有数,才能保证融资顺畅、项目成功。

1. 关注银行准入门槛,合理选择机构布局和运营方式

从世界范围来看,银行业属于特许经营行业,各国对外资银行的准入均持审慎而严格的态度,并以国内法的形式确立了准入条件。"一带一路"沿线国家金融开放程度整体较低,对于外资银行设立了种种准入门槛,主要包括:其一,最低资本金或总资产要求。由于银行在国民经济中的特殊地位和其独特的负债经营方式,各国为了维护本国金融系统稳定和公共利益,均设定了一定的资本金或总资产标准。如新加坡法定的资本金要求为 300 万或 600 万新元,但只允许世界排名前 300 位的跨国银行经营;菲律宾也有类似要求,它要求拟设外国银行的总资产额必须排名世界前 150 位。其二,限制外资参与的股权比例。对于合资设立的金融机构,一些国家设立了外资持股比例要求,如马来西亚规定外资所持本地银行股份不能超过 49%。对于外资银行而言,股比限制意味着其只能作为一个被动的决策接受者和财务投资者,不能参与银行管理决策。其三,满足双重许可与母国监管要求,即要求外资银行的准入需同时获得东道国和其母国监管部门的批准。如新加坡就曾以没有一个确定的央行担任总管责任为由多次拒绝国际商业信用银行(Bank of Credit and Commercial)的准入申请。其四,合格的银行管理层,很多"一带一路"国家为了维护金融安全和本国劳工利益,对于银行管理层组成有明确要求。如哈萨克斯坦规定,外资银行总经理成员中至少要有一名哈萨克公民;孟加拉规定在孟设立分行的高管人员中,至少有一人必须是孟加拉人,普通员工应以本地雇员为主;马来西亚规定外国银行在马来西亚设立的代表处只能有 2 名外国人。

对于境外银行直接向境内客户提供融资等服务,除了新加坡等少数金融开放国

家，各国都持严格态度，要求银行必须在当地登记注册，甚至履行审批手续，才能从事银行业务。一些不具备机构设立条件，或者暂时不想设立机构但需要开拓境外客户的国内银行，可以采用一些"曲线救国"的办法，通过减少与东道国联系、避免主动营销等方式探索一些融资途径。

2. 精研各国担保制度，审慎设计项目信用结构

担保是金融机构保证资金安全的重要手段，能否获得有效的担保在很大程度上决定了金融机构的资金支持力度和资金安全程度。不同"一带一路"国家的担保类型设置千差万别，但总体来看，保证、抵押、质押、留置等是最主要的法定担保方式。有些国家并没有就担保进行任何形式的立法，或没有就担保问题进行单独立法，而是通过合同法、政府法令、外商投资法等各类其他法律进行非系统性规范。

外国主体持有担保权益受东道国诸多限制。为保护本国的特定资产、土地、重要资源（比如矿产资源）甚至国家安全，很多"一带一路"国家都会对外国主体持有本国的担保权益范围进行限制。如泰国法律规定境外银行不得取得重要矿产资源的担保权益，缅甸法律禁止在不动产上为外国人设置担保，孟加拉的公司担保外国公司的债务需要获得孟加拉中央银行的批准。

主权担保审批程序复杂。很多"一带一路"国家的大型基础设施或工业建设项目（比如水电站、公路、高铁、油田）的发起人、借款人或控制人往往就是东道国的政府。由于东道国急需完成这类项目来促进本国的经济发展，它们就会选择以主权担保作为信用结构来向境外的金融机构借款。鉴于主权担保涉及当事国利益甚巨，往往需要履行复杂的审批手续，很多国家规定主权担保须经议会或是财政部的批准，而且对于贷款人来说，主权担保的执行也面临着不小的挑战，需要谨慎应对。

3. 加强对国家豁免的预判，防范政府履约风险

国家豁免是指一个国家的行为和财产不受另一个国家立法、司法和行政等方面的管辖。目前，国际上主要有绝对豁免和限制豁免原则两种主要理论派别。由于国家豁免基于国家主权产生，其取向不仅是一个法律问题，也涉及政治考量、价值判断和政策取舍等诸多方面。随着经济的发展，国家间直接或间接参与商业贸易活动的情况越来越频繁，为保护本国国民在诉讼中的利益，对外国具有商业性质的行为不给予豁免权的限制豁免原则是历史的必然。现今大多数发达国家，如英、美、澳大利亚、大部分欧盟国家等均实行限制豁免原则，《联合国国家及财产管辖豁免公约》也采取有限豁免立场。

"一带一路"沿线国家对于国家豁免态度不一，但总体较为审慎。其中，哈萨克斯坦、土库曼斯坦、老挝、泰国、印尼、孟加拉、捷克、匈牙利、保加利亚、乌克兰、白俄罗斯等国采取绝对豁免主义。马来西亚、柬埔寨、新加坡、印度、斯里兰卡、巴林、埃及等国

实行限制豁免主义，一般而言将政府及其所有财产与政府所有的公司、企业和组织等商业机构的商业活动进行区分，如印度规定前者享有国家豁免，后者豁免自动失效。但是，这种有限放弃在司法实践中存在不确定性，各国关于国家豁免的主体、范围及何种情况下不能援引国家豁免等的立法和司法实践各不相同，法官在解释外国国家豁免的适用范围时有较大的自由裁量权。

对于银行而言，在涉及国有企业或政府方的业务中，应对客户是否享有国家豁免加强预判，并在合同中明确约定放弃国家豁免条款。同时，谨慎选择诉讼管辖地或者执行地，优选选择国际商事仲裁，避免东道国的司法不确定性。

4. 遵守外汇管理制度，防范法律合规风险

外汇管制是指一国为防止资本逃避或流入，改善本国的国际收支，维护本国货币汇率稳定，对外汇买卖和国际结算采取的限制性措施，它直接关系到投资收益能否及时足额回收，项目资金能否按需兑换，贷款资金汇路是否顺畅等重要问题。目前而言，“一带一路”国家总体外汇管制水平整体趋向宽松，外币兑换趋于自由化，监管方式以申报制为主。大多数国家外汇活动限制较少，诸如孟加拉等国家为了鼓励出口亦采取了更为利好的外汇政策，包括调整出口商年外汇留存率等等。不少原先对外汇实施严格管控的国家也为了吸引投资、开展建设而逐渐地放宽了政策。

就区域来说，中东欧国家外汇兑换较为自由，汇入汇出限制较少，以申报制为主，无特别条件限制，也很少设置相关的税收制度。相较而言，东南亚国家大多外汇管制较为严格，外汇兑换和汇入汇出都需要经过额外审批或者登记。以缅甸为例，未经外汇管理负责人许可，任何人不得买卖、借贷、兑换外汇，除特别批准保留外汇的情况下，非贸易外汇收入必须上交。中亚五国的外汇管制水平则处于中间位置，除了乌兹别克斯坦实施严格的强制结汇制度以外，均允许有条件地进行外汇兑换。

四、“一带一路”国家法律风险报告

《“一带一路”国家法律风险报告》是国家开发银行多年来服务国家经济外交、能源资源战略和中资企业“走出去”的实践经验和做法的研究成果。

本书按照“一带一路”的区域分布，对沿线 64 个国家的法律制度和法律风险按国别作了逐个介绍。每个国家的介绍包括五个部分内容：一是国情简介。本部分从政治、经济、外交三个角度对“一带一路”沿线各国国情进行概括性介绍，以帮助投资者初步了解该国基本制度、政策和主要发展趋势，进一步理解该国金融、投资法律制度和投融资环境。二是法律概览。本部分为“一带一路”各国法律环境的概括性介绍，具体梳理了沿线各国法律体系，从诉讼、仲裁和司法协助等方面介绍该国司法制度，并结合该国司法执行效率等相关内容，展现一国法律发展水平和概况。三是金融法律制度。本

部分首先介绍了各国金融法律中涉及银行业准入、监管的相关法律内容，方便投资者了解银行设立标准和程序，熟悉金融监管体系和要求；本部分还关注银行境外业务经营中最为关键的法律问题，如担保的方式、设立、效力、审批、执行等法律问题，法律适用以及主权豁免问题，为我国银行业“走出去”提供具体法律指引。四是投资法律制度，本部分从企业、外汇、税务等方面全面介绍了在“一带一路”各国投资可能涉及的法律规范，以帮助投资者了解沿线各国法律规定中企业类型、设立程序、外汇管制、税收种类、优惠政策等内容，并介绍该国重点行业关键领域的发展情况，为中国企业对外投资商业决策提供参考。五是法律风险评价。本部分结合数据对各国的营商环境、司法效率、贸易便利化程度进行分析，从而对于各国的法律风险做出评价，为投资者了解该国投融资法律环境和法律风险提供最直观信息。

作为国内首部系统研究“一带一路”沿线所有国家法律风险的著作，本书具有以下特色：一是实现国别全覆盖，对沿线 64 个国家的政治、经济、外交等进行系统总结的基础上，对各国法律体系状况、司法制度、司法效率等作了全面介绍。二是重点突出投融资法律需求，针对中国企业和金融机构在“一带一路”沿线国家开展投融资合作最为关心的法律问题，如市场准入、担保制度、企业形态、外汇管制、税收规定、投资优惠以及特定行业的法律制度和特殊规定，作了专门论述。三是初步构建国别法律风险评价标准，根据各国法律现状和整体法律环境，参考国际权威机构的相关数据，以营商环境、合同与司法执行效率、破产处置成本、税收、进出口贸易限制为评价因子，初步构建法律风险评价标准。并结合国家开发银行国际业务一线实践经验，尝试提出我们的评价结论。

本书的基本资料来源于国家开发银行开展国际合作业务多年来的信息储备与积累，并参考了世界银行、国际货币基金组织等国际权威机构的相关文献和数据，以及我国有关政府部门、我国驻各国大使馆和各国官方法律法规等各类官方公开信息及其他公开资料。

由于“一带一路”涉及国家多，影响法律风险的因素复杂，每个国家的法律信息庞杂且不断变化，部分国家的信息获取较为困难，本书无法就国别法律风险的所有内容和所有因素逐一分析。受限于编者的水平和能力，本书难免有不完备和错漏之处，欢迎大家批评指正。

第一篇

蒙古国 · 俄罗斯联邦 · 中亚五国

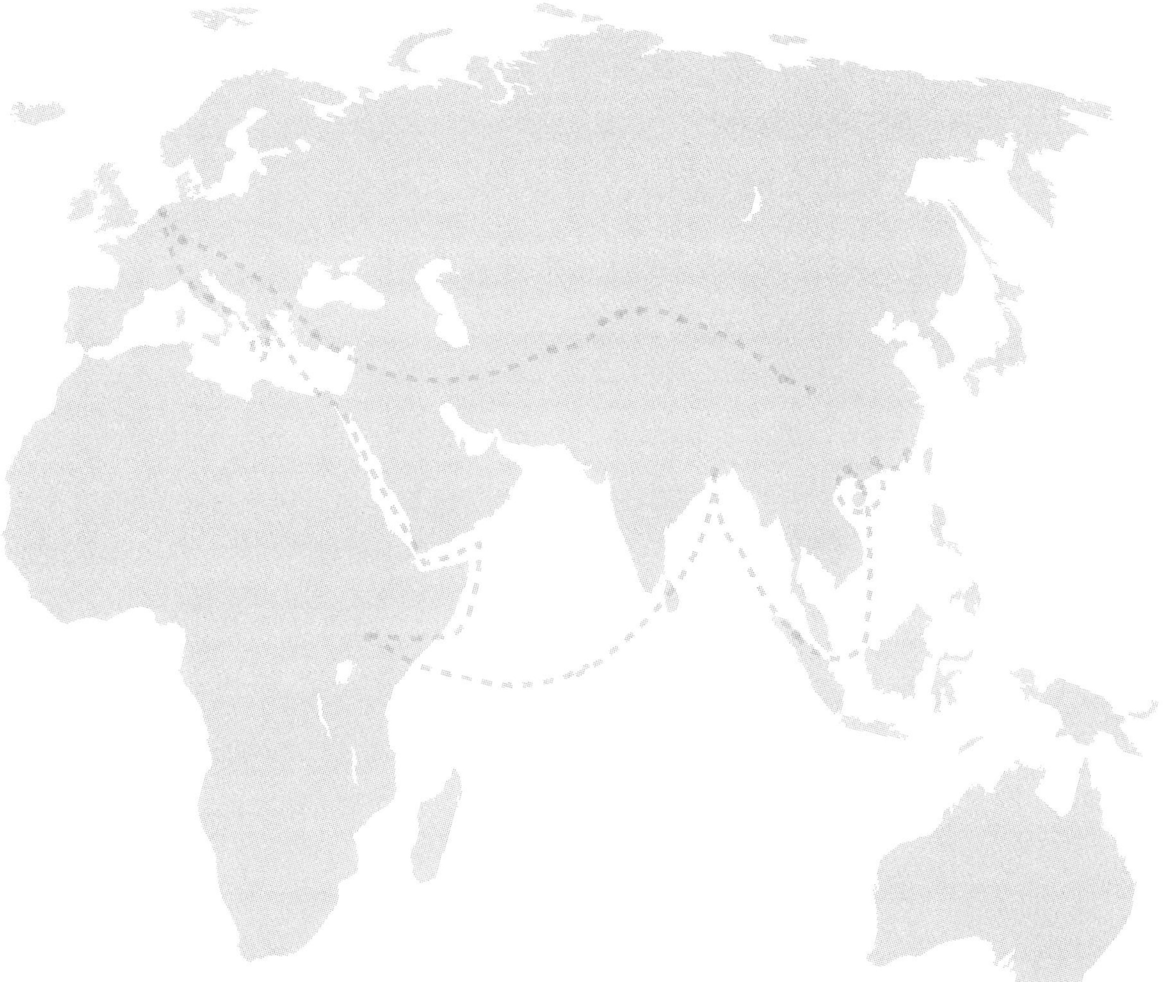

蒙　古　国
Mongolia

——草原上的乌兰巴托

蒙古国国家基本情况

国家名称（中英文）	蒙古国（Mongolia）		
人口（百万）	2.96	人口增长率（年均%）	0.9
领土面积（千平方公里）	1564.1	主要民族	喀尔喀蒙古族
官方语言	蒙古语	主要宗教信仰	喇嘛教
政体	议会制	主要政党	民主党、人民党
GDP（十亿美元）	11.76	GDP 增长率（年均%）	2.3
国民总收入（十亿美元）	11.34	人均国民收入（美元）	3830
通货膨胀率（年均%）	1.9	外国直接投资净流入（百万美元）	195
外债（百万美元）	20,826	总偿债额占出口贸易和收入的比率	21.2

数据来源：2015 年世界发展指标数据库。

一、国情简介

蒙古国（以下简称蒙古）位于东亚，与中国和俄罗斯相邻，面积约 156 万平方公里，是世界第二大内陆国家，主要民族为喀尔喀蒙古族，约占人口总数的 82%，此外还有 4% 的哈萨克族和 14% 的其他少数民族。从政治、经济、法律等因素综合来看，蒙古近年来的政治环境较为稳定，但政局依旧有所变化；宏观经济面临的局势严峻，但仍保持较好的增长速度。为促进蒙古的未来发展，其还需要着力解决外资引进困难、基础设施落后、交通运输不畅、矿产开发停滞等诸多问题。

（一）政治概况

蒙古为议会民主制国家，其国家议会被称为国家大呼拉尔，是最高权力机关，行使立法权，可提议讨论内外政策的任何问题，任命政府成员。本届国家大呼拉尔于 2012 年 6 月产生，共 76 个席位。国家大呼拉尔主席为赞达呼 · 恩赫包勒德（民主党），于 2012 年 7 月就任。蒙古实行多党制，现政府由民主党、“正义联盟”（人民革命党、民族民主党组成)、公民意志绿党等组成。蒙古现任总统为额勒贝格道尔吉,其曾在1992、1996、2008年三次当选国家大呼拉尔委员,于2009年5月当选总统。2013年6月再次当选总统。蒙古司法机构由宪法法院、最高法院、行政法院、省法院(包括首都法院)、地区法院、县法院、省辖区法院组成。

(二)经济概况

蒙古经济以畜牧业和采矿业为主,曾长期实行计划经济。1991年开始向市场经济过渡。1997年7月,政府通过"1997－2000年国有资产私有化方案",目标是使私营经济成为国家经济的主导。2013年,蒙古国经济以11.7%的速度高速增长。但随着2014年以来世界经济增长乏力,蒙古国矿产品出口不振,2015年GDP增长率下降到2.3%。蒙古实行经济开放政策,截至2015年,与146个国家和地区有贸易往来。近年来,蒙古积极发展同西方发达国家和亚洲国家的经贸合作,主要出口产品有矿产品、纺织品和畜产品等;主要进口产品有矿产品、机器设备、食品等。主要贸易伙伴为中国、俄罗斯、欧盟、加拿大、美国、日本、韩国等。蒙古经济对外援的依赖较强,主要援助来自日本、美国、德国、俄罗斯、中国及亚洲银行、世界银行、国际货币基金组织等。

(三)外交政策

蒙古国家大呼拉尔1994年通过了《对外政策构想》,提出蒙古奉行开放、不结盟的外交政策,强调"同俄罗斯和中国建立友好关系是蒙古对外政策的首要任务",主张同中俄"均衡交往,发展广泛的睦邻合作"。同时重视发展同西方发达国家、亚太国家、发展中国家以及国际组织的友好关系与合作。2011年,蒙古国家大呼拉尔通过新《对外政策构想》,基本保留原有基础,并根据新形势进行补充。将"开放、不结盟的外交政策"拓展为"爱好和平、开放、独立、多支点的外交政策",强调对外政策的统一性和连续性。明确对外政策的首要任务是发展同中、俄两大邻国友好关系,并将"第三邻国"政策列入构想,积极发展与美、日、欧盟、印度、韩国、土耳其的友好关系。

二、法律概览

蒙古法律受前苏联法律体系影响较深,属于典型的大陆法系国家。该国法律内容较为健全,但稳定性不足,特别是在矿产资源开发领域的法律修改较为频繁。

(一)法律体系

蒙古的法律体系是以1992年宪法为基础建立的,尽管部分保留了前苏联法律特征,但整体是依照欧陆法系建立的大陆法。蒙古民法典以几部主要的欧陆法典(尤其是德国民法典)为蓝本编撰。

蒙古的主要法律渊源包括:(1)宪法;(2)蒙古签订的国际条约;(3)在普通法系中被称为"成文法"的制定法;(4)其他立法条例。宪法是蒙古最重要的法律渊源。所有法律、法令和国家机构的决定，以及其他组织和个人的活动均不得与宪法相抵触；依照宪法，在蒙古参加国际条约作为国内法发生效力。蒙古应当根据诚实信用原则遵守其签订的国际条约，但对与宪法相抵触的国际条约，蒙古无遵守义务。据其外交部统计，蒙古目前已签署241个国际条约。

（二）司法制度

1. 诉讼制度

蒙古司法机构由宪法法院、最高法院、行政法院、省法院（包括首都法院）、地区法院、县法院、省辖区法院组成。根据其宪法第48条规定，可以设立专门法院如刑事、民事和行政法院。蒙古诉讼案件采用三审终审制，对某些特定案件的审理适用二审终审制或一审终审制。

其中，对主要法院简单介绍如下：

主要法院情况	
宪法法院	宪法法院负责审查宪法的实施，决定法律、法规、法令和政府行为的合宪性，并解决有关宪法的争议。宪法法院可以废除法律、法规、法令或其他被认为违宪的行政或立法部门的决定或行为或蒙古国签订的国际条约。宪法法院审理的案件来自蒙古公民的请愿，或应国会、总统、总理、最高法院或总检察长的要求
最高法院	最高法院是蒙古的最高司法机构，拥有除宪法以外所有法律的解释权，并负责审查除专门法院外所有下级法院的判决
行政法院	行政法院是唯一负责审查个人和法人实体对政府机关或官员就其作出的决定提起的上诉案件的专门法院

2. 仲裁制度

蒙古国《仲裁法》于2003年5月通过并生效，《仲裁法》调节财产纠纷法律关系。如仲裁地点在蒙古国境内，则适用该《仲裁法》。当事人同意根据蒙古《民事诉讼法》第13.2条的规定通过仲裁解决纠纷的应当受仲裁管辖。但是，《民事诉讼法》第13.3条规定的纠纷、法院管辖的纠纷以及法律明确规定了其他主管机关及官员拥有管辖权的纠纷，不受仲裁管辖。

3. 司法协助

蒙古是《承认及执行外国仲裁裁决公约》（以下简称《纽约公约》）成员国。蒙古仅就依照国内法规规定的商业协议和法律关系引起的纠纷适用该公约，并仅承认和执行在《纽约公约》缔约国境内作出的仲裁裁决。同时，根据蒙古国法律规定，争端的内容不能通过仲裁解决的，或仲裁裁决的承认和执行违反该国公共政策的，该裁决可能被拒绝承认和执行。

关于在蒙古境内执行外国法院判决和仲裁裁决的条款规定在蒙古《法院判决执行法》和蒙古签订的国际条约中。法院判决执行机构负责管理和监督外国法院判决和国际仲裁机构裁决在蒙古境内的执行情况，如当事人需要了解判决或裁决的执行情况，应当向履行方住所地法院递交申请。

蒙古关于外国司法判决和仲裁裁决的承认和执行制度简要总结如下：

司法判决和仲裁裁决的承认和执行情况	
外国法院判决	蒙古并非《国际民商事案件中外国判决的承认和执行公约》（以下简称《海牙承认和执行公约》）成员国，除非该国与蒙古间曾签订司法协助方面的双边公约，否则蒙古法院对外国法院的判决不予承认和执行
外国仲裁裁决	若作出裁决的国际仲裁机构所在国为《纽约公约》成员国，则该裁决在蒙古境内可以被承认和执行。递交外国仲裁裁决执行申请的期限为该裁决生效之日起三年之内。法院将在收到申请后 7 日内审查执行该裁决的可能性并核实该裁决。发出执行令后，法院在第一时间以书面形式告知权利方、履行方和执行机构

蒙古法律未具体规定执行机构在收到执行令状后应当在多长时间内执行法院判决或仲裁裁决，亦未规定强制执行仲裁裁决的其他替代性选择。

此外，蒙古国与中华人民共和国于 1989 年 8 月 31 日签订《关于民事和刑事司法协助的条约》，条约规定“民事案件中的司法协助”应当包括商务、家庭和劳动等民事案件，其中，银行贷款合同可以归属为“商务”范畴。

实践中，世界上大多数国家法院做出的判决不能在蒙古执行。同时，符合条件的外国仲裁裁决虽然可以在蒙古获得承认与执行，但同样面临执行期限不明确等问题。

（三）司法效率

根据蒙古《民事诉讼法》规定，法院应当在当事人提起诉讼之日起 60 日内作出决定，上诉的审理期限则依具体情况而各有不同。实践中，经常出现将案件发回法院重审的情况。一般说来，蒙古法院作出民事诉讼最终判决可能需要 12 个月到 18 个月，判决的完全执行可能额外需要 12 个月到 24 个月时间。

三、金融法律制度

（一）银行准入法律制度

1. 外资银行在蒙古开展业务的条件和要求

蒙古《银行法》允许设立外资银行、外资银行分行以及外资银行代表处，没有禁止或限制外资银行在蒙古境内开展业务的规定，外国银行在当地设立和开展业务不需要登记或取得许可。2012 年 6 月 7 日，蒙古银行（蒙古央行）通过了《关于银行许可规定》，以落实 2010 年 1 月 28 日蒙古银行法的特定规则。《银行法》《银行许可规定》《银行发牌规定》详细规定了外资银行的全资子行设立及具体要求和步骤。

2. 外资银行分支机构的设立条件

外资银行在当地设立分行的前提条件是其在蒙古设立代表处的时间超过一年。为了获得银行许可，申请者必须依照《银行法》和《银行许可规定》向蒙古银行提交相应文件。蒙古银行监管部门审查所有设立银行的文件和标准后，由蒙古银行行长决定授予银行许可。如果申请被拒绝，申请人 1 年之内不得再次申请。在获得许可后，法人必须向其他相关部门如国家登记局，登记注册。具体而言，外国银行在蒙古创设分行必须满足下列条件：

外国银行在蒙古创设分行的条件和要求	
1	按照当地法律法规每年至少进行一次财务申报
2	依照适用法接受当地监管机构的定期财务审计
3	接受有资质的审计师或经蒙古银行认可的国际著名审计师每年至少一次财务报表审计
4	银行资本的实缴资金必须来源合法且明确记录在法人或相关方的财务报表中
5	创设人为自然人的，必须要求此前没有洗钱或资助恐怖主义的记录
6	过去五年间在 www. bankersalmanac. com 网站排名前 150
7	经认可的国际银行排名组织对其评级为 A
8	在其他国家有至少进行三年稳定活动的分支机构
9	过去三年间无银行违规记录
10	此前没有洗钱或资助恐怖主义的记录

此外，外国银行在蒙古设立分支机构的最低股本要求为 650 亿图格里克（约合 3280 万美元），高于蒙古现有银行的最低股本要求（2015 年 4 月 1 日起为 2520 万美元）。

（二）担保法律制度

1. 担保法律体系

蒙古采用民商合一的法律体制，不存在独立的商法部门。蒙古《民法典》《银行法》及其他政府法规、中央银行规定等共同组成蒙古的担保法律依据。2002 年蒙古《民法典》是蒙古建立并规范融资担保制度的主要法律。该法规定的担保方式有：罚金、定金、保证、质押、抵押（按揭）、保证金、信托协议及其他法定形式。

2. 主要担保方式

不动产、动产及权益(包括矿业权)的质押以及合同、合同权益和账户权益的转让是其主要的担保方式。除此之外,第三方保证在蒙古同样可行。

具体而言,蒙古法律规定,以下财产可以设置担保:

可设置担保的标的	
1	不动产和相关权益、现有的或预期取得的动产(其未被排除在商业交易之外且可以将所有权转让给他人)
2	各种类型的股票和有价证券、求偿权
3	科学、文学、艺术作品、新产品、生产模型、商标
4	其他动产和无形资产
5	处置质押财产所得(法律另有规定或者协议另有约定除外)
6	矿业权许可证及其相关文件,比如勘查工作结果、地质信息、可行性研究报告
7	其他法律允许出质的财产

根据蒙古法律规定,通常的财产权益均可以被抵押或质押,包括不动产、动产、无形资产权益,以及预期获得的财产权益。但是,对于上述权益的抵质押应遵循特别法的规定。以下为适用于特别情形的法律(按时间先后顺序列表如下):

抵押应适用的特别法律	
颁布时间	法律名称
2003 年 6 月 19 日	《财产所有权和其他财产权益登记法》
2006 年 7 月 8 日	《矿产资源法》(适用于矿业权抵押)
2009 年 7 月 9 日	《不动产抵押法》
2015 年 7 月 2 日	《动产和无形资产抵押法》

蒙古法律虽然并没有就浮动抵押、合同、合同权益或其他权益的转让担保做出规定,但是根据抵、质押协议以及合同法基本规定也可以达到相同效果。

3. 担保的登记

根据担保类型的不同,其对抗第三人的方式与确定优先顺序的方式亦不同,具体表现为:

担保类型	取得对抗第三人的方式	优先顺序	主管机关
建筑物按揭/抵押	签署、公证并且在国家登记处登记	抵押权实现受偿顺序根据合同登记顺序确定	国家登记统计总局财产权和数字化部
采矿权/矿业权抵押	签署、公证并且在国家矿产资源局(MRAM)登记	抵押权实现受偿顺序根据合同在矿产资源局登记顺序确定	矿产资源局
股权质押	有限责任公司:质押协议签署并且于国家在线数据库登记质押公告 股份公司:质押协议签署,并且(1)于国家在线数据库登记质押公告;(2)在蒙古证券清算与中央存托处(MSCHCD)登记质押协议	有限责任公司:质押权实现受偿顺序根据国家在线数据库登记的质押公告的顺序确定。 股份公司:质押权实现受偿顺序根据国家在线数据库和蒙古证券清算与中央存托处登记的质押公告的顺序确定	有限责任公司:国家登记统计总局 股份公司:国家登记统计总局和蒙古证券清算与中央存托处
动产和无形资产抵押	签署抵押协议并且在国家在线数据库登记	抵押权实现受偿顺序根据抵押协议登记顺序确定	国家登记统计总局
账户质押	签署质押协议以及与开户行签订的三方协议,并且实际获得该拟质押账户的"控制权"	质押权实现受偿顺序根据协议签署时间确定	不适用
航空器抵押	签署抵押/融资协议并且在蒙古民航局(MCAA)和国际登记组织进行登记	抵押权实现受偿顺序根据协议在蒙古民航局和国际登记组织的登记顺序确定	蒙古民航局和国际登记组织

若在同一标的物上设置多个担保类型,则其优先顺序根据法律规定确定。蒙古关于留置权优先于质押权的情形规定如下:

留置权优先于质押权的情形	
1	蒙古《动产质押法》规定了关于设备购置款的留置权。如果贷款人借出资金用于购置设备并且该留置权自贷款发生之日起10内进行登记,那么对于待购置的设备而言,该留置权能够优先于其他在先登记的质押权获得实现
2	民法典规定了其他留置权(承包人、承运人、仓储保管人享有的留置权),并且动产质押法明确了此类留置权应当优先于动产质押法项下的质权获得实现

4. 主权担保程序

任何由政府提供的担保,应当被包含在由管理财政和预算的中央管理机关制定的预算法草案中,经政府会议讨论并提交议会讨论后采纳。议会决定相应年度的担保债务上限并且在年度预算法或决议中体现。

5. 境外银行限制性或禁止性规定

境外银行获得在蒙古的担保权益通常没有限制性或禁止性规定，外国银行与境内的贷款人享有同等权利。但对土地的占有及土地使用权不得为非蒙古贷款人提供担保。

6. 担保的执行

无论是动产抵押或不动产抵、质押，蒙古法律均允许抵、质押人和抵、质押权人在协议中对抵、质押的执行进行灵活约定。比如，就如何执行抵、质押权达成一致约定，通过司法或非司法手段使其丧失抵、质押物赎回权。但对于特殊抵、质押物的执行，仍适用于相关特别规定或条件。

(三) 法律适用

在合同的法律适用方面，蒙古法律给予合同当事人很大的自主决定权。根据蒙古民法典，合同当事人的权利和义务、合同内容、合同履行、合同终止和撤销所适用的法律均由当事人指定。就贷款协议的法律适用而言，蒙古法律并无强制性规定，若当事人未选择适用法律，则适用贷款人所在国的法律，即贷款协议可以适用外国法律，如中国法，英国法等。

蒙古是《华盛顿公约》缔约国，该公约倡导运用传统国际私法原则来解决国家与外国投资者之间的争端。因此，蒙古与外国投资者之间的合同争议可以适用该公约。

(四) 主权豁免

蒙古法律并无明确限制或禁止放弃豁免的规定，借款人为政府部门或全资国有企业时，可以放弃主权豁免。依照法律，政府在参与商业交易时并不享有豁免权。但判决不利于政府时，某些特定的资产可免于没收，且此等豁免权不可放弃。另外，放弃豁免不需要得到政府部门的授权或批准，除了以政府为代表开展具体商业交易而做出的一般性授权外，无需特别授权，一般合同双方会在相关合同中加入放弃主权豁免条款。但政府和国有企业在主权豁免的某些特定方面是不可放弃的。

四、投资法律制度

蒙古通过《外国投资法》为外国投资者提供法律保护，该法以平等互利为原则，保障外国投资者在蒙古投资的权益，并协调有关经营活动。根据蒙古《外国投资法》的规定，任何在矿业开采、银行及金融服务、出版、媒体、电信等行业获取 33% 以上股权的外国国有实体(国有资本占 50% 以上)须经蒙古政府批准。

(一) 企业法律制度

1. 公司类型

2011 年蒙古《公司法》规定了有限责任公司与股份有限公司的设立规则。无论是蒙古居民全资所有公司、外商独资或合资公司,都需依照蒙古《公司法》设立并享有同等的权利与义务。通常所述的“合资企业”或者“合资公司”是典型的蒙古有限责任公司。股份公司一般为在蒙古证券交易所交易上市且股份为公众所有的公司。股份公司的股东可不受限制的处置其股份,但是收购股份公司的大宗普通股(1/3 及以上)将需依据法律规定予以执行。

2. 公司结构

公司结构介绍	
股东大会	股东大会是公司的最高权力机关,其形式可为普通股东大会或特殊股东大会。《公司法》规定,股东大会由简单多数(50% +1 股)普通股股东构成最少法定人数,股东需亲自或通过代理人出席会议。如不足最少法定人数,会议可以改期并且改期后的股东大会的法定人数为总人数的 20%。公司章程可增加法定人数但不可减少。除非公司章程规定更高的比例,大多数的股东决议需经过简单多数出席会议并经有权投票的普通股股东投票批准。然而《公司法》规定,某些重大决议需经过三分之二股东人数出席会议并经有权投票的普通股股东批准(《公司法》规定了重大决议事项的清单)。除此之外,公司章程可规定批准任何事项需要更多票数或在重大决议事项清单中加入其他事项。 任何在股东大会就特定决议投反对票的股东或未参加该决议投票的股东,有权要求公司按照股份价格(市场价格)根据《公司法》的规定赎回其股份。上述特定决议包括:公司重组;完成重大交易;修改公司章程以及公司章程规定的其他特定决议
董事会	有限责任公司可以设立董事会,或股东可以选择不设立董事会而由股东直接管理公司。如果设立董事会,《公司法》规定所有董事会会议最少法定人数为三分之二,并且所有董事会决议需由三分之二出席会议并有权投票的董事投票决定。股份公司必须设有至少 9 名董事并且总三分之一的董事需为独立的董事。股份公司必须设有监事会,有限责任公司可以设立监事会,公司章程应当明确监事会成员数量。章程可规定设立一个监事。 《公司法》规定每个公司至少设有一名执行董事,执行董事是公司首席执行官。在实践中,执行董事被视为拥有广泛权利经营公司并有权对外代表公司。股东(或董事会,如有)可以限制执行董事的权力,股东还可以设立额外的公司管理人员
监事会	股份公司必须设有监事会,有限责任公司可以设立监事会,公司章程应当明确监事会成员数量。章程可规定设立一个监事

续表

股东权益	根据《公司法》,如果有限责任公司发行股份或其他股东向第三人出售股份或与股份有关的证券,现有股东拥有优先购买权。《公司法》进一步规定有限责任公司的章程可以免除其他股东向第三人出售证券时的优先购买权,但《公司法》未规定允许有限责任公司的公司章程免除公司发行股份时的优先购买权。 《公司法》规定若公司在支付股息后拥有偿付能力并且公司所有者权益(资产负债表上的资产减去负债)不少于公司章程中规定的股本资本,公司可以在任何时候支付股息,支付股息并不要求公司有收益。如因支付股息造成公司所有者权益减少超过25%的,公司应当在支付股息后15个工作日内书面通知公司的债权人。该通知仅有通知效力——即不需要债权人的批准。股息可以公司股票、金钱或财产形式支付。《公司法》对使用外国货币将股息汇回本国没有限制

(二)特定行业、领域法律情况

1. 矿产领域法律情况

蒙古地下资源丰富,现已探明的有铜、钼、金、银、铀、铅、锌、稀土、铁、萤石、磷、煤、石油等80多种矿产。蒙古矿产法律规定较为严格。一是矿产的勘探和开发许可只授予在蒙古境内依法成立并开展正常经营业务的纳税法人;二是对于有战略意义的矿产,使用国家预算资金进行勘探的,国家最高可持有50%的股份;使用私人资金进行勘探的矿产,国家最高可持有34%的股份;三是在五年内投资不低于5000万美元的投资者可以与蒙古政府授权的财政、地质矿山及主管自然环境的政府部门签订《投资合同》;四是勘探和开采许可证持有人,可将许可证连同勘查、勘探工作成果报告等相关文件及法律法规未禁止抵押的财产抵押给金融机构,以获取所需资金。许可证不可以单独抵押。

矿产领域主要法律制度总结如下:

矿产领域主要法律制度	
矿产许可证	矿产法规定了两种矿产许可证,即“勘探许可证”和“开采许可证(开发)”。矿产勘探和开采许可证只能授予根据蒙古法律依法设立和经营的蒙古纳税人或法律实体。除小规模采矿人的矿产开采外,矿产法禁止没有许可证的勘探或开采。勘探许可证有效期三年,可通过延期将总有效期延至十二年;开采许可证有效期十二年,可通过延期将总有效期延至七十年。勘探或开采许可权可以作为担保物,向银行或非银行金融机构进行质押担保。勘探、开采许可证持有人可通过重组、合并等形式改制,向新产生的权利主体或由所属公司及子公司向总公司转让许可证。2015年1月,蒙古建立了新的在线系统用于矿业勘探许可证的申请。2015年2月18日《矿产法》修正案的出台,使得蒙古政府可转让其在战略资源中的股权,用于换取不超过该矿产出产矿物销售额5.0%的附加特许使用费(特许使用费金额根据矿物种类决定)

续表

附加特许使用费	2010年11月25日，议会通过《矿产法》另一项修正案，通过引入一项新的“附加特许使用费”制度，从而取代“暴利税”，即在之前已适用的统一的特许使用费费率的基础上增加对23种矿物的销售总额的附加特许使用费，附加特许使用费的费率因矿物的种类、市场价格和加工的程度而有所不同。其中，铜的费率为22%到30%，要显著高于其他矿物的费率，除铜以外，附加特许使用费费率从1%到5%不等；浓缩物的税费是11%到15%；成品的费率是1%到5%；经处理后的矿物的费率通常较低；对于低于市场价格的矿物不征收附加特许使用费。2014年1月24日的《矿产法》修正案，将销售给蒙古银行或其他经蒙古银行授权的商业银行的黄金的特许使用费费率从10.0%降至2.5%
矿产《投资合同》	矿产《投资合同》（原称《稳定状态合同》）。若投资者在五年内投资不低于5000万美元的，该投资者可以与蒙古政府授权的财政、地质矿山及主管自然环境的政府成员签订《投资合同》，投资额在1亿美元以上的按15年、3亿美元以上的按30年分别签订合同。蒙古投资、税收等法律制度不很健全且经常变动，签订《投资合同》可以保证投资者在合同期限内的生产经营活动不受蒙古国对于投资、税收等方面法律修改的影响

2. 石油领域法律情况

蒙古对石油和天然气、进口设备、原材料和在非传统石油和天然气勘探中使用的化学和爆炸物免征关税和增值税。

蒙古制定了《石油产品法》，该法规定从事下列活动需要许可证：进口多种类型的燃料；制造石油产品以及燃料批发和零售。石油产品应当由符合技术标准要求的车辆和存储设施进行运输和储存。若外国实体向蒙古供应的石油产品超过30%，该法规定禁止该外国实体通过其投资的法人实体或子公司或其所控制的部门在蒙古国内市场销售石油产品。

3. 能源领域法律情况

蒙古《能源法》调整所有涉及能源的生产、运输、分配、调度、供应和消费以及能源设施建设等相关事宜。能源资源包括煤、页岩、油、石油、铀矿、钍矿、天然气以及它们的副产品和浓缩物、生物质和被界定为燃料的其他有机材料、可再生能源以及其他可用于产生电能和热能的资源。

此外，能源领域中的主要政策文件是2015年6月19日议会颁布的“关于蒙古能源领域的国家政策”第63号法令（国家能源政策）。该政策载明了2030年之前蒙古能源领域的总政策，政策分两阶段实施，并且明确了为达到政策目的而开展的主要项目。

蒙古《可再生能源法》将“可再生能源”定义为天然的可再生能源，例如太阳能、风能、水能、地热能和生物质能等。该法对在蒙古生产和使用可再生能源资源进行法律规定，包括可再生能源管理机构的权力范围，获取与可再生能源有关活动的许可理由和程序,与生产、使用和运输可再生能源有关的价格和关税区间。《可再生能源法》同样适用于在蒙古境内购买或销售通过可再生能源产生的电能和热能的法律实体。

4. 基础设施互联互通领域法律情况

(1)外资企业的限制

根据蒙古《铁路交通法》,铁路周边狭长地带为国家财产,铁路基础设施可以由私营实体新建,但需在运行一定时间后将其所有权转至国有实体或由国家控制的实体。

(2)公私合营的限制

2011 年 11 月 23 日通过的蒙古《预算法》规定了公私合营(PPP)模式的适用,并明确公私合营可以通过私营实体提供公共服务或通过特许经营协议的形式进行,但应受到 2010 年 1 月 28 日生效的蒙古《特许经营法》的限制。蒙古法律禁止将公私合营模式用于填补财政预算亏空或推迟预算内支出的目的。

下列情形可以使用公私合营的模式:将私营部门的技术、科技和效率管理工具引进公共部门;不能由私营部门单独进行、必须获得蒙古政府支持的项目和方案;可行性研究证明具有经济效益的项目和方案。

(三)外汇管制

蒙古的法定货币为图格里克,图格里克与外币的转换受蒙古《货币结算法》《民法》,以及《蒙古图格里克对外币官方汇率的计算与申报》(2012)规范。

蒙古《货币结算法》规定,蒙古银行应确定并公告本国货币对外币的官方汇率,但商业银行可以根据市场需求确立其购买或出售外币的汇率。以征税为目的将外币转为图格里克或以外币计算收入时,应适用蒙古银行当天的官方汇率。如果汇率在支付之前上升或下降,应以支付义务形成时的汇率为准。

根据《货币结算法》,蒙古借款人必须在签署外币贷款协议的 15 个工作日内向蒙古银行提交报告,以及关于贷款协议延期、更新或修订的报告,以协助蒙古银行管理图格里克汇率,相关报告应当在蒙古银行提供的表格上完成。

根据《货币结算法》,"蒙古境内货物、工作服务的价格应仅以本国货币表示和结算,除本法 4.4 条明确规定的情形外,未经蒙古银行官方审批,禁止以外币结算单位定价、结算、刊登广告",第 4.4 条规定,"货币储蓄、贷款及类似服务、与金融衍生工具相关的协议、根据银行或非银行金融组织的上述协议应承担的义务可以以外币表示,并且可以以外币执行协议。"《货币结算法》的规定使除贷款及其他银行交易外的所有国内交易必须以图格里克为货币开展。该法并未禁止境外方与蒙古方以双方共同选择的货币进行交易,也未禁止蒙古一方以其他货币向境外服务提供者付款。未能遵守《货币结算法》的一方将受到没收非法所得及撤销该企业营业执照等其他行政处罚的处罚。

蒙古法律未禁止蒙古公司从非居民主体处获得外币贷款或信贷融资的法律规定。在过去15年间，蒙古有大量的非居民主体（商业银行、国际融资机构、公众股权或债券上市公司、投资基金、私企以及自然人）向蒙古公司发放贷款及提供融资。非居民主体提供上述融资无需取得或提供特别证书或许可。

关于外汇管制方面的常见行为，蒙古法律限制较少，具体规定如下：

外汇管制常见行为的法律规定	
汇入外汇	根据蒙古法律规定，对于从蒙古境外汇入外币的蒙古方主体而言，不需从蒙古政府机构获取任何许可或审批。类似地，蒙古法律保障外资商业实体可以无障碍跨境转让其收入、利润以及价款
汇出外汇	私人主体汇出外汇的行为无需准备任何许可、批准或证照。但根据蒙古反洗钱法的规定，在必要时，从事汇出外汇业务的银行需提交相应的报告
主体进入外汇市场	蒙古外汇市场根据公开市场供给及需求原则运作，政府不保障但也不限制任何主体进入外汇市场。任何一方可以根据市场决定的汇率以及外汇的可用量从任何获得批准的外汇交易方购买外汇。蒙古银行监管市场不时采取一定手段以对市场进行调节
海外账户设立	设立海外账户无需取得任何政府机关的许可，但开户实体必须向财政部和公司注册管理局登记该账户

（四）税收制度

外国贷款人在蒙古发放贷款所得利息应当依蒙古法律规定缴纳20%所得税，如果贷款人为与蒙古订立税收协定的协议国居民，则税率会大幅降低。根据中国与蒙古签订的税收协定，蒙古借款人应付给中资银行的利息按蒙古个人所得税（预提）10%的标准缴纳，如果支付对象为中国政府全资所有的银行，则将免税。全额免除该类税收。

此外，依据蒙古所得税（预提）标准，蒙古方支付给中国法人的费用将缴纳20%的所得税及10%的增值税。根据中国与蒙古税收协定，对于支付给未在蒙古设立常设机构的中国主体的费用，将免征所得税，但仍要征收增值税。贷款协议中的包税条款在蒙古具有执行力。

五、法律风险评价

（一）营商环境表现良好

根据2015年世界银行营商环境指南，蒙古在公司注册、工程承包、财产登记、信贷取得、少数投资者保护等方面在世界189个国家中分别排名第42位、第74位、第30位、第61位和第17位，处于中上游水平。蒙古在利益冲突指数、股东管理指数和少数投资者保护指数的得分分别为7分、6.5分和6.8分（满分均为10分），在投资者保护方面远超许多发达市场经济国家。

蒙古营商环境情况			
公司注册		信贷取得	
程序个数	5	法律权利强度(0－12)	5
时间(日)	11	信用信息获取度(0－8)	6
成本(占单位收入的百分比)	1.2	银行网点覆盖率	—
最低注册资本	0	成年人信用信息登记率	32.7

数据来源:2015 年世界银行营商环境指南。

(二)合同执行效率和破产处置成本适中

蒙古在司法效率方面具备相当的地区优势,其合同执行效率和破产处置效率高于东亚及太平洋地区的平均水平。根据 2015 年世界银行营商环境指南提供的数据,蒙古的合同强制执行效率在世界 189 个国家中排名第 24 位,其破产处置成本也低于东亚及太平洋地区的平均水平。作为发展中国家能做到这一点殊为不易。

合同强制执行	蒙古	东亚及太平洋地区	经合组织
时间(日)	374.0	553.8	539.5
成本(站标的额的百分比)	30.6	48.6	21.4
程序(个)	32.0	37.2	31.5
破产处置	蒙古	东亚及太平洋地区	经合组织
时间(年)	4.0	2.6	1.7
成本(资产价值的百分比)	15.0	21.8	8.8
回收率(每美元美分数)	17.8	36.8	71.9

数据来源:2015 年世界银行营商环境指南。

(三)跨境贸易法律限制较多

蒙古对跨境贸易设定了诸多限制。出于对本国市场的保护,无论是出口还是进口贸易,蒙古法律均规定了一系列手续和程序,大大增加了交易方的时间和资金成本。根据 2015 年世界银行营商环境指南,蒙古的跨境贸易难易度在全世界 189 个国家中排第 173 位。

蒙古跨境贸易	
出口所需文件数	11
出口时间(日)	44
出口成本(每集装箱/美元)	2745
进口所需文件数	12
进口时间(日)	45
进口成本(每集装箱/美元)	2950

数据来源:2015 年世界银行营商环境指南。

俄罗斯联邦

The Russian Federation

——走过红场的亚欧巨人

俄罗斯联邦基本情况

国家名称 （中英文）	俄罗斯联邦（The Russian Federation）		
人口（百万）	144.10	人口增长率 （年均%）	0.2
领土面积 （千平方公里）	17,098.3	主要民族	俄罗斯族
官方语言	俄语	主要宗教信仰	东正教、伊斯兰教等
政体	总统制	主要政党	统一俄罗斯党、 俄罗斯共产党、 自由民主党、 公正俄罗斯党
GDP （十亿美元）	1326.02	GDP 增长率 （年均%）	-3.7
国民总收入 （十亿美元）	1668.65	人均国民收入（美元）	11,400
通货膨胀率 （年均%）	7.7	外国直接投资净流入 （百万美元）	4839
外债（百万美元）	——	总偿债额占出口 贸易和收入的比率	——

数据来源：2015 年世界发展指标数据库。

一、国情简介

俄罗斯联邦（以下简称俄罗斯）位于欧亚大陆北部，地跨欧亚两洲，东西最长 9000 公里，南北最宽 4000 公里，面积约 1709.8 万平方公里，是全世界陆地面积最大的国家。俄罗斯人口约 1.44 亿人口，共有 194 个民族，其中俄罗斯族占 77.7%，主要少数民族有鞑靼、乌克兰、巴什基尔、楚瓦什、车臣、亚美尼亚、阿瓦尔、摩尔多瓦、哈萨克、阿塞拜疆、白俄罗斯等。俄罗斯是总统制的联邦国家。俄语是俄罗斯官方语言，各共和国有权规定自己的语言，并在该共和国境内与俄语一起使用。主要宗教为东正教，其次为伊斯兰教。俄罗斯是联合国安理会五大常任理事国之一，军事实力雄厚，在“一超多强”的国际体系中，是有较大影响力的强国。近年来，俄罗斯国内政局保持稳定，但宏观经济受国际原油价格下跌和美国欧盟制裁影响，整体增长乏力；外交方面，面对美欧制裁，俄罗斯更加重视同亚太地区国家，特别是中国的友好关系。俄罗斯法律体系较为健全，营商环境整体向好，但仍有待改善。

（一）政治概况

俄罗斯为总统制的联邦国家，由83个联邦主体组成，包括21个共和国、9个边疆区、46个州、2个联邦直辖市、1个自治州、4个民族自治区。2014年3月，克里米亚、塞瓦斯托波尔通过全民公投决定加入俄罗斯联邦。俄罗斯实行立法、行政、司法三权分立原则。俄罗斯总统是国家元首，负责协调各政府部门运作，按照俄罗斯联邦宪法和法律决定国家对内对外政策。俄罗斯联邦议会是立法和监督机构，由俄罗斯联邦委员会（上院）和国家杜马（下院）两院组成。联邦委员会由每个联邦主体的代表权力机关和执行权力机关各一名代表组成，主要职能是审议批准联邦法律、联邦主体边界变更、总统关于战争状态和紧急状态的命令，决定境外驻军、总统选举及弹劾、中央同地方的关系问题等。国家杜马共450名代表（议员），主要职能是通过联邦法律、宣布大赦、同意总统关于政府首脑（总理）的任命等。俄罗斯联邦政府是最高国家执行权力机关，由总理、副总理和部长组成。2012年5月8日普京总统签署总统令，任命梅德韦杰夫为政府总理。俄罗斯联邦司法机关主要包括联邦宪法法院、联邦最高法院、联邦最高仲裁法院及联邦总检察院。联邦委员会根据总统提名任命联邦宪法法院、联邦最高法院和联邦最高仲裁法院法官以及联邦总检察长。俄罗斯实行多党制，2011年底，举行第六届国家杜马选举，统一俄罗斯党、俄联邦共产党、公正俄罗斯党、自由民主党四个政党入选。目前，俄罗斯最大党派为统一俄罗斯党。

（二）经济概况

近年来，受世界经济增长放缓、油价下跌的影响，俄罗斯经济整体增展乏力。随着国际原油价格的持续走低及西方制裁持续影响，2015年俄罗斯主要经济数据大幅下滑，GDP同比下降3.7%。同时，多数行业景气指数明显下降，居民实际可支配收入下降4%，实际养老金缩水3.8%。

俄罗斯属于能源依赖型经济，高度依赖能源、原材料部门出口。石油天然气出口长期占其出口总额的60%以上，带来的收入占俄罗斯联邦预算收入的50%。经济结构性问题突出，工业内部结构失衡，制造业面临衰退，新兴产业增长乏力。近年来，俄罗斯政府发布了一系列政策，旨在改变对能源出口的过度依赖，发展本国制造业与加工业，调整经济结构。2016年3月，俄罗斯政府出台了被称为“反危机计划”的社会经济稳定发展行动计划，重点包括调整经济结构、创造健康的商业环境、支持中小企业发展、实现进口替代、促进非能源产品出口等。虽然当前俄罗斯经济仍处于衰退中，但总体而言，俄罗斯经济短期内并不存在根本性风险，主要原因在于，一是俄罗斯金融系统状况基本稳定。2015年，俄罗斯几次下调利率，未来还有继续下调的空间和可能，这将进一步为金融系统释放压力。二是财政方面，俄罗斯政府仍然具有一定的回旋余地，必要的财政支出仍拥有基本保障。三是俄罗斯政府债务水平较低，短期内偿债压力不大，且俄罗斯外汇储备相对充裕，足以偿还到期外债。

（三）外交政策

俄罗斯独立后的外交政策几度转型，起初实行“一边倒”的亲西方政策，试图同美国等西方国家建立伙伴关系和盟友关系。1993 年，《俄罗斯联邦外交政策构想》的出台标志着俄罗斯开始转向全方位外交，实施兼顾东西方的“双头鹰”外交政策，既同西方国家建立伙伴关系，也同东方国家发展友好关系，致力于维护国家利益，重振俄罗斯的大国地位。普京总统执政后，本着“强国富民”的目的，推行全方位外交政策。普京的外交战略更多地体现了现实主义的特点，将维护俄罗斯国家利益置于对外政策的首要地位，反对对外政策意识形态化，突出强调军事安全和推动经济发展，实行务实外交政策。他主张“世界多极化”，反对单极世界；主张建立新型的公正合理的国际秩序，强调这一过程中应发挥联合国和安理会的作用；强化俄罗斯的核威慑能力，强调俄罗斯“有足够的力量”捍卫主权安全和民族利益；积极融入国际社会，通过合作促进自身利益。乌克兰危机以来，俄罗斯与美国、欧盟和北约的关系跌入低谷，俄罗斯外交更加注重加强与亚太国家，尤其是中国的关系，中俄关系不断升温，双方全面战略合作伙伴关系不断走向深入。

二、法律概览

俄罗斯是典型的大陆法系国家，其整体法律体系较为健全，但受苏联时期立法影响，部分法律仍带有较强的计划经济色彩。

（一）法律体系

俄罗斯法律体系是根据 1993 年俄罗斯联邦《宪法》构建的。俄罗斯联邦宪法规定俄罗斯属于民法（大陆）法系，制定法是其法律的主要渊源。

宪法作为最高的法律规范构建了俄罗斯健全的法律体系，包括联邦和地方两个效力层级。立法权在联邦政府和地方政府之间分配，联邦和地方政府均有权在各自立法权范围内颁布法律。所有涉及税收、民事、行政、海关、犯罪以及其他基本法范畴的立法权限都属于联邦。联邦和地方层级的法律体系由法律和规章组成。法律仅能由权威立法机关制定，规章可以由相应的执行机构根据法律制定。主要部门法律，如民法和程序法均已经法典化。

（二）司法制度

俄罗斯有较为系统的诉讼及仲裁制度，司法体系内部划分明确，分工清晰，一定程度上提高了其司法效率及专业性。

1. 诉讼制度

根据俄罗斯联邦宪法以及联邦宪法性法律《俄罗斯联邦司法体系法》,俄罗斯联邦的司法体系由联邦法院系统和联邦主体法院(以下简称地区法院)两部分组成,具体组成包括宪法法院、普通法院、仲裁法院和军事法院。俄罗斯的普通法院、仲裁法院和军事法院在全联邦境内实行统一的等级体系;而宪法法院系统则分别由联邦宪法法院和联邦主体宪法法院组成,两者互为独立。

俄罗斯宪法法院主要负责对联邦法律和各地区法律进行违宪审查,并解释宪法。俄罗斯联邦普通法院主要负责自然人与公司之间的非商业纠纷以及所有刑事案件,主要由联邦最高法院、各联邦主体法院、区(市)法院、治安法院组成。其中,联邦最高法院是普通法院体系中的最高审判机关。上级法院对下级法院有司法监督权。俄罗斯仲裁(国家商业)法院,主要对其境内、境外的公司以及个体企业家之间的财产以及商业纠纷有管辖权。仲裁法院根据俄罗斯联邦宪法性法律《俄罗斯联邦裁判法院法》履行其职能。与普通管辖法院不同,国家商业法院仅在联邦层面运行,由四级法院组成,分别是俄罗斯联邦大区裁判法院、裁判上诉法院、地区联邦裁判法院、知识产权法院(专业法院)。

2. 司法协助

(1)对外国判决或仲裁裁决的承认与执行

外国法院做出的判决若要在俄罗斯得到承认和执行,需满足以下两个条件:一是在国际条约中存在俄罗斯和做出判决的国家之间相互承认和执行民事案件判决的相关约定,二是俄罗斯联邦法律规定承认和执行该外国法院判决。在没有相关的条约和联邦法律,也不存在对等安排的情况下,申请人仍然在程序上有申请承认和执行外国判决的权利。对于这样的申请,法院会对其进行审查但并不会确保该申请会被通过且该外国判决得到执行。

俄罗斯是1958年《承认及执行外国仲裁裁决公约》(以下简称《纽约公约》)的签署国,在该公约缔约国作出的外国仲裁裁决应当被俄罗斯法院承认和执行。根据联邦法律《俄罗斯联邦仲裁法院法》及新《俄罗斯联邦仲裁法》,当事人双方就仲裁裁决的终局性达成协议时,俄罗斯法院不能受理推翻仲裁裁决的申请。

(2)不予执行情形

根据1958年《纽约公约》第五条、俄罗斯《民事诉讼法》及《国家商业(仲裁)程序法》,下列情形时俄罗斯法院对外国法院判决或仲裁裁决不予执行:俄罗斯国家法院对相同当事人之间就相同标的基于相同理由做出了判决,且该判决已经生效;或俄罗斯国家法院对相同当事人之间就相同标的基于相同理由进行了审判,且先于外国法院立案或先于外国法院受理。

此外，俄罗斯司法机构还可以基于以下两种理由拒绝对外国判决或仲裁裁决的承认或执行：

一是违反公共政策。公共政策在俄罗斯被视为国家法律制度的基本原则，包括公序良俗原则，国家和公民安全原则。最高仲裁法院在2013年2月26日公布的就相关问题的主席团决议第156号文件中，明确了下列意见：公共政策原则是特殊的程序性抗辩措施，因此其适用仅限于那些性质非常特殊的案件；公共政策应理解为基本法律原则的复合体，其具有最高权威性、普遍性，并构成国家经济、政治、法律制度的基础；主张违反公共政策的一方当事人应承担证明责任；俄罗斯联邦法院有权基于其自由裁量而拒绝外国法院判决或仲裁裁决的执行。

二是违反送达程序。在实践中，对外国法院的判决和仲裁机构的裁决的承认和执行也有可能基于技术理由被拒绝，例如违反送达程序。基本上，国外法院的司法文书能够通过俄罗斯联邦司法部送达给被送达人。其他文件送达的方式，特别是《关于向国外送达民事或商事司法文书和司法外文书公约》（以下简称《海牙送达公约》）第10条所规定的方式，在俄罗斯联邦境内不得适用。在违反上述向被申请人提供送达文书的规则的情况下，俄罗斯法院有权基于该送达未能根据法律实施而拒绝承认和执行外国法院判决或仲裁裁决。

(3)中俄双边司法协助条约

中华人民共和国和俄罗斯之间签有民事和刑事司法协助条约，该条约对两国法院民事判决和刑事案件中有关损害赔偿问题的判决以及仲裁裁决提供了相互承认与执行的依据。

(三)司法效率及其他事项

俄罗斯法院庭审程序的时间表如下：

审级	平均审理期限
一审法院	案件提交后最多不超过4个月 在案件没有在上诉法院上诉的情况下，一审法院判决自送达之日起一个月后生效
上诉法院	案件提交后最多不超过6个月
最高上诉法院	案件提交后最长审限为8~9个月
最高法院	案件提高后最长审限为12~13个月

某些情况下，法院也会突破审限，当事人需要在案件提交后的6~9个月才能收到法院的一审判决。这很大程度上取决于案件的复杂性和主审法官的工作量。

根据俄罗斯执行程序的相关立法，联邦法警局在执行上的职权范围很大，包括追踪债务人的资产并进行冻结,打电话给债务人要求其解释进而对债务人造成心理压力,探访债务人的办公司和居所,限制其出境等。此外,在债务人故意逃避履行债务的情况下,联邦法警局有权对债务人提起行政诉讼和刑事诉讼。

三、金融法律制度

(一)银行准入与监管法律制度

从整体上来看,俄罗斯对外国银行的进入采取了较为严格的法律管控措施,不仅限制其业务范围、禁止从事特定事项,而且通过不同的法律规范(例如《战略法》、《银行法》、《抵押法》等)从不同层面对外国银行在俄境内的行为进行了规范,属于典型的事先批准、过程监督和事后监管综合准入管理体系。

1. 外国银行子行或分支机构的设立程序及要求

根据俄罗斯法律,外国银行可以在俄罗斯境内注册子行或者代表处,但是不允许设立分行。

俄罗斯《银行法》第 12 条规定,在符合俄罗斯法律要求进行国家登记并从中央银行取得许可证后,信贷机构有权在俄罗斯开展经营活动;该信贷机构仅能在其取得的许可证规定的经营范围内从事经营活动;没有相应的许可而从事经营活动要承担行政和刑事责任;银行在进行国家登记并缴足股本后方可获得银行许可证。

外国投资的信贷机构可以以股份有限公司或有限责任公司的形式设立,具体采用何种形式取决于俄罗斯中央银行的事先批准。能否获得中央银行的批准取决于中央银行对以下两个因素的分析:外国投资在俄罗斯银行系统中的份额;该外国银行(信贷机构的设立人)的财务状况。

一旦外国银行获得了中央银行的批准,便可开始进行法人实体的国家登记程序。在俄罗斯,银行的最低注册资本是 300,000,000 卢布(约合 4,285,714 美元)。在完成国家登记后,该银行需获得允许其提供银行服务的许可证。许可证列明了该银行可以从事的银行经营行为及银行可以何种货币从事该等经营行为。另外,俄罗斯中央银行《中央银行关于外国信贷机构代表处、在外国信贷机构代表处工作的外国员工及控制外国信贷机构代表处运作的外国员工的规定》(第 467 – П 号法令)对外国银行在俄罗斯所设代表处的法律地位进行了规定。

2. 对外国银行的业务限制或禁止

(1)限制事项

俄罗斯法律对外国公司、外国政府和国际组织拥有特定种类资产的限制事项适用于外国银行。例如,根据《战略法》,若外国国家、国际机构及其控制的组织意图通过交易取得对俄罗斯国防和国土安全存在战略意义的公司,需要取得由俄罗斯总理负责的政府委员会的事先批准。这些特定交易包括:直接或间接处置战略公司法定股本中超过25%有投票权的股份的行为;直接或间接处置战略公司法定股本中超过5%有投票权股份的,且在具有联邦重要性的地区进行地质底土勘探和(或)地质勘探、采矿的行为;其他阻碍战略公司管理层决策的行为。

(2)禁止事项

俄罗斯法律对外国公司、外国自然人、外国政府和国际组织拥有特定种类资产(如某些类型的土地、特定公司的股份)的禁止事项也同样适用于外国银行。例如,《抵押法》第63条禁止对国家或市政机关所拥有的主要土地设立抵押。

与此同时,根据《战略法》的规定,外国国家、国际组织及其控制的组织(包括设立在俄罗斯境内的组织),不得通过交易取得战略公司的控制权或收购、占有或使用战略公司的固定生产资产。

由于存在上述对外国公司持有特定类型财产的限制,外国银行在俄罗斯接受特定资产抵质押时,应当确保担保协议中约定了对抵押/质押财产进行执行的方式,不宜采用所有权保留(即担保履约时所有权转移至担保权人)的方式实现担保权益。

3. 利率管理规定

俄罗斯法律对商业贷款利率没有限制,不需要获得相关部门的批准。对于违约利率水平没有限制,但法院可依法调整。

俄罗斯《民法典》规定协议各方可以通过签订书面合同或通过将相应条款规定在主商业协议中的方式明确罚息(违约)利率的数额,一旦借款方未履行其协议项下的义务,则需要支付罚息(违约)利率。尽管对于罚息(违约)利率没有任何限制,但如果法院认为罚息(违约)利率的数额与违约或不履行协议造成的影响明显不相称,法院有权降低约定的罚息(违约)利率。

4. 其他金融法律制度介绍

(1)证券领域法律

俄罗斯主要通过《民法典》和《证券法》来规范其证券市场和证券交易。相关证券的发行程序主要在中央银行所颁布的法规中进行规定,例如2014年8月11日,中央银行批准的《证券发行登记、证券配售报告登记、及招股说明书登记标准》(第428-П号法令)。2013年9月,俄罗斯修订法律,规定俄罗斯联邦中央银行为负责调整、控制以及监管资本市场以及适用便利俄罗斯金融市场交易的必要规则和法规的机构。

(2)支付系统相关法律

近年来新兴支付系统兴起,然而相应的法律法规还不尽完善,基于此现实情况,俄罗斯政府于2011年6月26日颁布《国家支付系统法》(第161-FZ号),该法于2011年9月29日生效。此法律主要致力于调整未开立银行账户情况下的现金转账服务,对“电子货币”(或“数字货币”)进行了法律界定。构建了在支付系统框架下现金转账的主要功能,并对该支付系统的参与者进行了界定。

(3)反洗钱和反恐怖相关法律

俄罗斯的金融行动特别工作组是一个致力于促进和推动反洗钱和反恐怖主义融资的政府间国际组织。俄罗斯联邦于 2001 年 8 月 7 日颁布了《关于反对将犯罪所得合法化(洗钱)和资助恐怖主义法》(第 115 - FZ 号,下称《反洗钱法》),以适应金融行动特别工作组(FATF)的要求。《反洗钱法》涵盖了数量巨大金融服务提供商,其中包括信贷机构和付款代理人。《反洗钱法》规定了这些金融服务提供商必须遵守以下要求:建立适当的内部标准和程序、客户身份识别、客户经营活动的控制和对可疑的活动进行报告等。

(二)担保法律制度

俄罗斯的担保法律制度较为完善,涵盖了众多担保类型。

1. 担保方式

在实践中,担保方式的选择取决于债务人的情况、抵质押人的财务稳定性、融资条件或相关交易结构。具体可分为质押、抵押、保证、留置、定金、独立保证、保证金及其他担保形式。

俄罗斯主要担保方式介绍	
质押	根据俄罗斯质押相关的法律,质押应为担保权益实现时债权人主张的金额提供担保,可以以债务人(公司)或第三方的动产对其进行担保。如果债务人不能履行其承诺的义务,在公司破产时债权人有权依据所适用的优先规则,优先于其他债权人,就质押物的价值享有优先受偿权或在特定条件下占有质押物 除质押协议另有规定,质权人的权利自质押协议订立时成立,质押物上的质押自质押物按要求转移给质权人时成立。质押担保的范围应包括基本义务的本金、利息(如有)、罚金、由于迟延履行导致的损失赔偿,及对质权人为维持质押物和实现质押权(执行判决)支出的必要费用
抵押	抵押是针对不动产的质押,如土地、建筑物、矿物资源、其他与土地相关的资产;须注意的是,飞行器、船舶、太空船等也在俄罗斯法律中被归类为不动产
保证	根据《民法典》第 361 条,保证人须按照保证合同的约定向债权人履行债务人全部或部分的义务。保证合同的担保范围可以包括金钱或非金钱义务和将来发生的义务 按照《民法典》第 362 条的规定,保证权益自保证合同签署时成立。保证合同将基于保证人承诺的条款和贷款人的要求执行。如果保证人未能履行其在保证合同下的义务,贷款人有权启动司法程序 在实践中,保证合同因其形式简单及保证人需承担无条件的责任被广泛使用。自然人和法人均可作为保证人。当前俄罗斯法律并未对保证有任何特殊限制,包括公司之间的保证。但这种公司间的保证须按俄罗斯法律规定经公司内部决议批准

续表

留置	俄罗斯《民法典》规定，若债务人未履行主合同下的义务，债权人有权留置本应移转给债务人的物品（财产）；直至债务人履行其相应义务或向债权人赔偿其因该物品（财产）导致的支出和其他损失
定金	定金由买方支付以证明合同已经订立并保障合同义务的履行，合同中的定金应抵消部分的应付价款。定金合同须以书面形式订立，其他形式的定金条款无法律效力 如果支付定金的一方不履行合同义务，则定金接收方无需返还已收取的定金。如果接受定金的一方不履行合同义务，则须向未违约方双倍返还定金。此外，除合同中另有规定，违约方还应赔偿违约行为给未违约方造成的损失，具体金额应抵消已付定金的部分
独立保证	独立保证须以书面形式，以明确保证条件及证明该保证的有效性。但是，非书面形式的独立保证未必是无效的，只要受益人即主债的债权人能够在法庭上出示除证人证言以外的书面文件和其他证据证明独立保证的存在 保证人向受益人开具的保函独立于由该独立保证人出具的保函所担保的主义务，独立于委托人和保证人间的关系，也独立于独立担保明确约定的任何其他义务，即保证人不得以受益人与委托人之间的关系或主义务的无效为由拒绝付款。保证人收到保函要求的书面请求和文件后，即应向受益人付款独立保证可包含附确定条件或附确定期限的保证金额增减条款
保证金	保证金是指一方为另一方利益提交的一笔资金，也包括股票、债券、其他证券或类似物等，作为损失补偿、支付违约金、因参加交易而在法定情况下需承担的金钱给付义务等金钱义务履行的保证，或对未来可能之义务的保证。除非另有约定，商业组织间因负债而产生的利息不能由保证金支付 当约定的情形出现时，保证金将被用于履行相应的金钱义务。若约定的情形未出现或受保证的义务终止，保证金将被退回，除非另有约定。此外，也可约定某一方在特定情形下额外支付或退回部分保证金
其他	主要包括本票和信用证。根据俄罗斯法律，本票是一种书面担保，用以证明出票人或其他人需按本票约定时间向善意持票人支付一定数额款项的义务。本票的本质是一种贷款关系，法人和自然人均有权出具本票。因此，公司之间可以将本票作为一种担保形式，用以担保对交易对方义务的履行 在众多担保形式之中，信用证的使用最为广泛，但《民法典》并没有相关具体规定。将信用证作为一种结算、付款形式和一种可能的担保形式的意义在于，卖方在跨国买卖交易中可以得到付款保证

2. 担保主体资格

外国公司的分支机构、代表处可成为借款人、担保人或实际用款人。除非借款人的公司章程另有规定，俄罗斯企业可自由向境外贷款人申请贷款或为境外贷款人提供担保，而无需其他额外的审批和授权。根据俄罗斯法律，签订贷款协议和担保文件需要经过借款人或担保人的有权限的管理机关或股东决议通过。需要注意的是,有些企业如国企、信贷机构或战略公司可能还需满足其规范性文件或内部文件中规定的额外要求。

3. 担保的效力与顺位

本部分以图表的方式说明不同担保类型在对抗第三人效力及方式上的区别,并简要说明各担保类型优先顺位的确定方式和办理登记的相关行政部门。

类型	办理部门	优先顺位的确定	对抗第三人的方式	同一担保物能否重复设立担保以及担保方式
土地所有权抵押	俄罗斯联邦国家登记、地籍和制图联邦服务处及其分支机构(以下简称服务处)保存国家统一不动产产权交易登记簿,并负责不动产产权抵押登记	优先顺序依据抵押在国家统一不动产产权和交易登记处的登记顺序确定。(抵押法第43条第1款)	土地所有权抵押自于国家统一不动产产权和交易登记处登记之时生效。(抵押法第10条第2款)	若在先抵押合同未禁止,土地所有权上可再设立另一抵押。(抵押法第43条第1.2款)
建筑物抵押	服务处保存的国家统一不动产产权交易登记簿,并负责不动产产权抵押登记	优先顺序依据抵押在国家统一不动产产权和交易登记处的登记顺序确定。(抵押法第43条第1款)	建筑物抵押自于国家统一不动产产权和交易登记处登记之时起生效。(抵押法第10条第2款)	若在先抵押合同未禁止,建筑物上可再设立另一抵押。(抵押法第43条第1.2款)
土地租赁权抵押	服务处保存的国家统一不动产产权交易登记簿,并负责不动产产权抵押登记	优先顺序依据抵押在国家统一不动产产权和交易登记处的登记顺序确定。(抵押法第43条第1款)	土地租赁权抵押自国家登记之时生效。	若在先抵押合同未禁止,土地租赁权可再设立另一抵押。(抵押法第43条第1.2款)
股权质押	作为证券市场参与者的法定登记处,或公司自身(若公司股东少于50人)保存的股东登记簿,以及股权交易登记。(股份制公司第44条第3款)	优先顺序依据质押在股东登记处登记的登记顺序确定。(质押法第341条第1款,证券法第8.2条第11款)	股权质押自于股东登记处登记之时生效。(质押法第341条第1款,证券法第8.2条第11款)	若在先质押合同未禁止,股权上可再设立另一质押。(俄罗斯民法典第342条)

续表

类型	办理部门	优先顺位的确定	对抗第三人的方式	同一担保物能否重复设立担保以及担保方式
参与股权质押	基于公证证明的股权质押应在由联邦税务部门设立的国家统一法人实体和个人企业家登记处及其分支机构登记。(有限责任公司法第22条)	优先顺序依据质押合同签署日期确定。(俄罗斯民法典第342条)	参与股权质押自质押合同经公证证明,且质押在国家统一法人实体和个人企业家登记处登记后生效。(有限责任公司法第22条)	若在先质押合同未禁止,参与股权可再设立另一质押。(俄罗斯民法典第342条)
机器设备质押	无	优先顺序依据质押合同签署日期确定。(俄罗斯民法典第342条)	机器设备质押自质押合同签署生效。(俄罗斯民法典第341条第1款)	若在先质押合同未禁止,机器设备上可再设立另一质押。(俄罗斯民法典第342条)
矿权质押	无	优先顺序依据质押合同签署日期确定。(俄罗斯民法典第342条)	质押合同签署,矿权质押即生效。(俄罗斯民法典第341条第1款)	若在先质押合同未禁止,矿权上可再设立另一质押。(俄罗斯民法典第342条)

4. 登记要求

俄罗斯常见各类型担保方式的登记事项如下表所示:

担保大类	具体类型	生效或设立具体方式
银行担保	银行担保	银行签署担保协议,该担保即设立(俄罗斯民法典第368.373条)
抵押类	土地抵押	抵押合同签署且在国家统一不动产产权和交易登记处登记,抵押即设立(抵押法第10条第2款)
	建筑物抵押	抵押合同签署且在国家统一不动产产权和交易登记处登记,抵押即设立(抵押法第10条第2款)
	土地租赁权抵押	抵押合同签署且在国家统一不动产产权和交易登记处登记,抵押即设立(抵押法第10条第2款)

续表

担保大类	具体类型	生效或设立具体方式
质押类	上市公司股权	质押合同签署,且质押在管理登记部门或公司本身保存的股东登记册中记录(质押法第 341 条第 1 款,证券法第 8.2 条第 11 款)
	非上市公司股权	质押合同签署,且质押在管理登记部门或公司本身设立的股东登记处中登记(质押法第 341 条第 1 款,证券法第 8.2 条第 11 款)
	银行账户	银行账户质押在俄罗斯不适用
	股份	质押合同经公证证明,且质押在国家统一法人实体和个人企业家登记处登记,质押即设立(有限责任公司法第 22 条)
	矿权质押	质押合同签署,质押即设立
	机器设备	质押合同签署,质押即设立
保证(公司担保)	保证	保证协议签署,保证即设立(俄罗斯民法典第 362 条)

5. 担保的执行

俄罗斯各类型担保的执行方式如下表所示:

担保措施	执行
质押	1. 根据《民法典》的规定,质押协议双方有权对质押物采取的执行程序为法院程序或庭外程序进行约定。 2. 俄罗斯法律规定,公开拍卖是以法庭程序执行质押物的主要方式。公开拍卖应按照俄罗斯法律相关要求举行。 3. 双方可以约定一种特殊的庭外执行方式处置抵押物。这种方式下的执行基于公证人的执行许可,且不需向法院申请,也无需质押人的参与。通过这种方式处置质押物的前提为,质押协议必须在公证人的见证下签署,并经公证人公证。当执行的条件满足时,债权人有权向公证人提出申请,并启动处置质押物的程序。 4. 质权人应当向公证人出示经公证的质押协议和关于质押人未能履行义务的证明文件,以启动执行程序。公证人应当要求债务人履行其义务,如果债务人仍不能证明其已履行义务或取得法院对质押物的禁令救济,公证人有权执行质押物。在这种情况下,公证人将在质押协议上注明其执行许可,质押物将按照协议约定的方式处置。例如,公开拍卖,保留担保物所有权,出售给第三方。

续表

担保措施	执行
抵押	1. 根据《民法典》的规定,抵押协议双方有权对抵押物采取的执行程序为法院程序或庭外程序进行约定。 2. 俄罗斯法律规定,公开拍卖是以法庭程序执行抵押物的主要方式。公开拍卖应按照俄罗斯法律相关要求举行。 3. 抵押双方可以在抵押协议中约定,以抵押权人保留抵押物所有权的方式处置抵押物。上述方式仅在抵押协议订立双方为法律实体和(或)个人企业,且该抵押与其商业活动有关时适用。 4. 抵押协议双方有权在协议中约定通过庭外程序执行抵押物。除非双方约定了其他抵押物执行方式,抵押物将通过公开拍卖的方式执行,且初始价须按照协议中的约定而设定。 5. 若抵押协议双方约定基于公证人的执行许可执行抵押物,则该种执行方式也适用于抵押
保证	保证合同将基于保证人承诺的条款和贷款人的要求执行。如果保证人未能履行其在保证合同下的义务,贷款人有权启动司法程序
留置	债权人主张的留置权益的实现金额和顺序应与其基于的质押担保一致
定金	如果支付定金的一方不履行合同义务,则定金由接受的一方保留无需返还。如果接受定金的一方不履行合同义务,则须向未违约方双倍返还定金。此外,除合同另有规定,违约方还需赔偿违约行为给未违约方造成的损失(抵消定金部分)
独立保证	仅当付款请求和提供的文件与保函的要求不符或保函中该付款请求的有效期已逾的情况下,保证人方可以拒绝受益人的付款请求。保证人应当就此通知受益人并告知理由。如果保证人未能履行保函项下的义务,贷款人有权启动司法程序要求其履行义务
保证金	当约定的情形出现时,保证金将被用于履行相应的金钱义务。若约定的情形未出现或受保证的义务终止,保证金将被退回,除非另有约定。此外,也可约定某一方在特定情形下额外支付或退回部分保证金

6. 主权担保相关要求

俄罗斯现行的主权担保法律体系,由预算法典、政府预算、联邦政府、地方政府制定的关于主权担保的配套行政法规和政府规章,以及民商事法律中适用于担保法律关系的相关规定组成。

早在 1997 年,俄罗斯通过联邦政府令确立了早期的主权担保制度,俄罗斯联邦政府以俄罗斯联邦发展基金作为专项资金,为联邦政府遴选出的投资项目提供主权担保。1998 年,俄罗斯颁布联邦预算法典(以下简称预算法典),将俄罗斯联邦政府提供的主权担保以及联邦主体政府、自治地区政府提供的次主权担保,整体纳入预算法律体系,规定各级政府在年度政府预算中拟定主权担保年度规划并经相应级别的立法机关批准。2009 年，俄罗斯联邦最高仲裁法院修改颁布的《关于仲裁法院适用预算法典若干问题的解释》，对主权担保法律规定的实践中法律解释、法律适用和争议解决作了更加明细的规定。

从俄罗斯主权担保类型来看，按照预算货币的币种，可以划分为本币主权担保和外币主权担保，进一步可以细分为 10 种类型的主权担保，包括普通投资项目、优惠贷款投资项目、北高加索联邦区投资项目、特定地区旅游业发展项目、国防工业发展规划项目、国防采购项目等，中国投资人或融资机构一般可获得的主权担保类型主要为普通投资项目和优惠贷款投资项目的主权担保。

值得注意的是，2016 年 2 月 25 日俄罗斯重新修订预算法典，明确排除了外国法人作为主权担保或次主权担保的被担保人和债权人的可能性，并且进一步规定，由离岸公司持有股权合计 50% 以上的俄罗斯法人，也不能作为主权担保或次主权担保的被担保人和债权人。虽然，该新修订的预算法典规定，将适用于 2017 年以后的各级财政预算中的主权担保、次主权担保年度规划，但是，在国家杜马和联邦委员会已通过的 2016 年联邦政府财政预算以及 1016 号令和的 1044 号令两份行政法规中，普通投资项目和优惠贷款投资项目主权担保已被限定为俄罗斯法人；普通投资项目中主权担保的债权人被限定为俄罗斯外经银行、俄罗斯融资机构，而在优惠贷款投资项目项下，主权担保的债权人进一步限定为俄罗斯外经银行和少数经批准的俄罗斯融资机构和国际金融机构。可以看出，俄罗斯对于向外国主体直接提供主权担保的态度越来越趋于谨慎，中资企业和金融机构获得主权担保的难度和不确定性呈上升趋势，在中俄两国战略合作的背景下，中资企业和机构需要更加重视通过项目自身风险防控机制来确保投资回报和债权安全。

（三）合同的法律适用

根据俄罗斯法律，外国银行有权选择外国法律作为与俄罗斯借款人签订的贷款协议的准据法，即贷款协议可以适用外国法律。

（四）主权豁免

俄罗斯承认主权豁免原则。主权豁免原则不适用于州政府实施的任何民商事交易及签署的协议。

四、投资法律制度

俄罗斯投资法律整体管制严格，对外商投资存在一定限制：一是禁止或限制外国银行拥有某些种类的资产（如某些类型的土地、特定公司的股份）；二是虽然对于出资以及本金和利息的汇出没有限制，但超过 5 万美元的利息汇出需履行特别材料审核程序；三是外国人和法人实体，以及外国人控股 50% 以上的俄罗斯实体只能租赁农用土地。

(一)企业相关法律制度

根据俄罗斯最新的民法典修正案,商事法人实体为商业公司,可分为公众股份有限公司、非公众股份有限公司和有限责任公司。公众股份有限公司通常适用于大公司,或有大量股东的公司。法律对公众企业的法律规制比非公众企业更为严格。有限责任公司和非公众股份有限公司是外国公司在俄罗斯设立子公司的合法形式,也是在俄罗斯开展经营活动最简单的方式。外国公司还可通过分支机构或代表处的方式在俄罗斯开展经营活动。

1. 商事企业类型

俄罗斯商事企业类型	
类型	法律要求
公众股份有限公司(原开放性股份有限公司)	1. 公司名称需注明为公众公司 2. 注册资本最低为 100,000 卢布(约合 1,422 美元) 3. 股东人数不限,股东持股数额不限 4. 如仅有一个股东,该股东不得是仅包含了一个实体的商业实体 5. 其发行的股票供公开认购,且在法律法规设定的条件下可自由交易 6. 股东数超过一定数量的公众股份有限公司被课以额外义务 7. 有义务发布年度报告,资产负债表和损益表 8. 股东不具有优先购买权 9. 股东向第三方转让其股份无需获得其他股东的同意 10. 股东大会为权力机关 11. 董事会成员不得少于 5 人
非公众股份有限公司(原封闭性股份有限公司)	1. 股份仅能在特定人群中分配 2. 仅有一个股东的经营实体不能成为非公众股份有限公司的唯一股东 3. 非公众股份有限公司的最小注册资本不得少于 10,000 卢布(约合 142 美元) 4. 公司章程可以对股份总数、股份面值或单个股东可持有的最大表决权作出限制 5. 某些原属股东大会职权范围内的事项(除了特定事项)可以被下放到董事会层面,在一定程度扩大董事会的职权范围。同时,股东大会的职权范围也可以被扩大 6. 若股东少于 50 人,董事会是选择性的公司机构 7. 公司章程可以对股东大会和董事会召开、主持程序和决议程序另行约定,该约定可与相关法律的规定不同 8. 非公众股份有限公司没有公开账目的义务

续表

类型	法律要求
有限责任公司	1. 股东不能超过 50 人(且可以为 1 人)。但如果股东人数超过了 50,该企业实体应当在一年之内转为股份有限公司或者制造合作公司 2. 仅有一个股东的经营实体不能成为一个有限责任公司的唯一股东 3. 最低股权资本不少于 10,000 卢布(约合 142 美元) 4. 股东大会是有限责任公司的最高管理机构,几乎全部事项均在其专属职能范围内 5. 董事会是选择性的公司机构 6. 某些原属股东大会职权范围内的事项(除了特定事项)可以被下放到董事会层面,在一定程度扩大董事会的职权范围。同时,股东大会的职权范围也可以被扩大 7. 公司章程可以对股东大会和董事会召开、主持程序和决议程序另行约定,该约定可与相关法律的规定不同;有限责任公司没有公开账目的义务

基于上述有关俄罗斯公司的组织形式,外国公司设立的子公司一般采用有限责任公司的形式。原因在于:其一,有限责任公司有更加灵活的法人实体形式,尤其是在给予股东特别权利方面,其简单的融资形式允许不按股权比例向股东分红,更有利于公司发展。其二,有限责任公司无需发行股份,这使得该种法律实体更为普遍和灵活,也承担较少的法律义务。股东所获得的股权由他们的出资额决定。有限责任公司的资本分成"单位",它们实际上不是"股份"并且不属于俄罗斯证券法的范畴,不需要通过有关政府部门进行证券登记,设立更简单。

2. 设立程序和要求

简言之,为在俄罗斯设立全面经营的法律实体需要实施以下步骤:

步骤	具体内容
起草文件	设立人应起草并签署一套标准的公司基本文件,包括: 1. 公司章程 2. 唯一创始人决议或创始人股东大会决议 3. 国家登记注册申请表 4. 创立协议或能证明其公司资质的外国创始人在其母国的注册文件摘要或类似文件 5. 创始人在登记机关和银行的代表的授权委托书
支付费用	支付主体登记注册费(约 57 美元)
公证	协助进行文件的公证(当签署行为发生在俄罗斯联邦境内时)
统一国家登记	从登记注册部门获得登记注册许可,进行法人统一国家登记并取得税务登记证

续表

步骤	具体内容
刻制公章	刻制公章,有限责任公司和非公众股份有限公司可忽略此步骤
注册许可	从国家统计委员会和俄罗斯国家基金获取登记注册许可
账户开立	开立银行账户并通知税务部门和国家基金
特别要求	新设立的实体为股份有限公司时需进行股票的配售活动
期限	提交了所有设立所必需的信息及文件以后,有限责任公司的设立登记大约需要1.5~2个月,股份有限公司的设立登记时间约为的2.5~3个月。请注意俄罗斯中央银行可能会延长这个期限,但不会超过1个月

（二）特定行业与领域法律情况

俄罗斯在一些特定行业及领域有独特的法律审批制度及规范制度,尤其是对本国环境保护及特殊资源保护,有着较为严苛的法律要求,如果外国投资者业务涉及这些领域,需要特别注意。

1. 环境保护法律情况

在俄罗斯境内开展任何可能对环境造成损害的活动,必须持有特别许可证或执照,根据对环境的影响或污染程度设定限制标准,支付负面影响补偿金,并就其违法行为承担法律责任。

环境许可证包括一般性使用许可和特定负面影响许可。环境保护法规定了"污染者付费"原则,要求公司就以下对环境造成负面影响的活动必须获得许可证并缴纳相应税费,此类活动包括:向大气排放污染物或其他物质;向水体、地下水及水域排放污染物、其他物质及微生物;底土及土壤污染;工业及消费废物的排放;噪音污染、热污染、电磁及电离辐射污染以及其他类型的污染;其他可能对环境造成负面影响的活动。

2. 土地资源利用法律情况

(1)土地交易

外国公司获得俄罗斯房地产所有权会受到以下限制:外国人和外国法人实体不可以获得边境处的土地以及联邦法律规定的其他领域的土地、海港内土地。外国人和法人实体,以及外国人控股50%以上的俄罗斯法人实体只能租赁农用土地。

关于土地交易,法律规定国家登记的一般期限为10个工作日,因法律规定的登记中止最多不超过三个月。经公证文件的权利登记期间为自受理之日起3个工作日。如果公证人网上提交文件,则登记应在受理之日后1个工作日内完成。需要注意的是,地籍注册应在土地或其他不动产交易之前办理。因此,只有具有地籍编号的地块才可以出卖或转让(联邦不动产名册署给每一块地登记一个编号)。

当私人所有的农业指定用地地块被销售或购买时，俄罗斯联邦的州或市级单位在拟出售价格的基础上拥有优先权，公开拍卖或为国家或市政需要退出流通的情形除外（农业用地法第八章第一条）。当有关销售或购买的交易违反此规定时，交易被视为无效（农业用地法第八章第四条）。因此，土地地块的卖方必须书面通知俄罗斯联邦州的执行机构或地方机构，明确其出售土地的意图以及地块的价格、总面积、位置以及合同规定的财产处置期。

（2）土地租赁

一般来说，俄罗斯法律对土地的租赁期限没有限制。但是对特殊类型的地块确有一定的限制。例如，租用农用土地的最长期限不得超过 49 年，国有或市政所有的森林用地的租赁合同期限为 10 年至 49 年，但俄罗斯《森林法》另有规定的除外。

非经拍卖获得公用土地租赁协议的承租人不再享有无条件的优先续签权。优先续签权基于该类土地使用权通过拍卖获得并且满足一些特定的要求，比如在现行有效租约期限届满前提交拟达成新租赁协议的申请文件。

3. 劳工领域法律情况

用人单位应当与俄罗斯境内工作的每一位劳动者签订书面劳动合同。一般情况下，劳动合同为无固定期限合同，只有在《劳动法》第 59 条规定的特殊情形下才可订立固定期限劳动合同。劳动合同应当包含基本条款、双方建立劳动关系的条件以及各自的义务。雇用单位有义务在劳动者入职 3 天内与其订立书面劳动合同。如果劳动者根据雇用单位或其授权代表的指示在实际订立合同前已经开始工作，或者雇用单位知道其在订立合同前工作的，劳动合同视为在劳动者开始工作时订立，雇用单位不能剥夺劳动法赋予劳动者的权利。俄罗斯劳动法不允许存在实质劳动关系的雇用单位与劳动者订立服务合同。劳动合同不能禁止劳动者从事其全职工作外的其他工作，或在合同中规定法律无明文规定的解雇或纪律处分情形。

4. 战略资产领域法律情况

外国投资者以获取控制权包括直接方式和间接方式为目的收购具有战略重要性的俄罗斯企业法人时要根据战略行业法向俄罗斯国家机构办理手续。战略行业法管制对从事国家安全和国防有战略意义活动的俄罗斯公司的收购，该收购需获得俄罗斯总理领导的政府委员会的事先批准。

5. 矿业相关法律规定

（1）资格取得

俄罗斯法律规定，所有地下资源，包括石油、天然气等均为俄罗斯国家所有；石油和（或）天然气生产企业必须获得一系列许可和执照，包括底土许可、采矿配额、土地使用执照、经营许可和环境评估报告。以加工和销售天然气为例，需要取得的许可包括但不限于：取水许可、危险生产许可、生态文件登记或许可、技术标准达标、矿业工程授权、对第三方或自然废弃物的清除、对当地原著居民的经济、技术提供援助等。勘探发现矿产资源后可以不需竞争即取得采矿权。

(2)资源利用规定

俄罗斯法律规定了特定种类的地下资源地块为联邦境内具有重要意义的地下资源地块，并规定了该类资源使用权的创设和终止条件。禁止将联邦境内具有重要意义的地下资源地块转让给外国投资者直接或间接控制超过10%的表决权的企业；通过合同安排或其他方式控制管理的企业；外国投资者可以任命首席执行官，或可以任命总数10%以上的执行官员或占总数10%以上的董事会成员以及其他管理委员会的成员的企业。现有的联邦境内具有重要意义的地下资源地块清单依相关公布情况而定。

俄罗斯矿业开发主要采取生产分享协议(PSA)的形式。生产分享协议是一方或多方投资者与政府间确定关于特定矿产资源在特定时间段的踏勘、勘探、开采权的合同。生产分享协议必须包含"当地参与"条款，即由俄罗斯实体提供服务、劳动和商品的最低比例。投资者必须定期报告当地份额比例。法律规定的利润分配比例为：利润率低于17.5%，国家得10%；利润率在17.5% ~24%之间，国家得50%；利润率高于24%，国家得70%，开采十年后，双方对半分成。

(3)限制性规定

有关底土的权利不得擅自出售、质押、抵押或以其他形式转让于其他实体，某些底土法中明确规定的情形除外。这些情形包括但不限于：母公司与子公司之间的底土权利转让，或同一母公司的子公司之间的转让；在被许可人经并购成为另一公司所发生的转让；被许可人与另一公司合并所发生的转让；股份转移或股份置换新公司所发生的转让。然而，上述转让需要获得联邦底土利用局的特别决定。除非有关俄罗斯特殊矿藏权威机构另有决定，战略矿藏不得转让予有外资参与的公司。

(4)贵金属开采规则

"贵金属"指任何形式的金、银、铂及铂族金属，包括原生、已加工、初级商品、合金、半成品、工业制成品、化合物、珠宝、硬币、废料。开采出的贵金属必须交由俄罗斯政府授权官方名单上的特定公司进行加工。国家有权从底土使用者处优先收购贵金属和宝石。已获授权国家机构收购贵金属和宝石使用俄罗斯联邦贵金属和宝石国家储备基金或俄联邦各成员主体的单独储备基金。为行使此项权利，国家机构必须在每项收购至少3个月前和底土使用者签订初步协议并提前付款。

若未与有权政府机构达成贵金属销售、转让的初步协议，底土使用者可以以矿物初步产品的形式在加工前根据购销协议交易。购销协议必须在俄联邦财政部和经济发展部登记。

6. 基础设施互联互通法律情况

（1）EPC 制度（建筑工程合同）

俄罗斯法律并未规定任何与 EPC 合同类似的合同类型，因此目前建筑工程领域可用的最类似的合同为建筑工程合同。然而，标准 EPC 合同的条款在不违反俄罗斯民法典的命令性规范、俄罗斯法律秩序基础（公共政策）的情况下，可以实际运用于俄罗斯建筑领域。

（2）俄罗斯建筑工程合同特殊特点

建筑工程合同标的	根据建筑工程合同，承包方保证在约定期间内根据客户要求建设目标工程或其他建筑工程，客户保证为承包方提供其完成工程的必要条件、验收工程成果并支付约定价款 建筑工程的订立目的为建造或重建楼宇（包括公寓楼宇）、建筑物或其他建筑，完成配套设施安装、启用、调试或其他与目标建筑相关的其他工作 建筑工程合同可以规定承包方有确保目标建筑在合同规定的期间内正常使用的义务
建筑工程合同中承包方资格	除非承包方为相关自治组织的成员，俄罗斯法律未对承包方订立建筑工程活动开展活动的资质做任何规定 俄罗斯联邦于 2009 年 1 月 1 日引入建筑工程建造、重建、基建修缮领域的自律规章，以替代建筑工程许可证。目前，俄罗斯境内开展建筑工程业务的建筑公司必须成为自律组织的成员 建筑工程建造、重建、基建修缮领域的自律组织是非营利性组织，其应在国家自律组织登记簿中登记其详细信息。该自律组织的成员为实施建筑工程建造、重建、基建修缮的私人企业及法人。外国公司可以成为自律组织的成员，但其必须在俄罗斯境内设立代表处。设立代表处必须在俄罗斯联邦外国公司代表处的国家登记簿登记注册 自律组织中实施建筑工程建设的成员公司必须获得建筑工程建造、重建、基建修缮行业准入许可证。为获得会员资格与行业准入许可证，私人企业与法人应当满足下列要求： 1. 建筑公司雇员应当具备从事相关工作的教育背景及证书 2. 建筑公司应当至少有三名以上受过高等职业教育的雇员，或至少五名以上受过中等职业教育的雇员。受过高等职业教育的雇员必须具有至少三年以上工作经验，受过中等职业教育的雇员必须具有至少五年以上工作经验 3. 每五年雇员应当至少接受一次高等培训 4. 公司应当有足够的财产以开展相关工作（某些自律组织在此项上有额外要求） 5. 雇员及法人的工作能力检测结果合格（某些自律组织在此项上有额外要求）
建筑工程承保	建筑工程合同可以规定哪一方为建筑标的损毁、灭失的意外风险承保，并为另一方提供签署保险协议所需要的文件
技术文件	承包方应当根据技术文件和成本报表进行建筑工程建设。建筑工程合同应当对技术文件的主要内容做出规定。客户有权对技术文件进行变更，但该变更造成的额外工作量不能超过成本报表中约定工作量的 10%

续表

建筑用地及其他必要协调	客户应当为建筑施工以及其他必要的设施提供用地,保障货物的运输、临时性供电线路及供水线路的安装,为建筑施工提供其他必要的服务
客户的控制权	客户有权自行或聘请其他工程组控制建筑工程施工进度
遵守环境法规	承包方应当遵守环境法规以及保障建筑工程安全的法律
验收工程成果	验收每期工程成果后,客户对工程成果的意外损失与损坏(非因承包方过错而产生)承担责任 验收工程成果之前,应当依法律规定或合同约定对工程进行初步测验
质量担保	承包方依建筑工程合同,在保证期间内对技术文件中规定的目标工程成果参数和目标工程的正常使用提供担保,并在保证期间内对工程缺陷承担责任

(三)外汇管制

俄罗斯的外汇管制比较严格,例如禁止居民之间私下交易,一些行政手续较为繁琐。整体的外汇制度完善,市场规范化程度高。对于外汇汇出没有限制,有利于吸引外资、促进本国的经济发展。

1. 管理体系

外汇管制的法律体系由《外汇管理法》制定,主要适用于货币管制地居民。货币管制目的下的居民(以下简称居民)是指在俄罗斯设立的公司及其在境外的分支机构和代表处,以及俄罗斯居民。非居民是外国公司及其在俄罗斯的分支机构和办事处、外国居民(以下简称非居民)。

(1)监管机构

俄罗斯中央银行负责银行机构外汇监管;联邦税务局和联邦海关负责居民外汇监管。

(2)居民间外汇交易规定

一般来说,俄罗斯禁止居民之间进行外汇交易,除非外汇交易在已获许可的俄罗斯银行之间或在是获得许可的俄罗斯银行和其他居民之间进行(《外汇管理法》第9条2.3款)。

(3)居民与非居民间的外汇交易规定

根据居民与非居民之间特定的商事合同而进行的超过50,000美元的外汇交易需要受制于特别的材料审核程序("passport sdelk")(《外汇管理法》第20条,2012年6月4日颁布的第138-1号的俄罗斯《银行法》第6章)。

2. 资本项目项下的外汇限制

一般来说,对于出资以及本金和利息的汇出没有限制。如果一笔利息的汇出超过了50,000美元,该交易需要履行特别的材料审核程序("passport sdelki")。因此,还应当特别注意与利息支付有关的税收和会计规定。

3. 境外账户开立规定

(1)居民(部分个人例外)可自由在外国银行开立账户，包括在中国的银行开立账户。不过应当在一个月内向俄罗斯税务机关申报账户开立、注销以及变更的情况(《外汇管理法》第12条第1.2款)。

(2)俄罗斯居民仅能通过其在俄罗斯银行开立的账户下接受从非居民处获得的贷款，满足以下所有条件的除外：该贷款合同是俄罗斯居民同经济合作和发展组织(OECD)或者国际反洗钱金融行动特别工作组(FATF)成员国的居民签署的；以及，该贷款合同的期限超过两年；以及贷款以外国货币支付。假设上述所有条件都满足，俄罗斯居民有权在其于俄罗斯联邦境外 OECD 或者 FATF 的成员国内开立的银行账户下接受贷款资金。

该居民公司同时也应当向俄罗斯税务局提交海外账户交易的季度报告。自2015年1月1日起，俄罗斯个人居民也负有向俄罗斯税务局报告的义务。

根据《外汇管理法》第12条第4~6款，俄罗斯居民只能在其海外账户上接受特定类型的资金，但是能自由地在俄罗斯账户和外国账户之间、外国账户之间进行资金转账。

(四)税收制度

俄罗斯法人实体所涉及的税收种类一般包括：

俄罗斯基本税收类型	
种类	税　　率
增值税	增值税税率分零税率、10%的低税率、18%的一般税率。缴纳增值税不需要单独登记，因此增值税由法人实体计入销售货物、工程、服务和知识产权的合同价格，包括无偿销售。对银行和保险交易免征增值税，但是保险交易中的托收交易除外(《税法典》第149条第3款，3.1项)
利润税(所得税)	一般税率和最高税率为20%，具体来看，其中的2%归入联邦财政，18%归入地方财政。地方政府有权将地方所得税最高削减4.5%。应税税基为法人实体的收入总额减去相关的支出及准予扣除的项目金额(《税法典》第247条)。计算所得税时可扣除的支出应满足以下两个基本原则：一是该项支出在经济上是合理的，二是该支付有适当的原始凭证证明
公司财产税	该税的课税基础为根据俄罗斯会计准则计算的应税财产的年平均净值。该税税率在俄罗斯内地区有不同变化，但税率不超过2.2% 某些不动产财产税基于不动产的地籍价值而定。以下类型的不动产财产税、房地产的地籍价值用于计算公司财产税：行政商务中心、购物中心和其中的房屋；用作办公室、商店、提供餐饮服务，消费者服务，或意图用于这种用途的非住宅房屋；任何由在俄罗斯无常设机构的外国公司持有的地产，或外国公司并未将交由其常设机构的该类地产

根据俄罗斯税法，外国企业在俄罗斯的分支机构需要缴纳俄罗斯的各种税。外国公司的代表处则不需要缴纳俄罗斯的大多数税种，如没有从事增值税应税业务的不需缴纳增值税，在俄罗斯境内没有不动产的不需要缴纳公司财产税。无论外国公司在俄罗斯建立什么形式的机构，都需要在俄罗斯缴纳社会保险缴费和个人所得税。

五、法律风险评价

（一）营商环境优劣势并存

根据2015年世界银行营商环境指南提供的数据，俄罗斯在公司注册和财产登记两方面表现突出，在世界189个国家和地区中分别排名第34位和第12位；但是在工程承包、少数投资者权益保护、电力取得等方面则有待提升，分别排名全世界第156位、第100位和第143位，处于世界中下游水平。以工程承包为例，在俄罗斯平均每项工程的取得需要经过19.8道程序，耗时达到238.4天，且成本高达投资价值的1.9%。

公司注册		财产登记	
程序个数	4.4	程序个数	3
时间（日）	11.2	时间（日）	19
成本（占单位收入的百分比）	1.2	成本（占财产价值百分比）	0.1
最低注册资本	0		

数据来源：2015年世界银行营商环境指南。

（二）合同执行成本和破产处置成本较低

俄罗斯的合同执行效率显著高于欧洲及中亚地区的平均水平。根据2015年世界银行营商环境指南提供的数据，俄罗斯的合同强制执行效率在全世界189个国家和地区中排名第14位。俄罗斯破产处置成本也低于欧洲及中亚地区水平，其破产处置效率排名全世界第65位。

合同强制执行	俄罗斯	欧洲及中亚地区	美国	英国
时间（日）	270.0	448.1	420	437
成本（站标的额的百分比）	13.4	25.2	30.5	39.9
程序（个）	35.0	37.0	33.6	29

续表

破产处置	俄罗斯	欧洲及中亚地区	美国	英国
时间(年)	2.0	2.3	1.5	1.0
成本(资产价值的百分比)	9.0	13.3	8	6
回收率(每美元美分数)	42.6	37.7	80.4	88.6

数据来源:2015 年世界银行营商环境指南。

(三)进出口贸易法律限制较多

俄罗斯对跨境贸易设定了较多限制。为了保护本国市场、应对欧美制裁,在进出口贸易方面,俄罗斯法律均规定了一系列手续和程序,增加了交易方的时间和资金成本。根据 2015 年世界银行营商环境指南提供的数据,俄罗斯的跨境贸易难易度在全世界 189 个国家和地区中排在第 155 位。

俄罗斯跨境贸易	
出口所需文件数	9
出口时间(日)	21.1
出口成本(每集装箱/美元)	2401
进口所需文件数	10
进口时间(日)	19.4
进口成本(每集装箱/美元)	2595

数据来源:2015 年世界银行营商环境指南。

哈萨克斯坦共和国
The Republic of Kazakhstan

——走在"光明大道"上的阿斯塔纳

哈萨克斯坦共和国基本情况

国家名称（中英文）	哈萨克斯坦共和国（The Republic of Kazakhstan）		
人口（百万）	17.54	人口增长率（年均%）	1.5
领土面积（千平方公里）	2724.9	主要民族	哈萨克族、俄罗斯族、乌克兰族、乌兹别克族
官方语言	哈萨克语、俄语	主要宗教信仰	伊斯兰教、东正教
政体	总统制	主要政党	“祖国之光”党
GDP（十亿美元）	184.36	GDP 增长率（年均%）	1.2
国民总收入（十亿美元）	203.22	人均国民收入（美元）	11,580
通货膨胀率（年均%）	-0.9	外国直接投资净流入（百万美元）	4021
外债（百万美元）	157,595	总偿债额占出口贸易和收入的比率	35.1

数据来源：2015 年世界发展指标数据库。

一、国情简介

哈萨克斯坦共和国（以下简称哈萨克斯坦）是世界最大的内陆国家。全国共有131 个民族，主要民族有哈萨克族、俄罗斯族、乌克兰族、乌兹别克族、日耳曼族和鞑靼族等。哈萨克斯坦以哈萨克语和俄语为官方语言。该国 50% 以上的居民信奉伊斯兰教（逊尼派），此外还有部分居民信仰东正教、天主教、佛教等。从政治、经济、外交等因素综合来看，哈萨克斯坦政治局势较为稳定，经济发展稳健，多元平衡外交成效明显。

（一）政治概况

哈萨克斯坦为总统制共和国。总统是国家元首，负责决定国家对内对外方针政策，并在国际关系中作为代表哈萨克斯坦的最高国家官员。2015 年 4 月，哈萨克斯坦举行总统大选，纳扎尔巴耶夫以绝对优势胜选连任。议会是哈萨克斯坦国家最高代表机构，行使立法职能，负责通过共和国宪法和法律并对其进行修改和补充、同意总统对总理、国家安全委员会主席、总检察长、国家银行行长的任命。政府为哈萨克斯坦国家最高行政机关,行使国家政权,对共和国总统负责。在哈萨克斯坦,法官独立司职,只服从宪法和法律。该国司法体系包括最高司法委员会、司法鉴定委员会、宪法委员会、最高法院和各级地方法院。其中,最高司法委员会由总统主持,其成员包括宪法委员会主席、最高法院院长、总检察长、司法部长、上院议员等。哈萨克斯坦是多党制国家,主要政党有“祖国之光”人民民主党、哈共产人民党、“光明道路”民主党等。

(二)经济概况

哈萨克斯坦经济以石油、天然气、采矿、煤炭和农牧业为主,自然资源十分丰富,已探明石油储量约50亿吨(预测蕴藏量170亿吨),占世界总储量的3.2%,位列全球第9位;铀矿储量150万吨,居世界第二位。铜矿已探明储量为3450万吨,居世界第四位。钨矿储量200万吨,居世界第一位。

哈萨克斯坦独立后实行经济改革,推行市场经济和私有化进程。开启了哈萨克斯坦经济发展的“黄金时期”,2008全球经济危机爆发前10年,哈萨克斯坦GDP年均增长10%左右,经济总量扩充5倍,外贸额增长6倍,经济实力占中亚五国总量的三分之二,是独联体中第一个获得欧盟和美国承认市场经济地位的国家。2008年后,哈萨克斯坦经济增长速度骤减。近年来,随着世界经济复苏、国际市场需求恢复以及能源金属等国际价格稳定,哈萨克斯坦经济强劲反弹,出口贸易额不断增长。

中国是哈萨克斯坦第二大贸易伙伴。根据哈萨克斯坦国民经济部统计委员会初步统计数据,2015年中哈双边贸易额105.67亿美元(占比13.9%),哈萨克斯坦对中国出口额54.84亿美元(占比12.0%),哈萨克斯坦自中国进口额50.83亿美元(占比16.8%)。

(三)外交政策

哈萨克斯坦奉行平衡务实的多元外交,积极扩大自身在地区和国际事务中的影响力。俄罗斯、中国、中亚、美国、欧盟以及伊斯兰国家是哈萨克斯坦的外交重点。同时,萨克斯坦也逐步扩大其与亚太及拉美国家的交往。哈萨克斯坦支持俄罗斯推动独联体一体化,是欧亚经济共同体、集体安全条约组织和关税同盟的主要成员国。

中国和哈萨克斯坦是传统友好邻邦。1991年12月27日,中国承认哈萨克斯坦独立。1992年1月3日,中哈两国建交,2011年中哈两国建立全面战略伙伴关系。近年来两国高访频繁,纳扎尔巴耶夫总统连续多年访华,中国领导人也多次访问哈萨克斯坦。2013年9月,中国国家主席习近平对哈萨克斯坦进行首次国事访问,双方签署了《中哈关于进一步深化全面战略伙伴关系的联合宣言》。2015年5月,国家主席习近平再次访问哈萨克斯坦,访问期间两国元首强调推进中国“一带一路”建设同哈萨克斯坦“光明大道”经济战略的对接,实现共同发展繁荣,两国务实合作进入新阶段。中哈两国在国际事务中也保持了良好的沟通和协调。

二、法律概览

(一)法律体系

哈萨克斯坦法律体系来源于罗马—日耳曼法系(大陆法系),与意大利、法国、德国、奥地利等国家法系一脉相承,受前苏联立法影响深远。

1991年独立后,哈萨克斯坦颁布和完善了一系列法律法规。《宪法》是哈萨克斯坦国家法律体系的核心和基础。哈萨克斯坦《宪法》是在继承前苏联法律制度的基础上,同时结合本国国情、借鉴其他国家的宪政制度而形成的混合宪法制度。

哈萨克斯坦1998年3月24日颁布的《规范法律条文法》规定,哈萨克斯坦共和国《宪法》具有最高法律效力。除《宪法》外,哈萨克斯坦法律体系还包括《民法》《刑法》《劳动法》《投资法》《税法》《银行与银行业务法》等。

(二)司法制度

1. 诉讼制度

哈萨克斯坦法院体系分为最高法院及地方法院,地方法院分为州级及市级法院;在哈萨克斯坦,还设立了包括军事法院在内的各类专业法院。最高法院的法官由议会的上议院选出,地方法院的法官由总统任命。

法院对民事、刑事和行政案件的诉讼审理程序,取决于案件涉及的法律关系性质。案件的审理始于第一级法院,在法律允许的情况下,对第一级法院的判决可向受理上诉的法院提出上诉。一般来说,案件审理在市(区)初级和与其平行的法院进行,特殊情况下案件的初级审理可在州法院或最高法院进行。另外,哈萨克斯坦对特定类型的诉讼管辖另有专门规定。例如,与土地权利及其他不动产权利相关的诉讼必须提交到该不动产所在地法院。

哈萨克斯坦规范法院诉讼活动的法律法规有:《哈萨克斯坦民事诉讼程序法》《刑事诉讼程序法》《执行诉讼程序和法院的执行者地位》《刑事执行法》等。

2. 仲裁制度

哈萨克斯坦法律为民事、商事参与者提供了通过仲裁法院或国际商务仲裁庭解决纠纷的可能性。仲裁法院所审理的案件,其当事人双方应是哈萨克斯坦公民。如果一方当事人是外国公民,则争议需通过国际商务仲裁庭审理。

在法律作出特别规定的情况下,对仲裁法院或国际商事仲裁庭的裁决可以上诉至普通司法管辖法院。

纠纷双方通常自愿执行仲裁法院或国际商务仲裁庭的裁决。如被执行人拒绝自愿执行裁决,可根据哈萨克斯坦法律,按照执行普通司法管辖法院判决的规定申请强制执行。

3. 司法协助

哈萨克斯坦既是《关于解决国家和他国国民之间投资争端公约》(《华盛顿公约》)成员国,同时也是《承认及执行外国仲裁裁决公约》(《纽约公约》)的签约国。1993 年 1 月 14 日,中哈两国签订了《关于民事和刑事司法协助的条约》,该条约已于 1995 年 7 月 11 日生效。

(三)司法效率

哈萨克斯坦的司法效率处于世界中等偏上水平,特别是在合同强制执行方面,在中亚地区具备一定优势。

三、金融法律制度

(一)银行准入与监管法律制度

哈萨克斯坦调整银行经营及信贷业务的主要法律法规有:哈萨克斯坦《银行与银行经营法》《国家银行法》《中央银行法》《保险法》《开发银行法》《有价证券法》《国家调节和监管金融市场与金融机构法》《外汇调节法》《货币调控和监管法》等。

1. 银行准入法律制度

对外开放方面,哈萨克斯坦总体对外资银行实行严格的准入监管。2005 年 10 月,哈萨克斯坦议会通过了《许可与债务整理监督法》,取消了原有外国银行在哈萨克斯坦不能持有超过 50% 股权的限制,大大提高了哈萨克斯坦银行业对外开放程度,但总体上对外开放水平仍较低。在银行设立方面,哈萨克斯坦实行许可制度,具体程序如下所示:

哈萨克斯坦银行设立程序	
设立申请	1. 法人或自然人有权向哈萨克斯坦金融监管局提交开立银行的申请; 2. 申请须以哈萨克语或俄语书写,并注明申请人地址; 3. 申请须按照金融监管局的要求附相关的文件及信息资料
许可审批	1. 金融监管局应在申请人交齐申请资料及要求补充的信息之日起 3 个月内完成审批,但不超过授权机关接受申请之日起 6 个月; 2. 金融监管局按申请书上所载地址寄达书面通知
许可登记	金融监管局对所发的许可进行登记
注册登记	司法机构根据授权机关的批准和已获得授权机关批准的银行开立文件(如章程等),为银行办理国家注册登记。银行设立人应在取得授权机关的开立批准之日起 1 个月内到司法机构办理国家注册登记。在国家注册登记后 14 个公历日内,将司法机构签署意见并盖章的章程以及国家注册登记证的复印件公证后报送给授权机关

2. 银行监管法律制度

哈萨克斯坦中央银行及金融监管局作为该国主要的金融监管机构，承担监督银行经营、控制金融风险的职责。金融监管部门对在哈萨克斯坦开立的内外资银行的监管基本相同实行标准。

哈萨克斯坦银行监管要求	
注册资本	银行应在其注册之时由股东实付 50% 的注册资本，并在其注册之日起一个公历年之内全额缴付
经营许可证	由授权机关和中央银行依法在其权限内发放经营许可证，在发放许可证时监管机构有权确认银行拟办理的业务与哈萨克斯坦法律的要求是否符合
外资银行特殊要求	1. 外资银行总经理成员中至少要有一名哈萨克斯坦公民，并需提供其在哈萨克斯坦银行业有 3 年以上领导工作经验且具有哈萨克斯坦银行法和经济法知识的证明文件； 2. 外资银行应按照授权机关规定的金额及办法进行境内资产配置； 3. 外资银行全部员工人数的 70% 以上应为哈萨克斯坦公民； 4. 哈萨克斯坦金融监管局有权向外资银行提出有关其机构组成、所办理的银行业务清单、制约性指标、其他必须遵守的指标、限额以及报表等补充要求
利率要求	1. 哈萨克斯坦中央银行有权制定国际银行业惯例采用的补充性制约指标及其他必须遵守的标准和限额，定期公布指导性的商业贷款利率，各商业银行可以在此基础上浮动并设定相应的贷款利率，监管部门对此并无最高限制。 2. 利率、手续费以及提供银行服务的费率由商业银行自行设定，不需要向监管机构报批，但是禁止向银行的特殊关系方提供优惠条件

（二）担保法律制度

1. 担保法律体系

哈萨克斯坦常见的担保方式有抵押、质押、保证。

抵押可以适用于为不动产设立担保，也可以适用于为部分动产设立担保。依哈萨克斯坦法律要求，不动产抵押通常应在国家机关进行登记，质押可以在财产权利以及应收账款上设立，某些类型的动产质押也有强制登记的要求。

依据哈萨克斯坦法律规定，保证包括一般保证和连带保证，都应以书面形式作出。但是，如果执行一般保证或连带保证所涉及的金额超过哈萨克斯坦法律设定的限额，相关协议需要在哈萨克斯坦国家银行地方机构登记。

2. 常用物的担保类型及法律要求

常用物的担保类型及法律要求	
不动产抵押	不动产抵押受限于相关国家机关的登记，该登记是在不动产之上设立担保利益的必要条件。根据哈萨克斯坦已有的实践惯例，所有的登记费用由借款人承担，除非协议中另有规定
动产质押	动产质押中没有公证的要求，同时在动产质押项下，根据动产类型的不同，部分动产质押会被强制要求登记。在下列情形下，所有的动产质押都需要进行登记：质押协议的一方要求进行登记；或者该质押协议的规定不允许对质押财产进行重复质押
股权质押	1. 在哈萨克斯坦股份有限公司股权上设立的股权质押适用哈萨克斯坦法律。在哈萨克斯坦，股权通常以记名股票的形式发行，并且对股权质押的强制登记是通过综合证券登记机关 JSC（对哈萨克斯坦国家银行负责的独立的登记机关）所持有的登记记录来实现的，该登记是股权质押有效的必要条件 2. 对于有限责任合伙企业的份额的质押，并不强制要求登记，除非有限责任公司的股权/参与方的登记记录被综合证券登记机关 JSC 持有 3. 哈萨克斯坦法律并未有针对上市公司股权质押设立的特别规定
银行账户资金质押	哈萨克斯坦没有同银行账户质押相关的强制性登记或公证要求
地下资源使用权质押	哈萨克斯坦的油气、矿产等资源开发由《地下资源法》进行规范。地下资源的所有权归国家所有，地下资源的使用者仅拥有使用权，就已开采矿产资源的质押问题，哈萨克斯坦法律并无特别规定。《地下资源法》制定了关于地下资源使用权质押的具体规则和程序： 1. 监管部门。地下资源使用权以及与地下资源使用权有关的物体（“地下资源标的”）只有在获得了地下资源及地下资源使用的有关主管部门的同意之后，才能被质押。该等主管部门包括能源部或投发部，或一个地区（国家重要城市或首都）的执行机构（“主管部门”）。能源部负责管理有关石油和天然气资源方面的事宜，投发部是其他矿产资源的主管部门。一个地区（国家重要城市或首都）的执行机构负责地下资源的使用运营以及与普遍的矿产资源（如砂、碎石、黏土等）相关的权利。在以下情况下主管部门可拒绝接受设立质押的申请：质权人不能遵守地下资源使用者在地下资源合同中的义务、地下资源使用者故意向主管部门提供虚假信息或地下资源权利的转让（质押）会导致违反哈萨克斯坦国家安全的要求，包括地下资源合同中对地下资源权利的垄断。如果主管部门拒绝批准质押，地下资源使用者有权向哈萨克斯坦法院对该等拒绝提出抗辩 2. 申请文件。为获得主管部门的同意，申请人需要提交的文件包括：申请书、贷款协议、质押协议、借贷资金使用目的说明、贷款偿还计划、质权人的基本资料及证明文件。从提交了全套文件之日起，至获得许可并且向主管部门进行质押登记，大约需要 70 个自然日 3. 生效条件。地下资源使用权及地下资源标的质押必须向主管部门登记才能生效。地下资源使用权质押协议必须在颁发同意书之日起 6 个月内签署。如未能在交易（即质押）达成后的 5 个工作日内通知主管部门的，则可能会导致交易无效。如果对地下资源使用权质押的执行和该权利的公共拍卖会造成地下资源使用者发生变化，则相关的地下资源合同就要进行必要的变更或补充，并且只有在该变更或补充进行登记后，地下资源使用者的变更才能视为完成。如果该合同中未提及相关地下资源使用权的转让，或者主管部门发现就该地下资源使用权的质押的许可是基于不可靠信息作出的，则该主管部门有权拒绝该合同的登记

续表

知识产权质押	如果对已登记的知识产权权利（如商标权）设立质押，该质押必须在负责该知识产权登记的管理机关处登记。目前，对已登记的知识产权设立的质押应在哈萨克斯坦司法部的知识产权委员会（“委员会”）和/或国家知识产权协会（“专利代理机构”）进行登记。对未登记的知识产权权利设立质押的情形并不普遍并且该种质押的登记也非强制性要求。哈萨克斯坦法律项下没有关于知识产权质押登记的明确规定
周转中物品质押（浮动质押）	对于周转中物品质押（浮动质押）没有相关的强制性登记要求
机器设备质押	对专门用于农业、铁路、航线、航道以及建设工程的机器设备（即最初经国家登记的机器设备）的质押，法律强制性要求进行登记，登记机关为农业部的地方机构；对其他机器设备的质押则没有强制登记的要求
航天器和船舶质押	强制要求登记相关的质押合同。哈萨克斯坦国家航天局负责航天器质押，哈萨克斯坦交通部的地方机构负责航空器和船舶质押，哈萨克斯坦司法部的地方机构负责除航空器、航天器和船舶之外的其他不动产上创设的质押

3. 担保的效力与顺位

哈萨克斯坦法律一般不承认“债权人代位求偿权”的概念，而是确立了“先到先得”的原则，登记在先的债权人与其他债权人相比，享有优先顺位。该规定特别适用于有强制登记要求的担保。如同一天登记的质押优先顺序应根据递交登记申请的顺序决定。已登记的担保权益优先于未登记的担保权益；已登记担保权益之间的优先性根据质押合同登记之日决定。

哈萨克斯坦民法通常允许在同一担保物上创设新的抵押（如第二级或第三级的质押），除非这种新的抵押受到第一顺位抵押或其他借款人有关消极担保合同义务的限制。在这种情况下，第二级或第三级质权人的主张只有在之前的抵质权人的主张被满足后才能得以满足。出质人必须就其所有的财产和权利上已存在的抵质押通知所有后续的质权人，若出质人未进行该通知，则应向抵质权人赔偿因此而产生的损失。

4. 担保的执行

哈萨克斯坦法律规定，当担保人或借款人未履行或未适当履行被担保的义务时，可以执行相应的担保。当事人对担保物的执行方式可以进行约定，以提起诉讼或者不起诉的方式进行，担保标的物必须通过公开拍卖的方式出售。

但是如果哈萨克斯坦法院认为未履行义务的情节轻微，且担保权人的主张明显同担保财产的价值不成比例，法院可以拒绝执行。在动产质押的情形中，如果双方协议中明确规定质押的执行不会诉诸法院，则上述的规则不再适用。除法院救济外，当事人还可以采取签署执行协议、抵消、债务更新等其他救济方式实现担保权。

5. 境外银行财产抵质押限制

哈萨克斯坦法律规定，外国贷款人从哈萨克斯坦借款人处取得担保利益一般没有限制，不需要特别的政府审批，但是对于某些特殊财产抵质押仍存在一些限制。

境外银行财产抵质押限制	
土地资源抵质押	对于土地所有权或者土地使用权，哈萨克斯坦法律规定只能由哈萨克斯坦政府允许的法律实体持有。根据相关法律，外国法律实体不得持有： 1. 用于商业性农业和植树造林的土地和位于边境区域的土地的所有权 2. 永久的土地使用权（外国法律实体可以获取临时的土地使用权，但使用年限不得超过 10 年） 在执行该担保时，由于外国法律实体被禁止持有特定土地的所有权和永久的土地使用权，无论以公开拍卖、协议出售或任何其他方式，外国贷款人都无法获得或持有相关的土地所有权和土地使用权
地下资源抵质押	根据哈萨克斯坦法律的规定，只有被政府机构允许的投标人才能参与相关地下资源使用权或地下资源标的的公开拍卖，而对于外国法律实体就相关地下资源使用权或地下资源标的的公开拍卖的参与申请，政府机构往往采取相对谨慎的态度

6. 主权担保

一般而言，哈萨克斯坦财政部主导政府借贷，但必须事先取得由总理以及各部级领导人所组成的预算委员会对个别投资项目外债融资的审批。在取得预算委员会的相关审批后，财政部将会和银行进行融资文件谈判，并同时准备相关政府决议，协调其他相关部门审批，并取得司法部的法律意见。当政府决议得到总理签署后，财政部将代表政府签署相关融资合同。签署融资合同后，财政部必须依法进行登记。贷款最终使用人（即项目用款人）必须向财政部提供还款细节。财政部必须将还款所需金额依法编入预算。

若哈萨克斯坦政府作为借款人或提供主权担保，该主权担保必须遵守《预算法》的规定，严格遵守财政部设定的贷款上限及为还本付息所划拨的预算。

（三）合同的法律适用

1. 贷款协议的法律适用

贷款协议可适用外国法律，一般可在双方签订的贷款协议中自行约定。但若适用外国法律违反哈萨克斯坦法律的，则以哈萨克斯坦法律为准。

2. 担保协议的法律适用

哈萨克斯坦法律允许选择担保协议的适用法律。然而，适用法律的选择不应该涉及该国法律项下与适用法律无关的强制性规定。即使担保协议受外国法管辖，哈萨克斯坦法律项下的抵质押协议中通常要求的信息（如价值等）应包含在抵、质押协议中，否则登记机关可能拒绝进行登记。

如果对外国法律的适用会与哈萨克斯坦公共政策的基本原则相悖,则不能适用该外国法律,而应该选择哈萨克斯坦法律作为适用法律。哈萨克斯坦公共政策是由法院来决定的,因此,在特定情况下法院可拒绝适用外国法。如果当事方选择了外国法作为合同适用法律,而哈萨克斯坦法院不能查明该外国法如何规定时,则根据相关规定,法院可使用哈萨克斯坦法律。

依据哈萨克斯坦法律要求,涉及特定资产(如不动产、地下资源使用权、车辆及其他在哈登记的资产)的抵押必须选择适用哈萨克斯坦法律,贷款协议可以选择适用外国法律,但若适用外国法律违反哈萨克斯坦法律的强制性规定,则以哈萨克斯坦法律为准。

(四)主权豁免

在主权豁免方面,哈萨克斯坦尚无专门立法规定主权豁免问题,但明确以哈萨克斯坦政府(指定部门为财政部)名义签署的相关文件,享受国家主权豁免。若涉及借款人为政府其他部门或全资国有企业的借贷等商事行为,除非政府正式批文另有规定,否则均无豁免权。

四、投资法律制度

哈萨克斯坦近年来积极创造条件吸引外资,制订了国家吸引外资计划,完善了投资法律体系,设立了专门的投资服务机构,完善了税收体制,强化税收行政管理,减少了法律法规之间的冲突与矛盾。

(一)企业相关法律制度

哈萨克斯坦《投资法》规定所有外资企业必须进行强制审批和登记。享受投资特惠必须提出申请,由授权机关审议。一般外资企业注册由国家授权的机关办理,资本超过一亿坚戈的外资企业由政府批准。另外,外资企业必须取得在哈萨克斯坦领土上开展企业活动的许可证,该许可证分为一般许可证和专项许可证。

1. 主要企业类型

哈萨克斯坦企业的主要类型为股份公司和有限责任合伙公司。目前数量最多的是有限责任合伙公司,因为其注册资本少、经营范围广、监管严格且股权出让程序简化,相比股份公司,其对公司合法权益的保护实效性更强。

外国投资者在哈萨克斯坦从事商务活动的组织形式主要有两种:一是建立分公司或代表处,二是成立子公司。其中分公司的具体要求如下所示:

在哈萨克斯坦设立分公司的具体要求	
法律地位	分公司不具备独立法人资格，不拥有独立财产，以法人代表的名义从事职能范围内的活动，违约责任由法人承担
注册资本	无
总公司税务状况确认函	注册时无须提供
公司领导人税务登记	需要
公司注册地址证明文件	提交法律部门备案
银行账户印鉴及签名样本卡片	需公证
主营活动登记	需登记
税务登记	非居民常设机构
其他法人机构	股东为总公司
经营许可	经营许可范围（地域和有效期）取决于经营形式
企业所得税	20%
增值税	12%
财产税	0.1% ~1.5%
净收益税	15%
收入返还	税后净收益无须支付各补充税和外汇管理费
会记及审计公司	需雇用当地专业人员
劳务许可	除分公司领导，每位长期工作的外籍员工需办理劳务许可
外汇管理	从哈萨克斯坦公司获得的外汇和坚戈，无须在外汇管理部门进行登记，与非居民进行外汇业务无须获得许可

注：以上情况未考虑避免双重征税的双边协议。

除此之外，外国企业还可以在哈萨克斯坦设立代表处。分公司和代表处的主要区别是，代表处不能从事生产经营活动，只能以法人名义签订合同、接受货物、现金付账并完成公司指派的某项委托，维护公司的利益；而分公司受法人委托，行使法人在分公司所在区域的管理权限，承担执行公司规章制度、管理规程及工作指令义务，对所承担的工作负责。

另外，按照哈萨克斯坦《公司法》规定，在哈萨克斯坦从事商务活动的外国投资者可以建立子公司。子公司是指一定数额的股份被另一公司控制或依照协议被另一公司实际控制支配的公司。子公司是在哈萨克斯坦注册的法人，具有独立法人资格。它拥有独立的财产、公司注册名称和章程，有权以自己的名义开展经营活动，独立承担公司行为所带来的一切后果和责任。但公司利益的重大决策或重大人事安排，仍需要由母公司进行决策。

2. 企业设立流程

依据哈萨克斯坦《法人注册、分支机构和代表处登记法》规定的有关程序，向司法部及下属地区机构办理国家注册登记等相关手续时，既可自行办理，也可通过律师事务所办理，但需要交纳代理服务费。法定注册所需时间为：

企业设立流程及时间	
1	司法部或下属地区机构为 15 个工作日
2	税务登记为 10 个工作日
3	统计登记为 5 个工作日
4	对外经济活动登记 3 个工作日

需要注意的是，哈萨克斯坦报批及审核手续繁复，实际所需时间远比法定时间长。

3. 与外国投资相关的法律规定

近年来，哈萨克斯坦放宽了外资进入的限制，加强了对外国投资的法律保护，基本上给予外资以国民待遇。虽然在某些方面对外资还有所限制，但其投资法律环境总体较好。

哈萨克斯坦于 2003 年颁布了新的《投资法》，规定了政府对内、外商投资的管理程序和鼓励办法。国家通过政府授权机关——哈萨克斯坦投发部投资委员会鼓励投资流向优先发展领域，并为国内外投资人提供优惠政策。

2004 年哈萨克斯坦提出“哈萨克斯坦成分”的概念，2009 年通过哈萨克斯坦《成分法》，该法规定企业在采购商品、工程和服务中本国商品、工程和服务所占的比重，包括雇用的本国员工与外国员工比例，要求外国员工的数量随着培训和提高本国员工专业水平强制计划的实施而逐年减少。哈萨克斯坦严格限制外国劳工进入，原则上只有本国劳动力市场上没有适合某些工种技能的情况下才允许雇用外国劳工。2008 年开始哈萨克斯坦对外国劳工的受教育程度、工作年限、专业水平等规定有了更高的要求和复杂的认证手续。哈萨克斯坦政府希望通过大力推行由进口替代政策向出口导向和国际标准化过度的政策，进而实现出口商品的多元化，提高附加值产品和服务的比重，并通过培养和培训提高本国员工的专业素质，解决本国就业，最大限度地取代外国专家。

哈萨克斯坦投资法律环境的优势在于：一是外国投资者依据哈萨克斯坦法律程序

建立的外资企业同其国内企业一样享受哈萨克斯坦法人地位，宣告了外资企业与内资企业在市场上的平等地位；二是向投资者提供了税收优惠、免除关税、提供国家实物赠与等优惠政策；三是向投资者提供了税后利润的自由支配、对财产国有化和被征收给予补偿、明确规定争议可以通过国际仲裁庭解决；四是征税系统不断完善、税率不断下降；五是放宽了外汇管制；六是投资企业注册程序简化、设立成本降低。

哈萨克斯坦投资法律环境的劣势在于：一是限制外国股权比例或投资总额（投资准入壁垒）；二是股权转让、退出限制（投资经营壁垒）；三是严格的外国劳动力准入制度；四是投资者收益较低；五是投资资源使用限制。

（二）特定行业与领域法律情况

哈萨克斯坦国内矿产资源丰富，有九十多种矿藏。除此之外，哈萨克斯坦也有非常丰富的能源资源，是世界第八大煤炭资源储备国家。随着哈萨克斯坦对基础设施建设和能源矿产行业技术水平的日益重视，中国的能源企业将有更大的投资空间。因此，其能源矿产行业和基础设施建设方面的法律情况值得关注。

1. 能源与矿产资源领域法律制度

2005 年，哈萨克斯坦对有关地下资源利用的法规进行了修改，此次修改包括三个法规：《地矿和地下资源利用法》《民族安全法》和《石油法》，修改的主要目的是限制外国公司将资产出售给第三方，并规定政府在所有地下资源项目股份向第三方出售中享有优先购买权。2005 年修改的《矿产法》规定，如果地下资源利用权的转让不符合国家安全的要求，能源和矿产资源部有权拒绝发放许可证，从而使得能源和矿产资源部在发放许可证时享有较大的自由裁量权。

2007 年 8 月，哈萨克斯坦出台《关于保障经济领域国家利益问题的民法补充和修正案》，其中增加了“战略标的物”的概念，规定在战略标的物交易中，政府具有优先购买权，不仅可以优先购买矿产开发企业所转让的开发权或股份，还可以优先购买能对该企业直接或间接做出决策影响的企业所转让的开发权或股份。2007 年 11 月哈萨克斯坦新修订的《矿产和矿产资源使用法》引入“战略资源区块”的概念，规定若在具有战略资源区块上的油气合作活动影响了哈萨克斯坦经济利益并威胁到国家安全时，政府可单方面拒绝执行、修改或终止合同。根据哈萨克斯坦能源开采相关法律的规定，在该国开采石油、天然气及地下矿产资源的外资企业必须与哈萨克斯坦政府签订地下资源使用合同，哈萨克斯坦政府向企业提供的合同有两种。一种是海上石油项目产品分成协议，规定外国投资者在哈萨克斯坦境内开发海上石油时，在项目投资回收期前，哈萨克斯坦所占的利润份额最低比例为 10%；投资回收期后，哈萨克斯坦所占的利润份额最低比例为 40%。其中投资回收期为 25 年或 30 年。另一种合同是超额利润税协议，外国投资者必须缴纳 15% ~60% 不等的超额利润税。这些规定对外国投资者进入、经营和退出哈萨克斯坦矿业构成实质性障碍。

另外，哈萨克斯坦在能源资源领域规定了较多限制。一是哈萨克斯坦《成分法》规定政府有权设定在地下资源勘探开发过程中使用哈萨克斯坦本国产品、服务、工程的比例，也有权设定本国员工与外籍员工的比例，如碳氢化合物的商品采购本地化不得低于65%；二是哈萨克斯坦《石油法》明确在哈萨克斯坦开采石油、天然气及地下矿产资源的外资企业必须与政府签订地下资源使用合同，明确外资与政府的利润分配比例以及外资的投资回收期限；三是哈萨克斯坦《土地法》规定外国企业只能租用土地，期限不超过10年，且无法以任何方式获得土地所有权、使用权，包括公开拍卖、协议出售或通过担保信托等形式。

2. 基础设施互联互通法律情况

哈萨克斯坦计划2020年前投资200亿美元用于完善交通基础设施，主要涉及东西线基础设施，包括到里海、阿塞拜疆、格鲁吉亚和土耳其方向的基础设施。此外，哈萨克斯坦还将投资建设新的别伊涅乌—热兹卡兹干铁路和开发第二条至中国方向的铁路通道（阿尔腾格里—霍尔果斯铁路）。

哈萨克斯坦投资发展部下属的投资委员会是哈萨克斯坦投资主管部门，主要职责是实施国家有关保护、支持和监督投资活动的政策。该委员会负责接受和登记投资者要求提供优惠的申请，决定是否给予其投资优惠，并负责与投资者签署、登记或废止有关提供投资优惠的合同，并监督有关优惠政策的执行情况。

BOT（建设—经营—转让）方式作为一种新兴的投资方式，是政府实施“公共私营部门合作伙伴关系”的独特工具。哈萨克斯坦经济部负责评估特许权申请、对项目进行可行性评估、确定项目成本及估算方法。哈萨克斯坦财政部负责签订特许经营合同，确定融资范围和优先权。哈萨克斯坦政府通过发行基础设施债券、提供国家贷款担保和实物补助、共同融资等方式对项目给予支持。特许经营权合同有效期最长不超过30年，期满之后可以另行签订合同，延长期限。目前，哈萨克斯坦利用BOT方式投资的主要领域为交通、电力、市政基础设施、废物回收和水处理等，在该国开展BOT投资的外资企业主要来自韩国、土耳其和俄罗斯等国。

（三）外汇管制

哈萨克斯坦《外汇调节和管理法（修正案）》为其货币实现可自由兑换奠定了基础。该法规定，从2007年1月1日起，除涉及使用外汇的经营活动保留许可证制度外，哈萨克斯坦央行将完全取消外汇兑换的行政许可。如需要将外汇收入汇回本国，只需在外贸合同规定的期限内执行即可。

哈萨克斯坦实行自由浮动汇率，经常项下和资本项下均实行有条件的可自由兑换。具体来说，经常项下的交易应在180天完成，到期不能完成可延期。资本项下，只要双方订立协议，办理相关手续后，资本即可自由进出。2007 年 7 月 1 日起，进出口业务中外汇平衡期限不再按照有关外汇法规执行，而是根据外贸合同条款确定。

另外，该修正案取消了对法人（非居民除外）购买外汇的限制。从 2007 年 7 月 1 日起，哈萨克斯坦外汇管理制度执行欧洲国家标准，实行通报制度。个人和法人均可通过银行向境外汇出其合法的外汇收入，但须提供以下证明：个人需要提供兑换水单、来源证明、从境外接受馈赠或遗产证明、外汇带入报关单；法人需要提供贸易合同、缴纳有关税收的证明。个人和法人在银行开设账户、办理存款、汇款业务必须有税务登记号，法人在境外开立账户需按规定向央行办理备案手续。

（四）税收规定

哈萨克斯坦修订后的《税法》于 2009 年的 1 月 1 日正式生效，其税收制度遵循属地原则，依据纳税人的所得是否来源于本国境内来确定其纳税义务，而不考虑其是否为本国公民或居民。根据新修订的《税法》，哈萨克斯坦的主要税种包括企业所得税、增值税、个人所得税、社会税、消费税、土地税、财产税、运输工具税、矿产开采税和其他专项税费，具体规定如下所示：

主要税种的税收规定	
企业所得税	企业所得税税基抵扣项目包括在用建筑、设施、机械和设备。新《税法》取消了中小企业预付企业所得税的规定，如企业出现亏损，可在 10 年内摊销亏损，即在缴纳企业所得税时进行抵扣(原摊销时间为 3 年)
增值税	增值税从 2009 年起由 13% 降为 12%，在增值税缴纳方面，增加了由国家财政返还供货方和购货方已纳增值税之间差额部分的规定，即所谓“借方差额”的退税机制，并从 2012 年 1 月 1 日开始正式实施
个人所得税	自然人个税税率为 10%
社会税	社会税税率为 11%。除个人自己缴纳个税外，雇主还应当为其雇员支付社会税(养老、医疗等一揽子税种)
消费税	消费税限定为某些商品和经营活动，即商品包括酒精和含酒精产品、鱼子、巧克力、烟草制品、珠宝制品、毛皮和皮革制品、汽车、汽油(航空燃料除外)、柴油、原材料和原油等。税率由哈萨克斯坦政府根据货物的价值和自然状态下的物量按百分比确定
土地税	为鼓励有效利用土地，将根据不同的土地征收渐进式土地使用税，税率从 0.1% ~0.5% 不等。原有的农业税制将继续保留：对从事农业生产的法人减少 70% 的税收，对农产品加工企业的增值税减征 70%。法人自行计算土地税税额，并在每年不晚于 2 月 20 日、5 月 20 日、8 月 20 日和 11 月 20 日缴纳税费。自然人土地税由税务机关计算，自然人每年不晚于 10 月 1 日缴纳土地税

续表

财产税	按照财产和固定资产(包括非物质资产,但运输工具除外)的平均价值缴纳。新《税法》规定从2009年起,减少个人财产(从基本的生活物品、非物质财产到不动产)税的征收种类,增加对贵重物品的税率。法人的财产税税率增加到0.05% ~1%
运输工具税	在哈萨克斯坦注册的拥有运输工具的自然人和法人都是运输工具的纳税人。税率取决于运输工具种类、发动机容量、出厂时间,并以"月核算基数"为基础计算,每年根据税率支付一次
矿产开采税和其他专项税费	新《税法》规定,用"矿产开采税"和"收益税"来取代原来的"矿产使用费"。从2009年1月1日起,缴纳"收益税"的开采企业将免除征收石油及凝析气出口税。"矿产开采税"将根据国际市场价格、按资源开采量的价值进行计算。对收益低、品位差的矿源,将对开采企业实行优惠税率

五、法律风险评价

(一)营商环境有待改善

哈萨克斯坦整体营商环境表现一般,有待改善。根据世界银行2015年营商环境报告提供的数据,哈萨克斯坦的营商环境在189个国家和地区中排名第77位,略低于地区平均水平。具体而言,哈萨克斯坦在财产登记、纳税、保护少数投资者、执行合同等方面表现出色,但在跨境贸易、办理施工许可证、获得电力等方面表现较差。比如在哈萨克斯坦取得施工许可平均需要经过25道程序,耗时156天,在全世界189个国家和地区中排名第154位。

公司注册		纳税		财产登记	
程序个数	6	每年赋税次数	6	程序个数	4
时间(日)	10	平均耗时(小时)	188	时间(日)	11
成本(占单位收入的百分比)	0.5	总税率	28.6	成本(占财产价值的百分比)	0.1
最低注册资本(占单位收入的百分比)	0				

数据来源:2015年世界银行营商环境指南。

(二)合同执行效率较低,破产处置成本适中

虽然自身司法环境仍存在诸多弊端,但是哈萨克斯坦在合同强制执行方面展现了

相当大的地区优势,足见其改善法律环境的决心。根据 2015 年世界银行营商环境指南提供的数据,哈萨克斯坦的合同强制执行效率位于世界前列,在 189 个国家和地区中排名第 37 位。其破产的处置成本也呈现降低趋势,2015 年哈萨克斯坦破产处置效率全球排名第 63 位,比 2014 年提升了 19 位。

合同强制执行	哈萨克斯坦	美国	经合组织
时间(日)	370.0	420	539.5
成本(占标的额的百分比)	22.0	30.5	21.4
程序(个)	36	33.6	31.5
破产处置	哈萨克斯坦	英国	经合组织
时间(年)	1.5	1.0	1.7
成本(占资产价值的百分比)	15.0	6.0	8.8
回收率(每美元美分数)	43.3	88.6	71.9

数据来源:2015 年世界银行营商环境指南。

(三)进出口贸易法律限制较多

虽然哈萨克斯坦期望进一步融入国际贸易体系,但是实践中其对外开放程度有限,尤其在跨境贸易领域存在较多法律限制。出于对本国市场的保护,在进出口贸易方面,哈萨克斯坦法律规定了一系列手续和程序,大大增加了交易方的时间和资金成本。根据 2015 年世界银行营商环境指南提供的数据,哈萨克斯坦的跨境贸易难易度在全世界 189 个国家和地区中排 122 位。

哈萨克斯坦跨境贸易	
出口所需文件数	10
出口时间(日)	79
出口成本(每集装箱/美元)	5285
进口所需文件数	12
进口时间(日)	67
进口成本(每集装箱/美元)	5265

数据来源:2015 年世界银行营商环境指南。

吉尔吉斯共和国
The Kyrgyz Republic
——中亚“十字路口”的比什凯克

吉尔吉斯共和国基本情况

国家名称（中英文）	吉尔吉斯共和国（The Kyrgyz Republic）		
人口（百万）	5. 96	人口增长率（年均%）	2. 1
领土面积（千平方公里）	199. 9	主要民族	吉尔吉斯族、乌兹别克族、俄罗斯族
官方语言	俄语	主要宗教信仰	伊斯兰教
政体	议会—总统制	主要政党	社会民主党、祖国党、尊严党、共和国故乡党
GDP（十亿美元）	6. 57	GDP 增长率（年均%）	3. 5
国民总收入（十亿美元）	6. 98	人均国民收入（美元）	1170
通货膨胀率（年均%）	2. 2	外国直接投资净流入（百万美元）	760
外债（百万美元）	7257	总偿债额占出口贸易和收入的比率	14. 2

数据来源：2015 年世界发展指标数据库。

一、国情简介

吉尔吉斯共和国（以下简称吉尔吉斯斯坦）位于中亚东北部，边界线全长约 4170 公里，面积为 19. 99 万平方公里。吉尔吉斯斯坦北部和东北部与哈萨克斯坦接壤，南邻塔吉克斯坦，西北毗连乌兹别克斯坦，东南和东部与中国接壤。吉尔吉斯斯坦有八十多个民族，其中吉尔吉斯族占 71%，乌兹别克族占 14. 3%，俄罗斯族占 7. 8%，其他为东干族、维吾尔族、塔吉克族等民族。该国 70% 以上居民信仰伊斯兰教，多数属逊尼派，国语为吉尔吉斯语，俄语为官方语言。

（一）政治概况

吉尔吉斯斯坦属政教分离的世俗国家。近年来，政治上推行民主改革并实行多党制。1993 年 5 月 5 日，吉尔吉斯斯坦议会通过独立后第一部《宪法》，规定吉尔吉斯斯坦是建立在法制、世俗国家基础上的单一制民主共和国，实行立法、行政、司法三权分立，总统为国家元首。此后，宪法几经修改。2010 年 6 月 27 日，吉尔吉斯斯坦全民公决通过新《宪法》，根据新宪法，吉尔吉斯斯坦政体由总统制过渡到议会共和制，议会实行一院制，由 120 名议员组成，任期 5 年。总统权力受到削弱，总统任期 6 年，不能连任。2011 年 10 月，吉尔吉斯斯坦举行总统大选，阿塔姆巴耶夫当选吉新任总统。2015 年 10 月，吉尔吉斯斯坦举行议会选举，社会民主党、共和国故乡党等六个政党进入议会。目前在司法部正式登记注册并开展活动的政党有一百四十余个，其中主要政党包括吉尔吉斯斯坦社会民主党、“尊严”党、共和国故乡党、“阿塔—梅肯”(祖国)党等。

(二)经济概况

吉尔吉斯斯坦国民经济以多种所有制为基础，农牧业为主，工业基础薄弱，主要出口原材料。独立初期，由于同苏联各加盟共和国传统经济联系中断，加之其实行激进改革，经济曾一度出现大幅下滑。近年来，吉尔吉斯斯坦调整经济方针，逐渐向市场经济转轨，推行以私有化和非国有化改造为中心的经济体制改革，经济保持了低增长态势，工业生产恢复性增长。2005 ~ 2009 年，政局逐渐趋于稳定，投资环境有所改善，国民经济取得较快发展。2009 年，受国际金融危机和俄罗斯、哈萨克斯坦等国经济影响，吉尔吉斯斯坦经济增速减缓，2011 年以来，该国逐渐走出政局动荡和国际金融危机的阴影，经济总量有所提升，失业率逐渐下降，贸易额大幅上升。

根据该国统计委员会公布的数据，2015 年全年国内生产总值约合 65.72 亿美元，同比增长 3.5%；人均 GDP 约合 1154 美元，同比增长 1.4%；外汇储备为 17.78 亿美元，较 2014 年底减少约 1.8 亿美元；外债余额 36.06 亿美元，较 2014 年底增加 1.69 亿美元；全年吸引外国直接投资总额 8.19 亿美元，较 2014 年提高 2.1 亿美元；全国登记失业人口 8.77 万，失业率为 2.2%。2015 年，吉尔吉斯斯坦经济增长主要依靠农业、建筑业、服务等行业的拉动，工业对 GDP 的贡献表现欠佳。2015 年全年对外贸易进出口总额 57.459 亿美元，同比下降 24.6%。其中出口额为 16.764 亿美元，同比下降 11%；进口额为 40.695 亿美元，同比下降 29%。进口额是出口额的 2.4 倍，贸易逆差 23.931 亿美元(2014 年贸易逆差 38.51 亿美元)。

(三)外交政策

吉尔吉斯斯坦奉行平衡、务实的外交政策。其外交优先方向是维护和保障国家主权和领土完整，为经济发展创造良好外部条件，保护公民的权利、自由和利益。吉尔吉斯斯坦拥护独联体一体化进程，同时赞成对独联体进行必要改革。吉尔吉斯斯坦反对国际恐怖主义、极端主义及分裂主义。

吉尔吉斯斯坦高度重视吉中关系的发展，视发展与中国的关系为该国对外政策优先方向。1992 年 1 月 5 日建交以来，两国关系健康顺利发展，彻底解决了历史遗留的边界问题，2002 年签署中吉《睦邻友好合作条约》，各领域合作不断扩大，在联合国和上海合作组织等多边领域互相支持，密切配合，维护了两国共同利益。2014 年两国元首共同签署了《中华人民共和国和吉尔吉斯共和国关于进一步深化战略伙伴关系的联合宣言》，中吉战略伙伴关系进一步加深。

二、法律概览

吉尔吉斯斯坦法律体系受前苏联和东欧国家为代表的社会主义国家影响深远，法律部门相对完备。然而，吉尔吉斯斯坦对外商投资的相关法律时有变动，法律稳定性有待提高。

（一）法律体系

吉尔吉斯斯坦的法律体系是在前苏联法律体系框架下发展而成的，并于独立后借鉴了一些法国法律体系和俄罗斯联邦法律体系制度。吉尔吉斯斯坦法律部门相对完备，制定了宪法、商法、行政法、银行法、移民法、商标法、版权法、土地法、税务法、海关法、能源法、商业合同方面的法律、信息技术方面的法律、劳动雇佣方面的法律、交通运输方面的法律、商事主体方面的法律、消费保护法、国际贸易法、产品责任法、环境方面的法律、反托拉斯与贸易管制方面的法律等。但是，受国内政治动荡和政治体制频繁变化的影响，法律体系的稳定性不足。

（二）司法制度

1. 诉讼制度

吉尔吉斯斯坦的法院体系由吉尔吉斯共和国宪法法院和普通司法管辖法院构成。

普通司法管辖法院体系如下：

法院类型	案件受理范围
初级法院	区级或同级法院（区法院，比什凯克市区法院，市法院，警备军事法庭，行政和经济案件的区际法院），所有法庭按照实际情况审理和判决属于其职权内的案件
中级法院	州法院或同级法院（比什凯克市法院和吉尔吉斯共和国军事法庭）。每个法院都拥有自己的 3 个部门机构：刑事案件和行政违法案件部，民事案件部，行政和经济案件部。中级法院作为上诉机关通过诉讼部门重新审查没有生效的诉讼案件
最高法院	吉尔吉斯共和国最高法院，由成员班子和相应的 3 个部门组成，在这些部门中审理诉讼案件时需 3 名法官共审

2. 仲裁制度

投资者与吉尔吉斯斯坦政府机关的投资争议按投资者与国家机关议定程序解决，在双方未协定的情况下，投资者与吉尔吉斯斯坦政府机关的投资争议根据实际情况由双方协商解决。如双方在协商书面提议3个月内未能就争议解决达成一致,或争议任何一方未提出通过国际投资争端解决中心、仲裁法院或按《联合国国际贸易法委员会仲裁规则》成立的临时仲裁院(商业法庭)解决,则所有投资者与吉尔吉斯斯坦政府机关的投资争议可通过司法渠道解决。

在投资争议转由国际仲裁法院解决的情况下,吉尔吉斯斯坦对争议转交前应实施的内部行政、司法程序有权拒绝受理。

3. 司法协助

吉尔吉斯斯坦已与我国签署民商事司法互助协定。吉尔吉斯斯坦于1995年批准了《独联体国家司法互助和民事、家庭和刑事案件法律关系公约》。吉尔吉斯斯坦还于2004年批准了2002年10月7日的《司法互助和民事、家庭和刑事案件法律关系公约》。同时,吉尔吉斯斯坦和中国、阿塞拜疆、伊朗、印度、拉脱维亚、蒙古、俄罗斯、哈萨克斯坦、乌兹别克斯坦及其他国家间签订了关于司法互助的一系列双边协议。

吉尔吉斯斯坦于1996年加入了《承认及执行外国仲裁裁决公约》。依据该公约,相关人员有权申请吉尔吉斯斯坦法院承认并强制执行外国仲裁法庭的裁决。

(三)司法执行效率和其他事项

吉尔吉斯斯坦在依法行政、司法执行方面效率不高,地方政府颁布的法律变动比较频繁,延续性不强。吉尔吉斯斯坦在政体方面同样具有反复性。建国二十多年来,吉尔吉斯斯坦国家政体经历了从议会制到总统制,再从总统制到议会制的多种变革,截至目前,吉尔吉斯斯坦政府内部对于采用何种政治体制仍存在争议。吉尔吉斯斯坦还存在国有化、征收、征用的相关立法。例如在采矿业中,如果企业在取得相应探矿权或采矿权后,在政府规定的时间内没有完成相应的采矿工作量,吉尔吉斯斯坦政府有权收回相应的探矿权或者采矿权。

三、金融法律制度

(一)银行准入与监管法律制度

吉尔吉斯斯坦银行准入标准较高,对外开放程度有限。对于银行设立,吉尔吉斯斯坦法律实行许可制度,在银行设立形式、注册资本、主体资格、主体行为等方面设置了诸多限制性条件。对于外资参与设立银行,吉尔吉斯斯坦法律规定了更严的程序和标准。

1. 吉尔吉斯斯坦银行设立的准入标准

吉尔吉斯斯坦银行设立的准入法律制度	
银行 准入标准	1. 吉尔吉斯斯坦境内银行只能以(封闭式或开放式)股份公司的形式设立。 2. 有关银行的所有制形式可为国有的,也可为私有的。如果银行是依据国际合同(协议)设立的,则该银行将被视为国际银行。本条例的规章同样适用于此类银行,但同时也会考虑在国际合同(协议)中有关其设立的特殊规定。有关银行的经营可为综合性的,也可为专业性的。 3. 唯有吉尔吉斯共和国政府能够作为国有制银行的创立人。私有制银行的创立人可为法人,也可为自然人(侨民或非侨民)
设立及 运营形式	银行的子公司或银行的控股公司; 依据共和国法律设立的其他银行的总(母)公司或金融机构; 自然人持有的公司; 法人持有的公司,前提是他们当中的任何一方均不持有银行15%或更多含投票权的股权,且他们不是同一家总(母)公司的子公司,或者其中一家是另一家的子公司
注册资本	1. 银行注册资本必须以吉尔吉斯斯坦本国货币形式出资,且作为银行履行义务的保障。 2. 不具备符合巴塞尔委员会银行监督基本要求的国家境内的资金或来自此类国家经营主体的资金不得用于银行注册资本,固定资产、有价证券和非物质上的资产也严禁用于银行注册资本出资。 3. 银行注册资本的最低额度由国家银行确定
设立人要求	1. 唯有吉尔吉斯斯坦政府能够作为国有制银行的设立人。私有制银行的设立人可为法人,也可为自然人(侨民或非侨民)。 2. 国家权力机构或行政管理部门的负责人不得加入银行的行政管理机构(国有制银行除外),不得持有或控制超过5%的含投票权的股票。 3. 银行设立人严禁在股票发行最初低于票面价格购买股票。 4. 银行严禁参与任何“博彩”类活动,包括组织和进行抽签或钱物抽彩活动,且包括在其场所内或广告宣传中进行钱物抽彩活动

2. 设立外国银行子行分支机构的程序

对于银行分支机构的设立,吉尔吉斯斯坦法律实行许可制度,并在设立程序方面设置了诸多限制性条件,规定了很高的审查要求。

吉尔吉斯斯坦设立外国银行子行和分支机构的程序	
存入 注册资本	1. 银行设立人必须将最低额度的注册资本存入在国家银行开设的储蓄账户。 2. 完成存储后,设立人应提交可证明注册资本最低额度已经支付的单据及设立人名单,该名单应标注国家在设立人本身的资产中所占的比例

续表

获得许可	1. 存入注册资本后，获得国家银行颁发的银行经营许可证。 2. 存入储蓄账户的资金，在尚未获取银行经营许可证之前，设立人不得将其挪作他用。如果许可证申请被驳回，则所有款项将依据国家银行的指示归还设立人
登记注册	1. 银行自依照共和国法律通过国家登记注册之日起具有法人地位； 2. 银行在未获得银行经营许可证之前，禁止以法人身份从事任何除与银行设立有关的其他经营活动； 3. 银行及其分行和代表处不应在地方政府进行登记注册
提交文件	1. 为获取许可证，银行设立人应向国家银行提交下列文件用吉尔吉斯语或俄语书就的四份正本： 2. 关于发放许可证的申请书，该申请书必须经由经理联合会主席或其他股东大会委任的委托代理人签署； 3. 股东大会会议纪要，其内容应包含有关设立银行的决议、确定名称、选举经理联合会、批准章程、任命管理机构成员、头三年的经营活动的损益预计以及收入、支出和利润计划； 4. 设立合同，该合同必须经由全体设立人签署。法人设立人的签字须加盖公章予以确认。自然人设立人的签字须经由公证处确认。代表法人行使签署设立合同权力的确定依据为由法人发放且加盖其公章的委托书； 5. 银行章程，该章程的内容应包含《公民法》以及吉尔吉斯斯坦《银行及银行运作法》特别要求的主要问题； 6. 详细的银行组织结构； 7. 设立银行的理由； 8. 商业计划书，该计划书的内容应包含银行头 3 年内的经营方向和规模，以及规定的问题； 9. 对于非股份制公司的外国银行，披露下列信息：有关银行所有人的信息；每位法人的股东，如果该股东将成为股份制银行的股东，且其法人将持有和/或获得控制 5% 或更多该银行股票或可能性；法人的股东，如果该股东持有将作为银行设立人的法人的股权； 10. 银行经理联合会的成员名单，该名单中应注明经理联合会主席和第一副主席人选，以及每位经理联合会成员的姓名、住址，并其他能够证明其符合国家银行的相关要求的资料； 11. 银行理事会成员名单，该名单中应注明该理事会主席和第一副主席人选，以及每位成员的姓名全称、住址，并其他能够证明其符合吉尔吉斯斯坦银行在专业适合性评定条例中规定相关专业适合性要求的资料； 12. 对于被任命为银行理事会成员和/或总会计师、内部审计室主任、银行资产和负债主管等主要部门领导的相关人士，除应按照上述分项中的规定提供相关资料外，还应附加提供有关其在此前所从事的劳务活动的相关资料； 13. 设立人不得少于 3 年以上的经营资产负债表，该资产负债表必须经由审计单位审计或具有其他可证明设立人财政状况良好的相关资料证明。如果将成为银行设立人的经营主体在市场上从事经营活动的时间不满 3 年，则应提供全部实际经营期间内的资产负债表

续表

外资参与银行设立提交文件	对于外国银行、外国银行的子行、信贷组织、金融机构(保险公司、投资公司、养老基金等),应提交以下文件: 1. 外国设立人(参与人)所在国家相关监督机构签发的有关同意购买吉尔吉斯银行股份或开设外国银行子行、分行的书面许可; 2. 外国设立人所在国家相关监督机构签发的有关银行设立人属在统一基础上进行监督管辖的书面确认; 3. 章程,或其他能够证明其拥有信贷金融机构地位的文件; 4. 近 3 年内公布的资产负债表; 5. 外国设立人(参与人)相关权力机构签署的有关同意其在吉尔吉斯共和国境内参与设立银行或支行的决议;
	对于非银行类外国法人: 1. 商业登记簿摘要、证书或其他依照该法人登记注册所在国家法律,能够证实该外国参与人具备法人资格的文件; 2. 相关机构关于同意其参与设立银行的决议; 3. 审计单位关于该人士财务状况的审计结论或其他能够证明其财政状况良好的资料。
	对于外国公民或无国籍人士,应提交以下文件: 1. 护照复印件,或其他任何可证明其身份的文件; 2. 审计单位关于该人士财务状况的审计结论或其他能够证明其财政状况良好的资料; 3. 不少于两位以上具备人所共知的支付能力的外国法人或自然人的推荐函;授予外国申请人的证明书将依照规定颁发。
	对于经济特惠区内的主体(银行、银行的支行、信贷组织、金融机构、法人和自然人)还应提交的附加文件: 1. 有关上述主体(包括所有主体)银行资本的资金来源的信息; 2. 两家银行的推荐函,上述银行的总机构在经济合作和发展组织国家声望率的等级应高于最低的 B 级(适用于除自然人外的所有主体),推荐函的内容应包含:有关该主体至少为出具推荐函的两家银行其中一家合作超过 10 年以上的客户(也就是说明其具有进行合作经营的经验)的信息资料(适用于除自然人外的所有主体);证实出具推荐函的银行在近 10 年内未获悉有关上述主体因欺诈事实(如金融、税务欺诈或因洗钱问题)被立案调查或因违反任何国家的法律而正式指控的信息(适用于除自然人外的所有主体);证实出具推荐函的银行具备充分的依据认为被推荐的主体拥有足够的财力以及进行商业活动的知识(适用于除自然人外的所有主体)。 在外国投资者通过购买银行股权从而获得对银行进行直接或间接控制,或者通过追加购买股权,使得外国投资人成为控股权的直接或间接所有人的情况下,需要提交经过认证的文件

3. 银行监管机构及主要监管要求

吉尔吉斯斯坦银行业的主要监管机构为吉尔吉斯中央银行,对银行资本、信贷、支付、利率、行为实施全面监管,具体内容如下:

吉尔吉斯斯坦银行监管内容	
资本监管	确定最低数额注册资金和银行资本金，资本金的标准，外汇数额，比例以及其他标准，实现协调其各银行业务，对于所有其他银行进行强制管理。银行业资本充足率不低于12%
信贷监管	是否有按央行要求实施吉国的资金信贷政策
利率监管	国家商业贷款的利率在当地货币年利率从12%至38%不等，既可以外币、也可以本国货币发放，贷款利率及币种无具体限制，无须获得相关部门的批准。监管部门对违约利率水平无具体限制，双方可以在贷款合同中约定
制度监管	是否按要求实行银行业务操作制度，会计核算和报表制度
行为监管	调整和监督授予许可的金融信贷机构和银行的活动
支付监管	支付系统是否通畅
禁止性审查	审查在吉尔吉斯斯坦设立银行对当地企业提供包括借款在内的金融服务，当地有无禁止及限制性要求

（二）担保法律制度

吉尔吉斯斯坦没有颁布专门的担保法，涉及担保的法律主要为该国的《商业银行法》和《投资法》等。常用担保类型有保证、抵押、留置、质押和定金5种，登记备案的有关程序可以由缔约方共同约定，担保的主要登记、备案或管理机构为司法部中央抵押登记处。国债类的物权凭证作为抵押品还需要在中央银行登记备案。国家主权担保列入国家债务，需该国议会有关委员会批准。境外银行获得的本地担保权益在完成必要的登记手续和设立程序后受该国法律保护。

1. 可作为担保的财产及权利

担保方式	用于担保的财产及权利
抵押	抵押人所有的土地、房屋和其他地上定着物
	抵押人所有的机器、交通运输工具和其他财产
	依法可以抵押的其他财产
质押	汇票、支票、本票、债券、存款单、仓单、提单等有价证券
	依法可以转让的股份、股票
	依法可以转让的商标专用权，专利权、著作权中的财产权
	依法可以质押的其他权利

2. 特殊担保中的登记程序

对于以国债质押为担保的授信合作，吉尔吉斯斯坦央行于2014年10月新颁布了第47/10号法令，明确了由央行负责国债质押登记。主要规定如下：一是国债是指政府发行的有价证券，包括国库券、国家债券；二是国债的产生、转移、变化、质押、所有权转让等应遵循民法交易原则，作为债券持有者的银行可以通过签订合同的方式以质押担保的形式将债券的所有权转让给其他银行；三是国债持有者应对已质押国债进行登记；四是央行负责办理国债的登记，吉尔吉斯斯坦司法部不负责任何种类国债的登记。

外国银行与吉尔吉斯斯坦银行（以下简称本国银行）授信合作中操作国债质押的具体步骤如下：

序号	操作步骤	操作主体
1	外国银行与本国银行签署授信协议（一式两份）并公证	外国银行，本国银行
2	外国银行与本国银行签署国债质押协议（最少三份）并公证。按照吉尔吉斯斯坦央行要求，质押协议需要以俄语签署或者翻译公证为俄语版本	外国银行，本国银行
3	外国银行提供签字人印鉴卡，公证并向本国银行提供原件	外国银行
4	本国银行作为质押人将质押的国债存放到指定的质押账户	本国银行
5	本国银行搜集相关文件，包括提供给外国银行和提供给吉尔吉斯斯坦央行用于国债登记：外国银行签字人印鉴卡；三分质押协议；贷款协议副本；本国银行授权将国债从投资账户转入质押账户；央行质押合同登记支付凭证	本国银行
6	吉尔吉斯斯坦央行负责审核质押协议，核实质押国债是否存在于质押账户中；负责登记国债质押协议；央行留存一份质押协议，其他两份交换外国银行和本国银行	吉尔吉斯斯坦央行
7	如存在以下情况，央行有权拒绝登记质押协议： 已签合同不符合吉尔吉尔吉斯斯坦吉斯法律法规相关规定； 质押人在质押账户中的国债与质押协议合同规定不符； 材料提供不充分或未按照要求格式提供	吉尔吉斯斯坦央行
8	国债质押协议登记后，如外国银行和本国银行有意更换国债，则需提供新的质押协议（签署补充协议不能作为更换国债的依据）	外国银行，本国银行
9	如需全部或部分释放质押国债，外国银行需按照规定的格式以俄语或者俄语翻译公证件向吉尔吉斯斯坦央行提出申请	外国银行

（三）法律适用

吉尔吉斯斯坦法律对于贷款协议的法律适用没有强制性规定，贷款协议可以约定适用外国法律。

（四）主权豁免

吉尔吉斯斯坦法律规定，外国主体有下列情况之一的，在吉尔吉斯斯坦不享有豁免权：一是放弃豁免（惯例做法中，“明示放弃”作为主要放弃方式）；二是在吉尔吉斯从事商业活动；三是吉尔吉斯国家政府的决定。

如吉尔吉斯斯坦政府部门或全资国有企业作为借款人，可以放弃豁免，且放弃豁免无需得到政府部门的授权或批准。

四、投资法律制度

吉尔吉斯斯坦外商投资的法律规定较为宽松，存在大量投资保障和扩大投资者权限的规定，明确了对投资者财产安全及撤出自由的保障；对外国投资者实行国民待遇，没有行业限制；实行外汇兑换自由，任何个人或机构都可就该国货币与美元进行自由兑换，无须任何手续，不受额度限制；外国投资者有权在吉尔吉斯斯坦对投资相关法律进行修改的情况下，自修改之月起 10 年内从原法规和新法规中自由选择对己有利的条款。

（一）企业相关法律制度

1.《公司法》

吉尔吉斯斯坦《公司法》主要内容	
地位	对该国公司注册、管理、运营、破产情况作了具体的规定，对公司责任和义务以及相关管理部门进行了划分，是该国公司类法令的总则性法令
企业类型	个体企业；全合作形式；两合公司；有限公司；附加责任公司；股份公司（公开股份与封闭股份）；代表处；分公司
注册机关	为从事在吉尔吉斯斯坦商业活动，企业应在以下 3 个国家机关进行注册：吉尔吉斯斯坦司法部（吉尔吉斯斯坦每个州区设有州区管理局）；国家统计委员会，负责将注册资料记入国家统一投资目录；国家税务监察局。 个体企业主只需在统计委员会与税务机构注册。 对于在吉尔吉斯斯坦通过合法途径成立的合法主体，可以通过查证其在工商登记部门的备案予以查证
外资地位	外国投资者具备与吉尔吉斯斯坦投资者同等法律地位，可作为独资外企，或与吉尔吉斯斯坦、其他外企合资企业从事有关活动。外国人可购买该国公司股票或其他有价证券，并可参与有关私有化规划

2.《许可证法》

虽然在吉尔吉斯斯坦从事经济投资事务必须要获得各类相应许可证，但许可证颁发依据与条件对所有人（包括外国人和无国籍人士）均等，并不受所有制形式、部门利益或企业所在地影响,但与国家专营领域有关的经营活动除外。

吉尔吉斯斯坦《许可证法》主要内容	
许可颁发	在吉尔吉斯斯坦从事经济投资事务必须要获得各类相应许可证。许可证的颁发由各许可证范围内经营类型的管理部门、机构颁发,许可经营类型应依法或按政府规定确认。许可证颁发依据与条件对所有人(包括外国人和无国籍人士)均等,并不受所有制形式、部门利益或企业所在地影响,但与国家专营领域有关的经营活动除外
文件	(1)固定格式的办理申请; (2)符合吉尔吉斯斯坦《许可证法》第13条规定内容的文件; (3)许可证审核、颁发费用支付的证明文件; (4)国家注册证书附件
登记	办理许可证的所有文件,需在有关授权机关登记
办理期限	许可证应自有偿申办之日起不迟于1个月颁发。付费金额不得超过月最低收入的两倍。如在按照《许可证法》第2条,第17条规定许可证重新办理的情况下,费用应按月工资标准征收

3.《投资法》

《投资法》从2003年3月27日实行,其主要内容包括:

(1)对于在优先经济行业与社会领域,以及在国家发展规划(项目)规定地区的投资者给予优惠;

(2)投资者可绕过吉尔吉斯斯坦国家内部程序,具有直接向国际仲裁委员会投诉的权利;法律具有10年稳定期(即条款不变)。除吉尔吉斯斯坦《宪法》外,如投资、税收、国家安全、环保等法律出现变化或补充的情况下,投资者在10年内有权自上述变化、补充实施之日起,选择对其有利的条款;

(3)保证外国投资者与本国投资者投资条件均等;

(4)准确判定投资者概念(外国与本国投资者)。《吉尔吉斯斯坦国家银行法》《吉尔吉斯斯坦银行与银行活动法》《许可证法》《破产法(非正常状态法)》《银行机密法》等法律规定其行为、活动等。

(二)特定行业、领域法律情况

1.外国人使用土地的相关规定

(1)禁止向外国人提供或转移农业用地所有权。对外国人以特定继承权形式转交农业用地,将依照《土地法》37条第2、第3款规定内容处理。

(2)外国人、外国法人可享有居住区(指城市、村镇)用地限期(临时)使用权,或在其抵押贷款房地产项目的情况下,按《抵押法》予以土地所有权。

（3）居住区外土地限期（临时）使用权，除农业用地外，可由政府向外国人提供。其他情况下，居住区外土地可以提供、转交或特定继承权等形式供外国人临时使用。

（4）外国人土地租赁费用，除农业用地外，按照土地税税率，并采用该国政府确定的核算标准确定；块地的交易和土地权须经国家注册，无须公证，但法律规定的情况除外。

（5）在完整的国家登记册中应注册的内容是：在一块地上发生的权利，权利转让、转移、限制，地役权、抵押和权利终止。

2. 矿业领域法律

吉尔吉斯斯坦位于世界第二大黄金矿带——大天山黄金矿带上，拥有丰富的煤、黄金和铀等矿藏，矿业行业对于该国的发展有着非常重要的作用。

2012 年新《地下资源法》被视为用于吸引投资者进入该国矿业的重大举措之一，值得投资者关注。根据该法规定，使用权人可以是本国公民和根据该国法律设立的企业，以及根据该国法律完成登记的外国企业和外国公民。

（1）地下资源使用许可权的获得方式

吉尔吉斯斯坦地质与矿产资源署（State Agency for Geology and Mineral Resources）是矿业政策执行机构，负责地下资源使用许可权证的颁发。地下资源使用许可权可通过许可、特许协议产品分成协议以及国家登记方式取得。

（2）地下资源使用权的类型

根据使用目的，地下资源使用权的类型共分为八种，具体包括：地理绘图和区域性地质、地球物理和其他科学调查；地质勘测工作；地质勘探工作；矿床开发，包括抽取和使用地下水；与采矿无关的地下工程建设及其运营，如油气或其他物质和材料的储存、掩埋危险物质、地球热能的利用等；科学、文化、历史、美学、健康和娱乐或具有其他重要性的特殊保护地区的建设；为商业目的而进行的矿物收集和古生物收藏；和为装饰目的而收集岩石材料和作为观赏石和建筑材料对其进行利用。

（3）获得地下资源使用权的程序

获得地下资源使用权的程序包括招标、拍卖和直接谈判三种。

招标方式用于具有国家重要性的矿藏项目，根据吉尔吉斯政府的决定进行；拍卖方式用于吉尔吉斯国家地质与矿产资源署根据其批准的清单所列明的矿藏、显现和潜在区域，如果一个月内就特定区域收到两个以上直接谈判的申请，则应采用拍卖方式；直接谈判方式用于拍卖名单外的矿床或两次未能成功招标或拍卖的矿床，以及与地质资源勘探和开采无关的地下资源。

（4）获得国家重要性矿藏的特殊程序

吉尔吉斯斯坦对于列入具有国家重要性的矿藏名单中的矿藏（“国家级矿藏”）实

施特殊管理。国家级矿藏的名单由该国国家地质与矿产资源署提出建议，经政府批准后在大众媒体公布。许可过程必须经过竞争性招标进行。

（5）许可权的相关费用和期限

涉及地下资源勘探开采的费用主要包括：分红（Bonus）、特许权费（Royalty）和许可费（License Fees）。分红是指在矿藏勘探和开发过程中一次性支付的与矿产资源使用权相关的税费。特许权费是指矿藏开采过程中按量计算收取的与矿产资源使用权相关的税费。在吉尔吉斯斯坦，分红和特许权费都属于税法范畴下的概念。许可费是指被许可人持有地下资源使用权许可而需缴纳的费用，属于非税收类费用。对于与地下资源地质研究和矿藏开发无关的地下资源使用权许可，无须缴纳许可费。

不同种类许可权的期限不同，具体参见下表：

许可权类型	期　限
地质勘测工作	最高 5 年及详细规划中规定的延展期间
地质勘探工作	最高 10 年及详细规划中规定的延展期间
矿场开采	最高 20 年及直到矿床采尽为止的进一步延展期间
与地质勘探和采矿无关的设施建设	项目设计中规定的期间及按调整后的项目设计中规定的延展的期间

（6）使用许可的转让、中止和终止

地下资源使用许可的转让：除通过上市公司的股票交易外，股东变更中股权比例的变更超过或等于 10% 时，将视为该股权购买方获得地下资源使用权许可，并应当支付有关税费。地下资源使用权的质押需要在吉尔吉斯斯坦政府进行登记，并适用该国的法律。

地下资源使用权的中止：发生下列情形时，吉尔吉斯斯坦政府可中止地下资源使用权，中止时间为 3 个月：一是违反地下资源保护、环保与工业安全的相关要求；二是使用权人未能依法提交报告数据；三是进程报告包含不真实的信息；四是未能支付用于土地和/或许可对象恢复所要求的基金；五是矿床开采利用的技术对工人和居民的健康和安全形成威胁，并导致无可挽回的环境损害和矿物储备损失；六是不可抗力发生。其中前 4 种情形如在 90 日内不能解决，吉尔吉斯斯坦政府可以根据使用权人的请求延长中止期间，提出该延长请求不得早于中止期间届满前一个月，且不得晚于中止期间届满前 15 日。

地下资源使用权的终止：发生下列情形时，吉尔吉斯斯坦政府可终止地下资源使用权：一是未经登记就进行使用权许可的质押和使用权方的变更；二是税费和/或许可费和/或特许费到期后30日内未能支付；三是使用权人放弃使用资源；四是使用权许可到期未申请延长或转换；五是采用了未通过专家评定的设计；六是使用权人未能解除中止的情形。

（三）外汇管制

吉尔吉斯斯坦实行浮动汇率制度，本国货币索姆在国内实行完全自由兑换。在本国注册的商业银行可在境内和境外自由买进或卖出外汇。任何个人、机构、团体都可在商业银行、金融机构以及兑换点将索姆与美元进行自由兑换，无须任何手续，不受额度限制。本国公民和外国人均可自由携带自由兑换货币出、入境，或将其汇出、入境，只需履行规定程序（海关申报，向汇款银行出示相关文件和证明）即可，不受金额限制。在该国的外资企业和商人可自由地将经营所得利润通过银行汇往国内或第三国，手续简便。该国多数商业银行都是国际SWIFT协会成员，可通过电子支付方式进行国际汇款业务。目前，中吉两国商业银行之间汇路畅通。此外，吉尔吉斯斯坦对项目资本注入及本息汇出没有特殊限制，无须向监管部门批准或备案。

（四）税收规定

征税来源包括收入（利润）、固定商品价值（消费类商品）、自然资源使用、法人与自然人资产、产品增值、生产与服务收入，以及法律规定的其他来源。

1. 法定税种见下表：

税种	适用税率
增值税	按供货额的20%计提
零售贸易与居民服务税	按零售额与服务额4%计提
公路税	按产品产值与服务额的0.8%，商品零售（批发）额的0.08%计提
紧急状态预防与消除规费	按自产产品销售额，或商品零售（批发）全部利润的1.5%
利润税	10%
所得税	20%
社会保险基金	雇主支付占工资基数21%的税额，8%由雇员从工资中支付

2. 税收优惠措施：

（1）设立征税客体的非征税最低限定；

（2）取消纳税部分组成税种；

（3）对个别人员或纳税阶层实行免税；

（4）降低税率；

（5）扣除税收基数（税收扣除）；

(6)延期纳税或按确定幅度降低税额；

(7)吉尔吉斯斯坦国内实施的《自由经济区法》及《海关法》(海关管理、再次出口等制度)中规定的纳税优惠；

(8)在有关避免双重征税的多、双边国家协议以及世贸成员国外贸领域海关税收制度相应优惠条例的基础上提供一系列税收优惠政策。

3. 银行税

对银行的征税主要有如下税种：

(1)服务收入税:4%,每月上缴；

(2)办公用房土地占用税(自购房产):房屋面积×0.98索姆×生态系数×城市位置系数×行业系数,每年上缴一次；

(3)垃圾处理税:职工人数×最低工资×25%,每年上缴一次；

(4)利息税(对自然人贷款):4%；

(5)公路税:按总收入的0.8%计提,每月上缴；

(6)紧急情况税:按总收入的1.5%计提,每月上缴；

(7)利润税:10%,每月上缴；

(8)如银行要出售自己的固定资产,同样要交纳增值税。

五、法律风险评价

(一)营商环境有待改善

根据世界银行2015年营商环境报告,吉尔吉斯斯坦的营商环境在189个国家和地区中排名第102位,居于中等偏下水平。具体而言,吉尔吉斯斯坦在跨境贸易、获得电力等方面表现较差,但在企业注册、登记财产、办理施工许可证等方面表现出色。吉尔吉斯斯坦财产登记平均只需要经过3道程序,耗时5天,成本约为财产价值的0.3%,在全世界189个国家中排名高居第6位。

公司注册		办理施工许可证		财产登记	
程序个数	2	程序个数	10	程序个数	3
时间(日)	8	时间(日)	141	时间(日)	5
成本(占单位收入的百分比)	2.4	成本(占项目投入的百分比)	2.1	成本(占财产价值的百分比)	0.3
最低注册资本	0				

数据来源:2015年世界银行营商环境指南。

(二)合同执行效率较高,破产处置成本较高

根据2015年世界银行营商环境指南提供的数据,吉尔吉斯斯坦的合同执行效率高于欧洲及中亚地区和经合组织国家的平均水平,在世界189个国家和地区中排名第52位,处于世界中上游水平。但其破产处置成本则相对较高,全球排名第157位,平均投资回收率仅为投资总额的19.2%。

合同执行	吉尔吉斯斯坦	欧洲及中亚地区	经合组织
时间(日)	266.0	448.1	539.5
成本(占标的额的百分比)	37.0	25.2	21.4
程序(个)	38.0	37.0	31.5
时间(年)	4.0	2.3	1.7
成本(占资产价值的百分比)	15.0	13.3	8.8
回收率(每美元美分数)	19.2	37.7	71.9

数据来源:2015年世界银行营商环境指南。

(三)税务负担偏重

吉尔吉斯斯坦主要税种是企业所得税、增值税和个人所得税。对于外国投资者来说,吉尔吉斯斯坦的税制相对简单,税率适中,但纳税手续过于繁杂,实际税务负担偏重,税务管理有待加强。根据2015年世界银行营商环境指南提供的数据,吉尔吉斯斯坦在税收负担方面在全球189个国家中排名第136位。

税收指标	吉尔吉斯斯坦	欧洲及中亚地区	经合组织
纳税(次)	52.0	20.5	11.8
时间(小时)	210.0	234.3	175.4
应税总额(占利润百分比)	29.0	34.9	41.3

数据来源:2015年世界银行营商环境指南。

塔吉克斯坦共和国
The Republic of Tajikistan

——旭日东升的“高山之国”

塔吉克斯坦共和国基本情况

国家名称（中英文）	塔吉克斯坦共和国（The Republic of Tajikistan）		
人口（百万）	8.48	人口增长率（年均%）	2.2
领土面积（千平方公里）	142.6	主要民族	塔吉克族、乌兹别克族
官方语言	塔吉克语	主要宗教信仰	伊斯兰教
政体	总统制	主要政党	人民民主党等
GDP（十亿美元）	7.85	GDP 增长率（年均%）	4.2
国民总收入（十亿美元）	10.49	人均国民收入（美元）	1240
通货膨胀率（年均%）	1.9	外国直接投资净流入（百万美元）	391
外债（百万美元）	4047	总偿债额占出口贸易和收入的比率	38.2

数据来源：2015 年世界发展指标数据库。

一、国情简介

塔吉克斯坦共和国（以下简称塔吉克斯坦）是位于中亚东南部的内陆国家，东与中国接壤，南邻阿富汗，西部和北部与乌兹别克斯坦和吉尔吉斯斯坦相连，境内多山，约占国土面积的93%，有“高山国”之称。塔吉克斯坦为多民族国家，其中塔吉克族占79.9%，乌兹别克族占15.3%，俄罗斯族约占1%。此外，还有鞑靼、吉尔吉斯、土库曼、哈萨克、乌克兰、白俄罗斯、亚美尼亚等民族。居民多信奉伊斯兰教，其中多数属逊尼派。塔吉克语为国语，俄语为族际交流语言。近年来，塔吉克斯坦社会基本稳定，但邻国经济形势恶化和恐怖主义威胁等因素对塔吉克斯坦内部环境造成了一定影响。

（一）政治概况

塔吉克斯坦实行总统制。总统为国家元首、政府首脑和武装部队的统帅，由全民直接选举产生，每届任期7年。议会是国家最高代表机关和立法机关，分为上下两院。

上院称“马吉利西·米利”,意为民族院;下院称“马吉利西·纳莫扬达贡”,意为代表会议。上院34名议员,任期5年;下院设63个议席,其中41个按地方选区由选民选出,22个由党派选举中得票率超过5%的党派推选,任期5年。塔吉克斯坦政党很多,主要政党包括人民民主党、共产党、伊斯兰复兴党、社会主义党、社会民主党、经济改革党、民主党和农业党等。

塔吉克斯坦独立后政局动荡。1992年3月爆发内战,1997年6月27日,在联合国、俄罗斯及伊朗等国斡旋下,政府和反对派在莫斯科签署《关于在塔实现和平和民族和解总协定》,开始民族和解进程。2000年3月31日,民族和解进程结束。目前看,塔吉克斯坦政局总体保持稳定,政府继续坚决打击极端宗教主义、毒品走私和跨国有组织犯罪。

(二)经济概况

塔吉克斯坦经济基础较为薄弱,结构相对单一,对外依赖度较高。1995年塔吉克斯坦《深化经济改革和加快向市场关系过渡的紧急措施》和《1995~2000年经济改革纲要》,确立了以市场经济为导向的国家经济政策,并推行私有化改制,1997年国民经济开始走出低谷,呈现恢复性增长。2000年10月,塔吉克斯坦成功发行国家新币索莫尼,初步建立国家财政和金融系统,开始逐步完善税收、海关政策。2003年,塔吉克斯坦政府制订国家工业发展政策,有效利用国家资源优势,加大生产技术革新力度,逐步提高产品加工水平和产品竞争力。2013年,塔吉克斯坦加入世贸组织,成为第159个正式成员。2014年以来,塔吉克斯坦经济发展速度有所放缓,但政府较为注重吸引外资、鼓动固定资产投资和大力扶持中小微企业和私营经济发展等,GDP仍保持了一定程度上的增长。

中国是塔吉克斯坦最大投资来源国。在贸易方面,2015年1月~11月,中塔双边贸易额16.87亿美元,同比下降27.6%。其中中方出口16.42亿美元,同比下降27.6%,进口0.45亿美元,同比增长2.6%。

(三)外交政策

塔吉克斯坦奉行大国平衡外交政策,自1992年1月4日中塔建交以来,两国关系积极、健康、稳步向前发展,解决了历史遗留的边界问题,签署了《中塔睦邻友好合作条约》,并于2013年5月建立战略伙伴关系。近年来,两国间高层互访频繁。2014年,习近平主席对塔吉克斯坦进行首次国事访问。2014年5月和11月,拉赫蒙总统分别来华出席亚信峰会和APEC东道主伙伴对话会。2015年9月,拉赫蒙总统来华出席中国人民抗日战争暨世界反法西斯战争胜利70周年纪念活动。2015年12月,塔吉克斯坦总理拉苏尔佐达来华出席上海合作组织总理会议及世界互联网大会。

二、法律概览

（一）法律体系

塔吉克斯坦属于大陆法系国家，受前苏联立法影响深远，具备较好的法律基础，近年来又补充并更新了许多法律，但在部分领域仍有法律空白。

近年来，塔吉克政府为加大吸引外资力度，出台了《塔吉克斯坦共和国外汇管理法》、《塔吉克斯坦共和国投资法》、《塔吉克斯坦共和国对外经济活动法》、《塔吉克斯坦税法》等政策法规加大吸引外资力度，但由于法律的执行和解释缺乏持续性，司法机构较薄弱且独立性不高，法治建设仍需进一步完善。

（二）司法制度

1. 诉讼制度

塔吉克斯坦宪法规定，宪法法院、最高法院、最高经济法院、军事法院、戈尔诺－巴达赫尚自治州、各州、杜尚别市、各市和区法院行使司法权。法官任期5年，禁止成立特别法庭。塔吉克斯坦尚不接受国际法院的强制管辖。对现行法律的执行情况由检察院独立进行检察。

塔吉克斯坦主要根据民法、刑法和相关诉讼程序法进行诉讼。同时，为保证塔吉克斯坦公民在经济活动中的合法权益，塔吉克斯坦于1994年颁布《塔吉克斯坦国家公证法》。

2. 司法协助

塔吉克斯坦是《承认及执行外国仲裁裁决公约》的无保留缔约方之一。截至目前，塔吉克斯坦暂无关于域外判决执行的相关法律，本地法院可以承认和执行外国法院或国际仲裁机构的裁判，前提是其不违反塔吉克斯坦的相关法律。中国和塔吉克斯坦签署了民事和刑事司法协助条约，提升了中资企业在塔吉克斯坦投资的司法保障程度。

此外，中国、塔吉克斯坦两国企业或自然人在经济活动中的争议，可按两国政府于1993年签署的《关于鼓励和保护投资协定》中的相关仲裁规定进行特别处理。在缔约一方提出争议之日起六个月内通过外交不能解决的争议，应提交专设仲裁庭，该仲裁庭由当事人选定或由仲裁委员会主任指定的仲裁员组成，一般为三人。缔约一方与缔约另一方投资者之间任何有关征收补偿数额的争议都可提交仲裁庭。仲裁庭自行制定其程序规则，但是会依据《关于鼓励和保护投资协定》的规定和公认的国际法原则作出裁决。仲裁庭的裁决以多数票作出，裁决对缔约双方均有拘束力。

（三）司法效率

塔吉克斯坦司法执行效率较低，司法独立性不强。根据法律案件的性质不同，塔吉克斯坦当地法院终审判决通常在3个月至2年不等。

三、金融法律制度

塔吉克斯坦金融业较成熟，开放程度较高，并且欢迎外资银行在其境内设立子行、分行或代表处，限制或禁止性规定较少，相关申请程序也较为清晰。

（一）银行准入与监管法律制度

1. 银行业主要法律制度

塔吉克斯坦银行业的主要法律包括《中央银行法》《银行和银行活动法》《个人存款保证法》《外汇管制法》《微型贷款机构法》等，这些法律规范了银行注册成立的程序、银行经营许可证制度、银行行为的规范及收益的保护和银行业会计准则等，并对非银行金融机构的活动进行规范。针对不同监管目标，塔吉克斯坦又先后出台了《反洗钱及反恐怖融资法》《小微贷款机构法》《信贷机构流动性管理法》等法律法规，以及《国家保护和支持创业法》《伊斯兰银行业务法》《关于抵押财产的修订和补充法》等一系列法律文件。

2. 商业银行设立的相关要求

塔吉克斯坦开办商业银行所需最低注册资金限额由中央银行（即塔吉克斯坦国民银行）确定。从实际操作来看，在塔吉克斯坦境内拥有1000万美元即可申请注册成立商业银行，其注册资金必须以塔吉克斯坦本国货币计算，任一投资者的股份占有比例不得超过注册资金总额的65%。注册资金中非货币部分不得超过投资总额的20%。商业银行获取中央银行发放的经营许可证后即可对外营业。商业银行利用自有或筹集的资金进行资产和负债业务，可在中央银行账户上保存自由资金，独立决定吸收和使用资金的程序。

3. 外资银行设立子行或分支机构的相关要求

塔吉克斯坦对外资进入其金融市场持欢迎态度，因此外资银行在当地开展业务限制性或禁止性规定较少。塔吉克斯坦银行法规定，塔吉克斯坦境内允许建立外资全资银行，也可建立合资银行。另外，外国银行可在塔吉克斯坦开设分行或代表处，也可通过购买当地银行股份或分支机构开展业务。在塔吉克斯坦设立外资银行分行或代表处所需的文件如下表所示：

外资银行设立分行申请文件清单
1. 外国银行关于在塔吉克斯坦境内开立分行的决议,附有外国银行驻地和所要开立分行地点的登记文件
2. 每位领导人的姓名、父称、民族、国籍、常驻地、社会活动或职业、教育水平、工龄等详细信息的证明
3. 领导人高级经济教育文件复印件
4. 外国银行近三年经审计财务报表复印件
5. 外国银行股东和最终股份受益人清单,并附有居住地、股额及股东登记文件复印件
6. 领导人关于无犯罪前科、破产、职业活动无限制的书面声明
7. 商业计划书,附有业务目的和种类,组织结构和内部监督体系介绍,包括反洗钱、恐怖主义融资、未来几年平衡表、收入、支出和现金流预测
8. 分行注册地点信息
9. 资料审查费单据
10. 外国银行总部所在地国银行监督机构书面同意其在塔吉克斯坦境内开立分行,对其业务开展统一银行监督
11. 外国银行高级管理机关就剥离必要资金以完成分行设立的保函(币种和保函资金存放地点由塔吉克斯坦国民银行规定)
外资银行设立代表处申请文件清单
1. 信贷机构相关部门就在塔吉克斯坦境内开立代表处的决议
2. 外国信贷机构总部所在地国家银行监督机关出具的书面确认函

4. 银行监管制度

塔吉克斯坦银行系统实行中央银行和商业银行二级管理体制。根据 2011 年 6 月 28 日塔吉克斯坦《中央银行法》规定,塔吉克斯坦中央银行的法定目标为维持国家货币索莫尼的币值稳定,发展和健全塔吉克斯坦银行体系,维持塔吉克斯坦清算系统的高效和平稳运行。同时,塔吉克斯坦中央银行对各家金融机构实行市场监管,对各家金融机构从事的业务、资本金的充足水平、风险控制的审慎性进行监管。

5. 银行的外汇业务、贷款集中度和利率规定

塔吉克斯坦商业银行经中央银行批准可承办外汇方面的银行业务。商业银行在满足开业一年、具备现代化国际通信工具和外汇业务专家等条件时,经申请,在中央银行审核批准后,可获得经营外汇业务专用许可证。对于含外资股份的合资银行,在正式开业 3 个月后并具备上述同样条件时,亦可得到外汇业务经营权。塔吉克斯坦法律明确规定,政府各职能部门及地方政府无权干涉银行的经营活动;对银行的自主经营

从法律角度给予保证。现阶段塔中央银行对各商业银行的管理还主要依靠行政命令手段。

根据塔吉克斯坦银行业相关法律规定,以下情况信贷机构不得向法人或自然人提供贷款:信贷机构单一客户贷款余额高于该信贷机构监管资本的5%(信贷机构获得塔吉克斯坦国民银行书面事前同意的除外);信贷机构单一客户大额贷款余额高于该信贷机构监管资本的20%的;信贷机构大额贷款余额高于该信贷机构监管资本总额3倍的。但是,塔吉克斯坦共和国政府或由它进行担保而签署的交易合同除外。

从以往商业银行贷款利率来看,在塔吉克斯坦最高为35%。2016年3月1日起,塔吉克斯坦中央银行再融资利率由8%调高至9%,并规定塔吉克斯坦中央银行给予商业银行用于补充流动性的贷款利率为18%。

(二)担保法律制度

塔吉克斯坦担保法律较为落后,主要具有以下特点:一是塔吉克斯坦无股票、债券市场,不能使用股票、债券等进行担保;二是连带责任担保和权利质押很少使用,未被广泛认可;三是该国常用的担保方式为主权担保、实物资产担保、现金担保等,对外国银行获得当地担保权益无特殊限制性规定,仅需完成相关审批手续,包括签署相关担保协议、认证等。

现金担保是塔吉克斯坦最受认可的担保方式,抵押率一般为100%,但较少使用。实物资产(包括货币、房产、机械设备等)担保一般由银行等抵押权人进行资产评估,与抵押人签订抵押合同,塔吉克斯坦公证处对抵押合同进行公证,公证后到塔吉克斯坦司法部登记。抵押率根据不同抵押权人、不同抵押物有所不同,一般为50% ~70%。

国家主权担保主要由塔吉克斯坦财政部审批同意,但国际倾向基金组织对塔吉克斯坦外债负俪率有约束,不得超过当年GDP的40%,目前,塔吉克斯坦使用国家主权对外担保十分谨慎。塔吉克斯坦主权担保由塔吉克斯坦财政部负责,经财政部出具担保函后即可。

对于外资企业,《塔吉克斯坦外商投资法》规定了外商投资企业的财产及权利对外抵押、质押的基本原则。外商投资企业可将其资产作为债务的担保。房屋、建筑物、设备产权以及土地和其他自然资源使用权等都可作为担保物。

(三)法律适用

塔吉克斯坦对于贷款协议的法律适用,可约定适用外国法律,如中国法、英国法等。但在实际操作中,若适用外国法律违反塔吉克斯坦法律的强制性规定,则以塔吉克斯坦法律为准。

(四)主权豁免

截至目前,塔吉克斯坦暂未发生主权豁免类事件,没有专门立法规定主权豁免问题，但明确以塔吉克斯坦政府（指定部门为财政部）名义签署的相关文件，享受国家主权豁免。若塔吉克斯坦政府部门或全资国有企业作为借款人的，除政府正式批文外，均无豁免权。

四、投资法律制度

目前，塔吉克斯坦经济对外资依赖度高，为保持经济稳定，塔吉克斯坦对外商投资持欢迎态度，鼓励外资进入能源、水电、公路、桥梁等领域。近年来，塔吉克斯坦政府为加大吸引外资力度，出台了塔吉克斯坦《外汇管理法》、塔吉克斯坦《投资法》、塔吉克斯坦《对外经济活动法》、塔吉克斯坦《税法》等政策法规。《投资法》等法律法规为外国投资者提供全面的权益保护，当《投资法》发生修改和补充时，投资者有权在 5 年内选择对自己更为有利的条款。

（一）企业法律制度

在塔吉克斯坦从事经济活动的法律依据主要有塔吉克斯坦《企业法》、塔吉克斯坦《企业注册法》、塔吉克斯坦《外商投资法》等相关法律，规定了本国和外国投资企业的类型、企业经营与活动、企业管理等条款，旨在确立企业创办和运营过程中有关司法、经济和社会问题的基本准则、外国投资的法律程序等。

2014 年 7 月，塔吉克斯坦议会审议通过《企业经营国家保护支持法》，该法律旨在发展私营经营、创造新就业岗位、吸引外商投资。该法案规定创立企业经营国家支持基金，以支持私营企业发展。

2015 年 6 月，塔吉克斯坦颁布《经营实体活动检查法》，目的是确保对企业和投资者检查工作的透明，防止长期、无根据和重复的检查。

根据塔吉克斯坦《企业法》，企业类型包括国有企业、私有企业及混合所有制企业。

在法律许可的情况下，企业有权根据自己的章程从事任何经营活动，企业从事某些活动时，可能要经过特别的授权和许可。这些活动的范围和授权由塔吉克斯坦共和国政府来决定。企业无论其产权状况如何，都应依法进行登记。

（二）特定行业、领域法律情况

外国投资者和外国投资企业在塔吉克斯坦的发展受到较好的法律保障，但是要注意环境保护、土地方面及用工方面的特别规定。

1. 矿产行业法律情况

塔吉克斯坦矿产资源丰富，种类全、储量大，但开发难度较大。根据塔吉克斯坦《矿产资源法》，政府负责向外国法人和公民授予普查、勘探、开采和矿物加工以及用于其他目的的许可证和租让合同，并监督其执行。矿产储量信息由国家矿产储量委员会进行国家鉴定、审核和批准，只有在对储量进行国家鉴定之后，才允许提供矿产以供开采。

2. 金矿行业法律情况

金矿商品的进出口须经塔吉克斯坦政府同意后才可进行，否则海关不予放行。塔吉克斯坦《贵重金属和宝石法修正案》规定，只有塔吉克斯坦国内没有加工能力的情况下才能将含有贵重金属和宝石的矿石运往国外。塔吉克斯坦财政部、中央银行拥享有贵金属及其产品的优先购买权，在满足国有需求的前提下，可允许外资企业在塔吉克斯坦开采、生产的金属及其产品外销。

3. 环境领域法律情况

塔吉克斯坦法律规定，对环境有影响的项目要得到国家批准并获得许可证才可实施。各种管道、输电线、运输、能源设备的安装和建设必须遵守环保要求，保证附近居民的安全。实施项目需合理使用资源，如果在施工中破坏了环境，项目将被停止或停工整改。相关企业一旦违反环境保护法规造成了环境损害，则需进行赔偿，赔偿可自愿进行或根据法院判决、仲裁机构裁决进行。此外，塔吉克斯坦《环境保护法》规定，环境评估是在法人或自然人计划经营或其他行为前的必经程序，同时要吸收社会团体参加评估，相关手续和费用等根据不同项目内容由塔吉克斯坦政府确定，环境保护委员会是塔吉克斯坦负责环境评估的主管部门。

（三）外汇管制

1. 外汇管制相对宽松

根据《外汇管理法》规定，本国货币可自由兑换，允许在境外开立账户。塔吉克斯坦《投资法》规定，投资者有权在塔吉克斯坦开立本币及外币账户，完税后有权将塔克吉斯坦本国货币自由兑换成其他货币，同样可认购其他外币用于支付塔吉克斯坦境外业务。投资者和外国工作人员有权将合法投资和经营所得外币收入和工资汇出境外，无需交纳特别税金，但携带3000美元以上现金出入境需要申报。塔吉克斯坦允许相关单位在境外开立账户，但需向国民银行报备，并定期提交相关报表。对于资本注入及本息汇出问题，塔吉克斯坦相关部门主要依据双方签署的协议及公司文件等办理，没有其他限制。对于涉及的税项，银行主要向塔吉克斯坦国家缴纳利润所得税及营业税。

2013年，塔吉克斯坦颁布《外汇管理与监督法》，该法规定，在发生威胁国家经济、财政体系、本国货币汇率安全的情况下，可采用为期不超过6个月的特别外汇管理办法，如限制和禁止外国侨民或塔公民的外汇业务。另外，该法还规定对小部分外汇交易实施通报制度，除此之外，塔吉克斯坦外汇日常交易和大额交易没有其他限制。

2. 外汇交易的特殊限制

2014年以来，塔吉克斯坦本币索莫尼剧烈贬值，为此塔吉克斯坦出台了多项法律措施吸引外汇资金,并打击外汇倒卖。2015 年 11 月,塔吉克斯坦中央银行颁布条例,个人(包括本国人和外国人)在塔吉克斯坦各银行外汇存款的金额将不受额度限制,也无需出具外汇来源证明文件。同时,塔吉克斯坦政府通过了关于进行外汇交易程序的决议,根据该决议,塔吉克斯坦将关闭所有外币兑换点,外汇业务只能在银行进行,其他地方进行外币交易将被视为违法行为。2016 年 3 月,塔吉克斯坦议会批准了《刑事法典》关于严格处罚法人和自然人从事非法外汇交易的修改。根据新规定,从事非法外汇交易最低将罚款 8000 ~ 14,600 索莫尼或判刑 2 年,最高可罚款 65,680 索莫尼(约合 8464 美元)或判刑 9 年。

(四)税收制度

塔吉克斯坦的税收体系主要划分为国税和地方税。国税主要税种是法人盈利税、个人所得税、增值税、消费税、社会税、土地税、矿藏开采税、公路使用税等;地方税包括不动产税、零售税和其他地方强制税等。

1. 塔吉克斯坦《税法》的最新变化

塔吉克斯坦颁布最新颁布的《税法》于 2013 年 1 月 1 日起生效并执行。2016 年 2 月,塔吉克斯坦财政部称政府正在对塔吉克斯坦《税法》进行重新修正和补充,目前税法修订工作处于审议阶段。

塔吉克斯坦现行《税法》规定,自 2017 年起制造业的利润税税率由 15% 降至 13%,其他经营类别则由 25% 降至 23%。此外还废除了零售贸易税,并将相近的税种进行合并(包括土地税与不动产买卖税、销售税与商品加工税、矿产资源使用税与水利资源税,以及利润税与最低利润税合并),并取消了采用平均的统计指标来计算利润税和社会税。

2. 进口商品的课税价值确定方法

根据 2003 年 10 月 25 日通过的第 450 号《关于塔吉克斯坦共和国关税税率》决议,对进口商品根据其种类的不同分别征收 0%、2.5%、5%、7%、10% 和 15% 的关税,并对自欧亚经济共同体其他成员国(俄罗斯、哈萨克斯坦、白俄罗斯、吉尔吉斯斯坦)进口的商品免征关税,对较不发达国家进口的商品也免征关税(《关于塔吉克斯坦共和国关税税率》决议确定了较不发达国家的名单)。根据 1996 年 2 月 24 日的第 424 号《关于外汇及出口贸易的自由化,以及保障完全回收外汇收入》的总统令,塔吉克斯坦取消了出口关税。2001 年 9 月,中国与塔吉克斯坦两国签署了《关于避免双重征税的协定》,解决了两国的双重征税问题。

3. 外国投资企业相关的税费规定

根据塔吉克斯坦《税法》,与外商投资企业相关的税费是关税(进口关税税率主要分 0.5%、10% 和 15% 三种,另外有 2%、2.5%、7% 和按重量收取关税的个别情况)、增值税(进口增值税率为20%,出口产品除棉花及其半成品、棉纤、原铝、贵金属、贵重矿石及其珠宝制品外免征增值税)、法人利润税(税率为25%)和财产税(0.5%)等。注册资金在200万美元以下的企业,自注册或重新注册(因追加注册资金)之日起3年内,或注册资金在200万美元之上的企业,自注册或重新注册(因追加注册资金)之日起5年内进口的、用于充当和追加企业注册资金的基础设备和外企员工的自用物品免征关税和增值税。该规定适用于该规定生效之时正在运营中的所有企业,如果该企业清算时被查出自进口之日起5年内进口商品未被使用或销售给第三方,应追缴免征的增值税和关税。

同时,塔吉克斯坦《外商投资法》规定,除加工和利用自然资源(如黄金等矿藏的开采与加工)的企业外,所有新办生产企业,从注册之日起投资规模在50万美元以下,免缴利润税2年;投资规模在50万美元到200万美元之间(包括200万美元),免缴利润税3年;投资规模在200万到500万美元之间(包括500万美元),免缴利润税4年;以及投资规模在500万美元以上,免缴利润税5年。

五、法律风险评价

(一)营商环境有待改善

由于国内基础设施落后、工业基础薄弱、立法不完善,塔吉克斯坦的营商环境不够理想。根据世界银行2015年营商环境报告的数据,塔吉克斯坦的营商环境在189个国家和地区中排名第132位。具体而言,塔吉克斯坦在财产登记、少数投资人利益保护方面表现尚可,但在公司注册、施工许可、税务、跨境贸易、获得电力等方面表现不佳,有待进一步改善。

公司注册		办理施工许可证		财产登记	
程序个数	4	程序个数	24	程序个数	6
时间(日)	39	时间(日)	228	时间(日)	37
成本(占单位收入的百分比)	23.3	成本(占项目投入的百分比)	1.9	成本(占财产价值的百分比)	3.7
最低注册资本	0				

数据来源:2015年世界银行营商环境指南。

(二)合同执行效率适中,破产处置成本较高

塔吉克斯坦的合同执行效率基本与欧洲及中亚地区的平均水平持平。根据2015年世界银行营商环境指南提供的数据,塔吉克斯坦的合同执行效率在189个国家和地区中排名第40位,处于世界上游水平。但其破产处置成本相对较高,全球排名第149

位,平均投资回收率较低。

合同强制执行	塔吉克斯坦	欧洲及中亚地区	经合组织
时间(日)	430	448.1	539.5
成本(占标的额的百分比)	25.5	25.2	21.4
程序(个)	35.0	37.0	31.5
破产处置	塔吉克斯坦	欧洲及中亚地区	经合组织
时间(年)	1.7	2.3	1.7
成本(占资产价值的百分比)	9.0	13.3	8.8
回收率(每美元美分数)	36.9	37.7	71.9

数据来源:2015 年世界银行营商环境指南。

(三)税务负担较重

塔吉克斯坦税项较多,征收手续繁杂,税率较高。根据 2015 年世界银行营商环境指南提供的数据,塔吉克斯坦在税收负担方面排在全球 189 个国家和地区的第 169 位。

乌兹别克斯坦共和国
The Republic of Uzbekistan

——等待盛开的“中亚玫瑰”

乌兹别克斯坦共和国基本情况

国家名称（中英文）	乌兹别克斯坦共和国(The Republic of Uzbekistan)		
人口(百万)	31.30	人口增长率（年均%）	1.7
领土面积（千平方公里）	447.4	主要民族	乌兹别克族、俄罗斯族、塔吉克族等
官方语言	乌兹别克语	主要宗教信仰	伊斯兰教、东正教
政体	总统制	主要政党	人民民主党、自由民主党、民族复兴民主党、公正社会民主党
GDP（十亿美元）	66.73	GDP 增长率（年均%）	8.0
国民总收入（十亿美元）	66.73	人均国民收入(美元)	2150
通货膨胀率（年均%）	8.7	外国直接投资净流入（百万美元）	1068
外债(百万美元)	13,389	总偿债额占出口贸易和收入的比率	—

数据来源:2015 年世界发展指标数据库。

一、国情简介

乌兹别克斯坦共和国(以下简称乌兹别克斯坦)是位于中亚腹地的“双内陆国”,其5个邻国均无出海口。南邻阿富汗,北部和东北部与哈萨克斯坦接壤,东部、东南部与吉尔吉斯斯坦和塔吉克斯坦相连,西部与土库曼斯坦毗邻。乌兹别克斯坦为多民族国家,共有130多个民族。其中,乌兹别克族占80%,俄罗斯族占5.5%,塔吉克族占4%,哈萨克族占3%,卡拉卡尔帕克族占2.5%;此外,还有土库曼、乌克兰、维吾尔、亚美尼亚、土耳其、白俄罗斯族等。乌兹别克语为官方语言,俄语为通用语。主要宗教为伊斯兰教,属逊尼派,其次为东正教。近年来,乌兹别克斯坦社会稳定,经济增速在独联体地区名列前茅,但法律体系并不完善,司法独立性有待加强。

(一)政治概况

乌兹别克斯坦实行总统制。总统为国家元首、内阁主席、武装部队最高统帅,由全民直接选举产生，每届任期7年，2011年调整为5年。议会又称最高会议，是行使立法权的国家最高代表机关。乌最高会议由参议院和立法院组成。参议院为上院，由100名议员组成，每届参议院任期为5年，其工作的主要组织形式为召开会议，每年不少于3次。司法机构由宪法法院、最高法院、最高经济法院、军事法院和检察院组成。乌兹别克斯坦的主要政党包括人民民主党、自由民主党、“民族复兴”民主党、“公正”社会民主党等。2007年4月11日，乌兹别克斯坦颁布《关于加强政党在国家改革、民主化和现代化进程中作用的宪法性法律》，该法律于2008年1月1日正式生效，旨在加强政党在国家改革、民主化和现代化进程中的作用。2011年3月，乌兹别克斯坦修改宪法，扩大了议会和政党权力，规定总理由立法院中占多数席位的政党或党团提名，议会有权对政府提出不信任案，有权就国家政治经济生活的重大问题向总理提出质询，总统无法理政时，由参议院主席直接代行总统权力，直至选出新总统。

乌兹别克斯坦独立之始，卡里莫夫总统提出按“乌兹别克斯坦发展模式”建设国家的“五项原则”：经济优先，国家调控，法律至上，循序渐进，社会保障。在该“五项原则”指导下，乌兹别克斯坦致力于复兴民族精神和宗教传统，提高社会宽容度，增进族际互容，对弱势阶层和群体实施社会保障。另外，该国将保障国家安全作为国家主要任务之一。

（二）经济概况

乌兹别克斯坦自然资源丰富，是世界上重要的棉花、黄金产地之一。乌国民经济支柱产业有“四金”：黄金、“白金”（棉花）、“乌金”（石油）、“蓝金”（天然气）。但乌经济结构单一，制造业和加工业落后，在苏联时期主要是工业原料和农牧业产品供应地。近年来，乌兹别克斯坦分阶段稳步推进市场经济改革，实行“出口导向”经济发展战略，同时对国有企业进行私有化和非国有化，积极吸引外资，大力发展中、小企业，逐步实现能源和粮食自给，基本保持了宏观经济和金融形势的稳定，经济实现较快发展，GDP保持约8%的增长速度，人均GDP呈逐年递增趋势。2015年，乌兹别克斯坦GDP约610亿美元，同比增长8%，其中工业、农业和建筑业产值分别增长8%、6.8%和17.8%，固定资产投资增长9.6%。通货膨胀率5.6%。全年实现贸易顺差，财政盈余达到GDP的0.1%。

（三）外交政策

乌兹别克斯坦的对外方针是巩固国家独立，维护国家安全与稳定，发展经贸和交通合作，提高在地区和国际上的地位。目前，共有一百三十多个国家承认乌兹别克斯坦独立，114个国家同乌兹别克斯坦建交。乌兹别克斯坦在海外设有33个使馆、10个总领事馆，在3个国际组织设有常驻代表。乌兹别克斯坦是联合国、欧洲安全与合作组织、伊斯兰会议组织、不结盟运动、上海合作组织、中亚合作组织等国际和地区组织成员，已加入国际货币基金组织、世界银行、欧洲复兴开发银行、亚洲开发银行等国际金融组织。

1992 年 1 月 2 日中乌建交以来，两国关系发展顺利，各领域合作不断深化。2011 年，两国领导人共同签署了《关于保护和促进投资协定》等二十余份重要文件并发表《联合声明》。2016 年 6 月，国家主席习近平在塔什干同乌兹别克斯坦总统卡里莫夫举行会谈。两国元首高度评价中乌传统友谊和双边关系发展取得的丰硕成果，一致决定建立中乌全面战略伙伴关系，推动两国合作向前发展。双方同意将共建"一带一路"作为两国务实合作的主线，坚持共商、共建、共享原则，加强发展战略对接，充分挖掘经贸合作潜力，积极推动产能合作，将吉扎克工业园打造成产能合作的重要平台，扩大基础设施建设领域合作，深入推进能源合作，打造中乌农业合作新亮点，加大对两国重点合作项目的金融支持。会谈后，两国元首签署了《中华人民共和国和乌兹别克斯坦共和国联合声明》，并见证了外交、经贸、知识产权、融资等领域多项双边合作文件的签署。

二、法律概览

乌兹别克斯坦属前苏联加盟共和国，法律体系受前苏联影响明显，独立后整体发展水平一般，法律体系尚不完整，法律执行效率一般。总统高度集权，总统令带有法律强制性，但随着乌兹别克斯坦议会权力的逐步扩大，立法、司法将更趋制度化和科学化。

（一）法律体系

乌兹别克斯坦基本沿用了苏联时代形成的法律结构和体系。2000 年 1 月 14 日颁布的《规范性法律文件法》规定国家法律的层次自上而下为：宪法、宪法性法律、普通法律、总统令、内阁令、中央和地方政府机关颁布的规范性法律文件。乌兹别克斯坦共和国《宪法》是乌兹别克斯坦共和国基本法律文件，在国家向新体制转轨的过程中保障了宪法框架内的系统性和渐进式变革。

乌兹别克斯坦《宪法》是"乌兹别克斯坦模式"的法律基础。《宪法》自通过以来所起的作用表明，它逐步确立了国家的政治和法律制度、国家权力和管理机关的法律评价标准，以及发展公民社会制度的法律评价标准。

该《宪法》于 1991 年 12 月 8 日通过，又分别于 1993 年 12 月 28 日、2003 年 4 月 24 日、2007 年 4 月 11 日、2008 年 12 月 25 日进行了修改。此外，在符合乌兹别克斯坦《宪法》的前提下，卡拉卡尔帕克斯坦自治共和国（是乌兹别克斯坦内的自治共和国）拥有自己的宪法。最高法院也是法律出台的来源之一，最高法院定期公布公报，包括主要决议、指导方针、个别案件的判决。此外，在乌兹别克斯坦，按规定程序批准的国际条约比国内法律优先适用。

（二）司法制度

1. 法院体系

乌兹别克《宪法》规定，共和国的司法权独立于立法权、行政权、政党和社会团体。乌兹别克斯坦的法院体系由宪法法院、最高法院、最高经济法院，卡拉卡尔帕克斯坦共和国最高法院和经济法院，市、区法院和经济法院组成。共和国和州、区、市的法院和经济法院法官均任期5年。此外，《宪法》还规定，不准成立特别法庭。

宪法法院是审核违宪案件的最高司法机关。宪法法院审议立法权、行政权是否合法；确定最高会议通过的法律和法令、总统令、各级政府的决议、本国与其他国家签订的国际条约是否符合共和国宪法；就卡拉卡尔帕克斯坦共和国宪法和法律是否符合乌兹别克斯坦宪法和法律作出裁判；对乌兹别克斯坦宪法和法律的准则进行解释；审议由宪法和法律解释范围内的其他案件。宪法法院只服从乌兹别克斯坦共和国宪法，其活动和组织程序受法律的保护和约束，做好的判决是终审判决，不得上诉。

最高法院是国家民事、刑事和行政诉讼领域的最高司法权力机构，判决具有终局性，在乌兹别克斯坦境内必须执行。它有权对卡拉卡尔帕克斯坦共和国最高法院、各州和塔什干市、区法院的活动进行司法监督。

经济法院采取两级法院制，最高经济法院为最高级别法院，地方经济法院为设立于各州的州经济法院以及卡拉卡尔帕克斯坦共和国经济法院和塔什干市经济法院（与州经济法院同级）。最高经济法院和地方经济法院负责对各种企业、组织、机构之间在经济活动和管理过程中出现的经济纠纷进行审理和裁定。该司法机关的决定对乌境内所有国家机关、社会团体、企业、机构、公职人员和公民都具有约束力。

2. 诉讼制度

根据《经济诉讼法》规定，经济法院裁决发生于经济领域的纠纷以及本法及其他法律规定的管辖案件，经济法院保护经济领域中受侵害的权利，发生争议的权利及法律保护的企业、机关、团体及市民的权益。通过裁决，维护经济领域的法律秩序，预防违法行为发生。经济法院管辖和审理的案件主要包括：企业法人之间和非法人企业之间，以及他们相互之间发生于经济领域的纠纷；法人企业及非法人企业与国家机关或其他机关之间因经济管理发生的纠纷；确认经济管理法令无效纠纷；企业与个人之间的经济纠纷等。

3. 仲裁制度

2006年10月16日颁布的《仲裁法》规定了仲裁法庭的设立和管辖范围，主要负责解决由民事法律关系引起的争议，其中包括企业之间的经济纠纷，但不包括由行政、家庭和劳动法律关系而产生的争议。根据《仲裁法》，可以设立常设仲裁法庭和临时仲裁法庭。其中,临时仲裁法庭由各方在争议产生时指定,用以解决各方产生的具体争议,争议解决后该法庭解散。

4. 司法协助

根据乌兹别克斯坦《民事诉讼法》第391条规定,在乌兹别克斯坦执行外国法院判决和仲裁裁决由该国签署的相关国际条约确定,在国际条约没有规定的情况下,外国法院判决或仲裁裁决可以在其产生法律效力之日起3年内根据乌兹别克斯坦相关法律申请强制执行。

乌兹别克斯坦1996年加入《承认及执行外国仲裁裁决公约》(以下简称《纽约公约》),承认并执行外国仲裁裁决。除《纽约公约》以外,乌兹别克斯坦关于承认和执行外国法院判决或国际仲裁机构裁决的国际条约还有:《民事、家庭和刑事案件的司法协助和法律关系缔结的明斯克公约》、《解决经济活动争议规定的基辅公约》。

1997年12月11日,为了加强在司法协助领域的合作,中乌两国签署了《关于民事和刑事司法协助的条约》,约定缔约双方应在各自境内承认另一方境内作出的下列裁决予以执行:(1)法院的民事判决;(2)法院对刑事案件中有关损害赔偿作出的判决;(3)仲裁裁决。条约所指的法院判决,在中华人民共和国方面系指法院作出的判决、裁定、决定和调解书;在乌兹别克斯坦共和国方面系指法院作出的民事判决、刑事判决、法院裁定、决定和法院核准的和解书以及法院就民事案件的实质所作的决定。

(三)司法效率及其他事项

根据目前的情况来看,乌兹别克斯坦的法律体系尚不完备,司法执行效率一般,存在一定腐败现象。

根据乌兹别克斯坦《民事法》规定,私有财产可以被国有化、征用和充公。根据《民事法》第202条,国有化是指将属于公民和法人的财产无偿转移给国家。根据《民事法》第203条,征用是指发生自然灾害、事故、瘟疫或其他有突发性质的情况时,为了公众的利益,根据国家机构的决定,可以按程序向财产所有人支付一定金额以征用该财产。根据《民事法》第204条,充公是指因犯罪或其他违法行为,按照法院判决可以无偿没收所有人的财产。

三、金融法律制度

乌兹别克斯坦独立后对银行体系进行了诸多改革。国际货币基金组织也参与其中,帮助乌兹别克斯坦制定一系列法律制度,如《中央银行法》、《银行与银行活动法》,并帮助乌兹别克斯坦发行本国货币,制定货币信贷政策。

(一)银行准入与监管法律制度

根据乌兹别克斯坦1996年4月25日颁发的《银行和银行活动法》第16条,外资银行可以在乌兹别克斯坦设立分行、分支机构或参股当地银行,也可设立代表处,但代表处不得从事银行业务。

1. 银行的设立程序

根据乌兹别克斯坦1996年4月25日颁发的《银行和银行活动法》第10条,乌兹别克斯坦中央银行负责规定银行的登记注册程序和条件,并颁发银行业经营许可证书。银行在央行登记之日起即拥有法人地位。目前,银行(包括分行和外资参与的银行)登记的程序和条件按2009年《银行业登记和经营许可管理规定》执行,具体程序为:在颁发经营许可之前需获得中央银行的初步批准,在此期间允许申请者进行组建银行的事务;在财务能力审查、创办人信誉、银行领导从业资历、商务计划书和财务计划审查、资本结构及具备银行所需场所和设备都被通过的基础上,可在不超过3个月内完成批准;此后,在中央银行初步批准的6个月内,创办人应完成法律规定的各种要求,在达到中央银行要求之日起1个月内,完成银行的登记和经营许可。

《银行业登记和经营许可管理规定》中还额外规定,即只允许实力雄厚且在业内有信誉的非居民银行在乌兹别克斯坦境内开设分行,并倾向于支持在惠誉、穆迪或标普的短期债务评级不低于A1(或A+)的非居民银行在乌兹别克斯坦境内开设分行或参股当地银行,其注册资本不低于3000万美元。

2. 银行监管法律制度

根据《中央银行法》《银行和银行活动法》规定,所有商业银行的活动都由中央银行通过其设定的指标加以调整,银行业有权建立联合会、协会、控股公司和其他形式的组织来协调自身的经营活动。中央银行拥有发行货币、制定国家货币政策、通过商业银行提供金融服务等权力。

乌兹别克斯坦中央银行对各家金融机构实行市场监管,包括现场和非现场的监管,监管的具体内容涉及各家金融机构从事的业务、资本金的充足水平、流动比率、风险控制的审慎性等项目。同时,中央银行也通过其对各家金融机构董事、高管层的任免权来选择合适的管理人员,从源头上控制管理风险。

《银行和银行活动法》第28条规定,利率和银行业务佣金的数额由银行自行确定,但商业银行的利率应当不低于中央银行公布的再融资利率水平(近年来持续下调,目前为9%)。同时,该条文存在的例外情形是:对于中央银行提供的、用于为国家规划融资的贷款,中央银行可以规定利率的限值,并在考虑管理费用和覆盖银行支出的前提下向借款人收取利息。

《中央银行法》第53条规定,如果银行及其分支机构违反银行法律的相关规定,中央银行有权收取其注册资本最小值的0.1%作为罚款,或者限制其在6个月之内不准开展个别业务;如果造成的违约或银行操作的业务对存款人和债权人产生了实际的威胁，中央银行有权收取不超过其注册资本最小值的1%作为罚款，或者采取第53条规定的其他措施。

（二）担保法律制度

乌兹别克斯坦法律不限制或禁止外国银行获得其境内担保权益。

1. 可作为担保的财产权益

以财产权益的所有权划分，作为担保的财产权益，可分为个人所有财产权益和公共所有财产权益。对于以上两种属性的财产权益，存在不同的担保法律规定。

针对个人所有的财产权益，除了与债务人人格不可分割的物品（特别是赔偿生命、健康损失的物品），以及法律禁止的物品和物权之外，都可以作为担保。建筑物、结构物、住宅、企业、贸易客体、服务、法人和自然人拥有的土地，以及按《不动产抵押法》规定登记的其他财产，也可作为担保。

对于公共所有财产权益，如医院、学校和电网、机场、市政设施、公路、通信网络、水管、气管等公共设施，也可作为贷款的担保品。但需确认以下三项内容：设施的所有权归属、管理机构的批准文件以及设施是否存在影响作用担保的情形（查封、抵押、禁止出让等）。

2. 主权担保的具体规定

（1）法律依据

乌兹别克斯坦有关主权担保的法律依据主要是《为吸引外国贷款提供主权担保的法规》。该法规定，内阁令是主权担保成立的前提，乌兹别克斯坦内阁有权确定主权担保的程序等问题。

（2）主体

根据乌兹别克斯坦《预算制度法》第41条，可以为居民法人的债务提供主权担保，但主权担保不能提供给自然人。

（3）程序

乌兹别克斯坦主权担保必须以取得内阁令作为前提，提供主权担保的提案只能由财政部向内阁提交。内阁审议通过后，借款人向财政部提交下列文件：一是与借款人相关的，确定债务类型的文件；二是以原始语言书写的叙述债务来源的文件（复印件）及其有效的乌语或俄语翻译件；三是贷款协议方案、主权担保和担保协议文本；四是外经贸部对合同的审批；五是借款人签署的使用和偿还贷款的预测计划表；六是确定具备所有融资来源的文件；七是其他与借款人和（或）担保人有关的文件。

在收到上述文件且无异议的情况下，财政部在两周内发出乌兹别克斯坦主权担保确认函。收到确认函后，借款人与外国贷款人签订贷款合同，之后向财政部提交合同原件和复印件，财政部在一周内与借款人签订担保合同，担保合同签订后3天内财政部对主权担保和贷款合同进行登记，之后向外国贷款人提交主权担保和贷款合同原件。

3. 担保的执行

根据乌兹别克斯坦《民法典》第 264 条："债权人有权根据具体的抵押情况，在债务人未履行义务的情况下实现抵押品的价值，法律另有规定的情况除外。"第 56 条规定了债权的清偿顺序，在对法人进行清算时，应优先清偿公民的如下债权：(1) 支付劳动报酬；(2) 支付赡养费；(3) 支付出版合同报酬；(4) 被清算法人对该公民的生命和健康损害承担责任的。对其他债权人的清偿按法律规定的条件和程序进行。如被担保方是外国银行，则采用相关国际条约的规定。

4. 担保的限制性规定

目前，乌兹别克斯坦法律并未对外国银行取得担保权益做出限制性或禁止性规定。但是针对银行担保的形式，受益人向担保银行收取担保金额的要求应符合以下规定：

(1) 受益人收取担保金额的要求应采用书面形式；

(2) 受益人应在担保期限内向担保人提交信函；

(3) 信函或其附件中应指明担保项下的何种义务造成违约。

(三) 合同的法律适用

乌兹别克斯坦《民法典》第 1158 ~ 1199 条规定，涉外民事法律关系的准据法选择适用国际私法的相关规则。涉外贷款合同的准据法可选择乌兹别克斯坦法和参与该借款合同的自然人或法人所在国的法律。此外，根据《民法典》第 1189 条，合同双方也可以选择适用第三国法律。

乌兹别克斯坦《民法典》第 1158 条规定："有外国公民、法人或外国因素参与的民事法律关系中应适用的法律，在本法及其他法律、国际条约、国际惯例、合同双方协商一致的基础上确定。"双方的合同对于选择适用法律应明确约定。若不能确定适用法律，将采用最密切联系地法律，如适用外国法律不能因该法有公法性质而受到限制。

(四) 主权豁免

目前，在乌兹别克斯坦没有关于主权豁免的专门法律。乌兹别克斯坦《民法典》第 79 条第 2 款规定，在法律关系平等的基础上，国家政府机关及其全权授权特别机构以国家名义参与的民事法律关系，由国家对自己的民事法律义务和财产承担责任。因此，国家或其全权授权机构可以放弃主权豁免(采用有限豁免)，并在合同中明确该项放弃。

四、投资法律制度

(一)企业法律制度

1. 企业注册登记

乌兹别克斯坦法律对不同类型企业的注册登记已作出了不同规定:

(1)根据总统或内阁决议创建的股份公司、有外国投资、注册资本不低于 15 万美元且外国法人所占注册资本比例不少于 30% 的企业,应进行国家登记,包括审计机构,托管公司、信托公司、证券公司、金融机构、保险机构和保险中介,交易所,按乌兹别克斯坦总统和政府的相关决定建立的合资公司(包括国家股份公司和控股公司)形式的经济管理机构,外国投资企业,在塔什干市建立的税务咨询机构,以及法律规定的其他机构。

(2)除上述企业外,若建立的外资企业为审计、保险、市场或税务咨询机构,则应在企业所在市和区政府进行登记注册;其他类型企业在地区和城市下属的行政管理机构进行登记。

(3)银行需在中央银行登记,并在国家税务和统计机构进行注册。

企业作为法人到国家注册机构进行注册,应依法主动提交由 2006 年 5 月 24 日第 357 号总统令确定的申请表格,并附以下文件:

序号	文件名称
1	两份企业成立文件的原件(乌兹别克语),外企成立文件还需进行公证。企业成立文件应包括法人名称、所在地、法人信息。文件限期自提交之日起为期 1 年。企业自然人应提交个人护照复印件。以上文件均应译为乌兹别克语,并需经过公证。若企业发起方的投资为个人知识产权,则企业发起方需提交估价机构的评估文件
2	银行完税支付账单(农村企业和在国有企业基础上建立的股份企业除外)
3	在企业名称中央储备库中可以检索到该企业名称的唯一用户名和密码
4	两份企业公章样本
5	向贷款机构提交关于证明每个企业股东缴纳各自 30% 股份的文件(包括关于临时集资建立苏姆和美元账户的银行证明,关于财产运抵乌境内的海关证明,财产交接证书,对运抵财产的所有权证明)

另外,外资企业注册登记后,还应向银行提出开立企业经营所需账户的申请。

2. 登记注册的出资比例

2015 年 12 月 21 日,乌兹别克斯坦总统卡里莫夫签发总统令,颁布《关于吸引外国投资者投资股份公司的补充措施》(以下简称《补充措施》)。《补充措施》的主要内容有:除从事生产和战略原料初加工,以及自然垄断和乌兹别克斯坦内阁批准的社会必需品和服务清单供货商外,所有外资股份公司注册资本中外资占比不得低于15%,之前成立的股份公司未达到此要求的,一律在2016年7月1日前完成整改,2016年7月1日起新成立的股份公司亦照例办理,不满足上述要求的,将被注销并重组,但总统和内阁特批的公司除外。《补充措施》还规定,外资占比达到15%~33%的股份公司将根据外资比例享受不同的税收优惠政策;2020年1月1日前外商股份分红收入给予免税优惠。

3. 外国企业代表处的注册登记

外国公司可在乌兹别克斯坦设立代表处,企业代表处的注册登记由对外经济联络、投资与贸易部负责(以下简称注册机构)。外国公司代表处的注册按照2000年10月23日内阁令的相关规定执行。除外国航空公司代表处,其余外企代表处均不是法人代表,不从事商业活动。外国航空公司代表处为常设机构。

有意向设立代表处的外国公司需向注册机构提交申请文件,内容如下:

序号	文件内容
1	公司经营活动信息
2	该公司与乌兹别克斯坦当地企业和机构的业内联系、与当地企业签订的合同和协议
3	该公司与当地企业开展合作的前景
4	开设代表处许可所要求的年限
5	代表处所属公司的成立文件。若开设的代表处为国家机关常设机构,需提供法律条约等确定该代表处地位和权限的文件
6	代表处所属公司在来源国注册登记证明
7	公司授权代表处文件及全部护照信息
8	经企业主管确认并带企业公章的代表处经营状况文件
9	房屋租赁保函。若乌兹别克斯坦法人或个人为非住宅用房所有人,则需提供法人或个人关于将非住宅用房出租的担保函,若上述法人或个人为承租人,则担保函需同房屋所有人协商

若部分文件根据外企来源国法律无法提供,则需出示来源国关于确认该企业在乌兹别克斯坦成立代表处的文件。

(二)特定行业与领域法律情况

1. 乌兹别克斯坦矿产矿权的相关法律、政策

乌兹别克斯坦的矿业主管部门是国家地质和矿产资源委员会,其实行管理的法律

依据主要是1994年颁布的《地下资源法》《特许经营法》和《产品分成协议法》。

(1)《地下资源法》

《地下资源法》规定,地下资源是国家财产,归乌兹别克斯坦共和国所有。该法规定了中央与地方政府在矿业管理方面的权限。

《地下资源法》第32条规定,地下资源使用者享有如下权利:

序号	地下资源使用者权利内容
1	使用自己的工作成果,包括地质及其他地下资源资料,以及开采矿物,或者按经营许可条件采用其份额
2	若经营许可未另行规定,可使用在开采矿物和加工矿物原料过程中制取的生成物
3	决定所在区域内开采矿物而使用的工艺
4	按规定程序对技术设计、采矿发展方案以及加工方案及烃产区的改造升级进行变更
5	在开采矿物过程中采用经营标准
6	无须单独批准,按经营许可规定在采矿区进行地质研究
7	装备采矿区,按规定程序建造采矿工作所需的生产和社会设施,按合同规定使用公共设施和交通
8	在合同基础上引入与使用地下资源区域有关的单独或综合工作的执行方
9	如果矿物原料及其加工产品的市场行情发生改变,开采矿物从经济上没有合理性,并且出现了与经营许可颁发时不同的重大情况,则可请求重新研究使用地下资源区域的条件

使用地下资源涉及的主要税费,按照资源税和消费税划分如下:

资源税:根据不同的矿种采用不同的税率标准,金的税率为5%,银8%,铜8.1%,钨8%,铅、锌、钼1%,宝石24%,煤炭3.8%,石油35%,凝析油32%,天然气58%。

消费税:汽油消费税税率为生产价格的45%,柴油40%,航空油19%,液化天然气消费税21%。对本国居民供应的液化天然气不在征收之列。

在环境保护方面,《地下资源法》规定,与地下资源使用和矿物原料加工有关的工作项目需要进行国家环境检查,无须进行国家环境检查的行为将由国家自然保护委员会确定。

值得注意的是,矿权在乌兹别克斯坦不能作为担保物。

(2)《特许经营法》

矿业在乌兹别克斯坦属于特许经营行业,需遵循《特许经营法》的规定。该法规定,国家可以批准外国投资者在签订特许经营合同的基础上对特许范围内财产、地皮和地下资源进行某种经济活动。根据该法第21条,特许经营者主要权利如下:

序号	特许经营者权利内容
1	根据法律规定使用划拨的土地、水资源、能源载体、工程管线、在使用区域内建造构建筑物、(铁路)专用线、公路、电报电话线路
2	自行变更财产组成,进行改造、扩建、技术更新,提高其价值
3	为自身生产需要以及工人个人需要而引入自己的财产和所需材料
4	输出自己的财产及其创造的产品
5	按司法程序对乌兹别克斯坦国家机关及其公务人员的不正当行为进行申诉

(3)《产品分成协议法》

《产品分成协议法》是国家与外国投资者签订的,在特定期限内进行寻矿、勘探、在协议规定的范围内开采矿物,并进行相关的工作的特殊权利。外国投资者对指定的工作自行承担费用和风险。

2. 基础设施互联互通法律情况

目前,乌兹别克斯坦在基础设施互联互通建设方面尚无专门法律规定,也未颁布BOT、PPP、EPC法律。工程承包对外资企业准入无限制,但需履行乌兹别克斯坦规定的招投标手续。近几年乌兹别克斯坦基础设施互联互通建设的主要政策依据是2010年《2011—2015年加快发展交通基础设施建设的决议》和2014年《2015—2019年道路运输基础设施发展纲要》。按计划,2015年前乌兹别克斯坦投资69亿美元,用于公路、铁路、桥梁建设,购买铁路机车、车皮、道路运输车辆及中、远程客机。其中,关于铁路和公路的发展规划如下:

<table>
<tr><th></th><th>2011—2015年加快发展
交通基础设施建设的决议</th><th>2015—2019年道路运输
基础设施发展纲要</th></tr>
<tr><td rowspan="2">铁路</td><td>建设阿富汗境内连接乌兹别克斯坦与伊朗、巴基斯坦的铁路线</td><td rowspan="2">新建纳沃伊—卡尼梅赫(纳沃伊州)—米斯肯(卡拉卡尔帕克斯坦共和国)铁路,总长396.9公里。
新线将分2个阶段实施,2016～2017年为第一阶段,将新建内燃机车铁路线,第二阶段将进行电气化改造</td></tr>
<tr><td>建设安集延—帕普电气化铁路,连接乌兹别克斯坦东部和中部地区</td></tr>
<tr><td>公路</td><td>A380公路(古扎尔—布哈拉—努库斯至哈萨克的别伊涅乌)220公里四车道改造和部分路线新建</td><td>计划新建和改造公路干线和桥梁2700公里</td></tr>
</table>

(三)外汇管制

乌兹别克斯坦外汇管理的法律基础主要是1993年5月7日颁布的《外汇管理

法》,此外还有一些外汇管理领域的国家规定和命令,如1995年4月20日发布的总统令附件《关于进出口业务的外汇监管规定》。由于乌兹别克斯坦实行严格的外汇管制,在实际操作中,存在换汇慢、换汇难问题,外汇管制短期内在乌兹别克斯坦难以发生较大改变,此问题目前是制约外国直接投资的重要问题。

1. 与资本流动有关的限制

资本流动的管理主要规定于《外汇管理法》和与资本流动有关的《单项外汇业务管理规定》。根据上述法规,与资本流动有关的外汇业务首先要在中央银行注册合同、协议或文件,指明要办理的外汇业务。该注册是完成此项外汇业务的基础。发生金额、参与方、合同重要条款及居民所在地等其中任何一项内容变更,则需重新注册合同;如有其他变更,居民应向中央银行提交相关变更材料备案。在一个合同项下的所有外汇业务应通过在一家获得全权授权的银行里开立的居民统一外币存款账户进行操作。

2. 海外开户

根据《外汇管理法》第16条的规定,乌兹别克斯坦本国法人按照乌兹别克斯坦央行规定,有权在境外银行开立和使用本外币账户。不进行商事活动的自然人、外交机构、其他乌兹别克斯坦代表机构、政府境外代表机构只允许在境外居留和活动期间开立和使用账户,在境外居留或活动停止后,应关闭账户,账户余额转回乌兹别克斯坦。

为了在外国银行开立账户,乌兹别克斯坦法人应得到该国中央银行批准。根据乌兹别克斯坦《外汇管理法》,该国产品或服务出口商有义务在产品或服务出口之日起60个日历日期限内保证出口收益汇入乌兹别克斯坦。鉴于此,中央银行可以不批准乌兹别克斯坦法人在外国银行开户(实际操作中,该国注册法人如在境外开户,需要政府特批,存在一定难度)。此外,在向中央银行提交的文件当中,也应列举为乌兹别克斯坦出口商服务的银行的相关材料,以证明在国外开户的合理性。

3. 禁止外汇现金结算

根据该国现行法律,该国零售贸易和服务领域禁止一切外汇现金结算。为贯彻外汇管理领域的法律法规,进一步规范零售贸易和服务领域结算机制,总统卡里莫夫特别签发了《关于进一步规范零售贸易和服务领域结算机制》的总统令,并责令成立专局建立外汇现金犯罪和违法行为电子数据库,要求总检察院下属的反税务犯罪、外汇犯罪和洗钱司、外交部以及其他相关部委协助国家税务机关开展行动,确保零售贸易和服务领域关于禁止外汇现金结算的法律法规得到贯彻执行。

(四)税收制度

乌兹别克斯坦在税收方面的主要法律是2008年1月1日生效的乌兹别克斯坦《税法》。该法管理税收的实行、核算和缴纳,以及其他归入乌兹别克斯坦预算和国家专项基金的强制性款项，并管理与税收义务相关的各个方面。此外还有其他关于征税程序和义务性缴纳的单独规定。

为吸引外国投资，乌兹别克斯坦政府先后出台多部法律法规，如《向外资企业提供激励和优惠的补充决议》《鼓励吸引外国私人直接投资的补充措施的决议》《关于促进吸引外国直接投资补充措施》等，为外资提供了减、免税的优惠政策框架，如给予在偏远地区投资设厂的外资企业 3 年、5 年和 7 年不等的税收优惠待遇等。

目前，乌兹别克斯坦主要税种和税率如下：

序号	税种名称	税率
1	法人利润税（公司所得税）	7.5%
2	自然人所得税	7.5%
3	增值税	20%
4	消费税	39%
5	矿产开采税（天然气）	30%
6	矿产开采税（石油）	20%
7	矿产开采税（煤）	4%
8	法人财产税	4%
9	个人财产税	1.2%
10	水资源税	约 0.02 美元/立方米
11	土地税	约 2205 美元/公顷
12	公共事业及社会基础设施发展税	8%
13	统一社会税（养老基金、促进就业基金等）	25%
14	交通工具汽油、柴油、天然气使用税	0.12 美元/升
15	小微企业统一税（不含贸易和餐饮企业）	6%
16	社会餐饮服务企业税	10%
17	道路基金	1.5%
18	退休基金	0.7%
19	中小学教育基金	1.0%

（五）外商投资促进制度

1. 促进外资企业发展的法律规定

近年来，政府为加大吸引外资力度，从政策上出台了乌兹别克斯坦《外汇管理法》

《外国投资法》《对外经济活动法》《税法》等政策法规。外国投资者可以直接投资，购买私有股份公司股票，甚至拥有公司100%的股份，国家保障并保护在乌兹别克斯坦境内从事经营活动的外国投资者的权益。

乌兹别克斯坦《外国外资法》规定：

(1)国家给予投资者担保，保护外国投资者的利益。

(2)如果乌兹别克斯坦新颁布的法律有不利于投资者的条款，投资者可在投资之日起10年内继续延用旧法律，同时也可以选择执行新法律中对自己有利的条款。

另外，乌兹别克斯坦《投资法》规定：

(1)任何国家和地方行政机关都不得干预外资企业的合法经营活动，对外资企业的资产不得实行国有化；

(2)外国投资者有权决定投资的所有权、使用和支配权，外国投资者的利润及红利可以自由汇出境外、进行再投资或用于任何其他目的；

(3)合资企业在国家外汇交易所有优先调汇权；

(4)合资企业注册后自然获得从事对外经济贸易活动的权利，但需在外经贸部进行登记。

2016年2月10日，乌兹别克斯坦出台内阁令，要求89家股份公司吸引外国投资商的外资占比应超过15%，包括乌兹别克轻工业、乌兹别克电信、乌兹别克工业出口、乌兹别克鉴定、塔什干国家证券交易所等25家股份公司，阿萨卡银行、农业银行、抵押银行和微型贷款银行等4家银行。内阁令还确定64家股份公司将通过增发向外国投资者销售不低于15%的股份，包括17家石油天然气领域销售服务公司，9家酒水厂，乌兹别克斯坦国家电力公司下属10家建筑公司，以及沙尔贡库米尔采煤公司等。

2. 外资企业优惠政策

2013年7月26日，乌兹别克斯坦立法院通过了《关于对部分鼓励吸引外资法律进行修改和补充的法律草案》，旨在进一步鼓励吸引外资，特别是在高科技领域的投资，进一步完善该国的投资环境，为外国投资者创造更加便利的经营环境。修改和补充的法律包括《保护外国投资者权利的措施》《外国投资法》《关税法》等。补充内容将涉及给予外国投资在500万美元以上的企业一系列优惠政策，如下所示：

政策类型	外国投资政策优惠内容
税务	保证纳税优惠10年不变
出入境	外国投资者，包括法人、自然人、管理者等在投资期内可办理多次入境签证
服务	利用预算资金或外部融资，依法承担必要的外部工程和通信网络建设任务，并对外国投资企业的注册业务实施“一站式”服务。

2015 年 5 月 15 日，乌兹别克斯坦颁布《关于切实保护私有财产、小型企业和私营企业，为加快其发展消除阻碍的保障措施》，以提高私有经济在国家经济中的作用和地位，消除私有经济和私营企业发展道路上的障碍和制约，减少经济发展中的政府干预，促进包括外资企业在内的私有经济成分在国内生产总值中的持续增长，具体内容见下表：

序号	保障措施
1	对非法干预企业行为和损害私营企业主权利的国家执法和监察机关公职人员加强问责，直至追究刑事责任；加强对私有财产保护，继续加快企业经营活动的行政和刑事法规的自由化进程
2	继续简化登记、许可发放程序及与对外经济活动相关的手续；为加快发展私有财产和私营企业创造必要条件，优化经商环境，扩大物资采购和融资渠道
3	2015 年 7 月 1 日起，政府监察机关对小型企业和农场的计划内检查不得超过 4 年 1 次，对其他经济体不超过 3 年 1 次，且须经国家监察机关工作协调委员会批准；与企业财务和经营无关的检查时长不得超过 10 个日历日；对企业财务和经营状况的计划内检查仅限于上次计划内检查后的内容；执法机关对企业进行涉刑事案件调查时，必须有企业律师参与（企业主动放弃该权利除外）
4	对违反《刑法》第 184 条规定（偷漏税等）的初犯人员，如在犯罪行为被发现后 30 日内对国家所受损失进行全额赔偿，缴纳罚金等，免予刑事诉讼和责任追究
5	至 2015 年 7 月 1 日，乌兹别克斯坦总检察院设立电信呼叫服务中心和总检察长 24 小时《信任电话》，随时受理企业对政府部门干预企业经营行为的投诉
6	乌兹别克斯坦经济法院有权终止被企业投诉的监察机关的决议执行。只有根据法院判决才能对违反税务和海关法的企业没收财产
7	自 2015 年 7 月 1 日起，个体企业视经营方式有权雇用 1 ~ 3 名工作人员，并为每位被雇用人员缴纳额度为最低工资额 50% 的预算外退休保险和个人企业主定额 30% 的固定税；对雇用毕业未满一年的职高毕业生，个体企业主可免缴被雇用人员的固定税
8	乌兹别克斯坦总统支持司法部、经济部、国家建设建筑委员会和工商会关于建立为企业提供国家服务的“一站式”中心的建议，并于 2016 年 1 月 1 日起全面推行，任何其他部门不得再受理属于中心业务范围的文件

五、法律风险评价

（一）营商环境有待改善

由于国内基础设施落后，工业基础薄弱且相关立法不健全，乌兹别克斯坦的营商环境有待进一步改善。根据世界银行2015年营商环境报告的数据，乌兹别克斯坦的营商环境在189个国家和地区中排名第141位。具体而言，乌兹别克斯坦在公司注册等少数方面表现尚可，在财产登记、施工许可、税务、跨境贸易、获得电力等方面排名均相对靠后。例如乌兹别克斯坦施工许可的取得平均需要经过23道程序，耗时160天，成本达到工程总价的1.7%，在全世界189个国家和地区中排名居第145位。

公司注册		办理施工许可证		财产登记	
程序个数	7	程序个数	23	程序个数	13
时间(日)	7.5	时间(日)	160	时间(日)	55
成本(占单位收入的百分比)	3.3	成本(占项目投入的百分比)	1.7	成本(占财产价值的百分比)	1.3
最低注册资本	0				

数据来源:2015年世界银行营商环境指南。

(二)合同执行成本较低,破产处置成本适中

乌兹别克斯坦的合同执行和破产处置成本高于欧洲及中亚地区的平均水平。根据2015年世界银行营商环境指南提供的数据，乌兹别克斯坦的合同强制执行成本在世界189个国家和地区中排名第28位，处于世界前列；其破产处置成本全球排名第77位，平均投资回收率为投资总额的39.9%，也达到了地区先进水平。

合同强制执行	乌兹别克斯坦	欧洲及中亚地区	经合组织
时间(日)	195.0	448.1	539.5
成本(占标的额的百分比)	20.5	25.2	21.4
程序(个)	41.0	37.0	31.5
破产处置	乌兹别克斯坦	欧洲及中亚地区	经合组织
时间(年)	2.0	2.3	1.7
成本(占资产价值的百分比)	10.0	13.3	8.8
回收率(每美元美分数)	39.9	37.7	71.9

数据来源:2015年世界银行营商环境指南。

(三)进出口贸易法律限制较多

乌兹别克斯坦在国际贸易方面仍存在较多法律限制，如其法律中规定的进出口贸易需履行程序较为复杂和烦琐，交易方需付出的时间成本和资金成本较高。

乌兹别克斯坦跨境贸易的限制	
出口所需文件数	11
出口时间(日)	54
出口成本(每集装箱/美元)	5090
进口所需文件数	13
进口时间(日)	104
进口成本(每集装箱/美元)	6452

数据来源:2015 年世界银行营商环境指南。

土库曼斯坦

Turkmenistan

——中亚沙漠的“汗血宝马”

土库曼斯坦基本情况

国家名称（中英文）	土库曼斯坦（Turkmenistan）		
人口（百万）	5. 37	人口增长率（年均%）	1. 2
领土面积（千平方公里）	488. 1	主要民族	土库曼族、乌兹别克族、俄罗斯族
官方语言	土库曼语	主要宗教信仰	伊斯兰教、东正教
政体	总统制	主要政党	土库曼斯坦民主党、工业家企业党、农业党
GDP（十亿美元）	37. 33	GDP 增长率（年均%）	6. 5
国民总收入（十亿美元）	40. 35	人均国民收入（美元）	7510
通货膨胀率（年均%）	-1. 0	外国直接投资净流入（百万美元）	4259
外债（百万美元）	441	总偿债额占出口贸易和收入的比率	——

数据来源：2015 年世界发展指标数据库。

一、国情简介

土库曼斯坦位于中亚西南部，为内陆国家，北部和东北部与哈萨克斯坦、乌兹别克斯坦接壤，西濒里海与阿塞拜疆、俄罗斯相望，南邻伊朗，东南与阿富汗交界。国土面积约 49 万平方公里，80% 的国土被卡拉库姆大沙漠覆盖。土库曼斯坦人口 537 万，主要民族有土库曼族、乌兹别克族、俄罗斯族。此外，还有哈萨克、亚美尼亚、鞑靼、阿塞拜疆等 120 多个民族。土库曼斯坦的官方语言为土库曼语，俄语为通用语。绝大多数民族信仰伊斯兰教（逊尼派），俄罗斯族和亚美尼亚族信仰东正教。土库曼斯坦政局稳定，总统别尔德穆哈梅多夫对政局的控制有力，执政地位稳固，但商业和法律环境并不健全。

（一）政治概况

土库曼斯坦实行三权分立的总统制。总统为国家元首和最高行政首脑，由全民直接选举产生。土库曼斯坦议会被称为国民会议,是国家立法机构;政府称内阁,是国家权力执行机关,由总统直接领导。司法机构由最高法院和检察院组成,法官由总统任命,任期5年。土库曼斯坦的主要政党是土库曼斯坦民主党,由原苏联土库曼共产党改组而成,现约有党员13余万人,主要任务是宣传、解释总统制定的国家内外政策和法令,团结社会各界贯彻执行总统的方针。

(二)经济概况

石油、天然气工业为土库曼斯坦的支柱产业,农业主要种植棉花和小麦。独立后,土库曼斯坦在保持经济稳定发展的同时,逐步向市场经济过渡。近年来,土库曼斯坦经济运行总体良好。在油气产业快速发展带动下,GDP继续保持较快增长。政府在加快油气兴国和能源出口多元化战略同时,注重经济平衡可持续协调发展,加大对建筑、农业、通信、纺织等领域投入;扶持中小企业和私营经济,拉动内需;加大招商引资力度;加大对科技和创新领域投入,提升经济增长质量。

(三)外交政策

土库曼斯坦奉行积极中立和对外开放的外交政策,主张在平等互利原则基础上发展与所有国家的友好合作关系,积极参与国际事务,加入联合国、独联体、欧安组织、不结盟运动、中西亚经济合作组织、伊斯兰会议组织、国际货币基金组织、世界银行、亚洲开发银行等42个国际和地区组织。土库曼斯坦与129个国家建立了正常外交关系,在中国、美国、法国、俄罗斯、英国、德国、土耳其、伊朗、阿富汗、沙特、阿联酋、乌克兰、哈萨克斯坦、乌兹别克斯坦、吉尔吉斯斯坦、塔吉克斯坦、阿塞拜疆、亚美尼亚、格鲁吉亚等20多个国家设有使领馆,32个国家和国际组织在土库曼斯坦设立了使领馆和代表机构。

二、法律概览

土库曼斯坦法律体系不够健全,法律调整变化快、稳定性不足,司法透明度有待提高。

(一)法律体系

土库曼斯坦属于大陆法系国家,根据土库曼斯坦《法规法》,土库曼斯坦法律体系按法律效力从高到低包括,宪法、土库曼斯坦全民公决通过的法律、法律、总统指令与命令、土库曼斯坦会议决议、内阁决议、各部委和国家中央管理部门的规章、市、区长命令以及地区会议决定。同时,该法规定所有规范性的法令必须和宪法以及上位法保持一致,但实际上土库曼斯坦仍有一系列的法律法规与上位法相抵触。总检察院负责监督法律法规的一致性,但目前为止,还未有废除与现行法律相抵触的法令的事例。

(二)司法制度

根据土库曼斯坦《诉讼法》,土库曼斯坦司法体系主要由最高法院、仲裁法院、州法院、区法院和市法院构成。土库曼斯坦最高法院的设立和撤销依据为土库曼斯坦宪法。仲裁法院、州法院、区法院和市法院的设立和撤销则是依据土库曼斯坦总统法令。法院设立的数量和陪审员的任命由土库曼斯坦总统根据最高法院院长的提名决定。

(三)司法效率和其他事项

总体而言,土库曼斯坦的司法执行耗时较长,效率较低,且有一定的腐败现象。此外,由于土库曼斯坦未参加1958年《承认及执行外国仲裁裁决公约》,外国仲裁裁决在土库曼斯坦的执行存在一定障碍。

三、金融法律制度

土库曼斯坦金融体系较不健全,金融运作由政府主导,经济由国家高度垄断,经济生活中政府管制严格,金融和外汇市场开放度低。

(一)银行准入与监管法律制度

1. 外国银行在土开展业务的条件和要求

根据土库曼斯坦《商业银行和银行活动法》,外国银行及其分支机构必须在土库曼斯坦完成注册登记并获得中央银行颁发的许可证后方可在其境内进行活动。没有土库曼斯坦中央银行颁发的许可证,外国银行禁止从土库曼斯坦境内的法人或自然人处获得现金存款或其他支付手段,禁止以自有资金提供贷款。对外国贷款利率暂无限制性法律规定,但应符合国际公认标准。

2. 外国银行设立代表处

外国金融机构在土库曼斯坦境内设立代表处,应获得土库曼斯坦中央银行许可。应提交的申请文件主要包括:在土库曼斯坦境内拟建立代表处的申请、在土库曼斯坦拟从事的经营活动及目的简介、由州政府或阿什哈巴德市政府颁发的拥有法定地址的书面证明、由外国公司负责人确认的代表处条例、根据规定程序办理的对代表处主管的委托书、土库曼斯坦代表处负责人的履历、由土库曼斯坦外交部认证的外国公司章程副本、投资者本国注册机构颁发的正式登记的文件。除此之外,外国投资者的资信证明正本(投资者本国银行的推荐函)、注册费缴纳证明以及企业名称证明,需按规定程序由土库曼斯坦驻外领事机构或土库曼斯坦外交部认证。

3. 银行体系及监管

土库曼斯坦法律规定,银行体系包括中央银行、商业银行、微型金融组织和信用社等,但实际上除中央银行外只有商业银行一种。目前土库曼斯坦共有13家银行,包括6家国有商业银行、3家股份制银行、3家外资分行、1家外资银行代表处,国有资产在商业银行资产中占有绝对优势。土库曼斯坦中央银行直接向总统负责，其具体职能如下表所示：

土库曼斯坦中央银行职能
1. 在所有与货币政策问题有关的政府间会议和组织中代表国家
2. 向外国银行颁发许可证并进行监管
3. 向外国政府、外国中央银行和金融机构甚至土或土中央银行参加的国际机构提供银行服务
4. 参加国际组织，发展国际合作代表国家承担并履行与土参加的国际组织有关的责任和义务

土库曼斯坦中央银行可以向其他银行授予外汇业务经营权。如果被授权银行不遵守许可证及有关法律规定，土库曼斯坦中央银行可以限制或取消该银行外汇业务经营权。

（二）担保法律制度

土库曼斯坦涉及担保的法律主要包括土库曼斯坦《抵押法》、《外国投资法》等。尽管担保法律体系在形式上较为完备，但与国际通行的担保法律制度相比，仍有不足之处。实践中，较低的行政效率和司法执法效率限制了法律规则效用的发挥。

根据土库曼斯坦《抵押法》的规定，抵押物可以为公民拥有的任何财产，包括公司、楼房、设备、有价证券、金钱等土库曼斯坦法律规定可作为抵押的物品。土库曼斯坦当地企业的任何动产或不动产，除土地外，都可以作为贷款抵押。值得注意的是，土库曼斯坦境内的财产抵押合同只有在公证后才具有法律效力，登记机关为土库曼斯坦国家公证局。

（三）法律适用

土库曼斯坦涉及金融、信贷类法律制度主要由《外国投资法》、《会计统计和金融报表法》、《破产法》、《所有制法》、《商业银行和银行活动法》、《中央银行法》等法律构成。具体相关内容如下：

法律法规名称	主要内容
《外国投资法》	规定了在土库曼斯坦境内外国投资的法律、经济和组织基础，旨在为国民经济吸引并有效利用外国先进技术、管理经验、物力和财力资源，以建立开放型经济
《会计统计和金融报表法》	规定了组织和进行会计统计活动的统一原则，确立了对编制和上报会计报表的要求，规范了会计统计问题

续表

法律法规名称	主要内容
《审计活动法》	规定了在土库曼斯坦实施审计活动的法律基础，旨在建立以保护私有者利益为目的的独立的财政监督体系
《破产法》	规定了从事生产和其他经营活动的主体宣布破产的条件和程序，并规定了它们的财产状况。该法保障债权人和债务人的权益，为资不抵债的经营主体企业强制性或自愿性清算（如果采取预防破产的措施被认为经济上不适当的）确立了法律基础
《预算体制法》	为组织管理预算体制并发挥其功能奠定了法律基础
《商品原料交易所法》	规范了向市场经济转型时期在商品原料交易所进行的交易行为，为交易所的中介行为和在土组建自由批发市场提供了法律保证
《所有制法》	为承认和保障所有制权利奠定了基础。该法保障，各种类别和各种形式的所有制都不可侵犯，受同等保护，享有同等发展条件。此外，还有其他一系列法律
《境外国有资产法》	规范了对于土库曼斯坦境外国有资产管理、土库曼斯坦资产产权保护、境外资产客体清查统计体系的建立和运行及其使用效率监督的组织和法学基础，确立了代表土库曼斯坦在国有资产产权方面对外签订国际条约的权力执行机关的授权。该法律规定土库曼斯坦境外资产所在地的国家及其权力机关、法人和自然人，均不得强制征用土库曼斯坦境外资产

（四）主权豁免

根据土库曼斯坦《境外国有资产法》规定，土库曼斯坦境外的国有财产不能被国外控制或处置。国有财产包括：有价证券、土库曼斯坦国有控制的海外实体的股权和利益、国外贷款、投资和由土库曼斯坦产生的应收账款转让，以及国有企业通过合同和商务活动产生的所有收益。外国政府、国外个人或实体对土库曼斯坦境外国有资产的强制处置是不允许的，资产交易只有在土库曼斯坦签订专门的国际协定或取消豁免权后才允许进行。资产交易只有在土库曼斯坦签订专门的国际协定或放弃豁免权后才允许进行。根据土库曼斯坦相关法律，放弃豁免需要得到政府部门的授权或批准。有关土库曼斯坦国有企业涉及的豁免权问题，在国际信贷业务中，需要通过合同条款，明确豁免权是否被放弃。

四、投资法律制度

自 2007 年起，土库曼斯坦加大了吸引外资的力度，并通过《外国投资法》规定了一系列鼓励外资的政策，包括在海关、进出口管理、税收等方面提供优惠措施，并鼓励外商投资进入矿产资源开采和加工矿业、基础设施建设等领域。1996 年 2 月 14 日，土库曼斯坦总统批准了《土库曼斯坦政府和中华人民共和国政府关于促进和互相保护投资的协定》。2009 年 12 月，土库曼斯坦与中国签署了避免双重征税协定。

（一）企业法律制度

土库曼斯坦企业法律制度主要包括土库曼斯坦《企业法》、《股份公司法》、《外国投资法》等法律。根据上述法律，土库曼斯坦企业的类型、特点、设立的要求和程序主要如下：

1. 国有企业

根据土库曼斯坦法律，国有企业是以国有资金建立的或根据确定程序向国家转让的企业。国有企业在土库曼斯坦法律规定的范围内享有拥有、使用和支配自身财产的权利，并对其全部财产负责。

创办人有权为国有企业确定必须完成的工作（任务和订购）、商品、工程和服务的加工和收费及计价规则以及工作人员的行政职务。同时，国有企业的机构以及其管理程序由其创办者确定并在企业的创办文件中列明。

2. 个体企业

个体企业由财产所有人决定创立，章程为个体企业的创办文件。个体企业由其所有者管理，并对企业承担的义务负全部财产责任，所有者有权根据协议（合同）将企业管理权移交给他人（任命管理者或执行经理）。

3. 合作企业

根据土库曼斯坦法律，每个成员都亲自参与企业活动的企业为合作企业。合作企业在其所有权范围内对自己的义务负责，股东共同在自己的股权范围内对企业义务负责。合作企业的财产由企业成员投入的资金和财产、收入及其他土库曼斯坦法律允许的进项构成，且最低法定基金应为土库曼斯坦规定的最低工资额的 50 倍。企业成员大会负责合作企业的管理工作，基于对合作企业进行管理的目的，可组建执行机关。

4. 社团企业

由社会团体、宗教组织、福利基金或其他社会性基金建立的企业称社团企业。社会组织建立企业的权力应在创建文件中列明。社团企业对属于企业的财产的义务负责，而不对其财产所有者的义务负责。同时，企业所有者除企业财产外不对企业义务负责。社团企业的建立依靠社会组织或其他创办者的资助，以及依靠其他土库曼斯坦法律允许的资金和财物，其最低法定基金应为土库曼斯坦规定的最低工资额的 100 倍。社团企业的管理程序由企业章程确定，社团企业的活动应与完成社会组织的目标和任务有关。

5. 合伙公司

合伙公司是指两个或多个自然人和（或）法人为实施共同活动的组合。合伙公司根据其创办人的合同建立，按照财产所有制形式不同，可建立股东相互以各自财产对公司义务负责的合伙公司，还可建立股东在公司法定基金的投股数额范围内负责的合伙公司。合伙公司的财产由作为其公司股东的自然人和（或）法人法定基金中的股份联合构成，其最低法定基金应为土库曼斯坦规定的最低工资额的100倍。合伙公司的最高机关为股东大会。开会的日期、程序由合伙公司的创办文件确定。

6. 股份公司

股份公司的成立和活动由土库曼斯坦《股份公司法》确定，该法是股份公司的建立、运作、变更、解散和明确股东的权利和义务的法律基础。《股份公司法》规定，由自然人和（或）法人出资联合组成的、公司股东对股份公司中其责权股份负责的企业称为股份公司，股份公司的类型分为开放型和封闭型股份公司。

（二）特定行业、领域法律情况

土库曼斯坦以石油、天然气工业为支柱产业，国内矿产资源丰富，主要有石油、天然气、芒硝、碘、有色及稀有金属等。土库曼斯坦主要工业部门为石油和天然气开采、石油加工、电力、纺织、化工、建材、地毯、机械制造和金属加工等。能源工业在整个工业中占主导地位。

1. 能源法律情况

土库曼斯坦《油气资源法》用于调整在土库曼斯坦管辖地区（包括海和内部水体）内进行石油作业过程中颁发许可证、签订和执行石油作业合同时发生的关系。此外，该法还规定了国家机关以及从事石油作业的公司、企业和团体的授权、权利和义务。

2. 基础设施互联互通法律情况

土库曼斯坦将发展规划视为国家机密，不公开项目和金额，实施时逐一项目进行招标。负责建设的主要政府部门是行业主管部委，包括铁路、公路、邮电、电力、能源、航运等部门。

3. 国际产能合作和装备制造业法律情况

外国自然人可以参与土库曼斯坦当地的工程承包项目，但土库曼斯坦无外资并购相关法律规定。

国际产能合作和装备制造业法律情况	
允许外商投资的方式	1. 与土库曼斯坦法人和自然人共同参股企业； 2. 设立完全属于外国投资者的企业、外国法人分支机构或获取现有企业的所有权； 3. 取得动产和不动产； 4. 提供外国借款和放贷； 5. 取得土库曼斯坦法律规定的产权和非产权

续表

允许投资的形式	1. 外汇、其他货币财富及土库曼货币； 2. 动产和不动产； 3. 股票、债券； 4. 任何有价值的知识产权； 5. 有偿服务； 6. 其他
限制或禁止的行业	卫生、制药、渔业、能源产品销售、食品生产和销售、危险品储藏和运输、航空、海运和内河航运、公路运输、电力、通讯、化工产品生产和销售、建材生产、建筑、教育、出版和印刷、旅游、体育休闲、博彩、保险、证券、资产评估、银行、有色金属、通关服务、法律服务、涉外劳务、文化传媒等。土库曼斯坦对上述业务（行业）实行许可证管理制度
鼓励的行业	矿产资源开采和加工行业、纺织行业、基础设施建设、旅游业等

（三）外汇管制

根据土库曼斯坦《货币单位法》规定，马纳特是土库曼斯坦统一的货币单位，也是其境内唯一合法的支付手段。根据土库曼斯坦《外汇调剂法》，土库曼斯坦境内的所有外汇业务只有被授权办理外汇业务的银行才能办理。每个被授权银行应保证其客户通过该银行进行兑换业务的合法性。被授权银行有权根据土库曼斯坦中央银行的规定在境内外自由买卖外汇。土库曼斯坦对于本国企业在境外开立账户有严格规定，需要相关部门审批。土库曼斯坦国有企业在境外开立账户时需获得政府许可。

2015 年 1 月 1 日，土库曼马纳特兑美元汇率贬值 23%，由 2.85∶1 贬至 3.5∶1。政府加强外汇管制，目前个人购买外汇额度为 1000 美元/月。

（四）税收制度

根据土库曼斯坦《税法》，土库曼斯坦主要税种的税率规定如下：对分支机构征收 20% 的利润税，对其他外国法人征收 8% 的利润税；对出资部分征收 15% 的红利税；对于在土库曼斯坦没有固定代表处的非居民征收付款金额 15%（租用海上或者空中交通工具则 6%）的付款来源税；15% 的增值税；1% 的财产税；本地税种，如广告税（广告金额的 7%），交通工具税，城市公共事业税（利润的 0.5%）；与劳动者有关的税收，社会保险 20%，自愿退休基金 2%，资源医疗保险 2%，所得税 10%，公共事业税每月 2 马纳特。

土库曼斯坦对境外投资者税收管理方面的有关规定	
通过常驻代表处在土库曼斯坦开展业务的	总收入仅包括其在土库曼斯坦境内活动有关的、属于其常驻代表处的收入部分;未通过其常驻代表处进行的对外经济活动收入不计入总收入;在土库曼斯坦从事对外经济活动的费用不计入总收入
	属于这种常驻代表处的利润应与在同等条件下从事类似活动的独立法人获得的利润相符
	如在土库曼斯坦境内和国外均有业务的外国法人未对其收入和支出以及其个别细节做分别统计,无法确定其通过常驻代表处开展业务所获得的利润时,可根据纳税人与纳税人注册地税务机关商定的结算方式确定利润金额
在土库曼斯坦有收入来源的	在土库曼斯坦从事组建常设代表处之外的业务所获得收入以及在土库曼斯坦获得其他来源的收入,利润税额由税务代理人自纳税人的总收入中扣除,不再享受其他抵扣待遇(增值税除外);在此条件下,利润税额每次从应支付给该法人的款项中抵扣(包括在土库曼境外),不再以任何形式要求征税即表示税额已付
	税务代理人为有义务支付这些收入的人,包括土库曼斯坦法人、通过分公司、代表处或常驻代表机构在土开展业务的外国法人及个体经营者
	应对在土库曼斯坦有来源的收入征收利润(所得)税的项目包括: 1. 股息及与其他土库曼斯坦法人入股所得的款项; 2. 土库曼斯坦法人、土库曼斯坦本国个体经营者和外国法人支付的任何形式的债务利息,如果这种债务的产生与在土常驻代表处业务有关; 3. 保险金、防止法人和土库曼斯坦本国个体经营者以及外国法人风险的重复投保金,如果保险金的支付与在土常驻代表处业务有关; 4. 著作权,证明,品牌,商标或服务徽章,图纸或模型,图样,秘密公式和(或)程序使用或提供使用费,工业、商业和科技经验方面的信息使用费; 5. 租赁不动产费; 6. 完成工程和提供服务费; 7. 出售在土境内的不动产、发行股票及其他有价证券费; 8. 违约罚款和滞纳金; 9. 国际运输费
避免双重征税制度	税务机关应根据外国法人的要求,提供可证明其已经在土库曼斯坦付清利润(所得)税的文件;为免缴利润(所得)税或提供其他税收优惠,纳税人应向土库曼斯坦税务机关提交关于纳税人作为在税收期限内与土库曼斯坦签订避免双重征税协议国家的公民的正式确认函;确认函可在付清税额或其预付款之前或在税收期满后三年内提交
其他	1. 在土库曼斯坦有收入来源的利润税由税务代理人按 15% 征收(出租船舶和飞机的所得税为 6%); 2. 税务代理人自抵扣税额的 5 日内将税款向土库曼国家财政拨付

五、法律风险评价

土库曼斯坦政局稳定，但其法律规定透明度不足，对外提供信息有限，目前尚未检索到土库曼斯坦在营商环境、司法效率、贸易或税收方面的相关数据和排名。因此，外国投资者往往难以获得充分信息以进行商业决策或开展商业安排，客观上可能导致法律风险。

第二篇

东南亚十一国

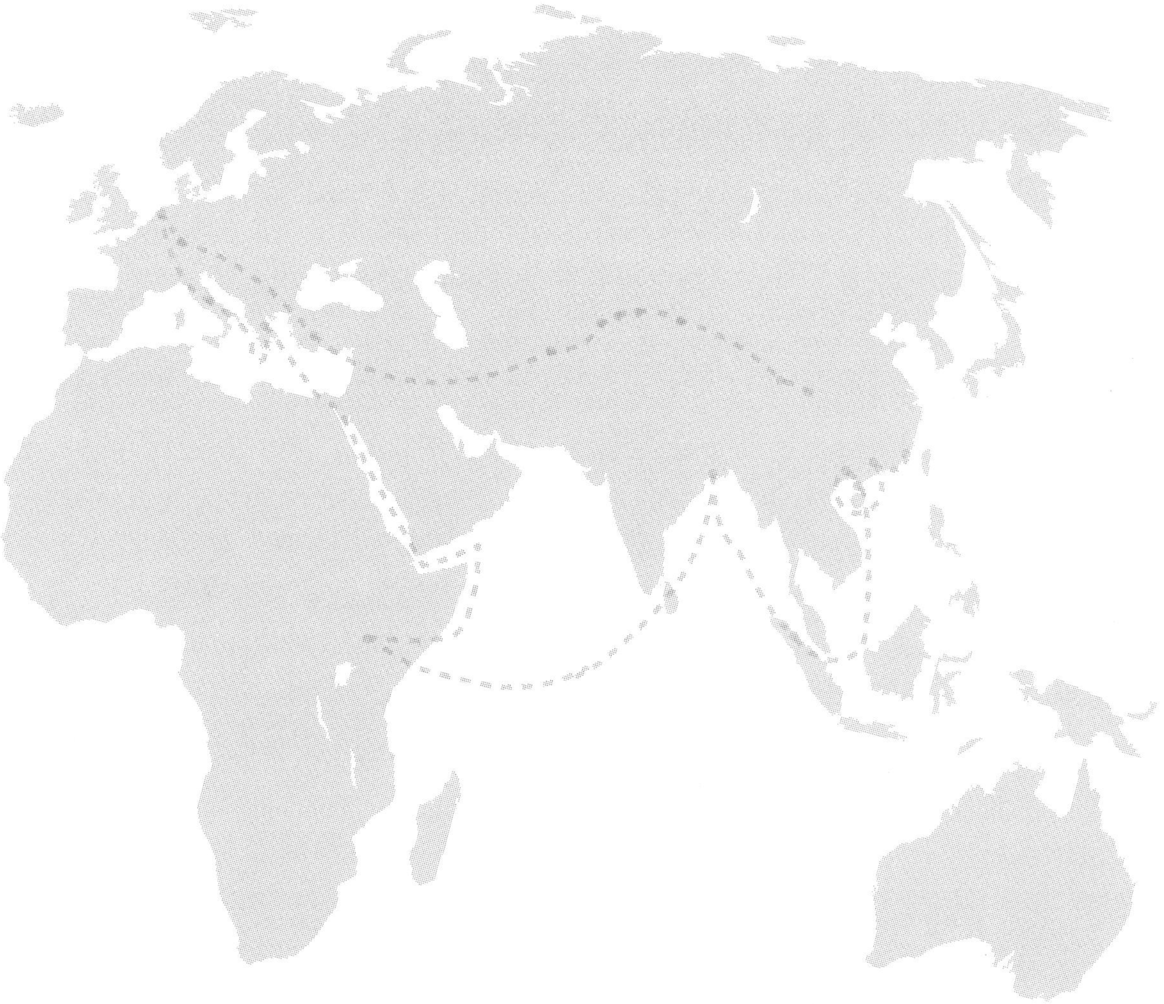

越南社会主义共和国

The Socialist Republic of Vietnam

——“长衫斗笠”的南海邻邦

越南社会主义共和国基本情况

国家名称（中英文）	越南社会主义共和国（The Socialist Republic of Vietnam）		
人口（百万）	91.70	人口增长率（年均%）	1.1
领土面积（千平方公里）	331.0	主要民族	京族、岱依族、傣族
官方语言	越南语	主要宗教信仰	佛教、天主教、和好教、高台教
政体	议会制	主要政党	越南共产党
GDP（十亿美元）	193.60	GDP 增长率（年均%）	6.7
国民总收入（十亿美元）	181.80	人均国民收入（美元）	1980
通货膨胀率（年均%）	-0.2	外国直接投资净流入（百万美元）	11,800
外债（百万美元）	71,890	总偿债额占出口贸易和收入的比率	4.2

数据来源:2015 年世界发展指标数据库。

一、国情简介

越南社会主义共和国（以下简称越南）位于中南半岛东部,北与中国接壤,西与老挝、柬埔寨交界,东面和南面临南海,海岸线长 3260 多公里。越南有 54 个民族,其中京族人口占总人口的 86%,岱依族、傣族、芒族人口均超过 50 万。越南官方语言、通用语言、主要民族语言均为越南语。主要宗教为佛教、天主教、和好教与高台教。越南整体社会环境稳定,经济总量不断扩大,商业和法律环境逐步完善,是东南亚地区发展较快的国家之一。

（一）政治概况

越南是一党制国家。国会是国家最高权力机关,每届任期 5 年,通常每年举行两次例会。越南政府是国家最高行政机关。司法机构由最高人民法院、最高人民检察院及地方法院、地方检察院和军事法院组成。越南共产党是越南唯一政党,于 1930 年 2

月 3 日成立,现有党员约 360 多万人,基层组织近 5.4 万个,同世界上 180 多个政党建有党际关系。

越南国内政治形势比较稳定,2011 年 1 月召开的越南共产党"十一大"总结了革新 25 年、《社会主义过渡时期国家建设纲领》实施 20 年、《2001—2010 年经济社会发展战略》落实 10 年来的相关理论和实践,提出要继续提高党的领导能力和战斗力,发挥全民族的力量,全面推进革新事业,为到 2020 年把越南基本建成现代化的工业国奠定基础。越南现行《宪法》是第四部宪法,于 1992 年 4 月 15 日在越南第八届国会第 11 次会议上通过,是 1946 年、1959 年、1980 年宪法的继承和发展,体现了越南共产党"七大"提出的社会主义目标与国家全面革新路线。越南《宪法》规定,国家政权属于人民,越南共产党以马克思列宁主义和胡志明思想为指导思想。

(二)经济概况

越南是发展中国家,1986 年开始实行革新开放,1996 年越南共产党"八大"提出要大力推进国家工业化、现代化。2001 年越南共产党"九大"确定建立社会主义定向的市场经济体制,并确定了三大经济战略重点,即以工业化和现代化为中心,发展多种经济成分、发挥国有经济主导地位,建立市场经济的配套管理体制。2006 年越南共产党"十大"提出发挥全民族力量,全面推进革新事业,使越南早日摆脱欠发达状况。2011 年"十一"大通过了《2011—2020 年经济社会发展战略》,提出 2011—2015 年经济年均增速要达到 7% ~7.5%,到 2015 年,人均 GDP 要增至约 2000 美元;力争 2020 年 GDP 总量是 2010 年的约 2.2 倍,人均 GDP 达约 3000 美元。经过 25 年的革新,目前越南经济总量不断扩大,经济结构趋向协调,对外开放水平不断提高,基本形成了以国有经济为主导、多种所有制经济共同发展的格局。

目前,越南和世界上一百五十多个国家和地区有贸易关系。近年来,越南对外贸易保持高速增长,有力推动了越南经济的整体发展。越南矿产资源丰富,种类多样,主要有煤、铁、钛、锰、铬、铝、锡、磷等,其中煤、铁、铝储量较大。另外,越南的农业资源也十分丰富。

(三)外交政策

越南共产党"十一大"确定越南继续奉行独立自主、和平、合作与发展的对外路线,实行开放、全方位、多样化的对外政策,积极主动地融入国际社会,做国际社会可信赖的朋友、伙伴和负责任的一员。目前,越南已与 180 个国家建交,并同 20 个国际组织及 480 多个非政府组织建立合作关系。2011 年以来,越南积极开展对外交往,同美国关系发展迅速,同欧盟合作扩大,同日本、俄罗斯等本地区大国关系良好,同东盟成员国的合作加强,多边外交活跃。

自 1950 年 1 月 18 日建交以来,中越两国高层保持频繁接触,各领域的友好交往与合作日益深化，中越全面战略合作伙伴关系的内涵进一步充实。中国现为越南第一大贸易伙伴，2015年双边贸易额约为960亿美元。此外，中越两国签署了《关于鼓励和相互保护投资协定》、《避免双重征税和防止偷漏税的协定》等多项促进合作的双边条约。

二、法律概览

越南延续大陆法系传统，法律部门较齐全，但由于其法律法规经常被修订和补充，法律及其立法解释具有一定不确定性，部分法律条款不够成熟。同时，由于司法独立性稍差等原因，司法公正不能完全得到保障。

（一）法律体系

根据越南《法律文书颁布法》，越南法律包括：宪法；法典、法律、越南国会决议；条例、越南国会常务委员会决议；越南国会常务委员会和越南祖国阵线中央委员会管理委员会联合决议；总统的命令、决定；政府法令；政府和越南祖国阵线中央委员会管理委员会联合决议；总理决定；最高法院法官会议决议；最高法院首席法官通知；最高检察机构检察长通知；部长以及部级政府首长通知；部级政府首长和最高检察机构检察长联合通知；各部部长联合通知；部级政府首长和最高法院首席法官和最高检察机构检察长联合通知；国家审计署决定；省级人民会议决议；省级人民委员会决定；特别行政区和经济区的地方政府规范性法律文件；区级人民会议决议；区级人民委员会决定；公社人民会议决议和公社人民委员会决定。

（二）司法制度

1. 法院体系

越南的法院系统分为四个层级：最高人民法院、高级人民法院、省级人民法院以及地方人民法院。最高法院由最高法院法官委员会以及单独特别法庭组成，包括中央军事法庭、刑事庭、民事庭、经济庭、劳动庭、行政庭和各个上诉法庭。最高法院有权监督和核查管辖权内所有已经生效但尚未抗诉的案件。

2. 仲裁制度

越南《商事仲裁法》对商事领域的仲裁争议解决作出了规定。该法禁止当事人同时选择仲裁和诉讼作为争议解决方式。如果双方在协议中约定争议同时由仲裁和诉讼解决，则由先受理申请的机构作为争议解决机构。尽管强制执行仲裁裁决存在不确定性，但是鉴于仲裁程序更快、更透明、更灵活、便捷和保密，相比于法院程序，境外投资人更倾向于仲裁程序。

通常来讲，《仲裁法》允许当事人选择其争议是由仲裁中心裁决还是通过临时组成的仲裁庭裁决。仲裁庭可以按照当事人的约定由一名或多名仲裁员组成。如果当事人没有对仲裁员数量作出约定,则该仲裁庭由 3 名仲裁员组成。

3. 司法协助

越南和中国已签署《关于民事和刑事案件司法协助的条约》(以下简称《双边条约》)。该条约对法院判决和外国仲裁裁决的承认和执行作出了规定。《双边条约》要求一方承认和执行另一方法院作出的判决和关于民事事项的仲裁裁决。其中,“民事事项”被定义为包括商事、婚姻、家庭以及劳动方面的事项。

1995 年,越南加入了《承认及执行外国仲裁裁决公约》(以下简称《纽约公约》)。但越南作出了保留声明:一是越南仅承认和执行由《纽约公约》缔约国作出的外国仲裁裁决;二是《纽约公约》仅适用于由商事法律关系产生的争议;三是任何向越南的法院或者相关监管机关作出的对《纽约公约》的解释必须符合越南法律的规定。

越南对外国法院的判决和仲裁裁决的承认和执行主要规定在《民事诉讼法典》及其指引中。越南法院仅考虑对与越南订立司法协定的国家法院作出的判决予以执行。一项外国法院的判决或外国仲裁裁决要在越南执行,必须先得到越南具有管辖权的法院承认。当须承担责任的组织的总部在越南或者须承担责任的个人在越南居住或工作,又或者该项外国仲裁裁决的标的财产在仲裁申请提交时位于越南时,外国法院判决或外国仲裁裁决中胜诉的组织或个人或其法定代表人可以向越南法院提出申请,要求承认和执行该外国法院判决或外国仲裁裁决。外国法院判决或外国仲裁裁决被越南法院承认后,与越南法院做出的有效判决具有同等效力,并且可以依据越南的民事执行程序得到执行。

但是,越南法院在下列情况下有权拒绝承认和执行外国法院判决:

序号	拒绝承认和执行外国法院判决的情形
1	外国法院判决未能满足认定越南为其成员的国际条约的任一法定条件
2	外国法院判决在判决作出所在国的法律下没有法律效力
3	责任人或有责任组织的法定代表人未经适当传唤而缺席审判或未根据判决作出所在国的法律在合理的时间内收到外国法院的文件
4	根据越南 2015 年《民事诉讼法典》第 440 条外国法院无权解决该争议
5	争议已被有管辖权的越南法院或被越南法院认定的外国法院解决,或在外国法院受理申请已经被越南法院受理
6	根据判决作出所在国的法律或越南法律,强制执行的法定期限已失效
7	强制执行已被判决作出所在国驳回或暂停
8	在越南承认和执行该外国法院判决违反越南法的基本原则

越南法院在下列情况下有权拒绝承认和执行外国仲裁裁决：

序号	拒绝承认和执行外国仲裁裁决的情形
1	根据对当事人适用的法律，签署该仲裁协议的当事人缺乏签署该仲裁协议的资格
2	根据双方协议选择的管辖法律（若双方未约定管辖法律，根据作出该项仲裁裁决作出所在国的法律），该项仲裁协议无法律效力
3	被申请人未接到任命仲裁员或者有关仲裁程序的合理通知，或者出于其他正当理由，被申请人不能在该仲裁程序中行使权利
4	该外国仲裁裁决是在双方没有要求和解时或者超出争议双方请求范围作出的
5	仲裁协议中没有明确的情况下，外国仲裁机构的组成和/或外国仲裁程序违反了双方之间的仲裁协议的规定或违反了仲裁裁决作出所在国的法律规定
6	该仲裁裁决尚未生效
7	该仲裁裁决已经被该仲裁裁决作出所在国的相关监管机关或该合同管辖法所在国的相关监管机关否决或暂停执行
8	根据越南法，相关的争议不能通过仲裁解决或在越南承认和执行该外国仲裁裁决违反越南法的基本原则

截至目前，只有数量非常有限的外国裁决提交越南执法机构和当地法院强制执行。

（三）司法效率

越南执法效率尚可，同时，随着越南加入世界贸易组织及“跨太平洋伙伴关系协定”，其国际化进程步伐加快，司法效率有望进一步提高。

三、金融法律制度

越南对于外资银行准入采取比较开放的态度，但对其设立分支机构和开展业务进行了一定限制。越南法律规定的担保方式主要包括抵押、质押和保证，同时，越南法律对担保程序也做了相关要求。

（一）银行准入与监管法律制度

越南法律规定，外国银行在取得越南国家银行颁发的设立执照后，可以通过在越南设立一个或多个以下类型的实体开展业务：（1）外商独资银行（越南法下独立法人）；（2）和越南银行合资设立的合资银行（越南法下独立法人）；（3）外国银行在越南的分行（越南法下非独立法人）；（4）外国银行在越南的代表处，作为其在越南的联络处(越南法下非独立的法人),不能提供任何银行服务或进行任何经营性活动(例如向越南境内主体提供贷款)。

外商独资银行、合资银行、外国银行在越南的分行及其代表处各自的经营范围都被规定在国家银行颁发的设立执照中。外商独资银行、分行、代表处在越南的经营范围必须与其母公司在总部所在国获准允许的经营范围一致。

1. 设立分行的法律规定

国家银行的行长负责颁发外国银行在越南设立分行的执照。外国银行应满足以下设立条件:

序号	设立条件
1	满足最低法定出资资本(1500 万美元)
2	股东必须为合法经营、有足够经济实力参与出资的法人主体,上一年度的总资产价值不低于 200 亿美元
3	外国银行分行的经理、高管以及主管委员会成员必须满足越南法律规定的标准和条件
4	具备设立分行的计划和可行的商业计划,且该等计划不会对越南信贷机构体系的安全性和稳定性产生负面作用,也不会在越南信贷机构体系内形成垄断、限制竞争或者造成不公平竞争
5	该外国银行获其总部所在国的法律批准经营银行业务
6	拟在越南经营的业务必须是该外国银行在总部所在国获准进行的业务
7	该外国银行必须运营良好且满足国家银行对总资产、财务状况以及审慎财务比率的规定
8	该外国银行所在国的有关政府机关已与国家银行签署关于检查和监督银行经营以及交换银行安全性信息的协议,且已作出按照国际惯例对外国银行的经营进行一致监管的书面承诺
9	作出法律要求的所有义务性承诺,保证其会保持越南分行的实际出资资本不低于越南法律规定的法定最低资本,并承诺遵守越南银行法关于安全性的规定

外国银行申请设立越南分行程序如下:

首先,按照越南法的要求向国家银行提交相关申请材料。在收到完整的申请材料后 60 日内,国家银行会出具确认函,确认收到申请材料。

其次,确认函出具后 90 日内,国家银行会作出原则上同意设立该分行的批准,如果国家银行不予批准,应书面解释拒绝原因。

再次,收到国家银行原则批准后的 60 日内,该外国银行应按越南法要求向国家银行提交补充材料,否则该原则批准将失效。在收到完整的补充材料后的 2 日内,国家银行会出具确认函。

最后，在收到完整的补充材料后的30日内，国家银行会颁发批准该外国银行设立分行的执照。如果国家银行拒绝颁发设立执照，应书面解释拒绝批准的原因。

实践中，政治因素是越南国家银行向外国银行颁发设立执照时的一个重要考量。在国内金融市场不景气的时期，国家银行可能会出于政治因素的考虑暂停或限制颁发新执照。

2. 外国贷款的登记制度

2016年4月15日，越南国家银行颁布了关于外国贷款登记的最新通知(03/2016/TT－NHNN号)，对已有的贷款登记制度进行了进一步的细化与说明。外国银行在越南提供贷款无须取得额外牌照或许可。即使在越南无设立执照的外国银行，只要完成相应登记程序，也可以在越南向企业提供跨境贷款。

(1)短期贷款

根据越南相关法律规定，外国银行提供的短期贷款无需向越南国家银行登记，但是，如果在一年后对该笔贷款进行延期或延迟支付都需在到期30日内向越南国家银行登记，同时提交相应的解释说明、还款方案，以及由借款人的汇款行出具的确认该笔贷款的发放与还款状态的函件。

(2)长期贷款

如果外国银行提供的贷款期限长于一年，则该笔贷款须向国家银行登记。在国家银行颁发登记证书以前，该笔贷款不得发放。为了向国家银行进行登记，借款人需要在签署该贷款协议后的30日内向国家银行提交下述文件：依标准格式所做的申请；借款人的投资登记证书或商业登记证书；已签署的贷款协议的副本；该贷款协议的越南语翻译件(该翻译件必须由借款人认证为真实翻译)；贷款将用以融资的投资项目或者经批准的商业开发计划，或贷款将用以再融资的其他外国贷款的重组计划的经认证副本以及根据该笔贷款的性质所要求的其他材料。

国家银行在收到上述要求的材料后依越南法律应当在12个工作日内(若申请文件是从国家银行的网站上在线提交的)或15个工作日内(若申请文件是以快件向国家银行投递的)颁发登记证书，但是实践中可能用时更长。

3. 利率规定

(1)越南境内外币贷款

越南国家银行可能通过某些措施监控美元利率。例如，2015年12月，国家银行出具官方指令规定机构和个人的美元存款利率上限。该类有关上限的规定将间接影响美元贷款利率。

(2)越南境内越南盾贷款

越南国家银行可以通过发布的官方利率指令或通知来监控越南境内越南盾贷款的利率。自2014年10月起,对某些类型的借款人(如中小型企业和出口制造商)适用的境内短期越南盾贷款利率上限为7%,对其他类型借款人贷款适用的利率可以按市场利率由双方协商确定,但是不应超过每年20%的上限。越南国家银行对越南盾存款利率所设的限制可能也会影响越南境内银行设定的贷款利率。自2014年10月起,1~6个月越南盾存款的利率上限为5.5%。

(3)境外贷款人提供的外债

越南法律规定外债借款费用(包括利率和费用)应在融资文件中作出约定。但国家银行认为有必要管理货币政策时,可以通过临时措施在该笔外债借款费用上设置上限(如借款账户的百分比),但目前尚未有该类措施生效。此外,当该笔贷款向国家银行登记时,如果约定的利率显著高于市场利率,国家银行可能会提出质询并拒绝登记。

(二)担保法律制度

越南法律对境外贷款人在越南境内取得动产担保权益没有限制,但是规定只有持经营执照的越南境内银行或境外银行的越南分支机构才能成为不动产抵押权人。

1.担保法律体系

一般来讲,在越南的担保交易主要由《民法典》《关于担保交易的法令》《关于担保交易登记的法令》以及其他相关法律、法令及指导文件进行规范。

越南法允许在现有资产和未来资产上设立担保权益。越南法还允许为现有义务、未来义务和有条件的义务设立担保权益。

根据《民法典》,越南担保方式主要包括:质押、抵押、履约担保、保证金、托管存款、保证、信用保证、留置。其中,最普遍的担保方式是质押、抵押和保证。

2.可作为担保的财产及权利

越南法律对动产担保和不动产担保的设立要求作出了不同的规定。不动产包括土地、房屋、地上建筑物以及其他附着于土地的资产。目前越南已颁发官方指令允许在某些特定的BOT项目中将土地使用权及土地附着资产抵押给境外银行的越南分支机构,此时该机构需要申请由总理办公室出具的,由司法部提供法律意见支持的特别许可。一般来说,政府很少出具该类许可。动产是除不动产以外的其他财产,越南法律对境外贷款人在越南境内取得动产担保权益没有限制。

下表为可由境外债权人取得的担保权益的总结:

担保权益的类型	是否可以在越南取得
公司担保/银行保证	是
股份/股权权益上设立的担保	是
就应收账款设立的担保(包括保险赔偿金与索赔)	是
知识产权之上设立的担保(包括商标权)	是
就银行账户/现金存款设立的担保	是
不动产上设立的担保	是
在设备、机器、材料和库存上设立的担保	是
合同权利上设立的担保	是
债券上设立的担保	是
在船舶和航空器上设立的担保	是
在将来/之后获得的财产(除不动产)设立的担保	是

3. 担保设立的完善

一般来讲,除另有规定,无论担保权人是境外主体还是境内主体,其取得担保权益的程序相同。但是,对于期限长于1年的外债,在对该贷款向国家银行作外债登记时,需要将担保文件和贷款协议一并提交。

(1)公证/认证

在土地使用权以及附着于土地的资产上设立抵押时,需进行抵押合同公证,并将经公证的抵押合同副本作为一项登记材料提交给登记机关。而动产抵押较为方便,除非双方另有约定,在动产上设立抵押不需要进行公证。

(2)登记

土地使用权及附着在土地上的不动产的抵押自向该土地所在地的自然资源和环境部下属的土地使用权登记办公室或资产所在地的地区级自然资源和环境局(以下简称“土地使用权登记管理机关”)进行登记时生效。越南法律没有对土地使用权登记规定豁免或例外情形。

越南法律允许一项资产为多个担保权人就多项债务提供担保。此外,抵押人或质押人必须告知后续的担保权人该项财产之上已经设立了抵押或质押。该项财产上的多项担保权益的优先顺序应当取决于各担保产生对抗第三方效力的顺序,但是担保权人之间可以通过合同约定互换其优先顺序。

(3)登记程序

设立不动产抵押担保时,需向土地使用权登记管理机关提交申请材料并进行登记。申请材料包括申请书、经公证的担保协议副本和土地使用权证、房产及其他附着于土地上的资产的所有权证的原件(以下简称"土地使用权证"),其中申请书必须经各方授权代表签署。自土地使用权登记管理机关收到完整申请材料起至完成该项登记需要至少3天至7天,但实践中,该程序通常需要更长时间。

设立动产抵押时,需向担保交易登记局进行登记。用于担保登记的申请书必须根据标准格式准备并由担保人和担保权人双方的授权代表签署,法律规定的必须由一方签署的特定情形除外,同时需列明各担保权人的详细信息。虽然不要求各方提交担保协议,但担保协议的名称和日期必须在申请书中清楚写明。最终登记将在三天内完成。

(4)担保登记证书的修订

在出现以下情形时,须修订担保登记证书:一是担保人或担保权人减少、替换或补充的;二是担保人或担保权人的名称变更的;三是担保财产减少的;四是未签订新的担保协议而增加新的担保品的;五是当未来资产已现实产生时(未来资产是生产经营流通过程中的货物时或者未来资产是机动车帧编号已向担保交易国家登记管理局登记的机动车辆除外);六是修改之前提交至相关担保登记部门的申请书中的错误的;七是其他登记项目变更的。

对现有登记证书进行变更登记,自收到完整的申请材料到完成该登记应在三天内完成。

(5)越南法下具体担保类型的生效方式

担保大类	具体类型	生效或设立具体方式
保证		保证的成立应当制作书面文本,可以作成独立的保证文书,也可以在主合同中订立保证条款。法律规定保证合同应当经过公证或鉴证的,则依法律规定办理。保证以合同签署为生效方式。对境外贷款,保证合同必须提交给越南国家银行供其审查,这是境外贷款登记的步骤之一。 注:1. 上市公司不得为其特定种类的关联公司提供保证。 2. 外汇贷款常使用的担保方式为政府担保与银行担保,均属保证担保。政府担保需要符合越南当地规定提供政府担保的相关法规;境内银行提供的保证受越南国内有关信贷机构的法规调整

续表

担保大类	具体类型	生效或设立具体方式
抵押类	土地抵押	必须经过公证,并在该不动产所在地的国土资源和环境部所辖的土地使用权登记管理机关进行登记后生效
	建筑物抵押	
	采矿权抵押	合同确立;采矿权设置的担保权益在越南法下是经常变化的法律事项
	货物抵押	合同确立
	船舶与航空器抵押	在船舶之上设置抵押,在该抵押在越南国家船舶登记簿上登记时生效;在航空器上设置抵押,在该抵押在越南国家航空器登记簿上登记时生效
	设备、机械、原材料、存货抵押	合同确立
	银行账户/保证金抵押	合同确立
	未上市交易股票/股权抵押	合同确立
	合同权利(应收账款、知识产权、保险金)抵押	合同确立
质押类	货物质押	合同确立且实际交付
	设备、机器、物料以及库存质押	合同确立且实际交付
	未上市交易股票/股权质押	合同确立且实际交付
	银行账户/保证金质押	合同确立且实际交付
	航空器质押	合同确立且实际交付
	上市公司股票质押	对上市公司股权设置质押,该质押自越南证券存管中心在该被质押证券自证券交易账户划转到质押权人证券账户时作出书面登记时生效

4. 担保的效力与顺位

在抵押和质押法律关系中,双方可以约定聘用第三方来管理担保物。除双方另有约定或法律另有规定,质押合同、抵押合同于签署之时起对合同双方生效。此外,抵押自登记时起产生对抗第三方的效力,质押自质押权人取得担保物时起产生对抗第三方的效力,但质押物为不动产时,质押在登记后方能生效。

在同一财产上设置无对抗第三方效力的担保权益,其优先顺序取决于担保设立的时间,但在同一财产上设立的有对抗第三方效力的担保优先于无对抗第三方效力的担保。

5. 担保的执行

享有担保物权的受益人必须按照相关担保文件中规定的要求向担保人送达支付请求的通知。强制执行质押、抵押和保证等担保权益通常按照下述程序进行:

程序	具体内容
强制执行通知	如果一项资产已抵押给多个抵押权人,在发生强制执行事件时,抵押权人或其授权人必须向其他已登记的抵押权人(如有)出具强制执行的通知或者将该等强制执行通知向有关的担保权益登记管理机关进行登记。 强制执行通知必须包括以下信息:强制执行的理由;被担保的义务;担保财产的描述以及强制执行的方法、时间和地点。 当担保物易于贬值或为应收账款或提货单时,上述要求并不适用于此类担保品
等待期	等待期届满后,担保权人才可以执行担保权益,双方可以协议约定等待期的期限。没有约定期限的情况下,强制执行动产和不动产的等待期期限分别为自该强制执行通知发出之日起或强制执行通知登记之日起 7 天和 15 天
抵押物交接	为了强制执行,担保权人或其授权人必须向抵押人或占有该抵押物的第三人发出通知,明确抵押品的交接期限。越南法律对该期限没有明确规定。 交接期限届满后,如果占有抵押品的一方未将抵押品交接给担保权人,担保权人可以自行取得该抵押物或在越南的法院采取法律行动。当担保权人选择自行取得抵押物时,必须给予该抵押物的占有人事先、合理的通知且该通知应当确定一个合理的期间,并包括以下主要信息:交接抵押品的原因;交接的时间和日期;及各方的权利和义务。为执行该通知,担保权人可以向区的人民委员会或当地警察寻求协助。但是实践中要得到此类协助有困难。 除上述的取得抵押品的可能外,担保权人可在越南法院对借款人就其未能按照贷款协议付款事项及就强制执行担保权益以履行债务事项提起诉讼
强制执行的方法	各方可以协议约定以下强制执行的方法:以拍卖或私下出售的方式出售抵押物/质押物;接管抵押物/质押物以偿还受担保债务;直接收取第三方付款;或其他强制执行方法。 若各方未约定强制执行的方法且未能达成协议,担保物将被拍卖出售

续表

程序	具体内容
所有权转移	所有权在占有转移时或完成登记时(如需要)发生转移。 无需所有权登记的动产的所有权转让不要求取得担保权人的同意。担保协议或担保执行备忘录(如有)将被视为所有权转移的证明。 对于需要所有权登记的不动产和动产,如担保人拒绝签署所有权转移的文件,担保权人可提交无担保人签署的所有权转移申请及担保协议,前提是该申请包含于担保协议内。 实践中,对于某些所有权需要登记注册(例如不动产、有限责任公司的资本权益等)的抵押物,在无法院判决或抵押人同意时,相关的行政机关可以推迟进行所有人变更登记
使用的货币	除非国家银行另行批准,出售、转让或处置在越南的资产必须以越南盾计价和进行

6. 主权担保及主权豁免相关规定

越南总理有权决定是否提供主权担保。越南财政部有权基于总理的批准决定提供政府担保。此外,国家银行有权依照总理的决定为越南的信贷机构取得境外贷款提供担保。

主权担保的主要程序包括:

序号	步骤	内　　容
1	材料提交与评估	自收到借款人依法提交的完整、有效的担保申请材料后 30 个工作日内,财政部会对该融资方案和担保申请材料进行评估
2	原则性决定	财政部会将评估结果向总理汇报,以便其就提供主权担保作出原则性决定
3	谈判	借款人会就贷款协议进行谈判,财政部也会参与;如果该笔贷款是境外贷款,则司法部也会参与谈判。财政部会就境外贷款主导关于主权担保内容的谈判,司法部会主导关于该笔境外贷款的法律事项的谈判。谈判后,财政部会将拟提供的主权担保提交至总理批准
4	签署协议	被担保人将会签署贷款协议,并且以便按照法律要求提供完整的担保申请材料,向财政部提供已签署的贷款协议
5	总理决定	依据财政部提交的申请材料,总理会审阅并作出提供主权担保的决定
6	提供担保	财政部会根据总理的批准提供主权担保
7	注册贷款	借款人必须依法向国家银行注册该境外贷款

越南法律对于主权豁免没有明确规定。当外国投资者与越南政府或国有企业签

订合同时,需注意对方是否在合同中明确表示该合同属于商事领域且放弃主权豁免。然而即便越南政府或国有企业在合同中明确放弃主权豁免,此类放弃在事实上的可执行力仍不明确。

(三)合同的法律适用

在没有相关越南法律规定的情况下,贷款协议合同双方可以选择外国法作为该贷款协议管辖法律,但在越南境内不动产合同必须适用越南法律。

四、投资法律制度

越南对于外国投资设置了准入制度,外资进入需要越南相关政府部门的审批,确保外国投资者的合法主体资格。总体上看越南对外资呈开放态度,但在个别领域有特殊的要求,可谓是对外国投资的优惠和限制措施并存。

(一)企业相关法律制度

1. 企业类型

实践中,大部分越南的公司以有限责任公司或股份有限公司的形式设立。其中有限责任公司包括一人有限责任公司或多人有限责任公司。一人有限责任公司仅有一名资本所有人,多人有限责任公司拥有多于一名且不超过 50 名的资本所有人。股份有限公司应有至少 3 名股东,股东数量没有上限。外资企业可依照任何一种上述形式设立。

在越南注册设立的公司(无论外国投资还是国内投资设立)必须获得标识为“企业登记证书”的公司执照(以下简称“企业登记证书”),并在其中注明企业法人登记信息,如企业的总部地址、法定代表人的身份信息、注册资本等。在越南企业登记证书的获得较为简单,申请过程约为一周。

2. 企业设立申请与登记

根据越南《公司法》的要求,成立公司之前,创办者必须向省、中央直辖市人民委员会或公司设立办公地点所在地一级行政单位递交成立公司申请书。申请书应当注明:(1)创办人的姓名、年龄、地址;(2)公司名称和预定办公地点;(3)经营的目标、行业;(4)集资方式;(5)保护环境的措施;(6)公司建设计划。申请书应附上公司的初步经营方案和章程草案。

除设立登记外,公司还应进行经营登记。经营登记的内容有:成立公司的许可证、公司条例和公司交易地点证明书。责任有限公司的经营登记手续必须在领取成立公司许可证之日起 180 天办理。股份公司的经营登记必须在领取成立公司许可证之日起一年内办理。超过上述规定期限而未进行登记的有关人员,若希望继续成立公司,必须重新办理申请手续。如有正当理由,发证单位可以延长许可证的有效时间,但不得超过 90 天。

公司从登记并领取登记证明书之日起具有法人资格并可以开始经营活动。在发给经营登记证明书之日起7天内,发证机关要把经营登记证明的副本以及公司的档案材料寄给税务、财政、统计机关和同级的经济、技术管理机关。

3. 企业并购的事前审批和事后登记

由国外投资者对越南目标公司实行的股票或权益并购必须在许可机关登记,若有以下几种情况,需获得事先批准:目标公司为外国投资者在有条件的业务部门执业;或并购导致外国投资者(以及与外国投资者有着相同地位的实体)持有这类目标公司至少51%的注册资本。

如果在兼并、收购、合并或合营中所涉及的公司合并后的市场份额占到相关市场的30%到50%,在该等情形下,这些公司的授权代表人必须就该兼并、收购、合并或合营通知越南竞争管理机关,以征求其考虑和批准。只有在收到越南竞争管理机关允许该合并、收购、兼并或合营的确认后,这些公司才可实施以上行为。

(二)特定行业与领域法律情况

1. 能源行业法律情况

(1)石油产业

越南《石油法》鼓励外国组织和个人投资开发越南石油行业。但是,任何有意愿在越南勘探和生产石油的投资者必须与越南国家石油与天然气集团(以下简称"越南石油")签署石油合同。此类石油合同可以以产品分成合同、合资合同或其他形式签订,但需符合法律规定,涵盖如勘探计划、生产和归退、工作计划和预算、财政承诺的细节以及资金回收等核心内容。组织和个人须参与到竞标程序中以取得石油合同。但是,在某些特定的情形下,总理可以指定一个特定的承包商与越南石油订立石油合同。

越南石油负责所有的石油活动,包括上游、中游和下游的石油活动以及越南的石油投资,并通过一系列的附属公司来履行该职责。越南政府为投资于上游石油部门的投资者提供了一定的激励措施,例如税收优惠、特许权的优惠税率。激励的程度会基于每一区域采收率的不同而变化,例如石油或天然气的回收在技术上困难和昂贵的区域可获得更多激励。

(2)矿业

根据越南《矿产法》,采矿权只有两种:普通矿产采矿权和废矿采矿权。采矿权依据其许可证上的条款生效。对于普通矿产采矿权,采矿许可证的有效期最长为30年,且可以被多次延长(总延长期限不超过20年)。对于废矿采矿权,废矿采矿许可证的有效期最长不能超过5年(包括延长期)。

为了获得采矿许可证,申请者必须满足下述条件:具备在已勘探且其矿产储备已根据总体规划核准的区域进行的矿产开采投资项目；该矿产开采投资项目必须包含一项雇用专业人才、使用设备和技术的计划，且包含一项合适的技术先进的逐步开采计划；有毒矿物质（开采）必须有总理出具的书面许可；具备环境影响评估报告或一项依据环境保护法律作出的环境保护承诺；具有至少相当于该矿产开采项目总投资资本的30%的股本权益。另外，越南基于环境考虑为获取采矿许可规定了额外的财务要求。采矿活动开始以前，机构必须为环境改进和修复支付一项托管存款，以保证该项资金用于环境修复工作。在完成环境修复工作以后，持有执照的实体有权取回其托管存款。机构可以通过向有关行政机关申请或接受其他个人或组织的转让而取得采矿权。

2. 土地相关法律情况

一般情况下，越南法不承认土地所有权，而仅承认土地使用权，土地使用权包括使用土地的权利以及转让土地的权利。土地使用者可以以取得土地使用权证书、房屋所有权和其他附着于土地的资产（的所有权）作为土地使用者享有土地使用权的证据，其所享有的权利和承担的义务可能会受限于租赁合同的付款期限而不同（例如按年付或一次性付清等）。而外资公司仅可通过租赁，或者在居民性项目中土地分配的方式方能取得使用土地的权利。

3. 环境相关法律情况

受制于项目的属性、规模和环境影响，投资者被要求准备一份环境测试报告（“EIAR”）或环境保护计划（“EPP”）。下述的投资项目需强制提交EIAR：原则上需要从国民大会、政府或者总理处获取批准的全国性重要项目；使用自然保护区、国家公园、历史和文化区、自然遗产或星级自然景观的土地；一个对环境有着潜在重大影响的项目。其他不用提交EIAR的项目则必须有EPP。

自然资源和环境部（“MONRE”）负责为国民大会、政府和总理批准的项目以及分行间和省际间项目的EIAR评估建立评估平台。政府部门以及与政府部门相等同的机构应在其各自的决策机关内负责为由国民大会、政府和总理批准的项目的EIAR评估建立评估平台（MONRE主管之下的项目除外）。国防部和公共安全部负责对有关国家机密和国家安全的项目作出评估。省级人民委员会负责对该省在上述分类之内的项目作出评估。

4. 基础设施互联互通法律情况

越南政府发布了多项政策规定，鼓励基础设施发展的“社会化”，包括公私合营（PPP）投资结构，但PPP成为清晰和成型的法律框架还需要更多的时间。

（1）海港和机场

在越南法下，海港和机场项目的发展由首相批准的总体计划和交通部或当地机构分别批准的详细计划组成。机场项目或者国家级别的海港项目原则上需要总理的批准。作为投资申请的一部分,投资者需要再提交一份土地使用计划,相关机构会根据该计划考虑分配或者租出合适的地段。除特殊情况,如果国家分配或者出租土地时,投资者尚未完全付清土地使用/土地出租费用,投资者将会被要求在国家预算中存储总投资资本的1% ~3%作为投资者义务的担保。该笔资金会根据项目进展返还给投资人。

越南在海港项目上,未对外国持有提出特别的限制,但是,海港项目提供的一些特别服务必须以其中一方为越南的合资企业的形式进行投资,且该项目必须是同时被当地和外国投资者持有的合资企业。

《102/2015/ND – CP 法案》详细规定了机场企业或者提供航空周边服务企业中外国持有比例的限制。该法案规定提供机场交流系统服务、定位服务、监控服务或者天气预报服务的公司中,国有比例最低应为注册资本的65%,而涉入上述任何业务与机场公共场所服务、汽油提供服务和/或土地技术支持服务的项目公司中,国有比例最低应为注册资本的70%。另外,航空公司不可以持有机场公司30%以上的股权。

(2)电信

为了投资越南的基础设施通信服务,外国投资者必须与越南持证电信公司成立合资企业或签署商业合作协议。一般来说,提供基础设施通信服务公司的外国所有权上限为49%。提供基础设施通信服务公司的外国所有权上限为65%。合资企业或商业合作协议的越南一方可以是非电信企业。基础设施通信服务的外商独资项目必须持有总理的原则性批准。

(3)PPP 框架

2015年2月14日,越南政府发布了编号为Decree 15/2015/ND – CP 的新法令,规制以公私合伙关系模式进行的投资(《PPP 法令》),从而取代现行的2010年11月9日第71号决定(《第71号决定》)中试行的PPP规定和第108号法令中的BOT规定(经修订)(《BOT 法令》)。

《PPP 法令》首次引入了 PPP 配送模型的新形式,包括建设—持有—经营模式(BOO)、建设—转让—出租模式(BTL)、建设—出租—转让模式(BLT)、经营—管理模式(O&M)。此外,总理拥有批准其他模式的自由裁量权。

同时,《PPP 法令》设置了适用于遴选越南 PPP 项目合作商的一系列程序。一般来讲,项目合作商的遴选必须基于经批准的可行性研究报告采用竞争性投标程序。但在以下有限的情况下,也可直接任命:如果仅有一位投资者登记或符合资格预审要求;如果仅有一位投资者拥有运营项目所要求的能力;如果某一投资者建议的项目满足“最高可行性和效益性”的项目履行要求(经总理批准),包括经批准的可行性研究报告、合理的服务价格及满足“保护国家主权,国界或岛屿”的要求。

对 PPP 项目的投资者有最低股本金要求。《PPP 法令》下,对于总投资额低于或等于 1.5 万亿越南盾(大约 7040 万美元)的项目,至少 15% 的总投资额必须是股本金。对于更大的项目,前 1.5 万亿越南盾的投资额中的至少 15% 必须是股本金,并且总投资额超过 1.5 万亿越南盾的部分,至少 10% 必须是股本金。

5. 国际产能合作和装备制造业的海外投资

越南有大约 290 个指定的制造业工业园区(以下简称工业园区)。自 2014 年 6 月开始,基于工业园区的外国投资项目超过 5000 个,约占制造业外商直接投资的 80%。绝大多数大规模且建设良好的工业园区都由 FOC 开发者经营。

为了尽可能协助投资者投资工业园区,越南提供了专门的简易行政程序。外国投资者可以提前联系相关部门以选择适合他们需求的工业园区。在工业园区内,外国投资者可以使用已建好的建筑物、工厂、仓库和技术性基础设施服务(即电力、供水、通信等)。此外,外国投资者也可以向其他实体转让或分租其租赁土地和/或该土地上的不动产资产。

(三)外汇管制

越南政府负责制订外汇政策,国家银行负责规制和实施外汇政策,并负责对货币交易进行监管以保证其遵守相关指引。在越南的外汇业务主要受越南《外汇条例》这一核心规定的管制。

1. 交易币种的限制

所有在越南境内的交易必须以越南盾进行,法律规定的某些特定情况除外。购买外国货币只能通过银行或者其他被授权进行外币交易的机构进行。除非越南法明确允许某些使用外国货币的需求,如进口货物和服务或偿还国外债务。外国货币之间的兑换不受限制,企业可以用越南盾或其他外国货币购买外国货币以帮助其在跨境商业交易中进行支付,或者用以履行在越南境内所有的税费义务之后,将所得利润汇出越南。

如果汇款行认为已提供的证明该汇款目的合法的文件副本满足其要求,则允许就短期贷款和经常项目下的交易(一般商业交易),由越南国内向境外或从境外向越南国内以外币汇款。对于期限长于一年的贷款(中期或长期贷款)而言,除非该汇款已取得有效的国家银行的登记证书,否则不允许从越南向外或从国外向越南汇出/入外币。

2. 外国投资者或投资企业的资本输入和输出

外国投资者或者外商投资企业必须在越南持有特定的“资本金账户”,该账户专门用于与其在越南的投资相关的资本和资本收益的输入和输出。另外,就外商投资企业而言,外国贷款的支付和还款必须经由该“资本金账户”进行。有关这类资本金账户的规定正在日益完善。如果外国投资者所投资的外资公司已依法向国家完成了财税义务，并向相关的省级税务部门提交了相关的经审计的财务报告和公司所得税的最终申报，该境外投资者有权每年将其在越南获取的红利汇回本国，但应至少提前七天通知相关的省级税务部门。值得注意的是，如果外资公司账上仍有上年转结的累计亏损，则境外投资者不允许将他们的红利汇出越南。

3. 居民开设海外账户及使用外汇账户的规定

居民可以在以下情况在海外开设和使用外汇账户（“海外账户”）：根据越南国家银行相关规定在国外从事外国货币活动；履行外国贷款义务；在国外成立并运营代表处，分行以及全资子公司。居民信用机构可以在上述前两种的目的之下，在不需要从越南国家银行获取任何许可（“海外账户许可”）的情况下开设和使用海外账户。对于最后一种情况，其必须在开设海外账户之前从越南国家银行获取海外账户许可。

居民公司实体可以在以下情况下在海外开设和使用外汇账户：在海外建立和运营代表处和分公司；履行国外贷款义务；作为政府项目或者公私合营形式中的特殊企业的境外合伙人履行承诺；与境外合伙人一同履行承诺，协议以及合同，如建设承包合同，船舶购销合同等。值得注意的是，一个公司实体在开设海外账户之前必须获得许可。为获得海外账户许可，申请人必须向越南国家银行提交申请，包括：标准化格式的海外账户许可请求函；申请人宪章性文件的经核证副本，比如建立和运营信用机构的许可，ERC，IRC 或/和成立决议等；以及落实使用海外账户目的的其他文件。

（四）税收规定

下述为越南法下可适用于在越南成立公司和经营银行的主要税收的总结：

<table>
<tr><th>税种</th><th colspan="2">税率</th><th>备　注</th></tr>
<tr><td rowspan="3">增值税</td><td colspan="2">0%</td><td>此增值税税率适用于出口的货物和服务以及国际运输</td></tr>
<tr><td colspan="2">5%</td><td>此税率通常适用于供应必需品和必备服务相关的活动，例如水，农产品、药物和教学设施</td></tr>
<tr><td colspan="2">10%</td><td>此项为适用于除去上述的货物和服务的标准增值税税率</td></tr>
<tr><td rowspan="2">预提税</td><td>境外承包商预提所得税</td><td>根据服务的不同，税率不同</td><td>境外承包商预提税并不适用于在越南成立的公司，而适用于在越南开展业务或者基于（1）与越南机构和个人及（2）其他境外承包商（以实施其工作范围的一部分）订立的合同、协议或承诺而取得来源于越南的收入的外国组织以及作为越南居民或非居民的个人（“境外承包商”）</td></tr>
<tr><td>利息预提税</td><td>5%</td><td>适用于外国机构提供贷款利息付款</td></tr>
</table>

续表

税种	税率	备　注
关税	根据进口产品的不同,税率不同	进口税通常被分为三种: 1. 从与越南有最惠国待遇地位的国家进口的货物所适用的优惠税率,目前越南已与世界上 164 个国家订立最惠国待遇; 2. 从已与越南订立特殊优惠条约的国家进口货物所特别适用的特别优惠税率; 3. 从其他国家进口货物所适用的普通税率,且该税率为享有最惠国待遇的优惠税率的 150%

五、法律风险评价

(一)营商环境有待改善

整体而言,越南的营商环境存在改进的空间。根据世界银行 2015 年营商环境报告,越南的营商环境在 189 个国家和地区中排名第 78 位,居于全球中等水平。具体而言,越南在办理施工许可证、财产登记、信贷调查等方面表现较为良好,但在公司注册、获得电力、少数投资人权益保护、税务等方面表现较为一般。比如公司注册平均需要经过 10 道程序,耗时达到 34 天,成本约为单位收益的 5. 3% ,在全世界 189 个国家和地区中排名第 125 位。

公司注册		办理施工许可证		财产登记	
程序个数	10	程序个数	10	程序个数	4
时间(日)	34	时间(日)	114	时间(日)	57
成本(占单位收入的百分比)	5. 3	成本(占项目投入的百分比)	0. 7	成本(占财产价值的百分比)	0. 6
最低注册资本	0				

数据来源:2015 年世界银行营商环境指南。

(二)合同执行成本较低,破产处置成本较高

越南的合同执行成本较低。根据 2015 年世界银行营商环境指南提供的数据,越南的合同执行效率在世界 189 个国家和地区中排名第 47 位,高于东亚及太平洋地区的平均水平。不过越南的破产处置成本则相对较高,全球排名第 104 位,平均投资回收率为投资总额的 18. 6% 。

合同执行	越南	东亚及太平洋地区	经合组织
时间(日)	400.0	553.8	539.5
成本(占标的额的百分比)	29.0	48.6	21.4
程序(个)	36.0	37.2	31.5
破产处置	越南	东亚及太平洋地区	经合组织
时间(年)	5.0	2.3	1.7
成本(占资产价值的百分比)	15	13.3	8.8
回收率(每美元美分数)	18.6	37.7	71.9

数据来源:2015 年世界银行营商环境指南。

(三)税务负担偏重

越南主要税种包括个人所得税、企业所得税、增值税和特别销售税等,整体税负略高于地区平均水平。对于外国投资者来说,越南的税制相对简单,但透明度不足,税率较高,纳税手续繁杂,税务管理有待加强。根据 2015 年世界银行营商环境指南提供的数据,越南在税收方面排在全球 189 个国家和地区的第 173 位,处于下游水平。

	越南	东亚及太平洋地区	经合组织
纳税(次)	32.0	25.9	11.8
时间(小时)	872.0	204.3	175.4
应税总额(占利润百分比)	40.8	34.4	41.3

数据来源:2015 年世界银行营商环境指南。

老挝人民民主共和国

The Lao People's Democratic Republic

——稳步前进的万象之邦

老挝人民民主共和国基本情况

国家名称（中英文）	老挝人民民主共和国(The Lao People's Democratic Republic)		
人口(百万)	6.38	人口增长率（年均%）	1.7
领土面积（千平方公里）	236.8	主要民族	老挝族
官方语言	老挝语	主要宗教信仰	佛教
政体	议会制	主要政党	老挝人民革命党
GDP（十亿美元）	12.33	GDP 增长率（年均%）	7.0
国民总收入（十亿美元）	11.76	人均国民收入(美元)	1730
通货膨胀率（年均%）	-0.4	外国直接投资净流入（百万美元）	1079
外债(百万美元)	10,724	总偿债额占出口贸易和收入的比率	10.6

数据来源:2015 年世界发展指标数据库。

一、国情简介

老挝人民民主共和国(以下简称老挝),是位于中南半岛北部的内陆国家,人口约 638 万。老挝主要民族为老挝族,分属老泰语族系、孟—高棉语族系、苗—瑶语族系、汉—藏语族系。老挝通用语言为老挝语,居民多信奉佛教。老挝政治社会稳定、经济快速发展,重视发展同周边邻国关系,改善和发展同西方国家关系,法律制度不断完善,法治程度不断提高。

(一)政治概况

老挝是人民民主国家,全部权力属于人民。2016 年 4 月 20 日,老挝第八届国会第一次会议选举老挝人民革命党中央委员会总书记本扬·沃拉吉为国家主席。老挝国会是国家最高权力机构和立法机构,负责制定宪法和法律。国会每届任期 5 年,每年召开两次会议,特别会议由国会常委会决定或由 2/3 以上的议员提议召开。国会议员由地方直接选举产生。老挝政府为国家最高行政机关,2016 年 4 月 20 日老挝第八届国会第一次会议选举中央政治局委员通伦·西苏里为政府总理。

(二)经济概况

老挝经济以农业为主,工业基础较为薄弱。1986 年起推行革新开放,调整经济政策,农林业、工业和服务业相结合,优先发展农林业;取消高度集中的经济管理体制,转入经营核算制,实行多种所有制形式并存的经济政策,逐步完善市场经济机制,努力把自然和半自然经济转为商品经济;对外实行开放,颁布外资法,改善投资环境;扩大对外经济关系,争取引进更多的资金、先进技术和管理方式。九十年代,老挝经济加速转型,目前基本属于社会主义市场经济。1991 年至 1996 年,国民经济年均增长 7%。1997 年后,老挝经济受亚洲金融危机严重冲击。老挝政府采取加强宏观调控、整顿金融秩序、扩大农业生产等措施,基本保持了社会安定和经济稳定。近年来,老挝经济保持较高增速,2011 年~2015 年,GDP 平均增长率高达 7. 4%,人均 GDP 从 319 美元跃升至 1970 美元。2015 年,老挝 GDP 增长 7. 5%,达 128 亿美元。产业结构不断优化,服务业占比已居经济产值首位。为了促进经济发展,老挝注重吸收外资,促进对外开放和贸易。

(三)外交政策

老挝奉行和平、独立的外交政策,主张在和平共处五项原则基础上同世界各国发展友好关系,重视发展同周边邻国关系,改善和发展同西方国家的关系,为国内建设营造良好外部环境。注重保持同越南的团结友好关系,加强与中国全面战略合作。老挝于 1997 年 7 月正式加入东盟。推进与东盟国家睦邻友好,积极争取国际经济和技术援助。

中国与老挝于 1961 年 4 月 25 日建交。老挝政府奉行一个中国原则,支持中国和平统一。2016 年 5 月 3 日,中共中央总书记、国家主席习近平欢迎老挝人民革命党中央总书记、国家主席本扬来华进行正式友好访问,见证签署了包括促进双边产能合作在内的一系列合作文件。2016 年 7 月 14 日国务院总理李克强在乌兰巴托会见老挝总理通伦,李克强表示,中方愿同老方密切高层交往,深化各领域务实合作,加强在国际地区事务中协调配合,积极推进中老铁路项目全面施工,加强产能和投资合作,在基础设施、电力、能源等领域打造示范项目,取得新的合作成果。

二、法律概览

老挝采用大陆法系,在形式上与法国法律体系较为接近。于 1997 年加入东南亚国家联盟,2013 年加入世界贸易组织。老挝政府为促进世界及区域贸易与投资一体化进程,多次修订完善国内法律。整体来看,老挝法律制度较为完备,司法执行效率处于世界中等水平。

(一)法律体系

老挝的立法机构是国会,国会议员由老挝公民根据法律规定的程序产生。其法律渊源主要有宪法、法律、国会决议、国会常务委员会决议、总统法令、政府法令、政府决议、首相决定或命令、部长决定或命令等。老挝的法律涵盖民事、商事、行政、诉讼等各方面，对于投资以及金融领域有专门的法律规定。其法律体系特点为：(1)法律普遍采用成文法形式；(2)经济立法较为灵活；(3)以西方法律思想和制度为基础，结合传统文化和特定历史背景形成本国法律体系。

（二）司法制度

1. 诉讼制度

老挝的法院体系包括最高法院、上诉法院、省级法院、区级法院，军事法院以及国会根据需要建立的特别法庭。其中，最高法院的职能主要是审理上诉案件和监督下级法院，不受理一审案件。省级法院主要审理刑事案件和重大民事案件以及不服县法院判决、裁定的上诉案件。区级法院是老挝的基层法院，审理大量轻微的刑事案件和一般的民事案件、经济纠纷案件，即可能被判处两年以下有期徒刑的刑事案件或标的额为2000万基普（约2500美元）以下的民事案件。老挝民事诉讼程序主要受《民事诉讼法》《法院判决执行法》《法院手续费法》等法律规范。

2. 仲裁制度

老挝仲裁相关规定主要体现在《经济纠纷处理规则条例》中。依据老挝法律规定，仲裁是指发生争议的双方当事人，根据其在争议发生前或争议发生后所达成的协议，自愿将该争议提交中立的第三方进行裁判的争议解决制度和方式。经济纠纷的仲裁应尽量简化程序，对复杂的争议，也应在自收到申请书之日起18个月内完成。

仲裁的证据来源于以下渠道：一是当事人，即当事人按照“谁主张、谁举证”的原则提出证据；二是来源于仲裁庭，即在必要时，仲裁庭可以自行收集证据。仲裁庭对专门性问题认为需要鉴定的，可以交当事人约定的鉴定部门鉴定，也可以交仲裁庭指定的鉴定部门鉴定。如有必要，仲裁员可申请法院没收、查封或采取其他措施，以保全当事人的利益。

在老挝仲裁必须使用老挝语。审理前，仲裁员应提前通知当事人开庭的日期、时间、地点，并进行开庭审理。应让各方当事人陈述自己的理由并提供充分的证据，审理结束后应作出裁决。双方当事人在作出仲裁前可以达成和解，由仲裁员作出备忘录，并要求双方当事人及仲裁员在备忘录上署名。此约定视同裁决，并要求当事人执行。

仲裁员应最迟在审理终结之日起30天内做出裁决。

3. 司法协助

老挝为《承认及执行外国仲裁裁决公约》的成员国。中国与老挝于1999年1月25日在北京签订了《关于民事和刑事司法协助的条约》，该协定确定了两国间给予司法协助的总原则、协助范围和承认、执行外国判决和仲裁裁决需要满足的条件，具体内容如下所示：

中国和老挝《关于民事和刑事司法协助的条约》主要内容	
协助范围	《条约》规定的司法协助包括：(1)在民事和刑事方面送达文书和调查取证；(2)法院民事裁决、刑事案件中关于民事损害赔偿的裁决、关于诉讼费用的裁决和仲裁裁决的承认与执行；(3)本条约规定的其他司法和法律协助
承认、执行的条件	根据作出裁决的缔约方法律，该裁决是最终的和可执行的
	据以作出裁决的案件不属于被请求方法院的专属管辖
	在缺席判决的情况下，根据在其境内作出裁决的缔约一方的法律，未参加诉讼的当事人已被适当地通知应诉
	被请求方法院此前未就相同当事人之间的同一诉讼标的作出最终裁决
	在作出该裁决的诉讼程序开始前，相同当事人未就同一诉讼标的在被请求方法院提起诉讼
	根据被请求方法律，裁决是可以执行的
	被请求方认为裁决的承认与执行不损害其主权或安全
	裁决的承认与执行不违反被请求方的公共秩序或基本利益
	裁决或其结果均不与被请求方法律的任何基本原则相抵触
	裁决是由有管辖权法院作出的

(三)司法效率

老挝执法效率整体尚可，根据世界银行2015年营商环境指南，老挝的合同执行效率在189个国家和地区中排名第99位，处于世界中等水平。

三、金融法律制度

(一)银行准入与监管法律制度

老挝允许外国银行在其境内设立分行和代表处，并通过相关法律对外国银行境内分支机构的设立与运营进行规范。总体来说，老挝对外资银行的进入持比较谨慎的态度，市场开放程度一般，相关准入事项采取了事前审批、事中监督和事后监管相结合的综合准入管理模式。

1. 银行类型

根据《商业银行条例》，老挝商业银行类型包括发展银行、投资银行、贸易银行、储蓄银行和专业商业银行(包括国外银行的分支机构)，组织形式主要为私营银行、国企银行、国企混合银行、国内外股份银行。外国银行可遵循《商业银行条例》和《促进和管理外国投资法》在老挝申请设立代表处，但代表处无权在老挝境内开展银行业务或近似银行业务。

2. 银行设立及流程

(1)代表处设立条件与流程

中资银行在老挝设立代表处需事先取得中国银监会的同意批复。取得批复后,根据老挝当地法律,需要向老挝计划投资部提出申请,并附带提供代表处章程、总行授权设立代表处的证明书、代表处负责人的简历及护照复印件、总行组织机构的简介及营业执照复印件和总行章程复印件等。老挝计划投资部收到申请后,在申请者已从老挝工商部取得企业注册登记证、从财政部取得税务证、从公安部取得代表处公章和法人印章的前提下,向申请者颁发许可证。

中资银行可聘请老挝中介公司办理全部的申请手续,代表处从申请到设立最快仅需 1 个月。代表处设立后,有效期为 1 年。满 1 年后,可以申请延期 1 年,共计可申请延期两次,即代表处的最长有效期为 3 年,到期时未成立分行,代表处自动废止。需要注意的是,代表处需要每年报审营业执照并报送财务报表,若雇佣当地正式员工,还需要根据老挝有关法律办理有关事项。目前,老挝政府对代表处雇佣本地员工的比例要求为 25%。

(2)设立分行的条件与流程

中资银行在老挝设立分行需取得中国银监会同意,并且最低资本金达到 3000 亿吉普(约合 3700 万美元)。设立流程如下:

一是向老挝工贸部申请设立分行,工贸部审核后颁发投资许可证,同时向工商、税务部门申请营业执照和税务登记证等相关证照;

二是向老挝中央银行提供可行性研究报告、3 至 5 年经营计划、公司章程等资料;

三是根据老挝中央银行的要求完成资本金注资,向中央银行指定账户划账,取得中央银行颁发的临时牌照;

四是在临时牌照颁发后的半年内,完成办公室地点选址、装修等,经过中央银行验收合格后,取得永久牌照,即可开业经营。

3. 老挝中央银行法律制度

1995 年 10 月 26 日颁布实行的老挝《中央银行法》是老挝现行中央银行法律制度的核心。该法规定了老挝中央银行的权限和职能、组织机构以及对老挝货币、外汇的管理,明确了老挝中央银行与政府、其他金融机构的关系等,其主要内容为:

(1)老挝国家银行是国家的中央银行,是政府的金融机构。老挝中央银行既是国家货币政策制定及实施机构,也是金融机构的监管机关,按政府的规定,批准成立老挝中央银行分行、国内商业银行、国外隶属商业银行及金融机构等。

(2)老挝中央银行的职责包括:受理各商业银行和金融机构的开户和存款;确定存

款、贷款利率,确定商业银行和金融机构的外汇量,商业银行的信贷程序;在商业银行或其他金融机构从国外贷款时,为其提供担保;发售国债、债券等。老挝中央银行有义务在政府从境外贷款时向政府提出建议。各商业银行、金融机构和企业从境外贷款前必须征得老挝中央银行同意。

4. 老挝商业银行法律制度

老挝《商业银行条例》于1997年3月11日颁布实施,共5章69条,主要规定了国有商业银行、私营商业银行的设立、资金、组织、业务、解散,以及违反本条例的处罚措施。老挝商业银行相关法律制度如下:

老挝商业银行概况	
注册资金	不低于3000亿基普
类型	发展银行、投资银行、贸易银行、储蓄银行和专业商业银行(包括国外银行的分支机构)
组织形式	私营银行、国企银行、国企混合银行、国内外股份银行
监管要求	商业银行应执行老挝中央银行规定的各项规章和比例
	商业银行有义务逐月或者应中央银行要求向其报告资产负债表、损益表及其他报表
	商业银行注册资金、董事长、总经理发生变更,商业银行有义务向中央银行报告
	对商业银行产生经营亏损或财务状况缺乏稳定的情况,中央银行可以动用重振基金进行帮助或直接参与存在问题银行的事务管理
业务范围	吸收存款,包括发行股票或债券;提供贷款,出具担保;提供清算服务;其他服务

(二)担保法律制度

老挝的担保法律体系在形式上较为完备,与国际(特别是大陆法系国家)通行的担保法律体系相比也有自身特点。

1. 担保类型

老挝的担保法律体系以《履约担保法》为核心,该法并未按通常分类将担保分为物权意义上的担保和债权意义上的担保,而是按照担保产生的具体形式或是来源,将其划分为按合同担保、按法律担保和按法院判决担保。

(1)按合同担保

老挝《履约担保法》第4条规定,按合同担保是指债权人和债务人通过合同约定,如债务人不能清偿债务,则由第三人代为清偿。按合同担保是主要的担保方式,以债权人、债务人之间订立有效的担保合同为担保成立的前提条件,属于意定担保。订立担保合同时应参照老挝《合同条款法》对一般合同订立方式、内容和条件的相关规定,和主合同一同或在主合同订立后订立。担保合同以登记生效为要件,应到有关部门进行登记。当担保合同变更或撤销时，也应进行相应的登记。

根据担保方式和内容的不同，按合同担保可分为财产担保合同和个人担保合同两类。财产担保合同是指债务人和债权人约定，债务人把自己合法拥有的有权出质财产或财产证明文件转交给债权人或债权人授权的其他保管人占有，若债务到期不能清偿，该债权人有权主张将担保物拍卖、变卖或以其他方式处分，并从该处分收益中优先受偿的权力。由此可知，以财产进行的担保属于物的担保中的质押。根据标的不同，财产合同担保又分为动产担保和不动产担保。个人担保合同，是指任何第三人或法人同债权人订立的还债约定。在债务人不能清偿债务或不能履行主合同所规定的义务时，该第三人或法人代替债务人履行债务的合同担保方式。这种个人担保合同属于保证。按照国际惯例，保证方式有一般保证和连带责任保证两种。《履约担保法》中只规定了一般保证的担保方式，不承认连带责任保证担保。

(2)按法律担保

按法律担保是《履约担保法》规定的第二种担保方式，属于法律上的特别规定，指出于人道主义和国家总体利益考虑，列入法律规定的清偿债务的保证，如工人的报酬受《劳动法》保证。这种担保方式是基于相关法律作出的特别规定，不需要当事人之间的合意。

(3)按法院判决担保

老挝《履约担保法》第6条规定，按法院判决担保的直接依据是法院的判决或者是仲裁委员会的仲裁。按法院判决担保由国家审判权保证债务履行和债权实现。

2. 担保的登记

按合同担保、按法律担保和按法院判决担保，都必须在有关部门进行登记。只有办理登记手续的担保才具有法律效力和优先权。因此，在老挝《履约担保法》中，登记是担保生效的必要条件。按合同担保项下的各种类型的担保都可以通过在老挝国有资产管理部进行登记使担保权益得到完善，但不动产担保应在不动产所在地的土地管理部门进行登记。办理登记时，担保需满足以下条件：一是债权人和债务人已签订担保合同，合同中担保物的价值已明确；二是不动产担保合同签订时至少有三个见证人在场；三是担保合同需在老挝公证机关进行公证，并支付公证和登记费用；四是登记内容需用老挝语完整翻译或提交一份老挝语概要。

3. 担保的效力与顺位

担保权人在担保合同项下的担保权益优先于所有无担保的债权、未登记的担保权益以及登记顺序在后的担保权益。然而，担保的完善也无法绝对地保证合同担保利益在债务人破产时得到执行。根据老挝法律规定，当债务人不能清偿全部债务或破产时，应按下列优先顺序执行：按法律担保、按法院判决担保、按合同担保。

4. 担保的无效与终止

老挝《履约担保法》规定了下列担保无效或终止的情形：

担保无效的情形	担保终止的情形
非法订立的担保。当事人没有按照法定的方式和程序订立的担保无效	债务已按约定履行完成
未来担保财产所有权不属于担保人且未得到授权	追偿期满
用胁迫和欺诈手段订立的担保	债权人放弃担保权

5. 担保的执行

合同履行期限届满时，主债务人没有履行债务的，在执行担保前，担保权人应预先向提供担保或保证一方发出书面执行通知。不动产担保的执行通知应在担保执行前60日发出，动产担保应在担保执行前30日发出。根据老挝《履行担保法》的规定，债权人必须先向债务人求偿，当债务人确无清偿能力时，债权人才有权向保证人追偿。

老挝法规定，在不违反相关法律法规的前提下，允许担保权人采取自力救济的方式维护其担保权益。《履行担保法》明确规定的自力救济方式包括：公开拍卖、债权人出售或债权人购买（向债务人支付超出未偿本金、利息之外的价款）。以上救济方式是非排他性的，可以与其他救济方式共同使用。法律没有强制规定必须通过法院判决出售担保物。在操作上，老挝法律专门规定了应使用老挝货币基普进行交易，但在实践中，很多交易都是以外币进行的。

6. 主权担保的批准

主权担保由老挝政府有关部门（财政部或中央银行）向总理汇报后，提交国会审议，审议通过后，出具相关批复文件，由老挝政府有关部门依据国会审议的批复文件出具担保函或签订担保协议。

7. 老挝《履约担保法》与中国《担保法》比较

	老挝《履约担保法》	中国《担保法》
担保方式	按担保产生形式，主要区分为按合同担保、按法律担保和按法院判决担保	按照担保的不同方式分为保证、抵押、质押、留置和定金五种方式
抵押内涵	要求转移担保物的占有	抵押担保包含了不动产和土地使用权在内的不转移占有的担保方式
流质	明确规定了担保权人的流质权，即如果债务人未按约定履行义务，用来抵押的物品，其所有权归债权人	禁止流质契约
最高额担保	无规定	有规定

（三）法律适用

老挝目前暂无关于法律适用的相关规定，中资企业赴老挝投资时，应注意尽量与当地企业协商适用中国法或第三国法律，争端解决方式尽可能选择国际仲裁。这种方式一方面符合国际惯例，另一方面也容易为老挝所接受。

（四）主权豁免

目前，老挝对限制豁免主义持否定态度，坚持采用绝对豁免主义的立场，即无论是国家行政行为还是商事行为，都享有绝对的豁免。

尽管老挝采用绝对豁免主义，实践中可以通过特定方式放弃豁免权。一是明示放弃和默示放弃。前者是指国家通过条约、合同或声明，事先或事后以明白的语言表达就某种行为或事项上豁免的放弃；后者是国家通过在外国法院与特定诉讼直接有关的积极的行为，表示其放弃豁免而接受法院管辖，包括作为原告在外国法院提起诉讼、正式出庭应诉、提起反诉或作为诉讼利害关系人介入特定诉讼等。但国家为主张其豁免权而出庭阐述立场并不构成豁免的默示放弃。二是对于管辖豁免的放弃并不意味着对执行豁免的放弃。执行豁免的放弃必须另行明示作出。在实务操作中，若要求国家主权豁免放弃，必须明确与老挝政府在合同中约定。

四、投资法律制度

为加大吸引外资的力度，老挝近年来加强了对经济类法律的制定和修订力度，整体投资法律环境向好。

（一）企业相关法律制度

老挝的企业法律制度主要由《商业法》和《企业会计法》构成。《商业法》于 1994 年 8 月 13 日颁布实行，共四章九十七条，其主要内容是：

《商业法》	
适用范围	适用于注册资金 100 万基普以上的企业经营主体
企业类型	私营企业、国有企业、集体企业、合营企业（国有企业和国内或国外合营，私营企业和国内或国外合营）。企业形式为股份公司、有限公司和大众公司
企业注册	有意在老挝注册成立的企业者，应向贸易部门递交成立申请进行注册，一旦受理成立申请，贸易部门和有关部门要迅速审议并且最迟不得超过自受理申请之日起 60 天内予以答复。各企业一旦完成企业注册，将被视为依法成立。进行企业注册后，必须到税务部门进行税务登记，税务登记证是根据财务法规定向国家履行年度纳税的跟踪证。一旦获准成立后，必须按规定张贴企业招牌。如果企业自获准成立后一年内未开展自己的业务，企业注册将被吊销

续表

国家管制领域	禁止开展与老挝的法规相抵触的经营活动，一些对国家安全，对社会有重大的影响的经营领域，要经国家严密控制，具体有：燃油、电力、自来水、通讯、木材及其木制品、矿藏及矿产品、粮食、药品、化学品、酒和烟。此外，政府可能会在各个阶段进一步规定有控制的经营领域
章程	公司必须以书面形式拥有章程

老挝《企业会计法》于1990年12月24日颁布实施，共七章二十八条，其主要内容是：

《企业会计法》	
记账	适格独立经营单位要将一切活动事项收集、整理，并以数字方式记入自己的账目，记录各项经营活动，同时还需在计算后提供必要的信息和标准，以确保国家、经营单位和劳动者的利益
强制性规定	以老挝文字记账，以基普为记账本位币；运用会计手册技术；使用标有年月日的凭证，按规定顺序装订保管，并编上记账号码，做到有据可查；按各个时期发生的时间顺序记载各项经营活动项目；要编制各种综合报表；须清楚每个项目的来源、标题、内容和凭证性质；用以登记年内活动项目的凭证本和年终结账时，不得有跳行、隔页、划线注销或划行。会计资料和凭证的保留期为10年
会计年度	以公历计算12月为一个会计年度。在第一年的年中开业，会计年度可短于12月。无论什么原因停业，封账期间计入当年

(二)老挝投资法律制度

老挝政府鼓励外资企业赴老挝投资，吸引外资投资适用的经济法规主要有1994年通过的《管理和促进外国在老挝投资法》，2009年7月颁布实施的《投资促进法》。其中，《投资促进法》是由原《国内投资促进管理法》和《管理和促进外国在老挝投资法》合并而成，对其中8处作了修订和完善，如：投资方式、投资类型、审批程序、一站式服务、投资指导目录、优惠政策、专门经济开发区开发投资以及中央与地方管理职能划分等内容，具体法律制度主要内容如下：

外国投资形式	按合同共同经营；外国投资者与国内投资者联营；100%的外国投资；外资企业的注册资本不低于总投资的30%
外国投资的权利和义务	1.权利：依法成立和开展生产活动并获得政府提供的便利；从开展本身经营中获得的合法权利受到保护；本身的财产产权归己；可以使用外国劳务，但不得超过企业劳务人数的10%；在老挝有关部门注册的知识产权获得保护；开展经营中认为自身利益受害时，可以要求公正或向有关机关起诉。 2.义务：依法按合同、按经济技术可行性研究报告的程序、按许可证开展生产、经营；优先使用老挝劳务，同时培养、提高老挝劳务的专业水平，包括向其传授技术。在外资企业工作的外国劳务必须向老挝政府缴纳本人全部收入所得10%的个人所得税

续表

优惠政策	所得税减免期间，将获免征最低税；出口产品免征出口关税；获准把利润用于扩大本企业经营的，年终账户利润所得税将被免征等
审批	老挝投资鼓励和管理委员会是外资投资老挝的职能管理部门。“投资委”收到投资申请，在认为条件成熟后以书面形式答复外国投资者。具体时间是列入鼓励清单的项目 15 个工作日；列入有条件开放清单的项目 25 个工作日；列入牵涉特许经营权的项目 45 个工作日。外国投资者将获得投资许可证，并在投资许可证所在地“投资委”办理营业执照、税务登记证。外资企业自获得投资许可证 90 日之内，必须按投资许可证所规定的经济可行性报告的程序并遵守老挝的法规，开始实施本企业的投资经营

（三）特定行业、领域法律情况

老挝矿业资源丰富，有锡、铅、钾盐、铜、铁、金、石膏、煤、稀土等矿藏，迄今得到开采的有金、铜、煤、钾盐、煤等。此外，老挝水利资源丰富，水力发电是该国一个重点发展方向。

1. 能源资源领域法律情况

（1）《电力法》

电力规模及审批	装机容量高于 50,000 千瓦以上的，由政府提交国会审批；装机容量 2000 ~ 50,000 千瓦的，由政府审批；装机容量 100 ~ 2000 千瓦的，由省（市、特区）政府根据国家工贸部的同意进行审批；装机容量在 100 千瓦以下的，由省（市、特区）审批
电力业投资	政府鼓励投资电力业、加快水电投资。在老挝投资电力业可以政府独资、政府与国内或国外单位合资、国内集体或私人投资等多种企业形式进行。主要方式是：BOT（建设—经营—移交）；BOOT（建设—拥有—经营—移交）；BTF（建设、移交、财务关联）；政府自建后，由政府电力公司作代表；其他方式的投资
电力特许经营	有意就电力生产、输送、销售、进出口或电力开发进行电力企业经营的组织或个人，必须向老挝政府申请特许经营权，并按企业法的规定申请批准成立注册企业
	获得特许经营权的申请人必须具备的基本条件是：拥有资信和技术能力；拥有良好的经营业绩和信誉；项目具有社会经济效益；特许经营权必须符合国民经济社会发展规划并对环境无严重影响。一旦特许经营权申请人具备上述条件，政府将考虑给予批准特许经营权
	获得特许经营权人享有以下权利：依法受到保护、从特许经营权中获利、根据政府的同意，转让或继承电力企业。在电力企业经营期间租赁必要的土地，但该租赁地面上其他资源，在使用前必须征得政府批准
	特许经营权人的义务：开办企业要符合特许经营权的条件；保护环境；对老挝劳动者进行技术培训并在福利方面给予保证；在老挝中央银行存入保证金；依法完整纳税和履行其他义务；按企业会计法的规定开立账户

续表

电力特许经营	自获得特许经营权之日起,一般不超过30年(含建设期),特许经营权期满后,获得特许经营权人必须把整个企业完好无损的无偿移交给政府,特许经营权可以按政府的决定予以延期,但不得超过15年,延期必须在期满前5年提出。 电力生产必须符合几方面:使用先进设备;有环保设备;满足专门规范的标准和质量;执行电力生产中有必要的其他标准
电价划分类型	作为进出口商品的售价;为工农业生产服务的国内售价;偏远山区农村消费电价;消费于其他服务部门的电价。政府决定批准各个时期的各类电价

(2)《矿产法》

矿产资源的所有权	老挝领域内的所有地上、地下和水下的矿产资源归全体人民所有,由国家实行集中统一管理。国家制定政策,鼓励国内外的个人和单位对矿产资源进行有效的开发和管理。政府授权工贸部管理和开发全国的矿产资源
矿产资源的划分	矿产开采准许区、保护区、禁止区、有害区
矿产勘查和开采	1. 勘查:凡要求从事矿产勘查和开采的个人或单位,应申请矿产普查许可证。在获取充分资料后,可申请勘探许可证。 2. 勘探:须经政府批准。期限不超过3年,但经政府批准,可延长两次,每次不超过2年。 3. 投资形式:国家独资;国家与国内或国外企业合资;国内集体或私人投资。 4. 取得矿山开采权的条件:具有资金和技术能力;具有经营矿山的丰富经历和信誉;矿山开采具有效益,符合国家的经济社会发展计划,并对环境不造成严重影响。矿山开采权期限自批准之日起不超过30年,但经政府批准可延长两次,每次不超过10年

(3)《矿产投资标准条例》

许可证必备性	在老挝从事矿业活动,必须得到主管部门签发的相关许可证: 1. 矿业公司"投资许可证"(营业执照):根据投资项目的种类和投资额大小由省计划投资厅或国家计划和投资委员会(国家投资局受理)审批。 2. 普查许可证:由能源矿产部(地质局受理)审批,期限2年,可延期1年,最大面积2000平方公里。 3. 勘探许可证:由能源矿产部(地质局受理)审批,有效期3年,可延期2次,每次2年,最大面积100平方公里。 4. 采矿许可证:由能源矿产部(地质局受理)审批,期限30年,可延期2次,每次10年,最大许可面积10平方公里。 5. 矿产加工许可证:由能源矿产部(地质局受理)审批

续表

矿权的申请	1. 踏勘许可证：踏勘许可证是一个非正式的许可证，企业在申请踏勘时，需要递交有关企业的情况说明，政府视具体情况，由地质局或者矿产局颁发踏勘许可证，企业踏勘时由地质局或矿产局派员一同进行，待踏勘工作完成后，需与能源矿产部签署一个备忘录，踏勘费用全部由企业自主负担。 2. 探矿权：踏勘完成后申请探矿权时，企业需将申请书和备忘录一同提交地质局。地质局审核后将申请提交计划与投资委员会，计划与投资委员会征询各方同意后（30～60天），召集企业讨论制定并签署协议，由矿产局发探矿权。企业取得投资许可证和协议后进行普查和勘探工作。 3. 采矿权：探矿两年后，企业可以申请采矿权，若不申请，项目自动停止。申请采矿权时，企业需将开采方案、国家主管部门批准的勘探结果报告、可行性研究报告、环保标准报告提交地质局，地质局审核后提交计划与投资委员会，计划与投资委员会征询各方同意后（30～60天），召集企业讨论制定并签署协议，由矿产局发采矿权。在申请采矿权时，计划与投资委员会将与企业谈判，视情况确定政府占股股份，具体占股没有明文规定
矿业税费	1. 矿地租金：普查和勘探阶段每公顷0.5～1.0美元，采矿阶段包括筹备阶段（可行性研究和基建阶段）每公顷3～12美元。 2. 矿产权利金：是按矿产品销售额的2%～5%征收，或根据合同而定。 3. 利润所得税：外国投资者在享受免税期后须按纯利的20%纳税。 4. 关税：外国公司进口设备、配件和有关材料要交最高1%（进口值）的进口关税； 5. 手续费：颁发或更新普查许可证每次15美元；勘探许可证20美元；大规模采矿许可证100美元，中等规模采矿许可证80美元，小规模采矿许可证50美元；个体采矿许可证5美元
新矿业法对税收政策的最新调整	1. 干股：现行《矿业法》中没有明确规定政府所占干股股份，目前澳大利亚色奔金矿政府占股为10%。新《矿业法》规定政府所占干股不低于20%，具体比例根据矿种、储量等而定；项目干股持股方为老挝财政部，目前老挝计划成立国家矿业投资公司代财政部持股。 2. 利润所得税：新《矿业法》规定利润所得税征税比例将不低于30%，具体比例根据矿种而定。 3. 矿地租金：新《矿业法》规定，普查和勘探阶段为50美元/平方公里，采矿阶段为500美元/平方公里。 4. 矿产权利金：新《矿业法》规定，矿产权利金按销售收入的3%～7%征收

(4)《农业法》

鼓励农业生产	为了粮食、商品原料向国内和出口加工厂提供,政府鼓励、促进各民族和国内外经济实体广泛地投资于农业生产并逐步现代化
农业投资形式	家庭单位、群众合作、个人、政府独资、政府和国内外个人、国内个人单独投资。规模可为小型、中型、大型农业生产和经营
农业国际合作	从国外争取资金来促进种植业,包括吸引外国的投资进行农业事务
促进农业发展的内容	鼓励资金和基金;植物种和畜种;肥料和饲料;农药和兽药;农机具;水利;技术;农业方面的信息资料;研究中心和试验站;农民培训;仓库、磨房和冷藏室;农产品加工;种子银行;市场;价格;农民利益的保障
农业事务的管理机构	由国家农林部、省(市、特区)农林厅、县农林办公室、村人民政府组成

(5)《土地法》

土地所有权	老挝土地所有权归国家所有。由国家在全国范围内统一管理并赋予个人、家庭及组织;经济组织、武装部队、国家机关、社会及政治组织有效使用,并让外国人、外籍人和无国籍者租赁。个人或组织不能用土地作商品交易
土地管理	1. 土地出租:政府允许老挝公民出租土地,最高不超过 30 年。老挝公民之间对已开发的土地进行出租,最高不超过 20 年。 2. 农业用地管理:政府批准个人和家庭按分配计划、目标、长期、有效地使用农用地。从事种植和水产养殖的人,每户每个劳力不超过 1 公顷;从事果园的人,每户每个劳力不超过 2 公顷;利用秃岭土或草地种禾本科作物,畜牧的人,每户每个劳力不超过 15 公顷。县政府以出具土地证的形式审批授权给个人和组织使用,土地证有效期 3 年。 3. 林业用地管理:政府允许个人和家庭按计划、目标、长期、有效地使用秃岭或退化林地,每户每个劳力不超过 3 公顷。县政府以出具土地证的形式审批授给个人和组织使用,土地证有效期 3 年。 4. 建筑用地管理:政府允许个人和家庭按目标、长期、有效、正确地使用土地。数量每户每人不超过 800 平方米。各种建筑须获得城建规划机关的批准。 5. 交通用地管理:交通运输邮电建设部是交通用地管理部门。研究制定有关土地使用、开发、保护和管理规定,再报政府审批
土地登记	登记人或组织须通过村政府、县土地管理部门,向省土地管理办公室申请。土地证出具前,有关机关须在土地管理办公室、县政府、村政府张贴公告,自公告签发之日起 90 日内通过政府的大众媒体、报纸通告和国家广播电台公告。在期限内无异议,方可为获土地使用权的人出具的土地证

续表

土地使用人的权利	土地保障权;土地使用权;获得源于土地的收益;土地使用权的转让权;土地使用权的继承权
外籍人、无国籍人和外国人的土地租赁	在老挝依法投资和活动的外籍人、无国籍人和外国人,上述个人的组织,可以向政府租赁土地。外籍人、无国籍人、上述个人的组织如从老挝公司租赁已开发的土地,应报所在省政府批准,期限不超过30年;如从老挝公民处租赁已开发的土地,应由所在省报财政部审批,期限不超过20年。来老挝投资的外国人的期限,最高不超过75年,但可经国会批准续租。租赁土地面积超过5万公顷以上的,须经国会批准

2. 基础设施互通互联法律情况

老挝公路路网落后,无铁路运输,运输成本高,一定程度上约束了本国经济发展,急需引入外资和外国经验技术推进本国交通基础设施建设。老挝目前希望尽快启动中老铁路、昆明大通道老挝境内段(磨丁—万象高速公路)和13号公路磨丁至万象段等重大交通基础设施互联互通项目的建设,资金需求量巨大。老挝尚未颁布关于BOT、PPP、EPC的专门法律。

(四)外汇管制

1. 外汇法律制度

老挝外汇管制非常严格,2002年8月9日以01号主席令的形式颁布了《外汇和贵重物管理条例》,并于2013年进行了修订,其主要内容有:

(1)外汇使用

个人或法人无权直接收取、支付老挝境内用于结算商品、服务或债务清算的外汇。根据老挝中央银行的提议获政府批准的情况除外。拥有外汇的主体如需在老挝境内开支结算,必须向获得老挝中央银行批准的商业银行或外汇兑换点兑换成基普。

(2)外汇买卖

在老挝居住的个人、法人、政府组织和国际组织,按老挝中央银行的规定可以购买外汇,其目的是:结算国外进口商品费;结算与商品进出直接相关的服务费;按政府批准的合同结算贷款债务;根据政府的决定,提供对外援助;根据老挝法律,把外国投资者的利润、红利、成本、利息、其他服务费转回本国或第三国;根据政府的批准,把资金转到国外投资;服务于政府预算;按治病、留学等具体目标执行。

(3)账户开立和使用

在老挝有合法外汇收入的居民或非居民,可以在老挝商业银行开立外汇账户,并按商业银行规定获得外汇存款利息,以及按外汇买卖的有关规定使用外汇。

(4)汇率

老挝中央银行根据银行间每日外汇市场的平均外汇交易比率,和政府公布的汇率,为商业银行和外汇兑换点提供汇率依据。情况特殊时,老挝中央银行可自行确定汇率供商业银行和外汇兑换点执行。

(5)携带外汇

老挝居民或非居民可按老挝中央银行规定携带外汇和基普出入老挝国境。

(6)外国投资

来老挝投资的外国个人或法人,必须至少在老挝境内的商业银行开立两个账户:一个账户用于跟踪外汇资金引入情况,另一个用于开展获准经营活动。老挝中央银行负责验证实际资金到位情况,作为给上述投资者申请将成本、红利、利润、利息及其他外汇资金转出老挝境内的依据。获准在老挝投资的个人、法人,必须把每次引资原则和资金额向老挝中央银行报告。

(7)罚则

如果初次警告后仍然违反或首次违反但性质严重,违反者将被处以违反金额50%的罚款。罚款后仍不悔改并继续违反的,将被处100%的罚款,没收其所得,并吊销经营许可证。情节特别严重的,将被依法追究刑事责任。

2. 货币兑换政策

(1)经常项目下外汇兑换政策

第一,进口货物,采用信用证、SWIFT或票据进行支付时,需要进行外币兑换的,需提供以下材料:一是进口商购买外币的申请书;二是进口商出具的订单;三是海外出口商出具的形式发票;四是销售合同(当无法出具货物订单和形式发票时);五是营业执照和进出口许可证。

第二,对外支付运输、保险、仓储等服务费用时,需要进行外币兑换的,需提供以下申请材料:一是服务支付商购买外币的申请书;二是运输服务票据(支付运输服务);三是保险合同;四是仓单(支付仓储服务);五是营业执照和进出口许可证。

第三,外国自然人将收取的利息、薪水汇回或转移至其他第三方国家时,需要进行外币兑换的,需提供以下申请材料:一是外国投资者或外籍雇员购买外币的申请书;二是标注收入的就业合同;三是定期存款或证券持有证明。

(2)资本项目下外汇兑换政策

第一,需要进行外币兑换支付外国贷款本金和利息的,应提供以下申请材料:一是借款人购买外币的申请书;二是老挝中央银行颁发的外汇借款许可证;三是贷款合同和还款计划;四是老挝中央银行颁发的贷款准入证书和资本输入证明;五是投资执照和营业执照。

第二，外国投资者汇回投资利润和股息，需要进行外币兑换的，需提供以下申请材料：一是外国投资者购买外币的申请书；二是董事会或股东大会关于股息分配的协议；三是投资执照和营业执照。

第三，外国投资者资本调回或转移至第三方国家，需要进行外币兑换的，应提供以下申请材料：一是外国投资者购买外币的申请书；二是缩减业务规模，减低投资资本，但业务继续经营的证明；三是老挝中央银行颁发的资本输入证明；四是董事会、股东大会或者法院关于终止投资许可、终止销售合同或股份转让决议的证明。

第四，授权投资者对外进行投资，需要进行外币兑换的，需提供以下申请材料：一是授权投资者购买外币的申请书；二是老挝主管部门的投资许可证；三是被投资国家主管部门的投资许可证；四是老挝中央银行的资本输出授权书。

（3）其他

如果需要进行外汇兑换和结算但缺乏相关规定，商业银行可以出售外汇，但个人购买外汇需要按规定严格执行，完整、正确地填写相关申请书。老挝居民和非居民有权通过开立外币银行存款账户或持有外币现金的方式持有外汇。此外，在老挝使用外汇时，需要到商业银行或授权的外汇兑换所兑换成老挝基普进行使用。《对相关法案实施意见的指导说明》中明确规定了出于海外医疗、教育、旅游等目的，兑换外币的，个人在老挝外汇兑换所兑换的最大额度为2000美元，超过此额度的需要到老挝商业银行兑换，并按相关法案执行。

3. 货币结算政策

根据《对相关法案实施意见的指导说明》的规定，老挝境内的商品销售或服务款支付需要采用基普，与客户达成的外汇合约或承诺中，实际支付价款的外汇金额应根据支付日前一天的银行汇率确定（被授权采用外币支付业务的实体企业除外）。

根据老挝《外汇和贵金属管理法案补充说明》规定，外国货币主要用于对外付款，国内商品、服务、租金和费用支付，包括工资和薪金应全部以基普计价。对于免税商店，付款可以用外汇。其他情况下，使用外汇计价应得到老挝授权。在实际操作中，老挝旅游相关行业可以采用外国货币计价结算，结算的外国货币主要为美元、泰铢。

4. 经常项目项下外汇管理政策

根据老挝《外汇和贵金属管理法案补充说明》的规定，除非获得老挝中央银行的特殊批文，老挝自然人和法人从老挝出口商品、服务和其他收入中获取外币收入，在付款日120天内，应将收入全额汇回老挝。资金一旦进入老挝，应存放在老挝商业银行。在老挝使用账户内的现金，需要在商业银行或外汇兑换所兑换成老挝基普使用。

老挝的自然人和法人可以在其银行账户中持有外汇，不汇回老挝境内，但需用于以下用途：第一，经老挝中央银行批准，偿还外部贷款；第二，经老挝中央银行批准，偿还信用证的付款。剩下数量的外汇需按要求汇回老挝。

5. 资本项目项下外汇管理政策

(1)本国机构借用境外贷款相关外汇管理规定

第一,老挝对贷款金额、期限没有明确规定,但贷款用途需报批核准。根据老挝《外汇和贵金属管理法案补充说明》,老挝国有企业获得外国商业信贷,需老挝中央银行根据老挝财政部的同意文件进行核准。老挝的自然人和法人(包括老挝商业银行、老挝其他金融机构和老挝国有企业)对外借款,需向老挝中央银行申请,申请文件包括:外部借款申请书、贷款项目的简短可行性研究、该借款的使用计划,债务偿还计划、贷款合同草案或借款人和债权人之间借贷关系的证据、决定外部借款的会议决议、营业执照和税务执照(法人)和投资许可证复印件(外国投资者)。

第二,老挝资金汇出入政策相对宽松。根据老挝《外汇和贵金属管理法案补充说明》,外部贷款需由借款人在老挝的商业银行开立账户并使用资金。贷款人在老挝中央银行的允许下,可以从账户提取资金兑换成老挝基普在老挝境内使用。从国外获取商业贷款,偿还或支付需通过老挝银行系统进行。老挝商业银行将提供外汇兑换转账等服务。

第三,老挝的银行或政府不会为私人借款提供担保。借款人在完全偿还贷款前,应当按月向老挝中央银行报告贷款情况,包括支付、使用和偿还债务情况。

第四,根据老挝《外汇和贵金属管理法案补充说明》,老挝对外借款要求在获得授信阶段就应提交相关申请材料。法人和自然人希望从境外获取境外银行和外国服务机构授信的,应当向老挝中央银行提出申请,便于老挝中央银行进行外汇兑换管理。其他获取商业信贷的目的,需符合相关机构的监管条例。申请的材料如下:

获取境外贷款所需的申请文件	
1	申请境外机构授信的申请书
2	收入和还款计划
3	信贷合同草稿或者借贷双方意向的证明
4	营业执照和税务执照(法人提供)
5	投资许可证复印件(外国投资者)

允许获取外国商业信贷和外国服务信用的法人和自然人,从贷款发放到还款完毕前,应当向老挝中央银行报告收到银行贷款、进行还款的情况。根据《对相关法案实施意见的指导说明》购买外汇或将外汇收入汇回的,需提供纳税证明书,纳税证明书由老挝税务部门颁发,是收入税、股息税和其他税收依法完税的证明。

(2)境外投资者到其境内进行投资相关管理规定

第一,审批问题。根据老挝《外汇和贵金属管理法案补充说明》的规定,在老挝计划与投资部获得投资证书的外国投资者,需在老挝的商业银行开立账户,并按照投资许可证确定的投资币种、投资金额,将境外资金转移至在老挝商业银行开立的账户。

外国投资者应当每年向老挝中央银行申报入境的外汇和资本(包括经老挝中央银行批准的境外银行贷款),直至入境的资金与批准的投资金额匹配,老挝中央银行将出具资金引进证书,该证书是资本调回的重要材料。

资本输入现金须有海关检查点申报单和银行月结单。如果现金引进没有上述证明,老挝中央银行将不颁发资金引进证书。老挝中央银行负责定期检查资金引进的实际情况,并向外国投资者定期颁发资金引进证书。总部设在各省的外国投资者,需与老挝中央银行分支机构或老挝中央银行授权的商业银行分支机构建立业务联系,以颁发资金引进证书。

第二,投资收益问题。根据老挝《外汇和贵金属管理法案补充说明》,在老挝投资的个人或法人,要求将批准的利润、股息、资本和收取的利息,汇回国内或第三方国家,需向老挝商业银行提交下列文件:

收益汇回所需申请文件	
1	汇款申请书
2	资金存入商业银行账号的证明
3	老挝中央银行颁发资金引进证书
4	老挝央行批准的借款证明(转让贷款和贷款利息)
5	董事会或股东会议关于公司股利分配的决议

第三,投资终止和清算问题。根据老挝《外汇和贵金属管理法案补充说明》,若投资许可证过期,或企业部分经营活动已经终止,向境外转移资金需提供资金汇回国内或第三方国家的申请书、老挝中央银行颁发资金引进证书、老挝计划与投资部关于不延长投资许可证或公司全部或部分业务运营终止计划的协议或声明。

(五)税收制度

老挝《税法》于1995年10月14日颁布实施。根据此部税法,老挝税收由间接税和直接税组成,间接税有营业税、消费税,直接税有利润税、所得税、最低税及各种手续费。

1. 营业税

必须缴纳营业税的行业主要包括:从国外进口商品货物;首次出售从国外进口的

商品货物;为别人提供劳务以收取服务费为报酬的普通服务业。免征营业税的行业主要包括:种子、畜种和农药的进口;用于科研的原料、设备、化工的进口;树苗、植树造林、经济树木、果树;出口商品货物销售;海陆空国际出口;固定资产出租;出口服务业;有关教育业;自身从事自由职业的活动;银行和保险业。营业税率按等级划分,以甲类税率3%、乙类税率5%、丙类税率10%、丁类税率15%计征。

每次从国外进口商品货物,都必须向海关递交进口报关单以便纳税,商品离开海关前必须完税。首次销售从国外进口或国内生产和服务业的商品货物时,须在下个月的15日前向所在地税务机关申报经营收入情况,以便按单一包缴制交纳月度营业税。

2. 消费税

在老挝,必须缴纳消费税的商品货物包括汽油、酒、烟、香水和化妆品。免征消费税的商品货物包括地下天然气、石油、医务工作者专用的90度酒精、外交部特批的商品货物等。

3. 土地税

2007年10月,老挝政府出台《土地税征收办法》,将土地税征收额平均调高为2006年的三倍,其具体分类如下:

土地税征收调整	
贸易和服务业用地	在城区每平方米由10,000基普调至30,000基普(约3.7美元);农村每平方米由8000基普调至24,000基普(约3美元)
工业与手工业用地	城区每平方米由6000基普调至18,000基普(2.2美元);农村每平方米由4000基普调至15,000基普(约1.8美元)
房产业用地	每平方米由1000基普调至8000基普(约1美元)
闲置土地	每平方米由5000基普调至30,000基普(约3.7美元)
果树种植用地	每公顷9000基普调至30,000基普(约3.7美元)
工业树种植业用地	每公顷由13,000基普调至45,000基普(约5.5美元)
药材种植用地	每公顷由8000基普调至20,000基普(约2.4美元)
养殖业用地	每公顷由24,000基普调至45,000基普(约5.5美元)

4. 纳税人的权利

如纳税人认为自己交纳的税费不正确,有权自缴税之日起一年内,就有关计税问题向所辖地税务机关递交质询。如对答复不满意,当事人可向上级税务机关上诉。

五、法律风险评价

(一)营商环境有待改善

老挝整体营商环境一般,具体方面有待改善。世界银行 2015 年营商环境报告数据显示,老挝的营商环境在 189 个国家和地区中排名第 148 位。具体而言,老挝在财产登记、强制执行方面表现尚可,分别排名第 77 名、第 99 名,基本处于中游水平;但在公司注册、保护少数投资者、跨境贸易、破产处置等方面分别排名第 154 名、第 178 名、第 156 名、第 189 名。特别在纳税方面,老挝企业每年需要纳税 35 次,平均耗时 362 小时,总税率高达 25.8%,税务负担在世界银行 2015 年营商环境报告中排名第 129 名。

公司注册		纳税		财产登记	
程序个数	6	每年赋税次数	35	程序个数	5
时间(日)	92	平均耗时(小时)	362	时间(日)	98
成本(占单位收入的百分比)	5.7	总税率	25.8	成本(占财产价值的百分比)	1.1
最低注册资本	0				

数据来源:2015 年世界银行营商环境指南。

(二)合同执行成本一般,破产处置成本不明

作为发展中国家,老挝的合同执行成本尚可。根据 2015 年世界银行营商环境指南提供的数据,老挝的合同强制执行效率在 189 个国家和地区中排名第 99 位,处于世界中等水平。但老挝的破产处置成本缺乏有效信息,尚不清楚其破产处置效率的世界排名。

合同强制执行	老挝	美国	经合组织
时间(日)	443	420	539.5
成本(占标的额的百分比)	31.6	30.5	21.4
程序(个)	42	33.6	31.5
破产处置	老挝	英国	经合组织
时间(年)	0	1.0	1.7
成本(占资产价值的百分比)	不明	6.0	8.8
回收率(每美元美分数)	0	88.6	71.9

数据来源:2015 年世界银行营商环境指南。

(三)外资准入及跨境贸易法律限制较多

老挝近年来不断完善投资领域法律制度,出于对本国国家安全的考虑,老挝通过

严格限制外商准入的经营领域,对社会可能产生重大影响的关键领域和重点行业实行有效管控。上述重点行业和领域包括:燃油、电力、自来水、通讯、木材及其木制品、矿藏及矿产品、粮食、药品、化学品、酒和烟等。跨境贸易方面,老挝法律也存在较多限制性条件。根据2015年世界银行营商环境指南提供的数据,老挝的跨境贸易难易度排名在全世界189个国家和地区中排在第156位。

老挝跨境贸易	
出口所需文件数	10
出口时间(日)	23
出口成本(每集装箱/美元)	1950
进口所需文件数	10
进口时间(日)	26
进口成本(每集装箱/美元)	1910

数据来源:2015年世界银行营商环境指南。

(四)税务负担偏重

老挝是低收入国家,目前实行全国统一的税收制度,外国企业和个人可以享有国民待遇。为了吸引外资,发展本国经济,老挝对外国投资给予了税收方面的优惠政策,具体体现为地区优惠、利润税优惠、投资项目优惠等。尽管如此,相较于其他国家和地区,老挝的税负仍然偏重。根据2015年世界银行营商环境指南提供的数据,老挝在税收方面排名为第129名。

	老挝	东亚及太平洋地区	经合组织
纳税(次)	35	25.9	11.8
时间(小时)	362	204.3	175.4
应税总额(占利润百分比)	25.8	34.4	41.3

数据来源:2015年世界银行营商环境指南。

柬埔寨王国
Kingdom of Cambodia

——高棉王国的建设之路

柬埔寨王国基本情况

国家名称（中英文）	柬埔寨王国(Kingdom of Cambodia)		
人口(百万)	15. 58	人口增长率（年均%）	1. 6
领土面积（千平方公里）	181. 0	主要民族	高棉族
官方语言	高棉语、英语、法语	主要宗教信仰	佛教
政体	君主立宪制	主要政党	柬埔寨人民党
GDP（十亿美元）	18. 05	GDP 增长率（年均%）	7. 0
国民总收入（十亿美元）	16. 68	人均国民收入(美元)	1070
通货膨胀率（年均%）	1. 3	外国直接投资净流入（百万美元）	1701
外债(百万美元)	6811	总偿债额占出口贸易和收入的比率	1. 5

数据来源:2015 年世界发展指标数据库。

一、国情简介

柬埔寨王国(以下简称柬埔寨)位于中南半岛南部。东部和东南部同越南接壤,北部与老挝交界,西部和西北部与泰国毗邻,西南濒临暹罗湾。全国人口 1558 万,有 20 多个民族,高棉族是主体民族,占总人口的 80%,少数民族有占族、普农族、老族、泰族、斯丁族等。高棉语为通用语言,与英语、法语同为官方语言。佛教为国教,93% 以上的居民信奉佛教,占族信奉伊斯兰教,少数城市居民信奉天主教。华人、华侨约 70 万。近年来,柬埔寨政治环境和法律环境不断改善。

(一)政治概况

柬埔寨的国体是君主立宪制,实行立法、行政、司法三权分立。国王是终身制国家元首、武装力量最高统帅、国家统一和永存的象征,有权宣布大赦,在首相建议并征得国会主席同意后有权解散国会。国王因故不能理政或不在国内期间,由参议院主席代理国家元首职务。王位不能世袭,国王去世、退休或退位后,由首相、佛教两派僧王、参议院和国会正副主席共9人组成的王位委员会在7日内从安东、诺罗敦和西索瓦三支王族后裔中遴选产生新国王。国会是柬埔寨国家最高权力机构和立法机构,首届国会成立于1993年,国会议员每届任期5年。首届参议院成立于1999年,参议员每届任期6年。柬埔寨宪法规定,法案须经国会、参议院、宪法理事会逐级审议通过,最后呈国王签署生效。柬埔寨第四届政府于2008年9月成立,洪森为首相。设10个副首相,16个国务大臣,26个部和2个国务秘书处。柬埔寨的主要政党有:柬埔寨人民党、奉辛比克党、森朗西党。

(二)经济概况

柬埔寨是传统农业国,工业基础薄弱,贫困人口占总人口20%。柬埔寨政府实行对外开放的自由市场经济,推行经济私有化和贸易自由化,把发展经济、消除贫困作为首要任务。洪森政府实施以优化行政管理为核心,加快农业建设、基础设施建设、发展私营经济和增加就业、提高素质和加强人力资源开发的"四角战略",把农业、加工业、旅游业、基础设施建设及人才培训作为优先发展领域,推进行政、财经、军队和司法等改革,提高政府工作效率,改善投资环境,取得一定成效。

2015年柬埔寨GDP总值约180.5亿美元,GDP年均增长率为7.0%,通货膨胀率为1.3%,农业增加值占GDP比率为28%,工业增加值占GDP比率为29%,服务业及其他增加值占GDP比率为42%,出口服务和货物增加值占GDP比率为68%,进口服务和货物增加值占GDP比率为74%,资本形成总额占GDP比率为22%,收入占GDP比率为16.5%,开办企业平均耗时为87日,境内信贷占GDP比率为53.9%,年均税负占GDP比率为14.6%,外债68.11亿美元,外国直接投资净流入17.01亿美元,净官方发展援助7.99亿美元。

(三)外交政策

柬埔寨奉行独立、和平、永久中立和不结盟的外交政策,反对外国侵略和干涉,在和平共处五项原则基础上,同所有国家建立和发展友好关系。主张相互尊重国家主权,通过和平谈判解决与邻国的边界问题及国与国之间的争端。柬埔寨于1999年4月30日加入东盟。

1958年7月19日中柬两国正式建交。2006年4月,国务院总理温家宝对柬埔寨进行正式访问。双方发表了《中华人民共和国政府与柬埔寨王国政府联合公报》,宣布建立全面合作伙伴关系。2015年7月15日,中共中央总书记、国家主席习近平在北京会见了来华出席亚洲政党丝绸之路专题会议的柬埔寨人民党主席、政府首相洪森。洪森表示,柬埔寨全力支持并希望全面参与习主席提出的"一带一路"倡议。2016年7月15日,国务院总理李克强在乌兰巴托会见柬埔寨首相洪森。李克强表示,中方愿充分发挥两国高度的政治互信与经济互补优势，积极推进产能与投资合作，深化经贸、农产品深加工、水利、基础设施建设合作，加强文化、旅游、教育等领域合作。

二、法律概览

（一）法律体系

在法国殖民时期，柬埔寨引入了大陆法律体系，发展过程中也受到了越南法律系统的影响。20 世纪 90 年代联合国托管时期，柬埔寨新增了刑法、媒体法等法律，许多商事法律的制定也吸收了英美法系的特点。

柬埔寨颁布了《民法典》《民事诉讼法典》《刑事法典》《刑事诉讼法典》及其他法律，但是行政法规和行政程序法尚不健全。例如，起诉政府部门的不当行为或就某一决策或政府机关不作为启动司法审查仍十分困难。总的来说，柬埔寨的法律体系缺乏系统性，没有具体的法律分工，缺乏必要的部门法，关于经济、商业、贸易等方面的法律法规尤其欠缺。例如，柬埔寨至今尚无《公司法》；而商业活动中常适用的《合同法》是 1988 年金边政权时期制定，其相关规定已不能完全适应现代商业合作发展的需要。

（二）司法制度

1. 法院体系

柬埔寨的法院体系包括高等法院、上诉法院和基层法院。最高法院与上诉法院位于金边，分别受理来自上诉法院与一审法院的上诉案件。一审法院分布在部分省市地区，并对相应地域拥有管辖权。柬埔寨军事法院是位于金边的一个特别基层法院，但其司法管辖权覆盖柬埔寨全境。军事法院有权进行宣判并对军事违法上诉进行审理。军事法院的诉讼程序和基层法院的程序相同。

2. 司法协助

（1）外国法院判决的承认和执行

根据柬埔寨《民事诉讼法典》，若外国法院的判决同时满足下列条件，理论上可在柬埔寨得到承认和执行。

序号	需要满足的条件
1	根据法律或条约，该外国法院享有适当的管辖权
2	败诉方已收到传票或启动诉讼所需要的其他令状
3	败诉方在收到传票或该等令状的情况下进行应诉
4	诉讼的判决和裁判的内容不得违反柬埔寨公共秩序或社会道德
5	柬埔寨和外国法院所在国之间存在互惠保证

但在实践中，柬埔寨很少与外国签署司法互助协议，因此外国法院判决难以在柬埔寨得到承认和执行。截至目前，柬埔寨尚未与中国签订任何有关民商事司法互助的协定。

(2)外国仲裁裁决的承认和执行

柬埔寨是《承认及执行外国仲裁裁决公约》的参加国，且未就公约条款作任何保留。另外，柬埔寨制定了《商业仲裁法》和《民事诉讼法典》，均包含了执行外国仲裁裁决的条款。柬埔寨《商业仲裁法》在第45章明确规定，“一项仲裁裁决，不管其在哪个国家做出，均具有约束力，且经向管辖法院(上诉法院)书面申请，均可被执行”。

实践中，上诉法院在做出承认和执行裁定时不会实质审查外国仲裁裁决，但会基于“惯常理由”拒绝承认和执行。“惯常理由”是指《民事诉讼法典》[第353(3)和(4)章]下法院可据以拒绝执行一份外国仲裁裁决的一般理由，具体如下：

可能拒绝承认和执行外国仲裁裁决的惯常理由	
1	仲裁协议的一方破产
2	根据双方选择的管辖法律，或若无选择管辖法律则根据仲裁裁决做出国法律，仲裁协议无效
3	仲裁被诉方未接到任何仲裁员或/和有关仲裁程序的合理通知，或者不能在该仲裁程序中辩诉
4	该仲裁裁决处理的争议事项未列入提交仲裁的协议中；或该仲裁裁决包含的决定超出了所提交仲裁事项的范围
5	仲裁机构的组成或仲裁程序违反了各方订立的仲裁协议中的有关约定，或在没有仲裁协议的情况下，违反了仲裁发生地国家的法律
6	该仲裁裁决尚未对各方产生约束力，或已被做出该仲裁裁决的所在国的法庭或法律撤销或终止执行

另外，柬埔寨法院如果发现如下情形，也可拒绝执行该外国仲裁裁决：争议事项不能通过仲裁来解决；或承认与执行裁决将与公共政策相背离。“公共政策”未在《民事诉讼法典》中定义，但普遍认为法院对“公共政策”拥有自由裁量权，可自主决定哪些行为、举止或契约协议违反了公共政策。

(三)司法效率及其他事项

1. 司法效率

柬埔寨司法效率一般，一审法院解决一项商事纠纷平均需要483天，破产程序平均耗时为6年，远低于世界平均水平。

2. 国有化、征收和征用

根据《投资法》，柬埔寨政府向投资者保证，不会实施可能给投资者在柬埔寨的私人财产带来不利影响的国有化政策。

柬埔寨《宪法》允许就私人财产进行征用，但征用必须以符合法律规定的公共事业目的，并事先为被征用财产的一方提供适当公平补偿为前提。2009 年的《征用法》确立了征用的原则、机制和程序，以及公平公正的补偿要求，该法适用于涉及有形公共基础设施项目的征用。

在 1996 年柬埔寨和中国签订的双边投资协议中，任何一方签约国都不应强制征收、国有化或以其他类似方式针对对方在其国内的投资，除非满足以下条件：(1) 出于公共利益目的；(2) 属于本国法律程序一部分；(3) 无差别待遇；(4) 提供补偿。所提供的补偿必须等于征收时的投资价值，必须可换算和转移，且不应无正当理由延迟支付。

三、金融法律制度

(一) 银行准入与监管法律制度

总体来说，柬埔寨银行发展水平不高，但发展速度较快。柬埔寨目前共有 34 家商业银行、8 家专业银行、37 家小额贷款机构。其中，加华银行、外贸银行等五大商业银行集中了全国商业银行总资产的 60%。

得益于柬埔寨政府实行的宽松外汇政策，外国商业银行在该国取得了较快的发展，一定程度上带动了当地银行业的发展。目前，人民币在柬埔寨尚不能完全自由流通，中资企业不能使用人民币在该国开展跨境贸易和投资合作。

1. 外国银行在柬埔寨开展业务的条件和程序

外国银行要在柬埔寨开展经营活动必须满足一系列条件，包括取得柬埔寨中央银行颁发的牌照。在颁发牌照前，中央银行审查的主要内容包括：(1) 股东的资质及股东所提交财务状况的准确性；(2) 主要股东履行出资义务的能力 (若需要)；(3) 实现预期经营活动所需要的人力、技术和财务资源的充足性。同时，中央银行会考察柬埔寨是否和相关国家签订过适用于相关银行股东或国外总行的互惠协定。

《柬埔寨银行与金融法机构法》(以下简称《银行法》) 对受该法律管辖的三大类银行经营活动做出了规定，包括有偿对价的信贷业务 (租赁、担保及经签字确认的承诺)；向公众收集非专项存款；以及为客户提供支付方式并处理付款。

除《银行法》的相关规定外，《柬埔寨银行许可法》还规定了向中央银行申请银行牌照的程序和材料要求。首先，申请人必须向中央银行提交申请，对于外国银行 (包括外国银行分行或子公司)，其申请必须包含总行或母公司的信息。在收到该申请的 6 个月内，中央银行应将其决定以书面通知的形式下发。如批准申请，中央银行将签发一份原则性批文,列举为使该银行牌照生效而必须满足的额外条件。若申请人未能在规定期间内满足所有条件,前述原则性批文将失效。在申请人满足了所有条件的情况下,中央银行将向商业银行颁发牌照。除申请费外,银行还须按年支付其牌照使用费。

虽然《银行法》未明文规定,但按中央银行目前的实践操作,申请执照的要求并不适用于直接向柬埔寨国内借款人提供贷款的海外银行,但相关海外银行对柬埔寨的贷款必须以非"经常性或常规性"的方式进行。法律并未对"经常性或常规性"作进一步解释,故无法准确判断海外银行的贷款行为是否会被认为经常性或常规性的活动。实践中,若柬埔寨业务确实成为海外银行实际运营中的经常性业务,为商业经营之便利,相关海外银行一般会考虑在柬埔寨建立常驻机构,并进行登记、注册。

鉴于柬埔寨的政府部门在各个领域均拥有较大的行政裁量权,就无意在柬埔寨建立常驻机构的海外银行而言,如果担心自身经营活动会触犯柬埔寨法律,可向柬埔寨中央银行发函正式洽商。

2. 外国银行子行和分支机构的设立

《关于银行和金融机构设立条件的规章》规定了设立外国银行分行及代表处的一般程序(设立分行与设立代表处的程序基本相同)。其中,有关证照申请的步骤包括:(1)提供信息和指引;(2)签发原则性批文;(3)颁发正式营业牌照。向中央银行提交申请的信息包括:银行管理规章,资本金,相关决策层的身份信息(若是外国银行分行的负责人,则其任命须经过总行批准),三年商业计划,经审计的财务报告,由总行或母公司控制的以及特定情况下的资金来源的信息。在取得中央银行的原则性批复后,相关分行或子公司还必须完成其他工商登记,主要包括:(1)商务部(MOC)登记(须提交银行或公司章程及中央银行原则性批复);(2)税务登记;(3)相关劳动与职业发展部门登记。

同时,《银行法》要求中央银行考察具影响力的股东在相关银行中的参股情况,以避免股权高度集中或过度分散;但是若具影响力的股东为知名外国银行,则股权高度集中在此情形下是可接受的。2008 年中央银行颁布了《关于取得银行牌照新的资本金和标准之规章》,2016 年 3 月 23 日,中央银行又进一步颁布了《关于银行和其他金融机构最低资本金之规章》。根据最新的规章,商业银行的最低资本金与 2008 年的规章(3750 万)相比有大幅提高。截至 2018 年,商业银行(包括不具有投资评级的外国银行的分行或子公司)必须满足最低 7500 万美元资金本的要求;具有投资评级的外国银行分行或子公司必须满足最低 5000 万美元的准备金要求。

3. 商业贷款利率

按《民法典》第 585(1)条和与之相关的《民法典施行法》第 17 条,以及司法部于 2011 年 12 月 21 日制定的《最高利率条例》的规定,目前允许的最高利率为每年 18%。

按照民法典第585(3)条的规定,若约定利率超过允许的最高利率,其将被视为无效,前述最高利率将予以适用。

中央银行是银行和非银行金融机构的监管机关。中央银行有权决定银行业的利率以及下发决定、规则及其他指令,并采取必要措施以行使其于《中央银行法》第5条和第33条项下的权力。为行使此权力,中央银行于2009年9月9日颁发了《利率自由化条例》。根据该条例,银行和非银行金融机构有权自由确定本国货币和外币存贷款的利率,但必须就存款和贷款的平均适用利率向中央银行提交一份月度报告。

(二)担保法律制度

1. 担保法律体系

柬埔寨有关设立担保权利的现行法律主要包括2011年年底实施的《民法典》和2007年颁布实施的《担保交易法》。

《民法典》颁布前,由《土地法》规范在不动产之上设立的担保权利,而《担保交易法》主要规范在动产之上设立的担保权利。《民法典》颁布后,《土地法》相关规范废止,《担保交易法》继续有效。简言之,在不动产上设立担保权利的登记和执行程序与在动产之上设立担保权利不同。此处的动产特指在《担保交易法》规定下适用的担保品,包括无形资产、附着物、账款、已出售的担保销售合同,寄售物、租赁物和质押物的收益权等。

在实践中,依托于不动产设立的担保权利,其登记仍由签发该权证(主要为土地所有权证、占有权证和长期租赁权证等土地部门颁发的与不动产相关的权利凭证)的土地部门实施。依托于动产设立的担保权利可以选择其适用法律,即依《民法典》或《担保交易法》设立。由于《民法典》下动产上担保权利的设定主要通过占有担保物实现,并无可适用的登记程序,实践中担保权人倾向于根据《担保交易法》选择适用法律——《担保交易法》对担保物的规定与商业习惯接近且明确涵盖了登记和执行部分的内容。

2. 担保类型

依据《民法典》以及《担保交易法》的相关规定,柬埔寨法律认可的担保方式主要为以下几类:

担保方式	主要内容
留置权	若一人对另一人有请求权且持有该人所有物,则该人可留置该物直至请求权获得满足。然而,若该请求权未到期,留置权便不可创建
优先权	拥有优先权的债权人较其他债权人而言,对优先权项下的特定资产享有优先获得清偿的权利

续表

担保方式	主要内容
质押	质权人有权占有债务人或第三人为担保其债务而提供的物品，就该物品而言，质权人较其他债权人享有优先清偿的权利
不转移占有的抵押权	就债务人或第三人以不转移占有的方式提供的用以担保债务人债务的不动产，抵押权人享有优先于其他债权人受偿的权利。永久租约或用益权也可以用于创建不转移占有的抵押权，但相关方不能在动产上创设不转移占有的抵押权
以转移所有权的方式提供的担保权益	债务人或第三人将其持有的特定动产的所有权转移给债权人以担保某债务。在此情形下，若债务获得全部清偿，则该动产所有权应重新回转给该债务人或第三人
保证责任	保证人向债权人承诺，若债务人未能履行其义务，该保证人将与债务人一起履行其全部或者部分义务
担保措施	任何为特定义务的履行提供担保的安排或措施。担保品主要为动产，包括无形资产、附着物、账款、已出售的担保销售合同，寄售物、租赁物和质押物的收益权等

3. 可用于担保的财产及权利

《担保交易法》下规定的担保物包括现存的或将来产生的、位于柬埔寨境内或境外的各种有形和无形资产。担保物主要为动产、不动产、无形资产、附着物、账款、已出售的担保销售合同以及寄售物、租赁物和质押物的收益权。此外，可用于设定担保权利的不动产包括土地、建筑、长期租赁权证等。

柬埔寨法律法规没有对可设定担保权利的财产作出对内或对外区分，经登记的抵押权人或质押权人可以是外国主体。实践中，尽管外国主体可以被登记为抵押权人或质押权人，但如担保财产是只有柬埔寨主体才能持有的财产(如土地所有权)，一旦发生违约、进入执行程序，担保权利的执行须由柬埔寨法律下可持有该财产的第三方参与。

4. 担保的完善

抵押、质押以及保证是柬埔寨银行业中最常使用的担保方式。

由于保证不需履行注册或登记程序，《担保交易法》仅对抵押和质押的注册、登记程序进行具体规范。

(1)抵押

柬埔寨实施注册抵押制，抵押权人和抵押人须首先在柬埔寨合格律师和不动产所在地的分区(乡)级行政长官面前签署一份抵押合同。但在实践中，部分分区(乡)的行政长官并不要求合同当事方亲自在其面前签署相关抵押合同，抵押合同的签署仅须经律师见证即可。在此情形下，分区（乡）的行政长官在判断律师见证是否有效时，将依赖于柬埔寨合格律师在其见证抵押权时所签发的见证证书。

经柬埔寨合格律师和分区（乡）行政长官见证后，抵押合同还须在土地局登记。但是，若抵押标的为未经注册为共有建筑的财产中的一个单元，则还需额外获得相关区（县）级土地部门就此出具的证明（以证实该建筑上有多个共有人）。在土地局完成登记后，相关不动产的产权证背面将加注该不动产已抵押给抵押权人的字样。

以上为实践中的普遍做法，但从谨慎的角度出发，采用由公证人代替律师见证抵押合同的签署并进行公证的方式更为稳妥。

（2）质押

《担保交易法》规定，在其涵盖的质押物（除土地、定着物、待开采矿产、待伐树木之外）上设定的担保利益均可依其规定在商务部担保交易登记办公室进行登记。在担保交易登记办公室注册担保权益需要在 Acleda 银行（分行）支付登记费（一份担保权益通知书收费 10,000 里尔），付款后银行将提供一份有编号的收据，相关方凭该编号登记担保权益通知书。担保权益通知书的实际登记将在担保交易登记办公室网站上完成。

5. 担保的优先效力与顺位

（1）动产上的优先权

依据《民法典》以及《担保交易法》的相关规定，涉及动产的担保权益按以下规则判断优先顺位：

序号	动产优先效力规则
1	留置权人在获得清偿前可保持对留置物的占有，在大多数情况下，产生留置权的基础事实可同时赋予留置权人优先权
2	有优先权的债权人可就优先权项下标的先于其他债权人受偿
3	在优先权和质押权同时存在于同一个动产之上时，质押权人与《民法典》第 804 条规定的处于第一顺位的优先权人享有同等的优先受偿权

（2）不动产上的优先权

依据《民法典》以及《担保交易法》的相关规定，涉及不动产的担保权益按以下规则判断优先顺位：

序号	不动产优先效力规则
1	有优先权的债权人可就优先权项下标的先于其他债权人受偿
2	按照《民法典》第 811 条（不动产保存优先权对第三人之效力）和第 812 条（不动产工事优先权对第三人之效力）登记的优先权将优于不转移占有的抵押权

续表

序号	不动产优先效力规则
3	《民法典》并没有明确规定质押权和不转移占有的抵押权之间的优先顺位，但《民法典》第 839 条（有关不动产质押）规定《民法典》某些适用于抵押权的规定比照适用于不动产质押。据此，依据《民法典》第 851 条，同一不动产上为担保不同债务而创设的抵押权的优先顺位以其登记的先后顺序为准。因此，注册或创设担保权益的先后顺序很可能影响质押权与不转移占有的抵押权之间的优先顺位
4	在同一物上存在同种担保措施的情况下，一般以是否登记以及登记的先后顺序作为确定优先顺序的依据。 根据《民法典》第 833 条的规定，在决定多项质押权的优先顺位时，应以创设的先后顺位为准。该条同时适用于动产和权利/请求权（根据第 840(2) 条）。第 833 条采取的原则与《担保交易法》一致，《担保交易法》第 12(1) 条规定在同一抵押物上的担保权益的优先顺位以其登记或优先权创设的时间顺序为准，除非《担保交易法》另有规定。例外情形与第 13 条规定的注册负担权人和第 19 条规定的留置权相关

6. 担保的执行

（1）抵押的执行

《民法典》第 853 条规定，当债务人未履行债务时，抵押权人可申请法院强制出售抵押标的。《民事诉讼法典》要求一项担保权益的执行需要满足以下条件：

序号	需满足的条件
1	法院认定担保权益存在而做出的最终的、有约束力的判决书，或有相同效力的文件
2	一份公证员就认定担保权益存在而出具的公证证书

值得注意的是，根据《民事诉讼法典》第 417 条，就不动产提交执行申请时，若该不动产已登记注册，还须附上经核证的登记证书；若在债务人之外该登记证书上还记录有他人信息，则还须附上该不动产由债务人所有的证明文件。若该不动产尚未登记注册，则仅需提交证明该不动产由债务人所有的文件即可。如果申请成功，法院会根据《民事诉讼法典》第 419 条至第 453 条的规定出售该不动产。

（2）质押的执行

一般来说，根据《担保交易法》第 46(1) 条，担保协议各方可详细约定违约行为。一旦发生违约的情况，第 46(2) 条规定质押权人有权"占有和控制"质押标的。该"占有与控制"的具体形式取决于质押标的的种类。

若质押标的是有形财产，根据第 46(6) 条，质押权人有权要求法院裁决授权质押权人占有或控制质押标的；另外，第 48(1) 条规定，发生违约后若经债务人书面同意，质押权人可不经司法程序直接占有或控制质押标的。

若质押标的是无形财产，根据第46(2)条，质押权人可直接执行该质押标的，无须经过任何司法程序。就收款权构成的无形资产来说，第47(2)条允许质押权人在通知付款方后控制该等款项。第47(5)条也确认质押权人可不经司法程序直接通知付款方。

当债务人违约时，质押权人为实现全部或部分债权，需要出售质押标的物，或在收到债务人同意后，留置该质押标的物。《担保交易法》第49条详细规定了质押权人处置质押标的物的程序，并允许质押权人不经司法程序直接处置质押标的物。但在实践中，法院有可能还是会根据《民事诉讼法典》，依质押权人申请处置质押标的物。

7. 外国主体的担保限制性或禁止性规定

就不动产抵押而言，柬埔寨现行法律并未禁止外国主体登记为不动产的抵押权人，在实践中登记在外国主体名下的不动产也广泛存在。但由于柬埔寨法律不允许土地为外国人所有，在某些情况下，一些地方土地部门的官员会以此为由拒绝将外国主体登记为相关权证上的担保权利人。因此，实践中，机构性外国主体一般会授权柬埔寨当地机构(代理人)代理担保权益登记和执行等事宜。

针对依《担保交易法》设立的动产质押，外国主体是否受限，要根据担保品的种类进行个案分析，如担保品涉及第三方权利或政府许可，为确保担保权益的有效性，在质押登记前应先获得相关必要许可。

8. 主权担保的批准

在柬埔寨，根据2007年《特许权法》开展的基础设施项目可以获得主权担保(即政府担保付款)。《特许权法》第16条规定："特许权人应自负风险和费用，在对政府签约方信用或担保无追诉权的前提下，为基础设施项目进行融资。在特殊的情况下，仅可依据相关金融监管法律法规规定的程序才可作出一项保证。"此处，"政府签约方"或指有能力根据《特许权法》签订特许经营权合同的机构。基于先例，除政府提供的担保函外，柬埔寨方面还会出具两份额外文件以证明政府的承诺。第一份文件是由内阁会议授权财经部部长签署政府担保的全权证书，第二份文件是由国王以敕令形式颁布的，经国会通过的批准向特定企业提供政府担保的法律性文件。这两份文件从侧面表明出具政府保函的程序基本与颁布一项法律的程序相同。

虽然《特许权法》规定的涉及基础设施的公共项目范围较广，但从实践来看符合政府担保要求的项目仍是十分有限的，目前，财经部仅在一些BOT模式的电力项目中，就电力购买合同(PPA)向业主出具过保函。

(三)合同的法律适用

除个别行业外(如特殊许可协议下的基础设施项目)，柬埔寨法律并未明确要求合同适用的准据法必须选择柬埔寨法律，但是，如果在柬埔寨法院提起诉讼，普遍认为柬埔寨法官可能不愿意或没有能力适用外国法律。在此情形下，柬埔寨法官可能仍会适用柬埔寨法律。

特殊许可协议必须适用柬埔寨法律;但协议方可就涉及特殊许可协议执行事项的合约选择适用法律。此外,如在某一领域的具体问题上柬埔寨法律未做规定,协议方也可选择适用其他法律。法律规定特殊许可期间不超过30年,除非柬埔寨政府在满足一定条件的情况下批准延期。

(四)主权豁免

柬埔寨法律并未对政府部门或国有企业的豁免权问题做出规定。实践中,合同各方可在相关协议中有针对性地起草无豁免权条款(包括与放弃豁免有关的条款),用以约束政府部门或国有企业的豁免权。

四、投资法律制度

柬埔寨没有专门的外商投资法,主要外商投资政策体现在《投资法》及其修正法中,基本能够给予内外资平等待遇。另外,柬埔寨鼓励外商投资高科技、旅游、农业、加工业、基础设施及能源等行业,投资优惠包括免征全部或部分赋税。

(一)企业法律制度

柬埔寨于2005年6月19日制定的《商事企业法》规定了柬埔寨的商业组织类型,包括合伙、个人企业、公司、分公司和代表处。根据该法第273条,外资以任何形式在柬埔寨营业须符合2008年4月17日制定的《商业规则和注册法》的注册要求。

在实践中,公司、分公司和代表处较为常见,因此以下主要对这三种形式的商事主体进行介绍。

1. 公司

(1)有限责任公司——在商务部注册

一般情况下,外国投资者可拥有柬埔寨公司100%的股权,除非该公司从事的经营活动较为特殊,如持有土地、进行建筑设计或从事出版、传媒等业务。柬埔寨公司法规定,一家柬埔寨公司的最低股本要求为4,000,000里尔(约合1000美元),一家柬埔寨公司须至少有一名董事,该董事可为柬埔寨国民或外国人,且没有法规要求该董事须居住在柬埔寨。有限责任公司又分私人有限责任公司和公共有限责任公司,两类公司的股东人数不同,董事会等组织机构和披露义务也不同。例如,在柬埔寨证券交易所上市的公司、银行和保险等机构均必须是公共有限责任公司。

(2)投资公司——在商务部、发展委员会注册

柬埔寨《投资法》规定某些大型投资项目有权向柬埔寨发展理事会申请认定为合格投资项目(以下简称"QIP")从而享受以税收优惠为主的诸多投资鼓励优惠。基于项目性质的不同,各投资实体将面对不同的资本限额和更为严格的治理要求,且须定

期取得发改委出具的合规证书。

2. 分公司

柬埔寨的分公司可在当地法律法规限制的范围内买卖商品、服务，以及从事制造、加工、工程建设及其母公司开展的其他活动。分公司须承担特定的当地纳税义务（如营业税、工资税等），且不具备持有 QIP 的资格。分公司及其母公司须为分公司之债务承担连带责任。

3. 代表处

在柬埔寨，代表处可开展以下活动：向客户介绍其母公司、商业信息调研及为母公司提供信息；市场调研；在贸易展览会上推销商品并在其办公室或贸易展览会上展出商品；为贸易展览会购买和维持一定数量的商品；租赁办公室及聘请本地员工；代表其母公司与本地客户签订合同。

根据柬埔寨法律规定，代表处不允许从事日常买卖商品、提供服务或从事制造、加工或工程建设等经营活动。因此，代表处是非纳税法律实体，且法律禁止其从事任何应税活动。但是，代表处仍负有支付预提所得税、员工工资税和营业税等税项的义务。

（二）特定行业、领域法律情况

1. 能源资源法律情况

（1）石油和天然气

柬埔寨通过签署石油协议（或产品分成合同）许可公司开展石油勘探。国家石油局负责招投标，并就石油协议的授予事项向政府提供建议。在 1998 年及 1999 年修订的《石油条例》的基础上，柬埔寨规定了开采投标邀请书的条款和评估、谈判及后续投标批准的标准。一般情况下，授予的开采期限为 4 年，之后可延期两次，每次两年。如果公司的勘探表明资源能够进行商业开发，公司应申请生产许可，包含拟议开发的详细工作计划和预算。公司在取得生产许可之前，不得进一步开发经营。根据《石油条例》，石油资源的生产期限为 30 年，若仍可进行商业开发，可再延期 5 年。

（2）矿产

根据柬埔寨《矿产资源管理与开发法》，与商业相关的矿藏勘探和开采，可以按以下六类权证授权给个人或公司：技工采矿证、井矿与坑矿许可证、宝石开采许可证、矿石切削许可证、勘探许可证及工矿许可证。矿产和能源部门负责前述权证的受理与颁发。权证持有人必须支付相应费用，包括登记、更新、转让和土地租赁费用等。

探矿权的有效期为两年，可延期。若在只有探矿权的基础上进行开采，在柬埔寨会触犯刑法构成犯罪。申请工矿许可证必须经 CDC 批准。申请人必须提交技术、财务、环境、社会和经济分析报告，以确保社会和经济效益的可行性。根据《矿业法》，相关权证的申请表、报告、计划和通知均为保密信息,必须到权证终止或得到权证持有人批准才可向公众披露。

柬埔寨的矿权是否可以作为担保物而设定担保权利,应事先取得矿产和能源部门的书面批准或无异议函。柬埔寨仍是一个在许多法律领域上尚需依赖主管机关行政裁量权的国家,因此不同部门时期的有关实践经验是否仍可行尚待检验。尽管如此,先前的政府行为应不会因部门改变而无效。

(3)电力

《电力法》是柬埔寨管理电力部门和电力供应的基本法律,该法最近一次修订是在2015年,该次修订调整了有关矿产能源部的规定。矿产能源部和柬埔寨电力委员会是分管电力部门的主要机构。矿产能源部是政府职能部门,负责制定关于能源开发、战略布局和能源标准等方针政策,其制定的方针、政策也是柬埔寨电力委员会在《电力法》下管理电力部门须参照的政策和标准。柬埔寨电力委员会是经2001年《电力法》颁布而建立的自治机构,负责管理和监督柬埔寨全境的电力服务,颁发许可证,制定执行标准,确定对电力供应商和消费者均公平的税费,并在必要时,有权对电力供应商或消费者的行为实施惩罚或直接提起诉讼。

柬埔寨电力委员会是电力服务商的许可机构,非经许可任何人或机构不得在柬埔寨境内提供电力服务。被许可机构可按许可证条款提供服务,许可证的附加文件包括两方面的内容:一方面,电力委员会许可提供电力服务的决定;另一方面是许可证条款。

柬埔寨电力委员会可能颁发的牌照类型有发电许可、输电许可、配电许可、综合许可(可进行发电、输电、配电以及其他几项或全部服务)、派送许可、大宗交易许可、零售许可及分包许可。以上许可证可颁发给自然人或企业,并会在附加文件中确定电力服务提供的范围(一般配有地图)。至于其他许可,实践中,柬埔寨电力委员会可颁发不确定期限的许可证,但其有权根据法律和许可证条款等吊销相关许可证。一些大型的电站和电网建设项目因涉及公共利益,会根据《特殊许可法》和柬埔寨政府部门签订一系列协议(参见基础设施部分论述),因此,这些项目的许可和实施(包括许可证)也受相关协议条款的约束。

2. 其他领域的法律情况

(1)基础设施互联互通

柬埔寨2007年颁布的《特许权法》包含了柬埔寨基础设施开发的相关法律法规。《特许权法》的立法目的是推进私营部门投资项目的开展,并同时保证公共利益,以及社会和经济效益的实现。其中规定的特殊许可包括但不限于以下领域的基础设施项目:发电和输电;交通运输系统(道路、桥梁、机场、铁路等);供水和净水;电信和信息技术;某些旅游项目;石油和天然气相关设施;排污、下水道和污水处理;垃圾回收和处理;医疗、健康、教育和体育;专属经济区和专属住房相关及农业和灌溉。

(2)土地资源

根据柬埔寨《土地法》及2005年12月27日制定的《经济土地特许权法令》,可获得特许权的,与开展农业与工农业开发有关的经济土地涉地面积一般不能超过10,000公顷,此种特许的土地功能包括种植粮食作物或工业原料作物(包括树木种植),饲养动物及水产养殖,建设厂房或工厂及加工国内农产品原材料的设施。

3.其他法律规定

(1)劳工

柬埔寨《劳工法》非常强势,有丰富的案例资源。在20世纪90年代初以交换欧美纺织品出口份额和关税待遇为前提,柬埔寨通过立法形式建立了准司法机构,集体劳资纠纷仲裁组织,以确保国际劳工标准的实施。该组织通过接受国际捐助以保持其独立性,所有仲裁决定均以英文和柬文形式作出并公开发布15个工作日(实际为22到23天)且完全免费。在柬埔寨国内工商界和工会双方都享有很高声誉。实践表明,柬埔寨国内的法庭基本不会对集体劳资仲裁做出的决定进行改判。

柬埔寨的劳动密集型产业和服务业面临的问题除了工资的提高,订单的转移,还有非法罢工的问题,即未通过合法形式,不进入集体劳资纠纷解决机制,工人擅自进行的罢工无法得到法律约束和惩罚的问题。柬埔寨先前对建立工会无限制,全国有3000多个工会组织,有重大影响力的有五大公会。

(2)环境保护

柬埔寨环境部是负责环境保护的主管机关,其职责包括对所有地点及所有交通方式进行检查和环境影响评估。1999年柬埔寨颁布了关于环境影响评估程序的规定。一般而言,QIP,能源开发,矿产勘探、开采和基础设施建设项目均须取得环境评估报告。环境部还可能要求投资者和环境部签订合同,承诺并保证遵守《环境保护法》,保护环境并对投资者造成的环境损害进行补救等。据悉,关于环境评估的有关法条已立项进行修订,并将随新的环保法在未来的一到两年内颁布。

(3)并购和反垄断

柬埔寨目前的法律环境对开展并购业务较为自由。在柬埔寨,并无专门的法律法规对收购或兼并柬埔寨公司进行规定。一般而言,外国投资者收购柬埔寨公司的股份并无特别的法律限制,除非该公司的某些业务(如拥有土地所有权)只允许柬埔寨公司进行。

目前,也无系统性的反不正当竞争或反垄断法。相应地,柬埔寨也不存在专门分管这一领域经济活动的机构或部门。在2003年,柬埔寨颁布了关于标识,商号和不正当竞争行为法律,该法律对登记标识、商号进行了规定,以此防止不正当竞争。据悉,目前反垄断法是商务部计划起草的法律之一。

(三)外汇管制

柬埔寨法律并未对项目资金注入或汇出本息施加限制,根据《投资法》第 11 条,以及中央银行向公众发布及发行的相关政策,柬埔寨王国政府允许投资者通过银行购买外币,并允许投资者将这些外币汇出用以清偿其投资有关的债务,包括偿还国际贷款的本金和利息。此外,根据 1997 年 8 月 22 日的《外汇法》,不对外汇操作施加限制,包括外汇的买卖、转让,柬埔寨与其他国家之间或柬埔寨居民与非柬埔寨居民之间外币或本币的各种形式的国际结算以及资本流动。然而,上述所有操作必须经由经过授权的中间商进行,这些中间商就是在柬埔寨永久设立的各个银行。

目前,对于本币与外币在当地进行交换并无限制。根据《外汇法》第 7 条,居民可自由持有外币,不管以何种形式或在何处持有。然而,若发生外币危机,柬埔寨中央银行可能发布一份最长有效期为 3 个月的条例,暂停居民持有外币的权利。此外,若延长该条例的有效期,柬埔寨中央银行和经济财政部需要就此向王国政府首脑申请批准。中央银行并未就"外汇危机"一词做出定义。此外,对于在境外(如中国境内)开立账户,柬埔寨法律一般来说不禁止一个法律实体在境外开立账户,除非该账户被用于洗钱、资助恐怖主义或逃税。

(四)税收制度

柬埔寨的税收制度主要由 1997 年颁布的《税法》规定,其他的主要法律法规还包括 2003 年颁布的利润税的规定和 2003 年修订的税法的规定。大部分的机构,包括金融机构,在柬埔寨都是有税收登记的纳税主体,纳税主体必须向税务部门按月和按年进行报税。主要的税种包括:年度利润税或最低税、年度经营许可税、月度预缴利润税、月度薪俸税和附加福利税、月度附加税及月度预留税。

对于海外机构在柬埔寨的贷款而言,还款人偿还利息和各种银行费用,如牵头行费用,承销费或管理费等,会产生 14% 的预留税。简言之,预留税是在柬埔寨纳税主体取得一项服务时所支付的对价之上产生的税费,由于服务提供者可以是无税收登记的自然人或海外机构,因此该税费均由在柬埔寨登记并因支付对价而产生了现金流动的纳税主体(即还款人)予以预留并代缴。实践中,如还款人为自然人,则意味着该还款人在柬埔寨没有税收登记,可能产生的效果是,在该自然人还款时未进行相关税费的预留及缴纳,但是该情形并不意味着该笔税费不用缴纳,而是因自然人无税收登记而无可审计。

五、法律风险评价

(一)营商环境有待改善

柬埔寨的营商环境整体不佳,且在具体领域存在较大的改进空间。根据世界银行

2015年营商环境报告的数据,柬埔寨的营商环境在189个国家和地区中排名第135位;但是柬埔寨在信贷方面表现出色,其效率全球排名第12位。另外,柬埔寨在少数投资人权益保护、纳税及破产处置方面表现尚可,根据世界银行2015年营商环境报告数据显示,排名分别为第92名、第90名、第84名;而在公司注册、工程建设、合同执行方面等方面表现较差,排名几近触底,分别为第184名、第183名、第178名。公司注册平均需要经过11道程序,耗时长达101天,成本约为单位收入的139.5%,最低注册资本占单位收入的26.1%。

公司注册		工程建设		财产登记	
程序个数	11	程序个数	20	程序个数	7
时间(日)	101	时间(日)	652	时间(日)	56
成本(占单位收入的百分比)	139.5	成本(占项目投入的百分比)	6.7	成本(占财产价值的百分比)	4.4
最低注册资本(占单位收入的百分比)	26.1				

数据来源:2015年世界银行营商环境指南。

(二)合同执行效率较低,破产处置成本较低

根据2015年世界银行营商环境数据显示,柬埔寨的合同强制执行效率在世界189个国家中排名第178位,处于世界较低水平。相反柬埔寨的破产处置成本则相对较低,全球排名第84位,平均投资回收率为8.2%。

合同强制执行	柬埔寨	东亚及太平洋地区	经合组织
时间(日)	483	553.8	539.5
成本(占标的额的百分比)	103.4	48.6	21.4
程序(个)	44	37.2	31.5
破产处置	柬埔寨	东亚及太平洋地区	经合组织
时间(年)	6	2.3	1.7
成本(占资产价值的百分比)	28	13.3	8.8
回收率(每美元美分数)	8.2	37.7	71.9

数据来源:2015年世界银行营商环境指南。

(三)跨境贸易法律限制较多

柬埔寨对跨境贸易设置了较多限制。例如,其法律规定进出口贸易所需程序较为

复杂,材料比较烦琐,大大增加了交易方的时间成本和资金成本。且由于缺乏完善的法律救济体系,在跨境贸易中,交易方获得的保护有限。根据2015年世界银行营商环境指南提供的数据,柬埔寨的跨境贸易难易度在全世界189个国家和地区中仅排在第97位,处于世界中等水平。

柬埔寨跨境贸易	
出口所需文件数	8
出口时间(日)	22
出口成本(每集装箱/美元)	795
进口所需文件数	9
进口时间(日)	24
进口成本(每集装箱/美元)	930

数据来源:2015年世界银行营商环境指南。

泰 王 国

Kingdom of Thailand

——生机勃勃的“白象之国”

泰王国基本情况

国家名称（中英文）	泰王国（Kingdom of Thailand）		
人口（百万）	67.96	人口增长率（年均%）	0.3
领土面积（千平方公里）	513.1	主要民族	泰族、老挝族
官方语言	泰语	主要宗教信仰	佛教、伊斯兰教
政体	君主立宪制	主要政党	为泰党、民主党
GDP（十亿美元）	395.28	GDP 增长率（年均%）	2.8
国民总收入（十亿美元）	381.64	人均国民收入（美元）	5620
通货膨胀率（年均%）	0.3	外国直接投资净流入（百万美元）	8003
外债（百万美元）	135,799	总偿债额占出口贸易和收入的比率	5.2

数据来源：2015 年世界发展指标数据库。

一、国情简介

泰王国（以下简称泰国）位于中南半岛中部，西部与北部和缅甸、安达曼海接壤，东北部与东南部分别和老挝、柬埔寨接壤，南部狭长的半岛与马来西亚相连。泰国共有 30 多个民族，人口数量达到 6796 万，其中泰族为主要民族，占人口总数的 40%，其余为老挝族、华人、马来族、高棉族，以及苗、瑶、桂、汶、克伦、掸、塞芒、沙盖等山地民族。泰国是个宗教大国，有 94% 的民众信仰佛教，国内的马来族信奉伊斯兰教，还有少数民众信仰基督教、天主教、印度教和锡克教。从政治、经济、外交等因素综合来看，泰国政治局势稳定性不足，反政府示威活动、军事政变时有发生，但是当地经济市场受到的冲击较小。

（一）政治概况

泰国是君主立宪制国家。国会是泰国的最高立法机构，实行上、下两院制。上议院议员 150 人，其中 76 人直选产生，任期六年，74 人遴选产生，首届任期三年，此后任期六年。下议院议员 500 人,任期四年。泰国政党数量较多,共有 49 个政党在选举委员会登记注册,其中主要政党有:为泰党、民主党、自豪泰党、泰国发展党、为国发展党、春府力量党、爱泰党、祖国党、大众党和新民主党。

(二)经济概况

泰国是一个新兴经济体,经济总量位居东南亚第二,仅次于印尼。泰国实行自由经济政策,属外向型经济,依赖美国、日本、中国等外部市场。泰国也是传统农业国,是世界天然橡胶的最大出口国。20 世纪 80 年代,该国的电子工业等制造业发展迅速,产业结构变化明显,经济持续高速增长,人民生活水平相应提高,工人最低工资和公务员薪金多次上调,居民教育、卫生、社会福利状况不断改善。但由于经常受到诸如洪灾等自然环境的影响,泰国的 GDP 增长也常出现较大波动。

2011 年,泰国遭遇罕见特大洪灾,经济增长率仅有 0.1%。2012 年,英拉政府大力推动农田水利建设,兴修基建工程,经济增长率达到 6.5%。2013 年和 2014 年,泰国政坛再现激烈内斗,导致国家发展受损,交通、旅游、基建和服务业出现下滑,吸引外资下降,对外出口减少。2013 年、2014 年和 2015 年实际经济增长率分别为 2.9%、0.7% 和 3.6%。

(三)外交政策

泰国奉行独立自主的外交政策,重视周边外交,积极发展睦邻友好关系。泰国以东盟为依托,在保持与美国传统盟友关系的同时,注重发展同中国、日本和印度的关系,维持大国平衡。泰国重视区域合作,积极推进东盟一体化和中国—东盟自贸区建设,支持东盟与中日韩合作,同时十分重视经济外交,推动贸易自由化,积极参与大湄公河次区域经济合作,发起并推动亚洲合作对话机制,积极参加亚太经济合作组织、亚欧会议、世界贸易组织、东盟地区论坛和博鳌亚洲论坛等国际活动,并且积极发展与伊斯兰国家的关系。同时,泰国也在国际维和、气候变化、粮食安全、能源安全及禁毒合作等地区和国际事务中发挥着积极作用。

自 1975 年 7 月 1 日中国和泰国建交后,两国各领域友好合作关系发展全面、顺利。2012 年 4 月,两国建立全面战略合作伙伴关系。近年来,两国高层保持密切交往。此外,两国在文化、教育、科技、司法、军事等各领域也都保持良好的交流与合作,先后签订的主要协定有《促进和保护投资协定》《贸易经济和技术合作谅解备忘录》《双边货币互换协议》《服务贸易协议》《投资协议》《科技合作协定》《旅游合作协定》《民商事司法互助和仲裁协定》等。

二、法律概览

泰国有比较健全的法律体系,属于大陆法系范畴,是成文法国家。在泰国,由泰国国会建议和批准并由国王颁布的法律规范，处于最高法律地位。

(一)法律体系

泰国法律主要分为主体法和程序法，其中，成文法属于主体法，包括宪法、法案、条例、紧急法令、法令、部级法规和社团公告等类型。泰国采用民商合一的法律模式，这一方面是为了便于执行，另一方面也是由于起草该法的时候泰国的商业活动还不太成熟，缺乏与之对应的具体法律规范。如今随着对外贸易的蓬勃发展，一些专门商事法律也被制定出来，为各行业设立了相应的法律规范，如《保险法》等。但截至目前，泰国尚没有一部专门的《对外贸易法》，也未形成一套系统、完整的对外贸易法律体系。就广义的对外贸易而言，与其有关的法律法规则散布于泰国的刑事法律、民事法律、金融法律与运输法律等法律条文中。

(二)司法制度

1. 诉讼制度

根据泰国佛历2477年(公历2003年)《宪法修正案》，法院分为三个级别：初级法院、上诉法院和最高法院(大理院)。法官在法律框架内享有较高自由裁量权。

法院级别	简　介
初级法院	除了特别法院的案件，初级法院的民事及刑事案件，最少要有两位法官组成的法官审判团参与审理。地方法院可由一位法官审理案件
上诉法院	在审理初级法院上诉的案件时，审判团至少需要由两位法官组成
最高法院(大理院)	有审理上诉法院上诉的案件的终审权。最少必须由两位法官组成的法官审判团审理全部案件。宪法明文规定，大理院院长是司法机构中的最高领导者，他有权制定有关立法的规章制度，以指导和协调地方行政官员与法院之间的关系，便于法官在审理案件时能顺利开展审判活动。此外，大理院院长有权在终审判决书上签字

2. 司法协助

泰国于1959年12月21日加入《承认及执行外国仲裁裁决公约》，但根据泰国相关法律，对仲裁裁决的承认范围有限。目前，泰国《仲裁法》将“国外仲裁”定义为全部或大部分的仲裁程序是在泰国境外进行且仲裁一方当事人不是泰国籍。只有符合泰国参加签订的条约、协约或国际协议，并在泰国所承诺的限度之内，泰国才对该国外裁决给予承认。

泰国没有出台有关域外判决执行的相关法律，一般不会轻易执行外国法院的判决，债权人必须向有管辖权的法院提起诉讼以达到满意的判决执行效果。国外的裁判文书虽然不足以构成本国法院强制执行债务人财产的依据，但可以被认为是案件在国外得到过判决的证明。这就意味着国外债权人必须在泰国对泰国的债务人提起诉讼并提交国外法院的判决作为证明。在这种情况下,国外判决在泰国得到承认和执行与否,就取决于最高法庭的先例和泰国现行《民事诉讼法》的一般法律原则。

中国与泰国签订了《民商事司法协助和仲裁合作协定》。

(三)司法效率

泰国的司法效率尚可,审理期限适中,根据2015年世界银行营商环境指南,一审法院解决一项商事争议平均需要440天。

三、金融法律制度

泰国的金融法律体系主要包括《中央银行法》(1942年)、《商业银行法》(1962年)、《财务公司、证券公司与信贷证券公司法》(1979年)、《政府储蓄银行法》(1946年)、《农业与农业合作银行法》(1966年)、《政府住宅银行法》(1953年)、《进出口银行法》(1993年)、《中小企业发展银行法》(2002年)、《小型工业信用担保公司法》(1991年)、《外汇管制条例》(1942年)、《证券法》(1992年)等。

(一)银行准入与监管法律制度

1. 外国银行设立分支机构和开展业务的要求与限制

外国银行在泰国设立分支机构和开展相关业务需要在当地进行注册或登记,并需要向泰国中央银行申请许可,中央银行有权监管在泰国的所有金融机构。

泰国法律对外资银行设置分支机构数量、开展融资业务等方面限制较多。例如,仅允许外资银行在泰国当地设立四家分行,其中一家可设在曼谷及邻近地区,其余分行均须设在外府。2011年12月15日,泰国中央银行发布新的银行业指导意见,允许已在泰国设立分行的外资银行将分行升级为子行,成为子行后,在泰国全国最多可下设20家分行和提供20台自动柜员机。

2. 商业贷款利率的有关规定

根据泰国《中央银行法》、《商业银行法》、民事和商法典等法律的规定,禁止贷款人收取超过贷款本金15%的利息。目前,如果贷款是由金融机构(包括外国金融机构)贷出的,不能收取高于15%的利息,但信用卡等特殊情况除外。

泰国商业贷款的最低利率由资金成本、贷款费用、风险补偿费和目标收益四部分构成。银行以最低利率为底线,根据市场竞争情况和相对于客户的谈判地位确定贷款利率,以保证每一笔贷款都能获取目标收益。出于维护泰国商业银行金融环境的稳定及国内金融监管的需要,泰国商业贷款违约利率水平有严格限制的,需严格按照泰国中央银行所监管规定执行处理。

（二）担保法律制度

1. 担保法律体系

泰国担保法律体系主要依据《小型工业信用担保公司法》和《商业法》中规定的抵押及典当制度拟定。泰国法律承认双方经过友好协商签订的合同中包含的各类担保方式，如抵押和典押、留置权和优惠权、担保和分配等担保方式都是受到泰国法律保护。此外，泰国已于2008年颁布《商业银行存款担保机构法》，规定由金融机构发展基金（FIDF）为储户在商业银行存款提供全额担保。根据该法，2011年8月11日前，客户存款仍受到全额担保，2011年8月11日至2012年8月10日，个人客户每户在每家银行存款担保额减至5000万泰铢，2012年8月11日起，个人客户每户在每家银行存款担保额减至100万泰铢。

2. 各担保措施的优先效力

担保措施的优先效力从高到低先后是抵押和典押、留置权和优惠权、担保和分配。

3. 可用作担保的财产及权利

在泰国能用以抵押的财产主要由不动产和准不动产组成，具体包括土地及建筑物、船舶（满足一定吨位条件的）、机械设备等。2009年，泰国内阁对《商业担保法草案》和《商业法》进行修订，使得能用作担保的资产类型有所增加，如实体公司、权利、库存商品及生产原料等。当然新法对这些资产的担保方式有限制性规定，例如用实体公司作担保财产时，该公司必须是在泰国商业发展厅注册，同时，提供担保的一方应当有权处分担保财产，而接受担保的一方有权对担保财产进行检查。

4. 担保登记审批程序

与担保相关的登记、备案手续或需履行的相关行政审批程序是根据泰国《商业担保法草案》以及《商业法》所规定的程序执行，具体流程如下：首先由企业申请，其次经过担保受理、项目初审、项目复审、上会审议通过、出具担保意向书、签订担保合同、抵押登记、签订正式保证合同、担保收费、发放贷款、保后管理、代偿和追偿，最后担保终结。

5. 主权担保审批手续

主权担保审批手续需要提交泰国财政部审议，其他事项与泰国《商业担保法草案》及《商业法》的规定相同。

6. 境外银行取得担保权益的限制性或禁止性规定

境外银行作为债权人，在泰国执行担保财产并获得担保权益是有限制性或禁止性规定的。例如，国家重要矿产资源就不能成为境外银行的贷款项目的担保物。

7. 担保的执行

在处置变卖担保财产时，如果债务人用公司提供担保，则统一由持有商业厅许可证的专家进行价格评估。如果是其他类型的财产，债权人则可以直接对其进行处置。

（三）法律适用

泰国在金融法律适用上没有特殊的限制性或禁止性规定，贷款协议可适用外国法律，但这样的选择适用须由双方在合同签订时协商一致。

同时，泰国并没有对金融法律适用的问题进行专门立法，与之相关的国内法是泰国的《法律冲突法案》，该法案为在泰国国内法律体系中产生的法律冲突问题提供了一般的处理原则，并为援引泰国国外的法律提供了指导方针，但是，泰国最高法庭依照《法律冲突法案》作出的判决非常少见。

（四）主权豁免

泰国法律对主权豁免问题没有专门立法规定，一般采用惯例做法。如借款人为政府部门或国有资本全资控股的企业，在法律地位上与国家是相同的，不能随意放弃豁免，特殊情况下，可在得到政府部门的授权或批准后放弃豁免。同时，泰国没有制定法律明确限制或禁止放弃豁免内容的范围。

四、投资法律制度

（一）企业法律制度

泰国公司的企业法律主要包括《民商法典》《外国人经商法》（1999 年）、《劳工保护法》《破产法》及其他相关法律、规定等，其具体内容如下表所示：

法律名称	主要规范内容
《公司法》	《公司法》是《民商法典》中的商事主体法之一，是规范泰国公司的设立、变更、运营、解散及其他对内、对外关系的法律
《外国人经商法》	《外国人经商法》是调整外国人在泰国经营企业行为的法律，该法规定外资股份最多可占 49%。在绝大多数情况下，该公司的最大股东必须是“拥有多数股权”的泰国人，这意味着该公司的外资股份最多不可以超过 49%。实践中，很多外资股份最大只能占该公司所有股份的 39%
《破产法》	《破产法》是关于规范破产宣告、破产财产清算、债务清偿以及规定当事人权利和义务的法律

1. 企业类型

根据《民商法典》的相关规定，泰国的企业主要包括以下几类：

企业类型	特　征
无限公司	合伙人共同为全部债务负无限连带责任
两合公司	由负有限责任的合伙人与负无限责任的合伙人共同组成，每类合伙人均可由一人或多人担任
有限公司或股份有限公司	每股股值均等，持股人仅对其未缴足的认缴股份承担无限责任，对公司经营产生的负债承担有限责任。有限公司必须依法、按步骤进行注册登记，有限公司的发起人不得少于七名自然人，其中未成年人必须满足 12 岁以上，法人不得担当发起人。有限公司也即封闭公司，不得向公众出售股票

除此之外，公司又根据股份所属人的国籍分为“泰国籍法人”与“外国籍法人”。在泰国注册的泰籍公司必须至少有一名泰籍股东。《外国人经商法》第 4 条规定的“外籍人”系指以下几类：

第一类，非泰籍自然人；

第二类，未在泰国注册登记的法人；

第三类，在泰国注册登记且具有以下特征的法人：一是半数以上的投资股份由第一或第二类人持有或总投资金额半数以上由第一或第二类人拥有；二是由非泰籍自然人担任经理人的注册无限公司或两合公司；

第四类，在泰国注册的法人，其半数以上股份由以上三类持有，或其总投资金额半数以上由以上三类人持有的。

泰籍法人可以经营除须专项申请的项目以外的各项业务（银行、保险、饭店、药品、枪支等被列为须专项申请的项目），而外国籍法人经营项目有严格的法律限制。

2. 注册公司必须准备的文件资料

序号	文件资料
1	发起人身份证、户口本、或护照复印件
2	注册申请人身份证、户口本、或护照复印件并出示原件
3	办公室租约及房东身份证、户口本及个人纳税证复印件并出示原件
4	如果由外籍人持有 40% 及其以上股份者，泰方股东必须出示资信证明

3. 注册公司的程序

（1）确定公司名称。

（2）注册《发起书》。依《民商法典》规定，《发起书》由至少七名发起人就公司名称、办公室地址、经营项目、资本额及股值等事项达成协议并联名形成。该文件需要递交一份给商业开发厅加以注册登记并交纳规费(按注册资本额征收:每百万缴纳 500 铢,最高缴纳 5000 万铢注册资本的规费)。

(3)公司注册及其规费。《发起书》注册之后第九天即可召开公司成立大会,就股值、股份分配、股金收缴入账、董事组成人员名单、董事权利及其使用办法以及公司章程等议题进行讨论并做出决定。有限公司的股值必须均等,第一次收缴股金至少达百分之二十五才允许注册登记。董事的人选既可从股东中产生,亦可选聘外人担任,董事变更、撤换事宜由股东大会决定。

召开成立大会三个月内向开发厅注册登记,逾期者将取消其注册资格,已收缴的股金如数退还股东。

(二)特定行业、领域法律情况

1. 农业法律情况

泰国的优势产业是农业,在泰国经济中占有重要地位。泰国是世界最大稻米出口国,也是世界主要的橡胶、木薯、甘蔗、水产品的生产和出口大国。2013 年,泰国农业产值为 485. 43 亿美元,在国内生产总值中占有 12. 12% 的比例,全年农产品出口达 255. 88 亿美元。农业从业人口占全国就业人数的 37. 5% 。

规范泰国农业投资行为的法律主要是《外商经营企业法》,该法规定泰国对农业实行的是国内保护政策,禁止外国人投资,其中稻米种植、本地农产品的商业销售和土地的买卖是严格限制外资进入的行业。

2. 土地政策情况

在泰国,国家可基于公共利益征用私人财产,但同时需要尊重个人财产权利,并迅速给予补偿,外国主体在泰国获取土地资源也有一些法律限制。

(1)土地权利的获得

泰国法律禁止外国人购买土地或矿产资源等,但可通过以下三种方式获得土地相关权利:一是以租赁的方式,最长期限 30 年,到期可以续租 30 年;二是以公司的名义购买土地,泰国法律规定,外国人最多可以在泰国公司中占 49% 的股份;三是以泰国配偶的名义购买,但房产文件上只能写泰国配偶的名字,并要书面声明,用于购买土地的资金均来自泰国配偶。

同时,在泰国获得土地必须进行注册,获得土地契约才能拥有土地所有权和使用权。泰国内政部土地局负责全国的土地注册、登记与管理,各省都设有土地局。

土地权利的获得	
土地的购买	外国投资者如果希望合法购买土地并持有土地必须遵守《泰国土地法典》的如下基本规定： 一是向投资促进委员会提出申请。合资或独资公司提出合适的文件，并附使用土地位置图，建造设计图及土地所有权证书各一份，提交投资促进委员会。 二是投资促进委员会核准。投资促进委员会将核准土地面积并以核准函的形式通知申请者，同时通知相关部门。（如果该土地位于曼谷将通知土地局，如果该土地位于外县市，则通知有关的各府首长。） 三是与主管部门取得联系。申请获准者在收到通知后，必须联络土地所在地区的土地管理部门，并出示获准证书。 四是企业活动终止必须通知投资促进委员会。外商投资企业如果最后解散，必须通知投资促进委员会，同时土地必须于解散后一年内出售，出售对象必须有资格获得土地。如果出售对象是非泰国机构或组织，售卖公司必须事先获得投资促进委员会的许可。 五是买受人不能改变土地的用途。核准的土地必须用于受获准的用途的活动
订立契约的必要性	土地权的确立应该订立契约，以便于转让或处理土地。初始档案的建立应该是在当地土地局，并且初始契约应归于土地拥有者保管。当土地发生转让或出售时，档案上的拥有权身份的转换及确定应该在当地土地局或分局完成。而土地转让需要在当地土地局注册备案后 30 天内在国家土地局局长处注册，土地税收票据不能作为土地拥有者身份证明的证据
土地的租赁	外国投资者可以从泰国法人机构租用土地。房地产租期不超过 3 年，租约双方可自行签订租赁契约，超过 3 年则须到土地管理部门办理备案手续。根据《工商业不动产租赁法》规定，如果提供书面材料并经过土地局登记备案，可以允许外国投资者租赁不动产超过 30 年，但不得超过 50 年，并可在 50 年届满时再办理 50 年的续约手续

（2）泰国土地抵押政策

根据泰国法律规定，泰国的土地抵押必须到土地部门进行书面登记，抵押标的物不包括抵押登记日之后在土地上落成的建筑物，双方在抵押订立时另有约定的除外。土地上的建筑物和不可移动构筑物也可以设定抵押，需到土地部门登记，抵押登记费为抵押物标的额的 1%。

3. 矿业领域法律情况

泰国矿业领域的法制比较健全，在鼓励吸引外资方面有明确的法律规定。泰国自 1967 年出台了《矿业法》后，经多次修改，不断完善有利于矿业投资的规章制度，改善投资环境，大力吸引外资。泰国在 1986 年 12 月建立了国家矿产资源政策委员会，其主要职能是指导和协调一切有关事务，解决影响私人投资的各种问题。同时，泰国注意按国内外消费市场的需求调节矿业生产。如在 1983 年成立的锡生产协会，规定锡生产限额和出口限额，建立锡矿的国际市场调节性储备。在环境影响评价方面，泰国的《国家环境质量法》明确规定了环境影响评价的准备和审议程序，包括负责审议环境影响报告书的机构，审议和批准的最后期限及申诉程序；还制定了专门的管理办法，详细规定哪些项目需要进行环境影响评价，并列出了政府批准的有资格编制环境影响报告书的咨询者。

在矿业管理体制上，泰国实行矿权和土地权分离，土地私有化，但土地上的一切矿产资源所有权归政府所有。泰国矿产资源厅除从事区域性和基础性地质工作，承揽矿产勘查、矿业技术咨询服务之外，最主要的矿产资源管控权限就是负责发放探矿权、采矿权证等有关许可证，制定发放标准，执行有关法规。泰国矿产资源厅将泰国的探矿权证发放分为两个阶段，即普查阶段和勘探阶段，对这两个阶段分别颁发许可证，这两种探矿权的区别在于，后者比前者勘探程度高，工作区缩小，许可期限长，更重要的是，普查阶段的探矿权是非排他性的，泰国矿产资源厅规定这种许可证持有者不能自由处置其勘探行为中开采的固体产品，探矿权不可转让。

(三)外汇管制

1. 法律法规

在泰国，规范货币兑换管理的最高法律为《外汇管理法》，该法赋予泰国财政部通过颁布财政部法规、通知对泰铢和外币的携带及汇划行为进行监管的权力。

2. 管理办法

由财政部部长授权泰国银行执行关于对外汇买卖、外币兑换进行管理的规定，由泰国银行任命有关人员为《外汇管理法》的执行人员，以贯彻执行有关外汇管理办法的规定，凡需进行各类外汇买卖和外币兑换必须前往获准经营外汇业务的银行办理。

3. 货币种类

泰国对用作国际清偿的支付货币应采用何币种并无限制性规定，但大多数习惯以美元进行支付。

4. 有关外汇和泰铢的规定

(1)外汇。从国外汇入或携带外汇入境，数额不受限制。但应自汇入或携带外汇入境之日起的360天内必须将外汇售给或存入在泰国获准经营外汇业务的银行，但居住地在国外者、获准在泰国临时居留三个月以下者、外国驻泰国大使馆及享有外交特权者、联合国特别专家机构、国际机关或机构及其在泰国享有特权和保护权的工作人员、专家或其他相关工作人员不受此约束。国内经营者有实际经济活动的，为防范外汇风险，可与国内获准经营外汇业务的银行签订外汇买卖协议。

(2)泰铢。从国外携带泰铢入境，数额不受限制。

5. 资本注入及本息汇出的限制

在泰国对项目资本注入及本息汇出是有限制的，应获得泰国财政部和泰国央行等部门批准或备案。凡已向泰国央行注册过的投资利润、专利权收入、国外借款的偿还数和投资原始出资等原则上受到保证，可以汇出国外。

(四)税收制度

泰国税收的基本法律为《税收法案》，该法主要调整个人所得税、企业所得税、增值税、特别营业税和印花税。另外，《燃油所得税法案》管理石油和燃气的特许经营行为，《海关法案》管理关税和进出口行为，消费税和财产税由其他法律管辖。

泰国的税收可分为直接税和间接税两大类，直接税包括个人所得税、公司所得税、石油所得税；间接税则包括增值税、特别行业税、关税、消费税、印花税以及财产税。从税收的归属来说也可分为两个部分，即中央税和地方税。中央税占主导地位，主要分为六大类，地方税分为两大类。中央税收包括针对收入和利润征收的所得税、以社会保障分配为目的的工资税、针对财产征收的房地产转让税、增值税、消费税、特别营业税、扑克牌税、针对国际贸易和交易征收的进口关税、出口税等。地方税收包括财产税和机动车税。其中财产税包括针对房地产征收的房产租赁税、土地开发税、房地产转让税，针对货物和服务业征收的增值税附加、特别营业税附加、部分商品的消费税附加，以及对使用某种货物和财产或许可从事某种行为的税收。

与银行业营运相关的主要税收种类是特别营业税(SBT)。特别营业税是 1992 年开始实行的一种间接税，以取代原有的营业税。征收特别营业税的业务主要包括银行业、金融业及相关业务，寿险，典当业和经纪业，房地产及其他皇家法案规定的业务，其中，银行业、金融及相关业务为利息、折扣、服务费、外汇利润收入的 3%，寿险为利息、服务费及其他费用收入的 2.5%，典当业、经纪业为利息、费用及销售过期财物收入的 2.5%，房地产业为收入总额的 3%，回购协议为售价和回购价差额的 3%，代理业务为所收利息、折扣、服务费收入的 3%。在特别营业税的基础上加收 10% 的地方税。同时，从事特别营业税业务的单位和个人须在开业后 30 天内向税务机关登记为特别营业税纳税人，并填写纳税人登记申请表。

五、法律风险评价

(一)营商环境良好

根据世界银行 2015 年营商环境报告的数据，泰国的营商环境在 189 个国家和地区中排名第 26 位，居于中等偏上水平，其营商环境总体良好。具体而言，泰国在施工许可(排名第 6 位)、电力取得(排名第 12 位)、强制执行合同(排名第 25 位)、财产登记(排名第 28 位)等方面表现出色；但在公司注册(排名第 75 位)、信贷取得(排名第

89 位)等方面表现一般,有待改进。

施工许可		电力取得		财产登记	
程序(个数)	7	程序(个数)	4	程序(个数)	2
时间(天数)	113	时间(天数)	35	时间(天数)	2
费用(占库存价值比例)	0.1	费用(占人均收入百分比)	66.1	成本(占财产价值的百分比)	6.3

数据来源:2015 年世界银行营商环境指南。

(二)合同执行成本较低,破产处置成本适中

泰国在合同强制执行方面具备相当的地区优势,其合同执行效率高于英美地区平均水平。根据 2015 年世界银行营商环境指南提供的数据,泰国的合同强制执行效率在世界 189 个国家和地区中排名第 25 位,处于世界前列。其破产处置成本排名亦较为靠前,名列全球第 45 位。

合同强制执行	泰国	美国	经合组织
时间(日)	440	420	539.5
成本(占标的额的百分比)	15	30.5	21.4
程序(个)	36	33.6	31.5
破产处置	泰国	英国	经合组织
时间(年)	2.7	1.0	1.7
成本(占资产价值的百分比)	36	6.0	8.8
回收率(每美元美分数)	42.3	88.6	71.9

数据来源:2015 年世界银行营商环境指南。

(三)跨境贸易法律风险较低

泰国的跨境贸易较为发达,所受限制较少。近年来泰国商业部一直在大力推动泰国跨境贸易的增长,并制定相关优惠政策,进一步减少跨境贸易的法律障碍,便利交易进行。根据 2015 年世界银行营商环境指南,泰国的跨境贸易难易度在世界 189 个国家和地区中排名第 36 位,处于世界前列。

泰国跨境贸易	
出口所需文件数	5
出口时间(日)	14

续表

出口成本(每集装箱/美元)	595
进口所需文件数	5
进口时间(日)	13
进口成本(每集装箱/美元)	760

数据来源:2015 年世界银行营商环境指南。

马 来 西 亚

Malaysia

——马六甲海峡的战略重地

马来西亚基本情况

国家名称（中英文）	马来西亚（Malaysia）		
人口（百万）	30.33	人口增长率（年均%）	1.4
领土面积（千平方公里）	330.8	主要民族	马来族
官方语言	马来语	主要宗教信仰	伊斯兰教
政体	君主立宪制	主要政党	国民阵线
GDP（十亿美元）	296.42	GDP 增长率（年均%）	5.0
国民总收入（十亿美元）	320.67	人均国民收入（美元）	10,570
通货膨胀率（年均%）	2.3	外国直接投资净流入（百万美元）	10,963
外债（百万美元）	210,820	总偿债额占出口贸易和收入的比率	5.8

数据来源：2015 年世界发展指标数据库。

一、国情简介

位于东南亚的马来西亚联邦（以下简称马来西亚），被南中国海分隔成东、西两部分。西马来西亚位于马来半岛南部，南与新加坡隔柔佛海峡相望，北与泰国接壤，东临南中国海，西濒马六甲海峡；东马来西亚位于加里曼丹岛北部，与印尼、菲律宾、文莱相邻。马来西亚拥有 3000 万人口，其中马来人 68.1%，华人 23.8%，印度人 7.1%，其他种族 1.0%。马来西亚是个多语言国家，马来语为国语，通用英语，华语使用较广泛。伊斯兰教为国教，其他宗教有佛教、印度教和基督教等。

马来西亚政治局势稳定，经济发展稳健。2015 年，马来西亚 GDP 总额 2964 亿美元；对外贸易连续 18 年保持顺差，全年外贸进出口总额 4097 亿美元，外贸顺差 268 亿美元。2015 年央行国际储备金达 954 亿美元，通货膨胀率约 2.3%，保持适度水平。

（一）政治概况

马来西亚实行君主立宪联邦制。最高元首是国家的象征及军事最高统帅，由九个马来州属的苏丹在统治者会议中选出。马来西亚国会由上议院及下议院组成，上议院共 70 席，议员任期为三年，可连任两届。26 位上议员是由十三州的州议会选出（每州各有两位);4位上议员由最高元首在联邦直辖区中委任(分别是吉隆坡两位、布城和纳闽各一位);其余的四十位上议员则由总理向最高元首提交委任。下议院共222席,议员由全国大选产生,任期最长五年。马来西亚政府实行内阁制,总理所领导的内阁是联邦政府的实际领导者(政府首脑),宪法规定总理必须是来自下议院的议员,且其对下议院的控制必须得到最高元首的承认,内阁部长则是在上议院及下议院中选出。州政府由州议会选出的州务大臣(或首席部长)所领导,州议会的作用是辅助各州统治者(或州元首),并且拥有征收门牌税、娱乐税、酒店税、土地矿山和森林税的行使权。

马来西亚是多党制国家,目前注册政党有40多个,主要执政党包括:马来民族统一机构、马来西亚华人公会、马来西亚印度人国大党。主要反对党包括:伊斯兰党、民主行动党、人民公正党。自马来西亚独立以来,以马来民族统一机构、马来西亚华人公会和马来西亚印度人国大党为主体,共14个政党组成的国民阵线长期联合执政,政局稳定。

(二)经济概况

马来西亚自然资源丰富,20世纪70年代前,其经济以农业为主,依赖初级产品出口。70年代以来,马来西亚不断调整产业结构,大力推行出口导向型经济,电子业、制造业、建筑业和服务业发展迅速。

马来西亚经济自1987年连续10年保持8%以上的高增长率。马来西亚于1991年提出了“2020宏愿”的跨世纪发展战略,旨在于2020年将该国建成发达国家,重视发展高科技,启动了“多媒体超级走廊”“生物谷”等项目。1998年,受亚洲金融危机的冲击,马来西亚的经济出现负增长,政府通过采取稳定汇率、重组银行企业债务、扩大内需和出口等政策,使得经济逐步恢复并保持中速增长。2008年下半年以来,马来西亚国内经济深受国际金融危机的影响增长减缓,出口总额下降,而后2009年纳吉布就任总理,采取了多项刺激经济和内需增长的措施。2010年马来西亚公布了以“经济繁荣与社会公平”为主题的第十个五年计划,并出台了“新经济模式”,继续推进经济转型。目前,马来西亚经济稳定,逐步摆脱了金融危机影响。

(三)外交政策

马来西亚奉行独立自主、中立、不结盟的外交政策。视东盟为外交政策基石,优先发展同东盟国家关系,同时也重视发展与大国之间的关系。马来西亚系英联邦成员,与其他英联邦成员交往较多,大力开展经济外交,积极推动“南南合作”,反对西方国家贸易保护主义,目前已同131个国家建交,在83个国家设有105个使领馆。同时,马来西亚也十分重视与东亚的合作,倡导建立东亚共同体。1997年主办了首届东盟同中、日、韩(10+3)领导人非正式会议,2005年年底主办首次东亚峰会。积极致力于东盟自由贸易区建设和湄公河盆地经济开发区合作。

中国与马来西亚是长久以来的友好战略合作伙伴。中马两国签有《避免双重征税协定》《贸易协定》《投资保护协定》《海运协定》《民用航空运输协定》等10余项经贸合作协议。

二、法律概览

马来西亚采用世俗法和伊斯兰教法并行的双轨司法体系，世俗法以英国判例法为基础，伊斯兰教法则主要以宗教教义“沙里亚”为主要来源。在司法体系方面，马来西亚世俗法院和伊斯兰法院两套体系并存，虽然各有侧重，但常有交叉，审理效率和执行力不高，案件的审判和执行往往长达数年。

（一）法律体系

马来西亚采用成文法、判例、教程和民间规则混合并行的方式。

现行《宪法》《选举法》《国家安全法》《反煽动法》《紧急状况法》《内部安全法》《国家机关组织法》《公务员法》等各种门类的社会公共管理方面的法律以成文法为主。由于马来西亚的多民族和多元化的社会结构，其婚姻家庭法的主要特点是在不同种族和宗教之中，分别适用不同的属人法。在这个领域中，宗教规范和民间世代承袭的习惯发挥着重要作用，其表现形式也是成文法和各种宗教典籍，以及不成文习惯的混合并行。

马来西亚民商法、经济法以英国的普通法和衡平法为基础，同时掺杂着伊斯兰法、印度法和土著的、中国及印度的各种习惯法。土地法的突出特点是既突出了马来族人和其他土著的特权，同时又深受伊斯兰教属人法的影响。

（二）司法制度

1. 诉讼制度

马来西亚存在世俗法院和伊斯兰法院并行的司法体系，伊斯兰法院享有与世俗法院并行的地位，两者都有专有管辖权。对宗教法院的上诉可以提交沙里阿上诉委员会、沙里阿上诉局或沙里阿上诉法院。在民事案件方面，沙里阿法院仅限于结婚、离婚、分居、主张夫妻财产、婚生子女地位、监护、家属抚养、财产继承以及穆斯林的某种形式的信托财产等问题。

马来西亚世俗法院体系包括初级法院和高级法院。有初审管辖权的民事法院有：头领法院、地方法院、治安法院、高等法院、上诉法院和联邦法院以及特别法庭。这些法院的民事管辖权范围和审理案件的权限受《联邦宪法》《法院审判条例》《下级法院条例》《劳资关系法》管制。各法院特点如下：

法院名称	特点
头领法院	该等法院可以在初审程序中审理民事案件,但是诉讼标的不能超过50林吉特(马来西亚货币单位),诉讼当事人仅限于亚洲人,并且能使用并理解马来语
地方法院	该等法院分为第一级地方法院和第二级地方法院。第一级地方法院对于诉讼标的不超过2000林吉特的民事案件和诉讼拥有管辖权。第二级地方法院对诉讼标的不超过3000林吉特民事案件和诉讼拥有初审管辖权
治安法院	该等法院对下列民事案件拥有管辖权:一是有关交通事故、地主和佃户及佃产扣押的案件;二是诉讼标的不超过25万林吉特的案件
高等法院	该等法院对所有刑事案件和民事案件拥有初审管辖权
上诉法院	该等法院的民事管辖权允许其审理和判决针对任何高等法院做出的判决或裁定的上诉,不论这些判决或裁定是高等法院在行使初审或上诉管辖权时做出的。但是,上诉法院的管辖权须受上诉期限的约束,因此,下列情况不能向上诉法院提起上诉:一是诉讼标的少于25万林吉特;二是判决或裁定是经所有当事人同意做出的;三是根据法院自由裁量权做出的关于诉讼费用的判决或裁定,除非取得上诉法院许可;四是根据当时有效的成文法的明确规定,高等法院做出的判决或裁定是终局的
联邦法院	该等法院是马来西亚的最高等级法院,根据有关规则规定,其有权确定由议会或州立法机关制定的法律是否有效,联邦法院还负责解决州与州之间或者是联邦与州之间的其他纠纷。在不影响联邦法院上诉管辖权的情况下,对在其他法院的任何程序中产生的涉及宪法条款的效力问题,联邦法院有权做出裁定,并将案件移交给另一法院由其根据联邦法院的裁定予以处理。《联邦宪法》第128条和1964年《法院审判条例》第81条规定了联邦法院拥有针对上诉法院和高等法院判决所提出的上诉的管辖权

2. 仲裁制度

马来西亚制定了详细的法律规范并建立了相应的仲裁机构。尽管马来西亚已采用联合国为协调各国仲裁规范而制定的《国际商事仲裁法》,但是作为一个亚洲国家,马来西亚的仲裁法仍保留着自己明显的特征。

马来西亚的《仲裁法》于1952年制定,《仲裁条例》经1972年和1980年两次修订。根据仲裁规则,依照该仲裁中心规则解决的争议将依照UNCITRAL的仲裁规则解决。因此,此类国际仲裁将在马来西亚进行,而且不受马来西亚地方法院的监督。1978年,亚非法律咨询委员会(AALCC)通过决议,在马来西亚吉隆坡建立一个地区仲裁中心,以期在亚太地区建立一个一体化解决争端的体系。

吉隆坡仲裁中心规则规定,如果当事人对仲裁员人数未取得一致意见(一名或三名),则应指定三名仲裁员。如果争议涉及一方当事人犯有欺诈行为,高等法院有权决定亲自审理该争议,而不由仲裁来解决。如果仲裁员未能采取尽可能合理的措施及时开始程序,并做出裁决,则高等法院可以将其免职。

在马来西亚,仲裁程序的自治原则获得了当事人普遍认可,即当事人在仲裁协议中可自由决定仲裁所适用的程序法。仲裁审理时,仲裁庭应提出证据,进行口头审理或口头辩论，除非当事人已约定不举行审理，否则，仲裁庭应根据任何一方当事人的申请，在仲裁程序的适当阶段举行口头审理。在仲裁过程中，如果双方能够对纠纷达成和解，仲裁法庭将结束仲裁程序。裁决应以书面的形式并经过仲裁人签字确认后方可生效。

在最后裁决做出后仲裁程序即告终止或者由仲裁法庭根据规定命令终止。在国内仲裁中，仲裁员必须根据法律规则做出裁决，而不是按照良心公平原则或友好协商方式做出决定。在国际仲裁中，如当事人不同意适用于该案的法律，仲裁员将根据英国普通法原则以决定法律适用。《仲裁条例》允许仲裁员颁布命令采取保全措施，如果标的物在一方当事人控制之下，仲裁员可颁布命令拍卖任何标的物。

3. 司法协助

1985 年，马来西亚加入了《承认及执行外国仲裁裁决公约》并制定了相应的法律以执行该公约，该公约成员国所做出的裁决均可在马来西亚获得执行。

（三）司法效率

同很多国家一样，马来西亚也存在着执行难的问题，一个判决能否得到很好的执行，主要看被执行人的经济能力，这样就产生了大量无法执行的判决，因而社会的反响越来越强烈。马来西亚法律没有审理期限的规定，因此在马来西亚有些案件几年内都可能得不到处理，高效审理的案件有时也要一年，慢的则长达五年。

三、金融法律制度

马来西亚金融市场较为发达，配套金融法律制度较为完善，已经颁布了《银行和金融机构法》（1989 年）、《开发性金融机构法》（2002 年）、《反洗钱法》（2001 年）、《外汇管制法》（1953 年）、《中央银行法》（1994 年修改）、《伊斯兰银行法》（1983 年）、《证券法》（1983 年）和《保险法》（1996 年）等系列法律。

（一）银行准入法律制度

根据马来西亚法律，境外金融机构在马来西亚开展业务受中央银行管制。在马来西亚开展业务和设立分支机构时，外资银行 30% 的管理者必须是马来西亚国民，代表处也需要有 2 名马来西亚工作人员。同时，境外金融机构对马来西亚境内的外资企业和外国机构贷款时，外资银行最多只能占贷款总额 40%，剩余的 60% 由马来西亚本国银行提供。目前，马来西亚金融准入制度整体收紧，中央银行暂不批准新的外资银行到马来西亚设立分行，但外资金融机构可持有马来西亚本地银行不超过 49% 的股份。

马来西亚金融机构主要包括银行、证券、保险行业。

类型	形式	主要职能及现状
银行	中央银行	马来西亚中央银行是马来西亚国家银行(BNM),其主要职能为发行货币并监控币值、为政府提供金融咨询、维持货币和金融体系稳定、作为银行的最后贷款人
	商业银行	截至2015年年底,马来西亚共有27家商业银行,累计在国内开设3000多家分支机构。商业银行资产总额达17,782亿林吉特(约4146亿美元),较上年增长4.8%
	投资银行	现有13家投资银行,其中有些与国外知名的投资银行有联营关系。其业务范围包括包销、财团贷款、公司上市融资与管理咨询服务,筹备发行股票与股票上市以及投资组合管理
	伊斯兰银行	伊斯兰银行受制于伊斯兰教法,禁止收付利息。目前,马来西亚共有16家伊斯兰银行,资产规模占马来西亚银行资产总值的22%,是伊斯兰国家的金融中心之一
	发展金融机构	马来西亚有13家发展金融机构,提供中期至长期的资本融资。它们是以特殊融资提供者的角色为农业、工业与出口业服务。包括马来西亚兴业金融公司、马来西亚发展与基建银行、马来西亚工业与科技银行、马来西亚进出口银行、马来西亚出口信贷保险公司、马来西亚农业银行、沙巴发展银行、婆罗洲发展(沙巴)公司、婆罗洲发展(沙捞越)公司、沙巴信贷公司、马来西亚信贷保证公司、马来西亚国民合作社银行与国民储蓄银行
	其他金融机构	除了银行外,马来西亚有10家金融公司接受零售存款、提供房屋按揭贷款与租赁业务;7家贴现公司被核准投资国库债券、政府证券、银行承兑票据、可转让存单以及接受短期基金等;另有42家直接保险公司和6家再保险公司在马来西亚提供保险服务
	纳闽岛离岸金融中心	为发展国际金融,马来西亚设立了纳闽岛离岸金融中心,在纳闽岛上,各种外币可以自由流通,不受马来西亚外汇管理条例管制。目前在纳闽岛上注册的公司已超过3500家,分别来自60个不同的国家或地区。公司类型包括银行、保险公司、基金管理公司、信托公司和租赁公司
证券	吉隆坡证券交易所	于1973年创立,供上市公司及投资交易人从事股票、债券及其他有价证券交易。股票交易已全面计算机化,以加强券商能实时在线获得信息,降低风险
	中央存保系统	主要负责股票交易及清算,以计算机来进行记账及交割业务,取代过去的实体交易。同时,KLSE也成功地辅导企业使用本系统进行股票及非股票有价证券之交易

续表

类型	形式	主要职能及现状
证券	证券委员会	成立于1993年,主要职责是致力于促进马国证券及期货市场的发展,为法人组织,归财政部管辖。证券委员会管理所有关于证券及期货的相关事务,以及企业合并、接管及交付信托等业务。同时,它也负责核发证照,并负责监管取得证照的交易和清算公司、个人以及中央存保等机构,维持市场正常运作
	马来西亚证券交易及自动报价公司	是专为高成长与科技公司所设的股票交易所,它于1997年被核准而在1999年4月开始运作。这里的上市条件不同于吉隆坡股票交易所,新的科技创业与具有高成长潜能的新公司不必拥有业绩记录,只需能证明有高利润的潜能即可
保险		马来西亚的保险业分为社会保险和商业保险两大类。马来西亚的社会保险,是对社会各部门的雇员在其暂时或者永久丧失劳动能力的情况下,通过法律手段,运用社会力量,给予他们一定程度的收入补偿,使他们能够继续享有基本的生活条件,并以此来保证社会的安定。 马来西亚的社会保险机构是依据1969年颁布实施的《工人社会保险法令》和1971年颁布实施的《工人社会保险(普通)条例》建立起来的。目前,马来西亚共设有41个社会保险分支机构,遍布全国各地

(二)担保法律制度

马来西亚贷款市场担保措施与英国类似。土地、设备、银行账户、股份、浮动抵押(库存等)皆可进行抵押,受益方与抵押人签署抵押文件后,应到相关政府管理部门办理登记手续(如抵押物为土地,需要在马来西亚土地局登记),登记完成后,再到马来西亚公司注册处进行备案。

(三)法律适用

马来西亚未强制规定贷款协议和担保协议的适用法律,在商业实践中一般多选择适用马来西亚法律、英国法律或者新加坡法律。

四、投资法律制度

(一)企业法律制度

1. 主要法律内容

马来西亚作为英联邦国家成员,其企业法律制度深受英美法系的影响,在此基础上又结合本国的实际情况,对相关的法律作了调整和修改。目前,马来西亚企业法律主要为《公司法》和《破产法》,《公司法》于1965年颁布,该法经多次修订一直沿用至今。《破产法》于1967年颁布。马来西亚的公司保护法律较为完善,规定不得对任何法人、合股商行、社团或正接受司法处理的公司作出接管令。

2. 主要企业类型

马来西亚公司形式主要有股份有限公司和有限责任公司,另外,还包括无限责任公司、投资公司和外国公司，其具体内容如下表所示：

公司类型	主要内容
股份有限公司	其成员承担的责任和义务仅限于其持有的股票面值或者其认购的股份额
有限责任公司	以公司资产为限对外承担责任
无限责任公司	其成员对公司债务承担无限责任。股东人数在50人以下的股份公司可以申请登记为私人公司，但该公司必须限制股份的转让，不得向公众发行股份或债券，也不得吸收公众存款。在符合有关条件的情况下，无限公司可以申请变更为有限公司，公众公司可以申请变更为私人公司，私人公司也可以申请变更为公众公司
投资公司	指以收益及盈利为目的进行投资证券交易，而不是以控制其他公司为目的的公司。该公司必须以部长的名义在报刊上公告
外国公司	指在马来西亚拥有业务处或者在马来西亚境内营业的外国公司。外国公司有权在马来西亚持有不动产。外国公司必须每年向登记官员呈报当年的公司状况报告，还必须在年会后两个月内向登记官员呈报下列文件：财务年度的资产负债表；公司登记地、发源地有关资产负债表规定的文件；法定宣誓书；经审计的有关公司资产和负债的说明书；经审计的损益表；对公司业务盈亏的说明和解释

3. 公司登记相关规定

马来西亚公司委员会依据《马来西亚公司委员会法》成立，负责公司登记工作。任何公司都应有经合法登记的公司章程，且该章程必须是公司章程签署人在有见证人的情况下签署的。公司章程一般应包括公司名称、宗旨、股本及分成、股东责任、章程签署人基本情况等内容。有限责任公司、无限责任公司在登记公司章程时还应当同时登记公司规章。公司章程和规章对公司及其所有股东均具有强制约束力，每位股东均应按公司章程和规章的规定缴纳所认购的股份。在未得到股东认可的情况下，公司不得以通过修改其章程和规章的方式，使股东承担更多公司义务或者购买更多公司股份。

当公司以下列资产进行抵押时，应在30日内向登记官员登记：公司发行的债券，公司尚未催告支付的股本，子公司股份，公司获得的许可等证件，公司土地或者其他利益，公司账面债务，公司产业，已催告但未缴付的股本，公司的船只、飞机或者其股份，公司的商业信誉、专利、专利执照、商标、版权或者版权证等知识产权，公司存款户口的贷差。

4. 公司治理

每个公司都必须有两名以上的董事。董事的主要或唯一的居住地必须在马来西亚。董事必须是70岁以下，取得或认购了必要资格的股份的成年人、设股本的股份有限公司必须在其有权开业的日期起不少于一个月并不超过三个月的期间内召开一次公司股东大会，该次会议为法定会议。公司每年都应召开一次年会，两次会议之间的间隔不得超过15个月。

股份有限公司董事会可以决定发行公司的股份，并在公司议案的约束下决定股份的优先、迟延或者其他特权。其中，优先股的发行前提是公司有赎回权。任何股东均可以凭公司批准的书面证件，在公司登记办事处登记后转让其股份，但董事会可以拒绝对未缴足股款的股份以及有留置权的股份进行转让登记。

5. 公司清盘及破产

公司清盘有两种形式：一是法院清盘，二是自动清盘。公司清盘时，现任股东和前任股东均应按其所占有股份或所负有的责任承担公司债务、清盘开销等费用。

当债务人破产时，债权人或债务人可以向法院提出破产申请，并以财产保全为目的申请接管令。法院作出接管令后，应尽早举行债权人会议（即债权人首次会议），以考虑是否接受和解建议或协议计划，判定债务人的破产性质是否有利，并决定处置债务人财产的方案。有资格投票的债权人、债权人的代表人或委托人可以在首次会议或之后的会议中，通过决议案委任由1～3人组成的委员会，就处置破产人财产的事宜向破产管理官提出意见。破产管理官、副破产管理官、破产管理官高级助理、助理、破产官及其他官员均由马来西亚管理破产事务的财政部长委任。高等法院对破产有管辖权。破产法院全权决定所有优先问题以及其他在破产案件中可能出现的所有问题。法院发出接管令后，应在指定日期对债务人进行公开审查。债务人必须亲自出席（不得由律师代表其出席审查）并接受对其行为、生意及财产的审查。除非债务人能让法院相信其有能力与债权人签署一份令债权人满意的和解建议或协议计划，否则，法院在做出接管令时应同时宣告债务人破产。被宣告破产后，债权人仍然可以通过特别决议案接受债务人偿还债务的和解建议或协议计划，如果法院批准该和解或协议计划，可以取消破产令，并有条件地将破产人的财产交还债务人或法院指定的其他人士。

（二）特定行业、领域法律情况

1. 土地资源法律制度

马来西亚宪法规定，土地事务属于州务管辖范畴，各州均设有土地局，在联邦政府监督下可制定本州的土地政策。宪法和国家土地法均规定，马来西亚土地作为私有财产受法律的保护，可自由买卖。在马来西亚，获得土地的方式有两种，一是永久所有权，可以获得永久地契（目前此权限已很难获得）；二是租赁性所有权，可获有效期为99年的租契。日前，联邦政府公布了新的修订政策，允许业主在99年地契到期之前支付一定费用，便可再延续新的99年所有权。

<table>
<tr><th colspan="2">土地法的主要内容</th></tr>
<tr><td colspan="2">1966 年 1 月 1 日起生效的《1965 年国家土地法》是马来西亚最主要的土地法律。此外，马来西亚现行的主要土地法律还包括：《1976 年地方政府法》、《1960 年土地征用法》和《1976 年城镇与乡村规划法》。马来西亚各州还颁布了“马来人保留地法”等法律法规。各法律主要内容如下：
1.《1965 年国家土地法》确定了联邦政府与州政府的权限、土地用途的分类、土地所有权转移、土地的买卖、没收、划分及抵押等内容。同时，无论何种用途的土地，必须在地契注明的规定时间内开发，如果违反，将无条件收回土地。
2.《1976 年城镇与乡村规划法》及其 1995 年修正案规定，申请取得土地，以及更改土地用途的方案必须呈报审批，只有在不违反地方政府规划原则与目标的情况下，方可获得批准。
3.《1960 年土地征用法》规定政府部门、企业或个人不得随意征用土地，只有州政府有权征用州内土地及改变土地使用性质，联邦政府征用土地也要通过州政府进行，并向后者支付费用。凡征用土地，必须公布征用理由和确定补偿标准。
4.“马来人保留地法”将土地总面积约 1/4 划为“马来人保留地”，并规定除获得州政府批准，不能将该部分土地出售、出租或抵押给非马来人</td></tr>
<tr><th colspan="2">外资企业获得土地的规定</th></tr>
<tr><td colspan="2">马来西亚总理府经济计划署（EPU）公布的 2010 年 1 月 1 日生效的《产业购置准则》是马来西亚对外资最主要的产业规定，明确了各机构就外资购置产业申请事宜的审批权限。</td></tr>
<tr><td>需 EPU 审批的产业购置</td><td>1. 直接购置价值超过 2000 万林吉特的非住宅产业，降低当地土著企业或政府机构的股份比例；2. 通过并购控股方式，间接购置土著企业或政府机构的价值超过 2000 万林吉特的非住宅产业。这两种购置申请，均有强制的 30% 土著股权限制，且外资企业缴纳资本不低于 25 万林吉特</td></tr>
<tr><td>无须 EPU 批准但要报相关部门审核的产业购置</td><td>1. 购置价值超过 50 万林吉特的商业房屋（2014 财政预算案将此金额提高至 100 万林吉特）；2. 价值超过 50 万林吉特或购置面积为 5 英亩以上的农业用地，用于农业投资、高新技术的商业投资、农业旅游项目开发或开展出口型农产品加工；3. 购置价值超过 50 万林吉特的工业用地；4. 购置价值超过 50 万林吉特住宅</td></tr>
<tr><td>禁止外资购置的产业</td><td>1. 价值 50 万林吉特以下的产业；2. 州政府划分的中/低成本住宅；3.“马来人保留地”上的产业；4. 州政府分给土著企业开发项目的产业</td></tr>
<tr><td>无须 EPU 批准的产业购置</td><td>1. 购置马来西亚“第二家园计划”的住宅；2. 多媒体超级走廊（MSC）区域内具有 MSC 地位的公司，为了企业运营或员工住宿所购置的产业、在马来西亚任一发展走廊由政府相关机构批准的公司购置的产业；3. 获得马来西亚国际伊斯兰金融中心（MIFC）秘书处颁发执照的公司购置的产业；4. 公司的员工宿舍（外资控股的公司需购置 10 万林吉特以上的住宅），该业务由州政府批准；5. 遗嘱或法院判决书要求转移给外资的产权，制造业公司购置的产业；6. 联邦/州政府、州务大臣/首席部长公司及其他政府关联公司（GLCs）购置的产业；7. 私有化转型机制下的产业；8. 获得财政部、贸工部等相关部门颁发的国际采购中心、运营总部、代表处、区域办事处、纳闵离岸公司以及生物科技公司等特殊地位公司所购置的产业</td></tr>
</table>

2. 环境保护法律规定

根据马来西亚《环境素质法》,投资者必须在提交投资方案时关注环境因素,进行投资环境评估,在生产过程中控制污染,尽量减少废物的排放,把预防污染作为生产的一部分。

根据《环境素质法》关于指定活动环境影响评估的内容,以下投资须进行环境影响评估:将森林地改为农业生产地,土地面积达500公顷或以上;水库、人工造湖的建造,水面面积达200公顷或以上;涉及面积50公顷以上住宅地开发;石化及钢铁项目;电站项目等。

马来西亚环境评估程序	
初步环境评估	1. 要求初步环境评估的项目:农业,机场,水库及灌溉,土地开垦,渔业,林业,住宅开发,石化、钢铁、纸浆、基础设施,港口,矿产,油气行业,电站,铁路,交通,垃圾废物处理,供水等
	2. 具体申请程序:将符合政府整体规划的初步环评报告提交给环境局(12份报告提交州环境局,3份报告和电子版的摘要提交国家环境局总部)——州环境局召开初期环境评估技术委员会审核。若要求另行提供有关材料,需在两周内提交,若符合《1974年环境质量法》,则批准该项目。初步环境评估由州环境局牵头审核,审批时间为5周
详细环境评估	1. 要求详细环境评估的项目:钢铁厂、纸浆厂、水泥厂、煤电站、水坝、土地开垦、垃圾废物处理、伐木、化工产业、炼油、辐射危害行业等
	2. 具体申请程序:将详细环评报告提交给环境局(50份报告和电子版的摘要提交国家环境局总部);随后国家环境局将报告公示,征求公众意见;国家环境局召开临时委员会审核;若要求另行提供有关材料,需在两周内提交、若符合《环境质量法》(1974年),则批准该项目。(详细环境评估由国家环境局总部牵头审核,审批时间为12周)

3. 矿业领域相关法律

马来西亚在矿业投资政策方面对外资没有特定限制,外资企业在矿产开发项目中可持有100%股权。但该国的矿产资源条件一般,除油气和锡矿资源外,其他矿产,特别是金属矿产资源较少,可合作的项目有限。

主要适用法律	
石油发展法令	1974年7月27日马来西亚国会通过了《石油发展法令》,内容是:1. 设立总理直接管理下的国家石油公司;2. 赋予该公司在马来西亚陆地及沿海的全部采油权。该公司必须以现金作为报偿;3. 没有获得总理的批准,除国家石油公司外,任何个人或公司不得经营石油业务;4. 给予各石油公司关于探矿及开采权、石油经营、提炼及石油制品制造的权力,在这一法令实施后6个月内,可由总理决定继续或停止;5. 总理任命国家石油咨询会议成员,他们在石油、石油工业、能源政策等问题上可向总理提供参考意见

续表

矿产资源开发法	马来西亚于1994年开始实施《矿产资源开发法》,矿产资源归各州所有,各州拥有对在自己土地上开采矿产的批准和发证权。不过,在批准前须与国家矿产资源部、环境保护部及其他相关部门协商一致。该法规定了联邦政府对矿业开采的监督与管理权和矿业开采企业的权利和义务,包括矿产开采企业在开采前、开采中和开采后应达到的法定条件和要求等。《矿产资源开发法》规定,该法令的执法部门是自然资源和环境保护部下属的矿产资源司。在对矿产的行政管理方面,资源环境部任命矿产司司长作为执行本法令的行政长官负责本法令的执行,负责矿产资源勘探、钻井、开采、提取、储存、处理过程中的安全监督和管理,获取矿产资源勘探、钻井、开采、提取、储存、处理过程中的有关信息和资料,执行资源环境部下达的关于矿产资源管理的行政命令,履行其他行政管理职责。为了加强对矿产资源开发的监管力度,马来西亚政府对矿产资源开发实行严格的许可证制度。根据《矿产资源开发法》,矿产方面的行政许可主要包括勘查许可证、探矿许可证、开采许可证、个人采矿许可证和独占采矿许可证等,并对各项矿产许可证的经营者做了详细的规定
矿产开发法和州矿产法令	马来西亚法律规定州政府负责本州矿权的管理,主要法律依据是1994年的矿产开发法(MDA)和州矿产法令(SME)。州政府设有矿产资源委员会(SMRC)具体负责矿权的审批。在各州政府都设有一站式的管理中心,中心设在土地和矿山领导办公室(SDLM),负责矿产勘查许可证、勘探许可证和采矿租约及延期申请办理工作。中心拥有关于矿产的全部信息,包括是否已经审批和目前的执行情况。全部矿权的申请要提交到州矿产资源委员会(SMRC)。 马来西亚矿法规定主要有三种矿权:一是勘查许可证。勘探对象为冲积型矿床,最大面积为25~400公顷,期限2年,可延期2年。如果要更新,必须在许可证期满前的6个月之前提出申请。二是勘探许可证。勘探对象为原生矿床,最大面积为400~20,000公顷,期限10年,可延期5年。勘探许可证不能超过4万公顷。对勘查或勘探许可证的持有者每年有最低勘探支出的要求。勘查或勘探许可证持有者拥有在许可证规定的土地范围内取得采矿租约的优先权。三是采矿租约。初始期限21年,可以延期21年。租约持有者在进行矿产开采前必须先进行矿山的可行性研究,要制定土地复垦计划

4. 基础设施互联互通法律情况

马来西亚的基础设施比较完善,政府重视对高速公路、港口、机场、通信网络和电力等基础设施的投资和建设。根据《第11个马来西亚计划(2016~2020)》,加强基础设施建设为该计划的六大战略方向之一。

(1)外国公司承包当地工程的规定

基本情况	
许可制度	外国承包商在马来西亚注册成立建筑工程公司需要得到马来西亚建筑发展局批准,同时还要获得建筑承包等级证书。按照法律规定,外国独资公司不能获得A级执照,而没有执照,公司不能作为总承包商参与政府1000万林吉特以上项目招标。因此外国公司要成为A级公司,必须与当地公司合作,但是当地公司大多以其信誉或A级资质作为参股条件,并不直接出资,他们与外国公司合作的目的是利用外国公司的资金和技术
禁止领域	马来西亚政府财政拨款项目一般交由当地承包商负责,不允许外国工程公司单独担任总承包商,外国公司只能从当地公司中分包工程
招标方式	马来西亚政府拨款工程项目和私人领域项目一般都实行招标制度,但在融资支持或满足业主其他特别要求的情况下,部分项目也可由承包商与业主议标
承揽工程项目的程序	
如何获取信息	政府出资项目由政府主管部门发布信息,私人项目通过主要报刊定期发布招标及项目信息
招标投标	在马来西亚,由世界银行、亚洲开发银行和其他外来资金参与的项目均按国际标准公开招标政府财政拨款的工程项目,一般把招标对象限定在拥有A级资格的马来西亚本地公司,外国公司需从中分包或合作。私人发展项目招标对象限制较少,但最大的风险是支付保障问题,要慎重选择有实力有信誉的业主。在马来西亚,无论是哪类项目,均存在议标的情况
许可手续	在马来西亚主管承包工程的政府部门是建筑业发展局(CIDB)。承包商与当地发展商签订承包合同后,需要向该局申请办理施工许可证,并由其查验承包公司资质和监督审查项目进展情况。一般情况下,承包公司还需申请的许可有机械设备使用许可(机械管理部门)和工人现场驻地和设备材料堆放许可(市政管理部门)

(2)BOT/PPP相关法律规定

马来西亚政府在政策层面大力支持BOT项目的开展,并积极修订有关法律,使马来西亚国内法律环境与国际接轨。20世纪80年代,马来西亚修订《宪法》并通过《联邦道路法案》,为高速公路项目BOT扫清障碍;90年代修订《电力供应法案》和《电力管理条例》,为私营电站建设和运营提供法律保障;2005年通过并于2006年开始实施的《仲裁法案》,为外资进入马来西亚本地BOT项目市场打通了最后一个环节。

马来西亚高速公路建设项目通常采用BOT或PPP方式实施,政府与私人公司签署特许经营协议,公司以参股形式牵头成立项目公司,再将项目向多个承包商分段分包后开工建设。马来西亚公路、轨道交通、港口、电站等BOT项目专营年限一般为30年左右。项目融资通常采用政府部分出资、银行贷款、项目公司发行债券或外商投资等方式解决。

（三）外汇管制

马来西亚对外汇实行管制。马来西亚中央银行代表政府负责全国的外汇管理工作。大部分对外支付的审批由指定银行承担，联邦财政部、皇家海关和国内消费税务司负责管理进口，日常性的进口管理由贸易工业部、基础工业部、木材委员会、兽医司等与皇家海关和国内消费税务司联合负责。

1. 货币与汇率安排

马来西亚的货币为林吉特，其汇率是根据马来西亚主要贸易伙伴“一揽子”结算货币加权确定的。林吉特的汇率以美元表示，美元是干预货币。林吉特对美元的汇率由外汇市场决定。林吉特对所有其他货币的汇率均根据其对美元的汇率和国际市场上美元对其他货币的汇率套算确定。除以色列和南非货币外，商业银行可以对顾客自由确定和公布各种货币汇率，可以签订商业性或融资性交易的远期汇率合同。对商业银行的远期抵补采用市场汇率，通常最多只能作 3 个月的远期买卖。买卖外汇不征税，也不补贴。

2. 对外结算货币

除以色列和南非外，对其他所有国家的支付均可以用林吉特或除以色列、南非货币之外的任何一种货币。对向除以色列、南非以外国家出口所得的收入，必须在商业合同所规定的时间内收回，但最多期限不得超过出口之日起 6 个月。出口收入货款可使用（除以色列、南非货币之外）任何货币或使用对外账户中的林吉特。

3. 非居民账户

非居民账户是指马来西亚以外的各国居民的林吉特账户。从非居民账户提取款项没有限制。对此类账户允许自由存入款项，不问用途。但存入超过 1 万林吉特款项时，要求填送外汇管理表格。出售外汇的林吉特收入可存入非居民账户，超过1 万林吉特需经指定商业银行批准。该账户上的余额可任意转入其他居民或非居民账户，也可以转换为非以色列或南非货币之外的其他任何一种货币。

4. 非贸易支付

对除以色列、南非之外的其他国家的非贸易支付，如符合外汇管理规定，则没有限制。对出国旅游所用外汇没有数量限制。允许非居民将股息、红利、利息及所有真实投资所得的利润汇出国外，如果超过 1 万林吉特，需填写表格。旅游者可自由将现钞带出境。

5. 非贸易收入

马来西亚外汇管理部门对非贸易外汇收入不进行管制，但对出口贸易收汇进行外汇管理，对旅游者带入的现钞无限制。

6. 其他规定

外商可以自由转售调回其在马来西亚的投资收益;但调回金额超过1万林吉特以上者需填送外汇管理表。马来西亚境内非居民控制的公司可在马来西亚筹措1000万林吉特以内的资金,而不需外汇管理部门的批准,但在马来西亚筹措的资金须有60%来源于商业银行或马来西亚境内的股份金融机构。居民或非居民管理的公司为购买马来西亚不动产筹措贷款时,其贷款金额不得超过购买资金的50%,并且此笔贷款须在3年内偿还。马来西亚居民只要未从国内借款,则可以自由向其他国家进行直接证券投资(以色列、南非除外)。如果马来西亚居民已借用国内贷款,其对外投资须经中央银行事先批准。

马来西亚不鼓励商业银行为那些不可能为经济发展带来长期利益的境外投资提供贷款,只鼓励商业银行将此项贷款用于提高马来西亚的生产能力。马来西亚商业银行根据外汇管理局批准的限额,可以保留1000万到1亿林吉特的短期或长期外汇头寸。马来西亚居民可以从事各种形式的(如买卖、进出口、借贷等)黄金自由经营。

(四)税收制度

1. 主要税种

马来西亚税收种类分直接税和间接税。直接税包括所得税、不动产盈余税、石油所得税和印花税等,间接税包括货物税、关税和进出口税、销售税和服务税等。近几年,马来西亚税收收入增长较快,税收收入占政府财政收入的比例均超过70%。

马来西亚联邦政府和地方政府实行分税制,其中联邦政府征收的税种包括财政税和非财政税,财政税又分为直接税和间接税。地方政府征收的税种主要有:土地矿山和森林税、执照税(不含机动车、电气设备和商业注册执照)、娱乐税和酒店税等,门牌税由市政当局征收。

2. 税收管理部门

马来西亚联邦政府财政部统一管理马来西亚税务制度,负责制定、实施及管理该国税收政策,具体管理和实施由其下属内陆税收局和皇家关税局负责。

内陆税收局主要负责评估、征收直接税,如所得税、附加税、房地产税、印花税等。在全国各地设有二十五个评估分支机构和十六个调查中心(主要负责逃税事宜),统筹管理全国各地直接税的评估和调查工作。内陆税收局还具有与外国商签避免双重征税协定的职能。

皇家关税局(又称皇家关税和货物税局)主要征收间接税,如进口税、出口税、销售税和服务税等。主要职能有:负责制定管理间接税种;通过引进新方法和先进设备来提高征税效率;通过减免征收、建立免税区等措施协助促进工业发展;引进预防逃税及税收损失的措施;研究商品的价值,确定征收税额;代表贸工部和内贸部等其他部委开展部分工作；积极参加关税合作委员会、东盟、世贸组织等国际组织的活动等。

州政府没有设立专门的地方税务局，而是根据征收的税种，由相关的部门进行征收，如土地税、矿产税由州矿务局征收，森林税由州森林局征收。州政府财政部门给予政策上的指导。

五、法律风险评价

(一)营商环境良好

总体而言，马来西亚具有良好的营商环境。根据世界银行2015年营商环境报告，马来西亚的营商环境在189个国家和地区中排名第18位，位于世界前列。具体而言，马来西亚在大部分领域都表现出色，如“公司注册”排名第13位，“施工许可”排名第28位，“信贷获取”排名第23位，“跨境贸易”排名第11位。部分领域表现良好，如“财产登记”排名第75位，“纳税”排名第32位，及“破产”排名第36位。

公司注册		纳税		财产登记	
程序个数	3	每年赋税次数	13	程序个数	8
时间(日)	5.5	平均耗时(小时)	133	时间(日)	13.5
成本(占单位收入的百分比)	7.2	总税率	39.2	成本(占财产价值的百分比)	3.3
最低注册资本(占单位收入的百分比)	0	—		—	

数据来源：2015年世界银行营商环境指南。

(二)强制执行成本、破产处置成本较低

马来西亚在合同强制执行及破产处置方面具备相当的地区优势。根据2015年世界银行营商环境指南，马来西亚的合同强制执行效率在世界189个国家和地区中排名第29位，处于世界前列；破产的处置成本全球排名第36位，位于上游水平。

合同强制执行	马来西亚	美国	经合组织
时间(日)	425	420	539.5
成本(占标的额的百分比)	37.3	30.5	21.4
程序(个)	29	33.6	31.5

续表

破产处置	马来西亚	英国	经合组织
时间(年)	1	1.0	1.7
成本(占资产价值的百分比)	10	6.0	8.8
回收率(每美元美分数)	81.3	88.6	71.9

数据来源:2015 年世界银行营商环境指南。

(三)跨境贸易法律限制较少

马来西亚进出口贸易较为发达,相关法律对跨境贸易限制极少。马来西亚的进出口交易成本较低,且具有较大的便捷性。根据 2015 年世界银行营商环境指南提供的数据,马来西亚跨境贸易难易度在全世界 189 个国家和地区中排名第 11 位。

马来西亚跨境贸易	
出口所需文件数	4
出口时间(日)	11
出口成本(每集装箱/美元)	525
进口所需文件数	4
进口时间(日)	8
进口成本(每集装箱/美元)	560

数据来源:2015 年世界银行营商环境指南。

新加坡共和国
Republic of Singapore

——腾飞中的花园王国

新加坡共和国基本情况

国家名称（中英文）	新加坡共和国（Republic of Singapore）		
人口（百万）	5.54	人口增长率（年均%）	1.2
领土面积（千平方公里）	0.7	主要民族	华人、马来人、印度人
官方语言	马来语、英语、华语、泰米尔语	主要宗教信仰	佛教、伊斯兰教
政体	议会共和制	主要政党	新加坡人民行动党
GDP（十亿美元）	292.74	GDP 增长率（年均%）	2.0
国民总收入（十亿美元）	288.31	人均国民收入（美元）	54,990
通货膨胀率（年均%）	1.6	外国直接投资净流入（百万美元）	65,263
外债（百万美元）	—	总偿债额占出口贸易和收入的比率	—

数据来源：2015 年世界发展指标数据库。

一、国情简介

新加坡共和国（以下简称新加坡）位于东南亚，北隔柔佛海峡与马来西亚相邻，南隔新加坡海峡与印度尼西亚相望，由新加坡岛及附近 63 个小岛组成，总面积约为 716.1 平方米。其中新加坡岛占全国面积的 88.5%，东西约 42 千米，南北约 23 千米。

新加坡是一个多元化的移民国家。在新加坡居民中，华人为主要民族，约占 74.2%，马来族占 13.3%，印度族占 9.1%，其他种族占 3.3%。马来语为新加坡国语，英语、华语、马来语、泰米尔语为新加坡官方语言，英语同时是新加坡行政用语。主要宗教为佛教，佛教信徒约占新加坡人口的三分之一；其次为伊斯兰教，伊斯兰教教徒约占新加坡人口的 15%；此外还包括基督教、道教、印度教和其他宗教。新加坡政治环境稳定、经济发展良好、监管制度健全，是全球重要的金融中心。

(一)政治概况

新加坡实行议会共和制。总统为国家元首,由民选产生,任期为6年。总理为总统委任的议会多数党领袖。总统和议会共同行使立法权,总统有权否决政府财政预算和公共部门职位的任命,并可审查政府执行内部安全法令和宗教和谐法令的情况,有权调查贪污案件。总统在行使主要公务员任命等职权时,必须先征求总统顾问理事会的意见。

新加坡执政党为人民行动党,由李光耀等人于1954年11月发起成立,奉行民主社会主义思想路线,自1959年至今一直保持执政党地位。

(二)经济概况

新加坡建国50年来,经济发展取得举世瞩目的成就,多项经济指标在世界上名列前茅,甚至超过许多传统发达国家。国内生产总值(GDP)从1965年的不足10亿美元发展到2015年的近3000亿美元,年均增长12.65%;人均GDP从1965年的500美元发展到2015年的近5.5万美元,年均增长10.21%。

(三)外交政策

新加坡是不结盟运动的成员国,奉行和平、中立和不结盟的外交政策,主张在独立自主、平等互利和互不干涉内政的基础上,同所有国家发展友好合作关系。新加坡是美国在东南亚地区的重要盟友,并在东南亚国家联盟中发挥重要作用,是该组织的5个发起国之一。

中国和新加坡于1990年10月3日建立外交关系。建交以来,两国高层交往频繁。1999年10月,双方签署《经济合作和促进贸易与投资的谅解备忘录》,建立了两国经贸磋商机制。双方还签署了《促进和保护投资协定》《避免双重征税和防止漏税协定》《海运协定》《邮电和电信合作协议》《成立中新双方投资促进委员会协议》等多项经济合作协议。2008年10月两国签署了《中新自由贸易协定》,并于2009年1月1日正式生效。中新经贸合作发展迅速,近年来中国已成为新加坡最大贸易伙伴之一,新加坡则成为中国重要投资来源国。此外,两国在金融和人才领域合作发展迅速。

二、法律概览

(一)法律体系

新加坡的法律体系主要是在继承英国普通法传统的基础上发展构建,兼受印度和澳大利亚等国影响。新加坡的法律体系涵盖全面,宪法、行政法、民商法、刑法等都有较为详细且自成体系的规定。截至目前,该国法律制度健全完善、法治长期稳定。

（二）司法制度

1. 诉讼制度

（1）法院体系

新加坡的法院体系主要包括最高法院（由永久上诉庭和高等法院组成，并设特别宪法法庭）和初级法院，以上两级法院均有聆审的权力。

最高法院中永久上诉庭地位最高，聆审从高等法院和初级法院提起的民事、刑事上诉。高等法院的管辖权由对民事、刑事事项的普遍管辖权和上诉管辖权组成。高等法院受理超出初等法院管辖权范围的第一审案件。高等法院法官享有固定任期保障，而司法委员则是在短期合同基础上获得聘任的。两者都享有同样的司法权力和豁免权。他们的司法权力由对民事、刑事事项的普遍管辖权和上诉管辖权组成。此外，在最高法院架构内建立了一个特别宪法法庭，聆审由总统提交的、与宪法条款的效力有关的问题。

初级法院由地方法庭、推事法庭、少年法庭、验尸庭和小额索偿法庭组成；随着商业交易和有关法律的复杂化，初级法院内部最近又建立起商业民事和刑事法庭，以处理更为复杂的案件；家事法庭也属于初级法院，主要处理离婚、财产维持、财产保管和收养事宜。

各初级法院之间有着某些共同点，但也存在较大区别。地方法庭与推事法庭在某些事项上拥有同等权力，如以债务、请求或损害赔偿为由的合同或侵权的索偿，和追回财产的执行。不过地方法庭与推事法庭也存在较大区别。例如，民事案件的诉讼标的限额在推事法庭和地方法庭分别为60,000新元和250,000新元。在刑事判罪上，推事法庭所能施加的监禁刑期以两年为限，而地方法庭则是七年。小额索偿法庭主要采用简易程序，以处理小额索偿请求，其特点是审理快捷、花费较少，其标的限额为20,000新元（由纠纷当事人以书面形式表示同意）。

（2）民事诉讼法律制度

新加坡的民事诉讼包括数个不同阶段。法律程序的启动是由原诉程序开始的，原诉程序遵循下列步骤：被告应诉、诉答程序、调查程序、法庭指示、为中期或最终济助申请中间禁令，如果案件没有通过和解的方式迅速解决（通常是通过诉讼各方协商或法院调解的方式）或者是通过简明判决或其他形式的中间判决结案，诉讼就会进入审判程序。审判结束后，诉讼仍可能因上诉程序的启动或在实现法院判决的强制执行过程中继续。

诉讼费用的负担原则是“诉讼费用视诉讼结果而定”，胜诉方有权要求败诉方负担诉讼费用。无论是在原则或是在数额方面，法庭都是在酌情考虑的基础上，签发诉讼费用令的。法庭可以决定收取定额诉讼费用或经评定的诉讼费用。通常而言，如果法庭做出支付诉讼费用的命令而没有判定数额(即在诉讼费用表中预先确定的),就可以进行诉讼费用的评定。

2. 仲裁制度

新加坡仲裁可以按照临时仲裁的规则进行,也可以提交仲裁机构处理。新加坡国际仲裁中心(SIAC)是新加坡唯一的仲裁机构。新加坡国际仲裁中心依据其规则处理的大部分案件均是当事方在仲裁协议中约定采用其规则的案件。当仲裁地为新加坡时,应依据《仲裁法》(2002 年)或《国际仲裁法》(第 143A 号法令)来规范仲裁程序的实施。

(1)《仲裁法》

新加坡现行《仲裁法》于 2002 年 3 月 1 日起施行。该法适用的前提是,仲裁地为新加坡,即主要规范国内仲裁。《仲裁法》的制定目的是使适用于国内仲裁的法律与联合国国际贸易法委员会制订的《国际商事仲裁示范法》(以下简称《示范法》)相一致。

(2)《国际仲裁法》

《国际仲裁法》主要规范国际仲裁。除非经当事各方书面同意,否则《国际仲裁法》第二部分和《示范法》不得适用于非国际仲裁。《示范法》(除第八章外)在新加坡具有法律效力。依据《国际仲裁法》的有关规定,属于国际仲裁的情形如下:

属于国际仲裁的情形	
1	仲裁协议的当事各方在缔结仲裁协议时,至少一方的营业地点位于新加坡以外的国家
2	约定的仲裁地位于当事各方营业地点所在国以外
3	履行商事关系主要义务的地点或者与争议内容关系最密切的地点位于当事各方营业地点所在国以外
4	当事各方明确同意,仲裁协议涉及一个以上的国家

(3)《仲裁法》与《国际仲裁法》的区别

以上两个法律的主要差异在于法院对仲裁过程及当事方自治的干预程度。在国际仲裁中,法院的干预限于法律的明确规定,根据《国际仲裁法》,针对仲裁裁决进行的异议审查的机会是有限的。而根据《仲裁法》,当事一方可以按当事各方的协议或者经法院准许就仲裁裁决中产生的法律问题进行上诉,当事各方也可以申请由法院对在仲裁过程中产生的严重影响当事各方权利的法律问题做出决定。

3. 司法协助

根据《中华人民共和国和新加坡共和国关于民事和商事司法协助的条约》第 20 条的约定，缔约双方应根据 1958 年 6 月 10 日在纽约签订的《承认及执行外国仲裁裁决公约》，相互承认与执行在对方境内作出的仲裁裁决。

（三）司法效率

新加坡司法机关采用信息技术手段，建立电子填报系统，有效运用各法庭的信息，使司法效率进一步增强。该系统是一个由司法机关、新加坡电信网络服务公司和新加坡法律学会推动的联合计划，它能够使法庭档案的填写、提取、其他服务以及案件信息跟踪都通过电子方式完成。这个计划最近也经过了进一步更细致的改进，提升对终端使用者的服务水准。信息技术的革新也在许多刑事审判程序中得以有效运用。

新加坡高效的司法体系享有良好的国际声誉。加上新加坡司法官员清正廉洁，办事效率较高，因此新加坡是全球司法执行成本最低的国家之一。

三、金融法律制度

新加坡是亚太地区起步最早的国际金融中心，目前已发展成为世界最重要的国际金融中心之一。新加坡金融法律制度较为完整，自 1999 年实行金融改革以来，采取较为开放的金融准入法律制度。该国金融管理局配套制定了系列政策法规，使新加坡金融法律制度从强调管制、注重风险，逐渐转变为以信息披露为本、鼓励金融创新，新加坡的离岸金融市场也从分离型市场向一体型市场过渡转型。

（一）银行准入法律制度

1. 外资银行在新加坡的业务开展

新加坡目前已取消外资在本地银行不可拥有 40% 以上股权的上限，废除了银行股双轨制，且将离岸银行的新元贷款额上限提高到 10 亿新元，使掉期交易的资金流动性大大提高。

2. 外国商业银行主要类型

新加坡的商业银行随着对外贸易、对外投资和经济发展而产生，由于其银行体系从独立以前的殖民银行体系演化而来，因而保留了本地银行和外国银行并存发展的“双重银行体系”。新加坡独立后，其银行体系经历了数次变迁：最初新加坡政府允许外国银行从事当地银行可进行的所有业务，但此后为了保护本国银行业，逐渐开始限制外国银行的业务领域，先后开始颁发限制性银行执照和离岸银行执照。目前，新加坡的外国商业银行主要有以下三类：

类型	经营范围
完全执照银行	完全执照银行能够在新加坡内毫无限制地从事所有银行业务，而且只有完全执照银行才能在新加坡开设一家以上的分行。完全执照银行可以获得亚洲货币单位执照，从事主要离岸业务
限制性执照银行	限制性执照银行不得接受新加坡货币，不得接受25万美元以上的定期存款或储蓄存款，而且只能在新加坡境内设立一家办公机构。限制性执照银行可以获得亚洲货币单位执照，从事离岸交易
离岸性执照银行	离岸性银行的业务主要集中于亚洲货币单位交易上。从1978年开始，离岸性银行可以从事国内金融业务，但必须符合以下条件。 1. 不得从事新加坡元的普通存款业务； 2. 不得吸收新加坡居民的新加坡元定期存款； 3. 非新加坡居民的新加坡元定期存款只有等于或超过25万新加坡元的方可接受； 4. 每家离岸性银行的新加坡元存款不得超过5000万新加坡元； 5. 在新加坡最多只能设立一家分行

（二）担保法律制度

1. 担保法律体系

新加坡为普通法国家，主要担保类型有法定抵押、押记、质押、留置和保证等，与担保相关的内容主要规定在《公司法》（第50章）、《民事法法案》（第43章）、《土地产权法》（第157章）、《转让和财产规则法》（第61章）、《商船法》（第179章）和《航空器设备国际利益法》（第144B章）中。此外，判例在新加坡担保法律体系中也起到重要作用。

2. 主要担保类型及设立方式

对于未在新加坡设立机构的境外银行而言，其从事相关业务应遵守新加坡法律中关于各类担保的设立或生效的规定，具体情形如下表所示：

<table>
<tr><th>类型</th><th colspan="2">生效或设立具体方式</th></tr>
<tr><td rowspan="2">保证</td><td colspan="2">《民事法法案》要求所有新加坡法律保证都采用书面形式（或者有某种备忘或记录），由保证人或保证人合法授权签署该保证的人员签署。
如保证没有对价支持，那么还须以契约的形式进行</td></tr>
<tr><td colspan="2">在新加坡注册成立的公司可向其母公司、子公司提供保证，或交叉保证。但是《公司法》第162条和第163条禁止公司向其自己的董事或关联公司董事提供保证，除非其是一家不超过20名个人成员的公司，或者由政府全资所有，并宣称为私人豁免的公司</td></tr>
<tr><td rowspan="3">土地、建筑物抵押</td><td>法律规定</td><td>新加坡土地担保一般通过《土地产权法》规定的法定抵押的形式设立</td></tr>
<tr><td rowspan="2">登记机关</td><td>土地抵押必须在土地产权登记处登记</td></tr>
<tr><td>此外，如在新加坡设立的公司（或在新加坡注册的外国公司）授予土地的担保，担保必须在新加坡会计与公司管理局登记</td></tr>
</table>

续表

类型	生效或设立具体方式	
土地、建筑物抵押	时限规定	根据《公司法》第131条,如果担保文件在新加坡境内签署,则登记必须在担保设立后30天内完成,如果担保文件在新加坡境外签署,则登记在担保设立之日后37天内完成。未能登记的,意味着担保对于公司的清算人或债权人没有效力
	税费	在担保文件签署后14天内(如在新加坡境内签署),或担保文件签署之日后30天(如在新加坡境外签署),就不动产上设立的抵押还须支付最高500美元的印花税
船舶抵押	法律规定	船舶或其中任何部分权益上设立的担保通过《商船法》规定的抵押形式实现
	登记机关	船舶抵押必须在新加坡船舶登记处登记才能产生对抗第三人的效力。未在新加坡船舶登记处登记抵押的,将丧失有关抵押的优先权利
		新加坡公司或在新加坡注册的外国公司授予抵押的,必须在规定期限内在新加坡会计与公司管理局登记
航空器	对航空器的担保应采用抵押形式。 航空器抵押没有特定登记,但是建议航空器的所有担保权益都在新加坡民航局记录。新加坡公司或在新加坡注册的外国公司设立抵押的,必须在规定时间内在新加坡会计与公司管理局登记,除非可根据《航空器设备国际利益法》进行登记。 对机身、飞机发动机和直升机的书面抵押不以在新加坡会计与公司管理局登记为条件,而是必须在移动资产国际登记处登记。 未能在移动资产国际登记处登记的,就意味着担保会丧失针对后续设立的、经过登记的担保的优先权,并且对于登记出售的后续买方也没有强制执行力	
上市公司股权	在新加坡交易所上市的股票和其他证券都是《公司法》规定的"记账证券",证明该证券产权的文件都托付于中央托收公司,并以中央托收的名义登记。因此,该等证券的转让应记录于中央托收保留的登记簿中。 记账证券只能由一个在中央托收开立账户的主体("账户持有人")或者托收代理托付于中央托收,但不能由子账户持有人托付。"子账户持有人"系指在托收代理处开立账户的持有人	
上市公司股权	对上市公司股权和其他上市证券设立担保有以下两种方式。 1. 法定担保。法定担保只能为账户持有人或托收代理的利益设立,但不能为子账户持有人设立。因此,为了取得法定担保,担保物权人必须在中央托收处拥有账户或是托收代理。法定担保对担保人和担保物权人的权利和义务也有限制性规定; 2. 普通法担保。由于法定担保的限制性,取得上市公司证券担保的银行多数倾向对记账证券取得普通法担保。《公司(中央托收系统)条例》第23A条规定允许这种担保。要对上市公司股权设立普通法担保,担保人和被担保方必须在被	

续表

类型	生效或设立具体方式
上市公司股权	担保方接受的托收代理处分别开立一个子账户。担保人和被担保方随后签订一份担保协议,根据该协议,担保人将为银行利益,对其在托收代理处维持的子账户及在该子账户中持有的全部证券的所有权利、所有权和权益设立负担,并将其让与给银行。根据担保文件,被担保方可指示托收代理将担保人子账户中的证券转移到被担保方的子账户中。为了完善该担保,必须通知托收代理。在新加坡注册成立的公司(或外国公司在新加坡注册的分公司)授予的股权担保必须在规定时间内在新加坡会计与公司管理局登记。未能登记意味着担保对公司清算人和债权人没有效力
非上市公司股权	非上市公司股权的担保一般通过抵押或押记的方式设立。实践中,股权的押记通过担保文件设立,担保人应将股票证书和空白股权转让格式文件交付给被担保方。在新加坡注册成立的公司(或外国公司在新加坡注册的分公司)设立的股权担保必须在规定时间内在新加坡会计与公司管理局登记。未能登记意味着担保对公司清算人和债权人没有效力。关于股权担保还应支付最高500 新加坡元的印花税。该印花税应在担保文件签署后 14 天内支付(如在新加坡境内签署),或者在担保文件签署之日起 30 天内支付(如在新加坡境外签署)
账户	《民事法法案》第 13 条明确准许对位于新加坡境内的银行账户设立法定和衡平法的抵押和押记。对新加坡银行账户的担保通常以押记方式取得。对银行账户的负担可以是固定或浮动的,担保权益在担保文件签署时设立。但是,为了完善新加坡银行账户的负担,须根据《公司法》第 131 条在新加坡会计与公司管理局登记,另外建议向开户银行发送有关担保的通知
知识产权	注册知识产权如商标、专利、商标许可和专利许可可以作为担保物。该担保通常采用固定押记的形式,并且如果是有关商标的押记,须在商标注册处登记,如果是有关专利的担保,须在专利注册处登记。也可以取得版权的担保,一般通过押记的方式设立,但除了《公司法》第 131 条规定的以外,无须登记。在新加坡注册成立的公司或在新加坡注册的外国公司对商标、专利或版权授予的担保必须在规定时间内在新加坡会计与公司管理局登记。未能登记意味着担保对公司清算人和债权人没有效力
所有现有和未来资产	根据新加坡法律,在新加坡注册成立的公司可对其所有现有和未来资产设立浮动押记。该担保通过担保人和被担保方之间签署的担保协议设立,并且须在规定时间内在新加坡会计与公司管理局登记来进行完善。未能登记意味着担保对公司清算人和债权人没有效力。根据新加坡法律,只有公司才能对所有现有和未来的资产设立浮动押记

续表

类型	生效或设立具体方式
合同权利	合同权利的担保通常通过担保物让与的方式授予。担保权益在双方签署担保协议之时设立。但是,为了完善该担保,必须向义务人/债务人发送让与通知。根据《民事法法案》,法定(或成文法规定的)让与必须采用书面形式、完全无条件且不仅仅采用负担的方式。此外,须向被让与合同项下的义务人发出让与通知。如让与缺少任何该等要素,那么只能构成一个衡平法的让与。当让与的合同权利类型适用《公司法》第 131 条规定的登记(例如应收账款的担保物让与须作为账面债务的负担进行登记)时,必须在有关期限内向新加坡会计与公司管理局登记。未能登记意味着担保对公司清算人和债权人没有效力

3. 担保的效力与顺位

<table>
<tr><th>类型</th><th>对抗第三人</th><th>优先顺位的确认</th><th>同一担保物能否重复设立担保以及担保方式</th></tr>
<tr><td>土地所有权、建筑物抵押</td><td rowspan="5">完成登记后可对抗第三人</td><td>已登记抵押之间的优先顺序应根据向土地产权登记处登记的日期和时间确定</td><td rowspan="4">1. 根据新加坡法律,可以对同一担保物设立第二次担保。记录第二次担保的方式与同类任何其他担保权益的方式相同。
2. 担保协议通常包含限制抵押条款,即禁止担保人在未经在先担保权人书面同意的情况下对同一担保物设立后续担保。如首个担保权人授予同意,该同意通常会受限于由首个担保权人确定的条件,通常包括要求第二个担保权人与首个担保权人签订一份合同从属协议,根据该协议,第二个担保权人在担保物中的权益和针对担保人的权利将从属于首个担保权人的权益。如担保人欲就某财产设立第二次法定抵押,则第二次的抵押将被视为一项衡平法上的抵押,因为担保人已不再拥有被抵押财产的法定所有权,只拥有抵押品赎回权</td></tr>
<tr><td>船舶抵押</td><td>已登记抵押之间的优先顺序应根据向船舶登记机关登记的日期和时间确定</td></tr>
<tr><td>航空器抵押</td><td>对于应在移动资产国际登记机构登记的担保权益,优先顺序应根据在该机构登记抵押的日期和时间确定。对于就航空器设立的其他抵押,衡平法抵押之间的优先顺序应根据登记的日期和时间确定,且法定抵押优先于授予贷款时未通知承押人的抵押的所有其他担保权益</td></tr>
<tr><td>股权担保(上市公司股权)</td><td>就股权设立的法定担保之间的优先顺序应参照设立该担保的日期确定。股权衡平法担保之间的优先顺序应参照设立担保的日期确定。就股权设立的法定担保应优先于在授予贷款时未通知法定担保权人的股权衡平法担保,即便该衡平法担保的设立早于合法担保的设立</td></tr>
<tr><td>机器设备质押</td><td>不适用</td><td>由于质押属占有性担保,不可能就质押财产重复设立担保</td></tr>
</table>

续表

类型	对抗第三人	优先顺位的确认	同一担保物能否重复设立担保以及担保方式
股权、账户、知识产权押记	完成登记后可对抗第三人。另外，对于账户质押，应同时向被质押账户开立银行发送质押通知	固定押记之间的优先顺序应参照担保设立日期确定。浮动押记之间的优先顺序通常也应参照担保设立日期确定（即使后设立的浮动押记比较早设立的浮动押记先具体化）。固定负担应优先于浮动负担，即便浮动负担的设立早于固定负担的设立，或即便固定负担权人已知悉较早设立的浮动负担	根据新加坡法，可以对同一资产重复设立担保。对重复担保的文件记录方法与同类型的任何其他担保权益的记录方法相同。应注意担保协议通常包含一项限制抵押条款，禁止担保人在未经首个担保权人事先书面同意的情况下对同一担保物设立后续担保。如首个担保权人授予同意，该同意通常会受限于由首个担保权人确定的条件，通常包括要求第二个担保权人与首个担保权人签订一份合同从属协议，根据该协议，第二个担保权人在担保物中的权益和针对担保人的权利将从属于首个担保权人的权益
就现有及未来资产设立的浮动押记	完成登记后可对抗第三人	浮动押记之间的优先顺序通常也应参照担保设立日期确定。固定押记应优先于浮动负担，即便浮动抵押的设立早于固定押记的设立，且即便固定负担权人已知悉较早设立的浮动负担。另外，就同样受限于所有资产浮动负担的某资产设立的特定负担（无论固定或浮动负担）也享有优先权	
合同权利担保物让与	向被转让合同项下的债务人发送转让通知并完成了必要的 ACRA 登记后即可对抗第三人	转让（无论法定的或衡平法转让）的优先顺序应参照向合同债务人发送转让通知的日期确定	

4. 担保的特殊审批程序

一般而言，在新加坡，对位于新加坡的资产设立担保不需要取得政府审批。但是在某些特定行业可能需要政府审批，举例如下：

行业	需要的审批
石油与天然气	若要设立的担保涉及的股权负担或资产转让可能使一主体取得石油、天然气公司总股权的5%或以上的所有者权益，那么就必须取得新加坡能源市场管理局事先批准
电力	如要设立的担保涉及的股权负担或资产转让可能使一主体在特定期限内取得电力公司投票权的5%或以上、12%以下的所有者权益的，那么就必须取得新加坡能源市场管理局的事先批准。不论此权益产生于一系列交易或者是以其他方式产生，这一要求均适用。此外，建议先向新加坡能源市场管理局确认担保不构成对法律或相关电力许可所规定任何条件的违反，即使担保并不涉及股权或资产的任何转让
电信	如要设立的担保涉及的股权负担或资产转让可能使一主体在特定期限内取得该电信公司投票权的5%或以上、12%以下的所有者权益的，那么就必须取得新加坡资讯通信发展管理局的事先批准。此外，为稳妥起见，即使担保不涉及股权或资产的任何转让，也可先向新加坡资讯通信发展管理局确认担保不违反任何法律或电信许可规定

（三）合同法律适用

新加坡有关冲突法原则的法律制度很少，除了有关程序事项的《法院规则》和规定法院管辖权的法律，新加坡法院对于贷款协议的准据法在大多数情况下都适用英国的普通法。新加坡法院的这种做法可在1993年《英国法适用条例》中找到法律依据。

（四）主权豁免

根据新加坡法律，主权豁免仅适用于国家与个人签订书面协议，且限定在特定交易或合同中（如国家与个人订立的雇佣合同）。但涉及国际公法的事务以及所有权有关的诉讼（如一国在新加坡占有或使用不动产）则不适用豁免权的规定。

四、投资法律制度

（一）企业相关法律制度

在新加坡，与企业有关的法律主要规定在《公司法》中，保险公司和银行则主要受《保险法》和《银行法》规制。有限责任合伙组织受《有限责任合伙组织法》规制。此外，普通法也对与公司有关的成文法规范起到补充作用。

1. 公司设立

根据新加坡《公司法》，拥有20名以上成员的经营组织都必须设立为公司。但该规定并不适用于那些遵照新加坡其他成文法设立的，由从事特定职业的个人组成的合伙组织。一般来说，只要提交相应的文件，缴纳规定的费用，任何人都可以在新加坡通过登记设立公司。设立公司时，法律要求必须提交公司章程和组织规章。

2. 公司治理

在新加坡,公司经营由董事负责。除了根据公司法或者公司章程应由股东大会行使的权力外,公司董事可以行使其他全部的公司管理权。公司股东作为公司的拥有者,未必需要作为董事参与公司的管理。

3. 公司解散

公司终结的过程被称为公司解散或清算。如果公司成员不愿再继续经营,运行良好的公司也可以解散。公司解散时,公司的资产及收益应用于清偿债务,如果还有余额,则应按比例分配给公司股东。

公司解散的方式有两种,即司法解散和自愿解散。

<table>
<tr><th colspan="2">解散方式</th><th colspan="2">具体情况</th></tr>
<tr><td rowspan="6">自愿解散</td><td rowspan="2">股东自愿解散</td><td>公司解散的启动</td><td>清算人的任命</td></tr>
<tr><td>公司董事作出表示,认为公司可以在解散程序开始后不超过 12 个月的时间内清偿全部债务</td><td>公司董事任命清算人</td></tr>
<tr><td rowspan="3">债权人
自愿解散</td><td>公司董事作出表示,认为公司可以在解散程序开始后不超过 12 个月的时间内清偿全部债务</td><td>公司董事任命清算人</td></tr>
<tr><td>公司董事未作出公司可以在解散程序开始后不超过 12 个月的时间内清偿全部债务的表示</td><td>公司董事必须召集债权人会议以任命清算人</td></tr>
<tr><td>公司在股东自愿解散的情况下任命的清算人认为,公司将无法在公司董事表明的时间内清偿全部债务</td><td>清算人则必须召集债权人会议并向债权人发布公司资产与债务声明,公司债权人可以另行任命清算人以完成公司解散过程</td></tr>
<tr><td rowspan="3">司法解散</td><td rowspan="3">公司无力清偿债务</td><td colspan="2">1. 公司债权人向公司提出了超过 10,000 新元的清偿请求,公司未能在其后 3 星期内进行清偿、提供担保、或提出让债权人满意的部分清偿计划</td></tr>
<tr><td colspan="2">2. 对债权人有利的法院判决或命令全部或部分未能得到执行</td></tr>
<tr><td colspan="2">3. 公司债权人也可向法院提出其他实体意义的证据,以使法院相信公司已无力清偿债务</td></tr>
</table>

(二)特定行业、领域法律情况

新加坡是世界上最繁忙的港口和亚洲主要转口枢纽之一,也是世界最大的燃油供应港。新加坡港已开通200多条航线,连接123个国家和地区的600多个港口,有4个集装箱码头,集装箱船泊位54个,为全球仅次于中国上海的集装箱港口。新加坡具有完善的船舶及航运配套法律制度,主要内容如下。

1. 船舶注册登记及船旗悬挂

船舶注册及船旗悬挂	
船舶在新加坡登记注册后,可悬挂新加坡旗。注册分临时注册和永久性注册两种。临时证书的有效期最长为一年,并且不得延期。在期满之前,船舶提交永久登记注册所需的全部待交文件后可转为永久注册	
在新加坡船级社登记注册须满足的条件	
可登记注册为新加坡籍船舶之船主的人事或实体	1. 新加坡公民或新加坡永久居民。 2. 在新加坡注册成立的公司(包括外资或本地企业)。外资公司指的是在新加坡注册成立,并且由非新加坡公民拥有50%以上权益的公司;本地公司指的是在新加坡注册成立,并且由新加坡公民或其他本地公司拥有50%以上权益的公司。 3. 对于拥有拖船和驳船的本地公司及其控股公司,注册资本将以首次登记注册的拖船或驳船价值的10%或50,000新元为限,以二者中较低者为准,但最低不少于10,000新元。 4. 一般情况下,不满17年的船舶需进行登记注册
外资公司所有船舶可在新加坡登记注册的条件	1. 该公司的注册资本必须至少为50,000新元。 2. 船舶总吨位必须至少为1600吨,且为自行推进式船舶。 3. 尽管存在注册资本的最低要求,但是如果公司和/或相关企业已经登记注册、申请登记注册,或已通知登记注册官将申请注册,且船舶符合船旗转换优惠政策的吨位标准的前提下,登记注册官可以自行决定是否免除该要求。 4. 如果船舶在新加坡营运,登记注册官可根据具体情况,自行决定是否免除总吨位要求。但船主必须向登记注册官提出免除要求的申请

2. 船舶海运相关法律政策

新加坡海运业税收新政策出台的影响
2011年,新加坡出台海运融资免税政策,鼓励本地海运产业发展。政策规定:自2011年6月1日起,对新加坡公司获得的用以购买或建造挂外国旗或新加坡国旗船只的外国借款,免除预提税;对于挂外国国旗的船只取得的合法收入予以免税。申请方式为自动免除,而不用逐笔审批。 根据现行新加坡税法规定,新加坡借款人向境外机构借款,一般应缴纳15%的预提所得税。贷款人注册地国家如有与新加坡签订避免双重征税协定,则所缴税率按协定执行。 新政策使海运企业获得了更有力的政策支持,有利于使新加坡获得更多注册船舶。一是享受企业税收优惠形式更为简便。在AIS、MFI等计划中,企业需逐笔申报,才能获得税收减免,而新政策下,不需要企业逐笔申报,优惠税收自动免除。二是获惠企业范围更广。原AIS、MFI等计划

续表

<table>
<tr><th colspan="2">新加坡海运业税收新政策出台的影响</th></tr>
<tr><td colspan="2">与本次优惠政策合并,获得这些计划支持的企业将继续享受优惠。有些不具备 AIS、MFI 等计划支持资格的船务公司,只要其对外国企业或银行借款用于船舶建造或租赁,也能享受优惠。三是企业融资用于购买或建造船舶具有更大的灵活性。在此项政策出台前,要购买船舶的船公司如果希望避免预提税,必须从本地借款。新政策使船运公司借款变得更加容易——从世界上任何一家银行或关联公司借款,都无须缴纳预提税。该项政策将鼓励船东在新加坡拥有和管理更多的新造船只。
值得注意的是,本次税收优惠为期五年。新加坡海事港口管理局已经以非正式的方式表示,新出台的免税政策目的是使那些在原有支持计划下达不到合格标准的小型船主或运营商也享受到政策支持,以期待他们在五年之内成长为可以适用于 AIS 等计划的企业</td></tr>
<tr><th colspan="2">新加坡海运优惠政策简介</th></tr>
<tr><td colspan="2">海运融资免税政策是新加坡建立海运大国的又一举措,是对税法中“免缴纳预提税情况”的一次修订。新加坡制定了多项政策,鼓励国际船东在新加坡设立船公司,开展经营活动。优惠政策主要分为国际海运公司经营、船只租赁和船只支持服务三大类</td></tr>
<tr><td>国际海运公司经营</td><td>1991 年出台的特许航运企业计划(AIS)中规定,经新加坡海事局认证的国际船务公司将成为“特许航运企业”,享有免除经营外籍船舶所得税、免除船舶租金预提税、从特许子公司收取的股息免征税及出售船舶所得收益免税的优惠。
特许企业可享有 10 年的 AIS 资格,并可在资格消失后申请延长 10 年。作为准入门槛,特许企业必须为新加坡经济发展做出贡献,每年至少达到 400 万新元的本地消费</td></tr>
<tr><td rowspan="2">船只租赁</td><td>制定海事金融优惠计划(MFI),对申请并通过计划认证的船舶租赁公司、船务基金或船务信托,购买船舶所赚取的租赁收入免税,直至所购船舶被出售为止。负责管理船务基金或企业的投资管理人所获得的管理相关收入,只要符合条件,可获得 10% 的优惠税率,为期七年</td></tr>
<tr><td>有资格申请该计划的企业或个人需是从事船舶租赁活动的非新加坡纳税居民,所经营的租赁船舶注册地为新加坡,租赁的船舶需属于 AIS 计划支持下的企业。该计划不限定船型,除集装箱船外,用于散货、石油和天然气运输的其他船均可申请。
相关申请企业可以在 2006 年 3 月 1 日至 2011 年 2 月 28 日申请获得该计划的帮助,享受该计划奖励实效最长为 10 年。
该计划提高船舶租赁公司和船务信托对潜在投资者特别是社会公众投资者的吸引力,刺激新加坡海运信托基金等类似船舶投资工具的生成。鼓励在新加坡发展船舶租赁企业通过信托基金募集资金造船,通过长期船舶租赁协议锁定租金获利</td></tr>
<tr><td>海运辅助服务</td><td>制定海运和物流支持方案(ASL)和船舶经纪公司支持方案(FFA)。在 ASL 方案下,对审核通过的船只代理、船只管理公司、海运代理和物流公司增加的合法收入采取 10% 的税收减免。而 FFA 规定了对符合规定的船舶经纪公司递增的合法收入采取 10% 的税费减免</td></tr>
</table>

（三）外汇管制

1. 实行宽松的外汇管制

在贸易外汇管理方面，新加坡对出口收入没有限制，仅对极少数进口商品征收关税。在非贸易外汇管理方面，非贸易外汇收入不必结汇，可自由使用。居民与非居民旅游者可以携入任何数量的外国现钞和硬币，包括新加坡币。所有非贸易支付均可自由办理。可自由的向非居民汇出股息、利息和利润。对居民和非居民旅游者携带出境的外国或新加坡现钞数量没有限制。

2. 实行自由浮动的汇率政策

新加坡法定货币为新加坡元，美元是干预货币。新加坡元与美元及其货币之间的汇率由外汇市场自由决定。新加坡货币当局对新加坡元与“一揽子”贸易加权货币的价值进行监测。与各国货币间的汇率是根据与美元的日常汇率及其在国际市场上的套算汇率确定的。银行可自由进行任何币种的交易，对交易的数量、期限或种类没有限制。

（四）税收制度

1. 新加坡征税按属地原则

任何公司和个人在新加坡发生或来源于新加坡的收入，或在新加坡收到或视为在新加坡收到的收入，都属于新加坡的应税收入，需要在新加坡纳税。也就是说，即使是发生于或来源于新加坡之外的收入，只要是在新加坡收到，就需要在新加坡纳税。新加坡税收社会化监督体系完善，税收执法严格，处罚严厉，执行到位，公民纳税意识较强，税法震慑力大。

2. 有关外国金融机构的税种及税率安排

新加坡税制结构简明合理，现行主要税种有：企业所得税、个人所得税、消费税、不动产税、印花税、车船税等。外国金融机构在新加坡开展业务时，可能涉及的税种有企业所得税、印花税等，具体规定如下所示。

（1）企业所得税：在正式机构设立前，不需缴纳企业所得税。正式机构设立后，根据相关规定，金融缴纳的所得税约为所得额的18%。

（2）印花税：印花税税率为贷款金额的0.4%。

五、法律风险评价

（一）营商环境优良

根据2015年世界银行营商环境指南提供的数据，新加坡营商环境的各项数据表现突出，在189个国家和地区中排名第1位，并在公司注册、工程承包、少数投资者权益保护等多方面名列前茅。相较而言，新加坡在财产登记方面表现稍显不足，排名第

24 位,每项财产注册需要平均经过 4 道程序,耗时 4.5 天,成本达投资价值的 2.8%,但也远高于世界平均水平。

公司注册		工程承包	
程序个数	3	程序个数	10
时间(日)	2.5	时间(日)	26
成本(占单位收入的百分比)	10.6	成本(占财产价值百分比)	0.3
最低注册资本(占单位收入的百分比)	0		

数据来源:2015 年世界银行营商环境指南。

(二)合同执行及破产处置效率高

新加坡具有较高的合同执行及破产处置效率。根据 2015 年世界银行营商环境指南,新加坡的合同强制执行效率在世界 189 个国家和地区中排名第 1 位,破产处置效率排名第 19 位,超过马来西亚等东南亚国家和美国等发达国家。

合同强制执行	新加坡	马来西亚	美国
时间(日)	150	425	420
成本(占标的额的百分比)	25.8	37.3	30.5
程序(个)	21	29	33.6
破产处置	新加坡	马来西亚	美国
时间(年)	0.8	1	1.5
成本(占资产价值的百分比)	9.0	10.0	8
回收率(每美元美分数)	89.7	81.3	80.4

数据来源:2015 年世界银行营商环境指南。

(三)跨境贸易法律限制较少

新加坡是世界经济贸易的重要组成部分,经济高度市场化,相关领域的法律政策较为宽松。一方面,新加坡外商投资和跨境贸易的法律体系管制及保护较为完善,国有化及征收的可能性很低;另一方面,新加坡实行开放的外汇政策,货币兑换和资金出入较为自由,企业利润汇出不受限制,无须缴纳特殊税费。根据 2015 年世界银行营商环境指南提供的数据,新加坡的跨境贸易难易度排名在全世界 189 个国家和地区中排在第 1 位,显著高于世界平均水平。

新加坡跨境贸易	
出口所需文件数	3
出口时间(日)	6
出口成本(每集装箱/美元)	460
进口所需文件数	3
进口时间(日)	4
进口成本(每集装箱/美元)	440

数据来源:2015 年世界银行营商环境指南。

印度尼西亚共和国
Republic of Indonesia

——崛起中的千岛之国

印度尼西亚共和国基本情况

国家名称（中英文）	印度尼西亚共和国（Republic of Indonesia）		
人口（百万）	255.5	人口增长率（年均%）	1.2
领土面积（千平方公里）	1904.5	主要民族	爪哇族
官方语言	印尼语	主要宗教信仰	伊斯兰教、基督教、天主教
政体	总统制	主要政党	民主斗争党、专业集团党、大印尼运动党、民主党、国家使命党、建设团结党
GDP（十亿美元）	861.93	GDP 增长率（年均%）	4.8
国民总收入（十亿美元）	887.03	人均国民收入（美元）	3440
通货膨胀率（年均%）	4.2	外国直接投资净流入（百万美元）	15,508
外债（百万美元）	293,297	总偿债额占出口贸易和收入的比率	23.1

数据来源：2015 年世界发展指标数据库。

一、国情简介

印度尼西亚共和国（以下简称“印尼”）位于东南亚，陆地面积 1,904,569 平方公里，由约 17,508 个岛屿组成，是全世界最大的群岛国家，疆域横跨亚洲及大洋洲，有“千岛之国”的美誉。其中，面积较大的岛屿有加里曼丹岛、苏门答腊岛、伊里安岛、苏拉威西岛和爪哇岛。印尼的民族语言多达 200 多种，官方语言为印尼语。印尼人口约 2.555 亿，为世界第四人口大国，共有 100 多个民族，其中，爪哇族人口占印尼人口的 45%，为印尼最大的民族。印尼的主要宗教为伊斯兰教，伊斯兰教教徒约占全国人口的 87%，其他宗教包括基督教、天主教、印度教、佛教等。从政治、经济、法律等因素综合来看，印尼自然资源丰富，经济稳健，农业、工业和旅游业发展均衡，但法制建设尚不健全、稳定性有待加强。

(一)政治概况

印尼实行行政权、立法权和司法权分立的分权制。总统是国家元首、政府首脑和武装部队总司令,由全国普选产生,每届任期五年。人民协商会议为印尼国家最高权力机关,由人民代表会议(即国会)和地方代表理事会共同组成。印尼国会为国家立法机构,拥有立法、预算、监督三大职能;在行使职能的过程中,国会还拥有质询权、调查权和表达意见的权力。印尼国会议员由全国普选产生,每届任期五年,由人民选任、对人民负责。印尼地方代表理事会每五年选举一次,成员来自全国 33 个省一级行政区,每个区设 4 名代表。

印尼实行多党制,民主党是印尼政坛最大的政党。目前,印尼党派数目众多,政治结构复杂,常常出现多党联合执政。

(二)经济概况

印尼是东盟最大的经济体,农业、工业和服务业在国民经济中有重要地位。近年来,印尼积极利用本国自然资源和人力资源,大力发展制造业、农林渔业和批发零售业、旅游业等产业,同时发展信息与通信、金融保险业等新兴产业,经济增长较快。2015 年,印尼的国内生产总值达到 11,540.8 万亿印尼盾,增长率约为 4.8%。

(三)外交政策

在国际上,印尼奉行独立自主、不结盟的积极外交政策以及平等、相互尊重和大国平衡原则,重视与东南亚国家的外交关系,为东南亚国家联盟的初始成员国。

中国与印尼于 1950 年 4 月 13 日建交。1965 年印尼发生"9·30 事件"后,两国于 1967 年 10 月 30 日中断外交关系。1990 年 8 月 8 日,两国签署《关于恢复外交关系的谅解备忘录》,正式恢复两国外交关系。之后,两国关系发展迅速,2000 年成立政府间双边合作联委会,2005 年 4 月两国元首签署中印战略伙伴关系联合宣言。同时,中印两国在经贸领域也签订了《投资保护协定》《海运协定》《避免双重征税协定》等协议,并就农业、林业、渔业、矿业、交通、金融等领域的合作签署了谅解备忘录。

二、法律概览

印尼法律门类比较健全,司法与执法效率不高,监管体制有待完善。

(一)法律体系

印尼受荷兰及英国殖民者影响,法律体系相对复杂,传统规则、不成文法和现代立法并存。总体而言,印尼属于大陆法系,法律体系包括:一是由习惯法、伊斯兰法和荷兰法三者融合而成的刑法体系;二是以习惯法和伊斯兰法为主的民法体系;三是以荷兰法为基础的商法体系。

（二）司法制度

1. 诉讼制度

(1)法院体系

印尼的法院体系包括最高法院和普通法院两部分。除此之外，还设立有独立的特别法庭，如宪法法庭、宗教法庭、军事法庭、行政法庭等。

普通法院由地区法院和高等法院组成，地区法院为刑事案件和民商事案件的初审法院，高等法院为地区法院所审理案件的上诉法院。印尼普通法院系统还设有商事特别法庭。

(2)民商事诉讼

印尼的民商事诉讼制度主要有以下值得注意的地方：

关于民商事诉讼程序法适用的问题，以爪哇岛和马都拉岛为界，岛内地区及岛外地区分别适用不同的程序法。

关于上诉程序，在地区法院做出判决裁定后，如果一方当事人对该判决裁定不服，该当事人可以向高等法院提起上诉。高等法院二审判决裁定做出后，如果该当事人仍然不服，还可向最高法院申请撤销高等法院的二审判决裁定。如果该案件是商事特别法庭审理的商事案件，则为一审终审，不得上诉。如果当事一方对一审判决裁定不服，可以直接向最高法院申请撤销商事特别法庭的一审判决裁定。

2. 仲裁制度

印尼的《仲裁法》共十一章八十二条，于1999年8月12日施行。该法的内容包括仲裁的适用范围、仲裁员的指定、仲裁程序、仲裁裁决的执行和撤销、仲裁职权的终止等。该法很多规定都与国际通例接轨，注重保护各类法律主体的经济利益，并确立了三大原则：

(1)当事人意思自治原则。仲裁是基于当事人的合意产生，当事人可以自愿选择仲裁员、仲裁规则、仲裁期限、仲裁地点、适用的法律等；

(2)依法、公正、合理裁决的原则。按照当事人的授权，仲裁庭和仲裁员可以依据有关法律规定进行裁决，也可以依照公正合理的原则进行裁决；

(3)一裁终局原则。仲裁裁决是终局的，对争议双方具有约束力，应当善意履行。

印尼有多个仲裁庭，每个仲裁庭都适用各自的仲裁规则。根据《仲裁法》，印尼仲裁庭可以做出国内仲裁裁决和国际仲裁裁决，上述两种仲裁裁决必须经过如下程序才可生效：

国内仲裁裁决和国际仲裁裁决的程序	
国内仲裁	在国内仲裁裁决做出 30 天内，当事人必须在该仲裁庭所在地地区法院对该仲裁裁决进行备案
	如果一方当事人拒不执行仲裁裁决，另一方当事人可以直接请求地区法院强制执行仲裁裁决
国际仲裁	在国际仲裁裁决做出 30 天内，当事人必须在雅加达地区法院对该仲裁裁决进行备案
	如果一方当事人拒不执行仲裁裁决，另一方当事人可以直接请求雅加达地区法院强制执行仲裁裁决

3. 司法协助

印尼于 1981 年 10 月 7 日加入了《承认及执行外国仲裁裁决公约》（以下简称《纽约公约》），其对《纽约公约》的声明与保留是：（1）印尼依互惠原则，只承认和执行在公约其他成员国做出的仲裁裁决；（2）印尼只对印尼法下可视为商业法律关系的争议，适用《纽约公约》。

根据印尼《仲裁法》，外国仲裁裁决在获得许可证书后才能被执行。《仲裁法》第 66 条规定，在满足以下条件的情况下，印尼法院才会授予许可证书：

授予外国仲裁裁决许可证书的条件	
1	该仲裁裁决是在对印尼有约束力的关于承认和执行外国仲裁裁决的双边或多边公约的其他成员国中做出
2	该仲裁裁决针对的法律关系在印尼法下为商业法律关系
3	该仲裁裁决与印尼现行法律、法规及公共政策不冲突

（三）司法效率和其他事项

1. 司法效率

通常情况下，印尼法院作出最终判决的时间都比较长，判决的执行同样要花费一定时间。印尼法律没有对审判时限做出具体规定。

印尼的司法执行效率也比较低。世界银行作过一项统计，在印尼若通过司法程序强制执行一项合同需要 570 天，执行合同所需要的费用甚至有可能超过合同金额。

2. 国有化、征用和征收

为了保护外国投资者，印尼《投资法》规定政府不得通过法令实施国有化、征用、征收等行为。近些年，也没有关于国有化和征收、征用的案例。

三、金融法律制度

(一)银行准入与监管法律制度

外国银行在印尼当地面临的限制政策及监管较多,一定程度上不利于业务的开展。印尼财政部、印尼金融服务监管局和印尼中央银行是印尼金融领域的监管机构。外国银行不能在印尼直接从事经营活动,必须从印尼金融服务监管局获得营业执照后方能营业。

1. 外资银行的机构设置

外资银行可以在印尼设立代表处,但根据印尼中央银行(以下简称“央行”)的32/1999法令规定,需要满足如下条件:

(1)外国银行总资产排名在全球前三百名之内的,方可在印尼设立代表处;

(2)外国银行在印尼设立代表处需获得印尼央行理事会的同意;

(3)拟设立代表处银行的负责人应在申请信上签字,并送给印尼央行理事会,申请信需阐明在印尼开设代表处的原因。

2. 外国银行持股限制

根据印尼央行颁布的有关规定,商业银行股东对印尼商业银行的持股有一定的比例限制,其中外国银行一般被允许最多持有印尼商业银行全部已付资本40%的股份。如外国股东持有超过25%的股份,需另外通过“合格测试”,测试内容如下:

“合格测试”内容	
1	向印尼央行承诺通过相关银行支持印尼经济发展
2	获得其母国金融监管机构的推荐信,确认其具有良好声誉且未因任何不当行为受过刑事处罚
3	获得相应等级的投资评级。如外国股东为银行,评级在最低投资级别的上一级

值得注意的是,外国银行在特定条件下可以持有印尼银行超过40%的股份,但这需要经过印尼金融服务管理局的批准,同时还需满足一定的条件。例如,银行核心资本充足率必须达到6%,以及外国银行获得母国监管机构的推荐信等。除获得印尼央行对其持有超过40%股本的审批,外国银行股东还应当遵守如下规定:第一,在印尼央行批准收购后的五年内进行首次公开发行,并达到至少20%的公众持股比例;第二,获得发行转换工具的所有必要审批。

3. 商业贷款利息率的限制

目前,印尼对于商业借贷的利息率没有限制,但要求印尼的商业银行公布各自的基本放款利率(“贷款基准利率”),贷款基准利率无需取得监管机构的批准,但必须向印尼央行报告。此外，印尼法律对违约利率也没有明确限制。

（二）担保法律制度

1. 担保法律体系

涉及担保的法律主要包括《印度尼西亚民法典》《信托法》《抵押法》《仓单提单法》及《印度尼西亚商法典》等。

2. 担保方式

根据印尼法律，担保包括动产担保、不动产担保、保证等形式。动产（包括有形动产和无形动产）担保由质押担保和信托担保构成。质押担保和信托担保的区别主要在于对担保物的控制管理：在质押担保项下，担保物由债权人或债权人与债务人一致同意的第三方控制，股权质押、账户质押等都是常见的质押担保形式；在信托担保中，担保物则仍由债务人控制，且债务人可以在其经营活动中使用信托担保物。不动产担保主要是抵押，主要针对土地及其地上附着物，部分船舶及飞行器也被视为不动产。保证分为公司保证和个人保证。具体如下：

（1）股权质押

对于非上市公司股权质押，当事人应签署股权质押协议，贷款人需占有该股权的股权证书，且应当在股东名册上作出相应标记。上市公司股权质押应履行以下程序：

上市公司股权质押应履行的程序	
1	签署股权质押协议
2	出质人将该等股份存入印尼证券中央存管有限公司（KSEI）的相关证券账户中
3	出质人向 KSEI 申请质押其账户项下的股份
4	KSEI 将股权质押事宜记载在相关证券子账户中，或将被质押股权冻结在相关子账户中，该股权在记载或冻结期间内不得以交易结算目的被提取或解冻。同时，KSEI 向出质人和质权人出具一份通知，告知股权质押事宜
5	被质押公司的董事会应在印尼证券管理局保管的股东名册中记载股份质押事宜
6	出质人应当向相关公司发出一份通知，并取得其确认

（2）账户质押

质权人需签署银行账户质押协议，占有该银行账户，并将账户质押事宜通知账户行。印尼法律要求质权人完全且持续地控制被质押账户，具体而言，账户质押后出质人可以向被质押账户内存入资金，但除非经质权人事先许可，否则不允许从被质押账户中提取资金。印尼法律不允许事先约定一个额度，仅对出质人超出额度的大额提款进行控制，而不对出质人在额度范围内的小额资金支取进行逐笔监管。

(3)信托担保

信托担保的担保物为动产,可以是有形资产或无形资产,如机械设备、应收账款、存货以及保险索赔权等无法通过抵押等方式创设担保的物。

设立信托担保的前提是拥有信托担保契约。信托担保登记采取网上登记的方式。由公证员在专门的网络系统上,输入信托担保的相关资料进行注册,如贷款文件、总贷款金额、担保金额等。在缴纳了相关注册费用(非税收国家收入)之后,公证员才能继续进入该网站完成后续登记手续,取得信托担保证书。目前,该网络系统仅能用于信托担保的登记,如需撤销或更新信托担保,仍要按照老的程序向信托登记处(非网络)提交纸质的申请。

(4)土地权利抵押

可以作为不动产抵押标的物的土地权利类型包括:永久业权地产、耕地使用权、建设用地使用权和使用权。印尼法律对以上四种土地权利的具体规定如下:

可抵押的土地权利类型	相关规定
永久业权地产	永久业权是对土地享有的最强也是最完全的权利,可以世袭。仅印尼国有银行、农业合作组织、宗教组织及其他印尼农业部长所指定的法定社会团体可取得永久业权地产。印尼有限责任公司如其属于前述主体,可取得永久业权地产,反之则不可取得
耕地使用权	指在国有土地上从事农业、渔业以及畜牧业的权利,在印尼设立的法人机构可以根据印尼法律取得耕地使用权。最长期限 25 年,而且最多可以展期 25 年,如有需要可以再次展期 25 年
建设用地使用权	建设用地指用于工程建设的土地,印尼公民以及根据印尼法律在印尼设立的法人机构可以拥有。建设用地使用权。最长期限 30 年,并可以再延长 20 年
使用权	指从国家或其他使用权人处取得的土地使用权。印尼居民、在印尼定居的外国居民、在印尼设立的法人机构以及在印尼设立代表处的外国法人机构可以取得使用权。最长期限 25 年,并且可以展期

虽然外国人或外国公司在印尼都不能拥有土地,但外商直接投资企业可以拥有以下三种与土地相关的权利,也可作为担保标的物:第一,建筑权,允许在土地上建筑并拥有该建筑物 30 年,而且可再延期 20 年;第二,使用权,允许为特定目的使用土地 25 年,可再延期 20 年;第三,开发权,允许为多种目的开发土地,如农业、渔业和畜牧业等,使用期为 35 年,可再延长 25 年。

除土地及机关权利外,印尼法定义的不动产还包括土地上附着的公寓单位和建筑物(如该公寓单位、建筑物的业主与土地所有权或使用权人为同一人)、根部附着于土壤的树木和农作物、在土壤中未开采的矿物、附着于土地的机械及设备等。但根据印尼法律，未开采的矿物由国家所有，不能设立担保。

(5)船舶及飞行器抵押

在印尼法律下，总吨位超过20吨的船舶和飞行器虽然属于动产，但均被视为不动产抵押(总吨位小于20吨的船舶及飞行器则适用于动产担保的相关规定)。船舶抵押的程序如下：

船舶抵押程序	
1	公证员在船舶登记地的相关港务局核查经当局备案的登记文件、经当局备案的过户协议原件
2	在上述审查结束后的一周内，船舶登记处与转让记录官将基于调查结果出具关于抵押船舶状态与信息的声明信
3	在公证员的见证下，签署设立船舶抵押权的授权委托协议
4	公证员提交设立船舶抵押权的授权委托书以及其他辅助证明文件(包括贷款协议副本、设立船舶抵押权的授权委托协议正本、经当局备案的登记文件副本、经当局备案的过户文件副本)，以便船舶登记处与转让记录官准备船舶抵押契据
5	船舶登记处与转让记录官准备船舶抵押协议
6	船舶抵押协议的当事人可以在公证人的见证下签署船舶抵押协议，公证人将在当事人签署协议后，将该协议提交给船舶登记处与转让记录官
7	船舶登记处与转让记录官向公证员出具经当局备案的船舶抵押协议

飞行器的抵押方式理论上与船舶抵押相同，但由于负责飞行器抵押的机关尚未设立，目前并不存在飞行器抵押的具体制度，但可以考虑使用飞行器信托担保、飞行器机械信托担保以及飞行器部件信托担保等其他担保方式。

(6)公司保证和个人保证

公司保证和个人保证都以签署保证协议的方式设立，既可以采取公证契约的方式，也可以采用自行签署的方式。根据印尼法律，就提供个人保证的自然人应当具备以下条件：第一，必须同意提供该保证担保；第二，必须有签署协议的民事行为能力(即满21周岁或尽管未满21周岁但已婚，而且并未因为缺乏行为能力处于被监护的状态)。

3. 担保合同签订和担保登记的特殊要求

(1)质押合同可采取自行签署或公证签署的方式。为完成质押，担保物应置于权利人的管理控制之下。对于股权质押，只有在相应公司的股东名册上完成登记后，股权质押方能生效。

(2)信托担保应签署公证文书形式的信托担保合同。信托担保合同签署后,该信托担保必须在信托担保登记办公室办理登记才能生效,登记后,信托担保登记办公室会给债权人签发信托担保证书。

(3)土地权利抵押应签署由土地契约管理办公室准备的抵押合同。抵押合同应在签署后七日内在土地局登记。登记后,土地局会签发抵押权证给抵押权人。抵押只有在土地局完成登记后方能生效。

(4)船舶及飞行器抵押应签署经过公证的抵押合同,并办理相关登记。

4. 担保的执行

关于抵押、质押和信托担保的执行与变现,印尼法下存在公开拍卖与自行变现两种方式。

(1)公开拍卖

印尼法对担保物的公开拍卖有详细规定,程序如下:

公开拍卖的程序	
1	向辅助证明文件项下的资产所在地的主管部门,即国有资产和拍卖服务署(KPKNL),提交书面的拍卖申请
2	将拍卖物所有权证明文件的正本送达拍卖官处,以供审阅
3	拍卖官决定公共拍卖的地点与时间
4	申请人(即贷款人或担保权人)决定公开拍卖的底价
5	若拍卖物为动产,于拍卖6日前在报纸上进行公告。若拍卖物为不动产,或附有动产的不动产,则需在报纸上刊登两次公告,两次公告的时间间隔为15日,其中第二次公告应最迟于公开拍卖的14日前作出
6	进行公开拍卖。只要有一人或一人以上参与竞买,将举行公开拍卖
7	拍卖申请人将拍卖物转移给以出价最后的竞买人

(2)自行变现

如果自行变现可以使担保物以最高价格出售使借款人和银行从中受益,并且借款人愿意配合的可以选择自行变现的方式。

在违约事件出现后,担保权人应当书面通知相关担保人。若选择自行变现,借款人和银行可共同寻找担保物的买受人。通常情况下,自行变现比公开拍卖的效率更高,实践中,借款人与贷款人选择自行变现的情况更为常见。

5. 境外银行限制性或禁止性规定

印尼不限制或禁止外国银行从印尼获取担保。

6. 主权担保审批手续

主权担保规定在政府2013年第45号《关于国家预算和支出执行程序的规章》中。财政部作为国家财务主管部门代表印尼政府提供担保；主权担保的担保范围应纳入国家预算；提供主权担保应签署政府担保协议。

提供或建设公共基础设施的国有企业如向外国贷款人融资，政府可以提供主权担保。为获得主权担保，国有企业或国有基础设施融资公司应在取得外国贷款人的借款意向书后，向财政部提交申请书。

(三)法律适用

印尼坚持合同自由原则，当事人可以自由选择合同的适用法，如中国法、英国法等，并不存在强制性的法律适用规定。但是，土地抵押协议、建筑物抵押协议、船舶抵押协议、信托担保协议必须适用印尼法。

(四)主权豁免

如果贷款协议的借款人是政府部门或全资国有企业，可以放弃主权豁免，但是必须得到政府的批准。

四、投资法律制度

(一)企业法律制度

1. 设立企业的要求和程序

印尼的主要商业实体类型，及其设立要求、程序见下表：

商业实体类型	设立的基本要求和程序
个体	没有具体的设立要求及程序规定
合伙	1. 由两人或两人以上通过协议设立； 2. 各合伙人应向合伙企业出资，且所有合伙人对合伙企业承担共同连带责任
有限合伙	1. 由两人或两人以上通过设立协议的公证文书设立； 2. 一个或多个成员应只对企业提供出资（“消极成员”），剩余的其他成员负责管理企业的日常商业活动（“积极成员”）； 3. 将设立协议在对企业拥有管辖权的地区法院进行登记； 4. 在国家公报上公告
合作企业	1. 至少二十人通过公证文书设立主要合作企业，至少三人通过公证文书设立次级合作企业； 2. 将设立协议提交给国家合作企业与中小企业部，以获取对合作企业法人地位的批准； 3. 在国家公报上公告

续表

商业实体类型	设立的基本要求和程序
有限责任公司	1. 由两个或两个以上发起人(自然人或公司均可)通过设立协议的公证文书设立; 2. 有限责任公司的发起人向公司提供资本作为有限责任公司的资本; 3. 有限责任公司的资本如全为印尼投资者所有,则最少应有 50,000,000 印尼盾的法定资本,且至少 25% 的法定资本应已由发起人支付(法律另有规定除外); 4. 将设立协议递交国家法律与人权部,以获取对有限责任公司法人地位的批准; 5. 在国家公报上公告

此外,外国投资者仅被允许投资设立有限责任公司。

2. 资格查证

借款人、担保人和实际用款人为有限责任公司的情形下,为了判断其是否处于破产程序、是否已获得贷款合同和担保文件的批准,债权人可从多种途径(见下表),审查其主体资格、有权签署人、公司可靠性和法律地位。

资格查证	获取途径
破产程序	可通过向相关商业法庭的查询完成
贷款合同和担保文件的批准	通过公司章程确认
主体资格	符合印尼《公司法》所有要求
	获得法律与人权部签发的同意公司设立的法令
	将该法令与公司章程一起交由法律与人权部在印尼国家公报的副刊中发布
	担保主体在证明其合法存续后,可根据其公司章程确定担保合法性和所需的内部决议程序
有权签署人	可从公司章程判断,代表公司签署贷款合同和担保文件的是否为有权签署人
公司可靠性和法律地位	除了检查标准数据库,也应对特定材料进行人工鉴定

(二)特定行业、领域法律情况

1. 土地审批问题

印尼的矿产、石油和能源产业都会涉及土地审批问题。另外,根据印尼法律,印尼实行土地私有制,因此很多矿产、石油和能源项目都需要与土地所有权人或使用权人就土地使用问题进行谈判。

2. 环境保护问题

根据印尼《环境保护法》(2009 年第 32 号),任何可能对环境造成影响的项目都必须出具环境影响评估报告。印尼政府在审核通过环评报告后,会颁发环境许可证。违反此项要求的项目,主要负责人可能会被处以 1 ~ 3 年有期徒刑,并处罚金 10 亿 ~ 30 亿印尼盾。

3. 劳工问题

印尼《劳工法》(2003 年第 13 号)创造了积极的投资氛围,兼顾了劳工和雇主的利益。其具体规定:每周 40 个小时工作制;由于犯罪而被开除或自愿辞职的雇员不给予遣散费的待遇,但如果被辞退,雇主要付给被辞退雇员相当于 9 个月工资的遣散费。根据印尼劳动与移民部就外国员工的使用而发布的 2013 年第 12 号法令,雇主应为印尼员工建立教育培训计划,并提交计划执行情况报告。雇主若未能按照规定履行教育培训计划等义务将会受到处罚,并可能阻碍雇主对外国劳工使用计划、劳工证、暂住证的教育申请。

4. 并购问题

外国投资者,并购印尼企业必须首先获得印尼投资协调委员会的审批。审批的依据是相关法律法规。

5. 反垄断问题

印尼法律禁止经营者达成垄断协议、进行垄断性经营或者滥用市场支配地位。其中,一个经营者或一个经营集团拥有某种产品或服务 50% 以上的市场占有率,两个或三个经营者或经营集团拥有某种产品 75% 以上的市场占有率,两个或三个经营者或经营集团拥有某种产品或服务 75% 以上采购市场占有率的,将被视为占有市场支配地位。

2013 年营业竞争监督委员会(KPPU)发布 2013 年第 2 号法令,进一步规范可能造成垄断和不正当竞争的合并、收购等行为。对于非有限责任公司在印尼以外进行的合并、收购交易,商业参与者必须在交易生效日起 30 个工作日内向 KPPU 报告。需要向 KPPU 报告的新增文件包括,商业参与者在交易生效后三年内的商业计划,以及商业参与者所在行业的相关的数据。该法令取消了在向 KPPU 请求咨询前必须完成尽职调查的规定。

6. 外资准入问题

根据《投资法》(2007 年第 25 号),印尼国内外投资者可自由投资任何营业部门,除非为法令所限制与禁止。生产武器、火药、爆炸工具、战争设备等相关部门属于限制或禁止投资的部门。同时,政府可依据总统令禁止国内外投资者投资某些特定条件。总统令规定相关禁止或有条件开放行业的标准及必要条件。

外国投资者可设立独资企业,也可在规定范围内与印尼个人、公司成立合资企业,还可以通过公开市场操作,购买上市公司股票。但上述投资行为要受到相关法律法规对外资开放行业的限制。

新投资负面清单 印尼政府颁布2014年第39号总统令（“DNI”）	
禁止的投资领域	DNI附件一规定了禁止的投资领域，包括酒精饮料、交通、通信、教育文化、旅游等
有条件开放的投资领域	DNI附件二规定有条件开放的投资领域，包括： 1. 仅限于微型、小型或中型企业和合作企业投资的业务种类； 2. 需以合伙形式开展的业务种类； 3. 需对股权进行特别安排的业务种类； 4. 只能在特定地点开展的业务种类； 5. 需特别许可的业务种类
不对外国投资者开放的领域	1. 某些商品的零售贸易； 2. 邮递和电商零售； 3. 零售空间小于1200平方米的超市，零售空间小于400平方米的小型超市以及零售空间小于2000平方米的零售空间； 4. 陆路运输的出租服务（无运营商）； 5. 建筑物、国内工程机器及其他机器的出租； 6. 洗衣店、美容院、理发店、办公服务（如文印等）； 7. 内陆石油及天然气钻探； 8. 小于1兆瓦的电站； 9. 电力安装和使用的技术检测服务； 10. 基于服务费契约的交易如贸易代理、房产代理等
DNI的排除适用	1. 如果2014年负面清单对投资者更加不利，那么新负面清单不适用于在法令颁布之前已批准的投资； 2. 间接投资或通过国内资本市场进行的有价证券投资

外资准入问题主要集中在矿产和煤炭领域。根据印尼《矿产和煤炭开采行为实施法》（2010第23号），在经营五年之后，持有矿产许可证和特殊矿业许可证的外国投资人必须将其持有的股份转让给印尼境内投资人。

外国股东若在其已审批的领域增加投资，但当地股东没有能力增资，可以突破投资许可的股权比例，但两年内必须强制转让给印尼政府、公众或由公司回购股份，直到满足限制条件。

7. 主要行业项目行政审批

（1）电力行业

2009年印尼新电力法规定，印尼国营电力公司（PLN）不再是印尼中央政府允许的唯一公共电力提供商。国企、地方政府企业、私营企业、合营企业及非官方组织都能从事公共电力供应。但国企享有供电优先权。

印尼的电力执照分两种：一是供电执照，包括公共用电供应执照（IUPTL）和自用电供电执照(IO),IUPTL 覆盖的范围包括,发电、输电、变电和电力销售;二是辅助供电执照,包括辅助供电服务执照和辅助用电工业执照。

2009 年新电力法的主要内容	
事项	规定
关键条款	1. PLN 仅持有公共发电执照(IUPTL); 在无电力供应地区,仅在 PLN 拒绝供电后,私营企业才能进入; 2. 如果私营企业不进入上述地区,中央政府将强制 PLN 为该地区提供服务
地方自治	1. 电力规划或 RUKD 的基础上,地方权力机构应编制区域电力规划或 RUKD; 2. 地方电力发展规划应与地方电力规划相一致; 3. 地方政府可向区域内未持有中央政府颁布的电力销售执照的企业颁布电力执照; 4. 中央政府向 PLN 和向 PLN 出售电力的 IPP 颁发执照
电费	1. 中央政府审批持有中央政府执照供电商的电费定价; 2. 地方政府审批不向 PLN 销售电力的 IPP 电费定价; 3. 根据行业不同,允许电价存在差异; 4. 权力机构应区别对待不同行业及顾及公众利益; 5. 电价应获得印尼或地方众议院批准
跨境购销电力	1. 持有中央政府颁发的 IUPTL 的企业可从事跨境业务; 2. 向外方购电的前提是电力供应短缺,向外方售电的前提是国内电力需求已满足
直接向公众售电	电力设施是否与国家电网连接与电力执照的颁布无必然联系,如未接入国家电网或不是跨省项目,IUPTL 持有者可直接向公众售电

另外,印尼的地热发电不适用 2009 年新电力法,而适用 2014 年 8 月 26 日印尼国会通过的地热法修订案。该法案规定中央政府为地热发电的唯一有权审批人。地热发电商需同时获得 IUP(地热业执照)和 IUPTL(电力供应执照)。一家印尼公司可同时获得上述两项执照。

为扩大太阳能在印尼的使用,2013 年能矿部发布 2013 年第 17 号法令,对 PLN 从太阳能发电站购电进行规定。太阳能发电的相关规定如下:

太阳能发电的相关规定	
电力购买	法令规定 PLN 有义务购买中标装机容量配额的商业实体拥有的太阳能电站生产的电力,购买价格最高为 25 美分/千瓦时。若采用的光伏组件本地成分不低于 40%,则电价最高可达 30 美分/千瓦时,该电价包含太阳能电站到 PLN 传输线连接点的连接费用

续表

装机配额及招标程序	装机配额的定义是太阳能发电站可以连接到PLN电力网络系统的最大容量,在招标之前先由可再生能源和节能总局(DGRE)与PLN共同确定。可再生能源和节能总局将成立一个由电力总局(DGE)、DGRE和PLN的代表共同组成的招标委员会。该招标委员会进行招标管理,准备标书,对投标者的方案进行评估,最终由DGRE决定中标者。 招投标需遵守以下规定: 1. 只有满足管理、技术、财务标准的商业实体才可参与投标; 2. 在投标中一个商业实体只可参与一个联合体; 3. 若出现招标只有一个参与者(包括延期后仍是一个参与者)的情况,招标仍应进行
对PLN购电的指导	中标者需在中标宣布后15天内提交材料,证明其在印尼国有银行或雅加达主要银行中以DGRE和中标者的名义开立的账户中存入太阳能电站建设成本的20%的款项。收到银行汇款的证明材料后,DGRE将中标者的宣告书提交给DGE,然后由DGE向PLN发布购买该中标者太阳能电站的指导函。这个指导函是DGE在中标结果基础上对购买价格的审批。 审批的购买电价必须在PLN与太阳能电站企业之间的PPA协议上列明。PPA有效期为20年,可延期。PPA必须在PLN收到指导函60天内签署
中标者义务	1. 中标者必须在PPA协议签订后3个月内实现融资关闭,并在融资关闭3个月内开始太阳能电站建设; 2. 必须保证太阳能电站商业运营日在PPA签订18个月内实现; 3. 若必要最长可延期12个月,但PLN将降低电力采购价格作为惩罚。若延期12个月后仍未达到商业运营日,PLN的购电义务停止,PPA协议撤销

印尼涉及电力投资法律法规如下:

涉及电力投资的相关法律法规	
投资法	2007年投资法规定,电厂投资人应: 1. 优先使用印尼本土人力资源; 2. 确保安全、健康的工作环境; 3. 实施企业社会责任计划; 4. 履行环保义务; 5. 投资者应从资本投资协调委员会(BKPM)获取外国投资许可。为获得该许可,需在印尼本地设立一家公司,即PTMA(根据第25/2007投资法号和第40/2007号公司法)
能源与矿产资源部法	电厂需使用地方资源,包括能源与矿产资源部第48/2010法令中规定的地方服务及商品使用比例

续表

限制投资清单	第77/2007、11/2007及36/2010号总统令制定了“限制投资清单”，列出禁止外商投资及不向外资开发投资的领域。 “限制投资清单”中规定，外商投资发电，输配电（包括电力及地热的运营和维护），最高持股比例不超过95%。根据36/2010号总统令，修订并拓宽了外资投资持股比例，包括： 1. 小规模电厂（1－10MW）可与中小企业及联营企业合作； 2. 外资从事地热辅助性服务业，如运营及维护，最高持股比例不超过90%，钻孔服务不超过95%。 总之，外国投资者投资发电行业的股权限制为95%（传统及地热发电），投资地热能源运营及维护的持股比例不超过90%
环境保护法	2009年10月，印尼国会通过第32/2009号环境保护法（2009环保法）。该法要求投资者遵守相关环保规定并在运营前取得环境许可。规模在10MW以上的项目需上交环境影响规划文件（AMDAL）进行审批。10MW以下的需审批环境影响规划文件（UKL或UPL）。同时，投资者需上缴特别环境税。违反环境保护法将面临罚款、吊销运营许可或监禁
森林保护法	2010年第24号法令规定，允许在“生产林区”与“保护林区”进行非林业活动，但需从林业部门取得“租赁及使用证”（或称森林土地使用证IPKH）。IPKH持有者需上缴各种非税收性收入，土地使用完后须复林。IPKH的颁发和有效期取决于相关林区的空间规划。另外，根据空间规划应取得空间使用许可。发电企业只能建于国家能源网及国家战略区。空间使用许可有效期为20年，期间，每5年重新审查一次。 使用林地通常应按要求支付赔偿金或向当地土地所有者支付赔偿金。森林保护局规定，在保护林区进行地热利用活动无需获得土地使用许可。但须与特别保护基金签署利润分享协议，该笔基金将上缴林业部

（2）林业

印尼政府为了充分利用资源和保护环境，从20世纪70年代就实施森林保护政策和限制性措施。将部分林区划为保护林区，作为国家公园和野生动物栖息地，禁止作为商业应用，以保持森林原有的自然状态。为了保持森林的持续性，政府对生产林采取了很多限制性的措施，如实行发放许可证制度，即森林经营权，规定只有持政府颁发批准才能经营木材业；为了保护木材加工工业，印尼政府于1985年颁布禁止原木出口的法令；为了防止乱砍滥伐规定每年每一公顷森林只能砍有限的直径为50厘米以上的树木并马上补种；强制规定对采伐后的位置应立即进行森林再造，实施绿化工程，等等。

(3)石油和天然气

石油和天然气在印尼的国民经济中占有十分重要的地位,因此印尼政府对石油和天然气的立法非常重视。现行的法律是《石油和天然气法》(2001 年第 21 号),该法对石油天然气的生产、管理和经营作了全面系统的规范,以保证政府在石油和天然气方面的控制并促进其发展。《石油和天然气法》第 4 条规定,石油和天然气资源是国家财产,由政府作为代表对其进行经营。

该法将石油和天然气活动分为上游产业和下游产业分别进行管理,上、下游产业适用不同的法律规则和管理措施。该法还规定了上、下游产业分业经营的措施,即经营上游产业的营业机构和常设机构禁止经营下游产业;经营下游产业的营业机构禁止经营上游产业。

(4)炼铝厂及冶炼业

炼铝厂及冶炼业项目所需审批	
环境保护方面	1. 获得环境可行性审批; 2. 获得环境许可证; 3. 获得污水处理许可证:所有产生废水的企业,都应获得此证; 4. 获得水资源利用许可:所有欲利用水资源(如河流、湖泊、池塘、海水等)进行生产或其他活动的商业实体,都必须从水资源管理处获得水资源利用许可。该许可最长有效期为 5 年。主管机构会依据水资源的位置和具体类型来签发相应的利用许可; 5. 获得危险有毒废物储存许可:政府法规 No. 101/2014 要求凡涉及管理和储存有毒危险物质的,需取得该许可
土地方面	1. 区域/位置许可:该许可会对持有人可进行相关经营活动的土地位置及土地面积进行明确。具体而言,该许可会列出建设冶炼生产厂的最大面积,期限等。 2. 土地证书:该证书会在相应的土地补偿及购买程序后取得
商业许可方面	获得印尼投资协调委员会的原则许可:该许可会列明经营范围。在被许可人资本增加时,应相应对该许可进行更新。以冶炼项目为例,该许可会列明项目位置、生产数量、总投资数额、法定资本、贷款数额等
	获得印尼投资协调委员会的商业许可证:在被许可人拟正式开启商业活动前,其必须从 BKPM 获得商业执照。该执照会替换前述许可。在获得商业许可证之前,原则许可将作为临时商业许可证存在
	矿产加工和冶炼证:对于矿产冶炼项目,需根据能源与矿产部《矿产和煤炭业授予特定执照之程序规定》(2013 年第 32 号)和《实施矿产与煤炭领域商业活动规则》(2014 年第 77 号),从能源与矿产部获取相关执照

续表

商业许可方面	发电装备的运营价值证书:在发电装备运营前,应从能源与矿产部获得此证书
	出口证书:被许可人可能需要从贸易部取得海关识别号和出口识别号;从能源与矿产部获得矿物出口许可的推荐;从贸易部获得矿物出口许可
与项目相关的其他许可	1. 承包商资格:建设承包商需持有建设服务许可; 2. 建设许可:就建设发电厂和铝厂而言,均须获得建设许可

(5)矿业

印尼2009年第4号法律《矿产和煤炭开采法》(简称"新矿业法")对印尼的煤炭和矿产开发做出了一般性规定,其最本质的改革在于将老矿业法的矿产及煤炭工作合同制度改变为政府颁发许可证的制度。新制度赋予政府更大的监管权力,政府对矿区进行统一规划和设置,建立全国性的矿区信息系统,并建立了各级政府之间的沟通机制,以防止过去出现的各级政府签发的矿区之间发生重叠的现象,在法律上为矿业许可证的持有者提供确定性。对拟开发的矿区,政府通过公开透明的招标方式管理矿业开发活动,中标的投资者经申请后将颁发给矿业许可证,以防止政府官员腐败的发生。

新矿业法的主要情况	
外国投资者	外国投资者和印尼实体在矿区投标和矿业许可证申请方面已没有任何差别,但由外商持有的矿业许可证在投产5年后需分阶段减持股份,使印尼实体至少持有20%～51%的股份
禁止原矿出口	新矿业法实施后5年后,原矿将被禁止出口,矿物的选矿和冶炼活动必须在印尼境内活动。已生产的履行原有工作合同的企业则最迟应在新法实施后5年内建立选矿和冶炼厂。从2012年5月起,出口金属矿原矿的,需缴纳20%的出口税
子公司不能作为开采的分包商	新矿业法还规定,子公司不能作为开采的分包商。在确无其他分包商可以使用,且在取得部长批准的条件下,才可用自己的子公司作为分包商。同时,新法还要求必须首先采用印尼当地或印尼国内的分包商,在确无印尼当地或印尼国内的分包商可以利用的情况下,才可使用外国分包商
特别税费	除了在现有的法律下应向中央和地区政府缴纳的一般税项和捐税(Royalty)之外,对于特别许可开采矿区,特别矿业许可证的持有者将向政府缴纳净利润的10%

新矿业法框架下,政府通过设置矿区并颁发许可证的方式对矿业活动进行管理,经营者必须先取得相应矿区并获得在该矿区的矿业许可证,才能进行矿业活动。矿区(WP)是国家区域规划的一部分,是决定矿业活动的基础。矿区是政府在具有矿产资源潜力的地区设置的特定区域,用于对矿产资源的管理和采矿活动的管理。矿区可位于陆上或水下适于开采的区域。根据重要性程度和管理需要等因素,矿区包含以下三类:

矿区的分类	
一般开采矿区(WUP)	WUP 是具备规模开采的矿区,一般由有实力的大中型企业开采。WUP 内设置若干个一般许可开采矿区(WIUP)。一个 WIUP 即是一个开发单元,经营者需首先获得 WIUP,再申请一般矿业许可证(IUP),进行勘探或开采
人民开采矿区(WPR)	WPR 是小型的社区开采矿区,由当地居民进行开采。WPR 设置完成后,当地居民即可申请人民矿业许可证(IPR),进行开采
国家储备矿区(WPN)	WPN 是为了国家战略利益而储备的矿区,以储备特定矿产品,并保护该区域生态系统和环境。其中,特定矿产品包括但不限于:铜、锡、金、铁、镍、铝土矿和煤炭。 WPN 一般不进行商业开采,根据需要进行商业开采的部分称为特别开采矿区(WUPK)。WUPK 内可设置若干个特别许可开采矿区(WIUPK)。一个 WIUPK 即是一个开发单元,经营者需首先获得 WIUPK,再申请特别矿业许可证(IUPK),进行勘探或开采

注:
根据2014年第77号印尼政府条例规定,外国投资在IUP/IUPK持有者的公司中的最大股权比例限制如下:
1. 对于勘探阶段的IUP/IUPK,不超过75%;
2. 对于未开展加工精炼的生产阶段的IUP/IUPK,不超过49%;
3. 对于开展加工精炼的生产阶段的IUP/IUPK,不超过60%;
4. 对于开展地下开采的生产阶段的IUP/IUPK,不超过70%。
同时,有外资成分的IUP/IUPK持有者的公司,应在投产五年后,分阶段减持部分股份。各年末印尼实体持有的股份不低于以下表格中的比例:

投产后年份	未进行加工精炼	进行加工冶炼	地下开采	地下+露天开采
第6年	20%	20%	20%	20%
第7年	30%			
第8年	37%			25%
第9年	44%			
第10年	51%	30%	25%	30%
第15年		40%	30%	

矿区由中央政府(矿业部长)和地方政府按各自权限进行管理,国会和地方议会参与决策。矿业部建立并管理全国矿区信息系统,以保证矿区管理的准确性。设置矿区

的权限见下表：

矿区类型	设置矿区的权限
WP	矿业部长，与地方政府协调并咨询国会后决定。 每五年修订一次
WUP	矿业部长，与地方政府协调后决定，并向国会报告。 可将非金属 WUP 和石料 WUP 决定权下放给省长。 放射性 WUP 的决定要基于核能管理机构的建议
金属 WIUP 煤炭 WIUP	矿业部长，与地方政府协调后决定
非金属 WIUP 石料 WIUP	矿业部长：矿区跨省界和/或离岸 12 海里以外区域； 省长：矿区跨县/市界和/或离岸 4～12 海里的区域； 县/市长：矿区县/市域内和/或离岸 4 海里以内区域
WPN	矿业部长，报国会同意后决定
WUPK	矿业部长，报国会同意后决定
WIUPK	矿业部长
WPR	县/市长，与省政府协调并咨询县/市议会后决定

对于已设置好的许可矿区，投资者需要按以下权限，向矿业部长、省长或县/市长提出申请。

许可矿区类型	许可矿区的授予权限
WIUP	矿业部长：矿区跨省界和/或离岸 12 海里以外区域； 省长：矿区跨县/市界和/或离岸 4～12 海里的区域； 县/市长：矿区县/市域内和/或离岸 4 海里以内区域
WIUPK	部长
WPR	县/市长。（不需申请 WPR，可直接申请 IPR）

申请人需要首先获得许可矿区，才能申请矿业许可证。矿产和煤炭领域的矿权许可类型如下：

从事矿产和煤炭领域的企业所需取得的许可		
许可	矿权种类	许可期限
开采许可	金属矿	8 年
	非金属矿	3 年
	特殊非金属矿	7 年
	石头	3 年
	煤炭	7 年

续表

许可	矿权种类	许可期限
生产许可	金属矿	最高 20 年,可延长 2 次,每次不超过 10 年
	非金属矿	最高 10 年,可延长 2 次,每次不超过 5 年
	特殊非金属矿	最高 20 年,可延长 2 次,每次不超过 10 年
	石头	最高 5 年,可延长 2 次,每次不超过 5 年
	煤炭	最高 20 年,可延长 2 次,每次不超过 10 年
特殊开采许可	金属矿	8 年
	煤炭	7 年
特殊生产许可	金属矿	最高 20 年,可延长 2 次,每次不超过 10 年
	煤炭	最高 20 年,可延长 2 次,每次不超过 10 年

需要注意的是:外国企业不能直接取得上述许可,而必须通过投资设立印尼子公司的方式间接取得上述许可。同时,上述许可不可被抵质押或转让给任何第三人。

不同的许可矿区,其授予方式也不同。根据矿区类型的不同,其许可的授予方式主要包括招标、申请两种。其中,招标方式适用金属 WIUP、煤炭 WIUP 政协委员 WIUPK,申请方式适用于非金属 WIUP、石料 WIUP 和 WPR。对 WIUPK 而言,其招标优先面向国有企业和地方企业,如果没有一家国有或地方企业感兴趣,可向私营企业招标。

8. 基础设施互联互通法律情况

印尼目前正在加快其铁路、公路、港口与机场等基础设施建设。根据基础设施项目的类型,其需获得的批准或许可也不同。但对于基础设施项目的建设而言,公司需要取得建设服务经营许可证。

在建设项目上,承包商和建设者应取得的主要审批/证书如下:(1)承包商应获取建设服务经营许可证(IUJK)和企业经营执照;(2)对于外国建筑服务商,需从公共事务部获取外国建筑服务代表处证书,才能在印尼开设外国建筑服务代表处;(3)对建设者,需要获得由建设服务发展委员会批准,这是公司获得 IUJK 的前提条件。(4)企业营业执照有不同类型,不同类型的营业执照允许建筑公司从事对应的建设服务工作,在获得 SBU 后,建设公司应从地方政府获得 IUJK,建设经营执照的颁发者为印尼投资协调委员会。

涉及高危、高新技术、成本高昂的建设工作,只能由以有限责任公司组织形式存在的商业实体,或处于相同法律状态的外国企业(如代表处)进行。根据建设服务法,建设服务的提供者可以是个人或商业实体,但个人仅能从事低风险、技术简单和造价低廉的建设工作。

印尼 BOT/PPP/EPC 相关法律规定
BOT
1. 在印尼法项下,BOT 有两种模式: (1)在国家所有/地方所有的资产上的 BOT,由 2014 年第 27 号关于国家所有/地方所有资产管理的政府条例(以下简称"GR 27/2014")管辖。 (2)在私有财产上的 BOT,没有专门的法律管辖,因此应遵守印尼民事法典 2. BOT 项目的最长期限为 BOT 合同签署后 30 年; 3. 与政府签署 BOT 协议的公共实体("合作方")应通过拍卖形式采购; 4. 在 BOT 项目运营中,合作方: (1)必须每年向国家/当地国库缴纳出资,缴纳税额由授权官员确定; (2)必须维持 BOT 项目;及 (3)不得将 BOT 项目土地用于提供担保、质押或进行转让;BOT 项目的产品将直接用于执行中央/地方政府的职责与功能。 5. 在 BOT 项目的运营中,BOT 项目的至少 10% 的产品必须直接用于执行中央/地方政府职责与功能
PPP
PR 38/2015 规定了公私合营(PPP)计划,PPP 是政府和私人公司为公共目的而在基础设施领域的合作。关于合作项目的要求,将由部长、公共机构的领导、当地的领导、国有企业或地方企业予以制定。PPP 项目将由私人公司部分或全部出资,并在 PPP 合营各方之间分担风险
EPC
关于设计、采购及施工(EPC)的主要法律如下: 1.《建设法》; 2. 2000 年关于商业及建设服务社团职能的第 28 号政府法规,2010 年第 92 号政府法规; 3. 1999 年《建设服务法》(No. 18/1999),2000 年关于实施建设服务的第 29 号政府法规,2015 年底 79 号政府法规(GR 29/2000)

(三)外汇管制

1. 印尼建立了严格的外汇管制制度

在印尼,外汇管制机构为印尼央行。根据印尼《强制使用印尼盾法》(No. 17/3/

PBI/2015)的规定,任何在印尼境内进行的交易都必须使用印尼盾。但与政府预算实施有关的交易、接受海外赠与、国际贸易交易、在印尼当地银行存入外币、国际金融交易、外商投资企业海外分红等交易除外。

2. 印尼对项目资本注入及本息汇出的法律限制

印尼对于跨境投资、资本注入及本息汇出没有法律限制,不需要取得行政审批。因此,外国投资者可以自由地收取其投资印尼的本息及分红。

3. 印尼是否允许在境外开立账户

印尼对开设境外账户没有法律限制。

(四)税收规定

印尼税法体系丰富,具体包括《税收一般规定及程序法》(1983 年第 6 号)、《所得税法》(2008 年第 36 号修订)、《增值税法》(2000 年第 18 号修订)、《土地和建筑税法》(2000 年第 19 号修订)、《收购土地及建筑物权利费用》(2000 年第 20 号修订)、《税务法院法》(2002 年第 12 号)和《印花税法》(1985 年第 13 号)等。印尼的税务主管机关为财政部,印尼采用自我评税制,即纳税义务人应当自行评估需要缴纳的税款总额并依法缴纳税款。

1. 印尼主要税目及税率如下

(1)所得税:根据 2008 年《所得税法》,个人所得税与企业所得税的具体规定如下表展示。

税种	税基	税率
个人所得税	5000 万盾以下	5%
	5000 万盾到 2.5 亿万盾	15%
	2.5 亿盾至 5 亿盾	25%
	5 亿盾以上	30%
企业所得税	原企业所得税税率为 28%,从 2010 年降为 25%	

(2)增值税:一般情况下,对进口、生产和服务等征收 10% 增值税。

(3)印花税:对一些合同及其他文件的签署征收 3000 或 6000 印尼盾的象征性税收。

(4)关于股息、利息和资本收益课税。

①股息:

对于居民接收者而言,在下列条件下,对有限责任公司、合作企业、国有企业或地方所有企业从印尼公司获得的股息免征所得税:股息来源于留存盈余;且接收股息的当事方持有派发股息的公司至少25%的实收资本。若前述条件未满足,可按照接收股息方取得的其他收入所适用的普通税率对股息征税。申报后,股息应根据《所得税法》第23条的规定按15%的税率预提所得税。

合伙、赞助会、基金会或类似组织接收的股息同样应根据《所得税法》第23条的规定预提所得税,但居民个人纳税人接收的股息应适用最高10%的所得税额。

对非居民接收者的股息支付适用20%的税率,但对于签署双边税收协定的国家,其适用的税率可能更低。

②利息:

有关利息(如额外费用、贴现及贷款保证金)的规定也可参照《所得税法》。根据《所得税法》,按照下述规定从利息中预提所得税:对于居民接收者而言,向居民纳税人已付或应付的利息应根据第23条的规定按照15%的税率预提所得税;对非居民接收者的利息支付应适用20%的税率,但对于签署双边税收协定的国家,其适用的税率可能更低。

③资本收益:

对居民企业纳税人,资本收益应作为普通收益纳税。居民个人纳税人的资本收益同样作为普通收益按照普通税率征税。根据《所得税法》,来源于印尼上市公司股票的收益按照交易价值的最终税款0.1%的税率征税。对于首次公开发行股票时原始股的股票价值,按照0.5%的税率征收附加税。

处置土地或建筑物的收益应适用交易价值5%的最终扣缴税率。这一税率同时适用于居民企业及个人纳税人。

除非根据相关税收协定获得豁免,非居民企业出售非上市公司股票取得的资本收益按照交易价值5%的税率征税。

2. 印尼税收优惠政策

根据印尼《有关所规定的企业或所规定的地区之投资方面所得税优惠的第1号政府条例》,印尼政府对有限公司和合作社形式的新投资或扩充投资提供所得税优惠,具体包括:加速偿还和折旧;给予5年以上的亏损补偿期,但最多不超过10年;分红时,外资企业所缴纳的所得税税率为10%,或根据现行有关避免双重征税的协议,采用较低的税率缴纳等。以上优惠由财政部部长颁发,每年评估一次。

印尼对部分行业投资给予财政奖励或税收优惠。印尼政府自2007年起,对6种战略物资豁免增值税,即原装或拆散属机器和工厂工具的资本物资(不包括零部件),禽畜鱼饲料或制造饲料的原材料,农产品,农、林、牧、渔业的苗或种子,饮用水以及电力(供家庭用户6600瓦以上者例外)。2009年,印尼政府进一步明确对工业发展用机器、货物和原材料免征进口税。2010年,印尼政府对食品饮料业、纺织业、电子行业、交通运输业、通讯信息产业、基础金属与机器工业、石化工业、农畜产品加工业、林业和海洋产品加工业、创意产业十个营业部门提供财政奖励鼓励其发展。此外，印尼政府还拟对环保型企业、大型投资项目、在落后地区投资的基建项目、提供广泛就业机会和运用先进科技的工业部门提供税收减免等优惠。2011 年，印尼政府对符合印尼产业导向和优先发展领域的产业和地区提供相应税收优惠。

2013 年以来，印尼政府为企业获得税收优惠进一步简化手续，降低免税期和免税津贴标准。根据印尼政府现行规定，基础金属、炼油、天然气、有机基础化学、可再生能源和电信设备 6 个工业部门，投资额超过 1 万亿印尼盾的企业，可获得 5 年至 10 年的所得税免税期。同时，对在印尼偏远地区投资的 129 个劳动密集型行业的企业，最低投资额为 500 亿印尼盾且投资期限超过 6 年的，可最多按总投资的 30% 降低应纳税所得。印尼拟改变对投资额超过 1 万亿印尼盾给予优惠待遇的政策，视不同情况对有关企业给予同等优惠待遇，以吸引更大规模的投资，促进印尼经济的发展。

《中华人民共和国政府和印度尼西亚共和国政府关于对所得避免双重征税和防止偷漏税的协定》于 2003 年 8 月 25 日正式生效，适用税种包括在印尼征收的所得税及在中国征收的个人所得税、外商投资企业和外国企业所得税及地方所得税。该协议对缔约国一方居民在缔约国另一方取得的不动产所得、营业利润、海运和空运收入、股息、利息、联属企业收入、特许权使用费、财产收益、独立个人劳务收入、非独立个人劳务收入、董事费、退休金及其他收入等征税方式做出了明确规定。此外，根据中国商务部《2015 年对外投资合作指南》，印尼对中小微型企业还有税收鼓励措施，减免 50% 的所得税。

五、法律风险评价

（一）营商环境有待改善

根据 2015 年世界银行营商环境指南提供的数据，印尼营商环境各项数据表现欠佳，在世界 189 个国家和地区中排名第 114 位，低于地区平均水平。具体而言，印尼在获得电力、信贷取得多方面表现尚可，分别排名第 78 位和第 71 位。但在公司注册、工程承包等方面稍显不足，分别排名第 155 位和第 153 位，例如在印尼公司注册平均需要经过 10 道程序，耗时 52. 5 天，成本高达投资价值的 21. 1% ，需要进一步改善。

公司注册		工程承包	
程序个数	10	程序个数	17
时间(日)	52.5	时间(日)	211
成本(占单位收入的百分比)	21.1	成本(占财产价值百分比)	4.3
最低注册资本(占单位收入的百分比)	0		

数据来源:2015 年世界银行营商环境指南。

(二)合同执行成本和破产处置成本较高

印尼的合同执行成本及破产处置成本较高。根据 2015 年世界银行营商环境指南提供的数据,印尼的合同强制执行效率在世界 189 个国家和地区中排名第 172 位,远低于东亚及亚洲地区的平均水平,破产处置效率排名第 75 位,低于新加坡、马来西亚等东南亚国家。

合同强制执行	印尼	新加坡	马来西亚
时间(日)	471	150	425
成本(占标的额的百分比)	115.7	25.8	37.3
程序(个)	40	21	29
破产处置	印尼	新加坡	马来西亚
时间(年)	1.9	0.8	1
成本(占资产价值的百分比)	22	9.0	10.0
回收率(每美元美分数)	31.7	89.7	81.3

数据来源:2015 年世界银行营商环境指南。

(三)进出口贸易法律限制较多

印尼是东南亚经济贸易的重要组成部分,根据 2015 年世界银行营商环境指南提供的数据,印尼的跨境贸易难易度排名在全世界 189 个国家和地区中排在第 62 位,居于中等偏上水平。

印尼跨境贸易	
出口所需文件数	4
出口时间(日)	17
出口成本(每集装箱/美元)	572
进口所需文件数	8
进口时间(日)	26
进口成本(每集装箱/美元)	647

数据来源:2015 年世界银行营商环境指南。

文莱达鲁萨兰国

Negara Brunei Darussalam

——宁静富裕的“世外桃源”

文莱达鲁萨兰国基本情况

国家名称（中英文）	文莱达鲁萨兰国(Negara Brunei Darussalam)		
人口(百万)	0. 42	人口增长率（年均%）	1. 4
领土面积（千平方公里）	5. 8	主要民族	马来人、华人
官方语言	马来语	主要宗教信仰	伊斯兰教、佛教、基督教
政体	伊斯兰君主制	主要政党	国家团结党
GDP（十亿美元）	15. 49	GDP 增长率(年均%)	-0. 5
国民总收入（十亿美元）	15. 13	人均国民收入(美元)	37, 320
通货膨胀率(年均%)	-1. 2	外国直接投资净流入（百万美元）	173
外债(百万美元)	—	总偿债额占出口贸易和收入的比率	—

数据来源:2015 年世界发展指标数据库。

一、国情简介

文莱达鲁萨兰国(以下简称“文莱”)位于亚洲东南部,北濒南中国海,东南西三面与马来西亚的沙捞越州接壤,并被沙捞越州的林梦分隔为不相连的东西两部分。是世界上最富裕的国家之一。文莱人口约为 42 万,其中马来人占 65. 7% ,华人占 10. 3% ,其他种族占 24% 。马来语为官方语言,英语为通用语言,华语使用也比较广泛。在文莱,伊斯兰教为国教,其他也包括佛教、基督教、道教等。文莱政治稳定,经济发达,主要依靠石油天然气开采出口拉动经济增长,属于典型的“石油富国”。同时,实现经济可持续、多元化发展,政府在延伸油气产业链的同时,努力发展出口加工业、农业、渔业以及物流、金融、旅游和信息服务等产业,不断推动营商环境的改善。从政治、经济、外交等因素综合来看,文莱投资环境较为优越,总体环境稳定,短期内投资者利益具有较大保障。

（一）政治概况

文莱实行伊斯兰君主制，最高君主称苏丹，现任苏丹·哈吉·哈桑纳尔·博尔基亚·穆伊扎丁·瓦达乌拉于1967年10月5日继位后统治至今。文莱独立以来，苏丹政府大力推行“马来化、伊斯兰化和君主制”政策，巩固王室统治，在进行现代化建设的同时严格维护伊斯兰教义。文莱国内政局稳定，但近年来社会治安问题有所增多。

根据文莱宪法规定，苏丹为国家元首和宗教领袖，拥有全国最高行政权力和颁布法律的权力。文莱另设宗教委员会、继承与册封委员会、枢密院、立法院和内阁部长会议协助苏丹理政。其中，立法院由33人组成，实际上不具有立法职权，法律的制定和颁布最终仍由苏丹决定。内阁是文莱的行政机构，现内阁成员为16人，首相是最高长官，由苏丹担任，内阁下设各部部长以及国家大祭司，管理国家财政、外交、教育、卫生等各项事务。在政党制度方面，1985年5月30日，苏丹宣布允许政党注册，随后出现了文莱国家民主党和文莱国家团结党。1988年政府取缔国家民主党，目前其主要政党为文莱国家团结党，该党拥护君主制，宣誓忠于苏丹王室。

（二）经济概况

文莱是东南亚主要产油国和世界主要液化天然气生产国，石油和天然气的生产和出口是文莱国民经济的支柱，约占出口总收入的96%和国内生产总值的67%。已探明的原油储量为15亿桶，日产原油稳定在20万桶左右，可采30年以上。天然气储量为3200亿立方米，日产天然气3000万立方米左右，可开采35年以上。除石油、天然气外，其他矿产资源较少。近年来，为加强经济发展的可持续性，文莱政府积极实施经济多元化发展战略，为经济平稳发展提供可靠保证。2008年1月，文莱政府宣布启动“文莱2035宏愿”，计划拨出95亿文元，大力发展旅游业，改善交通和通讯基础设施，实现经济持续发展。同时，文莱政府实施了一系列优惠政策，包括免除个人所得税、进出口税、薪工税、销售税、营业税和生产税等，以积极吸引外资，促进经济向多元化方向发展。经过多年努力，文莱非油气产业占GDP的比重逐渐上升，特别是建筑业发展较快，成为仅次于油气工业的重要产业。服装业亦有较大发展，已成为继油气业之后的第二大出口收入来源。

近两年，受国际油价下跌和国内油气产量下降的双重影响，文莱经济增长出现停滞。2015年，文莱实现国内生产总值（GDP）185亿文元（文莱货币单位为文莱元，简称“文元”），按不变价格计算同比下降0.5%。但人均GDP仍有3万美元，在全球189个国家和地区人均GDP排行榜中位居全球第26位，亚洲第7位。2015年，外贸总额92.82亿美元，通货膨胀率-1.2%。

（三）外交政策

文莱奉行不结盟和同各国友好的外交政策，主张国家无论大小、强弱，都应相互尊重，重视维护地区和平、安全与稳定，对区域经济合作持积极态度，文莱主张各国实行贸易、投资自由化和开展经济技术合作。文莱于1984年2月24日加入联合国，重视联合国在维护世界和平、保持稳定、促进发展等方面的作用。文莱于1984年1月7日成为东盟第六个成员国，与东盟各国关系密切。文莱视东盟为外交基石，主张通过东盟实现地区稳定、繁荣与团结。另外，文莱是伊斯兰会议组织成员国，是亚太经济合作组织（APEC）和亚欧会议（ASEM）成员及英联邦和不结盟运动等国际组织成员国。文莱目前已与160多个国家建立外交关系，在40多个国家和组织设有使领馆、高级专员署和常驻机构。

中国与文莱于1991年9月30日建交。建交以来，两国关系稳步发展，双方高层交往频繁，在经贸、文化、教育、旅游、军事等领域的合作成效显著，在国际和地区事务中保持良好的协调与配合。两国高层接触频繁，政治互信度较高。2013年4月，双方共同发表了《中华人民共和国和文莱达鲁萨兰国联合声明》，并于同年建立战略合作关系，进一步提升两国经贸合作水平，在交通、通讯、基础设施建设、金融等领域开展密切合作。

二、法律概览

（一）法律体系

文莱法律体系较为全面、完整，存在世俗法律和伊斯兰法律两套法律体系，相互独立，平行适用。在文莱，世俗法律可以作为立法和审判的重要依据，但伊斯兰教法也是其法律的主要基础，并且按照伊斯兰教法的约束，衍生出了被广泛应用以禁止收付利息为主要特征的伊斯兰金融模式。

文莱的文莱《宪法》是文莱的根本大法，第一部成文宪法于1959年9月29日颁布实施，后来又经过多次修改。该法规定，按照宪法，文莱制度和颁布法律的权力由国王苏丹享有。苏丹在立法委员会的协助下，处理立法方面的事务。行使监督权力，审议和通过苏丹批准的管理国家、维护治安和秩序的法律。

文莱国内涉及商业、贸易活动和个人之间纠纷的多数成文法以英国法律和多数英联邦国家使用的普通法为根基，总体上被称为普通法体系。依据这些民商法律审理案件的法院通常被称为“世俗法院”。

（二）司法制度

1. 司法体系

文莱的司法机构分为中央和地方两级，各级法院的司法要员均由苏丹任命。世俗法院包括最高法院（由高等法院和上诉法院组成）和下级法院（由地方法院组成），管辖民事和刑事案件。诉讼在初等法院和最高法院进行。初等法院即治安官法院,其管辖权有限,高等法院有较完整的初审管辖权,上诉法院管辖上诉案件。

伊斯兰法庭隶属于文莱宗教部,裁决那些违反伊斯兰教规的案件。法庭本身拥有大法官及一个法官委员会。不服伊斯兰法庭判决者,可向宗教委员会上诉。

2. 诉讼制度

文莱诉讼法律制度包括 1963 年生效的《最高法院法》和 1983 年生效的《初等法院法》。是规定了世俗法院运作、裁议判的主要法律依据。作为《最高法院法》的附属立法的《最高法院法规则》有 88 个令状,《初等法院法》的附属立法有《治安法官法院(民事诉讼)规则》、《治安法官法院(民事上诉)规则》、《治安法官法院(执行)规则》和《治安法官法院(诉讼费用)规则》等。

3. 仲裁制度

文莱 1994 年颁布了《仲裁法》以英国 1950 年的旧版仲裁法而不是以联合国国际贸易法委员会关于国际商业仲裁的法律为基础。文莱所有具有"商业"性质的争议都可以进行仲裁,范围很广,但与公民权、婚姻、家庭、刑事责任、公司解散等有关的事项或有违公共政策的事项除外。根据文莱《宪法》:禁止在文莱法院起诉文莱政府。因此,和政府合约有关的争议可以适用仲裁。

文莱仲裁协会是文莱的仲裁机构,致力于帮助国内外投资者通过仲裁方式解决商业纠纷,并提供场所。

4. 司法协助

外国法院判决在文莱的执行受 1996 年《关于执行外国法院判决实行对等原则的法律》规范。在文莱,执行外国法院判决实行对等原则,即只要外国法院执行文莱法院做出的判决,文莱法院也会在文莱执行该国法院做出的判决。文莱法院将据此自动承认和执行该国法院做出的民事和涉及金钱给付的判决。外国法院的判决在文莱立案后就进入自动执行状态。

如果外国法院做出的判决具有惩罚性质,则文莱法院不会执行该判决。如果某项判决本身只是承认以往的外国法院判决,只要该判决符合文莱关于执行外国法院判决的法律,则可以得到执行。针对文莱政府的外国法院判决可予执行,但涉及文莱主权豁免权的判决除外。

外国仲裁裁决的执行适用《纽约公约》和文莱《仲裁法》。文莱《仲裁法》第四部分规定,文莱法院对于《纽约公约》成员国做出的仲裁裁决应予承认和执行,除非有对该仲裁裁决不予执行的确切理由。《仲裁法》第八部分规定,如果法院认为仲裁协议无效、无法执行或裁决事项不属于当事人约定的仲裁事项的,则可以决定不执行该仲裁裁决。如果法院有足够理由相信存在仲裁员枉法裁决等刑事犯罪行为或实际上无争议可仲裁的，则会停止执行仲裁裁决。

（三）司法效率

总体来讲，文莱的司法效率不高。一是相关的交易最好事先经过伊斯兰教法委员会的审查和认可，确保不会因违背伊斯兰信仰而被宣告无效；二是由于“天课”是伊斯兰信仰的重要组成部分，这因此对债权的维护采取比较温和的方式，在有些情况下不利于债权的执行。

三、金融法律制度

（一）银行准入与监管法律制度

1. 在文莱设立外资金融机构的准入条件和程序

在文莱开展国际银行业务（包括国际伊斯兰银行业务）属于特别许可事项。根据文莱《国际银行法》规定，未经主管当局批准，外国金融机构不得以任何形式或名义在文莱国境内经营国际银行业务。金融管理局是文莱法定的金融监管部门，也行使文莱中央银行的职能，负责制定和实施货币政策，调控和监管金融机构。因此外资银行在文莱从事银行业务及设立分支机构需要取得金融管理局的事先批准。金融管理局发放牌照一般会考虑：（1）对公共利益、存款人、客户、其他债权人和潜在存款人的利益的保护；（2）符合文莱的有关财务事项的安全性和保护文莱声誉和经济利益的需要。

外资银行申请牌照需要：（1）满足发放许可证的标准；（2）满足开立账户的要求；（3）随时保持完备的业务会计和其他记录；（4）满足当局要求的相关规章要求；（5）满足最低实收资本要求。

外资银行最低实收资本要求	
银行	最低实收资本
总部在文莱的银行	B $100 million（约合 0.83 亿美元）
总部不在文莱的银行	B $1000 million（约合 8.3 亿美元）
总部不在文莱的伊斯兰金融银行	B $500 million（约合 4.15 亿美元）
注：美元 : 文莱元 = 1 : 1.2 左右	

此外，根据《国际银行法》第 5 条的规定，营业执照的发放必须满足以下条件：（1）发放营业执照后，申请机构享有很高的声誉或能获得很高的声誉；（2）如果成为国际伊斯兰银行，申请机构将遵循伊斯兰教义，并根据伊斯兰议会建议的规定来制定与之相适合的内部章程；（3）申请机构的资本金将不减少，或者将按规定保持；（4）申请

机构的每一位经理人、高级经理人、财务管理者、董事或者控制者都是适合相应职位的人员；(5)申请机构将在文莱国境内保持经营场所，并且该经营场所将由居住在文莱的人士担任董事并经营管理；(6)除该法许可的情况，申请机构不得经营国际银行业务以外的其他银行业务；(7)申请机构可以证明其能够达到该法定的最低资本要求；(8)在第4项列举的人员中，至少有2人在文莱国境内直接指导申请机构的业务；(9)申请机构名称及其他按照该法第4条第(1)款第(d)项列举的人员名称中不得包含任何误导潜在存款人和债权人的字样，不得有令人不快的含义，也不得与公司登记注册规定和国际性业务登记注册规定相悖。

金融管理局收到申请书后，应在3个月内做出同意或者拒绝发放营业执照的决定，该决定为最终决定。对金融管理局无需给出拒绝发放营业执照的原因；申请人亦不得以上诉或司法复审的方式来对抗拒绝发放的决定。

文莱外资银行营业执照类型	
完全国际营业执照	可经营一般国际银行业务
国际投资银行营业执照	可经营国际投资银行业务
国际伊斯兰银行营业执照	可经营准许经营的国际伊斯兰银行业务
限制性国际银行营业执照	可经营除限制范围外的一般国际银行业务
注：各营业执照均须按照当局的相关规定缴纳年费和其他费用	

文莱的外资银行发展环境较好，自2003年文莱成立国际金融中心以来，许多知名度高的银行如汇丰银行、渣打银行、花旗银行都已立足文莱。文莱国际金融中心具有完善的英国的普通法系统以及金融中心应该具备的国际法规，并配有国际知名度的会计事务所和它们设立的信托公司提供服务。

文莱主要外商投资银行			
名称	性质	国家/地区	成立时间
佰都利银行(总部)	合资	法国、文莱	1993年1月
汇丰银行(分行)	外资	香港	1947年9月
马来西亚银行(分行)	外资	马来西亚	1960年7月
渣打银行(分行)	外资	英国	1958年5月
大华银行(分行)	外资	新加坡	1974年5月
马来西亚兴业银行(分行)	外资	马来西亚	1964年6月

2. 银行业主要法律法规

(1)《国际银行法》的相关规定

在文莱《国际银行法》中,“银行”是指经营银行业务的机构,包括以实现该法目的而在文莱境内设立的所有经营银行业务的分行和办公机构。银行业务包括以吸纳公众现金、开立储蓄账户和信用证形式办理存款业务,发行信用卡,汇款收款,贸易金融、信贷业务,投资银行、伊斯兰银行业务、经纪业务和风险管理服务等。

不遵守或违反文莱相关金融监管法律法规的银行将受到刑事、行政方面的处罚,具体规定如下所示:

不遵守或违反文莱相关金融监管法律法规的行为	处罚
未取得当局发放的有效经营许可证而开展或声称开展国际银行业务	将被指控并宣告有罪,处以100,000文元以内罚金,并处18个月以内监禁。对于连续违反者,将自宣告有罪之日起,计算连续违反的时间,处以每日1000文元的额外罚金
未按照规定的格式向当局申请经营许可证,而故意提供虚假文件	将被指控并宣告有罪,处以100,000文元以内罚金,或处以2年以内监禁,或并处罚金和监禁
不遵守其经营许可证规章要求,资本金不能按规定保持、经营国际银行业务以外的其他银行业或者不能证明其能够达到法定最低资本	将被指控并宣告有罪,处以50,000文元以内罚金。对于连续违反者,将自宣告有罪之日起,计算连续违反的时间,并处以每日1000元的额外罚金
妨碍当局查处洗钱违法犯罪,以及妨碍当局行使为了保护经营许可证持有人的存款人、其他债权人、客户、投资者和与经营许可证持有人交易方各自的利益,或者为了保护文莱的金融和安全的权力	将被指控并宣告有罪,处以50,000文元以内罚金,并处以3年以内监禁
故意或推定故意对在实质性事项作出虚假、欺诈或误导的陈述,或者轻率地、不诚实地作出在实质性事项上虚假、欺诈或误导的陈述,或者故意制造、提供在实质性事项上虚假、欺诈或误导的信息或文件,或促成或同意该信息或文件被制造或提供,但其知道或应知真实情况的,或者轻率地制造或提供在实质性事项上虚假、欺诈或误导的信息或文件,或轻率地促成或同意该信息或文件被制造或提供等行为	将被宣告有罪,处以不超过200,000文元的罚金和不超过3年的监禁

此外,根据文莱《国际银行法》规定,下列项目依法免除相关税收:

	免除相关税收的项目
1	来源于许可证持有人的股份、债务或有价证券的所得或利息或相关所得或利息,应免除所得税、资本收益税和其他直接税
2	许可证持有人的股份、有价证券、存款、其他借款或其管理的资产的股息、利息或其他收益,应免除所得税、资本收益税和其他直接税
3	不得征收与许可证持有人的股份、有价证券、资产相关或与此类股份、有价证券、资产转让相关的不动产税、遗产税、继承税和类似的税收
4	与许可证持有人转让或受让财产相关的文据,与许可证持有人的股份、债务,或其他有价证券交易相关的文据,与许可证持有人资产和行为相关的文据,不可以征收印花税
5	非在文莱国境内生产或制造的货物,以及实质上专门用于在文莱国的国际银行业务经营目的设备或器材,可以免除关税

(2)《银行法》的相关规定

文莱《银行法》于 1957 年 1 月 1 日经国王苏丹批准生效,后经过多次修改,现行有效的是 2002 年的版本。该法的立法宗旨在于对银行业务的管理和许可做出规范,其内容涉及对银行的许可、最低认缴资本、准备金、最低现金余额、流动资产、特别权力、资产负债表等公示、银行业务的监管、法律责任及其他等方面。该法明确了银行的法律地位。

(3)《金融公司法》的相关规定

文莱《金融公司法》于 1973 年 8 月 1 日经国王苏丹批准生效。该法的立法宗旨在于对金融公司的许可、控制及有关事务做出规范,其内容涉及金融公司的许可、风险准备金、股息、资产负债表及信息、业务管理、最低流动资产、金融公司检查、账册和审计师报告提交及其他等方面,共八章 43 条。

该法明确了金融公司的定义和业务范围。金融公司是根据该国《金融公司法》经批准开展金融业务的公司,而不是一般注册成立的公司。金融公司从事的是特定范围的融资业务,在文莱的任何分公司和办事处不论规模大小,也应被视为金融公司看待。

(二)担保法律制度

文莱对担保人的利益保护比较充分,未经担保人同意,债务人和债权人间任何条款的变化都将免除担保人的担保责任。因此,除非当地法律有特殊限制或要求,否则贷款协议、担保协议应避免适用文莱法。

1. 担保法律体系

文莱政府在 1939 年 4 月 17 日颁布《合同法》第五节规定了“合同的担保”和“质押担保”的有关事项。

根据文莱《合同法》的解释，“担保合同”是由于某一个人的违约而使第三方履行承诺或承担责任的合同。担保可以是口头形式，也可以是书面形式。

2. 担保责任免除的情形

根据文莱《合同法》的规定，保证人存在下列情况时可免除担保责任：

(1) 如果没有保证人的同意，主债务人和债权人之间任何条款的变化将导致担保人对变化之后的交易不再承担担保责任。

(2) 如果主债务人与债权人之间的合同免除了主债务人的债务，或者债权人的作为或不作为导致主债务人的债务被免除的后果，那么保证人的责任也因此而免除。

(3) 债权人与主债务人之间的和解协议，或者债权人对主债务人作出延期履行或不起诉的承诺，如果没有得到保证人的同意，那么保证人免除担保责任。

(4) 做了任何与担保人权利不一致的行为，或者由于疏忽而没有履行担保人要求他履行的义务，如果损害了保证人对主债务人能够采取的救济措施，保证人也因此免除责任。

3. 担保无效的情形

根据文莱《合同法》的规定，下列情形下，担保无效：

(1) 由于债权人对有关交易实质性部分的错误陈述，或者在他知道或同意条件下做出的错误陈述而成立的担保无效；

(2) 债权人通过对实质性条件保持沉默的方式获得的担保无效；

(3) 需要另一个人加入成为合同的共同保证人时如果另一个人不加入，则这个担保无效。

4. 质押权的特别规定

根据文莱《合同法》，如果寄存的货物是作为清偿债务或履行承诺的担保，这种货物被称为“质押物”。占有任何货物或任何提单、仓单、仓库管理员收货证书、码头管理员证书，或者交付的许可证和命令，或者货物所有权的其他文件的人，可以用这些货物或文件设立有效的质押。但是，用于质押的货物和权利证书不能是以侵权或欺诈的方式从它的合法所有人或合法管理人处获得的。同时质押的范围具有有限性，当一个人以其只具有有限利益的货物作为质押时，质押才只有在其利益范围内是有效的。

(1) 质权人的权利和义务

质权人可以保留或出卖质押物。如果质押人在规定的时间未履行质押担保的债务，质权人可以对质押人提起诉讼，要求履行；还可以保留质押物作为担保，或者出售质押物，但要对质押人进行合理的通知。

质权人可以用质押物清偿债权。质权人不仅有权将出售质押物的所得用于清偿质押人的债务，还可用于清偿债务的利息和质权人因占有和保存质押物而发生的所有必要费用，并且有权向质押人收取为保管质押物而发生的特别费用。

(2)质押人的权利和义务

如果质权人和质押人确定了清偿债务或履行承诺的时间，也按照这个时间设定了质押，质押人在按照确定时间清偿债务或履行承诺时发生违约的，可以在质押物被实际出卖前赎回质押物，但这种情况下必须支付由于违约而产生的所有费用。

依据文莱法律，质押人有赎回质押物的权利。

(三)法律适用

世俗法律和伊斯兰法律两套法律体系在文莱国内并存，且相互独立、平行适用。伊斯兰法律仅对穆斯林人适用。

如果商业交易方都同意对交易适用伊斯兰法，那么该交易除了符合世俗法律之外，还必须遵循伊斯兰原则。这种情况一般只是在伊斯兰银行和保险领域出现。

四、投资法律制度

除了国家富裕以外，文莱在吸引投资方面还具有明显的优势，如市场开放、税收优惠、投资与贸易的风险相对较低、政治稳定、政策透明度高、地理位置优越等。此外，为了吸引外资，实现经济发展多元化，促进私营经济发展，文莱政府实施了一系列优惠政策，包括免除个人所得税、进出口税、薪工税、销售税、营业税和生产税，外国投资者还可以享受免除20年公司税的优惠待遇。与其他国家和地区相比，文莱征收的税相对较少，可以降低企业生产成本。

(一)企业相关法律制度

文莱与企业相关的法律制度包括《公司法》《合同法》《破产法》《劳动法》《投资激励法》《商标法》《专利法》等。

文莱有两套相互独立的公司法，对国内企业适用《公司法》，对外国企业适用2000年《国际商业企业令》。根据文莱财政部修改的最新《公司法》，在文莱注册公司的董事会中，至少两位中的一位(如仅两位董事)、或者至少两位(如超过两位董事)，必须为本地公民。

文莱《劳动法》于1955年2月1日实施。该法建立了一套适应在市场经济的发展过程中的具有自己独特体系的劳动关系调整制度，是文莱的一部带有劳动法典性质的法律，同时也是一部调整劳动关系的劳动基准法。文莱的《劳动法》规定了劳动管理的主体及其权力和责任，劳动协议和劳动合同签订、修改和终止，雇主和工人在劳动协议和合同关系中的权利和义务，工人的招聘、解聘的条件和要求以及被雇佣的工人的工资、福利和劳动保护，监督、检查和违反劳动法应当承担的法律责任，以及劳动争议的处理途经和方式等内容。

文莱政府于1975年和2001年颁布过《鼓励投资法案》。现行的《投资激励法》在2001年《投资激励法案》的基础上进行修改,并于2001年6月1日开始实施。该法的立法宗旨是促进文莱经济发展及其相关经济目标的实现,激励工商业及其他经济产业的建立和研发。

(二)特定行业、领域法律情况

文莱对其境内企业的发展及投资持有较积极和开放的态度。一是文莱政府推行无外汇管制政策,外汇自由汇入汇出;二是文莱大幅度实行减免税制度,不对企业征收制造税、销售税、出口税等;三是文莱金融货币市场稳定,财政收支平衡,重视投资保护及金融市场与国际社会的联系,对企业实行汇兑限制和国有化征收的可能性较低。但是,文莱居民多为信奉伊斯兰教法的穆斯林,可能难以完全接受部分项目收付利息的传统金融形式,因此投资者可尝试加强与伊斯兰金融合作。

1. 土地相关法律规定

文莱《土地法》颁布于1909年。

按照文莱《土地法》,土地归君主所有,公民可以购买使用。但是土地使用需要经过土地规划管理部门的规划,土地规划的有效期满后,使用者能否继续使用该土地,需由法院做出裁定。外国人在文莱没有土地所有权和买卖权,只有文莱公民才享有买卖土地的权利,外国人只能租用土地。

2. 投资准入相关法律规定

文莱主管国内投资和外国投资的政府部门为工业与初级资源部和经济发展理事会。在文莱禁止投资的行业包括武器、毒品及与伊斯兰教义相悖的行业等;鼓励投资的行业包括化工、制药、制铝、建筑材料及金融业等行业;限制投资的行业为林业,不对外资开放。此外,文莱对外资企业投资大部分行业没有明确的本地股份占比要求,对外国自然人的投资也没有特殊限制,仅要求公司董事至少1人为当地居民。外资在文莱可成立私人有限公司、公众公司或办事处,但文莱本地小型工程一般仅向本地私人有限公司开放。

在投资领域,文莱政府制定了改善投资环境的计划,计划中包括和其他国家签署双边贸易条约和备忘录,并制定了适应国际贸易需要、提高效能、降低成本的一系列相关法律。文莱目前已发布《经济发展法》《投资激励法》及《工业调整令》等相关法律法规,促进外来投资者创业和发展。《投资促进法》将部分产业纳入先锋行业,投资享受税收优惠。政府对任何企业不征收制造税、销售税、出口税等,绝大部分商品的进口关税为0~5%,目前成立的离岸金融中心,更是为投资者获得金融增值服务提供了良好的平台。

3. 矿业相关法律规定

文莱《矿业法》(1920 年 3 月 4 日颁布,1984 年修订)规定了采矿勘探许可、采矿租约等内容。

没有获得勘探或采矿授权,但从事相关行为,可以勘探和采矿为目的的行为,将按《矿业法》的有关规定进行惩罚。惩罚措施包括:罚款 1 万美元,并没收所有的机械、设备、工厂、建筑物和其他财产以及在该土地上由非法勘探和采矿得到的一切矿产品。

依据《矿业法》及相关条例,国王苏丹和议会议长可随时颁布勘探矿产的许可证。

勘探许可证的申请与使用	
勘探许可证的申请方式	1. 申请以书面形式作出包括申请人的姓名、居住地和职业等。为方便核查,应准确地说明土地的状况、界限和地区,并具体说明要申请勘探的矿产。 2. 应保存一份按收到申请的先后次序连续登记的目录,对每一份登记的申请收取 500 美元费用。 3. 在申请人按照部长的决定支付不少于 10 万美元的保证金后,可以发给勘探许可证。经议长认可批准,议长可以从申请人处接受担保债券代替保证金
勘探许可证的使用期限与条件	勘探许可证的限期可由议长根据个案逐一评定。同时,如议长查明妨碍申请人在该地区完成找矿的原因是由于许可证的问题,议长有权视情况延长许可证期限

议长可随时制定、修改、撤销或取消与立法目的或发放勘查许可证目的不一致的条例。任何议长制定的条例一经发布,即为《矿业法》的一部分,与法律具有同样的效力和作用。

4. 基础设施相关法律规定

文莱对外国公司承包工程开展基础设施互联互通建设沿用英国法的有关规定,本国没有专门的法规。

(1)政府工程的许可制度

外国建筑公司不能直接参与政府工程的投标,须采取与文莱当地公司合作或分包的形式。一是与文莱当地公司合作,由于而当地企业多数在资金上比较困难,而且在文莱承包工程需带资承包,因此在一些大的工程上有实力的外国企业有可能参与合作。二是分包单项工程,即从已经中标的文莱公司接受分包。三是与本地公司合资成立建筑公司,并向发展部公共工程局申请建筑工程执照。此种方式适合于有意在文莱长期发展的外国企业,最好与当地建筑商成立合资公司。

文莱采用英国的投标承包制,政府各部门在其公告栏每周的政府公报上刊登招标公告。承包企业可以向有关部门索取或购买招标文件,大的项目还要进行资格审查。

(2)私人工程的审批事项

文莱对于私人工程一般不采用公开招标的形式。外国建筑商承包私人开发项目不需要有政府建筑执照,但必须得到劳工局的批准,才可以申请公司职员和技术人员进入文莱的工作。

(三)外汇管制

文莱金融业对外开放,政府推行无外汇管制政策,文莱元与美元、新币、日元、英镑、人民币等各国货币可以在文莱自由兑换,外汇可以自由汇入汇出,国际资本流动便利。

(四)税收制度

1. 主要税种及征收情况

税名	征收情况
个人所得税	文莱不征收个人所得税、个人赢利税以及个人从资本、资产销售中获得的利润税。在文莱非居民也不征收个人所得税
公司税	在文莱注册的外国或当地的股份有限公司或分公司,都必须缴纳30%的公司所得税。2012年3月,文莱召开全国第八届立法会议,宣布公司所得税税率降至20%
自然资源税	石油资源开采税由所得税法特殊条款规定,此法仿效中东大多数石油生产国的模式
印花税	所有的法律文件均征收印花税。对某种文件征收从价税,但随文件的性质而有别。印花税率在印花税法中规定
预扣税	国内公司向非常驻公司借贷,国内公司必须预扣20%的利息税
国外收入	文莱注册的公司在文莱收到的国外收入要征税
土地和财产税	地方当局根据财产多少征收财产税,租赁土地根据租金多少征税
注:文莱不征收销售税、工资税,对出口不征税。	

经估定的税一般在收到估定通知后三个月内缴纳。纳税年度是日历年度,有限公司需提供收入申报书;征税人颁发有限公司征税估定书,征税估定以上年纳税额为基础。

2. 所得税的特别规定

文莱的《所得税法》于1949年12月31日生效,共有十五部分87条。该法统一规范所得税的征收与管理问题,适用于企业(法人)和个人。

文莱《所得税法》规定,任何人在任何时期的应纳税收入等于其收入扣除相应的成本和费用。对食品、药材、建材、钢铁、化工、造船、造纸、纺织等重点工业部门生产的许多产品，实行税收优惠政策。为鼓励文莱的出口贸易以及科研发展，文莱《所得税法》还对与对外贸易、开发出口市场以及科技研发费用给予更多的扣除。此外，投资高新产业的公司，在进口建厂所需的材料和设备时，也可以免税。外国人在文莱注册的公司，对在文莱收到的国外收入必须纳税。总体上看，文莱税种较少、税率较低、税赋公平，有利于外资流入。

投资企业免税期（从生产日开始计算）	
注册资本金额	免税期
50 万～250 万文元	5 年
250 万文元以上	8 年
高科技园区内	11 年
免税期延长	每次 3 年，总共不超过 11 年
（高新区）免税期延长	每次 5 年，总共不超过 20 年

五、法律风险评价

（一）营商环境有待改善

根据 2015 年世界银行营商环境指南提供的数据，文莱在公司注册、财产登记、电力获取、信贷获取等方面的世界排名分别为第 179 位、第 162 位、第 42 位、第 89 位，其中公司注册与财产登记均处于世界中下游水平。以财产登记为例，文莱每项财产的有效登记平均需要经过 7 道程序，耗时达到 298 天，其繁琐和耗时程度超过绝大多数国家，有待改善。

公司注册		财产登记	
程序个数	15	程序个数	7
时间（日）	101	时间（日）	298
成本（占单位收入的百分比）	10.4	成本（占财产价值的百分比）	0.6
最低注册资本（占单位收入的百分比）	0		

数据来源：2015 年世界银行营商环境指南。

（二）合同执行成本较高、破产处置成本较低

文莱的司法效率较低，特别是在合同强制执行的问题上，处于世界下游水平。根据 2015 年世界银行营商环境指南提供的数据，文莱合同强制执行的效率在世界 189 个国家和地区中仅排名 112 位。但文莱破产的处置成本则相对较低，处于世界中游水

平,全球排名为第 88 位,平均投资回收率为 47.2%。

合同强制执行	文莱	东亚及太平洋地区	经合组织
时间(日)	540	553.8	539.5
成本(占标的额的百分比)	36.6	48.6	21.4
程序(个)	47	37.2	31.5
破产处置	文莱	东亚及太平洋地区	经合组织
时间(年)	2.5	2.3	1.7
成本(占资产价值的百分比)	4	13.3	8.8
回收率(每美元美分数)	47.2	37.7	71.9

数据来源:2015 年世界银行营商环境指南。

(三)进出口贸易法律限制较少

文莱国际贸易的法律政策对投资者限制较少。与公司注册和财产登记程序相比,进出口贸易所需要的时间和审批材料都比较少,资金成本也相对较低。根据 2015 年世界银行营商环境指南提供的数据,文莱的跨境贸易难易度在全世界 189 个国家和地区中排在 46 位,处于世界上游水平。

文莱跨境贸易	
出口所需文件数	5
出口时间(日)	19
出口成本(每集装箱/美元)	705
进口所需文件数	5
进口时间(日)	15
进口成本(每集装箱/美元)	770

数据来源:2015 年世界银行营商环境指南。

(四)税务负担较低

对于外国投资者来说,文莱的税收法律制度较为健全,且实行了许多优惠措施,包括外国投资者能够享受到免除 20 年公司税等优惠。根据 2015 年世界银行营商环境指南提供的数据,文莱在税收负担方面排在全球 189 个国家和地区的第 30 位。

税收指标	文莱	东亚及太平洋地区	经合组织
纳税(次)	27.0	25.9	11.8
时间(小时)	93.0	204.3	175.4
应税总额(占利润百分比)	15.8	34.4	41.3

数据来源:2015 年世界银行营商环境指南。

菲律宾共和国
Republic of the Philippines

——“西太平洋明珠”的今日争锋

菲律宾共和国基本情况

国家名称（中英文）	菲律宾共和国(Republic of the Philippines)		
人口(百万)	100.70	人口增长率(年均%)	1.6
领土面积（千平方公里）	300.0	主要民族	马来族
官方语言	菲律宾语、英语	主要宗教信仰	天主教
政体	总统制	主要政党	自由党
GDP（十亿美元）	291.97	GDP 增长率(年均%)	5.8
国民总收入（十亿美元）	356.96	人均国民收入(美元)	3540
通货膨胀率（年均%）	2.1	外国直接投资净流入（百万美元）	5724
外债(百万美元)	77,659	总偿债额占出口贸易和收入的比率	7.5

数据来源:2015 年世界发展指标数据库。

一、国情简介

菲律宾位于亚洲东南部,北隔巴士海峡与中国台湾省遥遥相对,南和西南隔苏拉威西海、巴拉巴克海峡与印度尼西亚、马来西亚相望,西濒南中国海,东临太平洋。菲律宾是一个群岛国家,共有大小岛屿 7000 多个,其中吕宋岛、棉兰老岛、萨马岛等 11 个主要岛屿占全国总面积的 96%。菲律宾是一个多民族国家,其中马来族占全国人口的 85% 以上,少数民族及外来后裔有华人、阿拉伯人、印度人、西班牙人和美国人,还有为数不多的原住民。菲律宾共有 70 多种语言,官方语言为菲律宾语、英语。菲律宾国民约 85% 信奉天主教,4.9% 信奉伊斯兰教,少数人信奉独立教和基督教新教,华人多信奉佛教,原住民多信奉原始宗教。

菲律宾政治局势基本平稳,但社会治安问题依然严峻,与中国南海争端短期内也难以解决。经济上,尽管菲律宾政府采取积极措施,着力改善投资环境以促进外资流入,但长期来看菲律宾经济基础依然薄弱,经济增长不确定性较大。

(一)政治概况

菲律宾为总统制国家,实行行政、立法、司法三权分立。总统是国家元首、政府首脑和武装部队总司令,拥有行政权,由选民直接选举产生,任期六年,不得连任,总统无权实施戒严法,无权解散国会,不得任意拘捕反对派。2016 年 5 月 9 日,罗德里格 · 杜特尔特当选为新一届菲律宾总统。菲律宾议会称国会,是最高立法机构,由参、众两院组成。参议院由 24 名议员组成,由全国选民直接选举产生,任期六年,每三年改选 1/2,可连任两届。众议院由 250 名议员组成,其中 200 名由各省、市按人口比例分配,从全国各选区选出,25 名由参选获胜政党委派,另外 25 名由总统任命。众议员任期 3 年,可连任三届。

菲律宾有大小政党 100 余个,大多数为地方性小党。其中主要政党和团体包括自由党、基督教穆斯林民主力量党、民族主义人民联盟、摩洛民族解放阵线、摩洛伊斯兰解放阵线、菲律宾共产党等。

(二)经济概况

菲律宾经济以出口为导向。2008 年以来受金融危机影响,经济增长近于停滞,工业产值下滑,资本流失,出口下滑,财政赤字加大,居民收入减少。近年来,得益于全球经济形势好转、政府经济改革以及经济刺激措施等因素,菲律宾经济逐步复苏。第三产业国民经济比重增大,民众消费意愿较高,银行业发展稳定。2015 年,菲律宾 GDP 增长 5. 8% ,达 2920 亿美元,实现政府制定的 5% ~6% 的增长目标。其中,服务业增长 10. 5% ,工业增长 4. 5% ,农业减少 5. 2% ;外汇储备增长 11% 达 807 亿美元;全年通胀率约为 2. 1% ;中菲 2015 年进出口总额较上一年减少 6. 1% 达 172 亿美元。菲律宾比索兑美元汇率及综合股票指数均不断创出新高。

2016 年为菲律宾大选之年,与选举有关的支出可以促进传媒行业、服务行业和交通运输行业的发展,进而以乘数效应增加相关行业员工的消费,促进经济发展。受选举支出和基建投资等利好因素影响,菲律宾 2016 年一季度经济增速预计优于 2015 年同期的 5% ;其中选举支出对 GDP 的带动作用约为 0. 5% ~1% 。政府将 2016 年经济增长目标调高至 7. 5% ~8. 5% 。

(三)外交政策

菲律宾奉行独立的外交政策,在平衡、平等、互利、互敬的基础上发展同所有国家的政治经济关系。其对外政策的目标是:确保国家安全、主权和领土完整,推动社会发展,保持菲律宾在全球的竞争力,保障菲律宾海外公民权益,提升菲律宾国际形象,与各国发展互利关系。迄今为止,菲律宾已同 126 个国家建交。

二、法律概览

菲律宾法律体系相对健全，但是由于面临众多政治、社会治安等问题，法律稳定性不足。同时，菲律宾历史上曾受到西班牙和美国的殖民统治，现行法律制度明显具有大陆法系和英美法系的特点，是两大法系的混合体。但总体来看，菲律宾法律属大陆法系，以成文法作为法院判决的主要依据。

（一）法律体系

在菲律宾，婚姻家庭法、继承法、合同法、刑法等部门法受大陆法系传统影响较大。在宪法、诉讼法、公司法、票据法、税法、保险法、劳动法、金融法方面，受英美法系影响较多。

（二）司法制度

1. 法院制度

菲律宾法院由宪法法院、司法法院和其他特别法院或法庭构成。特别法院或法庭包括行政法院、反贪污法院、穆斯林法院、税务上诉法院、合作法院、土地法院、军事法院、选举法庭等。

（1）宪法法院

宪法法院主要职能是对部分或总理质疑法案违宪及政治家涉嫌隐瞒资产等案件进行终审裁定，并以简单多数决定裁决结果。宪法法院由 1 名院长及 14 名法官组成，由参议院议长提名呈国王批准，任期 9 年。

（2）司法法院

司法法院分最高法院（大理院）、上诉法院和初审法院三级，并设有专门的从政人员刑事厅，主要审理不属于宪法法院、行政法院和军事法院审理的其他所有案件。司法法院另设司法委员会，由大理院院长和 12 名分别来自三级法院的法官代表组成，负责各级法官任免、晋升、加薪和惩戒等事项。司法法院下设秘书处，负责处理日常行政事务。

最高法院只负责受理对法律各条款解释有争议的案件。菲律宾法律对最高法院具体规定如下表所示。

最高法院的相关规定	
构成	由 1 名首席法官和 14 名陪审法官组成，首席法官是其他法官的行政领导
合议规则	须全体法官出庭，或者酌情由 3 人、5 人或 7 人组成分庭。如果最高法院法官出缺，应在出缺后的 90 日内补缺。由分庭审理的案件，应由实际参加审议和表决的法官同意，至少应有法官 3 人同意才能判决。如果未能取得所要求的同意数，该案件应由全庭判决。最高法院在分庭或分庭作出的判决中所制定的法律或原则，除最高法院全庭开庭外，不应被修改或推翻

续表

法院权力	初审审判权:对有关大使、其他外交使节和领事的案件,以及有关申请发布调卷重审令、制止管辖令、批示行为令、责问权限令和人身保护权令的案件,由最高法院行使初审权
	上诉审判权:对各下级法院的判决或裁决不服者,当事人可以上诉到菲律宾最高法院,最高法院有权行使上诉审判权
	特许上诉审判权:依照法律规定或法院规则,当事人对下级法院关于特定案件的终审判决或裁决所提出的上诉或调卷重审令,最高法院有权进行复审、复查、驳回、改判或确认维持原判

上诉法院共 50 名法官,由 1 个首席上诉法官和 49 个区法院法官组成,主要负责受理对民事、刑事一审判决不服的上诉案件。上诉法院又分为 10 个小组,每一组有 5 名成员。其中,4 个小组(民事小组)分管来自区法院的民事案件的上诉,2 个小组(刑事小组)分管来自区法院的刑事案件的上诉,其余 4 个小组(特别案件小组)分管特殊类型案件的上诉。上诉法院同时对证券交易委员会、专利署、保险委员会、社会保障委员会等准司法机构裁决行使上诉管辖权。

初审法院包括市级法院、大城市法院和市法院。菲律宾法律对初审法院的含义及具体管辖的范围作了如下规定。

初审法院的相关规定	
市级法院	市级法院处在菲律宾法院系统的最底层,主要是由大城市法院、市法院及市巡回法院这三种法院构成的低级法院,主要受理民事、刑事、青少年犯罪、经济等一审案件
大城市法院	大城市法院是指根据法律的规定在每一个大城市设立起来的法院系统。如在菲律宾首都的法院是马尼拉法院
市法院	市法院分为两种,一种是设立在城市,另一种是设立在市、自治城市。在大城市法院或市巡回法院所在市的领域外的其他每个城市或市、自治城市都设有一个市法院
初审管辖权范围	涉及价值不超过 2 万比索(约合 830 美元)的个人财产诉讼
	不超过上述金额的金的诉讼
	遗嘱检验程序,其中遗产总值不超过上述数目
	非法侵入案件和非法扣押他人财产的案件
	主诉讼在其管辖权内的附属诉讼
	所有可能判处不超过 4 年零 2 个月的监禁或不超过 4000 比索(约合 170 美元)罚金的犯罪案件

除此之外，菲律宾还被划分为13个司法管辖区域，每一管辖区域设一个区法院，每一个区法院分为几个分支部门，负责受理市级法院上诉案件和一些较为严重的刑事、民事案件，具体案件受理范围如下表所示。

区法院案件受理范围	
1	诉讼标的无法以金钱估价的所有民事案件
2	所有涉及不动产的民事案件，但强行侵入案件和非法滞留案件除外
3	所涉标的总额超过2万比索(约合830美元)的海事案件和遗嘱案件
4	有关婚姻关系或婚约的案件
5	不属于任何法院或法庭专属管辖的所有案件
6	过去属于青少年和家庭关系法院以及土地关系法院专属管辖的所有案件
7	不属于其他任何法院专属一审管辖的所有刑事案件

(3)其他法院及法庭

特别法院主要审理涉及国家机关、国有企业及地方政府间或公务员与私企间的诉讼纠纷，分为最高行政法院和初级行政法院两级，并设有由最高行政法院院长和9名专家组成的行政司法委员会。最高行政法院院长的任命须经行政司法委员会及上议院同意，由总理提名呈总统批准。

反贪污法院负责受理有关国家机关工作人员贪污腐化的案件，拥有刑事和民事案件的管辖权，包括贪污、受贿以及公职人员和法律规定的在国有公司内的工作人员所触犯的其他类型的违法行为。反贪污法院共有9名法官。审案时由3名法官共同审理，3名法官意见一致才能判决，否则须将案件上送院长，由院长再从其他法院请2名法官，与原审的3名法官共同审理，最后以少数服从多数的方式进行判决，被告对判决不服可以上诉到最高法院。

穆斯林法院是菲律宾司法系统的一个重要组成部分，由最高法院监督管理。它分为两种类型，一种是穆斯林行政区法院，和现在的区法院属于同一级别；另一种是穆斯林巡回法院，和市级法院属于同一类型。这两种法院都是不可代替的，和其他法院共同发挥作用。

税务上诉法院是享有特殊上诉管辖权的法院，即有权复审税务案件中国内税收委员会所作的裁决以及根据国内税收法典产生的其他事项。作为一个司法机构，它和税务起诉部门，拥有相同的管辖权。

军事法院主要审理军事犯罪和法律规定的其他案件，是由《战争法》确立的军事审判体系。菲律宾的军事法庭分为三类：一般军事法庭、特别军事法庭和简易军事法庭。这些军事法庭的判决由菲律宾军队军法署署长复审，对这些判决不服提出的上诉，由菲律宾总统审理。

选举法庭是由参议院与众议院各自组织成立的，全权负责裁决有关各该院议员的选举、计票和资格的一切争议。每个选举法庭由9人组成，其中3人由最高法院首席法官委任的最高法院法官担任，其他6名为各该院议员。参加选举法庭的议员将按比例从各个政党和根据政党名单代表制登记的政党或组织中选出，由资深的法官担任选举法庭的主席。

2. 检察制度

菲律宾检察系统由司法部检察长办公室（又译为首席检察官署），省级、市级检察署组成，各省、市均设一个检察署。检察机关受司法部领导，对刑事犯罪案件享有公诉权，但选举类犯罪案件的公诉权属于选举委员会。检察官要从具有10年律师经验的人中挑选。菲律宾检察制度的独特之处在于成立独立调查处，专门从事行政监督与反贪的调查，具体职责如下表所示。

独立调查处的主要职责	
1	对公务员、雇员、行政管理机关或代理行政机关的渎职行为进行调查
2	制止、防止、纠正政府管理机构人员履行职务时的滥用职权和其他与职务不相称的行为
3	监督政府行政管理部门，指示其对犯有错误或违纪违法的工作人员给予撤职、停职、降级、罚款、训斥等行政处罚，甚至对那些违法人员直接起诉；对那些工作效率低下、作风懒散、管理不当、营私舞弊、腐败贪污的行为进行调查，并提出合理的改革措施与建议
4	监督公务人员的财产申报
5	监督国家所有或控制的金融机构，防止其直接或间接地向现任总统、副总统、内阁成员、国会议员、最高法院法官、宪法规定的委员会成员，调查官以及前列人员拥有权益的公司或机构提供商业性贷款、担保或其他形式的金融帮助等

菲律宾法律对调查官及其他工作人员也有相应限制。调查官必须担任过法官或在菲律宾从事律师职业10年以上。调查官及其助理应是菲律宾本土公民，任命时年满40周岁，正直独立，是菲律宾律师协会会员，并在任命前的最近选举中未担任任何选任职位的候选人。调查官及其助理每届任期7年，不得连任。调查官及其助理必须遵守宪法的规定，不得在任期内兼任其他职务或职位，不得从事任何职业，不得参与任何与其职务有关的私营经营，也不得直接或间接地同政府及下属部门、代理机关（包括政府所有或控制的公司或其附属机构）所签订的任何合同或所授予的特许权或特惠权

有经济利害关系。法律还规定,他们不得参加离职后的第一次国家各级行政官员的选举。调查处的其他工作人员由调查官根据国家文职人员的有关规定任命。

3. 司法协助

在商业仲裁方面,菲律宾是《承认及执行外国仲裁裁决公约》(简称《纽约公约》)和《关于解决国家和他国国民之间投资争端公约》(简称《华盛顿公约》)的签字国。菲律宾司法协助依照《纽约公约》和《华盛顿公约》的规定执行。

(三)司法效率

菲律宾官方要求的法院裁决时限如下表所示。

法院作出裁决的时限	
最高法院所受理的案件	必须在其提交最高法院之日起24个月内作出裁决
下级合议制法院	除了最高法院下令缩短期限者外,应在12个月内作出裁决
其他下级法院	应将期限限制在3个月内
注:在相应期限届满时,应当签发由最高法院首席法官或主审法官签署的证书,说明在上述期限内未能作出裁决的理由,将其副本附在该案卷宗中,并发给当事人	

三、金融法律制度

在银行准入与监管法律制度方面,1994年,菲律宾通过了《银行业自由化法案》,允许境外资本进入菲律宾市场,开启了外国银行进入的大门;2000年,菲律宾颁布《银行及其他金融机构监管条例》,进一步完善了对银行业及其他金融机构的监管;2002年至2014年,菲律宾没有向任何外资银行发放新的牌照;2014年菲律宾国会通过了新的《外资银行法修正案》,对外资银行准入和经营范围实行全面开放,允许外资银行全面持股当地银行。

《银行及其他金融机构监管条例》主要规定了外国银行进入菲律宾的三种方式、两种限制性规定以及菲律宾金融管理局是否同意审批的六大方面考虑因素,具体内容如下表所示。

外国银行进入菲律宾的方式及限制性规定	
进入方式	通过收购等方式持有菲律宾现有银行至多60%的股份
	在菲律宾注册成立新的子公司并持有至多60%的股份
	成立拥有完全授权的分行(外资银行不超过10家,且每家只能设立6个以下的营业网点)

续表

限制性规定	最低资本金为210,000,000比索,约合5,000,000美元
	外国银行总部要为在菲律宾设立的分行提供全额担保并承担连带责任
考虑因素	外国银行在菲律宾的法人存在
	菲律宾与外国银行所在国之间的战略合作及经贸关系
	外国银行的国际声誉
	银行必须是上市公司,或者是全球前150家银行,或者为其所在国国有
	是否会促进整个菲律宾银行业的健康发展
	是否愿意完全共享其先进的经验及技术

四、投资法律制度

菲律宾拥有独特的地理区位、优越的自然气候条件、丰富的人力资源及能源资源。然而,该国投资法律制度中存在较多限制性规定,对外国资本进入菲律宾造成较大障碍。

(一)企业法律制度

菲律宾现有企业可分为根据菲律宾法律成立的工商企业和根据外国法律成立的公司,也可以按公司性质分为独资经营企业和合伙人公司、股份有限公司。

1. 依菲律宾法设立企业的法律规制

根据菲律宾法律的规定,该国的企业包括三种企业形式,分别为独资经营企业、合伙企业、股份有限公司。各企业形式的具体情况如下表所示。

企业形式	情况介绍
独资经营企业	独资企业属于个人所有。个人完全拥有对该企业的控制权,并拥有其全部资产、承担全部义务,或者承受所有损失、享有所有利润。独资企业必须向贸工部首都地区办公室(DTI – NCR)申请商号并注册,也可在贸工部驻各省的办事处提出申请
合伙企业	根据菲律宾《民法》的规定,合伙公司应被视为法人对待,其法人身份独立于其他成员企业的法人身份。合伙公司可以是普通合伙公司,其合伙人对合伙公司的债务与义务负有无限责任;也可以是有限合伙公司(由2个或多个合伙人组成),其中一个或多个普通合伙人负有无限责任,有限合伙人则最多在其认缴资本范围内承担责任。资产超过3000菲律宾比索的合伙公司必须在证券交易委员会(SEC)注册

续表

企业形式	情况介绍
股份有限公司	股份有限公司是根据《公司法》成立的法人，受证券交易委员会管制，其身份独立且不同于其股东的身份。股份有限公司的义务只限于其股本额，最少要由5个到15个公司创办人组成，每个公司创办人最少必须拥有一份股份，并在证券交易委员会（SEC）注册。最低实收资本为5000菲律宾比索 在该公司中如果菲律宾人控股60%，外国人控股40%，应视为菲律宾公司；如果国外控股超过40%，则应视为国内外资公司

2. 外国投资者设立企业的法律规制

菲律宾法律对外国投资者设立分公司、代表处、地区总部或地区经营总部及合资公司，存在许多限制性条款，提高了外资企业的进入门槛，对外国投资构成了实质性障碍。

（1）分公司

分公司是根据外国法律成立与经营的国外公司，负责执行总公司的商业活动，并从东道国获取收入。根据菲律宾法律，分公司在菲律宾开业前，母公司必须在菲律宾证券交易委员会注册，且最少需要提供20万美元的实收资本。如果其经营活动涉及先进技术，或公司雇用了50名以上员工，其最低实收资本可减至10万美元。分公司至少在证券交易委员会储蓄实际市值10万比索的有价证券。在每一财政年度开始后的6个月内，分公司必须储蓄实际市值相当于总收入2%（不低于500万比索）的有价证券。

（2）代表处

代表处是根据外国法律在菲律宾成立与经营的国外公司。代表处不从东道国获取收入，完全由其总公司提供资助，直接与母公司客户打交道，进行信息传递等活动，充当通信中心的角色，并促销产品和控制出口产品的质量；每年最少需要3万美元的汇款用于缴纳经营费用并必须在证券交易委员会注册。

（3）地区总部或地区经营总部

根据第8756号《共和国法令》的规定，凡依照菲律宾以外的法律经营，并在亚太地区与其他国外市场有分公司、分支机构与子公司的跨国公司可在菲律宾成立地区总部或地区经营总部，具体规定如下表所示。

跨国公司在菲律宾成立地区总部或地区经营总部的相关规定	
地区总部	地区经营总部
从事国际贸易的跨国公司的管理分支机构。 经营费用为每年5万美元。 不得从菲律宾赚取收入,不得以任何方式参与在菲律宾的子公司或分公司的经营	为其他在菲律宾的分支机构、子公司与分公司提供服务
活动范围:限于管理、信息传递与协调其他亚太地区的子公司、分支机构与分公司的联系	活动范围:综合管理与规划;商业计划与协调;寻求原料来源/采购原材料部件;公司财务咨询服务;营销管理与促销;培训与人事管理;后勤服务;研发服务与产品开发;技术支持与信息传递;业务拓展

(4)合资公司

根据菲律宾法律,合资公司中的菲律宾籍股东不得少于5人,多数股东应为菲律宾常住居民,合资公司秘书必须是菲律宾公民。菲律宾证券交易委员会还要求,合资公司的财务人员必须是菲律宾常住居民。

(二)特定行业、领域法律情况

菲律宾矿产资源十分丰富,该国政府既希望能在该领域引进外资,同时又在法律中设置较多限制。

1.矿业领域相关法律规定

菲律宾矿业领域法律规定,主要包括总统签发的《融资和技术援助合同》、环境和自然资源部部长签发的《矿产品享有协议》《合作生产协议》《合资协议》《矿产加工许可》,其具体内容如下表所示。

矿业领域的相关法律		
《融资和技术援助合同》	大规模勘探、开发和利用矿产资源的主体	任何有资质的菲律宾公民或菲方控股公司(菲方股份占60%以上)或外资公司(菲方股份少于50%)
	适用范围	金、铜、镍、铬、铅和锌等矿产,不包括水泥原材、大理石、沙石集料等
	资本限制	承包商最低投资额为5000万美元,最低额定股本为400万美元
	有关合同的具体规定	合同条款以及政府股份可以协商,合同期限不能超过25年,可以延长期限,延期不得超过25年

续表

《矿产品享有协议》	前提	承包商应提供必要的融资、技术、管理和人员以完成该协议，菲律宾政府从采矿总产量中分享
	批准过程	所有《矿产品享有协议》(MPSA)必须向矿业局地区办公室提出申请，经矿业局局长或矿业局地区办公室领导批准可以转让。 在申请等待环境和自然资源部部长签发期间，矿业局局长可签发临时勘探许可(TEP)，有效期1年。如MPSA申请批准，则从MPSA的勘探中扣除该时间；如未批准，则自动失效
	合同有效期及其终止	MPSA期限不能超过25年，可以续延，延期不得超过25年。 MPSA期满后，由政府或其委托承包商(公共竞标中的最高标价者)经营，MPSA原始承包商有权在偿还所有合理费用后以最高标价继续取得该MPSA
	合同区域	在勘探期间，承包商可以全部或部分放弃合同区域。勘探结束后，必须放弃可研报告以外的面积。 最终MPSA区域为：金属矿5000公顷、非金属矿2000公顷
《合作生产协议》	由政府和承包商签订，政府提供采矿投入而不是矿产资源	
《合资协议》	政府和承包商组建合资公司，政府按投入资产分享收益，同时从采矿总产量中分享	
《矿产加工许可》	建立和运营矿产品加工厂的主体	任何有资质的菲律宾公民或菲方控股公司(菲方股份占60%以上)以及外资公司(菲方股份少于50%)
	经营期限	为期5年，每次可以延期5年，但总期限不超过25年

依照签发主体、授予主体、资本限制、期限及向采矿协议的转换程序，对勘探许可方面的法律规定总结如下。

勘探许可方面的法律规定	
签发主体	矿业局局长或地区办公室主任
授予主体	任何有资质的菲律宾公民或菲方控股公司(菲方股份占60%以上)或外资公司(菲方股份少于50%)

续表

资本限制	最低额定股本1000万比索,最低已缴股本250万比索
期限	期限为2年,每次延期为2年,整个期限不得超过6年(非金属矿)或8年(金属矿)
转换程序	如经勘探发现矿藏具有矿业开发的经济和技术可行性,持有者可提出矿业项目可行性报告,经批准后,可申请将勘探许可升级为采矿协议和融资或技术援助协议

有关勘探许可面积与采矿许可面积的具体规定如下表所示。

勘探许可面积		采矿许可面积	
陆地	个人允许面积1620公顷、公司允许面积16,200公顷	陆地	个人允许面积810公顷、公司允许面积8100公顷
	个人允许面积3240公顷、公司允许面积32,400公顷		个人允许面积1620公顷、公司允许面积16,200公顷
海洋	在海岸线500米以外,个人允许面积8100公顷、公司允许面积81,000公顷	海洋	个人允许面积4050公顷、公司允许面积40,500公顷

2. 矿业投资人权益

在矿业投资领域,投资人享有的权利主要包括投资回收权、汇出收益权、外贷权、免予征收权、保密权,具体情况如下表所示。

投资人在采矿协议下享有的权利	
投资回收权	投资者有权将投资清算后的全部收益按投资币种,以回收日的汇率现金回收
汇出收益权	投资者有权将投资所得按投资币种,以汇出日的汇率汇出
外贷权	投资者有权按汇出时的汇率折成外币偿付国外贷款本金和利息,以及由融资或技术援助合同产生的外债
免予收权	政府不得征收外国投资者和企业的财产,在由于公共用途、国家利益、国防而征收的情况下,外国投资者和企业有权按当日汇价,按投资币种汇出征收财产的等值补偿
免予征用权	政府不得征用外国投资和企业资产,在国家处于战争和紧急状态期间需征用的,政府将在征用时或战争和紧急状态结束后给予投资者公正补偿。外国投资者和企业有权根据当日汇价,按投资币种汇出征用财产的等值补偿
保密权	在项目期间,政府和环境与自然资源部对任何由承包商按照矿业法和其执行规定提供的保密信息保密

（三）外汇管制

菲律宾中央银行是国家货币管理部门，负责制定和实施国家外汇管理政策。1992年，菲律宾开始进行外汇管理制度改革，主要内容包括解除外汇管制，实行浮动汇率；在银行体系之外，可以自由买卖外汇；外汇收入和所得可以出售给授权代理行，也允许在银行体系之外进行交易；允许在菲律宾境内外自由存储外币，并且可以自由用于任何目的。

此外，菲律宾政府就有关经常项目、资本项目、海外金融单位、外国银行代表处及外汇存款体制等制定了综合外汇管理制度，其非贸易外汇管理、贸易外汇管理及资本项目等方面情况如下。

1. 非贸易外汇管理

在经常项目中，菲律宾对本国货币和黄金的非贸易外汇收入、支付和过户，授权代理银行的外汇业务，非居民购汇，菲律宾货币进出口和黄金买卖作了规定。具体内容包括，外汇可在银行系统之外自由买卖，无须菲律宾中央银行的批准；黄金和含金金属可自由买卖，法律另有规定的情况除外。

2. 贸易外汇管理

所有进口商品的支付方式均无须中央银行批准，商业银行可以下列方式出售外汇并用于支付进口，这些方式包括信用证、付款交单、承兑交单、贸易账户、直接汇款。在所有出口商品中，出口商均需向商业银行申领“出口报关单”，并可采取如下方式支付：许可的方式、其他许可方式、可兑换的外币。

3. 资本项目

菲律宾中央银行对外国贷款进行较严格的控制和管理，但对外国投资则采取相对宽松的管理办法。其中，符合下列条件的外国投资可在菲律宾中央银行注册。

（1）符合菲律宾现行法律；

（2）资产以下列形式转移到菲律宾：现金、授权银行证明外汇已汇入兑换成菲律宾货币并存入接受投资方的账户、其他形式的资产（包括机器和设备、原材料、供应品、零配件，以及投资企业运营所需的材料）。其中，实物资产需经菲律宾中央银行评估。

（四）税收制度

菲律宾税收制度较为完善，主要税种有公司税、个人所得税、增值税、社会保障税、附加福利税等，并按照企业所在地及从事行业制定了具体的优惠政策。

1. 主要税种

（1）公司所得税

1997年菲律宾通过《税收改革法案》，对包括税收管理在内的国内收入系统进行改革，开始征收附加福利税、最低公司所得税以及外币储蓄取得所得税等。该法案随后经过多次修订,最后一次修订由阿罗约总统2005年5月24日批准,自2005年11月1日开始执行。

(2)个人所得税

菲律宾对其居民的境内外所得征税。对于外国居民和从事经营活动的非居民取得的报酬,以及任何受雇或者从事专业劳务的个人,均被纳入征税对象。非居民外国个人在一个日历年度内停留超过183天,将被视为在菲律宾从事经营的非居民外国人。对于从事经营或者专业服务的个人,下列经营费用可以从个人总收入中扣除。

征税扣除的事项	
1	在该纳税年度发生的与其贸易、经营或者专业活动有关的正常费用,包括原材料、物品和直接劳动
2	实际提供个人服务取得的工资和其他形式的报酬,包括附加福利的货币价值以及经营或者专业活动所发生的履行费用
3	经营租赁费
4	在纳税人从事贸易、经营或者专业活动的有关纳税年度所支付或者发生的利息,减去一定百分比的利息所得
5	不超过规定限额的招待费
6	各种税收
7	亏损、坏账和折旧
8	一定限额的慈善和其他赠与
9	研究和开发费用

(3)其他税种

其他主要税种包括社会保障税、附加福利税、增值税、消费税、股票交易税、地方税。其中社会保障税税率的规定较为简单,即每个纳税人应支付的年社会保障和健康缴款最多为7500菲律宾比索;股票交易税要求,所有通过菲律宾证券交易所进行的股票销售、交易、交换以及其他处置行为将按总售价征收0.5%~1%的交易税。此外,菲律宾还对附加福利税、增值税、消费税和地方税做出了较有特色的规定,具体内容如下表。

其他税种	
附加福利税	附加福利包括：住房、家政服务人员、交通工具、国外旅费、休假费等。该税按季由雇主支付，是最终税收，可以作为附加福利费用扣除。适用附加福利税的附加福利，不再计入雇员应纳税所得额
	对于雇主向其管理和监督层的雇员提供的附加福利，就其附加福利的货币价值，征收32%的最终附加福利税
增值税	增值税适用于提供服务、进口产品、销售、易货贸易、调换、租赁货物或者资产（有形资产或者无形资产）。 自2006年2月1日起，增值税税率为12%。其税基是所售货物或者资产的总售价或者提供服务收到的总收入。对于进口货物，其税基为海关部门在确定关税时所使用的价值，加上关税、消费税（如果有的话），以及其他附加。如果海关部门采取按照容积或者数量确定价值，其增值税的税基为到岸成本。 办理增值税税务登记的标准为年销售额150万菲律宾比索以上。此外，对于政府合同的款项适用5%的最终预提增值税。某些交易适用零税率或者免征增值税
消费税	消费税主要征收对象为在菲律宾生产、制造的用于国内销售或消费以及其他目的的特定商品（如烟、酒、机动车等）。消费税也适用于部分已缴纳增值税和关税的进口商品
地方税	地方政府法典规定，地方政府有权在其管辖范围内对某些行为或商业征税，但法律明确规定免税的除外。地方政府也有权每年对不动产征收从价税，也可以对不动产的销售、交换或任何形式的转移征税。然而，地方政府无权征收所得税、关税、印花税和财产税

2. 税收优惠

在公司所得税方面，位于发达地区的先进企业（当地称“先锋公司”）、位于不发达地区的非先进企业（当地称“非先锋公司”）以及产品出口企业，均可以享受定期免税或减税。对于先锋公司，自开始商业经营或者目标经营之日（以其两者中的较早者为准）起，6年内全额免除公司所得税。对于非先锋公司，免税期为4年；对于扩大出口型企业，免税期为3年。如果符合以上各条件，所享有的免税期最长不超过8年。

税收优惠的其他规定包括，对于设在National Capital Region（NCR）和Metro Manila的企业新建项目和延期项目，不再享受免税期；对于进口育种材料和遗传材料，享受10年免除关税和一切税收；在经济区、苏比克自由港和克拉克特别经济区的企业可享受包括免征所得税或优惠税率的税收鼓励政策。

菲律宾税收立法对于投资署注册的企业制定了大量优惠政策，具体内容如下表所示。

投资署注册企业享有的税收优惠	
1	自商业运行之日起,先锋公司6年内免缴所得税,非先锋公司4年内免缴所得税。 符合以下三种条件,免税期可再延长一年:按BOI(菲律宾投资委员会)规定的比例使用当地原料;BOI规定的资本设备与雇员比例;经营前3年,每年外汇收入不低于50万美元。 企业扩展经营规模,视其扩展规模,从新的经营之日起可再延长3年,但不享有额外的工资增加费用减免。无论何种情况,先锋企业免缴所得税不超过8年
2	使用保税仓库、出口产品达70%以上的企业,进口备件和消耗品免税
3	企业注册之日起5年内,如符合BOI规定的资本设备与年雇员比例,新增雇员(包括熟练工与非熟练工)工资所得税减免50%。但不能与所得税免税期同时使用(若企业位于经济欠发达区,减免75%)
4	生产出口产品及其配件所需的原材料、零配件和半成品可享受税收信贷
5	使用保税仓库的企业,进口寄存设备备件免税
6	自注册或商业运营之日起10年内,免码头税和各项出口税费
7	自注册之日起,先锋企业6年内,非先锋企业4年内免地方税
8	自注册或商业运营之日起10年内,进口繁殖和遗传材料免税
9	经BOI登记注册、在菲律宾经济欠发达区投资的外国企业,无论是新建企业还是现有企业追加投资或扩大经营规模; 此外还享有:自注册之日起,6年免缴所得税(同先锋企业);企业批准运营后,其基础设备建设100%免缴所得;新增雇员(包括熟练工和非熟练工)100%免缴所得;投资优先领域可拥有100%股权

五、法律风险评价

(一)营商环境较好

根据2015年世界银行营商环境指南提供的数据,在公司注册、办理施工许可证、财产登记、电力获取、信贷取得等方面,菲律宾在世界189个国家和地区中分别排名第89位、第87位、第26位、第86位、第12位。以财产登记为例,在菲律宾每项财产的有效登记需要4个程序,总计需要耗时6.5日,相比于绝大多数国家而言程序较为简便。

公司注册		办理施工许可证		财产登记	
程序个数	6	程序个数	14	程序个数	4
时间(日)	26	时间(日)	174	时间(日)	6.5
成本(占单位收入的百分比)	9.2	成本(占项目投入的百分比)	0.5	成本(占财产价值的百分比)	3.3

数据来源:2015年世界银行营商环境指南。

(二)合同执行成本较高,破产处置成本尚可

菲律宾合同执行效率一般。根据2015年世界银行营商环境指南提供的数据,菲律宾的合同强制执行成本在世界189个国家和地区中仅排名第100位,其合同强制执行需要41个程序,相比于东亚地区及经合组织成员国而言更为烦琐。但菲律宾破产的处置成本尚可,在世界189个国家和地区中排名第76位,处于世界中游水平。

合同强制执行	菲律宾	东亚及太平洋地区	经合组织
时间(日)	426	553.8	539.5
成本(占标的额的百分比)	35.7	48.6	21.4
程序(个)	41	37.2	31.5
破产处置	菲律宾	东亚及太平洋地区	经合组织
时间(年)	3.1	2.3	1.7
成本(占资产价值的百分比)	7	13.3	8.8
回收率(每美元美分数)	46.57	37.7	71.9

数据来源:2015年世界银行营商环境指南。

(三)税务负担适中

菲律宾税收制度较为完善。其税收税种较少,税率普遍较高,但并不复杂。对于投资企业而言,虽然菲律宾的纳税次数较少,但是其应税总额比例相对其他东亚及太平洋地区国家而言相对偏高,为36.0%。根据2015年世界银行营商环境指南提供的数据,税收负担方面菲律宾在全球189个国家和地区中排名第57位,处于世界中上游水平。

税收指标	菲律宾	东亚及太平洋地区	经合组织
纳税(次)	9.0	25.9	11.8
时间(小时)	293.0	204.3	175.4
应税总额(占利润百分比)	36.0	34.4	41.3

数据来源:2015年世界银行营商环境指南。

缅甸联邦共和国
The Republic of the Union of Myanmar

——“佛国缅甸”的开放之路

缅甸联邦共和国基本情况

国家名称（中英文）	缅甸联邦共和国(The Republic of the Union of Myanmar)		
人口(百万)	53.90	人口增长率（年均%）	0.9
领土面积（千平方公里）	676.6	主要民族	缅族、克伦族
官方语言	缅语	主要宗教信仰	佛教、伊斯兰教
政体	总统制	主要政党	联邦巩固与发展党、全国民主联盟
GDP（十亿美元）	64.87	GDP 增长率（年均%）	7.0
国民总收入（十亿美元）	68.17	人均国民收入(美元)	1300
通货膨胀率（年均%）	11.3	外国直接投资净流入（百万美元）	3137
外债(百万美元)	6351	总偿债额占出口贸易和收入的比率	0.6

数据来源:2015 年世界发展指标数据库。

一、国家简介

缅甸联邦共和国(以下简称“缅甸”)是位于中南半岛西部的热带国家,东北部与中国毗邻,西北部与孟加拉国、印度相接,东南部与老挝、泰国交界。缅甸共有 135 个民族,主要有缅族、克伦族、孟族、掸族、克耶族、克钦族、钦族和若开族等,其中缅族约占总人口的 65%。缅甸语为官方语言。各少数民族均有自己的语言,其中一些民族如克钦族、克伦族、掸族和孟族等有文字。全国 85% 以上的人信奉佛教,约 8% 的人信奉伊斯兰教。近年来,缅甸不断推进政治、经济改革,经济环境逐渐改善,法律环境较为稳定,但其内部民族与教派矛盾在一定程度上阻碍了改革进程。

（一）政治概况

缅甸政治体制多变。1948 年，缅甸获得独立以来，实行多党民主议会制。1962 年，奈温将军推翻了吴努政府，开始实行由缅甸社会主义纲领党执政的一党制。1988 年，缅甸军队接管政权，废除宪法，成立军政府。此后，缅甸经历了长达 20 年的军人统治。2003 年，缅甸军政府宣布了旨在实现民族和解、推进民主进程的“民主路线图计划”。2008 年，缅甸举行全民公决，通过缅甸《宪法》，确定缅甸国名改为缅甸联邦共和国，实行总统制，并设立民族院和人民院上下两院，实行多党议会民主制以及市场经济制度。2010 年，缅甸依据新宪法举行 20 年来首次多党制全国议会大选，联邦巩固与发展党成为缅甸第一大党。2011 年，缅甸国家和平与发展委员会宣布将权力移交新政府。

目前，缅甸实行议会总统制。缅甸联邦议会为国家最高权力机构，由联邦议会选举产生议会议长、国家总统和副总统。总统为国家领导人及政府首脑，政府部门部长由总统提名、议会批准产生，各地方政府机构首席部长和部门负责人由地方议会选举、总统任命产生。2015 年 11 月，昂山素季领导的缅甸全国民主联盟在全国选举中取得胜利，组成新政府与新一届议会。2016 年，缅甸联邦议会举行总统选举，民盟资深党员丁觉（也译为吴廷觉）当选缅甸半个多世纪以来首位非军人民选总统，标志着缅甸军政府统治结束。丁觉上任后，精简内阁，新政府内阁共 21 个部门，主要包括：外交部、总统府部、电力能源部、教育部、内政部、国防部、商务部等。

（二）经济概况

缅甸自然条件优越，资源丰富，但经济发展水平较低，被联合国确定为 49 个最落后国家之一。缅甸自 1948 年独立后到 1962 年实行市场经济，1962 年到 1988 年实行计划经济，1988 年后实行市场经济。2011 年缅甸新政府上台后，大力开展经济领域改革，积极引进外资，确立了四项经济发展援助，包括加强农业发展、工业发展、省邦平衡发展、提高人民生活水平等。

目前，农业为缅甸的国民经济基础，农业产值占国民生产总值的四成左右，工业以石油和天然气开采、小型机械制造、纺织等为主。2015 年 GDP 达到 648 亿美元，人均国民收入约 1300 美元。从整体上看，近年来缅甸经济发展稳定，基本处于上升状态。如果国内政治环境能够保持稳定且新政府推行正确的经济方针，缅甸经济有望继续实现良性发展。

（三）外交政策

缅甸是“和平共处五项原则”的共同倡导者之一，奉行“不结盟、积极、独立”的外交政策，不依附任何大国和大国集团，在国际关系中保持中立，不允许外国在缅驻军，不侵犯别国，不干涉他国内政，不对国际和地区和平与安全构成威胁。1988 年缅甸军政府上台后，以美国为首的西方国家对缅甸实施经济制裁和贸易禁运，终止对缅甸经济技术援助，禁止对缅甸进行投资。1997 年加入东盟后，缅甸与东盟及周边国家关系有较大发展。近年来，缅甸政府积极推进民族和解，与西方国家关系稍有缓和。截至 2013 年，缅甸已同 111 个国家建立了外交关系。

1950 年 6 月 8 日，中国与缅甸建立外交关系。20 世纪 50 年代，两国共同倡导了“和平共处五项原则”。60 年代，两国本着友好协商、互谅互让精神，圆满解决了历史遗留的边界问题，为国与国解决边界问题树立了典范。长期以来，两国坚持睦邻友好，在国际和地区事务中保持良好合作，同时深化在经济、贸易等领域的实务合作，双边关系稳步发展。

二、法律概览

（一）法律体系

缅甸新政府上台后，不断推进各项制度改革，出台了一系列重大法律，法律环境有所改善。目前缅甸的法律主要包括缅甸《宪法》《公民法》《合同法》《财产转让法》《不动产转让限制法》和《民事诉讼法》等。

（二）司法制度

1. 诉讼制度

缅甸法院体系根据 2008 年缅甸《宪法》和 2010 年《联邦司法法》组织并运行。由 4 级组成，分别为最高法院、省邦法院、县法院及镇区法院。就民事案件而言，法院按照不同金额限制管辖权分为不同等级。最高法院为国家最高司法机关，享有特定案件，如海事案件的初审管辖权。邦高等法院或地区高等法院对初审民事诉讼享有无诉讼金额限制的管辖权。地区法院享有最高额 50 亿缅元的经济管辖权。

2. 仲裁制度

缅甸于 2016 年 1 月 5 日通过全新的《仲裁法》，新《仲裁法》对于缅甸仲裁制度做出了较为明确的规定。

3. 司法协助

就外国判决而言，根据缅甸《民事诉讼法》，通常外国判决能够被协助执行，但以下特定情形除外：一是具有管辖权的法院没有做出判决；二是案件的基本情况尚不清晰；三是审判程序基于一个不正确的国际法观点，或案件中拒绝承认可适用的缅甸法律；四是在程序中得出的判决结果与公平正义相违背；五是判决是由于欺诈而得出的；六是诉求违反缅甸法律规定。《民事诉讼法》的规定不仅适用于外国判决作为被告方的案例,也适用于原告寻求在外国判决上获得缅甸法庭的一个法令。

就外国仲裁裁决而言,缅甸于2013年7月加入《承认及执行外国仲裁裁决公约》(以下简称《纽约公约》),正式成为《纽约公约》的成员国,外国仲裁裁决在缅甸可被承认和执行。但缅甸对于仲裁裁决执行的相关法律要求尚未建立,相关法规仍有待完善。

中国与缅甸至今尚未签署双边民事及商事的司法互助协议。

(三)司法效率及其他事项

缅甸司法、执法效率较低,从不同层级法院获得判决通常需要较长时间。获得邦高等法院或地区高等法院判决的期限一般为两年。若必须向联邦最高法院提出上诉,一般还要一年。

三、金融法律制度

(一)银行准入与监管法律制度

缅甸法律制度对银行的准入条件、业务活动做出了较为明确的规定,缅甸中央银行作为缅甸银行业的监管机构,根据相关法律法规对缅甸境内设立的银行及其经营活动进行监督和管理。总体上看,缅甸对于外国银行采用了较为宽松的态度,外国银行的设立及日常经营未受到严格的限制。

1. 外资银行的机构设置

根据缅甸《金融机构法》规定,外资银行可在缅甸境内设立分支机构,但应向缅甸中央银行提交申请表和附有包括备忘录、章程、业务类型和财务状况等内容的可行性研究报告,获取国内营业许可证。目前,外资银行在缅甸设立的主要机构形式包括代表处、合资银行及分行。外资银行的代表处办事处不能从事金融业务,只能作为联络机构,合资银行可以从事外币与缅币业务,分行可以从事各类金融业务,但根据缅甸中央银行规定,目前暂不允许外资银行从事零售银行业务。

缅甸法律对外资银行在缅甸申请成立代表处的注册程序没有限制。根据当前实行的政策,外资银行可以通过竞标形式来获得准入资格。目前,外资银行在缅甸设立代表处、合资银行及分行的具体规定如下。

机构类型	外资银行在缅甸设立机构的规定
代表处	1. 规定格式的申请表(CBM－01); 2. 公司成立的证明; 3. 包含以下内容的可行性研究报告:向当地提供服务的市场分析以及给当地社会带来经济效益的分析;获取资金的来源及方法;将设机构的预期收益;管理的资质及技术能力;申请人所将从事金融服务的类型; 4. 申请行简史、财务状况、总资产规模及近三年来的审计报告; 5. 由公证人公证过的关于成立合资银行的备忘录及其他文件; 6. 中央银行相应部门所签发的批准文件
合资银行	1. 成立合资银行之前必须已经设立代表处; 2. 外资最低入股资本 1000 万美元; 3. 外资参股比例最低在 35% 以上; 4. 合资银行将是一个独立的法人实体,按外资银行进行管理; 5. 需得到缅甸投资委员会的最终批准
分行	1. 申请由国家计划与发展部下属的公司治理和投资委员会于 1914 年颁布的缅甸《公司法》中规定的“交易允许”和“注册登记证明”; 2. 对“交易允许”和“注册登记证明”的申请应同时做出。通常情况下,获取这些文件大约需要三个月的时间

2. 外资银行的业务开展

按缅甸《金融机构法》规定,外资银行只有在缅甸成立合资银行或分行后,才能开展金融业务。外资银行分支机构可以经营对公业务,并可向外商投资企业和本地银行贷款。此外,还可通过本地银行向缅甸国内企业贷款或与本地银行联合发放银团贷款。缅甸中央银行规定,目前暂不允许外资银行从事零售银行业务,且每家外国银行须缴纳至少 7500 万美元资本金,其中部分金额将被锁定,不允许全部撤出缅甸。

此外,外资银行可以向缅甸公司发放外币,但必须得到缅甸中央银行许可。根据缅甸《外汇管理法》,中央银行可以对经营外汇业务申请者发给执照,获得经营外汇执照者,可以经营规定的业务,用外汇向国内居民发放贷款,并接受公众的外汇存款。缅甸中央银行有权拒绝发给执照和收回违规者的执照,以及对获得经营外汇业务执照者进行检查和监督。

3. 相关法律监管

近年来,缅甸政府相继制定和颁布了多部金融类法律法规,如《联邦中央银行法》《中央银行法实施条例》《中央银行法修正案》《金融机构法》《金融机构法修正案》《农业和农村发展银行法》《储蓄银行法》《关于农业贷款利率新规定的公告》《反洗钱法》和《反洗钱法规》等。这些法律法规对缅甸境内银行及其业务开展做出了较为明确的规定,例如要求银行流动比不得低于20%、资本充足率不得低于10%、贷款客户或行业集中度不得超过20%等,要求银行按周上报中央银行准备金情况、按月上报资产负债表和收入开支说明、按季上报不良贷款情况、每年提供年报等。此外,根据法律规定,缅甸中央银行有权监管金融机构,其具体职权规定于缅甸《中央银行法》中,包括以下内容:一是为了金融制度的稳定,发放、拒绝、收回对金融机构的许可证;二是对金融机构的良好稳定运作进行监督管理;三是根据需要对金融机构的债务偿付和稳定良好运作情况做指示;四是检查金融机构运营情况,调节不同金融机构之间关系;五是发布指导意见等。以下为相关重要法律规定的简介:

缅甸《金融机构法》颁布于1990年7月4日。该法共有十一章91条,主要内容有组建、营业许可证、管理、职责和职权、金融机构与有关联者的业务活动、审计报告和中央银行的监督、行政长官的任命和管理、国有金融机构、违法与惩罚等。在经营许可证方面,中央银行根据有关规定,可以给用外资开设的金融机构或者外国银行分行颁发国内营业许可证,中央银行可允许设立于国外的金融机构在国内开办代理处,但该代理处不得从事规定只有金融机构才能从事的业务。

缅甸《中央银行法实施条例》颁布于1991年4月9日。该条例共有八章32条和7个附录。具体对中央银行的印章、营业执照、货币的发行、向政府提交年度财务报表、法定储备金标准、罚款等做出规定。条例规定每个金融机构、每个外国金融机构的分支机构或代表处应按所规定的格式填写申请表,向中央银行申请营业执照,中央银行根据缅甸《中央银行法》的规定,按所规定的格式发放营业执照。同时金融机构最低投入资本额必须符合缅甸《金融机构法实施条例》的规定,并将足额投入资本存入中央银行,否则中央银行不向其发放营业执照。经营外币购进业务者每年须向中央银行上交营业执照税5000缅元;经营外币买卖业务者每年须向中央银行上交营业执照税10,000缅元。

缅甸《反洗钱法案》颁布于2003年12月25日。该法规共有十二章48条。主要有中央控制委员会的义务及权利;金融信息单位的组成、作用及其职责、报告职责;调查机构的组成、作用和职责;检查、复制、扣押作为证据的银行及金融机构财务记录,按批准的禁止命令和指令去查封证据的措施;初审机构的组织、作用及职责;中央银行以及金融机构的作用和职责、复议申请及复审等内容。

（二）担保法律制度

1. 担保法律体系

缅甸的担保法律规定较为模糊,其担保法律规定主要分布于《合同法》《财产转让法》《不动产转让限制法》和《民事诉讼法》中。目前,缅甸的主要担保方式包括抵押、押记、留置、质押和押货预支等，其具体定义参见下表。

担保类型	相关规定
抵押	抵押即为了担保产生经济责任的垫款的支付，通过贷款、现有的或未来的债务或合约的履行，而将特定的不动产利益进行转移
押记	1. 押记为一方的不动产通过双方行为或履行法律为另一方金钱支付而提供的担保； 2. 押记不等于抵押，但适用于简单抵押的所有条款也应适用于押记
留置	1. 留置被法院认定为是担保的一种有效的形式，在某些有限的情况下因法定而产生； 2. 当一个人根据抵押土地的承诺预付金钱，并且实际上已经占有了该土地并作为担保的一部分，那么当其他条件满足的情况下留置可以产生，至于法院是否会继续承认这种担保的形式还无法确定
质押	1. 根据缅甸合同法规定，为了债务支付或履行承诺为对作为担保的物品的托管即为质押，此时委托人为出质人，受托人为质权人。为了设立质押，物品需要移交到质权人，并由质权人所持有； 2. 在合同法项下，质权人不是质押物的法定所有人。质权人无权去止赎，但是有权在给予出质人合理的变卖通知时出卖质押物，或基于债务或承诺向出质人提起诉讼，并保留质押物品作为附属抵押品； 3. 移交对完成一项质押至关重要。移交可以是实际的，也可以是推定的，需要注意的是一个所有人不能仅通过移交物权凭证设立质押
押货预支	对物品的质押存在不需要将物品移交质权人持有，并且允许争议财产在违约时被出卖

2. 担保特殊审批程序

根据缅甸《转让财产法》规定，不动产抵押必须经登记注册事务办公室的注册登记。

此外，根据缅甸《公司法》，公司在其财产上创立的特定抵押和押记，必须在设立后的 21 日内到公司登记注册办公室登记注册，否则，该类在公司财产上的抵押和押记无效。

3. 主权担保审批

根据《联邦预算法》规定，在获得联邦议会的批准后，缅甸联邦政府可以允许联邦政府部门申请外国贷款。缅甸财政税务部的联邦部长将为该批准的贷款以联邦政府的名义出具担保。对于审批程序缺乏法律规定的，在实际操作中，需大法官出具意见并得到内阁会议批准。

4. 境外银行限制性或禁止性规定

根据《不动产转让限制法》，缅甸禁止在不动产上为外国人设置担保。但与缅甸、联合国组织，以及任何组织或个人有外交联系的外国驻缅甸外交机构可在缅甸政府部门同意的前提下不受《不动产转让限制法》规定的限制。但对于如何定义或应用上述法律，目前尚未存在任何判例。

5. 担保的执行

一般而言，只有当在法庭通过异议提起止赎之诉或销售之诉时，担保才能被强制执行。因此，根据采取担保的类型，外国贷款人需要依照法院指令和判决来强制执行与抵押财产相关的担保。具体规定如下：

（1）抵押的执行

根据《财产转让法》第 69 条的规定，若抵押为"英式抵押"，抵押权人有权在被抵押款项未偿付的情况下出卖抵押财产，不受法院干预。"英式抵押"是指，抵押人在合同中约定应在特定日期偿付被抵押款项，并把抵押财产全部转让给抵押权人，届时按约定支付了被抵押款项，抵押权人再将抵押财产转让给抵押人。英式抵押不适用于外国贷款人。

（2）相关法律诉讼

缅甸《民事诉讼法》规定了止赎之诉或销售之诉。每起民事诉讼的开始必须首先由原告向有管辖权的法院提起诉讼。法官会在事实和法律的基础上考查并核实相关问题，如果案件在解决了初步问题后未被撤销或解决，法官必须确定一个听证会的日期。在案件的听证会完成之后，法庭将会在公开法庭宣布一份书面判决，或者在听证会的同一天或者休庭后择日宣判。法院将根据判决来起草判决书。最后，法官必须在判决书上签字。判决书可以根据《民事诉讼法》中规定的执行程序，通过判决债权人的申请由法院通过执行程序执行。

（三）合同法律适用

目前，缅甸对有关外国贷款人的贷款协议准据法没有强制性规定。实践中，缅甸没有先例或特定法律具体解释外国法的选择将如何或者是否由缅甸法院适用。除此之外，缅甸法院已在两个以上案件中接受了英国国际私法的原则之一，即当事人的意图必须在决定案件适用法之前首次确定。

（四）主权豁免

若借款人是政府部门或国有独资企业，可以通过在贷款协议中加入条款的方式放弃豁免权。

四、投资法律制度

（一）企业法律制度

当前，与缅甸企业设立与经营相关的法律主要有缅甸《公司法》《国营经济企业法》等，各法律法规的主要情况如下。

法律名称	具体规定
《公司法》	根据该法第248条第5款，每一个自然人都可以到公司登记注册办公室的登记官员处查阅文件，并且获取文件备份或是摘录
《外国投资法》	缅甸政府于2012年11月2日颁布实施新的《外国投资法》取代1988年的《外国投资法》。根据新法，缅甸允许外资投资电力、石油和天然气、矿业、制造业、饭店和旅游业、房地产、交通运输、通信、建筑和其他服务业。新法取消了缅外合资企业外资比例至少要占35%的规定，还取消了在一些限制领域缅外合资的外资比例不得超过50%的规定。按照新法，农业、畜牧水产业被确定为限制领域，但可按照法律组成缅外合资企业进行投资
《外国投资法实施细则》	缅甸政府于2013年1月31日颁布实施新的《外国投资实施细则》，对外国投资行业进行了分类规定。其中，规定禁止投资的行业种类21项，包括军工企业、天然林维护、电网管理及电力贸易、珠宝玉石勘探及开采、印刷及广播业等；与国民合作经营的行业种类42项，包括杂交种子生产销售、糖酒副食品、塑胶产业、造纸、建材、房地产、国内航空服务、私人医院及旅游业等；特许行业115项，包括种植业、淡水海水养殖、原木出口、大型金属矿生产、烟草业、水电及火电开发、空港建设、网络服务、石化产业、公私合营医院、工厂建设、Spa业、电影业等；其他特批行业27项，包括肉类动物生产、零售及批发行业等；需进行环评的行业34项，包括矿业项目、油气项目、大型电力项目、油气管道及输电铺设项目、大型种植业项目、水泥厂、大型房地产开发、大型林业种植、生态区项目等。 实施细则中，不仅准许合资企业的外资比率超过30%～80%，而且明确了2012年11月颁布的《外国投资法》中没有规定的最低资本金。根据细则，制造业的最低资本金为50万美元、服务业30万美元、矿物资源开发1000万美元。实施细则中不仅承认国有用地，还承认私有用地的土地使用权，使用权最长可达50年（可以延长）。此外，禁止外商投资的领域有沿海渔业以及带来公害的企业。该实施细则中没有规定在食品、酒店、运输等领域的具体外资比率限制，该领域的外资将由政府设立的投资委员会决定

续表

法律名称	具体规定
《国营经济企业法》	该法为政府规范市场主体的重要法律，主要内容包括：国营企业的专营项目、非国营企业的经营权、机构设立权以及市场主体的违法责任等。该法规定以下12个方面的经济项目只能由国营企业经营，非国有企业要经营这些项目，必须经过投资委员会的专门批准和许可，否则属于犯罪行为，要承担法律责任。具体为：对柚木的采伐和在缅甸联邦境内外的销售；造林、护林业；对石油、天然气等资源的勘探、开采、销售及其产品的加工；珍珠和宝石的勘探、开采和出口；非经政府许可，非国营企业不得在政府列为科研项目的水域进行鱼虾养殖和生产；邮政和电讯业；航空和铁路运输业；银行和保险业；广播电视业；金属矿产的勘探、开采和出口；除法律允许私营和合作社经营的电业外的其他电力业；政府规定的有关安全和防卫用品的制造
《合伙企业法》	该法为规范合伙经营行为、促进市场经济发展、完善市场经济制度的一部重要法律。该法分为序言、合伙企业的定义、合伙人之间的关系、合伙人与外人之间的业务交往、新加入的合伙人和退出的合伙人、合伙企业的解散以及合伙企业的注册七章，共71条。该法是目前缅甸企业法律中内容和规定都比较详细的一部法律，对引导和扩大民间投资、鼓励和规范合伙经营，具有重要作用
《关于在缅甸建立合伙企业和公司的指南》	该法为缅甸联邦贸易部1992年制定的关于公司注册的程序性法规，其主要内容是对建立合伙企业和公司的注册程序、需要填报的表格的内容与文件、需要交纳的费用以及《公司注册声明》《注册办公地点（或变动）通知》《翻译证明书》《董事、经理、经理代理及公司名称的变动细节》《正式和合法文本申明》以及《公司应缴纳的注册费》六个附表做出规定。该法的执法主体是缅甸贸易部公司注册办公室。本法的适用对象是合伙企业和合资公司

（二）特定行业、领域法律情况

1. 能源资源法律情况

（1）电力

涉及电力资源行业的重要法律为缅甸《电力法》和《国营经济企业法》，其中《国营经济企业法》是缅甸油气行业和电力行业投资的相关法律，根据该法，缅甸政府在许多领域享有垄断权。但《国营经济企业法》授权政府可通过通知的形式，向政府机构和任何其他个人或经济组织组成的合资企业就其从事的只能由政府机构开展的经营活动批准豁免。

（2）农业

农业属于投资委员会允许外商投资的经济活动。其中《土地法令》规定：就可耕地、农闲地和荒地而言，投资委员会可允许投资者出租此等土地用于农业、畜牧业等。

此外，若外国投资者希望与政府企业或地方企业家组成合资企业经营农业，需要向中央委员会提交使用可耕地、农闲地和荒地用于农业或其他许可的申请。此外，根据《不动产转让限制法》的规定，外国公司或个人不能在缅甸享有土地所有权。

(3)矿业

根据缅甸法律规定，在缅甸经营矿业项目、进行矿物勘察、勘探和生产需要获得矿业许可证。经过政府的批准，缅甸矿业部可以授予包含外国投资的金属矿物、工业矿物或矿石的大规模生产相关的各类许可，每种许可将授予持有人一种矿权，具体如下。

操作	矿权	条款	许可期限
矿物勘察	矿物勘察许可	根据具体规定在最大4200平方公里的勘察区域开展勘察工作的专有权	有效期为不超过1年，最多可延长12个月
矿物勘探	矿物勘探许可	在指定区域以最大3159平方公里的面积开展勘探工作的专有权	有效期为不超过3年，可延长两次，每次延长一年或更长
矿物生产（大规模）	大规模矿物生产许可	在指定区域采掘矿物的专有权	有效期为不超过25年，并且每次延长不超过5年
矿物生产（小规模）	小规模矿物生产许可	在指定区域采掘矿物的专有权	有效期为不超过5年，最多可延长4次，累计延长时间不超过1年

2. 基础设施互联互通法律情况

缅甸基础设施落后，尤其是交通基础设施。近年来，缅甸政府大力修筑公路铁路，扩建港口，交通基础设施建设需求巨大。缅甸没有专门的基础设施互联互通法律，外国投资均按照2012年缅甸颁布实施的新《外国投资法》实施，根据该法规定，港口、铁路、公路、电信等领域均属于允许外资进入领域。此外，为吸引外来投资，缅甸于2014年出台了新的《经济特区法》，规定设立经济特区的主要宗旨为：以维护国家主权为原则，批准外资项目；通过建设经济特区，加速国家经济发展；发展国家工业和高科技；提高商品生产、贸易和服务水平；使国民能够获得高技术；为国民创造更多就业机会；发展国家的基础设施。

此外，为吸引外资企业进驻，缅甸政府规定，在经济特区投资的投资人从事生产或服务之日起，头5年出口收入可以申请免除所得税；第二个5年可以申请盈利减税50%；第三个5年，用出口盈利再投资，可以申请盈利减税50%。

缅甸《经济特区法》颁布后，政府同期宣布将土瓦、迪洛瓦、皎漂3个地区定为经济特区,并积极推进3个特区的建设。

(三)外汇管制

1. 相关外汇法规

缅甸政府自1947年颁布《外汇规定法》至1961年,对外汇规定进行了5次修订,2012年8月11日,缅甸政府重新颁布实施《外汇管理法》,并撤销1947年外汇法。新的《外汇管理法》对中央银行的职权与任务,外汇业务、持有外汇、开设外汇账户与使用外汇,用缅币进行支付和汇款,获得经营外汇业务执照者,固定资金的汇款支付等进行了规定。

2. 特殊审批程序

根据新的《外汇管理法》,缅甸国内居住者可按照规定在一定的时期内持有一定数额的外汇,也可按市价将自己的外汇向获得经营外汇执照的银行兑换并存放。合法持有外汇者只能在获得经营外汇执照的银行开设外汇账户。获得经营外汇执照者,只能经营规定的业务,可以用外汇向国内居民发放贷款,接受公众的外汇存款。国内居住者和国外居住者,可以按照规定将自用的外汇和首饰带到国内或从国内带到国外。投资者带来资金时,须按照规定向中央银行提交证明,如没有提交证明,中央银行可以拒绝将其资金汇到国外。在投资结束时或在业务关闭时,投资者可以依法将其投资资金汇回母国或第三国。国内居住者如欲向国外直接或间接投资,须依据规定进行。中央银行可以对经营外汇业务申请者发给执照、拒绝发给执照和收回违规者的执照,对获得经营外汇业务执照者进行检查和监督,向获得执照者索取必要的信息,检查执照获得者的账本、中央银行认为有必要的其他纪录,中央银行如发现获得执照者有不诚实、违反规定、因亏损可能倒闭的现象,可以收回经营外汇获得者的执照。

在政府审批程序方面,缅甸境内借款人若向境外贷款人借款,必须向投资委员会提交申请,之后向外汇管理委员会提交申请。申请必须附上贷款协议草稿、偿还贷款本金金额、利息率以及预计应付利息的总结、有关部委的信函(如适用)、公司章程的备忘录、董事会决议、审计报告以及审计员证书。除上述之外没有进一步的法定程序要求,但在实践中,外汇管理委员会可以基于其广泛的自由裁量权要求提供额外的信息。

3. 外币兑换限制

缅甸自1977年开始实施固定汇率制,官方汇率通常在1美元兑换6缅币到8.5缅币之间,但黑市美元汇率通常高达1美元兑800~1000缅币。这一汇率双轨制给缅甸经济带来了一定负面影响,给外国投资和援助进入缅甸设置了障碍。2012年4月1日,缅甸启用了有管制的浮动利率政策,取消了几十年1美元兑换6缅币左右的官方汇率,缅中央银行制定了1∶818的基准汇率。

(四)税收制度

1. 相关税收法规

缅甸与外资公司外汇和税收相关的重要法律包括《外国投资法》《外国投资法实施细则》《所得税法》《商业税法》《关税法》和《仰光市政发展法》。上述法律对外资企业的税收进行了相应的规定。

2. 外国投资法相关规定

为促进外国投资,缅甸《外国投资法》针对外国投资者规定了一些优惠政策,比如缅外合资企业从正式运营起可享受5年免税待遇。相关税收优惠政策具体如下表。

减免事项	具体规定
制造业及服务业	从开始经济运行第1年起连续5年免所得税,并视项目情况延长减免期限
项目利润	项目利润作为专项资金在1年内用于追加该项目投资的,减免所得税
项目设备、建筑物及其他资本的折旧	按规定折旧率计算后从利润中扣除
出口产品	减免50%所得税,减免贸易税
外国人缴纳所得税	税率享受国民待遇
研发费用	在境内从事项目有关的研发费用,从利润中扣除
项目建设期间必要的进口设备、配件及其他物资	减免关税、国内税或两项并减
项目竣工后头3年进口的生产用原材料	减免关税或国内税,或两项并减
投资期限内扩大投资规模所必需的进口设备、零配件及其他物资	经委员会同意,减免关税或国内税或两项并减
其他优惠	项目享受5年减免所得税后,如果连续2年出现亏损,则从亏损年起连续后3年减免所得税

3. 所得税法相关规定

缅甸《所得税法》对外国人或外国企业所得税按"居民外国人"和"非居民外国人"进行划分。"居民外国人"是指:(1)在纳税年度内,居住在缅甸的时间不少于183天的外国人;(2)按照缅甸公司法或其他现行法律设立的公司,其股东全部或部分为外国人或外国机构的;(3)全部或部分合作伙伴由外国人组成的协会(而非公司),其业务的监控、管理和决策完全在缅甸境内进行并实施。"非居民外国人"是指并非缅甸居民的外国人。因此,外国公司在缅甸的分公司是“非居民”。但上述分类与按《外国投资法》设立的企业无关。

缅甸的所得税纳税年度是以财政年度为基础的,即从当年的4月1日起到次年的3月31日止。在财政年度中,有收入的年份称为“所得税年”,下一年则为“评估年”。收入的资料应在所得税年度的6月30日或之前报送税收办公室,但如果业务终止,有关资料应在终止之日起的一个月内提交。资本收益的资料应在处置有关资产后的一个月内提交。不合理的收益将以罚代税(最高为10%)。居民外国人或企业的所得税收入,无论来源于缅甸或国外均应纳税。非居民外国人或企业收入来源于缅甸境内,应按非居民所规定的税率纳税。主要来源分为:职业收入、业务收入、其他收入、财产收益和未申明收入。根据《所得税法》,对以下收入免征所得税:(1)宗教或慈善机构的收入,并且该收入只能用于宗教或慈善事业;(2)政府当局的收入(如发展委员会);(3)与存款(储蓄)有关的任何收入;(4)抚恤金收入;(5)死亡或受伤补偿;(6)人寿保险收入;(7)除资本收益和企业收入(如业务、职业或假期)之外的非定期或一次性收入;(8)来源于协会或公司、工厂等个人的分利或分红收入。

4. 商业税法相关规定

缅甸《商业税法》规定了对生产产品、进口商品及五种服务征收的商业税税率。按规定,进口商品或生产商品均应纳税,但进口商在销售进口商品时,不必再缴5%的贸易税,生产商年产值未超过应税金额,也无须纳税。如果销售收入为外汇,则应以外汇支付税款,但税率不应超过5%。

此外,《商业税法》对下列行为给予免税或减税的优惠:(1)政府可对任何商品、服务和被评估人给予免税或减税;(2)政府可确定无须征税的销售和服务收入的金额;(3)任何有关的新建企业,为新建项目安装而使用的进口商品可免税或减税,并给予企业不超过3年的免税或减税;(4)给予在本国生产并供出口的任何商品免税或减税。

5. 关税法相关规定

缅甸《关税法》共四章,将商品按统一代码分成6062个税目,具体税率如下。

项目	税率
进口税	由24个税率组成,税率范围为0～40%
特许税	免税或最高为10%
出口税	大米及其制品,按每公吨100缅元计征;豆类及其他作物、油籽饼、生皮和皮,5%;竹,5%
边境出口税	0～15%

缅甸财税部长有权根据《关税法》的规定，确定对进口或出口商品的免税或减税。为鼓励发展出口导向型项目，目前缅甸政府对以下进口业务给予免税待遇：为复出口而进口的原材料；以切割、制作和包装方式进口而复出口的商品；为出口而进口的包装材料。

此外，如果进口商品能在海关监管的指定仓库内存放，则无须支付进口关税和其他税收，即使征税后，如能在两年内将所进口的商品复出口，则可退还已征关税的八分之七。

需要注意的是，因缅甸已被列为最不发达国家之一，故可享有普惠制税率。

6. 避免双重征税协定

缅甸与英国签订双边税收协定。缅甸加入东盟以后，先后与印尼等6个东盟国家及孟加拉国签订了避免双重关税协定。中国与缅甸政府还在就签署避免双重征税协定进行协商。

五、法律风险评价

（一）营商环境仍需改善

由于国内政局不稳、民族冲突不断，立法不尽完善，缅甸的营商环境并不理想。根据2015年世界银行营商环境指南提供的数据，缅甸的营商环境在189个国家和地区中排名第177位，具体项目排名可能更低。例如注册公司这一项，缅甸在189个国家和地区中排名第189位，其申请者需要经历72日、11道工序才有可能获得批准，并且注册成本高达单位收入的155.9%。近年来缅甸政府通过改革简化跨境贸易手续，显示出较其他领域更大的开放度，但总体营商环境仍需较大改善。

公司注册		信贷融资	
程序个数	11	法律权利强度(0～12)	2
时间(日)	72	信用信息获取度(0～8)	0
成本(占单位收入的百分比)	155.9	银行网点覆盖率	0.0
最低注册资本(占单位收入的百分比)	6190.1	成年人信用信息登记率	0

数据来源：2015年世界银行营商环境指南。

（二）合同执行成本和破产处置成本较高

作为发展中国家，缅甸的执行效率较低，其合同强制执行和破产处置成本居高不下，很难满足现代商业运转的要求。根据2015年世界银行营商环境指南提供的数据，缅甸的合同强制执行效率在世界189个国家和地区中仅排名第185位，破产处置效率排名第 160 位。

合同强制执行	缅甸	东亚及太平洋地区	经合组织
时间(日)	1160	553.8	539.5
成本(占标的额的百分比)	51.5	48.6	21.4
程序(个)	45	37.2	31.5
破产处置	缅甸	东亚及太平洋地区	经合组织
时间(年)	5.0	2.6	1.7
成本(占资产价值的百分比)	18.0	21.8	8.8
回收率(每美元美分数)	14.7	36.8	71.9

数据来源:2015 年世界银行营商环境指南。

(三)税务负担略重

对于外国投资者来说,缅甸的税收法律制度较为健全,税务负担略重于经合组织平均水平。缅甸新《外国投资法》对于外国投资者税收做出了 11 项减免规定,包括对外国人或外国企业所得税按照“居民外国人”与“非居民外国人”实施不同税率等。根据 2015 年世界银行营商环境指南提供的数据,缅甸在税收方面排在全球 189 个国家和地区的第 116 位。

税收指标	缅甸	印度	经合组织
纳税(次)	31.0	33.0	11.8
时间(小时)	154.0	243.0	175.4
应税总额(占利润百分比)	47.7	61.7	41.3

数据来源:2015 年世界银行营商环境指南。

东帝汶民主共和国

Democratic Republic of Timor-Leste

——帝汶海边的新生国家

东帝汶民主共和国基本情况

国家名称（中英文）	东帝汶民主共和国（Democratic Republic of Timor-Leste）		
人口（百万）	1.24	人口增长率（年均%）	2.7
领土面积（千平方公里）	14.6	主要民族	土著（巴布亚族与马来族或波利尼西亚族的混血人种）、印尼人、华人
官方语言	葡萄牙语和德顿语	主要宗教信仰	天主教、基督教、伊斯兰教
政体	总统制共和制	主要政党	东帝汶全国重建大会党、东帝汶独立革命阵线、民主党、东帝汶全国重建革新阵线
GDP（十亿美元）	1.4	GDP 增长率（年均%）	4.3
国民总收入（十亿美元）	47.57	人均国民收入（美元）	3820
通货膨胀率（年均%）	-1.2	外国直接投资净流入（百万美元）	42.99
外债（百万美元）	——	总偿债额占出口贸易和收入的比率	——

数据来源：2015 年世界发展指标数据库。

一、国情简介

东帝汶民主共和国（以下简称“东帝汶”），是位于东南亚努沙登加拉群岛东端的岛国，北面被印度尼西亚环绕，南隔帝汶海与澳大利亚相望。东帝汶人口中 78% 为土著人、由巴布亚族与马来族或波利尼西亚族的混血人种组成，20% 为印尼人，2% 为华人。东帝汶以葡萄牙语和德顿语为官方语言，以印尼语和英语为工作语言。东帝汶约有 91.4% 人口信奉天主教，2.6% 信奉基督教，1.7% 信奉伊斯兰教。东帝汶经济状况不佳，联合国开发计划署将其列为全球 20 个最落后的国家之一。但是，近年来该国政局较为平稳，社会治安状况和经济形势正在稳步提升。

（一）政治概况

东帝汶实行总统共和制。总统是国家元首和武装部队最高统帅，由全民直接选举产生，任期5年，可连任一届。根据东帝汶《民主共和国宪法》的规定，国民议会、政府和法院是其国家权力机构。国民议会是东帝汶的最高立法机构，代表全体公民行使制定法律和监督政府的权力。国民议会由52至65名议员组成，议员由选民直接选举产生，每届任期5年。政府是国家最高行政机关，由总理、副总理、部长、副部长和国务秘书组成，向总统和国民议会负责。总理由议会中拥有最多席位的政党或政党联盟提名，并由总统任命。副总理、部长和国务秘书由总理提名，总统任命。东帝汶的司法机构由法院和检察院组成，独立行使司法权，只服从宪法和法律，不受议会和政府干涉。其中，法院行使审判权，由最高法院、高等法院、初等法院和军事法院组成；检察院行使检察权。

东帝汶是多党制国家，目前议会中并不存在绝对多数党，一般由几个政党联合执政。东帝汶比较重要的政党包括东帝汶全国重建大会党、东帝汶独立革命阵线、民主党、革新阵线党等。

（二）经济概况

东帝汶经济状况总体处于世界落后水平。该国经济结构不均衡，主要依赖油气出口和外国援助，非油气经济主要以传统服务业和农业为主。为促进石油开发，东帝汶于2005年7月设立石油基金，并于2008年7月成立了国家石油管理局。农业也是东帝汶经济的重要组成部分，全国约50%以上的劳动人口从事农业活动，但是该国农业生产方式相对落后，生产效率不高。

近年来，东帝汶政府将减少贫困和增加就业作为施政重点，逐步增加财政预算，扩大公共支出，鼓励外来投资，增加出口。其出口产品主要为咖啡、木材、橡胶、椰子等经济作物。另外，东帝汶在开发油气资源方面进一步加大投入，致力于推动经济的可持续发展。

（三）外交政策

东帝汶奉行务实平衡、睦邻友好的外交政策。该国重视发展与澳大利亚、印尼、美国、太平洋岛国以及葡萄牙等国关系，广泛寻求国际援助。东帝汶迄今已同100多个国家建交，包括中国在内的15个国家在东帝汶首都帝力设立大使馆或代表处，并派遣常驻大使或代表；阿根廷等30多个国家向东帝汶派驻非常任大使或代表。东帝汶重视同联合国等国际组织的关系，截至2005年7月，该国已加入22个国际组织，包括联合国、联合国儿童基金会、联合国开发计划署、世界粮食计划署、世界卫生组织等。

2002年5月20日东帝汶宣告独立，中国于当日与东帝汶建立外交关系。东帝汶独立以来，中东双边关系发展稳定，双方本着互相尊重、友好往来的原则进行交往。中东两国双边高层往来频繁。2014年4月，东帝汶总理沙纳纳·古斯基访问中国，双方一致决定，将双边关系提升为睦邻友好、互信互利的全面合作伙伴关系，并将继续扩大双边贸易与投资规模，加强在基础设施、能源、农业、互联互通等领域的合作。

二、法律概览

(一)法律体系

东帝汶属于英美法系国家，2002年3月22日，东帝汶制宪会议的88名议员，通过东帝汶的第一部宪法。东帝汶教育水平不高，文盲率超过50%，只有少数人接受过正规教育。东帝汶的司法体系以印度尼西亚法律为基础，2009年议会通过并颁布了以葡萄牙法律体系为基础的新的民事法律制度，2011年颁布了新的民法典。除了本国法律，东帝汶宪法也承认国际法的相关规定，接受国际法的一般原则或惯例。

(二)司法协助

在东帝汶发生民事纠纷，一般诉诸国内法庭。东帝汶是《关于解决国家和他国国民之间投资争端公约》(以下简称《华盛顿公约》)缔约国，但并非《纽约公约》缔约国，原则上可以不承认和执行外国的仲裁决定。

(三)司法效率和其他事项

东帝汶虽然拥有新兴的法律系统，但全国只有6个法庭和13名法官，外加法官缺乏足够的法律知识储备和经验积累，存在案件积压的情况。世界银行研究发现，在东帝汶，解决合同纠纷，平均需时1285日。

三、金融法律制度

作为一个新生国家，东帝汶的金融法律制度仍然在建立与发展的过程之中，目前，该国金融法律制度主要集中于对于银行准入及监管的规制。

东帝汶有1家中央银行，1家国家商业银行，3家外国商业银行。银行准入及监管的法律是联合国东帝汶过渡机构(以下简称“UNTAET”)发布的《关于银行许可及监管的第2000/8号规定》。

依据法律规定，任何人未经许可不得从事银行业务。东帝汶中央支付办公室是有权颁发银行许可的唯一机构，也是有权规定银行最低资本额的唯一机构。目前银行最低资本要求为200万美元，日后可能会根据情况增加。

申请银行牌照，需要以书面形式向中央支付办公室递交申请文件。该申请文件应包括以下内容：

(1)现存或计划成立的银行的资历,包括过去十年业务情况;

(2)银行现存资本额或计划注入的资本额,对于计划设立的银行,已经注入的资本额;

(3)商业计划书,包括组织结构、金融活动类型、预计三年财务报表,对于已设立的银行,需提供过去三年财务报表及年报;

(4)每一位主要股东的名称、住所、过去十年业务情况以及过去三年财务报表,注明股东持有股份数额和比例;

(5)其他由中央支付办公室规定的额外信息。

中央支付办公室将在收到申请文件 45 日内给出书面答复。该许可没有固定期限,并且不可转让。

外国银行分支机构在获得东帝汶中央支付办公室有效许可后方可直接在东帝汶境内开展金融活动。外国银行可以为其分支机构申请许可,申请信息同前文所示,并且可能包括中央支付办公室额外规定的内容。

中央办公室仅在以下情况下授予外国银行分支机构许可:

(1)该外国银行在其母国已获从事银行存款及其他可支付资金业务的许可;

(2)该外国银行母国金融活动主管机构已针对该许可出具书面同意;

(3)中央支付办公室认为该银行在其母国已受到充分监管。

四、投资法律制度

东帝汶在建国后,通过不断完善法律来改善投资环境,吸引外资。东帝汶已颁布实施了《劳动法》《私有投资法》《石油基金法》《石油活动法》《商业注册法》《进出口货物检验检疫卫生法》《矿产法》《环境管理法》等一系列法律。东帝汶的投资主管部门是东帝汶贸易投资局,该局隶属贸易、工业和环境部。

(一)企业法律制度

无论是本土公司还是外商投资公司,均可以普通合伙、有限合伙、有限责任或股份公司形式存在。外国企业也可以注册成立本土分支机构。东帝汶政府鼓励外资与当地人合资(不是硬性规定),但大部分外国人在东帝汶都采用独资方式。目前,东帝汶暂无有关外资并购安全审查、国有企业投资并购、反垄断、经营者集中审查等方面的法律,当地也没有从事外资收、并购手续及操作流程等相关事项咨询工作的专业机构。

(二)特定行业与领域法律情况

东帝汶对外商投资的限制较少。根据《私有投资法》,东帝汶政府于 2014 年设立一个专门投资机构(AEI),以吸引海外投资,为海外投资者提供便利,促进对外贸易。

根据《私有投资法》，东帝汶鼓励外商投资基础经济和商品进出口领域，对投资于部分农村地区、欧库西（Oecussi）和阿陶罗（Atauro）等地区的投资者给予时间长短不一的免税待遇（包括免除进口关税待遇）。但外国投资若要获得上述投资激励，最低投资须在150万美元以上，其中现金投入部分要占50%以上。在石油和矿产领域的投资行为按《石油法》和《矿产法》规定执行。根据规定，外国投资者可投资于除邮政服务、公共通信、受保护的自然保护区、武器生产与销售等由国家控制的领域，以及法律禁止的其他活动（如犯罪活动和不道德的活动）以外的任何领域。

（三）外汇管制

东帝汶没有严格的外汇管制，资金可以自由汇入和汇出。东帝汶各商业银行会根据东帝汶中央银行的要求对超过一定数额的资金交易履行报告义务，以防止洗钱犯罪。

（四）税收制度

东帝汶政府在2008年对税收政策进行了改革，其目的是要将东帝汶打造成为世界上税收最低的国家之一。通过减税和简化税收手续的方法，刺激国内经济发展，促进外来投资。据普华永道最新报告，东帝汶是葡语国家中最具税收竞争力的国家，在全球189个经济体中位居第55位，公司税负平均为11%。

此外，为了吸引外来投资，东帝汶政府出台了一系列的关税和营业税减免的优惠政策，在不同地区投资，可免除一定年限的国有土地租金，雇佣当地劳工，可减免一定比例的应纳税额等。

免除关税和营业税的领域	
1	资本商品和设备
2	制造业所需原材料
3	半成品商品
4	应用于商品或提供服务等再生产用的组件和配件
5	用于为没有公共电力供应地区的生产企业提供电力的燃料（汽油除外）

五、法律风险评价

（一）营商环境较差

由于东帝汶国内基础设施十分落后，工业基础较为薄弱，立法不完善，东帝汶的营商环境并不理想。根据世界银行2015年营商环境报告的数据，东帝汶在189个国家和地区中排名第167位。具体而言，东帝汶在财产登记方面成本较高，办理施工许可证方面等待时间过长，处于世界下游水平。

公司注册		办理施工许可证		财产登记	
程序个数	5	程序个数	16	程序个数	3
时间(日)	10	时间(日)	207	时间(日)	63
成本(占单位收入的百分比)	0.3	成本(占项目投入的百分比)	0.3	成本(占财产价值的百分比)	654
最低注册资本(占单位收入的百分比)	127.5				

数据来源:2015年世界银行营商环境指南。

(二)合同执行成本较高

东帝汶的合同执行效率远低于欧洲及中亚地区的平均水平。根据2015年世界银行营商环境指南提供的数据,东帝汶的合同强制执行成本在世界189个国家和地区中排名第189位,位列倒数第一。

合同强制执行	东帝汶	欧洲及中亚地区	经合组织
时间(日)	1285	448.1	539.5
成本(占标的额的百分比)	163.2	25.2	21.4
程序(个)	51	37.0	31.5

数据来源:2015年世界银行营商环境指南。

(三)进出口贸易的法律环境尚可

根据2015年世界银行营商环境指南,东帝汶跨境贸易难度排名在全世界189个国家中排在第94位,处于世界中游水平。具体来说,东帝汶的进出口成本较低,但用时略久,总体上东帝汶的进出口贸易环境尚可,有待于进一步提高。

东帝汶跨境贸易	
出口所需文件数	6
出口时间(日)	28
出口成本(每集装箱/美元)	410
进口所需文件数	7
进口时间(日)	26
进口成本(每集装箱/美元)	415

数据来源:2015年世界银行营商环境指南。

第三篇

南亚八国

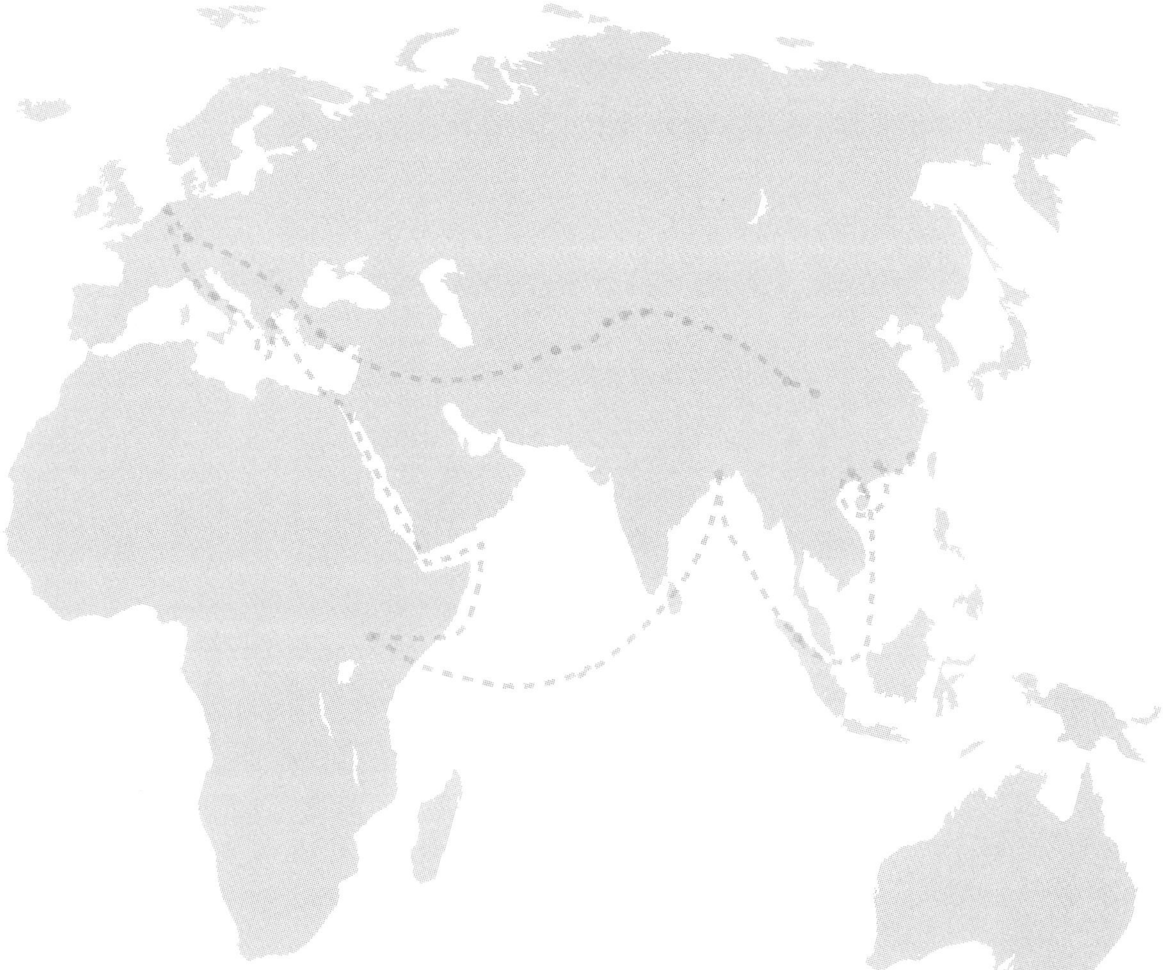

印度共和国
The Republic of India

——崛起的“梵天之国”

印度共和国基本情况

国家名称（中英文）	印度共和国（The Republic of India）		
人口（百万）	1311.05	人口增长率（年均%）	1.2
领土面积（千平方公里）	3287.3	主要民族	印度斯坦族、泰卢固族
官方语言	英语、印地语	主要宗教信仰	印度教、伊斯兰教
政体	议会制	主要政党	印度人民党、国民大会党
GDP（十亿美元）	2073.54	GDP 增长率（年均%）	7.6
国民总收入（十亿美元）	2084.45	人均国民收入（美元）	1590
通货膨胀率（年均%）	1.0	外国直接投资净流入（百万美元）	44,208
外债（百万美元）	463,230	总偿债额占出口贸易和收入的比率	18.6

数据来源：2015 年世界发展指标数据库。

一、国情简介

印度共和国（以下简称“印度”）位于亚洲大陆凸出印度洋的南亚次大陆，国土面积居世界第七，北与中国、尼泊尔、不丹毗邻，西北与巴基斯坦交界，东北和孟加拉国、缅甸接壤，南方与斯里兰卡、马尔代夫隔海相望。印度三面临海，东临孟加拉湾，西濒阿拉伯海，南连印度洋，北倚喜马拉雅山。印度约有 13 亿人口，居世界第 2 位，有十个大民族和几十个小民族，其中印度斯坦族占 46.3%，泰卢固族占 8.6%，孟加拉族占 7.7%，马拉地族占 7.6%，泰米尔族占 7.4%，古吉拉特族占 4.6%，坎拿达族占 3.9%，马拉雅拉姆族占 3.9%，奥里雅族占 3.8%，旁遮普族占 2.3%。印度官方语言为英语和印地语。约有 80.5% 的居民信奉印度教，其他宗教有伊斯兰教、基督教、锡克教等。

（一）政治概况

印度政体为联邦共和制，国家机构由议会、总统、政府、司法机构组成。议会实行两院制，由联邦院（上院）和人民院（下院）组成。总统为印度国家元首和武装部队统帅，由议会两院及各邦议会当选议员组成选举团选出，任期五年，依照以总理为首的部长会议建议行使职权。总理是印度政府中最具实权的人物，由总统任命人民院多数党的议会党团领袖担任，以总理为首的部长会议是最高行政机关，部长会议还包括内阁部长、国务部长。最高法院是最高司法权力机关，有权解释宪法、审理中央政府与各邦之间的争议问题等。各邦设有高等法院，各县设有县法院。

印度为多党制国家，其主要政党包括印度人民党、印度国民大会党（以下简称“国大党”）、印度共产党等。印度独立后，国大党长期执政，但反对党也曾在 1977 年至 1979 年、1989 年至 1991 年两次短暂执政。1996 年后，印度政局不稳，到 1999 年先后举行 3 次大选，产生 5 届政府。1999 年至 2004 年，印度人民党为首的全国民主联盟上台执政。2004 年，国大党领导的团结进步联盟在左派政党外部支持下，组成联合政府。2014 年 5 月，印度人民党领导的全国民主联盟在 543 个议席中夺得 334 席，获得压倒多数，印度人民党总理候选人纳伦德拉·莫迪成为印度第 16 位总理。

（二）经济概况

独立后，印度经济得到较大发展。农业基本实现自给自足，工业体系较为完整，服务业发展迅速，在全球范围内成为软件和金融服务的重要出口国。

印度于 1991 年 7 月实行全面经济改革，放松了对工业、外贸和金融部门的管制。1992 年至 1996 年实现年均经济增长 6.2%。印度“九五”计划（1997 年至 2002 年）期间经济年均增长 5.5%。“十五”计划（2002 年至 2007 年）期间，印度继续深化经济改革，加速国有企业私有化，实行包括农产品在内的部分生活必需品销售自由化，改善投资环境，精简政府机构，削减财政赤字，实现年均经济增长 7.8%，是世界上发展最快的国家之一。2006 年，印度推出“十一五”计划（2007 年至 2012 年），提出保持国民经济 10% 的高速增长，创造 7000 万个就业机会，将贫困人口总数减少 10%，大力发展教育、卫生等公共事业，继续加快基础设施建设，加大环保力度。2011 年 8 月，印度计划委员会通过“十二五”（2012 年至 2017 年）计划指导文件，提出国民经济增速 9% 的目标。2008 年以来，受国际金融危机影响，印度经济增长速度放缓。2013 年至 2015 年，印度经济进一步受到全球经济放缓、欧债危机和发达国家经济下滑等因素影响，对外贸易增长缓慢，贸易赤字和经常项目出现逆差。

（三）外交政策

印度为不结盟运动创始国之一，历届政府均强调不结盟是其外交政策的基础。印度与所有国家积极发展关系，力争在地区和国际事务中发挥重要作用。

中国与印度于1950年4月1日建交，印度是首个与我国建交的非社会主义国家。2005年4月，中印两国签署《中印联合声明》，宣布建立面向和平与繁荣的战略合作伙伴关系。此外，中印两国还就边界问题签署了《解决中印边界问题政治指导原则的协定》。

二、法律概览

(一)法律体系

印度法律受英国普通法影响较大。《宪法》作为印度的根本大法，位居整个法律体系顶端，统辖所有具体法律规定。印度市场经济相关的法律体系包括民商事法律规定、国家宏观调控法律规定和程序性法律规定等。

1. 宪法的相关规定

《宪法》是印度的基本法，对市场经济法律体系的形成和运转起到决定性作用，其相关规定主要包括以下方面：

一是规定了印度市场经济法律体系的形成。在英国殖民统治时期，殖民当局在许多方面适用英国法，此外还颁布了一系列法律法规来规范市场经济行为。其中较为重要的有1872年《合同法》，1881年《流通票据法》，1930年《商品买卖法》，1940年《仲裁法》等，形成了一套完整的市场经济法律体系。独立后，印度宪法规定，本法实施前所有在印度已施行的法律继续有效，直至这些法律被更改、废止或修正。据此，印度独立前的市场经济法律体系继续有效，并成为独立后印度市场经济法律体系的重要组成部分。

二是规定了国家对宏观经济实行法律约束。印度宪法在“基本权利和国家政策的指导原则”中要求，政府要“保证对社会物资的平均分配，防止财富或资源的过分集中”。为此，印度政府针对市场经济和宏观调控进行大规模立法，为相关活动提供法律依据。此外，印度《宪法》中还规定了与贸易、商业及交易自由相关的内容，但也允许国会或国家立法机关出于公共利益及特殊情况的考虑，对上述自由加以限制。

三是为政府设立、管理国营企业提供法律依据。印度《宪法》规定，如果出于公共利益的需要，政府有权实行全国性行业控制，并设立由政府控制的国有企业。

2. 其他重要法律规定

印度法律中关于财产占有形式、征收制度、物权制度的相关规定也受英国法影响较深，与国际化接轨程度较高。具体内容如下。

印度其他重要法律规定	
财产占有形式	印度法律规定了两种所有制,即国家所有制和私人所有制。 1. 印度国营部门的财产权属国家所有制,而国家取得、持有和处分财产的权力来自印度宪法的相关规定; 2. 私人所有制包括个人所有、共有和合作社所有三种形态; 3. 印度宪法保护每一个公民有取得、持有和处分财产的权利,但在行使这种权利时,允许国家为了公共利益而施加适当的限制
征收制度	印度宪法允许国家在法律许可和出于公共利益而取得公民和非公民的财产,但要根据立法机关规定的金额付款,即予以适当补偿。在一般情况下,不允许无偿征收个人合法财产
物权制度	印度法律把有形资产区分为动产和不动产。 1. 不动产主要是指土地和与土地有关的物。不动产转让由《财产转让法》进行规范。动产是指除不动产外的其他种类的财产; 2. 动产买卖由《商品买卖法》进行规范。动产转让因交付该动产而生效,不动产的产权转让则由登记注册而生效,但《地役权法》对土地所有权的享有规定了某些限制

(二)司法制度

1. 诉讼制度

(1)法院体系及审级

印度司法体系由印度联邦最高法院、邦高等法院及地方法院组成。最高法院是最高司法权力机关,有权解释宪法、审理中央政府与各邦之间的争议问题等。最高法院法官由总统委任。各邦设有高等法院,县设有县法院。在地方法院之下,还设有民事司法职位,在各邦的名称不尽相同,如芒斯夫法官、下级法官、民事法官等。同样的,刑事法官也由总地方法官、第一级和第二级地方法官组成。总检察长由政府任命,其主要职责是就执法事项向政府提供咨询和建议,完成宪法和法律规定的检察权,对宪法和法律的执行情况进行监督等。

最高法院有初审管辖权、上诉管辖权及咨询管辖权。其专有的初审管辖权涉及所有联邦与一个或多个邦以及两个邦或多个邦之间的争议问题。宪法赋予最高法院执行基本权利的广泛初审管辖权。印度境内高等法院之判决、宣告或最终命令,无论属于民事诉讼、刑事诉讼或其他诉讼,若案件涉及解释宪法之实质法律问题时,则该案之上诉应向最高法院提出。对于有关事实的问题或具有巨大公众影响的法律,总统需要咨询最高法院。

最高法院处理的诉讼主要来源于下级法院的判决或命令,但是近年来,最高法院也开始处理一些与公众利益有关的问题。法律程序的启动可以通过个人或团体向最高法院申请台递交诉状,也可以通过向首席法官写信,指出所述问题的公共重要性和请求执行该管辖权的原因。这种法律概念称为公共利益诉讼。截至目前,最高法院已经处理了多起具有巨大意义的公共利益诉讼。印度最高法院由一位首席法官和其他不超过 25 位由总统任命的法官组成。最高法院法官任职至 65 岁。

印度国内共有 18 个高等法院,其管辖权局限于某一个邦。在各中央直辖区中,德里设有单独的高等法院,其他六个中央直辖区由不同的邦高等法院管辖。邦高等法院的首席法官由总统在与印度联邦最高法院首席法官及所在邦邦长进行商议后任命。每个高等法院都有监督其管辖区域内所有法庭的权力。高等法院法官任职至 62 岁。高等法院管辖权及行使权利范围可由联邦和邦立法机构进行修改。一部分高等法院,如位于孟买、加尔各答和马德拉斯的高等法院拥有初审管辖权和上诉管辖权。大部分高等法院只有上诉管辖权。

(2)诉讼程序

在印度,民事、商事诉讼程序由《民事诉讼法典》规定。《民事诉讼法典》包括基本原则和程序细则两部分。对于细则规定,各邦高等法院在行使邦立法和司法解释权时可以撤销、改变或增加。

印度《民事诉讼法典》以对抗制为基础。其主要特点为:一方当事人必须了解对方的案情;庭审时一方当事人必须向对方出示其所依据的一切文件;双方当事人分歧的论点,由法院在第一次审理案件时,以争论点的形式加以具体化;必须准许当事人提供证据以支持其诉讼,该方当事人或对方当事人可要求传唤询问所有的证人,在判决书下达前必须口头审讯各方当事人。该法典规定,提起诉讼必须要有书面诉状(起诉状或书面陈述)。关于预审,法律未作统一规定,但法院在第一次审案时需要从各方当事人处了解,究竟他对对方当事人诉状内陈述的事实是承认还是否认,以了解诉讼要点。为此目的,法院可以口头询问任何当事人或代表当事人的任何人。

关于民事案件审理程序,主要以英国法的程序规则为基础,但有某些差别和特点,如在印度没有通过陪审员审理民事案件的情况。提起民事诉讼必须支付法院诉讼费,否则法院不予受理,但穷苦人的诉讼除外。可利用法律援助方面的规定解决这一问题。根据《宣誓法》的规定,诉讼中任何一方可提出另一方或证人应受其宣誓陈述内容制约。

2. 仲裁制度

印度仲裁制度内容	
依据	《仲裁法》对仲裁程序作出了规定,适用于印度包括邦在内的所有仲裁案件及其所有当事人,但其他法律作出专门规定的除外
仲裁协议	1. 仲裁协议必须采用书面形式; 2. 可在仲裁协议中提出仲裁人的名字,也可不提名
仲裁事项	可为现有的或将来的争议
程序	《仲裁法》规定了某些原则性的程序条款,除非当事人持相反意见,这些条款将在每一份仲裁协议中得到默认。实际上,商业仲裁的当事人通常采用由商会或贸易协会制定的仲裁规则,法院在这类仲裁案件中倾向于给予较大的程序上的自由
仲裁裁决与执行	在作出裁决以后,法院作出一份用裁决的术语作出的判决,这种判决同法院的其他判决一样可以执行
国际仲裁	印度当事人如协议提交外国仲裁,即使外国的仲裁程序与印度的仲裁程序不同,也可以采用

3. 证据和时效

《证据法》规定了司法程序中关于证据的缴验和证明事项。这些规定与英国证据规则大致相似,但对传闻证据给予了更多的例外。《时效法》对于民事诉讼或诉讼手续必须提出的时间作出了规定。

(三)司法效率

印度司法体系效率不高,存在案件积压、无法及时判决的情况。因此,在印度通过诉讼解决争议的整个司法程序流程较长。

三、金融法律制度

(一)银行准入法律制度

印度对银行准入实行许可制度,并在注册资本、董事会组成方面对外资银行提出特别要求。印度主要的外资银行准入和监管法规有《关于外国直接投资于印度私有银行的说明文件》、印度储备银行于 2005 年颁布的《外资银行准入路线图》、《外资银行准入路线图附件文件》和《私有银行所有权和管理指导意见》等。近年来,随着印度开放程度的加深,印度政府对外资银行在印度设立分支机构持欢迎态度。

1. 外资银行准入条件

根据印度储备银行的相关规定,外资银行设立需满足如下要求:

外资银行准入条件	
母国监管	外资银行母公司须受到本国监管机构的严格监管，对于所在国监管程度的衡量，印度中央银行主要参考巴塞尔协议的要求
事前许可	该银行的申请应首先得到所在国监管部门的许可
注册资本	代表处注册资本不得低于 5 万美元，分行注册资本不低于 10 万美元，全资子公司注册资本不低于 30 亿卢比(6000 万美元)，并且该全资分支机构自成立之日起须保持 10% 的资本金充足率。该外资银行母公司须在规定的最短经营期限内(一般为 3 年)，拥有其全资分支机构 100% 的权益
董事会	董事会组成须满足的要求包括： 1. 至少 50% 的董事应是在印度居住的印度公民； 2. 至少 50% 的董事应是非执行董事； 3. 至少三分之一的董事应完全独立于该独资分支机构、其外资银行母公司及其关联公司的管理； 4. 董事会董事应满足印度储备银行于 2004 年 6 月 25 日公布的指导文件中所规定的关于“胜任并适合”的标准； 5. 印度储备银行对董事会董事的批准程序可以比照以前外资银行分行的当地顾问委员会的批准程序
其他因素	1. 印度与该外资银行所在国的政治经济关系； 2. 该外资银行的财政状况； 3. 该外资银行的股权情况； 4. 该外资银行在其所在国和在国际上的排名； 5. 国际评级机构对该外资银行的评级； 6. 该外资银行在世界各国的分布情况等
其他限制	印度储备银行还可能根据世贸组织规定对该独资分支机构的市场准入和国民待遇作出限制，以及根据国际惯例和印度本国要求对该独资分支机构的经营作出适当限制

2. 外资银行的审批监管流程

印度储备银行是外资银行准入的审批机构和主要监管部门，对外资银行审批监管流程规定如下。

外资银行审批监管流程	
提交申请	外资银行需通过印度中央银行指定的授权交易银行向印度储备银行外汇管理局外商投资处递交申请
交易行审查	授权交易行对申请人的背景、资质、合规性等进行尽职调查并出具报告

续表

材料审批	印度中央银行银行运营和发展局对申请材料进行审批
审批认证	印度中央银行审批通过后分配一个独立认证码(UIN)
税务认证	审批后从印度所得税部门获取永久税务账号(PAN)
期间	半年到一年

(二)担保法律制度

印度没有专门的担保法,《合同法》和《财产移转法》为调整担保行为的主要法律。根据印度法律规定,银行通常有权留置任何提供给银行作为担保的重要物品的余值,且法律对担保契约没有规定。此外,担保的执行适用《担保执行法》《DRT 债务追偿法庭规则》和《民事诉讼法》这三部法律,但前两部不适用于在印度没有分支机构的银行。

1. 担保法律内容

《合同法》专章规定了担保行为,主要内容如下:

印度担保法律基本内容	
定义	根据《合同法》第 126 条,担保合同的定义被严格限制在所谓的保证人资格案件中 构成保证人资格的合同要求符合以下条件:有债权人;有主债务人;担保人或保证人对主债务人的债务承担责任
协议内容	当事人之间的协议可以包括债权人也可以不包括债权人,后种情形下主债务人和保证人之间存在间接合同,他们中的一方应对另一方的不履行承担责任
留置权的成立	《合同法》第 171 条规定,若无相反约定,银行享有普通留置权,即银行有权留置任何提供给银行作为担保的重要物品的剩余价值。 留置权的成立不以协议为条件,根据《合同法》第 171 条,若没有被明文排除适用,此类协议视为默认存在
留置权的实现	为实现留置权,银行应当满足以下条件: 1. 在职权范围内实现对被留置财产的控制; 2. 对财产的占有基于合法手段; 3. 不存在与留置不符的协议
担保契约效力	虽然《合同法》未规定担保契约,但根据公平正义原则,担保契约有效。如《合同法》第 10 条规定,若合同基于有履行能力的双方意思自治,目的与标的合法,且不存在被明确宣布无效的情形,则该协议有效。因此担保契约在其合法性、可执行性和有效性方面都需要受到合同法规定的调整

2. 担保的执行

在印度执行、追索担保物的方式	
《担保执行法》	印度银行或在印度有分行的机构可以指派担保代理通过《担保执行法》来执行抵质押品追索。如该抵质押品被多个贷款方共享,则需要75%以上的贷款方同意方可执行。 时间:一般8~10个月能实现抵质押品的执行。 限制:没有在印度设立分行的银行不能直接使用该方法执行抵质押
《债务追偿法庭规则》	印度银行或在印度有分行的机构可以指派担保代理通过债务追偿法庭来执行。 时间:一般4~5年能实现抵质押品的执行。 限制:没有在印度设立分行的银行不能直接使用该方法执行抵质押
《民事诉讼法》	印度银行或外资银行都可以指派担保代理在印度民事法院通过《民事诉讼法》来执行抵质押。 时间和成本:时间较长,成本较高。 缺陷:法庭受理难,败诉风险高

3. 境外商业贷款的法律适用

在借用境外贷款方面,一般的非金融企业可以按照印度储备银行的规定向境外进行商业借款,印度企业可将外汇贷给其境外全资子公司。

印度境外商业贷款法律规定	
定义	外部商业借款是指从外国贷款人处取得的平均期限最少3年,以银行贷款、买方信贷、卖方信贷、证券化工具(例如浮动利率债券和固定利率债券,非自由兑换、可以选择兑换或部分可兑换优先股)等形式的商业贷款
借款人	公司、银行、经济特区的企业等; 个人、信托公司、非盈利性的机构不能作为外部商业借款的借款人
贷款人	国际银行、多边金融机构(如国际金融公司,亚洲开发银行,英联邦发展公司等)、出口信贷机构、设备供应商、国外合作者、外资股权持有人等
贷款期限与金额上限	境外商业贷款的最高金额不得超过7.5亿美元; 超过2000万美元的境外商业贷款,平均贷款期限不得少于5年; 未超过2000万美元的境外商业贷款平均贷款期限不得少于3年
利率	印度中央银行限制了境外商业贷款的利率上限: 其中平均年限在3~5年内的境外商业贷款全部成本(包括利差、前端费、出口信用保险费及其他费用)不得超过6个月美元Libor+350bp; 平均年限在5年以上的境外商业贷款全部成本不得超过6个月美元Libor+500bp

续表

用途限制	境外商业贷款不得用于偿还现有卢比贷款，或用于投资资本市场、房地产或收购其他公司
审批程序	自动批准程序： 2013 年 7 月印度中央银行颁布的《境外商业借款和贸易信贷的总通告》中，明确了自动审批程序的规定和限制。当各项贷款条件（如借款人资格、贷款人资格、贷款金额、贷款期限、贷款利率、资金用途等）都符合上述限制，印度政府授权印度储备银行按自动程序进行批准审核
	审查批准程序： 对于不符合自动批准程序限制的外部商业借款，则需经过印度中央银行的审查批准

（三）主权豁免

根据印度《宪法》，印度政府及其所有财产在印度境内享有主权豁免。当政府所有的公司、企业和组织等商业机构进行商业活动时，其享有的主权豁免自动失效。

四、投资法律制度

印度法律对外国投资持欢迎态度，但也设置了部分限制性规定：一是印度法律对外资进入某些领域有股权比例限制，例如电信业持股比例不得高于 74%；二是卢比只可部分自由兑换，印度中央银行对卢比兑换其他主要货币，如美元，欧元等有向内和向外流动性的定性和定量控制；三是印度税制繁杂，实行中央、邦、地方三级课税制度。

（一）企业相关法律制度

1. 主要法律规定

《合伙法》和《公司法》是规范印度企业的重要法律，其主要内容如下。

印度企业法律主要内容	
《合伙法》	1. 合伙人始终是无限责任，不承认有限合伙的概念； 2. 登记非强制性； 3. 未登记的合伙企业，其成员不能对第三人起诉，也不能相互起诉，只有在该企业解散后才能相互起诉

续表

《公司法》	1.由20人以上组成的贸易公司、由10人以上组成的银行公司都必须是法人组织； 2.政府拥有或控制的公司或者法人组织，受《公司法》或者专门法律管辖； 3.政府在管理公司工作方面享有广泛权力：如经理人员的酬金、与经营代理人的协议、在某些情况下对董事的委托以及某些经营协议，都必须由中央政府批准； 4.政府有权任命检查员检查公司的事务，在某些情况下可以罢免董事并指派政府董事；在公司经营不善、压迫成员或存在欺诈时，政府可以进行干预或通过司法干预，依据《特殊救济法》核准某些救济； 5.印度设有公司法管理委员会，专门监督公司的运作以及行使中央政府委托的权力

2.企业类型

根据印度法律规定，公司可以采用公开或非公开形式。公司可以在董事会指导下进行运作，由董事经理或经理负责。公司的成员不得少于7人。非公开公司在其名称中必须有“私有”一词，其成员不得少于2人，也不得超过50人，在股份所有权及转让方面受到一定限制，但享有绝对的商业秘密保护及经营业务方面的其他权益。

（二）特定行业、领域法律情况

1.电信行业

印度的国家电信政策允许外资参与固定电话国内和国际长途服务，其持股最高比例可达74%，但是对每项服务收取约50万美元的许可证费用，外资进入该市场仍存在壁垒。此外，对于外资进入其他类型的电信业服务，印度法律依旧保留了一定限制。例如有线网络服务、卫星传输服务的外资持股比例上限为49%，“直接入户”广播服务的外资持股比例上限也为49%，新闻时事电视频道传输服务的外资持股比例上限为26%。

2011年8月12日，印度政府出台了一项新规定，包括推出鼓励措施增强该国在电信网络、IT硬件与电子方面的生产能力。新规限制印度从外国供应商手中采购电信设备等“关系印度国家安全”的物品；同时吸纳印度电信管制局的建议，保证到2020年，印度移动公司采购的电信网络设备及其他基础设施中，至少有80%应是来自国内制造商，该“国内制造商”也包括外国供应商在印度的生产单位所制造的网络设备。因此到2020年，国外电信设备供应商在印度政府采购中所能获取的订单机会将会减少。

2.电力行业

根据印度《宪法》及《电力法》，电力企业由中央和邦政府共同掌管，国家企业、电力行业实行垂直一体化管理。1991 年,印度在世界银行的指导下进行自由化、私有化的电力体制改革:一是对外开放,让外国投资建立独立发电厂,以其巨大的市场需求和政府担保等优惠条件,吸引全球主要供电商到印度投资项目,以满足严重短缺的电力需求;二是电力工业重组,拆散垂直一体化的电力管理模式,成立电力管理委员会,将发电、输电、配电分开,建立独立的输电公司,取消用电补贴,实行“合理化”电价。

2003 年 5 月印度颁布了新《电力法》,废除了三部旧电力法。新《电力法》内容主要包括:强制每家每户使用电表;对偷电行为以刑事罪论处;允许客户直接向发电公司买电;奖励及时收款的电力公司。新《电力法》期望能阻止日益严重的偷电行为,鼓励外国企业投资印度的电力市场。根据新《电力法》,所有的电力采购都必须采取竞价上网的方式。如果电力采购方按照竞价上网的流程对电价进行了确定,则该电价不需再经过其他部门或机构进行审批。印度电力项目应采取两部制电价形式,所收取的电价由容量电价及能量电价构成。另根据项目投产后运行发电情况,实行激励电价及惩罚电价。具体条款由售电方与购电方协商确定。

印度电价基本构成	
容量电价	在经营期,售电方每月向购电方提交当月“可用容量”,即售电方当月最高可达到的产能,购电方需以此“可用容量”和购售电协议约定的价格向售电方支付容量电费。即使经调度后,售电方实际发电负荷未能达到其当月“可用容量”,购电方也必须按全部“可用容量”支付电费
能量电价	每月能量电价以售电方投标时提供的发电煤耗、每月煤炭均价(含运输费用)和每月实际发电量计算
激励电价及惩罚电价	一般规定为当项目实际发电容量高于装机容量的 85% 时,高出的部分可以更高的电价结算作为奖励;当项目实际发电容量低于装机容量的 75% 时,低于的部分可处以适当的罚金

3. 工业园区

印度最早于 1956 年开始建设经济特区,第一个产业园区是位于古吉拉特邦的坎德拉出口加工区。2005 年印度国会通过了经济特区法案,对经济特区的审批制度、准入标准、机构设置、税率优惠等做了全面的规定。印度经济特区的建立使得其在吸引投资、增加出口、扩大就业等方面取得了很大的成效。截至 2014 年 6 月底,印度已运行的特区为 192 个(含 7 个国家级经济特区),共占地 4.7 万公顷,投资总额 502 亿美元,创造了 127 万就业岗位,2013 ~ 2014 财年出口总额为 824 亿美元,占印度出口总额的 15% 。

2011 年 11 月,印度商工部发布了《国家制造业政策》,制定了 2025 年前着力推进制造业发展的中长期规划,其重大举措之一是建立了一批国家投资与制造园区。根据该规划,到2022年,印度力争制造业占国内生产总值的比重从当前的16%至少提高到25%,并创造1亿个工作岗位。

(三)外汇管制

1. 汇率制度

印度卢比只可部分自由兑换,印度中央银行对印度卢比兑换其他主要货币,如美元、欧元和英镑等有向内和向外流动性的定性和定量控制。在印度境内的交易通常必须以印度卢比结算。在法规规定中有例外的情况,可以通过外国货币结算,如该交易主要涉及进口和出口,并只能通过特定经销商(可以受理外汇交易的授权银行)进行结算。印度公司分派的股息,在纳税后可以自由汇给外国股东。企业利润汇出可根据兑换时的汇率进行自由兑换。

2. 外汇市场干预

印度储备银行进行外汇市场干预的主要目的是管理汇率以维护外汇市场秩序,满足短期的资金供求缺口,防范市场剧烈波动和投机行为。

印度的汇率管理由印度储备银行对外投资操作部负责,印度储备银行根据对境内和境外金融市场监测的情况,进行外汇市场干预。其干预方式是通过银行间市场与特许交易商进行卢比对美元之间的外汇即期和远期交易。印度储备银行有时也与特许交易商进行卢比和美元不同期限的掉期交易,以调控市场流动性。

印度储备银行会在《年报》和每年的《宏观经济与货币形势分析》中披露外汇市场的有关价格和交易信息。

3. 外汇制度

印度管理外汇的法规为《外汇管理法》,于2000年6月生效,外汇管理的实施由印度储备银行外汇部负责。

印度外汇管理相关法律规定	
经常项目管理	
原则	印度储备银行有权禁止或限制印度居民或公司机关在海外发行及购买股票,以及可对境外卢比借贷和货币进出口进行管理。 除了少数印度政府禁止的交易、需要政府批准的交易以及印度储备银行有指示限额的部分交易外,大部分的经常项目交易没有限制,但进口支付需相关文件证明交易真实性

续表

居民跨境资金汇款	根据《印度居民对外汇款的总规定》: 禁止使用外汇的科目包括:彩票和赌博盈利资金的汇出、向印度本土公司股权投资方面的出口佣金支付、卢比国家信用路线项下的出口佣金支付以及非印度居民的卢比账户利息支付等; 特定科目使用外汇需要事前得到印度政府批准,其中包括:印度文化之旅、在印度媒体广告宣传、货运船舶付款、超过一定总额的集装箱滞期费等科目
资本项目管理	
概述	除非在相关外汇法规特别允许外,印度禁止外汇资本金账户交易。在资本项目项下任何人不得出售外汇,并禁止境外居民对印度筹集基金、互惠财务公司投资,以及禁止对农业与房地产业进行投资; 在 2000 年颁布的《外汇管理政策》中有对允许资本账户交易的规定,该规定明确了允许交易的资本账户类型,以及操作办法
境内居民可参与的资本项目	对外国证券的投资; 从境外或境内取得的外汇贷款; 境外不动产转移; 进出口外汇现金; 持有外汇资金账户; 使用境外保险金额; 外汇衍生品交易等
境外居民可参与的资本项目	对印度境内的外汇投资; 在印度境内使用外汇进行不动产的收购与转移; 开具银行保函; 进出口外汇现金; 持有外汇资金账户; 从印度境内汇出资本项目资金等
衍生品市场	特许交易商可向印度境外的非居民提供远期和期权交易,以规避非居民的直接投资风险; 外国机构投资者和非居民机构还可在规定限额交易印度证券和交易委员会批准的所有交易所交易的衍生产品; 不允许非居民在境内销售或发行衍生产品
外资参股投资	通常允许外国投资者在缴纳印度相关税收后,以股息方式自由汇出利润。外资投资的印度公司不需要支付股息预扣税。印度公司需缴纳分配税 16. 22%(包括附加费和教育附加税),公司股东也就是投资者免征股息税。此外,派付任何股息前的印度公司必须持有必要的法定储备金。然而,优先股股息不能超过印度国家银行的最优惠贷款利率上浮 300 个基点的限制
反洗钱规定:根据 2013 年 7 月颁布的《关于客户背景检查及反洗钱的总通告》中的规定,汇款人还需要提交必要的客户背景检查表	

（四）税收制度

1. 税收体制

印度中央政府税务主管机关为财政部。印度税赋按征收机关不同可分为中央税、邦税及地方税三种。印度《宪法》中分别规定了中央与邦的征税权，因此各级政府机关的职权有明确界定，且每次征税都要通过相应法律的许可，这些法律由国家立法机构或国会通过。

经济改革之后，印度税制发生了根本性变革，符合宽松政策。税收结构逐步趋于合理化，降低了关税最高税率、企业所得税税率，调整关税税率至东盟水平，引进增值税，拓宽课税基础，简化税收法律。印度还制定政策以减免税收的形式为多种类型的投资提供赋税优惠。这些措施包括重点行业和特殊区域或地区内产业刺激政策。税收优惠政策同样适用于从事基础设施发展的公司。

印度税收体制	
中央税	中央政府课征税种包括公司所得税、资本所得税、个人所得税、遗产和赠与税、销售税、消费税、增值税、社会保障税、节省外汇税、注册税、土地和建筑物价值税、支出税、印花税、关税等
邦税	各邦政府课征税种主要包括交通工具税、土地价值税、农业所得税、职业税等
地方税	地方政府课征税种主要包括土地与建筑物税（对租金征收）、土地增值税、广告税、财产转让税等
纳税期间	印度的纳税年度与其会计年度一致，开始于4月1日结束于3月31日； 多数税种报税的时间为每财年结束前，即每年3月底前； 企业所得税需每季度15日前按预计的下季度收入预缴，每年3月底前按财年实际情况结清
缴税方式	个人所得税每月由雇主单位代扣代缴； 企业可自行报税或通过当地会计师事务所报税
提交材料	财年末报税时，企业需向税务机关提供报表、会计师事务所出具的审计报告，以及企业营业执照、税务登记号等文件
发展趋势	以增值税取代销售税是近年印度最重要的税制改革。从2005年起在21个邦先行实施，历经多次规划实施均未能全面执行。主要原因在于：一方面，经济改革导致政府支出责任由中央向邦政府转移，而因此要求邦政府有提高收入的权力；另一方面，实行增值税将使整个印度整合成为一个集中的市场，将导致邦政府收入的下降，随着邦政府自主权的下降，中央集权会更加剧烈，因此在实行增值税改革与印度的联邦政府体制自相矛盾，故实行较为艰难

2. 税制特点

目前,印度税制具有以下主要特点:一是税收收入占国内生产总值的比重低,税收收入占财政收入的比重不大。税收收入与非税收入合计占名义 GDP 的 9%,税收收入占中央财政收入的比重为 81.2% 左右。二是印度税制以间接税为主体的税制结构。印度以消费税为主体税种,关税、销售税为辅助税种,近年来所得税有所发展,所占比重不断提高。三是联邦和各邦明确的税种划分。印度是联邦制国家,联邦、邦和地方政府均有各自明确的课税权,但地方税名目繁多,税源不大。

3. 税种简介

印度税种简介	
增值税	印度增值税的标准税率为 12.5%,对农产品、药物、茶叶、IT 产品、工业进口原料等实行优惠,税率为 4%,金银等贵金属的税率为 1%,而汽油、农用设备和报纸等 41 类商品则免税
公司所得税	四类纳税主体:印度公司;按印度以外国家法律组建的公司;根据 1961 年所得税法规定作为公司征税的一切机构、社团或实体;由直接税税务局命令宣布征收公司税的机构、社团、实体。 印度对国内公司和外国公司采用不同的征税办法。国内公司适用的比例税率,一般略高于外国公司。对符合印度政府批准条件或协议的外国公司,规定较低税率。 作为纳税人的公司又分为居民公司与非居民公司。居民公司指应税年度该公司为印度公司或控制与管理其事务完全在印度的公司,否则为非居民公司。居民公司就其来源于世界范围的所得纳税,而非居民公司仅就来源于印度的所得纳税。 公司所得税税率为 30%,及 10% 附加税,合并税率为 33.66%(外商在印度设立的全资子公司或合资公司,若其性质为依据印度公司法设立的私人有限公司——Private Limited,则视同为印度本地公司,执行此税率)。 银行类企业与其他公司在公司税收方面为同等待遇,无特殊政策规定
资本利得税	持有 3 年(股票为 1 年)内出让实现的利得为短期利得,按经营所得适用税率征税; 长期资本利得按经通货膨胀指数调整后的取得成本计算,适用 20.4% 税率(20% 外加 2% 附加税)。 在印上市的证券长期利得,纳税人可以选择按上述方法纳税或选择不经通货膨胀调整而适用 10.2% 税率纳税。 资本损失只能冲抵当年或以后 8 年的资本利得。 折旧性资产实现的利得作为短期利得按正常经营所得征税
个人所得税	个人所得税的纳税人分为居民和非居民。印度税收上的居民是指:在征税年度的前一年度在印度的居住时间累计达到或超过 182 日的个人;征税年度前一年的前四年,在印度居住时间累计达到或超过 60 日的个人。印度税收上的非居民是指:不具备确定身份必备条件的个人;在征税年度前十年中,有九年

续表

个人所得税	不居住在印度的个人;在征税年度前七年中,在印度累计居住时间不到或不超过730日的个人。此外,未成年人的监护人或财产管理人应该对未成年人的所得负担纳税义务。虽然配偶所得不能合并纳税,但配偶或未成年子女的所得应作为单个人所得,缴纳个人所得税。 需要征收个人所得税的项目包括: 1. 工资收入:包括工资、补贴、津贴、退休金等; 2. 房产收入:如房屋租赁所得等; 3. 业务和技能所得:指通过做业务所得的佣金和利用自己的专业技能所得; 4. 资本收入:如利息、证券和股票收入等; 5. 其他收入:如彩票、博彩等。 个人所得税税率分0、10%、20%、30%四级,印度2012年预算案宣布凡个人年收入在20万卢比以下者免税,20万至50万卢比税率10%,50万至100万卢比税率20%,100万卢比以上税率30%。 满足以下条件的可免征个人所得税:年满60岁以上并年收入不超过25万卢比的老人;年收入不超过23.5万卢比的女性;年满80岁以上并且年收入不超过50万卢比的老人
教育附加税	以上应缴税额需再加征2%的教育附加
关税	印度海关及关税管理相关的基本法律主要有《海关法》和《海关关税法》。《海关法》是印度管理进出口关税及规范关税估价标准的主要法案之一。《海关关税法》详细规定了海关关税的分类以及具体的征税办法,包括进口商品和出口商品的分类和适用税率。印度的关税主要根据价格计征,分为基本税、辅助税、附加税以及保护关税几大类。 基本税:是根据货物价值或特定税率,由议会许可征收的关税。基本税税率一般为20%。 辅助税:是根据年度预算(财政法)征收的关税。除有特殊税率的原油、乙炔、塑胶、氯化物之类商品外,一般实际采用的最大税率为从价税的45%。 附加税:是对有出口津贴的进口货物征收的关税。它等于在印度生产或加工的类似商品的国内税,因此要参照国内消费税的税率。在货物价值加上基本税与辅助税之和的基础上征收附加税
财富税	印度财富税亦称“富裕税”,是于1957~1958财政年度正式开征的,纳税人主要是个人及未分家的印度人家族。 课税对象是纳税人在资产评估之日当时保存的总资产减去总负债后的“净财富”。 印度税法规定,农用土地、农作物及其他农用资产免征财富税;对免税的政府债券、短期利息、职业上的备品、供科研用资产、著作权、专利权、养老金、生命保险证券、工业企业的新投资额等不征财富税。 财富税根据净财富额的不同,按超额累进税率征收,对非居住者个人按减半征收。财富税课征方法与所得税相似,要经过申报,查定和缴纳三个步骤。对公司净资产(公司办公用房屋资产除外)超过150万卢比部分征收1.02%

续表

消费税	印度消费税是印度对税法列举的产品在产制环节征收的一种税,类似于其他国家的货物税或产品税。 消费税的纳税人是在印度境内从事生产、销售、进口应税商品的自然人和法人。 课税对象为烟、酒、化妆品、衣料等税法列举的一百多种产品。 税率按具体产品分类设计,分为基本税率、特别税率和附加税率三种。在征收方法上大部分商品实行从价定率,即按产品的销售价格和一个税率计算税额;也有一部分商品实行从量定额,对一定单位的商品规定一个固定税额。征税环节是在商品从工厂和仓库运出的时刻一次征收。商品出口时,已征的消费税额给予退还。 大多数商品的消费税率为16%。也有一些特殊的商品的消费税为8%或者高于16%,如摩托车、轮胎、汽水、空调、聚酯长丝纱线及咀嚼烟草制品等7种商品消费税为32%。汽油消费税为30%,另加收每升7卢比。年产值在1000万卢比以内的小型企业免交消费税
销售税	印度销售税分为中央销售税和邦销售税。邦内货物购销由邦征销售税;邦际商业与贸易由中央政府征销售税。 中央征收的邦际销售税收入归征收所在邦,征管邦际销售税当局须由中央政府授权。凡按中央销售税法登记从事购销经营的经销商,包括从事此类经营的政府都是销售税的纳税人。 税基为经销商在邦内贸易与商业中销售法定征税有形货物收入以及每一次邦际的货物销售收入。股票、债券、证券出售不征销售税。 为减少重复征税,中央政府规定,对某些重要原材料的邦销售税税率最高不得超过4%,并只在一个环节征收。大部分邦的销售税已经于2005年4月1日被增值税所替代

4. 外商投资税收优惠政策

印度外国投资指导性法规主要有《印度储备银行法》《工业政策》《外汇管理法》《公司法》和《所得税法》。虽然印度在多哈回合谈判中承诺了改善服务业,但是印度并未取消对电信、银行、保险等金融业和一些专用服务业的限制,也未承诺进行自由化改革。

对投资于特定行业或特定地区的境外投资商,印度政府提供相当优惠的免税政策。具体投资优惠政策有:

印度外商投资税收优惠政策	
基础设施建设领域投资税收政策	从事以下基础建设项目可享有10年免税： 1. 港口、机场、高速公路、桥梁、铁路、内陆水道、内陆港口、供水计划、水处理、灌溉、下水道系统、土壤废弃物处理等； 2. 2006年3月1日前开始进行发电、输电、供电； 3. 2006年3月1日前开发、运作及管理工业区或特别经济区； 4. 投资于基础设施建设基金所获得之收入如股利、利息或长期资本利得均100%免税
特殊区域优惠	1. 投资于自由贸易特区、电子硬件园区、软件园区出口产品或计算机软件利润享有10年免税，免税期至2009年3月31日止； 2. 投资于特别经济区(SEZ)前5年免税，后2年免税50%，再后3年符合特定条件亦免税50%； 3. 投资于特别经济区(SEZ)的境内金融单位与区内企业往来之利润享有前3年100%免税，后2年免税50%
落后地区投资优惠	1. 投资于印度东北部各邦、锡金等落后地区依各邦不同可享10年免税、50%~90%的运费补贴、设备进口免税、投资额在2.5亿卢比以上的项目享有最高600万卢比投资补贴及3%~5%的利息补贴等； 2. 投资于Uttaranchal及Himachal Pradcsh两邦前5年100%免税，后5年25%免税
特定行业优惠	1. 食品加工业资本货物进口免税，出口利润免公司税； 2. 大宗谷物的处理、储存及运输利润前5年享有100%免税，后5年25%免税； 3. 炼油厂前7年享有100%免税； 4. 出口木制手工艺品至2009年3月31日前享有100%免税
特定企业优惠	对于100%出口导向企业： 1. 进口资本货物(包括二手)及原材料免关税； 2. 在印度国内采购资本货物及原材料免货物税； 3. 跨邦购买产品免中央销售税； 4. 出口导向型公司出口产品或计算机软件利润100%免税，免税期至2009年3月31日止
资本投资优惠	投资资本市场的风险投资企业在采取规定的组织形式情况下可以享受下列优惠： 1. 长期资本利得全部享受免税待遇； 2. 红利收入予以免税。 这两项规定相结合，意味着风险投资企业及投资者几近免税。其他非居民公司取得的任何所得都应按30%的税率(或协定税率)缴纳预提税，但投资所得按20%的税率纳税，出售用外币购买的特种资产取得长期资本利得按10%的税率纳税。如果符合规定，应另缴10%的附加税。金融企业在为不良资产或可疑债务预留准备金时，可以享受不超过总收入的5%税收扣除

5. 中印税收协议

中国已与印度签订避免双重征税和防止偷漏收入税的协议，规定在印度产生并支付给中国公民的利息可在中国征税。然而，类似利息也可根据印度法律在印度缴税。但是，如果接收人是利息收益所有人，所征税款则不应超过利息总额的 10%。在印度产生但支付给中国居民的技术服务专利费或使用费可在中国征税。然而，上述技术服务专利费或使用费也可根据印度法律在印度征税。但是，如果收款人是技术服务专利费或使用费的受益所有人，则所征税款不应超过技术服务专利费或使用费总额的 10%。股份转让所产生的任何受益在印度均可征税。

五、法律风险评价

(一)营商环境仍需改善

总体来看，印度的营商环境多项数据排名均较为靠后，仍需进一步改善。根据 2015 年世界银行营商环境报告，印度的营商环境在 189 个国家和地区中排名第 142 位，居于中等偏下水平。具体而言，印度在保护少数投资者、信贷取得方面表现出色，分别排名第 7 位和第 36 位；但在纳税、办理施工许可证、执行合同等方面表现较差，比如取得施工许可平均需要经过 25.4 道程序，耗时 185.9 日，成本高达工程总额的 28.2%，在全世界 189 个国家和地区中排名第 184 位。

公司注册		纳税		财产登记	
程序个数	11.9	每年赋税次数	33	程序个数	7
时间(日)	28.4	平均耗时(小时)	24.3	时间(日)	47
成本(占单位收入的百分比)	12.2	总税率	61.7	成本(占财产价值的百分比)	7.0
最低注册资本(占单位收入的百分比)	111.2				

数据来源：2015 年世界银行营商环境指南。

(二)合同执行成本与破产处置成本较高

根据 2015 年世界银行营商环境指南提供的数据，印度的合同强制执行效率在世界 189 个国家和地区中排名第 186 位，低于世界平均水平。其破产处置成本虽然比强制执行成本略低，但也只处于中等偏下的水平，全球排名第 137 位。

合同强制执行	印度	美国	经合组织
时间(日)	1420.0	420	539.5
成本(占标的额的百分比)	39.6	30.5	21.4
程序(个)	46	33.6	31.5
破产处置	印度	英国	经合组织
时间(年)	4.3	1.0	1.7
成本(占资产价值的百分比)	9.0	6.0	8.8
回收率(每美元美分数)	25.7	88.6	71.9

数据来源:2015 年世界银行营商环境指南。

(三)跨境贸易法律限制较多

印度对跨境贸易设定了较多限制。出于对本国市场的保护,无论是出口还是进口贸易,印度法律均规定了较为繁琐的手续和程序,增加了交易方的时间和资金成本。根据 2015 年世界银行营商环境指南提供的数据,印度的跨境贸易难易度排名在全世界 189 个国家和地区中排在第 126 位。

印度跨境贸易	
出口所需文件数	7
出口时间(日)	17.1
出口成本(每集装箱/美元)	1332
进口所需文件数	10
进口时间(日)	21.1
进口成本(每集装箱/美元)	1462

数据来源:2015 年世界银行营商环境指南。

(四)税务负担较重

对于外投资者来说,印度的税制相对复杂,且应税总额占利润比例超过 50%,对外国投资者而言是一项沉重的负担。根据 2015 年世界银行营商环境指南提供的数据,印度在税收负担方面排在全球 189 个国家和地区中的第 156 位。

税收指标	印度	欧洲及中亚地区	经合组织
纳税(次)	33.0	20.5	11.8
时间(小时)	243.0	234.3	175.4
应税总额(占利润百分比)	61.7	34.9	41.3

数据来源:2015 年世界银行营商环境指南。

巴基斯坦伊斯兰共和国

The Islamic Republic of Pakistan

——期盼振兴的“南亚之虎”

巴基斯坦伊斯兰共和国基本情况

国家名称（中英文）	巴基斯坦伊斯兰共和国（The Islamic Republic of Pakistan）		
人口（百万）	188.92	人口增长率（年均%）	2.1
领土面积（千平方公里）	796.1	主要民族	旁遮普族、信德族
官方语言	英语	主要宗教信仰	伊斯兰教
政体	两院议会制	主要政党	巴基斯坦穆斯林联盟、巴基斯坦人民党、巴基斯坦正义运动党
GDP（十亿美元）	269.97	GDP 增长率（年均%）	5.5
国民总收入（十亿美元）	272.59	人均国民收入（美元）	1440
通货膨胀率（年均%）	3.5	外国直接投资净流入（百万美元）	979
外债（百万美元）	62,184	总偿债额占出口贸易和收入的比率	19.1

数据来源：2015 年世界发展指标数据库。

一、国情简介

巴基斯坦伊斯兰共和国（以下简称“巴基斯坦”）位于南亚次大陆西北部，东接印度，东北与中国毗邻，西北与阿富汗交界，西邻伊朗，南濒阿拉伯海，海岸线长 980 公里。巴基斯坦是多民族国家，人口约 1.89 亿，其中旁遮普族占 63%，信德族占 18%，帕坦族占 11%，俾路支族占 4%。乌尔都语为国语，英语为官方语言，主要民族语言有旁遮普语、信德语、普什图语和俾路支语等。巴基斯坦 95% 以上的居民信奉伊斯兰教，少数信奉基督教、印度教和锡克教等。巴基斯坦法律体系复杂，投资法律制度有较大完善空间。

（一）政治概况

巴基斯坦国家议会是巴基斯坦最高立法机构，1973 年宪法颁布后实行两院制，由国民议会(下院)和参议院(上院)共同组成。国民议会经普选产生,参议院按每省议席均等的原则,由省议会和国民议会遴选产生。国民议会共有342个议席,其中272席为普选议席。60席为妇女保留席位,10席为非穆斯林保留席位,由各政党按普选得票比例分配。国民议会设议长和副议长各1人,议员任期5年。参议院设100个议席,议员任期6年,每3年改选半数。设主席和副主席各1人,任期3年。2013年5月11日,巴基斯坦举行国民议会选举,巴基斯坦穆斯林联盟获胜。6月5日,穆盟主席纳瓦兹·谢里夫当选为总理。7月30日,穆盟候选人马姆努恩·侯赛因当选新一届巴基斯坦总统。

(二)经济概况

巴基斯坦是亚洲新兴经济市场,近年来经济形势较为稳定。

农业是巴基斯坦的支柱产业,水稻、小麦、甘蔗、棉花、糖等粮食和经济作物交易是该国主要收入来源。巴基斯坦的主要出口产品包括天然气、石油、煤、铁、铜、大理石和宝石等能源矿产;主要进口产品为石油及相关制品。巴基斯坦国内能源供应不足,电力短缺问题突出,经济发展的基础条件有待改善,此外,恐怖主义威胁的蔓延也为经济的平稳发展蒙上了一层阴影。

长期以来,巴基斯坦与中国有大量的经济和科技交流,中方已累计投资数百亿美元用于发展巴基斯坦各经济开发区。中巴贸易在巴基斯坦对外贸易中占据重要地位。目前,中国是巴基斯坦第一大贸易伙伴,中巴贸易额占其对外贸易总额的17.5%。同时,中国还是巴基斯坦第一大进口来源国和第二大出口目的地国,分别占巴基斯坦进口额的23%和出口额的9%。据统计,2014~2015财年,中巴双边贸易额122亿美元,比上一财年增长22%。其中,巴基斯坦自中国进口额总计101亿美元,同比增长33%;对中国出口额总计21亿美元,同比下降12%。2015年,中国大幅增加了对巴基斯坦的投资,投资额达到5.94亿美元,同比增长131.3%,占巴基斯坦2015~2016财年吸收外资总额的46.3%。

(三)外交政策

巴基斯坦奉行独立和不结盟的外交政策,注重发展同伊斯兰国家、中国的关系,致力于维护南亚地区和平与稳定,在加强同发展中国家团结合作的同时,发展同西方国家的关系。巴基斯坦呼吁建立公正合理的国际政治经济新秩序,支持中东和平进程,主张销毁大规模杀伤性武器。巴基斯坦重视经济外交,要求发达国家采取切实措施,缩小南北差距。

二、法律概览

（一）法律体系

作为前英国殖民地和典型的伊斯兰国家，巴基斯坦法律体系受英国普通法和伊斯兰教法影响较大，内容健全、空白较少。但由于受宗教、历史等因素影响，巴基斯坦法律体系十分复杂，且不同位阶间的法律时有冲突，整体法治状况有待改善。

（二）司法制度

1. 诉讼制度

（1）法院体系及审级

巴基斯坦司法系统分为高、低两级。高级司法系统包括联邦最高法院、各省的高等法院以及全国的上诉法庭。低级司法系统为地方性的司法体系，包括地方法院和民事法院。具体审理权限划分如下。

<table>
<tr><th>法院级别</th><th>法院名称</th><th>审理权限</th></tr>
<tr><td rowspan="2">最高法院</td><td>最高等法院</td><td rowspan="2">1. 受理对省级高等法院的判决书、法令、命令和对判决不服提起的上诉，该法院的沙里亚上诉法院受理来自联邦沙里亚法院的上诉；
2. 具有排他性初审管辖权，以裁决省级政府之间的争议以及联邦政府与省级政府之间的争议；
3. 具有强制执行基本权利的初审管辖权，其就此行使省级高等法院的同等权力</td></tr>
<tr><td>最终上诉法院</td></tr>
<tr><td rowspan="3">高等法院</td><td>伊斯兰堡高等法院</td><td rowspan="3">1. 高等法院行使宪法管辖权，并且能够签发适当的命令，强制执行基本权利，驳回未经授权就做出的命令或采取的行动。
2. 信德省高等法院可以行使卡拉奇地区标的额在 1.5 亿巴基斯坦卢比以上的初审管辖权；伊斯兰堡高等法院可以行使伊斯兰堡地区标的额在 10 亿巴基斯坦卢比以上的初审管辖权。
3. 省级高等法院就涉及《公司条例》的民事纠纷行使管辖权，并且追索金额超过 5 亿巴基斯坦卢比银行贷款</td></tr>
<tr><td>信德省高等法院</td></tr>
<tr><td>省级高等法院</td></tr>
<tr><td rowspan="3">初级法院</td><td>地区法院</td><td rowspan="2">每个地区法院均由一名地区开庭法官负责，该法官与其他该等法官一起受理来自民事法官（该等法官行使民事案件的初审管辖权）和地方法官（该等法官行使刑事案件中的初审管辖权）的上诉</td></tr>
<tr><td>地方法院</td></tr>
<tr><td>民事法院</td><td>整个法院体系中级别最低的法院</td></tr>
<tr><td>联邦沙里亚法院</td><td colspan="2">法院拥有特别管辖权，可以审查特殊法律</td></tr>
</table>

民事法院为整个法院体系中级别最低的法院。民事法院依据裁判结果分为三个等级,若级别较低的民事法院在审理过程中发现案件最终裁判结果超过其审判权限的,则应将案件交由更高级别民事法院审理。具体分级情况见下表。

民事法院级别	情况说明
一级民事法院	民事法院中的最高法院,审判权不受限制
二级民事法院	级别稍高于三级民事法院,但仅享有有限审判权
三级民事法院	最低级别民事法院,仅享有有限审判权的级别

为提高案件审理的专业性,巴基斯坦政府还针对特殊的法律领域设置了专门法院。专门法院的司法体系平行于高低两级司法体系,两者之间互不冲突,且应严格按照《宪法》及议会通过的法律进行案件的审理和裁判。专门法院具体情况如下。

专门法院分类	受案范围
联邦伊斯兰教法院	专门受理伊斯兰教法律案件
行政法院	专门受理行政案件
戒严法院	专门受理戒严法规定管辖的相关案件
反恐特别法院	专门受理涉及恐怖主义的案件
税务法庭	专门受理税务相关案件
银行法院	专门受理金融和清偿贷款相关案件

其中,银行法院依巴基斯坦《金融机构(收回贷款)条例》设立。银行法院专门受理银行业务中产生的纠纷,并按照《金融机构(收回贷款)条例》对案件进行审理。若部分案件内容不属于《金融机构(收回贷款)条例》的管辖范围,则银行法院可根据《民事诉讼法》的规定,一并受理原告的所有诉讼请求,并有权处理与之相关的民事案件。

(2)诉讼流程

诉讼流程	
提交诉状	诉状应列明被告、事实、原告诉讼要求详情以及适用的法律
发出传票	诉讼登记后,法院会向被告发出传票。如有必要,被告可申请法院下令获得关于诉讼要求的更详细的信息
提交书面辩词	被告在该环节可以提起反诉

续表

证据公示	未在该程序中披露的文件通常不得被提交为证据
制定框架	经书面声明，法院在当事方律师的协助下就案件判决所需的事宜制定框架，确定当事方提交文件、证人名单和申请讯问等事项
案件审理	原告和被告先后询问可能会被另一方交叉询问的证人并可以在合适的情况下再次询问。证据完结后，法官会受理双方律师的辩词并准备案件判决
判决和法令	判决书后附有一个法令，该法令用以执行债务人的资产

2. 仲裁制度

巴基斯坦目前没有设立永久性仲裁机构。巴基斯坦的仲裁制度规定于该国的《仲裁法》中，主要内容如下。

仲裁主要制度	制度简介
仲裁员的选定	1. 巴基斯坦《仲裁法》规定，当事各方可以根据签订的仲裁协议选定仲裁员，也可以协议选择仲裁员或允许第三方提名仲裁员。一旦仲裁员被指定，除法院外其他人无权解雇指定仲裁员。 2. 一般情况下，仲裁员应至少有两名，但如果仲裁中任意一方没有指定仲裁员，则可以在只有一人的情况下进行仲裁。此外，经仲裁各方的协商，也可以增加第三仲裁员；第三仲裁员由之前双方选定的仲裁员协商确定，第三仲裁员为主仲裁员。 3. 除由仲裁双方选定仲裁员外，法庭也可在出现下述三种情况的前提下指定仲裁员：第一，仲裁协议规定；第二，仲裁员不能履行职责；第三，各方没有指定仲裁员
仲裁裁决的确定	1. 仲裁裁决由仲裁员根据双方合同、事实情况及《仲裁法》的规定在进行分析辩论后得出结论，一般实行多数决，如果无法形成多数意见，则主仲裁员的意见为仲裁裁决。仲裁裁定需充分阐明形成裁决的理由，否则法院有权要求发回重审或宣布仲裁结果无效。仲裁结果应由全体仲裁员签字，并在法院备案后生效。同时，《仲裁法》第 30 条规定，仲裁一方若对仲裁结果不服，可以提起诉讼。 2. 同时，巴基斯坦《仲裁法》规定，在出现下列三种情况时，法院有权推翻或直接修改仲裁结果：一是仲裁员或者主仲裁员有不正当的行为；二是已经有法庭就同一事项做出裁决或者处于诉讼阶段；三是仲裁结果系通过不正当手段取得。 为避免仲裁程序与法庭诉讼程序相冲突，《仲裁法》还规定在案件诉讼程序已经开始的情况下，经法院对仲裁过程进行审查后，法庭有权裁定仲裁程序无效，此时诉讼程序优于仲裁程序

3. 司法协助

2011 年巴基斯坦出台了《外国仲裁法》，对承认和执行外国仲裁裁决做出了较为明确的规定,具体如下。

重点法条	主要内容
《外国仲裁法》第 6 条	巴基斯坦法院承认并执行外国仲裁裁决,方式与执行巴基斯坦法院的判决或命令一致;外国仲裁裁决对仲裁双方具有约束力,因此在巴基斯坦的任何法律程序中可以作为抗辩、抵消的理由被当事人援引。
《外国仲裁法》第 7 条	作为裁决执行对象的当事人提出以下情况并给予证明的情况下,被请求承认或执行裁决的法院可以根据该当事人的要求,拒绝承认和执行该裁决: 1. 根据对协议双方当事人适用的法律,有一方或双方当事人当时是处于无行为能力的情况之下或者根据双方当事人选定适用的法律或作出裁决的国家的法律(双方未协定使用法律),该协议是无效的; 2. 作为裁决执行对象的当事人,没有收到进行仲裁程序的适当通知,或者由于其他原因不能对案件提出意见; 3. 裁决所处理的争议不是交付仲裁之标的或不在其条款之列或裁决载有关于交付裁决范围以外事项时,若交付仲裁事项的决定可与非交付仲裁之事项划分时,那么仲裁中关于交付仲裁事项之决定部分可以被承认及执行; 4. 仲裁庭的组成或仲裁程序同当事人之间的协议不符或者当事人之间没有这种协议时,同进行仲裁的国家的法律不符; 5. 裁决对当事人还没有约束力或者裁决已经由做出裁决的国家或据其法律做出的国家的管辖当局撤销或停止执行

需要注意的是,如果被请求承认和执行的外国仲裁裁决的国家主管当局认定争议的事项依照本国法律不可以以仲裁方式解决,则该裁决可以被拒绝承认和执行。

(三)司法效率和其他事项

在巴基斯坦,一个普通的民事案件获得一审判决一般需要半年至一年的时间,但如果被告就一审判决进行上诉,则需要 2 ~ 3 年左右。根据巴基斯坦《民事诉讼法》等法律规定,如果被告拒绝接受最终判决,案件仍将进入执行阶段,如果被告拒绝履行法院判决,判决将会被强制执行。

2001 年《金融机构(收回贷款)条例》规定了担保执行的简易程序。对于抵押财产、质押财产或其他担保形式下的财产,金融机构可以通过公开拍卖、招标出售或促使他人出售该等财产的方式实现担保权益,而无需银行业法院参与,并将财产出售所得价款的全部或部分用于实现其债权。银行业法院做出的裁决可以授权金融机构出售或促使担保人出售担保标的(包括转让适销证券),无须就此取得银行业法院的进一步命令。简易程序仅需 90 天就可以完成案件的审理,而在一般的民事程序中,考虑到外部因素的影响和案件本身的复杂性,取得一审判决可能需要 10 年以上时间。需要注意的是,根据《金融机构(收回贷款)条例》,标的额不超过 5000 万卢比的争议可以向银行业法院提起诉讼，但超过该额度的案件受最高法院管辖。

三、金融法律制度

(一)银行准入与监管法律制度

巴基斯坦法律法规对外资银行进入巴基斯坦境内设立分支机构、开展业务进行了较为详尽的规定，明确了外资银行的准入条件、设立流程等。在巴基斯坦，巴基斯坦国家银行是银行业的监督管理机构，外资银行在巴基斯坦境内的业务活动应当遵守包括《反洗钱法案》在内的相关法律和国家银行颁布的相关规定。

1. 外资银行的准入条件

在巴基斯坦开办商业银行需符合以下条件：

第一，拟设立的银行应在巴基斯坦股票交易所上市。如果其在开始业务营运时还未上市，应该在其开始业务营运之日起两年内完成上市；

第二，至少 50% 的股份应该向公众发行；

第三，外资在当地成立的银行和外资银行的子银行的实付资本金额最低为 100 亿卢比，巴基斯坦国家银行另有规定的除外。如果外国银行希望通过设立分支机构的形式在巴基斯坦开展银行业务，该分支机构的实付资本金额最低为 30 亿卢比，巴基斯坦国家银行另有规定的除外。此外，还需满足以下条件：一是外国银行应持有至少等值于 3 亿美元的实付资本，且其资本充足率至少是其本国立法机构规定的最低比例或 8%(以较高者为准)；二是拟设立的银行最多可以设立 5 家分支机构，如果分支机构超过 5 家或在将来扩大其业务营运规模，则最低资本要求如下。

分支机构网络	最低资本要求
6 家到 50 家分支机构	60 亿卢比或依照巴基斯坦国家银行的另行规定
50 家以上分支机构	100 亿卢比或依照巴基斯坦国家银行的另行规定

第四，银行的最低资本充足率应该保持在 10% 以上或依照巴基斯坦国家银行另行规定的比例；

第五，实付资本总额中，至少 20% 应该由发起董事个人出资；

第六，发起董事的人数不得低于 7 人；

第七，发起董事在最少 3 年期间内不得以任何方式处置其股份，3 年后若要处置其股份需取得巴基斯坦国家银行的书面批准；

第八，外方持股的分红可以按照当时的外汇管理规定自由汇出。

需要注意的是，在巴基斯坦，分支机构不是一个独立的法律实体，而是母银行的一部分,但其在地域上及其内部程序上独立于其母银行,并且在很大程度上进行独立经营,自负盈亏。

2. 外资银行的设立流程

外资银行在巴基斯坦设立分支机构,应按照巴基斯坦外商投资法律、银行法律、公司法律等履行相应手续,具体如下:

首先,外资银行在巴基斯坦设立或运营分支机构、联络机构或其他代表处需取得巴基斯坦政府投资委员会的事先批准。

其次,分支机构必须按照 1984 年《公司条例》在巴基斯坦证券交易委员会注册为一家外国公司的分支机构,且分支机构及其母公司的年度财务报表需提交公司登记处备案并公开。

最后,银行应到巴基斯坦国家银行申请许可并获得开业证书,方能在巴基斯坦开展银行业务。该许可直接发放给该外国银行而非其分支机构。

3. 外资银行的业务开展

巴基斯坦法律允许以下各类外资银行以分支机构和全资子公司的形式开展银行业务:

(1)来自于巴基斯坦参加的地区组织和协会中其他国家的银行;

(2)拥有 50 亿美元或 50 亿美元以上实付资本的外国银行;

(3)除上述主体,其他希望在巴基斯坦开展银行业务的外国公司或其他主体必须在当地注册成立公司,其中,外国战略投资者、机构投资者或金融机构的最高持股份额为 49%。

就具体业务而言,由于借贷、利息等概念不符合伊斯兰教义,为此一般伊斯兰融资都是通过租赁租金或商品买卖利润等其他方式来间接实现借贷和利息等常规融资项下的概念。此外,虽然巴基斯坦法律并未特别限制国际融资的利率水平,但相关外汇法规对于特定交易有特别限制,如相关利率超过外汇法规所允许的水平,则应取得巴基斯坦国家银行的特别许可。

4. 银行业监管

巴基斯坦国家银行是对巴基斯坦各商业银行、伊斯兰商业银行、开发性金融机构、小额信贷银行和交易公司进行监督和管理的唯一机构,其监管职责主要有:(1)在情况需要并符合公众利益的情况下,制定银行业公司应遵守的关于贷款的一般规则和特殊规则;(2)为了保证银行和其他金融机构任何特别信贷计划的实施,可以通过命令的形式书面要求银行和其他金融机构就该计划在国家银行做出特别存款。

近年来,巴基斯坦国家银行的银行政策法规部发布了巴基斯坦商业银行和金融机构的审慎经营规定,对风险管理、公司治理、客户尽职调查与反洗钱和一般经营提出了要求。值得一提的是,2011年巴基斯坦通过了《反洗钱法案》,对洗钱犯罪行为及相关刑罚做出了较为明确的规定,具体如下。

洗钱犯罪行为	相关刑罚
1. 在明知财产为犯罪收入的情况下,购买、处理或转让该财产。 2. 在明知财产为犯罪收入的情况下,协助他人购买、处理或转让财产或隐藏、掩盖该财产的真实性、来源、地点等	1. 处以一年以上有期徒刑,该刑期可以延长至十年; 2. 最高罚款100万巴基斯坦卢比; 3. 没收洗钱所涉财产

根据巴基斯坦《反洗钱法案》,如果银行或其他金融机构明知或有理由认为某交易涉及非法活动来源的资金或进行交易的目的或行为是为了隐藏或掩盖犯罪收入,应按照法律要求向金融监管机构提交《可疑交易报告》和《货币交易报告》。提供信息的金融机构不承担针对其提供的信息而产生的任何民事、刑事或行政责任。巴基斯坦国家银行颁布上述规定的目的在于引入符合国际标准的综合监管框架,以尽量降低因洗钱和恐怖犯罪融资所产生的各类风险。

(二)担保法律制度

1. 担保体系

在巴基斯坦,担保行为受1872年《合同法》中的一般合同法条款规范。

2. 担保协议

根据巴基斯坦《合同法》规定,担保协议是担保人在主债务人违约时履行主债务人承诺或偿还其债务的书面或口头协议,是债权人、主债务人和担保人之间的三方协议,独立于主合同。担保协议的内容应当具体明确,并应当指明其针对的具体交易、担保额度,以及担保期间和诉讼时效。

3. 可作为担保的财产及权利

巴基斯坦法律允许对土地、公司股权、银行账户和应收账款等财产和权利设定担保。

4. 境外银行的限制性或禁止性规定

根据相关法律规定,巴基斯坦自然人或法人为外国被担保人提供担保需获得巴基斯坦国家银行的特别许可。

5. 担保特别审批程序

根据1974年《外汇管理法案》第21条,受巴基斯坦法律管辖的合同均被视为包含一个默示条款,即该合同中约定的任何事项,若根据《外汇管理法案》的规定非经政府或国际银行批准不得实施,则除非获得特别授权,否则不得实施。如果该事项为设立担保,则应获得巴基斯坦国家银行的事先批准,担保在巴基斯坦国家银行签发批准后方可生效。若违反该规定，则可能会被处以高达 100 万巴基斯坦卢比的罚金，如果违法行为持续，可能还会被处以进一步罚金，在违法行为持续期间，每日罚金为 2 万巴基斯坦卢比。

四、投资法律制度

（一）企业相关法律制度

在巴基斯坦组建和注册公司主要适用 1984 年《公司条例》。《公司条例》允许组建股份有限公司、担保有限公司和无限公司，其中股份有限公司可以为上市、非上市公众公司或私人公司（包括一人公司）。若为股份有限公司，股东的责任限于该成员认购股份的名义价值。

就股东和董事数量而言，股份有限公司的最低要求如下。

公司	股东数量	董事人数
上市公司	7	7
非上市公众公司	3	3
私人公司（不包括一人公司）	2	2
一人公司	1	1

对上市和非上市公众公司来说，公司章程不能限制已全额缴付的股份转让，且公司在巴基斯坦发行的全部股份应当为全额缴付的股份（不允许部分缴付股份）。但是，股东协议中可以包含关于股份转让和优先购买权限制的条款，这些条款可以作为相关股东之间合同项下的个人权利而被强制执行。

在私人公司中，公司应通过公司章程限制股份转让，不得将股份和证券进行公开发行，成员数量不得高于 50 名。如果公司章程不包括该等限制，则该公司为公众公司。上市公司为股份在巴基斯坦证券交易所上市的公众公司。

（二）特定行业及领域法律情况

1. 房地产行业法律情况

2008 年，巴基斯坦颁布了《房地产投资信托基金条例》，用于规范房地产投资信托基金管理公司活动、房地产投资信托基金方案的登记监管和相关事项。房地产投资信托基金方案分租赁型和开发型两类，方案的资产以受托人名义持有。房地产投资信托基金的事务由持照管理公司进行管理。

根据巴基斯坦法律规定，房地产投资信托基金方案的最低资金规模为 50 亿卢比，其房产区域不得超过伊斯兰堡、拉瓦尔品第、卡拉奇、拉合尔、白沙瓦或奎达地区及其周边。房地产投资信托基金方案不得承担一个以上房地产项目。最近,巴基斯坦证券交易委员会已经批准了该国第一个房地产投资信托基金的方案。

2. 石油和天然气产业法律情况

目前,巴基斯坦关于石油和天然气行业相关的立法和政策主要包括如下内容。

法律规定	主要内容
《矿场、油田和矿产开发管理(政府管制)法案》及其条例	该法案是授权巴基斯坦政府监管石油的勘探和开采的主要法律
《天然气规范》	规制许可的签发、分销渠道和收费
《石油和天然气(钻进和开发安全)条例》	油气行业健康、安全和环境的详细要求
《天然气(卖方购买价格)规范》	天然气的定价权
《巴基斯坦海上石油(勘探和开采)规范》	规范海上区域勘探和开采的许可及许可证的签发以及开展该等活动的条件
《巴基斯坦陆上石油(勘探与开采)规范》	规制陆上勘探和开采许可和许可证的签发以及开展该等活动的条件

3. 土地行业法律情况

巴基斯坦的土地由联邦政府、省政府、地方政府、部队(驻扎地)或私人拥有。根据巴基斯坦《宪法》规定,位于一省内的没有合法所有人的土地归省政府所有,其他情况下归联邦政府所有。于巴基斯坦境内设立的公司可以取得并持有巴基斯坦的不动产。

巴基斯坦土地分为永久业权土地和租赁权土地。通常,城市地区为租赁权土地,农业用地的土地主要是永久业权土地。私人持有的土地,不论是永久业权还是租赁权,都可以通过私下协商取得。如果土地归联邦政府或省政府所有,则需要与相关政府商定条款或遵循相关政府制定的某些规定。在巴基斯坦,政府所有的土地一般只出租给私人。虽然法律并没有规定禁止联邦政府或省政府向私人出售土地,但在实践中政府并不以任何方式出售其土地。上述有关土地处置的限制不适用于开发机构,如卡拉奇发展管理局或拉合尔发展局,而且,该等机构可以出售其拥有的土地,前提是该等机构没有与任何其他当地政府的部门或机构合并。

联邦政府可以宣布巴基斯坦驻有部队的任何地方或该部队服役所需的任何地方为驻扎地。驻扎土地通常为租赁土地,不得作为永久业权土地进行买卖。未经相关委员会的事先批准,不得在驻扎地上搭建任何建筑物,未取得相关委员会的许可,任何人不得占据该土地。

土地为不动产,转让土地需要缴纳印花税,税率由巴基斯坦各省根据其财产价值或购买价款(以较高者为准)予以确定。另外,在某些地区,地方政府还征收转让税,并需要在转让契约登记受理之前支付,如果是口头出售,需在转让备案之前支付。转让税差异很大,一般按不动产的面积和规模确定。

4. 矿业法律情况

2002 年颁布的巴基斯坦《采矿权规范》对勘测许可证、勘探许可证、矿床保留许可证以及采矿租约等事宜进行了较为详尽的规定:(1)就该等许可证或租约的授予或展期,申请人须提供担保(由银行或母公司担保)以确保被许可人履行其义务;(2)小规模的采矿投资(资金低于 3 亿卢比)许可仅限于巴基斯坦公民;(3)外国公司无须在本地设立机构即可申请并被授予许可证。然而,外国公司在设立本地机构之后才能获得采矿租约;(4)小规模采矿经营者可能需要就其经营所在区域的社会基础设施的升级做出适当贡献;(5)采矿公司可能被要求就当地居民的社会发展支付费用,费率为 5000 美元/年。

(三)外汇管制

1. 相关外汇法规和监管部门

巴基斯坦国家银行是巴基斯坦外汇交易的唯一监管部门。目前,巴基斯坦的主要外汇法律法规是《外汇监管法案》《外汇管理指南》《外国私人投资(促进和保护)法案》及《经济改革保护法案》,他们的主要内容如下。

法律法规	主要内容
《外汇监管法案》	规制外汇的支付和交易(包括认可任何应付外国居民的债务),向外国居民发行证券货币,金银的进出口,以及向外国居民支付或代表他人支付或承认应付外国居民的债务,外国所有或控制的公司在巴基斯坦的借款以及居住在巴基斯坦居民向外国借款基本都需要巴基斯坦国家银行的特别或一般许可
《外汇管理指南》	1. 列述了巴基斯坦国家银行发布的与《外汇监管法案》规定的交易相关的指示、说明和命令; 2. 根据该指南巴基斯坦国家银行可以根据申请授权任何人从事外汇交易。一项授权可以授权所有外汇的交易或者仅限于特定外汇的交易,可以授权以外汇进行所有类型的交易或仅限于开展特定交易
《外国私人投资(促进和保护)法案》	该法案保证外国投资者在遵守外汇条例的前提下,可以将其在巴基斯坦的投资以及从该投资中取得的所有利润和再投资利润或原始投资升值产生的任何资金汇出巴基斯坦。法案保证了外国员工的汇款渠道,并确保他们可与同类本地公司员工享有同等待遇
《经济改革保护法案》	授予外币带入、持有、出售以及带出的自由

2. 特别审批程序

在巴基斯坦经营的外国银行的分支机构如果需要将其利润汇至总部，应提交以下文件：分支机构经审计的资产负债表和损益账目；当年以及前几年的纳税准备金；巴基斯坦的审计师开具的证明，证明其账目中的纳税准备金足以满足所有税务责任，或所得税局正式认证的评估单和表格的复印件；前几年的评估单（如果之前没有提交给巴基斯坦国家银行）；审计师出具的证明，列示截至账目结束时承担的员工报酬责任以及就此做出的准备金，如果没有预留准备金，必须说明原因；其他收入详情；当年作为总部支出支付或主张的金额（如果账目中没有单独列示）及其计算基础和所得税局主张或许可的前三年的总部支出；当年为分类资产做出的准备金；确认为分类资产准备的金额不低于巴基斯坦国家银行审慎监管局要求的金额；当年以及前一年计入损益账户的未变现或应计收入的项目明细；当年变现的前几年中未曾变现或应计收入的项目明细。

3. 本外币兑换限制

巴基斯坦《外汇管理指南》规定了管辖外国纸币和硬币买卖的相关内容。巴基斯坦国家银行有权授予巴基斯坦常驻实体或公司买卖外国纸币和硬币的许可，但需遵守下述行为准则：

（1）由于很多国家对其本国货币的流入进行了限制，亦不允许通过银行系统向外转出，该等外国纸币的盈余可以在国际中心以市场利率进行处置。授权交易商应当就其海外分支机构或代理银行做出安排，并充分告知相关信息。

（2）授权交易商可以通过向其他授权交易商购买或通过从他们的海外分支机构和代理银行购汇的方式补充外国纸币的存量以满足其客户的要求。

4. 境外开户限制

巴基斯坦国家银行有权就在巴基斯坦国内和国外开立和持有外币账户给予特别许可。巴基斯坦籍居民不得在巴基斯坦境外的银行开立任何外币账户，但作为例外，其可以在阿富汗、孟加拉、印度和以色列以外的任何国家设立外币账户，该等账户中的余额不得超过 1000 美元或等额外币。未经巴基斯坦国家银行事先批准，不得在巴基斯坦经营该等账户。

巴基斯坦 2002 年《外汇管理指南》第五章第 2 条规定，“授权交易商”可以在其海外分支机构和代理银行处开立并持有完全可兑换货币账户，条件是开立每一个新账户均应通过信件方式向外汇政策局的负责人报告，信函中应列明开立账户的外国分支机构或代理银行的名称、地址以及账户币种。

（四）税收制度

2001年《所得税条例》是巴基斯坦最主要的税务条例，于2002年7月1日正式生效，其就所得税相关事项做出了具体规定。根据该条例，公司的正常税率为35%，股息税率为10%。任何公司的收入、利润和收益都应根据《所得税条例》规定的规则进行计算。

金融企业在以现金出售任何金融工具（包括即期汇票、支付令或无记名性质的工具）或因取消该等工具收到现金时均需缴纳预付税金。

五、法律风险评价

（一）营商环境有待改善

由于巴基斯坦国内基础设施落后、工业基础薄弱，其营商环境存在改进空间。根据世界银行2015年营商环境报告的数据，巴基斯坦的营商环境在189个国家和地区中排名第128位。具体而言，巴基斯坦在保护少数投资者、破产处置等方面表现出色，分别排名第21位和第78位；但在财产登记、纳税、合同执行等方面表现较差。比如财产登记平均需要经过6道程序，耗时50天，成本约为财产价值的7.6%，在全世界189个国家和地区中排名第114位。

公司注册		办理施工许可证		财产登记	
程序个数	10	程序个数	10	程序个数	6
时间（日）	19	时间（日）	249.4	时间（日）	50
成本（占单位收入的百分比）	9.6	成本（占项目投入的百分比）	3.5	成本（占财产价值的百分比）	7.6
最低注册资本（占单位收入的百分比）	0				

数据来源：2015年世界银行营商环境指南。

（二）合同执行效率低，破产处置成本较低

巴基斯坦的合同执行效率略高于南亚的平均水平，根据2015年世界银行营商环境指南提供的数据，巴基斯坦的合同强制执行效率在世界189个国家和地区中排名第161位；巴基斯坦的破产处置成本相对较低，全球排名第78位，平均投资回收率为投资总额的39.4%。

合同强制执行	巴基斯坦	南亚	经合组织
时间(日)	993.2	1076.9	539.5
成本(占标的额的百分比)	23.0	30.4	21.4
程序(个)	46.0	43.3	31.5
破产处置	巴基斯坦	南亚	经合组织
时间(年)	2.7	2.6	1.7
成本(占资产价值的百分比)	5.6	10.1	8.8
回收率(每美元美分数)	39.4	36.2	71.9

数据来源:2015 年世界银行营商环境指南。

(三)进出口贸易法律限制较多

在进出口贸易方面,巴基斯坦相关程序和要求相对复杂,交易者的时间成本和资金成本不低。根据 2015 年世界银行营商环境指南提供的数据,巴基斯坦的跨境贸易难易度在全世界 189 个国家和地区中排在第 169 位。

巴基斯坦跨境贸易	
出口所需文件数	8
出口时间(日)	20.7
出口成本(每集装箱/美元)	765
进口所需文件数	8
进口时间(日)	18.4
进口成本(每集装箱/美元)	1005

数据来源:2015 年世界银行营商环境指南。

(四)税务负担较重

对于外国投资者来说,巴基斯坦的税制相对复杂,税率不低,纳税耗费的时间较长,导致税务负担相对较重。根据 2015 年世界银行营商环境指南提供的数据,巴基斯坦在税收负担方面排全球 189 个国家和地区的第 172 位。

税收指标	巴基斯坦	南亚	经合组织
纳税(次)	47.0	31.4	11.8
时间(小时)	594.0	325.3	175.4
应税总额(占利润百分比)	32.6	39.7	41.3

数据来源:2015 年世界银行营商环境指南。

孟加拉人民共和国
The People's Republic of Bangladesh

——"金色孟加拉"的发展之梦

孟加拉人民共和国基本情况

国家名称（中英文）	孟加拉人民共和国（The People's Republic of Bangladesh）		
人口（百万）	161.00	人口增长率（年均%）	1.2
领土面积（千平方公里）	148.5	主要民族	孟加拉族
官方语言	英语	主要宗教信仰	伊斯兰教
政体	议会制	主要政党	孟加拉国人民联盟、孟加拉国民族主义党、民族党、伊斯兰大会党
GDP（十亿美元）	195.08	GDP 增长率（年均%）	6.6
国民总收入（十亿美元）	191.31	人均国民收入（美元）	1190
通货膨胀率（年均%）	5.9	外国直接投资净流入（百万美元）	3380
外债（百万美元）	62,184	总偿债额占出口贸易和收入的比率	5.2

数据来源：2015 年世界发展指标数据库。

一、国情简介

孟加拉人民共和国（以下简称"孟加拉国"），位于南亚次大陆东北部。毗邻印度、接壤缅甸，南部濒临孟加拉湾。国土面积约 14.85 万平方公里。孟加拉国是一个多民族国家，主要民族为孟加拉族（约占人口总数 98%），除此之外，还有查拉尔玛族、山塔尔族、加诺族等二十多个少数民族。孟加拉语为国语，英语为官方语言。伊斯兰教为孟加拉国的国教，信奉伊斯兰教人口占总人口 88.3%，信奉印度教的占 10.5%，信奉佛教的占 0.6%，信奉基督教的占 0.3%。虽然孟加拉国因经济发展水平较低、基础设施差、土地匮乏、能源短缺等原因被联合国认定为最不发达国家之一，但孟加拉国连续多年 GDP 平均增速 6% 以上，劳动力资源丰富，对外政策积极开放，硬件条件不断完善，充满经济发展的活力与潜力。

（一）政治概况

根据孟加拉国宪法规定，国家实行议会民主制政体，立法、司法和行政三权分立。国民议会掌握立法权；总统是国家元首，以总理为首的内阁掌握行政权，并向议会负责；最高法院是孟加拉国最高司法机制，行使司法权。

孟加拉国议会为国民议会制，由公民直接选举出的300名议员组成，每届任期5年。孟加拉国总统为国家元首，由议员选举产生，每届亦任期5年。总统任命在议会中得到多数支持的议员为总理，总理为内阁首脑，行使国家最高行政权力，以总理为首的内阁集体向议会负责。最高法院有首席法官一人及法官若干人，均由总统任命。

孟加拉国党派众多，主要有孟加拉国人民联盟、孟加拉国民族主义党、民族党、伊斯兰大会党等，其中民族主义党及人民联盟曾进行轮流执政。

（二）经济概况

孟加拉国经济发展水平较低，国民经济主要依靠农业，生产力水平较低，人民生活较为困难。近十年来，孟加拉国经济发展水平和人民生活水平有所提高。孟加拉国2015年的GDP为1951.6亿美元，同比增长6.55%。国民总收入达到2078.3亿美元，人均国民总收入为1316美元。世界银行认定孟加拉国已由低收入国家上升到中低收入国家行列。

孟加拉国特色产业为纺织服装业、黄麻、皮革及皮革制品、轻工业及医药产业。纺织服装业是孟加拉国的支柱产业。近年来，孟加拉国服装出口额约占其总出口额的80%，出口的主要目的地为欧洲、美国及日本等国家。黄麻及制品为孟加拉国第二大出口产品。此外，皮革业是孟加拉国传统优势行业，而医药方面孟加拉国国内需求巨大，孟加拉国现有约280家制药企业，生产约450种药。

（三）外交政策

孟加拉国奉行独立自主、不结盟的外交政策在平衡同发达国家外交关系的同时，积极发展与伊斯兰国家的关系，改善和发展同印度的关系，并加强与中国及西方国家的联系。孟加拉国重视多边外交，积极参与联合国维和行动，在气候变化问题上表现活跃。

1975年10月4日，中国与孟加拉国正式建立外交关系，随后两国联系密切，在政治、经济、军事、文化等各个领域进行了卓有成效的合作，并在一系列重大国际和地区性问题上看法基本一致。2014年，孟加拉国新一届政府上台后，重视加强对话合作，在一系列问题上向中方发出积极信号，两国领导曾多次互访。

二、法律概览

孟加拉国法律体系在继承和移植英属印度时期法律、巴基斯坦法律的基础上形成,但目前为止仍存在法律体系尚不完备、法律制度空白缺位的情况,孟加拉国整体执法效率一般,法治程度有待进一步提高。

(一)法律体系

孟加拉国法律体系以英国普通法系为基础,大部分法律为多年前制定的陈旧法案。目前,孟加拉国已经着手制定了一系列新法案,但尚在进程中。孟加拉国于1972年1月4日颁布《宪法》,并配套出台了15次修正案,其在孟加拉国法律体系中占据核心地位。

(二)司法制度

1. 诉讼制度

(1)法院体系及审级

孟加拉国司法系统由最高法院和下级法院两部分组成。法院的审判以公开、公正为原则。

最高法院是依照宪法建立的国家最高司法机关,分为高等法庭和上诉法庭,有一名首席大法官及数名大法官,均是由总统直接任命的终身大法官。首席大法官和其他大法官独立行使司法权,不受议会干涉。

孟加拉国有64个县,每个县分设民事法院和刑事法院,审理普通民事和刑事一审案件。刑事法院中的治安推事主要由政府部门派出,负责地区轻微刑事案件,兼有部分行政和司法权力。当事人有权上诉两次,重要案件可以直接上诉到最高法院。最高法院的高等法庭审理刑事、民事上诉案件,上诉法庭审理不服高等法庭判决的上诉案件,其判决为最终判决。最高法院不仅审查适用法律是否恰当,也审查有关事实问题。孟加拉国法律规定法院没有调查取证的职能,当事人负责把证据提交法庭由法官审查。此外,孟加拉国下级法院体系中还包括行政法院、家庭法院、劳资法院等处理特殊领域案件的专门法院。

(2)诉讼程序

孟加拉国诉讼法律主要有1898年《刑事诉讼法》和1908年《民事诉讼法》。根据《刑事诉讼法》,孟加拉国刑事诉讼程序如下:一是原告或警察机关提供案件记录并起诉;二是举证和辩论(刑事案件一般由检察官提供证据,并接受被告人的交叉质证);三是判决并执行。

根据《民事诉讼法》,孟加拉国民事诉讼程序如下:一是原告向县法院或高等法庭提请诉讼;二是通过诉讼送达程序,被告收到传票后出庭;三是开庭审理;四是举证和辩论;五是判决并执行。

2. 仲裁制度

由于孟加拉国司法执法效率低,企业解决纠纷的常用办法是在协议中加入仲裁条款。目前，孟加拉国没有专门设立仲裁庭，协助解决商务争端的机构包括孟加拉国出口促进局和各大商会、协会等。

根据孟加拉国《仲裁法案》，当事人签订仲裁协议，可以自由选择或由法庭指定两名至三名仲裁人。如果仲裁一方没有指定仲裁人，可以在仅有一名仲裁人的情况下进行仲裁；双方各指定一名仲裁人的情况下，可由此两人再挑选第三名仲裁人作为主仲裁人。一旦仲裁人被选定，除法院要求外不能解雇。仲裁结果根据多数人意见决定，如果形不成多数意见，主仲裁人意见为最终结果。仲裁协议由所有仲裁人签字，并在法院备案后即生效。仲裁协议具有排除司法管辖的效力，可以强制履行除了与土地或土地权益有关的其他任何合同，同时仲裁协议不因一方的死亡或消亡而失效。

此外，如果存有异议，法院有权修改仲裁结果或要求仲裁人重审。如果仲裁当事人约定排除任何一方提出上诉的权利，则法院不得对仲裁裁决进行审查。如果当事人双方在法庭诉讼开始前已经达成仲裁协议，当事人可以向法院提出继续仲裁，取消诉讼。如果诉讼已经开始，当事人可以申请暂停诉讼；如果法院没有批准暂停诉讼程序，则诉讼程序优于仲裁程序。

3. 司法协助

根据孟加拉国《民事诉讼法》，只有“相互执行地区”法院做出的判决才可在孟加拉国直接执行。“相互执行地区”的定义为“政府在不同时段，在正式公报中宣布成为相互执行地区的任何国家或地区”。

在孟加拉国法律体制下，非相互执行地区法院的判决结果不能直接在孟加拉国得到执行，而应由判决持有人向孟加拉国法院提起诉讼（相关外国判决可以作为一项证据提交给当地法院），在获得孟加拉国法院的相关判决后，即可进到判决执行程序。

根据孟加拉国《民事诉讼法》，针对源于相互执行地区的判决的执行，孟加拉国《民事诉讼法》规定，外国法院做出的判决是具有最终决定性的，但下列情况除外：(1)判决并非由一个具有权威司法裁判权的法院公布的；(2)判决并非根据个案的实际情况做出的；(3)诉讼是基于不正确的国际法观点；(4)违反公平公正原则；(5)判决是通过欺诈获得的；(6)索赔基础违反孟加拉国现行法律。

孟加拉国于1992年成为《承认和执行外国仲裁的公约》（以下简称《纽约公约》）缔约国，但仅限于承认和执行在另一个缔约国领土上做出的裁决。

目前，孟加拉国还未与中国签订民事和刑事司法协助条约。

(三)司法效率和其他事项

1. 司法效率偏低

孟加拉国司法效率偏低,一个普通案件从提请诉讼到执行判决至少需要一年左右;如果一审判决被上诉,则可能耗费四至五年,甚至十年以上。在孟加拉国法律体系下,合同能否有效执行带有不确定性,法院延误案件审理也不会被处罚;即使案件有判决结果,但能否有效执行则不确定。目前孟加拉国全国法院案件积压,最高法院正采取包括返聘法官、庭外处理等方式减少积压的案件数。

2. 国有化、征收和征用

孟加拉国宪法规定尊重和保护公民私有财产,免受无偿国有化和征收、征用,但国家紧急状态除外。对于外国投资,孟加拉国于 1980 年出台《外国私人投资(促进和保护)法》,规定外国投资主体享有国民待遇,法律保证外资免受无偿国有化和征收、征用。至今孟加拉国尚未出现针对外商投资主体的国有化、征收征用或类似事件。

三、金融法律制度

孟加拉国涉及银行业的法律制度主要有《贷款人法案》《外汇管理法案》《银行法令》《银行公司法案》、1993 年《金融机构法案》、2000 年《银行存款保险法案》、2003 年《资金贷款法院法案》和 2009 年《预防洗钱法案》以及孟加拉国中央银行颁布的各项监管规定等。

(一)银行准入与监管法律制度

根据《银行公司法案》规定,在孟加拉国获准经营的外国银行与本地银行基本享有同等法律待遇,并接受中央银行监管。

1. 外资银行准入法律制度

根据孟加拉国《贷款人法案》,在孟加拉国开展经营性信贷业务的贷款人必须持有有效牌照,否则不得开展任何信贷业务。牌照有效期 3 年,自取得之日起计算。未取得银行牌照的贷款人无权就其发放的贷款回收本金或收取利息、以及向任何法院申请执行该贷款协议项下任何权利。不仅如此,无牌照贷款项下取得的抵押品也可能因违反《外汇管理法案》等相关法规而被没收。因此,外国银行在孟加拉国开展贷款业务前须向中央银行申领银行牌照。如果外国银行有意经营外汇交易等业务,还需要中央银行审批发放相关的经营业务许可证。

如果中央银行同意外国银行在孟加拉国开设分行,那么该分行须向中央银行存入相当于 20 亿塔卡(约合 2500 万美元)外汇,用于在孟加拉国开展业务。外国银行未经中央银行书面批准不得自行新增分支机构或改变注册地址。外国银行分行的日常现金储备额度不得低于 1 亿塔卡，且在其高管人员中，至少有一人必须是孟加拉国人，普通员工应以本地雇员为主。

根据《外汇管理法案》，孟加拉国公民不得在中央银行一般或特别批准之前进行外汇借贷。对于非公民借款人，根据中央银行发布的《外汇交易指引》，除非借款人是政府或公营事业机构、中央银行指定的外汇银行、出口加工区内的企业，借款人在获得外国贷款（包括买方信贷、国外资本市场发债等）之前必须得到孟加拉国投资局的批准。如果孟加拉国投资局已批准借款人从国外借款，则根据《贷款人法案》，外国贷款人在签署、履行融资合同时无须在孟获取牌照或者设立营业场所，也无须符合其他孟加拉国法律项下的准入要求。

此外，外国银行贷款利息上限应不得超过孟加拉国中央银行的相关要求。目前，《外汇交易指引》并没有规定在孟加拉国发放贷款的利息上限，但实际上投资局并不会批准任何利率高于伦敦银行同业拆借利率的外国贷款交易。

2. 主要监管机构

根据法律规定，孟加拉国银行是孟加拉国的中央银行，主要负责本国货币政策的制定和金融机构的监管，其主要职能有：(1)制定和实施货币政策；(2)制定和实施外汇市场的干预政策；(3)就财政与汇率政策对货币政策的相互影响以及各项政策措施对经济的影响向政府提供建议，并为实现其目标和履行其职能提出其认为必要或适当的立法措施；(4)持有和管理孟加拉国的官方外汇储备；(5)促进、规范和保证安全高效的支付系统，包括发行货币；(6)规范和监管银行和金融机构。

（二）担保法律制度

1. 担保法律体系

孟加拉国没有专门的担保法律，涉及担保事项的法律主要有《外国私人投资（促进和保护）法》《合同法》《公司法》和《破产法》等。

由于缺乏系统的法律制度，孟加拉国法律规定的担保方式主要分为保证和抵押两大类。相关法律规定贷款人如有意在孟加拉国进行资产抵押或自孟加拉国成立的实体处获得担保，必须在孟加拉国投资局完成相关贷款协议的登记备案。此外，除保证担保外（保证担保无须在政府机构或法院进行登记或存档），土地、股份等抵押权益须向孟加拉国股份公司注册处登记，未依法登记的，抵押无效。

2. 可用于担保的财产及权利

孟加拉国法律规定可以抵、质押的资产有：

资产种类	担保权益的取得方式
土地	可以通过抵押方式取得
股份	可以通过质/抵押或担保契约取得
银行账户	可以通过固定抵押或浮动抵押取得
应收账款	在符合合同项下有关抵押的限制性规定的前提下，出让人可以把合同项下的应收账款（权利）抵押给受让人
保险	在符合保险单有关抵押的限制规定的前提下，出让人可以在获得中央银行的批准后将保险权益（包括支付保险款项）抵押给受让人，但《外汇交易指引》规定在获得孟加拉国中央银行的预先批准之前，孟籍居民不得向非孟籍居民、非孟籍居民也不可向另一名非孟籍居民转让保险单
未来财产	孟加拉国法律允许抵押人以其现在和将来拥有的全部财产设定浮动押记

3. 担保登记和审批

根据孟加拉国法律规定，在孟加拉国设立的公司可为本国或外国借款人债务提供担保。在涉及外国贷款人的交易中，本地公司只有在获得中央银行事前批准的情况下才能为外国公司的债务提供担保，但本地公司为另一家本地公司的债务担保无须获得中央银行事前批准。

此外，除贷款协议必须向孟加拉国投资局登记备案外，外国贷款人在孟加拉国进行资产抵押或获得担保无需再申领牌照或登记注册。就担保本身而言，保证担保不需在政府机构或法院登记存档，但土地、股份等抵押权益必须向孟加拉国股份公司注册处登记，若未能在生效日期后 21 日内将与之有关的信息及生效文件（若有）、证明或按规定方式核证的副本送交股份公司注册处存档，该抵押对清算人及债权人无效，但抵押合同效力不受影响。

4. 担保的执行

如果借款人出现违约，贷款人必须先向法院提出诉讼，在胜诉且获得法院执行命令后才能强制执行抵押或担保。如审判法院判决贷款人胜诉，贷款人必须申请执行。如另一方就诉讼进行抗辩或就审判法院的判决及命令提出上诉，强制执行抵押可能需要 5 年至 6 年。

此外，根据《破产法》，如果借款人破产倒闭，除非抵押资产未经登记或因其他因素导致抵押无效或不可强制执行，债权人就抵押资产享有的权益将受到保护。但根据法律，以下索赔可优先于抵押获得受偿。

可优先于抵押受偿的情形
1. 行政开支,包括接管人、清算人或管理人的费用
2. 政府税项
3. 在破产申请6个月前向债务人提供的任何服务而应支付职员、佣人、劳工或工人不超过20,000塔卡(约250美元)的工资或薪金
4. 当地银行及金融机构的债务

另外,如果担保人、借款人的清算人或债权人可以证明抵押成立时存在欺诈或相关抵押因为没有登记而无效,担保人、借款人的清盘人或债权人可以禁止贷款人强制执行抵押品或担保。

(三)法律适用

孟加拉国尚无关于法律适用问题的专门立法及法律规定。由于孟加拉国原为英国殖民地,其商业贷款协议多适用英国法律。

(四)主权豁免

孟加拉国尚无关于主权豁免问题的专门立法及法律规定。根据惯例做法,孟加拉国倾向于采用绝对主权豁免主义,若借款人为政府机构或国有企业,放弃国家主权豁免需要得到孟加拉国财政部和计划部的特别批准。

四、投资法律制度

(一)企业相关法律制度

《公司法》是孟加拉国最重要的企业法律,其规定了孟加拉国企业的类型、设立、经营管理及外国公司注册等方面的内容。此外,孟加拉国奉行经济自由化政策,相关法律鼓励私人投资和外国投资。

1. 企业类型

根据《公司法》规定,孟加拉国的企业类型主要包括股份有限公司(公共和私人)、有限责任公司和无限责任公司。外国投资者可以设立的企业形式包括公司代表处或办事处、外商独资企业、合资企业、分公司或子公司、股份有限公司等。

2. 企业注册机构

目前,孟加拉国主要有三个机构受理企业注册手续:(1)孟加拉国股份公司注册处,负责注册国内、外股份制企业;(2)孟加拉国出口加工区管理局,负责注册出口加工区内的所有工业企业;(3)孟加拉国投资局,负责注册上述企业外的其他企业。

3. 外资企业注册程序

根据孟加拉国法律规定,目前,外资企业的注册程序如下:

企业类型	注册流程
合资或独资企业	投资企业向孟加拉国投资委员会或出口加工区管理局提出注册申请,提交申请表(官方网站下载)、原公司注册证书、备忘录(MOA)和公司章程(AOA)、土地购买或租赁证明、公司负责人姓名、永久住址、职位及国籍、公司所需机械数量及价格、汇款证明等。注册手续完成后,再申请水、电、气的接入及办理税号、雕刻公章及申请工作许可等
注册股份有限公司	投资企业须先提供股东名册(注明每位股东持股比例)、负责人姓名、投资金额、股东会议记录及公司3个备选名称,以前往孟加拉国股份公司注册处预审公司名称并办理名称登记。名称登记后,企业提交申请表、经本国大使馆认证的公司章程、备忘录、注册证书等证明文件、公司主管名录、公司注册详细地址等到股份公司注册处办理注册登记
分公司、子公司或代表处、办事处	企业向孟加拉国投资局申请注册登记,提交由母公司法人代表签名及盖章的申请表;备忘录和公司章程、公司注册证书、公司法人代表姓名及国籍、公司董事会决议、上一年度审计决算、分公司或代表处机构设置及项目计划等,所有材料均需经本国大使馆认证

4. 投资保护

为保护投资者利益,孟加拉国先后出台了《外国私人投资(促进和保护)法》《孟加拉国出口加工区法》《投资法》和《产业政策》等。其中,《外国私人投资(促进和保护)法》是指导外商在孟加拉国投资的框架性法律,规定孟加拉国对外国投资和本地投资一视同仁,外国投资主体享有国民待遇,法律保证外资免受无偿国有化和征收、征用、允许外国投资者撤回投资,并在发生民乱时对外国投资者遭受的损害给予补偿。此外,孟加拉国实行鼓励外国投资政策,主要内容有:

内容	鼓励外国投资政策
投资准入	赴孟加拉国投资只须到投资局办理登记注册即可,无须事先批准,但对于在电力、矿产资源和电信领域的投资,须获得孟加拉国政府有关主管部门的同意;对于从事服装出口者须向孟商务部出口促进局申请生产配额
税收	对外国投资者实施税收减免
国民待遇	对外国投资主体实施国民待遇
投资领域	外商投资企业可投资领域广泛,但以下领域除外:(1)武器、军火、军用设施和机械;(2)核能;(3)造币;(4)森林保护区内的森林种植及机械化开采。此外,政府不鼓励外商在银行、保险及其他金融机构行业投资
股权比例	对资本形态和股权比例无限制,外国投资者可以享有100%股权
资本回流	保证投资本金、利润和红利可汇回本国
国有化、征收	保证外国投资不被无偿国有化和征收

虽然孟加拉国主张平等对待外国投资者,但其国内仍然存在部分歧视性的政策和法规。例如在药品制造和进口方面,《国家药品政策和药品管制法》对外国医药公司实行区别对待;在广告领域,进口商品在做电视广告时,需缴纳60%的广告附加费。

(二)特定行业、领域法律情况

1. 能源资源法律情况

孟加拉国自然资源较少,主要矿产资源有天然气、石灰石、硬岩石、煤炭、硅砂、白黏土等。森林面积约200万公顷,森林覆盖率约13.4%。

(1)天然气

天然气是孟加拉国最主要的自然资源,其国内约70%的能源供应来自于天然气。孟加拉国的天然气主要分布在北部地区。孟加拉国家石油公司在孟加拉国电力、能源和矿产资源部的领导下负责孟加拉国石油、天然气和矿产等资源项目的勘探开发与经营管理。由于孟加拉国财力和技术水平均不足以支持其独立勘探开发其境内的天然气资源,现在主要由俄罗斯天然气工业公司、美国雪佛龙和澳大利亚桑托斯等国际能源巨头通过合同协议的方式(包括产品分享合同和天然气购销协议等)参与相关资源的勘探开发工作。目前,孟加拉国政府尚不批准外国石油公司在孟加拉国沿海地区开发油气资源,但孟加拉国能源部已在原则上同意外国石油公司从事陆上油气资源勘探和开发。目前,中石油集团、中信集团、洲际油气股份有限公司及美国IPR油气开发公司分别拟与孟加拉国石油开发与生产公司成立合资企业,开发孟加拉国四个陆上气田,并承担项目所需全部投资。孟加拉国现有20个在营天然气田,其中15个为国营项目、5个由外国油气公司运营;天然气日产量为22.8亿立方英尺,但每日实际需求量为27~30亿立方英尺。孟加拉国天然气资源主要用于发电和化工,据估计现有可开采储量最多仅能满足其未来十年经济发展需要。

孟加拉国政府计划接入南亚地区现已建成的连接土库曼斯坦、阿富汗、巴基斯坦和印度四国的天然气管道,向土库曼斯坦等国进口天然气。2014年6月,孟加拉国石油公司与美国阿斯特拉石油公司签订合同,由后者出资在孟马赫锡卡利岛建设孟加拉国首座海上液化气转运中心,工程造价约5亿美元。建成后,孟加拉国按照"照付不议"原则购买产自卡塔尔的液化天然气,每天需支付费用约23.67万美元。目前孟加拉国产天然气价格约为每千立方英尺3美元,而进口的液化天然气价格约为每千立方英尺16美元。

(2)煤炭

孟加拉国煤炭资源主要集中在西北部地区,现已查明在5个地区存有较大的煤炭储量:贾玛吉甘杰为105.3亿吨,巴拉普库利亚为37.7亿吨,卡拉斯皮尔为82.8亿吨,普尔巴瑞为47亿吨,第格希帕拉为50亿吨。煤层一般埋藏较深,商业开采成本很高,目前孟加拉国国内尚不存在大规模的开采活动。孟加拉国政府近期决定以露天开采方式开采巴拉普库利亚地区的煤炭，并将同步在煤场入口建设一座1300兆瓦的燃煤发电厂。孟加拉国政府缺乏有效开发利用煤炭资源的整体计划，目前仅计划开采部分煤矿用于火力发电，其他领域的煤矿需求依靠进口。孟加拉国每年从印度等国进口的煤矿约为200万吨。

近几年来孟加拉国部分矿区不断爆发暴力抗议活动，主要原因是资源开发并未给当地民众带来直接或间接的好处。为了保护耕地，确保粮食安全，孟加拉国政府于2014年4月宣布此后不再发放新的煤矿的开采许可。

(3)石油

孟加拉国石油资源有限，主要集中在孟加拉国沿海地区。2012年3月，国际海洋法庭裁决支持孟加拉国在其海洋划界问题上的主张。根据裁决，孟加拉国获得圣马丁岛方圆12海里的领海、200海里专属经济区及200海里以外深海大陆架的开发权益。目前政府已计划招标开采孟加拉湾沿岸12个油气区块，其中9个在浅海区、3个在深海区。据悉，已有14家外国油气公司参与投标，包括中海油。孟加拉国政府于2014年8月提出采用“一家公司一个区块”的原则开展新的招标工作，避免以前所有或大部分油气区块被某一家公司单独竞得的情况。

(4)土地资源相关规定

孟加拉国土地、地产相关法律包括《注册法案》和《财产转移法案》，主要内容有：土地私有；允许国家征用土地，自由出售和开发；土地开发要依照法律上报目的、设计，并经审核批准；国家征地给予相应补偿；出售土地要照章纳税。

根据孟加拉国法律规定，外国投资者不能以私人名义买卖孟加拉国土地，但在孟加拉国合法注册的公司可以购买土地。除非经过特殊批准，国有土地交易原则上仅限于使用权买卖，土地最高使用年限(租期)为99年。此外，孟加拉国法律规定注册的林地等不得出售。

在农业投资合作方面，外国投资人可以在孟加拉国设立公司购买私有的农业用地，但国有农业用地仅能通过承包方式获得经营权(最长经营期限为99年)，且不得擅自改变土地性质和经营用途，也不得擅自转让给第三人。

在林业投资合作方面，由于孟加拉国主要林地均为国有，外国投资者仅能通过承包方式获得林地经营权。承包期限由承包区域决定且差异较大。未经孟加拉国林业部批准，承包人不得砍伐承包林地内的树木。孟加拉国禁止投资者在森林保护区内投资林木种植及开展机械化开采活动。

在能源、资源投资合作方面，由于电力生产、供应和传输，天然气、石油、煤炭、矿产的勘探、开采和供应等行业领域属于孟加拉国政府限制外资投资领域，外国投资者在上述领域投资必须事先获得孟加拉国政府有关主管部门的同意。孟加拉国政府允许外资企业与孟加拉国石油公司等国有企业合资开发境内资源。

孟加拉国尚未制定针对外资并购安全审查、国有企业投资并购、反垄断、经营者集中等方面的专门法律法规,仅1994年颁布的《公司法》对公司并购略有提及。

2. 基础设施互联互通法律情况

孟加拉国基础设施建设落后,大部分经济活动在覆盖范围较广的内河周边进行。港口承载能力缺口巨大,运输效率低下,成本较高;公路系统的道路质量差,拥堵;铁路网则存在宽轨和窄轨两种规格,部分路段年久失修。为促进经济、社会的持续、稳定和快速发展,基础设施是孟加拉国政府重点优先建设领域。孟加拉政府尤为重视基础设施建设,积极响应中国"一带一路"和"孟中印缅经济走廊"倡议,希望与印度、缅甸、中国、不丹、尼泊尔等周边国家实现互联互通,以促进国内经济发展。

根据孟加拉国政府于2004年9月颁布的《私营部门基础设施投资指南》,私营部门可以通过公开招标或者议标方式,以BOT、BOO、BOOT和PPP等方式参与孟加拉国内基础设施建设。私营部门投资者包括已在孟加拉国相关公司注册机构合法注册的本地或外商独资、合资、合伙企业。在土地供应方面,私营部门可以通过购买、短租、长租等方式获得项目土地。

孟加拉国政府十分重视PPP模式,专门成立了直属于总理府的PPP管理局,且已颁布实施PPP法律。

3. 专属经济区及出口加工区法律情况

孟加拉国议会于2010年7月批准了《经济区法案》,大力建设四类经济区,即公司合营经济区、私营经济区、政府所有经济区和特殊经济区,希望在2021年前在全国范围内新建20个经济区,创造150万个就业岗位,将出口额提升85%,吸引至少25亿美元投资。在2014年6月哈西娜总理访华期间,中孟两国就在吉大港地区建立中国投资者专属的产业和经济区签署了谅解备忘录。孟加拉国政府已同意在吉大港市南部的地区提供约3.1平方公里土地用于该园区建设,中国正在积极落实投资建设方案。此外,孟加拉国政府已同意为韩国、日本和印度等国投资者也设立专属产业和经济区。

为了通过工业化促进经济的快速发展,孟加拉国政府执行了旨在吸引外资的开放政策。在大力推进经济改革和吸引外资的举措中,一个重要的举措就是建立出口加工区,并给予它们特殊的优惠政策。2005年颁布的《孟加拉国出口加工区政策》对出口加工区的运作、管理和优惠政策做出了系统详细的规定。根据这一政策,孟加拉国出口加工区管理局是促进和吸引外商在孟加拉国出口加工区投资以及为其提供方便的官方机构。设立出口加工区的主要目的是为投资者提供具备适宜投资环境和方便服务手续的特殊区域。孟加拉国有8个出口加工区,最大的是吉大港出口加工区和达卡出口加工区,其他6个分别设在考米拉,乌托拉、伊什瓦底、阿丹吉、卡纳普里和孟加拉国南部港口城市蒙格拉。目前,8个出口加工区有400余家企业,年生产总值占孟加拉国GDP的25%以上。

《孟加拉国出口加工区政策》主要内容	
投资企业类型	出口加工区允许设立的投资企业类型有三种: 1. A类是100%外国投资,包括现居国外的孟加拉国侨民的投资; 2. B类是外籍与孟加拉国籍企业家的合资合作; 3. C类是100%孟加拉国籍企业家独资。 目前,在出口加工区设立经营的企业以A类和B类为主
企业申请程序	1. 从孟加拉国出口加工区管理局购买项目计划书; 2. 申请书连同项目计划书中所要求提交的文件一起提交; 3. 如需租地,应交6个月的租金作为保证金,如需租标准厂房,应交3个月的租金作为保证金
管理机构	孟加拉国出口加工区管理局为加工区的管理机构,并按政府要求提供"一站式"服务: 1. 审批项目一般在一周内完成; 2. 一天内签发所需的进出口许可证; 3. 为在区内工作的外国人签发工作证; 4. 提供所需的基础设施和基本便利服务
优惠政策	财政方面
	1. 所得免税:免税期为10年,对外国人免征红利税,对借入资金的利息免征所得税,根据双边协定避免双重征税,在一定条件下外国技术人员3年内免交工资所得税; 2. 进口免税:包括建厂房所需的材料和生产用的机器设备、原材料等,在一定条件下还可免税进口3辆限于出口加工区内企业使用的机动车; 3. 出口免税:加工区内的产品可免税出口,向美国、欧洲和日本市场出口的产品可享受普惠制;从孟加拉国出口到美国的产品可享受最惠国待遇
	非财政方面
	1. 所有外国投资均受法律保护,投资额度没有限制,允许撤回包括资本投入在内的投资。允许由外国资本所得的全部税后利润和红利汇出境外。退休或工作终止时,允许工资存款、退休金以及个人资产汇出境外。允许特许使用费和技术费汇出境外; 2. 进口不受国家进口政策限制,可以承兑后交付单据的方式进口原材料,对某些工业用进口原材料可优先开立背对背信用证。允许从国内保税区进口商品。在一定条件下,企业可将10%的产品在完税后销售到国内保税区; 3. 区内企业可利用海外银行的融资支持

续表

优惠政策	项目执行方面
	1. 允许已建在国外的工厂迁入,允许在境内把企业从一个出口加工区迁至另一个出口加工区; 2. 允许在出口加工区内转包合同; 3. 允许在出口加工区之间和出口加工区之内的出口; 4. 出口加工区内的所有海关手续在各工厂门口办完; 5. 可在同一天内得到进出口许可; 6. 允许在国内关税区修理和保养机械设备
劳动力	出口加工区管理局有责任处理区内所有企业的劳工问题。工人最低月工资标准为:学徒/学员,22 美元;非技术工人,38 美元;半技术工人,45 美元;技术工人,63 美元。劳工还有交通补贴、房租、医疗津贴及节日奖金等其他福利。工人每周工作 48 个小时,机关人员每周工作 39 个小时,每周 6 个工作日,每年 10 天事假,17 天年假

(三)外汇管制

孟加拉国有关外汇管理的法律主要是 1947 年颁布的《外汇条例法》,这部法律在 1996 年 6 月 30 经过修正后沿用至今。《外汇条例法》规定,孟加拉国货币塔卡实行浮动汇率制,中央银行不对本外币汇率进行硬性规定,而由各银行根据市场供求情况自行制定。1994 年 3 月 24 日,孟加拉国政府宣布塔卡在经常项目下可自由兑换,如进口贸易和旅行支出,但对资本项目仍然实行严格的管制,规定资本项目外汇兑换必须经过中央银行和投资局批准。此外,企业在境内或境外开立外汇账户或者贷款人在孟加拉国企业外汇账户上设置担保权益,都必须得到中央银行的事先批准。

但从整体上看,孟加拉国的外汇管理限制相对较少,资本跨境流动较为自由。目前,孟加拉国公民和公司均可在不征求中央银行同意的情况下通过法定银行或经销商进行货币的有关交易,具体如下:

有关交易
1. 在孟加拉国运营的外国公司将利润汇回投资者本国
2. 向非孟加拉国公民发行在孟加拉国设立企业的股票
3. 向非孟加拉国公民分发在孟加拉国设立企业的红利
4. 非孟加拉国公民或企业通过证券交易所购买股票和有价证券进行证券资产投资
5. 非孟加拉国公民通过证券交易所进行证券资产投资所获红利汇回本国
6. 符合孟加拉国投资局规定或经其同意,为私人投资的工业企业签署的卖方信贷和其他外国贷款合同开具信用证

续表

有关交易
7. 为偿付上述贷款所汇出的本金和利息
8. 符合孟加拉国投资局规定对外汇出的技术转让费和专利费
9. 在孟加拉国投资局认证的雇佣合同付出工资和奖金金额范围内，汇出存款
10. 根据银行惯例为外国在孟加拉国企业延长定期贷款期限
11. 按照正常的银行惯例延长对外国控制或运营的企业发放的运营资金贷款
12. 孟加拉国境内外商投资企业通过合法经营商从国外主体或其他渠道获取短期外汇现款，无须支付利息

孟加拉国政府还制定了一系列鼓励出口的外汇政策，具体如下：(1)出口商的年外汇留存率被提高到离岸价所得的40%；(2)进口成分比例大的出口商品(如沥青、成衣、电子产品)，外汇留存率为离岸价所得的7.5%；(3)服务业的外汇留存率为5%；(4)出口商可将外汇额度储存在有外汇经营权的孟加拉国银行开立的账户里。可开立的外汇账户有美元、英镑、日元。存在账户里的外汇可用作商业用途，如出国商业考察，参加交易会和研讨会，进口原材料、机械和零件等，也可用作在其他国家设立办事处。

(四)税收制度

目前，孟加拉国实行以所得税和增值税为核心的税收体系，实行国税制，由孟加拉国财政部所属的国税局负责征收各种税赋。主要税法有《临时税征收法案》《关税法》《所得税法案》《增值税法案》及《旅游税法案》。主要税种的具体规定如下。

税种	主要内容
所得税	所得税分为企业所得税和个人所得税。 1. 企业所得税根据不同企业类型征收，例如目前，孟加拉国上市公司的企业所得税税率低于非上市公司37.5%。此外，新设立企业在3～10年免税期内免征所得税； 2. 个人所得税分5级税率进行征收，起征点为20万塔卡(年度所得)，20万～50万塔卡征税10%，50万～90万塔卡征税15%，90万～120万塔卡征税15%，90万～120万塔卡征税20%，120万塔卡以上征税25%。外国专业技术人员工资所得享受3年免税
增值税	从1991年开始，孟加拉国在产品和服务的进口、生产、销售环节征收增值税。企业年营业额在200万塔卡以上的，增值税统一税率为15%；年营业额在200万塔卡以内的，征收4%的营业税。目前，财政部正考虑大幅降低增值税税率，拟按IMF要求于2017财年开始执行单一增值税制

续表

税种	主要内容
关税	孟加拉国现行关税结构为4层制。资本机械类产品关税税率为3%，基础原材料关税为7.5%，半制成品及中间性产品关税为12%，制成品关税为25%。另有部分商品可以免税进口，如医药原料、家禽及饲料机械、皮革用化学制品、国防设备、私人发电设备、纺织用原料和机械、太阳能设备等。2014年以来，受拉纳大厦倒塌等恶性生产事故影响，孟加拉国政府开始重视安全生产问题，并大幅度削减了防火门、应急灯、消防喷淋装置等安全设备的平均进口关税
附加税	孟加拉国对某些奢侈品和烟酒、化妆品、食品、陶瓷、大排量汽车、空调、冰箱、电视机等进口产品另行征收20%～350%的附加税，另对部分服务业征收10%～35%的附加税
预提税	目前孟加拉国法律并未规定需要对向外国贷款人支付的利息进行税务预提

此外，为了鼓励出口、鼓励投资（包括外国投资），孟加拉国政府通过工业政策、进出口政策、出口加工区政策等多种渠道制定了一系列繁杂的税收减免优惠政策：（1）对指定领域如纺织业、高附加值成衣业的新增投资提供4～10年的免税期；（2）如果不愿使用免税期的优惠政策，则可享受快速折旧法；（3）对已经享受免税期的企业，其扩展投资还可享受第二年80%折旧、第三年20%折旧的优惠；（4）对出口型企业，其生产机械和10%以内的零部件可以免税进口；（5）对一般企业，其初期建设或现有工业项目的改造、更新或扩建所需进口的生产机械和10%以内的零配件只须交纳7.5%的进口税及一定的赔偿保证金（可退还）；（6）生产机械进口全部免缴增值税；（7）成衣企业出口所得按10%的优惠税率缴纳；（8）黄麻产品企业和纺织业出口所得按15%的优惠税率缴纳；（9）外国贷款利息免税；（10）特许权使用费、技术转让费和技术服务费等免税。

目前，孟加拉国与中国已于1996年9月12日签订避免双重征税协定，该协定于1997年4月10日生效。

五、法律风险评价

（一）营商环境有待改善

根据2015年世界银行营商环境指南，孟加拉国的营商环境在189个国家中排名第173位，有待进一步改善。具体来说，其在公司注册、工程承包、财产登记、信贷取得、少数投资者保护等方面分别排名第115位、第144位、第184位、第131位，皆处于下游位置。但是就少数投资者保护一项而言，孟加拉国在189个国家中排名第43位，其利益冲突指数、股东管理指数和少数投资者保护指数的得分（均为10分满分）分别为6.3分、5.8分和6.1分，甚至超过了一些发达市场经济国家的水平。

公司注册		信贷取得	
程序个数	9	法律权利强度(0～12)	6
时间(日)	19.5	信用信息获取度(0～8)	0
成本(占单位收入的百分比)	16.8	银行网点覆盖率	0
最低注册资本(占单位收入的百分比)	0	成年人信用信息登记率	0.9

数据来源：2015年世界银行营商环境指南。

(二)合同执行成本和破产处置成本较高

孟加拉国司法效率较低，合同强制执行成本与破产处置成本都较高。根据2015年世界银行营商环境指南提供的数据，孟加拉国的合同强制执行成本在世界189个国家中排名第188位，破产的处置效率排名第147位，皆处于下游。

合同强制执行	孟加拉国	美国	经合组织
时间(日)	1442.0	420	539.5
成本(占标的额的百分比)	66.8	30.5	21.4
程序(个)	41.0	33.6	31.5
破产处置	孟加拉国	美国	经合组织
时间(年)	4.0	1.5	1.7
成本(占资产价值的百分比)	8.0	8	8.8
回收率(每美元美分数)	25.8	80.4	71.9

数据来源：2015年世界银行营商环境指南。

(三)进出口贸易法律限制较多

孟加拉国对跨境贸易设定了较多限制。出于对本国市场的保护，无论是出口还是进口贸易，其法律均规定了较为烦琐的手续和程序，增加了交易方的时间和资金成本。根据2015年世界银行营商环境指南提供的数据，孟加拉国的跨境贸易难易度在全世界189个国家中仅排在第140位。

孟加拉国跨境贸易	
出口所需文件数	6
出口时间(日)	28.3
出口成本(每集装箱/美元)	1281
进口所需文件数	9
进口时间(日)	33.6
进口成本(每集装箱/美元)	1515

数据来源:2015年世界银行营商环境指南。

阿富汗伊斯兰共和国
The Islamic Republic of Afghanistan

——喀布尔的重建之路

阿富汗伊斯兰共和国基本情况

国家名称（中英文）	阿富汗伊斯兰共和国（The Islamic Republic of Afghanistan）		
人口（百万）	32.53	人口增长率（年均%）	2.8
领土面积（千平方公里）	652.9	主要民族	普什图族、塔吉克族
官方语言	普什图语、达里语	主要宗教信仰	伊斯兰教
政体	总统制	主要政党	联合民族阵线、权力与公正党、阿富汗民族阵线、伊斯兰党等
GDP（十亿美元）	19.20	GDP 增长率（年均%）	1.5
国民总收入（十亿美元）	20.36	人均国民收入（美元）	630
通货膨胀率（年均%）	0.9	外国直接投资净流入（百万美元）	58
外债（百万美元）	2555	总偿债额占出口贸易和收入的比率	0.6

数据来源：2015 年世界发展指标数据库。

一、国情简介

阿富汗伊斯兰共和国（以下简称“阿富汗”）位于西亚、南亚和中亚交汇处，北邻土库曼斯坦、乌兹别克斯坦、塔吉克斯坦，西接伊朗，南部和东部与巴基斯坦相连，东北部凸出的狭长地带与中国接壤。被称为通向南亚大陆的“锁钥”，国土面积约为 65.3 万平方公里。阿富汗全国约有 3200 万人口，是一个多民族国家，其中普什图族占 40%，塔吉克族占 25%，还有哈扎拉、乌兹别克、土库曼等二十多个少数民族。普什图语和达里语是官方语言，其他语言有乌兹别克语、俾路支语、土耳其语等。阿富汗是典型的宗教国家，逊尼派穆斯林占国民的 80%，什叶派穆斯林占 19%，其他宗教占 1%。短期来看，阿富汗的投资风险偏高，但长期来看，阿富汗政府及社会管理机构有望发挥一定作用。

（一）政治概况

“9·11”事件后，塔利班政权在美国军事打击下垮台。在联合国主持下，阿富汗启动战后重建“波恩进程”。2001 年 12 月，阿富汗成立临时政府。2002 年 6 月，阿富汗成立过渡政府。2004 年 1 月，阿富汗颁布新宪法，定国名为“阿富汗伊斯兰共和国”。10 月，卡尔扎伊当选阿富汗首任民选总统。国民议会是阿富汗最高立法机关，由人民院（下院）和长老院（上院）组成。人民院议员不超过 250 名，根据各地人口数量平均分配，但保证每省至少有 2 名女议员。根据阿富汗新宪法，支尔格大会是阿富汗民主的最高体现，由议会上下两院议员、各省议会议长组成。阿富汗现有政党近百个，主要政党包括：阿富汗伊斯兰促进会、阿富汗伊斯兰统一党、阿富汗伊斯兰民族运动、阿富汗民族解放阵线、阿富汗圣战者伊斯兰联盟、阿富汗伊斯兰民族阵线。

（二）经济概况

阿富汗历经三十多年战乱，经济破坏较为严重。其中交通、通讯、工业、教育和农业基础设施遭到的破坏最为严重，物资短缺，曾有 600 多万人沦为难民。2002 年以来，阿富汗国民经济呈现“低水平的快速增长”，逐步恢复发展。

农牧业是阿富汗国民经济的主要支柱。农牧业人口占全国总人口的 80%，耕地不到全国土地总面积的 10%。主要农作物包括小麦、棉花、甜菜、干果及各种水果，主要畜牧产品包括肥尾羊、牛、山羊等。阿富汗是世界第一大毒源地“金新月”的中心，2013 年鸦片产量为 5500 吨，2015 年鸦片产量为 3300 吨，严重影响了阿富汗和平重建进程，对地区和平与安全带来威胁和挑战。多年战乱使阿富汗工业基础几近崩溃。阿富汗工业以轻工业和手工业为主，主要有纺织、化肥、水泥、皮革、地毯、电力、制糖、金属制造工业、农产品制造业和水果加工业等。阿富汗和六十多个国家和地区有贸易往来，主要出口商品有天然气、地毯、干鲜果品、羊毛、棉花等，主要进口商品有各种食品、机动车辆、石油产品和纺织品等。主要出口对象为巴基斯坦、美国、英国、德国、印度等，主要进口国为中国、巴基斯坦、美国、日本、韩国、土库曼斯坦、印度等。

鉴于战争导致阿富汗经济遭受了严重破坏，阿富汗重建主要依赖西方国家支持和援助。2002 年至 2010 年，阿富汗共接受外援 556 亿美元。同时，国际社会为阿富汗政府在教育、卫生、农业灌溉、交通、电信、政府办公等各方面援助了大量基本设备。

（三）外交政策

阿富汗政府以寻求援助为中心，积极发展同美、德、日、欧盟等西方国家外交关系。同时，阿富汗重视发展与周边国家关系和参与区域合作。2002 年，阿富汗同包括中国在内的 6 个邻国共同签署了《喀布尔睦邻友好宣言》《〈喀布尔睦邻友好宣言〉签署国政府关于鼓励更紧密的贸易、过境和投资合作的宣言》和《喀布尔睦邻友好禁毒宣言》。2005 年 10 月，阿富汗成为中亚区域经济合作组织成员，11 月与上海合作组织建立联络组,并成为南亚区域合作联盟成员,2012 年 6 月成为上合组织观察员国。阿富汗还利用地缘优势,力争成为本地区贸易和交通枢纽。中阿两国于 1955 年 1 月 20 日建立外交关系,1960 年签订友好和互不侵犯条约,1963 年签订边界条约。中国在阿富汗经济合作合同总额 8. 58 亿美元,完成总营业额约 9. 83 亿美元,主要涉及通讯、公路建设等基础设施领域。2015 年 1 月至 11 月,中阿双边贸易额为 3. 3 亿美元,中国对阿富汗出口产品主要包括机电、五金、纺织、日用品、轻工类等,从阿富汗进口的商品主要包括牛羊皮等。

二、法律概览

自 20 世纪 70 年代,阿富汗饱受战乱困扰,整个国家的法制建设停滞不前。特别是塔利班掌权时期,该国原有法律制度基本废除殆尽,转而由塔利班宗教礼法以及部落制度代替了国家的法律。塔利班政权倒台后,阿富汗新政府开始了艰难的立法过程。2004 年,阿富汗新宪法颁布实施,该国重新走上依法治国的道路。

(一)法律体系

阿富汗目前立法主要依靠西方国家及各种政府、非政府组织的援助,法律体系也带有较多的西方特色。同时,由于阿富汗是伊斯兰国家,该国法律还兼具伊斯兰宗教法律的特点。目前,阿富汗的法律主要包括:《宪法》《基本组织法》《婚姻法》《银行法》《物权法》《公司法》《合伙企业法》《税收收入法》等。整体来看,阿富汗法律体系仍处于初级阶段,法律体系与司法体系建设仍需较长的时间完善。

(二)司法制度

1. 诉讼制度

阿富汗历史上曾有《刑事诉讼法》《民事诉讼法》两部诉讼法法典。后因战乱政权多次更迭,目前该国法律体系中暂无相关诉讼类法律,民事诉讼法正在修订中。

阿富汗司法系统分为三级。最基层为地方法院,全国共有 350 个左右;中层为上诉法院,分设于阿富汗各省;最高层为最高法院,设在首都喀布尔。受多年来法律体系遭受毁灭性破坏的不利影响,阿富汗司法体系存在运转不畅及建设进展缓慢等诸多问题,主要表现为以下三方面,一是司法部、最高法院以及首席检察官办公室之间责权划分不够清晰;二是司法机构(例如地方法院,司法部门及分支机构等)数量严重不足;三是伊斯兰宗教法律与西方世俗法律体系之间存在短期内难以调和的矛盾冲突等。

2. 仲裁制度

阿富汗已颁布《商业仲裁法》来规范仲裁事项。该法规定阿富汗和他国之间的商业和经济纠纷可以通过仲裁来公正、公平地解决。该法律主要内容如下:

阿富汗《商业仲裁法》内容介绍	
基本定义	仲裁人:指在商业纠纷中承担仲裁责任的人或者机构; 仲裁:指一个或者多个仲裁人根据法庭要求,通过中立的方式解决商业合同或者交易中的争议的固定程序; 仲裁协议:指争议双方根据法庭或者仲裁庭表决达成的书面协议; 仲裁裁决:指仲裁员、仲裁庭或者法庭对纠纷的最后决议; 商业交易:指基于合同或者其他方式的商业和经济行为; 法庭:特指阿富汗法定的商业法庭; 登记机关:指对仲裁文件登记保管的权威部门; 国际仲裁:指交易合同为国际性质;合同虽未明确,但交易发生在两国或者多国之间;合同虽未明确,但交易方约定使用交易所在国的法律。除此之外的仲裁属于阿富汗国内仲裁
仲裁协议要求	争议各方签字的文件; 相互交换的信件或者其他交流方式(包括但不限于电子邮件)所记录的协议内容; 经过确认的争议各方的陈述词和辩护词
仲裁庭的组成	争议各方可自由决定仲裁员数目,一般至少一人,但国际仲裁需要三人; 如果争议各方对仲裁员的选择意见不一致,则:当需要三个仲裁员时,由争议双方各指定一名仲裁员,并由这两名仲裁员共同确定第三名仲裁员;假如在收到通知30日以内争议方未确定仲裁员或者已经指定的两名仲裁员在30日内未能确定第三名仲裁员,则由法庭确定最终仲裁员;当需要一名仲裁员时,如果争议各方对仲裁员的选择不一致,则由法庭在30日以内参考争议各方的要求加以确定
仲裁庭的裁决权	在裁决权范围内处理相关事务;根据已经生效的仲裁协议处理相关事务;对被认为无效的合同中的部分条款,可由仲裁庭决定认定为独立的仲裁协议
仲裁管理	仲裁员将公平对待争议各方并给予各方平等的申诉机会
仲裁机构的确定	在仲裁机构缺失情况下,如果争议各方没有特别说明并且对仲裁机构意见不一致时,由法庭决定仲裁机构。该决定为最终裁决
仲裁地点的确定	争议各方可自由选择仲裁地点。如果意见不一致时,由仲裁庭根据实际情况兼顾方便原则确定仲裁地;除非争议各方同意,仲裁庭可根据召集成员、听证、调查财物查阅文件的方便确定仲裁地;为调查财物和查阅文件,仲裁庭应给予成员出庭的准备时间并及时通知争议各方

续表

适用法律	仲裁庭根据争议各方认可的法律裁决争议；当存在法律冲突时，由仲裁庭决定采取适用法律
仲裁终止	以下情况仲裁终止：一是控方收回控诉，除非辩方反控控方或者辩方反对控方撤诉并且仲裁庭认为继续仲裁程序才能保护辩方合法权益；二是争议各方同意终止仲裁程序；三是仲裁庭认为公正进行仲裁程序已不必需或不可能
裁决执行	无论仲裁决议在哪国制定，均须执行。 出现以下情况时，阿富汗法院拒绝执行裁决：争议一方丧失法律能力；裁决结果没有基于争议各方共同遵守的法律；裁决基于无效的法律；辩方在仲裁员提名中存在不当行为或者在仲裁程序中不能提供证据；裁决结果内容超出争议范围；仲裁庭组成和仲裁程序违背各方意愿或者所在国法律要求；裁决结果对争议各方无约束或者被所在国法庭撤销；争议内容不能通过阿富汗现行法律解决或者裁决结果与现行法律或政策相冲突

3. 司法协助

阿富汗于2004年11月30日加入《承认及执行外国仲裁裁决公约》(以下简称“公约”)，该公约于2005年2月28日起在阿富汗生效。但阿富汗对该公约作出了互惠保留和商事保留，即仅限于承认和执行在另一个缔约国领土上作出的商业裁决。

阿富汗尚未与中国签署民商事司法互助协定。

(三)司法效率和其他事项

由于阿富汗国家中央政府治理能力偏弱，政府政令在地方贯彻效果不佳。此外，还存在一定程度的官员腐败，整体司法效率有待提高。

三、金融法律制度

总体而言，阿富汗金融相关的法律对外资银行准入采取较为宽松的态度，外资银行与阿富汗本国银行享受同等待遇，但该国担保法律制度尚未建立。

(一)银行准入与监管法律制度

目前，阿富汗与银行信贷类业务相关的法律主要是《银行法》。该法于2004年颁布，共分11章101条，规范了大阿富汗银行(阿富汗中央银行)对阿富汗境内所有国资、外资、私人银行及其分支机构和代理机构的管理细节及银行金融类服务人员的行为规则，是阿富汗战后最根本、最重要银行法律制度。

在银行监管方面，阿富汗中央银行是阿富汗银行业监管部门，拥有颁发和吊销银行营业执照的专属权力,同时拥有颁发和吊销银行设立分行及代办机构许可执照的权力。

在申请银行执照方面,凡符合阿富汗法律关于注册和建立的规定,且注册资本不少于2.5亿阿富汗尼(约合500万美元)的公司,均可获得阿富汗中央银行颁发的银行类公司营业执照。

在设立分支机构方面,阿富汗法律无特别的限制性规定,申请者需要向阿富汗中央银行提交材料等待审批,申请材料主要包括:有关设立分支机构的申请书、经营计划及分支机构成立后三年财务指标展望、分支机构组织结构。申请时需缴纳2.5亿阿富汗尼,该资金在分支机构成立后转为资本金。申请流程耗时约4个月到1年。外资银行和阿富汗本国银行享受同等待遇。

在银行业务范围方面,阿富汗银行不能以代理、合伙或其他方式加入到批发、零售、制造、物流、农业、渔业、矿业、建筑业、保险业及其他商业活动。

(二)担保法律制度

阿富汗无专门担保法,但与物权有关的担保规定在具体单行法中有所涉及。例如阿富汗矿产资源法规定,该国矿产的采矿权可由矿权持有人以转让、转移、租赁、质押四种方式进行处置。其中,矿权持有人的矿权可用于为获得融资而向银行进行质押,其他用途的矿权质押必须向阿富汗矿业部提起申请,经审批核准后方可对矿权进行质押。此外,与担保行为相关的该国法律还有《民法典》和《物权法》。民法典中对合同、物权、担保等有纲领性的叙述。《物权法》主要规范土地所有权、土地转让、租赁等相关行为。

(三)合同法律适用

阿富汗贷款协议原则上适用阿富汗法律,但可根据具体项目由借贷双方协商是否适用其他国家法律。

四、投资法律制度

阿富汗现行的投资法律制度较为开放,对外国投资者相对友好。但在税收法律制度方面,阿富汗税收收入法与中国相关法律法规区别较大,应予以关注。

(一)企业法律制度

阿富汗现行法律体系中,有关企业成立、运营的法律主要有《公司法》和《合伙企业法》,其主要内容如下:

1.《公司法》

阿富汗《公司法》根据《宪法》制定,用于规范该国股份有限公司和有限责任公司的设立及经营活动。该法规定了上述两种公司注册登记、获取营业执照的条件,规定未经中央登记处获取营业执照注册不得作为一个股份有限公司或有限责任公司进行营业或宣传。该法还规范了公司的设立条件及经营限制:有限责任公司的出资人不少于2人,不超过50人;有限责任公司的出资不得在公共证券场所买卖;有限责任公司的出资人没有权利出售、转让及交易其出资的公司。

2.《合伙企业法》

阿富汗《合伙企业法》共七章184条,主要规范了该国合伙企业的建立及其行为。该法规定,合伙企业是指由两个或两个以上的人通过订立合伙协议设立的共同经营、共享收益的组织。合伙企业必须登记注册,未经登记实施商业活动的,应对其行为导致的后果承担赔偿责任。合伙人执行合伙事务,对外代表合伙企业,其行为结果对全体合伙人产生效力。

(二)特定行业与领域法律情况

阿富汗矿产资源较为丰富,但受国内政治经济形势影响未得到充分开发。阿富汗境内铜、铁、锂、钴、金等金属矿藏储量丰富,总价值超过一万亿美元。其中,艾娜克铜矿、哈吉加克铁矿等储量均居全球前列,目前已有多国企业投入开采,未来阿富汗矿产行业开发潜力较大。

根据阿富汗矿业法,阿富汗矿权主要分为探矿权和采矿权。探矿权有效期3年,到期后可申请顺延2次,每次3年;大型矿床采矿权最长有效期30年,到期后可每5年顺延一次直至矿石资源枯竭为止;小型矿床采矿权最长10年,不可延期。年满18周岁的阿富汗公民和依法成立的法人实体(境外法人需在阿富汗境内投资或经营)均可申请矿权。矿权通过公开竞标获得。矿权可用于为获得融资而向银行进行抵押,其他用途的抵押需经矿业部审批核准后执行。矿权持有人需在签订抵押合同后向矿业部提供抵抵押合同副本供矿业部审核,如矿业部无异议,则可办理矿权抵押登记手续。

(三)外汇管制

在外汇监管方面,阿富汗实行阿尼汇率盯住美元的政策,多年来汇率一直稳定在50∶1至55∶1的水平。目前美元在阿富汗国内可自由流通兑换。近期,出于保护本国经济的考虑,阿富汗政府已加大了对美元外汇的监管力度,部分国有企业已被要求必须使用阿富汗尼结算。但预计今后很长一段时期内,美元仍会在该国市场上自由流通。阿富汗对合法换汇、汇款等没有限制。为防止洗钱,携大额现金出境(2万美元以上)须提前向机场海关申报,违规者将受到相关法律处罚。

(四)税收制度

《税收收入法》是阿富汗经济法律的重要组成部分,该法规定了阿富汗企业、组织、个人等经济活动主体的纳税义务,明确了税率和征税方式以及对于偷税漏税行为的处罚,是需要重点研究的阿富汗法律之一。

阿富汗《税收收入法》与中国相关法律法规有较大区别。该法不但涵盖了公司纳税的规定,还涉及个人所得税的征收管理规定。阿富汗税法对某些特定行业(如谷物产品加工业)做出了详细的征税说明。同时,法中介绍的较为独特的税种是固定税,该税种广泛涵盖了经济生活中的各种事项范围。例如,在进出口贸易中,除了需缴纳关税以外,还需缴纳进出口固定税,这是中国经贸企业与阿富汗进行进出口贸易时需要特别注意的问题。

阿富汗实行全国统一的税收制度,共有 9 个税种,分别为:个人所得税、公司所得税、资本损益税、发票税、进口关税、固定税、附加税、土地税和市政税。近几年,中央财政收入大幅度提升主要得益于政府实施了新的税法,扩大了税收范围。

阿富汗税收制度根据以下税收标准进行征收。

税收类型	征收标准
个人所得税	月工资收入 250 美元以下免税,250 ~ 2000 美元征收 10% ,2000 美元以上征收 175 美元外加超出 2000 美元部分的 20%
公司所得税	按照纯利润的 20% 征收
资本损益税	公司征收 20% ,个人征收 1% ~2%
发票税	销售和服务类征收 20% ,其他如佣金、利息、租金等征收 5%
进口关税	不同货物征收不同关税
固定税	对生意规模小的公司、进出口贸易商、为政府提供货物及服务的公司和没有正规财务的公司,征收 2%
附加税	0. 5% ~2%
土地税	各地不同
市政税	按 1% 征收

五、法律风险评价

(一)营商环境优劣并存

根据 2015 年世界银行营商环境指南提供的数据,阿富汗在公司注册和纳税两项数据中表现突出,在世界 189 个国家和地区中分别排名第 24 位和第 79 位;而在工程承包、少数投资者权益保护、电力取得等方面则问题较多,分别排名第 185 位、第 189 位和第 141 位,基本处于世界中下游水平。特别就施工许可证一项来说,平均需要经过 11 道程序,耗时达到 323 天,成本高达投资价值的 57. 4% 。

公司注册		财产登记	
程序个数	3	程序个数	9
时间(日)	7	时间(日)	250
成本(占单位收入的百分比)	15.1	成本(占财产价值百分比)	5
最低注册资本(占单位收入的百分比)	0		

数据来源:2015 年世界银行营商环境指南。

(二)合同执行成本和破产处置成本较高

阿富汗的合同执行成本和破产处置成本较高。根据 2015 年世界银行营商环境指南,阿富汗的合同强制执行成本在世界 189 个国家和地区中排名第 183 位,其时间成本为 1642 天,是美国的 3.9 倍,程序数量是美国的 1.7 倍;其破产处置效率排名第 159 位,回收率为 26.4%,效率均有待提高。

合同强制执行	阿富汗	欧洲及中亚地区	美国	英国
时间(日)	1642	448.1	420	437
成本(占标的额的百分比)	25	25.2	30.5	39.9
程序(个)	64	37.0	33.6	29
破产处置	阿富汗	欧洲及中亚地区	美国	英国
时间(年)	2	2.3	1.5	1.0
成本(占资产价值的百分比)	25	13.3	8	6
回收率(每美元美分数)	26.4	37.7	80.4	88.6

数据来源:2015 年世界银行营商环境指南。

(三)跨境贸易限制较多

阿富汗国家政局较为动荡,经济发展迟缓。受地理位置、宗教、国家产业构成等因素的影响,其跨境贸易限制较多,成本居高不下,发展程度有限。根据 2015 年世界银行营商环境指南,阿富汗的出口成本高达每集装箱 2401 美元,进口成本高达每集装箱 2595 美元,跨境贸易难易度在全世界 189 个国家和地区中排在第 184 位。

阿富汗跨境贸易	
出口所需文件数	9
出口时间(日)	21.1
出口成本(每集装箱/美元)	2401

续表

进口所需文件数	10
进口时间(日)	19.4
进口成本(每集装箱/美元)	2595

数据来源:2015 年世界银行营商环境指南。

尼泊尔联邦民主共和国
The Federal Democratic Republic of Nepal

——喜马拉雅脚下的“千佛之国”

尼泊尔联邦民主共和国基本情况

国家名称（中英文）	尼泊尔联邦民主共和国(The Federal Democratic Republic of Nepal)		
人口(百万)	28.51	人口增长率（年均%）	1.2
领土面积（千平方公里）	147.2	主要民族	萨特利族、婆罗门族等
官方语言	尼泊尔语	主要宗教信仰	印度教
政体	民主共和制	主要政党	尼泊尔大会党、尼泊尔共产党、尼泊尔联合共产党
GDP（十亿美元）	20.88	GDP 增长率（年均%）	3.4
国民总收入（十亿美元）	20.80	人均国民收入(美元)	730
通货膨胀率（年均%）	5.9	外国直接投资净流入（百万美元）	19
外债(百万美元)	4010	总偿债额占出口贸易和收入的比率	8.2

数据来源:2015 年世界发展指标数据库。

一、国情简介

尼泊尔联邦民主共和国(以下简称“尼泊尔”)为南亚山区内陆国家,位于喜马拉雅山南麓,北邻中国,其余三面与印度接壤。尼泊尔有 61 个民族,包括萨特利、婆罗门、马格尔、塔如、达芒、尼瓦尔、嘎米、穆斯林、亚达夫、拉伊等。尼泊尔以印度教为国教,约 86.2% 的居民信奉印度教,此外约有 7.8% 的居民信奉佛教,3.8% 的居民信奉伊斯兰教。尼泊尔语虽为国语,但上层社会通用英语。尼泊尔政局动荡不稳,且资源相对短缺,经济较为薄弱,是联合国确定的最不发达国家之一。

(一)政治概况

尼泊尔为民主共和制国家,设总统和内阁。内阁由总理组建,共设 26 个部,制宪会议是尼泊尔最高立法机构,负责制定宪法和代行议会职权。

尼泊尔约有 70 个党派,大多数为地方性小党。主要政党包括尼泊尔共产党(毛主义)、尼泊尔大会党以及尼泊尔共产党(联合马列)。尼泊尔共产党(毛主义)强调以马列主义、毛泽东思想为指导思想,目标是在尼泊尔建立人民共和国。

(二)经济概况

尼泊尔属于传统农业国,尚未建立起基本的工业体系,农业约占 GDP 的 30%,并以传统手工业为主,规模小,基础较为薄弱,且短期内难以有根本性改变。20 世纪 90 年代起,尼泊尔开始实行以市场为导向的自由经济政策,但由于政局多变和基础设施薄弱,收效并不明显。尼泊尔经济较为依赖外援,预算支出四分之一来自外国捐赠和贷款。2012 年该国外汇储备约为 4394.6 亿卢比(约合 60.2 亿美元),外债约为 3081 亿卢比(约合 42.2 亿美元)。2014 ~2015 财年 GDP 约为 215.30 亿美元,近年来通胀水平基本维持在 10% 左右。

尼泊尔政府欢迎与外国投资者共同开发国内自然资源,其尼泊尔自然资源有铜、铁、铝、锌、磷、钴、石英、硫黄、褐煤、云母、大理石、石灰石、菱镁矿、木材等,均只得到少量开采。其中,储藏量排名在世界第 5 的菱镁矿,由于缺乏先进技术和资金,开采处于停滞状态。

(三)外交政策

尼泊尔奉行平等、互利、相互尊重和不结盟的外交政策,主张在和平共处五项原则基础上同世界各国发展友好关系。尼泊尔高度重视发展同中、印两大邻国友好关系,也较为重视加强同美、英等西方国家关系,争取经济援助和投资,同时,还积极推动南亚区域合作联盟发展。

二、法律概览

(一)法律体系

整体来看,尼泊尔现行法律体系受到来自英美法系、大陆法系、本国传统法律和宗教文化的多重影响,内容较为完备。目前,尼泊尔的主要法律包括《宪法》《合同法》《公司法》《劳动法》《诉讼法》《环境保护法》《仲裁法》《海关法》《中央银行法》等。

(二)司法制度

1. 诉讼制度

尼泊尔司法权由法院与其他司法机构按照宪法、法律和公认的法律原则行使。尼泊尔法院分为最高法院、上诉法院和县法院三级,全国设上诉法院 16 个,县法院 75 个。

尼泊尔政府于 1956 年颁布《诉讼法》,该法主要条款基于英美法系诉讼原则,要求检方和被告方严格依照法律要求提供相应证据，并进行公开辩论和接受对方交叉质证，最后由法官依据质证结果和相关法律条款进行宣判。

2. 仲裁制度

1999 年，尼泊尔政府颁布《仲裁法》。规定投资者如遇投资争端，可以通过尼泊尔工商联合会、尼泊尔商会、尼泊尔对外贸易协会等机构申请仲裁解决，外国投资者也可申请国际仲裁。

3. 司法协助

尼泊尔于 1998 年 3 月 2 日加入《承认及执行外国仲裁裁决公约》，1998 年 6 月 4 日该公约对尼泊尔正式生效。此外，尼泊尔已于 1998 年 3 月 4 日加入承认及执行《外国仲裁裁决公约缔约国名单》。

（三）司法效率

受社会经济发展落后影响，尼泊尔司法效率偏低。判决时限方面，根据案件类型不同，当地法院终审判决一般时限为 6 个月至 12 个月。若案情复杂，终审期限也可能延长至一年以上。

三、金融法律制度

（一）银行准入与监管法律制度

尼泊尔自 2003 年 9 月加入 WTO 以后，金融市场逐步开放，金融业发展较快。外资银行进入尼泊尔需要取得监管机构的经营许可，但尼泊尔实行较为宽松的金融监管政策，外资银行业务经营和利率政策所受限制较少。

尼泊尔中央银行是外资金融机构在尼泊尔开展业务的监管部门。关于外资金融机构进入尼泊尔的条件，主要规定在以下两部法律当中：

法律名称	颁布日期	主要内容
《国际金融交易法》	1998 年	1. 下列机构可以被授权许可在尼泊尔开展国际金融业务：外国银行和信托公司；国际保险和再保险公司；外国投资公司及其注册办事处；外国证券公司和基金公司。 2. 外国机构被禁止在尼泊尔从事如下业务：购买尼泊尔不动产；投资购买任何尼泊尔公司的股票和债权证。 3. 外国机构如欲在尼泊尔开展国际金融业务，需先向尼泊尔政府申请许可执照。 4. 尼泊尔政府对于与合法国际金融业务相关的外汇流入不予以限制

续表

法律名称	颁布日期	主要内容
《中央银行法》	2002 年	根据该法案,尼泊尔 Rastra 银行是尼泊尔的中央银行,也是尼泊尔最高货币金融管理机构。该行以实现尼泊尔经济稳定增长、降低社会通货膨胀率和保持财政平衡为主要目标,负责行使发行货币、制定货币政策和信贷政策、监管金融市场、清算票据和代理国库等职能。Rastra 银行拥有颁发和吊销该国银行营业执照的权利,同时法案规定,Rastra 银行也是负责该国银行市场监管的重要职能部门

当前尼泊尔政府在金融领域实行"自由进出政策",对于外资银行在尼泊尔的业务范围和利率水平没有特别限制,政府允许外资银行在尼泊尔经营当地货币业务,投资尼泊尔股票市场,在尼泊尔开展包括吸收公众存款、开展信贷、发行信用卡等在内的多种业务。

尼泊尔中央银行负责制定基准利率,经过尼泊尔中央银行或中央银行和不同行业,授权的其他银行批准,商业银行的利率可根据基准利率和行业分类在 3% ~18% 这个较大区间内浮动。尼泊尔法律规定,在该国境内的银行(包括外资银行)进行放贷的币种只能是尼泊尔卢比,所以在该国国内并无美元等外币的贷款利率。

为解决社会贫困问题,尼泊尔中央银行规定金融机构对政府指定的落后地区的信贷利率不得超过 4.5% 。金融机构必须按照信贷业务总额,安排一定比例的额度对贫困阶层进行融资支持,商业银行、发展银行和财务公司支持贫困阶层的信贷比例分别为:3% 、1.5% 和 1% 。

(二)担保法律制度

尼泊尔没有专门的担保法律。但根据尼泊尔《合同法》相关条款规定,担保人可对外提供土地、房产、机器以及经政府部门同意的土地使用权等财产作抵押。担保人和被担保人应以书面形式订立担保合同,担保人需在债务人无力偿债后继续履行偿债义务。未经债权人同意,担保人不得转让、抵押或出售其财产。此外,尼泊尔法律规定,担保人和被担保人在合同中不得约定在债务履行期届满担保人未受清偿时,将抵质押物的所有权转移至被担保人。

(三)法律适用

尼泊尔商业贷款协议多以本国法为准据法,但在双方同意的前提下亦可适用英国法等外国法。

四、投资法律制度

(一)企业法律制度

根据尼泊尔《公司法》规定,在尼泊尔境内注册成立公司法人需满足如下要求:

尼泊尔公司成立要求	
发起人	发起成立公司的最少人数需为7人
外资许可	若公司发起者为外国机构或个人,则需获得尼泊尔政府同意进入该行业经营的许可
股东	私营企业的股东人数最多不可超过50人,国有企业的股东人数应为7人之上
注册资本	公司注册资本最低金额为1000万卢比
会计	所有公司均应按期制作真实和合规的会计报表并由合乎资质的会计师审计,会计报表应有尼泊尔语和英语两种版本
特别限制	外国公司或机构欲在尼泊尔开展经营,必须先在尼泊尔注册并成立机构,但投资、收购和信贷类业务则不受此限制

(二)特定行业、领域法律情况

为发展尼泊尔经济,尼泊尔政府出台了一系列鼓动投资引进的相关政策,此处主要介绍尼泊尔在水电行业、旅游业和农业行业领域的法律情况:

1. 水电行业法律情况

根据尼泊尔政府2001年颁布的国家水电发展政策,要同时兼顾大型电站和小水电站项目发展。前者通过吸引私营和外国资本参与建设,后者主要依靠本国技术和资金实施。为促进国内经济发展,在满足本国电力需求的基础上,可向印度、孟加拉等国出口部分电力。

尼泊尔政府颁布的支持水电发展的主要措施有:

(1)尼泊尔政府鼓励私营资本投资装机容量在100MW以下的中小水电站,对此类项目投资将简化审批程序并给予税收优惠。装机容量在300MW以上的大型电站主要采取公私合营(PPP)的方式开展建设。

(2)根据《公共基础设施BOT政策》,建立专业的基础设施金融机构,为水力发电和配电项目提供融资服务。

(3)以独资、合资等形式,吸引国外资本向水力发电、传输、配电项目投资。原则上,鼓励外国投资者与尼泊尔投资者合资并给予优先权。

2. 旅游业法律情况

尼泊尔地处喜马拉雅山脉南麓，宗教、文化、自然旅游资源非常丰富，素有“高山王国”“寺庙王国”美誉。旅游业是尼泊尔支柱产业和重要创汇来源，产值约占国内生产总值比重的三分之一。该国政府于 2007 年颁布《尼泊尔旅游政策》，鼓励发展旅游业，并已将旅游业确定为优先发展行业，积极鼓励外资以及国内私人企业投资旅游行业。

3. 农业法律情况

尼泊尔是典型的农业国家，其农业人口接近 2200 万，占总人口的 80%。农业是尼泊尔的基础产业，也是尼泊尔的第一大产业。该国政府于 2004 年颁布了新的《国家农业法规》，旨在通过农业发展推动商业化，提升生产力和竞争力，实现可持续增长，保障国家食品安全、消除贫困。新法规着重于推动农业生产力，发展专业和有竞争力的农业体系，同时合理利用自然资源并注意保护环境。法规还规定将为农村贫困劳动力和小农户优先提供特殊便利。

（三）外汇管制

由于外汇储备有限，尼泊尔政府实行外汇管制政策。外国政府、驻尼外国使领馆、外国政府或联合国办事处可在尼泊尔中央银行或其他银行开设外币账户，并可以从其外币账户中自由提取外币；经尼泊尔中央银行或中央银行授权的其他银行批准后，可以从其卢比账户中兑换外币。其余机构和个人则需根据尼泊尔相关规定兑换外币。

由于尼泊尔外汇储备有限，在资本出入方面实施了较为严格的管制政策，一是外国资金以贷款形式进入尼泊尔时，需在贷款协议中明确约定分期偿还本金和利息的相关安排，且该协议需事先获得尼泊尔工业部批准，再通过银行等合适渠道引入；二是资金流出需取得尼泊尔央行批准，在向央行递交纳税证明并取得许可证明后，贷款利息和投资收益方可回收。

（四）税收制度

尼泊尔的税收法律比较完善，与尼泊尔税收相关的法律包括《最新财政法案》《海关法》《所得税法》《增值税法》《消费税法》《车辆税法》和《税务审判法》。在尼泊尔，企业适用的税种、税率与其投资方式有关，如果在尼泊尔设立分支机构，则按照外资银行征收所得税，税率为 30%；如果仅为贷款投入，则涉及利息税，税率为 15%；如果以股份形式投资，则适用税率为 5% 的股息税和税率为 10% 的租赁税。

五、法律风险评价

（一）营商环境情况复杂

根据 2015 年世界银行营商环境指南提供的数据，尼泊尔在财产登记中数据表现较为突出，在世界 189 个国家和地区中排名第 27 位；在少数投资者权益保护、电力取得方面，分别排名第 71 名和第 85 名，处于中游水平；而在公司注册、工程承包、税收政策及跨国贸易等方面则问题较多，位于世界下游水平。特别在跨国贸易方面，尼泊尔进、出口需耗时近 40 天，在全世界 189 个国家和地区中排名第 171 位。

公司注册		纳税		财产登记	
程序个数	7	每年赋税次数	34	程序个数	3
时间（日）	17	平均耗时（小时）	334	时间（日）	5
成本（占单位收入的百分比）	32.3	总税率	29.5	成本（占财产价值的百分比）	4.8
最低注册资本（占单位收放的百分比）	0				

数据来源：2015 年世界银行营商环境指南。

（二）合同执行效率较低，破产处置成本适中

尼泊尔合同执行效率较为低下，低于南亚地区的平均水平。根据 2015 年世界银行营商环境指南，尼泊尔的合同执行效率在世界 189 个国家和地区中排名第 134 位。其破产处置效率排第 82 位，处于中上游水平。

合同强制执行	尼泊尔	南亚	经合组织
时间（日）	910.0	1076.9	539.5
成本（占标的额的百分比）	26.8	30.4	21.4
程序（个）	39	43.4	31.5
破产处置	尼泊尔	英国	经合组织
时间（年）	2.0	2.6	1.7
成本（占资产价值的百分比）	9	10.1	8.8
回收率（每美元美分数）	43.7	36.2	71.9

数据来源：2015 年世界银行营商环境指南。

（三）跨境贸易法律限制较多

由于经济基础较为薄弱，外汇储备有限，尼泊尔在跨境贸易方面管理较为严格，设置了许多繁琐的行政和法律程序，增加了交易的时间和资金成本，影响进出口贸易的发展。根据 2015 年世界银行营商环境指南提供的数据，尼泊尔的跨境贸易难易度在全世界 189 个国家和地区中排第 171 位。

尼泊尔跨境贸易	
出口所需文件数	11
出口时间(日)	40
出口成本(每集装箱/美元)	2545
进口所需文件数	11
进口时间(日)	39
进口成本(每集装箱/美元)	2650

数据来源:2015 年世界银行营商环境指南。

不丹王国
The Kingdom of Bhutan

——静谧的神龙之国

不丹王国基本情况

国家名称（中英文）	不丹王国(The Kingdom of Bhutan)		
人口(百万)	0. 77	人口增长率（年均%）	1. 3
领土面积（千平方公里）	38	主要民族	不丹族、尼泊尔族
官方语言	宗卡语、英语	主要宗教信仰	藏传喇嘛教,印度教
政体	君主立宪制、两院议会制	主要政党	人民民主党、繁荣进步党
GDP（十亿美元）	1. 962	GDP 增长率（年均%）	3. 3
国民总收入（十亿美元）	191. 31	人均国民收入(美元)	2370
通货膨胀率（年均%）	2. 0	外国直接投资净流入（百万美元）	34
外债(百万美元)	1840	总偿债额占出口贸易和收入的比率	12. 1

数据来源:2015 年世界发展指标数据库。

一、国情简介

不丹王国(以下简称“不丹”)位于喜马拉雅山脉东段南坡,是中国陆上邻国之一,其东、北、西三面与中国接壤,南部与印度交界。不丹的主要民族为:不丹族和尼泊尔族。不丹的语言种类十分丰富,不同地方差异性很大,方言十分普遍,多达 18 种。目前不丹广泛使用的语言包括宗卡语、夏却普语、洛昌语和英语等四种,其中宗卡语和英语为官方用语。藏传喇嘛教是不丹的国教,约有 75% 的人口信仰藏传喇嘛教和原始宗教,约 25% 的人信仰印度教。不丹经济相对落后,目前为世界最不发达国家之一。

(一)政治概况

不丹是一个世袭君主立宪制国家,自 20 世纪 90 年代开始,逐步向民主政治过渡。

2008 年,不丹举行首次多党制国民议会选举,最终成立民选政府,标志着不丹开始向议会君主立宪制转变。

不丹议会实行两院制,立法权由国王、上院和下院行使。上院即国家委员会,下院是国民议会。上院由 25 名议员组成,均为非党派人士,其中 20 名由各宗选举产生,其余 5 名由国王任命的知名人士担任。下院由 47 名议员组成,由选民直接选举产生。两院议员任期为 5 年。不丹国王拥有一定实权,例如国王是武装部队总司令,享有军事大权,并享有一定立法权等。但是,国王的权力也受到一定制约。根据不丹宪法,经三分之二议员同意,议会有权对国王提出退位动议;如果该动议获得议会四分之三投票通过,则应举行全民公投以决定国王是否退位。在下院选举中获胜的政党领导人将由国王任命为政府首相,组成内阁,行使行政权。首相任期不得超过 2 届,各政府部门大臣人选通过首相推荐由国王任命。司法体系方面,不丹高等法院是该国最高司法机构,但实质上国王拥有最高司法权力。除了一般的立法、行政、司法机构外,不丹作为一个以佛教为国教的国家,还设有寺院团,负责仲裁宗教事务。不丹正式注册的政党有 5 个,其中最为重要的是繁荣进步党和人民民主党。

(二)经济概况

从不丹的经济社会发展情况来看,该国属于中低等收入国家,世界银行的数据显示,不丹 2015 年 GDP 总量仅为 19.62 亿美元。农业是不丹的支柱产业,全国约 60% 的人口从事农业生产。近年来,不丹正由过去单一的农业结构向多元化的产业结构转变,经济结构逐步合理化,第二、第三产业发展较快。具体来说,不丹通过发展水电业、制造业、建筑业等工业部门拉动第二产业发展,以及开发旅游业促进第三产业兴起。不丹最重要的行业是水电业和旅游业,其水电资源丰富,相关产业已成为拉动经济增长的主要因素;旅游资源得天独厚,特殊的地理位置、多样的气候类型、丰富的人文景观等都是促进不丹旅游业发展的重要因素。

不丹于 1961 年起开始实行经济发展的“五年计划”,并从印度、瑞士、联合国开发计划署等国家和国际组织获得经济援助,其经济建设严重依靠外援。在不丹的对外贸易体系中,主要进出口国家包括印度、尼泊尔、孟加拉国等南盟国家以及缅甸、新加坡、泰国等东盟国家,其中印度是其主要贸易伙伴,占不丹进出口贸易 80% 以上的比例。

(三)外交政策

不丹的对外政策以维护主权独立、实现经济自力更生为两大目标。该国主张大小国家一律平等,奉行不结盟政策,在和平共处的基础上同所有国家发展友谊和合作关系。不丹已同印度等 53 个国家及欧盟建立外交关系。印度是不丹最大的贸易伙伴、援助国和债权国,两国之间开放边界,自由通商。

不丹是中国的西南邻国，与中国西藏地区语言、风俗、文化相近。中不双方迄今尚未建交，但一直保持着友好交往。1971 年，不丹投票赞成恢复中国在联合国的合法席位。不丹在联合国人权会上和世界卫生大会上连续支持中国挫败反华、涉台提案。目前两国有长约 600 公里的边界未正式划定。1984 年起，两国轮流在北京和不丹首都廷布举行边界会谈。截至 2016 年 2 月，双方共举行了 23 轮边界会谈以及 7 次边界问题专家组会议，共同致力于边界问题的早日解决。

二、法律概览

（一）法律体系

不丹的法律制度源自英国普通法，新世纪以来，不丹王国的法律体系逐渐与国际接轨，但法制现代化程度有待进一步提高。1959 年，国民议会在第三任国王吉格梅·多吉·旺楚克的指导下制定了第一个综合性的法律，几乎涵盖了所有民事和刑事案件，包含土地法，婚姻关系，继承，偷盗和谋杀的规定和判罚。虽然许多章节已被随后的立法修订，但该法依然被认为是不丹所有后续法律的基础。从 20 世纪 50 年代至今，不丹国民议会通过了一百多项法律，构成了不丹王国现代法体系的主体，其内容不仅体现佛教精神，也包括与时俱进的社会法案，以及经济领域和贸易领域的重要法律，如宪法性的国家法、民法和商法、行政法、经济法、社会法、刑法及诉讼程序法等。

（二）司法制度

1. 法院体系

不丹高等法院为最高司法机构，国王拥有最高司法权力，包括受理最高上诉案件。高等法院于 1968 年在廷布设立，包括首席法官在内共有 8 名法官，其中 2 名由国民议会选出，任期 5 年，其余由国王指派，任期由国王决定。各宗设有地方法院，由国王任命的宗长和地方法官负责处理地方诉讼案件。现任首席大法官为索南·多杰。

2. 司法协助

不丹 2014 年成为《承认及执行外国仲裁裁决公约》（简称《纽约公约》）缔约国。根据该公约，不丹政府承认并执行外国的仲裁裁决。不丹对该公约作出两项保留声明，一是“互惠保留”，即不丹只承认和执行在其他缔约国国内做出的仲裁裁决；二是“商事保留”，即公约只适用于按该国法律属于商事性质的纠纷裁决。

三、金融法律制度

不丹的金融法律、政令和政策主要包括《金融机构法》《建立商业银行的实施细则》《金融服务法》及《在不丹王国建立保险公司的实施细则》，上述 4 个法律文件对不丹金融机构成立资格、申请程序等作了规定。

（一）银行准入与监管法律制度

不丹主要金融机构为不丹皇家货币局（Royal Monetary Authority）。不丹皇家货币局成立于1982年，是不丹的中央银行，负责制定和执行政府的货币政策，代表政府办理外币存款业务。

根据不丹《金融机构法》相关规定，从事金融机构业务，必须依照法律以及皇家货币局规定，向皇家货币局申请获得相关牌照。

申请书必须采用书面形式，并与未来三年营业计划一同提交给皇家货币局。该申请书应当说明：（1）资金充足情况；（2）申请者营业能力；（3）在相关市场开展业务的便利性及公众需求；（4）其营业计划会对相关市场带来积极影响；（5）申请机构在合理期间内有盈利的合理可能；（6）申请机构不会违反任何法律或皇家货币局规定；（7）持股股东的财务稳健性。

在申请提交后六个月内，皇家货币局将作出通过或拒绝的决定。该牌照没有固定期限，不可转让，并且可能会排除皇家货币局认为的申请人不具备资格从事的某些活动。

在获取金融机构牌照之后，金融机构可在不丹从事以下业务：

持牌照金融机构可从事的业务	
1	银行存款业务，从社会公众吸收存款
2	开发银行或商业银行业务，用从机构投资者处获得的资金额外授信或投资证券
3	商业或消费者金融服务，用从机构投资者处获得的资金额外授信或提供融资租赁
4	保险服务，包括人寿保险及一般保险
5	资产管理，指在第三方账户中对于资金或证券进行的投资或管理
6	投资建议，针对投资给出建议
7	证券承销，为发行人发行的债务、资产或可转换证券安排销售或担保销售
8	证券交易，用其自有账户买卖证券
9	证券经纪业务，为第三方账户买卖证券
10	投资公司活动，由25人以上通过持有一家公司的股份进行的投资，该公司以持有证券作为主要投资方式
11	皇家货币局规定的其他金融服务

外国金融机构在不丹的代表处不得在不丹境内提供任何金融服务或从事支付活动。未在不丹设立代表处的外国金融机构不得直接或间接在不丹境内提供金融服务或从事支付活动。

(二)担保法律制度

根据不丹《合同法》规定,担保合同是债权人为防止合同相对方违约而由担保人履行特定承诺的合同。如果担保人为了债权人利益已作出了任何行动或承诺,即使未从中获取任何利益,也构成合同对价。如果债权人或债务人对于合同作出了错误的表示,则担保合同无效。

如果担保扩大至一系列交易,则称为连续担保。担保人可以在任何时间撤回连续担保,该撤回仅能针对未来交易,并应通知债权人。担保人死亡,则连续担保终止。

(三)主权豁免

依据不丹《宪法》规定,国王不得因其行为被起诉。

四、投资法律制度

不丹积极实行市场化改革,为外国直接投资创造良好环境。2002 年政府批准了《外国直接投资政策》,鼓励外资在服务业和制造业进行投资,并废除了对外币支付和交易的一些限制。从 20 世纪 90 年代至今,不丹主要颁布了以下经贸法律:《金融机构法》、《外汇法规》、《动产和不动产法》、《破产法》、《公司法》、《外国直接投资政策》、《外国直接投资实施细则》等。外国投资委员会是不丹政府负责管理外国直接投资事务的专门机构,外国投资者在不丹进行投资或从事相关经营活动,必须向外国直接投资委员会提出申请,经过资格审查并颁发许可证之后,才可以从事经营活动。2010 年不丹颁布了新的外国直接投资政策,出台了数量更多、幅度更大的优惠政策。

(一)特定行业与领域法律情况

2010 年之前,不丹禁止外国直接投资以下领域:媒体和广播、分销服务,批发、零售和小型贸易,出售原材料的矿物开采,三星级以上的酒店,不符合原产地证书要求的工业以及其他明令禁止的行业。

除特别规定外,允许外国投资者在合资企业中的最高控股比例为 74%,并且规定制造业的投资最低限额为 5000 万努扎姆(约合 109 万美元),服务业为 2500 万努扎姆(约合 55 万美元)。规定 FDI 外国直接投资公司的控股最低比重应为 20%,否则不能被视作外国直接投资公司。

2010 年,不丹对外国直接投资政策做出重大调整,外国投资在服务业的教育、卫生、基础设施、五星级以上旅馆、研发等 14 个领域的最高控股比例从过去的 74% 提升到了 100% ,这是不丹第一次允许外国独资企业在其国内经营,但投资模式必须是公私合营模式(PPP)。

(二)外汇管制

在外汇汇出方面,外国直接投资政策实施细则包含以下规定:允许所有外国投资企业在不丹银行开设外币账户;所有外国投资企业的业务往来都须通过不丹银行的正规渠道等。

(三)税收制度

依据不丹 2000 年《公司法》,不丹的企业所得税率为净利润的 30% ,相对较高。2000 年,不丹颁布了销售税法和海关货物税法,规定了税务与海关部门具备以下权力:检查、没收、需求核算、拘留、罚款和起诉那些违反税法的企业。

2001 年所得税法令是不丹第一个现代的所得税法案,同时适用于个人和公司。该法还规定了营业税、破产、审理纠纷的行政过程。对于工资收入的所得税规定如下:所得额 100, 000 努扎姆以下不征税;所得额达到 250, 000 努扎姆时最高收取 10% 的税;所得额达到 500, 000 努扎姆时最高收取 15% 的税;所得额达到 1, 000, 000 努扎姆时最高收取 20% 的税;所得额达到并超过 1, 000, 001 努扎姆时最高收取 25% 的税。此外,财产转让税的税率为 5% 。

外交使团、跨国企业和政府机关一般免于支付关税和销售税,但仍须支付进口货物部分的销售税。

五、法律风险评价

(一)营商环境较差

整体上看,由于国内法律体系不健全、基础设施及工业基础较差,不丹的营商环境低于世界平均水平,尚有很大改革空间。根据 2015 年世界银行营商环境指南提供的数据,在 189 个国家和地区中,不丹的营商环境排名第 157 位,其中,在公司注册、财产登记、信贷取得、保护少数投资者等方面分别排名第 171 位、第 130 位、第 116 位和第 160 位,处于世界中下游水平。

公司注册		办理施工许可证		财产登记	
程序个数	15	程序个数	12	程序个数	7
时间(日)	49	时间(日)	275	时间(日)	91

续表

公司注册		办理施工许可证		财产登记	
成本(占单位收入的百分比)	64.4	成本(占项目投入的百分比)	1.1	成本(占财产价值的百分比)	4.7
最低注册资本(占单位收入的百分比)	1.6				

数据来源:2015 年世界银行营商环境指南。

(二)合同执行成本与破产处置成本较高

不丹的合同执行效率较低,处于世界中下游水平。根据 2015 年世界银行营商环境指南提供的数据,不丹的合同强制执行效率在世界 189 个国家和地区中仅排名 111 位。不丹破产的处置成本也相对较高,全球排名为第 96 位。破产处置时间长达 1.8 年,成本高达 15%,与经合组织等其他地区相比有明显差距。

合同强制执行	不丹	欧洲及中亚地区	经合组织
时间(日)	591	448.1	539.5
成本(占标的额的百分比)	33.2	25.2	21.4
程序(个)	40	37.0	31.5
破产处置	不丹	欧洲及中亚地区	经合组织
时间(年)	1.8	2.3	1.7
成本(占资产价值的百分比)	15	13.3	8.8
回收率(每美元美分数)	38.9	37.7	71.9

数据来源:2015 年世界银行营商环境指南。

(三)进出口贸易的法律环境有待改善

根据 2015 年世界银行营商环境指南,不丹跨境贸易难度排名在全世界 189 个国家中排在第 125 位,排名较为靠后。具体来说,不丹的出口成本为 1440 美元/每集装箱,进口成本为 1745 美元/每集装箱,高于其所在区域平均水平;进出口时间上,进出口平均需 28 天,时间成本较高。作为内陆国,不丹的进出口贸易仍存在较多限制,有待改善。

不丹跨境贸易	
出口所需文件数	6
出口时间(日)	28
出口成本(每集装箱/美元)	1440
进口所需文件数	6
进口时间(日)	28
进口成本(每集装箱/美元)	1745

数据来源:2015 年世界银行营商环境指南。

斯里兰卡民主社会主义共和国
The Democratic Socialist Republic of Sir Lanka

——绽放在印度洋上的“蓝莲古国”

斯里兰卡民主社会主义共和国基本情况

国家名称（中英文）	斯里兰卡民主社会主义共和国（The Democratic Socialist Republic of Sri Lanka）		
人口（百万）	20.97	人口增长率（年均%）	0.9
领土面积（千平方公里）	65.6	主要民族	僧伽罗族、泰米尔族
官方语言	僧家罗语、泰米尔语	主要宗教信仰	佛教、印度教
政体	民主制	主要政党	斯里兰卡自由党、统一国民党、泰米尔全国联盟
GDP（十亿美元）	82.32	GDP增长率（年均%）	4.8
国民总收入（十亿美元）	79.60	人均国民收入（美元）	3800
通货膨胀率（年均%）	2.1	外国直接投资净流入（百万美元）	681
外债（百万美元）	43,609	总偿债额占出口贸易和收入的比率	14.7

数据来源：2015年世界发展指标数据库。

一、国情简介

斯里兰卡民主社会主义共和国（以下简称“斯里兰卡”），是位于印度洋的热带岛国，英联邦成员国之一，属于多民族、多宗教国家。其中，僧伽罗族约占总人口的75%。斯里兰卡约70.2%的居民信奉佛教，此外，信奉印度教和伊斯兰教的人数分别占总人口的12.6%和9.7%。从政治、经济、外交等因素综合来看，斯里兰卡的整体环境向好。

（一）政治概况

斯里兰卡为代议民主制国家，总统为国家元首、政府首脑和武装部队总司令，享有任命总理和内阁其他成员的权力。2010年1月，斯里兰卡举行第六届总统选举。执政的自由党候选人拉贾帕克萨赢得连任，于2011年11月开始第二个总统任期，任期6

年。斯里兰卡议会为一院制,由225名议员组成,任期6年。本届议会于2010年4月选出,席位分布情况为:统一人民自由联盟144席,统一国民阵线60席,泰米尔民族联盟14席,民主全国联盟7席。全国主要政党包括斯里兰卡自由党、统一国民党、泰米尔全国联盟和人民解放阵线。斯里兰卡的司法机构由法院(包括最高法院、上诉法院、高级法院和地方法院等)、司法部(负责司法行政工作)和司法委员会(负责法院人事和纪律检查)组成。

斯里兰卡政府与"泰米尔伊拉姆解放虎"(简称"猛虎")组织间的冲突持续26年,于2009年取得胜利。目前,斯里兰卡政府积极推进战后平民安置和经济社会重建,政治、经济、安全形势总体趋于稳定。

(二)经济概况

斯里兰卡是一个以种植园经济为主的农业国家,茶叶、橡胶和椰子是斯里兰卡农业经济收入的三大支柱产品,也是斯里兰卡出口创汇的重要组成部分。斯里兰卡工业基础较为薄弱,纺织服装业是最主要的工业行业。斯里兰卡矿产资源丰富,是世界排名前五的宝石生产大国,有"宝石岛"之称。斯里兰卡于1978年开始实行经济开放政策,大力吸引外资,逐步形成市场经济格局。2005～2008年,斯里兰卡国民经济增长率连续四年达到或超过6%。2008年以后,受国际金融危机影响,经济增长减缓,外汇储备减少,茶叶、橡胶等主要出口商品收入和外国短期投资下降。近年来,斯里兰卡经济逐步回暖,呈现良好发展势头,2015年国民经济增长率为6.9%。据斯里兰卡海关统计,2015年斯里兰卡货物进出口额为292.3亿美元,主要出口国为美国、英国、印度、意大利、德国等,主要进口国为印度、中国、日本、阿联酋、新加坡、马来西亚等。

(三)外交政策

斯里兰卡奉行独立、不结盟的外交政策,支持和平共处五项原则,反对各种形式的帝国主义、殖民主义、种族主义和大国霸权主义,维护斯里兰卡独立、主权和领土完整,不允许外国对斯里兰卡内政和外交事务进行干涉。斯里兰卡关心国际和地区安全,主张全球核裁军以及建立国际政治、经济新秩序。坚决反对国际恐怖主义,1998年1月签署了《联合国反恐怖爆炸公约》,成为该公约的第一个签字国。斯里兰卡积极推动南亚区域合作,其外交重点是在解决国内民族问题上寻求国际社会的理解和支持。在联合国和南盟等组织内呼吁加强国际反恐合作。目前,斯里兰卡已同140多个国家建立了外交关系。

1957年2月7日,中国与斯里兰卡建立外交关系。双方一直保持着友好关系,高层往来不断。2014年习近平主席对斯里兰卡进行国事访问。2015年西里塞纳总统对华进行国事访问期间,习近平主席、李克强总理等国家领导人与其会谈。两国在许多重大国际和地区问题上拥有广泛共识,保持良好合作。

二、法律概览

斯里兰卡法律体系受英国普通法、罗马—荷兰法和各民族本土习惯法等多方面影响,呈现混合性及多元化特征。斯里兰卡法律体系较为完整,内容较为复杂,部分法律存在更新较慢、与实际需求不匹配等问题。

(一)法律体系

一般来说,由于斯里兰卡受罗马—荷兰法较多,往往被归入大陆法系国家范畴,但斯里兰卡的法律体系也兼有普通法特征,因此该分类并不绝对。整体来看,在未对某事项立法的情况下,英国法律规则将继续适用于商事贸易领域,而罗马—荷兰法则适用于财产和人身领域。目前,斯里兰卡的法律主要包括《宪法》《合同法》《担保法》《公司法》《金融法》《经济服务法》《再定居法》《银行法》《融资租赁法》《外国贷款法》《外汇控制法》《劳动法》等。

(二)司法制度

1. 诉讼制度

最高法院是斯里兰卡级别最高的法院,也是终审法院,拥有上诉管辖权、违宪审查权、基本权利管辖权和违背议会特权管辖权。上诉法院是最高法院的下一级法院,其有上诉管辖权以及签发司法令状的权利。上诉法院下一级是高级法院,高级法院可以担任一审法院,也可以作为上诉法院,可以处理民事案件也可以处理刑事案件。斯里兰卡还有地区法院,地区法院可以作为大多数民事案件的一审法院,还可以作为刑事案件的地方法院。

2. 仲裁制度

仲裁作为法院审判的替代性争议解决机制,在斯里兰卡应用较为普遍。斯里兰卡仲裁适用1995年第11号仲裁法案,该法案以《联合国国际贸易法委员会国际商事仲裁示范法》为基础制定。目前,斯里兰卡有两个主要的仲裁机构,分别为商法发展和实践仲裁中心以及斯里兰卡国家仲裁中心。

3. 司法协助

(1)司法互助条约签署情况

斯里兰卡是民商事案件调查取证委员会公约(《海牙证据公约》)和民商事案件司法和非司法文书送达委员会公约(《海牙送达公约》)成员国。

斯里兰卡还颁布了2002年第25号刑事案件司法互助法,与香港特别行政区、泰国、印度、巴基斯坦和阿联酋签订了类似的双边条约,并与俄罗斯、中国和白俄罗斯就条约文本达成初步合意。

此外,斯里兰卡还与多个国家签订了投资保护协议。这些协议通常包括保障本国和外国投资者拥有公正和平等待遇(包括最惠国待遇条款)、禁止征收、投资收益资金调出东道国的自由,以及以仲裁解决投资者纠纷等条款。

(2)承认和执行外国判决或裁决

就法院审判案件而言,除英格兰高等法院判决外,其他外国法院的判决在斯里兰卡没有强制执行力,案件需重新审理,但外国法院判决可以作为证据在审理中使用。根据相互承认和执行判决条例,除法律规定的例外情形外,英格兰高等法院的终审判决只要在作出之日起 12 个月内向斯里兰卡登记法院提交登记申请并根据该申请在斯里兰卡登记,则该判决在斯里兰卡无须重新审理或审查即可获得承认与执行。

就仲裁案件而言,斯里兰卡法律允许依据 1958 年《承认及执行外国仲裁裁决公约》(《纽约公约》)承认和执行外国仲裁裁决,但此等承认和执行仅适用于《纽约公约》缔约国(或与斯里兰卡相互承认执行仲裁裁决的国家)所作出的仲裁裁决。对斯里兰卡承认和执行的外国仲裁裁决,当事方应在裁决作出满 14 日起一年内向斯里兰卡高级法院申请执行。法院有理由拒绝此等承认和执行,拒绝理由包括:仲裁协议一方不适格、协议无效、未对裁决执行对象予以充分通知以致其无法履行义务、仲裁裁决事项超出各方提交仲裁的范围、仲裁庭组成不符合仲裁协议或仲裁地法律规定、仲裁裁决尚未生效或仲裁地的法院或法律曾将该争议驳回。另外,在争议标的依据斯里兰卡法律不适用仲裁,或承认执行该裁决有违斯里兰卡公共政策的情况下,高级法院也会拒绝执行该仲裁裁决。

(三)司法效率和其他事项

1. 司法效率

斯里兰卡司法效率和执行力不高,商事裁判一般需要 24 到 36 个月才能得出终审判决,法院允许有一定量的案件超期和积压。在某些案件中,由于案件过于复杂,而法院专业水平有限,使这些案件往往无法解决。此外,斯里兰卡存在行政干预司法、有法不依的现象。

2. 国有化、征收与征用

斯里兰卡 2011 年第 43 号《表现不佳企业或未充分利用资产复兴法案》附件中规定,政府可以征收表现不佳的特定企业和未充分利用的特定资产。目前该法案只规定了政府持股的企业和政府、政府机构、斯里兰卡投资委员会转让或租赁土地所构成的资产。

三、金融法律制度

(一)银行准入与监管法律制度

外资金融机构在斯里兰卡开展银行业务、融资或融资租赁业务,需在当地设立子公司或注册分支机构,并依法获得许可。

1. 设立要求

在斯里兰卡开展银行融资业务受斯里兰卡中央银行的监管。斯里兰卡银行业务适用的主要法律为1988年《银行法案》。根据《银行法案》,任何人在斯里兰卡开展"银行业务"都必须获得斯里兰卡中央银行货币委员会的许可。"银行业务"指"通过吸收存款向公众筹集资金,根据支票、汇票、本票向公众支付款项,并全部或部分地将此等资金用于预付款、投资或其他法律授权的业务和传统银行业务"。

此外,如果在斯里兰卡开展"融资业务"(此等"融资业务"不含上述"银行业务"),则还需根据2011年《融资业务法案》取得斯里兰卡中央银行货币委员会的许可。"融资业务"指"吸收存款,并(1)贷款;或(2)以任何方式进行投资,或(3)以任何方式进行贷款和投资"。在斯里兰卡开展融资租赁业务还须根据2000年《融资租赁法案》向斯里兰卡中央银行登记注册。

另外,如外资金融机构希望在斯里兰卡开展"银行""融资业务"或"融资租赁"以外的金融业务也需要取得斯里兰卡中央银行的许可或进行注册。

2. 最低资本要求

在斯里兰卡设立分支机构在任何情况下都有20万美元的最低资本限额,而对银行(商业银行要求50亿斯里兰卡卢比,约为2.26亿人民币)、金融公司(要求4亿斯里兰卡卢比,约1800万人民币)和融资租赁公司(要求3亿斯里兰卡卢比,约1400万人民币)则有更加严苛的最低资本限制。

(二)担保法律制度

1. 担保方式

斯里兰卡担保体系主要由抵押构成。通过在资产上设定抵押,可以对该资产享有担保权,并在借款人破产时得以优先受偿。在斯里兰卡,不动产抵押最为普遍,但动产(包括股票)抵押、账面负债、项目文件、执照抵押也比较常见。斯里兰卡公司条例还规定了固定抵押和浮动抵押。固定抵押应自抵押设定之时附随于担保财产,而浮动抵押则仅在特定事件发生时附随于担保财产。

2. 担保的效力与顺位

除不同的担保方式外,斯里兰卡法律还允许设立不同顺位的担保(如第一顺位抵押、第二顺位抵押和第三顺位抵押等)。抵押权顺位的优先性取决于抵押类型(如第一顺位抵押和第二顺位抵押)以及是否进行了登记。此外,同一抵押物的固定抵押一般优于浮动抵押,但公司条例对这一原则设定了若干例外:(1)浮动抵押特别地禁止设置固定抵押,且已先于固定抵押登记;(2)浮动抵押写明其优先于固定抵押,且固定抵押受益人书面同意;(3)浮动抵押先于固定抵押设置于财产之上。

3. 可设置担保的财产范围

根据斯里兰卡法律,可担保财产有:(1)不动产,如土地、房屋和固定物(包括租赁权益);(2)动产,如工厂和机械设备以及仓库/存货(包括股权和其他证券);(3)账面负债/应收账款;(4)项目文件和执照;(5)银行账户(一般与应收账款抵押相关联);(6)其他。

根据2014年第38号土地(限制流转)法案,该法案规定承租或受让土地的外国人(根据该法案的豁免情况)自受让或承租土地之日起5年内不得将土地抵押给斯里兰卡持牌银行。同时,斯里兰卡法律还规定,禁止向外国实体转让以下类型的土地:

禁止向外国实体转让土地的限制规定
1. 向《外交特权法案》中定义的外交使团/国际多边或双边组织转让土地
2. 四层以上的公寓出售,其全部销售所得在转让契约履行之前向国内汇入
3. 向外国继承人馈赠/遗赠土地
4. 向多个公民转让土地
5. 根据相关债务收回的立法或法院命令向在斯里兰卡持牌的外国银行/租赁机构转让土地
6. 向内阁批准的参与银行、金融、保险、航海、航空、高科技或基础设施项目并被2008年第14号法案《战略发展项目法》认定为“战略发展项目”的外国实体转让土地
7. 向内阁批准的参与国际商业运营,且所购买土地用于将其全球或区域性运营本地化或用于设立分支机构的外国实体转让土地

4. 担保的登记

斯里兰卡法律规定,抵押需要根据文件登记条例办理抵押登记(虽然存在大量例外情形,比如抵押权人持有抵押物的就不必办理登记)。在不动产抵押的情况下,需要通过登记来确保抵押权人对该不动产在抵押之后发生的交易都有优先权。在动产抵押的情况下,需要登记才可使抵押生效。除了根据文件登记条例办理登记之外,还需根据公司条例在公司登记部门的抵押登记处办理登记,以确保其在抵押人破产时享有优先受偿权。

但是,斯里兰卡虽然允许消极担保,但消极担保本身并不会被视作担保,因此无须遵循上述登记要求。

5. 主权担保

根据斯里兰卡修订后的1957年第29号外资贷款法案,主权担保仅提供给公营公司或公营企业。"公营公司"指由政府全资或部分出资、根据公司条例以外的成文法设立的法人团体、委员会或其他实体。"公营企业"指政府出资少于已缴资本50%并依据公司条例注册成立的公司。

申请或获取主权担保并无特别程序,只需要和财政部协商。提供主权担保有很多监管上的先决条件,如内阁批准此类担保、总统根据《外国贷款法》批准特定个人有权代表政府签署担保文件、外汇总管根据《外汇控制法》批准需在斯里兰卡境外换汇的外币担保以及中央银行根据《货币法案》推荐等。

6. 担保的执行

在斯里兰卡,行使担保物权原则上需要向法院起诉。但是根据1990年第40号银行贷款复苏法案,斯里兰卡持牌银行能够通过董事会决议和法定公告来行使抵押权。

(三)法律适用

斯里兰卡法院尊重各方对适用法律的选择,但不得有悖公共政策。证据条例有一条特别规定,要求法院在对外国法形成意见时应召集专家。

(四)主权豁免

如果政府部门或全资国有企业是借款人,其可以放弃豁免。放弃豁免不需要得到政府部门的授权或批准,但司法部一般会对所有政府或国有企业签订的重大协议(如贷款协议)进行审查并发表意见,而放弃豁免条款一般都是此类协议的争议焦点。政府所有的持牌商业银行会成为上述规则的例外,因为这些银行是更为复杂的实体,且更熟悉此类金融交易,因而不太可能会依赖司法部的建议。

如果政府认为该放弃豁免行为损害了本国利益,可以司法部名义起诉,但根据《民事诉讼法》第462条,在司法部代表政府被起诉时,斯里兰卡的任何法院都不得对司法部签发司法令状。此外,斯里兰卡是维也纳公约的缔约国,因此其对公约其他缔约国享有公约规定的特定豁免权和特权。

四、投资法律制度

(一)企业法律制度

1. 主要企业类型

根据斯里兰卡企业法律制度相关规定,在斯里兰卡允许合法设立的企业有以下几种类型:

企业类型	概念与特征
在斯里兰卡设立的公司	依据公司条例设立的公司有其独立的法人人格，并能够以自己的名义起诉和应诉
海外公司/分支机构	1. 海外公司指在斯里兰卡设立业务机构并在斯里兰卡公司登记部门注册为“海外公司”的外资公司。此类公司并无独立法人人格，不同于其总部。 2. 海外企业有两种：(1)开展商业、贸易或产业活动的分支机构或项目办公室等机构；(2)开展非商业、非贸易或非产业活动，不为公司直接或间接创收的联络办事处、代表处、地区办事处或其他类似办事处
合伙	1. 合伙指两个或两个以上个体联合起来开展特定活动的组织。 2. 合伙企业没有独立法人地位，由合伙人承担责任。
个人制	个人独立运营业务。该类业务没有独立的法人人格，由该所有人承担责任
法人团体	法人团体指的是依据公司条例以外的法律规定设立的团体。基本上是政府部门或其他依据议会法案设立的公共机构

2. 企业准入制度

根据斯里兰卡法律规定，部分行业限制外资进入。同时，除非得到外汇管制部门的特别批准，外资企业不得从事借款、典当、及少于 100 万美元资本的企业(分支机构的门槛是 200 万美元)进行零售交易、近海捕鱼以及提供证券服务(包括证券管理和为个人、私营机构提供咨询服务)等业务。

外资持股超过 40% 的公司进行以下活动，需要得到投资促进委员会的批准：(1)生产斯里兰卡出口受国际指标限制的产品；(2)对茶叶、橡胶、椰子、可可豆、大米、砂糖和辣椒进行种植和主要加工；(3)对不可再生国家资源进行开采和主要加工；(4)使用当地木材开展木材相关业务；(5)深海捕鱼；(6)大众传播；(7)教育；(8)货运代理；(9)旅游中介以及航运中介活动。

外资企业投资以下行业或持有相关公司股权，需获得政府或其他主管机构的特别批准：航空运输；沿海航运；任何制造/生产下列产品的行业：武器、弹药、爆炸物、军事运输工具和设备、航空器和其他军事装备；毒药、麻醉药、酒精、危险药物和有毒、危险或致癌物；货币、银币或证券文件；大型机械开矿；博彩。

(二)特定行业、领域法律情况

1. 能源领域法律情况

电力和石油是斯里兰卡两大商业能源供应部门，主要有国家经营相关企业，但目前也正在向市场化方向改革。生物能源和风能是斯里兰卡重要的新兴能源行业。

根据斯里兰卡2009年第20号电力法案，斯里兰卡公用事业委员会是电力行业的经济、安全和技术主管部门，负责在电力法案授权范围内制定相关规则并监管发电、输电或配电的执照申请，以及发电或配电执照豁免申请。

2. 石油资源领域法律情况

石油产品包括汽油、柴油、煤油、航空燃料、船用燃料、高炉燃油和液化石油气，石油资源包括（天然的、液化的、气态的、固体的和半固体的）原油、天然气和碳氢化物。下游石油产业包括石油产品、石油资源进出口，提炼、混合石油资源或生产石油产品，储存、配置和运输石油产品或石油资源，批发、零售石油产品。

石油产业局是斯里兰卡石油产业监管机构。在斯里兰卡，下游石油产业的监管适用2002年第33号《石油产品（特别规定）法案》和1961年第28号《锡兰石油公司法案》。此外，由于石油供应委员会于2004年解散，致使石油供应领域监管出现空缺，目前，《锡兰石油公司法案》和《石油产品（特别规定）法案》正处于修改中，未来法律出台后，可能由斯里兰卡公共事业委员会对斯里兰卡整个石油产业进行监管。

3. 矿产资源领域法律情况

依据1992年第33号《矿山及矿产法案》，斯里兰卡地质调查和矿产局通过签发执照，对矿产勘探、开采、加工、交易和出口进行监管。根据该法案，地质调查和矿产局可以签发矿产勘探、矿产开采、矿产交易和运输执照。

获得勘探许可的主体在许可范围内具有排他性权利。

开采许可分为：（1）人工开采许可，许可持有者有开采、加工和交易执照中指定的所有矿产资源的排他性权利，开采范围不超过10公顷或开采深度不超过25米；（2）工业开采许可，许可持有者有勘探、处理和交易在执照指定矿区范围内所有矿产资源的排他性权利。此外，对保留矿区中的矿产进行开采、加工和交易需要取得保留矿产执照以及矿产局局长的批准。

交易执照持有者有购买、储存、加工、交易矿产资源的权利，而在地质调查矿产局局长的特别授权下，其还可根据签发的执照出口矿产资源。

运输执照持有者有权对含矿物质的物品或矿产进行运输，此类执照还会列明运输量和输运时间。对矿产资源进行勘探、开采和交易，都需要申请运输执照以对含矿物质的物品或矿产进行运输。所有勘探、开采和交易执照持有者都需要地质调查和矿产局局长的特别授权才能把获得许可的矿产资源出口到境外。

矿业在斯里兰卡属于受到限制的行业。除非得到外汇管制部门的批准，外资企业的分支机构不得在斯里兰卡从事开矿行业。任何外资持股超过40%的公司在斯里兰卡进行矿产开发都需要取得投资促进委员会的许可。

4. 土地领域法律情况

根据2014年第38号《土地(限制流转)法案》,斯里兰卡限制外资企业(在斯里兰卡成立且50%以上股权由外资持有的企业属于外资企业)拥有或租赁斯里兰卡土地。斯里兰卡禁止外资企业享有土地所有权,租赁土地需要缴纳土地租赁税(15%,在特定情况下还会产生7.5%的特许费)。但将斯里兰卡土地向外国人转让的限制也存在例外规定,即根据斯里兰卡法律,部长(经内阁批准)可给予参与战略发展项目的外资企业特别豁免。

(三)外汇管制

《外汇管制法案》规定了涉及外汇交易的黄金、货币、支付、担保、债务、进出口和财产转让以及结算的义务和限制。

贸易项下的外汇交易如通过授权外汇经销商(即商业银行)进行则没有限制。

资本交易,尤其是在非居民投资斯里兰卡公司发行的卢比股票领域,已经被部分放开管制,但部分仍受限于特定例外和限制。未放开的资本交易需取得中央银行外汇管制部门的批准。

在外资银行向斯里兰卡交易相对人提供贷款方面,原则上需要取得斯里兰卡中央银行外汇管制部门的批准。

1. 货币流通限制

斯里兰卡卢比并非自由流通货币,不得被携带或转让到国外。但是,斯里兰卡卢比可以被兑换为外汇以汇至国外,只要满足以下两个条件之一即可:一是遵守《汇管制法案》的相关规定;二是取得外汇管制部门的特别外汇管制批准。

2. 海外开户限制

根据《外汇管制法案》第6AA条和第8(1)条,斯里兰卡居民不得在斯里兰卡之外开展银行业务的任何银行或金融机构开户,也不得向境外汇款,除非得到斯里兰卡中央银行外汇管制部门的批准。但这一规则也有例外:居民纳税人在境外临时开展业务、研究或因医疗所得收入;斯里兰卡境内个人经财政部批准投资境外;出口商;来自别国的取得永久居留权的人;以及双重国籍公民等。此外,只要不在外汇银行单元中,商业银行可以在外资银行开户而不受限制。

(四)税收制度

在斯里兰卡,应依据修订后的2006年第10号《岛内收入法案》规定,按照"每个人的利润和收入"缴纳收入所得税。同时,该法案还对居民纳税人和非居民纳税人在缴纳斯里兰卡个人所得税上做出区分。对斯里兰卡居民纳税人,收入所得税的征税对象是该纳税人在全球范围内的利润和收入,而对非居民纳税人,收入所得税的征税对象仅限其在斯里兰卡取得或来自斯里兰卡的利润和收入。

另外,如果某人在税收评定年内已经在斯里兰卡逗留183天或超过183天,则其将在该税收评定年被认定为居民纳税人。而对公司而言,如果其注册地或主要营业地在斯里兰卡,或者其业务主要在斯里兰卡开展,则该公司将被认定为居民纳税人。

根据《岛内收入法案》,任何斯里兰卡之外的公司、合伙或其他实体从向斯里兰卡政府、任何公共团体、任何政府机构或任何商业银行在2012年4月1日之后提供的贷款(此时借款人需在斯里兰卡运营)所取得的利息,免交收入所得税。因此,外资金融机构的伊斯兰金融融资成本也可以免征个人所得税。

斯里兰卡目前没有开征资本收益税,对贷款文件也尚未征收印花税或其他文件税。但是,对抵押文件会征收担保金额0.1%的印花税。

金融交易会涉及特定资产的转让,这种情况下可能会对特定类型资产的转让产生增值税。目前的标准税率是11%。此外,土地转让会产生4%的印花税,而租赁财产将会产生1%的印花税。

五、法律风险评价

(一)营商环境有待改善

根据2015年世界银行营商环境指南,斯里兰卡在公司注册、工程承包、财产登记、电力获取、信贷取得等方面分别排名第104位、第60位、第131位、第100位和第89位,处于世界中下游水平,营商环境有待改善。以财产登记为例,在斯里兰卡每项财产的有效登记需要平均经过9道程序,耗时达到51天,并且成本高达财产价值的5.1%。

公司注册		财产登记	
程序个数	9	法律权利强度(0~12)	3
时间(日)	11	信用信息获取度(0~8)	6
成本(占单位收入的百分比)	20.7	银行网点覆盖率	44.5
最低注册资本(占单位收入的百分比)	0	成年人信用信息登记率	0

数据来源:2015年世界银行营商环境指南。

(二)破产处置成本适中,合同执行成本较高

斯里兰卡的合同执行效率低于南亚地区的平均水平。根据2015年世界银行营商环境指南,斯里兰卡的合同强制执行效率在世界189个国家中仅排名第165位;破产成本适中,破产处置效率排名第72位。

合同强制执行	斯里兰卡	南亚	经合组织
时间(日)	1318.00	1076.9	539.5
成本(占标的额的百分比)	22.8	30.4	21.4
程序(个)	40	43.3	31.5
破产处置	斯里兰卡	南亚	经合组织
时间(年)	1.7	2.6	1.7
成本(占资产价值的百分比)	10.0	10.1	8.8
回收率(每美元美分数)	42.4	36.2	71.9

数据来源:2015年世界银行营商环境指南。

(三)税务负担较重

对于外投资者来说,斯里兰卡的税收法律制度较为健全,但税务负担沉重。斯里兰卡实行属地税制,没有营业税设置,但征收企业所得税、个人所得税、增值税、经济服务税和关税等税种,税收政策市场发生变化,稳定性不足。根据2015年世界银行营商环境指南提供的数据,斯里兰卡在税收负担方面排在全球189个国家的第158位。

税收指标	斯里兰卡	南亚	经合组织
纳税(次)	47.0	31.4	11.8
时间(小时)	167.0	325.3	175.4
应税总额(占利润百分比)	55.6	39.7	41.3

数据来源:2015年世界银行营商环境指南。

马尔代夫共和国
The Republic of Maldives

——印度洋上的珍珠

马尔代夫共和国基本情况

国家名称（中英文）	马尔代夫共和国（The Republic of Maldives）		
人口（百万）	0. 41	人口增长率（年均%）	2. 0
领土面积（千平方公里）	0. 3	主要民族	马尔代夫族
官方语言	迪维希语	主要宗教信仰	伊斯兰教
政体	总统制	主要政党	进步党、民主党、人民党
GDP（十亿美元）	3. 14	GDP 增长率（年均%）	1. 5
国民总收入（十亿美元）	2. 73	人均国民收入（美元）	6670
通货膨胀率（年均%）	1. 0	外国直接投资净流入（百万美元）	324
外债（百万美元）	1026	总偿债额占出口贸易和收入的比率	2. 3

数据来源：2015 年世界发展指标数据库。

一、国情简介

马尔代夫共和国（以下简称“马尔代夫”）是位于南亚的印度洋岛国，由 1200 余个小珊瑚岛屿组成，其中有人居住的岛屿的共计 202 个，面积 300 平方公里，是亚洲最小的国家，也是世界上最大的珊瑚岛国。总人口为 41 万，均为马尔代夫族。官方语言为迪维希语，政府文件和法律均用迪维希语写成，英语是上层社会的通用语。伊斯兰教是马尔代夫的国教，逊尼派是唯一的教派。

（一）政治概况

马尔代夫为总统制国家。根据 2008 年 8 月生效的新《宪法》，总统为国家元首、政府首脑和武装部队统帅。总统有权任命内阁成员，但须经议会批准。所有议员通过选举产生。人民议会为马尔代夫立法机构。实行比例代表制，所有议员通过选举产生，各行政区议员人数由当地人口数决定，任期 5 年。马尔代夫主要政党有进步党、民主党、共和党、马尔代夫发展联盟、正义党等。

（二）经济概况

马尔代夫是发展中国家，重视发展国民经济，实行小规模开放型经济政策，坚持在保护环境的基础上，发挥自身资源优势，积极吸收国外资金参与援助，加快经济发展，市场开放度较高。旅游业和渔业是马尔代夫两大经济支柱产业。自19世纪70年代马尔代夫开始大力发展旅游业以来，发展十分迅速，经济一直保持较快增长，年均GDP增速达7%以上，但近10年来受自然灾害、全球金融危机以及本国政局动荡等因素影响，经济增长放缓，波动较大。多年来，旅游收入对马尔大夫GDP贡献率一直保持在30%左右，是马尔代夫主要的外汇收入来源。马尔代夫渔业资源丰富，但受渔业发展政策和捕捞能力限制，近年来发展缓慢，占GDP比例逐年下降。2014年，马尔代夫国内生产总值（GDP）为30.32亿美元。截止2015年底，马尔代夫外汇储备约6.7亿美元，同比增长近50%。在对外贸易方面，马尔代夫主要出口商品为海产品和成衣，主要进口商品为食品、石油产品、纺织品和生活用品，主要贸易伙伴有新加坡、阿联酋、印度、马来西亚和泰国等。

（三）外交政策

马尔代夫奉行和平、独立和不结盟的外交政策，与所有尊重马尔代夫独立和主权的国家保持友好关系，自独立以来已同162个国家建交。马尔代夫重视发展与印度、中国、日本、斯里兰卡以及阿拉伯国家的关系，积极争取国际组织和其他国家的援助，参与不结盟运动和南亚区域合作联盟活动。2011年马尔代夫成功举办第17届南盟峰会。此外，马尔代夫主张全面裁军，包括禁止核试验和彻底核裁军，提倡维护世界和平，特别是维护小国安全。马尔代夫是“小岛屿国家联盟”的主要代表国，由于海平面上升对马尔代夫造成严重威胁，其极为关注全球气候变暖问题，强调气候变化事关小岛屿国家的生存权，签署了《气候变化和生物多样性公约》《京都环保议定书》《保护海洋生物议定书》等法律文件。2009年10月，马尔代夫在水下召开内阁会议，并于11月举办“气候脆弱性论坛”，呼吁国际社会采取行动应对全球变暖。

1973年10月14日马尔代夫与中国建立外交关系，建交后两国友好合作关系不断发展，两国领导人曾多次互访。2011年11月8日，中国正式在马尔代夫设立大使馆。2014年9月，国家主席习近平对马尔代夫进行国事访问。

二、法律概览

马尔代夫的法律制度属于英美法系，同时混合伊斯兰教法，拥有法典化的法律体系，制度空白较少，法律体系运行稳定，法律变更风险较小。此外，马尔代夫司法独立性高，奉行三权分立，司法受政治等因素的干扰较少。

（一）法律体系

马尔代夫法律渊源基于成文宪法、法律、习惯惯例、伊斯兰法和英国法。马尔代夫《宪法》是国家最高法律，高于议会通过的立法。法官仅能在宪法和法律未规定的事项上考虑适用伊斯兰教法。与贸易有关的法律（几乎都是成文法）主要受英国普通法原则和其他西方法域的类似立法的影响。除了在立法方面以英国和其他西方法律为蓝本外，在与贸易有关的事项上，马尔代夫法院也越来越多地使用这些国家的案例来解释本国法律法规。

马尔代夫的主要法律包括《宪法》《司法法》《公司法》《外商投资法》《合同法》《货币金融法》《旅游法》《消费者保护法》等。

（二）司法制度

1. 诉讼制度

根据马尔代夫《宪法》，马尔代夫的司法权力属于根据法律建立的最高法院、高等法院和初审法院。每一级法院受到上级法院裁决的约束。

《宪法》和《司法法》规定了法院的管辖权。对于民商事纠纷，最低一层是民事法院和治安法院。民事法院位于首都马累，有权审理所有的民事纠纷案件，包括但不限于破产、私人当事方之间或私人当事方与国家之间的有关合同或违约索赔的事项、与贸易有关的事项、与抵押和费用有关的事项、与贷款有关的事项、估价和价值恢复有关的事项。

治安法院位于马累市之外的居住区，原则上拥有各个治安法院管辖区内发生的所有民事、刑事和家庭纠纷案件的审判权。然而，治安法院无权审理争议金额在500万马尔代夫拉菲亚以上的争议案件。这些案件只能在民事法院进行。

高等法院包括马累市、本国南部和北部的高等法院。根据《司法法》第34条赋予的司法职权，高等法院有权聆讯下级法院的命令、决定或判决的上诉，除非法律规定豁免。根据最高法院相关裁决，高等法院有对所有下级法院和其他行使准司法职能的实体或机构的监督管辖权。

最高法院位于马尔代夫司法系统的顶端，除了拥有《司法法》授予的专属管辖权、原始管辖权和咨询管辖权之外，还拥有高等法院所有决定的上诉管辖权，除非法律规定了豁免。根据《司法法》规定，如果高等法院的决定、判决或命令违反宪法或其他法律法规，最高法院有权审理由任何一个利害关系方提起的关于高等法院决定的异议诉讼。根据最高法院相关裁决，最高法院也有对所有下级法院和其他行使准司法职能的实体或机构的监督管辖权。

除了上述法院，马尔代夫还有拥有具体管辖权的准司法机构，由具体的立法设立，其中包括税务上诉法庭。税务上诉法庭根据《税收管理法案》已于2010年成立，主要职能是审查马尔代夫税务机关根据各种税法所作的支付税款的决定。

马尔代夫实行对抗制的诉讼程序制度。

2. 仲裁制度

马尔代夫《仲裁法案》规定了两个或两个以上当事人按照国际公认的标准以仲裁方式解决法律关系所引起的商业纠纷的原则。同时,《仲裁法案》还规定了争议的可仲裁性、仲裁庭的组成、仲裁庭的管辖权、仲裁程序的进行和反对仲裁裁决和其执行的救济措施。该法规定,仲裁协议应为书面形式,且应包含在签署的文件或信件、电传、电报或其他能够为协议提供记录的电子通讯方式的交换记录中。《仲裁法案》规定,通过仲裁协议任何争议都可以提交仲裁,除非仲裁协议涉及的事项违反马尔代夫公共政策。

根据《仲裁法案》,当事人仅能在以下情形下向法院提出请求:一是强制执行临时保护措施或禁令;二是一方不满意仲裁庭做出的程序性裁决。当事人也可以根据《仲裁法案》第 69 条规定的撤销仲裁的事由请求法院撤销仲裁裁决。

3. 司法协助

目前,马尔代夫没有关于直接执行外国法院判决的具体规定,也无信息表明马尔代夫政府已与任何国家签署民事和商事司法协助条约。因此,希望在马尔代夫执行外国判决的当事人必须向当地法院重新提起诉讼。

马尔代夫尚未加入《承认及执行外国仲裁裁决公约》签。但其《仲裁法案》效仿了贸易法委员会《国际商事仲裁示范法》,规定只要不违背《仲裁法案》第 74 条规定的程序性事由,在外国作出的仲裁裁决在马尔代夫应该得到承认和执行。程序上,希望执行仲裁裁决的一方必须向高等法院提出执法申请,裁决必须根据高等法院发出的执行令执行。

(三)司法效率和其他事项

马尔代夫坚持三权分立,以宪法、法律保障司法权与法官的独立性,着力减少司法判决的干扰因素,司法执行效率尚可。

1. 终审判决的一般时限

马尔代夫法律法规未对地方法庭审判期限作出规定。最高法院一直强调要加快马尔代夫各级法院审理案件的速度,目前,民事法院审理一个有关银行或执行仲裁裁决/外国判决的典型案例平均需要 4 ~6 个月,包括审前的强制调解程序;高等法院则平均需要约 6 ~8 个月做出判决;最高法院的审判期限根据案件难易度长短不一,具有不确定性。

2. 国有化和征收、征用

目前,马尔代夫没有国有化、征用或剥夺财产方面的专门规定。关于私人财产、商业的征用可适用《宪法》关于私有财产不可侵犯的相关规定。私有财产不应未经同意被政府征收，除非基于法律规定的公共目的或法院命令。私有财产只能在给予由法院决定的公正的赔偿后才能由政府征用。

高等法院在2012/HC－A/124号案件中详细讨论了马尔代夫《宪法》第40(b)条和其适用，强调政府征收适用以下原则：政府征收必须是法律明确规定的、法院命令授权的、未经财产所有者同意的、经公平和充分的赔偿的和应当被给予的。高等法院还参考了《去中心化法案》第41(n)条，该条规定："当有必要征用私有财产以供公共使用时，征用只能在给予法律规定的公正的赔偿之后方能为之。"此外，高等法院还在该案中引用了《法律总则》中的相关规定："当地方政府为了自己或是为了公众的利益需要征用椰子树、农田、住宅和其他私有财产时，它只能在给予补偿或给予价值后才能征用，且在征用的是土地的情况下，政府应当给予足够的时间来腾出土地，且如果土地上有住宅，政府应当考虑给予足够期限。"

三、金融法律制度

(一)银行准入与监管法律制度

外资银行在马尔代夫从事一般银行活动无须注册，但活动范围应遵守马尔代夫相关禁止性规定。如果外国银行希望开展永久居留方才可进行的业务，需取得执照才可营业。

1.外资银行准入法律制度

外资银行在马尔代夫开展银行业务较为普遍。目前法律中没有禁止外资银行向马尔代夫借款人贷款或在马尔代夫取得担保的相关规定。在马尔代夫未注册、未持牌的外资银行也可以在马尔代夫取得担保并请求对违约的借款人采取强制措施。但下列业务除外：在马尔代夫进行小额银行业务并从马尔代夫客户或其他居住在马尔代夫者处广而告之吸取存款；通过马尔代夫境内的公司未经当地主管机构许可开展任何境外银行业务。

如外资银行希望在马尔代夫开展需要永久居留方可进行的业务，需要取得马尔代夫许可牌照。根据银行业法案的规定，任何牌照申请"都必须按照马尔代夫货币局规定的形式，并包含其要求的所有信息"，且"马尔代夫货币局有权决定评估该申请的程序"，由此该法案赋予了马尔代夫货币局较大权限。马尔代夫货币局有权决定其在牌照申请过程中要求的其他信息和保证。整体来看，应提交以下文件。

银行牌照申请所需文件
1. 公司章程及公司治理文件和过去三年经审计的财务报告的核证副本
2. 对申请者资本金的介绍
3. 申请者拟开展业务的地点
4. 申请者各主要股东和管理人员的个人信息和财务信息
5. 开业前三年的商业计划和预计财务报告
6.（在申请者为外资银行的情况下）外资银行所属国家的中央银行批准，表示其对该外资银行在马尔代夫开展业务并无异议

在评估申请时，银行业法案还授权马尔代夫货币局审查评估材料来确保以下事项：一是该银行控股公司不仅不会削弱子公司，还会为当地子公司带来财务和管理上的资源；二是该银行控股公司的主要股东和管理人员适格且正当；三是分行管理人员和代表处的管理人员适格且正当。

2. 银行监管法律制度

马尔代夫中央银行为马尔代夫货币局，负责监管马尔代夫金融和银行业务。主要有以下职责：发行货币，监管马尔代夫拉菲亚的可获得性和国际价值；向政府提供银行和货币方面的顾问服务；监管银行业以确保金融系统稳定；及保障马尔代夫货币在国内外的稳定性，优化金融环境以保证马尔代夫经济发展平稳有序。

马尔代夫银行业务适用马尔代夫《银行法案》，该法案旨在“出台银行业政策以确保银行系统依据政策运行，以保持银行系统稳定性和公信力，保障银行存贷款安全，管理系统风险，防范金融犯罪和保障良性竞争”。

马尔代夫对当地持牌银行有最低资本要求和资本充足率要求。最低资本要求在6000万马尔代夫拉菲亚到1.5亿马尔代夫拉菲亚之间。就资本充足率而言，法律要求每家银行必须保持总资本不低于其总资产价值的12%，核心资产不低于其风险性资产的6%，资产不低于投资总额的5%。

（二）担保法律制度

马尔代夫与担保相关的立法主要是《抵押法》，然而该法并未对抵押财产的范围做出特别规定。一般担保并不要求取得事先批准，但与特定财产相关的担保（如涉及租赁的担保）除外。此外，在协议中，当事人往往会约定大型工业用地和旅游景点的抵押需要取得事先批准，租赁土地抵押的合同当事人也会约定土地承租人（多数情况下是政府或政府持股的机构或公司）应取得批准。但法律对上述财产的抵押没有做出强制性的事前批准要求。对于不同的担保形式，马尔代夫法律有不同的要求。下文主要介绍马尔代夫最常见的担保形式——抵押的相关规定。

1. 设立抵押的要求

抵押适用合同自由原则，抵押人和抵押权人可在协议文本合意约定抵押条件。根据当地法，抵押人无须是抵押财产的所有人，法律上抵押权人也不负有审查抵押人在设立抵押前取得财产所有权的审查义务。因此，为了保护抵押权人的利益，抵押权人可以对抵押人以及抵押财产所有人等第三方提起诉讼。如果借款人或第三方抵押任何财产，抵押人必须年满16岁且精神状况正常，并且抵押必须是基于自由意志，而非基于胁迫或强迫做出。另外，抵押财产不得是禁止处分的财产。

2. 抵押登记

特定财产的抵押应当进行登记。马尔代夫的官方抵押登记规定如下：旅游景点和旅游租赁协议由旅游局进行登记；航运工具、航空器由交通和民用航空局进行登记；住宅和其他商业财产由市议会进行登记。马尔代夫没有对股权抵押、银行账户、应收账款和动产质押设立官方登记处。

3. 重复抵押效力

马尔代夫《抵押法》并未特别禁止任何抵押人对同一财产进行重复抵押。如果协议中抵押人和抵押权人没有禁止性约定，则实践中抵押人可以对同一财产进行重复抵押，但是在先抵押权人的权利不得因此受到损害。抵押权人也可以通过在合同中明确约定的方式排除对财产的重复抵押。

在原始贷款人同意的情况下，对私人土地和旅游景点租赁权益设立的多项抵押得以在马尔代夫注册。此等多重抵押可以是同顺位的，也可不同顺位。注册程序与第一顺位抵押完全相同。

4. 抵押的执行

根据《抵押法》的规定，抵押权人有权在抵押人违反协议时起诉抵押人。如果法院支持抵押权人，会判决抵押权人根据《抵押法》的规定占有抵押财产。但是，抵押权人并不能据此取得抵押财产所有权，仅可向第三方出租财产获得租金，直到欠款全部还清。此外，根据《抵押法》的规定，如果抵押财产已出租给第三方，则法院可判决第三方将租金直接交给抵押权人。如果欠款未得偿还，法院认为不可能通过前述方式使抵押权人获得清偿且抵押人同意出售，则可能判决出售抵押财产。如果抵押人不同意出售，且没有其他方式偿还欠款，抵押权人可以请求法院出售财产，法院有权判决出售抵押财产。出售后的收入分配由法院决定。

总而言之，如果无法依据法律规定转让占有或通过收取租金来偿还贷款，法院通常会考虑抵押协议的条款，在抵押权人请求出售的情况下判决出售该抵押财产。

（三）法律适用

马尔代夫允许涉外纠纷适用外国法。但目前尚无法院审理过此类案件，因此尚不清楚当地法院事实上对于外国法适用的态度。

四、投资法律制度

(一)企业法律制度

马尔代夫与企业相关的主要法律制度有《公司法》《外国投资法》及《商业登记法》。

1.《公司法》

马尔代夫公司的设立与存续适用《公司法》,并由经济发展部下设的公司登记处管理,该《公司法》参考了英国《公司法》的原则及规定。根据《公司法》的规定,私人有限公司必须有不少于2000马尔代夫拉菲亚,约合130美元的注册资本。2010年《银行法案》对银行和其他金融机构分别规定了最低资本要求。

外国投资者在马尔代夫开展业务有两种选择:注册新公司或注册分支机构。与注册新公司相比,作为外国公司注册将具有独特的优势,无须向马尔代夫内陆税收局支付注册费和年费。如果外国投资者选择在马尔代夫注册新公司,应获得马尔代夫法律法规规定的所有必要许可。

《公司法》第94条要求每一家在马尔代夫经营的公司(包括重新注册的外国公司)向公司登记处提交年度账目副本。《公司法》规定的会计和审计程序对马尔代夫注册的公司作如下要求:

1. 保持清晰和充分的账户记录
2. 在公司的注册地址存放会计记录,并保证其在任何时间可由公司成员查阅
3. 保存自做出之日起不少于三年的会计记录
4. 准备账目记录显示收入和费用、利润和损失、年度资产负债表和向年度股东大会提交的年度报告
5. 准备年度报告包含有关公司过去一年业绩评审的信息、建议宣布发放的股利金额和公司成员与董事会组成的细节

公众公司和所有股本超过100万马尔代夫拉菲亚(约合7.8万美元)的公司须委任特许会计师或由总审计长批准的注册会计师作为其审计师。审计报告应与账目一同递呈公司年度股东大会,并包含以下内容:审计师是否收到履行其职责所需的信息和细节;用于审计的账户是否真实并显示公司的准确状态,账目是否反映从公司账簿上看到的真实财务状况。

2.《外国投资法》

在马尔代夫进行的外国投资受马尔代夫《外国投资法》规范。根据该法律,可以在马尔代大进行的投资主体是银行、马尔代夫共和国政府承认的外国政府等。

《外国投资法》没有在资本金方面做出明确要求，仅要求投资者与政府签订外国投资协议，规定外国投资者增加/减少资本须事先获得该外国政府批准。

3.《商业登记法》

自2014年5月3日《商业登记法》生效以来，注册一家外国公司应满足不少于100万美元的最低股本，并维持10万美元政府保证金，或者从信誉良好的银行获取一封推荐信并为政府所接受。《商业登记法》所规定的登记要求同时适用于本地新公司的注册和外国公司在马尔代夫注册。因此，可以认为《商业登记法》取代了《外国投资法》的部分规定。

（二）特定行业与领域法律情况

作为印度洋岛国，马尔代夫政府利用其岛屿众多的特点，大力发展旅游行业，针对旅游业实施了鼓励性政策规定。随着旅游行业的日益发展，马尔代夫对于基础设施的需求也逐渐增大。马尔代夫政府鼓励基础设施项目投资，往往以投资者与当地部门具体协商的形式在合同中进行详细约定。

1.旅游行业法律情况

根据《旅游法》，马尔代夫政府可以出租无人居住的岛屿并允许开发度假村。这些为旅游目的租用的岛屿受制于马尔代夫旅游部的排他性管辖，不受岛/环礁委员会的管辖。马尔代夫政府将岛屿租给承租人用于新度假村的发展和运作，但不提供基础设施。此外，除了豁免开发度假村所需的进口材料和设备的关税，政府也不向承租人提供任何财政援助。承租人因此接管的是尚未开发的“原始状态”的岛屿，必须利用自己的资源为整个度假村的建设和运作筹措资金。

度假村建立后，承租人可以在租赁期限内占有该岛并使用岛上建筑、设施和其他财产。租赁期届满时，承租人有权获得岛上的度假村资产作为补偿。由于《旅游法》不允许租约就同一承租人自动续订，租赁期届满时，政府必须对该岛租赁事项举行公开招标。《旅游法》规定，如果旅游岛屿主租赁合同在租赁期届满前无效，在向政府返还租赁岛屿后，岛上的建筑物和项目将使用由马尔代夫审计长确定的原则来评估其货币价值，承租人请求宣布合同无效或承租人违反合同除外。在扣除至返回该岛之日的折旧金额之后，该岛的货币价值需要由马尔代夫政府在岛屿或土地返还日起两年内归还原承租人。向原承租人支付到期的补偿金是政府与新承租人签订新租赁协议的先决条件。

根据《旅游法》，度假村群岛出租给私人有限公司的最长租期为50年；出租给公众公司的最长租期为99年。

2. 基础设施建设行业法律情况

马尔代夫对基础设施的投资和项目，特别是住房、港口和道路设施方面需求量很高。目前正在实施的基础设施工程是大马累地区的一项由中国政府和商业实体援助和参与的桥梁工程。

由于目前没有法律规范该类投资建设，大多数基础设施项目是依照投资者与政府或政府背景的企业之间签订的合同或特许权协议来规范双方权利义务。因此，项目事项主要由合同条款规定。

(三)外汇管制

马尔代夫没有外汇管制规定，也没有对利润(包括本息)汇往境外作出限制或禁止性规定，资本出入无须取得任何批准。

五、法律风险评价

(一)营商环境有待改善

马尔代夫整体营商环境一般，具体方面有待改善。根据世界银行 2015 年营商环境报告，马尔代夫的营商环境有待改善，排名较为靠后。具体而言，马尔代夫在公司注册、纳税、保护少数投资者、财产登记等方面表现出色，但在跨境贸易、办理施工许可证、执行合同、获得电力等方面表现较差。例如执行合同平均需要经过 41 道程序，耗时 665 天，成本 16.5%，在全世界 189 个国家和地区中排名第 91 位，处于世界中游水平。

公司注册		财产登记	
程序个数	5	程序个数	30
时间(日)	9	时间(日)	413
成本(占单位收入的百分比)	6.2	成本(占财产价值的百分比)	31.5
最低注册资本	2.3		

数据来源:2015 年世界银行营商环境指南。

(二)合同执行效率中等，破产处置成本较高

马尔代夫的合同执行效率及破产处置效率处于偏低水平。虽然马尔代夫的强制执行成本较少，但是其时间年限是英国的 1.5 倍，并且回收率比英国低 38.7%，因此整体效率较低。根据 2015 年世界银行营商环境指南提供的数据，马尔代夫的合同强制执行效率在世界 189 个国家和地区中排名第 91 位，处于中游水平；破产处置成本排名第 135 位，处于下游水平。

合同强制执行	马尔代夫	美国	经合组织
时间(日)	665	420	539.5
成本(占标的额的百分比)	16.5	30.5	21.4
程序(个)	41	33.6	31.5
破产处置	马尔代夫	英国	经合组织
时间(年)	1.5	1.0	1.7
成本(占资产价值的百分比)	4.0	6.0	8.8
回收率(每美元美分数)	49.9	88.6	71.9

数据来源:2015 年世界银行营商环境指南。

(三)跨境贸易限制较多

出于保护本国资源和环境的考虑,马尔代夫在进出口贸易方面限制较为严格。根据 2015 年世界银行营商环境指南提供的数据,马尔代夫的跨境贸易难易度在全世界 189 个国家和地区中排在第 132 位。具体来说,马尔代夫进出口成本较高,但进出口手续并不复杂,用时较短,这从侧面特体现出马尔代夫积极开放,努力融入国际贸易体系的态度。

马尔代夫跨境贸易	
出口所需文件数	7
出口时间(日)	21
出口成本(每集装箱/美元)	1625
进口所需文件数	9
进口时间(日)	22
进口成本(每集装箱/美元)	1610

数据来源:2015 年世界银行营商环境指南。

“一带一路”国家

法律风险报告 上

The Legal Risk Review of the Belt and Road Countries

本书是国家开发银行多年来服务国家经济外交大局、保障我国能源资源安全、服务“一带一路”建设、支持中资企业“走出去”形成的法律研究成果之一。本书按照“一带一路”区域分布，对沿线64个国家法律制度与法律风险按国别做了逐个介绍，开展了多层次、多角度的深度分析，包括国情简介、法律概览、金融法律制度、投资法律制度、法律风险评价等内容。

作为国内首部系统研究“一带一路”沿线国家法律风险的出版物，本书力求做到国家覆盖面广，努力贴近中国企业对外投融资的实际需求，并探索性地构建了国别法律风险评价标准，将为中国企业推进“一带一路”建设，合理识别与防控国别法律风险提供最直观的信息与法律指引。

独角兽工作室
平　面　设　计

上架建议 法律实务·外国法·金融实务

The Legal Risk Review of the Belt and Road Countries

“一带一路”国家法律风险报告（下）

国家开发银行　编著

法律出版社
LAW PRESS · CHINA

目　录

第三篇 南亚八国

第四篇 中东欧十九国

第五篇 西亚、北非十九国

第四篇

中东欧十九国

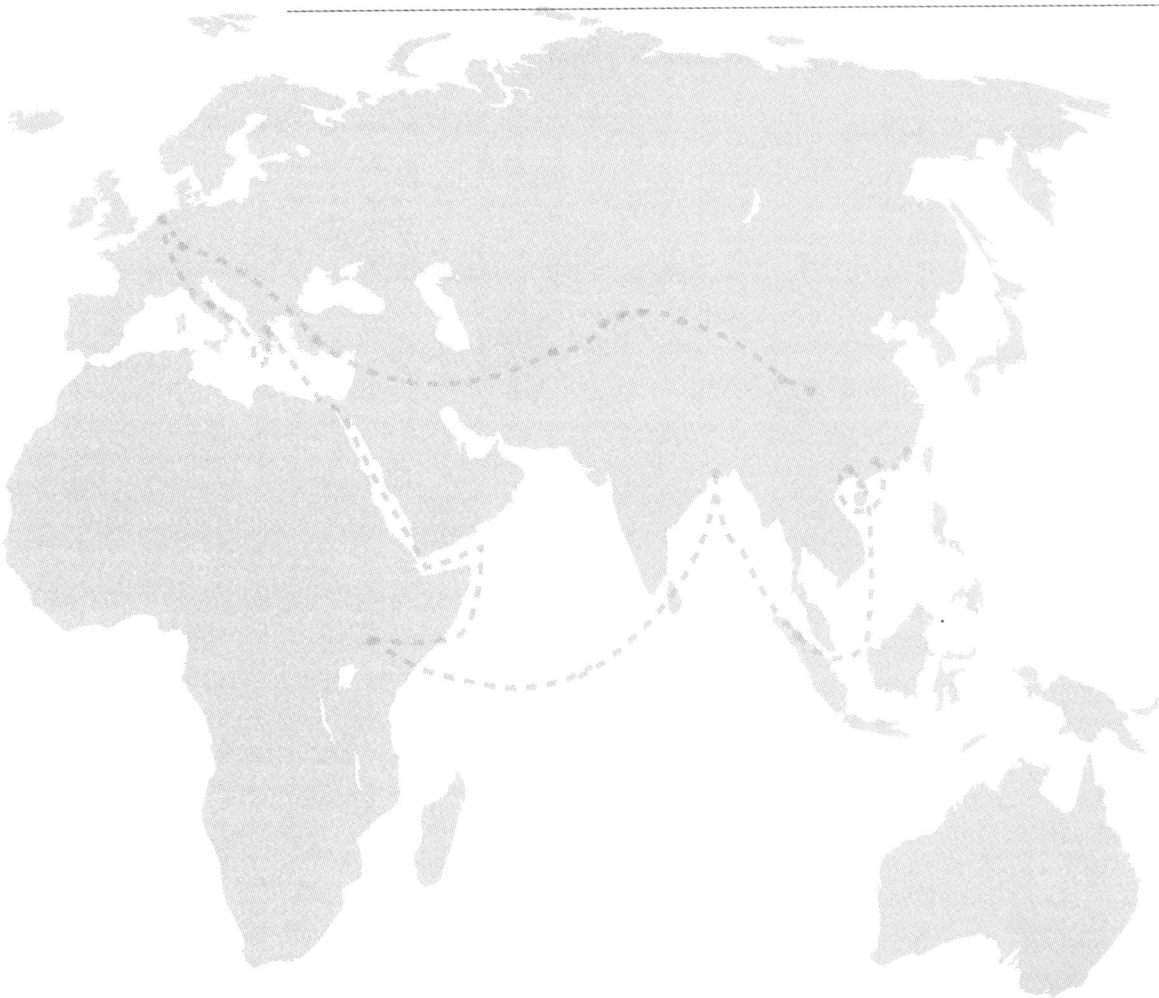

摩尔多瓦共和国

The Republic of Moldova

——多瑙河下游的葡萄酒王国

摩尔多瓦共和国基本情况

国家名称（中英文）	摩尔多瓦共和国（The Republic of Moldova）		
人口（百万）	3.55	人口增长率（年均%）	-0.1
领土面积（千平方公里）	33.8	主要民族	摩尔多瓦族
官方语言	摩尔多瓦语	主要宗教信仰	东正教
政体	议会制	主要政党	自由民主党、民主党、自由党、共产党等
GDP（十亿美元）	6.55	GDP 增长率（年均%）	-0.5
国民总收入（十亿美元）	7.89	人均国民收入（美元）	2220
通货膨胀率（年均%）	9.3	外国直接投资净流入（百万美元）	271
外债（百万美元）	6463	总偿债额占出口贸易和收入的比率	14.7

数据来源：2015 年世界发展指标数据库。

一、国情简介

摩尔多瓦共和国（以下简称“摩尔多瓦”）是位于欧洲中部的内陆国家。该国位于巴尔干半岛东北部多瑙河下游，东欧平原南部边缘地区，绝大部分国土介于普鲁特河和德涅斯特河之间。其东、北部与乌克兰接壤，西隔普鲁特河与罗马尼亚毗邻，东南部遥望黑海。在摩尔多瓦人口中，摩尔多瓦族约占 75.8%，乌克兰族约占 8.4%，俄罗斯族约占 5.9%，加告兹族约占 4.4%，罗马尼亚族约占 2.2%，保加利亚族约占 1.9%，其他民族约占 1.4%。摩尔多瓦的官方语言为摩尔多瓦语，俄语为通用语。在摩尔多瓦，大多数人信奉东正教，约占总人口的 98%，此外还有部分居民信奉犹太教和其他宗教。摩尔多瓦整体经济状况还有待改善，但其明显的地缘优势及财税等方面的优惠政策决定了该国具有较大的投资前景。

(一)政治概况

摩尔多瓦自1991年从前苏联独立,逐步建立了三权分立的议会民主制度。2000年7月,摩尔多瓦通过新的宪法修正案,确定摩尔多瓦为议会制共和国,并将总统的产生方式由全民普选改为议会投票选举。摩尔多瓦议会是立法权力机构,实行一院制,共有101个议席,每届任期4年。议会设有9个常设委员会和1个专门委员会。其中,常设委员会包括经济政策、预算和财政委员会,国家安全、国防和社会秩序委员会,对外政策和欧洲一体化委员会,人权与民族关系委员会等。各常设委员会按照分工负责经济、政治等不同方面的事宜。专门委员会则负责总统选举事宜。政府是行政机关,总理作为政府首脑,由议会选举产生。议会和政府拥有立法动议权。摩尔多瓦实行多党制,其主要政党包括自由民主党、民主党、自由党等。另外,摩尔多瓦已经建立了较为完善的司法体系。

从2014年年底开始,摩尔多瓦发生了政治危机,连续三届政府遭弹劾。2016年年初新任摩尔多瓦副总理兼经济部长奥克塔维阿尼・卡尔梅克决定实行百日新政,采取一系列举措来稳定国家经济形势,包括尽快恢复与国际货币基金组织谈判、在全国范围内推进创业活动、成立国家级投资项目推进委员会等。

(二)经济概况

摩尔多瓦产业结构较为单一,基础设施尚不完善,整体经济表现位于欧洲偏下水平。摩尔多瓦是一个传统农业国家,农业产值占其国内生产总值的25%左右。摩尔多瓦国土面积的80%是黑土高产田,适宜农作物生长。种植业占农业总产值的70%,主要种植葡萄、玉米、冬小麦、大麦、裸麦等。摩尔多瓦的工业基础较为薄弱,工业产值中食品加工工业、重工业、轻工业分别占据前三位。该国食品工业较为发达,主要包括葡萄酒酿造业、制糖业和肉类加工业。其中,葡萄酒出口收入约占总收入的10%。摩尔多瓦工业主要依赖外部提供原料、能源和技术支持。

2013年和2014年,摩尔多瓦经济一直保持增长态势。但2015年,受政治危机影响,摩尔多瓦GDP为65.51亿美元,相比2014年有所下降。现今,摩尔多瓦经济发展与建设项目资金大部分来源于欧盟,其国内仍然亟须外国投资以发展本国经济。

(三)外交政策

摩尔多瓦奉行务实的外交政策,将融入欧洲、加入欧盟作为外交优先目标,并积极发展与美国、欧盟等国家的关系。2014年6月,摩尔多瓦与欧盟签署联系国协议,并进一步发展同乌克兰、罗马尼亚的睦邻友好关系。摩尔多瓦已加入联合国、世界银行、国际货币基金组织、欧洲安全与合作组织、欧洲委员会、欧洲复兴开发银行、北约合作委员会等组织。

1992年1月30日,中国与摩尔多瓦建交。两国友好合作关系发展顺利,政治互信不断加深，各领域合作逐步扩大，在重大国际和地区问题上相互支持。

二、法律概览

（一）法律体系

摩尔多瓦共和国于1991年8月27日从前苏联独立，基本来说，摩尔多瓦的法律制度建立在前苏联的法律框架上。1994年7月29日，摩尔多瓦正式颁布独立以后的第一部宪法。这部宪法确立了民主价值，主张建立一个国民、自主、独立、统一、不可分裂的中立国家（第1条和第11条）。作为摩尔多瓦的基本法，宪法规定了公民的权利和义务，明确了立法、行政和司法权制衡的原则。

摩尔多瓦遵从大陆法系的传统，即只有宪法和其他制定法可以作为法律渊源。摩尔多瓦的法律制度正在进行改革。

（二）司法制度

1. 诉讼制度

摩尔多瓦2003年5月30日出台的《民事诉讼法》是处理民事纠纷的主要依据。

2. 司法协助

摩尔多瓦1998年成为《承认及执行外国仲裁裁决公约》（《纽约公约》）的缔约国，摩尔多瓦政府承认并执行外国的仲裁裁决，但作出了互惠原则的保留声明。《纽约公约》对于该国的仅适用于公约生效后作出的外国仲裁裁决。

三、金融法律制度

（一）银行监管法律制度

1991年摩尔多瓦根据有关法律法规建立了中央银行体系。摩尔多瓦国家银行是该国的中央银行，对金融机构经营活动发放许可并实施监督管理。摩尔多瓦国家银行主要有以下职责：确保本国货币稳定，根据国家法律制定并实施货币、信贷和外汇政策，监管商业银行业务，制定商业银行运作规则及法规细则，发放商业银行经营许可证，监管商业银行的资金流动，监控支付系统，保证对外支付平衡，管理国库、国家储备和外债。1995年6月和7月，议会通过了摩尔多瓦《国家银行法》和《金融机构法》，之后又颁布了《关于金融机构和国家银行法律细则》等条文。这些法律法规旨在加强国家银行在实施货币和外汇政策中的作用，为安全和持续的金融体系提供法律支撑。

根据摩尔多瓦银行准入的相关法律，该国所有的商业银行均开展国际通行的商业银行业务，包括本外币货币存款和贷款、国际贸易结算、商业担保等。

（二）主权豁免

摩尔多瓦法律并未明确采取何种豁免原则。在实践中，放弃诉讼豁免权、执行豁免权及诉前保全措施豁免的声明通常会被法院认定有效，但涉及外交豁免、军事资产或历史文物的情形除外。

四、投资法律制度

摩尔多瓦的投资主管部门是摩尔多瓦经济部及下属的投资和出口促进组织。摩尔多瓦有关吸引外资的法律主要是2004年新颁布的《摩尔多瓦企业投资活动法》（以下简称《投资法》）。《投资法》在赋予外国投资者各种投资优惠的同时，给予了外国投资者普遍的国民待遇。

（一）企业法律制度

摩尔多瓦法律规定，在摩尔多瓦注册的企业形式可以是代表处、分公司、有限责任公司和股份公司（开放或封闭）以及其他形式。自2009年1月1日起，凡在摩尔多瓦境内正式注册的任何形式的股份公司，最低注册资金统一调整为2万列伊，同时废止先前的关于股份公司最低注册资金限制规定。摩尔多瓦负责外资企业注册的管理部门是国家注册局，自然人与法人注册企业所需要提供的文件也有所不同。自然人需要提交本人身份证明和已支付的注册费清单。法人需要提交外国投资者母国发放的证明文件、外国企业注册证明、外国企业创立文件、外国企业开户行出具的该企业资信证明、投资方关于投资决定的证明性文件和已支付注册费的清单等。

（二）特定行业与领域法律情况

2004年新颁布的《投资法》规定，外国投资者可向除军事领域除外的任何领域投资。目前摩尔多瓦重点招商引资的经济部门和行业是：农业，特别是农产品的收获、贮藏和加工行业；动力工程；电网建设；供水及治污系统建设；铁路、公路等交通基础设施的建设。此外，经摩尔多瓦经济和财政部的批准，外国投资者还可以购置国家债券，投资摩尔多瓦私有化项目。

（三）外汇管制

1995年6月30日，摩尔多瓦允许外汇业务的自由化。根据《企业注册法》《外汇管理细则》和《海关法》的相关规定，在摩尔多瓦依法注册的外资企业可以在当地开立外汇账户，用于对外结算。

摩尔多瓦外汇体制主要有几个特点：一是外币与摩尔多瓦货币的相互兑换无限制；二是允许出口商将其收入存入自己的外汇账户，注册投资基金超过25万美元的外资企业无需将外汇所得卖给国家；三是外国投资者有权将其投资所得利润汇回国内；四是向非本国居民提供贷款、担保及其他形式的资本需得到摩尔多瓦国家银行的许可。

（四）税收制度

摩尔多瓦独立以后，已制定《税法》《土地税法》《证券法》等，目前《税收行政管理法》也在制定过程中。摩尔多瓦主要有所得税、增值税、消费税、关税、印花税、营业税、不动产税、土地税、商业单位税、城市环境税、社会保障税、红利税与医疗保险税。此外还有个人需要缴纳的所得税、不动产税、土地税、增值税、消费税与交通工具税等。

摩尔多瓦与包括中国在内的48个国家签订了避免双重征税协定，40个双边投资保护协定；摩尔多瓦建立的7个自由经济区、2个自由贸易港和9个工业园具备了较完善的基础设施，享有多重税收优惠。外资企业享受长期投资资本支出的增值税返还、公司资产的增值税和关税减免等优惠，企业所得税税率为12%，远低于周边国家。

其他的税收优惠政策还包括：一是股本超过25万美元的企业，5年内减免所得税（即利润税）50%；二是股本超过200万美元的企业，如果将减免税收所获利润的80%投资于自己企业或投资于政府经济发展项目，则3年内全部减免所得税；三是前两者规定的优惠期限结束后，企业用于长期投资的实物股份（不包括交通工具、办公家具一般日用物资），可以3年内减免50%所得税。

相关税收优惠规定见下表：

对象	税收优惠		
	条件	内容	期限
法人	注册资金超过或等同于：25万美元，200万美元	免征所得税：50%，100%	5年，3年
经营主体	作为经营主体注册资金的实物股份 按国际租赁合同临时引进的处于海关监管下的商品	免征增值税和关税	无期限限制
从事租赁业务的企业	按合同规定引进的交通设备	免征关税	无期限限制
小企业经营主体	平均职工人数不超过19人，年销售收入低于300万列伊	100%免征所得税，按所得税降低35%的税率征收所得税	3年，2年
技术信息领域经营主体	所从事的业务为软件开发	100%免征所得税	5年
商业银行	提供贷款期限若为：2～3年，5年以上	免征所得税：50%，100%	无期限限制
农产品生产者	主要和实际的经营内容为农产品的生产	100%免征所得税	5年

五、法律风险评价

（一）营商环境有待改善

摩尔多瓦的营商环境整体尚可，但在某些方面有待改善。根据2015年世界银行营商环境指南，摩尔多瓦的总体营商环境在189个国家和地区中排名第63位，处于中等偏上水平。其中，摩尔多瓦在公司注册、财产登记、信贷取得方面表现出色，分别排名第35位、第22位、第23位，但在办理施工许可证、电力获取方面差强人意，在189个国家和地区中分别排名第175位、第149位，处于世界中下游水平。尤其在办理施工许可方面，需要经历27道程序，耗时247天，程序繁琐，耗时较长，许可审批体系有待完善。

公司注册		办理施工许可证		财产登记	
程序个数	5	程序个数	27	程序个数	5
时间（日）	6	时间（日）	247	时间（日）	5.5
成本（占单位收入的百分比）	4.6	成本（占项目投入的百分比）	0.8	成本（占财产价值的百分比）	0.9
最低注册资本（占单位收入的百分比）	0				

数据来源：2015年世界银行营商环境指南。

（二）合同执行成本与破产处置成本适中

摩尔多瓦的合同执行成本不高，在合同强制执行方面处于世界中上游水平，但与欧洲平均水平相比还有一定差距。根据2015年世界银行营商环境指南，摩尔多瓦的合同强制执行效率在世界189个国家和地区中排名第42位。在退出成本方面，摩尔多瓦的破产处置效率全球排第58名，破产执行成本处于较为适中的水平。其破产处置平均用时为2.8年，成本与资产价值之比略高，但最终回收率却显著低于所在区域平均水平，与欧洲和经合组织成员平均水平也有不小差距。

合同强制执行	摩尔多瓦	欧洲及中亚地区	经合组织
时间（日）	567	448.1	539.5
成本（占标的额的百分比）	28.6	25.2	21.4
程序（个）	31	37.0	31.5

续表

破产处置	摩尔多瓦	欧洲及中亚地区	经合组织
时间(年)	2.8	2.3	1.7
成本(占资产价值的百分比)	15	13.3	8.8
回收率(每美元美分数)	29.4	37.7	71.9

数据来源:2015 年世界银行营商环境指南。

(三)进出口贸易的法律环境有待改善

对于外国投资者来说,摩尔多瓦跨境贸易的法律环境一般,繁琐的审批程序与高昂的交易成本增强了跨境贸易的难度,使其在世界排名处于较为靠后的位置。根据 2015 年世界银行营商环境指南提供的数据,摩尔多瓦在跨境贸易方面仅仅位居全球 189 个国家和地区的第 152 位,从进出口时间成本和资金成本角度看,摩尔多瓦对跨境贸易的限制程度高于世界上大多数国家。

摩尔多瓦跨境贸易	
出口所需文件数	9
出口时间(日)	23
出口成本(每集装箱/美元)	1510
进口所需文件数	11
进口时间(日)	27
进口成本(每集装箱/美元)	1870

数据来源:2015 年世界银行营商环境指南。

白俄罗斯共和国

The Republic of Belarus

——东欧平原上的“万湖之国”

白俄罗斯共和国基本情况

国家名称 (中英文)	白俄罗斯共和国(The Republic of Belarus)		
人口(百万)	9.51	人口增长率 (年均%)	0.3
领土面积 (千平方公里)	207.6	主要民族	白俄罗斯族、俄罗斯族、波兰族、乌克兰族
官方语言	白俄罗斯语、俄语	主要宗教信仰	东正教
政体	总统制	主要政党	白俄罗斯共产党、自由民主党、共和国党
GDP (十亿美元)	54.61	GDP 增长率 (年均%)	-3.9
国民总收入 (十亿美元)	61.42	人均国民收入(美元)	6460
通货膨胀率 (年均%)	16.3	外国直接投资净流入 (百万美元)	1568
外债(百万美元)	40,014	总偿债额占出口 贸易和收入的比率	12.0

数据来源:2015 年世界发展指标数据库。

一、国情简介

白俄罗斯共和国(以下简称“白俄罗斯”)是地处东欧平原西部的内陆国家。白俄罗斯共有 100 多个民族,其中白俄罗斯族占 81.2%,俄罗斯族约占 11.4%,波兰族占 3.9%,乌克兰族占 2.4%,犹太族占 0.3%,其他民族占 0.8%。该国 70% 以上居民信奉东正教,西北部少数地区居民信奉天主教及东正教与天主教的合并教派。综合政治、经济等因素来看,白俄罗斯政局相对稳定,法律运行稳定,但存在一定的通货膨胀问题。目前,白俄罗斯仍在经济领域调节国内、国际收支,防止出现经济下滑。

(一)政治概况

白俄罗斯为总统共和制国家,立法、行政、司法权三权分立。总统为国家元首和国家武装力量总司令,总统职权包括组织全民公决、解散议会、确定各级议会选举、任命政府总理(须经议会下院批准)、任免所有副总理以下政府成员、任免所有司法机构、中央选举和全民公决委员会领导人等。1994 年 7 月 10 日,亚历山大·卢卡申科就任总统,并连任至今(该国于 2004 年通过全民公投,取消了总统任期的限制)。白俄罗斯国民会议采取两院制,由共和国院(上院)和代表院(下院)组成,每届任期 4 年。本届国民会议于 2012 年 10 月组成。共和国院共 64 名代表,其中 56 名由全国 6 州 1 市(明斯克)的地方苏维埃代表会议以秘密投票方式各选举产生,另 8 名由总统任命。

白俄罗斯有 15 个政党,议会选举不实行代表比例制选举,选民可直接给候选人投票而非投给政党。候选人大多并无党派,在近期议会选举中,110 名众议院议员有 105 位是无党派,且白俄罗斯的现任总统也是无党派。无党派候选人大多代表了广泛的社会组织,如工会、公民社会团体等。

白俄罗斯政局总体稳定,总统权力较大。卢卡申科积极推行改革,试图转变经济颓势,并强调国家稳定、社会团结,强化军队建设。同时,白俄罗斯社会阶层发展较为均衡,贫富差距较小,治安状况良好。

(二)经济概况

白俄罗斯作为发展中国家,主要经济部门有农产品制造、食品、机械和采矿等,其经济发展,尤其是在石油天然气的供给和输送方面极度依赖俄罗斯联邦。白俄罗斯经济由国家主导,接受政府的计划与管理。2015 年白俄罗斯 GDP 约为 548.2 亿美元。

该国自然资源储存不多,需大批进口燃料和原料。目前,白俄罗斯已探明约有 30 种矿产,碳酸钾、泥煤、油页岩、铁矿和非铁类金属矿等矿产资源储量十分丰富。

(三)外交政策

白俄罗斯奉行独立务实的外交政策,以发展对俄罗斯关系为重点。近年来,白俄罗斯不断深化同俄罗斯的战略联盟关系,积极参与集体安全条约组织和欧亚经济共同体,并同俄罗斯、哈萨克斯坦建立关税同盟,推进经济一体化建设。此外,白俄罗斯重视发展同中国、古巴、委内瑞拉等国的友好合作关系,努力扩大国际影响。但美国、欧盟对白俄罗斯实施政治经济制裁,双方关系较为紧张。

二、法律概览

(一)法律体系

白俄罗斯为大陆法系国家。强调法律至上,承认国际法一般原则,并保证立法与国际法一般原则相一致。随着社会的不断变化,白俄罗斯对法律也在不断进行调整。

(二)司法制度

1. 诉讼制度

白俄罗斯法院系统由宪法法院和普通管辖法院构成,普通管辖法院由白俄罗斯最高法院、地区法院、明斯克城市法院、地区经济法院、明斯克市经济法院和区(市)法院组成。在普通管辖法院中可以设立专门法院,但禁止设立紧急事件法庭。法官独立并只受法律约束,所有干涉法官公正审判的行为都被法律所禁止,并需要承担相应责任。

白俄罗斯的民商事诉讼规则主要包括:当事人之间的平等性、程序效益、当事人诚实守信、案件公开、高级法院对其他法院审理进行监管等。

2. 司法协助

白俄罗斯在1958年12月29日签署加入了《承认及执行外国仲裁裁决公约》;该公约于1961年2月13日对白俄罗斯生效。白俄罗斯对该公约做出了互惠保留,即对非缔约国所做的仲裁裁决,白俄罗斯仅在非缔约国授予的互惠待遇之内适用该公约。

(三)司法效率和其他事项

在实践中,白俄罗斯法规定的审限存在不被遵守的情况,在一些特殊程序中,法院会中止计算审限。同时,白俄罗斯的司法系统存在一定的腐败现象,也对司法效率产生一定影响。

三、金融法律制度

(一)银行准入与监管法律制度

1. 外国银行业务准入的限制性规定

外国银行可作为居民银行或者非居民银行为白俄罗斯公民和法人提供贷款、账户服务。

但与居民银行相比,非居民银行还受到一定限制:一是在银行金融活动方面,外国银行若要获得与白俄罗斯银行相同的法律权利,须在白俄罗斯设立居民银行,并从中央银行获取从事银行业务的银行执照;二是在市场准入方面,由于白俄罗斯法律规定其银行系统内外国资本的最高比例为50%(计算方式为非居民外国投资者所投资的银行注册资本金总额除以在白俄罗斯登记注册银行的注册资本总金额),中央银行可能会拒绝相关银行登记、禁止银行以外国投资者股东投资或股权转让的方式增加注册资本金;三是在投资待遇方面,如白俄罗斯公民或法人在境外的银行投资活动受到限制,白俄罗斯政府可以在中央银行的提示下,对来自前述投资所在地国家的外国投资者在白俄罗斯境内参股的银行活动施加类似的限制;四是在审批程序方面,虽然白俄罗斯法律未限制外国银行向白俄罗斯公民和法人提供存款、贷款、开设账户等服务,但接受前述服务的白俄罗斯公民和法人需从中央银行获得审批。

2. 外国银行子行及代表处的设立

外国银行在白俄罗斯设立子行或代表处,该子行与代表处都要获得白俄罗斯中央银行的许可,并接受其监管。

作为外国银行子行的白俄罗斯银行是独立的法人实体,享有从事银行交易、开展银行执照上规定的相关业务的权利。外国银行的代表处不是独立的法人实体，其业务主要是提供咨询和信息服务。

外国银行在白俄罗斯设立子行的程序性规定	
1	外国银行如以居民银行的身份开展银行业务，应先申请登记成为居民银行，并从中央银行获得银行执照，居民银行需在登记后九个月内向中央银行申请执照，提交相关材料
2	中央银行应在收到申请银行执照材料后两个月内做出签发或不予签发的决定。在此期间内，中央银行有权审查该居民银行是否符合获得银行执照的要求，并可要求申请人提供其他文件
3	中央银行通过授予银行执照的决定后，将在五个工作日内颁发银行执照，并列明该居民银行有权进行的金融活动范围明细
4	外国银行在中央银行做出同意其设立子行的决定后，可在白俄罗斯开设子行。中央银行应在收到申请文件后的两个月内做出决定

(二)担保法律制度

1. 担保体系

根据白俄罗斯法律，境内外贷款人可在白俄罗斯法下设立不同类型的担保权益，具体包括：

担保类型	具体内容
抵押、质押	(1)在质押下，贷款人有权优先于质押人的其他债权人从质押资产中取得借款人所欠本金和利息； (2)动产和财产权利可设立质押，不动产可设立抵押(在白俄罗斯法下，抵押是质押的一种特殊情况)； (3)质押协议和贷款协议通常由贷款人和借款人或第三方之间单独签署； (4)白俄罗斯法规定抵押协议必须登记，特定的质押协议依照质押物的类型也需登记； (5)签署质押或抵押协议并不要求资产转移给贷款人，当事人可在协议中进行约定； (6)在最初的抵押或质押协议没有约定的情况下，借款人或第三人可就相关资产签订其他质押或抵押协议
保证	(1)在保证制度下，第三方(保证人)承担借款人贷款协议项下的全部或部分义务，并对借款人义务承担连带责任； (2)保证人有权要求借款人偿还其因借款人不履行或不充分履行贷款协议项下义务而已向贷款人支付的金额
担保	(1)担保制度下，第三方(担保人)承担借款人在贷款协议项下的全部或部分义务，对借款人义务承担次要责任； (2)与保证不同，担保人无权要求借款人偿还其因借款人不履行或不充分履行贷款协议项下义务而已向贷款人支付的金额

续表

担保类型	具体内容
银行保函	银行依据借款人(委托人)的请求,以其自身名义向贷款人(受益人)支付保函项下约定的金额
保证金	(1)在保证金项下,为担保贷款协议项下的贷款,借款人或第三方向贷款人以白俄罗斯卢布或其他外汇支付保证金; (2)该笔资金通常存在由贷款人开立的银行账户中; (3)当借款人不能履行贷款协议项下的义务时,贷款人有权从保证金中取得借款人所欠本金和利息

2. 担保的效力与顺位

白俄罗斯立法未对不同担保权益之间的优先权问题进行明确规定,但针对连续质押的情况(即在同一担保标的物上设立多个质押权),在先成立的质押权优先于在后成立的质押权(2016 年 9 月 1 日白俄罗斯实行动产质押登记后,质押登记将成为判断同一质押物下担保权益优先顺位的依据)。抵押权人之间的顺位以抵押权在国家统一不动产登记中心登记的日期为判断依据。

3. 担保财产范围

根据白俄罗斯法律规定,质押可以在任何财产,包括质押人将来会取得的财产上设立,但下列财产除外:

(1)退出商品流通市场或被限制流通的财产,例如底土和森林、水、动植物制品、军事和特殊物品、机场等仅能由国家持有的财产;

(2)与人身权利紧密相关的求偿权:如请求支付赡养费权、对人身伤害的赔偿等;

(3)政府对外借款获得的财产(除非该借款得到清偿);

(4)特定的国有企业、国家组织、机构和国家财产(特别是公路、桥梁、公共基础设施、隧道、铁路、历史文化遗产、公共图书馆等)。

4. 担保的登记

白俄罗斯法律对担保权益的设立进行了特别规范,包括:(1)质押协议一般应书面签署;(2)对财产和/或财产权利的质押协议应进行公证认证;(3)抵押协议应向相关国家机关登记,但法律另有规定的除外。

除抵押协议外,依据质押财产的类型,特定质押协议也需要进行登记:(1)股权质押需要办理股权质押协议登记;(2)经过商标证书认证的财产权质押协议应在专利机关登记,未经登记的无效。

5. 主权担保

白俄罗斯政府主权担保原则上适用一般担保法，但需同时满足特定条件和程序要求。

白俄罗斯政府可为白俄罗斯法人和银行（包括白俄罗斯政府的代理行），如白俄罗斯银行、白俄罗斯农工银行，提供主权担保，但担保额度不得超过公共预算法规定的外债担保范围。2016 年，白俄罗斯政府的外债担保额度是 35 亿美元，如超过此限额，则不能继续提供新担保。

6. 限制性规定

担保的设立会受制于主体类型和担保标的，例如国有企业不能对私有企业提供保证，土地租赁权在签订租赁协议时如未支付相关款项不能被质押。白俄罗斯立法未对外国银行设立、实现担保权益进行限制。

7. 担保的执行

为执行抵质押财产，抵质押权人原则上应依据法院裁判出售抵质押财产，但如果抵质押财产所有权不能直接转移给抵质押权人，且在抵质押权人和抵质押人之间签署的协议明确约定抵质押权人有权代表抵质押人出售抵质押财产的情况下，抵质押权人也可依协议出售。

如抵质押的标的物是作为集合财产的企业，依据法院判决执行的抵质押财产需要以公开拍卖方式出售。未向法院申请执行抵质押财产的，可由抵质押权人、抵质押人或其他有权人员通过公开拍卖方式执行，或由银行抵质押权人或其他有权人员在以抵质押财产偿还银行借贷的情况下通过非公开拍卖的方式执行。

位于白俄罗斯境内的不动产可依外国法院的判决或外国仲裁裁决执行，但外国法院的判决或外国仲裁裁决需先经过白俄罗斯法院认可。在外国司法裁判和外国仲裁裁决获得承认后，相应的执行程序方可启动。执行官员会根据经过认可的外国法院的裁判或外国仲裁裁决，采取一切必要行动，对位于白俄罗斯境内的不动产进行执行。

此外，个人的特定财产不能被执行，例如债务人或其家庭成员居住的住宅或公寓、债务人或其承养人生活必需的衣物和家具、残疾人的轮椅等。

（三）合同法律适用

确定合同准据法的方式有两种：（1）自主选择；（2）依冲突规范确定（包括适用国际私法规则，如《国际统一私法协会规则》）。

合同当事人在合同存在涉外因素（如外国当事人、境外标的物等）且白俄罗斯法律对该类合同无相反规定时，可就合同权利义务等事项选择准据法。但是该准据法的选择不能违反白俄罗斯法强制性规定的要求，比如跨境贸易合同必须采用书面形式、股票交易类合同需登记等。同时,立法还规定了直接适用白俄罗斯法的情形。

准据法可适用于部分合同条款或全部合同文本,可在合同签署前或合同签署后选择确定。如在合同签署后确定,该选择具有溯及力,自合同签署时自始适用。需要注意的是,如当事人选择的准据法与其交易无任何联系,可能会被法院拒绝适用。准据法针对的事项包括:合同条款的解释;当事人的权利义务;合同的履行、不履行或不充分履行的后果;合同的终止;合同无效的后果等。

在合同当事人未对合同准据法进行选择时,应适用白俄罗斯的冲突规范。如冲突规范未明确规定合同的适用法,则应适用合同主要义务履行方所在地的法律。

(四)主权豁免

若白俄罗斯行政部门在其参与的交易中代表白俄罗斯共和国,则适用主权豁免原则。

主权豁免可通过协议约定的方式放弃,但立法对可约定此类条款的协议种类进行了明确限定。投资协议是允许约定此类条款的协议之一。通过协议约定方式放弃主权豁免的,合同签订方须先与政府或其部门进行协调。此外,某些特殊情况下,主权豁免也可由总统通过特别法案声明放弃。

一般情况下,国有企业不享有主权豁免。国有企业作为商业公司应承担相应责任。但是,针对国有企业的特定财产,例如由国家享有所有权的财产,可适用执行豁免。

四、投资法律制度

白俄罗斯投资法律制度对外资进行鼓励政策,规定外资企业在白俄罗斯的投资活动依法受到平等对待。同时,白俄罗斯政府还在其境内建立自由贸易区或开发区来推动投资。但在部分行业,白俄罗斯对外资准入仍设置了一定的限制性或禁止性条件。

(一)企业法律制度

1. 主要企业类型

白俄罗斯的企业形式主要包括:普通合伙、有限合伙、有限责任公司、附加责任公司、公开股份有限公司、封闭股份有限公司、集中统一企业、生产合作企业、农场企业。其中,最为普遍的企业形式包括有限责任公司、封闭股份有限公司、公开股份有限公司和集中统一企业。

各种形式企业的主要特征如下:

企业类型/内容	合伙企业		公司			
	普通合伙	有限合伙	有限责任公司	附加责任公司	封闭股份有限公司	公开股份有限公司
资金来源	财产由股东(出资人)提供,企业以其财产进行商业活动					
股东(出资人)对企业承担责任的范围	补充责任	普通合伙人承担补充责任	公司独立承担其责任	在设定的公司资本范围内承担补充责任	公司独立承担其责任	公司独立承担责任
成立性文件	合伙企业协议		章程			
股东(出资人)	个人企业家和企业(最少2人,最高无限制)	普通合伙人:个人企业家和企业;有限合伙人:个人和法人(最少2人,最高无限制)	个人和法人(最少一人,最多50人)	个人和法人(最少1人,最多50人)	个人和法人(最少1人,最多50人)	个人和法人(最少2人,最高无限制)

企业类型/内容	生产合作企业	集中统一企业(UE)	农场企业
财产归属	企业是其财产的所有人	第一,国家享有公共集中统一企业的财产权,企业对财产有经济管理和运营管理权; 第二,地方行政机关享有对地方集中统一企业的财产权,企业对财产享有经济管理权; 第三,私有集中统一企业的财产属个人或法人所有,企业享有经济管理权; 第四,子集中统一企业的财产权由母集中统一企业的财产所有权人享有,企业对财产享有经济管理权	企业是其财产的所有人
出资人对公司责任的范围	补充责任	一般而言,UE独自承担其责任与义务。但是,对于公有UE,如其财产不足以承担全部责任,国家承担补充责任	企业独立承担其责任
成立性文件	章程		
出资人	个人(最少3人,最高无规制)	个人,法人,行政机关,国家(只有1个股东)	1个个人或其家庭成员

2. 外资准入原则

白俄罗斯对于非白俄罗斯居民在白俄罗斯设立企业并从事商业活动没有限制。白俄罗斯居民和非白俄罗斯居民在白俄罗斯境内注册成立企业时,享有同等的法律权利。

3. 贷款与担保

为进行贷款、担保等交易,在白俄罗斯注册登记的借款人、担保人和实际用款人应至少满足下述要求:(1)在国家统一法人登记中心进行了合法有效的登记注册;(2)未处于破产或清算程序;(3)履行所有公司内部程序,例如,获得公司审批、获得董事会通过或股东会会议通过等;(4)委派有权签字人,有权签字人的行为对借款人、担保人和实际用款人具有法律约束力。

实践中,贷款人一般会对借款人、担保人和实际用款人的财务状态提出额外要求。借款人、担保人和实际用款人应对贷款(担保)协议项下的未偿款项具备偿还能力。

(二)特定行业、领域法律情况

1. 能源资源法律情况

白俄罗斯的自然资源比较贫乏,社会经济发展必需的大部分自然资源都无法自给自足。石油产量只能满足自身需要的13%,其余87%都必须依赖进口。整体而言,白俄罗斯能源、资源产业规模非常小。

在白俄罗斯,地下埋藏的能源、自然资源属于国家所有。因此,任何与地下能源、自然资源开发有关的行为都必须事先取得白俄罗斯政府的许可,并与白俄罗斯政府签订特许协议。根据白俄罗斯2015年12月30日颁布的《公私合作模式法》(以下简称"PPP法"),与能源、自然资源开发相关的项目,可以采取公私合作的模式(PPP)进行。在PPP项目中,公共部门有义务向私营部门提供项目土地使用权而非土地所有权,公共部门可以通过永久特许使用、临时特许使用或土地租赁的方式向私营部门提供土地使用权。

2. 土地资源法律情况

根据白俄罗斯相关法律的规定,土地所有权可以被个人、企业或国家拥有。但是,外资企业无法在白俄罗斯取得土地所有权,仅能通过土地租赁或划拨的形式取得土地使用权。另外,白俄罗斯法律对于土地权利转让也进行了严格的限制。例如,白俄罗斯法律禁止土地所有权人永久性地向第三人转让或出租土地。此外,白俄罗斯法律虽然允许将土地抵押给第三人,但是第三人只能是银行,且被担保债权只能是贷款合同项下的债权,除非抵押权人取得白俄罗斯总统的批准。

在白俄罗斯,第三人必须通过公开拍卖的方式才能获得土地使用权,并与所有权人签订土地租赁合同,但第三人作为开发商或投资者已经开始开发的土地除外。另外,如经白俄罗斯总统特批,第三人也可以不经公开拍卖而直接与土地所有权人签订土地租赁合同。

3. 基础设施互联互通法律情况

白俄罗斯非常鼓励和欢迎外国投资者参与其基础设施互联互通建设。

(1)主要法律规定

白俄罗斯在基础设施互联互通建设方面的法律规定包括:《国家创新产业和创新行为法》《创新型基础设施建设令》《社会基础设施建设令》《铁路建设法》《航空法》和《与道路的建设、重建、营运相关问题规定》。

白俄罗斯法律将不同的基础设施按照从简单到复杂的标准划分为五个等级,每个等级对应相应的资质需求,相关企业在参与建设前都必须取得相应的资质。另外,每个项目在开工建设前也必须依法获得批准,企业申请批准时必须向相应的国家机关提交技术、资金、项目施工经验等方面的证明文件,相关的设计材料、工程图纸等还必须到白俄罗斯内政部备案。除此之外,外资企业进入白俄罗斯参与基础设施互联互通建设不需要其他审批。

(2)PPP 立法情况简介

白俄罗斯没有针对“建设—运营—转让”模式(BOT)和工程采购合同(EPC)进行专门立法。但白俄罗斯颁布了 PPP 法,根据该法规定,在如下领域的建设工程项目可以采取 PPP 模式:道路建设、通讯设施建设、公共卫生建设、社会服务设施建设、教育与文化设施建设、体育设施建设、能源设施建设、农业设施建设和科技设施建设。

外国投资者以 PPP 模式参与白俄罗斯互联互通设施建设的,必须提交技术、资金、项目施工经验等证明文件,公共部门应当为该项目提供担保。

4. 环境保护法律情况

根据白俄罗斯法律要求,投资者在进行项目开发时必须符合国家环境保护法律法规的相关要求。在项目启动前,国家环境部门会对项目进行环境评估,如果投资者没有达到环境保护要求,则该项目就不能启动或运营。

(三)外汇管制

白俄罗斯外汇立法将个人、法人或其他实体通过国籍和户籍(住所地)分为“居民”和“非居民”,外汇交易受到国家严格的管理和限制。白俄罗斯居民之间一般不能使用外汇结算,居民与非居民之间可通过外汇结算,该种货币的汇率由白俄罗斯中央银行确定,白俄罗斯中央银行确定所有主要货币(美元、欧元、俄罗斯卢布等)的汇率。

对于外国投资者跨境投资和项目本金利息汇款,白俄罗斯法一般没有限制。在特定类型的外汇结算交易中,白俄罗斯居民需要获得有关机构的许可,如在白俄罗斯境外购买不动产、购买由非居民发行的证券、某些案件中权利与义务的转移、向非居民提供借款和以特定条件向非居民借贷等。银行不用取得许可就能从事外汇交易活动，但是若以银行身份进行外汇交易应获取银行执照；不以银行身份进行外汇交易则需遵守法律对白俄罗斯居民设定的一般规则。

（四）税收制度

白俄罗斯立法对在白俄罗斯设立企业未规定特殊的纳税要求。白俄罗斯企业在其营业中需缴纳的主要税种是所得税和增值税。

公司所得税在总收入上计提，包括股息红利和公司的其他收入。所得税税率一般是18%，特殊情况除外。增值税从以下情形下取得的营业额上计提，包括：在白俄罗斯境内出售商品（服务）；将货物进口到白俄罗斯境内；其他需要征收增值税的情形。

个人所得税税率一般是13%。一般来说，外国雇员在白俄罗斯境内因履行其雇佣或其他义务而进行工作、提供服务等获得的收入按13%的税率交纳个人所得税。但白俄罗斯加入的关于避免双重征税的国际条约，可能会规定优惠税收待遇，包括降低税率等。

为避免双重征税，白俄罗斯已与奥地利、亚美尼亚、阿塞拜疆、巴林、孟加拉国、比利时、保加利亚、中国、塞浦路斯、丹麦、埃及、格鲁吉亚、英国、匈牙利、印度、伊朗、爱尔兰、以色列、日本、哈萨克斯坦、西班牙、委内瑞拉、越南等国签订了71个双边协定。

（五）海外开户

白俄罗斯法律允许白俄罗斯居民（包括银行居民）在外国银行开设外币账户或白俄罗斯卢布账户。

白俄罗斯法人居民在外国银行开立账户是否需获得中央银行许可的具体情况如下：

中央银行许可情况分类	具体情形
无需从中央银行获得其在非居民银行开设银行账户的许可	法人居民（银行除外）为记录借款交易开设银行账户等
需通知中央银行	主要包括法人居民（银行和预算组织除外）为其在欧亚经济联盟（Eurasian Economic Union）成员国（白俄罗斯、哈萨克斯坦、吉尔吉斯斯坦、亚美尼亚、俄罗斯）的代表处开设账户等
经中央银行许可在非居民银行开立银行账户	在其他情况下，所有法人居民（银行除外）在外国银行开立账户需要事先获得中央银行批准

法律对违反规定在外国银行开设和操作银行账户的行为规定了相应的行政与刑事责任。

五、法律风险评价

(一)营商环境良好

根据2015年世界银行营商环境指南提供的数据,白俄罗斯在公司注册、工程承包、电力获取、财产登记、信贷取得等方面(在世界189个国家和地区中)分别排名第40位、第51位、第148位、第3位和第104位,总体营商环境位于第57位,处于世界中上游水平。特别是白俄罗斯法律强调尊重私有财产,财产登记程序简便、快捷,费用低廉。(见下表)

财产登记	数值
程序个数	2
时间(日)	4

数据来源:2015年世界银行营商环境指南

(二)合同执行成本和破产处置成本较低

根据2015年世界银行营商环境指南提供的数据,白俄罗斯的合同强制执行效率在世界189个国家和地区中排名第7位,与欧洲及中亚地区、经合组织国家的平均水平相比具有相当优势。该国破产处置效率排名第68位,也处在世界中上游水平(见下表)。较低的合同执行和市场退出成本有利于企业降低投资风险,保障投资权益。

合同强制执行	白俄罗斯	欧洲及中亚地区	经合组织
时间(天)	78.70	448.1	539.5
成本(占标的额的百分比)	29.0	25.2	21.4
程序(个)	23.4	37.0	31.5
破产处置	白俄罗斯	欧洲及中亚地区	经合组织
时间(年)	3.0	2.3	1.7
成本(占资产价值的百分比)	22.0	13.3	8.8
回收率(每美元美分数)	37.3	37.7	71.9

数据来源:2015年世界银行营商环境指南。

(三)税务负担适中

根据2015年世界银行营商环境指南提供的数据,2015年白俄罗斯的税务负担在世界189个国家和地区中排名第60位。白俄罗斯应税总额占利润的比例目前高于欧洲及中亚地区平均水准(见下表),但依照该国相关法律法规,外资企业在缴纳税款方面享有一定优惠,故外资企业税务负担总体比较平衡。

税收指标	白俄罗斯	欧洲及中亚地区	经合组织
纳税(次)	7.0	20.5	11.8
时间(小时)	183.0	234.3	175.4
应税总额(占利润百分比)	52.0	34.9	41.3

数据来源:2015年世界银行营商环境指南。

波兰共和国

The Republic of Poland

——中欧上空响起“玛祖卡”

波兰共和国基本情况

国家名称（中英文）	波兰共和国（The Republic of Poland）		
人口（百万）	38	人口增长率（年均%）	0.0
领土面积（千平方公里）	312.7	主要民族	波兰族
官方语言	波兰语	主要宗教信仰	天主教
政体	议会共和制	主要政党	公民纲领党、法律与公正党
GDP（十亿美元）	474.78	GDP 增长率（年均%）	3.6
国民总收入（十亿美元）	508.22	人均国民收入（美元）	13,370
通货膨胀率（年均%）	0.4	外国直接投资净流入（百万美元）	6281
外债（百万美元）	—	总偿债额占出口贸易和收入的比率	—

数据来源：2015 年世界发展指标数据库。

一、国情简介

波兰共和国（简称“波兰”）是一个由 16 个省组成的中欧国家。波兰东与乌克兰及白俄罗斯相连，东北与立陶宛及俄罗斯接壤，西与德国接壤，南与捷克和斯洛伐克为邻，北面濒临波罗的海。波兰为多民族国家，总人口中波兰族约占 98%。波兰语是官方语言。全国约 90% 的居民信奉天主教，其余大多信奉东正教或基督新教。波兰在在 2011～2013 全球最具投资吸引力的国家中位居第六，在联合国社会发展指标排名中位居世界第 39。

（一）政治概况

波兰共和国的政治体制是议会共和制，实行三权分立，议会拥有立法权，总统和政府拥有执法权，法院行使司法权。波兰议会由众议院和参议院组成，众议院议员 460 名，参议院议员 100 名，均通过直接选举产生，任期 4 年。在众议院选举中获胜的政党提出总理人选并组建政府。2015 年 11 月,波兰保守党法律与公正党赢得议会选举,现任总理为贝娅塔·希德沃。

波兰总统任期 5 年,最多连任一届,由选举产生。现任总统为安杰伊·杜达,于 2015 年 5 月当选。

波兰最高法院是国家最高审判机关,并对其他所有法院的审判活动和判决行使监督权。最高法院的法官由国家司法会议提名,由总统任命,法官任期终身。最高监察院是最高行政监察机构,院长由议会任命,向议会负责。

(二)经济概况

波兰在东欧剧变后实行自由市场经济,经济状况自 1992 年起开始稳步上升,成为中东欧地区经济增长速度较快的国家之一。2004 年加入欧盟后,波兰经济发展进入了一个新阶段,2009 年是欧盟唯一实现 GDP 正增长的国家。2015 年波兰 GDP 为 4748 亿美元,同比增长 3.6%;人均 GDP 为 12,338 美元。其中工业增长 5.4%,成为拉动经济增长的主要动力;消费增长 3.1%,贸易增长 3.1%,投资增长 6.1%。2015 年底波兰失业率为 9.8%,通货膨胀率为 0.4%,外债余额 3284 亿美元,外汇储备 894.3 亿美元,财政赤字占 GDP 比重为 2.5%,公共负债占 GDP 比重为 51.4%。

(三)外交政策

波兰于 1999 年 3 月 12 日加入北约,2004 年 5 月 1 日加入欧盟,2007 年 12 月加入《申根协定》。波兰政府遵循理性务实的外交路线,注重现实利益和战略平衡。政治和经济上立足欧盟,安全和防务上倚靠北约和美国,并注重周边外交,积极构建全方位外交格局,提高在地区和国际事务中的影响力。波兰现同 182 个国家保持外交关系。

1949 年 10 月 7 日波兰与中国建立大使级外交关系。1997 年 11 月,克瓦希涅夫斯基总统对中国进行国事访问。2004 年两国建立友好合作伙伴关系。2011 年两国建立战略伙伴关系,双边关系进入新的发展阶段。

二、法律概览

波兰法律属于大陆法律体系,法律门类健全,具有较为完善的诉讼、仲裁制度。波兰实行三权分立,法院独立性高,但司法执行效率一般,存在一定的腐败现象。

(一)法律体系

2004 年 5 月 1 日,波兰加入欧盟,并根据欧盟的规定不断完善法律体系。在波兰的法律体系中,宪法位于第一等级;分列第二和第三等级的是国际条约和议会立法;再下一个等级的是其他的法律规范,这一等级又可以分成两类:具有普遍效力的执行规则和只在上下级系统内有效的法令。宪法规定,国际条约与议会立法相冲突时,前者效力优先;部长制定的规则和发布的命令只在本部门内部具有约束力。

（二）司法制度

1. 诉讼制度

波兰法院体系由地方法院、区域法院、上诉法院、最高法院以及特别法院（军事法院、国务法院、宪法法院）组成。波兰实行两审终审制，二审法院的判决有终局性效力，一般不能上诉。波兰法院在审判活动中实行陪审员制度，陪审员与审判员享有同等权利。除特殊情况外，案件一律公开审判，被告人有辩护权。地方法院是一审法院，审理涉案金额不超过5万兹罗提的案件；区域法院是二审法院，审理民事涉案金额超过5万兹罗提、商业涉案金额超过7.5万兹罗提的案件；知识产权和不公平竞争案件以及法人团体案件直接进入地方法院一审程序。

地方法院和区域法院设立有专门部门处理商业、劳务、社会保险和家庭纠纷案件。地方法院设有特别商业案件部门来处理破产案件。指定的地方法院还行使土地登记职能。

法官实行独立审判，其裁决和判决只依据现行法律，而且仅由最高法院进行监督。最高法院的裁决和判决具有终局法律效力，不受普通上诉程序的制约。

根据《普通法院制度法》规定，诉讼一般应该在被告人注册所在地法院提起，原告向法院递交起诉书，法院接受后向被告寄送传票；对于商业诉讼案件，被告自收到传票期有两周时间提交答辩材料，包括所有的证据、反诉请求、答辩词等，如果未按时提交则被法院认定逃避诉讼，除非被告可以证明准备时间不够充分；上诉须在初审判决作出的两周内提出；商业案件的诉讼费不可退还，按案件金额的5%收取，最高不超过10万兹罗提。

2. 仲裁制度

波兰没有单独的仲裁法，仲裁问题适用于《民法典》第五部分的规定。2005年，波兰根据国际贸易法委员会1985年版《商业仲裁法》修订了《民法典》中关于仲裁的规定，形成了《仲裁规则》，至今未进行重大修订。在波兰的仲裁规则中，国内仲裁和国际仲裁没有太大区别，遵循同样的制度。

（1）仲裁庭

目前，在波兰有20多个常设仲裁庭，大部分流于形式，只有一少部分在商业纠纷中扮演重要角色。波兰商会仲裁庭和波兰私有企业家联合仲裁庭是最主要的两个仲裁庭，不仅解决绝大部分波兰境内的仲裁纠纷，还通过组织会议、专题讨论会和研讨会等活动推动波兰仲裁文化的发展。

（2）仲裁协议

根据波兰《仲裁规则》第24条的规定，除非双方有特别约定，仲裁协议生效后，对双方都有强制约束力。根据波兰《民法典》的规定，仲裁条款必须指定一个常设仲裁庭来解决纠纷,且仲裁协议须为书面形式。仲裁协议如果违反公平原则,都是无效的。

(3)仲裁地点

波兰《仲裁规则》第5条规定,波兰有关仲裁的规定适用于发生在波兰领土内的纠纷,以及发生在波兰境外但与波兰有实际联系的纠纷。仲裁地点由当事人双方共同指定,否则,由法庭根据案情和双方的便利程度进行指定。

(4)仲裁执行

根据波兰《仲裁规则》第48条规定,在波兰签发的仲裁裁决书,如果一方拒绝执行,法院可以强制执行而无需重新审查。

3. 司法协助

波兰于1961年10月3日签字加入《承认及执行外国仲裁裁决公约》,1962年1月1日正式生效。波兰对该公约作出了两个保留:仅限于承认和执行在另一个缔约国领土上作出的裁决;公约仅适用于契约性和非契约性商事法律关系引起的争议。当事方若要强制执行外国仲裁裁决,必须获得执行法院的承认。由债务人居住地或其总部所在地的省法院,或由强制执行程序实施地的省法院确认境外仲裁裁决的可执行性。

另外,波兰根据《欧共体2001年第44号令》和《瑞士卢加诺协定》来判断外国法院判决是否有效。

(三)司法效率及其他事项

1. 司法效率

波兰正常案件一般一年内结案,如有上诉,则在两年内结案。

波兰司法体系的总体执行效率一般。在2015国际透明度组织评估世界腐败观察指数榜上,波兰列第30位,排名有所上升,表明腐败现象有所减少。

2. 国有化、征收和征用

联合国1974年通过《建立新的国际经济秩序宣言》和《各国经济权利和义务宪章》,明确规定每一个国家对自己的自然资源和一切经济活动拥有永久性权利,包括有权实行国有化或把所有权转移给自己的国民。任何一国都不应遭受经济、政治或其他任何形式的胁迫,以致不能自由地和充分地行使这一不容剥夺的权利。因此,国有化引起的争议应由实行国有化国家的法院依照其国内法加以解决。对征用的外资,应按国家经济财政状况予以适当的、合理的补偿。

波兰1944~1960年间通过了国有化法律,目前大部分条款仍然有效。如果政府部门没有遵循国有化法律规定的征用期限或程序,或者土地以公共用途被征收但后来挪作他用,则企业可以对该征用或征收提起异议,并可要求归还被征用或征收的财产。国有化法律对原权利人提出归还土地要求和征收补偿设置的权利比较有限,原权利人只能以不动产的征用征收违反了法律规定为由提出异议。

三、金融法律制度

(一)银行准入与监管法律制度

1. 主要金融法律介绍

波兰金融法律制度比较完备,波兰加入欧盟后还对相关法律进行了修订,以保持其与欧盟法律的一致性。在银行准入方面,波兰主要法律有1997年8月29日实施、2010年12月修订的《国家银行法》,1997年8月29日实施、2011年5月修订的《银行法》以及2006年7月21日实施的《金融市场监管法》等。

波兰主要金融法律介绍	
法律	内容
《波兰国家银行法》	波兰国家银行是波兰的中央银行,主要负责维护本国币值的稳定,并承担以下职责:负责本国货币的发行,负责货币流通管理;对商业银行实施监管,参与银行间货币市场操作,建设、维护支付清算系统,维护整个银行体系的安全与稳定;作为政府的银行,主要履行代理国库职能 此外,波兰国家银行还负责制定和实施货币政策,管理官方外汇储备,提供经济金融方面的信息及公共教育服务
《银行法》	主要就国内外银行、金融公司和信用机构在波兰设立分支机构、开展业务、清算、破产等程序进行了详细的规定和说明,对银行内部管理、风险控制、资本约束等提出了具体监管目标
《金融市场监管法》	该法明确了波兰金融监管机构、监管范围和监管目的,对银行业、保险业和资本市场等具体行业提出了相应的监管政策和适用法律

2. 银行准入法律制度

(1)欧盟银行准入制度

2000年5月,欧盟理事会形成了统一的、涉及金融业各个方面的欧盟金融法律《2000年银行指令》。该指令详细规定了银行的业务范围、银行业市场准入的基本条件等内容,是目前在欧盟各成员国实施的银行法律。《2000年银行指令》明确规定了银行业许可证发放的资格审查制度,并对银行自有资金、管理人员资质、信息披露等方面制定了最低标准,成员国可以根据自己的具体情况对其他成员国银行和非欧盟银行的市场准入实施更严厉的措施。

根据欧盟《2000年银行指令》相关规定,非成员国银行若想进入欧盟成员国的银行市场,其经营资格必须满足下列要求:

欧盟银行经营资格要求	
1	金融机构必须拥有不少于500万欧元的创办资本或自有资金
2	金融机构必须由至少两名具有丰富从业经验且信誉良好的人员管理
3	金融机构应将其总部设在其注册国家,并在该国开展业务
4	金融机构必须制定公司章程,包括业务品种和组织机构形式等
5	披露所有合格持股人的身份,以避免金融机构间的交叉持股,使成员国监管当局有能力评估并避免任何影响该国金融系统稳定的收购或兼并

需要注意的是,欧盟法律对非欧盟银行设立的分行和子银行区别对待,具体表现在银行营业执照的有效性方面。由于非欧盟银行在欧盟的分行只是其总行的附属机构,不具备法人资格,所以欧盟银行法律并不将这类分行视为欧盟银行,不能享受《2000年银行指令》所倡导的单一银行牌照所带来的优惠政策。此外,非欧盟银行在欧盟国家设立分行需向东道国银行监管当局申请银行执照,且其银行执照仅在东道国有效,而不得在其他欧盟成员国经营业务。

与分行不同,子银行具有法人资格,所以非欧盟银行在欧盟国家成立的子银行被认为是一家欧盟银行,适用欧盟银行法律和东道国法律。非欧盟银行在欧盟国家设立子银行也需向东道国银行监管当局申请银行执照,但一旦得到批准,该类子银行将有权在其他欧盟成员国建立分支机构或提供金融服务,无需再履行任何申请手续。非欧盟银行在欧盟的子银行需将其注册地或总部或主要经营场所设在欧盟,同东道国建立密切的经济联系。

(2)波兰银行准入制度

波兰1996年加入"经济合作与发展组织"(OECD),1999年开放国内金融市场。根据波兰《银行法》定义,外国银行是指注册地不在波兰也不在欧盟国家的银行。外国银行有资格在波兰境内的任何地方设立机构。根据"国民待遇"原则,在波兰的外国银行和波兰银行享受同等待遇,适用同等法律。波兰政府既不限制外国银行在波兰设立分支机构的数量,也不限制外国银行对本地银行的并购。以下针对外国银行在波兰设立分支机构进行详细介绍:

根据波兰《银行法》第30~40条规定,外国银行在波兰设立分行主要程序如下:

外国银行在波兰设立分行程序	
步骤	要求
外国银行向波兰金融监管局提交设立分行申请书	具体内容包括:外国银行名称、注册地和经营活动描述;拟设立分行的业务种类说明和办公地址;分行被赋予的营运资金数量;至少两个被提议担任分行经理或者副经理的个人信息。同时,需附带提交的材料包括分行的章程和外国银行关于履行拟设立的分行与第三方发生业务往来时产生的所有法律义务的承诺函;分行未来至少3年的商业计划;波兰金融监管局要求的外国银行相关文件和财务状况描述以及外国银行注册国金融主管部门审批意见等
波兰金融监管局审批	波兰金融监管局在收到申请书和附带材料之日起3个月内,作出决定是否批准外国银行设立分行。如果申请书不符合要求或者必要的附带材料缺失,金融监管局可以要求外国银行完善申请书或者补充材料,并将申请批准决策周期延长至6个月
波兰金融监管局颁发许可	波兰金融监管局在征得金融机构主管部长的同意后颁发外国银行分行设立许可。同时在许可文件中载明分行办公地址、批准的业务范围、最低运营资金数量、开始营业的条件,并批准分行的章程
外国银行注册	外国银行获得分行设立许可后,必须在当地法院注册处完成商业注册(具体按照《商业公司法》中关于公司设立程序的规定执行)。外国银行分行的注册资本不少于按机构设立许可颁发当天波兰央行公布的中间汇率计算的500万欧元等值兹罗提,其中非现金出资占比不超过15%。外国银行分行要用波兰语开设专业账户,将分行名称翻译成波兰语,加上波兰分行字样,并要存档所有相关的文件
波兰金融监管局批准营业	营业要求包括:分行在组织管理方面已经做好营业的准备工作;注册资本已经全部到位;具备保管现金和其他有价物以及应对各种情况的能力;金融监管局要求的其他条件等

根据波兰《银行法》第38条和第138条的规定,如果外国银行分行在设立许可签发一年内未开展银行业务,该设立许可将会自动失效。如果外国银行注册国金融主管机构撤销了其营业许可,波兰金融监管局将撤销外国银行波兰分行的设立许可。

根据波兰《银行法》第42条规定,外国银行可以在波兰设立代表处,具体程序如下:

外国银行在波兰设立代表处程序	
步骤	要求
外国银行向波兰金融监管局提交设立代表处申请书	具体内容包括外国银行名称、注册地和经营活动描述;拟设立代表处的办公地址和经营范围;被提议担任外国银行代表处负责人的个人信息
波兰金融监管局审批	波兰金融监管局在收到申请书之日起 3 个月内,做出决定是否批准外国银行设立代表处。如果申请书不符合要求,金融监管局可以要求外国银行完善申请书,并延长申请批准决策周期至 6 个月
波兰金融监管局颁发许可	波兰金融监管局在征得金融机构主管部长的同意后,颁发外国银行代表处的设立许可
商业注册	外国银行获得代表处设立许可后,完成商业注册,并报波兰经济部外国企业代表处
业务范围和业务开展要求	外国银行代表处的业务范围仅限于业务宣传和推广。如果外国银行代表处在设立许可签发 1 年内未开展业务,该设立许可将会自动失效

3. 监管法律制度

(1)欧盟金融监管制度

欧盟金融监管立法以各成员国承认其他成员国的法律、规定和标准为基础。依据这一立法基础,欧盟制定的各类金融监管法规为各成员国必须遵守的最低标准。为了给跨境金融服务及其监管提供一个稳定的法律框架,提高服务效率并确保监管的充分和有效,欧盟根据《欧洲共同体条约》关于"设立机构的自由"和"提供服务的自由"的规定,以欧洲法院的判例法为基础,在一系列金融服务指令中确认了母国控制原则。这一原则与最低限度协调原则和相互承认原则等共同构成了欧盟金融监管的基石。

母国控制原则指的是,欧盟金融机构通过设立分支机构的方式或者直接提供跨境金融服务时,应主要遵循该金融机构母国的监管规则,相应的监管责任也主要由母国监管当局承担。作为对母国控制的补充,东道国也可以制定部分监管规则,行使部分监管权力。

欧盟金融监管的具体职能主要由各成员国金融监管机构承担。欧盟理事会和欧洲议会通过立法程序规定欧盟金融监管框架,由欧盟的各委员会协调各成员国金融监管机构负责实施。

欧盟在银行信贷机构监管方面的委员会包括:一是银行业咨询委员会。它成立于 1997 年,其成员包括成员国的财政部长、银行监管当局、中央银行以及欧盟委员会的高级代表,欧洲中央银行、挪威、列支敦士登和冰岛派观察员参与。二是欧洲银行监督委员会。它成立于 2003 年 11 月,成员包括欧盟成员国银行监管当局高级代表以及欧盟成员国中央银行代表,它的主要职责是负责统一欧盟银行监管实践和促进欧盟各国银行监管当局的合作。三是联络小组。它成立于 1972 年,由成员国监管当局的中层管理代表组成,欧盟委员会、挪威、列支敦士登和冰岛派观察员参加。

(2)波兰金融监管制度

波兰于 2006 年 7 月制定和颁布了《金融市场监管法》,根据该法案第 67 条的规定,从 2008 年 1 月 1 日起,中央银行将银行业的监管工作移交金融监管局(KNF)负责。另外,波兰还成立了金融稳定委员会,该委员会由财政部、中央银行以及金融监管局共同组建,旨在波兰国内建立一套金融危机应对机制,以增强其金融体系的稳定性。下表主要介绍波兰金融监管机构对本地银行、外国银行分行和代表处的监管情况,表中所指的银行包括本国银行和外国银行在波兰设立的分行。

波兰金融监管体系	
项目	内容
目标	《金融市场监管法》第 2 条规定,波兰金融市场监管的目标是确保金融市场的稳定、安全和透明度,保持市场信心以及维护金融市场参与者的利益
适用法律	《金融市场监管法》第 1 条规定,不同金融领域的监管分别适应于不同的监管条例和法令,对银行的监管主要依据《银行法》和《国家银行法》
对象	根据《银行法》第 131 条规定,波兰金融监管的主要对象是本国银行、外国银行在波兰的分支机构、信用机构在波兰的分支机构,辅助监管欧盟成员国银行在波兰的分支机构
原则	根据《银行法》第 141 条规定,经过波兰金融监管局的批准,在波兰注册的银行和金融机构可以通过建立分支机构或者跨境金融活动在欧盟成员国开展业务,主要接受波兰监管机构的监管,即遵从欧盟母国控制原则
主要监管措施	根据《银行法》第 133 条规定,波兰金融监管的主要措施有: 1. 评估银行和金融机构财务状况,包括资本充足率、资产质量、流动性和财务数据; 2. 检查银行管理体系的建设质量,特别是风险管理和内部控制体系; 3. 检查银行贷款、贴现、信用证、银行担保和保函等业务的合规性; 4. 检查银行贷款和贴现的担保以及按时回收情况; 5. 检查银行对于单一客户和内部高管人员的授信风险暴露集中度的限制指标是否符合标准; 6. 评估银行对风险暴露集中度,特别是大额风险暴露集中度的识别、监控和控制流程; 7. 检查银行业务风险容忍度是否符合金融监管局已认可的标准,以及银行业务风险管理情况,包括风险识别、风险监控和风险报告流程的调整; 8. 评估银行对注册资本的管理情况

续表

项目	内容
主要要求	1. 根据波兰《银行法》第 9 条规定,外国银行波兰分支机构总经理和其中一个副总经理的任命必须经过波兰金融监管局的同意; 2. 银行必须维持充足的现金流动性,以保证到期的存款可以按时支付; 3. 银行必须建立一套完整的管理体系,包括制定一系列与银行评估活动、内部决策有关的规则和机制,主要包括风险管理体系和内部控制体系; 4. 银行管理委员会负责设计、制定和确保银行管理体系的运作,银行监督委员会负责监督管理体系、资产充足率和政策执行效率; 5. 根据波兰《银行法》第 111 条规定,银行需要向监管机构公开经营信息,主要包括存贷款利率、收费价目表、利息资本化周期、外汇汇率表、经过审计的报表、银行管理层和监事会的组成、跨境转账的执行条件和期限、银行法人代表名字、企业或者外国企业的业务情况等; 6. 根据波兰《银行法》第 128 条规定,超过银行自有资金 5% 的股份交易必须提前 30 天通知金融监管局; 7. 根据波兰《银行法》第 134 条规定,银行在年度审计报告完成后 15 天内,提交金融监管局; 8. 银行的开业和停业必须通知金融监管局; 9. 根据波兰《银行法》第 127 条、128 条规定,注册地在波兰的银行,银行资本包括核心资本和附属资本,总注册资本不少于 500 万欧元等值兹罗提,非现金资本不能超过总资本的 15%;银行开展业务前 12 个月,资本充足率不低于 15%,接下来 12 个月不低于 12%,之后不低于 8%;银行每次提取风险准备金的比例不超过当次贷款额度的 1.5%;银行需缴纳监管费用,总金额不超过资产的 0.024%。 10. 根据波兰《银行法》第 158 条规定,银行资不抵债时,银行管理层、破产管理人或者清算人必须立即通知波兰金融监管局。金融监管局将停止银行营业,并决定是通过其他银行接管该银行,还是通过法院来宣布该银行破产、撤销营业许可并进行清算,而且以上决定都不能申诉
监管结果	根据《银行法》第 138 条规定,波兰金融监管局对银行的监管结果有以下几种处理方式: 1. 下达监管意见书。主要内容是要求银行采取必要措施恢复流动性或者达到监管标准;增加自有资金;废除特殊形式的广告;针对银行风险增加或者资产减值制定特殊规章制度;限制银行的经营风险。 2. 签发命令。波兰金融监管局可以通过签发命令停止银行净利润的分配,限制银行新设分支机构数量,直到银行恢复流动性或者达到监管标准。 3. 解除相关人员职务、限制经营范围和强制罚款。如果银行拒绝执行监管意见书和监管命令,或者银行经营违反法律和章程规定,或者损害储户利益,波兰金融监管局可以要求银行管理委员会解除对不规范经营行为直接负责的行长、副行长或者管理层成员的职务;限制银行的经营范围和分支机构设立;处以 100 万兹罗提的强制罚款;如果外国银行分支机构的开业和歇业不通知金融监管局、没有指定专人配合检查并提供检查材料、或者不执行金融监管局的业务整改意见时,金融监管局可以对银行管理层成员处以不超过其过去三个月薪酬的强制罚款。 4. 撤销银行设立许可,进行银行清算。适用于以下情形:银行拒绝执行监管意见书和监管命令,或者银行经营违反法律和章程规定,损害储户利益;银行不再满足设立许可中要求的各种条件;银行伪造许可申请文件、材料或者通过非法途径获得设立许可;超过 6 个月没有从事银行业务或者阻止有效的金融监管

（二）担保法律制度

波兰担保体系法律主要包括1998年1月1日实施、2009年修订的《质押和质押登记法》，2004年5月1日实施的《特定金融担保法》，1982年7月6日实施、2011年2月修订的《按揭及土地和按揭登记法》和1964年11月17日实施、2010年修订的《民法典》。

1. 担保种类

根据以上法律规定，波兰担保体系主要分为人的担保和物的担保两大类。其中人的担保包括保证担保和银行担保等；物的担保包括抵押、质押、权利让与和自愿强制执行等。可以作为担保物的主要有土地、厂房等不动产，存单、股票等托管资产，动产，股份、合同项下权利、银行账户、有价证券等金融工具，知识产权以及其他可用于担保的资产。

（1）保证担保

根据波兰《民法典》第876条规定，保证担保是保证人和债权人约定，当债务人不能履行债务时，保证人有义务按照约定履行债务或承担责任的行为。（见下表）

保证担保相关法律规定	
保证合同	根据法律规定，保证人与债权人应当以书面形式订立保证合同，否则无法律效力；当事人也可以通过事先约定债权总额给未来债务设立保证担保；如果合同没有约定担保范围，保证人应该作为共同债务人，承担连带责任
当事人权利和义务	1. 根据波兰《民法典》第877条规定，如果在订立保证合同前，保证人已经知道或本应知道债务人不能履行债务，合同生效后，保证人要作为债务的主要履行人； 2. 第879条规定，保证人履行债务的范围由债务人履行债务的范围决定，如果债务人推迟履行债务，债权人必须马上通知保证人； 3. 第882条规定，如果没有指定主债务履行期间或者根据通知来履行主债务，保证人可以在合同设立6个月后，要求债权人催促债务人履行债务或者发出履行债务通知，如果债权人没有按要求行使权利，保证人可以拒绝履行保证担保义务

（2）抵押担保

根据《按揭及土地和按揭登记法》第1条规定，抵押担保主要是以不动产设立的担保，抵押不导致不动产所有权的转移。债务人不履行债务时，债权人有权依照该法规定以该财产折价或者以拍卖、变卖该财产的价款优先受偿，或者通过法院强制执行。（见下表）

抵押担保相关法律规定	
抵押范围	《按揭及土地和按揭登记法》消除了普通抵押和限额抵押的区别，抵押担保范围除了主债权和未来债权，还包括利息、成本和合同规定的其他额外收益
登记	抵押必须在抵押注册法庭进行登记，登记过的抵押担保债权优先于其他普通债权，没有登记的抵押不能对抗普通债权；债务人不能履行债务时，进行抵押登记的抵押权人有权优先处理抵押物，也可以通过法庭强制执行程序来保障权利
优先权	《按揭及土地和按揭登记法》规定，多个抵押担保债权可以设定不同的优先权，如果一个优先权在前的抵押消灭，抵押人可以通过建立新的抵押或者调整其他抵押优先权来填补空缺，但是新的抵押担保债权价值不能超过已消灭的抵押债权价值
权利消灭	根据最新修订的《按揭及土地和按揭登记法》的规定，除非有特殊规定，否则主债权消灭会导致抵押消灭；为多个主债权设立一个抵押时，直到最后一个主债权消灭，抵押才会消灭；抵押消灭，抵押权人有义务到登记部门解除抵押登记
多重债权	《按揭及土地和按揭登记法》规定，一个抵押物可以为法律上属于同一债权人的多项主债权提供担保，而且，一个抵押物也可以为属于不同债权人的多个主债权提供担保。债权人可以指定其中一个债权人或者第三方作为抵押管理人，由抵押管理人代表所有债权人进行抵押登记，债权人可以随时书面请求法院更改抵押管理人。如果抵押协议过期，并且暂未指定新的抵押管理人或者债权人就更换管理人不能达成一致意见的，任何一个债权人可以要求进行抵押分割

(3)质押担保

波兰质押担保分为金融质押和登记质押两种。金融质押是以股份、基金或者金融产品设定的质押。金融质押当事人必须是金融机构、公共部门，具体包括银行、经纪公司、社保基金、保险公司、清算公司和国际金融机构，也包括代表政府的公共机构，但是不适用于自然人。金融质押不需要登记，也不一定经法律程序实现质押权。

登记质押是以动产或权利设定的担保，需要登记方可生效(见下表)。相对来说，登记质押更具有实用性，应用更广泛。

登记质押相关规定	
生效要件	以动产或权利设定的担保，需要登记方可生效
出质物	根据《质押和质押登记法》第 7 条规定，登记质押的出质物可以是任何动产或者可以转让的权利，包括各种债权、知识产权、有价证券和出质人将来可获得的可质押物或权利
合同登记	根据《质押和质押登记法》第 2 ~4 条和第 16 条规定，质权人和出质人必须签订书面质押合同，包括质押日期、双方姓名和地址、质押物描述、质押权利说明等；质押合同签订一个月内要完成登记，登记部门为地方法院，国家司法部建立了质押登记数据库，质押合同自登记之日起生效

续表

优先顺位	如果同一出质物有多个质押合同，则登记日期在前的具有优先权，登记日期相同的质押合同具有同等优先权
担保范围	根据《质押和质押登记法》第 10 条规定，除非在质押合同中有明确规定，登记抵押担保范围包括主债权、损害赔偿金、质物保管费用和实现质权的费用
当事人的权利和义务	除非质押合同有特别规定，债务人可以出于社会经济目的使用质押物，但是有义务保持质押物的完整，允许债权人实时查看质押物的状态
转让	根据《登记质押和质押登记法》第 17 条规定，质押权只能和其担保的债权一起转让给法律规定的有资格受让该债权的人，对于受让人来说，质押转让自转让登记之日起生效
消灭	1. 根据《登记质押和质押登记法》第 9 条规定，如果登记质押项下的动产转变为不动产的一部分，登记质押消灭。这时候质权人可以要求出质人追加价值不超过最初动产价值的该不动产抵押，并在法院进行抵押登记。 2. 如果质押权和其担保的债权转让给了没有资格受让该债权的人，则登记质押消灭；最初的质权人应立即阻止质押消灭并对由此造成的损失负责。 3. 登记质押项下的主债权的履行也会导致质押消灭

（4）权利让与担保

根据波兰《民法典》规定，权利让与担保是非典型担保，是特定标的物所有权转让的担保。通过事先签订权利让与协议，担保人放弃对财产享有的所有权，债务人未履行债务时，担保权人直接实现担保权益。权利让与担保根据所有权转让类型分为三种情况：

让与担保相关规定		
分类	内容	效果
无条件转让	债权人无条件获得财产所有权，只承担在债务受偿时再回转财产所有权的合同义务	债权人取得所有权，若债权人受偿后拒绝返还原物，仅承担违约责任
附终止条件的转让	债权人基于“权利让与协议”取得所有权，但当债务受偿时终止	债权人只在一定时段内取得所有权，其他时段无所有权；若债权人在无所有权的阶段仍占有财产，属违反法定义务，需承担侵权责任
附生效条件的转让	债权人在债务未获受偿时取得财产的所有权	

（5）自愿强制执行

根据波兰《民法典》规定，自愿强制执行是一种特别的担保形式，不针对债务人的资产。债务人签发公证书声明自愿执行司法程序，无需获得法院的判决。

(6)银行担保

根据《银行法》第 80 条规定,银行可以根据顾客要求,开展保函和信用证等担保业务。银行担保是银行对受益人在特定条件下支付作出的单方书面承诺,银行担保适用民法有关规定,银行担保时效不超过 6 年。

2. 各担保措施的优先效力

根据波兰担保法律对于担保优先受偿的规定,物的担保要优先于人的担保。在物的担保中,抵押和质押都需要登记。对于在同一标的物上设立的多个抵押,登记的比未登记的具有优先权;登记在先的比登记在后的具有优先权。

(三)合同的法律适用

波兰关于合同的法律适用规定主要依据《欧洲议会 2008/593 号令》和本国 2011 年 2 月 4 日修订的《国际私法》。根据相关规定,当合同含有涉外因素时,当事人可以约定该合同的适用法律。如果双方没有约定,则适用当事人所在国法律。但是在合同义务与另外一个国家有密切联系的情况下,须采用另一国法律。如果所在国存在多个法律体系,则采用与合同关系最接近的法律。如果外国法律与波兰法律体系的基本原则相冲突,或者不能合理确定外国法律的适用,则不适用该外国法律。仲裁协议适用于双方共同选择的法律,如果事先没有选择法律,则适用与仲裁协议联系最密切的国家的法律。

(四)主权豁免

波兰采用绝对豁免原则。规定任何国家的法院不得受理以波兰国家及其财产为诉讼标的的案件,不论其行为和财产的性质如何,也不论其财产位于何处、为谁控制,除非波兰自愿放弃这种豁免。

四、投资法律制度

在波兰,外商投资的法律环境较为友好。除一年以内外汇贷款须向波兰央行申请许可外,对于波兰居民与第三国机构之间的中长期贷款并无明确的限制规定。波兰对欧盟成员、欧洲经济区成员及经合组织成员国居民实行完全外汇自由流通,对其他国家居民全部经常项目和大部分资本项目的外汇实行自由流通。外国投资者在波兰享受国民待遇。除军工等少数领域外,波兰在投资方式、行业等方面没有针对外国投资者的特殊规定。另外,波兰是欧盟所得税税率最低的国家之一,外国居民与波兰居民享受同等税率。

(一)企业相关法律制度

目前,在波兰从事经济活动的法律依据主要有:1964 年 11 月 17 日颁布、2010 年修订的《民法典》,2004 年 7 月 2 日修订的新《经济活动自由法》,2008 年 9 月 15 日修订的新《商业公司法》和 1997 年 8 月 12 日通过的《国家法院注册法》。其中《经济活动自由法》、《商业公司法》和《国家法院注册法》与外国企业或个人在波兰注册公司密切相关。

1. 企业主要类型

在波兰设立企业的主要形式有：有限责任公司、股份有限公司、分公司和代表处四种。(见下表)

企业类型	要求
有限责任公司	根据波兰《商业公司法》第三章第一部分规定，外国公司和个人均可申请成立有限责任公司。可从事生产、销售、服务和进出口等任何商业活动；公司名称可用各种语言表述，但末尾需有 Sp. z. o. o(波文"有限责任公司"缩写)字样；公司名称不能重复，如有已相同注册的名称，则需更换为另一名称
股份有限公司	根据波兰《商业公司法》第三章第二部分规定，外国公司或个人均可申请注册股份有限公司，注册资金最低需 10 万兹罗提。注册时先支付 50% 的注册资本，注册完毕后可随时使用注册资本。股份公司名称中注有 S. A(波文"股份公司"缩写)字样。股份公司的注册程序与有限责任公司相同
分公司	根据波兰《经济活动自由法》第 85 ~ 92 条规定，外国企业在波兰注册的分公司不具备法人资格，经营范围不能超其母公司业务范围。外国母公司必须指定一个人作为母公司的代表，由其代表母公司经营和管理分公司的活动。分公司应有独立的波兰语账户。分公司无最低注册资金要求
代表处	根据波兰《经济活动自由法》第 93 ~ 102 条规定，外国公司在波兰注册的代表处不具备法人资格，其业务范围只限于对母公司业务进行推广和宣传，不得开展贸易活动，也无权签署商业合同。注册代表处须报波兰经济部外国企业代表处登记注册

2. 企业资格查询

根据波兰相关法律规定，有限责任公司、股份有限公司和分公司必须在由地区法院掌管的企业注册簿(隶属于国家法院注册簿)进行注册。企业注册簿对公众开放，通过经济部和国家法院注册簿可以查询到企业和公司的主体资格。主要公开信息如下：公司名称和法律形式、公司统计 REGON 号、公司经营地址和经过注册登记的办公室地址、公司股本的具体内容、公司管理委员会和监督委员会成员的个人资料、公司经营范围。在一些情况下企业注册簿的登记内容还包括公司未偿还债务、纳税和其他公共开支的信息。

3. 其他法律介绍(见下表)

法律	内容
民法典	管辖的范围包括:物权、义务的履行和失效、合同的种类(如买卖、缔约、单项任务、委托、代理、寄售、运输、托运、出租、租用、借款、银行账户等)、只对某些民法关系当事人有效的权利,以及法定和遗嘱继承(遗嘱和遗产)等。 《民法典》明确规定:特许权和许可证是企业的权利,一旦该企业出售,则该项权利也随之转移给该企业的购买者。 除《民法典》外,《商业公司法》《著作权法》《工业产权法》等都包括管理经济活动的条例。在具体应用各类法律时,特别条例优于一般条例
商业公司法	《商业公司法》对在波兰成立、经营和变更有限责任公司和股份公司作了明文规定,对公司的类型进行了划分,对商业公司的章程进行了规范。外国企业或个人在波兰设立有限责任公司和股份有限公司必须以此法为依据。 在 2003 年 12 月的修订中,《商业公司法》对民营企业向公众报告其经营状况的限额进行了调整,从原有的连续两年的营业额超过 40 万欧元变成超过 80 万欧元
经济活动自由法	倡导经济活动的自由和所有经济主体的平等,自然人、法人以及不具备法人资格的组织机构均可自由从事经济活动,代表处、分公司、单人公司和合伙公司的设立及运行适用于该法。 波兰 2009 年 3 月 31 日对《经济活动自由法》进行修订,其中最重要的两项修订是为企业注册登记实行一站式服务和允许企业在一定时期内暂停经营。根据修订后的法案,自然人递交注册登记申请后即可开始营业,无需等到注册完毕
劳动法	该法对企业在雇佣、解聘、社会保障方面做出了相关规定,雇主有责任以雇员和自己的名义向社会保险公司交纳退休保险、残疾补贴保险、事故保险、病假(包括产假)补贴保险、职工福利保障基金等。2014 年 1 月 1 日起,波兰的最低工资标准调整为 1680 兹罗提(税前)
关于促进就业和改善劳动力市场结构法	2013 年 5 月 16 日,波兰总统科莫罗夫斯基签署《关于促进就业和改善劳动力市场结构法》修正案,以适应欧盟的有关规定。修正案简化了对高技能职业的外国人在波兰居留合法化的审批程序,调整了为外国人发放办理暂住证的条件、程序和原则,凡符合条件者既可以得到居住许可,也可以获得劳动许可

续表

法律	内容
工业产权法	波兰企业的知识产权受到波兰国内、欧盟和世界知识产权组织等多种形式的保护。波兰的工业产权由2000年6月30日实施的《工业产权法》来规范和保护。 波兰是《保护工业产权巴黎公约》成员国。波兰专利局是负责专利注册的主管部门。外国人在波兰注册专利,需通过在波兰注册的专利代理人代为办理,波兰专利保护期为20年。 波兰是《国际商标注册马德里协定》成员国。根据波兰1985年实施、1994年修订的《商标法》,商标保护期为10年,可延长10年,连续3年不使用则解除保护。 在波兰,除了国内商标以外,还可以向设在西班牙阿里坎特的协调办公室申请欧盟内部商标,该商标的保护期为10年。 依照1891年的"马德里协定",波兰企业可以向设在瑞士日内瓦的世界知识产权组织办公室(WIPO)申请国际商标。如果申请得到批准,就可以在所有签约国获得商标保护

(二)特定行业与领域法律情况

1. 矿产资源法律情况

(1)基本情况

波兰矿产资源主要包括硬煤、褐煤、铜、锌、铅、银、镁、岩盐及非金属矿砂等。波兰煤炭资源最为丰富,储量居世界第5位,是欧盟最大的硬煤生产国和出口国,在整个欧洲也仅次于俄罗斯,居第2位。波兰还是欧洲第二大铜矿生产国和世界第八大白银生产国。目前俄罗斯是波兰最大的天然气供应国,每年向波兰进口65亿~70亿立方米天然气。波兰的石油储量和开采量都比较小,几乎全部石油加工工业都依赖进口原油。

(2)现有法律

波兰2011年6月9日实施了新的《地质矿业法》,2012年1月1日生效。根据《地质矿业法》规定,所有矿床上不形成土地房地产权的部分都属于国家。国家可以通过有权利颁发特许权的主管部门来批准采矿权。采矿权可以转让,但是必须签订书面协议。

根据《地质矿业法》第11条规定,获得石油、天然气和煤层沼气的采矿权需要通过公开招标的方式。内阁根据法定程序制定招标规则、要求、标底以及指定评标人员,以公开、公平的标准来选择最终采矿权获得者。个人没有资格取得采矿权。对矿藏进行了勘探记录、并按要求准备了相关特许文件的企业,可以比其他企业优先获得采矿权,这种优先权自收到地质主管部门接受勘探文件的书面通知起两年内有效。

根据《地质矿业法》第6条规定，采矿权包括勘探、开采矿藏等权利，范围不超过2公顷，每年开采量不超过2万立方米，超出这个范围的活动需要环境保护部批准；开采基本矿产需要经济部批准；开采矿产用于医疗目的，需要卫生部批准；开采涉及海事经济的矿产需要海事经济部批准；开采带有放射性元素的矿产需要国家原子能机构批准。企业申请特许权的申请书内容包括申请者说明、注册地址和注册号、经营范围和相关优先权利说明，并附上地质勘探书。

根据《地质矿业法》第51条规定，波兰石油、天然气等矿产的采矿权有效期在25～30年之间，采矿权须办理登记。

2. 土地资源法律情况

土地资源的取得适用波兰《关于外国人取得不动产的法案》(AARE)。根据该法规定，在欧盟以外登记注册的外国企业如果在波兰购买不动产必须从国家内务和行政部获得许可，许可以行政决议的形式作出。这意味着公证部门、波兰法院或其他政府部门都不具备此项权力。而且通过购买或法律诉讼获得当地法人的不动产权益，也必须得到国家内务和行政部的许可。2004年5月1日加入欧盟后，波兰又修订了AARE法案，规定即使在欧盟注册的企业，如购买农业用地或森林，仍要获得内务和行政部许可。

3. 电信行业法律情况

波兰《电信法》于2004年7月16日实施。根据《电信法》第一章规定，该法律主要目的是：支持电信行业内部的公平、有效的竞争；发展和使用现代化的电信基础设施；确保电信编码、频段和轨道资源的管理；确保用户在电信服务价格和质量选择上的最大优惠；确保电信技术的中立性。波兰电信管理局(UKE)负责电信法的具体实施和波兰电信市场的发展。

根据《电信法》第10条规定，电信企业进入波兰市场必须向电信管理局提交书面申请，进行业务注册，获得电信管理局认证后才能进入。根据《电信法》第114条规定，电信管理局通过招标来颁发电信频段经营许可，有权修订和撤销许可。

2009年11月3日，波兰部长会议通过了一项“支持电信服务和网络发展”的新法律草案。根据新的法律，当地主管部门将能够根据相应的条件，在电信领域开展经济活动，并建立自己的基础设施，但不允许当地主管部门开展的活动扰乱电信市场的竞争。另外，该议案要求当地主管部门必须在平等和透明的基础上提供接入许可，并与相关各方共享基础设施和网络。该议案规定公用事业部门必须允许电信业务使用其拥有的相关技术基础设施。

4. 基础设施建设行业法律情况

波兰地处欧洲中部，是连接东西欧的交通枢纽，但是波兰铁路、公路、港口、机场和互联互通等主要基础设施比较落后。为了鼓励波兰改善其落后的基础设施,欧盟每年向波兰提供大量的援助资金。近年来,波兰对基础设施互联互通建设的需求比较旺盛。

波兰基础设施领域主管部门是波兰运输、建设和海事经济部。行业法律依据是2004年实施的《公共采购法》、2003年3月27日实施的《总体规划法》、1994年7月7日实施的《建筑法》、2008年12月19日修订的《公私合营法》和2009年1月9日实施的《工程和服务特许经营法》。

《公共采购法》是波兰根据欧盟2004年17号和18号指令制定的,2004年1月19日实施,2008年修订。这是公共设施建设方面的主要法律,规定了公共项目合同获得、强制措施、合同审查和其他相关问题的规则和程序。波兰公共项目招标分为公开招标、邀请招标和议标。

根据《公共采购法》第39~41条规定,公开招标首先通过公共渠道或者网站发布招标公告,使所有感兴趣投标者都可以有公平的机会参与投标竞争,工程项目投资超过2000万欧元等值兹罗提、服务项目投资超过1000万欧元等值兹罗提的项目招标信息必须在国家期刊或者报纸上发布;投标者在投标截至日前必须提交保证金(现金、银行保函、有价证券等),金额不超过项目总投资的3%;未中标者可以退还保证金,中标者如果不履行合同签订义务,业主有权利没收保证金。

根据《公共采购法》第47~48条规定,邀请招标是指业主公开发布招标公告,意向投标者提交参与投标申请,业主邀请总数不少于5家、不超过20家的投标者参与投标,其他程序与公开招标相同。

根据《公共采购法》第53~55条规定,议标是指业主通过公开渠道发布招标公告,然后邀请意向者一同参与合同谈判,并提交不包括价格和期限的标书,最后再邀请意向者提交正式标书。

根据《公共采购法》第67条规定,如果招标的项目涉及技术垄断、专利保护和创新领域,业主可以单独招标;过程主要包括资格预审、提交标书和评标三个步骤。根据《公共采购法》第72条规定,投标者只能提交一个价格并附带相关说明,价格不能修改。正常情况下,价格最低者中标,但是评标时也要考虑质量、功能、技术参数、技术水平、环境保护、成本和售后服务等方面。

(三)外汇管制

1. 相关外汇法规

波兰2002年10月实施新的《外汇法》,在货币自由兑换和实行市场浮动汇率的基础上进一步放宽外汇管制。对欧盟成员国、欧洲经济区成员国和经济合作与发展组织成员国实行外汇完全自由流通,对其他第三国全部经常项目和大部分资本项目的外汇实行自由流通,对资本项目的外汇管制限于短期资本的流通,如信贷交易、股市投资和金融衍生工具的投资。随着外汇储备的增加和对外开放程度的提高,波兰的外汇管制程度逐渐降低,对企业和个人的用汇管理逐渐放宽。

根据《欧共体条约》,欧盟的公民应当有权利不受限制地在成员国间汇款和转账、开立银行账户、投资基金或在其他成员国借款。欧盟的公民移居另一个成员国工作或退休应当有权利把资金从一个成员国转入另一个成员国。

2. 外汇管理部门

波兰外汇管理机构为议会、财政部以及国家银行。议会负责审议通过外汇法及其基本内容的修改,财政部通过《一般外汇许可条例》公布一般外汇许可实施细则,适用于所有居民和非居民以及一些专门机构。波兰国家银行负责对个别外汇许可进行审批。外汇法规的实施由财政部决定,波兰国家银行、商业银行、海关、边检以及邮政系统向财政部负责,执行具体规定。

3. 居民和非居民外汇管理差异(见下表)

居民与非居民外汇管理差异		
	居民	非居民
定义	居住在波兰的自然人、注册地在波兰的法人以及其他任何注册地在波兰并且有能力签署并履行合同义务的实体;非居民在波兰成立的分支机构、代表处和企业;波兰外交办公室、领事馆或者其他享有波兰外交和领事权的机构	不在波兰居住的自然人,注册地不在波兰的法人,其他有能力签署并履行合同但是注册地不在波兰的实体,波兰居民在海外建立的分公司、代表处和企业,外国使馆、领事馆、特殊国际机构以及其他享有外交或领事特权的外国代表处
账户管理	包括自然人和法人在内的波兰居民可以货币、股票和债券形式持有外汇,有三种外币账户可供选择:可兑换货币账户、外汇结算账户和商业储蓄银行存单	非居民可在波兰国家银行、华沙商业银行和商业储蓄银行以及任何一家商业银行开立可兑换货币账户。非居民可自由开立和持有兹罗提账户。存款人将款项存入此类账户时必须说明资金来源。将资金转给波兰居民不受任何限制。允许非居民将在波兰合法赚取的兹罗提兑换成外币储存或转移到国外

4. 境外贷款外汇管理要求

根据波兰《外汇法》规定,波兰境内机构可以自由申请欧盟、欧洲经济区和经合组织成员国银行或信用机构贷款,可以自由开立银行账户,对境内机构和境外机构的资质无特殊限制。

波兰居民与不属于欧盟、欧洲经济区和经合组织的第三国开展以下外汇交易时需要提前向波兰国家银行申请个别外汇许可。具体包括:波兰居民向第三国转移资金用于商务活动;投资第三国不动产、股票、股份和应收账款等;与第三国机构之间发生的一年内需要还本一半以上的借、贷行为;在第三国开立银行账户;向第三国非波兰居民进行捐赠等。

波兰《外汇法》对于波兰居民与第三国机构之间的中长期贷款无明确限制规定。但是境内机构借用境外贷款的金额、期限和用途必须符合波兰《银行法》和《银行监管法》的相关规定,此外没有其他特殊规定。

5. 非贸易外汇管理要求

波兰政府关于非贸易外汇管理的规定如下:

商品交易过程中的非贸易支出(包括保险和运费)和符合许可证规定要求的属于贸易项下的支出,均可得到批准。其他支出均根据一般外汇许可和特别外汇许可中的规定办理。交易一经批准,可自动获得上述支出所需外汇。

根据2005年波兰海关的规定,出入境时个人携带10,000欧元以下外币或与之等值的兹罗提无须申报。若所携带外币超过此限,需出示外汇申报单或银行出具的外汇携带证明,否则海关有权予以没收并罚款。个人在波兰银行开设外汇账户,需凭入境外汇申报单办理相关手续。

在波兰工作的外国人,如果受雇于合资企业,其收入可以全部转移至国外;如果受雇的企业与波兰国内或国外的相关机构达成了相应的协定,且符合波兰的法律和法规,则该外籍雇员的全部收入也可以转移至国外。但是汇款超过15,000欧元必须通过指定银行办理。

6. 外汇管制情况

根据《外汇法》,从2002年10月1日起,兹罗提实现完全利率自由浮动和自由兑换。在波兰注册的外国企业可以在波兰银行开设外汇账户,用于进出口结算。波兰公民可自由在国外开设银行账户,波兰企业可向其海外分部汇款,在海外市场购买短期债券,而不需要获得波兰国家银行的特别许可。

从2009年1月24日开始,根据对《民法典》第358条的修订以及《外汇法》有关规定,在波兰已经可以使用外国货币订立并履行合同。目前,使用欧元进行支付不存在障碍。

波兰与中国开展经常项目项下货物和服务贸易时不存在外汇限制。中国和波兰1993年签署了《中华人民共和国政府和波兰共和国政府关于两国经济贸易关系的协定》,两国之间的经济贸易活动将在两国有对外经济贸易经营权的经济实体签订的合同基础上进行。贸易合同所产生的支付将根据签约双方各自国家的外汇法规,以合同双方商定的可自由兑换货币办理。

1998年6月7日,中国与波兰签署《中华人民共和国政府和波兰人民共和国政府关于相互鼓励和保护投资协定》。按照协议有关规定,波兰在其法律和法规允许范围内，保证中国投资者转移在波兰境内与投资有关的支付，特别是利润、股息、利息以及其他形式的收入，投资的清算款项，按贷款协议与投资有关的偿还款项；波兰保证中国投资者自由转移用可兑换货币进行的投资，以及与该投资者在波兰境内的投资有关并属于可兑换货币的收益。

7. 境外开户等限制

根据波兰《外汇法》规定，对非欧盟和非经合组织国家，包括实体交易在内的资金转移、长期有价证券交易、债权交易和开立银行账户需要得到波兰国家银行的批准。

（四）税收制度

波兰税收体系的法律依据主要有 1997 年 4 月 2 日通过的《宪法》，1997 年 7 月 1 日实施的《欧共体条约》，2002 年 7 月 27 日实施的《外汇法》，1997 年 8 月 29 日实施的《税法》，1992 年 2 月 15 日实施的《企业所得税法》，1991 年 7 月 26 日实施的《个人所得税法》，2004 年 5 月 1 日实施、2011 年修订的新《增值税法》和 2009 年 3 月 1 日实施的新《消费税法》等。

1. 税收体系

波兰税收体系比较完备，税收机关主要是财政部、税务厅、关税厅、税务局和海关。《宪法》规定了税收适用法律的所有原则。除非宪法本身另有规定，宪法的规定应当直接适用，这意味着税收规定的解释应当符合宪法规定，如果税收法律规定与宪法规定相冲突，宪法优先适用。

波兰《税法》规定了纳税义务、税务信息、税务诉讼程序和税务检查等内容。按照税收收入的征收和归属划分，波兰税收分为国税和地税两大类。国税的税种有：企业所得税、个人所得税、增值税、消费税、印花税、关税、博彩税和交易税。地税税种有：房地产税、养路税（只含卡车和大客车）、遗产和赠与税、农业税、林产税、狗税。而按照征税的类型划分，直接税有九种：企业所得税、个人所得税、交易税、房地产税、养路税、遗产和赠与税、农业税、林产税和狗税；间接税有三种：增值税、关税和博彩税。原则上外国企业和个人在波兰享受完全国民待遇，与波兰企业和个人适用相同的税收制度和标准。

2. 企业所得税

根据波兰《企业所得税法》，波兰外国投资企业和国内投资企业实行统一的所得税政策。自 2004 年起，波兰企业所得税税率为 19%，是欧盟所得税率最低的国家之一。对利息收入、版税收入以及无形服务收入（咨询、会计、市场调研、法律服务、广告、数据处理、人力资源和担保等）一般征收 20% 的所得税；由波兰公司派发的股息收入应由派发企业代扣 19% 的所得税。

2014 年 9 月 16 日，波总统科莫罗夫斯基签署了企业所得税和个人所得税修正案。该修正案旨在完善税务系统，抑制来自避税地国家（地区）的竞争，优化现有规章制度，减少官僚作风。若波兰本土公司持有外国实体公司25%以上的股份,同时该外国了公司享受避税地税收优惠政策的情况下,政府将对波兰公司的海外子公司征收19%的税。避税地名单将在财政部长签署的条例中详细列出。新修正案将不适用于欧盟或者欧洲经济区国家,波兰公司在此类国家地区开展业务将不会被征税。该修正案也不适用于收入低于25万欧元的公司。

3. 避免双重征税协定

中国与波兰于1988年6月7日在北京签署了《中华人民共和国政府和波兰人民共和国政府关于对所得避免双重征税和防止偷漏税的协定》,以保护两国居民和非居民的所得不被重复征税,该协定于1989年1月1日生效。

根据该协定,中国企业通过设在波兰的常设机构在波兰营业,其利润可以在波兰征税,但应仅以属于该常设机构的利润为限。在确定常设机构的利润时,应当允许其扣除各项费用,包括行政和一般管理费用,不论其发生于波兰还是其他任何地方。

对于银行来说,利息收入可以在中国按中国税率征税,也可以在波兰按波兰税率征税。如果收款人是利息受益所有人,则所征税款不应超过利息总额的10%。对于中国国有银行通过间接提供资金在波兰获得的利息收入,应在波兰按波兰税率征税。

4. 其他主要税种

<table>
<tr><th>税种</th><th>简介</th></tr>
<tr><td>个人所得税</td><td>对持有波兰公民身份证并在波兰有登记居住地的个人,来自世界各地的任何收入都要征收个人所得税。在波兰没有登记居住地的个人只对来自波兰国内的收入征收个人所得税。自2009年起,波兰执行2级个人所得税税率,即18%和32%
<table>
<tr><th colspan="2">个人所得税税基(兹罗提)</th><th rowspan="2">应付税款</th></tr>
<tr><th>从</th><th>到</th></tr>
<tr><td>0</td><td>556.02</td><td>免税</td></tr>
<tr><td>556.02</td><td>85528</td><td>税基的18% -556.02兹罗提</td></tr>
<tr><td>85528</td><td></td><td>税基的32% +14839.02兹罗提</td></tr>
</table>
个人所得税的纳税年为日历年</td></tr>
<tr><td>增值税</td><td>2011年8月15日,波兰增值税率调整为23%、8%、5%和0%四种税率,其中23%为标准税率,其他几种税率为特殊商品和服务税率。其中,对医药产品和客运服务业按8%征税。对若干农产品按5%税率征税。此外,若干活动为零税,例如出口商品到欧盟以外国家及国际商品运输(即运往欧盟以外国家的来回运输)。部分商品和服务可免征增值税,如:研发服务、文化教育、财务和保险服务等</td></tr>
</table>

续表

税种	简介
消费税	消费税的征收因商品而异,主要通过对各类商品的消费征税来引导消费方向,是一种由销售商为消费者先行代缴的税收。消费税的税率一般在 25% ~40% 之间,目前波兰征收消费税的有 6 种商品:燃油、烟、酒、汽车、电、化妆品。其中燃油、酒、烟三种商品的消费税税率遵循欧盟统一规则;汽车、化妆品、电的消费税标准由波兰自己确定。波兰入盟谈判时,在燃油消费税方面争得了自己确定税率的过渡期,波兰财政部对燃油消费税税率随时调整。香烟消费税税率为每 1000 支征收 129.44 兹罗提。电的消费税为每千度电 20 兹罗提
交易税	在波兰进行部分业务交易需交纳交易税:不动产和动产出售协议税率为 2%、其他财产权的出售协议税率为 1%;借贷协议税率为 2%;进行财产抵押时,税率为保全债务总值的 0.1%,对无定金额的保全债务交易税为 19 兹罗提;在企业股权变更交易中,税率为变更金额的 0.5%。税款应在交易发生后 14 日内缴纳
印花税	在波兰,申请注册公司、资格认证、发放许可、票据交易以及著作权认证,需按规定交纳印花税。印花税因活动类别的不同而有不同的税率,属国税范畴
关税	自 2004 年 5 月 1 日起,波兰启用欧盟统一关税税率

五、法律风险评价

(一)营商环境良好

根据 2015 年世界银行营商环境指南,波兰的营商环境在 189 个国家和地区中排名第 32 位,处于世界先进水平。具体来说,波兰在财产登记、信贷取得、少数投资者保护等方面表现出色,分别排名第 39 位、第 17 位和第 35 位;而在公司注册、工程承包方面表现一般,分别排名第 85 位、第 137 位,低于地区平均水平。(见下表)

公司注册		纳税		财产登记	
程序个数	4	每年赋税次数	18	程序个数	6
时间(日)	30	平均耗时(小时)	286	时间(日)	33
成本(占单位收入的百分比)	12.9	总税率	38.7	成本(占财产价值的百分比)	0.3
最低注册资本	12.3				

数据来源:2015 年世界银行营商环境指南。

(二)合同执行及破产处置成本较低

从数据上看,波兰的执行和破产效率基本与欧洲及中亚地区的平均水平持平。根据2015年世界银行营商环境指南,波兰的合同强制执行效率在世界189个国家和地区中排名第52位,破产处置效率排名第32位。(见下表)

合同强制执行	波兰	欧洲及中亚地区	美国	英国
时间(日)	685.0	448.1	420	437
成本(占标的额的百分比)	19.4	25.2	30.5	39.9
程序(个)	33.0	37.0	33.6	29
破产处置	波兰	欧洲及中亚地区	美国	英国
时间(年)	3.0	2.3	1.5	1.0
成本(占资产价值的百分比)	15.0	13.3	8	6
回收率(每美元美分数)	57.0	37.7	80.4	88.6

数据来源:2015年世界银行营商环境指南。

(三)进出口贸易法律环境较为宽松

波兰法律制度较为完善,加入欧盟之后,进一步加强相关法律与欧盟法律的衔接,为进出口贸易创造了较为宽松的法律环境。根据2015年世界银行营商环境指南提供的数据,波兰的跨境贸易难易度在全世界189个国家和地区中排在第41位。(见下表)

波兰跨境贸易	
出口所需文件数	5
出口时间(日)	15
出口成本(每集装箱/美元)	1050
进口所需文件数	4
进口时间(日)	14
进口成本(每集装箱/美元)	1025

数据来源:2015年世界银行营商环境指南。

捷克共和国
The Czech Republic
——从欧洲中心“向东看”

捷克共和国基本情况

国家名称（中英文）	捷克共和国（The Czech Republic）		
人口（百万）	10.55	人口增长率（年均%）	0.2
领土面积（千平方公里）	78.9	主要民族	捷克族
官方语言	捷克语	主要宗教信仰	罗马天主教
政体	议会内阁制	主要政党	捷克社会民主党、ANO2011 党、基督教民主联盟
GDP（十亿美元）	181.81	GDP 增长率（年均%）	4.2
国民总收入（十亿美元）	190.49	人均国民收入（美元）	18,050
通货膨胀率（年均%）	0.7	外国直接投资净流入（百万美元）	2479
外债（百万美元）	—	总偿债额占出口贸易和收入的比率	—

数据来源：2015 年世界发展指标数据库。

一、国情简介

捷克共和国（以下简介“捷克”），地处欧洲中部。东靠斯洛伐克，南邻奥地利，西接德国，北毗波兰。主要民族为捷克族，占全国人口的 90%，其他民族有摩拉维亚族、斯洛伐克族和波兰族等。捷克的官方语言为捷克语，根据 2015 年捷克统计局的数据，有 39.2% 的居民信奉天主教，4.6% 的居民信奉基督教、新教，此外还有居民信奉东正教、犹太教。从政治、经济、外交等因素综合来看，捷克政治局势较为稳定，经济发展稳健，近期法律变化以积极吸引外资为主。

（一）政治概况

捷克是议会民主制共和国。1993 年 1 月 1 日，捷克独立，开始实行三权分立、多党议会民主的政治体制。

捷克议会是该国立宪、立法机构，分为众议院和参议院。众议院设有200个议员席位，议员任期为4年，由有选举权的公民普选产生；参议院设有81个议员席位，议员任期为6年，每两年改选1/3参议员。两院下设有关专门委员会，监督政府职能履行。2013年捷克众议院表决决定解散议会并提前举行大选，2014年1月，社会民主党联合ANO2011党和基督教民主联盟组阁成功，在议会中拥有111个席位，占据稳定多数。

总统是国家元首，任期5年，实行间接选举制，由参众两院共同投票选举产生。总统负责对议会提交的法律案进行签署，其有权不予签署，并在特殊情况下解散议会；负责任命总理和内阁成员，还有权任命最高法院大法官。

政府是执行机构，对国民议会负责，由总理、若干副总理、各部部长组成。

全国设宪法法院、最高法院和最高检察院，院长均由总统任命。各市(区)均设法院、检察院、公证机构和经济仲裁机构。宪法法院负责维护宪法制度，由15名法官组成，任期10年，由总统任命，并经参议院批准。

(二)经济概况

捷克地处欧洲中心，属于德国经济圈范围，是外商投资的理想选择地。电力生产能力雄厚，是欧洲第二大电力出口国。该国铁路、公路、水路交通便利，有利于市场布局。该国主张自由贸易政策，欢迎并鼓励外国投资，基础设施较好，且劳动力成本低、素质高。作为欧盟大市场的一部分，其市场可延伸至欧盟全境。

捷克统计局数据显示，截至2015年三季度末，捷克GDP为1357.84亿美元，同比增加4.7%，是自2007年以来增速最高的一年。捷克的经济增长主要得益于强劲的出口、积极的金融政策、日益活跃的投资活动以及制造业的复苏等一系列有利因素，尤其是对欧盟基金剩余部分的提取、低油价导致的企业成本降低以及上年度高盈利企业的再投资等。

2015年1~9月，捷克平均失业率为4.9%，同比下降1.0个百分点；平均通胀率为0.4%，同比减少0.1%；外汇储备630亿美元；进出口总额为2191亿美元，同比增长6.7%；其中进口1026亿美元，同比增长6.5%，出口1165亿美元，同比增长7%。

(三)外交政策

捷克是欧盟、北约成员国，积极参与欧盟共同外交和安全政策及北约行动，并将“经济外交”和“人权外交”作为重点。捷克与斯洛伐克保持“超常”关系，重视与德国、奥地利开展睦邻合作。积极倡导次区域合作，努力加强维谢格拉德集团(波兰、匈牙利、捷克、斯洛伐克)在地区事务中的作用与影响。捷克现已与195个国家建立了外交关系，并加入了联合国、欧洲安全合作组织、国际货币基金组织及世界银行等国际组织。

1993年1月1日，中国承认捷克共和国为独立国家，并与其建立大使级外交关系。

捷克与中国建交以来一直保持着良好的关系，在涉藏、涉台问题上坚持一个中国原则。2016 年 3 月 28 日国家主席习近平抵达布拉格对捷克进行国事访问。

二、法律概览

捷克属于大陆法系国家。在“一战”结束之前，该地区适用奥地利法律。1918 年，捷克斯洛伐克共和国建立，斯洛伐克法律和匈牙利法律对捷克的立法产生了一定影响。1950 年之后，共产主义政府对捷克和斯洛伐克的法律进行了大规模修订，基本消除了两地的法律差异性，这种法律的统一性在 1968 年捷克斯洛伐克联邦建立之后得到保持，其影响延续至今。在 1990 年之后，为加入欧盟，捷克法律根据欧盟要求进行了大量修订，现该国法律法规已基本与欧盟法律一致。

（一）司法制度

1. 诉讼制度

捷克法院分为 4 级：基层法院（县级法院）、州级法院、高级法院（与行政区划不同的是，该国在司法上将全国分为 2 个大区，各设一个高级法院）和最高法院。捷克的诉讼审判实行四级二审制。

捷克诉讼法律制度主要体现在《民事诉讼法》和《刑事诉讼法》中。捷克的《民事诉讼法》继承自原捷克斯洛伐克法律，并多次修订。捷克《刑事诉讼法》也历经多次修订，共分四编二十三章 455 条，内容包括一般性条款、犯罪调查、法庭诉讼、刑事诉讼相关程序。

2. 仲裁制度

捷克《仲裁法》规定：只有在签约方已订立仲裁协议的前提下才可以采用仲裁方式解决争议，协议约定范围内的纠纷不诉诸普通法院。除当事人另有约定的情况外，仲裁协议对双方的法定继承者同样有效。仲裁协议可以单独订立或者以协议中的仲裁条款形式存在，且必须以书面形式出具，否则无效。在仲裁程序的每个阶段，仲裁庭应寻求全部或部分争议事项的友好解决。如一方当事人利用其拥有的任何经济或社会地位迫使另一方当事人签订仲裁协议或接受其中的条件，导致仲裁程序有利于一方当事人（特别在指定仲裁员方面），则该仲裁协议无效。

3. 司法协助

依照捷克继承的《捷克斯洛伐克国际私法及国际民事诉讼法（1964 年）》，捷克法院在满足一定前提条件的情况下承认和执行外国法院或国际仲裁机构的判决、裁决。捷克自 1993 年 1 月 1 日成立起即是 1958 年《纽约公约》无保留缔约方之一。外国法院判决或在外国法院缔结的和解协议以及有关这些事项的外国公证行为，如果是由外国具有管辖权的机关做出的已发生法律效力的法律文书，只要经捷克审判机关的承认，就在捷克产生法律效力。但是在下列情形下，捷克法院不承认和执行外国法院的判决：

捷克法院不承认和执行外国判决的情形
1. 违反捷克审判机关的专属管辖权，或者外国法院虽然依照捷克法院管辖规则具有管辖权，但其诉讼程序在任何外国都不适用
2. 对同一法律关系捷克审判机关已做出生效判决的，或者第三国审判机关做出判决已被捷克承认的
3. 外国审判机关在审理案件时剥夺了不利一方当事人参加诉讼的机会，或者开庭审理前未通知有关当事人
4. 承认外国判决违反捷克公共秩序的
5. 该国与捷克没有互惠关系

（二）司法效率

当事人可以通过基层法院、中级法院、高级法院、最高法院和宪法法院或国际人权法院保护自身利益，也可以通过仲裁解决纠纷。捷克法院审理案件的时间普遍较长，根据法院审理案件的数量和工作安排，递交控诉书后，一般 3 ~5 个月开庭，高级法院一般 1.5 ~2 年后开庭。

三、金融法律制度

（一）银行准入与监管法律制度

捷克在 2004 年 5 月加入欧盟，其银行准入法律制度主要包括欧盟《2000 年银行指令》以及捷克《银行法》、《国家银行法》和《存款保护法》。《2000 年银行指令》详细规定了银行的业务范围、银行业市场准入的基本条件等内容。

1. 银行准入制度

（1）欧盟单一银行牌照原则

根据欧盟《2000 年银行指令》的单一银行执照原则，任何一个欧盟或欧洲经济体成员国（以下简称“成员国”）银行监管当局向本国金融机构出具的营业执照在其他成员国都有效。任何一个成员国的银行到其他成员国设立分支机构或提供服务，只要持有母国银行监管当局出具的营业执照即可，不需要在东道国重新申请营业执照。非欧盟成员国银行若想进入欧盟成员国的银行市场，其经营资格必须满足下列要求：

非欧盟成员国银行在欧盟成员国经营资格要求
1. 金融机构必须拥有不少于500万欧元的创办资本或自有资金
2. 金融机构必须由至少两名有丰富从业经验且信誉良好的人员管理
3. 金融机构应将其总部设在其注册国家,并在该国开展业务
4. 金融机构必须制定公司章程,包括业务品种和组织机构形式等
5. 金融机构必须披露所有合格持股人的身份,以避免金融机构间的交叉持股,使成员国监管当局有能力评估并避免任何影响该国金融系统稳定的收购或兼并

(2)银行牌照及登记注册相关规定

捷克国家银行负责银行牌照的颁发,申请人申请时应附上公司章程。银行最低注册资本数目为5亿捷克克朗。在捷克国家银行做出是否颁发银行牌照决定之前,必须征求成员国境内监管银行、投资公司、保险公司的相关意见。捷克国家银行不得以国外银行在捷克分支机构不是股份有限公司为由拒绝银行牌照的申请。在获得银行牌照后,银行和外国银行分支机构应该在公司注册处登记,并将注册证明文件提交给捷克国家银行。其中,根据欧盟《2000年银行指令》的规定,符合以下条件的方能获取银行牌照:

1. 银行注册资本和其他资金来源透明合法,数量足够,结构恰当
2. 注册资本足额到位
3. 被授予牌照的机构必须值得信赖和有市场竞争力
4. 银行权益持有人必须值得信赖,有能力在银行商业行为中履行股东权利和义务
5. 拥有公司章程中所述权利和责任的银行管理层值得信赖、有竞争力且经验丰富
6. 银行必须要有足够的组织能力和技术能力支撑业务开展并具备有效的管理和控制系统
7. 银行必须要有基于实际经济情况的商业计划和经营方针
8. 银行内外部关系必须透明
9. 和银行存在密切关系的第三方不得妨碍银行监管
10. 银行办公地点必须位于捷克境内

2. 银行业务

捷克金融市场属于欧盟金融市场的一部分,欧盟《2000年银行指令》及捷克《银行法》等金融法令并未对外国银行在捷克开展业务做出限制性或禁止性规定。外国银行的经营范围与捷克本国银行一致。

根据欧盟法律不享受单一银行牌照待遇的外国银行，或在注册地所在国不享受单一银行牌照待遇的外国银行，在没有获得捷克银行牌照的情况下不得从事银行营业活动。

即使获得了捷克银行牌照，银行和外国银行分支机构也不得开展银行牌照列明的经营范围以外的业务。特别地，如果发行债券和其他类似证券的法人的主营业务是提供贷款或者其他银行业务，那么发行债券和其他类似证券将被视为吸收存款。

银行和外国银行分支机构可从事的业务			
吸收公众存款	发放贷款	提供金融租赁服务	提供支付服务，并发行电子货币
发行和管理支付工具和支付手段	提供担保；开立信用证	自营账户和客户账户的交易	货币市场文书
外币兑换	提供期货、期权和文书，和汇率、利率和利息收入	投资性证券	参与证券交易，并提供相关服务
提供资本结构、行业策略等相关的咨询服务，同时提供并购和收购相关的咨询服务	提供货币经济服务	提供证券管理和咨询	提供证券保管和监管
提供银行业信息服务	提供保险箱服务	提供投资服务	

3. 监管法律制度

捷克曾对金融业实行分业监管模式，由央行监管银行业，财政部监管保险业和养老金，证券监管委员会监管证券业。2006 年 4 月，捷克进行了金融监管改革，将金融监管机构职能统一集中到央行，即捷克国家银行，但部分特殊业务的开展需要取得捷克财政部的事先批准。

在银行业监管上，捷克法律与欧盟规则一致，主要遵循母国监管原则。根据欧盟《2000 年银行指令》，在欧盟成员国注册的银行可以在欧盟境内开展业务，其业务主要由母国（即牌照颁发国）金融当局监管，但是业务所在国相关机构负有协助监管的义务。

此外，捷克还允许对外国银行实行统一监管，从集团角度评价监控风险，其监管范围包括银行设立的子公司，但不意味监管机构可直接监管该银行集团设立的非银行子公司。在统一监管原则下，捷克国家银行可以根据其与外国银行母国之间的监管协议，对外国银行所属集团进行检查，或者要求母国监管机构采取相应监管行动，如进行现场检查等。如果受检查对象拒不提供或提供不完整、错误或误导性信息，或未在规定时限内提供信息，捷克国家银行有权对其处以最高5000万克朗的罚款。

银行业监管要求见下表：

银行业主要监管要求	
银行组织构架和制度	1. 银行董事会至少拥有3位董事，且由银行管理层任职。 2. 除法律列明的情况，银行董事会成员和银行雇员不得同时是其他企业法人的董事会和监事会成员，董事会应当善用自身权力，不能损害债权人的利益。 3. 银行应该建立良好的管理控制制度，管理控制制度应该和银行业务的性质、规模和复杂性相符合。良好管理的前提条件是：拥有管理制度和程序；对责任和做决定的权力进行合理透明的分配，避免潜在的利益冲突；健全的行政和会计程序；与职位、贡献和风险承担相关的报酬制度，报酬的浮动部分和固定部分的比例，报酬的决定方式
银行业务	1. 使用捷克语言书面说明接受存款、发放贷款和开展其他银行业务的条款和条件以及加入的支付系统； 2. 提供其加入的支付系统的有关规则； 3. 审批贷款申请时提供对其信用评估（评级）的书面解释； 4. 保存与客户签署的一切协议； 5. 建立有效的客户投诉处理机制，并使用官方语言和业务开展地语言以书面方式在营业场所提供有关信息； 6. 不得签订任何显失公平和在经济利益上不对等的合同； 7. 始终维持等于或者高于风险覆盖的最低资本金要求的资本； 8. 保持足够的偿付能力； 9. 保持流动性和业务安全
信息披露的监管要求	1. 银行或外国银行分支机构应披露自身基本情况、股东情况、所属集团情况、业务和财务情况； 2. 银行或外国银行分支机构无需披露非关键性信息、敏感信息、机密信息，但是银行或外国银行分支机构至少应该披露本应该披露信息的简要信息，除非简要信息也是敏感的信息或者机密； 3. 银行应该建立内部制度和流程，确定信息披露的方式、频率和审核机制
银行会计和商业文档	1. 银行和外国银行分支机构应该保管会计和商业文档。 2. 银行和外国银行分支机构应该雇佣审计人员进行下述审计：审计财务状况；审计管理和控制制度，银行应该向审计人员提供内部审计所需资料；审计披露数据。 3. 捷克国家银行应该规定审计报告的内容、形式、结构、提交频率和时间

续表

保密义务的监管要求	1. 所有执行银行监管的人员负有保密义务，不得泄露在任职期间获得的任何信息。 2. 捷克国家银行向公共当局和其他实体披露银行监管过程中获得的信息用于公共当局和其他实体履行职责，不被认为是违反保密义务。 3. 捷克国家银行从欧盟成员国或者其他监管机构获得的信息，如没有得到信息提供方的同意，不得泄露给第三方
特殊关联交易	1. 银行不得与特殊关联者进行交易，但是银行董事会在分析交易存在的问题和申请者的财务状况后同意交易的除外。（捷克《银行法》未规定和特殊关联者交易需要董事会的一致同意，和其他国家的法律有所不同。） 2. 银行法对特殊关联者定义如下：银行董事会成员和银行管理层成员；银行监事会成员；控制银行的法人机构，这些法人机构的大量股份持有者和管理层成员；和董事会成员、监事会成员、银行管理层成员、控制银行的自然人关系特殊的人；持有大量银行股份或者银行控制的法人机构的大量股份的自然人；捷克国家银行的银行董事会成员；银行控制的法人机构
补救措施和处罚	1. 如果捷克国家银行发现银行和外国银行分支机构业务存在任何问题，捷克国家银行有权依照问题性质采取以下措施：要求有关银行或外国银行分支机构在特定期限内采取补救措施，或者纠正业务中的问题；停止或者限制银行牌照上的某些业务；要求银行和外国银行分支机构支付费用进行额外审计；处以最高5000万克朗的罚款；如果损失超过银行股本的20%、使用储备资金和其他资金不够时，要求银行减少资本弥补损失；禁止或者严格控制银行或者外国银行分支机构和特殊关联者的交易；要求银行或者外国银行分支机构增加资本金；要求银行或者外国银行分支机构增加流动性资金达到捷克国家银行的要求。 2. 如果捷克国家银行发现银行资本低于最低资本金要求的2/3时，那么捷克国家银行可以采取如下一个或者多个措施：要求银行增加资本到达最低资本要求；要求银行只能获得风险权重低于100%的资产；不能获得任何法人的股票或者投票权，除非在此之前已经签订协议；不得建立或者兼并任何法人或部分机构；不能向任何特殊关联者提供信息；不能对存款提供高于捷克国家银行同期同档次存款利率的利率。 3. 如果银行董事会或者监事会知道银行已经或者将会资不抵债，或者遭受损失导致银行资本下跌到最低资本要求的2/3以下，应该立即实事求是地通知捷克国家银行。 4. 如果银行发行新股增加资本金，那么原股东拥有优先认股权，对所有股东的股价是相同的。 5. 如果原股东尚未支付以前的股本，不得认购新股。优先认购权不得单独转让

续表

银行接管	1. 如果银行业务问题威胁到整个银行系统和金融系统的稳定,捷克国家银行可以接管银行。 2. 如果被接管银行在国外有分支机构,捷克国家银行应该立即通知国外分支机构所在国的监管机构,并请求协助。 3. 接管人应该是捷克国家银行雇员,捷克国家银行可以解雇接管人或者其副手,并指定继任者。过去两年里和现在的银行管理层成员有义务按接管人请求,向接管人提供帮助。 4. 在接管决定做出后,银行原内部机构的职责暂停。 5. 在接管期间,银行股东大会暂停召开,其职责由接管人承担。 6. 如果银行没有在捷克国家银行规定的时限内及时增加股本,银行接管人在增加银行股本的时候可以取消原股东的优先购买权。 7. 如果情况危急,在获得捷克国家银行的事先同意的前提下,接管人可以部分或者全部暂停储户提取存款的权利,最长 6 个月。 8. 如果存在法律争议,可以反复延长期限直到法院或者有关机构做出裁定。 9. 对于被接管银行的债务为另外一家银行或者外国银行分支机构收购的达成协议,无须获得债权人的同意,但必须获得捷克国家银行的事先批准,且捷克国家银行只有在确保和债权有关的客户关系得到正确延续的前提下才能批准。 10. 接管期间,捷克国家银行可以向被接管的银行提供资金支持,帮助其克服临时的流动性困难。 11. 捷克国家银行提供金融支持形成的债务的优先级高于银行其他所有债务。 12. 接管在如下情况应该终结:捷克国家银行决定终结接管;依据清盘人的要求;宣告破产;接管超过 24 个月
吊销执照	银行将被吊销执照的情况有: 1. 银行或外国银行分支机构持续存在严重的业务问题; 2. 银行或者外国银行分支机构在 12 个月内没有开始银行牌照批准的银行业务,超过 6 个月没有向公众吸收存款或者提供贷款; 3. 提供错误信息获得银行牌照; 4. 银行或外国银行分支机构资本低于最低资本要求的 1/3; 5. 吊销银行牌照的决定一旦在法律意义上生效,银行和外国银行分支机构应立即停止提供贷款、吸收存款和其他一切银行业务,除了必要的债权和债务清算,在债权和债务清算完成前,该法人依旧被银行法视为银行
银行清算	1. 如果银行进行清算,捷克国家银行具有排他性的提名清算人、解雇清算人和提名新的清算人的权利。 2. 法院应该在 24 小时内依据捷克国家银行的建议进行裁定。 3. 清算人可以是自然人或者法人

(二)担保法律制度

捷克法律关于担保制度的规定主要体现在《民法典》和《商法典》中。该国的担保法律制度相对完善,担保权利方式多样,配套担保执行制度也较为完备。

1. 担保类型

捷克民法将担保分为物的担保和人的担保两大类。物的担保是指基于特定资产，要求代偿的权利，在债权被认定为不能实现前，该项权利不得实现。与物的担保相关的法律行为包括：抵押、质押、留置权、担保转让、优先购买权、优先回购权和保留权。人的担保是基于担保人的全部资产要求代偿的权利，该权利的产生并不基于特定资产。与人的担保相关的法律行为包括：保证、银行保证、工资及其他收入扣减协议、合同处罚、债务认定、债务推定和连带债务推定。具体的担保方式见下表：

担保方式具体规定		
抵押		在捷克法律体系中，抵押是从债权，其存续以及范围依附于主债权。 抵押协议只能以书面协议的形式订立，并包含以下要件：对抵押物的准确描述、对受该抵押担保的债权的准确描述，否则协议无效。此外根据《土地登记法》，要使抵押有效成立，还需办理抵押登记手续。抵押物包括不动产、从属于不动产且一旦分离就会导致不动产贬值的固定附着物
质押		质押是指基于特定资产或特定权利的担保措施，其目的在于当被担保的债权未能得到及时、足额偿还时，可以通过处置该项资产对债务进行偿还。与其他国家法律体系不同，捷克《民法典》并未区分动产质押、不动产质押和权利质押，此处仅仅是对所有类型的质押做了基础规定。质押保障的内容包括金钱债权，也包括非金钱债权。根据《民法典》，质押在特定情况下还可以对未来的债权进行担保。捷克引入了资产、股权和其他财产权的质押登记制度。质押自官方登记机构登记后成立
保证担保	成立与消灭	依据《商法典》，保证是保证人以自己的名义向债权人书面声明同意承担保证责任，此声明由保证人单方出具，无需获得债权人或者债务人的同意。另外，保证责任也必须在其中明确。保证是从债，通常因为主债被偿还而消灭，根据《商法典》第 311 条第 2 款，保证的消灭存在以下例外：主债虽因债务人无力偿还而消灭，但保证人有代偿能力；主债因债务法人解散而消灭
	担保范围	保证覆盖主债务和因主债务未付欠款所产生的利息，不包括债务合同双方约定的惩罚性款项、债权人引起的损失和债权人要求偿还的法律费用，但保证人在承诺函中主动要求承担上述费用的除外。另根据《民法典》，如果主债务内容出现变更，则保证继续存在且覆盖新债务，但如果保证人没有同意覆盖新的债务，则保证只覆盖新债务中与原来被担保债务等额的部分，且保证人保留原有抗辩权
	保证的履行	在收到债权人的书面偿付请求后，如债务人未能在合理时间内履行其偿付义务，债权人可向保证人追索。债权人可同时要求保证人和债务人偿还债务，如其中一方偿还全部债务，另一方相对于债权人的义务同时消灭，但当债务未被全部偿还时，双方的义务仍然同时存在。保证人在代偿债务前，应将代偿意愿告知债务人，而债务人也应将自己对抗债权人的理由告知保证人。保证人可以债务人的全部理由对抗被保证债务。如保证人未通知债务人而自行代偿债务，则债务人可以其全部抗辩理由对抗保证人的追偿要求。根据《商法典》，在法律未禁止债权人主张其对债务人的债权之前，债权人对保证人的偿债要求也不被法律禁止。债权受到新法限制、禁止时，如债务人重新确认该项债务，则对应的保证同时顺延，但保证承诺函另有规定的除外

续表

保证担保	银行保证	银行的保证是指保证银行（即保证人）向债权人提供书面的银行保函或者信用证，是保证的一种特殊形式，《商法典》对银行保证进行了专门的规范	
		成立与消灭	通常银行（保证人）与债务人之间签有代理协议，银行根据代理协议向债权人出具保函，在保函送达债权人后，代理协议产生约束力。如果保函内约定了保证期间，在规定的保证期间内，如债权人没有送达书面的支付要求或者保函规定的有关文件，则保证消灭
		担保范围	保函一般用于担保金钱债务，但也可以扩展到非金钱债务，对于非金钱债务，因债务人未能履行相应义务引起金钱性债务时，应推定该项债务受到保函的担保，其保证上限为保函规定的上限
		保证的履行	债权人只有在债务人未能履行其偿债义务时，才可以根据保函主张其权利；只有在债权人提出书面要求时，银行才需要履行其保证义务。债务人偿还部分债务后，如保函规定的保证金额大于或者等于债务余额，保函的保证范围不受影响
		第三方银行	如果银行保函被第三方银行确认，则两银行都对该项债务负有连带保证责任；如果确认保函的第三方银行对债务进行了偿还，该第三方银行可向申请保函确认的银行提出等额的偿还要求。当第三方银行为了债权人的利益确认了保证，如初始保证银行仅仅向债权人告知而非确认以上事实，则初始保证银行对错误提供信息负责，但不承担保证义务
		保函与普通保证担保的差别	银行保函与普通的保证不同，银行只能以保函中提及的理由对抗债权人，不能以债务人主张的其他理由对抗债权人。如果债权人书面要求银行代偿，除非银行以代偿未满足保函中的必要条件为理由，否则银行应立即履行其代偿义务

2. 担保机构

捷克担保机构不仅能使中小企业得到多渠道的资金支持，还能通过低收费、援助性的专家咨询，使中小企业的经营管理能力不断提升，以便更好地发展。（见下表）

担保机构的职能	捷克担保机构的服务宗旨都是为中小企业发展服务，除了开展贷款担保业务外，还为中小企业提供低息贷款、小额赠款、项目咨询等服务
担保机构与政府的关系	担保机构绝大多数都是由政府出资设立，并很好地体现了政府扶持中小企业发展的政策。为提高担保机构的资信度和偿还能力，政府和欧盟除不定期注入担保基金外，政府或国有银行还对担保机构提供再担保。即当担保机构的担保资金不足，导致不能按时足额向金融机构履行代偿责任时，不足部分由政府或国有银行偿还，以确保担保机构对金融机构保持100%的资信度，实际上担保机构是借助政府的信用对外提供担保

续表

担保机构与金融机构的关系	担保机构与金融机构合作的前提是担保机构的资信度很好，即不论发生什么情况，担保机构都能按时足额偿还到期的担保贷款。由于有政府或国有银行的再担保，捷克担保机构都与金融机构建立了相互平等、相互信任的合作关系，这为提高项目的成功率、减少代偿提供了可靠的保证。由于与金融机构相互信任、合作融洽，当企业不能按时足额偿还到期贷款时，并不是随即由担保机构代偿，而是争取展期的办法，直至企业经营破产后，再进行代偿。这样不但支持了企业的发展，也减轻了担保机构代偿的压力
担保业务的运作方式	担保机构依据政府的经济政策确定扶持企业的类型、规模。企业向银行提出贷款申请，由银行审核同意后推荐到担保机构办理手续，缴纳担保费。为提高效率、降低成本，反担保措施的落实、抵押物的管理由银行负责。借助金融机构的评审系统，使担保机构不但节省了人力，而且提高了项目的成功率

3. 担保效力与顺位

建立在债务人特定资产（包括现有和未来财产）之上的担保物权经登记具有对抗第三人效力。若同一资产之上有多个担保物权，捷克法律规定按照担保物权登记的先后次序确定各担保权利的顺位。

4. 担保的执行

若债务人陷入违约，对基于特定资产设定的抵押，权利人可以就担保物优先受偿。例如在破产程序中，抵押具有破产隔离作用，抵押资产被优先用于偿还抵押权人的债权。若某一债权存在多项抵押担保，债权人可以指定抵押物用于偿还债务，若债权人不进行指定，则默认各抵押人按比例承担债务，该比例由抵押物清偿债权后的剩余价值决定。

若债务人违约，质押权人可以申请对质押物进行出售或拍卖等，且质押权人可授权第三方对质押物进行处置，受托第三方必须在官方机构登记，并可以债权人或自己名义处置质押财产。

对于保证，债权人可以在债务人不能履债务时要求担保人承担相应责任。若保证人拒不履行义务，债权人可以对保证人提起诉讼。

（三）法律适用

根据《罗马条例》中规定的当事人意思自治原则，理论上银行业务合同可以适用各国法律，所以贷款协议也可以约定适用非欧盟国家法律。

（四）主权豁免

值得注意的是，捷克曾签署《联合国国家及其财产管辖豁免公约》，公约强调国家及国有财产享有豁免权，同时确定了对用于商业性用途或类似目的的财产可以采取强制措施的限制豁免原则。不过该公约由于缔约国数量过少，至今没有生效，转换成国际习惯法也还需较长时间。因此在主权豁免问题上，捷克一般还是被认为采取了绝对豁免主义，即国家的一切行为和财产，不论是主权行为还是商业行为，均享有豁免权。

四、投资法律制度

自受到金融危机和欧债危机的双重打击后，西欧资金流入减少，捷克一度陷入经济困难。为此，捷克政府采取了一系列刺激投资的措施，鼓励外商投资，并提出“向东看”政策，积极开拓欧盟外市场。

（一）企业相关法律制度

在捷克，设立企业开展商业活动适用1991年《商业法典》、1991年《破产合并法》及上述法律的修正案。外国人在捷克投资设立企业还适用1991年《贸易许可法》、1992年《外国人法》以及2000年《投资鼓励法》。上述制度为在该国进行商业活动提供了较为完备的法律保障。

1. 主要企业类型

根据捷克《商业法典》规定，在捷克境内从事商业活动可以设立以下形式的公司：有限责任公司、股份公司、合营公司、合伙公司、外国公司在捷克的分公司或代表处，其中最主要的形式为有限责任公司和股份公司。（见下表）

企业类型	相关制度	
有限责任公司	公司设立	由一个或一个以上最多不超过50人的自然人或法人以合伙人名义设立；制定公司章程，章程中应包括公司名称、股东人数和性质、公司经营范围、注册资本、公司发起人姓名和住所等
	注册资本	最低注册资本为20万克朗（约11,200美元），企业至少每年召开一次股东会。如公司为独资企业，则该公司负责人不能担任其他公司的负责人。根据捷克法律，每年至少提取公司净利的5%作为公积金，且公司有盈利的第一年提取比例为10%，提取至公司章程规定的数额为止，一般不少于注册资本的10%
股份公司	公司设立	由一个或一个以上的自然人或法人组成。制定公司章程，设有股东大会、董事会和监事会。股东大会至少每年召开一次。董事会由股东大会选出，不少于3人。公司可以公开发行股票，也可以内部发行，公开发行的股票可依照证券法，在证券交易所上市交易。股份公司也可发行债券，发行金额最高不超过股本的50%
	注册资本	最低注册资本为200万克朗（约112,000美元），其中现金须占注册资本的30%。公开发行股票的公司注册资本最低为2000万克朗（约112万美元）

续表

企业类型	相关制度
外国公司分支机构	外国公司可以在捷克设立分公司或办事处，在申请书上须列明经营范围、负责人姓名等，分公司或办事处不具备独立的法人资格。只能以外国公司的名义从事相应的经营活动

2. 外国人在捷克设立公司的流程

捷克法律规定，外国人在捷克可以依法从事各种经营活动，并与本国企业享受同等待遇。外国人能够以独资或合资的形式，设立符合捷克法律规定形式的各类公司，或购买捷克企业。捷克法律对外国直接投资没有上限规定。

外国人在捷克设立公司的基本流程如下表所示：

外国人在捷克设立公司的流程	
设立公司的程序	1. 选定办公地址、确立公司名称和公司种类； 2. 准备文件； 3. 开设账户，存入注册资本； 4. 工商登记注册，将上述所有文件送交办公所在地工商局，申请营业执照； 5. 法院商业登记，向地方商事法院提出申请将公司列入公开名册中，商事法院将给申请公司一份商业登记文件及公司登记号码； 6. 设立银行账号，向开户行提供法院商业登记文件； 7. 办理税务登记，自公司注册之日起 30 天内向税务机关办理申报纳税的登记，并获得税务登记号码

3. 外商投资的行业准入

捷克政府鼓励外国投资者在经济落后或者失业率高的地区进行投资，且对投资方式没有明确限制。但不得违反相关法律，并且不得危害捷克国家利益。（见下表）

行业准入要求	具体行业
禁止的行业	涉及化学武器和有关化学材料的行业
限制的行业	军品工业、核燃料（铀）开采工业、对环境危害严重的行业（如高耗能、高污染的焦炼和化工生产项目）、资源开采行业。对这些行业的投资需要经过有关政府职能部门的严格审批，同时接受政府的严格监管
鼓励的行业	目前，捷克经济发展的重点是加速经济机构的优化和调整。与此相适应，捷克政府确立了优先发展的行业，并鼓励外资进入。这些行业包括：汽车工业、航空航天、高端设备制造、生命科学、互联网和软件开发、共享服务、纳米技术、清洁技术和技术中心（创新和应用研发）

4. 外商投资的优惠政策

捷克对外商投资和国内企业投资采取同等的鼓励政策。2000 年 5 月 1 日，捷克《投资鼓励法》出台。此后，按照欧盟有关法规和市场变化情况，分别于 2002 年、2004 年和 2007 年对该法进行了修订，主要是放宽对外商投资领域的限制，采用欧盟国家支持规则，减少对制造业投资项目的税收优惠和资金补贴，加大对技术中心和商业支持服务投资项目的支持力度。

具体来讲，捷克对于外商投资有以下优惠政策：

优惠政策	政策内容
制造业领域的投资鼓励规定	捷克投资法规定，凡 3 年内投资额在 1 亿克朗以上，个别高失业地区投资额 5000 万～6000 万克朗以上，投资符合以下条件的可以申请享受国家鼓励投资的优惠政策： (1)投资必须是在加工制造业领域； (2)投资必须是新建工厂或是扩大原有生产； (3)上述投资限额的 50% 以上必须来自投资者自有资金； (4)60% 以上的投资额用于购买新机械； (5)生产必须符合捷克环保标准。 捷克对各地区设定了国家补助限额。国家补助限额不包括就业和再就业培训补贴。符合上述条件的投资者可申请享受下列优惠政策： (1)免除企业所得税； (2)创造就业和再就业培训补贴； (3)为项目提供有基础设施的优惠用地，以及低价转让土地所有权
对商业支持服务和技术中心的投资鼓励政策	2001 年 6 月，捷克政府利用欧盟机构发展基金将投资优惠扩大到设立商业支持服务业和技术中心。其优惠政策如下：根据地区，最高补贴可达 400 万～600 万欧元；根据企业规模和地区，最初 2 年对企业部分员工的工资成本，以及无形和有形资本支出的补贴最高达 60% 。 布拉格不属于补贴区域
企业经营和创新计划	对于不符合制造业国家优惠计划的投资项目，捷克政府利用欧盟机构发展基金设置了企业经营和创新计划，为企业提供补贴、优惠贷款和担保等支持。捷克境内(布拉格除外)企业都可申请。这项计划的资金 85% 来自欧盟结构基金，15% 来自捷克国家预算。企业经营和创新计划有 15 个援助子项目，包括合作项目、发展项目、创新项目、企业信息通讯技术项目、繁荣项目、生态能源项目、潜力项目、培训中心项目、新金融工具应用项目、咨询项目、信息通讯技术和商业支持服务项目、房地产项目和市场项目等。目前，正在征集奖励投资计划的项目如下：创新和工业知识产权保护项目、繁荣项目、潜力项目、培训中心项目、市场项目
工业园鼓励政策	为吸引外资和满足投资者对工业基础设施的需求，捷克政府自 1998 年开始出资鼓励建设工业园。到 2008 年年底，捷克政府共支持了 101 个市级工业园建设，占地约 3129 公顷，国家投入资金为 91.84 亿克朗。这些工业园一般靠近交通干线，拥有较完善的基础设施和产业链上下衔接的条件。同时，捷克为工业园提供一系列优惠政策。如在土地转让和租金方面提供优惠条件

（二）特定行业、领域法律情况

1. 不动产领域法律情况

捷克房地产法以民法为基础，并有土地登记条例、共有财产管理条例、建筑条例等其他法规，其内容与欧盟相关规定保持一致。（见下表）

不动产相关权利法律规定	
所有权	1. 对外国人拥有土地的限制。外国人一般不允许拥有捷克土地所有权，但满足下列条件的除外：(1) 外国人或外国公司若与捷克有贸易来往或在捷克设有分公司，则可以拥有土地所有权，但农业和林地除外；(2) 持有捷克居住证的欧盟国家自然人居民在满足更严格条件下有可能获得农业或林地土地所有权。 2. 不动产所有权人的义务：为其毗邻不动产所有人或使用人合理行使权利提供必要便利，不妨碍相邻不动产权利人行使权利，不危害公共健康或公共环境等
占有权	捷克法律规定占有权可以作为单独的权利存在
地役权	地役权规范不动产所有权人为方便行使自己的权利而利用他人不动产的行为。地役权可通过合同约定或法律规定设立。
抵押权	捷克法律规定抵押物只能为不动产，但可延伸到与不动产不可分割的相关财产。不动产抵押必须进行登记注册，且抵押协议必须采取书面形式。

2. 国外承包承揽工程行业法律情况

捷克法律规定，600 万克朗以上的公共建筑必须通过公开招标方式订立，小额公共合同可通过内部或小范围议标方式订立，私人建筑工程项目可自主决定其合同缔约方式。

为参与工程建设招标，外国企业必须先在捷克设立公司，完成工商登记注册手续，取得相关营业执照，并缴纳通常为项目建设总额 1% 的竞标保证金。如参与捷克建筑工程招标的企业必须取得建筑营业执照，其条件是要指定一名捷克的注册工程师或建筑师作为公司责任人之一，并与其签署承担公司承建工程持牌人身份的证明文件。除此之外，建筑公司还需获得设计、监理、施工、技术、安全、环保等相关业务执照。特别地，外国公司参与军工工程、对环境有可能造成污染的工程项目以及特定资源开采等项目，需获得特许。

2006 年 3 月制定的《公共项目招标法》规范了捷克国家公共建设项目招标流程。该法规规定了国家公共项目仅限于招标部门为国家职能管理部门、享受完全或者部分财政拨款的政府直属单位以及财政资金建设投入比例超过 50% 的建设项目。与普通工程建设招标相比，国家公共建设项目招标流程更为严格。

(三)外汇管制

捷克于2001年对《外汇法》进行了修订,新《外汇法》取消了大部分与资本流动和外汇交易有关的监管限制。

1. 项目资本注入及本息汇出

目前,捷克仅在特定领域,如民用航空和国有土地私有化等方面,监管国外资本在捷克境内的流动。除此以外,外资注入项目资本及汇出本息都没有限制,投资者的利益受到投资法律的保护。

2. 本外币兑换限制

捷克已经实现本外币的自由兑换。国内外法人和自然人可以将外汇自由汇入或汇出捷克,国外投资者以任意在克朗账户或外汇账户上存取款。

3. 外汇监管要求

在捷克,从事外汇交易需持有捷克国家银行颁发的银行或外汇许可证。《外汇法》规定,所有从事外汇交易、兑换业务的单位或个人都必须在捷克国内银行开立存款保证金特殊账户,按照资本金的一定比例存入保证金。

在外汇管理方面,财政部和中央银行作为国家机构,负责外汇管理,其中财政部管理国家机构、国家基金等,中央银行管理国内其他自然人和外国人。外汇交易许可证可以向中央银行申请,中央银行在发放许可证时一般主要审查申请人从事外汇交易的技术、人员和资金条件、相关管理人员和交易人员的专业能力和无犯罪情况、公司所有者的无犯罪情况等。许可证规定了经营范围、条件和持证人的有关责任等,不能超出许可证范围经营。同时中央银行也规定了法人可以从事的外汇交易种类,以及法人从事外汇交易的最低资本金。

(四)税收规定

历史上,捷克的税收制度几经变迁,现行的税收制度始于1993年,主要以奥地利和德国税制为蓝本设计而成。捷克很重视税收立法,议会通过的所有涉税议案都形成法案,而非条例。然而,捷克的税制调整却仍然很灵活,在1993年确立的现行税制基本框架上,财政部和中央税务局还是不断根据情况调整具体内容,并将提案送交议会,议会通过之后再将相关规定形成修正案确立下来。

1. 主要税种

从税种组成来看,捷克税制相对简单,包括个人所得税、企业所得税、增值税、消费税、不动产税、不动产转让税、遗产及赠与税、环境保护税、公路税、能源税和关税共11个税种。值得注意的是,尽管环境保护税在1993年就已经立法通过,但至今尚未实施,因此捷克现行税制实际上由10个税种组成。(见下表)

<table>
<tr><th colspan="2">税种</th><th>具体规定</th></tr>
<tr><td colspan="2">个人所得税</td><td>纳税主体:在捷克境内永久居留和一年内居留时间超过183天的居民均需缴纳个人所得税;非居民缴纳在捷克境内收入部分的所得税。
税基和税率:2009年1月1日,个人所得税降到个人收入的12.5%。但是,税基扩大为在毛工资的基础上增加了社会保险和医疗保险金额,即个人所得税税基=毛工资+社会保险和医疗保险金额</td></tr>
<tr><td colspan="2">企业所得税</td><td>纳税主体:企业法人所得税适用于企业法人实体。
税率:2009年1月1日将下调到20%,2010年再下调到19%。投资基金、风险投资基金和养老基金的所得税税率为5%</td></tr>
<tr><td colspan="2">增值税</td><td>纳税主体:凡营业额连续3个月超过60万克朗的企业,须向财税单位登记为增值税纳税人。
税率2008年1月1日起,一般商品的增值税率降为19%,某些商品,如农产品、食品、煤、药品、纸制品、书籍、其他能源等,以及服务的税率,从5%提高到9%</td></tr>
<tr><td colspan="2">消费税</td><td>征税对象:消费税主要涉及酒精、啤酒、葡萄酒,以及矿物油和烟草制品等。2008年1月1日起,增加了燃料消费税</td></tr>
<tr><td colspan="2">公路税</td><td>征税对象:在捷克注册和使用的车辆。
纳税金额:客车根据发动机排气量、其他车辆根据载重量和轴的数量确定纳税金额。纳税金额从1200克朗(排气量为0.8cm^3的车辆)到44,100克朗(载重超过36吨、4轴以上的载重车辆)不等。外交车在对等的情况下可以不缴纳公路税</td></tr>
<tr><td rowspan="2">不动产税</td><td>土地税</td><td>征税对象:在土地局登记的土地为土地税纳税对象。农业用地、啤酒花园、葡萄园、果园、长期绿地免征土地税。
税率:土地税税率根据土地所在地的人口多少征收,从每平方米1克朗(1000人以下村镇)到每平方米4.5克朗(布拉格)</td></tr>
<tr><td>房产税</td><td>征税对象:在捷克领土内的建筑。国家、村镇、学校、博物馆、教会等的房产免征房产税,房产所有人及其亲属使用的新建住房15年内免征房产税。
税率:根据房产的种类和面积、房产所在地的人口多少以及建筑层数征收。居住用房的房产税基数为每平方米1克朗、度假用房房产税基数为每平方米3克朗。用房产税基数乘以房产所在地计算系数得出应缴金额</td></tr>
<tr><td colspan="2">不动产转让税</td><td>征税对象:产权发生转移的不动产,其税率为应税额的3%</td></tr>
<tr><td colspan="2">遗产及赠与税</td><td>纳税主体:继承人或接受人。
征收对象:不动产(土地、房屋)和动产。
税率:根据纳税主体不同,适用不同税率。继承人和接收人分为3类:第一类为直系亲属、第二类非为直系亲属,第三类为其他法人和自然人。第一类遗产和赠与税的税率为应税额的1%到5%。20,000克朗以下的免除缴税义务。国家、地方政府机构、社会研究机构、大学、社会非营利机构以及医疗机构免缴遗产和赠与税</td></tr>
</table>

续表

税种	具体规定
能源税	主要内容：主要包括电税、固体燃料税和天然气税 税率：电的税率为 28.3 克朗/MWH，固体燃料的税率为 8.5 克朗/GJ，气的税率根据气的品种区别对待
关税	捷克关税体制构成的基础是关税税率、海关配额以及在特殊情况下采取的非关税措施

2. 税收优惠政策

捷克给予投资者部分税收优惠政策，大致包括以下方面：

(1)公司税务减免。税务减免按两个五年期实行，最多十年，依据公司在相应税务年度内申纳的所得税额，提供同等金额的规定津贴。

(2)享受自由关税区待遇。投资者可获得捷克政府批准建立新的免税区，或扩大现存免税区。

(3)进口设备免税。根据捷克税法相关规定，部分符合规定要求的新机器，无需支付进口设备增值税。

五、法律风险评价

(一)营商环境总体良好

整体而言，捷克的营商环境良好。世界银行 2015 年营商环境报告的数据显示，捷克的营商环境在 189 个国家和地区中排名第 44 位，居于世界领先水平。具体而言，捷克在登记财产、贷款获得、执行合同等方面表现出色，但在公司注册、工程承包、电力取得等方面表现较差。比如取得施工许可平均需要经过 24 道程序，耗时 143 天，在全世界 189 个国家和地区和地区中排名第 139 位。(见下表)

公司注册		纳税		财产登记	
程序个数	9	每年赋税次数	8	程序个数	3
时间(日)	19	平均耗时(小时)	413	时间(日)	24
成本(占单位收入的百分比)	8	总税率	48.5	成本(占财产价值的百分比)	4
最低注册资本	0				

数据来源：2015 年世界银行营商环境指南。

(二)合同执行成本和破产处置成本较低

根据 2015 年世界银行营商环境指南，捷克的合同强制执行效率在世界 189 个国家和地区和地区中排名第 37 位,处于世界前列;而捷克的破产处置效率排名世界第 20 位,回收率高达 65.6% ,已经远超世界平均水平。(见下表)

合同强制执行	捷克	欧洲及中亚地区	美国	英国
时间(日)	611.0	448.1	420	437
成本(占标的额的百分比)	33.0	25.2	30.5	39.9
程序(个)	27.0	37.0	33.6	29
破产处置	捷克	欧洲及中亚地区	美国	英国
时间(年)	2.1	2.3	1.5	1.0
成本(占资产价值的百分比)	17.0	13.3	8	6
回收率(每美元美分数)	65.6	37.7	80.4	88.6

数据来源:2015 年世界银行营商环境指南。

(三)进出口贸易法律环境良好

外贸在捷克经济中占有重要位置,其出口产值占国内生产总值 80% 。捷克实行贸易自由化政策,取消了外贸的国有垄断,放开外贸经营权,取消进出口商品限制,并降低进口关税水平。捷克对欧盟和与捷克签署贸易协定国家提供最惠国待遇,对发展中国家提供普惠制待遇,对最不发达国家提供零关税进口待遇,跨境交易环境优良。(见下表)

捷克跨境贸易	
出口所需文件数	4
出口时间(日)	17
出口成本(每集装箱/美元)	1240
进口所需文件数	6
进口时间(日)	17
进口成本(每集装箱/美元)	1215

数据来源:2015 年世界银行营商环境指南。

斯洛伐克共和国
The Slovak Republic

——塔特拉山下的童话王国

斯洛伐克共和国基本情况

国家名称（中英文）	斯洛伐克共和国(The Slovak Republic)		
人口(百万)	5.42	人口增长率（年均%）	0.1
领土面积（千平方公里）	49.0	主要民族	斯洛伐克族
官方语言	斯洛伐克语	主要宗教信仰	罗马天主教
政体	议会内阁制	主要政党	社会民主—方向党、基督教民主运动、民主基督教同盟
GDP（十亿美元）	86.58	GDP 增长率（年均%）	3.6
国民总收入（十亿美元）	93.91	人均国民收入(美元)	17,310
通货膨胀率（年均%）	-0.3	外国直接投资净流入（百万美元）	2150
外债(百万美元)	—	总偿债额占出口贸易和收入的比率	—

数据来源:2015 年世界发展指标数据库。

一、国情简介

斯洛伐克共和国(以下简称“斯洛伐克”)位处中欧内陆,西北临捷克,北临波兰,东临乌克兰,南接匈牙利,是一个多民族国家。其中斯洛伐克族占 80.7%,匈牙利族占 8.5%,罗姆族(吉卜赛人)占 2%,其余为乌克兰族、日耳曼族、波兰族和俄罗斯族等。斯洛伐克语是该国的官方语言,在匈牙利族聚居区也有部分人使用匈牙利语。居民大多信奉罗马教(约占 68.9%),此外还有福音派新教教会(占 6.9%)、希腊天主教会(占4.1%),以及加尔文宗教(占2%)。斯洛伐克政治局势相对稳定,经济上高度依赖西欧市场。随着欧元区经济回暖,该国形势趋好,但国内的失业率及财政支出压力依然存在。斯洛伐克法律制度相对完善,法律体系趋于优化稳定。

（一）政治概况

斯洛伐克是资本主义国家，实行三权分立的议会共和制。总统是共和国首脑，由国民直接选举，任期五年。政府是国家最高权力执行机构，对国民议会负责，由总理、若干副总理、各部部长组成。斯洛伐克政府任期4年，由议会大选中获得多数席位的党派组阁。总理由总统根据选举结果任命，政府其他人员由总统根据总理的提名任命。2012年10月，斯洛伐克国民议会提前选举，中左党派方向党以44%的得票率获胜，独自组建中左政府。方向党主席菲佐担任总理。从政党制度来看，斯洛伐克是多党派国家，注册党派有1000余个，社会民主—方向党是执政党，其余还有基督教民主运动、民主基督教同盟、自由与团结党、桥党、斯洛伐克民族党等党派。

国民议会是斯洛伐克唯一立宪、立法机构，实行一院制，设议长一名，副议长若干，负责领导和组织议会活动。国民议会下设19个委员会，一般负责详细讨论议会交付的法律草案（法律草案大多由政府起草），如有必要也可直接向议会提交法律草案。国民议会共有议员150人，议员任期4年。本届议会于2016年3月6日大选产生，现任总理菲佐领导的左翼执政党斯洛伐克方向党获胜。

（二）经济概况

斯洛伐克早年为农业区，基本无工业。捷克斯洛伐克共产党执政期间在斯洛伐克逐步建立了钢铁、石化、机械、食品加工及军事工业，缩小了同捷克在经济上的差距。1989年剧变后，斯洛伐克根据联邦政府提出的“休克疗法”开始进行经济改革，导致经济大衰退。1993年1月斯洛伐克独立后，推行市场经济，加强宏观调控，调整产业结构。近年来，斯洛伐克政府不断加强法制建设，改善企业经营环境，大力吸引外资，逐渐形成以汽车、电子产业为支柱，出口为导向的外向型市场经济。2009年受国际金融危机影响经济下滑，2010年实现恢复性增长。2011年起增长速度有所放缓。

斯洛伐克矿产资源种类较多，但具有经济价值的较少，该国经济赖以发展的燃料、金属、非金属矿产资源大多靠进口。在喀尔巴阡山脉有储量较小的油田，年产油10万吨，金属矿开采前景较好的只有霍德鲁夏金矿。此外，斯洛伐克的部分非金属矿在欧洲各国中排名靠前，有开采价值的非金属矿有陶瓷、菱镁矿、白云岩砂、石灰岩，其中在米哈洛夫策附近的陶瓷矿是欧洲最大的电陶瓷和建筑陶瓷供应源。过去几年外贸净出口一直是拉动斯洛伐克经济增长的主要引擎，但自2013年净出口对GDP拉动由上一年度的5.8个百分点降为1.4个百分点，2014年则为负0.2个百分点，反而拖累了经济发展，呈逐年下降趋势。

在未来的发展中，斯洛伐克经济将继续加速增长，而推动经济增长的动力主要为强劲复苏的内需和投资。同时劳动力市场条件的改善、通胀率的缓慢增长以及税收结构多元化等也对其经济增长形成有力的支持。

(二)外交政策

斯洛伐克奉行独立自主的全方位外交政策。该国外交活跃,以欧盟和北约为依托,发展睦邻友好关系,重视同大国关系,积极推动地区合作,广泛参与国际事务。1993年1月1日,斯洛伐克成为主权独立国家,外交不断进取,国际地位显著提高。斯洛伐克高度重视发展与欧洲国家特别是周边国家关系。2004年3月和5月分别加入北约和欧盟,继续深化维谢格拉德四国集团的合作。2006年至2007年担任联合国安理会非常任理事国;2007年12月成为《申根协定》缔约国;2009年1月1日起加入欧元区。

二、法律概览

斯洛伐克属大陆法系国家。自1989年剧变,特别是加入欧盟进程开启后,按欧盟要求进行了重大结构性改革,制度建设更趋优化,国内法律法规已基本与欧盟法律趋同。

(一)法律体系

"一战"结束之前,斯洛伐克适用匈牙利法律。1918年,捷克斯洛伐克共和国建立,捷克法律对斯洛伐克的立法产生了较大影响,由于捷克法律多受奥地利影响,因此奥地利法律对斯洛伐克法律的间接影响较大。1950年之后,共产主义政府对捷克和斯洛伐克的法律进行了大规模修订,基本消除了两地的法律差异性,这种法律的统一性在1968年捷克斯洛伐克联邦建立之后得到保持,其影响延续至今。在1990年之后,为加入欧盟和欧元区,斯洛伐克法律根据欧盟要求进行了大量修订。

斯洛伐克法律体系的特征如下:第一,重要的法律领域以及诉讼程序已经法典化,如民法典、刑法典、民事诉讼法典、刑事诉讼法典、行政诉讼法典。第二,法律体系呈现从高到低的等级结构,其中宪法的法律效力最高,经议会批准的国际条约、法律次之,政府部门等机构根据法律规定制定的规章效力最低。需要注意的是根据斯洛伐克宪法,欧盟法律的效力高于国内议会颁布法律的效力。第三,在理论上,斯洛伐克只承认成文法的法律效力,但是在实际的司法过程中,过去的案例会对法官的判决产生影响,这一点在宪法法院、最高法院的判决中尤为明显。

(二)司法制度

1. 诉讼制度

(1)司法系统组成

斯洛伐克司法系统由法院和检察院组成。宪法法院、最高法院是国家最高司法机关,总检察院是国家最高检察机关,其院长、副院长、总检察长、副总检察长均由议会选举产生,总统任命。地方还设有地方法院、检察院。

斯洛伐克法院由宪法法院和普通法院组成。宪法法院是保护宪法的独立司法机关;普通法院负责民事、刑事司法。斯洛伐克宪法法院法官13名,由总统根据国民议会提议的26人名单进行任免,任期12年。最高法院设有司法理事会,任期4年,其主席为最高法院院长,由理事会提名,总统任命,任期5年。斯洛伐克州、县法院的法庭由1名或者5名专业法官组成,法官数量取决于法律的具体要求。普通法院法官任期实行终身制。

(2)主要法律规定

斯洛伐克诉讼法律制度主要体现在《民事诉讼法》和《刑事诉讼法》中,其主要规定如下表所示:

民事诉讼法	斯洛伐克的《民事诉讼法》继承原捷克斯洛伐克法律,最近的修订时间为2008年。该法典共分为8编376条,内容包括:一般性条款、开庭前调解、一审、二审、行政司法、强制执行、其他法庭相关事宜、最终规定和过渡性规定
刑事诉讼法	《刑事诉讼法》也被称为《刑事诉讼法典》,该法典最近修订于2002年。《刑事诉讼法》共分4编23章455条,内容包括一般性条款、犯罪调查、法庭诉讼、刑事诉讼相关程序

(3)诉讼审级

斯洛伐克诉讼审级是三级二审制,法院为最高法院、州、县法院三级建制,审判制度为二审终审制。

2. 仲裁制度

斯洛伐克仲裁法律制度主要体现在《仲裁法》上。2002年版的《仲裁法》完全取代了1996年版的《仲裁法》,该版《仲裁法》减少了限制条件,使仲裁适用范围扩大到了民事纠纷领域,同时仲裁机构更加开放,有利于本国及外国居民更多地采用仲裁方式解决纠纷。具体而言,斯洛伐克《仲裁法》规定如下:

仲裁适用范围	以下民事行为不属于仲裁适用范围:创立、改变或者终止所有权或者其他不动产权利;个人法律地位;强制执行的决定;破产或者重组程序
法律适用范围	该法仅调整斯洛伐克境内的仲裁。如仲裁事件发生国的法律允许,且仲裁协议的签署方选择该法调整其仲裁行为,则该法适用不受上述限制。 仲裁各方在仲裁协议中未予约定的事项不属于该法调整范围,应根据《民事诉讼法》予以规范

续表

仲裁员	只有具备充分法律能力、有仲裁庭工作经验、无不良记录的成年人可以担任仲裁员。 仲裁员有义务保守秘密,离任后也不例外。 如果认为存在应回避的情况,仲裁员有义务通知当事人
仲裁庭	仲裁庭由一个或者多个成员组成,其成员数量必须为奇数。 仲裁协议的签署方可以直接指定一个或多个仲裁员,也可以约定由某人或者由仲裁庭根据仲裁协议选定仲裁员。如果当事人未能就仲裁员的产生方式达成一致,则按照该法规定的方式选定仲裁员

3. 司法协助

1958 年 10 月 3 日前捷克斯洛伐克在纽约签署《承认及执行外国仲裁裁决公约》,斯洛伐克于 1993 年 1 月 1 日独立后,于 1993 年 5 月 28 日继承该公约。

根据斯洛伐克国内法律和其参加的国际条约的规定,斯洛伐克法院在满足前提条件的情况下承认和执行外国法院或国际仲裁机构的判决。如是由外国具有管辖权的机关做出的已发生法律效力的判决,经斯洛伐克审判机关的承认,即可在斯洛伐克产生法律效力。

但在下列情况下,斯洛伐克不承认和执行外国判决:

1. 违背斯洛伐克审判机关的专属管辖权,或者依照斯洛伐克法院管辖规则,虽然该外国法院具有管辖权,但其诉讼程序在任何外国都不适用
2. 对同一法律关系斯洛伐克审判机关已做出生效判决的
3. 第三国审判机关做出判决已被斯洛伐克承认的
4. 外国审判机关在审理案件时剥夺了不利一方当事人参加诉讼的机会,或者开庭审理前未通知有关当事人
5. 承认外国判决违反斯洛伐克公共秩序的
6. 两国没有互惠关系,但对非斯洛伐克公民或法人的判决不在此限

(三)司法效率及其他事项

1. 司法独立性

斯洛伐克实行三权分立制,议会立法权和政府行政权受到司法系统的制约,该国司法体系的独立性总体良好,但当前斯洛伐克仍然存在行政干预司法的迹象。尽管如此,斯洛伐克政府对司法系统的干预仍然是较为间接的。

2. 司法效率

在民商事领域,外界对斯洛伐克司法效率总体持肯定态度,但斯洛伐克舆论则认为司法效率低下。导致民事诉讼司法效率低下的原因有多种，其中的主要原因在于：1999 年至 2005 年经济领域的改革导致大量民事案件积压，新的民事诉讼需要等待较长时间才能结案；近年来，由于政治上的需要停止了私有化进程，政策的不连贯也导致了民事纠纷的增加。据统计斯洛伐克州法院的民商事案件平均等待时间为 15 个月。

3. 国有化、征收和征用

在征收相关法律规定上，斯洛伐克是市场经济国家，国有化行为较少。目前未有国有化、征收、征用的相关立法。

三、金融法律制度

（一）银行准入与监管法律制度

斯洛伐克于 2004 年加入欧盟，其银行法律以欧盟的《2000 年银行指令》为基本原则。此外，斯洛伐克《国家银行法》《银行法》《存款保护法》等 8 个主要银行法律也对银行准入、业务开展等方面做出了较为明确的规定。

斯洛伐克中央银行根据金融市场监管法案和国家银行法，对商业银行和金融市场进行严格监管。作为经合组织（OECD）成员国，其财政与监管制度按规定应满足《企业课税行为守则》、经合组织金融行动工作组与金融稳定论坛的要求。

1. 银行准入

（1）欧盟银行准入制度

《2000 年银行指令》详细规定了银行的业务范围、银行业市场准入的基本条件等内容，是目前欧盟各成员国统一实施的银行法律。该法律明确规定了银行业许可证发放的资格审查制度，并制定了包括银行自有资金、管理人员资质、信息披露等方面的最低标准，成员国可以根据自己的具体情况对他国银行和非欧盟银行的市场准入实施更严厉的措施。

根据欧盟《2000 年银行指令》相关规定，非成员国银行若想进入欧盟成员国的银行市场，其经营资格必须满足下列要求：

欧盟银行经营资格要求
1. 金融机构必须拥有不少于 500 万欧元的创办资本或自有资金
2. 金融机构必须由至少两名有丰富从业经验且信誉良好的人员管理
3. 金融机构应将其总部设在其注册国家，并在该国开展业务
4. 金融机构必须制定公司章程，包括业务品种和组织机构形式等
5. 披露所有合格持股人的身份，以避免金融机构间的交叉持股，使成员国监管当局有能力评估并避免任何影响该国金融系统稳定的收购或兼并

根据《2000年银行指令》，欧盟实行单一银行牌照原则。任何一个成员国银行监管当局向本国金融机构出具的银行牌照在其他成员国都有效，一个成员国的银行到其他成员国开立分支机构或提供服务时，只要持有母国银行监管当局出具的银行牌照即可，不需要在东道国重新申请银行牌照。

需要注意的是，欧盟法律对非欧盟银行设立的分行和子银行实行区别对待，具体表现在银行营业执照的有效性方面。由于非欧盟银行在欧盟的分行只是其总行的附属机构，不具备法人资格，所以欧盟银行法律并不将这类分行视为独立银行，不能享受《2000年银行指令》所倡导的单一银行牌照所带来的优惠政策。此外，非欧盟银行在欧盟国家设立分行需向东道国银行监管当局申请银行执照，且其银行执照仅在东道国有效，而不得在其他欧盟成员国经营业务。

同分行不同，子银行具有法人资格，所以非欧盟银行在欧盟国家成立的子银行与独立银行地位相当，适用欧盟银行法律和东道国法律。非欧盟银行在欧盟国家设立子银行也需向东道国银行监管当局申请银行执照，但一旦得到批准，该类子银行将有权到其他欧盟成员国建立分支机构或提供金融服务，无需任何其他申请手续。

(2)斯洛伐克银行准入制度

根据斯洛伐克银行准入法律制度，外国银行在斯洛伐克开展业务不存在显著的限制性规定或禁止性规定，其经营范围与斯洛伐克本国银行一致。外国银行在斯洛伐克可以设立分支机构和代表处。根据斯洛伐克《银行法》，银行牌照由斯洛伐克国家银行负责颁发，如果需要提供抵押按揭贷款服务，还应获得斯洛伐克财政部的批准。银行、外国银行的分支机构以及国内银行在国外的分支机构，在设立之前均须书面通知斯洛伐克国家银行并获取批准，否则不能在商业登记处登记。

如果外国银行打算在斯洛伐克设立分支机构，则应当向斯洛伐克国家银行提出申请并获得许可，其申请应当符合以下条件：

申请条件	
1	外国银行可提供足额、透明且与风险相关的运营经费
2	外国银行的可信赖度及金融专长符合其经营业务范围
3	外国银行雇用有可信赖的和具有专业能力的行长、副行长、内控部门负责人和内部审计部门负责人
4	外国银行拥有基于实际经济情况制定的策略和确定的商业计划
5	外国银行股东关系透明，且该关系不会妨碍监管，并应保证股东所在地的法律体系也不会妨碍监管

续表

6	银行的母国法律不会妨碍监管
7	银行的办公地点和主要业务的开展都应该在斯洛伐克境内
8	如果外国银行打算进行投资活动或提供投资配套服务,需要提供的材料与申请投资服务许可相同

如果斯洛伐克国家银行未对该银行的组织架构和财务状况提出异议,应该在 3 个月内同意申请,通知银行和相关的欧盟成员国,并且告知该国监管机构该银行的资本金数量及构成,相关计算方法根据斯洛伐克存款保险制度制定。如果斯洛伐克国家银行拒绝该申请,则必须在 3 个月内通知相关的欧盟成员国。银行的相关情况如果将发生变化,需要提前 30 天通知斯洛伐克国家银行。

非欧盟银行在斯洛伐克开展银行牌照申请及注册流程如表所示:

申请及注册流程	
1	银行牌照申请前期准备工作,包括:资本金到位证明,技术、管理、人事到位证明等
2	将牌照申请提交至斯洛伐克国家银行
3	审批通过,获得银行牌照
4	将银行牌照提交至当地有管辖权的法院
5	完成注册

2. 银行业监管相关规定

斯洛伐克国家银行根据《2000 年银行指令》及斯洛伐克本国的法律法规,对银行业实施一系列监管措施。具体而言,斯洛伐克国家银行履行对本国银行和外国银行在斯洛伐克的分支机构的监管职能。此外,其他自然人和法人进行的和银行内外部业务有关的活动也被纳入监管范围。根据《2000 年银行指令》规定,在欧盟成员国注册的银行在欧盟境内开展业务,其业务主要由母国金融监管当局监管,即所谓"谁颁发牌照,谁监管"的母国监管原则,但是业务所在国的银行负有协助监管的义务。另外,斯洛伐克对银行业基本要求、银行章程、银行组织架构、银行商业行为、信息披露等均做出了规定。

就具体监管要求而言,斯洛法克法律规定见下表:

监管要求	
基本要求	在对银行或外国银行分行的监管中，斯洛伐克国家银行应特别审查和评估其管理组织、职责分工、银行业务采用的战略、系统和流程、信息流、风险敞口以及确认银行自有资金的充足性。斯洛伐克国家银行至少每年一次依据审慎性原则对银行业务的性质和范围进行检查和评估
对银行章程的相关规定	银行公司章程应该规定银行的组织机构和管理结构，以确保银行的正常运作，防止银行内部利益冲突；规定银行董事会、监事会、管理层、内部控制部门和内部审计部门的关系和协同。公司章程还应该分配和规定银行内部组织的权利和责任。银行的公司章程须经斯洛伐克国家银行审查
对银行组织构架的相关规定	银行组织机构中必须包括董事会和监事会，分别至少由3名成员构成，其中董事会对银行的战略和发展负责，监事会有义务知晓和监督银行业务的表现、董事会权力的执行情况以及银行其他方面的表现
对银行商业行为要求的相关规定	首先，银行开展业务必须要至少2个人同时在场，如果当时条件不允许，事后需要不在场人员对该业务进行复核；其次，银行从事特定活动需要获得斯洛伐克国家银行的事先批准。举例来说，如果银行进行收购、合并或分拆、股份转移、关闭、法律形式的变更等行为时未经批准或者利用虚假数据得到批准，则上述行为无效；再者，银行不能控股银行、外国银行、金融机构、保险公司、再保险公司、支付服务提供商、基金和银行业辅助业务企业之外的法人机构
对信息披露的规定	银行或者外国银行分支机构应该在其网站和营业场所，使用斯洛伐克语言书面提供其产品和服务的信息和价格，并辅以实例。如果发生变动，银行应该在网站营业场所提前15天书面告知客户。此外，在签订合同前，银行或者外国银行分支机构应该明确告知客户百分比形式的年利率；银行或者外国银行分支机构应该告知财政部和斯洛伐克国家银行其收费标准，斯洛伐克国家银行应该在网站上公布相关信息；银行或者外国银行分支机构应该在其网站和营业场所书面提供存款保险制度有关信息。再者，银行应该在股东大会结束30天内在网站上公布年报，并至少保留到下一会计年度年报公布；在斯洛伐克开展业务的外国银行应该在股东大会结束60天内在网站上使用斯洛伐克语公布年报，并简明阐述银行财务状况在外国银行注册地和斯洛伐克的会计准则下有何不同
对银行商业文档的相关规定	银行和外国银行分支机构应该保存每日交易记录和交易头寸情况，包括抵质押品，记录方式由其内部管理制度决定。银行应该准备财务季报，并在每个日历季度结束后的30天内提交给斯洛伐克国家银行。银行应该在会计半年结束后的30天内提供半年报。银行和外国银行分支机构应该编制资产负债表
与特殊关联者交易的限制性规定	银行及银行分支机构不得与内部员工和特殊关联者进行交易，并有义务在交易前确保交易方与银行及外国银行在斯洛伐克分支机构不存在特殊关联。特殊关联者有义务向银行及银行分支机构提供相关的真实信息。此外，应在书面合同中加入相关条款，一旦发现存在特殊关联，合同无效，贷款需立即偿还

(二)担保法律制度

斯洛伐克担保法律制度由四大规则支撑:一是简化设立担保的规则;二是建立明晰和准确的优先权规则;三是建立公开、高效和统一的登记制度;四是强化实现担保权益的执行机制。这也使得斯洛伐克信贷规模大幅增长,信贷环境更趋完善,违约减少,贷款人的利益得到较好的保护。总体而言,简单、高效和低成本是斯洛伐克担保法律制度的精髓。

1. 主要担保方式

斯洛伐克法律关于担保制度的规定主要体现在《民法典》以及《商法典》中。根据斯洛伐克法律的规定,担保可分为物的担保和人的担保。其中,物的担保是指基于特定资产,在获得当局执行许可,进入执行程序后可以要求代偿的权利,在债权被认定为不能实现时,该项权利不得实现。与物的担保相关的法律行为包括:抵押、质押、留置权、债权转让、优先购买权、优先回购权和保留权。人的担保是基于担保人的全部资产要求代偿的权利,该权利的产生并不基于特定资产。与人的担保相关的法律行为包括:保证(包括银行保证)、工资及其他收入扣减协议、合同处罚、债务认定、债务推定和连带债务推定。

目前,斯洛伐克主要担保方式规定如下:

担保方式	具体规定
抵押	(1)抵押是从债权,其存续以及范围依附于主债权。抵押协议只能以书面协议的形式确立。 (2)抵押协议包括对抵押物的准确描述、对抵押担保的债权的准确描述,否则协议无效。此外根据《土地登记法》,还需办理抵押登记手续
质押	(1)质押是一种基于特定资产的特定权利的担保措施,其目的在于当被担保的债权未能得到及时、足额偿还时,可以通过处置该项资产对债务进行偿还。 (2)斯洛伐克法律未区分动产质押、权利质押等,仅对所有类型的质押做了基础规定。 (3)质押是从债权,其存续以及范围依附于主债权。质押的担保内容包括金钱债权,也包括非金钱债权。在质押期间,非金钱债权的价值可以随时确定。质押在特定情况下还可以对未来的债权进行担保。 (4)斯洛伐克现已引入资产、股权和其他财产权的质押登记制度,质押自官方登记机构登记时成立

续表

担保方式	具体规定
权利让与担保	(1)应收账款转让担保指为了保障债权人或者银行的债权利益,出让人或债务人将其应收账款转让给第三方受让人进行担保。在债务人偿还债务后,第三方必须将受让债权转回给出让人。在债务人破产的情况下,债权人可以通过处置该项隔离资产而受偿。上述转让不需要得到该应收账款的债务人的同意,与债权相关的附属权利也同时转移。 (2)财产所有权转让担保。债务人可以通过向债权人出让某项权利来履行其义务。上述权利是从债权,其转让需要以书面的"以转让权利进行担保"协议确立,其存续以及范围依附于主债权
保证担保	(1)成立与消灭。保证是保证人以自己的名义向债权人书面声明同意承担保证责任的担保行为,由保证人单方出具书面声明,无需获得债权人或者债务人的同意。保证是从债,通常因为主债被偿还而消灭。 (2)保证责任范围。保证覆盖主债务、因主债务和未付欠款所产生的利息,不包括债务合同双方约定的处罚性款项、债权人引起的损失和债权人要求偿还的法律费用,但保证人在承诺函中主动要求承担上述费用的除外。 (3)追索权。在收到债权人的书面偿付请求后,如债务人未能在合理时间内履行其偿付义务,债权人可向保证人追索。债权人可同时要求保证人和债务人偿还债务,如其中一方偿还全部债务,另一方对债权人的义务同时消灭,但当债务未被全部偿还时,双方的义务仍然同时存在
银行保证	(1)成立与消灭。通常银行与债务人之间签有代理协议,银行根据代理协议向债权人出具保函,在保函送达至债权人后,代理协议产生约束力。如果保函约定了保证期间,那么在约定的保证期间内,如债权人没有送达书面的支付要求或者保函规定的有关文件,则保证消灭。 (2)覆盖范围。保函一般用于担保金钱性债务,但也可以扩展到非金钱性债务。 (3)追索权。债权人只有在债务人未能履行其偿债义务时,才可以根据保函主张其权利;只有在债权人提出书面要求时,银行才需要履行其保证义务。 (4)第三方银行。如果银行保函被第三方银行确认,则两银行都对该项债务负有连带保证责任;如果确认保函的第三方银行对债务进行了偿还,该第三方银行可向申请保函确认的银行提出等额的偿还要求

2. 担保效力与顺位

斯洛伐克法律规定,依照担保物权登记的先后次序确定相关担保措施的优先顺位。对于有多项抵押担保的债权,债权人有权从中指定某种抵押物用于偿还债务,如果未进行指定,则债权人可以按照比例从所有对抵押物的处置中得到偿还。

3. 登记程序

为改善投资环境,斯洛伐克在2003年明确了担保注册机构,简化了担保登记流程,实现了担保信息的电子化、透明化。根据斯洛伐克担保注册的相关要求,土地抵押登记注册机构为担保物所在地的土地抵押登记所,股权质押的登记机构为斯洛伐克中央证券储备局，其他应收账款质押担保注册机构则为斯洛伐克中央公证登记处。

斯洛伐克的担保登记一般较为简单，担保人与被担保人签订担保合同，然后在当地公证处完成合同及签名的有效性公证，最后通过网络递交相关担保资料或到相关注册机构实地递交担保资料，即可完成注册，一般花费不到200欧元。

4. 主权担保

斯洛伐克可以提供主权担保，但必须经过议会批准。目前因欧债危机影响，欧盟对欧元区成员国有债务率低于3%的硬性指标，斯洛伐克政府暂停对外提供主权担保。

5. 担保的执行

就物的担保而言，根据斯洛伐克法律规定，在进入执行程序时，担保物须被隔离出来优先偿还担保权人。在破产程序中，担保资产可根据实际处置进度随时偿还权利所有人的债务，与其他资产分配的决定无关。破产资产管理人有义务将隔离资产从其他资产中分离出来单独处置。经法庭的准许，在扣除管理成本、处置成本、投递成本和自身的报酬和支出等相关费用之后，用于偿还被担保债务。应该特别注意的是，在债务人违约时，债权人可以不通过法庭来占有和出售担保物。

就人的担保而言，其实际效力与担保人的经济能力有关。当债务人破产或者不能及时偿还债务时，债权人可以要求担保人代偿，当担保人拒不履行代偿义务时，债权人可以诉诸法院，强制履行其义务。

（三）法律适用

欧盟议会颁布的《罗马条例Ⅰ》和《罗马条例Ⅱ》分别对合同之债与非合同之债的法律适用问题做出了规定，旨在加强对成员国法律冲突以及管辖权冲突的调整，保证判决的相互承认，保障法律的一致性。根据《欧洲共同体条约》第249条第2款："条例具有普遍效力，在各个方面都有约束力，并直接在成员国适用。"因此《罗马条例》的效力高于成员国国内法。斯洛伐克宪法也规定，欧盟法律的效力高于国内议会所颁布法律的法律效力。根据《罗马条例》规定的当事人意思自治原则，理论上银行业务合同适用当事方约定的国家的法律，但协议不可能排除全部欧洲共同体法律的适用。

其中，《罗马条例》、《罗马条例Ⅰ》和《罗马条例Ⅱ》关于法律适用方面的主要规定如下：

法律适用的相关规定	
当事人意思自治原则	《罗马条例Ⅰ》主要对合同义务的法律适用问题做出了具体规定。根据适用的基本原则,合同由当事人选择的合同准据法管辖,其选择必须通过合同条款明示或者根据事件的情况清楚判断,当事人可自行选择将法律适用于合同的整体或部分。《罗马条例Ⅱ》主要对非合同义务的法律适用问题做出了规定。但是,因侵权或不法行为产生的非合同义务、因不正当竞争而产生的非合同义务、因侵犯知识产权而产生的非合同义务不适用当事人意思自治原则
排除反致	《罗马条例》所指引的法律的适用范围不局限于欧盟成员国法律,但《罗马条例Ⅰ》第20条、《罗马条例Ⅱ》第24条规定,所适用的法律是指该国的实体法而非国际私法中的冲突规范,因此非合同义务适用排除反致
多法域国家的规定	《罗马条例Ⅰ》第22条、《罗马条例Ⅱ》第25条规定,如果一国存在不同法域,且拥有不同的非合同义务法律规则,则每个法域均被视为一个国家。但如果同一国不同法域之间存在合同、非合同义务法律冲突,则适用该国法律调整原则,不适用《罗马条例》

(四)主权豁免

主权豁免是国家根据主权和国家平等的原则,不接受他国管辖的特权,可分为绝对豁免和相对豁免。绝对豁免是任何国家的法院不得受理以他国国家及其财产为诉讼标的的案件,不论其行为和财产的性质如何,也不论其财产位于何处、为谁控制,除非他国自愿放弃这种豁免。相对豁免承认国家主权豁免是国际法的一般原则,但同时强调“例外”,即国家不享有豁免的具体情形。

根据目前掌握的资料,斯洛伐克法律未规定斯洛伐克政府及国有资产在商业行为中享有主权豁免。斯洛伐克在2005年9月15日签署了《联合国国家及其财产管辖豁免公约》,该公约由斯洛伐克国会在2015年12月30日批准。

四、投资法律制度

(一)企业法律制度

斯洛伐克属于欧盟成员,企业法律制度比较完善。在斯洛伐克,没有单独的公司法。公司作为商事主体之一,其设立、组织形式、运营和解散均由斯洛伐克《商法典》进行调整。与公司相关的法律还有《破产处置法》《劳动法》《投资援助法》《竞争保护法》《限制竞争协定豁免法》《特定国有企业转制为股份公司法》《联营相关权利法》《基金法》《非投资性基金法》和《提供一般性服务的非营利性组织法》等。

1. 主要企业类型

根据斯洛伐克《商法典》,在斯洛伐克可设立以下形式的企业:有限责任公司、股份公司、普通商业合伙公司、有限合伙公司和外国企业代表机构等。外资企业在斯洛伐

克大多注册为有限责任公司和股份公司,二者的法律要求如下表所示:

类型	有限责任公司	股份公司
注册资本	20 万克朗(5000 欧元)	100 万克朗(25,000 欧元)
组成人员	1 个或多个自然人/法人	1 个法人,或多个自然人
股东最低持有股份价值	3 万克朗	未要求
出资期限	创立公司或入股之后 5 年	创立公司之后 1 年
准备金	创立时必须充实准备金,最低补充额为净利润的 5%。准备金上限为注册资本的 10%	公司成立时即需建立准备金,下限为注册资本的 10%,上限为 20%。公司创立时需充实资本金,最低补充额为净利润的 10%
公司机构	1. 股东大会:由全体股东构成,每 1000 克朗(相当于 33.3 欧元)股份对应 1 票的投票权,每年至少举行 1 次,由法人代表召集。 2. 法人代表:法定组织,代表公司。 3. 监事会:监督主体,非必须成立机构	1. 股东大会:由全体股东构成,每年至少举行 1 次,由法人代表召集。 2. 董事会:法定组织,代表公司,一人或者多人组成。 3. 监事会:监督主体,必须成立的机构,至少 3 人

2. 企业注册流程

斯洛伐克商业登记注册主管部门是各州的法院商业登记处,该机构负责其行政辖区内的商业注册登记。根据行政区划的不同在全国共设有 8 个该类机构,分别位于:布拉迪斯拉发州、特尔纳瓦州、尼特拉州、特伦钦州、日利纳州、班斯卡比斯特里察州、科希策州和普雷绍夫州。具体来说,企业注册流程包括:

斯洛伐克企业注册流程	
提供相关证明及材料	首先,企业需要申请出具《无犯罪记录证明》,该证明主要用于申请营业执照;其次,核对公司名称单一性;再次,提交《公司章程》及公证材料
营业执照	办理标准执照和特别经营许可执照的时间和费用不同。申请人必须在斯洛伐克有永久或临时居所。营业执照发放单位是营业执照局
开立银行账户	在办理公司注册之前,申办人必须开立银行账户,并存入资本金。如果是个人独资企业,需要全部一次存入;如果几个股东共同设立公司,每人需要存入其全部资本金份额的 30%
在地方法院申请注册登记	须提交公司注册申请表,所有公司发起人需要在文件上签字,并办理公证,公司注册代码将由注册法院颁布

续表

税务登记(所得税及增值税)	营业额12个月内达到5万欧元的,须进行增值税登记。外国公司在斯洛伐克境内从事经济活动,在开展业务前,必须办理增值税登记;如果公司有雇员,还需办理个人所得税登记。公司所得税和个人所得税可以一并申办登记
社会保障登记	雇主必须为雇员在当地社会保险公司办理养老、疾病、伤残、失业保险登记和工伤保险登记。雇用超过20名以上雇员的雇主必须每月向社会保障局报告社会保险情况
健康医疗保险登记	雇主必须根据雇员选择的保险公司为其办理健康医疗保险

(二)特定行业、领域法律情况

斯洛伐克是一个外向型的工业国家,该国对先进制造业的落户持开放、平等、欢迎的态度,其电力能源行业、土地资源方面的法律制度需要重点关注。另外,为了增加税收和提高就业水平,斯洛伐克政府重视工业园区的建设,并提供了一系列的优惠措施,其工业园区领域的相关法律也值得关注。

1. 电力能源行业法律情况

自斯洛伐克2004年加入欧盟以来,为融入欧盟市场,斯洛伐克政府对电力能源行业进行了市场化改革,对电力企业实施私有化改造,鼓励电力供应的多样化、多元化。

斯洛伐克电力能源行业的法律主要是2012年修订的《能源法》。该法案明确了斯洛伐克能源行业的范围、从业资格认证、特许经营执照申请、项目建设、市场监管等方面的方法与标准,是企业进入斯洛伐克电力市场的主要法律依据。该法规定,斯洛伐克电力特许经营执照由斯洛伐克网络工业管理局审核颁发。企业向网络工业管理局提出申请,网络工业管理局就企业申请情况进行审核,通过后企业在30天内到当地法院商业注册处完成商业注册。

2. 土地资源法律情况

斯洛伐克土地资源法律主要包括民法典、外汇法、公寓及非居住房屋所有权法和土地登记法等法律。根据斯洛伐克国家法律,当地土地所有权和使用权都属私人永久所有。

斯洛伐克于2004年加入欧盟后,基本向外国法人及自然人开放土地买卖市场,但仍对部分领域设有交易限制,包括部分农业用地以及涉及矿产开发、水资源、历史古迹等房地产买卖。根据《外汇法》,外国企业或实体可以购买农业或林业用地外的土地。但如果投资人来自欧盟成员国且已经在农业用地上开发至少3年或属于遗产所得,那么外国企业或实体也可以获得相关农业或林业用地所有权。

3. 工业园区领域法律情况

据斯洛伐克投资贸易发展局统计,斯洛伐克全国共有 83 个工业园区(含 1 个科技园)。入驻企业大部分属于斯洛伐克传统重点行业,主要集中在汽车及零部件制造、化工、电子电气、工程、钢铁及金属加工、木材加工、食品和物流等。2016 年 4 月 13 日,斯洛伐克新政府在施政纲领中提出支持中部和东部地区兴建工业园区,以吸引外国投资。

斯洛伐克于 2008 年 1 月 1 日开始实施新的《国家资助法》,适用于特定地区,旨在解决地区间发展不均衡,扶持欠发达地区经济发展,通过引资和创造新的就业岗位向欠发达地区提供支持。2009 年和 2011 年,斯洛伐克政府先后对该法进行了修订,最新的《国家资助法》自 2011 年 8 月 1 日开始实施。

(三)外汇管制

斯洛伐克已经在 2009 年 1 月 1 日正式加入欧元区,欧元属于可兑换货币,在贸易项下和资本项下均可自由流通,不存在外汇管制。

在斯洛伐克,项目资本注入及本息汇出没有限制,外币在当地兑换也没有限制,允许在境外开立账户,但是需要向监管机构报告。斯洛伐克《外汇法》规定,在斯洛伐克注册的外国企业可在斯洛伐克银行开设外汇账户,用于进出口结算,外汇进出需要申报。在斯洛伐克工作的外国人的合法税后收入可全部转出国外。外汇汇出斯洛伐克无需缴纳特别税金。另外,携带现金 1 万欧元以上出入欧盟外国家需要向斯洛伐克有关部门进行申报。

总体来说,斯洛伐克的外汇监管制度较为宽松,其监管措施主要体现在向央行报告的义务上。斯洛伐克外汇管理制度有利于降低贸易成本,与欧洲经济一体化、贸易自由化的总体发展趋势是一致的。

斯洛伐克《外汇法》规定,该国外汇管理官方机构为财政部和斯洛伐克国家银行,前者执行对政府、政府部委、政府下属基金及政府相关下设机构的外汇监管职能,后者执行居民、非居民外汇监管职能。在斯洛伐克,外汇汇兑业务是由获得外汇汇兑营业执照的自然人或法人承担,该执照由斯洛伐克国家银行授予并监管。对于违反该法规定者,斯洛伐克国家银行可以采取措施进行纠正,并处以罚款。

(四)税收制度

1. 主要税种

斯洛伐克于 2004 年建立了符合欧盟要求的新税收体系,税率在邻国及欧盟成员国中均较低。斯洛伐克的税收体制简单,税种较少,主要包括关税、企业所得税、个人所得税、增值税、房地产交易税、房地产税、消费税等。主要税种如下表所示:

税种		相关规定
直接税（是指政府直接向个人或企业开征的税，包括对所得、劳动报酬和利润的征税）	公司所得税	纳税主体及征税对象：位于斯洛伐克或者实际管理活动发生在斯洛伐克境内的法人以及不适合作为个人纳税对象的单位，需要以全部收入作为税基缴纳公司所得税。其他团体则需要以斯洛伐克境内收入作为税基纳税
	个人所得税	纳税主体：分为斯洛伐克居民和非斯洛伐克居民。其中，斯洛伐克居民是指在斯洛伐克拥有永久居所、居留权，或一年内累计停留超过 183 天者。 征税对象：斯洛伐克居民需要根据其全部收入缴纳所得税，非斯洛伐克居民只需要根据其斯洛伐克境内所得收入或者与斯洛伐克相关的收入缴纳税收，避免双重征税协定另有规定的除外。 税率：自 2013 年 1 月 1 日起，月收入超过 3246 欧元的个人所得税率将从 19% 上升到 25%
	土地税	纳税主体：在斯洛伐克登记的土地所有人需缴纳土地税。土地登记的所有者、国有土地的管理者或者土地承租人负责缴纳土地税。如果土地所有者不明确，由土地的实际使用者缴纳土地税。土地税涉及耕地、草地、花园、森林、鱼塘、建筑用地等。外交用途、社会或宗教组织，或未开发的林地等非商业经营用途的土地免征土地税
间接税（是对商品和服务征收的，只是间接地以公众为征税对象。包括销售税，还有对财产、酒类、进口品和汽油等所征的税）	增值税	自斯洛伐克 2004 年加入欧盟之日起，斯洛伐克增值税税法与欧盟 6 号增值税指令保持一致。欧盟第 6 号增值税指令旨在统一成员国之间关于流转税的法律，从而建立共同的增值税体系和统一的课税税基。根据 6 号指令建立并规范增值税法是成为欧盟成员国的必要条件
	海关关税	税率：斯洛伐克执行欧盟的统一关税税则。海关关税税率分为普通税率、最惠国税率（协定税率）和普惠制税率。欧盟同中欧自由贸易协定成员国、土耳其等国家签有关税减免协定，相互提供关税减免。斯洛伐克与欧盟成员国之间的进出口产品享受零关税，但出口商需提供交货核对证明。非欧盟成员国出口货物至斯洛伐克，关税根据商品价值按照欧盟共同关税税率征收，制成品平均关税为 4.2%，纺织服装和食品平均关税较高，约 17.2%
	消费税	斯洛伐克的消费税由 6 部单独法律规定，课税对象包括：矿物油、酒精饮料、烟草、电力、煤炭、天然气。提供上述服务的单位或者个人负有纳税义务
	机动车税	征税对象：机动车税的课税对象只包括用于商业目的的车辆，税基由车辆重量、卡车车轴数量和拖车数量决定，对于个人所有但用于商业目的的车辆，税基主要由发动机体积决定。 税率：具体税率由地方议会制定
	银行储蓄税	2011 年银行储蓄税法案规定，所有公司类银行存款将加收 0.4% 的储蓄税

除上述税种外，斯洛伐克目前还试行金融交易税。金融交易税的征税范围涵盖了欧盟85%的金融机构间的金融交易，但公民、企业、住房按揭、银行贷款、保险合同，以及个人和中小企业进行的其他正常金融活动不在征税范围内。金融交易税为双边征收，税率为证券交易0.1%，衍生品交易0.01%。

2. 税收优惠政策

斯洛伐克在税收制度上有一些优惠政策，具体包括：第一，关税免税。在欧盟内部进出口关税全免，如货物来自非欧盟国且在某一欧盟国纳税，则不再重复征收关税。第二，增值税退税。满足以下条件的机构可以申请增值税退税：在斯洛伐克注册并被批准从事经营活动；交易对象为出口的货物、服务以及以出口为目的而进口的货物；在报税期内，申请退税人没有出售已纳税的货物和服务。第三，增值税免税。斯洛伐克对邮政、广播电视、金融活动、保险服务、教育与科学服务、医疗、社会保障以及博彩等相关行业免征增值税。第四，房地产税免税：外交用途、社会或宗教组织，或未开发的林地等非商业经营用途的土地免征土地税；国家、地方政府、学校、科研机构、宗教组织等非营利性机构免征建筑税；新建家庭住房、文物保护建筑改建住房免征15年的建筑税。

五、法律风险评价

（一）营商环境良好

整体而言，斯洛伐克的营商环境良好。世界银行2015年营商环境报告数据显示，斯洛伐克的营商环境在189个国家和地区中排名第37位，居于世界前列。尤其在登记财产、贷款获得、破产处置等方面表现出色，分别排名第11位、第36位、第31位。具体营商环境如下表所示：

公司注册		纳税		财产登记	
程序个数	7	每年赋税次数	20	程序个数	3
时间（日）	11.5	平均耗时（小时）	207	时间（日）	16.5
成本（占单位收入的百分比）	1.5	总税率	48.6	成本（占财产价值的百分比）	0.0
最低注册资本	19.2				

数据来源：2015年世界银行营商环境指南。

（二）合同执行效率和破产处置效率较高

根据2015年世界银行营商环境指南提供的数据，斯洛伐克的合同强制执行效率在世界189个国家和地区中排名第55位，处于世界中上游水平。斯洛伐克的破产处

置效率排名世界第31位,平均破产处置时间为4年,回收率达到54.4%。(见下表)

合同强制执行	斯洛伐克	欧洲及中亚地区	美国	英国
时间(日)	545.0	448.1	420	437
成本(占标的额的百分比)	30.0	25.2	30.5	39.9
程序(个)	33.0	37.0	33.6	29
破产处置	斯洛伐克	欧洲及中亚地区	美国	英国
时间(年)	4	2.3	1.5	1.0
成本(占资产价值的百分比)	18.0	13.3	8	6
回收率(每美元美分数)	54.4	37.7	80.4	88.6

数据来源:2015年世界银行营商环境指南。

(三)进出口贸易法律环境良好

斯洛伐克是一个外向型的工业国家。为了增加税收和提高就业水平,政府重视跨境贸易工业园区的建设,并为之提供了一系列优惠措施。特别是加入欧盟进程开启后,斯洛伐克按欧盟要求进行了重大结构性改革,制度建设趋优化,国内法律法规已基本与欧盟法律趋同,为进出口贸易营造了良好的法律环境。(见下表)

斯洛伐克跨境贸易	
出口所需文件数	5
出口时间(日)	16
出口成本(每集装箱/美元)	1525
进口所需文件数	5
进口时间(日)	16
进口成本(每集装箱/美元)	1505

数据来源:2015年世界银行营商环境指南。

匈　牙　利

Hungary

——多瑙河畔的中欧古国

匈牙利基本情况

国家名称（中英文）	匈牙利（Hungary）		
人口（百万）	9.84	人口增长率（年均%）	-0.2
领土面积（千平方公里）	93.0	主要民族	匈牙利族
官方语言	匈牙利语	主要宗教信仰	天主教、基督教
政体	议会制	主要政党	青年民主主义者联盟、社会党、尤比克等
GDP（十亿美元）	120.69	GDP 增长率（年均%）	2.9
国民总收入（十亿美元）	127.88	人均国民收入（美元）	12,990
通货膨胀率（年均%）	1.8	外国直接投资净流入（百万美元）	2790
外债（百万美元）	—	总偿债额占出口贸易和收入的比率	—

数据来源：2015 年世界发展指标数据库。

一、国情简介

匈牙利是一个位于欧洲中部的内陆国家，主要民族为马扎尔族（即匈牙利族），约占总人口 98%。匈牙利居民主要信奉天主教（66.2%）和基督教（17.9%）。从政治、经济、外交等因素综合分析，虽然经济增长趋势放缓造成了一定不利影响，但匈牙利的整体环境正朝着健康的方向不断前进。

（一）政治概况

匈牙利为议会制国家。总统为国家元首和武装力量总司令，享有任命总理和各部部长的权力。2012 年 5 月，阿戴尔·亚诺什经选举当选总统，任期 5 年。匈牙利议会为一院制，由 386 名议员组成，每届任期 6 年。本届议会于 2010 年 4 月选出，席位分布情况为：青民盟占 261 席，社会党占 48 席，尤比克占 43 席，独立议员占 34 席。匈牙利登记注册的政党有 183 个，除了目前在国会中 3 个政党之外，其他政党主要有:匈牙利共产主义工人党、匈牙利社会民主党、匈牙利民主论坛、匈牙利自民盟等。

目前匈牙利国内局势相对平稳,没有爆发大规模的冲突或政治事件。不过由于整个欧洲,尤其是东欧,有大量来自中东、北非的难民涌入,当局在非法入境人口的管理控制上仍面临一定困难。

(二)经济概况

匈牙利属中等发达国家,是经合组织(OECD)成员国。匈牙利的经济目标是建立以私有制为基础的福利市场经济,其经济转轨顺利,私有化基本完成,市场经济体制已经确立。目前,该国私营经济的产值约占GDP的86%。2011年11月21日,受欧债危机影响,匈牙利政府向国际货币基金组织和欧盟提出了金融援助的申请。

根据欧盟委员会对匈牙利经济发展的预测,2016年该国GDP增长率预计为2.1%,2017年预计为2.5%,低于2014年3.7%和2015年的2.7%的增长率(见下表)。不过匈牙利政府自2015年起在经济上采取了一系列措施,比如,2016年1月将个人所得税由16%下调为15%,将房屋建筑税从27%下调至5%等,长期来看这些措施将对经济发展产生良好影响。

(三)外交政策

目前,匈牙利已经和170多个国家建立了外交关系。受国际金融危机影响,匈牙利致力于成为亚欧贸易桥梁,将中国、俄罗斯、印度作为经济外交重点。

中匈两国在外交领域一直保持了良好的合作与互动。2014年12月,国务院总理李克强在出席中国—中东欧国家领导人贝尔格莱德会晤期间同匈牙利总理欧尔班举行双边会晤。外交部长王毅、最高人民检察院检察长曹建明也分别于2015年6月、2015年8月同匈牙利举行双边会晤。匈牙利总理欧尔班于2014年2月来华进行正式访问,2015年11月来华出席第四次中国—中东欧国家领导人苏州会晤。匈牙利外交与对外经济部部长西雅尔多于2014年10月来华进行工作访问,2015年9月来华出席中国人民抗日战争暨世界反法西斯战争胜利70周年纪念活动,进一步巩固了两国外交关系。

二、法律概览

匈牙利具有成熟的法律体系,法律制度相对完善。在加入欧盟之后匈牙利又进一步修订法律,与欧盟的法律制度及其仲裁程序相协调,进一步提高其法律体系的公正性、开放性和透明性。匈牙利司法高度独立,不易受外部压力影响,司法机构与行政、立法机构分开,法官及最高法院院长由总统直接任命。

(一)法律体系

匈牙利在1997年进行了一次重大的司法改革,涉及多部法律。议会通过了新的法院组织法、法官工资法、法官地位法等多部法律,并对宪法进行了修改,成立了欧洲独一无二的司法委员会,恢复了“二战”前的四级二审法院体制。

匈牙利争议解决方式主要包括法庭审理和仲裁两种。其中,法庭审理包括初审司法程序和第二审司法程序,除此之外,还有最高法院监督司法程序。

(二)司法制度

1989年东欧剧变后,匈牙利的国家基本制度发生了变化,随后司法制度也发生了较大的变化,主要表现在以下两个方面:一是三权分立以后,法院不再从属于行政机关,而独立于行政权之外;二是大力推进司法改革,在法院独立之外,还实现了法官管理上的独立,司法独立范围扩大。简言之,匈牙利法院运作管理完全独立于行政管理之外。

1. 诉讼制度

匈牙利法院包括四级,分别是基层法院、州级法院、高级法院、最高法院。其中,四级法院具体案件受理范围见下表:

法院级别	受理范围
基层法院	全国有111个基层法院,审理90%的案件,类型不限
州级法院	19个州加上首都布达佩斯共20个州级法院,负责审理对基层法院一审不服的上诉案件、严重刑事犯罪案件的一审及涉案标的500万福林以上民事案件的一审
高级法院	5个新设的高级法院,分别管辖不服各州法院一审的严重刑事犯罪案的上诉,和其他民事、经济、行政上诉案,减轻最高法院审案负担
最高法院	最高法院现在只负责对高级法院和州法院终审判决不服申请复核的案件和司法解释工作

2. 司法协助

(1)对外国法院判决的承认和执行

《匈牙利国际私法》明确规定,对于在匈牙利法院或者其他机关无专属管辖权的案件,匈牙利应当对外国法院或者其他机关的判决予以承认,本法另有规定的除外。其中,匈牙利法院可以不承认外国法院判决的情形主要包括以下四种:

外国法院判决不被承认和执行的情形	
1	外国法院或者其他机关所作判决的当事人，是根据该外国的法律规定本国公民(法人)不应受该法院或机关管辖的
2	外国法院判决的当事人及其代理人由于诉讼程序不合规定，或者由于传票未送达至当事人在匈牙利的住所或者未送达给当事人在诉讼地的代理人，未参加诉讼程序的
3	根据同样的事实和法律，匈牙利法院或者其他机关已对当事人双方作出确定判决
4	在向外国提起诉讼之前，当事人双方根据同样的事实和法律已向匈牙利法院或者其他机关提起诉讼

此外，如果外国法院或者其他机关的判决因《匈牙利国际私法》规定的原因不能予以承认，那么即使该外国与匈牙利具备互惠条件，也不得执行。

(2)对外国仲裁裁决的承认和执行

匈牙利对于外国仲裁裁决的承认和执行，需符合国际公约及欧盟相关规定。匈牙利作为《承认及执行外国仲裁裁决公约》的签署国，已于1962年3月5日签署该公约，公约已于同年6月3日生效。另外，欧盟及其成员国加入《承认及执行外国仲裁裁决公约》，并同时作出保留声明：第一，欧盟及其成员国只有在互惠的基础上对另一缔约国领土内作出的仲裁裁决的承认和执行适用公约；第二，欧盟及其成员国只对根据欧盟及其成员国法律认定为属于契约型和非契约型商事法律关系所引起的争议适用该公约。除以上两项保留之外，对于缔约国领土内作出的属于商事范围的仲裁裁决，欧盟的所有成员国都应按照公约的规定，给予承认和执行。

(三)司法效率

匈牙利法院审理比较费时，法院审判结果具有强制性和终局性，但与仲裁程序比较，法院审理费用较低。根据匈牙利民法规定，争议双方也可以选择仲裁方式。如果双方希望以仲裁方式处理合同中的争议，合同中应包含仲裁条款。仲裁程序速度比较快，但成本较高，并且在某些情况下，仲裁裁决经法院审理后，可以被撤销或不予执行。

三、金融法律制度

匈牙利金融法律制度较为健全，各类金融法律法规已经形成了较为完整的法律体系，以规范金融领域的相关环节。

(一)银行准入与监管法律制度

1. 外国银行分支机构设立条件和程序

匈牙利《金融企业法》规定了商业银行可从事的金融业务范围。外国银行在匈牙利设立分支机构，除符合金融企业法规定的银行特别程序外，还必须符合匈牙利一般的法律和相关制度。

目前，匈牙利金融业允许外资与当地合作经营或外商银行单独成立分行，设立要求如下：外国银行在匈牙利设立分行，须准备母国监管机构核发的银行营业许可证，而后取得匈牙利金融监督委员会的核准；设立商业银行，包括国外银行的分行，最低资金门槛为20亿福林（约600万欧元）。

根据《信贷机构和金融企业法案》，匈牙利对外国银行投资及其金融业务范围有限制性规定。外国商业银行在匈牙利投资之前必须获得匈牙利央行金融机构监管部门的许可，并且只能注册为有限责任公司或分行两种形式。外国银行也可设立银行代表处，但不得进行任何形式的经营活动。

2. 外国银行在匈牙利融资业务开展

根据匈牙利国内法规及欧盟相关规定，只有位于匈牙利、欧盟或者经济合作与发展组织成员国境内的金融机构才被允许为匈牙利的企业提供融资。因此，位于其他国家和地区的金融机构总部及其分支机构无法为匈牙利境内企业提供融资服务。外国银行分支机构可以为匈牙利境内企业提供融资，根据提供融资的主体不同，必须满足不同的条件。具体情况如下：第一，对于设在匈牙利的外资银行分支机构，为匈境内企业提供融资的前提是外资银行匈牙利分行已在匈牙利获得了所有融资活动许可；第二，对于设在欧盟及经济合作与发展组织成员国境内的金融机构及分支机构，为匈境内企业提供融资的前提是这些组织的分支机构已被相关成员国认可为具备全部资质的信贷机构。

3. 银行监管机构

2000年4月1日，匈牙利国会根据1999年CXXIV法案成立了匈牙利金融监管局，负责监督、控制和规范匈牙利共和国的金融系统，也是匈牙利金融业主要的监管部门。金融监管局对银行业、证券业、保险业、基金业等所有金融机构、金融市场和金融服务进行统一、综合的监管，在监督金融领域的各项活动中发挥了重要作用，使得匈牙利金融业务开展更为安全、透明。金融监管局具体情况如下表所示：

匈牙利金融监管局基本情况概览	
定性	国家公共管理机构，在政府指导下运行，受财政部长监督
	法人实体，进行独立核算
目的	促进金融市场的稳健运行，保护金融机构的客户和消费者权益
	保持和加强金融市场信心
	提高金融市场透明度，提高金融消费者的素质和意识，引导市场公平竞争

续表

监管原则	与金融机构建立伙伴关系、依靠公众和市场原则预防危机发生、反对违规和玩忽职守以及冒险行为
构成	金融监管局由董事会、各部门的分支机构组成，靠金融机构和市场参与者的谨慎操作和遵纪守法进行持久监管
负责人	金融监管局局长由国会根据总理提名任命，行使金融监管局的最高领导权，支配和管理全局的活动
	在法律规定的范围内履行各种职责，包括参加政府会议，对与监管活动范围相关的问题有咨询权

金融监管局的职责包括：(1)负责对金融机构、企业和个人参与金融行业进行批准；(2)根据法规保留相关档案和资料，管理金融机构、投资公司、保险、证券、基金等信息系统；(3)监督和评价被监管者是否遵守相关的法律法规；(4)检查、分析和评价被监管者的经营活动是否审慎；(5)适当的时候采取强制手段调查可疑的不法行为；(6)解释与各类金融机构、金融市场相关的法规条例，提交修改意见和采纳相关建议；(7)协助国家储蓄保险基金和投资者保护基金的运作。

4. 其他主要法律

关于金融机构管理的法律主要有《中央银行法》《投资基金法》《金融机构和金融活动法》《信贷机构和金融企业法》《国家金融和资本市场监管法》等，具体内容如下表所示：

法律名称	主要内容
中央银行法（2011）	匈牙利国会2011年12月30日表决通过新修订的《中央银行法》。该法规定了匈牙利中央银行——匈牙利民族银行的职能和匈牙利的货币政策。中央银行负责制定和实施货币政策，管理和保护金融系统的信贷，负责中央预算和决算，以政府名义接受外国贷款，对国家外汇实施管理或宏观调控
金融机构法（1996）	该法规定了各类信贷机构和金融企业的业务经营范围和判断其服务质量的标准；金融机构从事的金融业务和补充性金融业务由国家金融和资本市场监管部门发放许可证，并进行检查和监督；金融机构自身的规模、金融机构业务的范围、业务量以及服务质量都要接受国家金融和资本市场监管部门的监督。 国家设立存款保险基金，基金管理机构是独立的法人，设董事会，董事会成员为财政国务秘书、中央银行主席、国家金融资本监管机构主席、信贷机构利益的代表
金融市场法（2001）	该法涉及证券发行、销售、转让、投资中介机构和商品期货交易商管理（含交易管理、保证金管理、服务内容种类和监督）。该法还涉及内部交易和市场操纵，涉及投资者保护、金融市场监督等条款。该法还对交易所、清算机构的组织、管理作了详细规定

续表

法律名称	主要内容
反洗钱与金融反恐法(2007)	该法在1994年《反洗钱法》基础上颁布,适用于在匈牙利境内从事金融服务及相关行业的机构和个人;规定了金融机构反洗钱义务,包括对客户尽职调查、客户跨境交易尽职调查、报告大额现金交易和可疑交易,确认客户的身份,保存客户的交易记录以及金融机构内审机制等内容
匈牙利金融监管法(2007)	该法规定了匈牙利金融监管机构——金融监管局(HSFA)——的法律地位和职责,确定了匈牙利金融监管框架,并规定了对匈牙利金融和资本市场监管的规章制度。该法案规定匈牙利金融监管体系从原来实行的统一的监管改为对金融系统和证券投资系统进行分类监管。国家金融和资本市场监管机构代表政府对金融和资本市场施行有效管理。监管机构主席和两个副主席由财政部长和国家银行主席联合提名,政府任命,任期6年
中央银行货币流动法令(2006)	该法令确定了匈牙利支付体系的框架,包括支付方式、清算方式、金融机构账户管理等内容
货币流动及电子支付法令(2006)	该法令包括银行账户管理办法(含账户开立)、电子支付方式和支付顺序等内容

(二)担保法律制度

在匈牙利的担保法律制度中,依照担保种类的不同,其生效、设立方式及效力也存在区别。

1. 担保种类

匈牙利存在多种不同担保种类,具体类型多样,其生效及设立方式各有其规定,具体情况见下表:

担保大类	具体类型	生效或设立具体方式
保证	保证	签署担保协议设立并生效
抵押类	不动产(土地、建筑物)抵押	1. 签署抵押协议设立(抵押协议需要经律师联署或采用公证契约的形式); 2. 在土地登记机关登记抵押协议后方成为有效、可对抗第三人的担保
	船只、飞机抵押	1. 签署抵押协议设立(抵押协议需要经律师联署或采用公证契约的形式); 2. 在船只、飞机登记处登记抵押协议后方成为有效、可对抗第三人的担保

续表

担保大类	具体类型	生效或设立具体方式
质押类	公司股权	1. 通过股权质押协议设立; 2. 必须向公司登记处登记股权质押协议方为有效; 3. 实践中还会要求公司在股东名册中记载该股权质押的设定,并将其提交给公司登记处
	账户	签署担保协议设立并生效
	应收款质押	签署担保协议设立并生效
浮动押记	担保人的全部资产(包括押记设定以后担保人取得的动产和不动产,以及担保人拥有的债权)	1. 签署浮动押记协议设立; 2. 在匈牙利公证处管理的押记登记册办理公证和登记后生效
固定押记	所有动产	1. 签署固定押记协议设立; 2. 在公证处办理公证和登记后生效; 3. 矿权押记的设立和生效需经匈牙利能源署批准
	矿权	
保证金担保	股份(包括匈牙利股份有限公司的纸质及非纸质股票)和其他证券、金融票据或现金(银行账户)	1. 签署担保协议并向担保债权人交付担保资产方为有效; 2. 就纸制股票而言,向债权人实际交付股权证书即为交付; 3. 若为非纸质股票,需经保证金账户所在银行正式确认其收到保证金提供人的书面通知,通知该行将该等股份转移至一个封存的分账户,该担保方视为生效
应收款担保转让	各类合同权益	1. 签署担保协议设立并生效; 2. 在匈牙利法律项下,应收款必须具备足够的特定性方可予以执行。实践中的做法是针对新产生的应收款,通过新协议清单的方式对应收款转让进行补充
	应收款	
	保险	

2. 担保的效力和顺位

实践中,经常出现同一标的物上多种担保类型共存,故常涉及担保对抗第三人效力及顺位确定等法律问题。对此匈牙利担保法律制度进行了详细的规定,具体情况见下表:

类型	对抗第三人的方式	如何确认优先顺位	办理部门	同一担保物能否重复设立担保以及担保方式
抵押（不动产、船只、飞机）	办理抵押登记	依照登记时间顺序	土地登记处/船只登记处/飞机登记处	可以设立第二顺位（以及后续顺位）的抵押
股权质押	办理质押登记	不适用	公司登记处	不能重复设立担保
固定押记	办理公证登记	依照登记时间顺序	公证登记处	可以设立第二顺位（以及后续顺位）的押记
账户质押	签署质押协议	不适用	不适用	不能重复设立担保
浮动押记	办理押记登记	依照登记时间顺序	公证登记处	可以设立第二顺位（以及后续顺位）的押记
保证金担保	交付担保资产	不适用	不适用	不能重复设立担保
应收款担保转让	签署担保协议	不适用	不适用	不能重复设立担保
应收款债权质押	签署质押协议	不适用	不适用	不能重复设立担保

3. 担保的执行

在担保义务未完全履行的情况下，依据匈牙利相关法律，担保权人可以申请担保物的强制执行或变现，关于担保物执行及变现方式的具体规定情况如下表所示：

担保类型	担保执行方式
抵押	1. 法院执行； 2. 担保权人和担保人联合出售担保资产（如果双方在担保文件中已经就私人出售达成约定）； 3. 授权从事抵押贷款或组织公开拍卖的人士对担保资产进行出售； 4. 如果担保权人是从事抵押贷款业务的实体（包括有关其担保债权的任何信用机构），担保权人可以自行出售担保资产
固定押记	1. 法院执行； 2. 担保人和担保权人联合出售担保资产； 3. 如果担保资产同官方市场价格相关，或担保权人以提供抵押贷款作为其经营业务，则担保债权人可以独自变卖担保资产（在司法执行程序之外）； 4. 由担保权人指定的，提供抵押贷款的第三方，或从事拍卖业务或根据官方职权进行拍卖活动的第三方（包括清算人和执行官）变卖担保资产

续表

担保类型	担保执行方式
应收款质押	1. 法院执行； 2. 担保人和担保权人联合出售担保资产； 3. 如果担保资产同官方市场价格相关，或担保权人以提供抵押贷款作为其经营业务，则担保权人可以独自变卖担保资产（在司法执行程序之外）； 4. 由担保权人指定的，提供抵押贷款的第三方，或从事拍卖业务或根据官方职权进行拍卖活动的第三方（包括清算人和执行官）变卖担保资产； 5. 直接向应收款付款人发出通知，收取相关款项
股权质押	1. 法院执行； 2. 担保人和担保权人联合出售担保资产； 3. 如果担保资产同官方市场价格相关，或担保权人以提供抵押贷款作为其经营业务，则担保权人可以独自变卖担保资产（在司法执行程序之外）； 4. 由担保权人指定的，提供抵押贷款的第三方，或从事拍卖业务或根据官方职权进行拍卖活动的第三方（包括清算人和执行官）变卖担保资产
应收款转让	直接向应收款付款人发出通知收取相关款项
浮动押记	1. 以持续经营的方式对担保资产（业务）进行执行； 2. 通过向担保人发出固定化（crystallization）通知的方式将浮动押记固定化（浮动押记将变更为针对特定资产的抵押或质押），并且（如有必要）向相关公共登记机构办理该固定押记、质押或抵押的登记，然后根据上述一般规则对固定化（抵押或质押）资产进行执行。在浮动押记固定化以后，浮动押记将终止
账户质押	1. 法院执行； 2. 向开户银行发出违约通知，指示开户银行冻结账户或将账户余额转至担保权人指定的账户
保证金担保	在担保成为可执行以后，担保权人可以： 1. 向开户银行（如果担保权人自身不是开户银行的）发出通知，指示开户银行向担保权人指定的账户付款； 2. 对设定担保的银行账户应付的或贷项的所有金额进行扣押、追收或追偿

（三）法律适用

根据匈牙利《国际私法》的相关规定，贷款协议各方当事人在不违背匈牙利公共秩序的前提下，可自由选择合同的适用法律，且匈牙利不得因外国社会、经济制度与自身有区别而排除外国法的适用。但当外国法律被排除适用时，必须选择匈牙利法来代替。如果在协议中没有选择适用法，则根据该国际私法的相关规定，适用订立合同时的住所地法、居所地法、商业主事务所所在地法。但是，该法令不适用于国际条约规定的问题。

根据匈牙利国际私法规则，担保物权的相关事项受担保物所在地法律管辖。尽管双方可以在合同中约定适用外国法，或将担保协议产生的或与之相关的争议提交外国法院或仲裁机构管辖。但是，即便在该等情况下，仍然需要通过匈牙利法院对匈牙利担保物进行执行。

（四）主权豁免

匈牙利是采取相对豁免主义的国家，其内部法律没有明确表示该国享有绝对主权豁免。匈牙利政府可以放弃豁免，但是需要经过匈牙利政府权力机构及司法机构的批准等严格的审批程序。

四、投资法律制度

匈牙利为吸引外资方面采取了多项措施，其中主要体现在以下三个方面：一是匈牙利政府陆续颁布《联合经营法》《外国企业投资法》等相关法律吸引外资；二是通过加强基础设施建设、兴建工业园区、扩大就业、发展旅游等措施招商引资，尤其注重吸引外商在欠发达地区的投资；三是通过所得税减免政策等税收、信贷方面的鼓励措施吸引外资。

（一）企业法律制度

1. 主要法律规定

匈牙利的主要企业法律制度包括匈牙利2013年《民法法案》和2006年修订的《公司法》。《2013民法法案》自2014年3月15日生效。该新法案旨在提升债权人的安全，并建立有关商业组织运营的法律确定性；该新法案纳入了商业组织的相关规章，包括目前有效的公司法规（即《2006年商业组织法案IV》），以及部分新规章。《2006年商业组织法案IV》是为了更好地同欧盟的法律规定相对接，以及对商业实体进行更加现代化和全面化的管理。2006年修订的《公司法》在1997年匈牙利《公司法》的基础上修订颁布，修订后的公司法对所有的经济实体进行了强制性的规定。

除此之外，匈牙利的主要企业法律制度还包括1991年《破产与清算法》、1992年《劳动法》、1999年《经济组织法》、2006年《商业协会法》、2007年《外国人出入境及居住权管理法》、1965年《汇票管理法令》、1999年《外国人工作许可法令》等。

2. 外国投资者的市场准入形式

（1）主要公司形式

根据匈牙利现行法律，公司可以由自然人或法人实体设立，一般不需要特别的许可证，外国公民可以同匈牙利公民一样依法设立公司。匈牙利公司法规定了四种公司形式可供投资者选择，以便在匈牙利合法地从事商业活动。四种公司形式具体设立要求如下表所示：

公司类型	是否为法人	注册资本要求
有限责任公司	是	300 万福林(约 10,800 美元或 9600 欧元)
股份公司	是	私人拥有的股份公司最低注册资本为 500 万福林(约折合 18,000 美元或 16,000 欧元); 公共拥有的股份公司最低注册资本为 2000 万福林(约折合 72,000 美元或 64,000 欧元)
有限合伙公司	否	无
无限合伙公司	否	无

匈牙利对企业注册资本有一些特别规定,这些规定主要包括:(1)注册资本可以是现金或实物。企业注册前要求出资比例达到一半以上,以实物出资的,剩余实物出资应该在 3 年内到位;以现金出资的,剩余现金必须在 1 年内到位;(2)对于股份公司,至少 25% 的股本必须在注册时到位,余下的要求在注册后 1 年内以现金到位或 5 年内以实物出资到位;(3)如果成立一人有限责任公司,实物必须在注册前一次性交纳完毕,如交纳现金,应交纳至少 10 万福林;(4)如果成立一人封闭股份有限公司,则需缴纳全部的实物资本或 25% 的现金资本才可注册。

上述四种公司形式之间存在一些显著区别,包括:(1)匈牙利公司法规定,有些商业活动只能由股份公司来经营;(2)无限合伙公司和有限合伙公司成员对于公司的义务具有无限责任,而有限责任公司和股份公司形式的成员(股东)只负有限责任;(3)无限合伙公司和有限合伙公司在经营管理,特别是决策制定、增加或减少注册资金等相关问题方面规定较为宽松;(4)有限责任公司和封闭股份有限公司可以由一个人(一个股东)成立并经营,但无限合伙公司、有限合伙公司和公共有限股份公司则必须由至少两个人经营;(5)一人公司还可以成立另一个一人公司,该一人公司的所有决定都由设立人作出。

上述所有四种形式的公司都可以由外国投资者独资或管理,唯一的要求是,此类公司的总部必须设在匈牙利。此外,外国投资者还可以选择两种方式来开展在匈牙利的业务,一是成立代表处,二是设立分支机构。对代表处和分支机构,匈牙利《公司法》在注册资本上没有要求。

(2)代表处

外国企业成立代表处必须根据《匈牙利注册法》进行注册,该代表处的定性为非匈牙利公司的合法业务单位,它是代表非匈牙利居民实体从事商业活动的媒介。外国企业的代表处的具体职能范围及依法受到的审查规定如下表所示:

职能范围	提供非匈牙利居民产品和服务的相关信息	
	在有限的范围内帮助非匈牙利居民实体签署合同、协助准备合同	
	代表创始实体公司提供广告服务	
	例外规定:不得从事任何其他种类的商业活动,特别是外国律师事务所的代表处不得提供法律服务和法律咨询服务	
有关审查的规定	税务	外国雇员或匈牙利雇员在管理、交纳个人所得税方面与匈牙利公司或分支机构相同
		作为一个非匈牙利居民公司的代表处,应交纳匈牙利公司税,税收情况受到该国税务机关的审查
	会计	虽不按匈牙利《会计法》进行审计,但如果需要交纳匈牙利公司收入税,则应遵守《会计法》的大部分规则(如复式簿记、估价原则等)
	社保	外国雇员或匈牙利雇员在享受社会保障方面与匈牙利公司或分支机构相同
	房地产	代表处与分支机构购置房地产遵循一样的规则

(3)分支机构

非匈牙利居民可以根据《匈牙利注册法》注册分支机构从事商业活动。在注册之后,该分支机构可以在匈牙利没有任何限制地从事大部分商业活动。原则上,该分支机构必须像匈牙利法人一样获得商业经营执照,分支机构运营所需要的财产必须由创始公司提供。在匈牙利的分支机构经营过程中,创始公司对其分支机构债务承担无限和连带责任。

分支机构的账目应与匈牙利会计法的规定相一致,并编制年度财务报表。非匈牙利居民实体的分支机构的注册地如设在欧盟成员国或挪威、列支敦士登中任何一国则免于审计义务。分支机构购置房地产应遵从《非匈牙利居民购置房地产法》,该法对匈牙利其他非居民公司同样适用。在其他方面,分支机构同匈牙利当地法人没有区别,如都必须交增值税、公司收入税和地方税收等,但非匈牙利居民实体不得取得可耕地的所有权。

3. 外国公司在匈设立及终止企业程序

(1)外国公司在匈牙利新设企业的程序

外国公司在匈牙利新设企业共需要四个步骤,分别为:准备公司章程、前期准备、注册、外国雇员签证,具体情况介绍如下表所示:

步骤	具体情况说明
准备公司章程	该章程需要所有成员签字。公司章程内容主要包括:公司名称、形式;公司注册办公室地址、创始人;公司的主要活动(还可以列出其他活动,但是在公司成立15天内应到相应的税务机关申报公司的实际经营活动);公司的注册资本、资本形式(现金或实物)以及创始人递交的日期;执行办公室名称和地址等等
公司前期准备	一个新的商业组织从《商业组织章程》签订日期开始就可以进行经营活动,也可以在注册庭填写注册申请那天开始其正式经营活动。但是,需要营业执照的公司必须等注册并领取执照后才可营业。在注册之前,该商业组织处于一个特殊的“设立中”的法律地位,必须在该公司的所有文件中予以注明。所有适合已注册公司的规则都可以用于公司前期准备时期的经营活动。如果新的商业组织的注册申请被拒绝,该商业组织就需要结束其经营活动,其股东对在筹备过程中执行人员在申报注册股份资金时所生成的债务负有法律责任。执行人员对申报注册股份资金超出部分的债务负有个人的无限责任
注册	匈牙利要求企业必须进行注册。公司注册必须分别起草公司章程或成立契约,并由匈牙利律师签字。公司法明确了此类注册文件必须包含的最低基本信息要求。有限或无限合伙关系和有限责任公司可以用新的公司程序法中所附的公司章程模板设立。注册申请必须在完成公司章程之日起30天内提交给匈牙利主管注册法院。从2008年7月1日起,所有向注册法院提交的申请都必须由律师以电子方式提交。当选择简化公司注册程序时,必须以电子方式提交注册申请。采取简化程序注册的这可在1个小时内完成公司注册手续,费用统一是15,000福林。新注册的公司还必须在当地直辖市、国家税务办公室、中央统计办公室和社会保障局登记。分支机构和商业代表处还应在注册法院登记,只有在注册后才能开展业务
外国雇员签证	外国雇员在匈牙利工作,应取得居留许可,并必须于入境前在匈牙利国外大使馆申请特别工作签证,而非一般旅游签证,否则必须再出境申请工作签证后,方能再申请工作居留许可

(2)有关公司组织形式强制转换的规定

匈牙利法律并没有对外国公司在该国设立的企业组织形式的强制转换进行特殊规定。如果外国公司设立的企业需要转换组织形式,应遵从该国的一般规定,也就是如果一个商业组织的年度报告显示的资产少于注册资本最低要求,那么这个公司必须重新注册为不同形式的商业组织,新的公司最低注册资本必须达到法律要求的最低资本。

(3)公司终止的程序

匈牙利法律规定,如果在商业组织章程中规定的期限已到,或满足其他终止的条件(比如没有解决合法继承者问题),由公司注册法院宣布终止公司。该国法律并未对外资企业的终止进行特殊规定,外国公司的终止同样适用上述程序。

(二)特定行业、领域法律情况

1. 工程承包行业法律情况

随着匈牙利经济的进一步发展和开放程度的提高,国际金融机构和外国贷款的招投标项目日益增多。匈牙利承认和接受外国企业的资质,且对于外国公司承包当地工程没有设立单独法律法规,与匈牙利当地公司适用相同的法律规范。其一,该外国公司必须是在匈牙利或欧盟其他国家注册的公司,并符合匈牙利承包工程的相应条件;其二,外国公司的运营符合匈牙利的法律法规,如业务范围不能超出注册公司的经营范围。满足上述条件后,该外国公司可在匈牙利与匈牙利当地公司一起参加工程项目投标,进行工程承包。不过由于匈牙利本国劳动力素质高、成本低,匈政府对向外国公民颁发的工作许可证有严格数量限制,外国公司雇佣非匈牙利籍员工存在一定障碍。企业资质方面,对于在匈牙利或通过匈牙利到欧盟各国参加投标和开发各种工程项目的外国企业,可以参考其母公司的企业资质;而外国企业在匈投资设立的公司需要重新申办各种资质证明。

2. 基础设施建设项目领域法律情况

按照匈牙利法律的有关规定,基础设施项目建设期间需要满足特别要求,申请获得不同的许可,总结如下:

分类	特别要求
路权获取	如果项目的土建涉及道路施工、开挖等内容,需要向匈牙利当地(市、县一级)政府申请路权施工许可后才能进行
建设许可	如果项目要求在本地建设,也需要向匈牙利当地(市、县一级)政府申请施工许可
场地获取	如果项目要求在匈境内获取场地,需要得到场地所有者的同意后才能进行(由于这点对于外国企业比较困难,一般都是项目业主负责去获取场地)
入户许可	如果项目要求在私人住宅、小区进行施工,需要得到住宅所有者同意才能进行

(三)外汇管制

匈牙利政府通过公布法令的方式废除了大量外汇管制措施,允许资本自由流动。公司及个人可以自由拥有外汇,在当地注册的外资企业可自由开立外汇账户。此外,下述行为也不受限制或无需申报:短期组合投资交易、对冲、短期或长期信贷交易、金融证券交易、债务委托和重组等。

根据《匈牙利消除外汇流动管制法(2001)》以及《外汇自由化及相关法修订案》,合法外汇流动不受管制。外汇自由流动不但包括欧盟国家货币,而且包括非欧盟国家货币,如美元、日元等。

在匈牙利进行的交易各方可以外汇结算债务。匈牙利法律允许外资公司将利润汇回母国或对利润再投资,并对利润、还本付息、资本金、资本利得及知识产权补偿金等资金的跨境流动不设限制。

(四)税收制度

匈牙利的税制相当复杂,有些税制目前还在不断完善和更新之中。该国的主要税种包括公司税、个人所得税、增值税、银行税、海关税、消费税、地方营业税、职业培训贡献基金、创新贡献税、能源税、通讯特别税、社会保障税、资本利得税等。除此之外,匈牙利还有财产转让税、社会保障金、康复贡献基金、文化贡献基金、礼品和继承税、环境保护税、登记税、环境污染税等。

匈牙利最主要的税收优惠政策是所得税减免政策。依据税收优惠措施,公司所得税可减免最多80%,优惠期限可以长达10年。现行税收优惠政策主要是鼓励外资进行生产型投资,以增加就业和促进经济发展。依据欧盟对政府补贴有关规定,鼓励投资的税收优惠需要向匈牙利财政部申请,财政部依据投资个案发放优惠许可。对大型投资项目、中小型投资项目、增加就业型投资项目存在不同的税收优惠。

五、法律风险评价

(一)营商环境有待改善

根据2015年世界银行营商环境指南提供的数据,匈牙利在公司注册、工程承包、电力获取、财产登记、信贷获取等方面分别排名世界第57位、第103位、第162位、第52位和第17位,基本处于中下游水平。以电力获取为例,每次获取电力平均需要经过5道程序,耗时长达252天,成本高达人均收入的111.5%。(见下表)

公司注册		信贷获取	
程序个数	4	法律权利强度(0~12)	10
时间(日)	5	信用信息获取度(0~8)	5
成本(占单位收入的百分比)	8.3	征信局覆盖率	74.6
最低注册资本(占单位收入的百分比)	54.0	成年人信用信息登记率	0

数据来源:2015年世界银行营商环境指南。

(二)合同执行成本和破产处置成本较低

由于匈牙利司法独立性强,不易受外部因素干扰,根据2015年世界银行营商环境指南,匈牙利的合同强制执行效率在世界189个国家(地区)中排名第20位,破产处置效率排名第64位,有利于当事人及时解决法律纠纷。(见下表)

合同强制执行	匈牙利	欧洲及中亚地区	经合组织
时间(天)	395.0	448.1	539.5
成本(占标的额的百分比)	15.0	25.2	21.4
程序(个)	34.0	37.0	31.5
破产处置	匈牙利	欧洲及中亚地区	经合组织
时间(年)	2.0	2.3	1.7
成本(占资产价值的百分比)	14.5	13.3	8.8
回收率(每美元美分数)	40.0	37.7	71.9

数据来源:2015 年世界银行营商环境指南。

(三)税务负担适中

自加入欧盟以来,匈牙利不断完善和更新自身税制,在并购税和增值税等方面均向欧盟看齐。根据 2015 年世界银行营商环境指南提供的数据,匈牙利在税收方面排在全球 189 个国家和地区中的第 88 位。(见下表)

税收指标	匈牙利	欧洲及中亚地区	经合组织
纳税(次)	11.0	20.5	11.8
时间(小时)	277.0	234.3	175.4
应税总额(占利润百分比)	48.0	34.9	41.3

数据来源:2015 年世界银行营商环境指南。

斯洛文尼亚共和国
The Republic of Slovenia

——阿尔卑斯山麓的“森林之国”

斯洛文尼亚共和国基本情况

国家名称（中英文）	斯洛文尼亚共和国（The Republic of Slovenia）		
人口（百万）	2.06	人口增长率（年均%）	0.1
领土面积（千平方公里）	20.3	主要民族	斯洛文尼亚族
官方语言	斯洛文尼亚语	主要宗教信仰	天主教
政体	议会制	主要政党	采拉尔党、斯洛文尼亚民主党等
GDP（十亿美元）	42.75	GDP 增长率（年均%）	2.9
国民总收入（十亿美元）	46.67	人均国民收入（美元）	22,610
通货膨胀率（年均%）	0.4	外国直接投资净流入（百万美元）	1,050
外债（百万美元）	—	总偿债额占出口贸易和收入的比率	—

数据来源：2015 年世界发展指标数据库。

一、国情简介

斯洛文尼亚共和国（以下简称“斯洛文尼亚”）位于欧洲中南部，巴尔干半岛西北端。主要民族为斯洛文尼亚族，约占总人口的 83%，其他民族有匈牙利族、意大利族等。其官方语言为斯洛文尼亚语，居民主要信奉天主教。从政治、经济、外交等因素综合来看，斯洛文尼亚的整体环境正在朝着健康的方向不断前进，但激烈的党派之争、内部民族矛盾、复杂的地缘政治环境等问题都对斯洛文尼亚未来的发展造成了一定的负面影响。

（一）政治概况

斯洛文尼亚为议会民主制国家，总统为国家元首和武装部队最高统帅，享有任命总理的权力。2012 年 12 月，博鲁特·帕霍尔经普选当选总统，任期 5 年。斯洛文尼亚国民议会是国家最高立法和监督机构，实行一院制。国民议会由 90 名议员组成，通过直接选举产生，任期四年。本届国民议会于2014年8月组成，现共有7个政党，其中采拉尔党36席、斯洛文尼亚民主党21席、斯洛文尼亚退休者民主党10席、社会民主人士党6席、左翼联盟6席、新斯洛文尼亚基督教人民党5席及布拉图舍克联盟4席，意大利族和匈牙利族少数民族议员各1席。议长为米兰·布尔格莱兹，是采拉尔党成员，2014年8月当选。本届政府成立于2014年9月，由采拉尔党、退休者民主党和社会民主人士党组成，总理为米罗·采拉尔。

斯洛文尼亚独立后政局长期保持稳定。近年来，因经济恶化，斯洛文尼亚政局受到一定影响。2013年2月，斯洛文尼亚议长维兰特辞职，议员扬科·韦贝尔当选议长。3月，斯洛文尼亚议会通过对总理雅奈兹·扬沙的不信任案，扬沙领导的中右翼政府解散。“积极的斯洛文尼亚”党人士阿伦卡·布拉图舍克出任总理并组成中左翼政府。2014年5月，布拉图舍克总理在党内竞选中败北，辞去总理职务。7月，斯洛文尼亚提前举行议会选举，采拉尔党获胜并获得组阁权。9月，由采拉尔党、退休者民主党和社会民主人士党组成的联合政府成立，米罗·采拉尔出任新政府总理。

(二)经济概况

斯洛文尼亚2015年GDP总额为385.4亿欧元，增长2.9%，超过了国际货币基金组织(IMF)及该国宏观经济研究院的预期。斯洛文尼亚的出口是该国经济增长的主要动力，同时，国内消费对经济增长的贡献也越来越明显。2015年，该国出口增长5.2%；进口增长4.4%；国内消费增长2.1%，尤其是第四季度增长了3.7%；家庭开支增加1.7%，达到2008年以来增长最快水平；经济附加值增加2.9%，其中制造业增加5.8%，但建筑业附加值减少3.3%，并已经连续5个季度呈下降趋势。

(三)外交政策

1945年，南斯拉夫各族人民赢得反法西斯战争的胜利，并于同年11月29日宣告成立南斯拉夫联邦人民共和国(1963年改称南斯拉夫社会主义联邦共和国)，斯洛文尼亚为其中的一个共和国。1991年6月25日，斯洛文尼亚议会通过决议，宣布脱离南斯拉夫社会主义联邦共和国成为独立的主权国家。1992年5月，斯洛文尼亚加入联合国。2004年3月和5月，斯洛文尼亚先后成为北约和欧盟正式成员。

1992年4月27日，中国正式承认斯洛文尼亚为独立国家，5月12日两国签署建交公报，正式建立外交关系。1996年10月，两国签署《中斯联合公报》。两国外交部建有磋商机制。

二、法律概览

(一)法律体系

斯洛文尼亚法律体系是欧洲大陆法律体系的一部分，包括宪法、刑事、民事、商事、公司、劳动、健康、采矿、保险、税务、银行、传媒、运输和海商、环境、知识产权、能源、农业、电子商务、诉讼、电子、行政管理等方面的法律法规，门类齐全。其中最高级别法律为1991年通过的《宪法》，之后议会分别于1997年、2000年、2003年和2006年进行了四次修宪。

2004年5月1日，斯洛文尼亚加入欧盟，与此同时，几乎所有欧盟法律法规进入斯洛文尼亚法律体系。

（二）司法制度

1. 司法体系

斯洛文尼亚法院分宪法法院、最高法院、高等法院、地区法院和县级法院，另外还设有两类专业法院：高等劳动和社会法院（主要负责处理雇佣关系和社会福利方面的法律案件）和行政诉讼法院。其中，宪法法院主要负责判定议会有关立法是否与国家宪法相抵触，由9名法官组成，任期9年，不得连任。最高法院为最高司法机构，下设4个高等法院、11个地区法院和44个县级法院。

2. 司法协助

（1）对外国法院判决的承认和执行

根据斯洛文尼亚《国际私法和程序法》规定，该国法院在以下情形应当拒绝承认或执行外国法院判决：

拒绝承认或执行外国法院判决的主要情形	如外国法院判决所涉当事人未能有机会参与该司法程序，并就此对判决提出反对的
	如果传票、索赔申明书、启动诉讼的裁定等文书未能送达相关域外当事人，或者根本没有进行送达程序，则该当事人应被视作未能有机会参与该司法程序
	如斯洛文尼亚当地法院或相关机构针对该法律事项具有排他管辖权，则外国法院判决将不被承认
	如斯洛文尼亚当地法院或相关机构就同一法律事项作出了最终判决，或者针对同一法律事项的另一外国法院判决获得斯洛文尼亚法院承认，则该域外司法判决不能获得该国当地法院承认
	如果承认或执行该判决会对斯洛文尼亚的公共秩序造成不良影响，则外国法院判决将不予承认
	如果不存在互惠，域外司法判决将不予承认

（2）对外国仲裁裁决的承认和执行

合同双方可以选择仲裁作为其争议解决的方式，如果选择仲裁作为争议解决方式，应该以书面形式在合同中规定或另行签署单独的仲裁协议。国外仲裁裁决在斯洛文尼亚卢布尔雅那地区法院公布该等裁决的可执行性后执行。斯洛文尼亚并非1958年《承认及执行外国仲裁裁决公约》的初始缔约签字方，但已于1992年7月6日加入该公约,外国裁决在该国的执行应遵守该公约的规定。

此外,斯洛文尼亚《国际私法和程序法》规定,若存在以下情形,法院应当拒绝承认或执行域外仲裁裁决:

拒绝承认或执行域外仲裁裁决的情形	根据斯洛文尼亚当地法律,争议事项不能由仲裁解决
	承认和执行域外仲裁裁决对该国公共秩序造成了不良影响
	不存在互惠
	当事人双方未签订仲裁协议
	当事人任一方依法无权或无能力签署仲裁协议
	根据当事人选择适用的准据法,仲裁协议无效;或者当事人未选择,根据仲裁裁决原出具国家的法律,仲裁协议无效
	仲裁裁决所涉及的当事人就仲裁员的任命或仲裁程序等事项未获得适当通知,或由于其他相关原因不能在仲裁中行使相关权利
	仲裁法庭的构成或仲裁程序不符合仲裁协议的规定
	仲裁法庭超越了其在仲裁协议中约定享有的权力
	裁决并非终局和可以强制执行的,仍可能被裁决所在国相关部门撤销的
	仲裁裁决不可理解或自相矛盾的

(三)司法效率

斯洛文尼亚司法执法效率较低,特别是在加入欧盟和欧元区之后司法程序更为严格和复杂,一般案件从当事人提起诉讼到最终结案往往需要耗费数月甚至半年以上时间,较复杂的案件长达一至两年。另外,斯洛文尼亚司法廉洁度较高,没有严重的腐败现象。

三、金融法律制度

斯洛文尼亚相比于其他欧盟国家,拥有更为复杂的行政管理程序、审批程序。这种繁琐的手续主要体现在外国银行设立分支机构方面。斯洛文尼亚法律规定,外国银行设立分支机构需要保证斯洛文尼亚中央银行对其拥有绝对的实际监管权,并且该分支机构必须在当地注册。

(一)银行准入与监管法律制度

1. 银行准入法律制度

斯洛文尼亚在银行准入方面的主要法律为《银行法》。该法规定了银行开展业务需要满足的条件。《银行法》对外国银行准入规定比较严格,要求外国银行设立分支机构应获得斯洛文尼亚中央银行的许可,外国银行在当地开展业务需要在当地进行注册。

具体来说,外国银行申请设立分支机构应提供如下材料:

申请设立分支机构的外国银行应提供如下资料或信息	
1	总公司(银行)注册地机构出具的关于总公司(银行)的设立情况
2	总公司(银行)的章程
3	总公司(银行)监督管理机关的信息
4	总公司(银行)前三年的审计报告
5	总公司(银行)的股东情况
6	持有总公司(银行)股权(股份)的法人股东的设立情况,由法人股东注册地机构出具
7	设立后三年内该外国银行分支机构拟开展的业务情况介绍,包括银行服务或其他相互认可的金融服务
8	总公司(银行)的监督管理机关出具的关于同意该分支机构从事银行服务或其他相互认可的金融服务的批准
9	总公司(银行)内部监督机构出具的关于同意设立国外分支机构的批准;如果根据总公司(银行)所在地法律无需批准的,则应提供相应证明文件
10	总公司(银行)出具的关于保证其在斯洛文尼亚开展业务所涉文件将使用斯洛文尼亚语并存放在该外国银行分支机构的总部,同时根据法律规定将会计报表等财务文件与之分开存放的申明
11	在总公司(银行)注册地所在国有效的关于存款保证计划的详细说明
12	其他证明该外国银行分支机构具备能提供服务的人员、技术设备及管理组织的文件
13	斯洛文尼亚中央银行可能将根据情况要求在斯洛文尼亚设立分支机构的总公司(银行)提供一定的存款或其他金融资产,或其他相应的保险作为该外国银行分支机构在斯进行结算的保证

2. 监管法律制度

斯洛文尼亚在金融监管方面的主要法规包括《消费者信贷法》、《反洗钱法》以及《交易支付法》等,银行业监督管理机构为斯洛文尼亚中央银行(以下简称央行),监管对象为银行以及其他存贷款金融机构,监管内容主要包括审批、金融机构运营分析以及对银行网点进行现场检查等。

在监管方面,斯洛文尼亚主要监管要求如下:

斯洛文尼亚银行监管要求	
1	银行业金融机构应定期向央行提交经营报告，央行据此对银行业金融机构的经营状况进行分析，指出其不合规操作并采取相关行动
2	现场检查
3	制定年度计划。斯洛文尼亚央行会提前1年制定相关银行运营状况检查的年度计划。央行在制定年度计划时会考虑个体信贷机构的相对优势，而规模及风险都较大的金融机构则会接受更为严格的检查
4	特殊检查项目。在常规监管(包括全方位检查和针对某一具体部门的检查)的基础上，央行还会根据系统风险的暴露状况以及其他相关部门或个人的建议临时设计某些特殊检查项目，例如对信用卡交易保障系统进行检查，同时对交易账户的运营情况进行全面分析
5	央行下属的银行监管部负责对银行业金融机构进行单独或联合监督，内容包括银行资本、资产质量、管理水平、盈利能力以及流动性分析、整体市场监管以及其他类型的风险管理，同时对那些未获央行批准就开展银行业务的法人及自然人进行监控
6	银行监管部还通过在全面或特殊检查完成后召开年会的方式与银行等信贷机构管理层建立定期联系机制，以评价金融机构的年度经营和财务状况，了解其未来发展战略

(二)担保法律制度

1. 担保法律制度简介

1991年国家独立后，斯洛文尼亚制定了大部分目前仍在实行的规范或与信用担保相关的法律。2004年5月，斯洛文尼亚加入欧盟，为保持与欧盟法律体系的一致性，大多数法律条款都按照欧盟标准进行了修订。斯洛文尼亚担保法律制度包括规范各种信用风险缓释工具的法律以及规定实现担保权的程序(执行、土地登记及其他相关手续)和特定形式要求的法律，包括：《银行法》《义务法》《物权法》《担保权利执行法》《破产重组清算法》《公司财务行为法》《消费者保护法》《消费者信贷法》《证券市场法》《土地登记法》《商业公司法》《公证法》等。

2. 主要担保方式(见下表)

担保方式	主要内容
占有性留置权	1. 概念：以对动产的占有为基础，非正式协商一致的留置权合同为必要文件。占有动产也可通过向第三方转移资产的方式实现。非不动产或部分为非不动产的资产被视为动产，留置权还可扩展至动产标的物的组成部分或附件。 2. 实现方式：(1)法院或公证程序。在司法程序中，留置权的强制执行应满足相关条件，包括法院判决、在法庭上达成的和解或者是直接可执行的公证文书。(2)庭外销售。通过庭外销售实现留置权标的物仅适用于商业交易，且必须基于书面协议。庭外销售可通过公共拍卖或按照适用的交易所报价或市场价格进行销售

续表

担保方式	主要内容
占有性留置权	在被担保的债权到期之后和资产销售之前,银行须通知债务人(或向债权人留置资产的人)有关留置资产的销售意向,通知其销售时间及地点。销售最早可在完成上述通知后的第 8 天开始,销售所得优先满足银行债权,剩余部分将交还债务人。该类型的庭外资产实现是强制性的,留置权协议中的任何其他约定无效
非占有性留置权	1. 概念。与占有性留置权相反,留置人享有对标的的所有权。原则上,非占有性留置权允许留置人在以商业目的留置的情况下使用所留置的动产。如果留置资产减少或贬值,银行可要求留置人向银行或第三方转移留置资产。 2. 实现方式。非占有性留置权一般通过庭外程序来实现。根据《直接强制执行公证法》,留置权人(债权人)有权在债务逾期的情况下要求留置人(债务人)将留置资产的所有权转移至自己名下。这同样将非占有性留置权转化成了占有性留置权。如若干留置人不愿意向银行(债权人)转移留置资产,银行(债权人)可申请强制执行。在此情况下,强制执行将导致留置动产直接在司法程序下的销售
抵押	1. 概念。抵押是指针对不动产的担保权利。受抵押权保护的债权人有权在债务人违约时,通过抵押物在其他未持有抵押物或土地的债权人之前实现其债权,包括利息及成本。被抵押的不动产可能被债务人或第三方占有。 2. 可担保的债权类型。抵押只可保障货币债权,但法律允许一种例外情况:如非货币债权在到期后成为货币债权,则同样可由抵押进行保障。如该抵押成立,则抵押金额必须和起息日、利率以及未来货币债权到期日等一并进行登记。针对最大限额抵押,潜在贷款的最大额度应进行登记。 3. 抵押登记。土地抵押的登记为公共登记,用于登记并披露抵押不动产及其相关附属成分的细节和事实。针对不动产的抵押权自土地登记完成日开始生效。 4. 实现方式。如果抵押担保的债权在到期后未获得偿付,银行可通过抵押不动产获得其针对该债权拥有的合法权益。如果抵押人由于自身行为导致不动产减值或对不动产原有状态造成损害,债权人通过抵押物实现权益的行为可在债权到期日前实施。在此情况下,作为抵押权人的银行可向法院申请责令债务人停止有害行为,或申请在债权到期日前实现抵押权。根据《物权法》规定,一般情况下,抵押权的实现必须在法院协助下完成。 5. 其他问题。抵押协议不得包括任何加速到期条款。约定在到期日前因借款人未能如期支付,将抵押不动产所有权转移至抵押权人的条款是无效的。在债权到期日前达成的以预定价格出售抵押不动产的协议也同样无效。上述协议仅能在债权到期日以后才能产生法律效力
权利质押	根据斯洛文尼亚《物权法》,权利质押包括应收账款质押、证券质押以及其他财产权利质押。应收账款质押在斯洛文尼亚的实践中较少采用,相对广泛使用的是应收账款受托转让

续表

担保方式	主要内容
应收账款受托转让	1. 概念。应收账款受托转让是转让人(借款人)将债权转移至受让人(银行)的一种处置,无特殊的形式要求,口头达成的协议也应视为有效。但转让人必须向受让人提供与转让债权相关的所有证明文件,包括负债证明书(如有)。 2. 转让债权。原则上任何类型的债权都可进行转让。 就协商确定禁止转让的情形,禁止转让仅在转让人了解或应当了解该转让被禁止时适用
作为担保的资产受托转让	根据斯洛文尼亚法律,动产可以适用该种担保方式。被转让动产的所有权仍然属于转让人或为转让人持有资产的第三方

(三)合同法律适用

如果某合同或协议具有涉外因素,则该合同或协议的签署方均有权选择适用外国法律,但是不应违反关于公共政策和强制性法律的规定。

四、投资法律制度

(一)企业法律制度

1. 主要企业类型

在斯洛文尼亚,企业的设立、经营和管理由《公司法》规范,并与欧盟法律保持一致。目前,斯洛文尼亚国内多数企业为有限责任公司和股份公司,合伙形式为少数,私人业主多以个体经营的方式开展业务。各种企业类型和特点见下表:

企业类型	定义	特点
普通合伙	由两个或两个以上合伙人组成,合伙人对合伙企业债务承担无限连带责任。普通合伙名称必须包含至少一名合伙人姓名	1. 合伙人之间关系由合伙协议决定。全部合伙人参与企业的管理,对外代表企业开展业务,除非合伙协议另有规定。未经其他合伙人同意,任何合伙人不许私自处理自己的合伙份额。 2. 法律没有规定普通合伙企业最低的设立资本
有限合伙	有限合伙由普通合伙人和有限合伙人共同组成,普通合伙人对合伙企业债务承担无限连带责任,有限合伙人以其出资为限承担有限责任。有限合伙名称必须包含至少一名合伙人姓名	1. 合伙协议决定合伙人之间的关系。普通合伙人管理并代表企业,有限合伙人没有企业管理权和代表权,没有企业业务否决权,但如果有限合伙人与普通合伙人达成协议,有限合伙人可以代表企业。 2. 法律没有规定有限合伙最低设立资本

续表

企业类型	定义	特点
隐名合伙	隐名合伙是指当事人约定一方为他方经营事业出资，从而分享其营业利益并分担其损失的契约	隐名合伙不是法人，没有注册名称，是仅存在于合伙人之间的契约，无法对抗第三方
股份有限合伙	股份有限合伙公司指一个或几个合伙人（普通合伙人）承担无限责任，被授权管理公司，只有法院才可剥夺普通合伙人的管理权	1. 普通合伙人可以是自然人，或公司管理人员，股东可以是法人。 2. 公司具有法人资格，普通合伙人和股东的法律关系与有限合伙公司相同，部分组织和商业结构则与股份公司一致
股份公司	股份公司是通过发行股票及其他证券，把分散的资本集中起来经营的一种企业组织形式。股份公司就全部资产对其债务负责，股东除出资外的资产不对公司债务负责	1. 股份公司具有法人资格。 2. 斯洛文尼亚法律没有规定最低和最高创办人数和创办人国籍。法人、自然人均可创设股份公司，最低创设资本为 2.5 万欧元。股东可以以股份或者实物出资，至少 1/3 的创设资本必须以资金形式支付，至少四分之一的应付股份票面价值必须在注册前偿付完毕。以实物出资的，注册前必须保证实物完整。 3. 上市公司必须遵守特别的法律条款
有限责任公司	有限责任公司的资本由出资人的认缴资金构成，每个股东以其所认缴的出资额对公司承担有限责任，公司以其全部资产对其债务承担责任	1. 有限责任公司完成法院登记注册后拥有法人身份。 2. 根据斯洛文尼亚法律规定，有限责任公司合伙人不得多于 50 人。如果股东数超过 50 人，必须获得经济部长批准。最低的设立资本是 7500 欧元，每位股东的最低出资额为 50 欧元

《法院登记法》和相关指令明确了在法院登记注册企业的流程。斯洛文尼亚法律规定，企业注册名称必须包含名称、经济活动领域和组织形式。注册名称必须使用斯洛文尼亚语，只有表示创办人姓名和注册商标才可使用外语，有“斯洛文尼亚”及其变体字样必须经政府批准后才能使用。注册名称不能与法律、公共道德、第三方知识产权相违背，且不易与斯洛文尼亚其他注册名称混淆。如果不符合上述规定，法庭将驳回注册申请。

2. 外国投资人开展业务的方式

国内外任何法人和自然人都可以在斯洛文尼亚设立公司，类型不限。外资企业多选择有限责任公司和股份公司形式。除了隐名合伙外,其他类型均为法人,在法院注册登记后正式获得法人资格。

外国公司必须通过在斯洛文尼亚注册的分支机构开展业务。分支机构不具有法人资格,但可以开展母公司业务范围内的所有业务。分支机构代表母公司,在商业交易中必须标明母公司的名称和地址,母公司对分支机构负责。外国公司必须指定代理,该代理无需拥有斯洛文尼亚永久居留权。另外,外国个体经营者可通过分支机构或在斯洛文尼亚登记注册开展业务。

(二)特定行业与领域法律情况

1. 化学品行业法律情况

作为欧盟成员国,斯洛文尼亚在化学品行业遵从欧盟的相关法律规则。欧盟化学品法规(即《关于化学品注册、评估、许可和限制制度》,简称"REACH 法规")于 2007 年 6 月 1 日正式生效,企业从 2008 年 6 月 1 日起以该制度为准预注册。REACH 法规的首要目标是保护人类健康和环境安全,保持和提高欧盟化学工业的竞争力,追求社会可持续发展。为此,欧盟委员会建立了专门的化学品监控管理体系,并于 2012 年前实现所有相关化学品的统一管理。该体系将欧盟市场上约 3 万种化工产品及其下游的纺织、轻工、制药等产品分别纳入注册、评估、许可三个管理监控系统。按照欧盟拟订的时间表,产量在 1000 吨以上的化学物质,应在 3 年内完成注册;产量在 100 ~ 1000 吨的化学物质,6 年内完成注册;产量在 1 ~ 100 吨的化学物质于 11 年内完成注册,未能按期纳入该管理系统的产品不能在欧盟市场上销售。

2. 检验检疫法律情况

斯洛文尼亚对进口商品的质量、外观、包装和花样品种等要求较严。1991 年,斯洛文尼亚成立了斯洛文尼亚标准计量局。斯洛文尼亚是《国际标准化组织》(ISO)、《国际电工委员会》(IEC)和《国际通讯标准组织》(ETSI)的成员,还是 ISO 欧洲分会(CEN)和 IEC 欧洲分会的联系国。斯洛文尼亚对以下机构颁发的检验证书予以承认:国际检验和认证组织成员管理的实验室、国际组织管理的实验室或欧洲实验室授权的实验室、根据与斯洛文尼亚标准计量局或其他有关机构签署的相互承认试验数据的双边协议并有权签发国家认证数据的实验室、欧盟委员会公布承认的实验室、斯洛文尼亚标准计量局授权的实验室。

同时,该国有 46 类产品,必须经斯洛文尼亚标准计量局授权的机构检验并加贴 SVN 标志后才能进入斯洛文尼亚市场。主要包括机电、建材和劳保用品(如电子产品、家用电器、可引起无线电波干扰的闭路电视共用电线系统、水泥、建筑用板材、呼吸系统保护装置、电梯、防火头盔、安全带、机动车刹车片和拖车等)。

此外,斯洛文尼亚对机电行业和动植物的检验检疫也其特殊之处:

（1）机电行业检验。斯洛文尼亚规定，入境的机电商品必须附带保修单、使用说明书和负责维修该产品单位的通讯地址（该维修单位需要由斯洛文尼亚进口商或外国企业在斯洛文尼亚代表机构印制的授权），产品资料须用斯洛文尼亚文印刷，产品标志也须用斯洛文尼亚规定的文字印刷。

（2）动植物检验检疫。斯洛文尼亚的法律规定，活牲畜进出口应由双方动物检疫部门签订有关动物检疫协定，具体商定进出口时应向对方提供文件，若未签署相关协定，则斯洛文尼亚有关部门对外国活牲畜进口进行严格的检疫，每头牲畜须提供健康证明和国际通行的动物检疫证书。由于中国与斯洛文尼亚两国尚未签署类似协定，中国在欧盟国家检疫部门登记的产品可自由进入斯洛文尼亚境内，但未在欧盟国家检疫部门登记的产品，进入斯洛文尼亚前需向其动物检疫部门登记。斯洛文尼亚是《国际植物保护罗马公约》（IPPC）和欧洲和地中海植物保护组织成员国，遵循并执行上述公约和组织的相关规定。

（三）外汇管制

斯洛文尼亚外汇管制类法律制度主要是指2003年10月通过的《外汇法》（第110/03号官方公报）。该法涉及外汇管制的主要内容包括：外汇资本项目交易（第7条）、外汇经常项目交易（第9条）、外汇支付工具（第18条）、外汇衍生金融工具的管辖（第20条）、银行外汇信贷（第33条、第34条）、国际支付交易（第39条）、资本流动情况下中央银行应当采取的安全措施（第50条、第51条、第52条）等。

（四）税收制度

斯洛文尼亚税收体系由三大类税种构成：针对收入的直接税、针对财产的直接税以及间接税。具体来说，斯洛文尼亚的主要税种包括企业所得税、合约劳务税、个人所得税、增值税、消费税、保险交易税、不动产消费税、汽车税、遗产税、财产税、关税等。

税收管理局负责绝大部分税种的征收管理工作，但关税、消费税以及进口项下的增值税由斯洛文尼亚海关负责征收。斯洛文尼亚加入欧盟后，税收体系已逐步与欧盟法律体系接轨。斯洛文尼亚主要涉税法律包括：《宪法》（主要指第147和153款）、《税务法》《征税程序法》《增值税法》《海关法》《法人实体收入税法》《个人收入税法》《不动产税法》等。此外，欧盟制定的《共同体条约》《海关法典》《尼斯条约》《关于制定实施第（EEC）2913/92号规则的第（EEC）2454/93号委员会规则》等法律法规对斯洛文尼亚同样具有约束力。其中，海关税收的相关规则如下图所示：

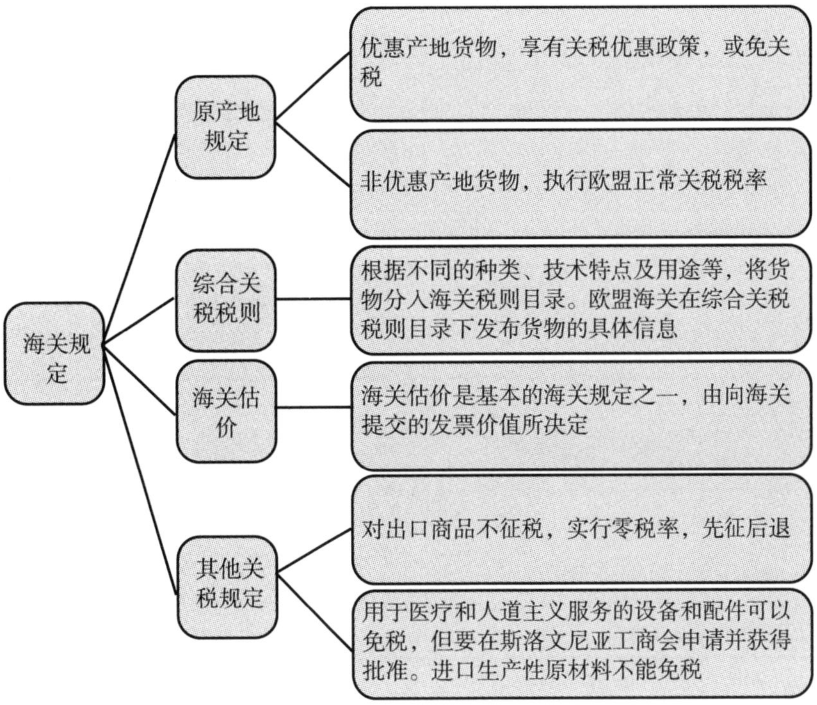

五、法律风险评价

(一)营商环境良好

根据2015年世界银行营商环境指南,在世界189个国家和地区中,斯洛文尼亚在公司注册、工程承包、电力获取、财产登记、信贷获取等方面分别排名第15位、第90位、第31位、第90位和第116位,营商环境良好,基本处于世界中上游水平。特别就公司注册一项来说,每个公司注册平均仅需要经过2道程序,耗时则仅6天,不存在任何设立成本,公司设立高效、便捷,大大高于世界平均水准。这为各类实体和资本在该国开展工商业务打下坚实基础。(见下表)

公司注册		信贷获取	
程序个数	2	法律权利强度(0~12)	3
时间(日)	6	信用信息获取度(0~8)	4
成本(占单位收入的百分比)	0	银行网点覆盖率	100.0
最低注册资本(占单位收入的百分比)	44.1	成年人信用信息登记率	3.2

数据来源:2015年世界银行营商环境指南。

(二)合同执行成本较高,破产处置成本较低

根据2015年世界银行营商环境指南提供的数据,斯洛文尼亚的合同强制执行效

率在世界189个国家和地区中排名第122位,合同强制执行需要经过32道程序,耗时1270个工作日。司法判决执行力的低下,为企业经营投资带来了诸多的不便。总体而言,该国破产处置及强制执行成本较低,破产处置情况排名世界第42位,市场主体退出机制比较健全。(见下表)

合同强制执行	斯洛文尼亚	欧洲及中亚地区	经合组织
时间(日)	1270.0	48.1	539.5
成本(占标的额的百分比)	12.7	25.2	21.4
程序(个)	32.0	37	31.5
破产处置	斯洛文尼亚	欧洲及中亚地区	经合组织
时间(年)	2.0	2.3	1.7
成本(占资产价值的百分比)	4.0	13.3	8.8
回收率(每美元美分数)	50.1	37.7	71.9

数据来源:2015年世界银行营商环境指南。

(三)税务负担较轻

加入欧盟后,斯洛文尼亚税收体系逐步与欧盟接轨,其税收体系由三大类税种构成:针对收入的直接税、针对财产的直接税以及间接税。税收管理局负责绝大部分税种的征收管理工作,而关税、消费税以及进口项下的增值税由斯洛文尼亚海关负责征收。根据2015年世界银行营商环境指南提供的数据,斯洛文尼亚在税收方面排在全球189个国家和地区的第42位,应税总额占利润的百分比为32%。(见下表)

税收指标	斯洛文尼亚	欧洲及中亚地区	经合组织
纳税(次)	11.0	20.5	11.8
时间(小时)	260.0	234.3	175.4
应税总额(占利润百分比)	32.0	34.9	41.3

数据来源:2015年世界银行营商环境指南。

克罗地亚共和国

The Republic of Croatia

——欧洲心脏的交通枢纽

克罗地亚共和国基本情

国家名称（中英文）	克罗地亚共和国(The Republic of Croatia)		
人口(百万)	4.22	人口增长率（年均%）	-0.3
领土面积（千平方公里）	56.6	主要民族	克罗地亚族
官方语言	克罗地亚语	主要宗教信仰	天主教
政体	议会制	主要政党	社会民主党、民主联盟等
GDP（十亿美元）	48.73	GDP 增长率（年均%）	1.6
国民总收入（十亿美元）	53.62	人均国民收入(美元)	12,690
通货膨胀率（年均%）	0.1	外国直接投资净流入（百万美元）	157
外债(百万美元)	—	总偿债额占出口贸易和收入的比率	—

数据来源:2015 年世界发展指标数据库。

一、国情简介

克罗地亚共和国(以下简称“克罗地亚”),位于欧洲中南部。主要民族为克罗地亚族(89.63%),其他民族有塞尔维亚族、波什尼亚克族、意大利族、匈牙利族、阿尔巴尼亚族、捷克族等。官方语言为克罗地亚语。克罗地亚居民主要信仰天主教。从政治、经济、外交等因素综合评估,短期内形势波动的可能性依然存在,负面影响因素包括居高不下的失业率及公共债务等。但是长远来看,极具战略意义的地理位置、较为完备的法律制度以及积极友好的外交政策都将为克罗地亚的发展注入活力。

(一)政治概况

克罗地亚为多党议会民主制国家,议会是克罗地亚最高立法机关。议会实行一院制,其主要职权是审议和通过法律、通过国家预算、决定国界的变更、通过国家安全战略和国防战略、监督政府工作、举行全民公决等。议员由民众直接选举,任期 4 年。总统是国家元首和克罗地亚武装力量最高统帅,由民众直接选举产生,任期 5 年,连任不得超过两届。克罗地亚政府是最高行政机关,对议会负责。总理为政府首脑,由总统提名,议会任命。

克罗地亚的主要政党有克罗地亚民主联盟、社会民主党、克罗地亚社会自由党、克罗地亚农民党、伊斯特拉民主大会党、克罗地亚人民党—自由民主主义者、塞尔维亚独立民主党等。2015 年 1 月 11 日,民主联盟总统候选人格拉巴尔·基塔罗维奇在总统选举第二轮投票中取胜,成为克罗地亚历史上首位女总统。

(二)经济概况

克罗地亚是前南斯拉夫地区经济较为发达的国家,经济基础良好,旅游、建筑、造船和制药等产业发展水平较高。2016 年 1 月底,世界银行发布了新的统计数据,尽管历经连续 6 年的负增长,2014 年克罗地亚国内生产总值(GDP)仍以 571.13 亿美元居前南斯拉夫国家和地区首位。克罗地亚经济总量在中东欧地区 11 个欧盟成员中排第 6 位,在世界 193 个经济体中排第 77 位。

克罗地亚拥有较为丰富的森林和水力资源,全国森林面积 202.8 万公顷,森林覆盖率 35.9%。此外,克罗地亚还有少量的石油、天然气、铝等矿产资源。

(三)外交政策

克罗地亚重视发展同大国的友好合作关系,在坚决维护国家利益和平等互利的基础上,同所有国家发展政治、经济、文化等领域的全面合作关系,融入欧洲经济安全一体化,重视加强同中欧和邻国的关系。

1992 年 5 月 13 日,中国与克罗地亚建交。2005 年,中克两国建立全面合作伙伴关系,两国外交部建有磋商机制。2015 年,克罗地亚总统基塔罗维奇访华并出席 2015 减贫与发展高层论坛。习近平指出,中国和克罗地亚关系呈现良好发展势头,克罗地亚是“一带一路”沿线重要国家,区位优势明显。两国元首一致同意,未来会着力挖掘双方各领域合作潜力,提升中克全面合作伙伴关系。

二、法律概览

克罗地亚自 2010 年修宪后,法律体系日益与欧盟法律体系接轨,各项法律制度相对完善并趋于稳定,整体法律环境较好,主要体现在以下几个方面:一是近年来政府加大反腐力度;二是政府办事效率提高;三是执法成本较低,处于世界中上游水平。

(一)法律体系

克罗地亚法律体系相对健全,主要法律包括克罗地亚《宪法》《民法》《商业公司法》《仲裁法》等。近些年,为了吸引外商投资以刺激经济增长,克罗地亚先后颁布了《投资促进法》《战略投资项目法》等法案,为投资者提供了一系列的激励措施与机制。

（二）司法制度

1. 法院体系

克罗地亚的法院体系包括宪法法院、最高法院、各级法院及专业类别法院等。

（1）宪法法院

宪法法院主要职责为处理各法律法规之间的效力冲突、宪法权利的申诉、监督各项宪法性活动等，具体内容如下表所示：

宪法法院职责	
1	判断其他法规同宪法和法律的一致性
2	如果法律和法规从被终止效力到要求或建议启动的时间不超过一年，宪法法院可对这些法律法规的合宪性和合法性作出评价
3	当国家机构、地方自治机构以及其他行使公权力的法人作出的某些决定危害了受宪法保护的人权、基本自由以及地方自治权时，宪法法院对这些行为的申诉作出裁决
4	关注宪法和法律的遵守情况以及违宪和违法情况，并通知议会
5	解决立法、执法和司法等权力机构之间的权限争议
6	根据宪法对共和国总统的责任问题作出决定
7	监督各政党的纲领和活动是否符合宪法，并可依法禁止其活动
8	监督共和国选举、全民公决是否符合宪法和法律，解决不属于普通法院权限内的选举争端

（2）最高法院、各级法院及专业类别法院

最高法院是克罗地亚最高审判机关，其主要职能是：确保法律得以贯彻执行，保障公民的平等权利，法律面前人人平等；研究司法工作中的问题；对州法院一审判决不服的上诉作出裁判；对高等贸易法院和行政法院及其他法院判决不服的上诉作出决定；解决法院之间的权限纠纷。

最高法院下辖高等贸易法院、州级法院、高等违规法院和行政法院；高等贸易法院下设贸易法院，州级法院下设区级法院，高等违规法院下设违规法院。其中，州法院是以州为单位建立的；高等违规法院、行政法院和高等贸易法院的管辖范围包括整个克罗地亚。各级法院之间的案件管辖范围如下表所示：

法院类型	案件管辖范围
高等贸易法院	裁决对贸易法院一审不服提出的上诉及贸易法律之间的职权纠纷
州级法院	对10年以上刑期的犯罪活动进行审理,以及对不服区级法院作出的一审上诉进行裁判
行政法院	对最终行政行为的申诉作出裁决
高等违规法院	对违规法院一审判决不满提出的上诉进行裁判,对法院之间的职权纠纷进行裁判
区级法院	负责对刑事案件、民事案件及诉讼外案件进行一审

2. 检察院体系

克罗地亚检察院是自主和独立的司法机构,其主要职能包括:指控犯罪嫌疑人、采取法律措施保护国家财产、采取法律手段维护宪法和法律。检察院系统由三级检察院组成:区级检察院、州级检察院和最高检察院。检察院应国家机构的要求就有关财产、自然资源等与克罗地亚相关的权利和事物给予法律咨询,并在同国外机构的财产纠纷中代表克罗地亚行使权利。在检察院内部设有刑事处和民事行政处。国家法律委员会根据宪法和法律任命和罢免检察官,检察院的领导不得当选国家法律委员会成员。

3. 司法协助

克罗地亚于1991年10月8日成为《承认及执行外国仲裁裁决公约》(即《纽约公约》)的成员国,并对该公约作出如下申明和保留:一是适用《纽约公约》仅限于承认和执行在另一个缔约国领土上做出的裁决;二是适用《纽约公约》仅限于根据其国内法被认为属于商业性质的且在法律关系上所产生的分歧;三是适用《纽约公约》仅限于本公约生效后公布的仲裁裁决。

(三)司法效率和其他事项

整体而言,克罗地亚司法效率一般。主要体现在以下方面:一是克罗地亚司法系统功能不够完善,案件判决执行程序的效率有待提高,存在案件积压的情况;二是需要更多专业素质良好的司法人员和培训机制。加入欧盟后,克罗地亚司法部门在欧盟的帮助下,按照欧盟内部相关要求对其司法系统进行改革,使司法系统更加独立,司法效率进一步提高。同时,该国也致力于加强对司法专业人才的引进和培养。

三、金融法律制度

克罗地亚金融法律制度较为健全。《银行法》《中央银行法》《信用机构法案》等法律制度,在支付管理系统、中央银行、外汇政策、货币管理及收支平衡方面,做出了详细的规定;《有价证券法》为规范各级金融证券市场提供了法律依据;《保险法》对保险公司及其他中介机构的许可、监控和管理作了明确规定。

（一）银行准入与监管法律制度

与大多数欧盟国家一样，克罗地亚在金融行业有较为完善的准入制度，并且对相关标准有较为清晰的界定和要求。对于符合条件的外国银行，克罗地亚持有积极、开放的态度。总体来说，克罗地亚在金融领域关于市场准入有着相对具体的制度规范，对能够进入该领域的外国银行的经营范围也做出了明确的规定。此外，克罗地亚政府还考虑到外国银行进入以后可能造成的行业集中或不良竞争状况，进一步规范影响该国金融行业的健康发展的一些行为。

在克罗地亚的法律体系中，涉及银行准入条件主要是《银行法》。根据该法规定，外国银行的分支机构在获得克罗地亚中央银行的许可后，可以在克罗地亚提供一般性银行服务及其他相关金融服务。外资银行需获得克罗地亚中央银行经营许可后才能在克罗地亚开展以下业务，包括：提供银行服务，提供其他金融服务，设立分支机构以及银行并购、收购其他银行或法人。其中“其他金融业务”具体是指：提供担保或其他保证、保理、金融租赁、信贷（包括一般客户授信、质押授信等其他商业交易）、货币市场证券交易、货币兑换、金融期货期权、外汇交易、保险业务、支付交易、安保服务、贷款交易仲裁、养老金及投资资金管理、咨询服务等。

克罗地亚中央银行有权在以下情况下拒绝授予许可：一是会造成银行系统集中性过强，限制银行市场竞争的；二是会影响克罗地亚货币和外汇市场政策执行的。另外，在克罗地亚设立的外资银行分支机构需要满足存款准备金的要求，存款准备金的数量和比例需获得克罗地亚相关法律的许可；外资银行在克罗地亚分支机构需及时通报其存款准备金情况。

克罗地亚《银行法》对外资银行设立、经营和监管的详细规定如下表所示：

《银行法》对于外资银行的设立、经营和监管的详细规定	
1	外资银行可以通过设立分支机构的方式在克罗地亚开展银行及其他金融服务
2	外资银行需向克罗地亚央行提交申请并获得许可后，才可设立分支机构
3	申请材料包括：该银行总部的注册证明、银行章程、银行董事会、监事会信息、银行其他参与者信息、分支银行从业范围以及未来三年经营计划等
4	克罗地亚中央银行可要求外国银行在克罗地亚设立的分支机构保持一定的货币存款量，或提供另外的担保
5	克罗地亚中央银行可根据外资银行分支机构提供的信息授予许可证，前述信息包括外资银行的融资、管理、组织结构、人员、机械设备以及管理能力等

续表

6	可驳回外资银行申请的情况	外资银行监事会不允许其在克罗地亚开展业务
		其分支机构无法满足克罗地亚央行对存款金额的要求
		6个月内无法在克罗地亚正常开展业务或不连续经营达6个月以上
		基于外资银行的错误信息而授予的许可证,或该银行无法履行其义务

(二)担保法律制度

克罗地亚担保法律制度中最为重要的就是克罗地亚《金融担保法案》。该法案对金融市场操作中利用金融工具或现金为金融义务提供担保作了规定。此外,还规定了特别形式的抵押可以分为即期或远期义务、有条件或无条件、到期或未到期或其他种类的抵押。

该法案的适用对象众多,详情如下表所示:

1	欧盟成员国负责公共债务管理或授权的可持有商业账户的公共部门
2	欧盟成员国中央银行、欧盟中央银行、国际货币基金组织、欧洲投资银行、国际清算银行、国际复兴开发银行、国际金融公司、泛美开发银行、亚洲开发银行、非洲发展银行、加勒比开发银行、欧洲复兴开发银行、欧洲投资基金以及泛美投资公司
3	适用的金融机构包括:可以吸收存款或其他资金来源并可发放贷款的信用机构、投资公司、除信用机构以外以收购为主营业务的金融机构等
4	上述实体以外的其他实体或自然人(但仅在金融担保协议涉及上述实体的情况下)

金融担保协议无须正式法院的判决或书面证明即可有效。

(三)合同的法律适用

克罗地亚对于本国金融机构与国外企业、金融机构开展国际业务的法律适用,没有统一明确的强制性规定,一般依照贷款的类型和条件等选择适用不同的法律。以银行授信为例,选择适用英国法的情况较多。克罗地亚金融机构、企业尚没有适用中国法的习惯和先例。

(四)主权豁免

克罗地亚一般工商企业在市场经济条件下与外国企业或金融机构开展业务时,通常不涉及主权豁免;克罗地亚政府部门、全资国有企业或政策性金融机构在市场经济条件下与外国企业或金融机构开展业务时,通常也放开了对主权豁免的要求。

四、投资法律制度

克罗地亚宪法为外国投资者提供了多项保护条款,其中规定通过投资获得的权利不应被任何法律法规所限制，同时保证投资利润自由汇出。为创造更好的投资环境吸引外资，克罗地亚政府推行了新的立法框架，于2007年颁布《投资促进法》，在税收、关税等方面给予优惠政策，为投资者提供激励机制。

（一）企业法律制度

根据克罗地亚《公司法》相关规定，其主要的企业类型如下表所示：

公司类型	特点
有限责任公司	有限责任公司的设立没有资本要求
上市公司	上市公司的成立需基于充足有效的资本以及股东投资，另外还需要公司章程；上市公司的资本与股票必须以克罗地亚库纳的货币形式显示每股价值，最小资本不得低于20万库纳
合伙企业	合伙企业的公司章程应规定各合伙人之间的关系，合伙企业不就资本进行规定，除非其公司章程规定了各合伙人必须投入一定金额的股份，该股份可由现金、实物、权利、劳力或其他服务与货物组成
经济协会	该协会的成立主要为商业活动提供便利并促进商业的发展，其本身并不盈利；该协会的成立无需资本要求，其活动安排必须与其成员的商业活动有关并在一定程度上予以支持
分支机构	分支机构不是一个法人实体，其运营的权利与义务最终归属于其母公司；分支机构以其自身名义进行商业运营，其名称需同时显示出分支机构及其成立者的注册地

根据克罗地亚《公司法》，克罗地亚国内及国外公司享有平等的从事商业活动的条件。外国投资者可成立或参与成立公司，并可要求享受其他任何国内公司享有的权利，并履行相应的义务。若外国投资者的总部设立地或居住地不是世界贸易组织成员，则该外国投资者需要满足互惠条件。外国投资者可在该国设立外资公司，公司名称必须用克罗地亚语书写。私人有限公司方面，企业须由国内或国外的实体设立，外国人可在私营企业的董事会和监事会中任职。

另外，外国公司可以在克罗地亚开展商业活动并成立分支机构，外国公司分支机构的设立、运行与克罗地亚国内公司分支机构遵循一样的法律法规。如果外国公司是资合性企业，需提供该分支机构的资本金额以及各出资分配情况；如果外国公司是合伙制企业，需提供外国公司的合伙人名单，以及该分支机构的代表信息；分支机构的商业指标需符合克罗地亚的相关要求，其中包括会计法案、国际会计标准以及税收规定等。由于分支机构不是法人主体，不独立拥有法律权利和义务，均由外国公司享有和承担。若与第三方出现争端，分支机构将不作为其中一方，其外国公司才能作为其中一方。

(二)特定行业与领域法律情况

根据克罗地亚中央银行统计,克罗地亚吸引外商投资主要集中在金融业(34%),批发零售业(15%),房地产(7%)和电信行业(7%)。外商对克罗地亚的投资领域较窄,主要集中在金融业和批发零售行业。

克罗地亚金融法律制度体系较为健全,除前述《有价证券法》《保险法》《银行法》《中央银行法》《信用机构法案》之外,还有《电子银行机构法案》《外汇管理法案》《国家支付系统法案》《信用机构及信用联盟反洗钱反恐怖金融指导意见》《房地产信用风险管理指导意见》《货币引发信用风险管理指导意见》《流动性风险》及《银行资本及资本充足率计算》等。以上法律法规共同构成了克罗地亚较为完整的金融法律体系。

除了在克罗地亚金融系统中起到主要监管作用的中央银行,该国财政部下设的金融监管署也承担一部分监管职能。按照《金融监管法案》以及《财政部内部组织行为规范》的规定,财政部主要负责加强金融系统的规范性,反对不正当竞争,对相关准入、税收和手续费用缴纳进行监督。金融监管署还与财政部下属的海关、税收、外汇监管以及反洗钱部门密切合作,参与克罗地亚政府关于国家反腐、公共领域加强内部金融结构建设及反洗钱、反恐怖金融等活动。

为保障银行系统的运营安全和稳定,促进经济健康发展,克罗地亚中央银行除单独实施金融系统的监管职能外,还与巴塞尔委员会、克罗地亚财政部、金融服务监管署签署了合作备忘录及合作协议,共同对银行系统进行监管。

(三)外汇管制

为保护外商直接投资,克罗地亚《外汇法案》中指出:外商直接投资不受任何限制(有其他特别规定的除外)。外汇市场交易方面,居民和非本国居民均可通过银行或获得授权的外汇交易场所进行外汇买卖;外汇与库纳汇率的变化将由外汇市场供求关系自由浮动决定;克罗地亚中央银行将根据每日外汇市场买卖交易量以及外汇汇率来决定当日库纳与外汇的汇率。

关于非本国国民在外汇方面享有的主要权利和义务如下表所示:

1	非本国居民可以在该国本地商业银行设立外汇账户,并通过外汇账户对外支付,对外支付可使用外汇也可使用本国货币
2	外国投资者在履行法律规定的纳税义务后,可将投资所得利润、投资结束后所属资本以及出售股票所得自由汇往国外
3	非本国居民可用该国本币账户上的资金在克罗地亚进行支付、对克罗地亚人提供信贷及转账,也可兑换成外汇对外汇款。如果交易金额超过10.5万库纳,交易人必须向克罗地亚财政部反洗钱局进行报告。在出入境时携带超过4万库纳的现金和支票均需向海关申报,外国人在商品出口或向外国提供服务后,最迟于90天内必须实现收汇。经克罗地亚中央银行批准,此期限可以延长一次,对外支付和收汇按照国际通用方式进行

(四)税收制度

税收方面,克罗地亚法律规定所有纳税人一律平等,并继续执行前南斯拉夫同部分国家签订的避免双重征税协议。中国与克罗地亚之间的税收协定主要为1995年签署的《中华人民共和国政府和克罗地亚共和国政府关于对所得避免双重征税和防止偷漏税的协定》。

五、法律风险评价

(一)营商环境较好

根据2015年世界银行营商环境指南,克罗地亚在世界189个国家和地区中排名第65位,营商环境较好,且仍有改进空间。具体来说,克罗地亚在公司注册、工程承包、财产登记、信贷获取等方面分别排名第64位、第148位、第112位和第61位,基本处于世界中等水平。除此之外,克罗地亚在工程承包和征信覆盖等方面仍有改善空间,例如在工程承包方面,克罗地亚获得工程承包许可需要经过8道程序,平均耗时为677日,时间成本较高;同时,克罗地亚征信局的覆盖率较低,资金流动安全性仍需加强。(见下表)

建筑许可		信贷获取	
程序个数	8	法律权利强度(0~12)	7
时间(日)	677	信用信息获取度(0~8)	4
成本(占单位收入的百分比)	8.3	征信局覆盖率	6.8

数据来源:2015年世界银行营商环境指南。

(二)合同执行成本和破产处置成本居中

根据2015年世界银行营商环境指南提供的数据,克罗地亚的合同强制执行效率在世界189个国家(地区)中排名113位,破产处置效率排名第51位。在合同执行效率上,克罗地亚法院所需的时间较长,执行程序较为复杂,导致执行效率较低。但克罗地亚破产处置成本不高,企业退出较为容易。(见下表)

合同强制执行	克罗地亚	欧洲及中亚地区	经合组织
时间(天)	572.0	448.1	539.5
成本(占标的额的百分比)	13.8	25.2	21.4
程序(个)	38.0	37.0	31.5

续表

破产处置	克罗地亚	欧洲及中亚地区	经合组织
时间(年)	3.1	2.3	1.7
成本(占资产价值的百分比)	14.5	13.3	8.8
回收率(每美元美分数)	30.5	37.7	71.9

数据来源:2015 年世界银行营商环境指南。

(三)税务负担较轻

根据 2015 年世界银行营商环境指南提供的数据,税收负担方面,克罗地亚在全球 189 个国家(地区)中排名第 50 位,其纳税次数和时间低于欧洲及中亚地区平均水平,应税总额更是显著少于欧洲及经合组织国家平均标准,总体上税务负担较轻。(见下表)

税收指标	克罗地亚	欧洲及中亚地区	经合组织
纳税(次)	19.0	20.5	11.8
时间(小时)	208.0	234.3	175.4
应税总额(占利润百分比)	18.8	34.9	41.3

数据来源:2015 年世界银行营商环境指南。

罗 马 尼 亚
Romania

——喀尔巴阡山的脊梁

罗马尼亚基本情况

国家名称（中英文）	罗马尼亚（Romania）		
人口（百万）	19.83	人口增长率（年均%）	-0.4
领土面积（千平方公里）	238.4	主要民族	罗马尼亚族
官方语言	罗马尼亚语	主要宗教信仰	东正教
政体	共和制	主要政党	社会民主党、保守党
GDP（十亿美元）	177.95	GDP 增长率（年均%）	3.7
国民总收入（十亿美元）	188.39	人均国民收入（美元）	9500
通货膨胀率（年均%）	2.9	外国直接投资净流入（百万美元）	3891
外债（百万美元）	111,290	总偿债额占出口贸易和收入的比率	28.2

数据来源：2015 年世界发展指标数据库。

一、国情简介

罗马尼亚位于东南欧巴尔干半岛东北部，主要民族为罗马尼亚族（约占人口总数的 89.5%），其他民族主要包括匈牙利族（6.6%）、罗姆族（2.5%）、日耳曼族和乌克兰族（各 0.3%），其余民族还有俄罗斯、塞尔维亚、斯洛伐克、土耳其、鞑靼族等。罗马尼亚的主要宗教是东正教（信众约占总人口数的 86.7%）、罗马天主教（4.7%）和新教（3.2%）。从政治、经济、外交等因素综合来看，罗马尼亚政局相对稳定，经济发展总体势头较好，不过由于与其接壤的乌克兰于 2014 年爆发了较大规模的政治危机，外部安全环境的变化将成为未来一段时间影响罗马尼亚政治经济局势的重要因素。

（一）政治概况

罗马尼亚为议会共和制国家，总统为国家元首和武装部队统帅，享有任命总理的权力。克劳斯·约翰尼斯于 2014 年 6 月当选国家自由党主席，同年 11 月，当选罗马尼亚总统,之后辞去国家自由党主席职务。罗马尼亚议会是本国人民最高代表机构和唯一的立法机关,由参议院和众议院组成,每届任期4年。本届议会于2012年12月普选产生,共有588名议员,其中参议员176人,众议员412人。目前,罗马尼亚实行多党制,主要有五大政党:社会民主党、国家自由党、保守党、民主自由党及罗马尼亚匈牙利族民主联盟。

就国内局势而言,在2012年大选之后,罗马尼亚执政联盟中各党派的理念出现分歧,国家自由党、匈牙利族民主联盟先后退出执政联盟。与此同时,重新改组的新政府也面临着各党派之间和党外的质疑。此外,罗马尼亚政治体制中,总统与政府分享行政权力,这种体制能够制衡不同参与方的权力滥用,但也要承担行政效率下降的风险。

(二)经济概况

2014年,罗马尼亚实际国民生产总值为1926亿美元,比去年同期增长2.45%,GDP增长率位居欧盟国家第一位,货物贸易进出口总额达到1305亿美元,持续保持增长态势,短期及中长期外债余额继续保持在1149.01亿美元的高位,但较2013年年底略有下降。2015年中旬,罗马尼亚还清了国际货币基金组织(IMF)借款,其国际储备处于一个较为健康的水平。

罗马尼亚2015年经济增势迅猛,整体表现优异,不仅是宏观经济指标方面,在微观经济层面亦取得不少喜人进展。在拉动就业方面,截至2015年第三季度,20岁至64岁人口就业率达67.8%,通胀率仅为1.1%。

罗马尼亚经济的优异表现主要源自政策对路:一是减少社保支付份额5.5%,减轻雇主身上的财务负担,有效释放经济活力,发挥罗马尼亚劳动力的潜力和创造性。二是削减增值税。罗马尼亚为内需导向型经济,增长主要依靠内需拉动,而其近期降低食品增值税的做法使得食品价格下降12%,有力促进了消费。

但罗马尼亚经济仍有两大短板:一是吸收欧盟资金率方面表现欠佳,2007~2013年度损失资金60亿欧元;二是基础设施建设较差,2015年罗马尼亚高速占有率比10年前减少100公里,城镇道路和用水系统基础设施建设跟不上经济发展需求。

(三)外交政策

罗马尼亚希望借助其欧盟及北约成员身份,并通过黑海论坛、黑海经合组织等平台,改善周边安全环境,并将加入欧元区作为其融入欧洲的重要外交手段。虽然罗马尼亚已于2007年加入欧盟,但目前仍不是申根协议的签署国。

中国与罗马尼亚自1949年10月5日建交以来,一直保持着友好合作关系。罗马尼亚历届政府均奉行对华友好政策,坚持一个中国的原则和立场。两国高层交往频繁,相互了解与信任不断增强,在联合国及其他国际组织中合作良好,各领域的交流与合作富有成果。

二、法律概览

罗马尼亚是大陆法系国家，受苏联时期法律和政策的影响，司法独立性有待加强。加入欧盟后，该国法律体系不断向欧盟法律方向靠拢，法律体系逐步完善，司法改革取得一定成效，司法基础设施和法院建设成果获得欧盟肯定。

（一）司法制度

1. 诉讼制度

罗马尼亚司法体系分为法院体系和检察院体系两部分。中央司法机构包括宪法法院、审计法院、最高法院和最高检察院，县、市、镇则设各级法院和检察院。

罗马尼亚最高法院由总统亲自任命的法官与司法部长、总检察长、两个民间社会的代表以及得到参议院批准的 14 名法官和检察官共同构成，以会议形式进行裁判。罗马尼亚宪法法院是一个单独的机构，作用是确认选举符合罗马尼亚宪法的规定并做出相关决定，其 9 名法官分别由总统、参议院和众议院任命。普通法院则负责一般民事和刑事案件的裁判。

2. 司法协助

罗马尼亚已加入《承认及执行外国仲裁裁决公约》，但做出以下保留声明："只适用本公约于在另一缔约国领土内做出的仲裁裁决；只适用本公约于根据其本国的法律认定为属于商事法律关系（契约性或非契约性的）所引起的争议。"此外，1991 年 1 月 16 日中国与罗马尼亚签订《关于民事和刑事司法协助条约》，该条约于 1993 年 1 月 22 日生效。

（二）司法效率及其他事项

罗马尼亚政坛党派之争激烈，政府部门办事效率不高，司法体系运转不畅，执法力度差异很大，腐败现象时有发生，司法体系公正性有待提高。近年甚至发生因总统对人选不满，司法部长位置长期空置的局面，极大程度上影响了司法体系正常运作。但加入欧盟后，欧盟对罗马尼亚司法体系的关注程度日益提高，专门派驻观察员监督和指导该国司法体系运作，其运转效率得到较大提高。

三、金融法律制度

罗马尼亚在银行业准入方面对外资采取较为开放的态度，并建立了较为完善的担保法律制度和执行制度，从立法层面保障了银行债权的安全。

（一）银行准入与监管法律制度

罗马尼亚没有对包括银行在内的跨国公司在其境内设立机构制定专门的法律，但实践中,外国银行可以在罗马尼亚开展业务和设立分支机构,但设立的代表处不能开展业务。

根据罗马尼亚第31/2006号与第32/2006号法案,在罗马尼亚境内设立信贷机构主要涉及两个程序:一是获得成立信贷机构的许可;二是获得信贷机构的功能授权。设立信贷机构所需的文件如下表所示:

申请机构成立许可所需文件	申请机构功能授权所需文件
真实有效的授权书或代理函、法人组织证书草案、关于股本净资产以及直接股东与主要的间接股东的投票权信息、经营活动计划、与银行有密切联系的人员名单、其他任何关于股东认为有必要支持所申请项目的信息	法人组织证书复印件或原件、股本资金受托人的信函、关于股本净资产和主要股东间接投票权的通知书、关于每位重要股东和尚无完全参与权的直接股东的最新信息、与财务审计同等性质的通知书、商贸经营注册办公室颁发的注册登记证书复印件、法人自身现行的关于经营活动规章制度的证书、符合国际同业标准的财务审计报告

罗马尼亚的中央银行和经济财政部共同负责对外国银行在罗马尼亚开展业务进行监管。根据罗马尼亚第312/2004号法案,罗马尼亚国家银行是罗马尼亚的中央银行,履行中央银行的基本职能及金融业监管职能。对罗马尼亚境内的信贷机构和国外分支机构的监管要求主要包括:审慎的规章制度、具有经罗马尼亚国家银行认可的外部信用评估机构提供的评估报告、严谨的专业报告、科学的统计数据等。

(二)担保法律制度

罗马尼亚担保法律制度特点明显,主要体现在:第一,抵押合同必须以公证的方式订立,否则无效;第二,抵押合同必须包含对抵押物的详细描述(包括抵押物清单、等级、质量参数或任何其他相关描述);第三,抵押人拥有抵押物所有权且所担保的债务真实存在;第四,在抵押协议中约定"当抵押人在抵押物上设定了另外的担保时,抵押权人有权要求立即给付全部未付款项"的合同条款无效,除非抵押权人能够证明前述行为导致抵押物处于危险中或即将处于危险中。

1. 担保的类型

目前,罗马尼亚的主要担保法律包括《民法典》《民事诉讼法》《关于信贷机构和资本充足率的政府紧急法令》《非银行金融机构法》《不动产投资抵押贷款法》《债券抵押法》《应收账款抵押法》《资本市场法》《地籍和房地产广告法》和《动产担保物权电子档案注册和操作授权规定的政府法令》等。上述法律主要规定了以下担保方式:

担保类型	具体类型	设立或生效的具体方式
不动产抵押	不动产（如土地、建筑物）及其附属物、共有不动产上的份额、地上权的合同抵押。 融资收购不动产时，就贷款的偿付，设定于所收购的不动产之上的法定抵押。 法律规定的其他抵押	不动产抵押生效需满足：抵押合同生效；与土地登记相同的抵押登记成立和生效。 抵押合同生效需满足：必须以正式方式，即经过公证而订立，否则无效；主要条款（适用于所有合同）包括当事人的资格、承诺、标的、对价和其他的要式条件。 不动产抵押自动延期
动产抵押	任何种类的有形或无形动产都可以设定动产抵押，除非该动产不能自由流通或依法不能施加负担	动产抵押生效需满足：抵押的设定基于抵押合同的生效；自被担保的债务发生且抵押人拥有抵押物所有权之日起生效；满足“动产抵押权益电子归档”的公开要求。 抵押合同生效需满足：必须以书面形式签订，否则无效；主要条款（适用于所有合同）包括当事人的资格、承诺，标的和对价；抵押合同必须包含对抵押物的详细而精确的描述（包括抵押物清单，等级和质量参数，测量方式，或任何其他相似描述）。 对不动产现在和将来产生的租金和其他财产，以及基于与这些租金和其他财产相关的保险合同所得的赔偿设定的动产抵押，在土地登记部门登记后生效
	上市公司股权和金融票据的动产抵押	除上述一般规定外，根据证券交易所的规定，该抵押需要股权/金融票据的登记
	私人有限责任公司股份的动产抵押	除上述一般规定外，根据罗马尼亚《公司法》规定，只要拥有该公司 3/4 股权以上（含 3/4）的股东通过一般会议决议就能设定
	股份公司股权动产抵押	除上述一般规定外，对于以纸质形式签发不记名或记名股份的情况，股份证书提交时抵押生效
	账户动产抵押	除上述一般规定外，抵押合同必须包含对银行账户的详细鉴定
	应收账款和全部应收账款的动产抵押	除上述一般规定外，还应满足：告知义务，即应告知债务人应收账款抵押的事实、被抵押的应收账款到期的数目和应收账款的支付方式及地点；或被抵押应收账款的债务人书面接受该抵押

续表

担保类型	具体类型	设立或生效的具体方式
质押	法定质押 约定质押	质押生效需满足如下条件:质押人应当是质押物的所有权人;质押物应当为有形动产,或以实物形式签发的流通票据。质押物移交给质押权人时质押生效。流通票据质押,生效要件包括记名或不记名票据的移交,以及出于担保目的的背书
值得注意的其他形式	轮船和飞机的担保利益	该类型担保必须进行登记
	专利和标记质押	该质押必须履行由国家发明和标记办公室要求的登记程序

2. 担保的效力与顺位(见下表)

类型	对抗第三人的方式	如何确认优先顺位	办理部门	能否重复设立担保
不动产抵押	满足公示要求(进行抵押登记)	根据登记的顺序确定优先权	不动产登记所在地的相关房地产公示办公室	是
动产抵押	满足公示要求("动产抵押利益电子归档"的登记)	一般规定:根据在电子档案中的登记顺序或抵押完成与否确定优先权,完成登记的抵押权优先于未完成登记的抵押权。 在财产既有动产抵押又有不动产抵押的情况下,根据公示登记(电子归档/土地登记)的登记顺序确定优先权。 特别规定:不动产抵押和动产抵押在同一天登记的,不动产抵押优先。	动产抵押权益电子归档	是
上市公司股权电子抵押	满足公示要求(在中央管理处进行登记)	优先权取决于在中央管理处的抵押登记顺序	中央管理处	是
非上市公司股权动产抵押	满足公示要求(通过电子归档/股权登记)	优先权取决于电子归档抵押登记顺序	电子归档	是
机器设备动产抵押	适用一般规定	优先权取决于电子归档抵押登记顺序	电子归档	是

续表

类型	对抗第三人的方式	如何确认优先顺位	办理部门	能否重复设立担保
银行账户抵押	适用一般规定	账户的优先权确认包括以下形式:电子归档的登记;或者对账户的控制情况,银行账户的拥有者最优先。 下列情况表明债权人已经控制了账户:债权人是持有账户的银行;或抵押人、银行和债权人达成协议,银行根据债权人的指示处置账户中的款项	电子归档	是
质押	满足公示要求或占有质押物	在电子档案中登记了的抵押优先于质押,即使在抵押登记前质押权人占有了质押物	电子归档(若有)	是

3. 担保的执行(见下表)

担保类型	执行及变现的具体方式
不动产抵押(土地/建筑物)	1. 条件:取得执行令;针对一个确定的、易变现的和未偿付的应收款项确实已生效的抵押合同本身被认为是可执行的。 2. 申请:到法院申请并交纳相关费用,并将执行令和相关费用的缴付凭证提交给抵押物所在地法院的执行官。 3. 出售抵押物方式有:抵押权人和抵押人双方同意下的出售,执行官可以允许抵押人出卖抵押物;直接出售,执行官可以直接把抵押物出售给其出价符合抵押物市场价值的买受人;强制出售,由执行官通过公开拍卖实现
动产抵押	1. 条件:取得执行令;针对一个确定的、易变现的和未偿付款项的已生效的抵押合同被认为是可执行的。 2. 方式:由抵押权人或抵押权人指派的任何人(包括执行官)采取措施执行抵押。可以无需法庭的事先允许,通过公开拍卖或直接谈判,出卖(或占用)抵押物的全体或其中一部分;或者经抵押人同意,且其他人(债权人、保证人、共同债权人、所有抵押权人、所有被告知该抵押存在的人和其他债权人)不反对,可以占有该抵押物以便获得担保债务的偿付。 3. 满足条件后需通知债权人、保证人、共同债权人、所有抵押权人、所有被告知该抵押存在的人和其他债权人
股权动产抵押	适用一般规定,且必须在交易中心履行股权转让登记手续
机器设备动产抵押	适用一般规定

续表

担保类型	执行及变现的具体方式
账户动产抵押	1. 如果债权人是债务人开立账户的银行,那么债权人可以根据债权划转账户余额,条件是该账户控制权不能给予其他债权人。 2. 如果债权人不是债务人开立账户的银行且账户控制权没有给予其他的债权人,若抵押人书面同意,银行可以按债权人的指示执行该账户下的款项,或债权人成为该账户的持有人
应收账款抵押	根据上述一般规定,债权人可以接收应收账款单据,并要求获得付款,或根据其意愿转让该应收账款而获得对价
质押	上述关于抵押的一般规定适用于质押

4. 担保协议的法律适用及争议解决(见下表)

协议类型	适用法律的强制性要求	解决争议的强制性要求
不动产抵押协议(土地/建筑物)	根据《民法典》,占有、收益和其他物权权能(包括动产担保)由财产所在地法院管辖,除非法律有其他规定	根据《民事诉讼法》,如果涉外因素涉及位于罗马尼亚的不动产,罗马尼亚法院拥有排他性管辖。 根据《民事诉讼法》,关于不动产的公示、登记、效力和登记机构由不动产所在地的法律进行规定
矿权抵押协议	无专门规定	无专门规定
动产抵押协议	根据《民法典》,动产抵押的有效性、公示和效力通常适用动产所在地法律	无,但实践中一般在罗马尼亚解决,即使借款协议中约定适用外国法律
股权抵押协议	根据《民法典》,对于股票、债券,应该适用发行人所在国法律;如果这些票据在一个有组织的市场销售,则适用该市场所在国的法律	无,但实践中一般在罗马尼亚解决(即使借款协议中约定适用外国法律)
自然资源抵押	根据《民法典》,矿产资源、汽油、天然气或直接来源于开采地的这些自然资源销售产生的债权(债权产生于这些物品被开采或销售款项被转移到出卖人账户时)抵押的有效性、公示和效力适用开采地法律	无,但实践中一般在罗马尼亚解决(即使借款协议中约定适用外国法律)

(三)法律适用

根据罗马尼亚关于调整国际私法法律关系的第105号法案,如果该法案所确定的外国法律反致回罗马尼亚法律,只要没有其他明确规定,则应适用罗马尼亚法律。若在外国法律所属国内有多种法律制度同时并存，则依该国法律确定应适用的规范，且外国法律的适用并不取决于互惠待遇的存在，除非法律有不同规定。

在以下两种情况下罗马尼亚排除外国法的适用：一是该法危害到罗马尼亚本国的公共秩序；二是该法的引证带有欺骗性。如果外国法律被排除适用，则应适用罗马尼亚法律。

外国法内容的查明方式包括：由法院向所涉国政府机关索要证明，获得专家证言，要求引用外国法律的当事人出具相关证明等。若外国法律的内容无法查明，则应适用罗马尼亚法律。具体如下表所示：

所涉事项	适用法律
当事人的诉讼能力	当事人本国法
国际私法案件审理程序	罗马尼亚诉讼法
某法律问题具有程序法/实体法性质	罗马尼亚法律
起诉标的和诉因	支配引起争议的法律关系的法律
法律行为的证据及书面材料对此种法律行为的证明效力	法律行为实施地法（如果当事人有权选择法律，则适用选择的法律）
事实的证明	事实发生地法律
调查取证	罗马尼亚法律

四、投资法律制度

罗马尼亚整体投资环境良好，法律规定对外商限制较少，主要体现在货币的自由兑换、税收体系规范、内外资实行无差别非歧视待遇、允许外国企业赴罗马尼亚开展业务和设立分支机构等多个方面。总体而言，罗马尼亚《公司法》与国际通行的法律原则基本接轨，公开采购、外汇、税收等法律健全，并有一系列鼓励外商投资的措施，对外国投资者的利益保护较好。

（一）企业法律制度

加入欧盟后，罗马尼亚公司法逐步和欧盟接轨，新的《公司法修正案》于 2007 年 3 月颁布。罗马尼亚主要公司类型包括一般合伙公司、有限合伙公司（合伙方式）、有限责任公司、股份公司等，除此之外，外国公司还可在罗马尼亚设立分支机构和代表处。具体公司类型及其特征如下表所示：

公司类型	特征
合伙企业	1. 合伙人需为两个或两个以上国内或国外的自然人或法人。 2. 对合伙人的出资没有要求,合伙人可以用现金、服务或任何其他形式出资,所有的合伙人就合伙公司的债务承担无限责任。 3. 有限合伙企业中,最少有一名普通合伙人要承担无限责任,也至少要有一名有限合伙人。在股份制有限合伙公司中,可有一名或多名承担无限责任的合伙人
有限责任公司	1. 股东人数:2~50 人,在一定条件下,单一的股东也可以成立有限责任公司。 2. 最低注册资本:RON 2,000,000。 3. 股份和投入要求:每股的股本不能低于 RON 100,000,股份不能自由买卖。 4. 公司管理:公司管理决策由股东会投票,以多票胜出决定(一股一票),公司章程的修改须经全体股东同意,除非公司章程另有规定。股东会任命一名或多名董事或经理负责公司的管理
股份公司	1. 股东人数:5 名或以上。 2. 最低注册资本:RON 25,000,000。 3. 股份和投入要求:每股面值最低要求为 RON 1000,在注册公司时,每名股东最少要投入注册资本的 30%,其余的 70% 必须在 12 个月内投入,股份可实名登记,也可自由转让和抵押。 4. 特别规定:对于创建资本超过 RON 400,000,000,拥有超过 500 名雇员,100 名注册股东,或是上市公司的股份公司,需要遵守法律关于公司管理的特别要求
分公司	外国公司可在罗马尼亚设立分公司,分公司不具有法人资格,需要在其办公场所住所地的工商注册处登记
代表处	在外国注册的公司可在罗马尼亚设立代表处,在工业资源部直接登记,代表处不能代表自己进行商业活动,但可被母公司授权进行推广和监督母公司的业务。代表处是外国当事人的一个完整组成部分,无法人地位,但有责任遵照驻在国的法律从事活动

根据罗马尼亚《公司法》的规定,国内和国外实体还可在罗马尼亚设立分支机构。分支机构作为商业实体(公司)的一部分,不是独立法人。分支机构以总部公司的名称和账户开展业务。罗马尼亚没有针对跨国公司在其国内设立机构的专门立法,但在外商投资领域,针对本国人就业、技术引进、资源管理等问题有较为详尽的规定,并且根据罗马尼亚《投资促进法》,罗马尼亚对外资企业实行国民待遇和与国内企业相同的优惠政策。

(二)特定行业及领域法律情况

罗马尼亚非常重视基础设施建设。目前,"两铁一港"项目、皮特斯蒂至克拉约瓦高速公路项目、锡比屋至皮特什蒂高速公路等是罗马尼亚政府重点推动的项目。2015 年 11 月,罗马尼亚通过了新的《公共采购法》。虽然这部法律中没有专门提到 PPP 模式,但实际来讲,只要带有公共性质的项目,无论其采取 PPP 模式还是其他模式均应适用该法。

作为对过去公共采购领域腐败现象的回应，罗马尼亚《公共采购法》所体现的核心原则就是“公正透明”，其实施将有助于改善罗马尼亚的商业环境。根据相关法律条款，公共采购项目招标程序的透明度将大大提高，包括投标企业、记者在内的组织或个人均有权要求查阅相关项目招标的历史档案，金额超过500万欧元的项目，其招标信息还应公布在欧盟官方公报上等。

罗马尼亚《公共采购法》总共规定了5种公共采购项目的授予方式，分别为公开招标、限制性招标、竞争性对话、谈判和有限邀请，同时规定公共部门原则上应当采取公开招标和限制性招标的项目授予方式，其他方式均属于例外程序。

方式	内容
公开招标	任何有意向的经济主体均可参与投标
限制性招标	任何有意向的经济主体均可申请参加投标，但只有通过预审的方可参与投标
竞争性对话	公共部门与入围的经济主体展开对话以确定能响应其要求的实施方案，并在此基础上由中标人最终完善方案
谈判	公共部门通过与入围的经济主体就价格等合同条款进行磋商的方式确定中标人
有限邀请	一种简化的项目授予方式，即公共机构邀请有限几家经济主体参加投标

任何经济主体均有权参加公共采购项目的投标，但必须由本国法律主体实施的项目除外。经济主体可单独参加投标，也可以联合其他经济主体共同投标，联合体在投标阶段不要求具备法律主体资格，但在中标后应视相关公共部门的要求组建法人实体。另外，参与投标的经济主体可自行或根据招标人的要求提出项目分包方案。

在资格审查过程中，公共部门可对参与公共采购项目投标的经济主体规定资格条件，具体包括企业资信、业务范围、财务状况、技术和专业资质、质量保证标准和环境保护标准等。经济主体提交的各项证书应足以证明其满足资格审查条件的规定并符合欧盟标准。公共采购项目的招标和实施行为则由罗马尼亚公共采购监管局负责根据《公共采购法》进行监管。另外，任何个人或实体均可以就公共采购行为向国家争议解决委员会投诉。在投诉处理完毕前，相关部门应中止公共采购程序。对争议解决委员会的处理意见不服的，还可以向法院提起诉讼。

（三）外汇管制

根据罗马尼亚第4/2005号法案，现金或资金可以在居民与非本国居民间以外币或本币（列伊）的形式自由流动。除罗马尼亚国家银行有特殊规定外，经常项目和资本项目的外汇业务可自由进行。非本国居民有权获得、持有、使用本币和外币资产,或将所持有的资金转移回本国,也可以在信贷机构开设本币和外币账户。

外国企业或个人在罗马尼亚银行可以开立外汇账户,外汇进入罗马尼亚可以自由使用,外资投资者在与外资有关的支付往来中,可以将当地货币自由兑换成可兑换外汇。但在汇入金额超过 1 万欧元时,须向罗马尼亚中央银行报备。

(四)税收规定

罗马尼亚税收体系规范,实行一次性征税制度。目前,为了有效刺激经济,罗马尼亚采取了一系列税收激励措施,企业的整体税负较低。罗马尼亚国内外的直接投资者在罗马尼亚设立新企业都可享受一系列的税收优惠,例如,根据有关规定,在罗马尼亚国内市场上购买的技术性机械设备(可折旧资产)免除增值税;再投资利润免除所得税;投资额超过 500 万美元的(银行业除外)项目的所得税免税期限依其投资额而定等。对大额投资项目(银行业除外),罗马尼亚政府将会给予特别的税收优惠。然而,根据有关法律规定,投资者要享有这些优惠必须得到政府的专门批准。

五、法律风险评价

(一)营商环境较好

根据 2015 年世界银行营商环境指南提供的数据,在世界 189 个国家和地区中,罗马尼亚在公司注册、工程许可、信贷取得等方面分别排名第 38 位、第 140 位和第 7 位,大致处于世界中等水平。此外,罗马尼亚法律强调保护私有财产,尊重各种形式的财产权益,其财产登记制度较为完善。故整体营商环境良好。(见下表)

公司注册		工程许可		财产登记	
程序个数	5	程序个数	14	程序个数	8
时间(日)	21	时间(日)	255	时间(日)	19
成本(占单位收入的百分比)	2.1	成本(占项目投入的百分比)	2.3	成本(占财产价值的百分比)	1.5
最低注册资本	0.7				

数据来源:2015 年世界银行营商环境指南。

(二)合同执行成本和破产处置成本较低

根据 2015 年世界银行营商环境指南提供的数据,罗马尼亚的合同强制执行效率在全世界 189 个国家和地区中排名第 51 位,破产处置效率排名第 46 位。与其邻国乌克兰对比,乌克兰进入破产清算程序所需花费约占破产财产总价值的 33%,而罗马尼亚仅为 11%。较低的合同执行和企业退出成本有利于降低投资法律风险,更好维护投

资者利益。(见下表)

合同强制执行	罗马尼亚	欧洲及中亚地区	经合组织
时间(日)	518.0	448.1	539.5
成本(占标的额的百分比)	28.9	25.2	21.4
程序(个)	34.0	37.0	31.5
破产处置	罗马尼亚	欧洲及中亚地区	经合组织
时间(年)	3.3	2.3	1.7
成本(占资产价值的百分比)	10.5	13.3	8.8
回收率(每美元美分数)	30.7	37.7	71.9

数据来源:2015 年世界银行营商环境指南。

(三)税务负担较轻

据欧盟统计局的数据显示,罗马尼亚为2014 年欧盟税负最少的国家,税收收入占GDP 的比重为27.7%,远低于欧盟平均水平(40%)。国内外的直接投资者在罗马尼亚设立新公司都可享受一系列的税收优惠,例如进口使用期一年以上的可折旧实物或特定设备可免除关税和增值税,在罗马尼亚国内市场上购买的技术性机械设备(可折旧资产)免除增值税,再投资利润免除所得税等。(见下表)

税收指标	罗马尼亚	欧洲及中亚地区	经合组织
纳税(次)	14.0	20.5	11.8
时间(小时)	159.0	234.3	175.4
应税总额(占利润百分比)	43.2	34.9	41.3

数据来源:2015 年世界银行营商环境指南。

保加利亚共和国

The Republic of Bulgaria

——巴尔干半岛的“玫瑰之国”

保加利亚共和国基本情况

国家名称（中英文）	保加利亚共和国(The Republic of Bulgaria)		
人口(百万)	7.18	人口增长率（年均%）	-0.6
领土面积（千平方公里）	111.0	主要民族	保加利亚族
官方语言	保加利亚语	主要宗教信仰	东正教
政体	议会共和制	主要政党	欧洲发展公民党、保加利亚社会党、爱国阵线
GDP（十亿美元）	48.95	GDP 增长率（年均%）	3.0
国民总收入（十亿美元）	51.84	人均国民收入(美元)	7220
通货膨胀率（年均%）	0.3	外国直接投资净流入（百万美元）	1774
外债(百万美元)	48,742	总偿债额占出口贸易和收入的比率	14.7

数据来源:2015 年世界发展指标数据库。

一、国情简介

保加利亚共和国(以下简称“保加利亚”)位于欧洲巴尔干半岛东南部,是一个多民族、多宗教信仰的国家。其中主要民族为保加利亚族,约占人口总数的84%、土耳其族约占9%、罗姆族约占5%、其他少数民族(马其顿族、亚美尼亚族等)约占2%。该国居民主要信奉东正教,少数人信奉伊斯兰教。从政治、经济、法律等因素综合来看,妥善解决好保加利亚政府更迭频繁的问题,改善司法、行政界线模糊的弊端,提高司法效率,可为保加利亚引进外资、促进经济发展创造更好条件。

(一)政治概况

保加利亚为民主代议制国家,总统为国家元首和武装力量总司令。2011 年 10 月,罗森·普列夫内利埃夫当选总统,任期 5 年。保加利亚议会为一院制,共 240 个议席,按比例经民选产生。第42届国民议会于2013年5月21日产生,议席的分配情况是:争取欧洲进步公民党97席,“为了保加利亚”联盟84席,争取权利与自由运动党36席,阿塔卡党23席。保加利亚注册政党有300余个,主要政党有:保加利亚社会党、争取权利与自由运动、“阿塔卡”联盟及争取欧洲进步公民党。

2009年7月,保加利亚举行议会选举,争取欧洲进步公民党获胜并独立组阁。2012年,保加利亚政局总体平稳,但各政党争斗日趋激烈。2013年2月,全国各地因抗议电力公司垄断行为及高价电费而持续发生抗议示威活动,总理博里索夫宣布辞职并解散政府。同年3月,总统普列夫内利埃夫公布以该国驻法国大使马林·拉伊科夫为总理的看守内阁组成名单。议会选举提前至5月12日举行,争取欧洲进步公民党、“为了保加利亚”联盟、争取权利与自由运动党及阿塔卡党分别以30.5%、26.6%、11.3%和7.3%的得票率进入议会。同年5月29日,保加利亚议会通过以奥雷沙尔斯基为总理的、由“为了保加利亚”联盟和争取权利与自由运动党组成的联合政府成员名单。

(二)经济概况

2010年后,保加利亚经济开始从金融危机的影响下逐步恢复,随着欧洲经济形势好转,其经济增速有望加快。2015年,保加利亚GDP达482.53亿美元,同2014年相比增长3%,人均GDP达到6720美元。外贸总额为519.92亿美元,外汇储备227.5亿美元。此外,经常性账户盈余0.66亿美元,外债余额491.6亿美元,通货膨胀率为0.1%,已连续三年小于1%。

保加利亚自然资源比较丰富。主要矿藏有煤、铅、锌、铜、铁、铀、锰、铬、矿盐和少量石油。森林资源丰富,森林面积达408万公顷,约占全国总面积的37%。同时,该国拥有丰富的可耕地资源,优质耕地占国土面积的52%。地热资源同样丰富,拥有温度超过103度的温泉口840余处,预计保加利亚拥有的地热每年能够提供4000gwh能量,而目前正在建设的地热项目预计年输出量达94.5MWth。

(三)外交政策

保加利亚于2004年3月加入北约,2007年1月加入欧盟。保加利亚政府在优先发展与欧美关系的同时,积极参与地区合作,注重睦邻友好,开展多元外交。

中国与保加利亚于1949年10月4日建交。20世纪50年代,两国关系发展顺利,60年代,双边交往一度减少。自80年代起两国各领域的交流与合作逐步增多,两国关系平稳发展。2014年10月,两国领导人及外长就两国建交65周年互致贺电。

二、法律概览

保加利亚法律规定明晰,透明度较高,各项制度较为完备和稳定,并在欧盟的监督及压力下逐步改革,但司法效率不高,行政和司法界限模糊等问题仍饱受诟病,亟待改善。

（一）司法制度

1. 诉讼制度

保加利亚司法机构设最高司法委员会、最高上诉法院、最高行政法院、总检察院、特别侦察局和最高律师委员会,各行政区、市均设有法院与检察院。保加利亚国内诉讼类法律制度主要是《国民程序法案》,此法案规定:保加利亚法院排他性的管辖所有国内案件,包括投资争议。2007 年 1 月,伴随保加利亚加入欧盟,欧盟相关的诉讼法律制度开始适用于保加利亚,例如《议会监管法》和《重视与促进国民和商业问题审判法案》等。

2. 仲裁制度

保加利亚《国际商事仲裁法》规定:外国公司未在保加利亚注册,但在保加利亚做生意,可在保加利亚以外的国家仲裁,而在保加利亚注册的公司必须在保加利亚仲裁。如果是外资控股的合资公司,仲裁时仲裁员可包括非保加利亚公民。仲裁各方可自由选择仲裁程序规则,但有一定限制。

3. 司法协助

保加利亚 1961 年批准加入《承认及执行外国仲裁裁决公约》,1964 年批准加入《欧洲国际商事仲裁公约》,1994 年批准加入《欧洲关于处罚和国内问题相互协助公约》,2000 年批准加入《关于解决国家和他国国民之间投资争端公约》,这将在一定程度上保障投资纠纷的解决和仲裁结果的执行。

（二）司法效率及其他事项

在欧盟成员国中,保加利亚存在司法改革缓慢、执法效率不高的问题,其原因是多方面的,主要包括:一是政府更迭较为频繁,高层官员经常调整,政策执行延续性较差;二是官僚作风严重,内部腐败现象频发,国内有组织犯罪猖獗;三是执法不力,在打击高官腐败和有组织犯罪方面备受欧盟批评;四是执法成本在中欧地区处于高位,在全球 189 个国家和地区中排在第 79 位。

三、金融法律制度

（一）银行准入法律制度

根据保加利亚《银行与借贷法案》,银行应为获得相关许可开设的公司或依法成立的合资企业开展存款、授信等业务,同时该法案对于银行人员、章程、流动性管理等事项提出了具体要求:

保加利亚银行准入制度要求	
交易内容	存款、发放贷款、购买交易票据以及本票、外汇交易以及贵金属交易、债券买卖、提供担保等。该法案不适用于保加利亚中央银行、保险机构、邮局系统、社会及卫生保险机构、房屋建设共同基金以及个人借贷
章程	银行的公司章程需包含相关法律要求的内容、银行交易信息、银行代表权限以及内部控制操作流程和方式等
管理人员	银行应由至少2人代表并管理,管理人员的要求包括:为保加利亚永久居民、高等学历、银行从业经历、没有犯罪前科、非任何执行和控制主体的成员或无限债务合伙人等;另外,此2人不得有亲属或伴侣关系。若银行的管理人员未达到上述要求,则应由保加利亚中央银行解职
许可	经营许可方面,银行向保加利亚中央银行申请,并由中央银行颁发部分或全部业务许可证后方可开展业务
外资银行开设分行	银行可设立一个以上分行。银行发行的具有投票权的股票,应注册名称并进行股东注册登记。银行需在央行的要求下提供更加全面的资料,包括近3年年报、外资银行总部管理层对于在保加利亚开设分行的书面许可等,并在注册成功后将注册复印件提交给保加利亚央行。在未获得许可之前,不得以“银行”名义从事业务
资本、流动性要求	为确保银行有足够的流行性以及现金流,须保持充足的资本、最低流动资金比率以及结构的完整,并符合保加利亚央行要求。其中,资本占银行风险资产的比率不得低于8%,并保证其储备资金数额须达到资产负债表中资产的1.25%,若低于上述比率,银行需对此金额进行补充,并连续3年保持最低水平。银行还应满足保加利亚中央银行的要求,保持一定的流动比率

(二)担保法律制度

保加利亚担保制度具有鲜明的本国特色:一是质押担保分为一般质押和特殊质押两种,后者由债务人自己占有并管理质押财产;二是禁止对国家或市政所有的财产设立担保,包括所有的自然资源;三是只能对可分离的不动产或财产设立担保,且应明确担保金额,不能对房屋使用权设立担保;四是抵押协议须公证,公证的协议登记后,可以对抗任何第三人。

1. 担保方式及限制

目前,保加利亚的主要担保法律包括《商法》《义务与合同法》《担保法》《土地登记条例》《金融抵押合同条例》《民用航空法》和《海商法》等,主要规定了以下担保方式:

担保类型	担保财产
抵押	1. 不动产，主要包括土地、建筑物、能与建筑物分离并独立使用的部分，如公寓、车库等； 2. 物权，如建设权、拓展和改进的权利； 3. 不动产概念股； 4. 船舶
一般质押（需将质押财产移交给质权人）	1. 动产，船舶除外； 2. 有价证券，如本票、汇票、股份公司记名或不记名的股票等
特殊质押（由债务人自己占有并管理质押财产）	1. 动产（现有或将来的），船舶和航天器除外； 2. 应收账款（现有或将来的）； 3. 簿记证券（现有或将来的）、股份公司簿记证券、股权的分红及清算配额权； 4. 无限责任公司、有限责任公司、股份公司或股份两合公司股权、股权的分红及清算配额权； 5. 专利、商标、工业设计、集成电路的拓扑结构、发现动植物多样性证书； 6. 大部分应收账款、机器设备、物资； 7. 商业公司； 8. 航天器
特殊金融证券	1. 金融工具质押、账户资金质押； 2. 移交金融工具、转移账户资金（依据回购条款、贷款协议等）
个人或公司担保	个人或公司以其全部财产对担保承担连带清偿责任
连带责任	个人或公司同意提供连带保证，应以其全部资产为债权人提供担保
银行账户质押	通常情况下，债务人应保证银行账户上保留一定金额的存款

此外，保加利亚法律对设立担保进行了一定的限制和禁止，具体包括：

限制类型	评论和描述
一般禁止或限制	1. 行为能力：无民事行为能力人经法定代理人或监护人事先同意，有权为其债务设立担保；无民事行为能力人不得为他人的债务设立担保，但经区域法院事先同意的除外；根据保加利亚法律完成登记后的法人，有权设立担保。 2. 只能通过法定的程序，实现担保债权。 3. 担保的财产类型：保加利亚法律禁止对国家或市政所有的财产设立担保，包括所有的自然资源（矿产、石油、天然气、矿物质泉水等）、海岸线、国道、森林、水资源、木材、根据特别法被认定为对国家非常重要的财产、被认定为公共的财产。设立担保前，为保证担保的安全性，建议先到相关的登记机关查询担保财产的属性

续表

限制类型	评论和描述
设立担保的特殊规则或禁止性规定	1. 签订担保合同时,只能对属于担保人所有的财产设立担保。 2. 担保协议关于债务人违反协议,债权人有权取得担保财产所有权的约定或其他类似的约定、及执行担保财产的约定,若与成文法规则不一致,则该约定将被视为无效。 3. 只能对可分离的不动产或财产设立担保,且应明确担保金额。 4. 不能对房屋使用权设立担保。 5. 禁止对矿产、其他专属的、国有或市政财产(海岸线、尚未开采的矿产)设立担保。这些资产仅在取得国家特许经营权的授权后,方可进行开发经营。但可以通过对取得特许经营权的公司或取得特许经营权的公司的股份设立担保,达到对特许经营权设立担保的目的
金融抵押的特殊规则或禁止性规定	1. 根据《金融抵押合同法》的规定,只有特定的主体有权设立金融抵押,如商业银行、金融和信贷机构、保险公司、投资中介机构、集体投资计划、国家或市政债务的主管机构、中央银行、中央存托、安全卫生公司、养老基金等; 2. 担保债务应为金融工具或金钱,一般为应收账款、有价证券、衍生工具、期权或其他金融工具
个人担保的特殊规则或禁止性规定	1. 担保人不承担比主债务更重的担保义务; 2. 被担保人因自身原因导致其不能实现对债务人的债权,免除担保人的担保责任; 3. 担保合同届满之日起6个月内,债权人未对主债务人提起清偿债务的诉讼,担保人将被免除担保责任; 4. 债权人延长债务人清偿债务的时间,对担保人不生效,但担保人同意的除外
连带责任的特殊规则或禁止性规定	1. 应明确约定2个或2个以上债务人之间的连带责任; 2. 债权人变更或免除债务人的义务,对其他共同债务人主张权利时,应保留/放弃对该债务人享有的债权部分
境外银行获得本地担保的其他要求	境外银行设立和执行担保与保加利亚银行适用同样的法律规则,无其他特殊要求

2. 担保优先顺位的确立(见下表)

担保类型	对抗第三人的方式	是否可以重复抵押	主管部门或登记机关	如何确立优先权顺序
土地抵押	到土地登记机关进行登记	可以	土地登记机关	根据向登记机关申请登记的时间先后确定优先权顺序,若在同一天申请登记,优先顺序根据最早的记录数据确定

续表

担保类型	对抗第三人的方式	是否可以重复抵押	主管部门或登记机关	如何确立优先权顺序
股份公司有价证券质押	1. 登记股权 2. 簿记股权	可以	1. 登记股权：公司董事会委派一人保管公司股东名册。 2. 簿记股权：中央存托登记机关	1. 登记股权：优先权的顺序根据背书的时间先后确定。 2. 簿记股权：优先权顺序根据到中央存托登记时间的先后确定，若在同一天申请登记，优先顺序根据最早的记录数据确定
机器设备质押	到中央登记机关进行登记	可以	特殊质押的中央登记机关	优先权顺序根据到中央登记机关登记的时间的先后确定，若在同一天申请登记，优先顺序根据最早的记录数据确定
银行账户质押	到中央登记机关进行登记	可以	特殊质押的中央登记机关	优先权顺序根据到中央登记机关登记的时间的先后确定，若在同一天申请登记，优先顺序根据最早的记录数据确定
动产质押	1. 一般质押：表明设立动产质押时间和请求时间的书面文件。 2. 特殊质押：必须到中央登记机关登记	1. 一般质押：不可以 2. 特殊质押：可以	特殊质押需到中央登记机关登记	仅对特殊质押适用：优先权顺序根据到中央登记机关登记时间的先后确定，若在同一天申请登记，优先顺序根据最早的记录数据确定
有限责任公司股权质押	到商业登记机关登记	可以	商业登记机关	优先权顺序根据到中央登记机关登记时间的先后确定，若在同一天申请登记，优先顺序根据最早的记录数据确定
工业产权质押	到专利登记机关登记	可以	专利登记机关	优先权顺序根据到专利登记机关登记的时间的先后确定，若在同一天申请登记，优先顺序根据最早的记录数据确定
商业公司质押	到商业登记机关对不同客体分别进行登记	可以	商业登记机关	优先权顺序根据到登记机关登记时间的先后确定，若在同一天申请登记，优先顺序根据最早的记录数据确定。 若商业公司的不同客体（专利等）没有到登记机关登记，将不会受到商业公司的质押的影响

续表

担保类型	对抗第三人的方式	是否可以重复抵押	主管部门或登记机关	如何确立优先权顺序
航天器质押	到民用航空和车辆登记机关进行登记	可以	民用航空和车辆登记机关	优先权顺序根据到民用航空和车辆登记机关登记时间的先后确定,若在同一天申请登记,优先顺序根据最早的记录数据确定

3. 担保的执行(见下表)

担保类型	执行及变现的具体方式
土地抵押	1. 为实现担保债权,债权人应向法院提起诉讼,并获得执行令。债务人为债权人享有的债权设立了担保,债权人将有权从债务人的财产中优先受偿。 2. 债务人财产的清偿顺序为:因对财产设立担保和执行产生的费用;财产税或汽车税;债权人享有的债权
建筑物抵押	1. 为实现担保债权,债权人应向法院提起诉讼,并获得执行令。债务人为债权人享有的债权设立了担保,债权人将有权从债务人的财产中优先受偿。 2. 债务人财产的清偿顺序为:因对财产设立担保和执行产生的费用;财产税或汽车税;债权人享有的债权
股份公司股权质押	不记名股票和记名股票:债权人可以通过一般程序实现其债权。债权人应向法院提起诉讼,获得执行令,获取部分股权价值
	簿记股份:债权人有权通过特定程序自行实现债权。债权人应向中央存托提出申请,请求启动执行程序,并通知债务人。执行债务人财产的全部金额应交给专业的清算小组(具有审计资质),并由该小组依据债权的优先顺序,对债务进行清偿
	若协议已对金融产品依法设立了质押,债权人为实现其债权,有权不通过诉讼程序和执行申请,而直接对金融产品进行销售或取得所有权。但前提是质权人与质押人之间的协议约定了质权人享有此项权利,并约定了金融产品价值的评估机制
有限责任公司股权质押	债权人可以通过清算配额实现其债权,债权人应向商业登记机关提出开始执行程序的申请。若债务人的股权已被设立抵押,债权人应做出声明终止债务人对公司的管理(若有限责任公司为一人公司,债权人应申请破产)。由专业的清算小组(具有审计资质),依据债权的优先顺序,对债务进行清偿
动产质押	若为一般动产质押,债权人可以通过上述普通程序实现债权
	若为特殊动产质押,债权人应向中央登记机关提出申请,要求启动执行程序,并通知债务人。执行债务人财产的全部金额应交给专业的清算小组(具有审计资质),并由该小组依据债权的优先顺序,对债务进行清偿

续表

担保类型	执行及变现的具体方式
商业公司质押	债权人有权选择整个商业公司或公司特定资产实现其债权，债权人应向中央登记机关提出申请，要求启动对整个商业公司或商业公司特定资产的执行程序，并通知债务人。执行程序应委托有资质的清算小组，并由该小组依据债权的优先顺序，对债务进行清偿
机器设备质押	债权人可以通过特定程序自行实现债权，债权人应向中央登记机关提出申请，要求启动执行程序，并通知债务人。执行债务人财产的全部金额应交给专业的清算小组(具有审计资质)，并由该小组依据债权的优先顺序，对债务进行清偿
工业产权质押	债权人可以通过特定程序自行实现债权，债权人应向专利登记机关提出申请，要求启动执行程序，并通知债务人。执行债务人财产的全部金额应交给专业的清算小组(具有审计资质)，并由该小组依据债权的优先顺序，对债务进行清偿
航天器质押	适用特殊动产质押的执行程序
银行账户质押	适用特殊动产质押的执行程序

4. 担保协议适用法律及争议解决

担保类型	适用法律的强制性要求	争议解决的强制性要求
土地抵押合同或协议	根据保加利亚《冲突法》，因不动产所有权、占有权或其他物权产生的纠纷，应适用不动产所在地的法律	由不动产所在地的法院管辖因不动产产生的纠纷
建筑物抵押合同或协议	根据保加利亚《冲突法》，因不动产所有权、占有权或其他物权产生的纠纷，应适用不动产所在地的法律	由不动产所在地的法院管辖因不动产产生的纠纷
矿产质押合同或协议	无	由不动产所在地的法院管辖因不动产产生的纠纷
银行账户质押	无	无
股权质押合同或协议	无	无

(三)合同法律适用

依照保加利亚法律规定，贷款协议可以适用外国法律，保加利亚实践中主要倾向使用英国法等欧洲法律，但没有法律适用的强制性规定。

(四)主权豁免

除非得到政府部门的授权或批准，政府部门或全资国有企业不能放弃豁免；保加利亚法律没有明确规定放弃豁免的范围。

四、投资法律制度

(一)企业法律制度

保加利亚主要企业类法律制度是1991年颁布的《商业法案》,其他相关法律包括《商业注册法案》《企业所得税法》《社会保障条例》《税收和社会保障程序条例》《保护个人数据法案》等。《商业法案》规定了保加利亚法定的所有企业类型,包括:一般合伙、有限合伙、有限责任公司或一人有限责任公司、合资或一人合资公司以及股份有限公司。

(二)特定行业及领域法律情况

1.能源行业法律情况

2011年5月,保加利亚颁布了新的《可再生能源法》,该法对保加利亚可再生能源发展目标、管理机制、主要支持措施和投资程序等做了详细规定。

根据规定,保加利亚将制定《国家可再生能源发展规划》,以符合欧盟相关指令规定,到2020年实现可再生能源消耗占总能源消耗16%的强制目标,其中交通运输中可再生能源使用比例应达10%。具体而言,可再生能源消耗占总能源消耗比例是:

年份	可再生能源消耗占总能源消耗比例
2011~2012(含2012)年	10.72%
2013~2014(含2014)年	11.38%
2015~2016(含2016)年	12.37%
2017~2018(含2018)年	13.69%

考虑到各地能源需求状况不同,以及保加利亚电网基础设施薄弱,这部法律希望通过配额制度,调节各地可再生能源投资项目,促进资金流向对可再生能源需求较高的地区。配额决定程序如下:一是配输电系统运营商按照入网地区和电压水平提出可供入网的电容量年度估值;二是国家能源和水资源管理委员会和经济、能源和旅游部长审议批准;三是国家能源和水资源管理委员会每年6月30日前在官方网站上公布可供可再生能源发电厂向配、输电系统入网的电容量年度估值。

可再生能源投资者应在配额公布后向相应输配电运营商提出入网申请。运营商在14天内决定是否接受入网。提交申请时,投资者必须同时以相关电网运营商为受益人就申请入网额度提交入网保函,保函额度为5000列弗(约2500欧元)/兆瓦。如果运营商同意接受申请,将向投资者签发入网条件和条款决定书。此后投资者应和运营商签订初步入网协议。签署该协议时,电力生产商应向入网的输电公司或相应的配电公司支付预付款。预付款是入网费用的一部分。在签署初步入网协议后,投资者应备齐文件,在相应市区申请建筑许可。拿到建筑许可后,可申请签署正式入网协议,正式开始项目建设。项目建成后,将依据当时有效的电力优惠价格签署电力长期购买合同。

新的《可再生能源法》对投资者最有益的一点就是确认了可再生能源电力的购买将采用长期合同制度,电力收购价格按合同签署时的优惠电价确定,合同期内价格不得更改。不同类型的可再生能源发电的合同期限如下表所示:

能源类型	合同期限
地热、太阳能以及生物质	20 年
风能	12 年
10 兆瓦以内的水力以及其他可再生能源	15 年

同时,可再生能源电力优惠价格适用于整个合同期限,期限届满后,不再适用优惠价格。

保加利亚国家能源和水资源管理委员会在每年 6 月 30 日前确定可再生能源发电的电力优惠价格。该价格主要考虑可再生能源的种类、技术、装机量、设备安装地区和方式,以及投资成本、回报率、资本结构和投资结构、技术类型和生产率、原材料、劳动力和运营成本等。根据法律规定,入网费用将根据具体项目确定,主要根据运营商建设相关联网设备所产生的实际成本计算。新的《可再生能源法》引入了预付款制度,生产商在签署入网协议时,就需向运营商支付预付款,标准为:电厂装机总量超过 5 兆瓦,每兆瓦 5 万列弗;若电厂装机总量不超过(含)5 兆瓦,每兆瓦 2.5 万列弗。预付款是入网费用的一部分。如果此后生产商违反了入网协议,预付款将归运营商所有。

2. 适用《可再生能源法》的注意事项

该法的出台和内容广受投资者关注。保加利亚对可再生能源市场的进一步规范、投资规则的进一步明晰及确立起长期固定的电力优惠购买价格,都是外国投资者长期期盼的结果。但是考虑到优惠电价的期限、总体目标的分段安排和审批程序的冗长,投资者仍需注意以下事项:一是密切关注国家能源和水资源管理委员会公布的各地区配额和年度优惠电价,尽早启动项目。由于可供入网电力有限,投资者既要在投资前期了解该地区电力消耗需求、新建项目状况,同时需要及时向电网运营商提出申请,避免出现难以入网的现象。同时,长期来看,保加利亚可再生能源投资新建项目较多,投资机会主要在两年期目标的前两个阶段,即 2011 年到 2014 年。此后投资需求可能会逐步降低。二是前期资金压力加大。新法实施后,投资者进入保加利亚可再生能源市场,不但存在调研成本和正常投资成本,在安排融资时,还应注意准备入网保函和支付入网费用预付款。二者均根据项目大小确定,入网保函的标准为5千列弗/兆瓦,预付款的标准是每兆瓦5万列弗(5兆瓦以上)、每兆瓦2.5万列弗(5兆瓦以内)。保函和预付款制度有利于促使投资者更加认真、慎重地投资可再生能源项目,但同时对大型项目投资者的资金实力提出更高的要求。此外,需注意的是,如果投资者没能及时履行法定义务或《入网协议》规定的义务,相关资金将归运营商所有。三是把握好项目申请和建设周期。法律对投资者申请入网、签署入网协议、入网协议的期限、项目建设的时间以及对电价的影响等都做了明确规定。投资项目的每一步进展都必须符合法律规定的条件和期限。同时,可再生能源各类文件的准备和审批期限可能达到6个月,而优惠电价每年更新,因此,投资者必须考虑到若项目不能在当年完成,则需适用新一年的优惠电价,这会给投资收益带来一定的不确定性。

(三)外汇管制

从20世纪90年代初开始,保加利亚实行了统一、浮动的市场汇率,在银行间建立了外汇市场,把列弗变成可在国内自由兑换的货币,由中央银行和商业银行特许的兑换所经营外汇的买进和卖出。

保加利亚中央银行从1997年6月颁布新的法案以后,陆续推出了一些相关的外汇政策。这些政策有于1999年生效的《在进出口交易中列弗和外币以现金、贵重金属和宝石为交易手段的管理规定》,于同年颁布的《越境支付和汇款规定》以及居民和非居民间转账的中央银行报备制度。2000年保加利亚成立了专门的外汇管理机构(FCA)来管理外汇的支付和结算。2003年以后,保加利亚取消了本国居民和外国人进行外汇交易须提前到中央银行登记的规定。对收入、资本、特许权使用费和利息的汇出没有限制,实行经常项目下货币可自由兑换,资本项目完全开放,保加利亚货币完全成为可兑换货币。本国居民或者外国人可以自由持有任何数量的本币或者外币,并且可以在保加利亚国内的任意一家银行进行存储和交易,没有对外资流动进行任何的特殊限定。

(四)税收制度

保加利亚实行的全国性税种主要分为间接税和直接税两类。其中间接税有增值税、消费税、关税、工资和保险金调节税;直接税包括利润税、所得税、地方税、土壤改良基金税、职业审定和失业基金税。另外,各地政府还征收各种地方税费。除此之外,保加利亚对外商还征收一些特殊税种,如外国人分公司收入税、外国人在保加利亚所得税等。

五、法律风险评价

(一)营商环境较好

根据2015年世界银行营商环境指南提供的数据,保加利亚在公司注册、工程承包、财产登记、电力获取、信贷获取等方面(在世界189个国家和地区中)分别排名第49位、第101位、第125位、第57位和第23位,大致处于中等偏上水平。部分数据不够理想,如公司设立程序虽然比较简单,但是等待审批的时间过长;征信局覆盖率为零,在该国开展商业活动可能面临一定的安全风险等,还有待进一步改进。(见下表)

公司注册		信贷获取	
程序个数	4	法律权利强度(0~12)	9
时间(日)	18	信用信息获取度(0~8)	5
成本(占单位收入的百分比)	0.8	征信局覆盖率	0.0
最低注册资本	0	成年人信用信息登记率	62.9

数据来源:2015年世界银行营商环境指南。

(二)合同执行成本和破产处置成本较低

根据2015年世界银行营商环境指南提供的数据,保加利亚的合同强制执行效率在世界189个国家和地区中排名第75位,破产处置效率排名第38位,与欧盟其他成员国相比处于较低水平。(见下表)

合同强制执行	保加利亚	欧洲及中亚	经合组织
时间(日)	564.0	448.1	539.5
成本(占标的额的百分比)	23.8	25.2	21.4
程序(个)	38.0	37.0	31.5
破产处置	保加利亚	欧洲及中亚	经合组织
时间(年)	3.3	2.3	1.7
成本(占资产价值的百分比)	9.0	13.3	8.8
回收率(每美元美分数)	33.2	37.7	71.9

数据来源:2015年世界银行营商环境指南。

(三)税务负担较轻

保加利亚仅征收10%的企业税和10%的单一个人所得税。在世界银行最新的税收政策环境排名中,保加利亚凭借优惠的税收政策位居首位。保加利亚还是欧盟国家中唯一排在全球最具投资价值国家前十位的国家。根据 2015 年世界银行营商环境指南提供的数据,保加利亚的税收负担排在世界 189 个国家或地区的第 38 位。(见下表)

税收指标	保加利亚	欧洲及中亚	经合组织
纳税(次)	13. 0	20. 5	11. 8
时间(小时)	454. 0	234. 3	175. 4
应税总额(占利润百分比)	27. 0	34. 9	41. 3

数据来源:2015 年世界银行营商环境指南。

塞尔维亚共和国

The Republic of Serbia

——多瑙河畔的“巴尔干之钥”

塞尔维亚共和国基本情况

国家名称（中英文）	塞尔维亚共和国(The Republic of Serbia)		
人口(百万)	7.10	人口增长率（年均%）	-0.5
领土面积（千平方公里）	88.4	主要民族	塞尔维亚族、匈牙利族
官方语言	塞尔维亚语	主要宗教信仰	东正教
政体	议会制	主要政党	塞尔维亚进步党、社会党、民主党、新民主党
GDP（十亿美元）	36.51	GDP 增长率（年均%）	0.7
国民总收入（十亿美元）	39.02	人均国民收入(美元)	5500
通货膨胀率（年均%）	0.9	外国直接投资净流入（百万美元）	2345
外债(百万美元)	33,103	总偿债额占出口贸易和收入的比率	41.4

数据来源:2015 年世界发展指标数据库。

一、国情简介

塞尔维亚共和国（以下简称“塞尔维亚”）位于巴尔干半岛中北部，全国有大约 70% 的居民信奉东正教，少数居民信奉伊斯兰教、天主教和新教。从政治、经济、外交等因素综合来看，塞尔维亚政治基本稳定，经济发展长远态势良好，但是为了保持经济发展稳定，塞尔维亚需要大力推行经济结构性改革，并妥善解决债务危机。

（一）政治概况

塞尔维亚为议会共和制国家，总统为国家元首，由直选产生，任期 5 年。2012 年 5 月，托米斯拉夫·尼科利奇当选总统。7 月，塞尔维亚前进党、社会党等党派组成联合政府，社会党主席武契奇出任总理。塞尔维亚议会为国家最高权力机构，实行一院制，议员通过直选产生，任期 4 年。本届议会于 2012 年 5 月 6 日选举产生，共有 250 席，其中塞尔维亚前进党联盟73席,民主党联盟67席,塞尔维亚社会党联盟44席,塞尔维亚民主党21席,自由民主党联盟19席,塞尔维亚地区联盟16席,伏伊伏丁那匈牙利人联盟5席,桑贾克民主行动党2席,塞穆斯林联盟1席,普雷舍沃山谷阿尔巴尼亚人联盟1席,NOPO少数民族党1席。2008年2月,科索沃临时自治机构单方面宣布脱离塞尔维亚独立,目前,塞尔维亚政局总体保持稳定。

(二)经济概况

2015年塞尔维亚的GDP总量约为358.27亿美元,人均GDP约为5339美元。综合塞尔维亚多方面风险,2013年7月14日,穆迪对塞尔维亚长期主权评级为B1,评级展望为稳定。

塞尔维亚主要矿产资源有煤(储量92.8亿吨)、天然气(储量43.5亿吨)、铜和铅锌(储量27.1亿吨)、锂(储量7.3亿吨)和辉钼矿(储量28.5亿吨)等,其中,褐煤、铜、铅、锌和工业矿石的储量较为丰富(大量能源矿产资源在科索沃境内)。煤炭是塞尔维亚最主要的矿产,占矿业总产值的75%以上。

(三)外交政策

塞尔维亚采取"中西平衡"的外交政策,着重发展同美国、欧盟、俄罗斯和中国的关系。塞尔维亚历届政府均曾表示不会加入北约,实行"军事中立",但由于民族矛盾、领土主权分歧等问题,塞尔维亚与阿尔巴尼亚、克罗地亚等国关系较为紧张。

1955年,中国同前南斯拉夫建立外交关系。南斯拉夫解体后,中国驻前南斯拉夫大使馆先后更名为中国驻塞尔维亚和黑山大使馆(2003年)、中国驻塞尔维亚共和国大使馆(2006年)。2009年,两国宣布建立战略伙伴关系。两国外交部合作良好,建有磋商机制。

二、法律概览

塞尔维亚法律体系建立在欧洲大陆民法体系基础之上,法律制度相对完善,长期以来法律体系基本稳定。虽然近年来受债务危机、政治动荡等因素的影响,塞尔维亚法律体系在短期内遭受了一定冲击,但随着塞尔维亚与周边国家关系的进一步缓解和欧洲经济的持续复苏,长远来看该国法律风险处于可控水平。

(一)诉讼制度

塞尔维亚的司法机构主要包括宪法法院、最高法院(根据新宪法成为最高上诉法院)、上诉法院、区法院和市法院。商业诉讼须交由塞尔维亚商业法院审理。需要注意的是,塞尔维亚政府部门办事效率不高,司法体系运转缓慢,执法力度在不同地区差异很大。

（二）司法协助

塞尔维亚为1958年《承认及执行外国仲裁裁决公约》成员国。塞尔维亚对此公约做出了声明和保留：第一，仅限于承认和执行在另一个缔约国领土上做出的裁决；第二，仅限于根据塞尔维亚国内法被认为属于商业性质的问题所产生的法律纠纷（而无论是否属于合同纠纷）；第三，仅限于《承认及执行外国仲裁裁决公约》生效后公布的仲裁裁决。

塞尔维亚执行外国法院裁判必须要经过完整的认证程序，以确保在判决做出之前，塞尔维亚国家或商业主体得到了公平的对待。一旦塞尔维亚的法庭做出承认外国裁判的决定，针对该外国裁决的执行程序便可以启动，但法院仍然会依据互惠原则判断是否执行该判决。塞尔维亚司法部根据双边和多边条约建立了承认外国判决的国家名单，名单上国家的法院判决可以在塞尔维亚执行。

塞尔维亚未与中国签署民商事司法互助协定。

三、金融法律制度

（一）银行准入法律制度

塞尔维亚国家银行（以下简称塞央行）负责该国银行业的监管。塞央行允许外国银行到塞尔维亚设立代表处和分支机构，但代表处不能开展业务，分支机构则无业务范围限制。外国银行在塞尔维亚设立分支机构须向塞央行提出申请，得到许可后才能取得营业执照。外国银行设立分支机构后应在8天内向塞央行提供该分支机构的主营业务范围，如果有变化应当立即通知塞央行。

塞尔维亚对所有外资金融机构实行国民待遇，对外资金融机构经营本国货币无特殊限制。总体而言，塞尔维亚金融机构准入门槛较低。

（二）担保法律制度

塞尔维亚担保法律制度的主要依据是《抵押法》。塞尔维亚新版《抵押法》已于2006年2月25日生效。在该法下，除了传统的拥有完整所有权的土地、建筑、公寓等可用于抵押外，租赁的有建设使用权的土地以及取得建设许可的已搭建的建筑物结构或不动产已建成的部分也可以用于抵押。抵押不动产需要土地登记簿或地籍簿。针对抵押登记，新法引入了中央抵押登记系统，该公共基础数据库可以录入所有抵押信息，以及相关的地籍簿及土地登记簿。

此外，塞尔维亚关于租赁、承包经营基础设施或建筑工程的担保需要满足以下条件：

1. 信誉良好的银行出具租赁保函,为租赁项目投资预算的 10%
2. 履约保函,为投资预算的 10%
3. 过失责任保函,为投资预算的 5%
4. 由协议确定的租赁者履约抵押金

四、投资法律制度

(一)企业类型概述

塞尔维亚新《公司法》于 2004 年 11 月颁布生效。依据该法,外国投资者可以下列形式组建公司:一般合伙公司、有限合伙公司(合作伙伴方式)、有限责任公司、合股公司(资本联合方式)。除此之外,外国公司还可在塞尔维亚设立分支机构和代表处。

企业类型	特点
一般合伙公司	1. 成员要求:由 2 个或更多的法人或自然人组成。 2. 出资方式:可以现金、财产和权益的方式出资,还可以劳务和服务的方式出资。 3. 投资数额要求:对投资的上下限没有要求
有限合伙公司	1. 成员要求:至少有一个成员(一般合伙人)对合伙公司负无限责任,至少有一个成员(有限合伙人)只对他的权益价值负责。一般合伙人和有限合伙人都可以是一个自然人或法人。 2. 出资方式:可以现金、财产和权益的方式出资,还可以劳务和服务的方式出资。 3. 投资数额要求:对投资的上下限没有要求
有限责任公司	1. 成员要求:由 1 ~50 个法人或自然人组成。 2. 出资方式:既可以以现金、财产和权益的方式出资,还可以劳务和服务的方式出资,但服务是指已经实施的服务,不是指将来要实施的服务。 3. 出资数额要求:,对每个成员的下限没有限制。初期资本的现金部分的数额至少不少于相当于 500 欧元的第纳尔至少 50% 的初期资本在公司成立之前支付,其余 50% 需在公司成立的两年内支付
合股公司	1. 成员要求:由 1 个或更多的法人或自然人同时组成(购买公司的全部股票),2 个或更多的公司相继组成(发布第三方加入的计划书)。不公开合股公司股票持有者的最多数量 100 名,超过 100 名,必须为公开合股公司。 2. 出资方式:每个成员可以现金、财产和权益的方式出资,但不能以劳务和服务的方式出资。 3. 出资数额要求:对不公开合股公司,最少初期资本为相当于 10,000 欧元的第纳尔,对公开合股公司,最少初期资本为相当于 25,000 欧元的第纳尔。每个股东的创建资本至少有 50% 在公司成立之前支付,另外 50% 需在两年内支付

一般合伙公司、有限合伙公司、有限责任公司、合股公司、合作公司和合作协会及其他法律规定的需要注册的实体，需要在塞尔维亚商业实体（公司）注册署申请注册，注册公司的程序由《公司注册法》和《公司注册署法》予以规定。

除上述企业类型外，根据塞尔维亚相关法律制度，外国个人或者实体可以在塞尔维亚设立代表处或者分公司。

根据塞尔维亚《公司法》，任何外国个人或实体，可单独或与另一外国个人或实体共同设立代表处。代表处是外国投资者的一个组成部分，无法人地位，但有责任遵照其所在国的法律从事活动。代表处按设立人的指示进行工作，它的主要作用是进行商业、金融、银行和保险业的市场调查，以及合同执行前的初始准备工作。塞尔维亚国家经济关系部作为主管单位，办理申请建立代表处的审批工作。建立代表处需要提出申请，申请内容包括：创建人名称和地址、代表处名称和注册地址、业务范围、经理名称、雇员人数等。

另外，根据《公司法》，国外实体可在塞尔维亚设立分公司。分公司作为商业实体（公司）的一个组成部分，不是一个独立的法人，应以创建人或母公司的名称和账户开展业务。

（二）特定行业及领域法律情况

由于塞尔维亚内部自主投资能力较弱，在大型基础设施项目等领域对外国资本的依赖度较大，因此公私合作是塞尔维亚一项重要的吸引外国投资的方式。此外，塞尔维亚处于欧洲和亚洲的十字路口，交通便利，其自由贸易区潜力较大，相关法律制度的变化情况会对外国投资者有较大影响。

1. 公私合作（PPP）投资法律情况

外国投资可以通过公私合作（PPP）的形式来实现。在塞尔维亚，PPP 领域最重要的法律就是《公私合作法》，该法于 2011 年 11 月发布在《塞尔维亚共和国政府公报》（第 88/11 号）上。根据本法，“PPP”是公共和私人伙伴之间的长期合作，其目的是对于基础设施和其他涉及公共利益的设施提供融资、建筑、重建、管理或维护，以及提供公共服务。本法确定了两种类型的 PPP，即契约性 PPP 和制度化 PPP。在契约性 PPP 模式中，公共和私人合作伙伴之间的相互关系由 PPP 合同规定；制度化 PPP 模式则将公共和私人伙伴之间的关系固定为某种特定模式。

根据前述法律的要求，私营合作伙伴可以通过公共采购程序或者授予特许权的程序确定。其中，授予某个企业特许权往往采取由公共合作伙伴和私人合作伙伴签订公共合同的方式。根据《公私合作法》，特许权可以授予开采自然资源的项目或者是以公众利益为目的的项目。合同期限为 5 年至 50 年不等，其他法律法规对特定领域特许权合同期限另有规定的除外。合同期满后，当事方可以按法律规定的程序签订新的合同。

作为公共合作伙伴并有权授予特许权的机关应为由法律规定享有授权资格的实体,包括:塞尔维亚共和国政府,自治省政府,地方自治议会或者国有企业等。参与公共合同的私人合作伙伴可以是外国或本地的实体或自然人。

2. 塞尔维亚自由贸易区法律情况

自由贸易区为塞尔维亚共和国境内划出的特定区域,在该区域可以开展生产、储存、装卸、包装、运输、航运服务、银行、海关和其他行政任务在内的所有服务。每个自由贸易区必须进行明确地标记,并且可以包含若干个功能区。在自由贸易区进行生产及服务要求对环境、人类健康、物质产品和国家安全不产生危害。

塞尔维亚对自由贸易区中所开展的生产和服务活动给予一定的激励措施,并在法律中规定外国投资者可以获得国民待遇。这意味着,所有在塞尔维亚进行投资的法定实体和自然人,应该享有与当地公司同等的、充分的法律保障和保护。此外,塞尔维亚自由贸易区还通过海关、税收、经济等方面的激励措施,帮助企业节省经营成本,增加收入,对吸引外资发挥了积极作用。

在自由贸易区中,企业可以自由进口或出口货物和服务,不受数量限制,但是所有被法律禁止进出口的货物,包括毒品、武器、化学品等除外。

整体而言,规范自由贸易区的相关规定包括:

法律	1.《自由贸易区法》 2.《海关法》 3.《海关关税法》 4.《增值税法》 5.《公司利润税法》 6.《国际贸易法》
法规	7. 关于评估经济可行性详细标准(针对自由贸易区)的法规 8. 与已被海关批准的货物处理的相关法规 9. 2015 年海关关税税则协调的相关法规
规则手册	10. 关于自由贸易园区运营报告形式和内容的规则手册 11. 行使增值税免税程序的规则手册

另外,自由贸易区在增值税方面实行优惠政策,具体包括:第一,针对具有扣除进项税权的货物,实行税收减免;第二,除用于消费的商品之外,对自由贸易区的货物,不征收增值税;第三,针对货物进口,实行税收减免。

(三)外汇管制

根据塞尔维亚《外汇法》的相关规定,塞尔维亚外汇管制具体情况如下表所示:

与外汇有关的行为	相关管制规定
外汇支配	企业可以将出口商品和劳务所创外汇存放在外汇账户上并自由支配。拥有外国人股金的企业可将外汇存放在授权银行的外汇账户上,并根据合同的约定自由支配
外汇市场和第纳尔汇率	外汇在统一的外汇市场上进行买卖;第纳尔汇率是统一的,并适用于全部对外经济交易和国内的外汇买卖
外汇支付和收款	外汇支付和收款以外汇或第纳尔为单位,通过授权银行采用国际通常的方式进行。对外债务和债权的折抵须经塞尔维亚人民银行批准。商品和劳务出口最长须在60天内收款;塞尔维亚人民银行可以批准将收款期限延长至150天
利润汇入国内	在国外从事经济活动并创造利润的企业,必须在通过年度结算后的60天内将30%的利润汇回国内
国外汇款	企业在履行了所有下列义务后可向国外的外国银行自由汇款:1. 利润税;2. 废除合同需向企业归还股金;3. 企业停止工作后归还净资产股份;4. 出售外汇购入第纳尔或出售商品和劳务购入第纳尔。 外汇可被自由携入塞尔维亚;通过邮递方式携带第纳尔、以第纳尔标价的有价证券出入境以及携带外币或以外币标价的有价证券出入境,须按照塞尔维亚人民银行的规定进行;企业须服从塞尔维亚人民银行和海关机构的外汇检查

(四)税收制度

根据塞尔维亚相关税收法律制度的规定,塞尔维亚的主要税种包括公司营业税、个人所得税等。

公司营业税的纳税人包括注册的股份公司、有限责任公司、一般合伙人、有限合伙人、社会所有制公司、合作制企业或任何从货物销售和市场服务中获取收入的其他实体。营业税的纳税主体分为居民和非居民两类:在塞尔维亚注册或在塞尔维亚有企业管理或控制中心的法人,被视为是塞尔维亚的居民,需要对源自塞尔维亚和世界其他国家的收入纳税;非居民只需要对来源于塞尔维亚永久性业务的收入纳税。公司营业税的税基是根据国际财务报告准则和结算法确定的盈亏财务报表,以及根据公司所得税法的有关条款评估的纳税人的结算利润。

个人所得税的纳税人包括塞尔维亚的居民或非居民。居民对他们在全球的收入纳税,而非居民只对在塞尔维亚的收入纳税。个人所得税税率是累进计算的,计税基数的确定取决于收入的类型。就业收入要缴纳14%固定税率的预提税,计税基数为包括附加福利在内的毛数额。其他收入,如版税、业务收入、农业和林业收入、不动产收入、资本收益和杂项收入都按固定税率纳税,范围在14%到20%。满足下列条件的自然人为塞尔维亚居民:在塞尔维亚有住处,或在塞尔维亚有通常的住所;在塞尔维亚有他们的业务中心和非常重要的产业;或被派往国外为塞尔维亚居民法人、塞尔维亚自然人或国际组织从事业务活动。

塞尔维亚的税收体系还就新业务开辟和关联企业设立了一些特别规定。例如,在公司营业税中规定,如果发达地区的公司在新开辟的业务中获得利润,则有权在两年期间内按总利润的分摊比例减少税负。塞尔维亚允许在某集团公司所有成员都是塞尔维亚居民、且一个公司直接或间接控制另一公司至少75%股份的情况下,对该集团公司征收综合税。同时,塞尔维亚税法中还有关于资本弱化、转让定价等税收政策的相关规定。

根据塞尔维亚关于避免双重征税的规定,当一个公司在另一国家被征税时有权提出税收抵减的要求。税收抵减数额相当于在其他国家支付的税款,但它不能超出已在塞尔维亚纳税的总额。如果塞尔维亚需要对非居民的某些支付(股息、股票利润、版税、利息、资本收益、房地产和其他资产的租赁支付)征收20%的预提税,此时双重征税条约有关预提税的条款可以适用,但非居民必须证明自己居住在上述条约所包括的国家内,并提交该国出具的有效证明文件。

五、法律风险评价

(一)营商环境整体较好

根据2015年世界银行营商环境指南提供的数据,在世界189个国家和地区中,塞尔维亚在公司注册、工程承包、电力获取、财产登记、信贷获取等方面分别排名第66位、第186位、第84位、第72位和第52位,大约处于世界中等水平。同时该国征信局的覆盖率达到100%,保证相关企业能够及时充分获得有效的信用信息。因此,塞尔维亚营商环境整体较好,但也存在一些有待改进之处,例如在工程承包方面,在塞尔维亚获得工程承包许可需要经过16道程序,平均耗时为264天,导致投资方时间成本较高,对于业务开展可能存在一定负面影响。(见下表)

建筑许可		信贷获取	
程序个数	16	法律权利强度(0~12)	5
时间(日)	264	信用信息获取度(0~8)	7
成本(占单位收入的百分比)	25.7	征信局覆盖率	100.0

数据来源:2015年世界银行营商环境指南。

(二)合同执行成本和破产处置成本适中

根据2015年世界银行营商环境指南提供的数据,塞尔维亚的合同强制执行效率在世界189个国家和地区中排名第96位,破产处置效率排名第48位。其中,强制执行合同所需的时间为635个工作日,同时还需要经过36道程序,远远超过大部分欧洲国家的执法成本,与世界平均水平相当。在企业退出机制上,在塞尔维亚完成破产处置程序需要两年左右的时间,处在中等水平。因此,塞尔维亚合同执行和破产退出效率适中,对塞尔维亚投资可以在一定程度上获得相应保障。(见下表)

合同强制执行	塞尔维亚	欧洲及中亚地区	经合组织
时间(天)	635.0	448.1	539.5
成本(占标的额的百分比)	16.4	25.2	21.4
程序(个)	36.0	37.0	31.5
破产处置	塞尔维亚	欧洲及中亚地区	经合组织
时间(年)	2.0	2.3	1.7
成本(占资产价值的百分比)	20.0	13.3	8.8
回收率(每美元美分数)	29.2	37.7	71.9

数据来源:2015年世界银行营商环境指南。

(三)税务负担较重

塞尔维亚税制较为复杂,对于不同纳税实体规定的税种和纳税方式多种多样,构成要件也多有不同,针对特定行业或领域还存在不少特殊规定,大大加重了企业的税务负担。以纳税次数为例,塞尔维亚企业申报纳税次数平均高达67次。根据2015年世界银行营商环境指南提供的数据,塞尔维亚在税收方面排在全球189个国家和地区的第165位,属于税收负担最重的国家之一。(见下表)

税收指标	塞尔维亚	欧洲及中亚地区	经合组织
纳税(次)	67.0	20.5	11.8
时间(小时)	279.0	234.3	175.4
应税总额(占利润百分比)	38.6	34.9	41.3

数据来源:2015年世界银行营商环境指南。

黑　　山

Montenegro

——大国博弈下的多山之国

黑山基本情况

国家名称（中英文）	黑山（Montenegro）		
人口（百万）	0.62	人口增长率（年均%）	0.1
领土面积（千平方公里）	13.8	主要民族	黑山族、塞尔维亚族
官方语言	黑山语	主要宗教信仰	东正教
政体	议会共和制	主要政党	社会主义者民主党、民主阵线、社会主义人民党
GDP（十亿美元）	3.99	GDP 增长率（年均%）	3.4
国民总收入（十亿美元）	4.5	人均国民收入（美元）	7240
通货膨胀率（年均%）	0.7	外国直接投资净流入（百万美元）	—
外债（百万美元）	—	总偿债额占出口贸易和收入的比率	—

数据来源：2015 年世界发展指标数据库。

一、国情简介

黑山位于欧洲巴尔干半岛中西部，东南与阿尔巴尼亚、东北部与塞尔维亚相连，西北与波黑和克罗地亚接壤。西南部地区濒临亚得里亚海，海岸线长 293 公里。黑山国家较小，国土面积为 13,812 平方公里，首都为波德戈里察。黑山为多民族国家，其中黑山族约占 43.16%，塞尔维亚族约占 31.99%，波什尼亚克族约占 7.77%，阿尔巴尼亚族约占 5.03%，官方语言为黑山语，同时可以使用塞尔维亚语、阿尔巴尼亚语、波斯尼亚语和克罗地亚语。该国的主要宗教是东正教。黑山自 2006 年独立以来，政局基本保持稳定，经济状况有所改善，其未来的主要风险来自国内政治问题以及国际社会的外部影响。

（一）政治概况

黑山实行议会共和制。议会是其国家立法机构，实行一院制。根据黑山宪法的规定，议会行使以下职权：制定宪法和法律；制定其他法规和条例；宣布国家进入战争或紧急状态；制定黑山国家及区域发展规划等。本届议会于2012年11月6日组成，共有81个议席。议员通过直接选举产生，任期4年。黑山政府为国家权力执行机构，本届政府于2012年12月就职，由社会主义者民主党、社会民主党、阿尔巴尼亚族民主联盟、波什尼亚克族党和克罗地亚公民倡议党等成员组成。司法机构独立行使司法权，该国设有宪法法院、最高法院、行政法院、上诉法院、经济法院、中级法院和初级法院等司法机构。

黑山为多党制国家，该国主要的政党有社会主义者民主党、民主阵线、社会主义人民党、积极的黑山党、社会民主党、波什尼亚克党、黑山民主党等。

（二）经济概况

黑山是欧洲较为落后的国家。前南斯拉夫解体后，黑山因受战乱、国际制裁影响，经济一路下滑。自2006年独立以来，随着外部环境的改善及各项经济改革的推进，黑山经济逐渐恢复，总体呈现增长态势。

从经济结构上看，旅游、建筑等产业是黑山经济的重要组成部分。黑山森林和水利资源丰富，森林覆盖面积为54万公顷，约占黑山总面积的39.4%，矿产资源也较为丰富，约有3600万吨铝矾土矿石及3.5亿吨褐煤。黑山主要工业部门有采矿、建筑、冶金、食品加工、电力及木材加工等；其服务业相对发达，年产值与工业产值相当；旅游业是黑山主要外汇收入来源。近年来该国着力吸引外国投资者参与新建投资和大型基础设施项目，以促进经济持续发展。

（三）外交政策

黑山将融入欧洲—大西洋一体化进程作为首要战略目标，重视发展同大国的关系，奉行睦邻友好政策，致力于促进地区和平与稳定，截至2015年3月，已有178个国家同黑山建立外交关系。黑山一直将“加盟入约”作为其重要目标，2008年年底，黑山正式申请加入欧盟；2009年底，欧盟免除黑山公民申根签证；2010年12月，黑山获得欧盟候选国地位；2012年6月，正式启动入盟谈判。另外，2016年5月19日，黑山与北大西洋公约组织在北约总部布鲁塞尔签署“入约”协议。如一切顺利，黑山将于18个月之后正式成为北大西洋公约组织的第29个成员国。

2006年6月3日，黑山宣布独立；6月14日，中国宣布承认黑山共和国；7月6日，中黑两国建交，并在北京签署了《中华人民共和国和黑山共和国建立外交关系联合公报》。建交后，两国关系发展良好，政治互信不断增强，双方在经贸、文化、旅游等各领域交流与合作成效显著。两国外交部建有磋商机制。

二、法律概览

(一)法律体系

黑山的法律体系起源于欧洲大陆法,主要包括宪法、法律和其他法律法规。黑山独立后首部宪法于2007年10月19日经议会审议通过,并于10月22日正式生效。

(二)司法协助

黑山2006年成为《纽约公约》缔约国,黑山政府承认并执行外国的仲裁裁决,但做出了互惠原则的保留声明,且该国适用《纽约公约》仅限于公约生效后公布的那些仲裁裁决。另外,黑山适用《纽约公约》仅限于根据其国内法被认为属于商业性质的法律关系。

三、金融法律制度

(一)银行准入与监管法律制度

黑山《银行法》规定了银行以及小额贷款金融机构、信用合作团体的成立、管理、经营及监管规则,规定了上述主体的经营目标应为保持银行系统安全稳健和保护投资者。

在黑山开展银行业务、参与银行活动必须经过黑山中央银行许可。外国银行经向黑山中央银行申请并获得许可后,可以在黑山设立分支机构开展业务。

黑山中央银行在颁发许可时会考虑以下因素:

1. 申请者的财务状况;
2. 申请者所有权结构的透明度;
3. 申请者财务报表的透明度与公正性;
4. 申请者金融投资的透明度;
5. 其他对于银行风险管理规则的修改有影响的重要因素。

获得许可后,银行可开展以下业务:

银行可开展的业务	
1	签发保函及承担其他表外义务
2	购买、销售或收集债权(如应收账款等)
3	发行、构造及记录支付工具
4	依法开展国内外支付义务
5	融资租赁

续表

6	依法开展证券业务
7	以其自有账户或为客户账户交易外汇资金或金融衍生工具
8	安全保护业务
9	对于法人或企业以及其他与经营相关的问题出具关于信贷价值的分析、信息和建议
10	提供保险箱
11	其他与银行运营相关的辅助性活动

银行亦可开展其他业务，但需要预先获得黑山中央银行的许可。

外国银行应当在申请通过后60日内设立分支机构，并且在注册后60日内开展业务。分支机构与母行同样需要满足资本充足率等监管要求。

(二)主权豁免

根据黑山《宪法》规定，黑山政府享有主权豁免，国会成员同样享受豁免，不得因其履行职务时公开表达的观点而被起诉。总统、首相、最高法院院长以及宪法法院法官享受同等豁免权。

四、投资法律制度

黑山的投资主管机构是联邦贸易部。目前，在黑山从事经济活动的法律依据是《外商投资法》，该法对外商投资者的权利、义务、投资形式做出了规定，并且规定外商投资者在黑山境内与当地投资者享有相同的待遇。

(一)企业法律制度

《外商投资法》规定了外商投资者可以外商独资企业、合营企业的形式在黑山境内进行投资。

(二)特定行业与领域法律情况

在武器生产和武器销售领域和被法律禁止设立公司的地区，外商投资者不能单独或合伙设立公司。但是外商投资者可以在最高持股不超过49%的情况下，与当地公司联营或者投资从事上述行业的当地公司。在国防、教育、科学、文化和运动领域的投资须事先经相关管理部门同意。在黑山境内的投资须在联邦贸易部进行登记，投资者应当自投资合同签订之日起30日内向联邦贸易部提出申请。

(三)外汇管制

外国投资者有权自由地转让投资利润，可利用利润进行再投资；也可以利用投资利润兑换外币，有权将外汇汇出黑山。外国投资者的资产不被征用或国有化。

五、法律风险评价

（一）营商环境较好

黑山的营商环境整体较好，但在某些方面仍有待改善。根据2015年世界银行营商环境指南提供的数据，黑山的营商环境在189个国家和地区中排名第35位。其中，黑山在公司注册、电力获取、财产登记、信贷取得、保护少数投资者等方面表现较好，分别排名第56位、第63位、第87位、第4位、第43位，在信贷取得方面比较出色。然而在办理施工许可证方面排名138位，平均需要158天，成本达12.2%。（见下表）

公司注册		办理施工许可证		财产登记	
程序个数	6	程序个数	8	程序个数	6
时间（日）	10	时间（日）	158	时间（日）	69
成本（占单位收入的百分比）	1.6	成本（占项目投入的百分比）	12.2	成本（占财产价值的百分比）	3.1
最低注册资本	0.0				

数据来源：2015年世界银行营商环境指南。

（二）合同执行成本较高，破产处置成本较低

黑山的合同执行成本较高，强制执行效率处于世界下游水平。根据2015年世界银行营商环境指南提供的数据，黑山的合同强制执行效率在世界189个国家和地区中仅排名136位。但是黑山的破产处置成本不高，在189个国家和地区中排名33位，处于中上游水平，企业退出市场相对容易。在黑山平均一个破产程序只需要经历1.4年，回收率达到48.4%，高于欧洲及中亚地区的平均水平。考虑到黑山较低的执行效率，拟向黑山投资的企业需做好应对准备。（见下表）

合同强制执行	黑山	欧洲及中亚地区	经合组织
时间（日）	545	448.1	539.5
成本（占标的额的百分比）	25.7	25.2	21.4
程序（个）	49	37.0	31.5
破产处置	黑山	欧洲及中亚地区	经合组织
时间（年）	1.4	2.3	1.7
成本（占资产价值的百分比）	8	13.3	8.8
回收率（每美元美分数）	48.4	37.7	71.9

数据来源：2015年世界银行营商环境指南。

（三）进出口贸易的法律环境较为轻松

黑山进出口贸易的法律环境较为轻松，主要得益于该国政府对跨境贸易持积极开放的态度。根据 2015 年世界银行营商环境指南提供的数据，黑山的跨境贸易难易度在全世界 189 个国家和地区中排在第 52 位，处于中等偏上水平。在黑山进口贸易平均仅需 7 份文件，进出口时间皆不超过 30 天，高于世界平均水平。尤其是黑山政府近些年来对于外资、跨境贸易持欢迎态度，在积极的政策推动下，黑山的投资与贸易环境值得期待。（见下表）

黑山跨境贸易	
出口所需文件数	4
出口时间（日）	22
出口成本（每集装箱/美元）	1080
进口所需文件数	7
进口时间（日）	30
进口成本（每集装箱/美元）	1365

数据来源：2015 年世界银行营商环境指南。

马其顿共和国

The Republic of Macedonia

——历史辉煌的巴尔干之鹰

马其顿共和国基本情况

国家名称（中英文）	马其顿共和国（The Republic of Macedonia）		
人口（百万）	2.08	人口增长率（年均%）	0.1
领土面积（千平方公里）	25.7	主要民族	马其顿族、阿尔巴尼亚族
官方语言	马其顿语	主要宗教信仰	东正教
政体	议会制	主要政党	马其顿内部革命组织、社会民主联盟、阿尔巴尼亚族融合民主联盟
GDP（十亿美元）	10.09	GDP 增长率（年均%）	3.7
国民总收入（十亿美元）	10.67	人均国民收入（美元）	5140
通货膨胀率（年均%）	2.8	外国直接投资净流入（百万美元）	193
外债（百万美元）	7241	总偿债额占出口贸易和收入的比率	17.6

数据来源：2015 年世界发展指标数据库。

一、国情简介

马其顿共和国（以下简称“马其顿”）位于欧洲巴尔干半岛中部，主要民族包括马其顿族（64.18%）、阿尔巴尼亚族（25.17%）、土耳其族（3.85%）、罗姆族（2.66%）和塞尔维亚族（1.78%）。该国居民多数信奉东正教，少数信奉伊斯兰教。从政治、经济、外交等因素综合来看，马其顿如何应对马其顿族及阿尔巴尼亚族的矛盾、如何有效改善商业投资环境是促进经济持续发展的重要前提。

（一）政治概况

马其顿为议会民主制国家，总统为国家元首及武装部队最高统帅。马其顿议会为国家最高立法机构，议员通过直选产生，任期 4 年。近年来，马其顿国内政局基本保持稳定。2009 年 3 月，马其顿举行总统选举。内部革命组织民族统一民主党候选人格奥尔盖·伊万诺夫当选。2011 年 6 月,马其顿提前举行议会选举,以内部革命组织为首的竞选联盟再次获胜。2014 年大选以来,马其顿执政党与反对党的矛盾持续发酵。

(二)经济概况

马其顿独立后,经济深受前南斯拉夫危机影响,后又因国内安全形势恶化再遭重创。近年来,该国政府致力于实施结构性改革,推行紧缩的货币政策,推动私有化并力图改善商业环境。随着各项改革措施的推进和国内外环境的改善,马其顿经济有所恢复和发展。2015 年马其顿 GDP 总量为 5601.48 亿马其顿第纳尔,同比增长 6.6%,为巴尔干地区经济增速最快的国家。据国际货币基金组织分析,2016 年马其顿经济增长速度有望继续保持 3% 以上。

(三)外交政策

马其顿外交的重要目标是加入欧盟及北约,该国不存在显著的外部安全问题。不过,希腊与马其顿的"国名之争"至今仍未得出结果。在欧盟与俄罗斯关系紧张的情况下,马其顿现政府公开表示支持俄罗斯,此举可能引发一些欧洲国家的不满。

1993 年 4 月 7 日,联合国大会通过决议,同意以"前南斯拉夫马其顿共和国"的临时国名接纳马其顿为联合国成员,中国投赞成票。同年 10 月 12 日,中马两国在纽约签署《中华人民共和国和马其顿共和国建交联合公报》,两国建立大使级外交关系,并在两国外交部建立磋商机制。

二、法律概览

(一)法律体系

马其顿法律体系相对健全,近年来,随着加入欧盟进程的不断推进,马其顿法律法规日益与欧盟接轨,其中与经济、贸易相关的法律较为完备。此外,马其顿自 1991 年《宪法》通过以来,历经两次修改,进一步扩大了阿尔巴尼亚族的自治权利,为通过法治方式消解民族矛盾做出了贡献。总体而言,马其顿法律体系较为完备,国有化和征收可能性较低,汇兑限制风险不大,司法体系较为健全,但运行效率偏低。

(二)司法协助

马其顿国际私法中规定了法院及马其顿其他权力机构的司法权及其对外国法庭判决的承认度。马其顿法院按照法定流程承认和执行外国法院判决,一旦该判决被认可,其法律效力与国内法院判决的效力相同。

马其顿是《承认及执行外国仲裁裁决公约》(即《纽约公约》)的成员国,其成员国地位自 1994 年 10 月 3 日起继承。初期,马其顿声明仅接受发生在其他成员国领土内的裁决,但自从 2009 年 9 月 16 日之后,马其顿撤销了该声明。另外,该公约仅适用于因法律问题引起的纠纷,并仅在公约生效后执行相关仲裁裁决。

(三)司法效率及其他事项

1. 审判时限

从当地法院或终审判决的一般时限来看,一个典型的诉讼案件在进入初级法院之前需要经历6~18个月不等的时间;进入上诉法院前,一般需要经过4~10个月不等的时间。完成上述法律程序后,需提交一个非法律救济申请,最高法院需要10个月时间完成新判决。

2. 国有化、征收和征用

马其顿没有国有化问题,在公众同意的情况下,为建设一些公共设施或进行其他工作,可能会征收或征用部分土地、建筑或其他财产,该种行为受马其顿《征用法》的约束。此外,马其顿《宪法》还规定,如果财产被征用或限制,当事人将获得不低于市场价值的相应补偿。

三、金融法律制度

近年来,马其顿政府推行紧缩的货币政策,也有意对改善国内商业环境、提高政府透明度等相关配套措施进行改革,其总体金融环境有了很大改善。与之相对应,马其顿金融法律制度较为齐全。

(一)银行准入与监管法律制度

1. 外国银行设立要求

外国银行(或其分行)必须在马其顿境内注册后才能向马其顿国内客户提供银行业服务,但是对在马其顿境内的外国客户除外。在马其顿境内成立及运营银行必须遵守马其顿《银行法》。根据该法规定,在马其顿成立银行应当满足以下基本要求:

1	必须成立合资公司(《银行法》第13条第1部分)
2	名义注册资本不得低于3.1亿第纳尔(约合510万欧元),注册资金必须注入马其顿国民银行账户(《银行法》第14条)
3	对于股东国籍及出身没有限制(《银行法》第13条第1部分)
4	银行在正式运营前必须满足的条件如下: 获得马其顿国民银行主席授予的开业和运营许可(《银行法》第16~20条) 携合资公司的许可证在马其顿注册中心的贸易注册处登记(《银行法》第21条)

2. 外国银行分行设立要求

外国银行在马其顿境内筹建分行需要满足以下条件:

(1)拥有至少1.2亿第纳尔(约合196.7万欧元)的可支配资金;

(2)开展业务必须遵守马其顿法律;

(3)分行有权以其总行的名义提供银行业服务;

(4)外国银行以其全部资产为分行运作提供保证;

(5)外国银行分行必须有两个及两个以上人员维持运营,且经过马其顿国民银行的认可。其中一人必须掌握马其顿语或斯拉夫语,并且拥有马其顿永久居留权。

3. 外国银行设立程序

根据马其顿《银行法》规定,外国银行及其分支机构在该国的设立程序如下表所示:

外国银行设立程序		
行为方	操作步骤	时限
投资方(银行创始人)	向马其顿国民银行主席提交开业及运营许可的申请	无
马其顿国民银行主席	授予临时开业及运营许可/拒绝申请	在收到完整申请材料后 90 天内,或者在接受申请的 180 天内
投资方(银行创始人)	完成临时许可上的要求:缴纳注册资金;编制公司章程;除了公司监事会和董事会成员外,明确其他相关责任人的权利及义务,提供其身份信息、教育背景、履历和职业背景等信息;编制雇佣计划,包括资格认证体系和银行员工培训计划;租用或购置办公场所、办公设备和其他硬件设施;编制书面的公司运营制度和银行业务流程;完成公司审计	在获取临时许可的 180 天内
投资方(银行创始人)	将筹备完成的相关证明发送至马其顿国民银行主席	在获取临时许可的 180 天内
马其顿国民银行主席	授予开业及运营许可/拒绝申请	在收到完整材料的 60 天内,或在收到不完整材料的 90 天内
投资方(银行创始人)	将银行的开业情况在马其顿注册中心的贸易注册处登记	在获得开业及运营许可后 15 天内
银行(新成立)	开始按照许可要求正常营业	在获得开业及运营许可后 90 天内
外国银行设立分支机构程序		
行为方	操作步骤	时限
外国银行	向马其顿国民银行主席提交申请开业及运营许可的申请	
马其顿国民银行主席	授予运营许可/拒绝申请	收到申请后 30 天内
外国银行	办理分支机构登记手续	

4. 注意事项

未经注册的外国银行或其分支机构不能在马其顿经营业务。按照马其顿《银行法》，外国银行或其分支机构必须在马其顿境内注册并且有固定办公场所才能合法地提供相关银行服务。

5. 监管要求

马其顿《银行法》第52条规定，对于外国银行在马其顿境内新设的分支机构由外国银行总部相关部门及马其顿国民银行共同执行监管。

（二）担保法律制度

1. 担保体系

根据马其顿法律，银行可通过下述措施确保其权益：获取客户关于执行其账户收入的承诺，并冻结其三分之一的薪水收入；要求客户提供相应保证人；设置抵质押担保，抵质押物可以为存款、有价证券、工业产权、车辆或其他资产、不动产等形式。境外银行获得当地担保权益无限制性或禁止性规定。

2. 担保设立

根据马其顿法律，可以通过以下两种方式设立担保：

（1）占有式。在签署合同后，抵押、质押人将标的资产的所有权让渡给抵押权人或质押权人。这种形式的抵质押不强制要求在抵质押登记处注册登记，当事人可自愿登记。如该种占有式抵（质）押以债券形式设立，且抵（质）押关系第三方利益，则必须在抵质押成立前告知该第三方。

（2）登记式。在签署合同后，抵质押人保留标的资产的所有权，但必须进行抵（质）押评估，并完成抵（质）押登记。这种模式需要签署正式的书面合同，经过官方公证部门的公证，并在登记部门完成登记。如果抵（质）押物为不动产，则只能采用登记式抵（质）押。

3. 担保效力与顺位

如果有不同的主体要求执行担保物，按照如下规则确定偿付顺序：

（1）经过登记的担保物对应的担保权人在申请执行时具有优先权；

（2）若多个担保权人对同一担保物要求执行，按照申请执行时间的先后确定优先顺序，账户质押的执行也适用相同规定；

（3）在具有优先权的担保权人完成其权利行使前，之后的担保权人不得行使其权利。

4. 登记要求

有些担保措施必须在相关部门进行登记：

（1）对于动产为标的的担保，机动车、专利、产权需在马其顿中央登记局抵质押登记处登记；

（2）对于不动产为标的的担保，登记处按照登记人名称和登记物品名称对抵质押物完成登记，并根据申请要求向第三方提供相关抵质押品的相关信息。抵质押登记处依据马其顿《契约型抵质押法》办理业务。不动产登记机构依据马其顿《不动产法》办理业务。

5. 主权担保

根据《马其顿公共债务法》（马其顿共和国官方公报 No. 6/12），要求获得主权担保进行融资的项目必须满足以下条件：一是符合马其顿政府的整体战略导向；二是证明该笔资金用于向马其顿提供公共服务；三是提供配套资金以确保项目的可持续性；四是自身具有偿付能力（偿付公共债务）的项目在申请时享有优先权。

6. 担保执行

通常情况下，当债务人无法履行其偿债义务，可根据合同强制执行相关担保措施。如果合同中没有明确规定相关担保措施的强制执行，银行可以采取以下措施保证其债权：补签合同并在其中增加关于担保执行的条款或文件（新增的执行内容必须经过公证），在添加完成有关担保的执行条款或文件后，可以在法院介入前采取行政执行程序；但在获得法院判决后，银行还是有权要求采取行政执行程序以获得补偿。《诉讼法》和《行政执行程序法》都适用于上述情况。

（三）法律适用

1. 合同法律适用

根据马其顿法律规定，在涉外合同中可以适用外国法，除非法律或国际协议另有规定。一份合同的适用法律可以由签约双方共同选择，必须在合同中做出明确表示。法院会根据合同所选法律对合同的有效性进行评估。

2. 其他法律适用规定（见下表）

所涉主题	具体内容	法规规定
排除适用	若外国法有违马其顿公共秩序规定	不适用该外国法
法律适用规则	关于不动产交易的合同	适用不动产所在国的法律
	关于知识产权的非合同责任损害	适用侵害权利发生地所在国的法律

四、投资法律制度

马其顿投资法律环境较好，近年来，马其顿不断完善税收立法，实行统一税率且税负较轻，为欧洲所得税最低的国家之一。同时，马其顿外汇市场较为开放，政府出台投资计划以刺激外国投资者投资，对外国企业坚持国民待遇和非歧视原则；此外，该国大力改造基础设施,升级全国公路铁路运输网,竭力为经济发展提供良好的物质和制度条件。

(一)企业相关法律制度

1. 企业类型

根据马其顿政府1996年《企业法》规定,外国投资者在马其顿享受国民待遇,外国法人和自然人均可在马其顿境内注册包括有限责任公司、股份公司、控股公司、无限责任公司在内的各类公司。同时,外国公司还可在该国设立子公司或代表处。外国自然人可在该国从事个体手工业活动,也可以独立商人的身份注册一个公司。

(1)企业设立要求

马其顿《企业法》对有限责任公司和股份公司设立的具体要求如下:

有限责任公司
1. 可以由自然人单独组建,无须该国政府部门的批准
2. 注册资本应不少于3000美元
3. 公司章程应包括如下内容:公司创建人的姓名、国籍、住址(若公司发起人是法人,则应标明其注册名和地址);公司的注册名和地址;公司的业务范围;公司的总注册资本和各发起人的投资比例,若以设备和知识产权作为资本投入,则应标明其价值;利润的分配方式及亏损的负担方式;公司的经营管理机构;公司创建人的权利与义务
股份公司
1. 应由两个或两个以上股东组成。若通过公开招股而组建,其注册资本应不少于2.5万美元;若不通过公开招股而组建,其注册资本应不少于1万美元
2. 其注册文件应包括如下内容:公司的章程;公司全部或部分资本的投资规划;公司创建者名单、招股书、公司管理机构的任命声明;公司的非现金投资和设备购置情况;财政部门关于进行现金招股的批准书;公司董事会和监事会成员名单及成员职业、住址、国籍情况;公司的资产评估报告;公司管理机构成员的签字样本

(2)企业注册程序

新创建的企业首先必须到企业所在地的区级经济法庭进行注册,并获得注册文件,文件必须用马其顿文和国外合作方文字写成。另外,企业必须从支付簿籍局(ZPP,马其顿负责法人企业间转账支付、对企业财务进行监督管理的部门)得到企业身份编号,并单独开设账户。最后,企业必须在统计办公室和海关管理处注册。这些手续完成后,企业方可运作。公司的注册需要公司全体股东统一向对外经济事务部提出申请,由该部审批。如果在递交申请的60天后仍未收到答复,表示该部不同意注册。外国投资者要建立一个新的公司,或参与一个已经存在的公司,也需要按照上述步骤进行。

(3)企业经营范围

在马其顿境内注册的外国公司必须遵守该国有关法律规定,公司只能经营本公司注册范围内的业务,不能擅自扩大业务范围,如确有需要,应补办有关手续。新公司注册之日起半年内必须有至少一笔业务往来的账务记录,否则,新公司将被注销。

2. 子公司及代表处的设立

外国公司可以在该国注册成立子公司,但是必须满足母公司已成立至少 2 年的条件。如外国公司希望在马其顿成立多家子公司,在注册时需标明一家主要子公司。外国公司注册子公司需要提交的材料包括:母公司的注册批准书、子公司的业务范围和母公司最近两年的经营报告。

另外,外国公司可在马其顿设立代表处,其向注册机构提供的材料包括:

1. 代表处的注册名和注册地点
2. 代表处工作人员的总人数
3. 代表处的业务范围
4. 代表处在马其顿的责任和义务
5. 外国公司对代表处领导人及工作人员的任命决定
6. 代表处工作人员的公民材料

若外国银行或金融机构在马其顿开设代表处,须得到马其顿国家银行的批准;若外国保险公司在马其顿开设代表处,须得到该国财政部的许可。外国公司在该国设立的代表处不具法人资格,不得从事经营活动和签订合同。

3. 外商投资政策

从 1999 年 5 月起,马其顿开始实行“刺激投资计划”,尤其强调吸引外国直接投资。外国企业在马其顿投资需要遵循《贸易公司法》,该法规定:外国和本国的自然人和法人都可以在马其顿注册贸易公司,并且在投资条件方面享受同等待遇。

根据上述法律规定,除军事工业、武器交易、麻醉品交易、受保护的文物交易等领域外,马其顿大多数的投资领域都对外开放。根据《广播法》规定,外国人参与广播公司的投资比例不能超过 25%,有一个以上的外国人参股的公司,其总股份不能超过 49%。根据新的《银行法》规定,马其顿对外国人参与银行领域的投资没有任何限制,这将鼓励大量的外国资本进入马其顿的银行业。

4. 外国投资保障

在马其顿《宪法》和有关法律中,明确规定了一些保护外国投资的措施,主要内容如下表所示:

1.《宪法》保障外国投资者可以自由转移和汇出投资资金和利润。法律禁止征用外国投资者的财产,但战争时期、不可预测的非正常时期和关系国家利益时除外
2.《财产征用法》规定了有关征用财产的详细条款。在此方面,外国投资者与本国投资者享受同等待遇。另外,马其顿将根据签署的双边投资保护协议,对相应国家投资者的财产权益给予保护
3. 马其顿的法律明确规定外国投资者的财产不会受到今后新出台的法律法规的影响而减少
4. 外国投资者可以获得与他们经营有关的建筑物和其他固定资产的所有权,但没有土地的所有权
5.《农业土地法》规定:外国和本国投资者都可以参加类似土地拍卖的活动,租用国有土地

(二)特定行业及领域法律情况

1. 外贸领域法律情况

马其顿在改革外贸体制过程中,完全放开了外贸经营权。根据《外贸法》的规定,所有在马其顿合法注册的从事经济活动的公司、企业、中介机构和法人,无论其所有制如何,都有权进行对外贸易活动。在放开外贸经营权的同时,马其顿也放开了大部分商品的经营权。目前,该国97%的商品可以自由进出口,主要通过市场机制加以调节。

马其顿对个别需要保护的国内产业和敏感类型的商品实行配额和限量进出口管理。在进口方面,受配额管理的商品种类占2%,包括该国出产的部分产品和全部农产品;在出口方面,主要为防止自然资源的过量出口而采取配额管理。马其顿政府每年10月31日颁布下一年的配额量、配额贸易的地区和发放配额的进度。配额分配采取招标形式,同时留出10%的配额用于机动(如未曾预料的新的生产进口需要、在该国举办博览会的进口需要等),配额有效期为1年。

马其顿对有关国家安全的战略物资和重要物资实行许可证管理,主要为军火、稀有贵重金属、麻醉品、有毒物质、属于危险品的废料、文物等。另外,对需要动植物检疫、卫生检查或品质检验的商品,在获得马其顿外交部颁发的许可证后方可进口。

2. 劳工领域法律情况

根据马其顿劳动领域相关法律的规定,年满15周岁的自然人可以就业;年满18周岁的健康人方可从事采矿等地下作业;雇员上岗前必须通过健康体检。

同时,在劳务费用方面,马其顿相关法律规定如下:

1. 雇员工资收入中的一部分应作为固定的捐税定期上缴,一般由雇主和公司代缴。工资捐税的内容及占工资的比例是:医疗保险8.6%,养老基金20.0%,就业税1.5%,总计30.1%
2. 雇员法定工作时间为40小时/周,超出部分雇主应额外支付劳务费用
3. 雇主解雇雇员时应向雇员支付一定数额的解雇费

（三）外汇管制

根据马其顿的《外汇经营法》，货币兑换市场是自由形成的。本地居民可以在海外开立和持有账户，除非《外汇经营法》另有规定；在马其顿国家银行规定的方式和条件下，除了授权银行以外，本地居民可以开立和持有海外账户。该法规定，非马其顿居民可在授权银行开立外汇账户或第纳尔账户。开立账户时，授权银行需确认开户人是否为非马其顿居民。马其顿国家银行负责规范开立和持有账户的具体方法和条件。

根据马其顿外汇经营相关法律，资本交易指的是居民和非居民之间的资本转移交易，比如直接投资、不动产投资、证券业务、有投资基金单位证书的交易、信贷业务、存款账户业务等。只要资本交易达成并依照《外汇经营法》进行登记和记录，且已偿清所有税务和费用，则资金转移和支付均是自由的。

（四）税收制度

1. 主要税种及优惠政策

马其顿的税收法律还处于转变过程中，其税收制度的一部分继承自前南斯拉夫税收制度的内容，另一部分新的内容是马其顿政府颁布的。目前，为了尽可能地吸引外国投资者，马其顿国家议会正在修订《企业所得税法》《财产税法》《个人收入所得税法》《增值税法》等。根据现行的税收法律制度，各个税种的主要情况如下表所示：

企业所得税	
主体	马其顿注册、居住的从事经营活动并从本国或外国获得利润的一个合法的企业实体或自然人。该实体在马其顿境内应当有办公室。如果该实体或自然人没有在马其顿的实际居留权，但他们在马其顿境内通过经济活动获得了利润，也一样属于纳税人范围
税基	企业总收入减去总支出后剩余的部分，也就是利润。总收入和总支出应按照财务规定来确定。 以下项目也应包括在税基之内：企业固定资产的折旧超过《财务法》规定的正常折旧金额的部分；超过总收入的3%的广告、促销、娱乐活动费用；赞助、捐赠超过税前利润10%的部分
税率	企业收入所得税的税率统一定为应税收入的15%，此外还需要缴纳纯利润的1.8%作为工伤事故保险。该规定已从1997年1月1日起执行。 在自然灾害、不可抗力或其他经济困难时期，纳税人不能履行纳税义务，政府会视情况给予减、免税或延期付税的优惠

续表

优惠政策	如果企业利润用于购买固定资产、进行新的投资项目、购买其他企业的股票、证券等形式的再投资，或在马其顿境内的落后地区投资，则在计算应税收入时可以获得减免优惠（利润的再投资不包括购买汽车、家具、地毯、办公室工艺品等）。 生产或服务领域的企业，如果雇佣残疾人提供服务或生产产品，则免除这部分产品的企业所得税。纳税人通过在国外的经营获得的利润，如果已经在国外上缴了企业所得税，则有权在马其顿减免企业所得税。 如果经营利润用于固定资产再投资或环保项目，免除企业所得税；如果在欠发达地区进行固定资产投资，则可以视情况降低企业所得税，甚至可能完全免除。 一个公司中的外国持股者，当其股份在20%以上时，公司经营的头3年其将享受税收优惠。例如持有公司60%股份的外国股东，其享受的公司收入所得税的税率是15×（100% －60%）＝6%。外国企业在马其顿的全资子公司，在经营的头3年免征公司收入所得税
个人所得税	
主体	纳税人指的是马其顿的居民，从本国和外国获得收入时应该纳税。但在实际纳税过程中，是由该纳税人的雇主代缴税款。 此处“居民”的含义是指在马其顿具有永久居留权或经常性居留权的自然人（包括外国人）。“经常性居留权”则指的是在马其顿有居留6个月以上的权利
税基	税基指的是个人的全部收入，减去相当于官方公布的平均工资的1/4后剩下的余额。捐赠款、健康保险、雇佣收入和其他已缴纳的公共税，应当从税基中扣除
税率	税率依据个人实际收入超过官方公布的月平均工资（简写为MAS）的倍数确定。 收入在MAS的2倍以内的，税率为23%。 收入超过MAS的2倍，但在5倍以内的，则MAS的2倍以内收入税率为23%，超过2倍的部分为27%。 收入超过MAS的5倍的，在MAS的2倍以内的收入税率为23%，超过2倍小于5倍的部分为27%，超过5倍的为35%
增值税	
主体	长期性或临时性有权自主进行该项商业活动，并对之负责的人
税基	增值税的税基是该项商品或服务本身的价值，不包括增值税本身。进口商品的税基是按海关的有关规定确定的商品本身的价值
税率	增值税的一般税率为18%，对于某些特别的商品（如食品、民用水等）和服务项目，可以执行5%的特别优惠税率
优惠政策	进口商品免除增值税的条件：符合有关法律法规规定的免除增值税的条件的商品；转口贸易商品；临时进口，还需要再出口的商品；其他国家外交机构因公务需要进口的商品；国际组织或其成员进口的商品，并符合有关国际协议，准予免增值税的；参加展览会的样品，展览会结束后需再将这些商品运出本国

续表

消费税
马其顿《消费税法》从1993年开始执行,是间接税体系的一个重要部分。一般情况下,对某些奢侈消费品征收消费税,例如香烟、酒、燃料和天然气、咖啡、小轿车、9座以内的其他车辆等。税率从5%到55%之间,视具体商品确定
财产税
马其顿财产税的课税对象是继承的财产、赠礼、财产及其所有权的出售。房屋、土地和可移动财产的财产税每年按其市场价值的0.10%征收
其他
外国投资者进口其投资项目所用设备时,免除关税

2. 税收互惠协议

马其顿与多个国家和地区签署了《税收互惠和避免双重征税的协议》,包括:阿尔巴尼亚、保加利亚、丹麦、埃及、意大利、中国、中国台湾、波兰、俄罗斯、斯洛文尼亚、土耳其、乌克兰、法国、荷兰、克罗地亚、瑞典。

五、法律风险评价

(一)营商环境优良

根据2015年世界银行营商环境指南提供的数据,在世界189个国家和地区中,马其顿在公司注册、工程承包、电力获取、财产登记、信贷获取等方面分别排名第3位、第89位、第88位、第74位和第36位,总体营商环境位于第30位,地区优势明显。在马其顿注册公司不受最低注册资本金的限制,仅需2道程序,在2个工作日以内即能完成。与此相配套的该国征信局覆盖率为83.7%,且存在较为成熟的成年人信用征信系统,大大提升了马其顿信贷环境的安全性和便利性,营商环境相当优良。(见下表)

公司注册		信贷获取	
程序个数	2	法律权利强度(0~12)	6
时间(日)	2	信用信息获取度(0~8)	7
成本(占单位收入的百分比)	0.6	征信局覆盖率	83.7
最低注册资本	0.0	成年人信用登记率	36.4

数据来源:2015年世界银行营商环境指南。

(二)合同执行成本和破产处置成本适中

根据2015年世界银行营商环境指南提供的数据,马其顿的合同强制执行效率在

世界189个国家和地区中排名87位，破产处置效率排名第35位，接近欧洲和中亚地区以及经合组织国家的平均水平。(见下表)

合同强制执行	马其顿	欧洲及中亚地区	经合组织
时间(天)	604.0	448.1	539.5
成本(占标的额的百分比)	28.8	25.2	21.4
程序(个)	30.0	37.0	31.5
破产处置	马其顿	欧洲及中亚地区	经合组织
时间(年)	1.8	2.3	1.7
成本(占资产价值的百分比)	10.0	13.3	8.8
回收率(每美元美分数)	3.0	37.7	71.9

数据来源:2015年世界银行营商环境指南。

(三)税务负担较轻

为了吸引外国投资者，马其顿不断完善其税收体系。目前该国主要实行统一税率。其中，马其顿所得税(包括企业所得税和个人所得税)税率均为10%，是欧洲此税种税率最低的国家之一。根据2015年世界银行营商环境指南提供的数据，马其顿在税收负担方面排在全球189个国家和地区中的第7位。(见下表)

税收指标	马其顿	欧洲及中亚地区	经合组织
纳税(次)	7.0	20.5	11.8
时间(小时)	5.5	234.3	175.4
应税总额(占利润百分比)	7.4	34.9	41.3

数据来源:2015年世界银行营商环境指南。

波斯尼亚和黑塞哥维那
Bosnia and Hercegovina

——厚重的巴尔干半岛之心

波斯尼亚和黑塞哥维那基本情况

国家名称（中英文）	波斯尼亚和黑塞哥维那(Bosnia and Hercegovina)		
人口(百万)	3.81	人口增长率（年均%）	-0.2
领土面积（千平方公里）	51.2	主要民族	波什尼亚克族、塞尔维亚族、克罗地亚族
官方语言	波斯尼亚语、克罗地亚语、塞尔维亚语	主要宗教信仰	伊斯兰教、东正教、天主教
政体	议会共和制	主要政党	波黑社会民主党、波黑民主行动党
GDP（十亿美元）	16.00	GDP 增长率（年均%）	3.2
国民总收入（十亿美元）	17.82	人均国民收入(美元)	4680
通货膨胀率（年均%）	0.1	外国直接投资净流入（百万美元）	267
外债(百万美元)	10,591	总偿债额占出口贸易和收入的比率	11.8

数据来源:2015 年世界发展指标数据库。

一、国情简介

波斯尼亚和黑塞哥维那(以下简称“波黑”)位于巴尔干半岛中西部,人口总数中波黑联邦占 62.5%,塞族共和国占 37.5%。波黑国内主要民族为波什尼亚克族(即原南斯拉夫时期的穆斯林族),约占总人口的 43.5%;另外还有塞尔维亚族和克罗地亚族,分别约占总人口的 31.2%和 17.4%。以上三族分别信奉伊斯兰教、东正教和天主教。从政治、经济、外交等因素综合来看,短期内波黑的发展面临一些困难,贫富差距、医疗、教育等问题亟待解决。但长期来看,该国自身条件和基础尚可,有能力逐步实现社会稳定、经济发展和法律完善的目标。

(一)政治概况

波黑为议会共和制国家,主席团行使国家元首职责,该主席团由波什尼亚克、塞尔维亚和克罗地亚三族各一名代表组成,任期4年。主席团主席为轮值制,每8个月在三族代表之间轮换一次。波黑的议会制度具有较显著的国家特色:议会由代表院、民族院组成。其中,代表院议员按比例产生,由三个民族的42名代表组成,其中28名来自波黑联邦(包括波黑社会民主党8名,民主行动党7名,争取波黑美好未来联盟4名等),14名来自塞族共和国(包括波黑塞族独立社民人士联盟8名,塞族民主党4名等)。波黑代表院设主席1人,副主席2人,分属三族,主席一职由三族轮流担任,主席、副主席每8个月轮换一次。民族院设15个席位,由波黑联邦的10名代表和塞族共和国的5名代表组成。民族院议员是由波黑联邦议会民族院和塞族共和国人民议会根据民族比例和大选结果推选产生,主席、副主席轮值方式与代表院相同。

自1995年《代顿和平协议》(以下简称"《代顿协议》")签署以来,波黑民族关系渐趋缓和,政局逐步稳定。但经济发展缓慢、社会不公等问题仍然突出,波黑政府不得不面临由此引发的民众质疑和大规模集会与抗议活动。

(二)经济概况

波黑战争对波黑经济造成了严重不利影响。近年来,在国际社会的援助下,波黑经济的恢复取得了一定成果。2015年,波黑实际GDP为282.08亿波黑马克,GDP增长率为3.5%,人均GDP为7365波黑马克,增长率为3.5%。波黑拥有丰富的自然资源,如铁矿、褐煤、铝矾土、铅锌矿、石棉、岩盐、重晶石等,其中煤炭蕴藏量达38亿吨,波黑图兹拉地区食用盐储量更为欧洲之最。此外,波黑水资源丰富,潜在的水力发电量达170亿千瓦。波黑还拥有丰富的森林资源,森林覆盖面积占波黑全境面积的46.6%,其中65%为落叶植物,35%为针叶植物。

(三)外交政策

波黑的首要外交目标是加入北约及欧盟,并在重点发展与欧美关系的同时修复周边关系,加强区域合作。2008年4月,波黑在北约布加勒斯特峰会期间获得对话国地位。同年6月,波黑与欧盟签署《稳定与联系协议》。

中国同波黑有着传统的友好合作关系。1992年5月波黑加入联合国时,中国作为共同提案国予以支持,并在事实上承认了波黑。1995年4月3日,中国和波黑建立大使级外交关系。2013年11月,国务院总理李克强会见了波黑总理贝万达。2014年李克强总理出访中东欧,并参加第三次中国—中东欧国家领导人会议,与包括波黑在内的16个中东欧国家发表《中国—中东欧合作贝尔格莱德纲要》,就共同推进"一带一路"建设合作达成重要共识,并制定了行动纲领。

二、法律概览

(一)法律体系

波黑属于大陆法系国家,法律体系尚不完备,新旧法衔接存在一定问题。波黑国家的职能微弱,仅掌握外交、国防、货币等方面的权力,其他主要权力分属塞族共和国和波黑联邦两个实体,因此波黑国内不同实体间的法律也具有一定差异。

1995 年 11 月,波黑根据《代顿协议》制定了《宪法》,确定了波黑政治体制的基本框架。此外,波黑的重要法律还包括国防法、刑法、商事法律、各类税法等。波黑与贸易相关的主要法律有《对外贸易法》《外国直接投资法》《进出口法》《海关政策法及关税税则》等。

(二)司法制度

1. 法院体系

根据波黑《宪法》,波黑设宪法法院,宪法法院是裁决塞族共和国和波黑联邦两实体之间以及两实体内部各机构间纠纷的唯一法律授权机构,其决定是终审决定。宪法法院由 9 名法官组成,任期 5 年,其中 4 人由波黑联邦代表院选出,2 人由塞族共和国议会选出,其余 3 人由欧洲人权法院院长推选,但不能是波黑或波黑邻国公民。塞族共和国和波黑联邦两个实体分设塞族共和国最高法院和波黑联邦最高法院。

2. 司法协助

波黑是《承认及执行外国仲裁裁决公约》的签约国,但其政府明确宣布:波黑当地法院只承认和执行满足以下条件的外国仲裁裁决:(1)作出仲裁裁决的国家为《承认及执行外国仲裁裁决公约》的其他缔约国;(2)有关争端符合当地法律项下规定的"商业"范畴标准。目前,波黑尚未与中国签署民商事司法互助协定。

(三)司法执行效率和其他事项

波黑两个实体高度自治,每个实体都有着各自独立的司法体系,因此执法效率较为低下,难以共同配合协调工作。波黑联邦实行的是邦联制,塞族共和国实行的是单一制,因为后者实行统一的司法体系,执行力相对较强。

三、金融法律制度

(一)银行准入与监管法律制度

外国银行必须在波黑当地进行注册登记。在未获得波黑监管机构颁发的银行执照之前,任何人不得使用自身账户从事吸收存款、发放贷款的业务。在波黑,银行被允许从事的业务范围主要包括以下内容:

银行业务范围	
1	发放贷款及购买租赁物
2	发行各种形式的货币保证
3	使用自身账户或者客户账户购买及出售货币市场和资本市场工具
4	提供支付系统服务
5	购买和出售外汇
6	发行和管理各种支付工具(信用卡、旅行支票和银行汇票)
7	保管证券及各种贵重物品
8	买卖证券
9	提供财务管理服务

在监管方面,根据波黑的法律规定,每家银行都必须随时观察和掌握各种与资产、风险加权资产、表外业务、资本等事项有关的数据和风险暴露情况。主要监管要求如下:

主要监管要求	
1	对同一借款人或关联借款人集团的最大无担保贷款余额不得超过银行核心资本的5%
2	任何对同一借款人或关联借款人集团且金额超过银行核心资本25%的贷款,都必须使用质量良好的担保措施,且担保物的公允价值必须高于贷款金额
3	大额风险暴露是指对同一借款人或关联借款人集团的授信金额超过银行核心资本的15%。银行所有大额风险暴露之和不得超过银行核心资本的300%
4	任何银行在未得到波黑联邦银监会允许的情况下,不得将超过其核心资本的50%投资于固定资产

(二)担保法律制度

1. 担保体系

波黑独立时间不长,担保体系尚不完善,对于各类主体能否提供担保及办理担保的程序规定并不清晰。波黑法律项下的主要担保措施包括主权担保、地方财政担保、资产抵押、应收账款质押、特许经营权项下的资产抵押等。从目前来看,可采取的对外担保形式包括:第三方连带责任担保、应收账款质押、特许经营权项下的资产抵押等。

2. 担保登记

依据波黑的法律规定,不动产抵押只有在登记之后方才具备法律效力。抵押登记可以依据协议办理,也可以凭法院的裁决证明办理。办理登记需要递交申请书,并附上经当事人签字的书面协议。在以不动产进行抵押之后,债权人不得直接通过行使债权的方式成为相关不动产的所有人。如果法院裁定,需要债务人将抵押不动产变成现金偿还对债权人的债务,其实施办法是在法院的监管下将抵押不动产公开拍卖,然后将拍卖所得收益偿还给债权人。

3. 主权担保审批手续

根据波黑《宪法》及《借债、债务及担保法》的规定，波黑提供国家主权信用担保，应统一经波黑议会审批后方可进行对外谈判、签约。其法定程序为：第一，国家共同机构、波黑的两个实体，即布尔奇科特区、波黑联邦和塞族共和国，分别就对外借贷事先通过波黑财政部向波黑部长会议提出申请；第二，由波黑部长会议审核同意后呈请波黑议会审议批准；第三，经波黑议会批准后，国家共同机构的借贷项目须报请波黑主席团，由主席团决定授权、任命对外谈判和签约人，由波黑财政部代表波黑与外商签订借贷合同，并向债权人提供国家主权信用担保；第四，两个实体及特区的借贷项目在获得波黑议会批准后，分别由两个实体及特区的财政部单独与外商签订借贷合同，并根据需要由波黑财政部在得到波黑主席团的授权和任命后对外提供波黑主权信用担保；第五，塞族共和国的情况较为特殊，其对外借贷可采取两种模式：一是先行获得波黑议会批准，再签借贷合同；二是不经波黑议会批准，根据自身需要自行对外借贷或提供担保，例如，塞族共和国政府曾独立对外借贷并自行提供对外担保，融资项目得以实施，波黑国家机构对此默认，但未提供波黑主权信用担保。

四、投资法律制度

为改善波黑境内营商环境，波黑政府在投资政策与法律规定的设置上采取了一系列措施：一是出台《外国直接投资法》，规定外国投资者财产不受国有化、没收、征用，如根据有关法律，因公共利益必须实行国有化等措施时，需对外国投资者进行及时、有效、足额的补偿；二是在投资和投资利润再投入方面，给予外国投资者与波黑国民同等的权利；三是在部分行业和地区实施优惠政策，为外资企业免费或优惠提供土地等；四是建立了健全的税收制度，但税收种类多，税负较重。

（一）企业法律制度

波黑的外国投资法规定，到波黑直接投资的外国企业（无论是独资还是合资），均要以波黑国内法人实体的地位进行注册登记。依据波黑法律，在波黑投资设立企业可采取无限共同责任公司、有限责任公司、股份公司和普通合股公司四种公司形式。另外，企业也可设立公司代表处，但代表处不是法人实体，只能从事非营利活动。

企业注册受理机构为波黑对外贸易经济联络部和公司所在地市政法院。

（二）特定行业与领域法律情况

外国投资者可以对法律规定的波黑所有经济领域进行投资。除了生产和销售军用武器、弹药、军用设备和公共媒体信息外，外国投资可以自由进入波黑市场，不受限制，对军用武器、弹药、军用设备和公共媒体信息领域的外国投资属于限制类投资。以下主要关注波黑的公私合营及土地和不动产领域法律情况。

1. 公私合营(PPP)法律情况

由于波黑的行政管理体制复杂,该国的公私合营(以下简称 PPP)法律体系实质由一套地方及联邦实体的特许经营法组成,在国家层面的 PPP 法律不具有权威性。波黑中央政府于 2002 年颁布了《特许经营权法》,名义上为规范该国 PPP 行为的法律,但波黑的布尔奇科特区及地方均有各自的 PPP 法律,其中波黑联邦政府于 2014 年颁布了 PPP 法案,塞族共和国于 2009 年颁布了 PPP 法律,布尔奇科特区于 2010 年颁布了 PPP 法案。在地方层面,萨拉热窝、乌纳—萨纳、黑塞哥维那—内雷特瓦等地区也都有各自的 PPP 法律。波黑政府专门成立了特许经营权管理委员会来负责管理 PPP 项目。中央层面,波黑政府于 2005 年成立了特许经营权管理委员会;地方层面,波黑联邦政府于 2007 年成立了波黑联邦特许经营权委员会,塞族共和国政府于 2009 年由其财政部牵头成立了 PPP 项目执行部门。以上部门负责制定其所辖范围内的 PPP 法律、审批 PPP 项目并监管项目质量。

国家层面的 PPP 发展计划由部长级会议研究决策项目的类别、数量。部长级会议的决定需经波黑国家议会审议后才能通过。波黑联邦及塞族共和国政府两个实体政府的财政部及其他相关部委是 PPP 项目的审批人。

波黑中央和地方层面公布的公私合营法虽不一样,但内容及性质基本相似,均对公私合营的定义、政府参与职能、PPP 项目投标前的准备程序、投标程序、PPP 合同内容及格式、争端解决程序等进行了规定。

目前,波黑有较多项目拟采用 PPP 模式进行运作,包括 5c 高速公路项目、Ulog 水电站项目等。但总体来看,波黑 PPP 法律体系及审批、决策程序复杂,缺乏统一性,可操作性有待加强。

2. 土地和不动产法律情况

(1)土地使用规划

在土地的使用规划和管理方面,波黑联邦与塞族共和国的体制差别不大,只是在各州之间的管理机构稍有不同。在波黑联邦系统中,负责城市规划的机构被称作城市建设计划局;在塞族共和国的体制中,负责城市规划的机构被称作城市规划局。这些机构负责城市土地的开发和使用规划,根据城市规划,协调和审批征地手续和建筑项目。城市规划、土地开发和项目的实施,在波黑联邦由州一级政府负责,在塞族共和国由市一级政府负责。

(2)土地所有权及其转让

波黑《宪法》规定,土地所有权和产权转让制度由波黑国家的法律和波黑两个地方实体的法律构成。土地所有权关系法和产权关系法的基本法律已经由国家正式颁布。

在波黑的两个实体内,联邦的州一级政府和塞族共和国的市一级政府负责用地规划、土地管理、产权交易管理、产权登记。波黑两个实体关于国家土地和私人土地的管理法规目前基本相同。

根据国民待遇原则,外国投资企业在波黑的经营活动与波黑国内的企业法人一样,享有包括产权和所有权在内的同等国民待遇。

(3)不动产所有权转让程序

产权转让的协议内容和细则以买卖合同的形式确立,合同中须写明要出售的财产和售价。买卖合同还应有附件,附件包括:转让财产的所有权证明、转让财产人对财产的持有期证明、对持有财产的纳税证明。合同须由买卖双方签字,且卖方签字人必须是不动产的所有权人。双方的签字还须送交法院认证,经法院认证后方具有法律效力和约束力。最后,买卖合同及其附件要送交税务局进行资产估价。估价的目的是对出售的不动产界定征税依据。在波黑联邦,各州的不动产转让税法规定,征税额根据不动产的价值按比例确定。另外,每个实体和不同州规定了各自的征税率。例如,塞族共和国对出售不动产的征税率是不动产固定价额的3%,萨拉热窝州规定的不动产转让征税率为8%。

上述程序完成后,不动产转让合同还须贴上印花税票,并提交给法院进行认证。凭贴有印花税票并经法院认证的不动产转让合同,到政府主管部门办理不动产转让的名称变更和注册登记。

(4)租让

塞族共和国有关外国投资和租让的相关法律规定,租让的权利由塞族共和国政府审批和授予。根据波黑国防条例,不允许向外国公司租让塞族共和国的禁区,从事任何经营活动。如果为了运输公共用途的物资,需要使用禁区领域,租让许可须征得塞族共和国议会的同意后,由塞族共和国政府颁发。其他一般地区的租让许可,在征询政府主管部门的意见后颁发。租让使用的期限最长可达30年。获得租让许可的基本条件是:公司的经营活动有合理的安全维护技术标准,有效经营,管理合理,且不会给人文环境和自然资源带来破坏。租让行为须以书面合同确立,合同文本使用波斯尼亚文或者克罗地亚文。合同的生效期自联邦负责对外经济关系的机构和州政府的对外经济机构签发租让许可之日起生效。根据联邦各州的《租让法》和《联邦外国投资法》,联邦和州的主管部门按照签发的租让许可的内容,允许外国投资者在国有和公有土地上开展BOT项目。

(三)外汇管制

根据波黑《中央银行法》的规定,马克与欧元汇率挂钩,可在波黑境内进行完全自由兑换,并可在欧洲12个国家的主要银行进行自由兑换。同时,该法规定,中央银行和波黑政府其他机构不对外汇支付和国际结算进行限制,除非中央银行根据国际法规,为履行波黑的义务,需要采取外汇限制措施。与此相关的所有决定,须由中央银行理事会做出决定。

(四)税收制度

波黑的主要税种包括企业所得税、个人所得税、增值税、消费税、扣缴税、财产税、社会福利税等。

在波黑,除间接税外的各类税收均由两个地方实体自行负责,两个实体的海关和税务局各自征收和管理自己境内的关税和实体内的各类税收。除统一适用的《海关法》、关税和增值税外,波黑联邦和塞族共和国都有各自的税法和税率。2006 年 1 月 1 日,波黑成立了间接税务局,负责增值税的计算和征收,自此两个实体的增值税均由间接税务局负责。

总体来说,波黑的税收环境不够理想,法律法规还有不健全之处。两个实体在税收方面各自为政,缺乏统一管理,在增值税分配方面两个实体及特区之间存在较大分歧。但是,外国投资者享有一些税收优惠政策,例如波黑联邦为了鼓励对内投资,对新成立的国内企业或者外资企业第一年免征企业所得税,第二年免征 70% 企业所得税,第三年免征 30% 企业所得税;塞族共和国对外资企业免征从成立起 5 年内的企业所得税等。

五、法律风险评价

(一)营商环境有待改善

根据 2015 年世界银行营商环境指南提供的数据,在世界 189 个国家和地区中,波黑在公司注册、工程承包、电力获取、财产登记、信贷取得等方面分别排名第 147 位、第 182 位、第 163 位、第 88 位和第 36 位,总体营商环境位于第 107 位,仍有较大的完善空间。特别是工程承包方面,波黑法律规定获得工程项目许可必须经过 15 道程序,平均耗时 179 个工作日,且所需成本占到整个货物价值的 19.7%,在世界 189 个国家和地区中排在倒数第 8 位,其效率有待提高。(见下表)

公司注册		工程许可	
程序个数	11	获得工程许可评分(0～100)	39.10
时间(日)	37	程序个数	15
成本(占单位收入的百分比)	14.6	时间(日)	179
最低注册资本(占单位收入的百分比)	28.6	成本(占货物价值的百分比)	19.7

数据来源:2015 年世界银行营商环境指南。

(二)合同执行成本较高,破产处置成本尚可

根据2015年世界银行营商环境指南提供的数据,波黑的合同强制执行效率在世界189个国家和地区中排名95位,合同执行成本较高;破产处置效率排名第34位,略低于欧洲及中亚地区、经合组织的平均水平,破产处置成本尚可。(见下表)

合同强制执行	波黑	欧洲及中亚地区	经合组织
时间(天)	595.0	448.1	539.5
成本(占标的额的百分比)	34.0	25.2	21.4
程序(个)	37.0	37.0	31.5
破产处置	波黑	欧洲及中亚地区	经合组织
时间(年)	3.3	2.3	1.7
成本(占资产价值的百分比)	19.0	13.3	8.8
回收率(每美元美分数)	35.9	37.7	71.9

数据来源:2015年世界银行营商环境指南。

(三)税务负担较重

根据2015年世界银行营商环境指南提供的数据,2014年波黑平均纳税次数为45次,纳税时间达407个小时,税收程序较为繁琐,税务负担方面排在全球189个国家和地区中的第160位,属于税收负担较重的国家之一。(见下表)

税收指标	波黑	欧洲及中亚地区	经合组织
纳税(次)	45.0	20.5	11.8
时间(小时)	407.0	234.3	175.4
应税总额(占利润百分比)	23.3	34.9	41.3

数据来源:2015年世界银行营商环境指南。

阿尔巴尼亚共和国

The Republic of Albania

——渴望腾飞的“山鹰之国”

阿尔巴尼亚共和国基本情况

国家名称（中英文）	阿尔巴尼亚共和国（The Republic of Albania）		
人口（百万）	2.89	人口增长率（年均%）	-0.2
领土面积（千平方公里）	28.8	主要民族	阿尔巴尼亚族、希腊族
官方语言	阿尔巴尼亚语	主要宗教信仰	伊斯兰教、东正教
政体	议会制	主要政党	社会党、民主党、新民主党
GDP（十亿美元）	11.46	GDP 增长率（年均%）	2.6
国民总收入（十亿美元）	12.39	人均国民收入（美元）	4290
通货膨胀率（年均%）	0.5	外国直接投资净流入（百万美元）	982
外债（百万美元）	8000	总偿债额占出口贸易和收入的比率	8.2

数据来源：2015 年世界发展指标数据库。

一、国情简介

阿尔巴尼亚共和国（以下简称“阿尔巴尼亚”）位于东南欧巴尔干半岛西岸，北与塞尔维亚（科索沃地区）和黑山、东与马其顿、南与希腊接壤，临亚得里亚海，隔奥特朗托海峡与意大利相望。阿尔巴尼亚族约占全国总人口的 98%，其他少数民族主要有：希腊族、马其顿族、黑山族、罗马尼亚族等。阿尔巴尼亚水力资源、太阳能资源、铬矿资源较为丰富。

近年来，阿尔巴尼亚积极促进经济社会发展，阿尔巴尼亚政府希望以 BOT、PPP 等多种方式吸引外资，特别是鼓励投资者对农业、能源、旅游、矿业、交通基础设施建设等领域的投资。

（一）政治概况

阿尔巴尼亚实行三权分立的政治制度。1998 年 11 月，阿尔巴尼亚经全民公决通过新《宪法》,规定阿尔巴尼亚为议会制共和国,实行自由、平等、普遍和定期的选举。总统为国家元首,由议会以无记名方式选举产生,每届任期5年,可连任一届。总统任命总理,并根据总理提名任命政府成员。

议会是国家最高权力机关和立法机构,实行一院制,任期4年。本届议会于2013年9月产生,议员席位140个,下设8个专门委员会和9个议员团。部长会议是阿尔巴尼亚国家最高行政机关,部长会议主席(即政府总理)由议会多数党提名、议会批准并由总统任命,任期4年。

(二)经济概况

以欧洲标准来说,阿尔巴尼亚的经济较为落后,但阿尔巴尼亚政府始终致力于推动经济发展,以实现更加现代化、更加开放的市场经济。阿尔巴尼亚新政府暂未提出全国性战略发展的规划文件,但从其施政纲领来看,阿尔巴尼亚政府发展规划主要有五大方向:一是争取加入欧盟;二是树立国际形象,实现欧洲的、地区的乃至世界的阿尔巴尼亚;三是建设民主法制的社会;四是大力发展经济;五是发展公共服务。阿尔巴尼亚吸引外国投资的主要优势有:地理位置优越,邻近西欧发达国家市场,产品销往欧盟市场具有关税和物流成本优势;劳动力资源丰富,劳动力素质较高且成本较低;自然条件优越,气候温和,无严重自然灾害。根据阿尔巴尼亚财政部及世界银行公布的数据,2015年阿尔巴尼亚国内生产总值(GDP)约为115亿美元,同比增长2.6%。外贸进口额约占GDP的30.4%,同比下降0.3%;外贸出口额约占GDP的8.7%,同比下降3.8%。根据阿尔巴尼亚财政部提供的统计数据,2015年1月至11月,阿尔巴尼亚预算内财政收入约为3434.46亿列克,比上年同期增长4.3%;财政支出约为3678.84亿列克,比上年同期下降0.7%;财政赤字约为244.38亿列克。2015年CPI指数为111.4,比去年同期增长1.8%。

阿尔巴尼亚水力资源、太阳能资源丰富。矿产资源种类较多,有石油、天然气、沥青、褐煤、石灰矿、铬和铜等。探明石油储量约4.37亿吨,铬矿储量3730万吨。目前,阿尔巴尼亚开采、出口的主要矿产资源是铬矿和石油。阿尔巴尼亚于2000年加入世界贸易组织(WTO);2002年,阿尔巴尼亚和马其顿签署"自由贸易协定";2003年,阿尔巴尼亚与摩尔多瓦签署了"自由贸易协定";2009年,阿尔巴尼亚同冰岛、列支敦士登、挪威和瑞士等"欧洲自由贸易联合会(EFTA)"国家签订了"自由贸易协定"和"农业协定";2014年6月,阿尔巴尼亚正式获得欧盟候选国地位。阿尔巴尼亚的主要贸易伙伴包括意大利、中国、希腊、土耳其、德国等,中国为阿尔巴尼亚第二大贸易伙伴。

根据国际货币基金组织(IMF)数据显示,阿尔巴尼亚不在IMF和世界银行"重债穷国计划"援助的国家之列。

(三)外交政策

阿尔巴尼亚奉行务实的外交政策,以加入欧盟为战略目标,优先发展同西方国家的关系,注重修边睦邻和开展区域合作。20世纪90年代,阿尔巴尼亚开始实行"回归欧洲"战略,1991年与欧共体建交,1999年加入欧盟稳定与联系进程,2000年成为欧盟"潜在候选国",2006年与欧盟签署《稳定与联系协定(SAA)》,2014年6月阿尔巴尼亚正式获得欧盟候选国地位。2009年4月1日,阿尔巴尼亚正式加入北约。截至目前,阿尔巴尼亚已同150多个国家建立外交关系,向50多个国家和国际组织派出了代表机构。

中阿两国于1949年11月23日建交,并于1954年互派大使。1971年,阿尔巴尼亚为恢复中国在联合国合法席位做出重要贡献。2015年11月26日,国务院总理李克强在人民大会堂会见来华出席第四次中国——中东欧国家领导人会晤的阿尔巴尼亚总理拉马,李克强表示中方愿同阿方对接发展战略,将良好的政治关系转化为实实在在的合作成果,中国政府支持本国企业参与阿尔巴尼亚港区、铁路、电网等基础设施和工业园区建设,扩大中阿融资、矿产、农业等合作。

二、法律概览

(一)法律体系

阿尔巴尼亚属于大陆法系国家,宪法参照西欧模式建立,实行三权分立,尊重人权、社会多元与公平、保护少数民族。为加入欧盟,阿尔巴尼亚按照与欧盟签订的《稳定和联系协定》要求修订了国内法律法规,在经济、贸易等方面均有相应立法,但整体法律体系仍有待完善。

阿尔巴尼亚的法律体系是以1998年《宪法》为基础,整体参照欧洲大陆法系建立。阿尔巴尼亚法律分为法律、议会决定、法令、标准法案、决定、指令、法规、命令、法院决定等。《宪法》是阿尔巴尼亚最重要的法律渊源,所有法律、法令和国家机构的其他决定,以及其他组织和个人的活动均不得与《宪法》相抵触。依照《宪法》,在阿尔巴尼亚承认和接受其签订的国际条约后,阿尔巴尼亚应当根据诚实信用原则遵守其签订的国际条约,当阿尔巴尼亚国内法与其加入的国际条约或公约相抵触时,优先适用国际条约或公约的规定。

(二)司法制度

1. 诉讼制度

阿尔巴尼亚的司法系统由1个最高法院、6个上诉法院,22个地方法院构成,采用二审终审制。地区法院根据其受理的不同案件争议类型分为民事争议庭、家事争议庭和商事争议庭。

最高法院是阿尔巴尼亚的最高司法机构,其由总统任命并由议会通过的17名法官组成,负责监督下级法院法律适用的正当性及统一性,负责法律的解释及完善,负责审理下级法院判决后提起上诉的案件。最高法院由民事及刑事陪审团组成。民事陪审团审判商事、行政、家事、劳工案件,刑事陪审团审判军事及刑事案件,陪审团由5名法官组成。

上诉法院主要审理一审法院的上诉案件,由3名法官组成陪审团。上诉法院的法官由最高司法委员会提名并由总统任命。一审法院根据阿尔巴尼亚民事诉讼法及刑事诉讼法进行审判,陪审团的组成亦遵循前述法律规定。

此外,阿尔巴尼亚还设有专门解决行政争议的特殊法庭。行政法院由一审行政法院、上诉行政法院和最高法院的有关机构构成。

2. 仲裁制度

阿尔巴尼亚对仲裁的规定受限于阿尔巴尼亚《民事诉讼法典》。一般而言,任何有关金钱或财产的争议,或由金钱或财产关系引起的争议均可以仲裁的方式解决,除非阿尔巴尼亚有关法律的明确规定该争议必须由法院管辖(包括有关不动产及遗嘱的无效性等争议)。

3. 司法互助

截至目前,阿尔巴尼亚并未与中国签订民事和刑事案件司法协助条约。2001年6月27日,阿尔巴尼亚加入《承认及执行外国仲裁裁决公约》(以下简称《纽约公约》),并且未就仲裁裁决的承认和执行做出任何保留。此外,阿尔巴尼亚亦加入了欧洲国际商事仲裁公约。

阿尔巴尼亚对外国法院判决的承认和执行适用阿尔巴尼亚《民事诉讼法典》。外国法院判决可通过阿尔巴尼亚上诉法院得到承认。上诉法院不对案件的实质进行审查,只要该外国法院判决满足如下条件:

序号	需要满足的条件
1	外国法院对解决该争议有管辖权
2	被告已被适当通知其被外国法院做出缺席判决
3	阿尔巴尼亚法院未就各方当事人的该争议做出判决
4	外国法院做出最终的强制性判决前,阿尔巴尼亚法院没有受理该争议
5	外国法院判决根据该国法律成为终局性判决
6	该等判决符合阿尔巴尼亚法律法规的基本原则

如果外国法院判决的承认和执行不适用国际协定或国际公约的规定,则适用阿尔

巴尼亚《民事诉讼法典》的相关规定。一旦外国法院判决或外国仲裁裁决被阿尔巴尼亚法院承认,即与阿尔巴尼亚国内判决和裁决具有同样的法律效力。

(三)司法效率及其他事项

1. 从当地法院获得终审判决的一般时限

根据阿尔巴尼亚《民事诉讼法法典》的规定,地区法院的诉讼期限约为6个月到12个月。对地区法院的判决应在15日内提起上诉。自提起上诉之日起的6个月到10个月内上诉法院将做出判决。对上诉法院的判决应在30日内向最高法院提起上诉,最高法院将在3年内审查完毕。

2. 银行贷款纠纷诉讼、仲裁以及外国判决、裁决的执行效率

如果由外国法律管辖的贷款协议被认为是一项可执行的权利,贷款人可以通过申请强制执行程序从法院获得强制执行令。此后,该强制执行令可交由执行官办公室执行。程序将持续大约2~3个月。

如果由外国法律管辖的贷款协议不被认为是一项可执行的权利,贷款人必须向阿尔巴尼亚法院提起诉讼,并获得终局判决。该程序将持续大约2年。

3. 国有化、征收和征用

阿尔巴尼亚《宪法》规定对私有财产的征收或对所有权行使的限制,仅可以公共利益为目的,并以适当的方式做出,同时应对被征收的财产所有人给予充分的补偿。《外国投资法》亦对外国投资者财产的国有化和征收做出了规定。外国投资者财产不得直接或间接被征收或国有化,或以类似的方式被征收或国有化,除了法律要求的为公共利益之目的以外。

2004年,为新建阿尔巴尼亚第二个机场,阿尔巴尼亚政府征用了部分土地。同年,阿尔巴尼亚政府拨款3.34亿列克(合320万美元),以补偿为修建阿尔巴尼亚东北部库克斯机场而被征用土地的所有者。

三、金融法律制度

(一)银行准入与监管法律制度

1. 符合条件的外国银行可在当地设立和开展业务

阿尔巴尼亚没有禁止或限制外资银行在阿尔巴尼亚境内开展业务的规定。阿尔巴尼亚《银行法》允许设立外资银行、外资银行分行以及外资银行代表处。

在正常情况下,对银行的长期贷款授信一般没有限制性规定,也没有违约利率最高额的限制性规定。外国银行在当地设立及开展业务应遵守阿尔巴尼亚《银行法》及其他相关法律的规定,包括但不限于:

(1)获得阿尔巴尼亚银行的许可;

(2)不得从事阿尔巴尼亚银行许可范围之外的业务;

(3)在取得阿尔巴尼亚银行许可后方可根据《商事公司官方注册及手续法》的相关规定进行商事登记。

2. 外国银行在当地设立和开展业务需取得许可

外国银行在当地设立和开展业务需取得阿尔巴尼亚银行的许可。申请许可需由外国银行决策机构向阿尔巴尼亚银行提交书面申请及阿尔巴尼亚《银行法》要求的其他材料。此外,外国银行要获得许可还需满足最低原始资本要求。该最低原始资本要求由阿尔巴尼亚银行决定,应以保证的方式存入阿尔巴尼亚银行并冻结至获得许可之日止,且不得包括公众贷款、银行授信或第三方提前支付。阿尔巴尼亚银行自接受申请后的 3 个月内做出是否授予临时性许可的决定。

3. 外资银行在当地可以设立分支机构

外资银行在获得前述的临时性许可后的 12 个月内应满足如下条件:一是在法院登记为法人,并附上由阿尔巴尼亚银行审议通过的银行基本条例及法案;二是由银行股东支付或向外资银行分支机构划转最低原始资本;三是雇佣董事;四是购买或租赁营业场所;五是指定有资质的审计师;六是保护银行经营用的住所及设施;七是设计管理及会计流程且具备适当的内部审计流程;八是创造进行银行及金融活动的技术及组织条件;九是出具存款保险凭证。

另外,外资银行分行的管理人必须满足下列条件:一般需获得大学法学或经济学学位;有良好的声誉;满足阿尔巴尼亚银行章程中规定的对其在银行、金融、管理方面的资质、经验的其他要求。

4. 其他金融法律制度介绍(见下表)

法律法规名称	颁布日期	立法目的及主要内容
《银行及外国银行分支机构授信风险管理规定》	2015 年 1 月 1 日	该法规为银行及其分支机构在其活动中的授信风险管理制定规则,并且为授信风险评估、贷款和资产分类以及贷款减值准备的计算提供标准
《资本充足率管理规定》	2014 年 12 月 31 日	该法规为资本充足率的计算及最低资本充足率提供标准和规则
《银行大型披露风险管理规定》	2014 年 12 月 31 日	该法规为银行计算、监管以及报告大型披露事项提供立法规则和标准,以控制集中披露产生的风险

续表

法律法规名称	颁布日期	立法目的及主要内容
《反洗钱及恐怖融资法律规定》	2013 年 11 月 1 日	该法规对顾客身份认定、记录和数据保存以及向主管机关汇报做出了程序性规定
《流动性风险管理规定》	2013 年 4 月 15 日	该法规为有效管理流动性风险制定最低标准和要求
《非银行金融机构风险管理规定》	2013 年 2 月 21 日	该法规为非银行金融机构的风险管理制定规则
《银行及外国银行分支机构核心管理原则及其管理人审批标准管理规定》	2012 年 12 月 25 日	该法规明确了银行及外国银行分支机构设立的核心原则和相关规定;为形成有效风控体系制定要求;规定了银行及外国银行分支机构管理人必备的条件,并规定了阿尔巴尼亚银行批准该等管理人所需的相关文件;为涉及第三方清偿银行义务和责任的协议订立制定标准
《建立、许可及运作过渡银行的规定》	2012 年 7 月 4 日	该法规为建立、许可和运作过渡银行提供标准和规则
《运营风险管理规定》	2011 年 2 月 24 日	该法规为银行及/或金融活动运营风险管理制定相关要求
《银行及外国银行分支机构信息披露最低要求》	2008 年 10 月 1 日	该法规为银行及外国银行分支机构在定期报告中公布的信息制定最低要求、方法以及时间安排,以提高透明度,促进银行业市场纪律,保证银行业的可持续性及可信度
《银行及金融产品与服务透明度规定》	2008 年 10 月 1 日	该法规明确相关主体向客户提供银行或金融产品与服务信息的方法与形式,以保证服务透明度
《外国银行分支机构活动风险管理规定》	2008 年 10 月 1 日	该规定明确规定保证外国银行分支机构的安全及可持续活动的工具;为外国银行分支机构运营风险的披露设置最大限制;确定为实施该法规所需的文件的要求和相关义务
《支付系统法》	2013 年 4 月 29 日	该法立法目的为提升阿尔巴尼亚境内支付体系安全性和有效性

（二）担保法律制度

1. 担保法律体系

阿尔巴尼亚并未就有担保的交易制定统一的法律框架。阿尔巴尼亚法律允许在债务人现实拥有及未来拥有的财产上设定担保权益，并且担保将自动及于担保物的收益、生产的产品及原有财产的替换物。此外阿尔巴尼亚法律承认最高额抵押。

根据阿尔巴尼亚法律，通常在一个担保合同中只能对一个特定财产或性质相同的一组财产设定担保权益，而不能在一个担保合同中就多种不同性质的财产设定担保权益。

保证及抵押、质押均为阿尔巴尼亚法律认可。除一人公司不得与其他公司签署贷款或担保合同外，阿尔巴尼亚法律就公司集团内部一个或多个公司对外借款提供担保没有明确的限制性规定。阿尔巴尼亚法律认可在不动产、有形及无形私人财产（包括财产权）、应收账款、金融工具等上设定担保权益。

阿尔巴尼亚法律未对开采许可上是否可设定担保权益做出明确规定。但是根据开采许可转让的规定，在未获得相关政府部门的许可的前提下，可能无法在开采许可上设定担保权益。截至目前，阿尔巴尼亚尚未有实例可循。

2. 各担保措施的优先效力

（1）保证

如果公司因提供保证而承担的或有负债金额超过其上一年度营业额的5%，一般需获得公司董事会的批准。

保证无需任何政府部门的同意或备案。如果根据公司章程的规定，公司提供保证需获得股东会批准，则需履行相关的内部决议程序。

一般而言，对于阿尔巴尼亚境内企业为其境外集团公司提供跨境担保没有限制性规定，若跨境担保涉及跨境支付，则需满足阿尔巴尼亚中央银行有关外汇管理的规定。

（2）在不动产、用益权或永佃权之上设定抵押权不仅可在现实拥有或将来拥有的不动产、设备上，也可在不动产的地役权上设定。在不动产、用益权或永佃权上设定的抵押需在公证人见证的情况下签订书面合同，并且自当地不动产登记办公室登记后生效。

（3）非转移占有的担保押记仅可在现实或将来拥有的有形动产之上设定。该等担保押记需订立书面合同，并且自担保押记登记处登记后生效。

（4）在应收账款、账户之上设定的担保权益应签订书面协议，并自担保押记登记处登记后生效。同时，该等应收账款应交由当地银行保管。

（5）在阿尔巴尼亚设立的公司股权上可设定质押，并应签署书面协议。在公司股权上设定的担保权益应在公司的股东名册及公司登记中心登记。

3. 主权担保审批手续

任何由政府直接进行担保的债务应当每3个月进行一次报告，政府应当按照法律规定对担保进行披露，并将其计算在财务风险的负债中。担保、担保受益人、政府担保总支出等相关信息由财政部每季度登载在《债务登记汇总》。在预算年度内提供的担保不应超过阿尔巴尼亚预算法规定的担保上限。

目前,阿尔巴尼亚85%的主权担保为电力公司提供,其他主权担保主要投放到水利、基础设施及农业领域。阿尔巴尼亚主权担保仅占GDP的3.9%,但仍高于大部分中东欧国家。

4. 境外银行获得担保的限制性或禁止性规定

境外银行获得阿尔巴尼亚担保权益通常没有限制性或禁止性规定,外国银行与境内的贷款人享有同等权利。

5. 担保物的执行与变现

阿尔巴尼亚《民法典》规定,阿尔巴尼亚法院可执行有涉外因素的合同。如果由外国法律管辖的贷款或担保协议被认为是一项可执行的权利,贷款人可以通过申请强制执行,从法院获得强制执行令。此后,强制执行令可交由执行官办公室执行。该等程序将持续大约2~3个月。

如果由外国法律管辖的贷款或担保协议不被认为是一项可执行的权利,贷款人必须向阿尔巴尼亚法院提起诉讼,并获得终局判决。该程序将持续大约2年。

(三)法律适用

协议一般适用阿尔巴尼亚法律,但是当事人可以选择适用外国法律。如果阿尔巴尼亚当地银行作为托管人保管被设定担保的阿尔巴尼亚公司股权,若担保权益文件约定适用纽约州法或英国法,则该等担保权益的有效性将不被认可。

四、投资法律制度

阿尔巴尼亚政府鼓励外国投资者在农业、建筑业、旅游业、加工工业、矿业、基础设施等各个领域投资,并根据《外国投资法》对其提供保护,规定外资享受国民待遇。《特许经营法》鼓励外国投资者以特许经营方式在阿尔巴尼亚开展各种经济活动,同时阿尔巴尼亚法律也允许外国投资者以独资、合资等各种方式进行合作,外国投资的合法收入在缴纳10%的利润税与银行手续费后可自由汇出。

(一)企业法律制度

1. 设立企业的实体与登记机构

在阿尔巴尼亚可以设立企业的实体有:从事商业或经济活动的自然人;民法规定的简单合伙;商业公司;外国公司的分公司和代表处;储蓄和信贷公司或联盟;合作公司;阿尔巴尼亚法律规定应注册的其他类型实体。在阿尔巴尼亚成立商业公司须在阿尔巴尼亚"全国注册中心(NRC)"办理注册。

2. 注册企业的主要程序

(1) 注册要求

根据阿尔巴尼亚法律，商业公司可以先开展商业活动，再办理注册。

自然人、简单合伙人、外国公司的分公司和代表处可在开展商业活动后办理注册。法人可在组成后的15天内(除非法律另有规定)进行注册，其他强制注册可在组成或成立后30天内办理注册。

(2) 注册所需文件

办理商业公司等注册申请时，按不同类型公司填写不同形式的注册申请表，并按要求提交文件：自然人须提供身份证件复印件、目前商业活动地址、公司形式及签字样本；简单合伙人注册时须提供《民法》规定的相关合同、如未达成书面合同可签订申明或确认书、每个合伙人的身份证件复印件、合伙期限说明、组织形式说明、商业活动的地点、每个合伙人的身份资料、每个合伙人出资金额和类型、负责公司管理和代表公司同第三方进行业务活动的人的身份资料和签字样本；商业公司注册时须提供公司名称、成立者的身份证明资料、公司所在地说明、期限说明、行政管理人员身份证明资料及公司负责人签字样本；对于有限责任公司，阿尔巴尼亚法律规定其最低注册资本为10万列克，因此注册此类公司时须出具注册资金已到账证明。

为了改善商业环境，阿尔巴尼亚对公司注册程序进行了重大改革，2007年5月初，阿尔巴尼亚公布《全国注册中心法》，成立"全国注册中心(NRC)"，并于当年9月对外服务，将以前法院的多步骤司法注册办法改成"一站式"行政注册程序，使企业注册简单化，大幅缩短时间和降低成本。全国注册中心的新公司注册程序主要特点是："一站式"服务，提供税务、社保和医保、劳动检查局和国家统计局等多种注册的"单一"窗口，将新公司注册时间缩减到1天；注册费用降到100列克，不到1欧元；注册可在阿尔巴尼亚全国各地地方政府的NRC服务窗口进行，以便企业就近注册，也可到企业所在地以外的市政府进行异地注册，还可通过网络在线递交电子注册申请表，但在线递交电子申请后，申请人或委托人须当面到NRC全国任一窗口递交相关资料，并当着注册官员的面在每页签字；完成注册申请后，申请人可获得一份标有申请号码并经申请人和注册官员双方签署的注册申请确认文件，该申请号码日后可用于NRC网站的查询等用途。

在NRC注册官员和申请人双方签字前应当支付所需费用，NRC的每道手续均须付费，如核对公司名称是否重名、预留名称、预留名称转让、出具各种文件等，每种费用各1欧元。注册申请确认后次日即可得知注册申请是否被接受、暂停或被拒绝。

(二)特定行业及领域法律情况

1. 能源资源法律情况

(1)矿产行业

阿尔巴尼亚法律规定了两种矿产许可证,即"勘探许可证"和"开采许可证"。勘探许可证限期3年,可展期一年。矿产开采行为需由在阿尔巴尼亚注册成立并获得开采许可证的实体进行。该等开采许可证有效期25年,经申请可延长10年。开采许可证有效期或可延期至99年,只要开发投资计划被认为符合公共的经济或社会利益。在该种情况下,开采许可证持有人将与政府部门达成有优惠条件的协议,并获得阿尔巴尼亚议会的通过。外国企业在阿尔巴尼亚申请开采许可应遵守与阿尔巴尼亚国内企业相同的规定。此外,获得相关资质的开采人需获得环境许可证。

阿尔巴尼亚法律并未就申请或持有勘探许可证或开采许可证的企业控制权变更做出相应的规定。开采许可只要获得能源与工业部长的事前批准并且开采活动已经开始即可转让,但通过招标程序或者前述有优惠条件的协议获得的开采许可不得转让。

阿尔巴尼亚法律未就该等开采许可是否可设定担保做出明确规定。但是根据上述开采许可转让的规定,在未获得相关政府部门的许可前,可能无法在开采许可上设定担保权益。截至目前,阿尔巴尼亚尚未有该等实例可循。

(2)石油及天然气行业

阿尔巴尼亚法律规定,阿尔巴尼亚通过能源和工业部("MEI")对自然状态下的石油享有排他性主权。MEI有权与承包人订立石油协议,授予承包人在不同承包区域研究和生产石油的权利。

国家自然资源局("NANR")是MEI下设的一个机构。NANR有权就石油协议与投资人进行协商,并根据相关法律颁发许可文件。

通过缔结石油协议,国家将石油以及天然气的勘探权转移给投资人。石油协议可能具有相应的期限,勘探期限最高为5年,油气储备的生产和开发期限最高为25年。石油协议的投资者应当享有在阿尔巴尼亚建造和运营管道的权利,以及获得部分生产所得并予以销售或出口的权利。

如有意缔结石油协议,应当向NANR提交申请,NANR向MEI提交所需文件。MEI应当于10日内做出接受或拒绝的决定;若NANR接受申请,应当就石油协议的条款和条件和申请人开始进行协商。

协议的定稿应当提交财政部与司法部。MEI应当在收到重新修正的协议后10日内签署该协议,并将其提交部长理事会做最终批准。

任何意图进行石油和天然气勘探的法律实体应当与MEI缔结石油协议,或与Albpetrol(阿尔巴尼亚国有石油公司)在其有权范围内缔结许可协议。勘探协议为期5

年,可延伸至7年。

任何意图从事石油与天然气生产与开发活动的法律实体应当与MEI缔结石油协议,或与Albpetrol在其有权范围内缔结许可协议。生产与开发协议为期25年。

石油和天然气开发权向第三方的转让应当遵守其与MEI订立的石油协议。

2. 基础设施互联互通法律情况

阿尔巴尼亚基础设施发展比较落后,国家财政资金紧张,吸引外资发展铁路、海运、电力等基础设施建设需求强烈。

阿尔巴尼亚没有轻轨和管道运输线路,目前首都地拉那市有发展城市轻轨的规划,亟须引进外资帮助。阿尔巴尼亚电力生产主要依靠水电站,受自然环境影响较大,输电线路设备老化情况严重,2014年电网损耗率高达35.7%,吸引外资帮助其重建全国电网系统是阿尔巴尼亚政府的重要战略目标。

2006年12月18日阿尔巴尼亚议会通过《特许经营法》,旨在以BOT特许经营方式吸引外商直接投资,涵盖交通运输、矿业、电力生产和配电、电信等行业。阿尔巴尼亚政府重点发展基础设施建设项目,一般采取授予特许经营权的方式,企业和政府签署特许经营协议,在某些领域以BOT的方式投资建设。特许经营权合同一般为35年,可延长。目前在当地开展BOT的外资企业主要来自挪威、奥地利、土耳其等国。挪威和奥地利涉及的项目主要在电站、矿业等领域。土耳其涉及的项目主要在电站和钢铁制造、集装箱码头经营等。阿尔巴尼亚政府也在积极尝试公私合营(PPP)的投资模式。

阿尔巴尼亚政府对未来四年基础设施的发展规划为:使基础设施建设服务于经济社会发展的大需求,直接贡献于经济增长和就业,优先建设与周边国家互联互通的交通基础设施,大力推动公私合营的投资模式。负责部门主要有交通和基础设施部、工业能源部、经济发展、旅游、贸易和企业部等。

(三)外汇管制

外汇兑换市场由阿尔巴尼亚银行管理,具体从事汇兑业务的是被授权的商业银行和外汇兑换所。根据阿尔巴尼亚银行《外汇交易报告指令》的相关规定,阿尔巴尼亚的银行、外国银行分支机构、外汇兑换所每日下午3点前应向阿尔巴尼亚银行报告过去24小时的外汇交易情况。

公司或个人均可自由买卖外汇。允许外国投资者或法人在阿尔巴尼亚开立银行外汇账户,开立账户时须提供公司注册文件及公司法人身份证或被授权人的身份证件。

属于外国直接投资的资金和变卖设备款以及因投资而取得的合法收入,缴纳10%利润税和银行手续费后,可自由汇出。个人出入境时可携带1万美元以内等值外汇,无需申报。出境时,若所携外汇超过此限,需出示相应的入境外汇申报单或银行出具的有关证明。个人若将外汇汇出,每年累计不得超过350万列克等值的外汇金额,超过部分须取得阿尔巴尼亚中央银行的书面同意。

（四）税收制度

阿尔巴尼亚的税收分为中央税和地方税两类。其中中央税为国家财政收入的重要来源之一，而地方税主要涉及餐厅、广告、清洁和流动小商业。中央税又可分为直接税和间接税两种。

一般规定按月度和年度定期申报纳税。纳税日期一般为每月 20 日，缴纳固定额度利润税的小企业，需在 6 月前缴纳当年利润税全额。

阿尔巴尼亚主要税种及税率如下所示：

主要税收类型	税率
企业所得税（利润税）	0%、7.5%或15%
个人所得税	0%、13%或23%
增值税	20%

外国贷款人在阿尔巴尼亚发放贷款所得利息应当依阿尔巴尼亚规定缴纳 15%所得税。如果贷款人为与阿尔巴尼亚已订立税收协定的协议国居民，则税率将会大幅降低。根据中国与阿尔巴尼亚签订的税收协定，阿尔巴尼亚借款人付给中国银行的利息应根据阿尔巴尼亚法律征税。但是，如果收款人是利息受益人，则所征税款不应超过利息总额的 10%；如果支付对象为中国政府全资所有的银行，则免税。

五、法律风险评价

（一）营商环境有待改善

根据 2015 年世界银行营商环境指南提供的数据，在世界 189 个国家和地区中，阿尔巴尼亚在公司注册、工程承包、财产登记、电力获取、信贷取得等方分别排名第 41 位、第 157 位、第 118 位、第 152 位和第 36 位，基本处于世界中游水平。其中财产登记和工程承包等方面审批或登记程序较为繁琐，时间成本较高，有待进一步改善。（见下表）

公司注册		财产登记	
程序个数	5	程序个数	6
时间（日）	4.5	时间（日）	22
成本（占单位收入的百分比）	10	成本（占单位收入的百分比）	9.9
最低注册资本	0		

数据来源：2015 年世界银行营商环境指南。

（二）电力获取成本较高

作为欧洲地区国家，阿尔巴尼亚基础设施薄弱，电力获取成本较高，电力接入周期较长，对维持工业运作及商业发展较为不利，难以满足现代工商业发展的要求。根据2015 年世界银行营商环境指南提供的数据，阿尔巴尼亚的电力获取效率在世界 189 个国家和地区中仅排名 152 位。（见下表）

电力获取	阿尔巴尼亚	英国	拉脱维亚
程序个数	6	4	4
时间（日）	177	79	107
成本（占单位收入的百分比）	472. 6	26. 7	296. 6

数据来源：2015 年世界银行营商环境指南。

（三）税务负担较大

根据 2015 年世界银行营商环境指南提供的数据，阿尔巴尼亚在税收方面排在全球 189 个国家和地区的第 131 位，纳税次数和时间显著高于以英国和拉脱维亚为代表的欧洲国家。（见下表）

税收指标	阿尔巴尼亚	英国	拉脱维亚
纳税（次）	34	8	7
时间（小时）	357	110	193
应税总额（占利润百分比）	30. 5	32	35. 9

数据来源：2015 年世界银行营商环境指南。

爱沙尼亚共和国
The Republic of Estonia

——冉冉升起的波罗的海新星

爱沙尼亚共和国基本情况

国家名称（中英文）	爱沙尼亚共和国（The Republic of Estonia）		
人口（百万）	1.31	人口增长率（年均%）	-0.2
领土面积（千平方公里）	45.2	主要民族	爱沙尼亚族、俄罗斯族
官方语言	爱沙尼亚语	主要宗教信仰	基督教、东正教、天主教
政体	议会制	主要政党	改革党、社会民主党
GDP（十亿美元）	22.69	GDP 增长率（年均%）	1.1
国民总收入（十亿美元）	24.25	人均国民收入（美元）	18,480
通货膨胀率（年均%）	1.4	外国直接投资净流入（百万美元）	-174
外债（百万美元）	—	总偿债额占出口贸易和收入的比率	—

数据来源：2015 年世界发展指标数据库。

一、国别概览

爱沙尼亚共和国（以下简称爱沙尼亚）地处欧洲东北部，位于波罗的海东海岸，东与俄罗斯接壤，南与拉脱维亚相邻，北面为芬兰湾，隔海与芬兰、瑞典相望。爱沙尼亚人口约 131 万，主要民族有爱沙尼亚族、俄罗斯族、乌克兰族和白俄罗斯族。官方语言为爱沙尼亚语，英语、俄语亦被广泛使用。主要宗教为基督教路德宗、东正教和天主教。从政治、经济、法律等因素综合来看，爱沙尼亚近年来的政治环境较为稳定，宏观经济发展平稳。随着中国经济的不断发展，爱沙尼亚政府和工商界对与中国开展各领域合作表现出浓厚兴趣。爱沙尼亚政府也在公开场合表示，欢迎中国企业到爱沙尼亚投资，特别是在清洁能源、高新科技等领域投资。为吸引外国投资，爱沙尼亚还在首都塔林等地设立了若干工业园、科技园，对外资企业提供优惠政策。

（一）政治概况

爱沙尼亚自 1991 年恢复独立以来，政局总体稳定，党派斗争激烈但社会秩序整体良好。爱沙尼亚实行多党议会民主制，总统由议会选举产生，任期5年，总统也是爱沙尼亚全国武装力量的最高统帅。议会通过的法律由总统批准实施，总理由总统提名，议会任命。2015年3月1日，爱沙尼亚议会大选后，由获得席位较多的改革党、社会民主党和祖国联盟—共和党组成新的联合政府，并于4月9日宣誓就职。新政府设置11个部，包括外交部、国防部、司法部、内政部、财政部、经济事务与交通部、文化部、教育与研究部、社会事务部、农业部、环境部。内阁阁员包括一名总理和14名部长。

（二）经济概况

2003年至2007年，爱沙尼亚经济保持快速增长，是欧盟经济增长率最高的国家之一。2008年由于世界经济动荡及本国内需和出口增速减缓等因素，爱沙尼亚经济进入调整期。2009年爱沙尼亚经济陷入严重衰退，为全球十个受经济危机冲击最严重的经济体之一。2010年，随着世界经济的复苏和国外需求的增长，爱沙尼亚经济止跌回升，全年GDP增长3.1%。2011年更出现恢复性增长，国内生产总值159.73亿欧元（约合222.3亿美元），增幅达7.6%，成为欧盟当年GDP增速最快的国家之一。受欧债危机影响，2012至2014年爱沙尼亚经济增速放缓，2012年、2013年GDP增长率分别为4.7%和1.6%。2015年GDP总额为226.9亿美元，GDP增长率为1.1%。

近年来，爱沙尼亚政府持续奉行以平衡预算、稳定克朗、自由贸易和快速推行私有化为主要内容的经济政策，经济总体形势稳定，并继续保持着低速增长的势头。财政、金融、贸易及服务业状况良好，通胀率明显降低，私有化已进入最后攻坚阶段。目前爱沙尼亚存在的主要问题是：基础产业发展滞后，贸易逆差继续攀升。据欧盟统计局统计，2015年爱沙尼亚货物进出口额为274.1亿美元，比上年（下同）下降20.2%。其中，出口129亿美元，下降19.6%，进口145.1亿美元，下降20.7%。贸易逆差16亿美元，下降28.9%。

（三）外交政策

爱沙尼亚以欧盟和北约为经济、安全依托，重视与波罗的海及北欧国家的传统友谊，着力推动和加强区域合作，进一步加大参与国际事务力度，不断巩固与美国关系，支持和积极推进欧盟与美国及其他贸易大国签署自由贸易协定。

1991年9月11日，中爱两国建立外交关系。1992年年初中国在爱沙尼亚设立使馆。1993年2月，中国向爱沙尼亚派驻大使。爱沙尼亚于1997年在华设立使馆并派驻临时代办。2002年4月，爱沙尼亚向中国派驻首任大使。二十年来，两国高层互访频繁，政治互信日益加深，中国尊重爱沙尼亚的独立及其所选择的发展道路，爱沙尼亚政府坚持一个中国的立场，双方不存在悬而未决的问题。中爱两国政府高度重视两国文化交流与合作，两国文化部于2007年签署了《2008～2012年文化交流计划》协议，双方各种文化交流活动日益活跃。中爱两国在教育领域的交流不断发展，大约有150

名中国留学生在爱沙尼亚高校学习,是波罗的海三国中国留学生最多的国家。2010年,孔子学院也在塔林大学挂牌成立。

2013年,中爱关系继续发展,各领域交流与合作进一步深化。2014年,爱沙尼亚议会外使委员会与中国全国人大外事委员会实现互访。同年12月,李克强总理在塞尔维亚贝尔格莱德会见出席"中国—中东欧国家领导人会晤"的爱沙尼亚总理罗伊瓦斯。2015年1月,爱沙尼亚外长罗西曼努斯对中国进行工作访问。2015年2月,中国与爱沙尼亚签署了《中华人民共和国政府和爱沙尼亚共和国政府关于对所得避免双重征税和防止偷漏税的协定》的修订议定书和《2015~2016年农业领域合作行动计划》,中爱关系进入了一个新阶段。

二、法律概览

爱沙尼亚法律承袭欧洲大陆法律传统,属于罗马—德国法系。受普通法系影响,爱沙尼亚最高法院有权解释法律,且其意见将在以后出现的类似案件中予以考虑。尽管如此,爱沙尼亚法律体系仍旧以法律条文为核心,而非判例法体系和成文法体系的混合体。总体而言,爱沙尼亚法律体系较为完备,法治较为健全。

(一)司法制度

1. 诉讼制度

爱沙尼亚的法院体系在欧洲法院体系中较为简洁,包括一个作为终审法院的最高法院(同时负有对法律及法令进行违宪审查的职责),两个巡回法院(作为二审法院),四个基层法院(作为初审法院)及两个行政法院。

2. 仲裁制度

在爱沙尼亚执行仲裁程序须遵守爱沙尼亚《民事诉讼法》的规定,该法涉及仲裁的条款主要是第712条至第757条,该法规定仲裁协议可以单独的合同形式或某合同的单独条款形式出现。仲裁协议应遵照爱沙尼亚最高法院的标准起草。

3. 司法协助

在爱沙尼亚发生商务纠纷,一般都适用爱沙尼亚当地法律进行解决。企业间发生纠纷,可根据合同规定,请仲裁机构予以仲裁,或者向法院起诉。目前,中资企业与爱沙尼亚当地企业发生的商业纠纷多以私下协调为主,尚没有诉诸仲裁机构或者法院的先例。

根据爱沙尼亚《民法典》总则部分,爱沙尼亚法院判决或裁决的执行期限通常来讲是10年。爱沙尼亚承认并执行外国法院的判决,针对在欧盟外的其他国家所做出的判决,将适用爱沙尼亚《民事诉讼法》。然而,爱沙尼亚法律并未对承认和执行外国法院判决的时限做出具体规定。通常而言,通过仲裁方式进行争议解决相比于诉讼可节省相当一部分时间成本。

(二)司法效率及其他事项

1. 审判时限

在实践中,诉讼程序耗时几个月(如仲裁程序耗时大约6个月)至几年不等,尤其是对一审判决提起上诉的情况下,时间成本更高。

2. 国有化、征收和征用

爱沙尼亚尊重私有财产权利,根据爱沙尼亚《外国投资法》的规定,国家保护外国投资,对外资企业和外商财产不实行国有化、征收或没收。对于非上述范围内的私有财产,政府为公共利益之目的有权征收私有财产。相应的补偿金额以市场价值为基础。政府征收的案例在爱沙尼亚极其罕见。

三、金融法律制度

(一)银行准入与监管法律制度

1. 符合条件的外国银行在当地设立和开展业务不存在限制或禁止性规定

爱沙尼亚银行、保险、证券行业的市场准入须遵守爱沙尼亚《信贷机构法案》《保险业务法案》《证券市场法案》,同时参照欧盟相关法律。爱沙尼亚金融监管局隶属于爱沙尼亚中央银行,对商业银行、保险公司及证券公司进行监管。

根据《信贷机构法案》规定,外资允许在爱沙尼亚开办银行或分支机构,自2007年1月1日起,在爱沙尼亚开办银行的最低资本要求为500万欧元,开办银行不能以公开募集的方式进行。

外国银行或分支机构应遵守爱沙尼亚中央银行的有关规定,并定期向爱沙尼亚金融监管局及爱沙尼亚中央银行提交财务报告。目前,爱沙尼亚共有商业银行8家,外国银行分支机构7家。

2. 外国银行在当地设立和开展业务需要办理登记和取得许可

爱沙尼亚金融监管局将在收到所需文件的两个月内做出是否可以开办银行或分支机构的决定,如同意开办,将由爱沙尼亚金融监管局颁发授权许可,并及时通知外国银行所在国的金融监管机构。外国银行在收到爱沙尼亚金融监管局可以开办银行的授权许可后,可以开始进行商业注册登记和运营。

3. 法律对商业贷款利率没有明确的限制

在爱沙尼亚法律中并未明文规定一个固定的商业贷款利率限额。但最新实践表明,若商业贷款的利率明显高于其他类似贷款时,法院有权介入。

4. 违约利率有最高限制

爱沙尼亚法律规定违约利率上限采用客观参考利率。法律明确了计算法定违约利率的基础,即欧洲中央银行在每年1月1日前或7月1日前的主要融资行为可采取的作为最后选择的利率另加每年7个百分点。

5. 其他金融法律制度介绍

法律法规名称	颁布日期	立法目的/主要内容
《商业法》	2014年6月30日	其立法目的为规制公司在商业环境中运营的权利与义务,该法明确规定了公司的类型,包括不同类型公司的经营原则与规范、管理部门的权利与义务以及关于公司的其他重要原则
《金融监管管理法》	2001年5月9日	其立法目的为规制国家金融监管的目标、法律地位和活动基础,包括金融监管机关的管理程序等
《信贷机构法》	1999年2月9日	其立法目的为规制信贷机构的成立、活动、解体、责任和监管
《中央银行法》	1993年5月18日	为爱沙尼亚中央银行的权力及其管理、组织及活动提供法律依据,并对爱沙尼亚银行实施国家货币政策进行了规定
《破产法》	2003年1月22日	规定了宣告破产、报告以及向债权人还款的程序
《证券市场法》	2001年10月17日	规定证券的公开发行及其进入规范证券市场交易、投资公司的活动、投资服务的提供,规范证券市场和证券结算系统的运作以及对证券市场和参与者的监管
《保险活动法》	2015年6月10日	其立法目的为规制保险活动、保险中介和及其监管
《洗钱和恐怖主义融资预防法》	2007年12月19日	其立法目的为预防爱沙尼亚的财政系统和金融领域被洗钱和恐怖主义融资利用
《担保基金法》	2002年2月20日	规定担保基金的目标、法律地位和活动程序

(二)担保法律制度

1. 担保法律体系

爱沙尼亚法律规定的担保类型可分为动产担保和不动产担保两类。具体而言,担保的形式主要为:不动产的抵押、动产的占有型质押(通过转移担保物的占有及相关协议的签署而设立)、动产的登记担保(需登记)、动产的商业质押(不需转移担保物的占有)和动产的权利质押(经书面协议设立且无需转移担保物的占有)。如按照担保财产进行分类,前述担保分为动产担保(包括占有型质押、动产登记担保和权利质押)和不动产担保(包括抵押和法院设立的司法抵押)。涉及担保以及相关担保权利登记事项的法律主要包括:

颁布时间	法案名称
1993	《财产法案》
1993	《财产法案修订案》
1995	《商业法》
1997	《商业质押法案》
2001	《中央证券登记法案》
2006	《执行程序法典》

2. 担保措施

在爱沙尼亚，若债务人为爱沙尼亚人，通常可适用的担保方式包括抵押与质押，具体如下：

(1)抵押

在土地登记处提交经公证机关公证的不动产抵押合同，并进行抵押权利登记后，抵押即生效。未经登记，抵押不发生效力。

(2)占有型质押

依据爱沙尼亚《财产法案》，占有型质押通常为有形资产的质押。一项动产上不得设立多项不同的占有型质押。

(3)商业质押

依据爱沙尼亚《商业质押法案》，商业质押及于爱沙尼亚公司或外国公司在爱沙尼亚分公司的所有动产财产。商业质押及于在质押登记时承诺担保的所有担保财产以及在担保设立之后取得的财产。

不适用商业质押的财产类型	
1	现金出纳机构或信贷机构中的现金(即银行账户中的现金)
2	证券(如股份、投资基金份额、债务工具等)
3	可能设立另一类动产登记质押的财产(如登记的知识产权)
4	在商业质押设立之前或之后，不动产上设立的抵押所及于的财产(即不动产的必要部分或附属物)
5	已设立占有型质押的财产
6	根据爱沙尼亚法律不受限于债务支付的财产(有限的个人财产)

(4)其他登记质押

在公共登记处依法登记的知识产权、机动车或航空器上可以设立质押，该类动产的登记质押权人有权就被担保财产实现质押权益。

(5)证券质押

需在爱沙尼亚中央证券登记处登记的证券质押类型	
1	所有爱沙尼亚公众有限责任公司股票证书或认购证书
2	爱沙尼亚非公众法人向公众发行的债务工具
3	国家、地方政府和其他公众法人发行的债务工具
4	公开交易的投资基金份额

(6)权利质押

若一项专有权利可转让,则该专有权利之上可设立质押。在实践中,债权质押(如银行存款或应收账款质押)及证券质押属于最普遍的权利质押类型。与占有型质押不同的是,不同的权利质押可同时并存,该等权利质押的优先效力取决于其设立时间的先后。

3. 主权担保审批手续

爱沙尼亚《组织预算法》对于政府提供借贷和担保做出了相关规定。依据该法,爱沙尼亚财政部有权决定政府现金、证券和其他财政资产的管理方式。此外,所有的政府担保及其他或有债务均应记录于年度综合报告中。

4. 境外银行限制性或禁止性规定

爱沙尼亚法律对境外银行获得本地担保权益通常没有限制性或禁止性规定,外国银行与境内的贷款人享有同等权利。

5. 担保物的执行与变现

根据《财产法案》,就抵押担保而言,若抵押权未能实现,抵押权人有权要求以强制拍卖或强制监管的方式执行该抵押物。在质押的实现过程中,对占有型质押下的质物,若担保权利未能实现,则质押权人有权出售该质物。质押权人至少需要在出售前一个月通知质押人。关于商业质押,若担保权利未能实现,则质押权人有权要求以公开拍卖的形式强制执行质物。关于其他登记质押,其执行与变现参照抵押物的规定执行。证券质押的变现参照占有型质押。在权利质押下,自担保权益被执行之日起,相关质押权利仅可由质押权人提起主张,且与权利相关的债务人仅可向质押权人履行质押权利项下的债务。

(三)法律适用

爱沙尼亚法律在法律适用方面给予合同当事人极大的自主决定权。根据爱沙尼亚《法律适用法》,爱沙尼亚法律对贷款协议的法律适用并无强制性规定,若当事人未作选择,则适用贷款人所在国的法律,即贷款协议可以适用外国法律。

（四）主权豁免

与其他欧盟国家一致，爱沙尼亚采用限制豁免原则。依照法律，政府在参与商业交易时并不享有豁免权，受爱沙尼亚民法的约束。然而当判决不利于政府时，某些特定的资产享有免于没收的豁免权，且此等豁免权不可放弃。

四、投资法律制度

爱沙尼亚投资环境总体良好，几乎所有领域均对外国投资者开放。独特的区位优势、良好的投资环境、优惠的投资政策使爱沙尼亚在吸引外资方面卓有成效，人均吸引外商直接投资数额位于波罗的海三国首位，在中东欧也名列前茅。

根据爱沙尼亚《外国投资法》规定，国家保护外国投资，对外资企业和外商财产不实行国有化、征收或没收。外国投资者可以任何形式财产（包括知识产权）赴爱沙尼亚投资。外国投资者和外资企业与爱沙尼亚本国投资者和企业享有同等权利，承担同等义务。2004 年加入欧盟后，爱沙尼亚在执行欧盟统一外经贸政策的同时，仍保留“免征企业利润中用于再投资部分所得税”的优惠政策。

（一）企业法律制度

1. 商事主体

爱沙尼亚新的《商业法》于 1995 年 2 月 15 日启用，并于 1995 年 9 月 1 日开始实施。该法阐述了爱沙尼亚企业的基本原则，概括了商业注册的作用。根据该法，主要有以下几种经营实体可以进行商业注册：

（1）代表处

由外国母公司或其授权代表向爱沙尼亚商业注册局提交所需文件，申请登记成立代表处。文件中应包括母公司资质证明、代表授权书、公司章程、财务报告等情况。通常代表处需委托当地律师协助完成注册的各项手续。

（2）分公司

由外国母公司或其委托人向爱沙尼亚商业注册局申请登记注册设立分公司。文件中需由母公司提交相应的证明文件，包括公司性质、资金规模等。对分公司注册的资金没有具体规定。

（3）有限责任公司

有限责任公司可以由一人或几人合作成立，由公司股东负责向爱沙尼亚商业注册局登记注册。自 2011 年起，规定该类企业的最低注册资本金不得低于 2500 欧元（约合 3300 美元），资金账户需于指定银行开立。持股人可将股权转让给其他持股人，在转股给第三方时，其他持股人有优先购买权。公司的法定代表人对公司的财务有管理权。如公司的股本金超过 3.4 万欧元或公司文件有规定的，则该公司还需配有审计师。法律规定,有限责任公司自递交申请之日起,有关部门应在14个工作日内完成注册登记手续。实际上,由于爱沙尼亚网络较为发达,任一爱沙尼亚公民在家20分钟即可完成网上申请注册,以后经营活动的所有报表也可在网上完成。

(4)股份有限公司

自2011年起,注册股份有限公司最低股本金不能少于25,000欧元(约合33,000美元),并输入爱沙尼亚中央证券注册中心。股份有限公司可由一个或多个需要或无需认购股份的自然人或法人成立。股份可以自由转让给第三方,但不可分割。

股东大会在公司具有最高权力,每年至少举行一次,其职责包括审议年报、分红、选举公司监事会和审计师、修改公司章程、增减股本金、依法决定股份有限公司的解散等。董事会是公司的执行主体,代表并管理公司,董事会至少要每四个月向监事会汇报一次公司的活动和经济状况。监事会负责监督董事会等。

成立上述公司需准备相关文件,如公司协议、名称、经营范围、股本金额度、董事会成员名单等,这些文件须用爱沙尼亚文书写,并进行公证,之后向爱沙尼亚商业注册局申请登记注册成立公司。通常设立公司需委托当地律师协助完成注册手续,获得统计代码和税号等。爱沙尼亚公司法人签署法律文件以法定代表人的电子签名为准,盖章与否并不重要。

2010年修改的企业注册法律规定,自2011年起,任何一个爱沙尼亚法人、自然人或在爱沙尼亚居住的外国人均可申请注册公司。根据爱沙尼亚与俄罗斯等前独联体国家签署的国际条约,这些国家申请人的身份公证文件相互承认,无需补充认证。

2. 促进和规范外国投资法律制度

1991年9月实施、1996年5月修订的爱沙尼亚《外国投资法》规定外国投资者与爱沙尼亚本国公民和法人享受同样权利,承担同样义务,即实行完全的国民待遇。爱沙尼亚整体投资环境较好,作为固定资产投资的商品免征进口关税,外国投资者个人自用物品免征关税。外资企业(外资额占固定资产30%以上)可以自由出口本企业产品或进口与企业生产经营有关的商品,无需申领许可证。除一些特殊行业(如能源、电信、银行业及保险业)需要许可外,爱沙尼亚法律对外商投资无特殊规定。

(二)特定行业及领域法律情况

1. 能源资源法律情况

(1)矿产领域

爱沙尼亚关于矿业的法律规定主要体现在2003年通过的《矿业法》中,该法对于从事矿业活动所需许可的规定已被后续法律废止。根据《地壳法》,企业要从事地质勘探或地理开采的活动应取得相应许可。该等许可应列明从事勘探或开采行为的申请人信息、开展此类活动的目的、勘探或开采地块的信息、需从地表取得的可以数字衡量的岩石、沉积物、液体或气体勘探或开采行为的规模等。

(2)液体燃料行业

爱沙尼亚《液体燃料法案》规定，各类燃料只能经由该国合法注册从事该领域的公司从事进出口、买卖和储存，且进口、出口、销售和提供燃料都需申请注册。针对机动车辆使用的汽油，除非当地监管部门批准，只有无铅石油能用于消费或买卖。另外法律规定，液体燃料储量应由政府所有的公司持有，欧盟的其他成员国应当根据双边或国际条约约束其在爱沙尼亚的液体燃料储存行为。该液体燃料的储量仅用于解决特定情形下的供应困难，且需由当地政府部门批准。

2. 基础设施互联互通法律情况

爱沙尼亚法律规定，外国公司可参与当地工程承包，条件是满足每次招标的具体要求。若要参与政府招标项目，需满足以下条件：参与人或公司必须是生活或居住在爱沙尼亚、欧盟成员国内或是加入 WTO 政府采购协定的国家。由于中国尚未加入该协定，目前中国公司尚不能享受平等待遇。中国公司可与爱沙尼亚公司合作参与政府招标的项目。外国自然人要承包项目，必须在爱沙尼亚成立公司，以法人资格参与工程承包。

(三)外汇管制

爱沙尼亚对外汇没有管制，对国际支付无限制，任何货币、无论数量多少都可自由兑换、汇入汇出。但对大数额的汇入汇出，需根据欧盟的规定填写反洗钱申报单。根据爱沙尼亚法律，外国公司可在当地自由开立外汇账户，在按法律要求交纳各种税收后，其经营利润可以汇往国外。自 2010 年 5 月 1 日起，个人携带价值超过 10,000 欧元的外币出入境，应全额申报，向欧盟区以外国家汇款超过 10,000 欧元，必须填写申报单。

(四)税收规定

爱沙尼亚税收体系主要由两部分组成，一是国家税，二是地方税。国家税主要包括所得税、社会税、土地税、博彩税、增值税、关税、消费税、重载汽车税等；地方税主要包括销售税、船税、广告税、机动车税、家用宠物税、娱乐税、停车费等。各类交易根据不同标准征收印花税。

1. 所得税

爱沙尼亚的所得税分为企业所得税和个人所得税，税率均为 21%。自 2015 年起，均下调为 20%。爱沙尼亚自 2001 年起实行企业所得税“零”税率政策，即对企业经营活动中获得的收入与支出之间未分配的利润免征所得税，这部分资金用于再生产。但如果将此利润对股东或投资者进行分红，或是以赠与、补贴、物质资助、转移支付等方式分配这些利润时，则需缴纳所得税。外国公司(包括分支机构)在利润分配或汇出时要交纳 21% 的所得税。在爱沙尼亚居住的外国人在本国或在世界上其他任何地方的收入都要交纳个人所得税。在爱沙尼亚居住的人,是指在爱沙尼亚有永久住所或一年中在爱沙尼亚停留超过183天的人。非爱沙尼亚居民在爱沙尼亚获得的收入应在爱沙尼亚纳税。2014年爱沙尼亚个税的起征点为月收入156欧元,退休人员每月养老金低于210欧元的部分免征个税。2015年,个税起征点调整为154欧元,养老金起征点调整为220欧元。

目前,爱沙尼亚与一些国际组织和国家签署了49个多边或单边条约,其中很大一部分是避免双重征税条约。根据这些条约中的有关规定,在爱沙尼亚务工的外国人在满足一定条件时才需向爱沙尼亚缴纳所得税。

2. 增值税

增值税注册人要对所提供的货物或服务支付增值税。一般商品和服务的增值税率为20%,图书、演出票、旅店服务、部分药品和医疗用品、殡葬用品和服务以及危险垃圾处理的增值税率为9%,出口商品的增值税税率为零。临时进口货物不征收进口增值税,但这些货物须在加工后按期从爱沙尼亚出口。

3. 社会税

在爱沙尼亚注册的公司雇主(包括外国实体的永久性公司),除了法律规定的特殊免税政策以外,只要有员工,就要交纳支付给雇员工资总额33%的社会税(含20%的养老金和13%的医疗保险)。个人以经营者的身份在税收当局注册也须缴纳社会税。应缴纳的社会税低于起征额度的可申请免缴。

4. 土地税

根据规定,土地所有者有义务交纳土地税(非征税土地要有特殊免税证明)。根据2012年底通过的《税法修正案》,自2013年1月1日起,土地税率按土地评估值征收,最高不超过2.5%。住在城市或居民集中居住区的自有住房的纳税人,其住房占地面积小于0.15公顷的免缴土地税,超出这一限额的对超出部分征税。住在集中居住区以外的自有住房纳税人,其住房占地面积的起征点为2公顷。地方政府有权根据本地的具体情况自行确定土地税率。目前,爱沙尼亚土地税率最低的为0.7%,最高为2.5%。

5. 消费税

主要针对烟、酒、汽车、燃油和包装物5类商品,分别按国家制定的税率征收,并不断进行调整。如爱沙尼亚议会2014年7月1日通过了《消费税法修正案》,规定自2015年1月1日起,酒类消费税提高至15%,2016~2018年,再每年提高10%。2015~2017年,天然气消费税每年提高20%;2016~2018年,烟草消费税每年提高5%,最终达到欧盟的平均水平。

五、法律风险评价

(一)营商环境优良

根据2015年世界银行营商环境指南提供的数据,爱沙尼亚整体营商环境排名在全部189个国家和地区中位列第17位,其在公司注册、工程许可、财产登记、信贷取得及税收等方面(在世界189个国家和地区中)分别排名第26位、第20位、第13位、第23和第28位,各项指标数据位居世界前列,表明具有优良的营商环境。

公司注册		工程许可	
程序个数	4	程序个数	11
时间(日)	4.5	时间(日)	13
成本(占单位收入的百分比)	1.4	成本(占单位收入的百分比)	0.3
最低注册资本(占单位收入的百分比)	18.6		

数据来源:2015年世界银行营商环境指南。

(二)合同执行成本和破产处置成本较低

爱沙尼亚的合同强制执行效率及破产处置处于全部189个国家和地区的中上游,在合同执行及企业退出方面具备相当的优势。根据2015年世界银行营商环境指南提供的数据,其强制执行效率排名世界第32位;在该报告中,爱沙尼亚的破产处置效率在世界189个国家和地区中排名40位,均处于上游水平。

合同强制执行	爱沙尼亚
时间(日)	425
程序个数	35
成本(占标的额的百分比)	21.9
破产处置	爱沙尼亚
时间(年)	3.0
成本(占资产价值的百分比)	9
回收率(每美元美分数)	39.3

数据来源:2015年世界银行营商环境指南。

(三)进出口贸易法律限制较少

爱沙尼亚鼓励外商投资,给予外商投资国民待遇,准入限制较少。根据2015年世界银行营商环境指南提供的数据,爱沙尼亚的跨境贸易的简单程度名列前茅,在全世界189个国家和地区中名列第6位。

爱沙尼亚跨境贸易	
出口所需文件数	3
出口时间(日)	6
出口成本(每集装箱/美元)	765
进口所需文件数	4
进口时间(日)	5
进口成本(每集装箱/美元)	795

数据来源:2015年世界银行营商环境指南。

立陶宛共和国
The Republic of Lithuania

——文明辉煌的东欧古国

立陶宛共和国基本情况

国家名称（中英文）	立陶宛共和国（The Republic of Lithuania）		
人口（百万）	2.92	人口增长率（年均%）	-0.8
领土面积（千平方公里）	65.3	主要民族	立陶宛族、波兰族
官方语言	立陶宛语	主要宗教信仰	罗马天主教、东正教
政体	议会制	主要政党	社会民主党、劳动党、秩序与正义党
GDP（十亿美元）	141.24	GDP增长率（年均%）	1.6
国民总收入（十亿美元）	43.65	人均国民收入（美元）	15,000
通货膨胀率（年均%）	0.4	外国直接投资净流入（百万美元）	627
外债（百万美元）	—	总偿债额占出口贸易和收入的比率	—

数据来源：2015年世界发展指标数据库。

一、国情简介

立陶宛共和国（以下简称“立陶宛”）位于波罗的海东岸，北接拉脱维亚，东连白俄罗斯，南邻波兰，西濒波罗的海和俄罗斯加里宁格勒州，首都维尔纽斯，国土面积6.53万平方公里。立陶宛全国划分为10个县，共44个区、92个市、22个镇。立陶宛总人口约为292.19万人，人口密度约为45.1人每平方公里，城镇居民占2/3。全国人口中，立陶宛族占85.4%，波兰族占6.6%，俄罗斯族占5.4%，白俄罗斯族占1.3%，乌克兰、犹太、拉脱维亚等民族占1.3%。华人数量为300余人，主要集中在维尔纽斯、考纳斯，克莱佩达，首莱和潘涅维日等大城市。居民主要信奉罗马天主教，此外还有东正教、路德教等。立陶宛的官方语言为立陶宛语。立陶宛国内党派较多，某一党拥有国会过半席位而独立执政的情况较少出现，多党组成的联合政府为该国政治常态。由于各党派基本政治理念相差不大，党派间严重对立的情况较少出现，立陶宛国内政局基本保持稳定。

(一)政治概况

立陶宛为议会制国家,议会是国家最高立法机关。根据立陶宛《宪法》规定,议会有权批准或否决总统提名的总理人选;任命和解除国家领导人的职务;有权弹劾总统,但需经3/5以上议员支持。议会实行一院制,共有141个席位,任期4年。议员由25岁以上在立陶宛定居的立陶宛公民直接选举产生,其中71名议员由全国71个选区中直接选出,其余70名从进入议会的政党中产生,获得5%以上选票的政党和7%以上选票的政党联盟可进入议会,并根据各自获得选票的比例分配议席。

总统是国家元首,由公民直接投票选举产生,任期5年,最多连任2届。立陶宛行政机关为立陶宛政府。立陶宛现政府共设有14个部,分别为环境部、能源部、财政部、国防部、文化部、社会保障与劳动部、交通和通讯部、卫生部、教育和科学部、司法部、外交部、经济部、内务部和农业部。

(二)经济概况

立陶宛曾是前苏联加盟共和国之一,与俄罗斯等独联体国家有着传统经济往来。立陶宛于20世纪90年代初获得独立后,于2004年5月加入欧盟,执行欧盟统一的对外贸易政策,立陶宛境内生产的产品属于欧盟原产地产品,可以自由进入欧盟大市场。立陶宛给予外国投资者国民待遇,除涉及国家安全、国防的领域之外,外国投资者可以进入立陶宛各个经济领域。立陶宛作为欧盟成员国,从欧盟得到了大量资金支持。在欧委会通过的2014~2020年度预算中,立陶宛获得的资金支持总额达128.9亿欧元,比2007~2013年度获得的预算规模增加10%。

2014年,立陶宛的投资、消费、出口占当年GDP的比例分别为18.7%、81%、0.3%。2014年,立陶宛第一产业(农林牧渔业)产值为11.12亿欧元,占当期GDP的3.4%左右;第二产业(采矿业,制造业,电力、燃气及水的生产和供应,建筑业)产值为101.60亿欧元,约占当年GDP的31.1%;第三产业产值为250.16亿欧元,占当年GDP的65.5%。2014年立陶宛中央政府收入为99.7亿欧元,支出为100.1亿欧元,非金融类资产债务为5.23亿欧元,中央政府财政赤字为5.63亿欧元。截至2014年12月,立陶宛官方储备资产总额为71.76亿欧元,其中外汇储备68.28亿欧元,黄金储备1.85亿欧元,特别提款权1.64亿欧元。

作为国际货币基金组织成员国,立陶宛近10年来经济发展平稳,未向IMF提出借款要求,其外债规模可控,不受国际组织限制。立陶宛的主要贷款来源为欧盟、挪威、瑞士。

(三)外交政策

立陶宛于2004年3月29日加入北约,5月1日加入欧盟。立陶宛奉行务实的对外政策,重视睦邻友好合作,努力扩大在波罗的海地区乃至欧盟的影响力。立陶宛积极参与国际事务,已先后加入60多个国际和地区组织。截至2014年底,与立陶宛建交国总数为180个。2011年,立陶宛任欧洲安全与合作组织轮值主席国期间,积极推动该组织成员国在应对跨国威胁、维护地区安全、发展与地中海国家关系等方面的合作。2012年立陶宛担任波罗的海与北欧八国区域合作机制协调员。2013年7月至12月,立陶宛任欧盟轮值主席国,将促进经济增长、增加就业、推进能源安全与发展"东部伙伴关系"作为主要任务。2013年10月,立陶宛当选联合国安理会2014年至2015年非常任理事国。

中国与立陶宛于1991年9月14日建立大使级外交关系。建交以来,两国关系持续稳定发展,高层交往频繁。中国多位领导人先后访问立陶宛。立陶宛总统、总理、议长等也多次来华访问。中国与立陶宛在经济、贸易、文化、交通运输、体育等各领域的务实合作不断巩固和深入。2013年11月,国务院总理李克强在罗马尼亚会见立陶宛总理布特克维丘斯。2014年12月,两人再次在中国—东欧国家领导人塞尔维亚峰会期间会晤。

二、法律概览

(一)法律体系

立陶宛法律体系以欧洲大陆法律传统为基础。前苏联时期,其法律体系与前苏联基本保持一致,1990年独立以来,立陶宛为适应社会、经济变化需要,对法律体系进行系统改革,不断完善法律制度建设。加入欧盟后,立陶宛再次对本国法律体系进行了修订,以符合欧盟有关法律法规的要求。

立陶宛的法律渊源包括宪法、宪法法律、法律、议会及政府决议、总统法令、其他政府部门和地方市政主管部门颁布的条例。所有法律、条例必须符合宪法规定。议会批准认可的国家条约和公约具有法律约束力。法律在总统签署,并在政府公报上公布后生效。

根据宪法的规定,立陶宛的宪法法院有权决定经议会通过的法律和其他法律文件是否与宪法一致,以及由总统和政府通过的法律文件是否违反宪法或法律。宪法法院就总统选举或议会选举期间是否违反选举法、立陶宛的国际协议是否与宪法相一致以及被弹劾的议会议员或国家官员的具体行为是否符合宪法等事项做出裁定。如果宪法法院裁定立陶宛法律整体或部分条款、议会法律文件、立陶宛总统法令及政府法律文件与宪法相违背,在裁定正式宣布之日起,上述法律文件即不再适用。

(二)司法制度

1. 诉讼制度

立陶宛的法院系统由一般管辖权法院和特别管辖权法院组成。一般管辖权法院包括1个最高法院、1个上诉法院、5个区法院和49个地方法院，审理民事和刑事案件。特别管辖权法院包括：一个最高行政法院和五个地区行政法院，审理行政法律关系案件。根据宪法的规定，可以依法建立专门法院对行政、劳动、家庭和其他诉讼案件进行审理。最高法院法官由议会指定，上诉法院的法官由总统指定并由议会通过，地区和地方法院的法官由总统指定。

判例法不是立陶宛的法律渊源，但是最高法院院长可通过分析法院判例并听取建议来做出公平判决，这在一般的大陆法系国家并不常见。案件审理原则上采用四审终审制，对某些特定案件适用三审终审制、二审终审制或一审终审制。

2. 仲裁制度

立陶宛《商事仲裁法》（以下简称《仲裁法》）于1996年4月2日通过并生效。在立陶宛境内的仲裁，包括对仲裁协议的争议和申请司法临时措施等都适用立陶宛《仲裁法》。

3. 司法协助

（1）外国法院判决的承认和执行

根据立陶宛《民事诉讼法》的规定，外国法院的判决只有在得到立陶宛上诉法院的承认和许可后方可执行。立陶宛《民事诉讼法》针对欧盟国家和非欧盟国家适用的承认外国判决的程序不同。通常情况下，当事人应向立陶宛上诉法院申请承认外国法院判决，并递交相关文件。根据立陶宛《民事诉讼法》，在以下情况下，外国法院判决可能被拒绝承认与执行：一是立陶宛法院对案件标的有排他管辖权；二是外国法院的判决不具有终局性和结论性；三是该等判决与立陶宛的公共政策矛盾。

立陶宛与中华人民共和国于2000年3月20日签订《关于民事和刑事司法协助的条约》，根据该条约，“民事案件中的司法协助”应包括商事、婚姻、家庭和劳动案件。中国法院的判决一般可以依上述双边司法协助条约在立陶宛得到承认和执行。

（2）外国仲裁裁决的承认和执行

立陶宛是《承认及执行外国仲裁裁决公约》（以下简称《纽约公约》）的成员国。对于外国仲裁而言，若做出裁决的国际仲裁机构所在国为《纽约公约》成员国，则该裁决在立陶宛可以得到承认和执行。申请承认和执行外国仲裁裁决的当事人应向立陶宛上诉法院递交仲裁裁决的原件或认证的复印件，以及仲裁协议的原件或认证的复印件。承认和执行外国仲裁裁决的申请在上诉法院审理。针对上诉法院的裁定可以在3个月内向立陶宛最高法院上诉，但不会开庭审理。若做出裁决的国际仲裁机构所在国为《纽约公约》成员国，则立陶宛仅可根据《纽约公约》第5条规定的理由拒绝执行。在立陶宛执行外国仲裁裁决的程序与执行当地法院判决的程序类似。

（三）司法效率及其他事项

1. 审判时限

在立陶宛法院审理的不同级别的案件所需的审理时间不同，初审案件做出判决可能需要6个月至两年的时间，上诉案件做出判决可能需要1年的时间。上诉案件因不允许提交新证据（特殊情况除外），程序相对较短。如果上诉为撤销程序，该等程序只审理法律事实，且通常是书面审理，其判决通常由最高法院在6个月内做出。

2. 执行效率

立陶宛法律对执行时间没有明确规定。根据实践经验，一个案件通常需要3个月的执行期，且没有加速程序。

三、金融法律制度

（一）银行准入法律制度

立陶宛调整银行准入的相关法律主要包括《商业银行法》以及《公司法》。其中，立陶宛《商业银行法》规定了商业银行的设立、活动领域、监督银行的资产和管理体系并规定了商业银行的破产程序。此外，立陶宛金融领域的相关立法还包括：

法律法规名称	颁布日期	立法目的及主要内容
《立特货币可靠性法》	2001年4月5日	为规定和确保货币的可靠性
《防止洗钱和恐怖融资法》	2011年12月22日	为建立防止洗钱和/或恐怖融资的方法并指定负责执行防止洗钱和/或恐怖融资措施的机构
《储蓄保险和对投资者责任保险法》	2015年11月19日	为保护储蓄者和投资者的利益，维持其对金融机构的信心和对金融系统的稳定、稳固和安全的贡献。该法律规定了储蓄保险系统和对投资者的责任保险系统
《立陶宛金融工具市场法》	2015年11月26日	为确保金融工具市场功能的公平、公开和有效，保护投资者利益和系统性风险的审慎管理，以及与欧盟针对金融工具市场的法规相一致

1. 商业银行的创设主体和股份持有的限制

立陶宛商业银行可由以下主体创设：（1）自然人或法人；（2）在立陶宛无法人权利的企业；（3）外国银行。商业银行设立者最多为7个。除非是外国银行在立陶宛设分行或立陶宛政府开设银行，每个设立者必须至少持有2%的银行股份。按照1995年6月13日通过的《外国资本在立陶宛投资法》第1～938条，外国法人和自然人在持有商业银行股份方面可以享受国民待遇。任何购买商业银行10%以上股份的购买者须得到立陶宛银行的许可，但以下实体不得持有商业银行股份：

	不可持有银行股份的实体
1	政府和市政府的国家机构
2	国家为其提供资金的机构
3	银行附属机构
4	银行对其投资等于或超过 10% 的企业
5	经商时或在金融领域被证实有过犯罪经历的人
6	无法证实其用来购买股份的资金为合法所得的人
7	银行的负债者
8	拒绝向立陶宛银行提供有关其所有权、活动和财务现状信息的实体

2. 外国银行在立陶宛设立分支机构和开展业务的条件

根据立陶宛《金融机构法》第 11 条，外国金融机构在获得立陶宛监管机构的授权许可后方可在立陶宛提供金融服务。根据《关于出具和撤销商业银行的银行许可证的规定》，立陶宛银行有权颁发该等许可证。外国金融机构在满足立陶宛法律关于设立或登记外国金融机构的相关要求后，立陶宛银行不得因为市场原因拒绝授权外国金融机构提供金融服务，也不得因为以上原因拒绝对外国金融机构进行登记，或限制其在立陶宛开展业务。

外国银行在立陶宛设立银行及分支机构的要求	
外国银行在当地设立银行	根据银行法第 17 条，外国银行在立陶宛设立银行应根据银行法第 9 条获得许可证
外国银行在当地设立分行	根据银行法第 19 条，监管机构应根据法律法规规定的程序颁发授权。为获得设立分行的授权，外国银行应根据立陶宛法律的规定提交相应文件和信息
外国银行在当地设立代表处	银行法第 22 条，外国银行在立陶宛设立的代表处无权提供金融服务。外国银行在立陶宛设立的代表处应获得监管机构颁发的授权。为获得该授权，外国银行应根据立陶宛法律的规定提交相应文件和信息

（二）担保法律制度

立陶宛采用的是民商合一的法律体系，不存在独立的商法部门，但立陶宛的担保制度较为完善，担保类型及执行制度较为完备，给投资者提供了较为有利的法律保障。

1. 担保法律体系

立陶宛《民法典》《银行法》《抵押法》《金融担保安排法》《动产质押法》以及其他

政府法规等构成了担保法律体系。2000 年立陶宛《民法典》是立陶宛建立并规范融资担保制度的基础法律。该法规定的担保方式有:保证、抵押、质押、留置以及其他合同约定的担保方式。其中,抵押和质押是实践中最普遍的担保方式。

2. 担保方式

(1)质押

根据立陶宛《民法典》的规定,质押是指为担保现有或将来产生的债务而质押动产或权利的一种担保方式,可以约定担保包括未来债务在内的任何种类的债务。质押可以担保主债务的实现,也可以约定当债务人不能偿债时以质押的最高额弥补债权人的损失。

根据立陶宛的法律规定,质押可在几乎所有类型的动产和权利上设立,但不得强制执行的动产除外,如通常不能针对必需的衣服、家居用品,对于主业是务农的个人,不能针对牲口的过冬饲料等;质押不得设立在与不动产一起被抵押的动产上。质押的对象不包括法律和合同规定的不可转让的权利,如与人格权有关的权利。除合同另有约定,质押物包含附属物和不可分孳息。共同所有物作为质押物的,应当有共有人的书面同意。质押物可以交由债权人、第三人或质押人保管。当质押物交由质押人自行保管时,质押物应当被封存或做质押标记。

在动产和财产权上设立的质押有两种形式:第一种,在立陶宛担保登记机关登记、由质押债券证明;第二种,占有质押由书面协议证明,并将质押财产移交给质押权人(债权人)。占有质押不要求公证或登记。在立陶宛法律中,动产和财产权利只要没有转移或转让限制,都可以质押。但只有两类未来财产可以质押,即银行账户中的资金、库存与代销存货。

质押协议必须包含协议的签署地点和日期,质押人、债务人、债权人、质押物保管人及其住所地,对质押物的描述,担保债务及其确切的数额或最高数额,以及偿债安排等条款。当质押物由第三方或质押人保管时,质押协议或质押人提供质押物的单方声明需要以书面形式签署,且应有公证人在场。

质押协议和质押人提供质押物的单方声明应当在登记机关登记。质押在登记后可以对抗第三人。如果同一物上所有质押都已登记,则质押权实现的顺序根据登记顺序确定。

(2)抵押

根据立陶宛《民法典》,抵押是指为清偿现在或将来的债务而提供不动产作为担保的行为。抵押物不交由债权人保管,抵押物并不减损和限制所有人的所有权和使用权。立陶宛有法定抵押和约定抵押两类。法定抵押包括普通抵押、联合抵押、他物抵押、最高额抵押、共同抵押和有条件抵押。

根据立陶宛的法律规定,抵押可以针对几乎所有类型的不动产及其组成部分而设立,但可能被强制拍卖的除外。抵押可以约定担保包括未来的债务在内的任何种类的债务。抵押物现有及未来的附属物(无论自然还是人为)均被一同抵押。抵押物不需要转移占有。在立陶宛,设立于不动产之上的抵押可以以抵押契据的方式设立,抵押契据是一种供立陶宛的公证人和担保登记机关审查的标准化的文件形式。船舶和航空器涉及抵押时视为不动产。部分抵押时,抵押物的界限必须明确划分且单独登记。除了土地外,所有抵押物均应有保险。抵押可以担保主债务的实现,也可以约定当债务人不能偿债时以抵押的最高额弥补债权人的损失。当抵押物所有权转移时,抵押随之转移。

抵押协议必须包含协议的签署地点、日期和时间,债务人、债权人、抵押人及其住所地,抵押物,担保债务及其确切数额或最高数额,偿债安排条款,抵押协议的原件份数以及协议缔结时抵押协议原件应交给哪一方。

抵押协议签署时应有公证人在场。公证人需要向抵押登记机关提交抵押协议登记的必要信息。法定和约定抵押可以登记,立陶宛的抵押制度实行登记对抗主义,登记后可以对抗第三人。

在合同或法律没有禁止的情况下,抵押权人有权就担保物优先于后登记债权人和无担保债权人受偿,并有权将担保债权及求偿权的全部或一部分转让给另一抵押权人,抵押权人亦有权将抵押顺位让与另一抵押权人。

3. 费用和登记

出于成本考虑,占有质押的设立基本不会产生除法律费用之外的任何费用,然而对于登记生效的质押和抵押,可能会有额外的公证质押债券和抵押债券的费用、在担保登记机构登记的费用以及外文文件认证和翻译的费用。公证人应当在不晚于抵质押协议确认后的第二个工作日内向抵押登记机关提交抵质押登记的必要信息。抵质押应当在不晚于公证人收到所有必要信息后的第二个工作日内在登记机关登记。登记生效的抵押或者质押的设立(包括公证程序及向立陶宛担保登记机构提交文件)通常在当事方所有相关文件提交且担保物到位后一周之内完成。

4. 主权担保的批准

由政府提供主权担保的贷款应由立陶宛财政部签署担保协议,并由立陶宛国会或立陶宛政府批准。另外,根据立陶宛《外币法》第 4 条规定,国家进行的外国借款或由国家担保的外国借款必须根据立陶宛政府规定的程序在立陶宛财政部进行备案。

5. 担保的执行

立陶宛的强制执行包括司法程序强制执行和司法外程序强制执行。

除非债务人对债务额提出抗辩,登记的抵质押的强制执行可以采用司法外程序。

质押担保情况下,法庭强制执行亦非必要程序,当质押物交由第三人或质押人保管以及建立强制质押时,强制执行由司法官行使。质押财产的司法外强制执行可能会有以下三种表现形式:(1)债权人组织的公开拍卖;(2)债权人组织的私人销售;(3)债权人接管担保财产并享有所有权,以质押物的价值抵偿担保债权。

强制拍卖抵质押物、强制执行抵质押物都可以实现担保债权。在外国法院判决得到承认后,其他国家担保债权人也有可能强制执行位于立陶宛的担保物,但债务人和第三方对强制执行有异议权。

(三)法律适用

根据立陶宛法律的规定,当事人可以自由选择合同的适用法律。就贷款协议法律适用而言,贷款协议可以适用外国法律,如中国法、英国法等。但如适用的外国法律违反立陶宛宪法或其他法律所规定的公共利益,则应适用立陶宛法。

(四)主权豁免

立陶宛作为欧盟成员国,其主权豁免规定采用限制豁免原则,可以在相关合同中加入放弃主权豁免的条款。

四、投资法律制度

立陶宛给予外国投资者国民待遇,除涉及国家安全、国防的领域外,外国投资者可以进入立陶宛各个经济领域。立陶宛在全国主要经济地区建有 7 个自由经济区、4 个工业园、5 个高新技术园。为鼓励外国企业投资高新技术产业,生产出口导向型产品和服务,立陶宛政府对有意向在立陶宛投资或扩大投资的外国企业提供资金支持,每个投资项目最高可获得 350 万欧元的资助,主要用于人员培训、基础设施建设、工资成本等。如果拟成立的经营主体的投资依据行业法规实行许可证管理,则经营主体必须按照相关法律规定的程序取得经营许可证。

对立陶宛投资可采取的方式	
1	设立经营主体,收购在立陶宛共和国注册的经营主体的股份或部分股份
2	收购各种形式的有价证券
3	兴建、收购长期资产或使其增值
4	投资者向已拥有部分股份的经营主体提供借款或其他资产,试图取得经营主体控制权或向其施加明显影响力
5	履行许可经营合同、租赁赎买(租赁)合同以及政府主体与私营主体合营合同

(一)企业法律制度

立陶宛法律规定的企业形式有 11 种,一般外国企业的设立形式为有限责任公司及股份有限公司。有限责任公司最低注册资本为2896欧元,股份有限公司最低注册资本为43,443欧元。

立陶宛注册中心为该国注册企业的受理机构。立陶宛注册有限责任公司通常需要在大约3周时间内完成以下5个步骤:

内容与事项	
1	提交公司名称的预订申请
2	准备注册成立公司的相关文件
3	开设一个金额不少于2900欧元的银行有效账户
4	通过公证机关提交认证申请
5	通过注册中心完成企业注册

(二)特定行业、领域法律情况

1. 能源行业法律情况

(1)《特许经营权法》

依据立陶宛《特许经营权法》,获得立陶宛政府或政府授权机构发放的特许经营权资格的外资公司,可从事下列领域基础设施的设计、施工、开发、装修、改造、维修、管理、使用和维护,或提供相关公共服务:

经授权外资公司可从事的基础设施领域			
能源,包括供热和电力、石油和天然气开采,输电、配电、供电	铁路线路和系统	水务,包括集水、抽水、水处理、净化和配水	废水,包括废水集水、运输和处理,污泥处理
在《立陶宛共和国废弃物管理法》框架下的废弃物再利用、回收和管理	道路、桥梁、隧道、停车场和道路运输等基础设施建设	卫生保健系统	电信基础设施
教育体系	港口、大坝等基础设施	机场基础设施	公共交通业基础设施建设
旅游项目、设施及其他基础设施	文化、体育、休闲设施、设备及其他基础设施	立陶宛政府以个案形式决议通过的其他领域	

(2)《地下资源法》

根据立陶宛《地下资源法》,立陶宛政府可以针对开采地下资源和洞穴颁发开采许可证。所有地下资源和洞穴的开采许可证必须在立陶宛地质调查局登记。地下资源和洞穴的开采计划应由地方长官协调并获得环境保护局批准,获得该等批准后方可进行开采。

开采地下资源应评估开采活动对环境的影响,立陶宛地质局应根据其规定的程序批准该评估。开采地下资源应保护未使用的资源,并应根据许可证中所述的用途进行合理开采。开采合同中应约定由立陶宛国家机构设定的地下资源的开采、使用和出口限额。

(3)《能源法》

立陶宛《能源法》规定了能源活动、能源发展、能源管理的基本原则。根据《能源法》的规定,能源资源的获得者、能源生产商和消费者之间的关系应基于合同关系。《能源法》将能源定义为进行能源资源的提取、运输和储存以及对不同种类的能源进行生产、转化、供应、传输、贸易以及消耗的经济领域。能源领域包括任何与能源资源或能源相关的领域,如燃料、电力和热能。主要的能源资源指可以直接用于燃料(页岩、煤、炭、生物质能和可燃气体)或生产能量(核燃料、石油、水能、太阳能、风能或地热能)的自然资源。

(4)《核能法》

立陶宛《核能法》规定了适用核能发电和发热的公共法律关系,为自然人和法人在核能领域从事活动提供了法律依据,旨在保证和平使用核能的安全,并防止核武器通过非法处置核物质进行扩散。《核能法》与立陶宛在核安全公约中的义务一致。

2. 基础设施互联互通法律情况

(1)BOT 模式

历史原因使立陶宛的基础设施大多采用俄罗斯标准,与欧盟其他国家相比,在标准和现代化程度上存在一定差距。在与欧盟接轨的过程中,基础设施建设方面需求很大,公路、铁路、机场和港口等基础设施项目,以及核电站、天然气管线等能源项目较多地采用 BOT 模式。

立陶宛 BOT 融资建设项目主要由《特许经营权法》来规范。1996 年 9 月 10 日立陶宛颁布第一部国家特许经营权法,共 5 章 21 条。该法从特许经营活动范围的界定、申请和推动程序、政府和特许经营企业或者外国投资者的权利义务、涉及的法律、税收、担保等方面做了规定。但是,当时该法的一些规定不够细化。2003 年 6 月 24 日新《特许经营权法》获得通过,并于当年 10 月 1 日正式实施。该法案增加了对私人投资者的优惠条款,与前一部法律相比,在特许经营的协商、批准和执行上有更加灵活的管理规定。新《特许经营权法》是欧洲复兴发展银行资助完成的,采用欧盟相关规定和惯例,在 2005 年欧盟各国特许经营权法评估中,欧洲复兴发展银行认为立陶宛新法“最符合国际惯例”。

（2）PPP 模式

立陶宛《投资法》自 2010 年 1 月 1 日起增加第四章“政府主体与私营主体通过签订合营合同而开展投资活动”，对 PPP 模式从概念、参与方、法律依据、实施原则、特殊规定、合同内容等方面进行了规定。

私营主体有权参与基础设施的设计、建设、改造、修葺、翻建、管理、使用和运营等相关活动，参与国有资产、地方政府资产的管理和运营，参与下列领域的公共服务：运输、教育、卫生保健、社会保护、文化、旅游、社会秩序和社会保障，以及法律允许并与政府主体职能相关的其他业务领域。

（三）外汇管制

立陶宛没有外汇限制，资本与红利可自由流动，所有经常账户和资本账户交易自由，如果交易双方达成一致，可采用欧元进行现金和非现金结算，或采用其他外汇进行所有国内非现金结算；所有自然人或法人都可与在立陶宛境内外经营的银行签署外汇期货合同，但根据联合国安理会有关决议和欧盟有关规定，立陶宛对与恐怖主义有关的个人、团体和组织的外汇交易采取制裁措施。

立陶宛自 1993 年 8 月 1 日起开始实施《外汇法》，该法规定外国公民和法人有权在立陶宛中央银行许可的境内商业银行开设外汇账户并进行外汇交易。根据立陶宛《投资法》和《自由经济区基本法》的规定，企业有权依法汇入资本，汇出投资本金、利润及股息等。

立陶宛现行货币为立特，1994 年立特与美元挂钩，自 2002 年 2 月 2 日至今，立特与欧元挂钩，汇率固定为 3.4528 立特 =1 欧元，是中东欧最稳定的货币之一。2004 年 6 月，欧元区国家财长特别会议批准立陶宛等三国加入欧洲汇率机制（ERM－2）。

立陶宛《银行法》授权立陶宛中央银行颁布外汇交易的管理规定。所有涉及本国货币的外汇交易必须通过已获得中央银行许可的授权信贷机构进行，授权银行之间或授权银行与居民及非居民可进行外汇交易。

立陶宛居民或非居民都可按照立陶宛银行的规定开设外汇账户。银行有权根据符合联合国安理会决议的立陶宛政府决议，冻结某些账户。如果立陶宛自然人或法人在国外开设外汇账户，必须报告税务部门。

根据《立陶宛反洗钱和反资助恐怖活动法》，立陶宛境内金融机构对一次性金额超过 15,000 欧元或等额其他外币的资金操作或数次关联操作，金额超过 6000 欧元或等额其他外币的外汇兑换，超过 600 欧元或等额其他外币的国内、国际邮政汇款等，有责任进行甄别，并向立陶宛内政部金融犯罪调查局报告；而立陶宛海关则对携带超过 10,000 欧元或等额其他外币的现金（纸币或硬币）和（或）无记名可转让票据（支票、本票、汇票等）的出入境者进行查验，超过规定限额者必须申报。

(四)税收制度

立陶宛对本国企业和国民,以及在立陶宛运营的外国企业和获得收入的外国公民征税。

立陶宛税收规定	
企业所得税相关规定	(1)针对立陶宛企业及外国企业在立陶宛的常设机构,企业所得税率一般为15%,对小型企业(雇佣人员少于10人,营业收入少于30万欧元)企业所得税率5%。 (2)外国公司所得红利的税率为15%,如外国公司拥有立陶宛公司10%以上表决权的股票,且连续持有时间(含分配红利的时间)超过12个月,则其获得的红利免征所得税。在立陶宛自由经济区内注册的企业,其分红收入免征所得税。 (3)自2008年4月起,立陶宛采用激励研发的税收措施,如将研发费用的三倍用于抵扣企业所得税的所得收入基数、用于研发的固定资产加速折旧等。 若企业暂停经营活动,停业期间可免交企业所得税
个人所得税相关规定	(1)自2009年1月1日起,个人所得税的税率调整为15%。 (2)个人所得税将根据个人实际工资收入情况及所属群体,给予一定程度的减免。对于抚养1个或1个以上孩子的家庭,实施相应的个税优惠政策。 (3)下列情况个人所得免征所得税:符合法律规定的保险赔偿金、利息收入、慈善收入、农业活动所得、海员收入等
房地产税相关规定	(1)立陶宛对本国和外国的自然人及法人征收房地产税。征收对象包括自然人所有的用于商业目的(如办公、宾馆、贸易、服务及餐饮等)的房地产,或用于住宿、园艺、温室等的房地产,以及立陶宛境内法人所有的房地产。 (2)房地产税按照房地产征税价格(超过22万欧元的部分)0.3%~1.0%征收。地方政府可根据下列条件自行确定特别税率:房地产使用目的、房地产保养状况、纳税人类型(规模、形式或社会地位)以及房地产在行政区划中所处的位置。 (3)下列情况房地产免征房地产税:自然人所有的用于农业、教育、社会保障和宗教仪式商品生产的房地产、立陶宛国有及地方政府所有的房地产、国有组织和企业及地方组织和企业所有的房地产、自由经济区内的房地产、贸易联盟所有的房地产、已破产公司所有的房地产等
土地税	立陶宛对私有土地按年以土地价格的1.5%征收土地税;对于农业用地、公寓住宅所有者及住宅建设协会、联合体及合资公司所拥有的土地以0.35%的税率征收土地税;对于用于经济、商业活动的土地、私有房产建设用地以0.5%的税率征收土地税
增值税	立陶宛对货物生产过程中产生的增值部分、提供的劳务及货物进口征收增值税,税率为21%,法律另有规定的除外
消费税	立陶宛参照欧盟的相关做法,对酒及含有酒精的饮料、烟草及能源产品征收消费税
污染税	因商业行为对立陶宛环境产生污染的个人和企业将被征收污染税,进口和生产特定产品(如轮胎、电池、电子产品等)的企业,也将被征收污染税,税率根据具体情况而定

续表

优惠政策框架和行业鼓励政策	立陶宛加入欧盟后,对外资实行国民待遇,入盟前的一些税收优惠皆被取消,仅在自由经济区还实行部分税收优惠。2007 年 12 月 19 日立陶宛政府通过了“2008 年至 2013 年投资促进战略”。该战略的主要目的是改善立陶宛的投资环境,建立灵活的劳工和税收制度,加大工业区的建设力度,并对符合条件的投资项目给予直接的资金支持
税收协定	根据中国与立陶宛签订的税收协定,立陶宛借款人付给中国银行的利息应缴纳 10%的预提税。但如果利息的支付对象为中国政府(包括中国地方当局及中央银行或者完全为中国政府所有的金融机构),则可以免税

五、法律风险评价

(一)营商环境较好

立陶宛营商环境总体较好,在 2015 年世界银行营商环境指南所列 189 个国家和地区中排名第 24 位,并在公司注册及信贷获取等方面位于前列。立陶宛优越的地理位置、较好的营商环境、发达的通信技术和高素质劳动力为外资在立陶宛开展业务提供有力保障,法律风险相对稳定。

公司注册		信贷获取	
程序个数	3	法律权利强度(0~12)	6
时间(日)	3.5	信用信息获取度(0~8)	8
成本(占单位收入的百分比)	0.7	银行网点覆盖率	97.7
最低注册资本	0	成年人信用信息登记率	28.8

数据来源:2015 年世界银行营商环境指南。

(二)合同执行成本低,破产处置成本适中

立陶宛法律体系与欧盟接轨后,各项法律制度更加健全,法律透明度大大增强,执法成本显著降低。从世界银行 2015 营商环境指南中可以看出,立陶宛的合同强制执行效率在 189 个国家和地区中排名第 14 位,位居世界前列。与之相比,立陶宛的破产处置成本略高。根据世界银行破产指标衡量,立陶宛在 189 个国家中排名第 67 位,破产处置成本适中。

合同强制执行	立陶宛	美国	经合组织
时间(日)	300	420	539.5
成本(占标的额的百分比)	23.6	30.5	21.4
程序(个)	14.5	33.6	31.5
时间(年)	2.3	1.5	1.7
成本(占资产价值的百分比)	10	8	8.8
回收率(每美元美分数)	42.8	80.4	71.9

数据来源:2015 年世界银行营商环境指南。

(三)进出口贸易法律限制较少

根据 2016 年世界银行营商环境指南中的数据,立陶宛的跨境贸易难易度在全世界 189 个国家和地区中排在第 21 位,立陶宛政府对于进出口贸易持欢迎态度,因此立陶宛法律中关于进出口贸易的限制性内容较少,跨境贸易的繁荣极大地促进了 GDP 的增长。

立陶宛跨境贸易	
出口所需文件数	4
出口时间(日)	10
出口成本(每集装箱/美元)	750
进口所需文件数	5
进口时间(日)	9
进口成本(每集装箱/美元)	800

数据来源:2015 年世界银行营商环境指南。

拉脱维亚共和国

The Republic of Latvia

——波罗的海沿岸的“铠甲”之国

拉脱维亚共和国基本情况

国家名称（中英文）	拉脱维亚共和国（The Republic of Latvia）		
人口（百万）	1.98	人口增长率（年均%）	-0.8
领土面积（千平方公里）	64.5	主要民族	拉脱维亚族
官方语言	拉脱维亚语	主要宗教信仰	新教路德宗
政体	议会制	主要政党	和谐中心联盟、团结党、改革党、绿色农民联盟
GDP（十亿美元）	27.04	GDP 增长率（年均%）	1.9
国民总收入（十亿美元）	29.49	人均国民收入（美元）	14,900
通货膨胀率（年均%）	1.5	外国直接投资净流入（百万美元）	719
外债（百万美元）	—	总偿债额占出口贸易和收入的比率	—

数据来源：2015 年世界发展指标数据库。

一、国情简介

拉脱维亚共和国（以下简称“拉脱维亚”）位于东欧平原西部，西临波罗的海，北邻爱沙尼亚，东界俄罗斯，南接立陶宛，东南与白俄罗斯接壤，是“丝绸之路经济带”通向波罗的海的重要门户之一。拉脱维亚面积约 6.45 万平方公里，主要民族为拉脱维亚人，约占人口总数的 61%，此外还有 27% 的俄罗斯族和 12% 其他少数民族。拉脱维亚原来是苏联的一个加盟共和国，1991 年 8 月恢复独立，同年 9 月 17 日加入联合国，2004 年加入欧盟。拉脱维亚优越的地理位置使其成为连接欧盟和独联体国家的重要物流中心；悠久的自由贸易传统使其成为开放的贸易市场；高素质和相对低廉的劳动力资源，使其成为有吸引力的投资目的地。拉脱维亚在成功克服了金融危机和欧洲债务危机影响后，成为近年来经济增长最快的欧盟成员国，并在 2014 年年初成功加入欧元区。

拉脱维亚奉行自由经济政策，把吸引和鼓励外国投资视为经济发展的一个重要手段，投资环境总体情况良好。

（一）政治概况

拉脱维亚施行多党政治和议会民主制，国内主要政党有：和谐中心联盟、团结党、改革党、全国联盟、绿色农民联盟以及其他政党。2015 年 6 月拉脱维亚举行了总统选举，由执政联盟三党中的绿色农民联盟和团结党联合提名的候选人莱蒙德斯·韦约尼斯当选，同年 7 月正式就任拉脱维亚总统。

根据拉脱维亚宪法规定，总统为国家元首。总统的主要权力包括：作为国家武装力量最高统帅，在国家受到外敌入侵或他国对拉脱维亚宣战时做出抵抗决定；在对外事务中代表国家，负责任命外交代表，接受外国派遣的使节；签署并颁布本国与外国签订的条约和议会通过的法律等。议会是国家最高立法机构，实行一院制，由 100 名议员组成，任期 4 年，议员由 18 岁以上的公民直接选举产生。议会领导机构为议会主席团，由主席（即议长）、两名副主席、秘书长和副秘书长 5 人组成。议会下设 17 个委员会，每年举行春季和秋季两次会议。现任议长是团结党主席索尔维塔·阿波尔金娜。

（二）经济概况

拉脱维亚 1991 年独立后，开始按西方模式进行经济体制改革，推行私有化和自由市场经济。1998 年，拉脱维亚成为世界贸易组织成员。2008 年受国际金融危机影响，拉脱维亚 GDP 连续两年下降 20%。2009 年，拉脱维亚接受 IMF、欧盟委员会和瑞典等国 75 亿欧元贷款援助，其经济状况自 2010 年开始缓慢复苏，2011 年 GDP 增长 5.5%，2014 年 GDP 增长 2.4%，人均 GDP 为 15,729 美元。2014 年 1 月 1 日拉脱维亚成为欧元区第 18 个成员国。2014 年，拉维亚在世界经济论坛“全球竞争力报告”中排名第 42 位，在联合国“人文发展指数”中排名第 48 位。

拉脱维亚经济的支柱产业是服务业，其中旅游业是其主要部分，拉脱维亚的游客主要来自立陶宛、爱沙尼亚、俄罗斯、挪威、瑞典、德国等。拉脱维亚拥有丰富的森林资源和 3 个国际性的海港，交通运输、批发零售等服务业较为发达。拉脱维亚的工业支柱产业有采矿、加工制造及水电气供应等，木材、机械、金属产品制造业较发达。农业包括种植业、畜牧业、渔业等。中国和拉脱维亚在林业、制造业、交通物流业和农业等领域合作前景广阔。

据拉脱维亚中央统计局数据显示，其 2015 年国民生产总值（GDP）较 2014 年增长 2.7%。2015 年 GDP 以现价计算为 244 亿欧元，以可比价格计算为 214 亿欧元。从国民经济产出看：与 2014 年相比，2015 年农、林、渔业增长 5%（占 GDP 比重 3.3%，下同），制造业增长 4.3%（占比 12.2%），矿业、采石业、电力、天然气、水供应、污处理及垃圾管理等产业增长 1.9%(占比 4.3%),建筑业下降 1.1%(占比 6.5%),贸易增长 3.7%(占比 13.9%),交通和仓储业下降 0.1%(占比 9.5%),房地产业增长 3.0%(占比 12.5%),商务服务业增长 1.2%(占比 8.8%)。从国民经济支出看,与 2014 年相比,2015 年私人最终消费增长 4%,其中食品和住房支出增长 1%,交通支出增长 4%,政府最终消费增长 6%。进出口方面,2015 年出口增长 2%,其中货物出口增长 1%,服务出口增长 3%。2015 年,拉脱维亚进口增长 1%,其中货物进口下降 0.5%,服务进口增长 7%。

(三)外交政策

拉脱维亚自 1991 年恢复独立以来,将加入欧盟和北约作为外交优先方向。2004 年 4 月 2 日,拉脱维亚正式加入北约;同年 5 月 1 日,拉脱维亚正式加入欧盟,实现了加入欧盟和北约两大对外战略目标。同年 12 月 30 日,拉脱维亚宣布自 2005 年 1 月 1 日起拉脱维亚货币与欧元正式挂钩,汇率浮动不超过 1%。2007 年年底,拉脱维亚加入《申根协定》。2014 年 1 月 1 日,拉脱维亚成为欧元区第 18 个成员国。2015 年上半年,拉脱维亚首次担任欧盟轮值主席国。在对外关系上,拉脱维亚全力深化同欧盟、美国的关系,谋求发展与俄罗斯的务实合作,努力拓展外交空间。

2015 年 1 月 22 日,拉脱维亚外长林克维奇斯在拉脱维亚议会发表年度讲演,称在当前地区局势和反恐背景下,拉脱维亚外交政策有四项优先任务:一是在快速变化的地缘政治局势下加强国家外部安全;二是在欧盟内积极代表拉脱维亚国家利益有效履行欧盟轮值主席国任务;三是在全球和地区层面加强拉脱维亚政治和经济竞争力;四是与邻国保持和强化紧密联系。

拉脱维亚同中国建交于 1991 年。1994 年 7 月拉脱维亚政府代表团访华后,中拉关系实现正常化,此后双边关系保持了正常和稳定发展的势头。两国在经济、贸易、科技、文化、教育等领域签署双边合作文件近 20 个,并建立了两国政府间经贸合作委员会。中国和拉脱维亚两国间重要的双边协议主要有:《中华人民共和国和拉脱维亚共和国建交联合公报》《中华人民共和国政府和拉脱维亚共和国政府关于对所得和财产避免双重征税和防止偷漏税协定》《中华人民共和国政府和拉脱维亚共和国政府民用航空运输协定》《中华人民共和国铁道部和拉脱维亚共和国交通部铁路运输合作协定》等。

二、法律概览

拉脱维亚加入欧盟后,按其要求进行了重大结构性改革,法律法规日益完善,国内法基本与欧盟法接轨。目前,拉脱维亚各级政府致力于改善该国投资环境,并简化办事程序、提高办事效率,但法律执行力度有待加强。

（一）法律体系

拉脱维亚法律主要继承大陆法系传统，但也同时保留了前苏联法的部分特征，其法律渊源为宪法、成文法及签订的国际条约等。宪法在拉脱维亚法律中具有重要地位，所有法律、法令和国家机构的其他决定、组织和个人的行为活动均不得与宪法相抵触。依照拉脱维亚宪法，在承认和接受其签订的国际条约后，该条约直接作为国内法产生法律效力，并按照诚实信用的原则予以遵守，但与宪法相抵触的国际条约除外。目前，拉脱维亚国内主要法律包括《宪法》《民法》《商法》《银行法》《投资企业法》《刑法》《民事诉讼法》《刑事诉讼法》等。

（二）司法制度

1. 诉讼制度

拉脱维亚法院分三级：宪法法院（国家法院）、地区法院和市、县法院。宪法法院为国家最高法院，负责审理上诉的审判决定。宪法法院若认定任何法律和法令违宪，有权宣布其无效。地区法院为中级法院，市、县法院为初级法院，各级法院均采用公开审判制，禁止秘密审判。

2. 仲裁制度

根据拉脱维亚《民事诉讼法》的规定，当事人双方协商一致时，可以采用仲裁方式解决争议。在当事人同意的情况下，可以建立特别仲裁庭，或者提交常设仲裁机构解决。仲裁事项的范围包括但不限于：民事纠纷、商事纠纷以及劳动争议纠纷等。因此，外国自然人或法人在拉脱维亚境内发生上述争议，可以在与对方当事人协商一致的前提下采取仲裁的方式解决纠纷。2015 年 1 月 1 日，拉脱维亚新的《仲裁庭法》颁布实施，对仲裁机构的设立和运行做出了规定，进一步提高了拉脱维亚仲裁的规范性。目前，拉脱维亚已有 83 家仲裁机构，能够满足当事人的仲裁需求。

3. 司法协助

拉脱维亚是《承认及执行外国仲裁裁决公约》（以下简称“《纽约公约》”）和《国际民商事案件中外国判决的承认和执行公约》（以下简称《海牙承认和执行公约》）的成员国，根据保留声明，拉脱维亚仅就依照其国内法规定的商业协议和法律关系引起的纠纷适用《纽约公约》。对外国仲裁而言，若做出裁决的仲裁机构所在国为《纽约公约》成员国，则该裁决在拉脱维亚境内可获得承认与执行。但如果承认和执行的主管机关认为，根据该国法律，争端内容不能通过仲裁解决，或对仲裁裁决的承认和执行将违反该国的公共政策，那么可能拒绝承认和执行仲裁裁决。递交外国仲裁裁决执行申请的期限为该裁决生效之日起三年内。法院将在收到申请后七日内，审查执行该裁决的可能性，并核实该裁决。在发出执行令后，法院须在第一时间以书面形式告知权利方、履行方和执行机构，但拉脱维亚法律并未规定执行机构在收到执行令后应在多长时间内执行仲裁裁决，亦未规定强制执行仲裁裁决的其他替代性选择。

（三）司法效率和其他事项

根据拉脱维亚《民事诉讼法》，某一案件如需在法院完成所有级别的审理，至少需要2至3年的时间，但不同地区会有一定差异。拉脱维亚《民事诉讼法》还规定了诉前保全。以银行贷款纠纷为例，贷款人在向民事法庭提起诉讼时，有权申请冻结债务人资产，执法机构可以依申请冻结资产，并禁止债务人在案件判决之前转让、出售资产。

三、金融法律制度

近年来，拉脱维亚较为注重金融市场的发展与监管，形成了一套与金融交易相关的法律制度，例如为促进金融系统的稳定、保护交易方权益而颁布《商业质押法》等。其他重要金融相关法律法规如下表所示：

法律法规名称	立法目的或主要内容
《拉脱维亚银行法》	规定拉脱维亚银行的职责和行使职责的方式
《投资企业法》	减少证券交易的风险，促进证券市场的发展
《保险公司及监管法》	对保险公司的行为和保险监管行为做出规定
《保险合同法》	促进保险业的发展，对保险合同的规定进行细化
《商法》	规范商事领域活动
《投资管理企业法》	规定投资管理企业的法律地位及投资基金、投资管理企业的权利和义务
《金融与资本市场委员会法》	对金融与资本市场委员会的成立和运作作出规定
《破产法》	推动债务人在遭遇破产时履行相关义务
《金融担保品法》	促进金融系统的稳定，保护交易方

（一）银行准入法律制度

拉脱维亚对欧盟及非欧盟成员国的银行采取不同的政策。根据拉脱维亚《信贷金融机构法》，在欧盟或欧洲经济区成员国（以下简称“成员国”）登记的银行及其分支机构，有权在拉脱维亚设立并开展业务，而在非成员国注册的外国银行，只能通过设立分支机构在拉脱维亚开展业务。

外国银行在拉脱维亚设立分支机构和开展业务需要满足五百万欧元的最低原始资本要求且运营期不低于三个财政年度，并且需要通报拉脱维亚金融与资本市场委员会，并获得该委员会签发的许可。为获得该许可，对于在成员国注册的银行，其在拉脱维亚设立分支机构只需向金融与资本市场委员会提交该成员国相关银行监管机构的通知；对于在非成员国注册的银行，其在拉脱维亚设立和运行分支机构需要提交以下申请文件：

在非成员国注册的银行设立分支机构需提交的申请文件	
1	银行的成立文件，包括公司章程等
2	最低原始资本的支付证明
3	提供外国银行分支机构的董事会候选人、内部审计人员候选人、分支机构负责人名单
4	提交国际银行信用评级机构对该银行的评级（A 类），同时，金融与资本市场委员会或要求外资银行在拉脱维亚设立分机机构的最低初始资本金为 1 亿美元

（二）担保法律制度

拉脱维亚《民法》对拉脱维亚的担保制度做出了概括性规定，并构建了拉脱维亚国家合法有效的担保体系。同时，《商业质押法》《拉脱维亚信贷金融机构法》《土地登记法》以及其他法律法规等组成了拉脱维亚担保系统的法律依据。

1. 担保体系

拉脱维亚《民法》的相关规定是规范拉脱维亚担保事项的主要法律依据。根据该法规定，拉脱维亚主要担保方式有保证和质押两种。质押可以针对动产和不动产设立，分为所有权质押、用益权质押和抵押，以充分保证债权人从被质押财产中获得清偿的权利。另外，拉脱维亚《金融担保品法》还专门增加了与金融担保品质押有关的法律内容。除按照《民法》及《金融担保品法》的相关规定进行担保及质押外，在拉脱维亚设立担保还需要遵从各单行法的相关要求，如 1993 年 3 月 30 日颁布的《土地登记法》、1998 年 11 月 11 日颁布的《商业质押法》、2000 年 5 月 4 日颁布的《商法》、2005 年 5 月 11 日颁布的《金融担保品法》、2010 年 8 月 6 日颁布的《破产法》以及 2015 年 1 月 10 日颁布的《存单质押法》等。

2. 主要担保方式

质押是拉脱维亚最常见的担保方式。根据质押财产的不同，质押又有着不同的分类。如果被质押财产为动产且能被转移占有，则该质押被称为所有权质押。如果针对财产上的孳息或预期收益进行质押，则该质押被称为用益权质押。针对不动产设立的担保则称为抵押，一般在房地产和船舶上设立。另外，在《商业质押法》项下，所有资产均可以设立商业质押，包括对所有财产设立浮动质押。《金融担保品法》项下的质押主要针对金融资产、金融票据、贷款等。

保证是拉脱维亚另一种常见的担保措施,该担保措施通过合同约定,由债务人之外的第三人履行还款责任。保证可以针对现有的或将来的、确定的或不确定的、无条件的或附条件的、全部的或部分的债务进行担保。

3. 担保的效力和顺位

质押需要签署相关协议,并在质押协议中包含出质人、债权人、债务人的相关信息、造成被担保债务的原因、质押担保的最大金额、对质押财产的相关描述等。针对房地产的抵押协议和商业质押协议必须在公证人面前签署,并分别完成土地登记簿和商业质押登记簿的登记。各担保类型的优先效力及其决定方式如下所示:

担保类型	对抗第三人的方式	决定优先顺序的方式	主管机关
房地产抵押	签署并且在土地登记簿登记	抵押权受偿顺序根据登记顺序确定	土地登记处
商业质押	签署并且在商业质押登记簿登记	质押权受偿顺序根据合同在商业质押登记簿的登记顺序确定	拉脱维亚企业登记处
股权质押	在公司章程不禁止的情况下,股权质押登记遵循商业质押的规定	质押权受偿顺序根据合同在商业质押登记簿的登记顺序确定	拉脱维亚企业登记处
账户质押	账户质押应在开户行进行登记	未明确规定	不适用
航空器抵押	适用商业登记的规定	质押权受偿顺序根据合同在航空器登记处的登记顺序确定	航空器登记处
保证	签署有效的担保协议	未明确规定	不适用

4. 主权担保的批准

根据拉脱维亚《市政预算法》的规定,拉脱维亚市政委员会有权进行借款和担保,但市政委员会进行国内或国际借贷,或在对外贷款中提供政府担保,需要获得部际委员会的批准。

5. 担保的执行

在拉脱维亚,在没有任何一方或第三方提起异议的情况下,担保的执行至少需要1个半月到两个月时间。对于商业质押的执行,被质押资产可以通过拍卖或其他方式执行。无论以哪种方式,执行时间都需要至少1个月。如不采取拍卖的方式,出质人可能会对执行质权的通告提出异议。在通告做出之后的30天内,如果出质人提出异议,那么该质权的执行将被中止。

(三)合同的法律适用

拉脱维亚在法律适用方面给予合同当事人极大的自主决定权。如不违反拉脱维亚强制性规定,合同的双方有权自主选择合同的管辖法律,但与位于拉脱维亚境内的房地产有关的协议,应选择适用拉脱维亚法。

在没有选择管辖法律的情况下,对于合同的内容适用合同义务履行地的法律。如果合同义务的履行地不能确定,则适用合同签署地的法律作为准据法。

(四)主权豁免

在主权豁免方面,拉脱维亚采用相对豁免原则。依据拉脱维亚最高法院对适用相对豁免原则的解释,外国政府对于他们的公共行为享有主权豁免,但对于他们在私法范畴内的行为不享有主权豁免。如果政府在参与民商事交易中不履行任何公共职能且行为性质属于私法范畴,则政府在该交易中不享有主权豁免。

四、投资法律制度

(一)企业相关法律制度

拉脱维亚企业的基本形式包括个体经业者、有限责任公司、股份公司和合伙企业,外国企业也可在拉脱维亚设立分支机构和代表处。拉脱维亚对外国投资者(法人、自然人)实行国民待遇。拉脱维亚主要商事主体类型及其相关规定如下表所示:

企业类型	相关规定
个体经营者	(1)注册要求:从事一般经营活动,年营业额超过28.46万欧元;年营业额超过28,500欧元,并且雇员超过5人;从事商业代理或中介机构业务的自然人必须在企业注册局注册。 (2)责任承担:个体经营者以个人财产承担无限责任
有限责任公司	(1)成员要求:有限责任公司可由一个或多个自然人或法人组成。股东可同时是董事会唯一成员和唯一雇员。股东不必永久居住在拉脱维亚,但注册地址必须是公司管理机构所在地。 (2)注册资本:最低股本为2800欧元,但如果成员少于5人(自然人)且符合《商法》规定的其他条件,可低于上述金额。股本可以有形或无形资产支付。如果资产(有形或无形)总额不超过5700欧元,且支付额不超过注册资本的50%,可由公司创立人自行评估资产。作为封闭的商业实体,有限公司的资本被分割成若干股权,有限责任公司的注册资本等于股权总额,股权不可公开买卖。 (3)股东责任承担:股东承担的债务仅限于其股权。 (4)公司经营管理:有限责任公司由股东会、董事会,以及监事会(如成立)共同管理。按照拉脱维亚商法规定,只有股东会可以修改公司章程,增加或者减少股本。董事会是执行机构,其主要职责是每季度报告经营和财务状况。 (5)注册程序:注册有限责任公司的注册时间约1周,注册费约175欧元

续表

企业类型	相关规定
股份公司	(1)注册资本:股份公司最低法定资本额为35,000欧元。从事银行业务、保险业务和换汇业务的股份公司法定资本额更高。股份公司的注册资本是公司股票面值总额。 (2)股票流通:股份公司可以关闭或开放股票的公开流通。股份公司可发行原始股和优先股,保证股东有权获得分红、清算配额和股东大会投票权。如果在交易厅从事交易,股份公司必须有三个以上成员。 (3)经营管理:股份公司由股东大会、监事会和董事会共同管理。只有股东大会可以决定上年度利润的使用,董事会和监事会成员、股份公司管理者及清算人的选用与辞退等重要事项。监事会在股东大会休会期间代表股东利益,任命董事会并监督其工作。董事会是股份公司的执行机构,监督和管理公司业务
合伙企业	(1)概念:合伙企业是由两人或两人以上共同组成的、以合伙协议为基础的、以合伙企业名义从事商业活动的商业实体。 (2)责任承担:拉脱维亚商法规定合伙企业的合伙人分为一般合伙人和有限合伙人。两者的主要区别是:一般合伙人对合伙企业的债务承担无限责任,而有限合伙人仅就其出资部分承担责任。 (3)注册资本:合伙企业没有最低注册资金限制,其损益在年底根据各自出资额进行分配
分支机构	按照拉脱维亚《商法》规定,本国和外国企业可以在拉脱维亚设立分支机构。分支机构在组织上独立,能从事经济活动,但不是法人实体。分支机构有义务提供财务报表,但总公司对分支机构的经营活动承担全部责任
代表处	按照拉脱维亚法律规定,外国企业可以在拉脱维亚设立代表处。代表处不是独立的法人,不能从事经营业务,其职能仅限于市场研究、公司宣传及其他市场环境调查活动

(二)特定行业与领域法律情况

近年来,中拉双边贸易持续增长。据中国海关统计,2014年双边贸易额达14.64亿美元,特别是拉脱维亚木材及其制品、农产品、食品等对华出口高速增长。同时,拉脱维亚正在逐渐成为中资企业投资的热土,尤其是在森林资源利用、加工、交通基础设施的利用和物流服务等领域,日益成为中资企业在拉脱维亚投资的重点,这些领域的法律情况值得关注。

1. 能源资源法律情况

由于拉脱维亚是一个矿产资源缺乏,能源供应和储备不足的国家,该国自然资源以及能源相关立法的主要目的在于节约能源的使用。拉脱维亚相关法律赋予政府及其相关机构更多的管理权限,对于能源或资源的开发经营者,往往采取许可证和登记准入的方式,并且要求能源或资源的使用者承担一定的责任。具体来说,拉脱维亚能源资源主要法律规定包括:

法律名称	具体内容及特点
《能源法》	该法主要包括一般条款、能源供应和经营商的注册登记和营业执照、能源供应商的不动产权利限制、提高能源使用效率等章节，对多种能源的获得和使用做出了具体的规定。同时规定，从事能源供应和销售的商业主体均应当取得政府的许可并进行登记，并且遵守法律规定的义务。能源主管机构负责对经营企业进行登记和管理，并且对适格经营者发放营业执照。该法对于能源领域的规定较为详细，主管机构的权限较多，能源业经营者所负的义务较多
《能源终端使用效率法》	该法包括一般条款、国家节能指导目标、节能方法、信息提供、提高终端使用能源的效率、能源服务以及国家节能行动计划等章节，主要目的是提高能源使用终端对于能源利用的效率。该法较为特色的地方是制订了国家节能行动计划，该计划是一个三年的短期计划
《建筑节能法》	该法主要规定建筑的设计、施工以及使用中的节能问题，规范在当地的建筑行为
《生物能源法》	该法旨在规范和促进生物能源交易，进而保护环境和保证可再生能源的安全供应。具体来说，该法授予内阁一系列权限用于规制和管理生物能源的生产和销售，对供应商的生产标准、质量、条件和环境做出了规定，同时也对生物能源的消费者做出了保护性规定
《地下深层法》	该法旨在安全、合理、有效地使用地下资源并且保护地下资源。该法规定地下深层资源属于土地所有者，明确了政府的监管权限，规定了开采和使用者的权利和义务。拉脱维亚"环境地理及地质中心"负责对开发利用地下深层资源的活动进行监管

2. 基础设施互联互通法律情况

近些年来，拉脱维亚重视基础设施建设。虽然拉脱维亚尚无专门关于 BOT（建设—经营—移交）模式的法律规定，但已有关于公私合作伙伴关系（PPP）模式的法律规定，即拉脱维亚《公私合营法》，主要涉及社会公共服务、能源、教育文化、交通、环境卫生领域，特许经营年限一般不超过 30 年。

拉脱维亚《公私合营法》详细地规定了公私合营合同金额的确定方法、金融核算程序和主管部门提供意见的依据，并明确了特许经营权的审批程序。在拉脱维亚，特许经营包括一般特许和特殊特许。另外，该法案还规定了公私合营合同的订立、修改、终止和补偿程序，以及公私合资公司的成立、资产规模、监管、中止和终止、信息交换、股权转让以及贷款人介入权，并明确了 PPP 模式的监管部门。

（三）外汇管制

根据拉脱维亚《外国投资法》规定，外国投资者可在拉脱维亚境内任何一家银行开立账户。外国投资者缴纳各种税费后，可将其投资利润自由汇出，外国投资者在履行对其债权人的一切义务后，也可将投资资本自由汇出。此外，拉脱维亚还颁布了《反洗钱和恐怖主义金融法》来防止非法资金流入。

（四）税收制度

拉脱维亚实行单一税收体系，并施行属人税制。拉脱维亚一般税收原则由1995年2月2日颁布的《税收与关税法》规定。《税收与关税法》具有普遍适用性，《增值税法》《企业所得税法》属于税收特别规定。

1. 主要税种及税率

根据《税收与关税法》的规定，拉脱维亚的主要税种包括企业所得税、个人所得税、房地产税、增值税、消费税等。在拉脱维亚，国家有权在以下方面征税：汽车、赌博、身份信息变化、农村土地保存、付款凭证与汇票交易、营业执照、担保物权登记、专利或商标等。拉脱维亚的主要税种及其对应税率如下所示：

税种	税率
企业所得税	一般企业税率为15%，小微企业税率为11%（成立之初3年为9%），但其年营业额不得超过10万欧元，雇员月工资不超过700欧元
个人所得税	税率为24%
房地产税	一般税率为1.5%，住宅用地税率根据地籍价值的不同，分为三种不同税率：0.2%、0.4%、0.6%。自2016年起，里加市将上调房地产税：土地税从1%调至1.5%；房产税从0.2%根据情况最高上调到1.5%。住宅房产税上调幅度取决于以下情况：2个子女及以上的家庭缴税享有优惠，从0.5%到1%不等；不登记的出租住房缴税可达1.5%
增值税	标准税率为21%，减税税率为12%
国家强制社会保险	由雇主和雇员共同承担，总税率为34.09%
消费税	主要针对烈性酒、汽油、香烟、啤酒、咖啡和无酒精饮料（不含天然果汁、矿泉水）等，不同商品有不同税率
自然资源税	分为基本税和附加税，通常附加税是基本税的3倍，不同种类的自然资源其税率不等

2. 企业报税手续

在拉脱维亚，企业需要通过会计师事务所向税收征管机关报税，具体手续由会计师事务所办理。每月15日之前，在网上向拉脱维亚国家收入服务局报税，每年的4月30日之前申报企业的年度经营情况。企业应当提供必要的报税材料，包括每月营业额说明、开支单据、员工工资单、完税证明等。

3. 避免双重征税协定

1996 年 6 月 7 日,中国政府与拉脱维亚政府签署了《中华人民共和国政府和拉脱维亚共和国政府关于对所得和财产避免双重征税和防止偷漏税的协定》,该协定已于 2011 年 8 月修订。

五、法律风险评价

(一)营商环境良好

根据 2015 年世界银行营商环境指南提供的数据,在世界 189 个国家中,拉脱维亚在公司注册、财产登记、信贷获取、少数投资者保护等方面分别排名第 36 位、第 32 位、第 23 位和第 49 位,处于世界中上游水平。总体来说,拉脱维亚具有良好的营商环境。

公司注册		信贷获取	
程序个数	4	法律权利强度(0 ~ 12)	9
时间(日)	12. 5	信用信息获取度(0 ~ 8)	5
成本(占单位收入的百分比)	13. 6	银行网点覆盖率	0
最低注册资本	0	成年人信用信息登记率	76. 8

数据来源:2015 年世界银行营商环境指南。

(二)合同执行成本和破产处置成本较低

拉脱维亚的合同强制执行成本低于世界平均水平。根据 2015 年世界银行营商环境指南提供的数据,拉脱维亚合同强制执行成本在世界 189 个国家中排名第 16 位,排名靠前。另外,其破产处置效率排名第 40 名,企业退出成本较低。

合同强制执行	拉脱维亚	欧洲及中亚地区	经合组织
时间(日)	469	448. 1	539. 5
成本(占标的额的百分比)	23. 1	25. 2	21. 4
程序(个)	27	37. 0	31. 5
破产处置	拉脱维亚	欧洲及中亚地区	经合组织
时间(年)	1. 5	2. 3	1. 7
成本(占资产价值的百分比)	10. 0	13. 3	8. 8
回收率(每美元美分数)	48. 2	37. 7	71. 9

数据来源:2015 年世界银行营商环境指南。

(三)税收负担较小

对于外国投资者来说,拉脱维亚的税收法律制度较为健全,税务负担较轻。根据2015年世界银行营商环境指南中的数据,拉脱维亚在税收方面排在全球189个国家的第24位,其纳税次数、应税总额所占利润百分比都处于世界中上游水平。

税收指标	拉脱维亚	经合组织
纳税次数(次数/年)	7	11.8
纳税时间(小时/年)	193	175.4
应税总额(占总利润比)	35.0	41.3

数据来源:2015年世界银行营商环境指南。

乌 克 兰

Ukraine

——第聂伯河泛起的“涟漪”

乌克兰基本情况

国家名称（中英文）	乌克兰（Ukraine）		
人口（百万）	45.20	人口增长率（年均%）	-0.4
领土面积（千平方公里）	603.6	主要民族	乌克兰族、俄罗斯族
官方语言	乌克兰语	主要宗教信仰	东正教、天主教
政体	议会总统制	主要政党	波罗申科联盟、人民阵线党
GDP（十亿美元）	90.62	GDP 增长率（年均%）	-9.9
国民总收入（十亿美元）	112.43	人均国民收入（美元）	2620
通货膨胀率（年均%）	40.2	外国直接投资净流入（百万美元）	3050
外债（百万美元）	—	总偿债额占出口贸易和收入的比率	—

数据来源:2015 年世界发展指标数据库。

一、国情介绍

乌克兰位于欧洲东部,黑海、亚速海北岸。作为一个多民族国家,乌克兰共有 130 多个民族,其中乌克兰族约占 77%,俄罗斯族约占 20%,其他为白俄罗斯族、犹太族、克里米亚鞑靼族、摩尔多瓦族、波兰族、匈牙利族、罗马尼亚族、希腊族、保加利亚族等民族。乌克兰主要宗教为东正教,约 70% 的乌克兰人口为其教徒。同时,乌克兰还有天主教、基督新教和犹太教等宗教群体。从政治、经济、外交等因素综合来看,乌克兰目前国内局势较为动荡,经济下滑,外交矛盾急需化解,未来乌克兰仍将作为大国博弈的重要阵地,如何应对好前述问题在乌克兰的国家复苏进程中显得尤为重要。

（一）政治概况

根据乌克兰《宪法》的规定,该国为议会总统制国家。总统为国家元首,2014 年

5 月彼得 · 波罗申科当选为现任总统。乌克兰议会由 450 名议员组成,实行一院制,每届任期五年。议会设议长一人、第一副议长一人、副议长一人。2012 年 10 月 28 日,乌克兰举行第七届议会选举。根据乌克兰中央选举委员会 2012 年 11 月 12 日公布的结果,本届议会议员席位分配情况为:地区党 185 席,反对党祖国党 101 席,打击党 40 席,自由党 37 席,共产党 32 席,小党和独立候选人 50 席,另有 5 席因存在争议须在相关选区重新选举确定。乌克兰实行多党制,但没有单一的执政党。为了适当行使其权利(如有效投票、制定法律等),议会需在召开每届第一次会议或解散议会前一个月内形成新的多党联盟。多党联盟是议会党派形成的联盟,构成议员的宪法性多数票。乌克兰最新的多党联盟由波罗申科联盟、人民阵线党等政党构成。

2014 年 2 月 28 日,乌克兰南部克里米亚自治共和国局势趋紧,俄罗斯外交部发表声明,承认俄罗斯黑海舰队装甲部队进入克里米亚,以保卫俄罗斯在当地驻军的安全。3 月 1 日晚,乌克兰国家安全委员会下令乌克兰军队进入全面战备状态,防护核电站、机场和其他重要战略基础设施。2015 年,亲俄武装与政府军的武装冲突继续升级,双方采用包括坦克、榴弹炮等在内的武器,造成大规模伤亡。乌克兰危机持续较长时间,安全形势较为复杂。

(二)经济概况

由于乌克兰在 1991 年市场经济转型之前是前苏联成员,实行计划经济,因此计划经济对乌克兰经济仍有影响。此外,由于近年局势持续动荡,外部对乌克兰的投资逐年降低,导致乌克兰 GDP 多年出现零增长甚至负增长。根据美国中情局世界概况的最新数据,乌克兰 2015 年的 GDP 为 3342 亿美元,较 2014 年下降了 11%,通胀水平是 49%。乌克兰同时也是欧洲失业率最高、人口死亡率最高、失学率最高以及欧洲能源供应最不稳定的国家之一。在乌克兰,很多城市和工业区都面临着随时停电的困境。这些因素都极大制约了乌克兰的经济发展。

此外,由于乌克兰当前的财政危机和经济领域的重大改革,乌克兰中央银行正在重建银行系统,缩减银行数量,维持国内主要银行的营业,引导小型的集团内部银行或财务公司(主要服务于集团公司)退出乌克兰银行市场。

国际货币基金组织的调查显示,尽管乌克兰面临改革、宏观经济调整和经济错位等多重挑战,乌克兰的经济在 2016 年有望复苏。

(三)外交政策

乌克兰危机爆发后,其与俄罗斯关系全面恶化。双方虽然在历史、经济、文化等方面联系紧密,但存在很多矛盾急需化解。北约—俄罗斯理事会希望在缓解两国矛盾中发挥作用。

乌克兰将发展同欧盟关系作为外交优先方向，与欧盟草签“联系国”协议，双方自贸区协定和互免签证协定谈判亦取得进展。乌克兰拓展全方位外交，不断恢复同独联体国家的传统联系，提升亚洲在其外交政策中的地位，发展同中国的战略伙伴关系，加强同拉美、中东等国家合作，更加注重参与国际和地区事务。

二、法律概览

（一）法律体系

乌克兰属于大陆法系国家。乌克兰立法覆盖乌克兰经济和社会生活的相关方面，但鉴于目前乌克兰正处于市场经济转型改革时期，与大多数欧洲发达国家相比，乌克兰并未形成足够成熟的法律体系。虽然乌克兰在不断制定新的法律并对已有立法进行修改和调整，乌克兰法律制度仍然，存在不少空白和模糊之处。因乌克兰属于大陆法系国家，司法判决不会遵循先例，即使案件事实情况相同或相似，法院一般不会受到之前裁判的影响，故可能产生不一致裁决现象。

（二）司法制度

依据乌克兰法律，乌克兰司法系统独立于任何政府部门。在2014年，乌克兰法院就保证法院独立性进行了司法改革，至今尚未结束。

乌克兰司法机构主要为法院，法官由选举产生，任期五年。而司法监督由总检察长或其下属的地方检察长执行，检察长任期五年。

1. 诉讼制度

乌克兰诉讼法院包括普通管辖法院和宪法法院。其中，普通管辖法院包括：（1）普通法院，审理民事、刑事、与个人有关的行政违法案件；（2）行政法院，审理涉及国家或地方行政机关的行政案件；（3）经济法院，审理商事和破产案件。所有普通管辖法院均有三级：地方法院、上诉法院和高级专门法院（乌克兰高级经济法院、高级行政法院和高级民事刑事法院）。乌克兰最高法院是上述所有普通管辖法院的最高司法机关。

2. 仲裁制度

在国际贸易中产生的争议可以通过乌克兰工商总会的国际商业仲裁庭解决。国际商业仲裁庭的法律地位由乌克兰《国际商事仲裁法》等确定。如争议双方通过合同约定仲裁条款或者已签署仲裁协议，则双方均可向国际商业仲裁庭申请仲裁。

3. 司法协助

乌克兰《国际私法》《国际商事仲裁法》《民法典》《民事诉讼法典》和乌克兰加入的国际条约规定了乌克兰承认和执行外国法院判决和外国仲裁机构裁决的程序。总的来说，当乌克兰与判决作出国之间存在有效的国际条约，或者虽不存在条约但是存在互惠原则时，乌克兰会认可外国法院的判决。乌克兰在1960年10月10日批准加入了《承认及执行外国仲裁裁决公约》(以下简称"《纽约公约》"),公约自1961年1月8日对乌克兰生效。乌克兰对于互惠条款进行了保留,即对于非公约国做出的仲裁裁决,乌克兰仅在非公约国给予的互惠待遇范围内适用公约。对于外国仲裁裁决,乌克兰可以依照《纽约公约》《乌克兰国家商事仲裁法》等法律法规进行承认和执行。为承认和执行外国法院判决或仲裁裁决,当事人需提前向乌克兰法院提交相关申请并由乌克兰法院进行实质审查,

乌克兰和中国于1994年1月19日签署了《关于民事和刑事司法协助的条约》。该条约规定了中乌之间认可和执行对方法院判决或仲裁裁决的规则和程序。中国法院做出的裁决递交给相关乌克兰法院后,可被乌克兰法院承认。按照双边司法互助条约,乌克兰法院仅对中国法院的裁判进行形式审查。

(三)司法效率和其他事项

1. 司法效率

因乌克兰司法体系比较复杂且司法层级较多,所以普通案件的处理也可能非常缓慢。法律规定一审法院(1)若为民事和经济法院,应在两个月内审结;(2)若为行政法院,应在1个月内做出裁判。但在实践中,一些案件的审限可能更长,达到6个月或1年。

2. 国有化与征收

乌克兰法保护私有财产权利。除非法律明文规定,私有财产不能被征收。在极少数涉及公共利益、国家紧急状态或者所有权人存在特定违法行为的情况下,私有财产可被有权政府机关征收,或依据法院的裁决被强制征收。乌克兰法律禁止外国投资被国有化。

三、金融法律制度

(一)银行准入与监管法律制度

乌克兰银行准入法律制度总体较为完善,外国银行可以在乌克兰通过开设子行或分行的形式开展银行服务。商业银行利率较为自由,但需要满足乌克兰中央银行设定的强制性比例要求。

1. 外国银行在乌克兰开展跨境银行服务的要求

外国银行如被批准从其注册地所在国内向乌克兰居民提供银行服务,应遵循相关跨境交易的外汇管理规定,例如,在向乌克兰居民提供贷款的情况下,应向乌克兰中央银行办理相关贷款协议的登记。登记程序通常需要1周至2周,但在一些案件中,可能会要求对交易进行详细审核,同时要求递交其他文件,使登记程序可能需要1个月或更长时间。

外国银行可以为乌克兰居民开立银行账户(存款账户或经常账户)并就该账户进行相应的资金转移活动,但乌克兰居民要先从乌克兰中央银行获得相关个人执照(只有极少豁免情况,主要适用于个人为其旅游设立的外国账户)。此类乌克兰中央银行执照针对每个特殊账户(或在一家银行的几个账户)签发,有效期为1年。乌克兰居民只能在个人执照上明确批准的范围内通过外国账户活动。在执照到期前,乌克兰居民有义务将外国账户上的资金转入乌克兰(获得新执照的除外)。

2. 外国银行在乌克兰设立子行或分行的要求

总的来说,根据乌克兰法律,境内外法人在满足下列条件的情况下可以在乌克兰境内提供资金转移、贷款、存款、保理等银行服务:一是法人作为银行在国家银行登记处登记;二是从乌克兰中央银行获取银行执照。

如外国银行希望在乌克兰营业并提供全面银行服务,应在乌克兰设立子行或分行。

(1)外国银行在乌克兰开设子行的方式及相关要求

在乌克兰设立子行可通过收购乌克兰银行的股份或设立新银行的方式进行。

如外国银行收购乌克兰境内银行的股份,需要取得下述两个审批:第一,乌克兰中央银行对于收购银行合格股权的批准。其中,合格股权是指由法人或个人以任何形式持有的10%、20%、50%、75%及以上的银行股本。第二,乌克兰反垄断委员会对于经营者集中(如适用)的批准。如收购超过了法定数额,则涉及乌克兰反垄断委员会的审批。

如外国银行拟设立新银行,则只能采用股份有限公司或者合作企业(实践中并未使用)的形式,同时需完成下列登记注册程序:第一,股票配售和股份发行登记;第二,在国家统一登记中心进行法人登记注册;第三,在乌克兰中央银行登记银行章程,获取银行执照,并在国家银行登记处登记注册。此外,设立新银行还需要满足相应的金融监管要求,如最低注册资本金为500,000,000乌克兰格里纳夫、委任合格人员作为银行高管等。总体而言,在乌克兰注册设立银行十分复杂且耗时,需准备大量文件,并要与乌克兰监管机构尤其是乌克兰中央银行保持密切联系。

上述银行收购或注册程序以及监管要求强制适用于乌克兰所有银行收购或注册程序,无任何豁免,因此无法规避。

(2)外国银行在乌克兰开设分行的方式及相关要求

经乌克兰中央银行许可,外国银行可在乌克兰开设分行提供银行服务。获得此类许可的前提之一是乌克兰中央银行和外国银行母国监管机构已就银行监管事项达成了可使两国监管原则和条款协调一致的合作协议。与乌克兰中央银行签署前述合作协议的国家并不多,中国是其中之一。

此外，外国银行在乌克兰设立分行还需满足其他条件：一是不违反任何国际反洗钱公约和规则；二是外国银行母国的银行监管准则与巴塞尔委员会就银行监管事项设定的准则相一致；三是银行的最低注册资本不少于1.2亿乌克兰格里纳夫；四是外国银行已经出具无条件履行其乌克兰分行义务和责任的书面承诺。

外国银行分行应在获得设立许可并从乌克兰中央银行取得执照后，于国家税务机构和国家统计机关处进行登记，以便支付税费和其他费用。如需雇佣外国雇员，还应向乌克兰经济发展与贸易部进行登记。

3. 商业贷款利率

乌克兰《银行法》对于商业银行贷款利率没有限制，但是乌克兰法律规定，乌克兰银行不得向关联人员发放免息贷款，也不得以低于市场标准的利率对外提供贷款。此外，乌克兰银行还需满足乌克兰中央银行为银行机构设定的强制性比例要求，比如信用风险比率、资本监管要求、流动资金比率、贷款损失准备金要求等，这些比例要求会对信贷产品和其他银行服务的市场价格产生潜在影响。

一般而言，乌克兰银行拟定的利率无需经乌克兰中央银行审批，但银行在设立登记时需就自身与银行服务有关的政策和程序获得乌克兰中央银行的批准，而前述政策和程序中可能包含利率条款。对于已登记成立的银行而言，前述政策和程序也可能因后续运营监管的需要而受制于乌克兰中央银行的相关审批。

需要注意的是，乌克兰中央银行对非乌克兰居民向乌克兰借款人提供的贷款规定了最高利息率。其中，浮动利率的最高利息率是3个月美元伦敦同业拆借利率+750 BP，对于固定利率，如果该贷款的期限是一年，其最高利率是9.8%；如果贷款期限是1年到3年，最高利率是10%；贷款期限如在三年以上，最高利率是11%。

4. 违约利率

乌克兰银行监管法对违约利率未设定任何限制，也未规定违约利率需要获得监管机构的审批。一般法律规定，如果乌克兰企业违反相应金钱给付义务，且双方在相关合同中约定了惩罚条款，惩罚数额不超过乌克兰中央银行对未支付金额双倍折现率的规定，那么违约方应依约接受惩罚。目前，乌克兰中央银行规定的折现率为22%。同时，前述规定未限制交易对方（包括乌克兰银行）在合同中设置其他惩罚措施（如罚金）。

（二）担保法律制度

乌克兰担保制度较为全面，普遍采用司法执行的方式实现担保权利。

1. 担保权益的类型

担保物/担保权益	担保方式
不动产、土地和特定交通工具	可用抵押方式设立担保。抵押需经公证并在乌克兰国家不动产所有权登记处登记
同时包含不动产和动产的集合财产	可用抵押方式设立担保。但是,此种类型的担保在实践中并不普遍
动产(包括无形资产)	可采取质押的方式设立担保。质押通常由合同约定,无需公证(法律另有规定除外)。质押须在动产登记处登记以便行使优先权,获取执行保障
债权	可通过质押或附条件转让的方式设立担保,但后一种形式非常少见
法定担保权益,比如附着、留置权、禁止分立等	可在任何财产类型上通过相应法庭令状或有权机构签发的指令设立
其他类型的担保权益,包括特定的信托权的转移、反向售后回购等	在乌克兰并不普遍

在乌克兰登记设立的银行和外国银行都能成为上述担保权益下的债权人,但是在某些特殊类型的资产上设立担保可能会受到限制。举例来说,因为乌克兰国有财产不能被私有化,所以不能就文物类资产进行质押。同时由于非乌克兰居民不能成为一些特定类型资产的所有人,因此,同样不能以该类资产为非乌克兰居民设定担保。例如,农业用地或者包括出版、电视和广播服务在内的特定产业的收益不能质押给境外贷款人。

另外需注意的是,乌克兰法下并无浮动抵押或类似制度。因此,针对此类担保权益,通常通过组合不同担保协议(如不动产抵押协议、动产质押协议、应收账款转让协议等)的方式予以设定。

2. 担保物

用于抵押的不动产需满足下列条件:一是在不动产登记中心合法登记;二是不动产是可被登记的独立的标的物;三是由所有权人或其代表进行抵押;四是乌克兰法律未对其处置做出限制性规定;五是不动产上未设定其他担保物权,但获得现有担保权利人书面同意的除外。

用于质押的动产需满足下列条件:一是乌克兰法律未对其处置做出限制性规定;二是由所有权人或其代表进行质押;三是动产上未设定其他担保物权,但获得现有担保权利人书面同意的除外;四是汽车等动产的所有权的取得以登记为条件,在符合登记要求的情况下,方可完成对上述资产的质押。

3. 担保的效力与顺位

担保权益的优先效力取决于相关担保是否已在相关登记部门完成登记。抵押登记需要提交对抵押协议已进行公证的材料。质押登记需要提交由质权人(或其代理人)向公证人员或动产登记处出具的书面通知单。

已登记的抵押权优先于未登记的抵押权,在先登记的抵押权优先于在后登记的抵押权;已登记的质押权优先于未登记的质押权,在先登记的质押权优先于在后登记的质押权,法律另有规定的除外。

4. 主权担保

在乌克兰法下,内阁部长会议可提供主权担保,但需遵循每年通过的针对各年的《国家预算法》的规定。2016 年,《国家预算法》授权内阁可以提供的主权担保的金额不得超过 289 亿乌克兰格里纳夫。

5. 担保的执行

担保的执行由乌克兰《不动产抵押法》《不动产质押法》《担保执行法》《民法典》《商法典》《民事诉讼法典》《商事程序法典》和《执行程序法》等法律规定。

在乌克兰,担保的执行有司法执行和庭外执行程序两种方式。此外,抵押(或质押,如其经过公证)也可通过公证文书执行。司法执行通常采取公开拍卖出售抵押(质押)财产的方式进行。庭外执行采取债权人(通过公开拍卖或自行出售给第三方)出售抵押(质押)财产或取得抵押(质押)财产所有权等方式。当然,由于担保权益和资产类型的不同,还存在特定的执行程序。在实践中,因庭外执行需要债务人的配合,所以司法执行更为普遍。

(三)法律适用

根据乌克兰法律,合同双方可自由选择合同适用的法律。但对于特定类型的合同,如涉及乌克兰境内不动产标的物、土地、乌克兰银行提供的银行服务以及乌克兰证券发行的合同,只能适用乌克兰法。此外,合同双方只有在合同中存在境外因素时,比如有外国当事人、外国资产或者法律行为的发生地在乌克兰境外,才可选择适用境外法律。

此外,除非当事人在合同中明确同意适用相关准据法,否则合同应适用与该合同有最密切联系地的法律。例如,对于销售购买合同而言,适用卖方所在国的法律;对于租赁合同,适用出租人所在国法律;服务合同适用服务提供者所在国法律等。

(四)主权豁免

乌克兰有关法律规定,针对本国政府的索赔只有在获得本国政府有权机构的同意后才能做出。乌克兰政府享有主权豁免，且乌克兰法律规定政府只有在特定情况下（如对外主权借款和特定的PPP项目）可以放弃主权豁免。

放弃主权豁免的决定由乌克兰内阁通过。实践中，绝大部分的对外主权借款都包含对主权豁免的放弃。但因缺乏法律上的明文规定，目前尚不明确乌克兰政府是否可在其他类型的交易中放弃国家主权豁免。

乌克兰法律同样未对国有企业是否享有主权豁免进行明确规定。但是，一般认为，国有企业不同于国家政府机构，不享有主权豁免。但需要注意的是，一些特定类型的豁免可能会适用于国有公司，例如，在执行国有企业不动产和其他固定资产的案件中，如国家对该国有企业持有25%以上的注册资本金，则该不动产及固定资产可能被延缓执行；而在其他一些情况下，特定国有公司及其资产的处置将被禁止。

四、投资法律制度

外国投资者在乌克兰投资主要受乌克兰《外国投资法》及其他相关法律法规的调整。乌克兰经济发展与贸易部是监管外资企业对乌克兰投资的主要机构。

总体而言，乌克兰法律对于外资企业投资的规范体制不够健全，很多方面都存在法律空白。且乌克兰仅接受以欧元、美元和英镑为指定货币的境外投资，外国投资者必须把投资款存放在乌克兰当地银行内。如果以实物出资的话，该实物出资必须符合乌克兰相关法律规定才能入境。例如，以汽车、大型机械设备出资必须到乌克兰相关部门办理登记。

（一）企业法律制度

乌克兰企业法律制度由乌克兰《民商事法典》《股份有限公司法》及《经济企业法》等组成。

1. 企业类型及登记程序

企业类型	登记程序及相关要求
有限责任公司	为注册有限责任公司，其设立人需要召开公司设立大会并通过设立公司的决定；签署并公证公司章程、登记公司办公地址。 乌克兰法未对有限责任公司设置最低注册资本要求，公司的设立人可自由决定公司的注册资本金额，但应自公司注册登记后1年内支付各自应缴的注册资本金。 有限责任公司的参加人最多不能超过100人。 一人有限公司不能投资新的一人有限公司。 公司的设立人/参加人仅在各自缴纳的注册资本金范围内对公司承担责任

续表

企业类型	登记程序及相关要求
股份有限公司	为注册股份有限公司,设立人需在设立大会上作出成立股份有限公司的决定,通过登记和发行程序开始发行股票,包括提交文件给 NSSMC、从 NSSMC 获取暂时发行股票登记证书、获取 ISIN。设立人之间私募股份的,需对私募股份结果进行批准,登记公司及其章程,并且从 NSSMC 取得发行股票的登记证书。 乌克兰法律规定,股份有限公司的最低注册资本不低于最低工资的 1250 倍(目前是 1,772,500 乌克兰格里纳夫,最低工资由相关规定定期更新。设立股份有限公司的最低注册资本,应适用注册日的最低薪金标准。 注册资本依据相同的票面价值被分成特定份数的法人,包括公众股份有限公司和私人股份有限公司。股东以其认购的股份为限对公司承担责任。 国家、法人和个人都可以成为股份有限公司的设立人。股份有限公司也可以由一个认购了该股份有限公司全部股份的股东设立
普通合伙	所有合伙人共同参与合伙企业事务的管理,且全部合伙人以自身所有财产共同承担合伙企业责任
有限合伙	部分合伙人(普通合伙人)参与对合伙企业商业活动的管理,并对合伙企业承担全部责任;其余合伙人(有限合伙人)不参与管理合伙企业,对合伙企业享有收益权,仅以其对合伙企业注册资本的出资为限承担责任
简单合伙	该合伙企业不具有法人地位,实践中非常少见

2. 经营范围和行为能力

乌克兰法人的经营范围通常由其章程决定。对于股份有限公司而言,任何涉及其总资产的 10% ~25% 的交易均应由其监事会批准通过;如交易涉及其总资产的 25% ~ 50% ,或交易标的额超过其总资产的 50% ,则应由股东大会批准通过。

为查证法人是否具有签署合同的效力、是否合法有效存续是否处于破产状态,融资交易中通常会要求法人提供其章程、内部管理机构规章等章程性文件以及相应登记文件或证明文件,如《公司注册登记证书》《无欠税证书》和《未破产证书》。此外,为确认签署人有权签署文件,还需要签署人提供相关授权书。

(二)特定行业、领域法律情况

1. 能源资源法律情况

乌克兰拥有丰富的铁矿石、煤、锰、天然气、石油、盐、硫磺、石墨、钛、镁、高岭土、镍、汞和木材等自然资源。其中东部地区资源储量丰富,是国家的工业中心,乌克兰是世界上排名前十的能源密集型经济体之一。能源产业是乌克兰经济的重要产业部门。

乌克兰法律从土地、环境、劳工等不同方面对境内石油、天然气等能源领域活动进行规范,具体体现在:

(1)土地方面,乌克兰法律规定,以资源勘查活动应取得土地使用权。以使用为目的进行土地(底土)所有权转移,通常要求从国家地质和矿产资源服务中心获得许可。

(2)环境保护方面,乌克兰法律对自然资源的使用、已用土地或区域的回收和修复以及相关生态安全标准(包括大气排放物处理、工业废水的处理、废物使用和处理以及水资源管理)等都做出了规定。乌克兰环境保护立法要求底土使用者(如石油和天然气公司)对其导致的环境污染和自然资源损失承担责任。石油、天然气以及采矿业务均须接受强制性生态检查。

(3)劳工方面,乌克兰法对石油、天然气、采矿领域的员工培训和认证、员工福利保障、劳工纪律和安全规则等问题有特别要求。

(4)经营活动方面,乌克兰对企业在天然气和石油生产、输油管建设、天然气运输与配送等领域的生产经营活动有特定监管要求。除非法律另有规定,一般禁止从事前述业务的企业为造成天然气和石油短缺而终止或减少经营活动。

(5)反垄断方面,乌克兰《经济竞争保护法》规定,如果某项并购交易(无论是境内并购或跨境并购)涉及经营者集中问题,该项交易必须事先取得乌克兰反垄断委员会的批准。而鉴于石油和天然气领域的敏感性,乌克兰政府对此领域内垄断行为尤为关注。

2. 能源行业外资准入法律情况

乌克兰法律并没有对外国企业勘探、开采乌克兰自然资源做出明确的限制。但外国企业必须首先在乌克兰境内建立实体,由该实体从事勘探、开采行为,并依据乌克兰法律要求取得勘探、开采相关许可,并缴纳相应的税费。此类实体可以是代表处、办公室、独资公司或合资公司。另外根据乌克兰法律的规定,勘探证或开采证不得转让或抵质押给任何第三人。

虽然乌克兰法律允许境外投资者依法投资其自然资源和能源产业,但其在特定领域引入投资的问题上态度保守。比如,根据乌克兰《地下资源法》的规定,地下资源属于乌克兰人民所有,因此任何单位和个人在开采前都必须通过公开竞标的方式,并获得国家地质局的审批。地下资源开采证书的有效期为 20 年(石油天然气资源开采证书有效期为 30 年)。开采证书将会详细注明开采方式、技术要求、环境保护、开采范围等信息,开采单位必须严格按照相关要求从事开采行为。另外,任何单位和个人如果希望勘探某区域地下资源,必须事先取得勘探证,并在勘探证上标明的范围内勘探地下资源。对于普通自然资源来说,勘探证的有效期是 5 年;对于石油和天然气资源,勘探证的有效期是 10 年。如果勘探单位违规勘探,可能会被吊销勘探证。如果发现可供商业开采的自然资源,勘探单位必须到国家地质局对该自然资源进行登记注册。

3. 基础设施领域法律情况

受国内外经济形势和政治局势的影响,乌克兰的基础设施互联互通建设有待完善。乌克兰基础设施互联互通建设的主要法律规定包括:《民法典》《商法典》《城市规划法》《乡镇规划法》《建筑法》《海港建设法》和《铁路建设法》。

基础设施建设单位在项目开工建设前,建设单位必须取得项目土地使用权证、项目土地地籍信息资料、可行性研究方案、设计规划资料、项目施工准备通知。比较复杂的建设工程,还必须取得乌克兰建设监察部颁发的项目建设许可证。除上述要求之外,基础设施建设项目在建设单位的选择上还需进行公开招投标。投标单位必须符合具体项目对建设单位的具体资质要求,包括但不限于技术、资金、项目施工经验等。

外国企业在乌克兰开展基础设施建设项目,也必须按规定取得前述文件或审批。对于港口和铁路建设,外国建设单位还必须取得额外的审批。承建乌克兰港口项目的外国建设单位必须事先将项目相关信息报送乌克兰内阁部长会议审阅,并得到批准。承建乌克兰铁路项目的外国单位必须事先得到乌克兰国家铁路公司的同意,并与其签订相关工程建设合同。

为了鼓励 PPP 模式的发展,乌克兰于 2010 年颁布了《PPP 法》,但有些内容还有待完善。根据《PPP 法》规定,PPP 模式下的项目都必须为国有,且不可在项目资产上为债权人的利益设立抵质押。因此,如果 PPP 模式下的项目公司无法还本付息,债权人无法以项目资产为基础得到救济,这对债权人保护非常不利。目前,PPP 模式在乌克兰受到一定的推崇,未来可能会得到进一步发展。

4. 限制性行业领域法律情况

根据乌克兰相关法律法规,任何外国实体都不得在乌克兰投资军火、银行票据、保险等领域。在通信领域,外国投资者只能与乌克兰企业或个人成立合资公司,且不能作为合资公司的大股东或取得合资公司的控制权。乌克兰同样对核电领域进行严格管控,任何核电站都必须由国有企业控制、运营,任何承建核电站的企业都必须取得国家核能部门的行政审批。

5. 其他领域法律情况

(1)土地

乌克兰《土地法》按土地用途将土地分为工业用地、农业用地、城市用地、乡镇用地等。土地必须严格按照其用途进行使用。根据土地所有权主体的不同,乌克兰的土地还分为国家所有土地、集体所有土地和私人所有土地,分属不同的行政机关管理。国家和集体土地使用权没有期限限制,而私人土地使用权有 50 年的期限限制。根据乌克兰《土地法》的规定,任何土地权利都必须到不动产登记处进行登记。国家或集体必须以公开拍卖的方式才能向第三人移转土地所有权/使用权。另外,外资公司(独资或合资)只能取得非农业用地的所有权,如果是土地使用权,则无此限制。

(2)劳动

乌克兰《劳动法》详细规定了劳工的用工标准(包括安全标准)。外资企业在雇佣当地劳工时必须同当地劳工签订劳动合同,且劳动合同中规定的条件和标准不得低于《劳动法》的规定。乌克兰法律没有对外资企业雇用当地劳工的数量做出要求。如果外资企业希望雇佣境外劳工,境外劳工入境工作必须事先得到乌克兰劳工部门的审批,并取得临时居留许可。乌克兰法律没有对外资企业可以雇佣的境外劳工数量做出详细规定。

(3)并购

与乌克兰有关的跨境并购多为间接跨境并购,即乌克兰企业境外母公司的股权发生转移,从而导致乌克兰境内财产的转移。针对此类间接跨境并购,乌克兰法律并没有做出明确限制。目前,直接以乌克兰企业为标的的跨境并购交易非常少。

(三)外汇管制

乌克兰外汇市场受以乌克兰中央银行为主的监管部门的严格管制。依据现行法规,只有乌克兰银行和特定金融机构可以在乌克兰银行间外汇市场或国际外汇市场进行外汇交易。其他乌克兰居民只能通过上述机构购买或转换外汇。

乌克兰居民在其账户上购买和持有外汇受到很多限制。乌克兰居民间只能以乌克兰格里纳夫结汇,而非乌克兰居民可以以乌克兰格里纳夫或其他外国货币结汇。乌克兰法规还规定了居民购汇所需提供的文件和可购买外汇的时间。在将外汇转移给非乌克兰居民时,乌克兰居民需要确保购汇行为合法,相关事项符合乌克兰法律规定,并将材料提交给相应的乌克兰银行。

乌克兰法律规定,乌克兰居民支付境外贷款协议的本息之前,需在乌克兰中央银行进行登记,贷款协议须符合乌克兰法律的相关要求。

(四)税收制度

乌克兰主要有11种国家和地方税种,规定在2011年生效的《税法法典》中。乌克兰税法经常发生变化。根据世界银行的相关报告,乌克兰在纳税便利性上,在189个国家和地区中仅排名为第108位。对乌克兰所有公司(包括银行)均适用的重要税种有:企业所得税(18%)、增值税(20%)、对非居民支付的预提税(标准税率15%)、工资税(个人所得税18%、统一社会保障金税22%、兵役税1.5%)。此外还有土地税、不动产税、海关关税、营业税和生态税等。

其中,企业所得税的税基是每个财务会计年度的税前所得收益。对于其他行业的收入,如运输费用收入、保险基金收入和广告服务收入,适用特定税率。国内服务行业一般需要缴纳20%的增值税,但银行金融服务行业免收增值税。

预提税适用于从乌克兰取得收入向非居民企业支付包括利息、股息红利、版税和其他费用的情况。预提税依据双边税收条约(如中乌政府1995年签订的《关于对所得和财产避免双重征税和防止偷漏税的协定》)可以减少或者免除。在申请税收条约优惠时,需要提交税收居民证书。

五、法律风险评价

(一)营商环境有待改善

根据2015年世界银行营商环境指南提供的数据,乌克兰在公司注册、工程承包、电力获取、财产登记、信贷获取等方面,在世界189个国家和地区中分别排名第76位、第70位、第185位、第59位和第17位,总体营商环境位于第96位,处在世界中下游水平。由于局势动荡,乌克兰在电力获取方面位于世界倒数第4位,所需成本高达收入比重的165.5%。公司设立方面,乌克兰没有规定注册资本的限制,时间成本尚在接受范围内。乌克兰总体营商环境有待进一步改善。

公司注册		电力获取	
程序个数	6	获得电力评分(0~100)	32.65
时间(日)	21	程序个数	10
成本(占单位收入的百分比)	1.2	时间(日)	277
最低注册资本(占单位收入的百分比)	0.0	成本(占平均收入的百分比)	165.5

数据来源:2015年世界银行营商环境指南。

(二)合同执行成本较低,破产处置成本较高

根据2015年世界银行营商环境指南提供的数据,乌克兰的合同强制执行效率在世界189个国家和地区中排名43位,相比上一年度上升1位。但破产处置效率排名第142位,落后于世界平均水平,且与欧洲及中亚地区、经合组织的平均水准存在一定差距。综合来看,乌克兰的执法效率不高。

合同强制执行	乌克兰	欧洲及中亚地区	经合组织
时间(天)	378.0	448.1	539.5
成本(占标的额的百分比)	43.6	25.2	21.4
程序(个)	39.0	37.0	31.5
破产处置	乌克兰	欧洲及中亚地区	经合组织
时间(年)	2.9	2.3	1.7
成本(占资产价值的百分比)	42.0	13.3	8.8
回收率(每美元美分数)	8.6	37.7	71.9

数据来源:2015年世界银行营商环境指南。

(三)税务负担适中

根据2015年世界银行营商环境指南提供的数据,2015年乌克兰在189个国家和地区中排名108位,相较于2014年的157位,已有较大提升。不过乌克兰税制设置比较复杂,中央税种和地方税种经常被作为宏观经济的重要调控手段予以调整,可能在一定程度上增加纳税人的税收负担。

税收指标	乌克兰	欧洲及中亚地区	经合组织
纳税(次)	5.0	20.5	11.8
时间(小时)	350.0	234.3	175.4
应税总额(占利润百分比)	52.0	34.9	41.3

数据来源:2015年世界银行营商环境指南。

第五篇

西亚、北非十九国

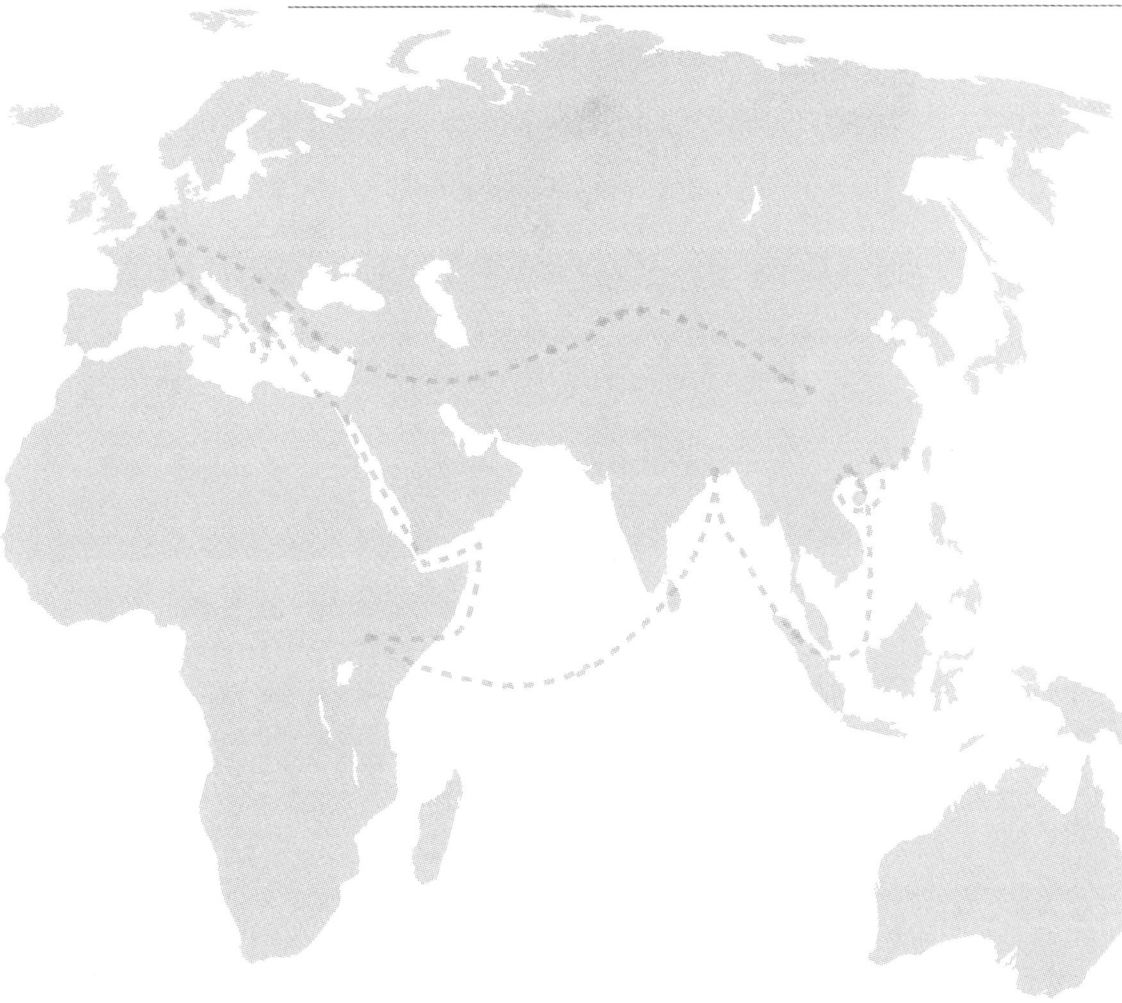

格 鲁 吉 亚
Georgia

——库拉河畔的“美丽国度”

格鲁吉亚基本情况

国家名称（中英文）	格鲁吉亚（Georgia）		
人口（百万）	3.68	人口增长率（年均%）	-1.3
领土面积（千平方公里）	69.7	主要民族	格鲁吉亚族、阿塞拜疆族
官方语言	格鲁吉亚语	主要宗教信仰	东正教、伊斯兰教
政体	共和制	主要政党	格鲁吉亚梦想联盟、统一民族运动党
GDP（十亿美元）	13.97	GDP 增长率（年均%）	2.8
国民总收入（十亿美元）	15.30	人均国民收入（美元）	4160
通货膨胀率（年均%）	5.8	外国直接投资净流入（百万美元）	1246
外债（百万美元）	13,912	总偿债额占出口贸易和收入的比率	23.3

数据来源：2015 年世界发展指标数据库。

一、国情简介

格鲁吉亚位于外高加索中西部，属于多民族、多宗教信仰的国家。据格鲁吉亚 2002 年人口普查统计资料，格鲁吉亚族占总人口的 83.8%，其他主要民族有阿塞拜疆族、亚美尼亚族、俄罗斯族以及奥塞梯族、阿布哈兹族、希腊族等。格鲁吉亚居民多数信奉东正教，少数信奉伊斯兰教。

（一）政治概况

格鲁吉亚为共和制国家，实行三权分立。总统为国家元首和武装力量最高统帅，享有任命总理、国防、内务、安全等强力部门部长的权力。格鲁吉亚议会实行一院制，由 150 名议员组成，其中按比例制选举产生的议员占 77 席，按单一制选举产生的议员占 73 席，任期 5 年。任何在选举中得票超过 5% 门槛的政党将自动在议会中获得 6

席,从而达到在议会中组成派别的最低席位。目前在格鲁吉亚司法部登记的政党有100多个,据社会调查机构不完全统计,2/3以上的格鲁吉亚居民是党派成员,其中较有影响的有格鲁吉亚梦想联盟、统一民族运动党、工党、基督教—民主运动党和新右翼党等。

格鲁吉亚于2003年11月发生“玫瑰革命”。萨卡什维利在随后举行的选举中当选总统,并于2008年1月当选连任。2008年8月8日格鲁吉亚与俄罗斯冲突爆发。2009年和2010年,反对派一度较为活跃,要求总统萨卡什维利辞职。萨卡什维利领导的统一民族运动党发挥在议会中的优势,巩固执政权力体系,在2010年5月的首都和地方选举中赢得多数席位。2011年10月,格鲁吉亚首富伊万尼什维利宣布从政并整合部分反对派,组建格鲁吉亚梦想联盟。2012年10月,格鲁吉亚举行议会选举,格鲁吉亚梦想联盟胜出,伊万尼什维利出任总理并重新组阁。乔治·马尔格韦拉什维利于2013年10月当选格鲁吉亚总统,其后,政局趋于缓和,但政治斗争和民族分离倾向等破坏政局稳定的因素仍然存在。

(二)经济概况

格鲁吉亚当局致力于发展经济,并采取相对自由的发展政策,比如该国货币自由度和投资自由度均处在世界领先水平。2015年国民生产总值约140亿美元,截至2015年7月底格鲁吉亚政府外债及国家主权担保贷款41.5亿美元,截至2015年9月底外汇储备为24.47亿美元。

2015年格鲁吉亚吸引外国直接投资约13.51亿美元,同比下降23%。阿塞拜疆为格鲁吉亚最大的投资来源国,对格鲁吉亚投资约5.42亿美元,占格鲁吉亚吸引外国投资总额的40%左右。其次是英国和荷兰,投资额分别为1.98亿美元和1.11亿美元左右。中国为第六大投资来源国,对格鲁吉亚直接投资约5800万美元。交通通讯业为最大外商投资领域,投资额约为5.94亿美元,占格鲁吉亚吸引外资的44%;其次是金融业和建筑业,投资额约为1.91亿美元和1.29美元,分别占比14%和10%。

格鲁吉亚自然资源也十分丰富,矿产包括煤、铜、多金属矿石、重晶石、锰、铜、铁矿、铅锌等,其中有最为著名的是“齐阿土拉”锰矿区;水电资源理论蕴藏量1560万千瓦,十分适合水力发电。

(三)外交政策

格鲁吉亚已加入北约和欧盟,近年来在加强地区合作的同时兼顾发展与东方国家的关系,优先处理地区冲突问题。格鲁吉亚重视同阿塞拜疆、亚美尼亚、土耳其、乌克兰等周边国家发展友好合作关系。2012年10月格鲁吉亚议会选举后重新组阁,新政府主张改善对俄罗斯关系,推行理性、务实、富有建设性的外交政策,两国矛盾虽因此有所缓和,但由于格鲁吉亚当前奉行的亲西方政策与俄罗斯的战略布局相冲突,双方关系仍难取得重大突破。此外,就短期来看,两国尚无法就阿布哈兹、南奥塞梯问题达成共识。

二、法律概览

(一)法律体系

格鲁吉亚作为大陆法系国家,不承认普通法系下的先例原则,但该等判决对格鲁吉亚司法具有指导价值,尤其是在涉及格鲁吉亚法律项下未规定事项的情况下。

(二)司法制度

1. 司法体系

格鲁吉亚司法独立,设宪法法院、最高法院、总检察院、监察院。最高法院是最高审判机关,院长和大法官由总统提名、议会选举产生,任期 10 年。格鲁吉亚不允许设立专门和特别法院,但战争期间可设军事法院。

2. 司法协助

格鲁吉亚是《承认及执行外国仲裁裁决公约》的缔约国,且未对该公约作出任何保留声明。格鲁吉亚最高法院依据国际公约和国内法律规定承认外国法院判决和仲裁裁决,承认外国法院判决和仲裁裁决的申请应当向最高法院提出。

(三)司法效率和其他事项

1. 司法效率

格鲁吉亚司法执行效率一般。在格鲁吉亚,通常情况下,法院审理案件需要花费 6 个月到 1 年时间:从提起诉讼至上诉法院做出判决平均需要 6 个月时间,从提起诉讼至最高法院做出判决平均需要 1 年或更多时间。

外国判决必须通过格鲁吉亚最高法院进行承认和执行。承认外国判决自申请之日需要 6 个月时间。

2. 国有化及征收

政府征收、征用或国有化在格鲁吉亚非常罕见,即便存在也仅限于大型基础建设项目,如天然气/油气管道建设、轨道、高速公路,且受征收、征用或国有化影响的资产所有权人均可就其受影响资产获得符合市场价格标准的补偿。受《为了公共目的征用财产规则》的限制,所有征收均应以存在更大的公共利益为实施基础,且须就被征收资产向所有权人提供令其合理满意的赔偿。

三、金融法律制度

(一)银行准入与监管法律制度

外国银行或外国银行的分支机构在格鲁吉亚开展业务必须取得格鲁吉亚国家银

行颁发的执照和批准。只有在住所地国家具备贷款资格的外国银行，其分支机构才可能被授予前述银行执照，并且外国银行在格鲁吉亚设立分支机构还须获得外国银行住所地监管机构的同意。此外，拟设立的外国银行分支机构还应满足格鲁吉亚国家银行规定的最低准备金要求。

格鲁吉亚境内的商业银行可以从事以下业务：吸收存款、发放贷款、购销金融票据、现金和非现金结算、金融市场中的经纪服务、信托服务等。根据格鲁吉亚《商业银行业务法》，如果外国银行或外国银行的分支机构在其住所地国家丧失了相关银行从业资质，格鲁吉亚国家银行将撤销其银行执照。此外，外国银行或外国银行的分支机构在格鲁吉亚从事相关业务还需要遵守如下规定：

事项名称	规定内容
交易登记	根据格鲁吉亚《商业银行业务法》，商业银行应当在格鲁吉亚国家银行规定的期限内，保留与其所从事的交易有关的档案和文件，包括相关申请和合同（包括信贷、保证和担保协议），银行合作伙伴的财务报告以及银行批准该交易的书面记录
财务报告	银行及其附属机构应维持准确的报告和记录、准备年度财务报表，并按照格鲁吉亚国家银行的规定完成相关存档和报告程序 外国银行分支机构的财务或会计文件可以通过简化的财务报告程序进行提交
禁止与相关方交易	商业银行不得以优惠条件为其管理人、控制人、附属机构或相关方提供任何银行产品或服务
向格鲁吉亚国家银行提供信息	银行应向格鲁吉亚国家银行提供有关其组织管理、运营活动和流动性、偿债能力和盈利能力的报告，同时格鲁吉亚国家银行将委派监察员或审计师对银行进行审查

（二）担保法律制度

1. 担保体系

格鲁吉亚缺乏完整的担保体系，没有专门的担保法律、担保公司和担保业监管机构，关于担保的法律规定散见于格鲁吉亚《民法典》《金融信贷法》等。根据格鲁吉亚法律，境内外贷款人可在格鲁吉亚法下设立不同类型的担保权益，担保物可以是任何有形或无形资产。

2. 担保财产范围

任何有形或无形财产均可作为担保物，进行对外担保，但必须在相关合同中对相关担保物予以列明，并在国家公共登记局完成合法登记。

3. 登记、备案与相关担保手续

任何贷款协议以及其所涉及的担保物均应在国家公共登记局登记。其中，贷款协议在提交登记之前还应进行公证。

4. 担保的优先顺位

格鲁吉亚担保措施的优先顺位取决于各担保在国家公共登记局登记的先后顺序。

5. 主权担保

主权担保在格鲁吉亚非常罕见,且仅适用于政府间或国际组织层级的有关交易。所有主权担保均应由格鲁吉亚国家银行代表国家签署,并取得格鲁吉亚法律规定的额外批准。

(三)合同的法律适用

依据格鲁吉亚法律,合同可以适用当地法律或者当事人选择的其他法律。

(四)主权豁免

格鲁吉亚的主权豁免涉及主权债务与主权担保。

放弃主权豁免的情况非常罕见,通常适用于政府之间的主权债务。任何对主权豁免的放弃皆应得到议会批准。如果借款人不是国家的代表(如经合法授权签署贷款协议的政府、部门、机构),其不拥有主权豁免权。

四、投资法律制度

(一)企业法律制度

格鲁吉亚领域内的本土与境外投资均由格鲁吉亚《投资法》管理规范。格鲁吉亚国家投资机构为在格鲁吉亚境内的投资事项提供支持。经适当授权,格鲁吉亚国家投资机构可以作为投资者代表,协助投资者取得所有证照和许可。产生的服务费用由该机构的管理委员会确定。该机构也会针对个别投资者提供免费投资服务。与格鲁吉亚国家投资机构的协议将不会限制投资者的独立性或与政府部门沟通的权利。

投资总额超过 800 万拉里,或者对发展经济和基础设施有重大影响的投资者,均被视为具有特殊重要地位的投资者。该身份可能由于投资者无法履行合同中约定条款而被撤销,但不影响其取得的任何证照和许可。如果国家投资机构和投资者已签署协议,它将支持投资者获得所有必要的证照、许可、私有化或购买资产。

通常情况下,在格鲁吉亚,公司的成立情况与经营情况可以通过国家公共登记局的公开信息查询系统进行查询。税收责任和法定留置权可通过格鲁吉亚纳税服务部门进行查询。与公司有关的执行程序(无论是主动执行还是被动执行)可在国家执行机构处查询。

(二)特定行业、领域法律情况

1. 能源资源法律情况

(1)能源领域法律框架

格鲁吉亚的能源领域法规主要包括:《能源和天然气法》(1997 年 6 月)、《执照和许可法》(2005 年 6 月)、《规费法》(2005 年 7 月)、《建筑法》(2000 年 10 月)、《产品安全和自由移动法案》(2010 年 5 月)、《劳动法》《环境影响评估法》及《政府投资支持法》。

(2)审批与监管

自 2008 年起,格鲁吉亚放松了对能源市场的管制。可再生资源项目基于建设—拥有—经营的模式对私开放。对于新设立的水电站项目,不收税费,投资者有权自由决定价格,联网无需费用、出口无须取得许可。发电和出口活动免除增值税。

根据法律规定,在格鲁吉亚从事电能、电能传输、电能分配、天然气分配、天然气传输、炼油、石油运输、天然气提取等生产业务需要得到相关部门的许可;采集或使用矿产、油气资源、地下空间等资源时,需要相关部门的证照。

2. 特许经营法律情况

格鲁吉亚尚未制定特许经营专项法律,从事公共服务的私人企业的经营活动主要由《民法典》《合同法》《公共采购法》以及《国有资产法》管辖。有关特许权的决定一般由政府部门在个案基础上与潜在投资人协商确定。

(1)PPP

格鲁吉亚境内典型的 PPP 交易包括第比利斯市政府和 C. T. Park 就 C. T. Park 向政府提供泊车服务而签署的协议,尽管该交易并没有采用合资或其他法人形式。另一种形式是由政府和银行合作,为特定经济部门提供贷款,银行就此获得政府提供的利率补贴,项目资本金由国家提供,但国家在交易中并不占有股权。

(2)BOT

格鲁吉亚《民法典》《合同法》《国有资产法》和《公共采购法》共同构成了格鲁吉亚有关 BOT 的法律制度。格鲁吉亚未对 BOT 项目设置特别的政策或激励措施。特许计划由政府部门视投资重要性而给予。如涉及国有资产私有化或转让事项,还需就 BOT 交易取得政府审批。

通常情况下,销售国有资产应通过公开拍卖程序进行。但是政府可决定直接向投资者销售,并要求其按照议定的条款和条件进行投资。依此进行的投资,其总投资额的 10% 应以不可撤销的保证方式进行担保。国有资产中,仅有房地产可被投资者用于设置担保,并且前述担保的设置须以投资者与政府签订的相关书面协议为前提条件。

3. 国际产能合作法律情况

目前格鲁吉亚境内设有 3 个自由产业园区,分别为波蒂自由产业园区、库塔伊西自由产业园区和第比利斯技术园区和自由工业区。格鲁吉亚《自由产业园区法》是自由产业园区运营管理的主要法律依据,其主要内容如下:

主要事项	运营管理内容
自由产业园区运营的一般规则	1. 区域面积超过10公顷; 2. 进出园区设单独的海关检查点; 3. 自由园区经营者选择适用法律; 4. 以任何货币支付; 5. 根据政府决议,若干活动可能无需取得证照和许可或按照简易程序取得证照和许可; 6. 所有园区均由私人公司运营,投资者需要为园区经营者租赁场所
自由产业园区税务	1. 在园区范围内开展的公司业务的利润免税,格鲁吉亚税法典另有规定的除外; 2. 园区进口商品免征增值税; 3. 在园区里进行的任何经营活动免征增值税; 4. 在园区里的资产免征财产税; 5. 在园区里生产的产品运至格鲁吉亚境内免征进口税; 6. 任何员工需按照其收入申报缴纳个人所得税
自由产业园区商品流动	1. 商品进入园区视为出口; 2. 商品从园区转移至格鲁吉亚境外视为出口; 3. 商品从园区进入格鲁吉亚境内需要按照格鲁吉亚税法交税,任何从园区进口至格鲁吉亚的商品仅需缴纳增值税
自由产业园区中许可从事活动	1. 生产、加工任何商品或提供服务,但自由产业园区法明确禁止的活动除外; 2. 格鲁吉亚税务部门向园区生产商品签发格鲁吉亚原产地证明
自由产业园区中禁止从事活动	1. 生产和销售武器和弹药; 2. 生产和销售核或辐射物质; 3. 进口、储存、生产和/或销售药物和精神药品; 4. 进口、储存、生产和/或销售烟草或其原材料,为国内使用而进口的除外; 5. 政府可能对特定活动施加额外的限制或禁令

(三)外汇管制

格鲁吉亚没有外汇管制,外币交易无须获得任何审批,本外币兑换也不受额度限制。有关货币支付的规则由格鲁吉亚国家银行颁布。此外,格鲁吉亚法律对于开立离岸账户没有限制。

格鲁吉亚执行浮动汇率制度。该制度以汇率短期浮动为特点,能够吸收汇率震荡。从长期来看,格鲁吉亚汇率是稳定的。在格鲁吉亚,汇率是在外汇交易市场形成的,该市场由有兴趣参与外汇交易的商业银行、公司和个人组成。

(四)税收制度

格鲁吉亚基本税种包括:个人所得税、企业所得税、增值税、进口税、财产税等。

格鲁吉亚法律针对外国居民或企业作了一些特别税务规定,例如:向外国居民支付利息适用5%税率,向外国居民支付特许费适用15%的税率;向国际金融公司支付的红利免税,从事金融业务或金融服务、销售由非居民发行的证券获得的收入免征企业所得税。

五、法律风险评价

(一)营商环境优良

根据2015年世界银行营商环境指南提供的数据,格鲁吉亚在财产登记、工程承包、公司注册、信贷取得和电力获取等方面(在世界189个国家和地区中)分别排名第1位、第3位、第5位、第7位和第37位,处于世界领先水平。在财产登记、获得工程许可以及设立公司方面,格鲁吉亚均采取非常简便的程序,办事效率较高,且无须缴纳高昂的费用。总体上其营商环境优良,法律风险较低。

公司注册		财产登记	
程序个数	2	财产登记评分(0~100)	99.88
时间(日)	2	程序个数	1
成本(占单位收入的百分比)	3.4	时间(日)	1
最低注册资本	0	成本(占财产价值的百分比)	0.1

数据来源:2015年世界银行营商环境指南。

(二)合同执行成本较低,破产处置成本适中

根据2015年世界银行营商环境指南提供的数据,格鲁吉亚的合同强制执行效率在世界189个国家中排名23位,其程序复杂程度和时间成本均低于欧洲及中亚地区和经合组织国家的平均水平。该国破产处置效率排名第102位,处世界中游水平。

合同强制执行	格鲁吉亚	欧洲及中亚地区	经合组织
时间(日)	285.00	448.1	539.5
成本(占标的额的百分比)	29.9	25.2	21.4
程序(个)	33.0	37.0	31.5
破产处置	格鲁吉亚	欧洲及中亚地区	经合组织
时间(年)	2.0	2.3	1.7
成本(占资产价值的百分比)	10.0	13.3	8.8
回收率(每美元美分数)	38.7	37.7	71.9

数据来源:2015年世界银行营商环境指南。

(三)税务负担较轻

格鲁吉亚为世界上少数实行全国统一单一制纳税的国家。对于外国投资者而言,

格鲁吉亚的税收法律制度规范程度高，税率较低，税收优惠多，纳税手续简便，税务负担较轻。根据 2015 年世界银行营商环境指南提供的数据，格鲁吉亚在税收负担方面排在全球 189 个国家（地区）的第 38 位。

税收指标	格鲁吉亚	欧洲及中亚地区	经合组织
纳税（次）	5. 0	20. 5	11. 8
时间（小时）	362. 0	234. 3	175. 4
应税总额（占利润百分比）	16. 4	34. 9	41. 3

数据来源：2015 年世界银行营商环境指南。

阿塞拜疆共和国
The Republic of Azerbaijan

——东欧西亚的“十字路口”

阿塞拜疆共和国基本情况

国家名称（中英文）	阿塞拜疆共和国（The Republic of Azerbaijan）		
人口（百万）	9.65	人口增长率（年均%）	1.2
领土面积（千平方公里）	86.6	主要民族	阿塞拜疆族、列兹金族
官方语言	阿塞拜疆语	主要宗教信仰	伊斯兰教
政体	总统制	主要政党	新阿塞拜疆党、公民团结党
GDP（十亿美元）	53.05	GDP 增长率（年均%）	1.1
国民总收入（十亿美元）	63.33	人均国民收入（美元）	6560
通货膨胀率（年均%）	-8.8	外国直接投资净流入（百万美元）	4048
外债（百万美元）	11,693	总偿债额占出口贸易和收入的比率	5.2

数据来源：2015 年世界发展指标数据库。

一、国情简介

阿塞拜疆共和国（以下简称“阿塞拜疆”）位于外高加索东南部，属于多民族的国家，共有 43 个民族，其中阿塞拜疆族约占总人口的 90.6%，列兹金族约占 2.2%，俄罗斯族约占 1.8%，亚美尼亚族约占 1.5%，塔雷什族约占 1.0%。阿塞拜疆居民主要信奉伊斯兰教。综合来看，阿塞拜疆政治、经济局势比较稳定，不过由于货币贬值严重、物价上涨较快，该国面临各类压力，社会稳定性有待加强。

（一）政治概况

阿塞拜疆为总统共和制国家，总统为国家元首，任期 5 年，2003 年 10 月 28 日伊利哈姆·阿利耶夫当选总统，连任至今。阿塞拜疆议会实行一院制，主要职能是制定、批准、废除法律条约，决定行政区划，批准国家预算并监督其执行，根据宪法法院提请，依照弹劾程序罢免总统,确定全民公决等。议会由125名议员组成,任期5年。

2012年以来,阿塞拜疆社会政治局势总体稳定,政府稳步推进政治经济改革,全面实施社会保障制度,加强立法,多次提高居民工资和退休金,加大对弱势群体扶持,大力推进学校、剧院、体育场、医院、机场、城市道路等基础设施建设,提高居民就业水平。但2013年至2015年,由于阿塞拜疆中央银行实行马纳特官方汇率贬值政策,该国货币急剧贬值、物价大幅上涨,民众对此颇有怨言,反对派活动频繁,影响了阿塞拜疆国内环境的稳定性。

(二)经济概况

由于2014年国际油价大幅下跌,阿塞拜疆单一的经济结构即能源导向型经济的问题被充分暴露。虽然2015年国民生产总值仍有517.6亿美元,但是对能源工业的高度依赖导致阿塞拜疆已无法应对相关市场的价格波动。截至2016年2月,国家外汇储备为40.26亿美元。截至2016年1月1日,外债约为65.6亿美元,而根据2016年国家预算案,全年拟借外债不超过50亿马纳特(约合32.3亿美元),因而阿塞拜疆政府如何控制外债增长也是值得关注的问题。

阿塞拜疆油气和矿产资源极为丰富,其中,阿塞拜疆石油资源具有埋藏浅、杂质少的特征。同时阿塞拜疆棉花、小麦、葡萄、烟草、茶等农作物生产及动植物资源较为丰富。

(三)外交政策

阿塞拜疆奉行独立自主、多元平衡外交政策,将发展与俄罗斯、美国、欧盟等大国和土耳其、伊朗、格鲁吉亚等邻国关系作为外交优先方向,将融入欧洲作为对外战略目标。该国重视与欧盟委员会、欧洲议会开展合作,积极参加欧盟“东部伙伴关系计划”,并积极参与联合国、伊斯兰经合组织、不结盟运动等国际和地区性组织的活动,努力争取国际社会对阿塞拜疆解决“纳卡”问题的同情和支持。2012年阿塞拜疆成为联合国2012~2013年度安理会非常任理事国。

中阿两国于1992年4月2日建交。2015年中阿贸易额达5.65亿美元,其中阿塞拜疆对中国出口5319万美元,自中国进口5.12亿美元。中国为阿塞拜疆第九大贸易伙伴和第八大进口来源国,对中国出口商品主要有矿物燃料、塑料及其制品、化学产品、铜及其制品、皮革、矿砂等,自中国进口商品主要有机械器具及零件、服装及衣着附件、电气和音像设备、家具、灯具、车辆及其零附件等。

二、法律概览

阿塞拜疆为大陆法系国家,《宪法》具有最高效力,规定国家基本原则。此外,阿塞拜疆签订的国际条约也被视为国家法律的重要组成部分,当国际条约与国家法律(除

《宪法》和全民公投决定的法律行为外)发生冲突时,以国际条约为准。阿塞拜疆实行立法、司法、行政三权分立,立法权由议会享有,行政权由总统享有,司法权由法院享有。

(一)法律体系

阿塞拜疆于1995年11月通过了第一部《宪法》,经几次修订沿用至今。该国法律体系自《宪法》颁布以来逐步建立并完善,但整体而言,法律体系尚不完备,存在一定的制度空白,司法效率也有待进一步提高。

(二)司法制度

1. 诉讼制度

阿塞拜疆法院体系分为三个层级:一审法院、上诉法院及最高法院。一审法院包括行政经济法院、地区法院、刑事法院及军事法院,上诉法院及最高法院均设有行政经济、刑事及军事审判庭。另外,阿塞拜疆法院体系还包括宪法法院。宪法法院是一个独立的机构,其决定不受任何行政机关影响。

2. 司法协助

(1)外国法院判决的承认和执行

只有在外国法院判决符合阿塞拜疆法律和公共秩序,且阿塞拜疆和该判决作出国均为相关国际条约签署方时,外国法院判决才可以在阿塞拜疆得到承认和执行。在下列情况发生时,外国法院判决可能不会被承认和执行:

外国法院判决不被承认和执行的情形	
1	阿塞拜疆法院对该等判决事项享有专属管辖权
2	未适当通知相关方而导致相关方在判决中被剥夺出席的权利
3	在阿塞拜疆法院已经存在针对该事项的判决或在阿塞拜疆法院的诉讼程序已经开始
4	外国法院判决在该国未生效
5	不符合互惠原则
6	承认和执行将会违反阿塞拜疆法律规定和主权利益

(2)外国仲裁裁决的承认和执行

阿塞拜疆是《承认及执行外国仲裁裁决公约》的签署国,并加入了1965年《关于解决国家和他国国民之间投资争端公约》。阿塞拜疆于1991年11月18日颁布的《国际仲裁法》也规定域外仲裁在不违反阿塞拜疆法律的前提下可以得到执行,最高法院有权决定域外仲裁裁决是否可以在当地承认和执行。

拒绝承认和执行外国仲裁裁决的情形
1. 相关方没有能力签署仲裁条款或仲裁条款依据适用法律无效
2. 相关方在选择仲裁员或仲裁程序时没有被适当通知或在仲裁时由于某种原因不能够提交相关证据
3. 没有规定仲裁条款但却通过仲裁方式解决或者仲裁解决的部分超过了协议中需要由仲裁解决的部分
4. 仲裁庭的组成或仲裁程序与双方签订协议的规定不符或双方未约定仲裁地
5. 仲裁裁决不是终局的或依据仲裁裁决地法律被法院宣布暂缓执行
6. 承认和执行仲裁裁决将会违反阿塞拜疆的法律规定和主权利益

（三）司法效率

阿塞拜疆法律并没有明确规定域外判决和仲裁裁决的执行时限，但基于该等执行均直接向最高法院申请，一般实际执行时限应为 2 个月。

三、金融法律制度

在阿塞拜疆，银行业由《银行法》《中央银行法》《民法典》、金融市场审计院的规定及阿塞拜疆签署的国际条约来进行规制。总体来讲，外国银行可以在阿塞拜疆设立分支机构、代表处及全资子公司，拥有外资因素的银行在阿塞拜疆可以享有同本地银行几乎相同的对待。

（一）银行准入与监管法律制度

在阿塞拜疆设立银行必须由至少 3 个法律实体或自然人担任股东，形式为公开股份有限公司。政治实体、公共组织、基金及其他非商业实体不能成为银行的股东。外资银行全资子公司及其控股公司中至少需要有 1 名董事会成员为阿塞拜疆人，外资银行分支机构中至少需要有 1 名行政人员为阿塞拜疆人。

1. 外国银行开展业务的规定

依据阿塞拜疆法律，如果外国银行希望在阿塞拜疆开展全面的银行业活动，必须在当地设立一个分支机构或全资子公司。但如果仅从事贷款业务，外国银行不需要在阿塞拜疆取得任何注册和登记或在阿塞拜疆设立任何法律实体即可向阿塞拜疆个人、法律实体（包括银行）贷款。外国银行进入阿塞拜疆国内金融市场的方式及要求见下表：

方式	准入要求
外资银行在阿塞拜疆境内设立子公司	作为独立的法律实体，法律要求创始银行或创始银行的控股公司必须持有该等子公司百分之五十以上的投票权或必须能够对该公司重大决策产生主要影响
外资银行在阿塞拜疆境内设立分支机构	作为非独立的法律实体，其责任和义务由外资银行承担，分支机构可以在该外资银行的经营范围内从事全部或者部分业务
外资银行在阿塞拜疆境内设立代表处	不可以在阿塞拜疆从事任何银行业相关的活动，只可以代表和保护该外资银行的商业利益

2. 外国银行在阿塞拜疆设立分支机构的程序性规定

只有在获得银行业执照后，外资银行才可以在阿塞拜疆成立分支机构。外资银行须向执照主管机关提交相应申请材料后，该主管机关将会采取初审和复审两个步骤的审查程序。

审查阶段	审查时限及审查结果
初审	初审过程最长的时限为 180 日，如果执照主管机关在初审中发现了任何错误或材料缺失，其将需要在发现后的 15 个工作日内通知申请者。如果申请者通过了初审，需要以申请者的名字开立银行账户并在 180 日内缴足最低注册资本
复审	复审的审查时限为 30 日，如果在复审中发现了任何错误和材料缺失，执照主管机关应该通知申请者补交材料，且执照主管机关需要在收到补充材料后的 15 日内进行审查
最终结果	在执照主管机关审查完成且最低注册资本已经缴足后，执照主管机关将会做出颁发银行执照的决定并在 5 日内书面通知申请人，该等执照没有终止期限，不得被转让给第三方

3. 商业贷款利率及违约利率的限制

在阿塞拜疆，商业贷款利率在当地是由各商业银行内部自行决定的，法律法规方面并无强制性限制规定。然而依据阿塞拜疆中央银行关于授信的相关规定，商业贷款利率需要在考虑经济、市场等相关综合因素后决定。不过对于违约利率，阿塞拜疆《民法典》有明确限制：

违约利率的限制
1. 如果债务人对相关义务的适当履行不存在责任,那么债权人不得要求其支付由于不履行义务而产生的罚金或任何违约金
2. 罚金可以依据法院的判决而减少,已经支付的罚金除外
3. 罚金只针对贷款本金计算,而不针对贷款利息

(二)担保法律制度

1. 担保体系

阿塞拜疆的担保体系由《民法典》《担保法》等法律规定组成,其主要担保类型包括:(1)不需要进行登记的动产质押,包括权利、货币、流通中的货物等;(2)需要进行登记的动产及不动产抵押。

2. 担保的效力

根据阿塞拜疆《民法典》,先登记的担保权益相较于后登记的担保权益享有优先权。

3. 担保财产范围

除下述财产外,任何财产均可作为担保物:受流通限制的财产;与人身紧密相关的财产(包括生活必需品);执行该等财产将会导致被执行人健康和生命相关的财产;国家财产、阿塞拜疆拥有的国际储备财产及未来可能会被国家拥有的财产。

此外,外国居民及法律实体在享有土地所有权时也存在一定的限制。根据阿塞拜疆《担保法》的相关规定,如果外国居民或法律实体由于抵押物的执行而享有土地所有权,那么该居民或法律实体需要在1年之内将该等土地出售。

4. 担保的生效要件

(1)担保合同需要以书面形式签订。

(2)对于不需要进行登记注册的质押财产,只有依据法院判决才能执行,如果希望通过公证处决定来执行该等财产,那么该等质押协议需要包含可以通过公证处决定执行财产的条款且该等质押协议需经公证。权利质押需要在相对应的国家机关登记后才能生效,有价证券质押需要在国家存管中心进行注册登记。

(3)抵押协议必须公证且登记,登记后生效。不动产抵押需要在不动产抵押处登记,动产抵押需要在动产抵押处登记。

5. 主权担保审批手续

根据阿塞拜疆2007年5月22日颁布的《国家债务法》,主权担保由主要借款人申请,国家财政部批准。在财政部批准后,该等主权担保需要在10日内于国家债务与担保处登记注册。实践中主权担保一般只提供给公共领域的项目。

6. 境外银行获得当地担保权益的限制性或禁止性规定

根据阿塞拜疆现行的法律法规，境外银行获得阿塞拜疆境内担保权益暂无任何限制性或禁止性规定。

7. 担保的执行

根据阿塞拜疆法律规定，担保可以通过两种方式实现：一是非法院执行，公证处决定为唯一的非法院执行方式，但该等执行方式必须已在担保协议中约定且该担保协议已经公证；二是法院执行，主要包括违约通知、法庭程序、处置担保物、公开处置担保物等四个步骤。

（三）法律适用

依据阿塞拜疆法律，与外国资本相关的民事协议可以适用外国法律，但前提是适用的外国法律不得与阿塞拜疆的强制法、公共秩序、依据宪法和全民公投决定的法律行为相冲突。另外，与房地产相关的协议（包括抵押协议）强制适用阿塞拜疆法。

（四）主权豁免

阿塞拜疆法律并没有对主权豁免进行明确规定，但《民法典》第43条及《国际私法》第16条规定，政府在商业活动中应被视为法律实体。在实践中，政府签订的全部涉外合同（包括贷款协议）都会包含主权豁免条款。

四、投资法律制度

阿塞拜疆制定了一系列法规来保护外国投资者，包括但不限于1992年1月15日的《外商投资保护法》及1992年1月13日的《投资法》。此外，阿塞拜疆和中国已于1994年3月8日签订了关于投资保护的双边条约。

（一）企业法律制度

阿塞拜疆企业法律制度主要体现在阿塞拜疆《民法典》中。根据阿塞拜疆《民法典》，阿塞拜疆的企业类型主要包括：

企业类型及相关规定	
企业类型	具体内容
股份有限公司	1. 成员要求：股份有限公司分为公开股份有限公司和非公开股份有限公司两种，非公开股份有限公司的股东不能超过50人。 2. 注册资本：注册资本为公司股东认购股份的票面价值，公司可发行普通股和优先股，但优先股的票面价值不得超过公司注册资本的25%。非公开股份有限公司最低注册资本为当地货币2000马纳特（约1332美金），公开股份有限公司的最低注册资本为其二倍金额。 3. 管理：股份有限公司由其股东大会、监事会和行政机构管理。股东大会是股份有限公司最高权力机构，公司的行政机构可以为执行董事或者董事会，如果股份有限公司拥有50个股东及以上，那么必须成立监事会

续表

企业类型	具体内容
有限责任公司	1. 注册资本:有限责任公司的注册资本由其成立文件决定,单一股东的公司不得再独自成立一个有限责任公司。法律并没有对注册资本进行任何数额要求,但每个股东需要在公司注册之前将各自的份额缴清。 2. 股东责任:有限责任公司的股东以其对公司的出资额为限度承担责任。 3. 经营管理:有限责任公司由股东大会和行政机构组成,视章程需要设立监事会
附加责任公司	该公司组织形式与有限责任公司类似,唯一的区别在于附加责任公司的股东以其自身的财产共同以全体股东的出资额为限度承担责任
合伙企业	成员要求:合伙企业是由至少五个自然人或法律实体组成的集合。合伙企业的成员享有同其他企业类型中创始人相同的权利,包括在一般情况下参与合伙企业管理的权利。
普通合伙	1. 成员要求:普通合伙由至少两个经济实体作为普通合伙人构成,每个自然人和法律实体一次只能加入一个普通合伙。 2. 责任承担:普通合伙人对合伙债务承担共同和连带责任 3. 经营管理:普通合伙的最高权力机构为合伙人大会,每个普通合伙人拥有一票投票权并且可以在章程规定的前提下独自代表普通合伙从事商业活动
有限合伙	1. 成员要求:有限合伙包括普通合伙人和有限合伙人。 2. 责任承担:有限合伙人仅在其出资额限度内承担责任。 3. 经营管理:有限合伙由普通合伙人负责其日常运营
公开法律实体	在教育和医疗保健领域可以设立公开法律实体,该等法律实体非国有企业,但依据国有企业或公共实体的决定从事相关国家和公共重要事务

另外,外国企业可以设立代表处或者分公司,其中代表处在一般情况下不可以在当地开展商业活动,分公司可以在当地开展总公司的全部或部分商业活动。

以上全部类型的企业的注册机关均为国家税务局,所有成立公司所需要的外国文件均需要在外国进行公证认证且该等文件的阿塞拜疆语翻译件需要经过公证。企业将会在提交全部所需资料后的 3 个工作日内完成登记,注册费用在 14 美元到 280 美元之间。

(二)特定行业、领域法律情况

1. 能源行业法律情况

总体而言,当地的能源产业主要依据阿塞拜疆《宪法》及各能源领域特定法律来规制:《宪法》规定国家为全部自然资源的所有权人,投资者可以通过签订产品分成协议或成立合资企业并签订一系列当地石油法准许的协议来参与能源产业;能源领域特定的法律包括 1998 年 2 月 13 日颁布的《底土法》、1998 年 11 月 22 日颁布的《能源法》和

1996 年 5 月 30 日颁布的《能源消耗法》等。

现阶段能源领域的主要监管机构为国家能源部，负责制定能源相关的政策并管理能源产业相关的活动，例如油田及气田的开发，油气精炼厂的运营，油气的生产、供应和销售。国家经济部需要单独针对液化天然气设施的安装和运营、采矿以及钻井等类型的活动进行审批。

（1）石油领域

1992 年 9 月 13 日，阿塞拜疆成立了国有石油公司（以下简称“SOCAR”），SOCAR 拥有国家全部的石油所有权，且拥有从事开采、探索、开发全部在岸和离岸油田和天然气田，加工、销售产出的石油和天然气相关产品，满足卖方对燃料需求及从事其他相关营利活动的权利。1999 年 12 月 29 日，阿塞拜疆成立了国有石油基金，负责收取全部从油气协议中获取的资金，为未来开采活动进行管理和贮藏资金。

（2）矿业领域

根据阿塞拜疆法律规定，只有各方签订了明确的担保协议后，协议签署方才可以质押、抵押其在产品分成协议中的相关权利或用于矿权运营的相关财产。但若上述权利或财产抵押给非协议签署方，那么则需要得到 SOCAR 的前置许可。另外，开采矿权方需要缴纳特许权费，不同产品适用不同的特许权费率，原油为 26%，天然气为 20%，全部金属产品为 3%。

（3）底土领域

在阿塞拜疆，若要使用国家底土，可采取招标、竞投或者直接协商的方式。只有在获得相关机构（若该等机构为拟定的招标机构，则可能是生态及自然资源部、地理及能矿委员会，紧急情况部或其他授权机构）决定后才可以直接采用直接协商。

2. 基础设施互联互通法律情况

（1）电信领域

阿塞拜疆国家通讯部总体负责电信领域法律及规则的制定，当地电信领域的主要法律包括 2005 年 6 月 14 日颁布的《电信法》、2002 年 6 月 15 日颁布的《电视和无线电广播法》、2004 年 6 月 29 日颁布的《邮政法》等。根据阿塞拜疆法律，各类实体（包括当地及外国法律实体，分支机构及代表处）均需要在获得阿塞拜疆国家经济部颁发的电信执照后才可以从事电信领域活动。无线电领域设备除了须在经济部获得电信执照外，还需要在国家无线电频率局及国家通讯部注册。

2012 年阿塞拜疆为开发、研究高科技产品及研究能源效率等目的建立了一个高新科技园区，在该园区内企业不仅可以获得相关补贴，且企业进口科技产品减免 18% 的增值税，另外，企业在园区运营的前 7 年也不需要缴纳所得税。

（2）铁路领域

铁路是国家垄断产业，在当地由阿塞拜疆铁路公司及其子公司代表阿塞拜疆来开发及提升铁路交通设施。目前当地存在两个铁路项目，一个项目为 Baku-Tbilisi-Kars 新铁路项目，该项目是由阿塞拜疆、格鲁吉亚及土耳其三国依据签订的条约、为连接欧亚国际货运之目的建造的铁路系统，预计 2017 年全部完工。另一个项目为印度、俄罗斯、伊朗及阿塞拜疆共同开发的南北交通项目，该项目建成后将连通北欧和东南亚。

目前，中国和阿塞拜疆共签订了三份相关文件：《中阿政府间关于共同推进丝绸之路经济带建设的谅解备忘录》《交通运输领域谅解备忘录》《铁路运输领域合作协议》。

（3）公路领域

公路项目须由当地内阁批准，公路的融资方式可以为国家预算支持和国内外商业贷款。目前由阿塞拜疆 Azeravtoyol 公司负责境内公路的建造。

（4）BOT 法律规定

阿塞拜疆总统近期批准了《关于实施对基础设施建设投资项目特殊融资法》，该法律引入了 BOT 概念，规定 BOT 的投资者包括境内及境外企业的分支机构或代表处，BOT 模式最长年限为 49 年，对投资项目将免征关税。

关于以下项目及相关设施的建造（包括维修及翻新）、运营及转让的 BOT 模式准许融资：桥梁、隧道、水库、水净化设施；灌溉、饮用及家用污水处理系统；主要天然气管道；地下天然气贮藏设施及城市间燃气系统；媒体及会议中心，教育、健康、文化及旅游设施；商业建筑；批发市场；工厂及工业用地；运动中心、酒店、休闲娱乐场所；工业、高科技及农业园区；高科技自动管理系统及信息技术领域的其他系统；发电、输配电及售电企业；公路、铁路、公交车站系统；物流中心、地下及地上停车场；地铁及车站；特殊经济区；民用海港及机场；货运及客运系统及船港。

（三）外汇管制

阿塞拜疆外汇管制的法律主要包括《外汇管理法》《中央银行法》等。从外汇角度看，非境内企业指依据境外法律设立的位于境外的法律实体、企业、组织及该等实体、企业及组织在阿塞拜疆境内设立的分支机构及代表处。在阿塞拜疆，非境内企业可以在指定银行开立外币和本币账户，与获得阿塞拜疆中央银行颁发的从事货币活动许可证的指定银行或其他信贷机构进行外汇买卖活动。

阿塞拜疆法律对外国贷款人与本地借款人之间的贷款行为没有特殊的外汇限制。外币在当地兑换没有限制，但需要支付相应的手续费。当地法律准许境内企业在境外银行开立账户。

（四）税收制度

阿塞拜疆存在两种税收体制：一是单一税收体制。该税收体制适用于连续 12 个月月平均营业额不超过200,000马纳特(约132,940美元)的企业,该等企业每个月需按4%至8%的税率缴纳企业所得税,无减免优惠。此税收体制不适用于信贷及保险机构、投资基金和证券市场参与者。二是企业、增值、不动产税收体制。所有在阿塞拜疆境内从事商业活动的实体(包括外国企业的分公司和从事商业活动的代表处)均需按20%的税率缴纳企业所得税;增值税税率为18%,由卖方及提供服务的一方承担;凡是在阿塞拜疆拥有固定资产的当地居民和外国居民均需要缴纳不动产税,税率依照资产不同而有所不同。

征税时,境外公司境内常设机构视同境内公司,并且境外公司境内常设机构净利润汇出到境外公司时需要缴纳10%的预提税。针对境外机构在境内产生的与其境内常设机构无关联的收入需要按照以下税率进行征税:红利10%;利息10%;保险赔付4%;国际运输与货运6%;提供服务及其他产生于当地的工作收入10%;租金和特许权费14%。

(五)国有化和征收

国有化和征收不适用于外商投资,除非不实施该等行为将会对阿塞拜疆国家利益造成损害。阿塞拜疆是否实行国有化由当地国会决定,内阁仅在自然灾害、流行病及极特殊情况下才会决定是否国有化。当国有化发生时,外商可获得相应的赔偿金。

五、法律风险评价

(一)营商环境一般

根据2015年世界银行营商环境指南,阿塞拜疆在公司注册、工程承包、电力获取、财产登记和信贷取得等方面在世界189个国家和地区中分别位列第12名、第150名、第159名、第10名和第104名,总体排名为第80名,基本处于世界中等水平。其中,阿塞拜疆公司设立方便快捷,仅需要履行3道程序,等待5个工作日即可取得经营执照,并且没有最低注册资本金的要求。不过该国并未设立征信局,因此企业经营存在一定风险。

公司注册		信贷获取	
程序个数	3	信贷取得评分(0~100)	40.00
时间(日)	5	征信指数强度(0~8)	6
成本(占单位收入的百分比)	3.1	成年人征信局覆盖率	0.0
最低注册资本	0.0	成年人信用注册覆盖率	28.7

数据来源:2015年世界银行营商环境指南。

(二)合同执行成本较低,破产处置成本较高

由2015年世界银行营商环境指南提供的数据可知,阿塞拜疆的合同强制执行效率在世界189个国家和地区中排名第31位,但是与欧洲、中亚地区以及经合组织国家相比,阿塞拜疆合同强制执行成本占标的额的百分比较高。其破产处置效率排名世界第94位,位于世界中等水平。

合同强制执行	阿塞拜疆	欧洲及中亚地区	经合组织
时间(日)	277.00	448.1	539.5
成本(占标的额的百分比)	18.5	25.2	21.4
程序(个)	40.0	37.0	31.5
破产处置	阿塞拜疆	欧洲及中亚地区	经合组织
时间(年)	1.5	2.3	1.7
成本(占资产价值的百分比)	12	13.3	8.8
回收率(每美元美分数)	39.3	37.7	71.9

数据来源:2015年世界银行营商环境指南。

(三)税务负担较轻

对于外国投资者来说,阿塞拜疆的税率设置较为简单,一般或重大外国投资项目可以享受不同程度的税收优惠。根据2015年世界银行营商环境指南提供的数据,阿塞拜疆在税务负担方面排在全球189个国家和地区的第33位,税务负担较轻。

税收指标	阿塞拜疆	欧洲及中亚地区	经合组织
纳税(次)	7.0	20.5	11.8
时间(小时)	195.0	234.3	175.4
应税总额(占利润百分比)	39.8	34.9	41.3

数据来源:2015年世界银行营商环境指南。

亚美尼亚共和国

The Republic of Armenia

——“连绵起伏”的高加索山脉

亚美尼亚共和国基本情况

国家名称（中英文）	亚美尼亚共和国（The Republic of Armenia）		
人口（百万）	3.02	人口增长率（年均%）	0.4
领土面积（千平方公里）	29.7	主要民族	亚美尼亚族
官方语言	亚美尼亚语	主要宗教信仰	基督教
政体	总统制	主要政党	亚美尼亚共和党，“繁荣亚美尼亚”党
GDP（十亿美元）	10.56	GDP 增长率（年均%）	3.0
国民总收入（十亿美元）	11.72	人均国民收入（美元）	3880
通货膨胀率（年均%）	1.2	外国直接投资净流入（百万美元）	181
外债（百万美元）	8551	总偿债额占出口贸易和收入的比率	31.7

数据来源：2015 年世界发展指标数据库。

一、国情简介

亚美尼亚共和国（以下简称“亚美尼亚”）位于外高加索南部，主要民族为亚美尼亚族（约占 96%），其他民族有俄罗斯族、乌克兰族、亚述族、希腊族、格鲁吉亚族、白俄罗斯族、犹太族、库尔德族等。该国居民主要信奉基督教，基督教信徒约占人口总数的 94%。从政治、经济、外交等因素综合考量，亚美尼亚的国内政治形势受反对派势力的影响，政局不够稳定，偶有紧张局势发生，但该国经济发展相对平稳，总体发展趋势良好。

（一）政治概况

亚美尼亚为总统共和制国家，总统为国家元首。2008 年 2 月 18 日，谢尔日 · 萨尔基相当选为总统，并于 2013 年 2 月 18 日连任。亚美尼亚国民会议是其国家最高立法机关。根据2005年11月27日修改后的新宪法,国民议会共设131个席位,任期5年,其中比例制占90席,多数制占41席。本届议会于2012年5月6日选举产生,亚美尼亚共和党(69席)、繁荣亚美尼亚党(37席)、亚美尼亚国民大会(7席)、法律国家党(6席)、亚美尼亚革命联合会(5席)、遗产党(2席)和无党派议员(2席)进入议会。

2012年6月16日,亚美尼亚共和党和法律国家党共同组建成为新政府。2013年2月18日,亚美尼亚举行第六届总统选举,萨尔基相总统胜选连任。现政权将加强执政能力建设、促进经济发展、消除腐败、提高国民生活水平作为主要执政理念并努力实施。然而,该国反对派势力时常制造紧张局势并煽动群体性事件,影响其政局的稳定。

(二)经济概况

亚美尼亚经济发展情况较为稳定,该国加强与俄罗斯、欧盟及美国的合作,宏观经济数据可观,2015年国民生产总值105.6亿美元,截至2016年3月,国家外汇储备为16.08亿美元。截至2015年12月底,外债约为43.1亿美元,其中政府负担的债务额为38.33亿美元。

亚美尼亚具有丰富的矿产资源。既有铁、铜、钼、铅、锌、金、银、锑、铝等金属矿藏,也有火山岩、珍珠岩、玄武岩、花岗岩、黑花岗岩、黑曜石等非金属矿藏。同时,基于该国地形地势差异,大中型水电站有很大的发展空间。

(三)外交政策

亚美尼亚奉行平衡互补的外交政策。在努力巩固与俄罗斯战略同盟关系的同时,以加入欧盟作为长期目标,积极发展同美国及欧盟的关系,并积极参加北约"和平伙伴关系"框架内的各项活动。亚美尼亚加强与格鲁吉亚和伊朗的睦邻友好合作关系,深化与东欧、中东国家的联系,积极参与独联体、欧洲安全与合作组织、欧洲委员会、黑海经济合作组织等多边组织事务。从周边形势来看,由于历史原因,亚美尼亚与邻国阿塞拜疆和土耳其关系紧张,领土争议、地区军事冲突不断,地区形势不容乐观。

1992年4月6日,中国与亚美尼亚建立外交关系。同年7月,中国在亚美尼亚设立大使馆。两国关系密切,高层领导人多次友好互访。中国与亚美尼亚签订的双边协定主要有1992年《鼓励和相互保护投资协定》、1992年《政府间经济贸易协定》、1996年《避免双重征税和防止偷税漏税的协定》以及《科技合作协定》《文化、教育、卫生、体育与旅游合作协定》《农业合作协定》《计量、标准与品质证书管理合作协定》及多个《经济技术合作协定》。

二、法律概览

(一)法律体系

亚美尼亚法律体系以大陆法系为基础,并逐渐引入普通法系元素,如自2007年起,最高法院的判例对其下属法院产生法律效力。亚美尼亚独立后于1995年颁布了宪法,该宪法借鉴了西方发达国家的法律经验,引入了人权和自由的概念。

目前,亚美尼亚基本形成了一套相对完善的法律体系,尤其是2003年该国加入世贸组织后,与经济贸易相关的法律制度进一步健全,《外商投资法》《保护经济竞争法》《能源法》等法律的修改使亚美尼亚的法律环境朝着健康的方向持续发展。

(二)司法制度

1. 司法体系

亚美尼亚的最高司法机构为宪法法院、最高法院和总检察院。其中,宪法法院专门处理宪法及国际条约相关问题,由9名法官组成,其中4名由总统任命、5名由国民会议任命。最高法院由13名大法官组成,法官为终身制。宪法法院和最高法院具有司法解释权。

亚美尼亚法院分三个层级,从低到高依次为一审法院、上诉法院及最高法院。一审法院包含所有司法领域,上诉法院包含刑事、民事、行政分支。在前述法院之外,亚美尼亚还专门设有行政法院和行政上诉法院,专门处理行政案件。

2. 司法协助

就仲裁而言,亚美尼亚为《承认及执行外国仲裁裁决公约》的缔约国,可以依照该公约承认和执行相应的域外裁决。需要注意的是,如果在协议中确定仲裁为唯一排他的争议解决方式,那么即便亚美尼亚法律规定该等争议必须由亚美尼亚法院解决,亚美尼亚法院仍有义务在反对方于第一次实质声明中提出该等异议后停止相关法庭程序。

就法院判决而言,在未与亚美尼亚签订承认和执行外国法院判决条约的情况下,一国法院做出的判决很可能无法在亚美尼亚得到强制执行,而截至目前,亚美尼亚与中国尚未签订此类条约。

(三)司法效率及其他事项

1. 司法判决及仲裁裁决执行时限

亚美尼亚法院执行外国法院的判决及仲裁裁决的时限为4~8个月。由于整体政局的不稳定性,司法执行效率不高。

2. 国有化、征收和征用

在亚美尼亚,只有在满足公共利益优先原则以及平等补偿原则的前提下,政府才可对私人财产进行征收。征收需要遵守合法的程序,并且公共利益优先原则是否得到满足须经政府决议才能确定。

亚美尼亚针对外国投资者的资产规定了更加严格的征收适用标准,即只有在紧急情况下才可对外国投资者的资产采取国有化、征收或征用措施。“外国投资者的资产”

特指外国投资者在商业上的直接投资，以及其他境外直接投资者在亚美尼亚领土内从事的活动或获得的利润。

三、金融法律制度

总体而言，亚美尼亚对银行业的监管较为严格，但外资在该国设立信贷机构相对容易。在相对完善的担保法律制度和执行法律制度下，银行的债权一般能够得到有效的实现。

（一）银行准入与监管法律制度

根据亚美尼亚法律规定，在亚美尼亚境内从事银行业活动须事先获得中央银行颁发的业务执照。银行业活动包括接收存款以及利用存款从事具有风险因素的贷款及投资活动。

外国银行如欲在亚美尼亚当地从事贷款业务，需要进行注册并获得执照，但如果只是非定期地为亚美尼亚当地借款人提供贷款，则不需要取得相应执照。然而，亚美尼亚法律并未对“非定期”这一概念给出具体的判断标准。

外国银行可以选择在亚美尼亚设立分支机构，或者设立独立的信贷机构。设立分支机构须向中央银行提交初步审查申请书，如中央银行经审查后认为该申请符合法律规定，可以向相关外国银行分支机构颁发银行业执照。但由于中央银行在审查过程中往往会要求外国银行就设立分支机构的可行性提供一份高标准的商业计划，设立分支机构的过程总体较为繁复，相较而言，在当地设立一个信贷机构是相对简单的方法。信贷机构除无法吸收存款、汇款及从事银行账户运营行为外，具有银行的全部其他职能。信贷机构的形式可以是有限责任公司、股份有限公司、商业合作或合资企业，但无论采取何种形式，信贷机构均须设置董事会。

设立信贷机构的具体流程与要求如下：

设立信贷机构的具体流程与要求	
注册和获取执照	信贷机构必须向中央银行提交相应材料并申请注册登记（包括名称核准的申请），中央银行审查后在一个月内给予同意或不同意注册登记的回复（如果在一个月并未收到任何消息，则被视为注册登记完成），登记完成后，中央银行会在3日内颁发执照，信贷机构于完成中央银行登记并获得执照后成立。中央银行会在颁发相关执照后通知国家登记处对此信贷机构进行登记
注册要求	法定注册资本已经全额缴付； 经营场所和设施符合中央银行规定的标准及要求； 信贷机构管理人员符合中央银行设置的专业任职条件； 持有信贷机构重大股权（超过法定股本的10%）的股东需经中央银行批准
被拒绝注册的理由	提交的申请材料不真实有效；提交的材料或者信贷机构的规章制度不符合法律规定；提交的商业计划不具有可行性；提交的程序不正确或者没有缴纳信贷机构年费

（二）担保法律制度

1. 担保制度

亚美尼亚《民法典》对亚美尼亚担保制度做出了规定，具体包括：

担保权利	担保权利人从担保物中优先受偿（相比于其他担保人的债权人），无论担保人是否破产
担保范围	本金及其利息、罚金、损害赔偿金以及维持、赎回、拍卖担保物的合理费用（包括任何担保权人需要交付的税费）
担保形式	担保合同必须采用书面形式，视法律或其他要求可能需要进行公证和登记
担保类型	抵押、权利质押、抵押/质押货币性资产、抵押/质押商业货物（周转货物）、抵押/质押动产、保证、银行保证、货物留置权和其他法律不禁止的担保类型，例如借款人银行账户直接借记的权利

除平等适用于境内外机构的担保法规外，亚美尼亚法律对境外银行获得当地担保权益并未做出限制性或禁止性规定。

2. 担保的效力与顺位

质押和保证的受偿顺位一般高于其他种类的担保，具体体现为破产程序中的优先权（限于担保的价值范围）。

3. 担保的登记、备案与相关行政审批

担保的登记备案手续依担保物的不同而不同，具体情况如下：

担保类型	登记备案手续
不动产	在合同签署后的 30 日内在国家土地局注册，不注册则担保不生效
动产	对于大部分于动产之上设置的担保权益来说，登记并非生效要件，但经登记的担保权益可优先于未经登记的担保权益受偿
一般公路车辆	质押权需在路管局强制登记，如未登记则担保/质押不生效
股权	在中央存管处登记
银行账户	无登记平台
采矿权	需要提前书面通知国家能源及自然资源局，并在自然资源登记处和国家司法部的特殊登记局（如适用）登记

4. 主权担保

经亚美尼亚共和国内阁会议决定，国家财政部可以担保函的形式对外出具主权担保。在出具主权担保之前，内阁需要确认借款人已经签署全部必要的文件。

主权担保的金额将被计算到下一年度的国家预算中，直至担保终止。现阶段，亚美尼亚并未明确规定获得该国主权担保的项目须满足何种条件。

5. 担保的执行

原则上，担保物的执行必须通过公开拍卖的方式进行，但各方协议中另有约定的情况除外。

亚美尼亚法律规定了两种担保物品的执行方式：一是司法执行程序，即依据《司法执行法》通过司法部司法执行服务部门执行；二是非司法执行程序，须以债权人与质押人之间存在相关书面协议为适用前提（如该等担保物涉及第三方，还需要取得第三方就通过此类非司法执行程序销售担保物出具的书面同意文件），在此类执行方式下，债权人有权不通过法院对担保物品进行没收、销售，包括转让担保品的所有权。

（三）合同的法律适用

亚美尼亚法律允许协议方在一方为外方的情况下选择以外国法作为合同准据法。但在协议双方选择适用外国法的情况下，如果亚美尼亚法院在相关方的帮助下，尽自身努力仍无法理解该等外国法律，或该等外国法律或合同中的规定违反了亚美尼亚的公共秩序或强制性法律，则前述准据法的选择仍有可能不被亚美尼亚法院所认可。

（四）主权豁免

在亚美尼亚法下，不论私人或者国有，商业实体或者其财产均不在商业争议中享有任何豁免，但中央银行的法定资本除外。这些法定资本既不可在商业交易中用于抵押也不得被执行。

四、投资法律制度

总体而言，亚美尼亚对外商投资呈开放态度，在劳工保护和反垄断领域也更倾向于保护投资方的利益。

值得注意的是，亚美尼亚与中国就众多领域的合作与投资事项签订了包括 1993 年 3 月 17 日《关于促进资本投资的条约》在内的多个双边或多边条约。通过前述条约，亚美尼亚提高了境内外商投资财产（包括但不限于不动产、动产以及股权）被国有化、征收及征用的门槛。

（一）企业法律制度

亚美尼亚的公司类型主要包括：有限责任公司、股份有限公司（包括公开股份有限公司和非公开股份有限公司）、合伙企业以及合作企业。其中，比较常见的是非公开股份有限公司和有限责任公司。非公开股份有限公司拥有较为完备的公司管理体系，对股东的保护也更为完善，比较适用于大型企业。依据亚美尼亚法律，非公开股份有限公司需要在特定的托管公司注册登记；有限责任公司多适用于小型企业。

在亚美尼亚法律下，有限责任公司与其他类型的公司均需要在国家法律实体注册局注册。

（二）特定行业与领域法律情况

1. 能源资源法律情况

亚美尼亚拥有丰富的矿产资源，其中许多矿产资源具有重要的工业价值。

亚美尼亚采矿权的主管机关为亚美尼亚政府、国家能源及自然资源局及国家土地局。现阶段在亚美尼亚，所有的国有采矿权公司均已经私有化，任何法律实体（包括外国法律实体）均需要在获得土地开采权并与相关政府机构签订土地使用协议后才可以使用土地。获得土地开采权需要向相关政府机关提供项目相关材料进行申请，并在获得批准后与该等机关签订一份土地使用协议明确使用的期限、地界范围、定期报告内容等具体信息。

亚美尼亚《自然资源法》第 28 条准许权利持有人以采矿权设立质押，但该等质押需要经过国家能源及自然资源局事前书面许可，并于当地自然资源登记处及国家司法部特殊登记局登记注册。

由于法律的不确定性，前述质押担保在执行过程中可能会涉及额外的采矿权审批手续。

2. 土地资源法律情况

土地在亚美尼亚属于国家独有财产，可用于租赁但不可被私有化，涉及土地的区域不可被买卖、出售、设立任何担保或转让，比较重要的法律有亚美尼亚《宪法》及《土地法》，最著名的法律为 2012 年 5 月 22 日颁布的亚美尼亚《第 437 号令》，该法令规定了与土地使用有关的合同模板。

在亚美尼亚，土地可以用作以下两个用途：（1）地理勘探；（2）采矿。土地使用权由国家相关部门授予且该等土地使用权具有不可分割性，一般只授予给单一法律实体（包括根据外国法律设立的实体），土地使用的授权均包括授权期限，涉及地理勘探的一般为 3 年，可依据相关法律续期；涉及矿业开采的，一般等同于经批准的项目开采期间，原则上不超过 50 年，但可以依据相关法律续期。值得注意的是，土地使用权可以由政府单方面终止，无论其是否出于政府或法律需要。

使用土地需要交纳利润税（企业所得税），对境外企业的分红还要进行征税。此外，使用土地的企业每年还需要缴纳很多其他方面的费用，如生态费、自然资源使用费、破坏土地重建费、土地使用年费等。如得到相关授权政府部门的同意，权利持有人也可就亚美尼亚的土地使用权进行转让。

3. PPP 项目法律情况

目前，亚美尼亚法规仅明确就可再生和不可再生自然资源开采领域的投资活动规定了特许经营权。实践中亚美尼亚大多数的PPP项目采用的是特许经营合同的模式。

4. 劳动领域法律情况

总体而言，亚美尼亚法律较倾向于保护雇佣方的利益，裁员体系比较完善且易于实施。尽管存在保护劳动者的相关法律依据，但亚美尼亚的工会不够积极，法律实施效果有限，亚美尼亚的劳动群体基本上通过自身力量进行维权。裁员时雇佣方需要向劳动者支付1个月的工资，如果裁员未提前两个月通知员工，雇佣方需要支付未提前通知期间的员工相应工资作为罚金。

5. 反垄断领域法律情况

在反垄断领域，亚美尼亚主要的监管法律为《经济竞争保护法》，该法律的内容不够全面，主要关注于阻止滥用市场支配地位，限制订立不符合竞争规则、经营者集中及不公平竞争的协议。

值得注意的是，反垄断法不会在实际操作中对矿业领域进行规范，因为采矿权由国家垄断。另外，即便在该国的投资遭遇经营者集中调查，也仅仅是为了满足形式和程序上的要求，经营者一般只需要向执法者提供其财政和销售数据。

（三）外汇管制

外国银行向亚美尼亚境内主体提供贷款不受外汇管制。

亚美尼亚法律不限制本外币的兑换，但兑换活动需要在特批的中介机构（一般为当地银行）进行。亚美尼亚法律同样允许本国居民在境外开立账户。

（四）税收制度

亚美尼亚主要税种包括：利润税（企业所得税）、个人所得税、增值税、不动产税、土地税等。

亚美尼亚境内企业及境外企业均需要支付利润税。境内企业税率为20%（该税率同样适用于注册在亚美尼亚的外国组织的分支机构）；境外企业按照其在亚美尼亚的所得计算利润税，税率为10%，该等税率可能会因为相关国际条约而不适用。另外，亚美尼亚任何境内及境外的自然人都需要支付所得税，所得税的税率在24.4%～36%。增值税方面，一般针对不支付营业税的从事企业活动的经济实体及针对其他不能从事企业活动的经济实体从事可征收增值税的活动而征收，税率为20%。

五、法律风险评价

（一）营商环境较为理想

根据2015年世界银行营商环境指南提供的数据，在世界189个国家或地区中，亚美尼亚在公司注册、工程承包、电力获取、财产登记、信贷获取等方面分别排名第4位、第 81 位、第 131 位、第 7 位和第 36 位,总体营商环境列第 45 位,基本处于世界中上游水平。尤其是公司注册效率方面,在亚美尼亚注册公司仅需要 2 道程序,即递交申请和办理经营执照,3 个工作日即可办理完成,且没有注册资本金的限制,这极大地鼓励了国内外经营者在当地设立实体。此外,该国征信系统比较健全,对于完全行为能力人的征信机构覆盖率达 65.8%,获取征信信息指数较高,保障商业业务开展的安全性。总体营商环境较为理想。

公司注册		信贷获取	
程序个数	2	法律权利强度(0~12)	5
时间(日)	3	信用信息获取度(0~8)	5
成本(占单位收入的百分比)	1.0	征信局覆盖率	65.8
最低注册资本(占单位收入的百分比)	0.0	成年人信用信息登记率	23.5

数据来源:2015 年世界银行营商环境指南。

(二)合同执行成本和破产处置成本适中

根据 2015 年世界银行营商环境指南提供的数据,亚美尼亚的合同强制执行效率在世界 189 个国家和地区中排名 119 位,而且该国合同强制执行成本占标的额的比重低于欧洲、中亚地区以及经合组织国家的平均水平。亚美尼亚企业破产处置效率排名第 69 位,与地区平均水准大体相当。总体上看,该国企业合同强制执行及破产处置成本适中,投资风险适当可控。

合同强制执行	亚美尼亚	欧洲及中亚地区	经合组织
时间(天)	570.0	448.1	539.5
成本(占标的额的百分比)	14.0	25.2	21.4
程序(个)	49.0	37.0	31.5
破产处置	亚美尼亚	欧洲及中亚地区	经合组织
时间(年)	1.9	2.3	1.7
成本(占资产价值的百分比)	11.0	13.3	8.8
回收率(每美元美分数)	37.2	37.7	71.9

数据来源:2015 年世界银行营商环境指南。

(三)税务负担较低

亚美尼亚的税收制度较为简单,主要税种的税收收入均归国税机关所有,在该国自由经济区内,外商投资企业免交除个人所得税之外的全部税种。根据 2015 年世界银行营商环境指南,税务负担方面,亚美尼亚在全球 189 个国家和地区中排名第 41 位,应税总额占利润的百分比也低于地区平均水平,税收负担总体较低。

税收指标	亚美尼亚	欧洲及中亚地区	经合组织
纳税(次)	10. 0	20. 5	11. 8
时间(小时)	321. 0	234. 3	175. 4
应税总额(占利润百分比)	20. 4	34. 9	41. 3

数据来源:2015 年世界银行营商环境指南。

土耳其共和国
The Republic of Turkey

——东西文明的交汇之地

土耳其共和国基本情况

国家名称（中英文）	土耳其共和国（The Republic of Turkey）		
人口（百万）	78.67	人口增长率（年均%）	1.5
领土面积（千平方公里）	783.6	主要民族	土耳其族、库尔德族
官方语言	土耳其语	主要宗教信仰	伊斯兰教
政体	议会制	主要政党	正义与发展党、共和人民党、民族行动党
GDP（十亿美元）	718.22	GDP 增长率（年均%）	4.0
国民总收入（十亿美元）	783.00	人均国民收入（美元）	9,950
通货膨胀率（年均%）	7.5	外国直接投资净流入（百万美元）	16,819
外债（百万美元）	48,203	总偿债额占出口贸易和收入的比率	25.0

数据来源：2015 年世界发展指标数据库。

一、国情简介

土耳其共和国（以下简称“土耳其”），是一个横跨欧亚两洲的国家，北临黑海，南临地中海，东南与叙利亚、伊拉克接壤，西临爱琴海，并与希腊以及保加利亚接壤，东部与格鲁吉亚、亚美尼亚、阿塞拜疆和伊朗接壤。土耳其地理位置和地缘政治战略意义极为重要，是连接欧亚的十字路口。该国主要民族为土耳其族（占 80% 以上），库尔德族约占 15%。99% 的居民信奉伊斯兰教，其中 85% 属逊尼派，其余为什叶派（阿拉维派）；少数人信仰基督教和犹太教。从政治、经济、外交等因素综合考虑，当前土耳其政局动荡，国内反对派势力抬头、民族矛盾激化，经济发展受此影响较大，不过长期来看，该国经济仍有良好的复苏前景。

（一）政治概况

土耳其为议会制共和制国家，总统为国家元首和武装部队统帅，享有任命总理的权力。执政党正义与发展党（正发党）主席埃尔多安在2014年举行的首次总统直选中获胜，他是土耳其现代史上第12位总统及土耳其第59和60届总理。土耳其大国民议会为最高立法机构，共设550个议席，议员根据各省人口比例经选举产生，任期4年。土耳其实行普遍直接选举制，18岁以上公民享有选举权，超过全国选票10%的政党才可拥有议会席位。

土耳其处在欧洲、非洲和亚洲交汇的交通要道上，邻国战局困扰本国发展。此外，该国国内民族和解同样面临较大困难，库尔德民族和解进程进展缓慢，反政府示威活动频率高发，反恐压力巨大。土耳其境内安全局势不断恶化，社会治安整体状况较差。

（二）经济概况

近年来，土耳其实体经济规模不断扩大，经济基础较为稳固，不少欧美投资者将目光转向土耳其。截至2015年，土耳其已成为全球第18大经济体、欧洲第6大经济体。土耳其政府致力于提高出口量，吸引国际市场的外国流动资本，以带动经济整体发展。土耳其是G20成员国之一，具有良好的经济与金融发展前景。该国资源种类丰富，经济活动多样，资源包括水资源、矿物与金属、自然资源，经济活动包括工业、农业、畜牧业。

（三）外交政策

土耳其与美国保持传统战略伙伴关系，重视加强与欧洲国家的关系，并将加入欧盟作为既定战略目标。该国注重经济外交，维护自身利益，主张以和平方式解决国家间争端。

近年来，土耳其凭借其日益增强的综合国力和地缘战略优势，推行积极务实的外交政策，注重实现外交多元化，重视发展与亚洲、非洲国家关系。在西亚北非地区局势动荡的情况下，土耳其深度介入利比亚、叙利亚、伊核等地区热点问题，以提升自身对地区事务的影响力和塑造力。

二、法律概览

土耳其是伊斯兰国家，但是，由于其所处地理位置和早期对西方先进法律体系的吸收，土耳其法律体系和系统完全不同于其他伊斯兰国家。今天的土耳其法律体系，是以穆斯塔法·凯末尔（土耳其共和国创始人）为首的激进派，在废除原有的哈里发制度，执行了政教分离的政策后引进西方法律制度逐步确立的。土耳其的民法体系来源于瑞士民法，刑法体系借鉴了意大利刑法的内容，而《税务法》则以德国法律作为基础。

在历史上，土耳其曾长期信奉伊斯兰法，近代改革中已经彻底放弃伊斯兰法并以西方法律代之,但因国内穆斯林仍然认同传统的法律文化,造成法律制度和法律文化的冲突。

(一)法律体系

土耳其主要法律渊源依次排列如下:1. 国会批准通过的国际条约;2. 宪法;3. 法律(法典)或具有法律效力的法令;4. 法规;5. 公报。

目前不存在单一的权威性解释或适用土耳其法律的方式、方法或途径,如法律本身的文字表述不清晰,法规和公报可能会对相关法律规定的解释和适用加以说明。法规和公报均为次要法律渊源。为明确法律实施的原则与程序,或在其管辖权范围内对行业或有关事项进行管理,部长理事会、各部委和自治公共机构(如资本市场委员会、竞争委员会、能源市场监管局等)有权发布法规和公报。

法院判决是对某项法律条文的解释和适用作出说明的另一重要渊源。土耳其上诉法院的判决,特别是综合了上诉法院法庭联合会决定意见的判决,在法律适用和解释方面具有权威性。

(二)司法制度

1. 诉讼制度

土耳其法院共分为五类:宪法法院、民事及刑事法院、行政法院、管辖争议法院、军事法院。其中,民事及刑事法院体系中又区分为三级:最高院、上诉法院和普通民事法院。

2. 仲裁制度

经过数年讨论,2011 年《土耳其国际仲裁法》通过并生效,该法适用于以土耳其为争议仲裁地的外国人之间或外国与在土耳其从事商业活动的人之间发生的争议。

根据土耳其法律,为使仲裁条款生效,双方对仲裁的同意应明确。如各方就争议事项约定了有效仲裁条款,则法院对该争议将没有管辖权。土耳其法院仅在国际仲裁法中规定的特殊情况下拥有管辖权并介入仲裁。例如,一方当事人未自愿遵守仲裁庭作出的临时保护措施,法院可按照要求协助强制执行该等措施。如争议被提交给土耳其法院,则仲裁协议可在法院程序中作为抗辩材料提交。

目前,土耳其设有两大仲裁机构:土耳其商业、工业、海商和商品交易所联合会(TOBB)和伊斯坦布尔商会(ITO)。两大机构均受理国内和国际仲裁,且均拥有仲裁员名单。如当事人双方就仲裁协议中约定的仲裁员指定程序达成一致,应按照仲裁协议的约定指定仲裁员。如各方决定不遵守仲裁机构指定仲裁员的方式或无法就指定仲裁员的方式达成一致,国际仲裁法规定了指定唯一仲裁员或仲裁庭成员的程序。

3. 司法协助

(1)外国法院判决在土耳其的承认与执行

根据2007年12月12日颁布的第5718号国际私法和程序法,在合同项下的商业争议中,如各方接受外国法院的排他性管辖,且该法院已做出不得上诉或类似重申程序的最终判决,则土耳其法院应承认该最终判决,而无需重审案件事实,但前提包括①该判决未涉及仅受土耳其法院专属管辖的事项,②该判决未违反土耳其的公共政策。

另外,任何外国法院判决要由土耳其法院强制执行,还需满足以下前提条件:①土耳其与相关外国法院所在国家就法院判决的强制执行相互做出约定;②针对该判决的做出,被告系按照外国法院所在辖区的程序规定接受传讯或参加诉讼,或被告的基本程序权利在做出判决的外国法院受到尊重;③在被告提出请求后,受理强制执行申请的法院认定作出判决的外国法院有权做出该判决;④判决为最终判决并具有约束力,而无需按照做出判决的国家的法律进一步提起上诉。

由于中国与土耳其两国政府就执行法院判决存在互惠关系,在上述②至④项所列条件满足的前提下,中国法院的判决可在土耳其执行。

在对外国法院判决的承认和执行方面,根据土耳其第5718号法律,在以下情况下外国法院的判决将无法被土耳其法院执行:

土耳其法院对外国法院判决不予执行的情形
1. 相关国家和土耳其之间在判决的执行领域没有事实或法律互惠关系的
2. 与土耳其法院专属管辖权事项有关的判决
3. 与诉讼标的或当事人没有任何关联的一国法院做出的判决(前提是被告人曾提出反对)
4. 违反土耳其公共政策的判决
5. 被强制执行人在土耳其法院提出下列异议之一的:未经正式传唤或者未在外国法院得到适当辩护的,或者违反外国法律做出的缺席判决

(2)外国仲裁裁决在土耳其的承认与执行

在土耳其执行外国仲裁裁决适用的主要法律为土耳其国际私法和程序法。土耳其在1992年7月2日批准加入并于1992年9月30日正式实施《承认及执行外国仲裁裁决公约》(即《纽约公约》或“公约”)。就在土耳其执行外国仲裁裁决而言,鉴于对公约适用范围作出的保留声明,土耳其只对①在另一缔约国领土内作出的裁决(“外国仲裁裁决”)的承认和执行,及/或只对②因依本国法律属于商事性质的法律关系(不论合同关系或其他法律关系)所引起的争议,适用公约的规定。

值得注意的是,我国与土耳其的双边司法协助协定中关于仲裁裁决的相互承认和执行没有适用《纽约公约》的规定,而是参照《纽约公约》的相关条款另行作了详细的规定,原因是签署双边司法协助协定时,土耳其并不是纽约公约的成员国,但是随后土耳其也加入了《纽约公约》,该情形下,根据《纽约公约》的规定,公约之约定不影响缔约国之间签订的双边或多边协定的规定,应优先适用双边司法协助协定的规定。

(三)司法效率与其他事项

1. 审判时限

当前,土耳其法律中没有对判决的法定期限做出明确规定,案件审判终结的时间取决于一审法院与上诉法院的工作量,但土耳其法院通常会在程序上进行拖延,司法效率整体不高。

2. 国有化和征收

目前,土耳其法律对征收的具体规定没有区分本国投资者与外国投资者。外国投资者与本国投资者受到同等对待,即除了要求立即支付与被征收投资额价值相等的补偿价款外,没有其他要求赔偿的权利。

但是,土耳其与诸多国家签订了双边投资保护协议,协议明确规定保护一方国民在另一方境内的投资,并设定了征收条件。根据《中华人民共和国和土耳其共和国关于相互促进和保护投资协定》规定,缔约一方国民或公司在缔约另一方领土内的投资不得被征收、国有化或采取效果相类似的其他措施,除非符合下列条件:(1)措施是在缔约一方法律和法规的范围内为公共利益而采取的;(2)措施是非歧视性的。

三、金融法律制度

(一)银行准入与监管法律制度

外国银行在土耳其开展业务,需获得土耳其银行监管局颁发的设立和经营许可证。获取许可证的具体要求如下:

1. 经营许可证

在土耳其申请银行设立许可证,应当与银行监管局确认,并明确实际执行的最低股本要求。《银行法》对储蓄银行的最低股本要求为30,000,000土耳其里拉;但根据近年来银行监管局的实践操作来看,其对储蓄银行的最低股本要求为300,000,000美元。

许可的具体程序规定如下:依据《银行法》,银行监管局关于此类许可的决定应当在申请日或申请人提交申请文件后(如需)3个月内通知申请人。银行监管局对不满足《银行法》和相关法规所设定的条件的申请人，给予不超过6个月时间的宽限期，以做出必要的安排和弥补不足之处。对按时提出重新申请但经审查后未获批准的，则应当书面通知审查结果。如果在6个月期限内没有提交全部缺失的申请文件，该申请应归为无效。

2. 审批主体

银行经营许可的审批主体为土耳其银行监管局。此外，银行设立还需要获得关税与贸易部的批准。银行章程修改也需获得关税与贸易部和银行监管局的批准。

（二）担保法律制度

1. 担保体系

土耳其有关担保的法律主要包括：第4721号民法、第2004号执行与破产法、第6102号商法典、第1447号商业资产质押法、第6098号土耳其债务法典以及相关法规和公报。

根据土耳其法律，外国银行能够获得的担保权益主要包括保证和物权担保两类。保证又可分为独立保证、普通保证和背书担保；物权担保又存在抵押和质押两种形式，具体指不动产抵押，商业企业质押、知识产权质押、股权质押、应收账款质押和银行账户质押等。具体担保形式如下：

类型	方式	具体内容
保证	独立保证	独立保证合同由债权人和保证人签订，并且保证人基于保证合同向债权人承担义务，保证人的义务独立于主债务人的义务，主债务是否存在或者是否有效并不影响保证人对债权人承担义务
	普通保证	1. 当债务人不履行债务时，由普通保证合同的保证人向债权人承担保证责任 2. 普通保证从属于主债务，以主债务的有效存在为前提，随着主债务的终止、无效而终止、无效 3. 普通保证包括简单保证和连带保证
	背书担保	1. 背书为单方的、独立的无因承诺，并担保票据金额的兑付。背书人（授予该担保权益的人）与被背书人（获得背书的人）承担同等的债务责任 2. 背书通常可通过在票据或者票据的附页（作为票据背面的继续）书写"背书"或者其他类似的注释（必须为无条件）以及被背书人，进行背书担保 3. 背书人只能就其本身享有的抗辩理由对票据持有人进行抗辩，无权援引其对出票人或者票据持有人前手的抗辩理由对抗票据持有人

续表

类型	方式	具体内容
担保物权	不动产抵押	1. 通过签订土地所有权登记处起草的抵押协议并且在该土地所有权登记处登记该协议而设立 2. 不动产抵押分为两种类型:固定数额抵押和最高限额抵押。固定数额抵押只能担保现有债务;最高限额抵押可以在最高限额范围内担保任何现在或将来的债务
	商业企业质押	1. 通过签订由公证人起草的当事人之间的协议,并且在出质人所注册的贸易登记处登记注册而设立 2. 可以作为商业企业质押的资产包括商业名称和商号;公司运营配备的所有机械、工具和运输机动车辆;以及如专业知识、商标、许可证和专利。上述所有资产必须在签署质押协议时已经存在
	知识产权质押	适用动产质押的一般规则。根据相关知识产权法规规定,该质押协议必须在土耳其专利局注册
	股权质押	1. 设立程序取决于股权被质押公司的类型,如对于有限公司而言,这种类型的公司的股权质押应当采取书面形式并由公证人认证,公司的股权质押必须记录在股份名册中,以便有效对抗公司和第三人 2. 需要注意,为设立股权质押,公司章程必须不能限制或禁止股权转让/质押
	应收账款质押	1. 受质押的应收账款必须在质押协议中充分、明确说明,并足以区分识别 2. 质押不需要注册,但应当通知质押应收账款的债务人 3. 已质押的应收账款和/或收益在到期日期之前不能被清算
	银行账户质押	1. 属于一种应收账款质押,账户质押协议应当为书面形式,不需要公证或登记 2. 账户质押事宜应当通知账户归属的银行,但该等通知并非取得质权对抗力的要件

2. 担保的效力与顺位

如果多名担保权人就同一资产享有相同类型担保权益,对动产来说,担保权的顺位将按照设立担保的日期确定;对不动产来说,优先权将按照在所有权登记簿上登记的各个担保的顺位确定。在不动产担保的情况下,担保人可能会为不同的担保权人设立顺位相同的抵押,抵押权人仅按其在抵押协议项下的担保金额按比例从执行担保所得收益中获偿。

总体而言,担保物权(对物担保)的债权人较普通债权人享有优先受偿权。但与抵押或质押财产所有权有关的税收债权,例如不动产税,优先于有担保债权人的债权。

3. 担保的完善

(1)抵押

一般而言,抵押权须经登记才生效;除矿权抵押之外,抵押人和抵押权人应共同负责抵押登记事宜。就具体的抵押类型而言：

①不动产抵押。为使抵押生效，抵押物需在不动产所在地的土地登记部门办理抵押登记。土地登记部门将提供抵押契据，双方（即抵押人和抵押权人）需在土地登记部门签署契据。

②矿权抵押。勘探和开发许可证持有人可向能源和自然资源部申请办理矿权抵押登记。矿权抵押经登记方能生效。

③船舶抵押。如船舶已在船舶登记机构登记，应向相关登记机构办理船舶抵押登记。未经登记的船舶也可进行抵押，但此种情况适用动产质押的相关规定。

④航空器抵押。在土耳其运营的航空器均需要在土耳其民航登记处进行登记。如果就航空器设立抵押，则抵押人和抵押权人应当在公证处的见证下签署抵押合同；并且需要就抵押在民航登记处进行登记。就已经在土耳其民航登记处登记的航空器设立抵押，则抵押登记手续十分简便；如果就新进口的航空器进行抵押登记，由于该航空器可能并未在土耳其进行过登记，则登记手续会更为复杂并且费用会更高昂。

（2）质押

首先，土耳其法律并不强制要求以签订书面协议的形式设立质押，但是权利质押和应收账款质押必须签订书面协议。其次，在一般情况下，质押以向质权人或其指定的代理人（如托管人）转移和占有出质财产作为质押生效的要件，但是需在公共登记处登记的动产质押（如机动车质押）、权利质押和商业资产质押除外。就具体的质押类型而言：

①股权质押。上市公司股权质押需向土耳其资本市场的中央证券登记机构——中央登记中心办理质押登记后方可生效。就非上市公司的股权质押而言，出质人应背书质押股权并将股权凭证实际交付质权人占有，同时公司董事会还应通过决议，将股权质押事实登记于公司的股东名册上，质押方可设立。

②账户质押。对账户质押的唯一要求是必须以书面形式签署账户质押协议。实践中，通常还需将账户质押事宜通知开户行。

③商标权质押。为使在商标权上设立的担保权益有效，出质人或质权人均可申请向商标登记处办理登记并予以公布。

④商业资产质押。商业资产质押协议应当在土耳其公证机构的见证下签署，出质人（债务人）或质权人（债权人）应在签署商业资产质押协议后十（10）日内向公司所在地的贸易登记处办理登记。

⑤应收账款质押。该等应收账款质押协议无需向任何登记部门或主管部门登记，但协议当事方应将应收账款质押的事实通知上述收入和/或应收账款的债务人。值得注意的是，通知债务人并不是质押生效要件，而是债务人向质权人支付债务的前提

条件。

(3)应收账款转让

土耳其法律对应收账款转让的唯一要求是应收账款转让协议应以书面形式做出。应收账款转让在实践中最佳操作方式是向债务人发出书面转让通知,以免对质权人造成不利后果。因此,当债务人在收到转让人或受让人的书面转让通知后,需向受让人支付债务,如债务人仍向转让人支付款项,并不因此而免除债务。

4.担保的执行

在土耳其,执行部门通过公开拍卖出售动产和不动产负责实现担保,但具有可确定的现成市场价值的动产(如股票、债券或商品等)可不经拍卖直接向购买人出售。该例外规则不适用于不动产,不动产只能通过公开拍卖方式出售,无其他形式的执行措施。具体介绍如下:

(1)不动产(土地和建筑物)抵押的执行。抵押权人需向有关执行部门申请执行抵押。在抵押权人向执行部门提出申请后,抵押人应在30天内向抵押权人履行债务或在7天内就支付令提出异议。如抵押人未在规定时间内履行付款义务或提出异议,抵押权人可要求执行部门出售抵押财产。值得注意的是,土耳其执行与破产法规定了银行执行抵押财产的便捷程序。如银行通过公证机构向抵押人发出银行对账单,说明其应付账款已到期或显示其经常账户已关闭,抵押人必须在八天内通过公证机构就对账单提出异议。抵押人在提出异议后方可就执行抵押财产向法院提出异议。

(2)股权质押。土耳其法律禁止在质押协议中设置如下条款,即如发生违约,质权人可成为出质股权的所有权人。但是,作为股权质押的质权人有权将质押股份变现,将所得收益清偿债务。因此,在发生违约事件时,质权人需向执行部门申请执行股权质押。相关部门在收到质权人执行申请后向出质人送达支付令。在支付令送达后,出质人应在15天内支付债务,或在收到支付令后七天内提出异议。如出质人在上述期限内未采取任何行动,支付令即为终局性命令,质权人可要求执行部门出售股权。如出质人对支付令提出异议,声称不存在未支付的债务,则需由有管辖权的法院解决争议。如争议得到解决,即法院确认出质人不履行付款义务,相关异议被驳回且支付令成为终局性命令。质权人可要求执行部门出售股权,后者签发出售股权的执行令。质押股权的拍卖应通过报纸或电子媒体向公众公布,并在网上进行出售。最后,股权系由执行部门出售。执行部门可决定出售全部或部分股权。

(3)账户质押。如发生账户质押协议项下或与之相关的违约事件,质权人有权就账户中的存款获得清偿。质权人需向银行发出通知,指示银行直接向质权人支付全部或部分质押存款。

(4)应收账款转让。应收账款转让协议必须为书面形式,转让不以通知应收账款的债务人或取得其批准为生效条件。但实践中,应收账款转让大多数都通知其债务人。

5. 主权担保

土耳其第4749号公共融资和债务管理法("公共融资法")规定了四类财政部担保:

(1)财政部还款担保:由财政部为偿还海外融资提供的担保,被担保人包括公共融资法项下所列的国有经济企业、公共机构持有50%以上股权的公司、基金、国有银行、投资和开发银行、大型城市市政府、市政府及其企业和相关市政公司和政府机构。

(2)财政部投资担保:由财政部按照相关法律,为在建设—运营—交付、建设—运营或运营权转让模式范围内开展的项目提供的担保。

(3)财政部反担保:指财政部就以下担保提供的反担保:①外国融资机构为土耳其国有经济企业、公共机构持有50%以上股权的公司、基金、国有银行、投资和开发银行、大城市市政府、市政府及其企业和相关市政公司(作为借款人)就其从国际市场获得的融资提供的担保;②外国融资机构就以建设—运营—交付、建设—运营或运营权转让模式开展的项目提供的担保。

(4)财政部国家担保:指为偿还从外国政府借入的融资而提供的担保。

根据公共融资法第4条,财政部部长被授权提供财政部还款担保和财政部反担保。另一方面,部长理事会可根据相关部长的提议并在获得财政部同意后提供财政部投资担保和财政部国家担保。

根据公共融资法,如果部长理事会颁布法令,财政部可为第3996号建设—运营—转让模式投资和服务采购法、第6428号医疗领域公私合营法和教育部组织和职责法令项下进行的建设—运营—转让或建设—租赁—转让项目从境外筹措资金。

另外,主权担保由总理府国库署批准,国库署将根据一定标准进行评估,且在执行保证协议之前,债务人还需满足下列要求:

主权担保的实现需要满足的条件
1. 就将要担保的融资项目的实施、监管和实现进行报告,为确保贷款的偿还和监管的准确、恰当、持续进行,债务人内部应分配部门负责项目协调,项目所需信息和文件需要提交国库
2. 已担保融资的债务金额已获得市政府的授权机构的批准,若项目存在外部融资,批准内容还应包括为融资项目设立账户

注:上述要求之外,《有关财政部担保范围内付款的程序和原则的规定》还规定了额外的要求。

(三)法律适用

根据土耳其《国际私法与国际民事诉讼程序法》(第5718号)第24条,当合同包含涉外因素时，如涉及外国当事人或者跨境交易，可以选择适用外国法。因此跨境贷款合同可以适用外国法律，土耳其法院应当对贷款合同的适用法律予以承认和支持。但合同涉及不动产时，不可选择适用外国法。

此外，当合同为雇佣合同和消费合同时，只有合同对土耳其法律关于员工与消费者权利做出保留时，才可适用外国法律。

（四）主权豁免

土耳其法院并不对政府和国有企业的起诉给予豁免。但是，根据土耳其《执行与破产法》第 82 条的规定，扣押的对象不包括国有资产以及根据法律规定不可扣押的资产。

“国有资产”包括直接用于公共服务的所有资产以及上述资产能从中受益的相关财务利益等。具体来说，“国有资产”是指“因其本质特征（如无主财产）为公众直接获得与使用，或者依法律分配为国家或公共法人直接受益与使用（共有财产），或者为实现公共服务而分配的财产（公共服务财产）”。

需要强调的是，根据 82 条第 1 款关于“国有资产不可扣押”的规定，该规定仅在“扣押”上给予国家免责特权。而不禁止公共机构在不按时交租情况下，对其采取强制迁出租赁资产的措施。同样地，禁止扣押条款也不禁止“启动对国家的执行行为”。

四、投资法律制度

（一）企业法律制度

土耳其商法典对于主要企业类型以及设立企业的要求和程序进行了明确规定。简要介绍如下：

一般情况下，股份公司为土耳其大型企业通常采用的形式。设立股份公司仅需 1 名股东，且无股东最高数量限制。股份公司所需股本金额不得低于 5 万土耳其里拉。土耳其的股份公司可以发行债券并上市。土耳其的所有上市公司均为股份公司。此外，以下类型的公司必须为股份公司：1. 银行和保险公司；2. 再保险公司；3. 证券、房地产和风险投资公司；4. 中介机构和公司（如经纪人）；5. 融资租赁、保理和消费融资公司。

相对而言，有限责任公司更适用于规模较小的企业，因为其所需最低股本较低，且管理和运营成本较低。有限责任公司的股东可由自然人或法人担任，股东人数最低为 2 名、最高为 50 名。有限责任公司最低股本为 1 万土耳其里拉。如果有限公司的股东人数超过 20 人，必须设立外部审计员；而对于股份公司而言，无论股东人数，股份公司均需要有外部审计员。

在土耳其法项下，合伙包括一般合伙（ordinary partnership）和商事合伙。一般合伙,并非一个法人实体而是合伙人的集合,两个或两个以上的自然人可以通过签订合伙协议而组成一般合伙。一般合伙无须在商业登记处进行登记,所有合伙人享有平等权利并对债务承担连带责任。商事合伙,具有独立的法人资格;商事合伙可以是有限合伙,也可以是普通合伙(general partnership)。在有限合伙中,普通合伙人对合伙的债务承担全部责任,有限合伙人仅在其出资范围内对合伙承担责任。普通合伙通常为合作社,由承担无限责任的合伙人通过签订合伙协议成立,主要目的是使用一个商号进行商业运营。

在土耳其法项下,公司的分支机构为税收目的被视为非居民有限责任公司,仅就其源自土耳其的收入缴纳税收。外国公司在土耳其设立分支机构需要获得工业和贸易部门的许可。设立分支机构没有最低资本的要求。设立公司(股份公司和有限责任公司)和分支机构的最大区别在于承担的责任不同:股东对公司承担的责任限于公司的注册资本;公司以分支机构的资产以及公司自身资产对分支机构承担责任。

外国公司可以在土耳其设立联络办公室,但是联络办公室不得从事任何营利行为而仅能起到联络和宣传的作用。因此,联络办公室不得进行货物和服务销售等任何产生利润的应税行为。财政部下设的外国投资部门将审核外国公司设立联络办公室的申请并授予期限不超过3年的许可。

(二)特定行业与领域法律情况

1. 能源资源法律情况

与其中东邻国相比,土耳其石油和天然气资源并不丰富,但却在石油与天然气的进口、批发、运输、分销市场拥有很强的竞争力且潜力较大。因此,为满足实际需求,土耳其针对天然气和石油市场颁布了多项立法。

《天然气市场法》及其相关规章条例(如《天然气市场准入规则》)对土耳其天然气市场予以规范;《石油市场法》及其相关规章条例(如《石油市场准入规则》)对土耳其石油市场予以规范。对于两个市场的各个活动如进口、批发、运输、分销等,由能源市场监管局负责向经营相关行业涉及单个或多个领域的公司分别发放不同的许可证。为不同的商业活动而发放的许可证有不同的条件。能源市场监管局通常要求申请许可证的公司注册地为土耳其。外国投资者需通过注册在土耳其的外资子公司申请能源市场许可证。

2. 不动产法律情况

关于不动产的取得,依投资者本国法设立的外国公司可获得特别法规定的有限物权。上述特别法包括《石油法》《旅游促进法》和《工业区法》。除依以上特别法经营的公司之外,其他外国公司不能在土耳其获得不动产。

如果外国投资者对某一土耳其公司单独或共同地拥有50%以上的股份,或者虽然外国投资者对该公司不享有股份,但对该土耳其公司的经理享有人事任免权,那么从不动产法律的角度,该公司为外资公司。

根据《土地登记法》第36条的规定,外资公司只能在公司章程规定的经营范围内购入不动产。但是,以下情况没有上述限制:不动产的抵押权登记,因行使抵押权而取得不动产,公司合并与分立而产生的财产转移,特殊投资领域的收益如有组织工业区、工业区、技术开发区、免税区而取得不动产,以及银行因贷款或基于执行贷款目的而取得的不动产。外国公司和有外国资本的公司均不能在军事禁区和安全区取得或租赁不动产。

3. 环境法律情况

(1)环境许可证

为将设备投入运作,公司必须取得一个名为"环境许可证"的综合许可证。环境许可证和执照可以根据施工阶段和运行阶段分为两大类。在施工阶段,需要取得选址和建设许可证以及积极的环境影响评估报告;在运行阶段,需要环境许可证、工作场所运营许可证、废水连接证书和危险废物贮存许可证。

(2)排放许可证

环境许可证涉及空气、噪声和废水排放。环境许可证和执照规则已经减少了公司关于排放所需的许可证数量,但是环境许可证没有涵盖所有排放物,公司仍然需要根据设备的地点或类型取得其他排放的单独许可证。

(3)其他许可证

除了根据相关环境法律法规要求的许可证和执照外,根据土地规划、员工健康与安全以及相关法律法规,公司还必须取得其他许可证和执照。此外,根据投资的具体类型,相关法律还会要求更多的许可证。

4. 基础设施互联互通法律情况

土耳其政府十分重视对基础设施领域的投资和建设。2013年,土耳其政府对其基础设施行业共拨款26亿美元,土耳其电力装机能力从2005年到2014年几乎翻了一番。此外,为促进高速网络连接和数据传输,政府对电信行业也进行了巨大投资。尤其为确保国内与欧亚公路铁路网的充分接入,土耳其实施了多个大型交通运输项目,在建设中的包括第三博斯普鲁斯大桥,北马尔马拉海高速公路和即将建设的伊斯坦布尔第三机场等。

关于投资模式的法律规定,土耳其政府颁布了第3996号法令,对特定投资和服务适用"建设—运营—转让"(BOT)模式做出了规定,如桥梁、隧道、电信基础设施或铁路系统建设。外国投资者虽然可以进行该类基础设施投资,每个具体项目仍需要相关部门的审批。根据投资的类型,外国投资者所需的政府批准也会不同。

此外,土耳其近期也出现了广泛运用于医院建设项目的公私合作(PPP)模式。关于PPP模式适用法律,除第6428号法令特别规定了卫生部门的PPP模式以外,部长会议也针对设立公共部门和私营部门之间的企业做出了多项决定。

5. 竞争法情况

《竞争保护法》以及土耳其竞争管理局颁布的相关规则方针对土耳其反垄断和竞争保护程序做出了规范。为确保并购交易或根据相关竞争法律视为并购交易的交易行为的有效性,并购主体应当取得竞争管理局的豁免证明。此外,根据相关竞争法律法规,竞争管理局对限制竞争的协同行为和决定、滥用市场支配地位的行为进行监管。

6. 劳动法情况

为在土耳其雇佣外国员工,公司应取得工作许可证。基本规则为每雇佣五位土耳其员工可雇佣一位外国员工。该要求在以下情况下不适用:

(1)先进技术情况下或缺乏该领域内同等水平的土耳其专家;

(2)根据土耳其作为签字国与之签订的双边和/或多边条约所聘用的外国员工。

此外,在相关适用法律的具体规定下,部分类型的职业员工也享有工作许可证豁免。

(三)外汇管制

1. 外汇管制概述

土耳其外汇事项主要由以下法律法规规制:土耳其《货币价值保护法》《关于保护土耳其货币的第32号法令》以及2002年1月2日颁布的《中央银行资本流动通告》。

根据上述法律法规,外币可以在土耳其自由汇入或汇出。土耳其居民可以任意储存外币,并可以从下列组织购买外币或向其出售外币:银行、经授权组织、土耳其邮局、贵金属中介机构以及经授权可买卖外汇、可在银行开设货币账户储蓄外汇、可有效使用外币、可经由银行在土耳其境内或国外转让外币的境外组织。土耳其居民及其他人均可通过银行自由转让外汇。

根据上述法令,外国资本可以通过银行自由地将净利润、股息、销售额、清算及赔偿资产,作为许可费、管理费及类似协议对价所确定的应付数额汇至国外。

2. 海外开户

根据《关于保护土耳其货币的第32号法令》规定,土耳其居民可以通过银行以现金形式自由输出资本,并且可根据关于为进行海外投资或开展商业活动而设立公司、加入合伙及开设分支机构的法规,以实物资本形式自由输出资本;并且相应法律法规未对土耳其居民开设境外账户设立禁止性规定。

（四）税收制度

土耳其税收制度主要有直接税和间接税两大类，直接税包括个人所得税和企业所得税，间接税有增值税、印花税、交通工具税、金融保险交易税、博彩税、遗产税与赠与税、房地产税、财产税、通讯税、教育贡献费、关税和特别消费税。

1. 主要税种

所得税：关于企业所得税，在 OECD（经济合作与发展组织）地区，该国企业税税率极具竞争力，《企业税法》（2006 年第 5520 号）不仅对税法进行了一些重大修改，还体现了税收立法方面的新理念。新版《企业税法》的实施，使土耳其企业税法的各项规定更加清晰明了、客观协调，并与国际标准接轨。土耳其个人纳税义务是建立在居留身份基础上的。居民个人被视为是无限纳税人，就其全球的收入进行纳税。另一方面，非居民被归为有限纳税人，仅就其来源于土耳其的收入在土耳其纳税。

土耳其纳税居民
1. 如果在一个日历年中在土耳其连续停留超过 6 个月（暂时离开不视为中断）
2. 如果法定住所在土耳其
3. 如果一个外国人满足上述两个条件中任意一个，会被视为是土耳其纳税居民

增值税：土耳其对生产和流通过程中的每一阶段征收增值税，当自然人或单位在土耳其境内从事商业、工业、农业或其他专业活动；当向土耳其进口货物或服务时，纳税义务产生。真正承担增值税的是最终的消费者，而非供给和提供商品或服务的生产者。

资本税：股本不必纳税，但是要向竞争调查司支付相当于公司成立时承诺的资本额 0.04% 的费用。后续增资的情况下，上述 0.04% 的费用适用于增加的资本。

2. 税收优惠

股息参与免税：土耳其居民企业和/或外国公司的在土耳其的常设机构从其他土耳其居民公司取得的股息收入，可以无条件享受企业税和股息预扣所得税免除，但投资基金和投资公司除外。如果一家土耳其公司持有一家外国公司的股权，其股息收入免征企业所得税，但要受某些先决条件的约束。

资本收益免税：企业税豁免适用于出售土耳其居民公司的参与股票和/或出售已经持有至少两年的不动产而取得的资本收益的 75%，只要将这些免税收益保留在储备账户的权益中且 5 年内不进行分配。土耳其控股的国际公司出售外国参与股票取得的 100% 的资本收益也免征企业所得税，但要受某些先决条件的约束。

投资激励：土耳其政府采用投资激励措施（国家补助），以消除区域间经济不平衡，促进公众和外国投资者对国家资本积累贡献更多资本，支持促进就业的活动。一般来说，国家补助可以分为税收和非税收激励措施。享受国家补助（投资补贴除外）的主要先决条件是取得投资激励证明（IIC）。投资激励证明是财政部副部长就投资者的投资授予投资者的文件，该文件使得投资者能享受上述国家补助。机器和设备进口（不包括原材料、中间产品和经营产品）免征关税并免除资源利用支持基金（RUSF）付款。此外，符合条件的机器和设备的进口还适用增值税免除。

五、法律风险评价

（一）营商环境有待改善

根据2015年世界银行营商环境指南提供的数据，土耳其在公司注册、工程承包、电力获取、财产登记、信贷取得等方面在189个国家和地区中分别排名第79位、第136位、第34位、第54位和第89位，大致处于世界中等水平，部分领域营商环境有待改善。以在土耳其获得建筑业许可为例，虽然获得该许可占货物价值的百分比只有3.5%，但是对应的申请程序相当复杂，申请人需履行18项程序，耗时约169个工作日，大大增加了交易时间成本和资金成本。

公司设立		建筑业许可	
程序个数	7	程序个数	18
时间（日）	6.5	时间（日）	169
成本（占单位收入的百分比）	16.4	成本（占货物价值的百分比）	3.5

数据来源：2015年世界银行营商环境指南。

（二）合同执行成本较低，破产处置成本适中

根据2015年世界银行营商环境指南，土耳其的合同强制执行效率在世界189个国家和地区中排名第38位，强制执行合同的成本占标的额总数约24.9%，低于欧洲及中亚地区的执法成本。土耳其破产处置效率排名第109位，大致相当于世界平均水平。总体而言，合同强制执行成本较低，破产处置成本适中，总体执行效率较高。

合同强制执行	土耳其	欧洲及中亚地区	经合组织
时间（天）	420.0	448.1	539.5
成本（占标的额的百分比）	24.9	25.2	21.4
程序（个）	35.0	37.0	31.5

续表

破产处置	土耳其	欧洲及中亚地区	经合组织
时间(年)	3.3	2.3	1.7
成本(占资产价值的百分比)	15.0	13.3	8.8
回收率(每美元美分数)	27.9	37.7	71.9

数据来源:2015 年世界银行营商环境指南。

(三)税务负担较轻

土耳其的税收制度较为健全,税务支付次数目前已降到 11 次并呈逐年下降趋势。根据世界银行 2015 年营商环境指南,土耳其的税收情况在 189 个国家和地区中排在第 56 位,略逊于欧洲及中亚地区等其他发展状况良好的国家,但总体上税务负担相对较轻。

税收指标	土耳其	欧洲及中亚地区	经合组织
纳税(次)	11.0	20.5	11.8
时间(小时)	226.0	234.3	175.4
应税总额(占利润百分比)	40.1	34.9	41.3

数据来源:2015 年世界银行营商环境指南。

伊朗伊斯兰共和国

The Islamic Republic of Iran

——重返世界的波斯帝国

伊朗伊斯兰共和国基本情况

国家名称（中英文）	伊朗伊斯兰共和国（The Islamic Republic of Iran）		
人口（百万）	79.11	人口增长率（年均%）	1.2
领土面积（千平方公里）	1745.2	主要民族	波斯人、阿塞拜疆人、库尔德人
官方语言	波斯语	主要宗教信仰	伊斯兰教
政体	总统制	主要政党	伊朗伊斯兰参与阵线、伊斯兰工党等
GDP（十亿美元）	425.33	GDP 增长率（年均%）	4.3
国民总收入（十亿美元）	511.76	人均国民收入（美元）	6,550
通货膨胀率（年均%）	12.2	外国直接投资净流入（百万美元）	2,050
外债（百万美元）	5495	总偿债额占出口贸易和收入的比率	0.5

数据来源：2015 年世界发展指标数据库。

一、国情简介

伊朗伊斯兰共和国（以下简称“伊朗”），古称波斯，是一个具有 5000 多年历史的文明古国。伊朗位于亚洲西南部，总面积约 174.5 万平方公里，同土库曼斯坦、阿塞拜疆、亚美尼亚、土耳其、伊拉克、巴基斯坦和阿富汗相邻，南濒波斯湾和阿曼湾，北隔里海与俄罗斯和哈萨克斯坦相望，素有“欧亚陆桥”和“东西方空中走廊”之称。伊朗是一个多民族国家，主体为波斯人，约占伊朗人口的 66%，此外还包括阿塞拜疆人、库尔德人、阿拉伯人、土库曼人等。伊朗官方语言为波斯语，国教为伊斯兰教。全国 98.8% 的居民信奉伊斯兰教，其中 91% 为什叶派，7.8% 为逊尼派。作为中东乃至全球的伊斯兰大国，伊朗凭借其特殊的地理位置和丰富的油气资源，在国际上具有较大的影响力。

(一)政治概况

1979 年,伊朗前宗教领袖霍梅尼领导的伊斯兰革命推翻了巴列维王朝,成立了伊朗伊斯兰共和国。同年 12 月,伊朗举行全民公投通过新政权成立后的第一部《宪法》。该《宪法》规定,伊朗实行政教合一、神权高于一切的政治体制,最高宗教领袖为国家最高领导人。1989 年,伊朗对《宪法》进行了部分修改,强调伊斯兰信仰、体制、教规、共和制及最高领袖的权力不容更改,同时对领袖的产生以及行政、司法和立法部门等方面的规定作了修订,使伊朗的行政、司法和立法具有相对的独立性。

伊斯兰议会是伊朗最高国家立法机构,实行一院制,但议会通过的法律须经宪法监督委员会批准方可生效。伊朗伊斯兰议会共有 290 名议员,议员由选民直接选举产生,任期 4 年。伊斯兰政府是伊朗的行政机构,实行总统内阁制。总统既是国家元首,也是政府首脑,由选民直接选举产生,任期 4 年,可连任一届。总统可授权第一副总统掌管内阁日常工作,有权任命数名副总统,协助主管专门事务。司法总监是国家最高司法首脑,由领袖任命,任期 5 年。最高法院院长和总检察长由司法总监任命,任期 5 年。司法部长由司法总监推荐,总统任命,议会批准,负责协调行政权与司法权的关系。在司法总监领导下,设有行政公正法庭和国家监察总局,分别审理民众对政府机关的诉讼和监督国家机关的工作。

伊朗为多党制国家,目前比较有影响的政党有伊斯兰参与阵线党、伊斯兰工党、建设公仆党、伊斯兰联合党、政党之家、伊斯兰同盟协会、真主党之友和伊斯兰革命圣战者组织等。但因实行政教合一体制,伊朗迄今无执政党。

(二)经济概况

伊朗地处西亚的心脏地带,是古丝绸之路的重要纽带国家,历史文化悠久,自然资源丰富,石油储量和天然气储量位居世界前列,是中东和海湾地区的经济大国和工业强国。其中,石油产业是伊朗的经济命脉和伊朗外汇收入的主要来源之一,石油收入占伊朗外汇总收入的一半以上。此外,天然气、钢铁、汽车制造、农业、电子工业及核工业等领域亦是伊朗的重点产业。

2004 年至 2007 年,受益于国际油价的攀升,伊朗经济一度保持较快增长,但自 2008 年世界经济危机及 2012 年西方国家对伊朗实施石油禁运和金融制裁以来,伊朗原油出口量显著减少,国内生产总值增长明显放缓。2016 年 1 月 16 日起,联合国、美欧逐步解除对伊朗核制裁,未来伊朗经济有望回升。

(三)外交政策

伊朗奉行独立、不结盟外交政策,反对霸权主义、强权政治和单极世界,愿同其他国家在相互尊重、平等互利的基础上发展关系;赞成联合国改革,主张增选伊斯兰会议组织国家为安理会常任理事国;倡导不同文明进行对话及建立公正、合理的国际政治经济新秩序;认为国家的主权和领土完整应得到尊重,各国有权根据自己的历史、文化和宗教传统选择社会发展道路。伊朗主张波斯湾地区的和平与安全应由沿岸各国通过谅解与合作来实现,反对外来干涉,反对外国驻军,表示愿成为波斯湾地区的一个稳定因素。

为改善同国际社会的关系,2015 年 7 月,伊朗同中国、美国、俄罗斯、英国、法国、德国欧盟就伊朗核问题达成《联合国行动计划》并获得联合国安理会第 2231 号决议通过,于 2016 年 1 月 16 日起开始执行相关承诺。目前,联合国、欧盟、美国对与伊朗核问题相关的经济和金融制裁已逐步开始解除。

中国和伊朗于 1971 年 8 月 16 日建交。1979 年伊朗伊斯兰共和国建立后,双边关系保持良好发展势头,签署了《关于相互促进和保护投资协定》《关于对所得避免双重征税和防止偷漏税的协定》《中华人民共和国政府和伊朗伊斯兰共和国政府贸易协定》《中华人民共和国政府和伊朗伊斯兰共和国政府支付协定》《中华人民共和国政府和伊朗伊斯兰共和国政府关于成立经济、贸易和科学技术合作联合委员会的协定》等双边协定。近两年,两国高层保持密切交往,政治经济交流进一步加强。2016 年 1 月 22 日,习近平主席首次访问伊朗,21 日,习近平主席在《伊朗报》发表了题目为《共创中伊关系美好明天》的署名文章,文中表示,"我们将建立全面战略伙伴关系,密切政党、立法机构、地方等方面交往,深化双方在上海合作组织、亚信、联合国等多边框架内合作,不断增进政治互信,丰富战略关系内涵",使中伊两国关系迈向共同发展新征程。

二、法律概览

伊朗法律体系受伊斯兰法系和大陆法系双重影响,具有典型的混合特征。目前,伊朗为吸引外商投资,努力建立能够满足现代国际经济发展要求的投资法律体系,但整体来看,伊朗法律制度有待进一步完善,执法效率有待提高。

(一)法律体系

目前,伊朗建立了以《宪法》为核心,包括《民法典》《商法典》《民事责任法典》等在内的多层法律体系。两伊战争结束后,随着国内逐渐对私有化和吸引外资达成共识,伊朗开始重构本国的法律体系尤其是外商投资法律体系。伊朗外商投资法律体系的框架大致为:以伊朗《民法典》和《商法典》为基础,以《鼓励和保护外国投资法》及实施细则为核心,以相关涉及劳务、税务等法律法规为配套,以多边法律条约协定为拓展,具有伊斯兰宗教特色的外商投资法律制度体系。具体来说,伊朗与投资相关的法律主要有《进出口法》《鼓励和保护外国投资法》及其实施细则、《海关法》及其实施细则、《公众股份公司法》《劳工法》和《税法》等,与贸易有关的主要法律有《海关法》和《进出口法》及其实施细则。此外,伊朗商业部还会不定期地发布一些最新的进出口规定。

由于受伊斯兰教义等立法理念的局限,伊朗外商投资法律制度中存在部分与通行国际投资法律原则和惯例相悖的内容,对外国投资者的保护程度有待进一步提高。例如,伊朗称外商投资者可享有国民待遇,但却没有相应的法律文件支持其执行,容易导致外商投资者的利益受到损害。再如,在市场竞争方面,伊朗国内尚无健全的反不正当竞争法和反垄断法等相关法律法规,长远来看对在伊朗开展业务的企业将会不可避免地造成影响。上述不完善的法律体系阻碍了伊朗有效地吸引和利用外资,对外国投资者构成一定的潜在风险。

(二)司法制度

1. 诉讼制度

伊朗的法院按照职能分为民法庭和刑法庭,并按照案件性质和严重程度由不同级别的法庭分别审理。民法庭分为一级民庭,二级民庭,独立民庭和特别民庭,其中,特别民庭负责审理离婚和监护权案件。刑法庭分为一级刑庭和二级刑庭,一级刑庭负责审理重罪案件,二级刑庭负责审理轻罪案件。除上述法庭外,伊朗还可以依法成立牧师庭(审理教会人员不当行为引起的案件)、革命庭(审理涉嫌危害国家安全的恐怖分子的案件)和行政正义庭(审理所有有关国家机关人员、机构及首脑的投诉和抗议)。牧师庭和革命庭所做的裁决为终局,不得上诉,其他法庭的判决均可上诉。

2. 仲裁制度

1997 年伊朗《国际商事仲裁法》沿袭了联合国《国际商事仲裁示范法》的主要规定。根据该法,在当事人一方为非伊朗主体时,当事人双方可约定将争议提交伊朗国内仲裁解决。该仲裁法的调整对象为商事关系,包括"任何提供交换商品或劳务的货物交易、销售合同、商业代表或代理、租赁、咨询、设计、许可、投资、融资、银行业、保险等相关活动",该仲裁法承认仲裁条款和仲裁协议的效力,并规定执行仲裁裁决的申请可以向仲裁地所在省首府法院提出。

3. 司法协助

(1)外国法院判决的承认和执行

根据伊朗国内法律和其参加的国际条约,伊朗法院在"满足严格要求"的前提下可以执行外国法院判决。该等执行的主要立法为伊朗《民事判决强制执行法》,其中名为"强制执行境外国家的判决和协议"的部分主要阐述了外国法院判决强制执行的相关问题。但是,伊朗仅有极少的外国判决得到执行的先例。

根据伊朗法律规定,只有在满足以下特定条件的前提下,外国法院判决才能在伊朗法院得到承认和执行:

第一,互惠。在伊朗强制执行外国法院判决最难满足的条件是伊朗与判决作出国之间存在互惠关系。互惠以伊朗与该国的双边协议为基础。并且该国应在法律中承认以伊朗法院的判决进行强制执行的权利或在实践中执行伊朗法院作出的判决。外国法院判决不能违反伊朗公共秩序,伊朗法院可以拒绝执行违反公共秩序的协议和外国法律管辖条款。

第二,外国法院判决的执行不得违反伊朗是缔约方的国际条约或特定强制性法律。

第三,判决在其作出的国家必须是终局的和可执行的。

第四,伊朗法院未作出相反的判决。但是若伊朗法律体系已经接受了外国法院的管辖资格,则将适用一事不再理的原则,伊朗法院不再就原诉讼进行审理。

第五,争议事项不属于伊朗法院专属管辖。外国法院不能就伊朗法院专属管辖的事项作出判决,比如伊朗法院对于伊朗境内不动产的专属管辖。

(2)外国仲裁裁决的承认与执行

伊朗于 1997 年通过了《国际商事仲裁法案》,就涉及一方是境外主体的国际商事关系的争端解决进行了规定。该法案很大程度上沿用了联合国《国际商事仲裁示范法》的规定,承认仲裁条款以及临时仲裁机构的有效性,吸收了国际普遍接受的仲裁原则。但是其不足之处在于,伊朗境外的仲裁裁决难以依据该法案得到有效执行。

此外,伊朗已加入《纽约公约》,理论上符合规定的外国仲裁裁决可以依据公约在伊朗境内申请强制执行,但实践中伊朗法律对于《纽约公约》与《国际商事仲裁法案》在外国仲裁裁决的强制执行如何适用的问题上却未能作出明确的规定。因此,实际上只有符合《国际商事仲裁法案》规定的外国仲裁裁决才可以依据《纽约公约》在伊朗申请强制执行,而不符合《国际商事仲裁法案》规定的外国仲裁裁决需要适用外国法院判决在伊朗执行的程序。目前,只有极少数的外国仲裁裁决是以《纽约公约》为依据在伊朗成功执行。

(三)司法效率和其他事项

伊朗的司法效率不高,根据 2015 年世界银行营商环境指南提供的数据,伊朗的合同强制执行效率在世界 189 个国家和地区中排名第 66 位,破产处置成本排名第 138 位,司法效率处于世界中下游水平。

此外,根据伊朗法律规定,外国资产在被国有化或没收所有权时,外国投资者拥有索赔权,可依法获得赔偿。

三、金融法律制度

(一)银行准入与监管法律制度

目前,伊朗银行领域的法律法规主要包括《银行与货币法》《无利息银行法》及伊朗《自贸区内货币与银行实施细则》。伊朗中央银行是伊朗银行业的监管主体,负责管理和监督银行等金融机构。此外,伊朗法律对于外资银行和伊朗银行的监管方式并无显著不同。

1. 监管主体

根据伊朗《货币与银行法》,伊朗中央银行负责根据国家宏观经济政策制定和实施货币和信贷政策,也是伊朗银行和金融机构的管理和监督机关。伊朗中央银行是政府所属的银行,其职能主要包括:代理国库;对国营企业发放贷款和给予信用额度;同业拆借;买卖政府发行的票券;办理其他法定金融业务等。

根据伊朗法律规定,伊朗中央银行的权力和职权受限于货币和信贷委员会的监督和批准。该委员会由经济和财政部部长、中央银行行长、国家管理和计划组织主席等人员组成,其职责包括:与中央银行的主管合作管理中央银行;根据伊朗《银行与货币法案》直接监管各银行行为;制定银行经营规范;根据具体案例批准银行业执照等。

2. 外资银行准入

根据伊朗《货币与银行法》的规定,由非伊朗人或不在伊朗注册成立的实体持有40%以上股权的银行,均为外资银行。但伊朗法律对外资银行和伊朗银行的监管方式并无显著不同。

根据伊朗法律规定,在伊朗设立银行机构、开展银行业务主要受到以下限制:第一,经营至少5年以上的外国银行可以在伊朗境内设立分行,最低资本额为1000万美元;第二,银行的主体设立形式只能为公众股份制公司;第三,在伊朗境内成立银行、分行、代表处或从事银行业务或关联服务以及跨境交易都需经过货币和信贷委员会以及中央银行的明确批准;第四,为进行客户管理的目的联系客户,包括推销、讨论经济形势、一般融资服务教育等,也需要获得货币和信贷委员会或中央银行的批准。此外,伊朗金融法律体系对境外借款和在伊朗境内未设实体的境外银行能否在伊朗境内获得财产担保权等问题尚未作出规定。

(二)担保法律制度

1. 担保法律体系

伊朗为民商合一国家,没有单独的商法部门。伊朗的《民法典》和《货币与银行法》等法律构成了伊朗担保法律体系的基础,且境外银行获得伊朗本地担保权益通常没有限制性或禁止性规定。伊朗的担保方式主要包括:

担保方式	相关规定
土地抵押	以土地提供的担保通过抵押创设，为了能够强制执行，抵押必须在公证员及房产登记处登记
公司股权质押	尽管某些伊朗法官认为股权为无形资产，不可以被质押，但实践中，质押伊朗公司股权以提供担保较为常见
银行账户权益共享	根据伊朗法律，无法在银行账户上创设担保权益，但伊朗的银行法及实践允许被担保人持有银行账户上的权益（非担保权）。通过取得银行账户持有人的不可撤销的授权书的方式，可以达到类似以银行账户设立担保权益的效果。但是被担保方仅就银行账户取得了与账户持有人同等的权利
应收账款权益转让	伊朗法律不允许以合同项下的权利创设担保权益，为了取得同样的效果，相关合同项下收益的取得方可以转让其收取该等收益的权利
保险权益转让	伊朗法律不允许以保险合同项下的权利创设担保权益。为了取得类似的效果，保险合同项下收益的取得方可以转让其收取该等收益的权利
浮动抵押	虽然银行采取以所有财产设立浮动抵押的方式为贷款提供担保，但是该等担保的可执行性尚存疑问，尤其是浮动抵押的标的包括将来取得的财产
保证	根据伊朗法律规定，伊朗公司可以为伊朗境内或境外的借款人提供保证

2. 担保的效力和顺位

根据伊朗法律规定，在债务人资不抵债的情况下，若担保权益已完成登记（例如在公证员处登记或担保权益的创设可以其他方式证明），被担保人就担保财产的权益将优先于普通债务人受偿。存在优先权的情况下，被担保的贷款人将就出售担保物取得的款项优先受偿。当出售担保物取得的款项不足以使贷款人得到全额受偿时，贷款人就未清偿的部分债务与其他债权人处于同等受偿顺位。对于保证来说，被保证人与其他债权人处于同等顺位。

3. 担保登记

以不动产提供担保必须在公证处登记后才能有效设立。对于部分特殊动产，比如船舶及飞机，登记也是必需的，未进行该等登记将导致担保权益无法强制执行。以普通动产提供的担保可以在公证处进行登记，但是该等登记并不是强制的，该等登记可用于证明担保权益的存在以及创设的时间。

4. 担保的执行

根据伊朗法律规定，债权人不能采取自力救济的方式来强制执行其在保证项下的请求权或担保权益，而必须由司法机构或公证机构来进行强制执行。

若担保权益在公证处进行了登记，则可以通过该公证处执行该项担保权益，债权人无需寻求法院执行。通常来说，不动产（如土地和建筑物）的担保权益可以通过已登记地契的公证处来执行,但是其他的财产则需要法院的判决才能执行。

针对担保,在已登记的或经证明的范围内,就担保权益进行强制执行不会受到清算人、其他债权人或保证人的阻止。否则,被担保的债权人就只能与其他债权人处于同等顺位。

(三)合同的法律适用

根据伊朗《民法典》的规定,若合同在伊朗境外签署,且签署地允许合同当事人选择适用法律,则伊朗法律承认该等选择。此外,尽管伊朗法律允许当事人选择适用外国法,但伊朗法律中的强制性规定(例如伊朗法律禁止利息的规定)依然适用。

(四)主权豁免

伊朗采用限制主权豁免原则。伊朗于2007年1月17日在《联合国国家及其财产管辖豁免公约》上签字,并于2008年9月29日正式加入该公约(该公约目前尚未生效)。根据该公约规定,政府在参与商业交易时并不享有豁免权,但在政府及相关工作人员实施主权行为时,政府享有诉讼豁免权。值得注意的是,无论政府是否实施商业行为,除非其明示放弃,其均享有执行豁免权。

四、投资法律制度

(一)企业法律制度

1. 外商投资

关于外商投资,伊朗设立了专门的机构管理相关事务,对投资准入、投资方式等作出了较为明确的规定,同时近年来,伊朗出台了不少外商投资优惠政策以吸引境外资本。

(1)监管机构

根据伊朗法律规定,伊朗经济和财政部下属的“投资与经济技术支持组织”是伊朗鼓励外国资本在伊朗投资,审批与外国投资有关事务的唯一官方机构。外国投资者的有关投资许可、资本进入、项目选择、资本利用、资本撤出等事项都必须向该组织提出申请。为了简化外国投资申请的审批手续,所有有关机构包括经济和财政部、外交部、工矿贸易部、劳工部、中央银行、伊朗伊斯兰海关、工业企业、公司注册机构和环境保护组织等,都要向该组织推荐一名由本单位最高领导签字授权的全权代表。被推荐的代表作为该部门与组织之间的协调者处理与该部门相关的一切事务。

(2)投资准入

目前,根据伊朗《鼓励和保护外国投资法》的规定,在工矿业、农业和服务业进行建设和生产活动的外国资本的准入,必须同时符合该法和伊朗其他现行法律、法规的要求,并符合下列条件:

外资准入条件
1. 有利于经济增长、技术发展、产品质量提高、就业机会增加和出口增长及国际市场开发
2. 不得危害国家安全和公共利益、破坏生态环境、扰乱国民经济及阻碍国内投资产业的发展
3. 政府不授予外国投资者特许权,授予特许权将使外国投资者处于对国内投资者的垄断地位
4. 外资提供的生产性服务和生产的产品价值的比例不应超过外资在获取投资许可时国内经济部门提供的生产性服务和生产的产品价值的25%、国内行业提供的生产性服务和生产的产品价值的35%
5. 不允许以外国投资者的名义拥有任何种类、数量的土地

此外,需注意的是,2015年8月,伊朗石油部表示,重返伊朗市场的外国石油企业必须通过与伊朗本国企业合资方式开展业务。

(3)投资方式

根据伊朗《鼓励和保护外国投资法》,外国投资者可通过以下方式在伊朗进行投资:第一,外国直接投资。外国投资者可以通过独资、与伊朗公司合资或直接收购伊朗公司,在伊朗设立代表处、分公司、子公司或有限责任公司。外国投资者可以现汇、设备或技术等出资。第二,通过在合同条款中明确以"建设、经营、转让""回购""国民参与"等方式投资。就第一种方式而言,在伊朗负责企业注册的政府机构是工业资产和公司注册局,注册企业需要向该注册局提交书面申请。企业注册主要程序如下:一是向注册局提交申请注册文件;二是在注册局指定日期去注册批文发放处,凭收条原件拿取批文;三是去银行交注册费和登报费,去注册局登记注册编号;四是将企业成立通告交至注册局公共关系处,并准备登报;五是持通告原件到伊朗拉斯米报股份公司办公室办理登报,并在通知日期领取刊登注册信息的报纸。

需要注意的是,伊朗法律法规允许外国投资方在所有获得许可的伊朗私人经营的领域进行直接投资,对外国投资不设比例限制。但在伊朗《石油法》《矿山法》等特别法律中,要求资源开发经营型企业的外资控股比例不超过50%。

(4)外商优惠政策

根据伊朗的法律规定,外国投资者在伊朗投资享受以下优惠政策:

伊朗外商投资优惠政策
1. 外国投资者享受国民待遇
2. 外国现金和非现金资本的进入完全根据投资许可,无须其他许可
3. 各领域的外国投资不设金额限制

续表

4. 外国资本在被国有化和没收所有权时，可根据法律获得赔偿，外国投资者拥有索赔权
5. 允许外商资本金、利润及其他利益按照投资许可的规定以外汇或商品方式转移出伊朗境内
6. 保证外资使用及单位生产商品的出口自由。如果出口被禁止，则生产的商品可在国内销售，收入以外汇方式通过国家官方金融系统汇出伊朗境内
7. 石油工业领域的特殊投资优惠：根据伊朗对外油气合作回购合同的规定，投资方与伊朗国家石油公司协商一致，由外方提供油气开发服务，并取得固定收益率的投资回报

2. 跨境贸易

就跨境贸易而言，伊朗与贸易有关的主要法律有《海关法》和《进出口法》及其实施细则。此外，伊朗工矿贸易部还会不定期地发布一些最新的进出口规定。根据伊朗法律规定，伊朗进出口商品可分为以下三类：

商品类别	相关规定
允许商品	依照规定无须取得许可即可进口和出口的商品
限制商品	需取得许可才能进口和出口的商品
禁止商品	依照神圣的伊斯兰教义（根据买卖和消费信用）或根据法律被禁止进口和出口的商品

（二）特定行业、领域法律情况

1. 矿业法律情况

目前，伊朗政府鼓励和支持外资进入伊朗矿业的勘探、开采、加工、冶炼等经营领域。

在勘探领域，由于资金投入大、风险高，伊朗工矿部鼓励私人和外国资本进行矿源勘探，同时，也加大了对伊朗国有矿业公司勘探矿源给予配套资金的支持力度。根据伊朗《采矿法案》及其实施条例的规定，伊朗工矿部向申请矿产勘探的合格外资企业发放勘探许可证。勘探发现矿源并经检查确认后，工矿部向勘探许可证持有人颁发标明矿源详细情况的“发现证书”。发现证书持有人具有法定的优先采矿权，并可在发证一年后将证书转让给第三人。若勘探没有发现矿源，勘探许可证持有人也无法获得任何赔偿或补偿。

在采矿领域，外资仅允许以与伊朗企业合资的形式进行，且外资占股比例不允许超过49%。实践中，大型矿山开采多采取“回购合同”的方式，以产出的矿石分批优先折抵外商投资及利润。在下游加工、冶炼、运输、销售领域，外资可以独资或合资、合作的方式进入。

出口环节，须取得由伊朗工矿部统一颁发的矿产品出口许可证。目前，伊朗工矿部、海关、商检等多部门对原矿出口采取了一些限制措施，鼓励外资在伊境内开展矿产加工和冶炼，以提高产品附加值并带动国内就业。

2. 石油化工业法律情况

石化工业是伊朗的支柱性产业。为了使国家石化工业得到发展，伊朗努力为石化领域吸收外资和私人资本创造良好环境，鼓励国内石化企业在此领域内的国际和地区合作。目前，伊朗在建的经济特区 Petrochemical Special Economic Zone 和 Pars Special Economic/Energy Zone 均为石化工业特区，在这两个特区内石化工业的原材料进口和外国投资均享有税收、审批和其他政策方面的优惠。

3. 钢铁业法律情况

伊朗高度重视钢铁行业的发展，为此，伊朗政府采取以下措施鼓励国内钢铁业的发展：一是政府给予资金扶持加速老企业改造；二是实施钢铁企业私有化改造，鼓励私人企业兴建钢铁厂；三是鼓励外商投资并给予优惠政策，投资比例不设限；四是取消进口钢材长期享受优惠的贷款政策；五是降低国产钢铁生产成本，减少钢铁厂的负担；六是减少对钢材市场的干预和简化繁琐的交易程序。

4. 汽车制造业法律情况

伊朗从 20 世纪 60 年代开始以装配西方汽车的方式发展本土的生产平台，并从西方进口汽车。目前，伊朗汽车产业中的龙头企业包括霍德罗、巴赫曼和赛帕集团。

伊朗工矿贸易部多次表态支持汽车产业发展，且上述汽车龙头企业作为国有企业，董事长或总经理多为工矿贸易部高级官员，在税收、技术引进、投资合作以及贷款方面都有能力影响政府，从而获得优惠政策及支持。截至 2015 年 5 月，约有二十余家中国汽车企业以零配件及整车贸易、零配件组装生产、生产线建设合作及投资设厂等形式与伊开展合作。

（三）外汇管制

目前，外国居民及投资者不能在伊朗当地银行开设外汇账户，必须兑换成当地货币方可进行储蓄，外国公民储蓄需获得当地合法居民身份。受安理会及欧美金融制裁影响，现阶段伊朗外汇无法自由出入，需通过中转行代理。市场对外汇的供应和需求实际上取决于政府的决定。政府和中央银行在外汇方面考虑的主要是以何种价格将外汇提供给谁的政策问题。希望获得外汇的人必须清楚地表明其希望获取外汇的原因以及使用外汇的目的。进口商应向工矿贸易部提交详细的进口商品信息，包括质量和数量，只有经该部批准才能获得必要的外汇。进口商也必须保证将海关签发的进口商品文件在限定时间内提交给签发信用证的银行。任何不满足上述要求的行为将被伊朗中央银行起诉。

根据伊朗《保护和鼓励外国投资法》,投资者在完成全部义务并交纳了法定的费用后,提前3个月通知伊朗最高投资委员会,经委员会通过、经济和财政部部长批准,可将原投资及利息或投资余款汇出伊朗。外国投资产生的利润在扣除了税款、费用及法定的储备金后,经委员会通过、经济和财政部部长批准后,可汇出伊朗。该法未对税费比例做出具体规定。

伊朗对于跨境外汇转账也有限制。伊朗禁止携带超过5000美元以上的外汇或其他等值货币出境。如果被警方查出超出该数量,则超出数量将被没收,并被处以四倍超出数量的罚款。外国游客在入境之前,应在入关时向海关申报其携带外汇数额(携带1000美元以上外币现金进出伊朗需要申报);在出关时也不准将超出5000美元以上的现金带出国境。

对于伊朗本地货币也有类似限制。伊朗货币和信贷委员会规定,禁止将超出500万里亚尔以上的本地货币带出境,否则将被处以两倍超出数额的罚款。其中所指的伊朗本地货币包括当前市场流通的纸币和硬币以及伊朗中央银行签发的旅行支票。

(四)税收制度

伊朗《直接税收法》是其税收体系的主要组成部分,由纳税人、财产税、所得税和其他几部分规定组成。根据《直接税收法》,原则上伊朗对房地产、未开发的土地、继承财产、从事农业活动、工资、职业、公司、附带收入以及通过各种来源获得的总收入征收直接税收。税务的免除和抵扣取决于其他具体的情况。

目前,公司的收入总额在扣除了经营中的亏损、非免税亏损和直接税法规定的免税款额之后,依照25%纳税。对于在伊朗签订的任何有关建设承包、技术项目、制造安装项目、运输项目、建筑规划项目、测量、绘图、技术监理与核算、技术援助和培训、技术转让和其他方面的服务合同,按总收入的12%纳税。

外国航运和海运公司在伊朗的货运和客运收入税固定为其全部收入的5%,无论此收入是从伊朗还是从目的地或从途中所得。

近年,在铁路电气化改造、高铁建设、高速公路、清洁能源、高科技农业和旅游业等领域,为了吸引外资投入并促进技术转让,伊朗实施了一系列税收优惠政策。例如,2013年,伊朗宣布对在伊朗工矿业的投资免税80%,对在伊朗不发达地区的投资采取10年内100%免税。

五、法律风险评价

(一)营商环境一般

根据2015年世界银行营商环境指南提供的数据,伊朗整体营商环境在世界189个国家和地区中排名第130位,表现一般。伊朗在公司注册、工程承包、财产登记、信贷取得、少数投资者保护等方面分别排名第62位、第172位、第161位、第89位和第154位，基本处于世界中下游水平。

公司注册		信贷取得	
程序个数	6	法律权利强度(0～12)	2
时间(日)	12	信用信息获取度(0～8)	7
成本(占单位收入的百分比)	3.1	调查机构覆盖率	33.8
最低注册资本	0	公司注册处覆盖范围	45

数据来源:2015年世界银行营商环境指南。

（二）合同执行成本适中，破产处置成本较高

伊朗的合同强制执行效率与中东及北非地区的平均水平基本持平，但伊朗合同强制执行成本明显低于地区平均水平。根据2015年世界银行营商环境指南提供的数据，伊朗的合同强制执行效率在世界189个国家和地区中排名66位，表现尚可。在退出机制方面，伊朗破产处置成本较高，其破产处置效率世界排名第138位，低于其所在区域国家平均水平，资产回收率仅为19.5%，和经合组织成员国相比差距较大。

合同强制执行	伊朗	中东及北非地区	经合组织
时间(日)	505	553.8	539.5
成本(占标的额的百分比)	17	48.6	21.4
程序(个)	40	37.2	31.5
破产处置	伊朗	中东及北非地区	经合组织
时间(年)	4.5	3.0	1.7
成本(占资产价值的百分比)	15	13.8	9.0
回收率(每美元美分数)	19.5	27.5	72.3

数据来源:2015年世界银行营商环境指南。

（三）进出口贸易法律限制较多

受伊斯兰教义以及国际制裁影响，伊朗在国际贸易上存在较多限制。伊朗对进出口贸易按照商品类别进行监管，不同商品类型对应不同要求，相关程序繁琐。根据2015年世界银行营商环境指南提供的数据，伊朗的跨境贸易难易度在全世界189个国家中仅排在第148位，处于中下游水平。

伊朗跨境贸易	
出口所需文件数	7
出口时间(日)	25
出口成本(每集装箱/美元)	1350
进口所需文件数	11
进口时间(日)	37
进口成本(每集装箱/美元)	1555

数据来源:2015 年世界银行营商环境指南。

阿拉伯叙利亚共和国

The Syrian Arab Republic

——困境中的阿拉伯雄鹰

阿拉伯叙利亚共和国基本情况

国家名称（中英文）	阿拉伯叙利亚共和国（The Syrian Arab Republic）		
人口（百万）	18.50	人口增长率（年均%）	-1.4
领土面积（千平方公里）	185.2	主要民族	阿拉伯人、库尔德人、亚美尼亚人、土库曼人
官方语言	阿拉伯语	主要宗教信仰	伊斯兰教
政体	总统制	主要政党	阿拉伯复兴社会党
GDP（十亿美元）	—	GDP 增长率（年均%）	—
国民总收入（十亿美元）	—	人均国民收入（美元）	—
通货膨胀率（年均%）	—	外国直接投资净流入（百万美元）	—
外债（百万美元）	4,597	总偿债额占出口贸易和收入的比率	—

数据来源：2015 年世界发展指标数据库。

一、国情简介

阿拉伯叙利亚共和国（以下简称“叙利亚”）位于亚洲大陆西部，地中海东岸。北靠土耳其，东南邻伊拉克，南连约旦，西南与黎巴嫩、巴勒斯坦地区接壤，叙利亚人口共计 1850 万，其中阿拉伯人占 80% 以上，还有库尔德人、亚美尼亚人、土库曼人等。阿拉伯语为国语。居民中 85% 信奉伊斯兰教，14% 信奉基督教。穆斯林人口中，逊尼派占 80%（约占全国人口的 68%），什叶派占 20%，在什叶派中阿拉维派占 75%（约占全国人口的 11.5%）。自内战爆发后，叙利亚国内政治、经济动荡。2015 年 5 月以来，伊斯兰国组织利用叙利亚内战之际陆续占领叙利亚国土，目前已经大量领土被伊斯兰国占领。

（一）政治概况

历史上叙利亚曾历经罗马帝国、阿拉伯帝国、奥斯曼帝国和法国统治，1944 年获得独立，1963 年起由阿萨德家族领导的阿拉伯复兴社会党领导执政至今。2011 年 1 月，叙利亚爆发了大规模的反政府示威，2011 年 3 月示威活动升级，演变成了武装对抗，自此叙利亚陷入政府与反对派之间旷日持久的冲突中。2012 年 2 月，叙利亚举行公投，通过新宪法，主要内容包括：国家政治制度以多元化为原则，改一党制为多党制；通过投票实现政权民主，总统由人民直接选举产生，任期为 7 年等。现任总统为巴沙尔·阿萨德，自 2000 年就任总统。2014 年 7 月，巴沙尔·阿萨德开启了第三个 7 年总统任期。

叙利亚国家立法机构是议会（又称人民议会），其职能包括提名共和国总统人选、通过法律、讨论内阁政策、通过国家总预算和发展计划、批准有关国家安全的国际条约和协定、决定大赦、接受和批准议员的辞呈、撤销对内阁成员的信任等。人民议会于 1971 年 2 月 21 日成立，新一届议会已于 2016 年 6 月 6 日选举执政的叙利亚阿拉伯复兴社会党成员哈迪耶·阿巴斯为人民议会议长，她也成为叙利亚议会建立以来首位女议长。

阿拉伯复兴社会党自 1963 年以来一直为叙利亚执政党，领导统一战线组织全国进步阵线。阿拉伯复兴社会党简称复兴党，成立于 1947 年 4 月，是一个泛阿拉伯的民族主义政党。全国进步阵线成立于 1972 年 3 月，是复兴党为团结其他政党而组成的统一战线组织。2011 年 8 月，叙利亚颁布新的“政党法”和“选举法”，允许实行多党制。2012 年 5 月，7 个新组建的反对党参加了新议会选举。

（二）经济概况

叙利亚是计划经济体制国家，关键性的行业开放程度较低，政府部门下属的国有企业占主导。不过近年来，该国经济逐步向市场经济转轨。叙利亚政府力图通过实施经济建设和社会发展的“十一五计划”（2011 ~ 2015 年），优化经济结构，推动经济发展；但受多重因素影响，叙利亚经济改革进程较为缓慢。自 2011 年内战爆发后，美国及西方国家、阿拉伯国家联盟（以下简称“阿盟”）对叙利亚实施制裁，叙利亚面临石油出口中断、外汇收入锐减、货币贬值、物价上升、失业率高等多重压力，经济增长情况逆转，2011 年和 2012 年出现负增长。根据联合国统计，至 2013 年底，叙利亚内战带来的总经济损失估计为 1430 亿美元。

（三）外交政策

叙利亚局势动荡以来，主要西方国家和部分阿拉伯国家称巴沙尔已失去执政合法性，不断加大对叙利亚制裁、施压力度，力推以巴沙尔下台为核心的政治过渡。2011 年，阿盟通过决议，中止叙利亚成员国资格，中止同叙利亚政府的外交合作，断绝经贸往来。

二、法律概览

叙利亚司法系统是混合了法国法律和伊斯兰法、奥斯曼法以及埃及法的混合型法律制度，属于伊斯兰法系与大陆法系的“混血儿”。现执政党复兴党强调社会主义和世俗的阿拉伯民族主义，在阿拉伯国家里其法律系统具有较浓的西方化和世俗化的倾向。叙利亚在最近几年起草和修正了很多法律，以适应叙利亚的经济和社会的改革，但成效有限，叙利亚目前的法律环境还不能适应经济转型的需要。

（一）法院体系

叙利亚法院分为和平法院（处理不超过10，000叙利亚镑的纠纷）、初审法院、上诉法院以及最高法院。除此之外，叙利亚还有专门处理雇主和雇员关系的劳工和平法院和专门处理农业纠纷的特别法院。

（二）司法协助

叙利亚是《承认及执行外国仲裁裁决公约》的签署国，但截至目前尚未与我国签订双边民商事司法互助协定。

（三）司法效率

叙利亚司法系统腐败现象较为突出，裁判效率低下，而且存在一定程度政治干预司法现象。

三、金融法律制度

叙利亚银行准入法律门槛较高，近年来，通过改革和修法展现出宽松化的趋势，但整体上叙利亚金融法律制度并不完善。

（一）银行准入与监管法律制度

根据叙利亚《2008年第34号法令》，外资金融机构和银行在获得主管部门审批之后，有权在叙利亚注册代表处，外资金融机构和银行注册的业务应符合监管当局规定的要求和条件，并在其管理和监督下开展工作。

叙利亚的银行业监管机构为该国货币信贷委员会，由中央银行日常管理。2009年，叙利亚货币信贷委员会发布了《（512/MN/B4）决议》，以规范外资银行及金融机构在叙利亚境内设立代表处的相关规定。该法规定：外国银行在叙设立代表处，自发起人向叙利亚中央银行资料提交完成至内阁部长会议审批，整个申请流程需在3个月内完成。具体程序如下：

外资银行及金融机构在叙利亚设立代表处的程序	
1	发起人提出意向性申请
2	叙利亚中央银行预审
3	若预审通过,发起人提出正式申请,提交《2001 年第 28 号法》要求的各种资料
4	资料提交完成后,叙利亚中央银行启动正式评估,综合考虑各种因素,形成评估意见,提交货币信贷委员会
5	货币信贷委员会进行进一步评估,形成评估意见,提交叙利亚外经贸部
6	外经贸部对申请提出意见,提交内阁部长会议
7	内阁部长会议形成最终决策

叙利亚《2010 年第 3 号法令》进一步放宽了设立合资银行的各项条件,该法修订了《2001 年第 28 号法令》及《2005 年第 35 号法令》的相关内容,主要针对拟设立合资银行的资本金、单一法人、自然人持股最高比例等条件进行了修改。例如将外国股东持股比例不超过总股本的 49% 的法律限制修改为不超过总股本的 60%;对银行设立资本金的要求也有所降低,由最低要求 15 亿叙利亚镑修改为最低 1000 万叙利亚镑。

(二)担保法律制度

叙利亚有关担保的法律规定,该国已专设了除商业及工业注册登记之外的多个注册部门,以保护和记录私有不动产、车辆、船舶、飞机、工业机器设备等。债权人有权要求债务人对上述财产的抵押、留置及其他方式的担保进行登记备案。登记、备案程序根据担保类型需满足不同的司法审批或者行政审批程序。

四、投资法律制度

叙利亚拥有较为规范的税收制度,并立足于原有的企业法律制度,尝试推动相关投资法律与国内经济发展相适应。但是由于政治因素,其关键性的行业开放程度较低,外汇管制严格且汇率复杂,整体而言投资法律制度并不完善。

(一)企业法律制度

叙利亚公司规范的相关制度集中体现在其于《1952 年第 151 号法令》《2007 年第 33 号法令》(商业法)、《2008 年第 3 号法令》(新公司法)、《2008 年第 4 号法令》(仲裁法)、《2010 年第 84 号法令》与《2010 年第 85 号法令》中。公司类型主要包括普通合伙、有限合伙、隐名合伙、有限责任公司、股份公司等。

《1952 年第 151 号法令》对企业设立进行了规定:任何公司在叙利亚境内设立分支机构需要获得叙利亚经贸部的同意,并受经贸部监管。分支机构需要根据规定支付税金及政府针对本国企业所规定的各项费用。分支机构获得注册后需要在官方报纸上发布公告,在未完成在经贸部注册之前不能开展业务。

《2007年第33号法令》(商业法)对贸易商和贸易行为进行了规定。在更新已有法律的基础上,该部法律也增加了一些新的规定,例如承认了由电子传输的商业账目以及传真文件的合法性。

《2008年第3号法令》(新公司法)则对公司设立进行了规定。这部法律进一步简化了公司设立的手续,以适应叙利亚的经济发展和改革的要求,主要体现在如下六个方面:

《2008年第3号法令》的内容	
1	提供了包括控股公司、离岸公司在内的新的公司形式
2	规定即使公司股东为外国人,在叙利亚境内设立的公司亦可享受叙利亚国籍待遇
3	允许公司以外汇作为注册资本
4	细化了公司法律形式转换的规定
5	允许公司根据业务需要拥有房地产
6	要求股份公司最少要有25个股东

(二)特定行业及领域法律情况

虽然叙利亚近年来一直推进市场化改革,但许多领域仍然不对私营企业及外资企业开放。截至目前,叙利亚还未专门就能源、矿业、农业等领域进行专门立法。

(三)外汇管制

截至目前,从境外向叙利亚境内汇款比较容易,叙利亚国内进口商可通过当地银行充分满足外汇兑换需求;另外,叙利亚注册的企业也可在境外开立账户。但是,从叙利亚境内向境外汇款仍受到较多限制,这与其基本外汇方针、外汇监管等具体规定有关。

1. 基本方针

叙利亚实行较为严格的外汇管制,其基本方针是"集中管理,统一经营"。

"集中管理"系指一切外汇收支均由国家集中管理,表现在:外汇政策和法规由国家统一制定和公布;叙利亚镑汇价由国家统一规定;外汇收支计划由国家统一编制和平衡;外汇资金由国家统一管理和调配;举借外债由国家统一管理。

"统一经营"系指国际结算、国际汇兑、外汇贷款、外汇储备买卖等一切外汇业务,统一由国家指定的银行经营。未经国家批准,任何机构不得经营外汇业务。

2. 监管部门

叙利亚中央银行货币管理局为叙利亚外汇主管部门，它的主要职责包括根据国家政策和经济建设的需要制定全国统一的外汇管制法律和法规，调整和公布叙镑汇价；参与编制国家外汇收支和国际收支计划并组织实施和监督执行；统一管理和调度国家外汇资金；统一管理对外借款；管理经营外汇业务的金融机构的外汇活动；管理和监督贸易、非贸易外汇收支、侨资、外资和合资企业的外汇业务活动等。

3. 汇率制度

叙利亚一直以来采取多重汇率制，曾是世界上汇率制度最为复杂的国家之一。该国政府准许三种汇率形式，即官方汇率、海关使用的汇率和同第三国贸易的汇率。

(四) 税收政策

目前叙利亚与税收有关的法律有《2003 年第 24 号法令》(收入税法)、《2004 年第 60 号法令》《2006 年第 51 号法令》《2007 年第 8 号法令》(新投资法)、《2008 年第 34 号法》等。其中，《2007 年第 8 号法令》(新投资法)包括三项重要内容：

《2007 年第 8 号法令》的内容	
1	允许外国投资者将所有利润以硬通货自由汇出境外，允许出口收入的汇出，允许投资者拥有项目的房产和土地
2	免除所有投资生产项目所需物品的一切关税
3	免除旅游合资公司进口物品的关税和其他税种

叙利亚的主要税种包括企业利润税、印花税、利息税、消费税、不动产税等，税务机构与登记机构为叙利亚财政部。

五、法律风险评价

(一) 营商环境有待改善

叙利亚整体营商环境不佳，多个领域有待进一步改善。世界银行 2015 年营商环境报告数据显示，叙利亚的营商环境在 189 个国家和地区中排名第 175 位，营商发展较为落后。具体而言，叙利亚在获得电力、保护少数投资者利益方面表现尚可，排名分别为第 165 名、第 78 名。但是，叙利亚在公司注册、工程建设、信贷、合同执行方面表现出较大问题，排名分别为第 152 名、第 189 名、第 165 名、第 175 名。其中工程建设在 189 个国家和地区中处于最后一名。税务负担方面，叙利亚企业每年需要纳税 19 次，平均耗时 336 小时，总税率高达 42.5%，在世界银行 2015 年营商环境报告中排名第 117 名。

公司注册		纳税		财产登记	
程序个数	7	每年赋税次数	19	程序个数	4
时间(日)	13	平均耗时(小时)	336	时间(日)	19
成本(占单位收入的百分比)	14.4	总税率	42.5	成本 (占财产价值的百分比)	27.8
最低注册资本 (占单位收入的百分比)	272.1				

数据来源:2015年世界银行营商环境指南。

(二)强制执行成本和破产处置成本较高

自2011年叙利亚内战爆发以来,该国政治、经济等各方面均受到了一定的影响。根据2015年世界银行营商环境指南提供的数据,叙利亚的合同强制执行效率在世界189个国家和地区中排名第175位,破产处置成本在世界189个国家和地区中排名第146位,均处于较低水平。

合同强制执行	叙利亚	美国	经合组织
时间(日)	872	420	539.5
成本(占标的额的百分比)	29.3	30.5	21.4
程序(个)	55	33.6	31.5
破产处置	叙利亚	英国	经合组织
时间(年)	4.1	1.0	1.7
成本(占资产价值的百分比)	9	6.0	8.8
回收率(每美元美分数)	27	88.6	71.9

数据来源:2015年世界银行营商环境指南。

(三)跨境贸易法律限制严重

叙利亚多年以来一直实行计划经济体制,外汇管制较为严格,汇率方面实施多重汇率制,一定程度上阻碍了叙利亚的进出口贸易。其次,叙利亚国内政治动荡,法律不够健全,严重影响了跨境贸易的进行。根据2015年世界银行营商环境指南提供的数据,叙利亚的跨境贸易难易度在世界189个国家和地区中排名第146位。

叙利亚跨境贸易	
出口所需文件数	8
出口时间(日)	18
出口成本(每集装箱/美元)	1995
进口所需文件数	9
进口时间(日)	24
进口成本(每集装箱/美元)	2410

数据来源:2015 年世界银行营商环境指南。

(四)税务负担较重

叙利亚本地企业和居民及外国投资者税务负担较重。根据 2015 年世界银行营商环境指南提供的数据,叙利亚在税收方面在世界 189 个国家和地区中排名第 117 位。

税收指标	叙利亚	经合组织
纳税(次)	19	11.8
时间(小时)	336	175.4
应税总额(占利润百分比)	42.5	41.3

伊拉克共和国

The Republic of Iraq

——百废待兴的巴比伦王国

伊拉克共和国基本情况

国家名称（中英文）	伊拉克共和国（The Republic of Iraq）		
人口（百万）	36.42	人口增长率（年均%）	3.2
领土面积（千平方公里）	435.2	主要民族	阿拉伯人、库尔德人、亚美尼亚人、土库曼人
官方语言	阿拉伯语	主要宗教信仰	伊斯兰教
政体	议会制	主要政党	伊拉克名单、法治国家联盟 伊拉克国家联盟、库尔德联盟等
GDP（十亿美元）	168.71	GDP 增长率（年均%）	2.1
国民总收入（十亿美元）	202.04	人均国民收入（美元）	5,550
通货膨胀率（年均%）	-26.0	外国直接投资净流入（百万美元）	3,469
外债（百万美元）	—	总偿债额占出口贸易和收入的比率	—

数据来源：2015 年世界发展指标数据库。

一、国情简介

伊拉克共和国（以下简称“伊拉克”）位于亚洲西南部，阿拉伯半岛东北部。与土耳其、伊朗、叙利亚、约旦、沙特、科威特接壤，东南濒波斯湾，海岸线长 60 公里。幼发拉底河和底格里斯河自西北向东南流贯全境。伊拉克全国人口中阿拉伯人约占 78%（什叶派约占 60%，逊尼派约占 18%），库尔德人约占 18%，其余为土库曼人、亚美尼亚人等。官方语言为阿拉伯语，通用英语。居民中 95% 以上信奉伊斯兰教，少数人信奉基督教或犹太教。

伊拉克有悠久的历史，公元前 4700 年就出现了世界上最早的城市乌鲁克。公元前 2000 年建立了巴比伦王国，被誉为“四大文明古国”之一。1990 年，伊拉克入侵科威特引发海湾战争，受到联合国制裁。2003 年 3 月 20 日，美国、英国等国单方面发动伊拉克战争。同年4月9日,美军攻占巴格达,萨达姆政权被推翻。5月1日,美国总统布什宣布伊拉克主要战事结束。2011年底,美国从伊拉克撤出全部作战部队。战后,伊拉克政治格局混乱,社会动荡不安,失业率高居不下。

(一)政治概况

2003年3月20日伊拉克战争爆发后,美国英国为首的联军占领伊拉克,联军主导的"联盟驻伊拉克临时管理当局"(以下简称"占领当局")于同年7月成立"伊拉克临时管理委员会",并与其就权力移交时间表达成协议。2004年6月,伊拉克临时政府成立。6月28日,占领当局向临时政府移交权力。2005年1月,伊拉克举行过渡国民议会选举,并于4月底组成过渡政府。2005年10月,伊拉克新宪法草案在全民公决中获得通过,伊拉克宪法确立伊斯兰教为国教,国体为人民民主共和国。伊拉克设总统委员会、总理府和议会,实际行政权力掌握在以总理为首的部长内阁手中。

经历战争后,伊拉克政局多次动荡,目前伊拉克主要政党有伊拉克名单、法治国家联盟、伊拉克国家联盟、库尔德联盟。2014年4月30号,伊拉克举行新一届全国议会选举,这是2003年伊拉克战争后的第三次议会选举,也是2011年年底美军撤离后伊拉克举行的首次大选。包括政党、政治联盟和独立候选人在内的近280个政治实体、共9000多名候选人角逐下届议会的328个席位。2014年7月,来自伊拉克库尔德自治区两大执政党之一的库尔德斯坦爱国联盟福阿德·马苏姆当选伊拉克新总统。

(二)经济概况

伊拉克95%的国家收入来自石油。1990年8月伊拉克入侵科威特后,联合国对伊拉克实行严厉的经济制裁,该国经济遭受沉重打击。1996年联合国安理会通过第986号决议(即"石油换食品"计划),允许伊拉克出口石油,用以购买食品和药品等人道主义物资,之后,伊拉克经济状况稍有好转。

伊拉克战争后,安理会于2003年5月通过第1483号决议,取消了对伊拉克除武器禁运以外的所有经济制裁。2008年7月,伊拉克授予35家外国石油公司参与竞标伊拉克未来石油和天然气开采合同的资格。2009年6月和12月,伊拉克举行两轮国际石油招标。2010年和2011年,伊拉克举行第三、四轮国际招标,主要集中在气田领域。但受安全形势拖累,伊拉克经济重建进展缓慢。

(三)外交政策

伊拉克战争后,伊拉克奉行积极务实的外交政策,重视发展同大国关系,特别是同美国、英国的关系;寻求同周边国家开展合作,为国内稳定创造良好的外部环境,努力争取国际社会为伊拉克战后重建提供帮助。目前,伊拉克已与近80个国家恢复或建立了外交关系,并恢复了在阿拉伯国家联盟、伊斯兰会议组织、联合国、国际货币基金组织、石油输出国组织等地区和国际组织内的活动。

伊拉克与中国于1958年8月25日建交，建交后两国党政、民间团体来往频繁。1990年海湾危机后，中国根据联合国安理会有关决议，中止了与伊拉克的经贸、军事往来。2003年，伊拉克战争爆发，中伊关系受到影响。战后，随着伊拉克制度重建的发展，中伊双边交往逐渐恢复。

二、法律概览

（一）法律体系

伊拉克法律体系属于大陆法系和伊斯兰法系结合的混合型法律体系。一方面，伊拉克法律曾经受到埃及、法国等多国民法的影响，带有大陆法系特征；另一方面，伊拉克《宪法》明确规定伊斯兰教是所有法律的基础，任何法律不得违背伊斯兰教原则，故其法律体系又带有浓厚的伊斯兰宗教色彩。

库尔德自治区在伊拉克国家的法律体系中具有一定的特殊性，具体体现在：1991年前通过的法律可以适用于库尔德自治区，而1991年之后通过的法律并不都适用于库尔德自治区；当联邦政府法律与库尔德法律发生冲突时，一般以库尔德法律优先。

截至目前，伊拉克已经拥有成文宪法、民法、刑法、身份法、军事法、选举法和国际法，以上法律共同构成了现代伊拉克法律体系。该国2005年10月颁布的《宪法》规定了许多个人权利，包括言论自由、宗教自由、出版自由、游行、示威及个人隐私权等；2003年6月的“第七号法令”对1971年《刑事诉讼法》及《刑事处罚法》作了一些修订。

（二）司法制度

1. 诉讼制度

伊拉克法院分为普通法院和特别警察法院。普通法院审理普通民刑事案件，也有权对涉及离婚和财产继承权的案件实施伊斯兰法。普通法院包括最高法院、终审法庭，众多上诉法院和伊拉克中央刑事法庭。

伊拉克最高法院是解释宪法和决定相关法律法规是否违宪的独立司法机构。同时，它还作为最高级别的上诉法院，解决联邦政府之间，联邦政府与地区政府或其官员、地方行政授权机关之间的争议，并可直接指控总统、首相及各部大臣，并可以决定伊拉克国民议会普选最终结果的合法性。

特别警察法院一般审理国家安全案件，有时也审理一些刑事案件，凡涉及间谍、叛国、走私和贩毒等方面的案件都属于特别警察法院的司法管辖范围。

2. 司法协助

伊拉克具有良好的国内仲裁法，但与国际仲裁尚未接轨。伊拉克是《阿拉伯商业仲裁条约》（1987年）和《利雅得阿拉伯司法合作条约》（1983年）的签字国，但尚未签署或采纳《承认及执行外国仲裁裁决公约》（即《纽约公约》）及作为公约附件的规则和程序。

（三）司法效率和其他事项

1. 司法效率

伊拉克司法效率低下，进程缓慢，一件案子从上报法院到最终裁决可长达 3 年之久。

2. 征收及国有化

伊拉克《宪法》第 23 条第 2 款，规定禁止征用在伊拉克投资兴业的外国投资者的财产，除非它是“为了公共利益并给予了公正的补偿”。2006 年颁布实施的《投资法》第 12 条第 3 款还规定，“不没收或国有化外商投资项目所涉及本法规定的全部财产或部分财产，除非该项目得到最终司法判决”。但由于缺乏实施条例，该条法律在实践中的适用具有不确定性。

因此，外国投资者是否享有符合国际标准的免除征用和得到补偿的权利，取决于伊拉克国内实际执法情况及两国签订的双边投资保护协定。

三、金融法律制度

（一）银行准入法律制度

外国银行可以向伊拉克中央银行申请在伊拉克成立子公司或者设立分行、代表处。其获得中央银行许可后可以在当地开展与本地银行相同的业务。

<table>
<tr><th colspan="4">银行准入形式及要求</th></tr>
<tr><th>形式</th><th colspan="2">设立要求</th><th>利率要求</th></tr>
<tr><td>子公司</td><td colspan="2">需获得伊拉克央行颁发的许可证书；
资本金需达到 500 亿第纳尔（约合 4300 万美元）。</td><td rowspan="3">伊拉克中央银行根据隔夜利率以及银行间利率制定基准利率作为参考利率，但不对商业贷款利率制定任何限制，贷款利率由双方谈判确定</td></tr>
<tr><td>分支机构</td><td>需获得该银行母国监管部门的许可
需获得伊拉克央行颁发的许可证书</td><td>需提交的申请材料：银行概况、国际业务概况、在伊拉克的投资方式、商业计划、信用风险管理策略以及伊拉克央行颁布的《外国银行执照申请指南》中要求提供的其他信息</td></tr>
<tr><td>外资参股</td><td>要求持股比例不高于 50%</td><td></td></tr>
</table>

（二）担保法律制度

伊拉克承认各类型的担保，其担保方面的法律主要包括《民法》《商业法》《公司法》。根据民法规定，担保可分为三类：一是基于土地和土地上的建筑物的实物担保；

二是基于土地及其他资产的所有权担保；三是股权担保。伊拉克《商业法》(1984 年 30 号法律)对商业行为中的抵押担保做了一般性规定。在实际操作中，由其部级部门监管商业领域中提供和接受金融担保的行为。伊拉克《公司法》还允许用合伙制企业的股权或者私人投资的有限责任公司的股权作为担保。

伊拉克担保法律制度	
种类	法律规定
土地抵押	必须由抵押人和出借人双方在见证人见证下签署抵押协议，双方还必须到土地所在地的土地管理局注册，然后由土地管理局工作人员到现场对土地市场价值进行评估，抵押协议方能生效
	土地抵押的数额必须以伊拉克第纳尔表示，根据《伊拉克房地产注册法》(1971 年 43 号法律)相关规定，土地抵押贷款不包括复利，同时利息不能超过债务本金
	债权人有权反对任何减少抵押物价值的行为。然而抵押人可以将抵押物出售给第三方，第三方必须同时接收与抵押物相关的债务，除非在交易之前债务已还清，抵押已取消，与抵押物相关的收益及风险仍属于抵押人
	贷款到期时，出借方必须通知抵押人，如果抵押人在 7 天内仍不偿还贷款，出借方可以向法院申请出售抵押物。法院判决同意出售抵押物后，抵押物通过公开拍卖的方式出售。如果抵押人在抵押过程中将抵押物出售给第三方，则债权人需同时通知原抵押人和购买抵押物的第三方，若 30 天内借款人仍未偿还债务，债权人可以向法院提出出售抵押物申请，出售抵押物所获得的资产超过债务的部分归购买抵押物的第三方所有
	因伊拉克限制外国人在伊拉克拥有土地，因此外国人必须通过伊拉克境内的代理(一般是伊拉克本地银行)来获得土地抵押担保。外国人应关注对土地转让的限制条款有可能会降低土地抵押的价值
所有权抵押	所有权抵押包括动产(如车辆、机器设备等)、不动产(如土地、房产等)和债权。土地所有权抵押与土地抵押一样，需要到土地所属地的土地管理局注册备案。车辆、机械设备等所有权抵押也需要到相关政府部门注册备案，然而实际操作中这种注册备案并不是很明确。可移动资产用作抵押时，必须对该资产抵押时间及状况做好记录。伊拉克法律制度可以用作抵押的资产主要有：土地及建筑物(出借人拥有所有权，但抵押人拥有使用权)、现金(如果是银行账户担保，抵押人不得动用作为抵押的现金，该笔现金必须存放在冻结账户中)、承兑票据、车辆、债权、有形资产(如提货单)等
	当债务到期借款人无法偿还债务时，出借方可在 7 天后向法院递交申请，将抵押的资产公开拍卖，拍卖所得用来偿还债务

续表

种类	法律规定
股权抵押	尽管伊拉克公司法允许合伙制公司和有限责任公司的股权为债务提供抵押担保,但并不是所有依据伊拉克法律创建的实体资本都可以用来为债务提供担保 股权抵押双方必须签订书面协议,并且要在公司记录中标明谁的股份为何事提供抵押。债务到期借款人未能偿还债务时,只有在法院判决下债权人才能获得该股权
优先权	公司破产清算时,被担保的债权人优先于未被担保的债权人。若同一资产被用于向多人提供担保,则以建立担保的时间先后确定优先顺序。伊拉克《民法》还规定了在公司破产清算时,一些特定的债务优先于一般债务和被担保的债务。这些特定的债务主要有:所欠伊拉克国家的税费及其他费用;清算过程中所发生的法律费用;保管、维修可移动资产的费用;债务确立前6个月所欠员工的工资、福利等。

(三)法律适用

《伊拉克特别法庭规约》明确:法庭建立的宗旨为执行伊拉克法律,同时又不违背国际法的基本原则。伊拉克的贷款协议可以约定适用外国法律,例如英国法。

(四)主权豁免

主权豁免是指国家根据主权和国家平等的原则,不接受他国管辖的特权。伊拉克法律没有对放弃主权豁免有明确的规定。

四、投资法律制度

为鼓励和保护外资到伊拉克投资,伊拉克政府已通过了《投资法》(2006年13号法案),《投资法》确立伊拉克投资管理委员会(NIC)为到伊拉克投资的外国公司颁发许可证的管理机关。伊拉克法律为外国投资者提供了财产保护依据。

(一)企业法律制度

外国公司在伊拉克设立企业的形式可以是分公司及独资、合资、合作和股份制实体等形式。伊拉克投资委员会可以提供一站式服务,投资者也可以自己委托律师办理。

在设立程序上,外国公司应首先到伊拉克各省商会核对拟投资企业名称是否有重名,然后持相关文件到伊拉克投资委员会申办企业投资许可证,委员会在30天内予以批复;如有必要还需到其他部委申办许可证,如环保部、卫生部等。拿到许可证后到伊拉克贸易部公司注册处登记注册,然后再到伊内政部备案,最后到当地税务局进行税务登记。

企业设立应提交的相关文件包括:当地律师委托函、授权代表委托书、项目建议书、个人护照复印件、注册企业申请表、经过公证的相关文件等(如企业营业执照复印件和技术资质证明、银行资信证明、公司过去3年经营状况报告)。

（二）特定行业、领域法律情况

1. 石油、天然气行业法律情况

石油等优势产业为伊拉克向海外投资者提供鼓励政策的重点行业。战后伊拉克修改了某些法律条款，向跨国石油企业投资者提供了更为优惠的政策，允许外国石油公司投资石油上游领域的勘探开发，并在随后的石油产出收益中回收投资。伊拉克石油部公布的与石油天然气相关的法律有：《原油炼化私人投资法案》（2007 年 64 号法案）《原油炼化私人投资法第一次修改法案》（2011 年 7 月 3 号法案）《国内成品油进口与销售法案》（2006 年 9 号法案）以及《在伊拉克境内工作的外国石油公司税收规定》（2010 年 19 号法案和 2011 年 5 号法案）。

2007 年 8 月 6 日，库尔德地区政府批准了基于石油生产分成的区域性石油法案，该法案允许外国投资者进入库尔德地区政府拥有的石油公司—库尔德石油开采生产公司和库尔德国家石油公司。

2. 自贸区法律情况

自由贸易区管理局第 3/1998（FZL）令规定，允许通过工业、商业和服务项目投资自由贸易区。

自由贸易区业务活动	
允许在自由贸易区进行的业务活动	被禁止的活动
工业活动，如装配、安装、整理、填充过程	现行法律不允许的活动，诸如武器制造、环境污染行业和原产地被禁止的活动
贮存、再出口和贸易业务	
各种服务项目及储存和运输项目	
银行、保险和再保险业务	
补充和辅助的专业和服务活动	

（三）外汇管制

根据伊拉克国家投资法相关条款的规定，外国投资者可以通过银行将资本或资金转移到伊拉克境内或境外。借款人可以在境外开立账户，但国家石油贸易账户开在美联储，所有石油贸易收入必须进入其美联储账户。

此外，伊拉克政府明确表示，凡得到有效文件和证件支持，对涉及汇率的现金交易或资本交易不设任何限制。但这并不意味着货币兑换可以完全自由进行，实际操作中仍存在不确定性。

（四）税收规定

1. 税种

根据伊拉克税法，国内税主要包括四种：个人所得税、公司所得税、房屋租赁税、土地租赁税。其中公司所得税税率为35%,房屋租赁税税率为10%,土地租赁税税率为2%。

进口商品必须交纳关税。对临时进口的商品,必须先交纳关税,待其出关之时,再予以返还。关税的计税依据,包括从量征税及从价计税。此外,对所有应征收进口税的项目都必须课征相当于关税一定比例的附加费。不过某些国家急需的产品和机械设备免收关税;通过邮寄入关的物品,如果不超过一定标准,也可免税进关;没有商业价值的样品和贸易目录(包括价格表、广告传单和海报)准许免税进关。

2. 征纳程序

伊拉克税收管理机关由隶属于伊拉克财政部的税务总局和首都巴格达18个税所及各省税务分局组成。根据伊拉克税法,国营公司和私人公司每年向税务局报税,并缴纳公司所得税,纳税报告一般由注册会计师事务所负责编制。每年前6个月为公司上年度纳税报告准备阶段。纳税报告包括完成项目的名称、成本、利润等详细信息并附上所有发票。纳税报告编制费用约200美元。

3. 税收优惠

伊拉克国家投资法在理论上可以让国内外投资者有资格获得同样的优惠待遇。它还允许投资者依照法律规定汇出投入伊拉克的资本和获得的收益。法律原则上还允许获得投资许可的投资者享有10年免税的优惠。投资的酒店、旅游机构、医院、保健机构、康复中心和科研机构也享有进口家具和其他设备环节中的免税优惠。如伊方合作伙伴的投资份额大于50%,合作项目的免税期限可延长至15年。但缺乏实施细则导致法律在实际操作中存在不确定性。

根据伊拉克内阁2009年9月决定,对所有在伊拉克的公司(包括外国公司)征收35%所得税,如经特批,可以免税或按15%税率纳税。

五、法律风险评价

(一)营商环境有待改善

伊拉克整体营商环境不佳,许多方面有待改善。世界银行2015年营商环境报告数据显示,伊拉克营商环境在189个国家和地区中排名第156位。但伊拉克在办理施工许可方面表现出色,在189个国家和地区中排名第9位,胜于许多发达国家。此外伊拉克在电力获得、纳税方面表现尚可,排名分别为第36位和第52位。不过其在公司注册、信贷获取、跨境贸易、办理破产等方面表现不佳,排名分别为第142位、第180位、第178位和第189位,几近触底。因此,企业在准入、信贷、跨境贸易和破产方面可能会遇到较大的法律风险。

公司注册		纳税		财产登记	
程序个数	10	每年赋税次数	13	程序个数	5
时间(日)	29	平均耗时(小时)	312	时间(日)	51
成本 (占单位收入的百分比)	38. 2	总税率	27. 8	成本 (占财产价值的百分比)	8. 2
最低注册资本 (占单位收入的百分比)	12. 8				

数据来源:2015 年世界银行营商环境指南。

(二)合同强制执行成本和破产处置成本均较高

伊拉克战争于2010 年结束,但战争对伊拉克国内政治及法律秩序造成的打击和影响,将在很长时间内延续。根据2015 年世界银行营商环境指南提供的数据,伊拉克的合同强制执行效率在世界 189 个国家和地区中排名第 141 位,破产处置成本在世界 189 个国家和地区中排名第 189 位,企业在伊拉克经营将面临较高的执行及退出成本。

合同强制执行	伊拉克	美国	经合组织
时间(日)	520	420	539. 5
成本(占标的额的百分比)	28. 1	30. 5	21. 4
程序(个)	51	33. 6	31. 5
破产处置	伊拉克	英国	经合组织
时间(年)	不明	1. 0	1. 7
成本(占资产价值的百分比)	不明	6. 0	8. 8
回收率(每美元美分数)	不明	88. 6	71. 9

数据来源:2015 年世界银行营商环境指南。

(三)跨境贸易法律存在限制

伊拉克目前跨境贸易法律环境不佳。外汇管制方面,根据伊拉克《国家投资法》相关条款的规定,外国投资者可以通过银行将资本或资金转移到伊拉克境内或境外。理论上,国外投资者有资格获得与本国企业相同的待遇,投资者也可按照法令规定汇出投入伊拉克的资本和获得的收益。

受战争及其他相关法律体系不健全的影响,伊拉克跨境贸易存在明显限制,外资企业在伊拉克出现法律纠纷时很难通过法律途径得到救济。根据 2015 年世界银行营商环境指南提供的数据,伊拉克的跨境贸易难易度在世界 189 个国家和地区中排名第 178 位,比处于战争状态的叙利亚排名还要靠后,可见战后伊拉克若想融入国际贸易体系还需跨越更大的障碍。

伊拉克跨境贸易	
出口所需文件数	10
出口时间(日)	80
出口成本(每集装箱/美元)	3550
进口所需文件数	10
进口时间(日)	82
进口成本(每集装箱/美元)	3650

数据来源:2015 年世界银行营商环境指南。

阿拉伯联合酋长国
The United Arab Emirates
——沙漠中的海湾明珠

阿拉伯联合酋长国基本情况

国家名称（中英文）	阿拉伯联合酋长国（The United Arab Emirates）		
人口（百万）	9.16	人口增长率（年均%）	0.8
领土面积（千平方公里）	83.6	主要民族	阿拉伯人等
官方语言	阿拉伯语	主要宗教信仰	伊斯兰教、基督教
政体	君主制、联邦制	主要政党	无
GDP（十亿美元）	370.29	GDP 增长率（年均%）	3.2
国民总收入（十亿美元）	395.32	人均国民收入（美元）	43,170
通货膨胀率（年均%）	-10.2	外国直接投资净流入（百万美元）	10,976
外债（百万美元）	—	总偿债额占出口贸易和收入的比率	—

数据来源：2015 年世界发展指标数据库。

一、国情简介

阿拉伯联合酋长国（以下简称"阿联酋"）是由阿布扎比、迪拜、沙迦、哈伊马角、阿治曼、富查伊拉、乌姆盖万 7 个酋长国组成的联邦国家，位于阿拉伯半岛东部，北濒波斯湾，西北与卡塔尔为邻，西和南与沙特阿拉伯交界，东和东北与阿曼毗连，海岸线长 734 公里，总面积为 83,600 平方公里。

阿联酋人口数约为 916 万，其中，外籍人员占 88.5%，主要来自印度、巴基斯坦、埃及、叙利亚、巴勒斯坦等国。该国居民大多信奉伊斯兰教，且多数属于逊尼派。阿拉伯语为阿联酋官方语言，英语为通用语言。整体来看，阿联酋政局稳定，对内积极推动经济发展和国家现代化建设，对外交往活跃，注重加强与海湾地区国家及其他大国关系，在地区和国际事务中发挥了积极作用。

（一）政治概况

阿联酋最高行政权力机构为联邦最高委员会，由七个酋长国的酋长组成，负责国内外重大政策制定、审核联邦预算、批准法律与条约等。阿联酋总统和副总统从最高委员会成员中选举产生，每届任期5年，总统兼任武装部队总司令。阿联酋作为联邦国家，在外交和国防相对统一的基础上，各酋长国还拥有一定的独立性和自主权。联邦经费基本上由阿布扎比和迪拜两个较大的酋长国承担。

阿联酋于1972年成立联邦国民议会，具有立法与监督的双重职能，有权讨论与修改内阁会议提出的法案。2006年，阿联酋颁布新的议会选举法，规定联邦国民议会成员为40名，其中20名由各酋长国酋长提名，总统任命，其余20名由间接选举产生。同年11月，阿联酋按照新法规定举行国民议会选举，成为阿联酋民主改革的重要一步。2015年11月18日，联邦国民议会在阿联酋首都阿布扎比举行会议，阿迈勒·古拜希被选为新一届联邦国民议会议长。

（二）经济概况

阿联酋经济以石油生产和石油化工工业为主，兼具多元化发展方向，将扩大贸易、增加非石油收入在国内生产总值中的比重作为经济发展的重要任务。重视利用天然气资源发展水泥、炼铝、塑料制品、建筑材料、服装、食品加工等工业，以及积极推动农、牧、渔业等第一产业发展。不仅如此，阿联酋政府还充分利用各种财源，发展科教文卫事业、加强基础设施建设等。

21世纪起，阿联酋着重发展了民航产业，并建立以迪拜、阿布扎比为核心的全球航空转运网络，目前以上两地民航市场占有率在中东地区位居前列。此外以上两地还是阿联酋旅游业最为发达的地区。尤其是迪拜，作为中东地区的转运中心、科技网络城和观光旅游购物城，已将旅游经济作为该地主要收入来源之一。阿布扎比的旅游业也相当的发达，年平均增长率达15%～20%。近年来，基于阿联酋构建的多元化经济发展模式，近5年人均GDP位列世界前十，平均GDP增长率约为4%，通货膨胀率和财政支出均被控制在合理范围内。阿联酋是中国在阿拉伯世界最大出口市场和第二大贸易伙伴。2015年，双边贸易额为486亿美元，其中我国出口371亿美元，进口115亿美元，同比分别下降11.3%、4.9%和27.2%。我国主要出口机电、高新技术、纺织和轻工产品，主要进口液化石油气、原油、成品油、铝及铝制品等。2015年，中国从阿联酋进口原油1257万吨，同比增长7.8%。

（三）外交政策

阿联酋奉行中立、睦邻友好和不结盟的外交政策。主张通过和平协商解决争端，维护世界和平。在加强同美国等西方国家关系的同时，推进海湾合作委员国家的团结与合作，积极发展与阿拉伯、伊斯兰以及第三世界国家关系。近年来，阿联酋还推行"东向"政策，注重发展与中国、日本等亚洲国家关系。截至目前，阿联酋已同147个国家建立了外交关系。

中国与阿联酋于1984年建交，长期以来，两国友好合作关系发展顺利。特别是近年来，呈现全面、快速发展势头。两国高层互访和各级别往来不断，在国际和地区事务中相互支持与配合。

二、法律概览

（一）法律体系

阿联酋法律体系受沙里亚法（伊斯兰法）、欧洲大陆法和埃及法典影响深远。其中，沙里亚法又是阿联酋法律原则的核心与法律体系的基础。在宪法中，沙里亚法既被视为一种宗教教义，也是该国法律的重要渊源。目前，沙里亚法的重要原则除间接影响了阿联酋刑法和民法外，还被直接应用于亲属法、婚姻法和继承法等社会家庭法领域。此外，沙里亚法对阿联酋商事交易及《商法典》的发展也起到了重要作用。沙里亚法主要原则及释义如下：

沙里亚法的主要原则及释义	
禁止收取利息	根据沙里亚法，金钱不属于商品，因而不能交易，即使未被使用也不存在价值，所以利息是一种不当收入
共担风险	由于利息付款不属于收入来源，投资者应按其投入交易中的出资比例承担收益或损失，即承担不同级别的风险
禁止合同的不确定性	双方应当理解全部合同条款，即双方应先就价格和商品数量达成一致，再将其写入合同条款
行为能力	正如大多数法域规定的那样，沙里亚法明确规定，合同当事人必须拥有理解、承担合同义务的行为能力
意思自治	当事人应按其自由意志签署合同，不应受到强迫和威胁

（二）司法制度

1. 法院体系

阿联酋现行法院体系分三级，包括初审法院、上诉法院和终审法院。其中，初审法院包含民事法院、刑事法院和伊斯兰法院，民事法院和刑事法院属于世俗法院，伊斯兰法院则负责处理社会家庭法，如婚姻、继承等案件的审理。

2. 司法协助

阿联酋于2006年加入《承认及执行外国仲裁裁决公约》（以下简称《纽约公约》），有关仲裁裁决执行的相关事项原则上可以依照该公约处理。但阿联酋现行《仲裁法》是按照《民事诉讼法》制定的，尚未结合《纽约公约》对《仲裁法》进行修改。因此，如需在阿联酋执行外国仲裁裁决，还必须满足阿联酋《民事诉讼法》的以下规定：一是审理案件的仲裁员须具备仲裁地的仲裁员资格；二是仲裁所涉争议不属于阿联酋法院的专属管辖范围；三是仲裁当事方得到进行仲裁程序的通知；四是仲裁裁决符合裁决做出地的法律；五是仲裁裁决不得与阿联酋法院的判决和裁定相抵触；六是仲裁裁绝不得违反阿联酋的公共政策。

（三）司法效率及其他事项

阿联酋市场化程度较高，法制相对健全，一切照章办事，政府官员受贿等腐败现象少。根据2015年世界银行营商环境指南提供的数据，阿联酋的合同强制执行效率在世界189个国家和地区中排名第18位，司法效率较高。

三、金融法律制度

（一）银行准入法律制度

1. 主要金融法律法规

阿联酋金融法律体系由《联合法》《联邦法》以及阿联酋中央银行颁布的条令等各类法律法规构成，主要如下：

<table>
<tr><th colspan="3">阿联酋金融法律体系</th></tr>
<tr><th colspan="2">法律名称</th><th>主要内容</th></tr>
<tr><td colspan="2">《联合法》（1980，No. 10）</td><td>关于中央银行、货币体系及银行组织</td></tr>
<tr><td colspan="2">《联邦法》（1985，No. 6）</td><td>关于伊斯兰银行、金融机构和投资公司</td></tr>
<tr><td rowspan="4">涉及反洗钱的法律</td><td>《联邦法》（No. 3）</td><td>关于颁发刑法典</td></tr>
<tr><td>《联邦法》（No. 4）</td><td>关于洗钱犯罪</td></tr>
<tr><td>《联邦法》（No. 8）</td><td>关于金融自由区</td></tr>
<tr><td>《联邦法》（No. 1）</td><td>关于反恐怖袭击</td></tr>
</table>

2. 外国银行代表处业务范围

阿联酋法律允许外国银行在阿联酋设立代表处，并且通过列举与排除的方式设定了代表处在阿联酋境内的业务范围，具体内容如下：

<table>
<tr><th colspan="2">外国银行代表处业务许可与禁止范围</th></tr>
<tr><td rowspan="5">许可事项</td><td>代表该外国银行在阿联酋境内从事非经营性活动，包括与相关各方的联系及促进其在当地市场的服务</td></tr>
<tr><td>向其总部提供关于阿联酋经济发展的信息</td></tr>
<tr><td>向其客户提供关于阿联酋市场的信息</td></tr>
<tr><td>向有兴趣在其所代表的外国银行所在国拓展业务的阿联酋有关各方提供信息</td></tr>
<tr><td>向客户提供银行、财务和投资方面的咨询服务</td></tr>
<tr><td>禁止事项</td><td>代表处禁止开展任何其他商业活动，包括禁止开展任何类型的正常银行业务，例如接受存款、为客户开设任何种类的账户、出具保函、开立信用证、进行外币、证券和金属交易等</td></tr>
</table>

(二)担保法律制度

1. 担保类型

根据阿联酋法律的一般规定,担保只能以抵押或质押的形式设立,且经抵押或质押经登记才能获得优先权。在阿联酋,主要抵质押形式有:不动产抵押、商业企业抵押、动产抵押或质押、银行账户质押以及股份质押。同时,阿联酋法律还规定,质押财产必须实际存在并可识别。各担保类型的具体内容如下:

担保类型	具体内容
不动产抵押	阿联酋法律将土地权益分为所有权、用益物权和租赁物权。土地权益的性质,决定了土地权益是否可以抵押,以及抵押权人担保权益及担保价值。此外,土地抵押将自动延伸至未来抵押土地上建造的建筑物和构筑物
动产的抵押	根据阿联酋法律规定,对于经登记的财产,包括车辆、船只和飞行器,可以设立登记抵押。该类登记抵押的设立,需要签署书面抵押合同并向登记机构办理抵押登记
商业企业抵押	根据阿联酋法律,商业企业由有形要素(货物、机器、设备)和无形要素(商号、知识产权等)构成,且可以进行抵押。商业企业抵押需签署并公证阿拉伯语抵押合同并向商业登记机构登记
银行账户质押	质押账户内的资金在账户质押设立时必须经确认且可以识别。实际操作中,为解决运营账户或余额波动的账户设立质押的困难,该国通常将质押人的现金留置于由质押权人(即贷款人)所持有或控制的账户,或者寻求替代方式,例如扫账、储备账户或离岸账户
股份质押	上市股份公司、非上市股份公司、股份有限合伙和自贸区公司等四类公司可以发行股份并可对股份进行质押,有限责任公司的股权或份额一般不能质押
权利转让	根据阿联酋法律,对权利特别是协议项下的合同权利包括应收账款的担保设立,一般通过权利转让的形式进行。实质上,权利转让仅是双方当事人的合同安排,法律并未赋予受让人任何优先权

2. 担保的执行

阿联酋法律并不承认“自力救济”方式,只有依据阿联酋法院发布的执行命令才能执行担保。

(三)法律适用

依惯例,贷款协议可约定适用外国法,例如英国法。

(四)主权豁免

阿联酋政府机构不能免于起诉,但可免于执行。阿联酋的自然人可能需要提起对抗政府机构的动议,作为政府机构放弃主权豁免的先决条件。根据迪拜 1996 年第 3

号关于政府诉讼的案例,阿联酋自然人必须先提交一个关于该争议详细的书面材料。

四、投资法律制度

(一)企业法律制度

阿联酋政府颁布的企业法律制度对其国内公司实行保护政策,并对国外公司限制较多。但迪拜金融中心及海湾合作委员会为国外金融机构以及海湾合作委员会居民提供了政策性便利。此外,阿联酋税收政策在联邦层面较为友好。这决定了阿联酋投资法律制度总体来说限制与优惠并存。

1.《公司法》

阿联酋规制企业的法律制度主要由1985年生效的《商业公司法》(以下简称《公司法》)及为进一步加强与完善此法的《阿联酋联邦法案》(1988年第13号)组成。其中,整个企业法律制度的框架由《公司法》搭建,该法涉及范围广泛,有329项条款,其重要内容如下:

《公司法》重要内容介绍	
章节概要	阿联酋组建公司的组织形式;合伙人、股东及其他与公司有关人员的权利与义务;公司的变更、兼并与清算问题;政府对公司的监督和检查问题
适用范围	在阿联酋组建的商业公司或在阿联酋开展主要业务的公司
公司形式	所有在阿联酋建立的公司必须采用普通合伙公司、合伙有限公司、合资公司、公开合股公司、不公开合股公司、有限责任公司和股份合伙有限公司这七种公司形式之一,否则将被视为无效
外资设立公司的限制性规定	须有一个或多个阿联酋籍合伙人或股东,且在公司资本中所占股份不少于51%
	外国公司持有股份被限制在49%以内
	除外规定:在自由贸易区经营的公司,或是与联邦政府或酋长国政府达成“特别协定”的公司不受此限制

2. 外国投资及跨境贸易限制性规定

在阿联酋从事贸易、投资、承包劳务等业务的外国人必须按注册指南办理公司注册,并均须遵守《公司法》《商业代理法》和《劳动法》的规定。

阿联酋政府对其国内公司一直实行保护政策,举例来说,如《阿联酋商业代理法》规定,外国公司和商人不得直接在阿联酋市场上销售产品,须通过当地代理才能进口和销售。如果外国公司要建立分支机构,也必须寻找本地“代理”。外国公司在购置工程用大型机械设备上也受到某些限制,并且面临着指定材料供应商等问题。同时有关政策还规定,不允许外国个人及公司拥有土地。此外,阿联酋政府规定,外国公司在阿联酋承包工程不能享受工程预付款,须垫资承包。这样的规定加大了外国承包商固定资产和流动资金投入量,延长了回收期。

3. 迪拜金融中心

在上述政策限制的背景下,迪拜政府于2004年成立的迪拜金融中心(DIFC),为在DIFC运营的国际金融公司提供了多项政策性便利,具体包括零利润税,100%外资股权,没有外汇和资本汇回限制,运营支持及商业持续性便利等。这些举措在全球范围内吸引了许多高层次的公司及世界级国际金融交易,进而使迪拜金融中心成为了中东石油美元的聚集地。DIFC所重点关注的金融部门包括银行服务(投资银行、合作银行业、私人银行业)、资本市场(证券化、债务工具、衍生品和商品交易)、资产管理、基金、保险和再保险、伊斯兰金融以及专业金融服务。国外金融机构可在以上领域申请执照。

(二)特定行业及领域法律情况

阿联酋的石油和天然气资源非常丰富,其经济发展的支柱产业一直是石油工业,主要经济来源为石油收入。据2012年美国能源情报署(EIA)报道,阿联酋已探明石油储量为133.4亿吨(978亿桶),占世界石油已探明储量的8.3%,在沙特、伊朗、伊拉克、科威特之后居世界第五位,按目前生产水平(日产达245万桶,93%供出口,日炼油能力为21.3万桶),阿联酋原油还可开采100年以上。阿联酋的天然气储量亦十分可观,已探明储量为6.06万亿立方米,约占全球已探明储量的3.4%,在俄罗斯、伊朗、卡塔尔、沙特之后居世界第五位。

阿布扎比国家石油公司(简称ADNOC)成立于1971年,是阿布扎比酋长国政府全资所有的国有石油公司,并受阿布扎比最高石油委员会(SPC)的掌控和监管。该公司拥有石油储量为88.29亿吨,天然气储量为3.15万亿立方米,油气产量分别为6500万吨和183亿立方米,油品销售量为1250万吨。产油量占阿产油总量的96%以上。公司下设18家子公司,主要有阿布扎比国营石油销售公司、国营钻井公司、阿布扎比陆上石油作业公司、阿布扎比海洋作业公司、阿布扎比天然气工业有限公司和阿布扎比天然气液化有限公司等。

20世纪30年代,阿布扎比石油公司与国际石油公司签订了特许合作协议,该协议涵盖阿布扎比最大的海陆油田,将于2014至2018年到期。据悉,阿布扎比国家石油公司正在考虑协议到期后合作方重新选择事宜,既可能保留当前合作伙伴结构关系,亦可能与新伙伴合作引进最尖端的油田开发技术。因为阿联酋是海湾地区唯一能够与外国石油公司形成平等合作伙伴关系的石油出口国,这些特许协议的到期正是中国石油企业进入其上游行业的最好机会。

（三）外汇管制

在汇率方面，阿联酋实行盯住美元的汇率制度，平均汇率为3.67迪拉姆/美元。

对于经常账户项目，阿联酋实行经常账户自由化，除了对于进口商的资格、经营范围的限制以外，对于进口用汇和出口外汇收入以及经常转移的收付均没有限制。

对于资本账户，阿联酋管制较少，现有的管制主要有以下四个方面：

阿联酋资本账户的外汇管制规定	
购买股权	阿联酋公司至少51%的股份必须由本国公民或组织持有，但自由贸易区的公司可免于此项要求（外资可拥有100%的股权）
不动产交易	只对非居民在当地的购买有控制，不过非居民可以在迪拜的一些不动产开发区拥有财产
资金限制	银行禁止向外国机构出借多于资本金7%的资金，禁止将多于25%的自有资金投资于贸易公司发行的股票或债券，但对高信用评级的外国政府的贷款款项以及向这类国家金融机构的融资免于此类限制
银行资本持有上限	非居民可持有阿联酋本国银行资本份额的上限是20%

同时，阿联酋也是总部设在沙特阿拉伯首都利雅得的海湾合作委员会（GCC）的成员，GCC中其他国家成员包括阿曼、巴林、卡塔尔、科威特和沙特阿拉伯。这一政治经济组织进一步促进了阿联酋外国资本及商业活动的活跃性。

GCC居民在阿联酋可享受的政策优惠		
1	GCC居民在GCC国家当地购买集合投资证券不受限制，非GCC居民也被允许在当地发行一些共同基金	
2	虽然阿联酋境内除自由贸易区外的公司至少51%的股份必须由本国公民或组织持有，但是对于GCC公民，在不同行业可持有的最高股权有另行规定	在工业、农业、渔业以及建筑部门，GCC公民最多可持有75%的公司股权。GCC公民在旅馆业最多可持有100%的公司股权
3	允许GCC的国民在阿联酋境内从事批发和零售贸易活动，但以公司形式进行的活动除外	

（四）税收制度

阿联酋政府对企业和个人基本上实施无税政策，税收收入仅占GDP的1.7%，税收收入占GDP比重为世界上最低的国家之一。不过各酋长国均不同程度地允许对企业征收“公司税”，纳税主体主要集中于外国银行和外国石油公司。对包括房租、诊所、旅馆和娱乐场所在内的某些商品及服务业也征收一些“间接税”。此外，外国银行在汇出利润时要按利润的20%交税。

阿联酋的征税措施既有统一机制，也有特殊对待。阿联酋于2003年1月1日正式实施海合会国家关税联盟条约，征税标准较为统一。根据联盟规定，除53种免税商品外，其余1236种商品统一征收5%的关税。此外，所有进口海合会国家的货物，在该货物抵达第一个海合会国家港口时征收5%的关税，而后转运至其他海合会国家时不再征收关税。阿联酋对于某些商品则实行特殊关税。如酒精饮料税率为50%，烟草税率为100%，并保留征收附加进口税的权利，且须获得进口许可批准。另外在特殊情况下，海合会国家还根据实际情况对某些特定产品制定相关的税收政策，如为了缓解国内建筑原材料水泥及钢材的紧缺，从2004年8月28日起，对于承包商协会会员企业自用水泥实行零关税进口。

五、法律风险评价

（一）营商环境良好

由2015年世界银行营商环境指南提供的数据可知，在世界189个国家和地区中，阿联酋在公司注册（排名第58位）、施工许可（排名第4位）、财产登记（排名第4位）、电力获取（排名第4位）、信贷取得（排名第89位）等方面基本处于世界中上游水平，尤其是税费缴纳方面，排名世界第1位，凸显出阿联酋投资的税负优势。

税费缴纳		财产登记		施工许可	
纳税（次）	4	程序个数	2	程序（个数）	10
时间（小时）	12	时间（日）	2	时间（天数）	44
应税总额（占利润百分比）	14.8	成本（占财产价值的百分比）	0.2	费用（占库存价值比例）	0.2

数据来源：2015年世界银行营商环境指南。

（二）合同执行成本较低、破产处置成本偏高

根据2015年世界银行营商环境指南提供的数据，阿联酋的合同强制执行效率在世界189个国家和地区中排名18位，合同执行成本较低，但阿联酋的破产处置效率排名第92位，与英美发达国家相比，破产处置成本尚有进步空间。

合同强制执行	阿联酋	美国	经合组织
时间（日）	524	420	539.5
成本（占标的额的百分比）	19.5	30.5	21.4
程序（个）	49	33.6	31.5

续表

破产处置	阿联酋	英国	经合组织
时间(年)	1.7	1.0	1.7
成本(占资产价值的百分比)	10.0	6.0	8.8
回收率(每美元美分数)	42.4	88.6	71.9

数据来源:2015 年世界银行营商环境指南。

(三)进出口贸易法律限制较少

阿联酋对跨境贸易少有限制,其进出口贸易十分繁荣,1972 年竣工投入使用的拉希德港,建有中东规模最大的干货码头,年吞吐量达 1000 多万吨。1975 年 7 月建成的迪拜另一大港杰贝尔·阿里港,是世界上最大的人造港口。1980 年,阿里港地区成为自由区后,该港拥有 67 个深水泊位,有许多现代化的集装箱集散场及仓库等。有关阿联酋跨境贸易的具体情况,可参见 2015 年世界银行营商环境指南提供的数据:

阿联酋跨境贸易	
出口所需文件数	3
出口时间(日)	7
出口成本(每集装箱/美元)	665
进口所需文件数	5
进口时间(日)	7
进口成本(每集装箱/美元)	625

数据来源:2015 年世界银行营商环境指南。

沙特阿拉伯王国

Kingdom of Saudi Arabia

——阿拉伯半岛的“石油王国”

沙特阿拉伯王国基本情况

国家名称（中英文）	沙特阿拉伯王国（Kingdom of Saudi Arabia）		
人口（百万）	31.54	人口增长率（年均%）	2.1
领土面积（千平方公里）	2,149.7	主要民族	阿拉伯人
官方语言	阿拉伯语	主要宗教信仰	伊斯兰教
政体	君主制	主要政党	无
GDP（十亿美元）	646.00	GDP增长率（年均%）	3.5
国民总收入（十亿美元）	742.71	人均国民收入（美元）	23,550
通货膨胀率（年均%）	-17.2	外国直接投资净流入（百万美元）	8,141
外债（百万美元）	—	总偿债额占出口贸易和收入的比率	—

数据来源：2015年世界发展指标数据库。

一、国情简介

沙特阿拉伯王国（以下简称“沙特”）位于亚洲西南部的阿拉伯半岛，东濒波斯湾，西临红海，同约旦、伊拉克、科威特、阿拉伯联合酋长国、阿曼、也门等国接壤，总面积约为215万平方公里。主体民族为阿拉伯人，官方语言为阿拉伯语，商界通用英语。

伊斯兰教为沙特阿拉伯的国教，在沙特阿拉伯，全民信仰伊斯兰教，其中逊尼派穆斯林占人口大多数，分布在全国各地；什叶派人数极少，约占全国人口的15%，主要居住在东部地区。沙特的石油储量和产量均居世界首位，被誉为“石油王国”，丰富的石油资源也使沙特成为世界上最富裕的国家之一。总体而言，沙特政治环境较为稳定，经济发展良好；但法律体制不够健全，存在一定程度的法律风险。

（一）政治概况

沙特是君主制王国，禁止政党活动。所有的政府权力由《古兰经》和先知穆罕默德的圣训授予。

根据伊斯兰法的规定,只有真主才有权立法,因而,在沙特王国不使用“立法”这个词。《政府基本制度法》中对立法机构的称谓是“法制规定机关”,享有制定法律法规,批准国际条约、协定、规定等权力。立法权由国王、内阁会议和协商议会共同享有。

沙特的主要行政机关包括国王、内阁议会、地方政府、部委附属机构以及其他公共、独立和准独立的机构。沙特国王是其最高领导人、武装部队最高司令、政府首相兼国民卫队司令。沙特国王由其缔造者阿卜杜勒阿齐兹·拉赫曼·费萨尔·阿勒沙特国王子孙中的优秀者出任。

2007 年司法改革之前,沙特法院体系由沙里亚法院(伊斯兰法院)、申诉委员会和处理专门法律事务纠纷的管辖权冲突委员会组成。2007 年 10 月 1 日,阿卜杜拉国王颁布了新的《司法制度规则》和《申诉委员会规则》,开始对沙特司法体系进行大刀阔斧的改革,其目标在于建立初审法院、上诉法院和最高法院三层法院体系。

(二)经济概况

沙特是中东最大的经济体和消费市场,是世界贸易组织、石油输出国组织和二十国集团成员国。沙特素有“石油王国”之称,石油储量和剩余产能居世界首位,其石油和石化工业是沙特经济的命脉和支柱,石油收入占国家财政收入的 75%,占国内生产总值的 45%。作为西亚非洲地区的重要经济实体,沙特经济发展稳健,石油工业、金融业、旅游业较为发达,经济状况良好。

2015 年,沙特的国内生产总值达到 7825 亿美元,人均国内生产总值为 2.44 万美元,高于发展中国家的平均水平。为减少国家对石油出口的依赖,近年来,沙特不断鼓励私有经济的发展,以促进经济结构的不断完善。

(三)外交政策

沙特主张独立自主和务实的外交政策。重视发展同阿拉伯、伊斯兰国家关系,积极参与地区事务,致力于海湾合作委员会及其经济一体化建设。重视发展对美关系,同时开展多元化外交,积极发挥石油大国作用,加强同中国、欧盟、俄罗斯、日本关系。目前沙特已经同 130 多个国家建立了外交关系。

1990 年 7 月 21 日,中国和沙特建交。建交以来,两国友好合作关系全面、快速发展,双方交往频繁,合作领域不断拓宽。两国已经签署了《中国和沙特关于加强合作和战略性友好关系的联合声明》《中国和沙特关于建立全面战略伙伴关系的联合声明》及质检、航天、投资等领域的合作文件。近年来,两国经贸和能源合作发展迅速,目前,沙特已成为中国在西亚非洲地区第一大贸易伙伴,2015 年两国双边贸易额达 517 亿美元。

二、法律概览

（一）法律体系

沙特的法律体系是以伊斯兰教法（沙里亚法）为基础的。1992 年沙特开始采用《政府基本制度法》。基本法规定，政府从古兰经和先知穆罕默德的圣训中获得其权力，国王和内阁无权制定与沙里亚法相违背的法律。沙特的法律法规主要有三种形式：伊斯兰法、制定法以及国王命令，具体形式如下：

伊斯兰法。伊斯兰法律是沙特法律的基础。尽管伊斯兰法律允许非宗教法律法令与其共存，并在商业运作中起主导作用，但这些非宗教法律法令不得与伊斯兰法律冲突。

制定法。1958 年内阁会议发展为一个正式的决策机构，逐渐颁布了涉及公私法领域的众多方面的现代法律法规，这些法律法规深受埃及和法国等国家法律制度的影响。

国王命令。沙特国王享有立法权，可以通过发布国王命令的方式独立制定法律法规，以适应社会不断发展的需要。

（二）司法制度

1. 诉讼制度

沙特法院体系主要由伊斯兰法院、沙特申诉委员会以及沙特管辖权冲突委员会构成，各法院及委员会的职责大致如下：

沙特法院体系一览表		
法院/委员会	受理范围	
伊斯兰法院	简易审判庭	只对因部落事务、轻微的违法事件以及标的不超过 2 万里亚尔引起的民事纠纷拥有管辖权，审判时由一名宗教法裁判官主持
	普通法庭	对超出简易法庭审理权限的民事及刑事犯罪拥有管辖权，在实践中，普通法庭一般为一审法庭
	上诉法庭	上诉法庭审判时一般有三名法官，审判时不再对案件的事实进行审判，只针对下级法院判决中的法律适用问题进行判决
	最高司法委员会	沙特法院体系中的最高审级为最高司法委员会，内设两个审判委员会，一个专门审判国王及司法部长授权的案件，另一个专门审理上诉案件

续表

法院/委员会	受理范围
沙特申诉委员会	申诉委员会同样具有诉讼审判权，按照行政法、商法和刑法三个不同的领域分为三部分，每部分又包含初审委员会和复审委员会两级，复审委员会就上诉事项做出终审裁决 申诉委员会的管辖权比较广泛，大部分的商业纠纷均由申诉委员会负责管辖 值得注意的是，申诉委员会对于牵涉政府机构的纠纷具有专属管辖权，但是对于银行业诉讼，申诉委员并无管辖权，此类案件须交由货币署下辖的银行业争议调解委员会进行
沙特管辖权冲突委员会	根据沙特法律，伊斯兰法庭和其他法庭及委员会之间的管辖权冲突由管辖权冲突委员会解决。该委员会负责指派管辖争议解决小组来决定管辖权的归属，小组成员一般由两名冲突管辖权委员会成员和一名当事法庭或委员会成员组成

2. 司法协助

在外国判决承认和执行方面，沙特法律将申诉委员会及上诉法院规定为负责执行国外判决的职能机构。理论上，沙特法庭对于域外判决的执行要求是，该国外判决必须是终审判决且应和沙特法律尤其是伊斯兰法律保持一致。在司法实践中，沙特于1952 年加入《阿拉伯联盟公约》，该公约签约国所做出的判决可被沙特法庭执行。除此以外，沙特未同其他国家签订任何相互承认或执行判决方面的双边协定。但是，基于互惠原则的考虑，若外国法院能执行沙特法庭做出的判决，沙特法庭亦有可能执行该国法庭做出的判决。

在外国仲裁裁决承认和执行方面，沙特是《承认及执行外国仲裁裁决公约》的缔约国，其上诉法院和申诉委员会负责执行外国仲裁裁决。但是，沙特对该公约进行了部分保留，即任何域外仲裁裁决必须符合伊斯兰宗教法，外国的仲裁裁决须依据沙特国内法进行实体性审查后，沙特的司法机构才能对其进行执行。

(三)司法效率及其他事项

由于沙特政体为独特的伊斯兰君主制，国内禁止一切政党活动且大规模限制新闻自由，其行政及司法系统缺乏有效监督，工作效率较低，存在一定腐败现象。沙特王室是世界上最大的王室，众多王子在政府部门身居要职，造成行政机构执法的随意性较大。投资者能否从政府部门通过相关审批或者取得执照，很大程度上取决于政府部门官员的自由裁量权。

三、金融法律制度

作为伊斯兰国家，沙特对于银行的业务和担保领域有其独特规定，对于外资银行设立的要求比较严格，外资进入沙特银行业较为困难。

（一）银行准入与监管法律制度

1. 沙特货币政策署

1957 年，沙特政府通过颁布沙特货币政策署章程的形式正式成立沙特货币金融管理机构——沙特货币政策署（下称“货币署”）。根据该章程，货币署行使沙特中央银行职能，负责发行和管理沙特货币、监督银行、保险、证券行业，管理国家外汇储备和对外投资，只有获得货币署批准的金融实体才能够进入沙特市场。货币署最高决策机构为董事会，对沙特财政部负责。值得注意的是，为符合伊斯兰金融要求，货币署章程第二条明确规定，货币署不接受也不收取任何利息，但为维持运营可向社会公众及政府收取服务费用。

2. 银行准入的条件和程序

1966 年，沙特政府颁布了沙特银行业监管的基本法律《银行管理法》。该法共 25 条，对沙特境内银行业的市场准入、银行资本充足率、法定存款准备率等内容进行了规定。根据该法，任何在沙特境内从事银行业务的自然人或法人都需取得银行业从业执照；沙特境内的银行从业申请人（总部和分支结构皆位于沙特境内）应首先向货币署提出申请并递交相关材料，对于符合下列条件的申请者，货币署应向沙特财政部出具推荐函，最终由沙特财政部决定是否授予其银行从业执照。银行从业申请的具体条件，如下表所示：

银行从业申请条件	
1	拟成立的银行法律实体形式应为股份公司
2	实缴资本应不少于 2500 万沙特里亚尔，且所有资本的认缴形式应为货币出资
3	成立者及董事会成员应具有良好的商业信誉
4	拟成立的银行章程应为财政部所认可

依据该法，外资银行（总部位于沙特境外）可以通过与沙特银行合资或者在沙特设立分行的形式进入沙特市场，沙特银行业的市场准入采用行政许可制，但并没有公布明确的审批条件。对于外资银行在沙特境内设立分支机构的申请，将由财政部向沙特内阁出具推荐函，经过内阁审核后由财政部向申请人发放从业执照。

沙特中央银行强调，银行规模、经营状况等并不是对外国银行发放经营许可的唯一标准，沙特将根据个案情况，综合考虑国家金融安全、市场需求等因素予以核准许可。在商业实践中，对于外资银行进入沙特本地市场的批准与否，基本取决于财政部对于个案的审批。目前在沙特开展业务的银行中，只有三家由沙特完全控股。根据《银行管理法》

规定，合资银行中沙特方的控股比例至少须达到60%。1999年，财政部授予了首个可以开展全部业务的外资银行准入许可。进入沙特市场的主要外资银行见下图：

进入沙特市场的主要外资银行	
合资形式	沙特英格兰银行
	沙特法国银行
设立分支机构	德意志银行
	巴基斯坦国民银行

1966年，沙特政府颁布《银行管理法实施条例》，该实施条例针对银行管理法中不明确的条款进行了具体规定。同时，对于违反银行管理法的行为，该条例规定了具体惩罚措施。根据该条例，在未取得货币署书面批准的前提下，任何银行业机构不得从事如下业务：对非居民实体增加贷款；与境外银行组成沙特本币银团贷款；参加对非居民实体的外币银团贷款；在沙特境外以本币认购有价证券；在境内外发行或参与发行有价证券。

(二)担保法律制度

1. 担保的方式

沙特主要的担保方式包括抵押、质押和保证担保等，其中最为常见的担保方式为抵押，抵押需经过公证人的公证才能生效。沙特金融市场中的担保品种类较为丰富，主要包括土地、应收账款、知识产权、股权、合同权益等。

沙特主要的担保方式一览表	
担保方式	具体内容
不动产抵押	抵押登记法明确规定，借款人可以在不动产上设置抵押，并设置专门条款确保在违约发生时，抵押权人可在法庭的帮助下及时行使抵押权
应收账款质押	根据伊斯兰法律，权利质押问题相对而言比较复杂，在实际操作中，为了使质押生效，必须要满足以下条件：(1)该权利的本质在交易过程中不能改变；(2)该权利必须是无争议的；债务人必须同意质押；(3)该权利必须是不被伊斯兰教教法所禁止的。由于缺少法律规范支持，质权人在出质人破产清算时的优先受偿权仍然难以得到保证 同时，根据伊斯兰法律，设置质权的出质物须为具备有形性而可以变卖的资产，而货币在伊斯兰法律中并不属于资产范畴，这就为应收账款质权的行使客观上制造了相当的困难。因此，应收账款质押在沙特的金融实践中并非担保的主流方式
股权质押	沙特商业抵押法草案允许对股份公司的股权进行出质，出质双方到质押登记机关——质押登记中心进行登记。但登记仅为股权质押的对抗要件，即自登记完成起，该质权得以对抗第三人

2. 担保的执行

在沙特，抵押权的行使需要向法庭提出申请并依赖于法庭的执行。如果抵押合同中约定的违约情形出现，抵押权人应首先向抵押人发出履约通知。通知发出3个工作日后，抵押权人可向专门委员会提出申请，要求其拍卖部分或全部抵押财产。法庭有权对抵押物进行拍卖。如果申请得到专门委员会同意，专门委员会需向抵押人发出书面通知，告知其公共拍卖举行的时间及地点。如果抵押资产包含数个抵押物，则抵押权人有权决定哪个抵押物可以率先进行拍卖。但是，在沙特的商业实践中，抵押权成功行使的案例并不多见。

（三）法律适用

目前尚未在沙特法律体系内发现法律适用的专门规定。在司法实践中，沙特法庭及仲裁机构均排斥适用任何与本地法律相抵触的法律。在审判及仲裁实践中，沙特法庭及仲裁机构经常不承认合同条款中关于适用他国法律的约定，而是直接采用沙特法律。

（四）主权豁免

目前尚未发现有相关特定法律明确规定享有豁免的政府部门及豁免的范围。

四、投资法律制度

为适应世界范围内经济领域的发展和伴随而来的体制改革，沙特政府于2000年4月10日颁布了新修改的《外商投资法》。这部法律总体上对外商采取了较为宽松的政策，以鼓励外商投资。根据沙特《外资投资法》第10条规定，外国投资者在沙特境内的合法投资及资产，在没有得到法院判决和公平赔偿的前提下，不得被随意征用和没收。

总体而言，沙特对于外商投资的态度越来越开放，在外汇、信贷、土地和进出口等立法层面对外商投资予以支持，但限于伊斯兰法律以及保护国内商事的目的，外资公司的权益未能得到全面有效的保护。沙特的支柱石油行业和贸易行业并不对外资开放。

（一）企业法律制度

沙特《公司法》是对其境内商业实体进行监管的主要法律，其内容涵盖成立、重组、兼并、清算、解散等与公司有关的各类事宜。根据该法，沙特市场中的商业存在主要有八种形式，其中最普遍的公司形式是有限责任公司、股份公司、普通合伙和有限合伙。境外投资者可以在沙特设立的商业实体主要包括：有限责任公司、分支机构、股份公司、临时商业注册、代表处（联络处和科技办事处）。下面主要以前三类为例详细介绍：

1. 有限责任公司

境外投资人若想在沙特设立有限责任公司，除取得沙特投资总局（以下简称“投资局”）颁发的外国投资执照后，还须至沙特商工部注册处取得商业注册证书。有限责任公司股东通常为2～50人,其最低资本并无限制。但是,有限责任公司在成立的五年内,不能向公众公开发行股票以成为股份公司,同时沙特法律严格禁止有限责任公司借贷给其股东。如果公司破产,理论上股东仅对其在公司资本中所占的股份负责。实践中,由于这种原则不受伊斯兰法律的支持,公司股东如不希望公司破产,则需对公司债务负连带责任。

2. 分支机构

分支机构是外商在沙特成立最为便捷的一种商业存在形式,沙特《公司法》并未对分支机构的法律性质进行详细规定。就其本质而言,其为外国公司法律身份的扩展,而不是自身成立的一个独立的法律实体。

分支机构的注册资本金额与合资股份公司项目相同(农业领域为2500万里亚尔,工业领域为500万里亚尔,其他领域为200万里亚尔)。需注意的是,在建立分支机构时,对注册资本的缴付并非投资者的强制义务,这与建立合资公司的情况有所不同。

3. 股份公司

根据《公司法》,股份公司成立的手续与有限责任公司相类似。不同的是,在程序上,股份公司的发起人需首先向商工部提交可行性研究报告,报告经审议后股份公司的成立才会得到商工部的批准。但是,如果股份公司从事的是银行业,其成立需要国王以王室命令的形式进行批准。同时,股份公司的章程需遵循商工部所发布的股份公司章程范本,任何对该范本条款的改动都需取得商工部的同意。

在实体制度上,股份公司应有5名以上的股东,除对特别行业的专门规定外,股份公司的注册资本应不低于200万里亚尔。股份公司的董事必须持有价值在100万里亚尔以上的股票,这些股票作为董事们的个人担保,需由商工部指定的银行代为持有。股份公司发起人的股票在公司成立两个财政年度内不得转让。

(二)特定行业、领域法律情况

1. 外商投资领域法律情况

加入WTO以来,沙特政府为刺激本国经济发展,不断推动市场开放,大力吸引外资,努力调整产业结构,进一步与国际市场接轨。在此背景下,沙特相继制定了《外商投资法》及其实施条例,在立法层面对外商投资进行充分的支持和保护。根据《外商投资法》及其实施条例,沙特投资总局(以下简称"投资局")是直接负责协调沙特政府各部门处理境内外商投资事务的官方机构。

(1)《外商投资法》

《外商投资法》对于与外商投资有关的规定散见于各个章节,关于准入主体、许可制度和优惠政策的具体内容如下表所示:

《外商投资法》相关规定		
准入主体	除沙特最高经济委员会公布的外资禁入行业外,沙特鼓励外资以合资或独资的形式进入沙特市场	
许可	获得许可证,必须使投资资金达到标准	标准为:农业项目2500万里亚尔,工业项目500万里亚尔,其他项目200万里亚尔
	随后向投资局提交文件	文件包括:公司所有者,董事会或首席执行官授权投资的决定、沙特使馆签发的职业许可证和商业登记的副本
	批准程序	投资局在收到申请文件后的30日将内作出批准与否的决定并通知申请人 申请人在收到不予批准的通知后30日内,可以向投资局董事会申诉。投资局在接到申诉后的30日内进行复议,并作出最终裁决。如果复议决定仍然不予批准,申请人可以向沙特申诉委员会起诉
优惠政策	资金可自由汇出沙特;亏损可以无限结转直至盈利;建设项目可获得项目成本50%,最高1亿美元的无息贷款;生产所必需的原材料免进口关税;外商可以十分优惠的价格(2美分/平方米/年)获得工业区租地等	

(2)商业代理

沙特实行严格的商业代理制度(该制度赋予沙特公民及沙特的全资公司在本国从事贸易活动的垄断地位),即在沙特没有设立股份公司,有限责任公司及分支机构等经营实体,但希望从事贸易活动的外国公司必须通过指定沙特代理人或经销商的方式进行贸易活动(包括进口货物的分销及采购本地商品再零售),商业代理成为沙特非石油行业的支柱产业之一。

代理协议须在沙特商工部进行登记。从事代理业务的主管人员或代表,必须是沙特人,禁止由外国委托人直接或间接掌握代理权的“借壳代理”。代理关系不具有排他性:一方面,一家沙特公司或个人最多可与10家外国公司签订代理协议;另一方面,一个外国公司也可以指定两家以上的沙特代理人,但沙特商工部通常不会为同一个外国委托人注册一个以上的代理协议。商业代理法还明确了终止代理协议要为代理人提供补偿。依据商工部代理协议样本,在业务已经取得明显成功的情况下终止代理协议,应给予代理人合理的补偿。

(3)其他从事贸易方式

除了通过商业代理之外,外国公司也可以采取在沙特境外交货,由沙特买家自行办理进口手续的方式进入沙特市场;外国投资者还可以与沙特本国投资者成立合资公司,直接从事贸易活动,但门槛极高,要求外资股权不得超过75%,每名外国投资者的最低投资额为2000万里亚尔,且每年最少要对15%的沙特员工进行培训。

(4)雇员本地化

沙特法律对外商投资企业有着较高的雇佣沙特员工的要求,旨在降低沙特本国公民的失业率。其具体规定是,沙特政府要求私营行业(含外资企业)至少雇员的30%为沙特人,现行本地化政策比例为:工程承包行业10%;国家投资项目5%;私营投资项目10%。违反沙特化政策将受到劳工部禁止雇用外国劳工的处罚,不符合沙特本地化规定的公司将不能获得政府合同。

2014年,由于未能达到雇员本地化标准,沙特一年之内有20万家公司被注销。沙特劳工部报告称,在企业雇佣员工沙特化计划实施之前,沙特境内有约200万家私营企业,但在该计划实施后的2013年,这一数字降至180万家。

2. 石油化工行业法律情况

1998年,沙特政府决定对外开放石油化工行业下游市场。2000年,沙特石油和矿产事务委员会成立,该委员会由11名部长、国家石油公司的董事长及总裁组成,国王亲自担任主席,负责监管其境内所有油气和矿产经营活动,提出天然气资源开发的政策和建议,审批所有私营和外商投资的石油化工项目。

理论上,外国公司参加沙特石油天然气勘探和开采,必须向最高石油委员会申请许可证。沙特不允许外商独立参与石油的勘探和开采,必须和沙特阿美石油公司共同出资组建公司后方可共同勘探开发招标区块内的油气资源。但是,根据2011年最高经济委员会公布的禁止《外商投资目录》,石油勘探、开采、生产行业在列其中。实践中,沙特政府确实停止了对外资企业发放石油上游行业的从业许可。

3. 土地法律情况

根据沙特土地制度,除不允许外国人在麦加和麦地那两个圣城拥有土地外,并未对外国人拥有土地做出限制性规定,外国投资者购买的土地的目的可以是满足自身生产经营需要或进行房地产开发。如果购买土地用于房地产开发,则沙特政府要求投资金额至少要达到3000万里亚尔,并且要在五年内完成土地开发。

外资企业在沙特购买土地的基本流程,如下图所示:

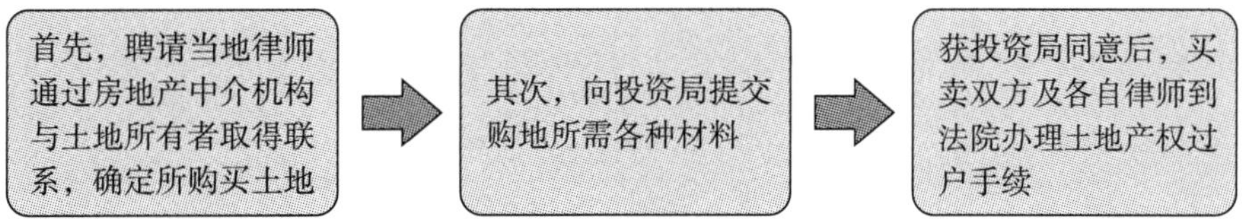

4. 矿产业法律情况

沙特政府于2005年颁布了《矿业投资法》。根据该法,沙特矿业领域的主管部门为石油矿产部。沙特一切的矿产资源,归属国家所有,任何个人或团体在沙特境内进行的考察、勘探、开采活动，均需获得政府颁发的许可。

<table>
<tr><th colspan="4">《矿业投资法》相关情况介绍</th></tr>
<tr><td>许可证种类</td><td colspan="3">勘测许可证、矿物收集许可证及开采许可证
沙特籍或非沙特籍的自然人或法人均可申领前述许可证</td></tr>
<tr><td rowspan="6">许可证效力</td><td>转让</td><td colspan="2">沙特的矿产许可证可在满足条件的自然人及法人间进行转让。转让人及受让人应依法向沙特石油矿产部提出申请，由该部决定是否批准该次转让。如果申请未得到批准，则转让及受让人可向法院起诉</td></tr>
<tr><td>抵押</td><td colspan="2">在未得到石油矿产部的书面许可之前，任何自然人及法人都无权将所获得的矿产权利抵押给他人</td></tr>
<tr><td>中止</td><td colspan="2">任何矿产许可证的持有者均应合法审慎地行使其权利，必要时，沙特石油矿产部可以危害国家或第三人权益等理由中止持有者的矿产权利</td></tr>
<tr><td rowspan="3">吊销</td><td rowspan="3">发生以下情形，石油矿产部可直接吊销矿产许可证</td><td>许可证持有者向相关政府部门提供虚假信息</td></tr>
<tr><td>许可证持有者拒不履行矿产相关法律所要求的义务</td></tr>
<tr><td>许可证持有者对雇员或他人的健康和财产安全造成威胁或对矿场结构造成破坏，以及未采取必要措施保护环境、野生动物、地质区域和旅游景点，且拒绝整改的</td></tr>
<tr><td>其他事项</td><td colspan="3">如果矿产许可证所覆盖区域内的土地为自然人或法人财产或该土地上已设立了它项权利，则许可证持有人在行使其权利前需与该土地上的其他权利人签订补偿协议</td></tr>
</table>

5.《劳动法》相关内容

沙特劳工制度主要适用2005年颁布的《劳工法》和劳工部的相关补充规定。主要内容包括雇主必须与雇员签订劳动合同；工资必须每月足额汇入雇员特定的工资账户；每日工作不得超过8小时或每周工作不得超48小时，斋月期间穆斯林每天工作时间缩减至6小时或每周36小时；雇主须承担外籍雇员的签证更新费用、签证过期罚款、办理往返签证的费用，以及离境和入境的机票费用。

（三）外汇管制

沙特并未对外汇管理进行具体立法，但沙特货币署会（沙特中央银行）采取措施控制货币的整体数量和流通。在其境内，沙特里亚尔可以与美元自由兑换。货币署严格禁止银行在没有得到货币署书面同意的情况下使用里亚尔进行国际金融交易。对于金额超过10万里亚尔的交易，货币署必须事先得到书面通知。

除了禁止与以色列进行交易外，沙特对于本国居民还是非本国居民都没有外汇限制，外国投资者可自由将资金及利润转移至他国。沙特里亚尔和美元的汇率是1美元兑换 3.75 里亚尔固定汇率,汇率稳定。

(四)税收制度

沙特浓厚的宗教国家色彩和自身的发展中国家地位赋予了其财税制度特殊的属性,沙特只有中央税,没有地方税。税种主要为所得税种,没有营业税、印花税、增值税。沙特税收法律法规单一,税种少,税负低,虽然没有免税区,但税收鼓励政策成为沙特吸引外资的重要政策措施。

1. 主要税种

(1)所得税

沙特所得税包括个人所得税、预提所得税和企业所得税。

个人所得税的纳税义务人为在沙特取得应纳所得的外国公民(包括外国自然人、合伙人、企业中的外国股东),本国人不缴个人所得税。应纳所得包括持有沙特境内公司股票、在沙特境内经商或通过其他方式从沙特获得的经营性收入。

预提所得税的纳税义务人为任何沙特居民、外国投资者的常设机构,不论其是否属于沙特《所得税法》或《实施条例》规定的纳税人。纳税义务人应按照不同税率向受益人支付后的次月前 10 天内缴纳预提所得税,待纳税人出具完税证明后退回。

企业所得税为所得税的主体税种,根据沙特税法,在沙特注册成立的外方独资公司以及外国公司在沙特境内设立的分公司及其他分支机构均须向沙特政府进行税务申报并缴纳企业所得税,而由沙方全资设立的企业则无需缴纳企业所得税,但其须向政府缴纳天课(伊斯兰宗教术语,又称“济贫税”)。由沙方和外方在沙特境内共同出资设立的有限责任公司或合资公司,沙方仅根据其投资以及相应产生的利润向政府缴纳天课,而外方则根据其投资产生的利润缴纳企业所得税。

依据沙特法律,企业所得税税率为 20%。该税种的免征范围包括纳税人在证券市场取得的收入以及非商业活动取得的财产所得。此外,如果企业发生年度亏损,可以用下一纳税年度的所得弥补;下一纳税年度的所得不足弥补的,可以逐年连续弥补。但是在实践中,沙特企业最初设立时连续亏损不能超过三年,否能可能遭到主管机构的清盘。

(2)关税

沙特关税税率的决定、关税制度的修改均由内阁负责,所有关税条令的执行、修改或取消都需要在得到王室法令认可后由内阁颁布执行。为保护沙特本土产业,沙特多数基本消费品免税,例如糖、大米、茶叶、未经焙烧的咖啡、豆蔻、大麦、玉米、牲畜、肉类(鲜肉或冻肉)等,而以上消费品最高关税税率为 20%。

2003 年 1 月,由于沙特履行海湾合作委员会(简称“海合会”)国家统一关税协议,85% 的商品条目税率降至 5% 以下,7% 的商品条目进口关税为 12%,6% 的商品条目进口关税为 20%,20 个商品条目(如烟草及烟草制品中等)进口关税为 100%,含酒精饮料及猪肉制品等禁止进口。2005 年 12 月,在经过海合会国家磋商后,对 52 种化工和医药产品实行免关税政策。加入世界贸易组织之后,沙特关税进一步降低,但仍然保持对农产品、家禽产品、奶类和乳制品等的关税保护。

(3)其他税种

伊斯兰教法规定,凡有合法收入的穆斯林家庭,须抽取家庭年度纯收入的 2.5% 用于赈济穷人或需要救助的人,即天课。天课一般在每年年底之前抽取,其评估标准和征收办法依据先知穆罕默德生前训令制定。

2. 主管机关

沙特税收的主管机关为税务总局,有权对企业设立的从事生产、经营的机构、场所的财务、会计和纳税情况进行检查,被检查的企业和负责人必须据实报告,并提供有关资料,不得拒绝或者隐瞒。对于未按规定期限缴纳税款的纳税人,将按照相关规定进行处罚。

3. 中沙相关税收协定

目前我国与沙特政府签订的相关税收协定为 2007 年 1 月 1 日的《中华人民共和国政府和沙特阿拉伯王国政府关于对所得和财产避免双重征税和防止偷漏税的协定》,该税收协议的效力高于沙特国内税收法律。

根据该协定,股息的预提税税率最高 5%;特许权使用费和利息的预提所得税税率最高为 10%;中国政府对于中国人在沙特取得合法收入,视同其已在沙特按当地税法完税,即个人收入视同已按 20% 完税,企业利润也已按 20% 完税;在沙特进行单个项目承包而未设立企业的中资机构而言,无须向沙特政府进行税务申报。

五、法律风险评价

(一)营商环境表现良好

根据 2015 年世界银行营商环境指南提供的数据,沙特阿拉伯营商环境在全球 189 个国家和地区中排名 49,处于中等偏上的位置。在工程承包、电力获得、财产登记、纳税等方面表现出色,在世界 189 个国家和地区中分别排名第 21 位、第 22 位、第 20 位和第 3 位。特别在纳税方面,平均需缴纳税率只占到利润的 14.5%,获得了高达 99.23 的评分(满分 100 分)。

公司注册		信贷取得	
程序个数	9	法律权利强度(0~12)	2
时间(日)	102	信用信息获取度(0~8)	8
成本(占单位收入的百分比)	4.0	银行网点覆盖率	47
最低注册资本	0	成年人信用信息登记率	0

数据来源:2015 年世界银行营商环境指南。

(二)合同执行成本中等,破产处置成本较高

沙特的合同强制执行效率不高,根据2015年世界银行营商环境指南提供的数据,沙特的合同强制执行效率在世界189个国家和地区中排名86位;另外,沙特在破产处置效率方面也居于较为落后的地位,在189个国家和地区中排名第163位。

合同强制执行	沙特	美国	经合组织
时间(日)	635.0	420	539.5
成本(占标的额的百分比)	27.5	30.5	21.4
程序(个)	40	33.6	31.5
破产处置	沙特	英国	经合组织
时间(年)	2.8	1.0	1.7
成本(占资产价值的百分比)	22	6.0	8.8
回收率(每美元美分数)	28.7	88.6	71.9

数据来源:2015年世界银行营商环境指南。

(三)进出口贸易法律限制较多

沙特对外国投资者的保护较为到位,但是出于对本国市场的保护,沙特法律对进出口贸易规定了较为繁琐的手续和程序,增加了投资时间和交易成本。根据2015年世界银行营商环境指南提供的数据,沙特的跨境贸易难易度排名在世界189个国家和地区中排在第92位。

沙特跨境贸易	
出口所需文件数	6
出口时间(日)	13
出口成本(每集装箱/美元)	1285
进口时间(日)	17
进口成本(每集装箱/美元)	1309

数据来源:2015年世界银行营商环境指南。

卡 塔 尔 国

The State of Qatar

——波斯湾的“资源王国”

卡塔尔国基本情况

国家名称（中英文）	卡塔尔国(The State of Qatar)		
人口(百万)	2.24	人口增长率（年均%）	2.9
领土面积（千平方公里）	11.6	主要民族	阿拉伯人
官方语言	阿拉伯语	主要宗教信仰	伊斯兰教
政体	君主制	主要政党	无
GDP（十亿美元）	166.91	GDP 增长率（年均%）	3.6
国民总收入（十亿美元）	190.96	人均国民收入(美元)	85,430
通货膨胀率（年均%）	-23.3	外国直接投资净流入（百万美元）	1,071
外债(百万美元)	—	总偿债额占出口贸易和收入的比率	—

数据来源:2015 年世界发展指标数据库。

一、国情简介

卡塔尔国(以下简称“卡塔尔”)位于波斯湾西南岸的卡塔尔半岛上,南面与阿联酋和沙特阿拉伯接壤。卡塔尔人口共计 227 万,其中卡塔尔公民约占 20%,外籍人口主要来自印度、巴基斯坦和东南亚国家。阿拉伯语为官方语言,通用语言为英语。居民大多信奉伊斯兰教,多数属逊尼派中的瓦哈比教派,什叶派占全国人口的 16%。卡塔尔埃米尔颁布的法律对整个国家均有约束力,埃米尔指国家元首和武装部队最高司令,掌握国家最高权力,由阿勒萨尼家族世袭。

(一)政治概况

卡塔尔属君主制国家,该国禁止任何政党活动。卡塔尔政局稳定,对内深化政治、经济改革,推进本国现代化建设;对外积极参与地区热点问题解决,外交活跃。

卡塔尔协商会议是埃米尔重要的咨询机构,职能是协助埃米尔行使统治权力,有权审议立法和向内阁提出政策建议。协商会议于 1972 年成立,由 35 名成员组成,会议成员全部由埃米尔任命,内阁大臣为该会议法定成员。会议成员任期 6 年,可以延长。会议下设秘书处和立法、财经、公共服务、内政外交 4 个委员会。

卡塔尔宪法规定,内阁是国家最高行政机构,负责管理宪法和法律规定其分管的所有对内对外事务,制定和实施国家总的方针政策。首相为内阁长官、政府首脑,由埃米尔任命;内阁各部委的组成由首相提出,埃米尔批准;内阁成员亦由埃米尔根据首相的推荐任命。主要的经济部门包括财政部、能源工业部、经济贸易部和海关总署。

卡塔尔宪法规定,司法权独立,由不同类型的各级法院执掌。

(二)经济概况

石油、天然气产业是卡塔尔经济支柱。近年来,政府大力投资开发天然气,将其作为经济发展的重中之重,制定了开发天然气的中长期发展规划。石油和天然气是卡塔尔的重要资源,目前卡塔尔国内已探明石油储量为 28 亿吨,居世界第 13 位,天然气储量 25.37 万亿立方米,居世界第三位。卡塔尔主要工业构成包括石油和天然气及其相关工业部门及能源密集型工业,其中包括炼油厂、石化工厂、化肥厂、钢铁厂和水泥厂,同时该国还建立了一些造纸厂、洗涤剂厂、颜料厂、食品厂和塑料厂等。卡塔尔是中东重要的液化天然气出口国。2011 年,卡塔尔液化天然气年产能已达 7700 万吨。

卡塔尔还将发展非石油、天然气工业作为实现国民收入多元化和摆脱对石油依赖的主要途径,鼓励发展农业,免费向农民提供种子、化肥和农业机械,扩大耕地面积。近年来,卡塔尔也十分注重吸引外资和技术以促进经济发展。

卡塔尔于 1994 年成为关贸总协定第 121 个成员国,1995 年成为世界贸易组织成员。根据世界经济论坛发布的《2014 ~ 2015 全球竞争力报告》,卡塔尔在全球最具竞争力的 144 个国家和地区中,位于第 16 位。

(三)外交政策

卡塔尔奉行积极务实的外交政策。卡塔尔是联合国、伊斯兰会议组织、阿拉伯国家联盟和海湾阿拉伯国家合作委员会成员国,世界天然气出口国论坛成员及论坛总部所在地。2012 年底,联合国气候变化框架公约第 18 次缔约方会议和京都议定书第 8 次缔约方会议在卡塔尔多哈举行。迄今,卡塔尔已同 110 多个国家建立外交关系。

1988 年 7 月 9 日,中国与卡塔尔正式建交。建交后,两国关系发展顺利。特别是近年来,两国高层交往密切:2008 年,国家副主席习近平访卡;同年 4 月和 8 月,卡王储塔米姆来华出席北京奥运会相关活动;2012 年 1 月,国务院总理温家宝对卡塔尔进行正式访问;2014 年 11 月,卡塔尔埃米尔塔米姆来华进行国事访问;2015 年 3 月,卡塔尔副首相兼内阁事务国务大臣阿勒马哈茂德来华出席博鳌亚洲论坛 2015 年年会。两国各领域务实合作深入开展,在国际和地区事务中保持了良好的沟通与协调。2014 年

11月，两国建立战略伙伴关系。

二、法律概览

（一）法律体系

沙里亚法（伊斯兰法）是卡塔尔法律体系的主要来源。卡塔尔宪法第一条规定，“卡塔尔是一个拥有独立主权的阿拉伯国家，卡塔尔人民为阿拉伯民族的一部分。该国宗教为伊斯兰教，沙里亚法（伊斯兰宗教法）为卡塔尔立法制度的主要来源”。

卡塔尔通过法典编纂，使大部分商业事务以及公法领域均有成文法规和法令的依据。例如卡塔尔《永久宪法》《中央银行法》《公司法》《商业组织法》《劳动法》等等。

（二）司法制度

1. 诉讼制度

卡塔尔法院系统包括宗教法院和世俗法院两套体系。

宗教法院（沙里亚法院）包括沙里亚初审法院和沙里亚上诉法院，沙里亚初审法院分为五个部门，即海洋事务与权利部、主要犯罪及教条（圣训）部、遗产部、沙里亚档案部、执行局；沙里亚上诉法院分为第一和第二审判庭。

世俗法院包括初审法院和上诉法院，初审法院的法庭需要决定教条（圣训）、处罚、刑事、民事、商事、个人事务、继承、行政争议及其他案件。上诉法院主要负责上述案件的上诉事宜。除此之外，还存在一些特别法庭，比如军事法庭等。

2. 仲裁制度

在卡塔尔，如果双方在其协议中已经约定了仲裁作为争议解决的方式，法庭会倾向于通过仲裁解决所有争议，包括采用伦敦国际仲裁院或国际商会仲裁院仲裁规则在外国进行的仲裁。

3. 司法协助

卡塔尔2003年成为《承认及执行外国仲裁裁决公约》（即《纽约公约》）的缔约国，目前《纽约公约》已对卡塔尔生效，且卡塔尔未对该公约做出任何保留声明。

截至目前，我国尚未与卡塔尔签订民商事司法互助协定，但外国判决可以在互惠的基础上在卡塔尔得到执行。根据卡塔尔《程序法案》，承认和执行外国判决的申请以及要求另一方参加听证的传票须提交至最高民事法院，法院将对做出判决的法庭的管辖权和相关程序的合规性进行审查。卡塔尔法院承认和执行外国法院做出的判决需要满足下列条件：判决的债务人收到了通知并出席庭审；判决是终局的；判决不违反卡塔尔法庭的命令；判决不违法卡塔尔的公序良俗；卡塔尔法院对判决事项不具有专属管辖权。

（三）司法效率和其他事项

在司法执行效率方面，卡塔尔审判时限较长，效率较低。一般情况下，案件从一审到获得终审判决平均需要2～3年时间。根据世界银行营商环境指南，卡塔尔的合同强制执行效率在世界189个国家和地区中排名第104位，处于世界中下游水平。

在国有化、征收和征用方面，根据卡塔尔1988年颁布的第13号法案（《征收法》）的规定规范了因公共事业而进行的土地征收，且必须以公平合理的赔偿为对价。该法案对"公共事业"进行了定义，包括"对海陆空等各种公共交通线路和设施的新建、扩建或修葺，含桥梁、建筑表面通道、地铁和隧道的建设"。

三、金融法律制度

卡塔尔具有与其国家经济状况和发展情况相适应的一套金融法律制度，对金融机构的准入条件和监管机构、担保类型和担保程序、贷款协议的法律适用等都有所规定。具体来说，其金融法律制度主要包括以下几个方面：

（一）银行准入与监管法律制度

在卡塔尔开展业务并从事贷款活动或向消费者提供金融服务的外资银行需获得卡塔尔中央银行的许可，并受到卡塔尔中央银行的监管。卡塔尔《中央银行法》对银行和投资活动做出了宽泛的定义，包括接受存款和能够返还的其他款项、发放贷款、买卖可流通票据、发行债券和负债、代表第三方进行投资、在股本发行和其他证券中出资、交易货币票据、外汇和稀有金属，以及其他被视为银行或投资活动的活动。

根据卡塔尔相关法律的规定，金融服务、商业以及卡塔尔《中央银行法》中规定的活动仅可以在卡塔尔中央银行获得相关许可后开展。未从卡塔尔中央银行获得合法许可而提供金融服务的任何实体，将被处以不超过3年的监禁并被处以不超过5,000,000卡塔尔里亚尔的罚款。一般来说，获得卡塔尔中央银行许可的过程较长，可能需要超过1年才能完成。除通过中央银行的许可外，另一种途径是考虑通过卡塔尔金融中心获得许可。未获得卡塔尔金融中心及其监管机构的许可，任何机构不得在卡塔尔金融中心从事受监管业务。另外，金融机构必须以合资公司的形式在卡塔尔设立。此等公司的最低注册资本为500,000,000卡塔尔里亚尔。投资公司必须在卡塔尔的保险公司拥有保险。

（二）担保法律制度

1. 担保体系

卡塔尔法律具体规定了以抵押、质押和转让等形式设立的担保。动产、不动产（土地）、权利均可以设立担保，例如车辆、商业业务、卡塔尔证券交易所上市的股票、有限责任公司股权、银行账户等。其中，与动产相关的担保根据设立担保动产方式的不同，可以分为需登记的动产和无需登记的动产。卡塔尔国内的担保类型和相关规定如下所示：

担保类型	相关规定
质押(无需登记的动产)	各方须在司法部认证部门签署英语和阿拉伯语双语版的三方质押协议。出质人、质权人和受托人签署协议。此种情形下,质押无须登记
商业业务的抵押	抵押人和抵押权人须在司法部认证部门签署英语和阿拉伯语双语版抵押协议,协议须包含被抵押资产的清单。经签署和认证的抵押协议须在经济和商业部商业登记办公室将抵押内容登记在抵押人的商业登记簿中。在商业登记簿中进行登记是商业业务抵押协议生效和可执行的条件。商业业务抵押须每五年更新
土地(不动产)抵押	土地抵押优先于未担保债权人和其他排位在后的抵押权人。土地抵押必须在司法部不动产部门进行登记。土地抵押协议必须由阿拉伯语或者英语和阿拉伯语双语写就,并且在不动产部门登记之前,先在司法部认证部门进行认证。土地抵押的有效期最长为 10 年,到期必须更新
账户质押/存款质押	银行账户质押是对借款人在该账户中的现金存款的质押。银行账户质押属于商业质押。借款人应与银行(质权人)和开户行签署账户质押三方协议。账户质押/存款质押不存在登记要求
股权质押	1. 海湾合作委员会国家(GCC)的银行和外国金融机构可以在卡塔尔获得股权质押。2. 出质人和债权人(作为质权人)须在司法部认证部门签署一份双语(英语和阿拉伯语)的股权质押协议。出质人和质权人均应在经济和商业部商业事务部门对质押协议进行备案。3. 对于卡塔尔被质押股票的质押权利,只能通过法院执行。在获得法院裁定的情况下,质权人可以获得被质押股权的所有权。质权人可以在卡塔尔中央证券登记册中登记成为质权人成员
应收账款转让	除非法律或合同中有特别条款限制该等转让,债权人可以转让其权利。应收账款转让的步骤包括:客户和银行签订转让协议,并且转让协议须在司法部认证部门进行认证。客户向相关债务人送达转让通知并获得债务人的认可。债务人做出认可之日将成为在认证部门进行认证的日期

2. 担保的执行

被担保方可以就债务未偿还的全部金额向法庭提出诉请,并要求法庭认可担保并确认被担保方的优先地位。在具体程序中,法庭可以任命专家确认本金和利息。专家的任命通常出现在债务人质疑本金金额所产生的利息的计算,或主张出现的某部分金额未包含在内或其应从本金中扣除时。

(三)法律适用

卡塔尔法律认可契约自由原则,理论上这一原则也可以延伸至对适用法律的选择。实践中,基于公共政策原因,卡塔尔法院并不愿意认可将外国法律作为协议的适用法律。如果在卡塔尔法庭提起诉讼,即使贷款协议约定适用中国法律,法庭可能会不适用中国法律而适用卡塔尔法律。

(四)主权豁免

卡塔尔暂无关于政府机关(作为主权实体)的豁免权的任何专门法律规定。作为一般规则,国家的公共和私有财产(包括政府部门的公共和私有财产)可以免于被扣押。

但是,根据卡塔尔法律,就国家在金融、商业或工业活动中的投资以及银行存款的公共和私有财产,该等豁免可以被放弃。根据卡塔尔《石化法》,国有实体(例如卡塔尔石化公司)可以通过由其董事会出具的决议放弃豁免。

四、投资法律制度

卡塔尔修订外国投资法律制度后对外国实体限制相对放松,并鼓励外国投资者在农业、工业、卫生、教育、旅游、自然资源、能源及采矿业的开发和利用等领域投资。卡塔尔采取自由汇兑制度,不实行外汇管制。总体来说,卡塔尔对于外国投资者持欢迎态度。

(一)企业法律制度

1. 主要企业类型

卡塔尔《商业公司法》允许八种形式的商业组织可以在卡塔尔成立和登记,包括合伙公司、有限合伙公司、特别合伙公司、合资公司、有限股份合伙公司、有限责任公司、单一成员公司和控股公司。

2. 外国投资法律制度

卡塔尔于2000年通过的《外国投资法》限制了外国实体在本地设立的公司中的持股比例。2014年,卡塔尔颁布了对《外国投资法》进行修改的9号法案(《修正案》),对外国实体限制相对放松。该法案修改主要集中在两个方面:第一,《修正案》将《外国投资法》中非卡塔尔主体对在卡塔尔证券交易所上市的公共股份有限责任公司中持有的股份25%的持股上限上升到49%,具体比例受制于经济和商业部对相关公司的章程中提议的比例的审批。在获得内阁特别批准的情况下,外国股东可以突破《修正案》中提到的在公共股份有限责任公司中不超过49%的持股比例的限制。第二,海湾合作委员会国家的公民可以享有与卡塔尔本地投资者相同的待遇。

(二)特定行业与领域法律情况

卡塔尔是单一经济国家,其支柱产业是石油天然气石化产业,主要产品包括液化天然气、原油、凝析油、汽油、聚氯乙烯、液化丙烷、尿素、甲醇等,产品绝大部分供出口。卡塔尔鼓励外国投资者在农业、工业、卫生、教育、旅游、自然资源、能源及采矿业的开发和利用等领域投资,允许外国投资者的股份超过项目资本的49%,直至100%,但要符合本国发展规划。除非获得特别许可，禁止外国投资者在卡塔尔银行业、保险公司及商业代理和房地产等领域投资。

卡塔尔规制自然资源开采的主要法律为2007年3号法案，即《自然财富与资源开采法》(以下简称《自然资源法》)。根据《自然资源法》的规定，所有自然资源均被视为国家财产，自然资源的提取和开采由能源和工业部颁发许可证。

(三)外汇管制

卡塔尔采取自由汇兑制度，不实行外汇管制。投资资金、贷款资金、个人所得可以自由汇出境外。

《外国投资法》规定，外国投资者有权不加延迟地将与投资有关的投资回报、销售收益或全部或部分的投资结余、从投资争议解决中获得的款项、为公共利益征收投资而产生的赔偿金汇入或汇出卡塔尔。该等资金的转移可以采用转移当天的汇率，以任何可转移的币种进行。不过对于外国合资公司往国外汇款存在唯一一项限制：国外与卡塔尔股份合资公司要将其在卡塔尔的年利润全部汇往国外，该合资公司必须将相当于其年利润10%的现金存入一个合法的储蓄账户，直至该账户金额达到其投资资金的50%。

另外，本外币在卡塔尔兑换没有限制，且卡塔尔允许本地居民在境外(如中国境内或香港)开立账户，外国人和外资企业也可持担保人出具的信函在卡塔尔银行开设外汇账户。但是如果外汇活动涉及洗钱，则会受制于卡塔尔中央银行施加的限制。中资企业尚不能使用人民币在当地开展跨境贸易和投资合作。

(四)税收制度

卡塔尔税收制度较为简单，投资所涉及的主要税种包括企业所得税、预提税、关税等。外国投资者所享有的税收优惠，主要规定在卡塔尔《投资法》当中。

1. 主要税种

(1)企业所得税

规制卡塔尔企业所得税的法律主要以1993年第11号法令颁布的《所得税法》及1995年财政贸易经济部长公布的《1995年第3号决议》为基础。

根据相关法律的规定，企业所得税基于利润征收，收入的征税浮动税率为10%。卡塔尔采纳属地原则征税，纳税义务人为注册在卡塔尔的公司、在卡塔尔拥有常设机构的外国实体，以及卡塔尔的外国自然人居民(不包括雇员)，该税种对卡塔尔国民和国家全资拥有的公司不适用。关于企业所得税应纳税额的计算，是业务活动获取的收入减去业务活动的支出与成本。企业业务活动的收益和可能涉及的支出、成本如下表所示：

收益	支出和成本
1. 在卡塔尔执行合同的纯利润	1. 为在卡塔尔完成项目所需的贷款利息
2. 资本利润	2. 已付租金
3. 在卡塔尔境内外发生的代理或商业调解等取得的佣金	3. 工资及工人合同期满时的补偿金等有关支出
4. 咨询服务、仲裁、鉴定或类似活动的收费	4. 所得税以外的税金
5. 出租收入	5. 经所得税局批准的坏账
6. 从销售、发放许可或授权他人使用或利用任何商标设计、专利或复制权的所得	6. 不动产的维护,机械、工具、设备和备件的更新和修理
7. 恢复以前已销账的坏账	7. 由固定资产出售引起的损失
8. 清算所得纯利	8. 固定资产折旧
9. 来自境内外纳税人的利息和利润	9. 向卡塔尔政府出资的慈善、人道主义、科学、文化机构或运动会,公共机关或公司提供的转让、赠送、赞助,但不能超过该纳税年度应纳税纯利润的5%

(2)预提税

预提税是针对在卡塔尔从事经营活动的非居民在卡塔尔获得的收入所征收的。卡塔尔区分居民和非居民企业,如果一家公司根据卡塔尔法律设立,并且其总部或其有效的管理层位于卡塔尔,其将被认定是卡塔尔居民企业。预提税的税率为7%,征税对象为因全部或部分在卡塔尔提供的服务获得的任何佣金或中介费、管理费或其他收入。另外,《税务条例》规定贷款利息不征收预提税。

(3)关税

卡塔尔标准进口关税一般为5%的从价税,不过对于少数与卡塔尔地方工业有冲突的进口商品,征收较高的保护性关税。卡塔尔普通货物的关税税率不超过5%;音像带及音像设备15%;烟草达100%。

2. 税收优惠

在《投资法》规定的范围内,免除外国投资资本的所得税,自投资项目投产之日起,免税期不得超过10年;对外国投资项目为建设项目所需进口的仪器和设备,可予以关税免除;工业领域的外国投资项目,其为生产所需的进口的、本国市场没有的原材料和半成品,可予免除关税。

五、法律风险评价

(一)营商环境较好

卡塔尔的整体营商环境处于世界中等偏上水平。根据世界银行2015年营商环境报告的数据,卡塔尔的营商环境在189个国家和地区中排名第50位。具体而言,卡塔尔在办理施工许可证、获得电力、财产登记、纳税等方面表现出色,特别是在纳税方面,排名世界第1名,平均每年纳税次数仅为4次,每年花费时间为41小时,而且收税仅占总利润的11.3%;但卡塔尔在公司注册、信贷获取、少数投资人权益保护、合同执行等方面表现较差。比如公司注册平均需要8道程序,耗时达到8.5天,成本约为单位收益的5.2%,在世界189个国家和地区中排名第103位。

公司注册		办理施工许可证		财产登记	
程序个数	8	程序个数	15	程序个数	7
时间(日)	8.5	时间(日)	57.5	时间(日)	13
成本 (占单位收入的百分比)	5.2	成本 (占项目投入的百分比)	0	成本 (占财产价值的百分比)	0.3

数据来源:2015年世界银行营商环境指南。

(二)合同强制执行效率较高,破产处置成本较低

根据2015年世界银行营商环境指南提供的数据,卡塔尔的合同强制执行效率在世界189个国家和地区中排名第104位,低于东亚及太平洋地区平均水平,执行成本较高。相反,破产的处置成本则相对较低,全球排名第47位,平均投资回收率为投资总额的56.0%,卡塔尔在这一数据上多年来排名始终较为稳定,因此,企业退出相对容易。

合同强制执行	卡塔尔	东亚及太平洋地区	经合组织
时间(日)	570.0	553.8	539.5
程序(个)	43.0	37.2	31.5
破产处置	**卡塔尔**	**东亚及太平洋地区**	**经合组织**
时间(年)	2.8	2.3	1.7
成本(占资产价值的百分比)	22.0	13.3	8.8
回收率(每美元美分数)	56.0	37.7	71.9

数据来源:2015年世界银行营商环境指南。

（三）进出口贸易法律限制较为严重

出于对本国市场的保护，卡塔尔法律对进出口贸易规定了较为繁琐的手续和程序，增加了投资时间和交易成本。

卡塔尔跨境贸易	
出口所需文件数	5
出口时间（日）	15
出口成本（每集装箱/美元）	927
进口所需文件数	7
进口时间（日）	16
进口成本（每集装箱/美元）	1050

数据来源：2015 年世界银行营商环境指南。

巴 林 王 国
The Kingdom of Bahrain

——阿拉伯海湾的美丽花园

巴林王国基本情况

国家名称(中英文)	巴林王国(The Kingdom of Bahrain)		
人口(百万)	1.38	人口增长率(年均%)	1.1
领土面积(千平方公里)	0.8	主要民族	阿拉伯人
官方语言	阿拉伯语	主要宗教信仰	伊斯兰教、基督教
政体	世袭君主制	主要政党	无
GDP(十亿美元)	32.22	GDP 增长率(年均%)	2.9
国民总收入(十亿美元)	28.03	人均国民收入(美元)	20,350
通货膨胀率(年均%)	-7.5	外国直接投资净流入(百万美元)	-1,463
外债(百万美元)	—	总偿债额占出口贸易和收入的比率	—

数据来源:2015 年世界发展指标数据库。

一、国情简介

巴林王国(以下简称“巴林”)位于阿拉伯海湾西南部,是由 33 个岛屿组成的岛国,距离沙特阿拉伯东海岸约 25 公里。国土面积 767 平方公里,首都是麦纳麦。其官方语言为阿拉伯语,英语为通用语。巴林本土居民多数是阿拉伯人,少数为波斯人和犹太人。伊斯兰教为国教,85% 的居民信奉伊斯兰教,其中多数属于什叶派。其余信奉基督教、犹太教等。巴林政局稳定,法律较为健全,社会治安良好,该国市场自由开放,金融发达,基础设施较为完善。巴林王国素来有“中东香港”之称。

(一)政治概况

巴林是世袭君主制国家,宪法规定政权体制建于立法权、行政权、司法权分离并相互合作基础之上,立法权由国王与国民议会掌握;国王和内阁及各部大臣掌握行政权,以国王的名义颁发法律条令;最高司法委员会享有最高的司法行政管理权,对各法院及其协作单位的工作进行管理。国王是国家元首兼军队最高统帅,掌握政治、经济和军事大权。国王由哈利法家族世袭。内阁是国家最高行政机构,内阁首相由国王任命,对国王负责。

巴林议会实行两院制,由众议院和协商议会组成。众议院由 40 名直选议员组成,议长由议员选出。协商议会由国王任命的 40 名议员组成,议长由国王任命。两院有平等的立法监督权,议员任期 4 年,可连任。国民议会通过的法律草案需要呈交国王批准。

(二)经济概况

巴林是经济发展较早的国家,国家经济形势基本稳定。巴林于 1972 年加入国际货币基金组织,于 1995 年成为世界贸易组织正式成员,同时还是海湾阿拉伯国家合作委员会成员。根据联合国发展署发布的 2013 年度人类发展报告,巴林在 178 个国家中排第 48 名,在阿拉伯国家中仅次于卡塔尔和阿联酋。巴林还是海湾地区最早开采石油的国家。2010 年,巴林开始向多元化经济发展,建立了炼油、石化及铝制品工业,大力发展金融业,成为海湾地区银行和金融中心。

由于人口增长、地区经济一体化以及经济多元化等因素,巴林在 21 世纪的前 10 年经历了经济快速增长。2000 ~ 2012 年其年均增长在 5.0% 左右,其中国际油价上涨、政府支出、房地产开发、以及私人化和个人化的服务及教育需求增多为主要因素。2012 年之后巴林经济持续稳定增长,2013 年经济增长态势保持良好,增长率为 5.3% ,但 2014 ~ 2015 年度全球油价下跌对巴林经济造成了一定影响。

在巴林经济发展中,金融服务做出了重要贡献。巴林的金融已经历经 40 余年的发展,该国是海湾地区最早的金融中心,有超过 400 家注册的金融机构。根据世界经济论坛 2014 ~ 2015 年全球竞争力报告,巴林的综合竞争力排名第 44 位。巴林主要优势是政府结构(29 名),基础设施(31 名),高效的商品市场(21 名),劳动力市场(26 名)和发达的金融市场(31 名)。世界银行发布的 2015 年营商环境报告显示,巴林在全球 189 个经济体中排名第 53 位。

(三)外交政策

巴林奉行温和务实、中立和不结盟的外交政策。主张加强海湾国家间的团结与合作,致力推进地区一体化建设,巴林是联合国、阿拉伯国家联盟、海湾合作委员会的成员国。巴林同美国、英国关系密切,经济上得到了沙特巨额资助。近些年来巴林兼顾东西方外交平衡,同 156 个国家建立了外交关系。

巴林于 1989 年 4 月 8 日与中国正式建立外交关系。建交以来两国关系发展顺利。巴林对中国友好,重视中国大国地位,在核心利益及关键问题上予以中国大力支持。

二、法律概览

(一)法律体系

巴林法律体系与其他阿拉伯国家法律体系相似。由于巴林是伊斯兰国家,其立法渊源仍然传承着伊斯兰宗教文明的体系,以伊斯兰教会法为基础,同时还包括部落习惯法和民法以及衡平法律原则。目前巴林的法律制定是以埃及法律为蓝本,同时借鉴了大陆法系的部分制度。巴林现已经颁布了一系列符合西方标准的成文法典,涵盖多个领域和部门法。在公法领域,颁布了《宪法》《刑法》《国家安全法》《公民法》《金融机构法》《司法法律法》等;在私法领域,颁布了《合同法》《民事过失条例》《土地登记法》《专利保护法》《破产法》《商业公司法》《商业机构法》《劳动法》《社会保险法》等法律法规。

总体而言,巴林基础法律制度基本具备,但并不完善,在某些方面缺乏法律实施细则和法规指引。同时,巴林司法效率较低,担保执行存在一定风险。

(二)司法制度

1. 法院体系

巴林一般法院分成两类:一类是传统的伊斯兰法院,受理私法领域的案件,包括家庭关系以及继承等方面。伊斯兰法院按照巴林的宗教派别分成逊尼派和什叶派法院,前者负责审理逊尼派穆斯林的案件,后者负责审理什叶派穆斯林的案件。伊斯兰法院由三部分组成,沙里亚初级法院、沙里亚中级法院以及沙里亚高级上诉法院,每一级法院履行不同的职责。另一类是普通司法法院,主要对涉及民事、商业、刑事以及非穆斯林的案件进行判决。普通司法法院包括初级法院、中级法院、高级上诉法院和最高法院,最高法院对非穆斯林的民事、商业和刑事等案件有最终裁决权。除一般法院外,巴林还设立了一些特殊法院,如设有审理武装部队和警察人员的军事法院、处理以埃米尔(阿拉伯国家的贵族头衔)为首的哈利法家族事务的统治家族理事会。

巴林成立最高司法委员会,对法院和检察院拥有管辖权。宪法第 41 条提出:“埃米尔在某种程度上享有豁免或减免刑罚的权力。”很显然,埃米尔的豁免权是一项特权。

2. 司法协助

巴林为 1958 年《执行及承认外国仲裁裁决公约》(以下简称“《纽约公约》”)的缔约国之一,且巴林对《纽约公约》仅作出了一项保留。然而,巴林 1971 年颁布的《民商事程序法》第252条中存在以下限制与要求：

对外国判决承认与执行的限制与要求	巴林以同等条件承认和执行外国法院作出的判决，即如果外国法院一般承认并执行巴林法院判决，则巴林法院对该国法院作出的判决采取同等态度
	执行申请必须向高院提出，并应当首先向法院缴清案件费用
	巴林法院对该案无权管辖并且外国法院或仲裁机构根据国际适用规则对案件享有管辖权
	诉讼主体已经经过合法程序的通知并参与诉讼
	根据作出判决的法院地法律，该判决已经具有最终效力
	判决与此前巴林法院作出的判决或命令不相冲突；并且不违反巴林本国的公共秩序以及道德规则

截至目前，我国尚未与巴林签订民商事司法互助协定。

(三)司法效率

巴林司法执行效率较低，提交法院审理的案件一般在2年左右获得初审判决；如果进行上诉，则又需要2年时间获得上诉判决；若要在最高上诉法院上诉，则还需要1~2年时间。当然，不同案件可能所需时间不一样，一旦取得终审判决，即可向执行法院申请执行判决。

如果案件属于国际争议或其中一方是巴林中央银行颁发执照的金融机构，并且争议金额超过500,000第纳尔，则应当提交巴林争议解决院(BCDR)。在BCDR，一般可以在6~9个月时间内取得判决，此后如需进行上诉，则需提交最高上诉法院，一般需要1~2年时间取得最终裁决。

三、金融法律制度

(一)银行准入与监管法律制度

巴林中央银行(CBB)负责银行业的监管，外国银行在巴林开展业务首先需要根据巴林中央银行《传统银行规则手册(卷一)》中的规定完成相关注册与登记。

在巴林设立金融机构分支机构以及申请执照需要向巴林中央银行提起申请，申请需要详述其将开展业务的商业计划。巴林中央银行审阅相关申请并作出书面批复。批准开展业务的，巴林中央银行既可以无条件批准该外国银行开展业务，也可以附加特定条件与要求。例外情况是，若外国银行是银团贷款方中的一员，而该银团组织者为已经取得巴林中央银行颁发执照的金融机构，则该外国银行可以免除上述登记、批准要求,直接在巴林开展贷款等银行业务。

一般而言,巴林中央银行会在收到完整申请文件后的60日内作出正式决定,并在3个月内以书面形式发出批准或拒绝通知。申请方有权在收到拒绝通知的30日内提起复议,巴林中央银行会就其申请内容重新审阅并作出最终效力的决定。外国银行在巴林所设分支机构在获得执照的6个月内必须开展业务,否则巴林中央银行有权取消对其颁发的执照。

巴林中央银行拒绝颁发执照的理由	
1	该外国银行未满足巴林法律或银行业法规的要求
2	向巴林中央银行提供的信息与材料中存在虚假和误导性内容;或者应当提供却隐瞒未向巴林中央银行提供相关信息
3	巴林中央银行认为出于保护国内潜在客户的利益,不宜批准的其他情形

(二)担保法律制度

根据巴林有关法律规定,巴林最常见的担保形式为抵押与质押。其担保法律制度的具体内容如下:

担保法律制度介绍	
担保措施的优先效力	在完成登记后,抵押权自相关政府登记之日起享有优先效力。需注意,某些法定优先权先于抵押权进行实现,如员工权益、应当向政府支付的费用等。
担保财产范围	财产、商业资产以及股份都可以用作担保。
生效要件	根据巴林法律,抵押应当至相关政府部门进行登记,而质押以转移占有作为要件,其自质押权人根据巴林民法典实际占有/控制质押财产起即具有法定效力。根据巴林法律,特定形式的抵押需要进行公证并在相应政府部门进行登记,如财产抵押、商业抵押以及股份抵押。
境外银行获得当地担保权益的限制性或禁止性规定	若事先已经获得主管机构对其开展业务的执照或批准,对于境外银行(如上述作为银团贷款方一员或已经取得巴林中央银行颁发的执照)而言不存在任何获得本地担保权益的限制或禁止性规定。
担保的执行	若抵押契据中明确包含了执行条款,则贷款方可以向执行法院直接就债务人未履行贷款支付义务提出申请,要求执行和实现担保权益。如果抵押契据中不包含任何执行条款,则贷款方应向法院提起民事诉讼以取得执行担保权益的判决。

（三）合同法律适用

在巴林，贷款协议可以适用外国法律，如中国法、英国法等。一般合同可以适用外国法律，但是依照法律需要进行公证与登记的担保契据必须适用巴林法律。

（四）主权豁免

巴林以及其政府部门的公共财产可以享有主权豁免，根据《宪法》第 9 条以及《民商事程序法》第 251 条的规定，巴林国家的公共财产不得在任何情况下被执行或采取强制措施，即使其上设有担保权益；但是如果是巴林作为私人主体所持有的财产，则属于“私人财产”，比如巴林在某一股份公司中的股份。这些资产是可以被执行，不属于主权豁免的范畴。

最后，对于豁免的放弃以及限制或禁止放弃豁免的范围，法律尚未有明确的规定。

四、投资法律制度

巴林对于投资准入采取正面清单模式，对企业投资形式也做出了较为详细的规定，但是该国尚无系统的外汇管制规定和税收规定。总体而言，该国投资法律制度有待继续完善。

（一）企业法律制度

1. 主要企业类型

巴林企业主要由 2001 年《商业公司法》规制，该法典替代了此前 1975 年《商业公司法》，并适用于除了独资企业以外的各种法律架构的企业，独资企业仍然适用 1987 年巴林《商业法》。

在巴林，外国投资者可以选择以下多种法人形式设立企业：

企业类型/内容	股份公司		有限责任公司	一人公司
	公众股份公司	封闭股份公司		
成员要求	发起股东不得少于 2 名；董事人数不得少于 5 名	发起股东不得少于 2 名；董事人数不得少于 3 名	股东人数至少为 2 名，最多为 50 名；董事至少有 2 名	只有一名股东及发起人；至少有 1 名董事
注册资本	最低注册资本为 1,000,000 第纳尔	进行商事活动的，最低注册资本为 250,000 第纳尔（成立时必须支付 50% 注册资本，并且在登记之日起 3 年内缴清注册资本）	进行商业活动的，最低股本为 20,000 第纳尔	进行商业活动的，最低股本为 50,000 第纳尔

续表

企业类型/内容	股份公司		有限责任公司	一人公司
	公众股份公司	封闭股份公司		
股东对公司承担责任的范围	各股东以其持有的股份价值为限对公司债务及义务承担责任	股东以其出资为限承担公司的债务	同封闭股份公司	
经营范围/经营限制	可以经营银行、保险业、投资活动（在取得巴林中央银行的批准后）；允许在当地开展业务；必须要有当地处所	可以经营银行、保险业、投资活动（在取得巴林中央银行的批准后）；允许在当地开展业务；必须要有当地处所	不得从事银行、保险业、投资活动；必须有本地住址	同有限责任公司
外国投资者份额限制	海湾合作委员会国家国民可以享有100%所有权；非海湾合作委员会国家国民可以至多持有公司49%股份（美国是例外，根据美国与巴林签订的双边协议，美国投资者享有与海湾合作委员会国民同等待遇）	海湾合作委员会国家国民可以享有100%所有权；非海湾合作委员会国家国民可以至多持有公司49%股份（美国是例外，根据美国与巴林签订的双边协议，美国投资者享有与海湾合作委员会国民同等待遇）	外国企业及居民可以100%持有其所有权	同有限责任公司

除上述法人形式外，外国投资者也可以设立非法人合伙企业（也称联营），非法人合伙企业必须由章程说明各合伙人的权利与义务、利润分配以及其他条款。但在巴林，更多合资企业选择有限责任公司的形式。

另外，在巴林境外注册成立的外国企业既可以在巴林设立分行，也可以设立代表处。分行的要求包括：由其总公司承担有限责任；须承诺仅开展营销及市场推广活动；必须有当地住所；必须任命分行经理。代表处的要求包括：由其总公司承担有限责任；允许进行本地运营；可开展营销及市场推广活动；必须有当地住所；必须任命代表处代表。

2. 投资准入规定

在投资准入方面，巴林将投资行业划分为禁止性行业、限制性行业以及鼓励性行业。投资者在选定投资项目后，需要按照法律规定到巴林投资者中心申办批准手续。

巴林投资准入的相关规定	
禁止性行业	博彩业、酿酒业、毒品加工、武器制造、烟草加工、放射性废物等
限制性行业	只允许巴林公民和公司从事的行业:渔业、簿记、赛车燃料进出口和销售等
	只允许巴林或海合会国家公民及公司从事的行业:房地产中介和代理、印刷出版、电影、客货运输等
鼓励性行业	包括能生产当地所需消费品并能替代或与外国同类产品竞争的项目;产品能用于出口的项目;能利用海湾国家现有资源的项目;政府指定区域的发展项目;有益于海湾地区工业一体化的项目;环境保护项目;技术引进项目等

(二)特定行业与领域法律情况

作为波斯湾沿岸国家,巴林具有丰富的石油天然气资源优势。相较于其他海湾国家,巴林更为开放。为刺激经济增长,巴林政府自 2014 年加大了基础设施和住房支出,其房地产行业法律制度较有特色。因此石油天然气等自然资源法律情况和房地产行业法律情况值得关注。

1. 石油天然气等自然资源法律情况

巴林石油天然气业非常发达,其生产以及出口,包括石油精炼厂、石油加工业务等,石油出口占出口总额达 65% 以上,是巴林财政收入的主要来源。

巴林的铝业与石化业非常繁荣,其原铝生产位列世界前茅,石化产品的生产与出口数量亦十分可观,主要包括化肥以及造粒产品,如尿素、氨水等。上述石油业、铝业及石化产业主要由巴林国有企业经营和管理。巴林的钢材、水泥主要靠进口维持,铝厂主要的原材料也是通过进口获得。巴林国内目前并未就其矿业领域颁布任何特定的法律,也未就各种法律权利如矿权种类及期限、矿权取得及资格、矿权担保制度等进行明确规定。

巴林近年来的发展规划也着重于上述重大产业,包括液化天然气码头招投标、发展金融合作机会以及铝厂建设与生产规划等。除此之外、旅游业与会展业近年来也发展迅速,巴林政府希望借此提高巴林非金融服务业的比重。

2. 房地产行业法律情况

目前除巴林国家居民企业与个人以外,海湾国家的国民与居民企业可以在巴林持有土地。目前,非海湾国家居民可以持有高层商业及居住型房产,以及特定领域的房产(商用、工业、旅游、医疗、教育等)。此外在特定开发地区,外国投资者也可以持有商用及居住型财产。

(三)外汇管制

巴林没有具体的外汇管制规定,也未设立相关监管部门。对于项目资本的注入及本息汇出，如果金融机构的业务符合巴林中央银行关于反洗钱以及反恐怖主义融资的规定，则对于汇入与汇出巴林国境的资本金、向境外派发股息与分红没有任何限制，兑换货币、支付以及分派外币也没有任何限制，无须进行任何报告义务，并且可以直接将硬通货带出境外。

在巴林，中央银行向巴林的商业银行提供外币兑换服务，可以随时以接近官方汇率的价格向其购买美元。在巴林设立的企业允许在境外开立账户，并且没有特别限制，前提是符合境外法律的要求。

（四）税收制度

巴林是低税国家，税收体系较为简单，没有营业税、增值税和个人所得税，也没有正式的税务工作部门。对于部分行业收取印花税和市场税，资源类企业征收企业所得税，对于进口商品征收关税。比如，就油气行业征收企业所得税，目前税率为46%；就汽油的营业额征收税率较低的销售税，税率为12%。此外，如个人及企业在巴林出租不动产，则还需要缴纳一笔税费，税率根据不动产的用途、性质（居住/商用）以及是否装修进行确定。

巴林不存在任何个人所得税。但是对于在国家社会保险机构进行登记的所有员工，公司有义务为其支付社会保险税，因此社会保险税在巴林这个几近无税国家，属于一个重要税种。社会保险税以员工工资为基数进行计算。即使是非居民员工，公司也需要为其在巴林支付工伤保险及失业保险。

社会保险税税率	
养老金	公司需要缴纳11%；员工需要缴纳7%
工伤保险	公司需缴纳3%
失业保险	公司需缴纳1%；员工自行缴纳1%

五、法律风险评价

（一）营商环境较好

整体而言，巴林的营商环境较好，但在某些方面有待改善。世界银行2015年营商环境报告的数据显示，巴林的营商环境在世界189个国家和地区中排名第53位，居于前列。具体而言，巴林在办理施工许可、登记财产、纳税等方面表现出色（排名分别为第7名、第17名及第8名），但在公司注册、信贷获取、保护少数投资者等方面表现偏差（排名分别为第131名、第104名、第104名）；在跨境贸易、获得电力方面表现尚可（排名分别为第64名、第73名）。

公司注册		纳税		财产登记	
程序个数	7	每年赋税次数	13	程序个数	2
时间(日)	9	平均耗时(小时)	60	时间(日)	31
成本 (占单位收入的百分比)	0.8	总税率	13.5	成本 (占财产价值的百分比)	1.7

数据来源:2015年世界银行营商环境指南。

(二)合同强制执行成本较高,破产处置成本适中

巴林的合同执行成本较高,其合同强制执行效率在世界189个国家中排名第123位,处于下游地位。巴林的破产处置成本则在全球中排名第87位,处于中等偏上水平。

合同强制执行	巴林	美国	经合组织
时间(日)	635.0	420	539.5
成本(占标的额的百分比)	14.7	30.5	21.4
程序(个)	48	33.6	31.5
破产处置	巴林	英国	经合组织
时间(年)	2.5	1.0	1.7
成本(占资产价值的百分比)	10	6.0	8.8
回收率(每美元美分数)	41.6	88.6	71.9

数据来源:2015年世界银行营商环境指南。

(三)进出口贸易法律限制适中

出于保护本国资源的考虑,巴林对进出口贸易进行分类管理,在某些领域限制、禁止跨境贸易与投资;在特定行业鼓励外国投资者进行投资与开展贸易。根据2015年世界银行营商环境指南提供的数据,巴林的跨境贸易难易度在世界189个国家中排名第85位,处于中等偏上的水平。这在一定程度上反映了巴林政府近年来对于外资引进的欢迎态度。

巴林跨境贸易	
出口所需文件数	6
出口时间(日)	11
出口成本(每集装箱/美元)	810
进口所需文件数	8
进口时间(日)	15
进口成本(每集装箱/美元)	870

数据来源:2015年世界银行营商环境指南。

科威特国

The State of Kuwait

——波斯湾内的净土

科威特国基本情况

国家名称(中英文)	科威特国(The State of Kuwait)		
人口(百万)	3.89	人口增长率(年均%)	3.6
领土面积(千平方公里)	17.8	主要民族	阿拉伯人
官方语言	阿拉伯语	主要宗教信仰	伊斯兰教
政体	君主世袭制	主要政党	无
GDP(十亿美元)	112.81	GDP 增长率(年均%)	-0.4
国民总收入(十亿美元)	159.30	人均国民收入(美元)	40,930
通货膨胀率(年均%)	-26.8	外国直接投资净流入(百万美元)	285
外债(百万美元)	—	总偿债额占出口贸易和收入的比率	—

数据来源:2015 年世界发展指标数据库。

一、国情简介

科威特国(以下简称“科威特”)是世界上重要的能源大国。它位于亚洲西部、波斯湾西北岸,在南部与沙特阿拉伯、北部与伊拉克分别接壤,同伊朗隔海相望。其绝大部分土地为沙漠,地势较为平坦,境内无山川、河流和湖泊,地下淡水贫乏。在科威特,科威特籍人为 124.3 万,占总人口比例不到 40%。外籍人则主要包括印度人、埃及人和孟加拉国人。科威特的官方语言是阿拉伯语,英语为通用语言。科威特国内主要信仰伊斯兰教,其中 70% 为逊尼派,30% 为什叶派,现由逊尼派掌权。目前,萨巴赫家族统治地位牢固,政局相对稳定,安全形势良好。其未来的主要风险在于来自地区稳定性、恐怖主义干扰等政治风险,以及经济结构单一等带来的经济风险。

(一)政治概况

科威特是君主世袭制酋长国,埃米尔是国家的元首和武装部队的最高统帅。一切法律以及与外国签订的条约和协定均由埃米尔批准方可生效。目前,科威特埃米尔为萨巴赫·艾哈迈德·贾比尔·萨巴赫。

根据科威特《宪法》的规定,科威特是一个主权完整、独立的阿拉伯国家;伊斯兰教为国教,其教义是立法的基础。立法权由埃米尔和议会行使,埃米尔有权解散议会和推迟议会会期;行政权由埃米尔、首相和内阁大臣行使。王储由埃米尔提名,议会通过;司法权法院在宪法规定的范围内以埃米尔的名义行使。由埃米尔任免首相,并根据首相提名任免内阁大臣等。

(二)经济概况

科威特是单一经济结构国家,石油、天然气工业是科威特国民经济的主要支柱,其产值占国内生产总值的45%。科威特国内石油和天然气储量丰富,现已探明的石油储量为1040亿桶(包括中间地带的储量25亿桶),占世界储量的11.8%,居世界第四位。已探明天然气储量为1.548万亿立方米(55.5万亿立方英尺,包括中间地带的0.5万亿立方英尺),占世界储量的1.1%。2013年其平均石油日产量为320万桶,成为OPEC成员的第三大原油生产国。近年来,科威特政府在重点发展石油、石化工业的同时,也强调发展多元化经济,推动发展金融、旅游、贸易等行业,并且提出2035年发展愿景,将科威特建设成为地区商业和金融中心。科威特政府强调发挥私营企业在科威特经济发展中的重要作用,保障人民生活全面均衡发展,实现社会公正。2015年,科威特国民生产总值为1658亿美元(按平均购买力计算),人均国民产值42,100美元,是世界人均最富有的国家之一。

科威特经济,尤其是对外贸易具有显著特点。第一,石油出口在科威特国民经济中占据支配地位,石油出口占出口总额的95%。第二,出口商品结构单一。科威特的主要出口商品是石油和化工产品,其中原油出口处于控制地位。第三,科威特经济属于进口依赖型经济。科威特国内生产基础薄弱,其气候不利于农业生产,因此几乎全部农产品都需要进口,生活消费品的进口一直在科威特进口总额中占据很大比重。

(三)外交政策

科威特奉行和平、中立的外交政策,致力于维护阿拉伯国家团结和海湾合作委员会国家之间协调合作,从而维护海湾地区的和平与稳定。在1990年海湾战争后,科威特同美国等西方国家及其他大国的关系非常密切。同时,科威特积极发展同中国等亚洲国家的合作。科威特是联合国、阿拉伯国家联盟、海湾合作委员会等国际和地区组织的成员国之一,迄今已同120个国家建立外交关系。

中国和科威特于1971年3月22日建交。建交后两国关系稳步发展。中国作为安理会常任理事国,一贯支持科威特的独立主权和领土完整,支持科威特在解决海湾战争遗留问题上的合理要求。科威特也在涉台、涉疆、人权等问题上给予中方坚定支持。近年来,中科友好合作关系继续巩固和发展,两国一直保持各层次友好交往。

中国和科威特在经贸方面合作融洽。2015年,中科双边贸易额为113亿美元。其中中方出口额38亿美元,进口额75亿美元,分别同比下降16%、增长10%、下降25%。在经贸领域中,两国政府曾先后签署了1980年《贸易协定》、1985年《鼓励和保护投资协定》、1986年《成立经贸混委会协定》、1989年《避免双重税收协定》和2002年《中华人民共和国政府和科威特国政府关于对所得和财产避免双重征税和防止偷漏税的协定》等协定。

二、法律概览

科威特法律属于伊斯兰法系。伊斯兰宗教属性是科威特法律的重要特征之一。在科威特,宗教法与世俗法相互交融,科威特立法与执法需考虑宗教因素,给法律实施带来了一定不确定性。

(一)法律体系

科威特以伊斯兰法作为基本法,发展出与其他实行逊尼法学派的阿拉伯国家(如约旦、沙特阿拉伯等)相类似的法律体系。科威特借鉴西方法律制定了一些部门法,如《刑法典》《刑事诉讼法典》《商法典》等。此外,法国法律制度对科威特法律体系也具有很大影响。

(二)司法协助

科威特是1965年《关于解决国家和他国国民之间投资争端公约》(以下简称"《华盛顿公约》")和1958年《承认及执行外国仲裁裁决公约》(以下简称"《纽约公约》")的签字国,这两个协定都承认并执行外国仲裁裁决。但科威特政府有部分保留声明,即只有当两国间签有互惠协定,科威特的司法机关才承认并执行外国仲裁裁决。

2007年中科两国已签署的《关于民事和商事司法协助的协定》,科威特的司法机关承认并执行中科两国业务中的仲裁裁决。中科两国签署的《关于民事和商事司法协助的协定》第28条规定:"双方应根据一九五八年六月十日在纽约缔结的《承认及执行外国仲裁裁决公约》,相互承认与执行仲裁裁决。"

(三)司法效率和其他事项

1. 司法效率

科威特的司法执行效率总体较低,其政府机关每天工作时间较短,司法程序繁琐,诉讼判决拖时冗长。经济案件一审一般约需2年多,二审约再需1~2年。

2. 国有化与征收

在科威特,关于国有化、征收和征用问题,主要应根据《在科威特的外国资本直接投资法》《关于科威特外国直接投资管理法执行条例》的相关规定,凡经批准的外国项目均不得予以没收或国有化,唯有在公共利益需要时,方可依据现行法律对其实行征收，并给予相当其征收时的实际经济价值的补偿，赔款金额应根据项目被施以征收前的经济状况进行评估，其应得的赔款应立即支付。

三、金融法律制度

（一）银行准入与监管法律制度

外资银行在科威特开展银行零售业务和设立经营网点需要在当地进行注册登记。科威特中央银行对外资银行在当地设立分支机构开展业务的范围是通过发放经营牌照和允许经营业务范围的经营许可证来限定的。科威特中央银行对外资银行并不都发全牌照，主要限制的业务是零售业务和当地货币（科第）业务。

由于监管机构对银行间资金往来没有约束，没有在当地设立分支机构的外资银行通过当地商业银行做代理行发放贷款，或参加当地银团贷款等业务不受限制。

根据科威特《1968 年第 32 号法》规定：外资银行在科威特设立分支机构必须得到科威特中央银行的同意，并应满足相应条件和要求。

外资银行设立分支机构相关要求	
1	应取得总部所在地国家管理部门相关书面执照
2	正式文件必须源自外资银行总部所在地主管部门，且内容应体现该主管部门在加强管理、交换管理信息、信息保密工作方面准备好与科威特中央银行进行合作
3	提供外资银行总部所在地的监管部门（根据相关巴塞尔委员会标准）遵守国际银行集团及跨国分支机构监管最低要求标准的证明文件。同时根据国际货币基金组织关于金融领域评估计划的报告，提供国际货币基金组织关于该主管部门执行巴塞尔核心原则有效进行银行监管的最新评估
4	提供该外资银行协会及协议章程条文，及其财务状况的信息，并附上最近 3 年经审计的财务年报。同时提供该银行经由国际等级评估机构出示的信用等级评估
5	外资银行总部应承诺负责承担将在科威特成立的分支机构的任何责任
6	申请在科威特成立分支机构的外资银行总部承诺应就任何可能对该外资银行金融情况和声誉构成消极影响的新情况通知科威特中央银行
7	外资银行总部应提供在科威特成立分支机构的明确的战略、工作计划及其经济可行性研究报告
8	满足其他科威特中央银行的要求

需要注意的是，科威特金融业对外开放有限，银行业虽已经对外资开放，但如要拥有科威特银行 5% 以上的股份，必须经过该国中央银行的批准，且外国投资者最多可拥

有科威特的银行股权的49%。

（二）担保法律制度

根据科威特法律，为境外提供担保的标的范围有明确界定，房产、地产等不动产不允许境外机构和外籍人士自由买卖，也不能用于抵押。主要担保措施包括主权担保、上市公司股权担保等。

1.担保的效力与顺位

科威特各类担保措施的优先效力与国际惯例接轨，即债权有担保措施的优先于无担保措施的，已办理抵押登记的抵押担保优先于未办理抵押登记的抵押担保。对破产企业清算，职工工资福利和税收优先等。

2.担保财产范围

以外资银行为例，外资银行对科威特企业的贷款所能获取的担保取决于借款公司的性质。借款人若为上市的股份有限公司，可以用其股票作为质押。外来资本不可以投资科威特的不动产，因此，科威特企业的不动产不能直接抵押给外资银行，但可以通过第三方（特定科威特金融机构）的介入，进行转抵押。境外银行获得本地担保权益不能以境外银行身份到政府部门办理，均需由借款人出面，委托当地商业银行、企业或律所代为办理。

科威特国有企业原则上可以获得科威特政府提供的主权担保，但实践中科威特政府一般不对外提供主权担保。

3.登记、备案或相关行政审批

在科威特，担保由相应的政府部门进行登记。上市公司股权质押须在科威特证交所登记备案；非上市股份有限公司，须在工商部和司法部登记，但存在本地居民控股限制，质押股权比例不能大于49%。

（三）合同的法律适用

科威特《外国投资法》规定允许通过国际仲裁解决争议，没有强制性法律适用的规定。因此经济合同和贷款协议都是可以适用外国法律的，关键是双方要在合同或协议中提前约定。

但是，科威特当地签订的绝大多数经济合同都是工程承包合同，由于一方都是科威特政府或企业，处于强势地位，所签合同基本没有适用外国法律或国际仲裁的条款，致使履约争议都是在当地法院处理，或是通过传统的商业或政治谈判解决。科威特法院在无特别约定情况下，就是负责裁决当地经济合同各方争议的唯一司法机构。

四、投资法律制度

（一）企业法律制度

科威特规范企业的法律主要包括《公司法》《商业代理法》等。科威特公司组建可采取股份公司(注册资本3000科第起)、有限责任公司和两合公司(注册资本500科第起)三种形式。科威特负责企业注册的机构为工商部商业注册局和工商会。经过登记注册的企业领取了营业执照,就具有了合法主体资格。

该国涉及外国投资的法律法规有《在科威特的外国资本直接投资法》《关于科威特外国直接投资管理法执行条例》《自由区法》和《返投资法》等。科威特政府规定,外国公司或个人进入科威特经商,一般都要经由科威特当地公司或科威特籍公民代理。外国公司一般都通过与当地代理联合注册为形式上外资仅占49%的合资公司。

(二)特定行业与领域法律情况

科威特的优势产业是石油、天然气。目前,科威特暂未出台石油法,其对石油领域管理的法律集中体现在《在科威特的外国资本直接投资法》和《关于科威特外国直接投资管理法执行条例》上,该法明确规定禁止外国资本在房地产和石油上游领域进行投资。2003年,这部法律的修订仍延续了以往的规定,科威特内阁的多次更迭都维持既定的石油政策不改变。法律和实践中对外国公司在该国从事油气勘探、开采、上游领域合作的政策都处于封闭状态。科威特法律规定石油资源为国家所有,不得私有化。科威特的石油产业决策权在于国家最高石油委员会和议会,石油部是国家石油政策的具体执行和管理部门。石油领域开放的形式,主要为技术服务合同或作业服务合同。外国开发商只能从承揽石油勘探工程和油田设施建设中获取工程费用或服务费用。

(三)外汇管制

科威特无外汇管制,当地货币第纳尔和美元、欧元、日元等可自由兑换,现金与资本账户可在科威特境内的任何一家银行或“钱庄”自由兑换,在银行兑换交易需先在银行凭当地身份证明开立活期账户。股票、贷款、利息、利润以及个人存款可不受任何限制地转入转出科威特。根据新的《外国投资法》的规定,投资者也可将其投资的全部或部分转让给其他外国或本地投资者。另外,科威特允许银行和企业在境外开立账户。

科威特第纳尔的汇率,于2007年5月20日取消单独与美元挂钩的汇率浮动政策,改变为盯住与一揽子货币的汇率政策。多年来,科威特第纳尔汇率动态地上下浮动,但波幅不大,总体稳定。

(四)税收制度

科威特是以非税收收入为主的资源国,税收收入占财政收入的比重仅5%左右,是世界上纳税负担最少的国家之一,但该国税收征管较为严格。

科威特税收种类较少,没有增值税、公司税、财产税、遗产税、营业税或附加税、城市建设维护税等税种。科威特不征收个人所得税;企业所得税只对外资企业与合资企业中的外资股份征收,税率为15%。对本国企业和居民,除征收2.5%的宗教税外,不再征收其他税赋。另外,进口关税一般5%,科威特对GCC国家进口商品实行双边互惠免税。

外商投资在科威特经批准可享受的优惠主要有:第一,自投资项目正式运行起十年内免征所得税或任何其他税收,对该项目的再投资同样免征上述税收,免税期限与兴建该项目时的原始投资所享受的期限等同;第二,享受避免双重税收协定及鼓励和保护投资协定所给予的优惠;第三,对下列进口物品全部或部分免征关税:项目建设、扩建所必需的机械、设备和零配件,生产所需的原材料、半成品以及包装和填充材料,依照国家现行法律和条例划拨投资所需的土地和房产,以及依照国家现行法律和条例聘用必需的外国劳动力。

1993年《科威特返投资法案》规定,凡在科威特承揽政府投资的项目,如果为合同额等于或高于1000万科威特第纳尔的民用合同,以及等于或高于100万科威特第纳尔的军事合同,完工后要按合同额35%投资于对科威特有益的项目上,并规定按合同额6%提交履行返投资法的保函。这6%也就成了返投资数额的底线。2007年对该法案中的征收范围作了调整,规定道路桥梁等基础设施类、政府机构的大楼、PPP(公私合营伙伴关系)项目、以FOB(船上交货)方式向市民供应商品的项目等,不再执行返投资法。

五、法律风险评价

(一)营商环境有待改善

科威特整体营商环境尚可,但在某些方面有待改善。根据2015年世界银行营商环境指南提供的数据,科威特的营商环境在189个国家和地区中排名第86位,处于中等水平。具体来看,在世界189个国家和地区中,科威特在公司注册、电力获取、信贷取得等方面分别排名第150位、第93位和第116位,处于世界中下游水平;但在财产登记、保护少数投资者方面分为位于第69名和第43名,位于世界中上游水平。

公司注册		财产登记	
程序个数	12	程序个数	8
时间(日)	31	时间(日)	47
成本(占单位收入的百分比)	1.9	成本 (占财产价值的百分比)	0.5
最低注册资本 (占人均收入的百分比)	74.0		

数据来源:2015年世界银行营商环境指南。

（二）合同执行成本和破产处置成本较高

科威特的合同强制执行效率处于世界下游水平。根据2015年世界银行营商环境指南提供的数据，科威特的合同强制执行效率在世界189个国家和地区中仅排名131位。此外，科威特的破产处置成本也相对较高，全球排名为第127位。破产处置不仅时间长达4.2年，并且成本高达10%，但最终回收率却仅有32.1%，与美国和经合组织成员平均水平相去甚远。

合同强制执行	科威特	美国	经合组织
时间（日）	566	420	539.5
成本（占标的额的百分比）	18.8	30.5	21.4
程序（个）	50	33.6	31.5
破产处置	科威特	美国	经合组织
时间（年）	4.2	1.0	1.7
成本（占资产价值的百分比）	10	6.0	8.8
回收率（每美元美分数）	32.1	88.6	71.9

数据来源：2015年世界银行营商环境指南。

（三）税务负担较轻

科威特是世界上税负最轻的国家之一，其税务体制对外国投资者具有巨大吸引力。由2015年世界银行营商环境指南提供的数据可知，科威特在税收方面位居全球189个国家和地区的第11位，其应税总额仅占利润的12.8%，远低于世界上大多数国家。

税收指标	科威特	美国	经合组织
纳税（次）	12.0	10.6	11.8
时间（小时）	98.0	175.0	175.4
应税总额（占利润百分比）	12.8	43.8	41.3

数据来源：2015年世界银行营商环境指南。

黎巴嫩共和国
The Republic of Lebanon
——悠远流长的文明古国

黎巴嫩共和国基本情况

国家名称（中英文）	黎巴嫩共和国（The Republic of Lebanon）		
人口（百万）	5. 85	人口增长率（年均%）	4. 2
领土面积（千平方公里）	10. 5	主要民族	阿拉伯人
官方语言	阿拉伯语	主要宗教信仰	伊斯兰教、基督教
政体	议会共和制	主要政党	未来阵线、黎巴嫩长枪党、黎巴嫩力量等
GDP（十亿美元）	47. 10	GDP 增长率（年均%）	1. 5
国民总收入（十亿美元）	46. 38	人均国民收入（美元）	7, 930
通货膨胀率（年均%）	1. 5	外国直接投资净流入（百万美元）	2, 342
外债（百万美元）	30, 608	总偿债额占出口贸易和收入的比率	16. 6

数据来源：2015 年世界发展指标数据库。

一、国情简介

黎巴嫩共和国（以下简称“黎巴嫩”），位于亚洲西南部地中海东岸，东部和北部与叙利亚接壤，南部与以色列为邻，西濒地中海。黎巴嫩人口中大多数为阿拉伯人，居民以信奉伊斯兰教居多，约占 54%，主要是什叶派、逊尼派和德鲁兹派；其次以基督教为主，约占 46%。阿拉伯语是黎巴嫩的官方语言，该国还通用法语和英语。由于黎巴嫩有人类最早一批城市与世界遗产，这些文明古迹有着长达 5000 多年的历史，其旅游业相当发达。黎巴嫩以银行业和旅游业为主要经济来源。纵观该国历史，黎巴嫩曾受到多个帝国的统治，且爆发过内战，加上国内党派之间的小规模冲突不断，社会稳定性不足。

（一）政治概况

黎巴嫩是议会民主共和国，实行三权分立。总统是国家元首，议会行使立法权，内阁行使行政权，最高法院为行使司法权的最高司法机关。议会实行一院制，现有 128 个议席，基督教和伊斯兰教议员各占一半。议会的主要职能是制定法律、修改宪法、选举总统、批准总理和阁员人选及审议国家财政预算和对外条约及协定。议席按教派间协商后的比例分配，议员由普选产生，任期四年。现有政党主要包括未来阵线、黎巴嫩长枪党、黎巴嫩力量、真主党、社会进步党、黎巴嫩共产党等，各党派林立，力量分散。因宗教、政治和历史等多方面的原因，加之中东地区整体局势对黎巴嫩政局产生的影响，黎巴嫩党派关系比较复杂，政府更替相对频繁，2008 年黎巴嫩反对派发动了自 1975 年内战以来最大规模的内乱。

（二）经济概况

黎巴嫩实行自由、开放的市场经济，私营经济占主导地位。在内战前，黎巴嫩曾享有中东及近东金融、贸易、交通和旅游中心的盛名。但自 1975 年，黎巴嫩基督教和伊斯兰教两派爆发了一场持续了 15 年的内战，严重破坏了黎巴嫩的经济发展。15 年内战加之以色列入侵，给黎巴嫩造成的直接和间接经济损失约 1650 亿美元。1991 年中东和平进程启动后，黎巴嫩预期经济利好，大兴土木，后由于地区形势持续动荡，其经济复苏计划受挫，因而背上了沉重的债务包袱。90 年代后期，黎巴嫩经济形势渐入困境，财政赤字居高不下。2006 年，长达月余的黎以冲突造成该国大量基础设施被毁，直接经济损失达 32 亿美元，间接损失超过 70 亿美元，使黎巴嫩经济发展陷入停顿，债务负担继续加重。冲突结束后，该国获得国际社会逾 100 亿美元的援助承诺。2008 年年底国际金融危机爆发以来，由于黎巴嫩国内金融体系与国际经济联系较弱，且其中央银行灵活运用外汇和黄金储备，黎巴嫩得以平稳渡过危机，经济逆势增长。

从总体上来说，一方面，旅游业是黎巴嫩经济产业的一大支柱，旅游收入占国民收入的 20% 以上。经过内战后的黎巴嫩，将振兴旅游业作为重建计划的重要组成部分，通过了发展旅游业的投资计划。另一方面，外贸在黎巴嫩国民经济中占有重要地位，政府实行对外开放与保护民族经济相协调的外贸政策，制定了配套措施，开展经济外交，以帮助黎巴嫩引进资金。

（三）外交政策

黎巴嫩奉行中立不结盟政策，主张建立公正、合理、平等、均衡的国际政治和经济新秩序。黎巴嫩对外强调其阿拉伯国家属性，调整与叙利亚关系，积极发展同埃及、沙特等阿拉伯大国的关系，重视同美国和法国等西方国家的交往。

黎巴嫩同中国建交于 1971 年 11 月 9 日，建交后双边关系长期平稳发展。2013 年 2 月，双方签署《中华人民共和国政府和黎巴嫩共和国政府经济技术合作协定》。2015 年 5 月 26 日，全国政协副主席王正伟在黎巴嫩进行访问期间，同黎总理塔玛姆 · 萨拉姆共同出席了中阿企业家高级别座谈会，就共建“一带一路”、加强投资合作与技术合作等进行了交流会谈。

二、法律概览

黎巴嫩适用的是混合型法律制度，一方面其法律制度中仍保持有传统伊斯兰法系的特点，宗教影响因素明显；另一方面，由于黎巴嫩与法国之间的特殊关系，其法律深受法国尤其是法国民法典的影响。目前，黎巴嫩虽已制定了一系列与其自身特点相适应的法律，然而，部分法律法规已经过时并有待修改。与衡平法不同，在黎巴嫩法律体系中，法院判例不是法律渊源。

（一）法律体系

黎巴嫩现有的法律主要借鉴了法国的相关制度。该国的主要法律有《宪法》《黎巴嫩商法典》《刑法典》《环境保护法》等。其中，主要的投资法律规定包括《黎巴嫩贸易管理规定》《黎巴嫩海关法》《投资法》等，这些法律对黎巴嫩的外商投资具有重要的指引作用。

（二）司法制度

1. 法院体系

黎巴嫩法院分为初审法院、上诉法院、最高法院、行政法院和治安法院，此外还有处理婚丧、遗产继承等问题的宗教法庭。其中初审法院、上诉法院及最高法院主要管辖民事、商事、不动产及刑事案件。尽管黎巴嫩最新法令规定其要设立行政初审法院，但是实践中，黎巴嫩仅有唯一的行政法院，因此行政法院仅有一级管辖。

2. 司法协助

黎巴嫩为1958年《承认及执行外国仲裁裁决公约》（即《纽约公约》）签字方，但黎巴嫩仅承认及执行其他《纽约公约》签字方国家仲裁机构的裁决。截至目前，黎巴嫩尚未与中国签署任何民商事司法互助双边协定。

黎巴嫩相关法律规定，提出执行外国法院判决或仲裁裁决的一方必须向负责管辖外国法院判决效力认定的上诉法院院长或负责管辖仲裁裁决效力认定的一审法院院长或国务院（黎巴嫩唯一的行政法院）总理提交领事许可证书申请。授予领事许可证书需满足下述条件：

授予领事许可证书需满足的条件	
1	该判决须由根据外国法享有管辖权的法院作出，除非该等法院的管辖权系根据原告国籍确定
2	该判决在判决地所在国必须为终审判决且具有可执行性
3	该判决的诉讼程序不得违反辩护原则
4	作出判决的所在国法律必须承认并执行黎巴嫩法院的判决（互惠条件）
5	判决的承认及执行不得与黎巴嫩法律相抵触

（三）司法效率和其他事项

总体来说，黎巴嫩的司法、执法效率较低，且实践中存在腐败的问题。庭审程序较为漫长。举例来说，实质审查的一审程序通常平均需要18个月到2年，且在提起上诉及诉诸最高法院救济的情况下，可能还需额外持续5年。

在征收征用方面，私人财产受到黎巴嫩宪法保护，但存在一定限制，即为公共用途可征用或征收私人财产，并且需要提供事先及公平的补偿。

三、金融法律制度

（一）银行准入与监管法律制度

任何拟在黎巴嫩定期开展业务的外国实体都必须于黎巴嫩商业登记处及经济贸易部进行登记注册。外国银行在黎巴嫩境内注册登记分行或代表处必须获得黎巴嫩中央银行颁发的许可证。根据黎巴嫩中央银行向执照申请人送达的通知，获得许可证的申请人必须在六个月内完成下述设立分支机构的程序：

外国银行在黎巴嫩设立分支机构的程序	
1	外国银行向黎巴嫩中央银行申请许可证；黎巴嫩中央银行中央委员会决定是否授予许可证，若批准授予许可证，则由黎巴嫩中央银行行长颁发许可证
2	向黎巴嫩中央银行支付股本（100亿黎巴嫩镑）
3	前往黎巴嫩经济贸易部进行登记注册并获得登记通知
4	前往黎巴嫩商业登记处进行登记注册并获得记载黎巴嫩分支机构授权代表权限的登记证明
5	经分支机构授权代表请求，黎巴嫩中央银行公布的注册银行列表中应加入该分支机构

此外，分支机构应当自黎巴嫩中央银行公布的注册银行列表中显示其名称之日起一年内开始运营。在设立代表处的情况下，银行代表处的活动仅限于公共关系、数据收集及调查研究。

（二）担保法律制度

黎巴嫩担保法律体系承认包括不动产抵押、动产质押以及应收账款转让在内的财产类担保，以及包括例如个人保证、公司保证、见索即付银行保函、信用证、附回购权的销售在内的个人担保。

1. 担保的效力与顺位

根据黎巴嫩的法律规定，担保权益在一定程度上具有优先效力。例如，自前往土地登记处完成抵押登记之日起，贷款人作为抵押权人对任何法院强制拍卖不动产的所得收益享有优先权。在黎巴嫩,土地登记处按时间顺序登记抵押事项,在先登记的抵押优先于在后登记的抵押。船舶及航空器担保以及股权质押的规定与前述相似。特定款项(例如执行费用)以及向财政部支付的款项(例如税费)优先于担保债权。

2. 登记及审批程序

黎巴嫩资产担保规章较为细化,具体表现在:一是某些类别的资产担保须在特定注册登记机关履行登记程序,例如不动产担保须于土地登记处登记,商业关系担保须于初审法院登记,车辆担保须于内政部登记,记名股权担保须于相关公司登记册登记,银行股及知识产权须于经济贸易部登记;二是除车辆外,交付财产的行为即产生动产质押的担保效力;三是向外籍人士或机构提供不动产抵押及附回购权的不动产销售合同应遵守黎巴嫩总理府颁布的法令。

3. 担保的执行

担保的执行取决于担保资产的性质和涉及权利的类型。对于不动产担保而言,为了启动抵押执行程序,抵押权人必须向法院执行部门提出特定请求。此后,关于执行请求的正式通知将送达至债务人,债务人有权拒绝并请求法院暂停执行程序。若债务人在约定期限内未提出任何异议,抵押权人可要求扣押不动产并进行估值,随后应启动招标程序并通知债务人的债权人,最终经法院公开拍卖程序出售不动产。就动产担保而言,在债务人不履行义务的情况下,担保权人可要求法院通过拍卖程序或按市场价值出售相关动产。此外,担保权人还可以请求法院将动产所有权转让至其名下并进行估值。

(三)合同的法律适用

黎巴嫩法院承认国际合同中的法律适用条款,且此原则已成为黎巴嫩国际私法领域长期适用的原则。需要注意的是,该原则适用的前提是适用外国法律未违反黎巴嫩公共政策。另外,若有类似于向黎巴嫩实体提出破产清算的特定情况,则无论是否存在关于法律适用的合同条款,均应适用黎巴嫩法律。

(四)主权豁免

依据黎巴嫩民事程序法典中的规定,黎巴嫩或政府部门不得放弃主权豁免。然而,黎巴嫩或政府部门可以通过同意寻求仲裁程序放弃免于起诉的豁免权。此外,黎巴嫩政府签订仲裁协议或同意一项仲裁条款必须获得总理府颁布的法令;任何其他政府部门签订仲裁协议或同意一项仲裁条款必须获得相关监管机构的批准。

四、投资法律制度

除特定领域外,黎巴嫩对于外商投资限制较少,允许多种形式的商业组织形式存在,不同公司形式须适用其特定规则。黎巴嫩不存在外汇管制,并且其对外税收制度友好,总体来说,黎巴嫩对于外商投资持欢迎态度。

(一)企业法律制度

黎巴嫩法律规定投资者可设立下述商业组织:合伙、有限合伙、有限责任合伙、合资企业、股份有限公司、有限责任公司、控股公司及离岸公司。其中股份有限公司及有限责任公司是最为常见的企业组织形式,控股公司及离岸公司可被作为免税工具。

不同公司形式需适用不同规则。举例来说,黎巴嫩法律规定股份有限公司必须有至少 3 名股东,其发行的股本必须至少等值于 3000 万黎巴嫩磅。股份有限公司可以发行股份及债券(包括可转换债券),董事会的多数成员必须为黎巴嫩人。股份有限公司可发行记名和/或无记名股份,但该项规定存在例外,若公司的经营目的为商业代理/独家经销,则公司的所有股份均须为记名股份;若公司从事公共利益服务,则公司股份的 1/3 须为记名股份。股份有限公司的股权转让一般不存在任何限制,但该项规定存在例外,例如董事应持有的担保股份在董事任职期限内不得转让等。有限责任公司则必须满足最少 3 名最多 20 名股东,其发行的股本必须至少等值于 500 万黎巴嫩磅。有限责任公司不得从事银行、保险或航空运输等活动。

(二)特定行业与领域法律情况

黎巴嫩对于外商投资限制较少,但是关于国家自然资源的开采协议受法律、政治限制较多。因此黎巴嫩石油、天然气等自然资源领域法律情况需要特别关注。

黎巴嫩《宪法》规定黎巴嫩国家授予特许权或签署关于国家自然资源的协议需要依据议会颁布的相关法规。此外,《宪法》规定该等协议或特许权仅在有限期限内有效。开发潜在石油及天然气资源前须确保黎巴嫩已颁布关于开采自然资源的法律。近期,黎巴嫩制定了关于开采国家海上石油及天然气资源的相关法律。然而,由于缺少必要的相关执行法令,黎巴嫩尚未制定授权许可环节的法规。迄今为止,黎巴嫩的矿业主要限于石头及采砂场。开采矿石须获得相应许可证。

(三)外汇管制

黎巴嫩不存在外汇管制,对项目资本注入黎巴嫩及本息汇出不存在限制,本外币在当地兑换亦不受限制,且黎巴嫩允许在境外(如中国境内或香港)开立账户。

(四)税收制度

税收规定方面,黎巴嫩适用的主要税种包括所得税、增值税以及印花税。在黎巴嫩设立企业仅需要支付一笔小额税费,例如固定印花税(100 万黎巴嫩磅)、法官的养老基金税和其他占股本小比例的小额税费及杂项费用。企业所得税税率为 15%,附带 10% 的分配预提税。

五、法律风险评价

（一）营商环境有待改善

由于国内基础设施落后、工业基础薄弱，且法律体系不尽完善，黎巴嫩的营商环境并不理想，在诸多方面仍有较大改善空间。根据世界银行2015年营商环境报告的数据，黎巴嫩在世界189个国家和地区中排名第104位。具体而言，黎巴嫩在获得税务方面表现尚可，位于第24位；但在公司注册、施工许可、财产登记、跨境贸易、信贷获取方面表现较差，分别位于第119位、164位、106位和116位，均处于世界中下游水平。

公司注册		办理施工许可证		财产登记	
程序个数	5	程序个数	18	程序个数	8
时间（日）	9	时间（日）	244	时间（日）	25
成本（占单位收入的百分比）	73	成本（占项目投入的百分比）	4.4	成本（占财产价值的百分比）	5.9
最低注册资本	33				

数据来源：2015年世界银行营商环境指南。

（二）合同执行成本与破产处置成本较高

根据2015年世界银行营商环境指南提供的数据，黎巴嫩的合同强制执行效率在世界189个国家和地区中排名第110位，合同执行成本较高；此外，黎巴嫩的破产处置效率也相对较低，全球排名第136位，平均投资回收率为投资总额的32.3%，处于世界下游水平。

合同强制执行	黎巴嫩	欧洲及中亚地区	经合组织
时间（日）	721	448.1	539.5
成本（占标的额的百分比）	30.8	25.2	21.4
程序（个）	37	37.0	31.5
破产处置	黎巴嫩	欧洲及中亚地区	经合组织
时间（年）	3	2.3	1.7
成本（占资产价值的百分比）	15	13.3	8.8
回收率（每美元美分数）	32.3	37.7	71.9

数据来源：2015年世界银行营商环境指南。

（三）进出口贸易略有限制

根据2015年世界银行营商环境指南，黎巴嫩跨境贸易难度在全世界189个国家中排在第97位，处于世界中游水平。从具体指标上看，黎巴嫩的出口成本为1080美元/每集装箱，进口成本为1365美元/每集装箱；进出口时间上，出口需要22天，进口需要30天。对于邻国约旦跨境贸易相关数据（出口成本为825美元/每集装箱，进口成本为1235美元/每集装箱；出口时间为12天，进口时间为15天），黎巴嫩的进出口贸易在程序和效率上略有限制，存在提升空间。

黎巴嫩跨境贸易	
出口所需文件数	4
出口时间（日）	22
出口成本（每集装箱/美元）	1080
进口所需文件数	7
进口时间（日）	30
进口成本（每集装箱/美元）	1365

数据来源：2015年世界银行营商环境指南。

阿曼苏丹国

The Sultanate of Oman

——阿拉伯海边的古老国度

阿曼苏丹国基本情况

国家名称（中英文）	阿曼苏丹国（The Sultanate of Oman）		
人口（百万）	4.49	人口增长率（年均%）	5.8
领土面积（千平方公里）	309.5	主要民族	阿拉伯人
官方语言	阿拉伯语	主要宗教信仰	伊斯兰教
政体	君主制	主要政党	—
GDP（十亿美元）	70.25	GDP 增长率（年均%）	3.5
国民总收入（十亿美元）	75.96	人均国民收入（美元）	16,920
通货膨胀率（年均%）	-17.0	外国直接投资净流入（百万美元）	822
外债（百万美元）	—	总偿债额占出口贸易和收入的比率	16.6

数据来源：2015 年世界发展指标数据库。

一、国情简介

阿曼苏丹国（以下简称“阿曼”），是阿拉伯半岛最古老的国家之一。位于阿拉伯半岛南部，与阿联酋、沙特、也门等国接壤，濒临阿曼湾和阿拉伯海岸，海岸线长达 1600 公里，且扼守着世界上最重要的石油输出通道——霍尔木兹海峡。阿曼人口大多为本国居民，其中阿曼人约占 70%，其他则以印度人、伊朗人、巴基斯坦人居多。伊斯兰教为阿曼国教，90% 的居民属于逊尼派伊斯兰教，也有少数人为印度教徒和基督教徒。阿拉伯语为阿曼的官方语言，在商业地区英语较为通用。虽然阿曼属于传统的农业社会，经济起步较晚，但凭借其优越的地理位置和丰富的自然资源，仍算是较富裕的国家。

（一）政治概况

阿曼为君主制国家，禁止政党活动。由苏丹（即国王）卡布斯 · 本 · 赛义德颁布法律、法令和批准缔结国际条约或协定。

1996 年苏丹颁布诏书,公布了《国家基本法》(相当于宪法),该法对国家体制、政治指导原则、国家元首、政府首脑、内阁及其成员的职责、公民权利与义务等方面做出了规定。2011 年,卡布斯颁布法令对《国家基本法》进行部分修改,其中主要对苏丹位继承、协商会议权限等作出了进一步规定。

阿曼政府实行两院制,1997 年 12 月,卡布斯宣布成立阿曼委员会,由国家委员会和国家协商会议(舒拉)组成,主要任务是召集两会联席会议,讨论苏丹提出的问题,作出相关决定。

内阁是阿曼政府的最高行政机关,卡布斯苏丹亲自担任首相。内阁主要协助卡布斯苏丹制定和执行国家大政方针,向卡布斯苏丹提出政治、经济、社会管理和执行的建议,提出法律草案等。

(二)经济概况

石油、天然气产业是阿曼的支柱产业,油气收入占国家财政收入的 75%,占国内生产总值的 41%。工业以石油开采为主,近年来阿曼政府开始重视天然气工业。阿曼有着丰富的石油资源和渔业资源,现已探明石油储量近 7.2 亿吨,位于世界石油储量的第 25 位。该国实行自由和开放的经济政策,利用石油收入大力发展国民经济,努力吸引外资,引进技术,鼓励私人投资。为逐步改变国民经济对石油的依赖,实现财政收入来源多样化和经济的可持续发展,政府大力推动产业多元化、经济私有化,增加对基础设施建设的投入,扩大私营资本的参与程度。

阿曼社会属于传统农业社会,约有 40% 的居民从事农耕活动,以自给自足的方式维系基本的农耕生活。但因其自然气候和环境等原因,干旱和有限降雨导致国家的供水短缺,农业并不发达,粮食主要依赖进口,所以保持足够的水用于农业和国内其他方面需求是阿曼最紧迫的问题之一。

中阿两国经贸合作发展顺利:2015 年,双边贸易额达 172 亿美元,其中中方出口 21 亿美元,进口 151 亿美元。其中,中方主要出口机电产品、钢铁及其制品、高新技术产品、纺织品等,主要从阿曼进口原油。

(三)外交政策

阿曼奉行温和、友好的外交政策,主张通过对话协商和平解决争端,希望在国际和地区事务中发挥独特作用,积极维护中东、海湾地区安全稳定。阿曼致力于同世界各国发展友好合作关系,迄今已同 138 个国家建立外交关系。在国际立场方面,阿曼彰显出鲜明的外交立场,例如对于联合国改革问题,阿曼支持安理会扩大;对于伊拉克问题,支持伊拉克新政府为实现伊拉克各民族平等团结而付出的努力,呼吁联合国在伊拉克问题上发挥更大作用;对于中东和平进程,阿曼主张在联合国有关决议和“土地换和平”原则基础上实现中东持久和平。

1978 年 5 月 25 日，中国与阿曼建交。建交后，两国关系发展顺利，各领域合作不断拓宽。阿曼始终在涉及中国核心利益和重大关切问题上予以坚定支持。

二、法律概览

（一）法律体系

阿曼法律体系以伊斯兰教法、英国法为基础，但苏丹对法律有最终的决定权。在伊斯兰教法学派中，占支配地位的是易巴德派，这一教派由“卡迪”（qadhis）（伊斯兰法官）管理。1970 年卡布斯苏丹开始掌权后，阿曼通过了若干法典，规定了国际上可接受的法律结构，例如《税收法令》《外国商业和投资法》《商业公司法》和《商业代理法》。1996 年阿曼颁布《国家基本法》，其地位相当于宪法，该法确认了司法的独立性。2011 年初，受西亚北非地区局势动荡的影响，阿曼修订了《国家基本法》，赋予协商会议更大权力，加快了民主化进程。该国立法包含两种类型：一级立法和二级立法。一级立法主要是苏丹颁布法律，被称为皇家法令；二级立法则由皇家法令授权的特定内阁部长作出决定。

（二）司法制度

1. 诉讼制度

阿曼的法院分为三级，包括最高法院、上诉法院和一审法院。其中，最高法院位于马斯喀特，6 个上诉法院分别位于马斯喀特、尼兹瓦、索哈尔、伊布拉、伊布里和塞拉莱约，还有 45 个一审法院遍布阿曼的各个地区。

实践中，不同层级的法院都服从苏丹（国王）并受到他的影响。法官任命都由苏丹决定，在特殊情况下，如涉及国家安全，苏丹也介入终审法院审判。然而，迄今为止，苏丹还没有推翻法院判决的先例。

2. 司法协助

阿曼极少与其他国家签署承认与执行外国法院判决的协议，因此外国法院的判决极少能得到阿曼的承认与执行。

在外国仲裁裁决承认和执行方面，阿曼为 1958 年《承认及执行外国仲裁裁决公约》缔约国之一，虽然同意承认并执行外国仲裁裁决，但作出了互惠原则的保留声明。

（三）司法效率和其他事项

阿曼法院做出终审判决的时限取决于许多因素，如案件类型、复杂程度、是否处于司法休息期（阿曼每年 7 月至 10 月都是司法休息期）等。举例来说，如果该案件为商业案件，一般持续 2 ~ 3 年的时间。整体而言，阿曼司法执行效率不高。

在国有化、征收和征用方面，阿曼没有国有化的案例，但存在征收的情况，政府有权为公共利益征收土地,但需要进行相应补偿。

三、金融法律制度

(一)银行准入与监管法律制度

外国人在阿曼从事商业活动受到阿曼《外资投资法》的监管。该法第一条规定,外国人(无论是自然人或是法人),在阿曼从事商业、工业或旅游业经营(或参股阿曼公司)均需取得阿曼工商部的许可。

根据阿曼《银行法》的相关规定,无论本国银行还是外国银行,只有取得中央银行颁发的许可证照方可经营银行业务。另外,阿曼《银行法》还规定了银行业务的范围。

<table>
<tr><th colspan="3">经营外国银行分支机构的基本程序与要求</th></tr>
<tr><td>1</td><td colspan="2">任何挂牌银行,在取得联邦储备委员会许可后,可在阿曼设立并经营分支机构</td></tr>
<tr><td rowspan="3">2</td><td rowspan="3">任何希望在阿曼开设分支机构的挂牌银行需要向央行递交右方材料</td><td>向中央银行递交一份设立申请,申请书格式由央行制定</td></tr>
<tr><td>一份“经营计划”,应包含但不限于,申请者分支机构的地理位置与商业状况、拟开设分支机构地区具体的银行业务以及对特定银行或银行业务的需求等</td></tr>
<tr><td>其他中央银行要求提交的材料</td></tr>
<tr><td>3</td><td colspan="2">联邦储备委员会应审核设立分支机构的申请,并根据其自由裁量权决定是否批准。决定的标准是建立分支是否有助于满足经济需求,以及银行是否有足够资源以适应其建立分支的业务扩张</td></tr>
<tr><td>4</td><td colspan="2">联邦储备委员会决定应自申请递交起 90 天内作出,自审批通过之日起银行分支机构有权经营</td></tr>
<tr><td>5</td><td colspan="2">根据《银行法》第 56 条规定,任何未能在自申请递交之日起 180 天内通过设立分支机构审批的银行,其申请将被自动撤销,除非联邦储备委员会同意延长申请期限</td></tr>
</table>

(二)担保法律制度

1. 担保体系

阿曼法律承认抵押、质押、留置等担保方式,具体而言,包括商业抵押、法定抵押、股权质押等。然而,阿曼还存在以担保形式作出的转让,这并非法律规定的典型担保形式。

担保体系	
担保方式	相关规定
商业抵押	1. 设立条件:(1)抵押人为在工商部门登记的公司、合伙或独资企业;(2)抵押人对抵押财产享有所有权;(3)商业抵押需列明抵押财产且必须使用阿拉伯语;(4)需要在工商部门登记并且抵押权人需要实际占有或推定占有抵押财产 2. 登记备案:(1)约定商业抵押后30日内需要完成登记;(2)登记需要每5年进行更新否则登记将被注销;(3)对抵押财产目录的变更也需要到工商部门作变更登记
法定抵押	设立条件:(1)法定抵押或用益物权需要在阿曼住房部(MOH)登记;(2)抵押人无需在阿曼拥有法律实体;(3)法定抵押需要有委托人,授权相关人员代表签署抵押文件;(4)住房部有阿拉伯语书写的、标准格式的抵押登记书,但也可以附加条款,各方同意就抵押添加的条款或条件可附于标准抵押协议之后,与抵押协议一并提交
股权质押	1. 为完成登记程序各方需要填写阿拉伯语书写的、标准格式的质押文件,附加条款可附于标准质押文件之后 2. 登记时将上述文件提交至马斯喀特结算和托管公司,若文件为英语则需要提供阿拉伯语的翻译件
转让	1. 不用登记 2. 转让权的通知需要采用合同形式

2. 担保的效力与顺位

动产商业抵押的优先效力与其在工商局登记的时间密切相关,同一时间申请执行抵押财产的抵押权人,登记时间在先的抵押权人享有优先权。土地与用益物权的法定抵押,其优先顺位也由登记的时间确定。

阿曼政府债务及与阿曼政府相关的企业债务优先于其他所有有担保或无担保债务(法院备案费用除外),且享有该绝对优先权的政府债务没有上限。

3. 与阿曼政府签署的国际交易需满足的条件

根据苏丹皇家法令48/76及皇家法令12/81(经皇家法令48/76修订),标的超过250,000里亚尔的合同或债务需由负责相关事务的部长或其合法授权人、金融事务委员会副主席及负责金融事务的副部长签署;标的超过50,000里亚尔但未超过250,000里亚尔的合同或债务由负责金融事务的副部长与负责相关事务的部长或其合法授权人签署;标的未超过50,000里亚尔的合同或债务由负责相关事务的部长或其合法授权人签署即可。

4. 担保的执行

为执行担保利益,债权人需向法院证明其拥有的可支付债权已到期且尚未支付。担保财产需通过法院判决,由公开拍卖的形式得以执行。债权人将根据资产类型从拍卖收入中获得与其债权相应的价款。

(三)合同的法律适用

除非其选择的适用法律与阿曼公共利益或阿曼强制性法律规定相抵触,一般情况下,阿曼法院原则上支持贷款协议可选择外国法作为适用法律。

(四)主权豁免

阿曼法律没有关于主权豁免的专门规定,但实践中禁止扣押国有资产。

四、投资法律制度

阿曼商工部为该国外国投资的主管部门,其职能包括向投资者提供相关服务,审批投资申请,发放许可和商业注册。其所属的"外国投资委员会"具体负责审核外国投资申请,对于投资领域是否属于经济发展项目、是否存在与《外国投资法》相冲突等方面向大臣提出意见和建议。

在阿曼,宗教朝觐、劳务的雇佣与提供、保险服务、商业代理、海关清关服务等活动只允许本国人进行。但所有的外国投资者均享受"国民待遇",既可以与当地企业或个人进行合作经营,也可以独立经营,不过须经商工部依《外国投资法》给予许可。

(一)企业法律制度

根据阿曼《商业公司法》(经 4/74 法律修订)(CCL),该国共有六种许可经营的商业模式,即一般合伙公司、有限合伙公司、合资企业、控股公司、有限责任公司和股份公司。其中,依据《商业公司法》第 51 ~ 55 条,合资企业中外国企业的投资比例一般不超过总投资的 49%,经商工大臣批准,最高可放宽至 70%,注册资本不低于 39 万美元。

其中,股份公司可以区分为封闭式和开放式的股份公司,即私人股份公司和公众股份公司。在阿曼,最常用的商业模式为有限责任公司、私人股份公司与公众股份公司,这三种类型的公司的特征如下:

阿曼常见公司类型及特征			
公司特征	有限责任公司	私人股份公司	公众股份公司
最低资本要求	完全为阿曼持有的有限责任公司最低资本要求为 20,000 里亚尔;有外资成分的公司则需要达到 150,000 里亚尔,并且需要全部认购	最低资本为 500,000 里亚尔,至少认购一半,剩余资本需要在 3 年内认购完毕	最低资本要求为 20,000 里亚尔

续表

阿曼常见公司类型及特征			
公司特征	有限责任公司	私人股份公司	公众股份公司
股东人数	股东人数范围为2～40人	最少3人,没有上限	无要求
外资参与比例限制	外资参与比例:通常为70%,但不同行业或情况不同比例可能会上调,但也有特定的行业外资比例最高不能超过49%	通常为70%,但不同行业或情况不同比例可能会上调,但也有特定的行业外资比例最高不能超过49%	与私人股份公司相同。马斯喀特清算托管公司对外资比例进行监管,并对可能导致外资比例超过70%的交易进行限制
认缴资本	以现金或实物形式认缴,不能以服务或劳务出资	必须为现金	必须为现金
股份与股份转让的控制	股份转让(因继承转让股份除外)须受其他合伙人优先购买权的限制。如果其他合伙人拒绝行使优先购买权则股份可以转让给第三方。外国合伙人优先权的行使受到外资比例的限制	股份标志为转让证书。股份转让不受其他合伙人优先购买权的限制。转让时股份列入马斯喀特证券市场(MSM)的私人市场并自由交易	
管理	有限责任公司由一个或数个经理管理,经理不一定是合伙人。经理由章程或根据合伙人决议任命。需要公司章程明确规定或合伙人全体一致决议通过,经理方可从事以下活动:决定捐款(小额商业捐款除外)、出售全部或大部分有限责任公司资产、抵押或质押有限责任公司资产(有限责任公司正常经营中的债务担保除外)等	私人股份公司由董事会管理,公司章程确定了董事的具体人数,董事人数范围为3～12人。董事任期最长为3年但可重选连任。需要公司章程明确规定或股东决议通过董事会方可从事以下行为:决定捐款(公司正常经营中的捐赠、出售、质押和担保除外)、出售全部或大部分有限责任公司资产、抵押或质押有限责任公司资产、为第三方担保	至少5名,至多12名董事。董事会大部分董事需为独立董事

(二)特定行业与领域法律情况

阿曼是典型的资源输出型国家,油气产业是其国民经济的支柱,矿业也是其重要产业。近年来,阿曼为改变过度依赖油气产业的单一经济结构,全面推进经济多元化战略,大力招商引资,努力发展基建、制造、旅游等非油气产业,鼓励和支持私营企业特别是中小企业在经济建设中发挥更大作用。因此,阿曼的油气产业、矿业和土地等行业和领域的法律情况值得关注。

1. 石油与燃气行业法律情况

在石油和天然气方面,阿曼实行自由和开放的经济政策,利用石油收入大力发展国民经济,努力吸引外资,引进技术,鼓励私人投资。自 1967 年以来,油价已被认为是阿曼经济的主要驱动力。根据阿曼中央银行公布的《每月统计报告》显示,截至 2015 年,石油及天然气收入占国家总收入的 89%。石油行业是刺激阿曼建设现代和广泛的基础设施的主要因素,包括电力公用事业、电话服务、道路、公共教育和医疗服务。鉴于阿曼丰富的石油储量及可观的天然气储备,未来石油与燃气产业仍将在阿曼经济中起主导作用。

根据阿曼苏丹皇家法令(8/2011 号)颁布的《石油和天然气法》,石油及天然气部负责监管石油及天然气行业,包括在阿曼特许区域进行的所有石油及天然气开采及生产活动,石油和天然气部长需要就规章制度和决策实施与各当局进行协调。环境及气候事务部则负责监管阿曼石油运营相关的环境问题。

2. 矿业领域法律情况

矿业在阿曼是一个重要的产业,对国民经济贡献极大。阿曼有大量矿产资源基地,主要蕴藏于山脉中,可开采的矿物质有铬铁矿、白云石、锌、石灰石、石膏、硅、铜、金、钴和铁等。

矿业领域法律规定为《矿业法》(皇家法令 27/2003)及其配套措施(皇家法令 77/2010)。该行业受工商部与矿物总署监管。开采许可持续一年,经矿物总署对新开采方案批准后可以且仅可以延长一次。法律法规中没有规定矿物开采期可以延长的情形,但实践操作中可以延长。

3. 土地领域法律情况

阿曼的《土地法》受到皇家法令 5/80 的规范(经皇家法令 24/95、皇家法令 61/05、皇家法令 88/05、皇家法令 17/06、皇家法令 97/10、皇家法令 32/07 修订)。根据《土地法》第 5 条规定,苏丹所有土地属于国家,皇家法令明确陈述的除外。

与土地有关的立法还包括阿曼的《用益权法》及其配套法规(分别为皇家法令 5/81 及皇家法令 88/82)、《土地登记法》(皇家法令 2/98)、《外资及企业所有权法》(皇家法令 24/95)、《企业收购土地限制法》(部长决议 43/98)、《政府土地权利规定》(皇家法令 81/84)、《房地产经纪监管法》(皇家法令 78/86)、《土地划分法》(部长决议 163/88)、《公寓层楼和商店所有权法》(皇家法令 48/89)、《外资及企业租赁与用益物权法》(部长决议 133/95)以及《商法》中关于公民土地权的规定。土地的租赁由经修订的皇家法令 6/89 规范,具体规定租赁登记、租赁执行及业务与租户关系等内容。

(三)外汇管制

阿曼中央银行成立于1974年,是阿曼负责制定金融政策和金融机构监督和管理的部门,也是外汇管理部门。阿曼实行外汇自由汇入汇出政策,外资企业经批准设立后即可在当地开设外汇账户,外资企业利润所得在交纳企业所得税后可自由汇出。美元是阿曼外汇市场的主要外币,从2012年开始阿曼对外国人携带大额现金出境实行登记制度,即携带6000里亚尔现金出境时必须在机场向当局申报登记。

(四)税收制度

在公司所得税方面,阿曼对超过30,000里亚尔利润的企业征收12%的企业所得税。应纳税所得为扣除费用后的账面利润,其中扣除项目包括中央银行提供的标准扣除事项、政府批准的养老金计划出资、固定资产折旧等。

在关税领域,阿曼大部分商品的进口关税在5%以内,烟草及制品、猪肉及制品和酒精饮料的进口关税为100%,对进口原产地为海湾合作委员成员国的工业、农业和动物产品免关税,其他免税进口商品还包括活畜、冷冻或新鲜可食用的动物内脏(不含猪)、种子、幼苗和切片等。

五、法律风险评价

(一)营商环境有待改善

根据2015年世界银行营商环境指南提供的数据,阿曼财产登记和纳税两项指标表现突出,在世界189个国家和地区中分别排名第19位和第10位;而在公司注册、少数投资者权益保护、贷款获取等方面则存在较多问题,分别排名第123位、第122位和第116位,基本处于世界中下游水平。

公司注册		财产登记	
程序个数	5	程序个数	2
时间(日)	7	时间(日)	16
成本(占单位收入的百分比)	2.4	成本(占财产价值百分比)	3.0

数据来源:2015年世界银行营商环境指南。

(二)合同执行成本和破产处置成本较高

阿曼的合同执行成本较高,根据2015年世界银行营商环境指南提供的数据,阿曼的合同强制执行效率在世界189个国家和地区中排名第130位;在破产处置成本方面,阿曼破产回收率的数据与欧洲及中亚地区持平,其破产处置效率排名世界第112位,处于世界下游水平。

合同强制执行	阿曼	欧洲及中亚地区	美国
时间(日)	598.0	448.1	420
成本(占标的额的百分比)	13.5	25.2	30.5
程序(个)	51.0	37.0	33.6
破产处置	阿曼	欧洲及中亚地区	美国
时间(年)	4.0	2.3	1.5
成本(占资产价值的百分比)	4.0	13.3	8
回收率(每美元美分数)	37.7	37.7	80.4

(三)进出口贸易法律环境限制较少

油气产业是阿曼国民经济的支柱。近年来,阿曼为改变过度依赖油气产业的单一经济结构,全面推进经济多元化战略,大力发展跨境贸易。根据2015年世界银行营商环境指南提供的数据,阿曼的跨境贸易难易度在世界189个国家和地区中排名第60位,跨境贸易法律环境相对宽松,限制较少。

阿曼跨境贸易数据	
出口所需文件数	7
出口时间(日)	10
出口成本(每集装箱/美元)	765
进口所需文件数	8
进口时间(日)	9
进口成本(每集装箱/美元)	700

数据来源:2015年世界银行营商环境指南。

也门共和国

The Republic of Yemen

——三面环海的“古亚丁”

也门共和国基本情况

国家名称（中英文）	也门共和国（The Republic of Yemen）		
人口（百万）	26.83	人口增长率（年均%）	2.4
领土面积（千平方公里）	528.0	主要民族	阿拉伯人
官方语言	阿拉伯语	主要宗教信仰	伊斯兰教
政体	共和制	主要政党	全国人民大会、伊斯兰改革集团、也门社会党
GDP（十亿美元）	35.95	GDP 增长率（年均%）	4.2
国民总收入（十亿美元）	33.32	人均国民收入（美元）	1,300
通货膨胀率（年均%）	7.9	外国直接投资净流入（百万美元）	-1,191
外债（百万美元）	7,710	总偿债额占出口贸易和收入的比率	2.6

数据来源：2015 年世界发展指标数据库。

一、国情简介

也门共和国（以下简称“也门”），位于阿拉伯半岛西南端，与沙特、阿曼相邻，濒临红海、亚丁湾和阿拉伯海，于 1990 年 5 月由阿拉伯也门共和国（北也门）和也门民主人民共和国（南也门）合并组成。也门全国总人口约为 2683 万人，其大多数居民为阿拉伯人，有极少部分非洲人，阿拉伯人以部落为基本单位，全国共有 190 多个部落，其中 150 多个位于山区。哈希德、巴基尔、哈卡和穆德哈基是四个最主要的部落，其中，又以哈希德部落为全国最强、知名度最高。伊斯兰教为也门国教，什叶派的宰德教派和逊尼派的沙裴仪教派各占 50%。也门的官方语言为阿拉伯语。也门经济较为落后，是世界最贫穷国家之一，短期内来看，也门的经济发展受到一定限制，未来的发展状况也不太乐观。

（一）政治概况

也门为联邦制国家。自2011年初起，因受突尼斯、埃及政局剧变影响，也门发生反政府示威，要求时任萨利赫总统下台。后经联合国、海合会等积极斡旋，也门有关方面签署海合会倡议及其实施机制。根据协议，萨利赫将总统权限移交给副总统哈迪。2012年2月21日，也门举行总统选举，哈迪作为唯一候选人当选新一任总统。2013年8月起，胡塞组织以反对政府提高燃油价格为由发起大规模游行示威，并于9月19日起围攻首都萨那。2015年1月，胡塞组织武装攻占总统府、总统、总理官邸等地，总统哈迪和总理巴哈赫双双辞职。同年3月26日起，沙特等10国发动“决心风暴”军事行动，对也门持续进行空袭。4月21日，沙方宣布结束“决心风暴”行动，开启“恢复希望”行动。目前，也门各派仍处于和谈过程中，政治前景仍不明朗。

（二）经济概况

也门经济落后，是世界上最不发达的国家之一。1991年海湾战争和1994年内战使国民经济严重倒退。1995年，也门政府开始经济、财政和行政改革。1996～2000年，GDP年均增长5.5%，财政收入逐年增加。2001年财政首次实现盈余。2005年，也政府进一步出台削减燃油补贴、降低进口关税等经济改革措施，力求调整经济结构，改善投资环境，减轻政府财政负担，取得了一定成效，也门经济运行基本平稳，主要经济指标良好。2010年受国际金融危机、油价下跌影响，石油出口收益锐减，外汇储备有所减少，失业率上升，经济增速放缓。2011年政局动荡后，经济困难进一步加剧。

也门的经济发展主要依赖石油出口，80年代中期开始开采石油，目前已探明的石油可采储量约40亿桶，已探明天然气储量18.5亿立方英尺。也门未参加任何石油组织，因而不受国际石油组织配额限制，在生产上自主性较强。政府极为重视石油的勘探和开采，通过出口石油、天然气和开放矿产资源克服经济困难。

（三）外交政策

1990年统一后，也门政府重申恪守过去南、北双方分别同各国签署的一切协议和国际条约，遵守联合国宪章和阿拉伯国家联盟宪章。也门奉行和平、不结盟政策，坚持睦邻友好、和平共处、不干涉内政，主张以和平方式解决国与国之间的争端与分歧。目前，也门已同100多个国家建立了外交关系。

1956年9月24日，中国与也门穆塔瓦基利亚王国建立公使级外交关系。1963年2月13日升格为大使级（当时也门已是阿拉伯也门共和国，即北也门）。1968年1月31日，中国与也门民主人民共和国（南也门）建立大使级外交关系。1990年也门统一后，两国建交日期定为1956年9月24日。中也双边贸易额为51.38亿美元，其中我国出口22.01亿美元，进口29.37亿美元。我国对也门出口商品主要是纺织品、机电产品、贱金属、粮油产品等，我国自也门进口商品主要是原油。

二、法律概述

也门法律体制并不健全,目前仍有很多领域缺乏正式的法律法规,法律体制与体系都有待完善。其中金融相关法律法规很少,大都以行政命令的形式颁布,经常变动。除此之外,也门尚没有专门的担保法律制度,因此总体上来说也门的法律环境较差。

(一)法律体系

也门法律制度以英国法律体系为基础,融合伊斯兰教法(沙里亚法)而成。也门现行法律制度禁止国家干涉经济自由化,国家保护公民合法经济活动。近年,也门对法律体系进行多次改革,以保障社会公正、国家稳定以及促进社会发展。也门的主要法律包括也门《宪法》《基本选举法》《金融法》《知识产权法》等。

(二)司法制度

也门不是《承认及执行外国仲裁裁决公约》(《纽约公约》)的成员国。在也门解决贸易投资纠纷,可以通过仲裁途径或法律诉讼途径。适用于仲裁方面的法律有《1992年第22号法》和《1997年第32号法》。1996年起,也门开设商业法庭,还有调解和仲裁中心及商会,都可以处理经济纠纷案件。也门法院整体效率不高,判决结果带有一定的偏向性,并存在腐败问题,法官整体素质不高。

(三)司法效率和其他事项

也门经济欠发达,行政、司法效率低下,存在一定贪污腐败等社会痼疾。此外,也门地方保护主义较严重,地方政府对当地企业都有一些特殊的庇护措施,遇有纠纷,外国投资者也往往处于劣势。

三、金融法律制度

也门金融体系落后不健全,与金融相关的法律法规较少,大多以行政命令的形式颁布,且稳定性较差。也门对金融领域外资准入的法律限制尤其突出,主要体现为与当地金融企业竞争机制差异化等方面。

也门目前绝大多数经济活动以现金交易为主,因此银行利率的调整,对市场影响作用相对有限。同样,国际资本市场的波动,很难对也门金融市场稳定产生较大影响。因此,也门中央银行对国家金融的干预能力有限,主要限于发行政府公债等。最近几年,也门政府致力于推动自由利率政策,但因也门里亚尔持续贬值,因此尚难实现依靠市场供求调整金融利率的目标。

四、投资法律制度

(一)投资法律概述

为规范和鼓励投资,也门政府于1991年颁布实施了《投资法》,并于1995年、1997年和2002年修订,将引资纳入法制轨道。《投资法》允许所有外国投资者享有与也门当地投资者同等的待遇,可以与也门企业或个人合资经营,也可以独资经营。也门《投资法》主要内容包括:

也门《投资法》主要内容
1.在也门申请项目采用注册登记制
2.石油、天然气、矿产的勘探与开发应同政府签订专门协议
3.投资者享有的优惠条件有:也门、阿拉伯国家和其他外国投资者享有对投资项目的投资自由,在权利、义务、原则和程序方面一律平等;投资者有权购买或租赁私有和国有土地、建筑,用于实施已注册项目;投资者有权把项目利润及清算资金汇出境外
4.投资者享有的豁免条件有:免除项目立项或扩建用的进口固定资产的所有税金和关税;免除从项目自开始生产算起7年的利润所得税(投资区的项目另加2年);免除项目的不动产税等

尽管也门政府从法律形式上对积极引资提出了一系列优惠条件,但是相关引资政策缺乏可操作性,与投资法配套的很多法律法规脱离了也门经济发展实际情况。例如,自2002年9月颁布《也门共和国投资法》以来,至今未出台实施细则;税收政策和税则缺乏透明度,且在税收征管过程中有相当的随意性,使投资者很难预测税收对投资的影响,增加了投资的风险和不确定性;现行法律对雇员本地化的比例要求过高,脱离实际,给投资者造成了损失等。

(二)特定行业与领域法律情况

也门经济收入主要依赖石油出口。因此,其石油法律制度值得关注。现也门国内已探明的石油可采储量约60亿桶,天然气可采储量约5000亿立方米。政府极为重视石油的勘探和开采,力图通过开发石油和矿产资源克服经济困难。也门石油的加工能力非常薄弱,仅有亚丁和马里布两家石油精炼工厂。石油精炼业在GDP的比重一直处于0.5%以下。这两家精练油厂的产品主要供应国内市场。由于产能不足,也门每年还需要进口柴油、燃油和汽油。政府份额油出口收入是也门最为重要的财政收入来源。

也门的石油天然气产业实行开放政策,允许国际投资者通过区块竞标方式,在与石油矿产部签署相应的《生产分成协议》并经议会批准后合法从事油气勘探开采。

（三）税收制度

1. 税收法律规定概况

在联合国发展署和国际货币基金组织支持下，2001 年也门完成了税制改革，具体包括实行透明的税收政策，完善税收制度，对税务系统进行行政改革以提高税收效率、确保一致性和公正性，扩大税收渠道，合理化税率，避免重复征税，打击走私和腐败等措施，取得了一定成效。对也门来说，改善税制的最大动力来自为加入海湾合作委员会（GCC）而适应其要求。

也门主要税种包括销售税、增值税、商业利润税、企业所得税、个人所得税、消费税、海关关税、进口附加税等。其中，进口商品增值税税率统一为 3%，商业利润税的税率统一为 1%。消费税的征收对象有限制，一年之内商品或服务的销售额或进口额达到 5000 万里亚尔（约合 25 万美元）以上的销售企业，须要申报和缴纳消费税，申报之前，需要到当地税务机关注册。

对于销售税，也门政府规定对用于批发和零售的所有进口商品开征销售税，税率统一为 5%，缴税金额在进口商品完税价格基础上计算，由各地海关与关税一同征收。部分特殊商品的销售税税率适用单独规定：

序号	特殊商品名称	征收税率
1	小麦、面粉、大米、药品、纯金	免税
2	香烟、武器弹药	90%
3	珠宝	3%
4	金饰品	2%

关税方面，1997 年也门政府颁布的《第 37 号关税法》是现行关税政策的基础，对所有进口商品的税率做出了明确和详细的规定。近年来，随着也门本国经济的逐渐发展、经济全球化进程的不断深入以及加入 WTO 和 GCC（海湾合作委员会），也门政府在前述法令的基础上，对大部分商品的税率加以调整，并于 2005 年出台了《第 41 号关税法》。新关税法大幅下调关税税率，例如将包括汽车、农用机械、固定和移动通讯设备、家用电器等主要进口商品在内的大多数商品的关税税率下调至 5%，基本实现了与 GCC 国家关税税率的接轨。除此之外，《第 41 号关税法》还对部分关系国计民生的商品免征关税，包括小麦、面粉等。同时，该法令还对部分亵渎宗教信仰、污染环境和危害健康的商品做出了禁止进口的规定。除关税外，也门政府还对进口商品征收相应的进口环节税，包括增值税和商业利润税等。

2. 外商投资项目的税收优惠政策

外商投资项目按照“国民待遇”原则，可以享受以下税收优惠政策：

税收优惠政策
1. 用于投资项目的进口物资免关税和其他税收，但对其提供服务或便利所支付的费用除外，如港口、仓储及此类费用
2. 只要项目在运营中，畜牧、农业和渔业项目生产所需物资全部予以免税；其他项目，包括已设立和已注册的项目，生产所需物资的关税减免 50%
3. 所有投资项目免征 7 年所得税，经投资总局批准的投资项目的扩建也免征 7 年所得税，自投产开始之日起计算免征期限
4. 免除依法设立的投资项目的个人所得税
5. 所有项目免房地产税
6. 产品全部出口或部分出口的项目享有以下权利：免除出口产品的所有税费，免除依法注册项目产品和服务出口的生产消费税及其他税收，项目免税期结束后，仍免除其出口收入利润税，但需将这笔钱通过经认可的银行以外币形式汇入也门

五、法律风险评价

（一）营商环境有待改善

根据 2015 年世界银行营商环境指南，也门在施工许可证和财产登记两项指标下表现尚可，在世界 189 个国家和地区中分别排名第 68 位和第 44 位；而在公司注册、少数投资者权益保护、电力取得等方面则表现出较多问题，分别排名第 140 位、第 162 位和第 122 位，基本处于世界中下游水平。以公司注册为例，在也门设立公司平均需要经过 6 道程序，耗时达 404 天，并且成本高达投资价值的 66. 3% ，亟待完善公司设立程序，提高审批效率。

公司注册		财产登记	
程序个数	6	程序个数	6
时间（日）	40	时间（日）	19
成本（占单位收入的百分比）	66. 3	成本（占财产价值百分比）	1. 8
最低注册资本	0		

数据来源：2015 年世界银行营商环境指南。

（二）合同执行成本一般，破产处置成本较高

也门的执行和退出效率较低，显著低于欧洲及中亚地区的平均水平。根据2015年世界银行营商环境指南提供的数据，也门的合同强制执行效率在世界189个国家和地区中排名第85位，其中合同强制执行的时间高达645天；也门破产处置效率排名第154位，处置用时为美国的两倍，回收率却只是美国回收率的27%，破产处置成本较高，亟待提高退出效率。

合同强制执行	也门	欧洲及中亚地区	美国
时间（日）	645	448.1	420
成本（占标的额的百分比）	30	25.2	30.5
程序（个）	36	37.0	33.6
破产处置	也门	欧洲及中亚地区	美国
时间（年）	3.0	2.3	1.5
成本（占资产价值的百分比）	15	13.3	8
回收率（每美元美分数）	22	37.7	80.4

数据来源：2015年世界银行营商环境指南。

（三）进出口贸易法律保护较弱

也门的经济相对落后，其在特定领域的法律政策上仍存在空白，跨境贸易领域立法仍不健全，进出口贸易受保护程度有限。根据2015年世界银行营商环境指南，也门的跨境贸易难易度排名在全世界189个国家和地区中排在第134位，处于世界下游水平。

也门跨境贸易	
出口所需文件数	6
出口时间（日）	29
出口成本（每集装箱/美元）	1065
进口所需文件数	9
进口时间（日）	27
进口成本（每集装箱/美元）	1560

数据来源：2015年世界银行营商环境指南。

约旦哈希姆王国

The Hashemite Kingdom of Jordan

——玫瑰沙漠中的秘境之地

约旦哈希姆王国基本情况

国家名称（中英文）	约旦哈希姆国(The Hashemite Kingdom of Jordan)		
人口(百万)	7.59	人口增长率（年均%）	2.4
领土面积（千平方公里）	89.3	主要民族	阿拉伯人
官方语言	阿拉伯语	主要宗教信仰	伊斯兰教
政体	君主立宪制	主要政党	伊斯兰行动阵线党、宪章爱国党、约旦阿拉伯社会复兴党、约旦共产党
GDP（十亿美元）	37.52	GDP 增长率（年均%）	2.4
国民总收入（十亿美元）	35.55	人均国民收入(美元)	4,680
通货膨胀率（年均%）	2.3	外国直接投资净流入（百万美元）	1,275
外债(百万美元)	24,256	总偿债额占出口贸易和收入的比率	8.5

数据来源:2015 年世界发展指标数据库。

一、国情简介

约旦哈希姆王国(以下简称“约旦”)位于亚洲西部,地处阿拉伯半岛的西北部。约旦人民生活较为富裕,在伊斯兰国家中相对开放。约旦的官方语言为阿拉伯语,英语为通用语言。92%以上的约旦居民信奉伊斯兰教,信奉基督教的居民约占6%。从政治、经济、外交等因素综合来看,约旦政治局势渐趋稳定,其未来的主要风险在于地缘冲突升级带来的潜在外部威胁和隐患。

(一)政治概况

约旦是二元制君主立宪制国家,设参众两院,权力掌握在以国王为首的哈希姆家族手中。立法权属国王和议会。国王是国家元首,统揽军政大权,有权审批和颁布法律、任命首相、批准和解散议会;国民议会享有立法权和监督权。约旦现有 18 个政党,其中主要的政党为伊斯兰行动阵线党、宪章爱国党、约旦阿拉伯社会复兴党、约旦共产党及民族阵线党。宪法规定法官独立行使司法权。

(二)经济概况

约旦经济总量较低,经济基础较薄弱,工业与农业规模较小,能源和水资源匮乏,经济对外依赖性较强,经常账户和财政收入双赤字的局面短期内难以消除。

2002~2008 年,约旦 GDP 年均增长率为8%,但2010~2013 年其增长率分别下滑至2.3%、2.59%、2.65%和2.8%。近年来,随着约旦政府深化改革和加大减支力度,约旦的经济形势逐渐得到改善,2014 年 GDP 年增长率达 3.1%,2016 年更有望达到4.5%。对约旦 GDP 增长贡献最大的是服务业(66%),其后是制造业(19%)、其他工业(11%)及农业(3%)。约旦通货膨胀率控制较好,除 2013 年因取消燃油补贴而稍高外,2014~2015 年明显下降。

(三)外交政策

约旦奉行中立、不结盟和对外开放的外交政策,推行全方位外交,持续发展与各大国的关系,并继续改善与阿拉伯国家的关系,在地区事务中发挥着独特作用,约旦已同123 个国家建立外交关系。

中约两国自 1977 年 4 月 7 日建交以来,两国在政治、经济及文化等各方面的关系稳步发展,友好往来不断增加。2010 年以来双边贸易合作快速增长,截至 2014 年底,中国已成为约旦第三大贸易合作伙伴。2014 年双边贸易额达 36.26 亿美元,同比增长0.7%,其中中国对约旦出口 33.65 亿美元,进口 2.63 亿美元。2015 年上半年双边贸易额达 18 亿美元,同比增长 6.2%。

二、法律概览

约旦法律体系受英国及法国殖民时期法律影响较大,同时也有部分伊斯兰教法成分,商业立法逐步完善,但法律透明度仍有待提高,整体法律环境一般。

(一)法律体系

约旦法律同时吸收了英美法系和大陆法系的法律精神,具有“混合型”特点。与本地区国家相比,该国法律体系相对完善,有关商业及投资的法律及法规比较完备。约旦重要的法律包括《宪法》《国家建设法》《民法典》及《刑法》等。此外,为了更好地促进对外经贸的发展,约旦颁布了诸如《进出口法》《国内产品保护法》及《海关法》等重要的贸易法规。

(二)司法制度

1. 诉讼制度

根据约旦《宪法》的规定,法官独立行使司法权。法官任免由国王依法批准,同时接受高级司法委员会的监督。约旦法院分三类,即民事法院、宗教法院及特别法院。民事法院负责审理有关民事和刑事案件;宗教法院主要负责婚姻、继承、收养等事务。特别法院包括国家安全法院、军事法院、警察法院、重大刑事案法院及海关法院。约旦法院体系分为以下几个级别:初级法院、地方法院、上诉法院、高级上诉法院及高等法院等。当事人如果对下级法院的判决不服,可向上一级法院提起上诉。

根据约旦司法部有关规定,在约旦公共安全法院内设立司法调解部门,负责对民事争议的调解。调解部门由来自该院和初审法院的法官组成,称为"调解法官",同时从退休法官、律师中选择公正诚实的人员组成"个人调解员",由他们负责对民事争议进行调解,从而使当事人双方在友好协商基础上满足各自的法律诉求。对于有些案件,如初审法院法官认为需提交调解部门以调解方式解决的,可提交调解部门。如当事人双方达成和解,双方将签署和解协议并由案件审理法官或初审法官证明,该和解协议对双方均具有约束力,任何一方不得上诉。如当事人双方未能达成和解协议,调解员需向初审法官或案件审理法官提交书面报告进行说明,并将当事人双方提供的案件材料退还当事人。

约旦法律对于诉讼程序中是否聘请律师代理有专门规定。对于刑事案件,当事人必须聘请律师代理有关诉讼,如当事人无能力聘请律师,法院将代为指定律师全权负责有关案件的诉讼;对于民事案件,通常也要求当事人聘请专业律师代理有关诉讼。对于诉讼标的低于3000约旦第纳尔的案件,当事人可不聘请律师并自行诉讼和出庭;对于诉讼标的3000约旦第纳尔以上的案件,当事人需聘请专业律师代理有关诉讼。

2. 仲裁制度

约旦有专门的仲裁立法,即约旦《仲裁法》。根据该法规定,当事人双方或在事前就特定仲裁事项进行明确约定,或在争议发生后达成临时仲裁协议。如为临时仲裁协议,商业合同当事双方可协商确定一整套适用于自身案件的仲裁规则。双方也可在合同中约定参照法定程序进行仲裁,或者根据联合国国际贸易法委员会条例进行临时仲裁。

约旦加入了许多重要的有关仲裁的双边和多边协议或条约,例如《利雅得阿拉伯司法合作条约》《阿拉伯商业仲裁条约》《阿拉伯国家投资争议解决条约》等。约旦于1958年6月10日签署了《承认及执行外国仲裁裁决公约》,1979年11月15日批准加入,1980年2月13日生效。约旦也是其他许多有关非诉讼程序的双边协议或协定的参加国,尤其是与仲裁有关的国际条约。

3. 司法协助

约旦法院一般会承认并执行外国法院判决或国际仲裁机构裁决,但如果发生以下情况,约旦法院有权拒绝承认或执行外国法院判决或国际仲裁机构裁决:

约旦法院拒绝承认或执行的情形	
1	作出判决的外国法院没有管辖权
2	被执行的一方在外国法院管辖区内没有业务经营，或者在其司法管辖区内没有住所或处所；不是自愿出庭的；以及不承认作出判决的法院的管辖权
3	被告未得到做出判决（或裁决）的法院（或仲裁庭）的出庭通知，或者没有正式或适当地收到通知
4	判决（或裁决）以欺诈方式作出的
5	被告能说服法庭认定相关的判决（或裁决）不是终局的
6	因为违反约旦公共政策或道德，约旦法院不被允许对外国法院（或仲裁庭）的判决（或裁决）所涉及的案件进行开庭审理
7	作出判决（或裁决）的法院（或仲裁庭）所在司法管辖区的法律不承认和执行约旦法院（或仲裁庭）的判决（或裁决）

到目前为止，约旦尚未与中国签订民事司法互助协定。

（三）司法效率和其他事项

约旦司法体系较为完备，司法独立意识较强但执法效率一般。1952 年 1 月 1 日颁布生效的《约旦宪法》第 97 条规定：“法官是独立的，他们在履行司法职能时不受制于除法律以外的任何权威。”据 2015 年世界银行营商环境指南提供的数据，约旦的合同强制执行效率在世界 189 个国家和地区中排名第 114 位，执行效率偏低。

三、金融法律制度

约旦的金融环境比较开放，拥有在中东地区较为先进、管理较好的资本市场，外资银行比较活跃。同时，约旦对银行的准入要求相对比较宽松，约旦《中央银行法》及《银行法》等有关法律均没有对外资银行开展业务作出禁止性或限制性规定。

（一）银行准入与监管法律制度

1. 外国银行准入法律制度

约旦《中央银行法》及《银行法》规定，无论是约旦本地银行还是外资银行，在约旦境内外新设或关闭有关分支机构，均需上报约旦中央银行批准后方可实施。

外资银行可在约旦境内以分行或独资银行形式设立机构，经营外汇及当地货币存贷款业务以及有关国际和国内结算业务。约旦中央银行规定，无论是约旦本地银行还是外资银行，对房地产领域的投资或贷款，金额不得超过其所吸收约旦本国货币存款的 20%。

对于申请在约旦设立分行的外资银行，约旦中央银行将在申请者提交申请后 3 个月内予以答复，并且给出简要说明，表示正式的申请已经完成。此后，约旦中央银行将召集筹备委员会召开一系列诸如访问和介绍等会议，这有助于约旦中央银行考察申请材料质量及评估计划准备的完善性。

在申请者初审通过的一年内，如果不能满足获得最终准入的条件，中央银行的初审意见将被撤销。如果最终的准入条件都已满足，那么中央银行将在申请者确认所有的申请条件已满足的3个月内，颁发最终的准入许可。约旦中央银行批准的最终准入许可无具体期限且不可以转让。

2. 外国银行监管制度

约旦对金融机构的监管采取外部监管与内部监管相结合的德国模式，其对银行进行监管的主要法律依据及其内容如下：

监管法规	法规内容
《中央银行法》	约旦于1971年颁布了《中央银行法》(23号法)，此后多次进行了修订。该法明确了约旦中央银行的职能，并对中央银行正副行长及董事会成员的任免、正副行长及董事会的职责、资本金的补充、中央银行的决策程序等加以规定
《银行法》	约旦在2000年8月1日颁布的《银行法》对在约旦境内授权经营的商业银行、伊斯兰银行及金融公司的定义及其业务加以明确规定。该法第4条规定：任何人只有在中央银行授权许可的情况下，方可从事银行业务。同时规定了在约旦境内设立银行的程序、需提交的文件以及资本管理等要求；对外资银行在约境内设立分支机构也予以明确规定。约旦《银行法》第21条规定：银行董事会要制订书面的贷款发放及投资政策，明确贷款标准和条件及投资原则，并向约旦中央银行提供有关书面材料；董事会成员不得牺牲银行利益为个人谋利。该法案还规定，银行不得向客户提供信贷用于购买股票等投机行为
《银行准入指引》	《银行准入指引》(2006年)规定了在约旦设立外资银行机构，可以选择独资、合资、分行等形式，同时规定了一系列准入标准和准入申请程序
	准入标准：该指引规定，衡量银行准入有以下标准：所有权结构及股东适宜性；完善的运营计划、自控机制、内部组织构架以及合理的人力资源体系；对于董事会主席和高级经理的评估；财务计划包括资本金；如果申请者是外资银行，需要本国监管部门的提前同意；对约旦的经济发展是否具有贡献
	准入申请：该指引规定，提出申请者应向约旦中央银行提交正式的申请，并提供以下材料：总体信息；创办者的信息(持有银行1%提议的资本金以上的股东)；商业计划；预编财务报表；公司政策；合规性检查；内部审计；系统调查表；人力资源发展计划

(二) 担保法律制度

1. 担保体系

目前约旦未制定专门的《担保法》，有关不动产的抵押和质押，应遵守约旦《民法》及《债务人不动产抵押和质押法》等法律法规的具体规定。根据约旦法律规定，作为固定资产的房地产、交通运输工具以及机器设备可以对外提供抵押。例如，设立于房地产上的抵押，可以由抵押双方共同持权利凭证在土地及房地产管理部门办理抵押登记。目前，约旦法律规定的担保方式主要包括：

担保方式	具体规定
股权质押	股权质押必须履行公证程序，有限责任公司和私人股份公司的股权质押必须到工贸部登记；上市公司的股权质押必须到证券登记结算中心登记
动产抵押	对于动产的抵押，必须转移对资产的占有
不动产抵押	对于不动产的抵押，必须到相关部门进行登记
合同权益转让	合同权益转让涉及出让方、受让方、第三方，合同权益转让必须取得合同权益第三方的同意，并履行通知和公证程序
银行账户权益转让	银行账户权益必须是明确和具体的，必须履行通知和公证程序。

2. 担保的执行

约旦对于担保的执行方面无明确法律规定。出现纠纷时，债权人可以依据担保协议向法院执行庭申请执行担保物，在法院监督下，通过公开拍卖的方式实现担保权益。一般处理时限为 6 个月。

根据约旦《中央银行法》第 54 条，约旦政府和所有公共机构在接受国外贷款时，均需就该笔贷款对约旦货币稳定和对外支付状况的影响征求约旦中央银行行长的意见。在关系经济和社会福利的特殊情况下，内阁会要求中央银行对政府和公共机构到期债务进行担保。担保的最终落实由中央银行决定。

3. 担保资产的清偿顺序

对于某项资产进行处置，劳动者工资收入为第一顺位优先受偿，其次为政府税费，最后为资产抵押等各项担保措施。对于资产抵押，债权债务人可以协商确定受偿顺序。

(三) 主权豁免

约旦法律不禁止当事人放弃其享有的主权豁免权。如果政府部门作为借款人申请放弃豁免，需得到有关权力机关的授权或批准。根据约旦《政府诉讼法》，对针对政府的判决的执行需先向内阁申请，然后再由内阁指示财政部就判决进行付款。

四、投资法律制度

(一) 企业法律制度

1. 基本情况

约旦有关企业的法律制度主要有《公司法》《竞争法》和《关于非经营性外国公司

办事处或地区代表处注册申请的规定》等，具体包括：

第一，约旦《公司法》(1997 年第 22 号)。该法对在约旦境内注册公司的程序，公司的形式及其性质，公司的设立、管理、合并、终止、破产、清算以及股权转让，股东权益等内容进行了明确规定。约旦根据经济发展现状和实践操作中存在的问题对《公司法》进行了修订，简化了公司注册程序，加强了对公司的管理。主要的变化包括：一是为使管理权和所有权分离，总经理、执行主席和董事会主席不可兼任；二是为体现开办公司的严肃性，公共有限公司开办人必须认购注册资本 20% 以上(原法无最低限额)等。

第二，约旦《关于非经营性外国公司办事处或地区代表处注册申请的规定》。该规定对约旦境内非经营性外国公司办事处或地区代表处进行了定义，对注册和注册后需办理的手续及非经营性外国公司办事处或地区代表处所享有的待遇进行了明确规定。

第三，约旦《竞争法》(2004 年第 33 号法令)。该法令授权约旦工贸部对国内制造业、商业、服务业的经营活动以及国外有可能对约旦造成影响的经济活动进行监督和管理，以控制产品和服务价格，促进市场竞争和公平交易，防止经济领域的过于集中和垄断，保证自由竞争。另外，该法还对违法行为的处罚程序和措施等进行了规定。

第四，约旦《海关法》(1983 年第 16 号)。该法的总原则是：所有进入约旦关境的货物都应按照海关税则表及其他税费表征税，《海关法》或者国际间协议规定应予以免税的除外。

第五，约旦《进出口法》(2000 年)。该法的主要规定包括：在某些条件下，经与有关部门协商，内阁有权限制某种商品的全部或部分进出口；在尊重有关部门职权的同时，经与有关部门协商，内阁有权发布命令禁止某种产品的进出口等。

第六，约旦《进出口条例》(1993 年第 74 号)和《1999 年第一号进口令》。上述条例和命令的主要规定如下：约旦对部分进口商品实施许可证管理制度，包括外国香烟、工业用奶粉、旧轮胎及矿泉水等；为遵守财政安排及监控与叙利亚之间的贸易平衡，各种服装、布匹、鞋，各种饼干、巧克力、糖、卫生纸、混合饮料及气体饮料、铁及塑料制方板等商品必须符合约旦工贸部发布的进口通告；临时带入的商品、残疾人车、海关仓库储藏的货物、原油及其副产品(矿物油除外)无须申请进口许可证。约旦工贸部是进口许可证的唯一签发机关，任何个人或组织均须向工贸部申请许可证。进口许可证的有效期为一年，从签发之日起算；应进口人要求，许可证有效期可延长一年。

2. 企业主要类型

约旦《公司法》(1997 年第 22 号)将约旦境内的公司分为无限合伙公司、有限合伙公司、有限责任公司、有限合伙股份公司、有限责任私营股份公司及有限责任公共股份公司等六类。其基本情况如下表所示：

<table>
<tr><th colspan="2">企业类型</th><th>特　　点</th></tr>
<tr><td colspan="2">无限合伙公司</td><td>1. 成员要求：无限合伙公司由 2 个或 2 个以上、20 个以下的合伙人共同签订合伙协议组成，而且必须根据《公司法》的有关规定办理登记注册；
2. 合伙人责任：合伙人对公司债务承担无限责任，必须履行公司的一切合同和义务</td></tr>
<tr><td colspan="2">有限合伙公司</td><td>1. 成员要求：有限合伙公司包括“无限责任合伙人”和“有限责任合伙人”
2. 管理：无限责任合伙人有权参与公司的管理，负责偿还在其管理期间的公司债务，而有限责任合伙人不能参与公司的管理，但拥有查看公司账簿、了解公司经营状况等权利
3. 合伙人责任：无限合伙人对公司债务承担无限责任，而有限合伙人只以其参与股份对公司债务承担有限责任</td></tr>
<tr><td colspan="2">有限责任公司</td><td>1. 成员要求：有限责任公司由 2 人或 2 人以上的投资者组成
2. 股东责任：投资者即股东以其在公司的股份对公司债务承担有限责任。股东死亡后，其在公司股份可依法进行继承和转让
3. 注册资本要求：修订后的约旦《公司法》规定：有限责任公司注册资本由 3 万约旦第纳尔(4.2 万美元)降到 3000 约旦第纳尔(4230 美元)</td></tr>
<tr><td colspan="2">有限合伙
股份公司</td><td>1. 成员要求：由不少于 2 位无限责任合伙人及不少于 3 位有限责任合伙人共同组成
2. 合伙人责任：无限责任合伙人以其个人财产对公司债务承担无限责任；有限责任合伙人以其在公司中的股份承担有限责任</td></tr>
<tr><td rowspan="2">股份
有限
公司</td><td>有限责任公共股份公司</td><td>1. 成员要求：有限责任公共股份公司由 2 个以上以营利为目的的投资者联合组成
2. 资本要求：此类公司注册资本不得低于 50 万约旦第纳尔，认购资本不得低于 10 万第纳尔或注册资本的 20%
3. 特殊规定：其公司股票可以上市</td></tr>
<tr><td>有限责任私营股份公司</td><td>1. 成员要求：有限责任私营股份公司由 2 个或 2 个以上具有共同目的的投资者合作组成
2. 认购资本：其认购资本不得低于 5 万约旦第纳尔
3. 特殊规定：其公司股票不能上市</td></tr>
</table>

另外，外国公司可通过约旦的公司管制机构办理注册，在约旦境内设立该公司的办事处，但这种办事处不得在约旦境内从事商务活动。约旦法律对这类办事处提供了如下优惠待遇：办事处在约旦境外所得利润免征所得税；免收注册和许可证费；办事处所需的家具、车辆及设备的进口免征关税；办事处有权在商业银行中用任何货币开立和使用账户；非约旦籍的办事处雇员，其收入免征所得税及社会福利税。

（二）特定行业与领域法律情况

约旦系发展中国家，经济基础薄弱，资源较贫乏，可耕地较少，经济对外依存度较高。2009年以来，受国际金融危机影响及地区动荡局势冲击，约旦经济增长速度下滑，政府加大了经济调控力度，并在金融、基建、争取外援等方面采取相应措施，鼓励外商投资进入约旦。约旦十分重视本国自然资源的保护，其在矿业、石油和天然气等自然资源开发领域的法律规定值得关注。相关法律规定主要包括《采矿法》和《自然资源事务组织法》。

1.《采矿法》

约旦1966年颁布的《采矿法》规定，在法律允许的情况下，本国人如要获得勘探权或采矿权等权利，需要与约旦自然资源局签订特别协议，如为石油和天然气资源，需经内阁正式批准；在法律允许的情况下，外国人如要获得勘探权或采矿权需获得内阁的正式批准并与相关委员会签订特别协议。

一旦拥有矿产勘探权证书，权利人在证书发出之日起2年内将拥有采矿优先权，采矿权最长不超过30年。在法律允许的情况下，采矿权的赋予、转让或抵押必须通过内阁的预先核准并在政府公报公示，相关委员会主席委派的代表可以随时巡查采矿情况。除非获得土地所有者的同意，否则任何人不允许在政府、宗教、慈善基金等拥有的土地上勘探、采矿；根据公共利益的需要，并经过内阁的批准，可以在政府、宗教、慈善基金的土地上设立采矿权；如果土地所有者与采矿权获得者不能就补偿达成一致，内阁可以决定给予土地所有者适当补偿或者直接对土地进行征收。

此外，获得以下区域的采矿权，必须获得土地所有者的同意：古迹及宗教区域；森林及周边土地；铁路及周边土地；市政土地；水库、排水管网及污水处理设施及周边区域。

2.《自然资源事务组织法》

约旦自然资源局与能源和矿产资源部于1968年底颁布了《自然资源事务组织法》。该法规定，所有在约旦境内现存的矿物，无论发现于地表、地下或领土的内水域、河流和内海，都应被视为国家所有。因此，取得相关区域的开采权后，未经批准，禁止利用、转移及买卖。

同时该法也规定，不得向外国人授予勘探许可、探矿许可或采矿权，除非根据法律和法规的规定，经议会批准后由自然资源局董事会与外国投资者订立专门协议确定；不得向申请人授予针对石油和天然气的勘探许可、探矿许可或开发权，除非根据法律规定，经议会批准后，由自然资源局董事会与申请人订立专门协议确定。

涉及矿产探察证书时，对任何凭许可对达到商业数量的矿产进行勘探、探察并履行了相关登记程序的主体，自然资源局应根据规定的格式向该主体核发探察证书。该主体从证书核发之日起的2年内拥有采矿优先权。对持有探察证书的主体以及2年期限内提出申请的主体，经议会批准，自然资源局根据如下规定可以向前述主体授予开采权:开采权所覆盖的区域不得超过24平方千米,且该区域应是一块完整无分割的矩形地块;开采权年限不应超过30年;经议会批准,开采权权利人在自然资源局认为合适的条件下享有续展的优先权;对于申请开采权的区域,申请人应分别递交一份比例为1∶5000的地形图和地质地图;申请人应对通过探矿后查证的区域矿石储藏量提交精确的评估;申请人应对拟开采的矿物提交可行性报告;申请人应对其技术和资金实力予以证明。

(三)外汇管制

约旦金融环境较好,资本市场较为发达,外币可自由兑换,对外国投资者的资本和利润汇出没有限制,管制较宽松。目前,约旦国内政局平稳,汇率稳定,经济发展向好,为金融业的发展创造了良好稳定的环境。

约旦中央银行的外汇管制内容主要包括以下三点:第一,本国银行及外国银行的银行票据、纸币、硬币、黄金可自由进出;第二,所有支付或资本的流动无限制;第三,所有具有营业资格的银行都可以为常驻居民或非常驻居民开立各种货币账户并且开户人具有全权提取权。

(四)税收制度

与投资相关的约旦主要税种包括公司所得税、个人所得税等。具体来说,根据约旦《公司所得税法》,对公司实体以及外国企业分支机构在约旦所发生的应税收入征收所得税。公司所得税根据行业划分,同行业实行统一税率:采矿业、工业、饭店、医院、运输业(注册资本大于100万约旦第纳尔)、建筑业(注册资本大于100万约旦第纳尔)为15%;银行、保险等金融企业、各类中介公司为35%;农业免税;其他公司为25%。对支付给非约旦居民的应税收入征收10%的预提税。对个人所取得的工资及补贴(包括住房、交通以及其他各类补贴)征收个人所得税,并实行超额累进税率;个人所得税最高为30%,另征收3%的社会福利税。

其他税种主要有:教育税(以企业税前收益为基准,1%)、社会保障税(以工资和津贴为基准,支付比例为雇方10%;受雇方5%)、销售税(7%)等。

五、法律风险评价

(一)营商环境有待改善

世界银行2015年营商环境报告的数据显示,约旦的营商环境在189个国家和地区中排名第117位,居于中等偏下水平。具体而言,约旦在税收负担(第45名)、获得电力(第44名)等方面表现较为出色,但在财产登记(第107名)、保护少数投资者权益(第154名)、合同强制执行效率(第114名)、施工许可等方面表现得并不尽如人意。例如在约旦取得施工许可平均需要经过16道程序,耗时约63天,成本高达工程总投资的 9.5%，在世界 189 个国家和地区中排名第 126 位。总体而言，约旦的营商环境尚可，具体领域仍需改善。

公司注册		纳税		财产登记	
程序个数	7	每年赋税次数	25	程序个数	7
时间（日）	12	平均耗时（小时）	188	时间（日）	21
成本（占单位收入的百分比）	21.4	总税率	29.0	成本（占财产价值的百分比）	7.5
最低注册资本	0				

数据来源：2015 年世界银行营商环境指南。

（二）合同执行成本和破产处置成本较高

在合同强制执行方面，约旦的执行成本偏高。据 2015 年世界银行营商环境指南提供的数据，约旦的合同强制执行效率在世界 189 个国家和地区中排名第 114 位。同时，该国的破产处置成本也较高，资产回收率仅为 27%，全球排名仅为第 145 位。上述数据反映出约旦司法效率不高及资产处置较为困难的问题，表明企业在约旦开展业务存在相当的法律风险。

合同强制执行	约旦	欧洲及中亚地区	经合组织
时间（日）	689.0	448.1	539.5
成本（占标的额的百分比）	31.2.0	25.2	21.4
程序（个）	39	37.0	31.5
破产处置	约旦	欧洲及中亚地区	经合组织
时间（年）	3.0	2.3	1.7
成本（占资产价值的百分比）	20.0	13.3	8.8
回收率（每美元美分数）	27.0	47.7	71.9

数据来源：2015 年世界银行营商环境指南。

（三）进出口贸易法律限制较少

为了吸引外资，约旦立法注重保护外国投资者利益，同时对进出口贸易设定限制较少。根据 2015 年世界银行营商环境指南提供的数据，约旦的跨境贸易难易度在世界 189 个国家及地区中位列第 54 位，反映了约旦希望促进国际贸易发展，提升自身经济实力的迫切愿望。

约旦跨境贸易	
出口所需文件数	5
出口时间(日)	12
出口成本(每集装箱/美元)	825
进口所需文件数	7
进口时间(日)	15
进口成本(每集装箱/美元)	1235

数据来源:2015 年世界银行营商环境指南。

以 色 列 国

The State of Israel

——圣光下的应许之地

以色列国基本情况

国家名称（中英文）	以色列国（The State of Israel）		
人口（百万）	8.38	人口增长率（年均%）	2.0
领土面积（千平方公里）	22.1	主要民族	犹太人
官方语言	希伯来语、阿拉伯语	主要宗教信仰	犹太教
政体	议会制	主要政党	“利库德—我们的家园”政党联盟、未来党、犹太人家园党、工党
GDP（十亿美元）	296.08	GDP 增长率（年均%）	2.5
国民总收入（十亿美元）	297.03	人均国民收入（美元）	35,440
通货膨胀率（年均%）	2.7	外国直接投资净流入（百万美元）	11,510
外债（百万美元）	—	总偿债额占出口贸易和收入的比率	—

数据来源：2015 年世界发展指标数据库。

一、国情简介

以色列国（以下简称以色列）地处地中海东南方向，位于亚洲西部，是亚、非、欧三大洲结合处，沿海为狭长平原，东部有山地和高原。以色列人口中 75% 为犹太人。以色列是犹太教、基督教和伊斯兰教的发源地。该国官方语言为希伯来语和阿拉伯语，通用语言为英语。虽然以色列面临着巴以关系恶化带来的安全局势问题，但从长远来看，该国经济基础雄厚，法律体系完备，国家总体风险水平处于可控范围内。

（一）政治概况

以色列为三权分立的议会民主国家，实行多党制。自内塔尼亚胡 2009 年上台以来，以色列内部政局相对稳定，内塔尼亚胡一贯对外的强硬立场仍然得到为数众多的“右翼”政治群体的支持，本届政府执政党地位没有受到明显的威胁。虽然在过去 10 年里，以色列内部政局变化频繁，但不论政治左派还是右派，对经济政策导向的观点趋于一致。未来即使发生政府更替或执政党更迭，也不会影响以色列政局和经济政策继续保持稳定。

以色列作为议会民主制国家，实行立法机构（议会）、行政机构（政府）和司法机构（法院）三权分立、互相制约的政治体制。政府必须得到议会的信任才能行使权力，政府直接对议会负责并接受其监督，同时司法机构的独立性受到法律保护。

（二）经济概况

以色列经济发达，近年实行的经济改革卓有成效，总体经济保持稳步快速增长，政府更替并不影响经济和财政政策的稳定健康发展。据以色列中央统计局初步报告显示，2015 年以色列 GDP 达到 2591 亿美元，经济同比增长 3.3%，与 2014 年增速持平。在以色列 GDP 构成中，农业、制造业、服务业三个产业的占比分别为 2.5%、31.4% 和 66.1%，人均 GDP 达到 3.7 万美元。

尽管自然环境恶劣，资源匮乏，但以色列科技水平较高，其农业发展处于全球领先地位，被形象地誉为欧洲的“冬季厨房”。以色列将其高科技技术应用于多个领域，包括制造业、生物技术产业和信息通讯等。以色列高新技术发达，其高科技研发投入占国民生产总值的比重高居世界第三，仅次于日本和瑞士。

2014 年以色列对外贸易总额约为 1172 亿美元，其中出口约 537 亿美元，同比增长 0.5%，进口约 664 亿美元，同比下降 0.5%，贸易逆差 127.8 亿美元。中以两国经济互补性强、发展快，贸易额逐年增长。据中国海关统计，2014 年，双边贸易额达 108.8 亿美元，其中中方出口 76.5 亿美元，进口 31.8 亿美元，同比增长分别为 9.4% 和 8.9%。中国是以色列在亚洲的第一大贸易伙伴，也是其全球第三大贸易伙伴。

2015 年，标普、惠誉、穆迪三大评级机构最新发布的评级结果均维持以色列主权信用等级不变，展望为稳定。

（三）外交政策

以色列开展全方位外交，积极发展与独联体各国和东欧国家关系，试图推动中东和平进程并拓展其与非洲、亚洲各国的关系。以色列在 1949 年 5 月 11 日加入联合国。截至 2014 年，以色列已与世界上 159 个国家建立外交关系，该国在国外设有 76 个使馆、19 个总领馆和 5 个代表团。

1992 年 1 月 24 日，以色列与中国正式建立大使级外交关系。双方已签署《贸易协定》《文化交流协定》《民用航空协定》《劳务输出协议》《关于加强经济贸易合作的备忘录》和《中国旅游团队赴以色列旅游实施方案的谅解备忘录》等多项双边协议。

二、法律概览

以色列的法律体系混合了英美普通法系、欧洲大陆法系和犹太法典的多重特征。该国司法体系稳定性较强，且较少受政治、安全局势影响，整体法律风险较低。此外，以色列各领域法律配套较为齐全,各项活动普遍有法可依,司法独立性能够得到较好保障。

(一)法律体系

以色列实行三权分立,以色列议会是其立法机构,行使立法权;法院是其司法机构,行使司法权。至今为止以色列没有一部明文写成的宪法,因此该国政府的运作都是依据以色列议会颁布的法规进行,包括一系列以色列基本法(目前为止总计有14条)。基本法虽不是正式的宪法,但其法律地位高于普通法律,其制定和修改一般需议会特定多数通过。以色列现有基本法包括《克奈赛特(议会)法》(1958年2月)《总统法》(1964年6月)、《政府法》(1968年8月)、《司法制度法》(1984年)等。

(二)司法制度

1. 法院体系

以色列法院体系分为三级,由地方法院、地区法院和最高法院构成。其中,地方法院负责审理民事案件和一般刑事案件;地区法院拥有对地方法院的上诉管辖权和重大民事和刑事案件的初始管辖权;最高法院拥有最终上诉管辖权,对控告政府、政府部长、所有公职官员或机构的案件行使管辖权,有权释放非法拘留或监禁者,在其他法院超越权限时宣布其裁决无效,还有权裁定议会的法律是否与国家基本法律相抵触。

2. 司法协助

以色列是《承认及执行外国仲裁裁决公约》(1958年《纽约公约》)的成员国以及《关于解决各国和他国国民之间投资争端的公约》(1965年《华盛顿公约》)的缔约国。截至目前,以色列尚未与我国签订任何民事司法协助协定。

(三)司法效率和其他事项

以色列司法效率较低,取得终审判决往往需要经历很长时间,诉讼程序旷日持久。根据2015年世界银行营商环境指南提供的数据,以色列的合同强制执行效率在世界189个国家和地区中排名第111位,低于世界平均水平。

三、金融法律制度

(一)银行准入与监管法律制度

根据《以色列银行法》以及《银行业法》,以色列银行为该国中央银行,是国家货币政策的制定和实施机构,同时也是信贷及银行系统的监管机构,具有签发和撤销银行营业执照的职能。

1. 外国银行设立子公司或分支机构程序

根据以色列在《服务贸易总协定》中的具体承诺,以色列对于外国银行在以开设分支机构没有限制。外国银行在以色列开展全球性银行及融资业务具有三种可选形式，包括设立银行子公司、分行或外国银行代表处。

类型	外国银行在以色列设立子公司、分行或代表处的程序
设立银行子公司	注册登记：外国银行在以色列设立银行子公司，必须在开业前1个月内向以色列司法部公司注册局进行注册 需要提供的文件主要包括：所在国发放的公司成立证明、公司章程及希伯来语翻译件（均需公证）；经该公司授权办理有关手续的以色列居民姓名及地址、授权以色列居民代表该公司开展业务的委托书（需公证）、公司董事名单等
	申请执照：银行子公司在完成注册等程序之后，即确立了以色列公司法人实体。设立银行子公司需按照《银行业法》相关规定取得银行营业执照
	以色列中央银行签发营业执照前需要咨询执照委员会，并主要关注如下问题：申请者的经营计划以及其实现的可能性；申请者是否具有适宜的控制人、董事以及高管；该执照的签发对于资本市场的竞争以及银行服务水平的竞争是否有好的影响；是否符合政府的经济政策；是否参与公益事业；申请者所持母公司所在地的银行执照与以色列的银行执照之间是否存在互给及互惠
	注意事项：在以色列设立银行子公司必须接受以色列央行的监管，并需满足以色列最低注册资本金不少于等值1000万谢克尔（约合267万美元）的要求。以色列设立银行子公司除了可以通过成立新公司的方式实现，还可通过收购当地银行的方式实现
设立分行	注册登记：在外国注册成立的银行如果希望在以色列设立分行，则需按照《银行业法》相关规定取得银行营业执照和设立分行的许可证。取得银行营业执照的具体程序与设立银行子公司相同
	申请执照：外国银行取得设立分行许可证的程序与取得银行营业执照的程序大致相同，首先向以色列央行提出设立分行的申请，以色列中央银行行长在询问执照委员会之后，向符合条件的外国银行签发设立分行许可证
	签发之前需考虑的问题主要包括：设立分行对于外国银行在以色列为其客户提供服务以及发展以色列市场的业务是否有帮助；设立分行对于外国银行在以色列扩大资本投入、拓展业务范围，提高管理能力是否有帮助；以色列监管部门对外国银行分支结构的监管能力；是否符合政府的经济政策；是否参与公益事业
	注意事项：在取得了银行营业执照和设立分行许可证后，外国银行即可在以色列开设分行，并要收到当地银行业监管部门的监管，但并不受到最低注册资本金的约束，同时不能作为独立法人实体行使权利
设立代表处	外国银行可通过在以色列设立代表处形式，进行品牌宣传及业务推广，代表处营业范围有限，最主要的限制为不能吸收公众存款。但代表处的设立程序也最简单，只需得到以色列央行的准许即可

2. 经营范围

以色列银行业采用“混业经营”方式，银行被允许开展各种不同的金融活动，包括从事证券业务。外国银行在取得一般性的银行营业执照后可开展以下银行业务：吸收存款、发行债券、管理支付系统、买卖外汇、发放贷款、投资证券及黄金、提供保险箱出租服务、承销债券、提供融资顾问服务、金融交易中介服务以及其他法律规定的银行业务种类。

（二）担保法律制度

以色列涉及担保的法律主要有《土地法》《抵押法》《商标法》《石油法》《1969 年责任转让法》等。根据以色列法律规定，目前以色列主要的担保方式包括保证、抵押和质押。

1. 担保财产范围

根据以色列法律规定，各类财产例如建筑物、土地、股票、有价证券、矿产资源的开发权、商标权、专利权、期权、未来收益、应收账款等，均可以对外进行抵押和质押。但法律同时规定，政府部门和国有公司不得以土地作为抵押进行借贷。

2. 登记备案程序

在以色列，抵押、质押需到以色列司法部抵质押登记办公室办理登记备案手续，具体分为担保注册簿和公司注册簿。以借贷担保为例，通常借贷双方会依据以色列《抵押法》签订借贷合同。该合同中抵押、质押标的可不在抵质押登记办公室办理登记备案手续，该合同约定的抵质押仍为有效。但是，如果在司法部办理了有关抵押、质押手续，则贷款人相对于其他未办理抵质押手续的贷款人将对抵质押标的享有优先权。在借款人破产的情况下，登记注册的抵质押可以对抗第三方对该标的权利。

另外，根据以色列《商标法》，以色列法律承认商标上的担保利益。该担保只能在商标局登记备案才能对抗第三人。如果涉及个人，该担保必须在担保注册簿注册，如果为公司或其他法人则必须在公司注册簿登记注册。

此外，根据以色列《石油法》规定，如采用油气开采权作为质押，该担保需经以色列石油专员批准并在以色列石油部办理登记备案。

（三）法律适用

以色列贷款协议可约定适用外国法律，如中国法、英国法等，以色列对此并无强制性法律适用的规定。

（四）主权豁免

如借款人为政府部门或全资国有企业，可通过合同约定放弃豁免；放弃豁免无须得到政府部门的授权或批准；法律无明确限制或禁止放弃豁免的范围。但实际情况是，以色列政府部门从未作为借款人向金融机构借款，而是通过发行债券来筹集资金，且从未有过违约记录。历史上，以色列政府从未对国有企业借款提供过主权担保，全资国有企业借款也从未有过违约记录，而且从未有全资国有企业破产的先例。

四、投资法律制度

以色列具有强大的投资吸引力，主要是由于以下五大优势：一是该国被誉为第二个“硅谷”，拥有许多世界一流教育、科研机构及世界著名的跨国公司，尤其体现在国际软件业；二是作为仅次于加拿大的第二大纳斯达克上市公司大国，犹太人精明的生意头脑为以色列创造了充满活力的经济环境；三是以色列劳动力素质较高，每万人中就有135名工程师和技师，在发达国家中名列榜首；四是资本市场和金融市场高度繁荣；五是政府对于研发项目有较多政策优惠等。

（一）企业法律制度

根据以色列的企业法律制度，该国主要企业组织形式有：以色列当地公司（包括股份有限公司、有限责任公司、无限责任公司三种）、在以色列注册的外国公司（包括外国公司的子公司）、以色列合伙制企业（包括无限责任和有限责任两种）、外国合伙制企业（包括无限责任和有限责任两种）、合作社、合资企业等。不同类型的企业分别由不同法律加以规范，适用不同的税收办法。如下是各类企业类型及其特点介绍：

<table>
<tr><th colspan="2">企业类型</th><th>特　点</th></tr>
<tr><td rowspan="3">以色列公司</td><td>股份有限公司</td><td>1. 股份有限公司分上市公司和非上市公司两种
2. 公司名称中必须注明“有限”
3. 公司没有最低资本限制，多数公司通过股份的形式对股东的个人责任进行限制，未经法院允许不得减少公司股本
4. 上市公司需遵循《证券法》有关规定，并任命2位独立监事作为公众代表参加董事会，任期5年；还应由两位监事、一位董事组成监督委员会
5. 非上市公司股东人数不得超过50人</td></tr>
<tr><td>有限责任公司</td><td>有限责任公司成员在公司清算时所承担的责任仅限于其在公司备忘录中所规定的范围，大部分对非上市股份有限公司的规定也适用于有限责任公司</td></tr>
<tr><td>无限责任公司</td><td>这种组织形式一般为律师、会计师等采用，其成员在公司清算时承担无限责任</td></tr>
<tr><td colspan="2">外国公司</td><td>1. 在海外成立的公司可以在以色列设立分支机构或其他业务场所（包括股份转让或股份注册办事处），需要满足以下条件：
（1）于设立分支机构的1个月内在以色列注册为外国公司，注册时应提交公司章程、董事名单、在以色列的联系人委托书等资料
（2）每年向公司注册局递交一份报表，类似于普通以色列股份公司的年度资产负债表
2. 外国公司在以色列注册后可以在以色列设立固定的经营场所，在以色列的经营收入纳税时与以色列公司享受同样待遇
3. 如果该公司使用“有限”一词或其他类似术语作为其名称的一部分，则无论在以色列任何地方开展业务，都必须以显著位置标明其名称及公司成立时的所在国，并必须在其所有发票、信函、声明、广告及其他正式出版物上标明这些名称</td></tr>
</table>

续表

<table>
<tr><th colspan="2">企业类型</th><th>特　　点</th></tr>
<tr><td rowspan="3">合伙制企业</td><td>无限责任合伙制</td><td>每个合伙人均可以代表合伙企业，合伙人对合伙企业债务承担无限责任，在涉及合伙关系的任何问题上均相互承担连带责任</td></tr>
<tr><td>有限责任合伙制</td><td>1. 有限责任合伙人的责任是有限的，可以不参加企业管理，仅对其本人投资额承担责任；但每个合伙企业至少应有一个无限责任合伙人，对企业债务承担无限责任
2. 公司可以成为有限责任合伙企业中的有限合伙人
3. 有限责任合伙企业必须注册，在经司法部长批准注册并收到合伙企业注册局许可之前不得开展业务。注册后的有限责任合伙企业所发放的所有带有该企业名称的印刷品必须注明其有限合伙企业身份以及所有合伙人名称</td></tr>
<tr><td colspan="2">注意：合伙制企业中合伙人数量一般不超过 20 人，公司及外国居民也可以获得合伙人身份（律师或会计师的合伙企业可以达 50 人）。外国合伙企业系指在以色列境外成立的无限或有限责任合伙企业，其在以色列开展业务之前，应到以色列合伙企业注册局注册。上述其他有关合伙企业的规定也同样适用于外国合伙企业</td></tr>
<tr><td colspan="2">合作社</td><td>1. 合作社应在劳工部合作社注册局注册，合作社成员的责任一般局限于其所拥有的股份或在合作社章程中规定的额度，每个成员拥有一票投票权，所占有资本不超过总资本 20%
2. 合作社企业的主要目标一般是代表其成员开展活动，因此，这种形式主要见于农业及公共交通行业。信用社、小业主合作定居点、农产品销售合作社、住房协会等常注册为合作社
3. 非盈利性合作社是为实现教育、文化、体育、医疗或其他慈善目标的一类组织</td></tr>
<tr><td colspan="2" rowspan="2">合资企业</td><td>合资企业是指 2 个或 2 个以上的合作方共同开展某项活动或在特定基础上进行交易。合资企业与合伙企业类似，但区别在于合资企业通常为特定情况下某项单一活动或单一交易</td></tr>
<tr><td>合资企业包括以下类型：通过签订合资企业协议，在合作各方之间建立合同关系；设立正式的合伙企业，由合资企业各方担任合伙人；设立公司，由合资企业各方担任股东</td></tr>
</table>

以色列企业最通常的组织形式为公司。以色列籍公司或外籍公司可以在以色列设立分支机构，设立分支机构时需办理的手续包括：公司注册、银行开户、增值税登记、代扣税登记、国家保险与医疗保险登记以及公司税登记。

（二）特定行业与领域法律情况

外国投资在以色列的经济发展中意义重大。2010 年以来，以色列的外商投资规模在波动中持续增长，其中较有特色的是以色列工程承包行业法律情况，下文将主要介绍此领域。

1. 许可制度

以色列承包工程的主管部门是隶属于经济部的工业合作局，获准承包工程的企业需要到该部门申请承包工程许可证,并接受该部门对承包工程的审查和项目监督。

2. 禁止领域

以色列是世界贸易组织《政府采购协议》的缔约方,按照以色列政府承诺,政府投资在500万美元及以上的公共工程项目,只对《政府采购协议》成员国开放相应市场,非成员国家的企业禁止参与。

以色列承包工程市场涉及国防、国家安全及公共安全等问题的项目禁止外国企业进入,在旅游代理、酒店业、国际通讯、无线电通信服务等领域对外国企业参与施工也有不同程度的限制。

3. 招标方式

以色列工程建设项目按照1992年制定并实施的《强制招标法》以及根据该法延伸出的《强制招标规定》(1993)、《关于优先选用以色列产品和强制性商业合作的强制招标规定》(1995)、《国防设施合同强制招标规定》(1993)、《关于优先选用国家优先区域产品的强制招标规定》(1998)等法律法规确定招标方式和适用范围,并须由项目相关单位组成招标委员会,实行公开招标,不进行公开招标的项目需要特别说明。

(三)外汇管制

从原则上说,以色列过去一直是一个外汇管制的国家,1978年实施的《以色列外汇管制法》为外汇管制提供了法律框架。该法令包括"总许可原则"及其他规则,详细解释了在外汇交易中的基本原则。所谓"总许可原则"是指一系列的重要法规,它准许通过以色列商业银行达成特定外汇交易,而无须事先得到以色列银行的批准;在该原则之外的外汇交易则须向以色列银行申请特殊许可。

1993年9月,以色列政府接受了国际货币基金组织有关条款的要求,放开了经常项目下的货币兑换。自1998年1月1日起,以色列开始实施一系列货币开放的新政策,其主要内容有:

货币新政策
1. 以色列居民可以在本国购买外币并开立外汇储蓄账户,并可将外汇存款从一个外汇账户转到另一个外汇账户
2. 取消以色列居民和外国居民进行远期外汇交易的所有限制,以色列可以作外国证券的空头交易,外国居民也可以作以色列证券的空头交易
3. 取消以色列公司投资外国证券的最高限额
4. 取消以色列国内银行用外币从国外银行购买谢克尔的限制
5. 取消所有关于互助基金投资于外国证券的限制
6. 取消对预付进口商品货款的限制,允许出口商将信用证无限延期。以色列人短期(30天内)雇用外国人,如演员、运动员、客座教授等,不需提供特殊许可即可从央行购买外汇以支付工资及其他费用

在外汇管理方面,1998年4月,以色列政府宣布,允许机构和个人在国内外进行所有与外汇有关的交易,法律另有规定的除外。其主要内容包括:一是允许个人在国外进行房地产投资;二是允许个人和机构在国外开设和使用谢克尔及外币账户;三是取消对向外国人支付、赠予,及对移居国外的居民转移其财产等实施的限制;四是允许以色列居民之间以及以色列居民与外国人之间利用外币现钞或支票支付,允许将谢克尔带出境外,允许非以色列居民以谢克尔作为支付手段;五是在与非以色列居民进行外汇交易时,不必再出示有关审批/许可文件。

2003年1月1日,以色列银行宣布,取消金融机构在海外投资不得超过其总资产20%的限制,这使得以色列的外汇管制历史宣告结束,实现了外汇自由化,本币谢克尔最终成为可自由兑换货币,并且允许企业在境外开立账户。

(四)税收制度

以色列税收制度非常复杂,采取了广泛的联系制度,计算各项税务时通常要与消费者物价指数联系,有时也采取与外汇联系或以外币结算形式。以色列是世界上税务负担最重的国家之一。

以色列的税收主要分直接税和间接税两种。直接税包括所得税、公司税、资本收益税和土地增值税,间接税包括增值税、关税、消费税和印花税,目前间接税在税收中所占比例有越来越高的趋势,并且各税种都存在可予以减免的特例情况。以色列实行中央和地方两级课税制度,税收立法权和征收权主要集中在中央。以下为以色列主要税种的税率一览表:

以色列主要税率一览表	
项目	税率(%)
公司所得税	25
资本收益税	25
股息税	25
利息税	25
特许权使用费	25
增值税	15.5

在征税程序上,以色列广泛实施代扣税制度,工资、服务报酬、利息、股息、销售额等大部分收入均需代扣税。工资所得税采取累进制,最高税率为50%,其他代扣税税率一般不超过50%。外国居民的股息、利息、版税等收入的代扣税税率一般为25%。

核准企业股息的税率为15%,如果符合以色列与外国签订的避免双重征税协定,税率可能更低。公司及自我雇佣人员应每月或每两个月预交一部分税款,如果累计税款超过该年度应缴税款,可以申请少缴或免缴。超过该年度应缴税款的部分不予退还,但可以冲抵以后年度的应缴税款。

在外国投资者税收方面,需注意以下几点:一是外国投资者或经批准的外资企业可享受减税待遇;二是逐步削减直接税是以色列政府税收政策之一;三是外国公司或其分支机构有义务缴纳其在以色列收入的所得税,而以色列居民则需按其在全世界经营的收入纳税;四是根据所得税条例和以色列与其他国家签订的协议,双重纳税可获减免;五是税法规定按调整后(剔除通货膨胀因素)的实际收入或收益纳税。

五、法律风险评价

(一)营商环境良好

虽然部分指标表现欠佳,但是以色列整体营商环境良好。世界银行2015年营商环境报告的数据显示,以色列的营商环境在189个国家和地区中排名第40位,居于中等偏上水平。具体而言,以色列在跨境贸易(第12名)、设立企业(第53名)、保护少数投资者(第6名)等方面表现比较出色,但在财产登记(第135位)、税收(第97位)等方面表现差强人意。在财产登记方面,申请人平均需要经过6道程序,耗时81天,登记成本高达财产价值的7.3%,在全世界189个国家和地区中排名第135位,处于较低水平。

公司注册		纳税		财产登记	
程序个数	5	每年赋税次数	33	程序个数	6
时间(日)	13	平均耗时(小时)	235	时间(日)	81
成本(占单位收入的百分比)	3.5	总税率	30.1	成本(占财产价值的百分比)	7.3
最低注册资本	0				

数据来源:2015年世界银行营商环境指南。

(二)合同执行成本较高,破产处置成本较低

以色列的合同强制执行效率并不高,根据2015年世界银行营商环境指南提供的数据,以色列的合同强制执行效率在世界189个国家和地区中排名第111位,与以色列较为健全的法律体系相比,稍显不足。但是该国的破产处置成本较低,全球排名位居第24位,企业退出较为容易。

合同强制执行	以色列	美国	经合组织
时间(日)	890.0	420	539.5
成本(占标的额的百分比)	25.3	30.5	21.4
程序(个)	35	33.6	31.5

破产处置	以色列	英国	经合组织
时间(年)	2.0	1.0	1.7
成本(占资产价值的百分比)	23.0	6.0	8.8
回收率(每美元美分数)	614	88.6	71.9

数据来源:2015 年世界银行营商环境指南。

(三)进出口贸易法律限制较少

以色列对外国投资者的保护立法较为完善,进出口贸易法律限制较少。以色列政府高度重视吸引外资,国内投资环境整体良好,对外资持开放、积极态度。根据 2015 年世界银行营商环境指南提供的数据,以色列的跨境贸易难易度排名在全世界 189 个国家和地区中位居第 12 位,处于世界领先水平。

以色列跨境贸易	
出口所需文件数	4
出口时间(日)	10
出口成本(每集装箱/美元)	620
进口所需文件数	4
进口时间(日)	10
进口成本(每集装箱/美元)	565

数据来源:2015 年世界银行营商环境指南。

巴勒斯坦国

The State of Palestine

——危机重重的宗教圣地

巴勒斯坦国基本情况

国家名称（中英文）	巴勒斯坦国（The State of Palestine）		
人口（百万）	—	人口增长率（年均%）	—
领土面积（千平方公里）	—	主要民族	阿拉伯人
官方语言	阿拉伯语	主要宗教信仰	伊斯兰教、犹太教
政体	议会制	主要政党	巴勒斯坦民族解放运动、巴勒斯坦伊斯兰抵抗运动
GDP（十亿美元）	—	GDP 增长率（年均%）	—
国民总收入（十亿美元）	—	人均国民收入（美元）	—
通货膨胀率（年均%）	—	外国直接投资净流入（百万美元）	—
外债（百万美元）	—	总偿债额占出口贸易和收入的比率	—

数据来源：2015 年世界发展指标数据库。

一、国情简介

巴勒斯坦国（以下简称“巴勒斯坦”）位于亚洲西部，地处亚、非、欧三洲交通要冲，战略地位重要。巴勒斯坦人口约 1100 余万，其中居住在加沙地带和约旦河西岸的人口约为 455 万，剩余人口多为在外的难民、侨民。通用语言为阿拉伯语，主要宗教是伊斯兰教。从政治上看，巴勒斯坦与以色列短期内改善关系的可能性不大，以色列与哈马斯的矛盾仍将持续；此外，巴勒斯坦内部派系斗争严重，军民冲突时有发生，阻碍了该国的平稳发展。从经济上看，巴勒斯坦财政严重依赖外部援助，在当前全球经济形势恶化的情形下，其国内经济形势可能会受到较大影响，也同样影响到该国沿健康的发展之路推进。

（一）政治概况

巴勒斯坦是一个民主议会制国家。总统为国家元首、政治长官和武装部队总司令。巴勒斯坦议会是该国最高立法机构，根据1973年新宪法的规定，实行两院制。巴勒斯坦设有政府机关及司法机构，但在行政及执法过程中，受不同政治派别的主张影响较大，执行力较低。该国存在6大主要政治派别，分别为巴勒斯坦民族解放运动（即法塔赫）、伊斯兰抵抗运动（即哈马斯）、解放巴勒斯坦人民阵线、解放巴勒斯坦民主阵线、巴勒斯坦解放阵线和伊斯兰圣战组织。

由巴勒斯坦内部主要派别哈马斯和法塔赫执掌的现任政府，虽然能够勉强维持基本运转，但双方存在的分歧及矛盾短时间内难以调节，加之"巴以"和解进程举步维艰，导致巴勒斯坦国内政局存在不稳定因素。

（二）经济概况

巴勒斯坦是国际货币基金组织和世界银行认定的重债穷国。该国发展经济面临许多风险，尤其是政治动荡、暴力冲突等问题已经严重影响了经济的正常发展。此外，由于以色列对巴勒斯坦态度强硬，导致巴勒斯坦的经济来源主要依赖外国援助，经济可持续发展动力不足。

巴勒斯坦拥有丰富的自然资源，包括水资源、矿产资源（如铜、石膏、建筑石料及死海盐）及农业资源，但因为以色列对当地的实际控制力较强导致巴勒斯坦政府对其资源的利用率有限。

（三）外交政策

2010年以来，阿巴斯多次访问英国、法国、德国、西班牙、比利时、希腊等国，寻求欧盟对巴勒斯坦建国的支持。2011年以来，英国、法国、西班牙、意大利等国先后宣布将巴勒斯坦驻该国代表机构级别提升为外交使团，但欧盟内部在巴勒斯坦能否加入联合国等国际组织问题上立场不一。2013年7月，欧盟出台新的对以色列定居点的限制规定：自2014年起，位于定居点内的机构，不能获得欧盟拨款、馈赠、金融工具等方面的资助。2012年11月，第67届联合国代表大会高票通过授予巴勒斯坦联合国观察员国地位的决议草案，其中，中国投赞成票。

二、法律概览

巴勒斯坦地处亚欧非三洲交界地带，战略位置突出，民族、宗教及历史问题较为复杂，深刻影响了巴勒斯坦法律体系的形成。该国法律既借鉴了埃及法、约旦法的内容，也受到英国委任统治时期的法令、伊斯兰教法及伊斯兰习惯法的影响，形成了极具地域特色的法律制度。

（一）法律体系

巴勒斯坦法律体系复杂，大陆法、普通法及伊斯兰教法在其中均有一席之地。且巴勒斯坦的分区制度进一步加剧了其法律复杂性。巴勒斯坦法律体系的历史进程如下：

时间	法律体系变化
1917	土耳其人统治结束,巴勒斯坦法律体系才得以建立——最重要的基础是伊斯兰法,但也受到欧洲的拉丁体系影响。土耳其人统治结束后英国人为巴勒斯坦法律体系加入了基于司法先例的普通法特性
1948	约旦哈希姆王国统治包括东耶路撒冷在内的约旦河西岸,约旦河西岸因而受到约旦法律体系的影响。另外,埃及控制加沙地区,普通法体系在加沙地区得到沿用
1967	战争之后,以色列人控制巴勒斯坦,在约旦河西岸及加沙地区推行军队法
1980	以色列人将东耶路撒冷划入以色列,因而适用以色列国内法
1993	根据临时自治原则安排,巴勒斯坦自治政府建立,各种法律体系的整合和统一是巴勒斯坦最重要的法律问题
1994	约旦河西岸和加沙地区颁布了统一立法。巴勒斯坦自治政府倾向于使用大陆体系,采用类似约旦与埃及的法律
2007	“哈马斯”占领加沙地区,使该地区直至现在还处于巴勒斯坦自治政府控制之外。哈马斯政府改变了一系列至关重要的法律以确立自己政权的正统性

(二)司法制度

1. 法院体系

巴勒斯坦法院体系主要由地方法院、一审法院、上诉法院、最高法院、高等法院(行政法院)、宪法法院构成,各法院及委员会的职责大致如下:

法院类别	受理范围
地方法院	对标的超过10,000约旦第纳尔的案件及特殊争议,如区分共同财产、动产与不动产、退出租赁房屋、地役权及有关用益物权的争议拥有管辖权
一审法院	对除地方法院管辖案件以外的案件拥有管辖权
上诉法院	对所有地方法院与上诉法院的裁判拥有管辖权
最高法院	对所有上诉法院的裁判拥有管辖权
高等法院	对所有政府或准政府机构做出的行政决定、有关选举的争议,涉及个人、公共司法人员财产的决定或判决以及释放非法居留个人等案件拥有管辖权
宪法法院	对所有立法的合宪性进行审查

2. 司法协助

巴勒斯坦并未加入1958年的《承认及执行外国仲裁裁决公约》(即《纽约公约》),也未与中国签署任何民商事司法互助协定。但根据巴勒斯坦《执行法》(2005年第23号),民商事领域的外国法院判决在巴勒斯坦的承认和执行需要满足以下条件:

巴克斯坦执行外国判决需要满足的条件	
1	在巴勒斯坦执行外国法院判决需要在与判决生效国相同的执行条件下进行
2	外国判决不能违反巴勒斯坦法律或公共利益或损害国家利益
3	巴勒斯坦法院并非解决争议的唯一主管机构，根据国际司法管辖区，该做出裁判的外国法院也为有权的主管机构
4	根据作出判决法院适用的法律，判决具有既判力
5	该判决与巴勒斯坦法院早前做出的判决、决定或命令不矛盾，并且不违背巴勒斯坦公共秩序与道德

（三）司法效率和其他事项

巴勒斯坦诉讼程序较长，难以确定诉讼所需的具体时间，司法效率较低。而根据环境及条件的不同，每个案件的诉讼期限也有所不同。

在国有化、征收和征用方面，仅可因公共利益而征收私人财产，需要经过总统批准内阁法令、发布内阁法令、报刊公示三个步骤。任何因征收遭受损失的个人可就内阁法令向高等法院上诉。征收财产后政府应对财产所有人进行赔偿，若对赔偿数额有争议，任何一方均可向法院申请裁定。

三、金融法律制度

（一）银行准入法律制度

巴勒斯坦允许外国银行在本国营业，但需符合一定条件并获得中央银行即巴勒斯坦金融管理局的许可。另外，需注意的是，外国银行在该国开展业务还存在一定限制，例如外国股东持有当地机构的股权比例不得超过 49%；但有合理原因的情况下，国民经济部长会给予外资更高的比例。外国银行在巴勒斯坦开展业务和设立分支机构的相关要求，如下表所示：

外国银行在巴勒斯坦开展业务的相关要求	
分支机构注册	普遍适用于约旦河西岸的《公司法》（1964 年第 12 号）及主要适用于加沙地区的《公司法》（2012 年第 12 号）均对外国实体设立分支机构所需的登记及经营做出规定，并要求每一个将在巴勒斯坦经营商业活动的外国实体都需要注册一个分支机构
经营许可	外国自然人或法人想要在巴勒斯坦从事商业活动或者在股票交易市场认购股票，都需要获得巴勒斯坦的经营许可。外国法人需要向国民经济部长递交申请，通常会在 1 周内批准许可
巴勒斯坦金融管理局执照	在国民经济部长处登记后，外国银行需要向巴勒斯坦金融管理局递交申请获得银行业经营许可执照，继而开始银行业务经营

续表

外国银行在巴勒斯坦设立分支机构的程序与要求	
国民经济部长关于分支机构的程序与要求	注册为外国公司:无论是作为独立的外国银行或是作为当地机构的股东,外国银行在巴勒斯坦从业前均需注册为外国公司
	需要提交的材料包括:外国银行实体章程、成立证明、过去两年已审定的财务报表、董事会决议陈述(外国银行希望在巴勒斯坦设立机构经营或者认购当地机构的股份及任命巴勒斯坦的代表,需提供代表的护照——该代表需要为巴勒斯坦人并定居巴勒斯坦)、授权委托书
巴勒斯坦金融管理局关于分支机构的程序与要求	外国银行设立分支机构,需满足以下具体要求: 1. 满足巴勒斯坦金融管理局规定的5000万美元的最低设立标准 2. 需要递交可行性研究报告、提交许可申请,一旦获得许可,银行需要提供相当于其10%税后净利润的担保

(二)担保法律制度

巴勒斯坦担保制度散见于该国《民法典》《抵押债券法》《不动产(交易)法》《执行法》中。具体相关规定如下:

法律/规定	主要内容
民法典	规范贷款运作、抵押、担保交易
抵押债券法	为提供不动产的债权人创设了担保利益
不动产(交易)法	该法规定涉及不动产交易需要到土地局办理登记,否则交易无效
执行法	该法规定了借款人违约时进行拍卖的执行程序与要求

根据以上法律、法规及法律原则,巴勒斯坦担保制度的主要内容如下:

项目	主要内容
担保措施	抵押、留置、质押及附属担保品等
担保措施优先效力	经土地局登记的担保措施(抵押、质押等)优先于其他担保措施
担保财产范围	不动产抵押、动产及不动产质押以及其他权利
担保的完善	通常担保措施要求在土地局及/或公证人处登记
主权担保审批手续	并未对法人与主权国家进行区分
境外银行是否可以获得当地担保权益	无限制性或禁止性规定
担保执行	根据担保登记地的不同,担保执行通常在土地局或法院进行

(三)法律适用

根据巴勒斯坦法律,合同双方可在合同中约定其适用法律。贷款协议可选择适用外国法律,巴勒斯坦没有关于法律适用的强制性规定。

(四)主权豁免

任何拥有主权豁免权的巴勒斯坦实体免于司法程序。即在巴勒斯坦,任何拥有主权豁免权的外国实体,包括外交代表团、外交代表同样免于司法程序,主权豁免不能放弃。

四、投资法律制度

(一)企业法律制度

由于特殊的国情,巴勒斯坦境内不同区域对于企业类型有着不同的标准。《公司法》(1964 年第 12 号)普遍适用于约旦河西岸,而《公司法》(2012 年第 12 号)则主要适用于加沙地区。根据以上法令的规定,巴勒斯坦的公司基本类型及管理机构如下表所示:

《公司法》(1964 年第 12 号)约旦河西岸		《公司法》(2012 年第 12 号)加沙地区	
公司类型	管理机构	公司类型	管理机构
公众股权公司	董事会	公众股权公司	董事会
私人有限责任公司	管理委员会/委员会或董事会	私人有限责任公司	管理委员会/委员会或董事会
有限责任合伙	管理委员会/合伙人委员会或董事会	有限责任合伙	管理委员会/合伙人委员会或董事会
普通合伙	管理委员会/合伙人委员会或董事会	普通合伙	管理委员会/合伙人委员会或董事会
非盈利公司	管理委员会/委员会或董事会	非盈利公司	管理委员会/委员会或董事会
控股公司	董事会	控股公司	董事会
专业的有限责任公司	管理委员会/合伙人委员会或董事会		
		豁免公司	根据公司章程决定
		合资公司	管理委员会/委员会或董事会

(二)特定行业与领域法律情况

以下以土地制度和投资并购领域法律情况为例介绍巴勒斯坦具体行业与领域的法律状况。

1. 土地制度

巴勒斯坦的土地交易及相关担保物权的登记由土地局的土地登记部门负责。许多领域的法律都涉及土地制度,其中关联性最大的是《土地和水资源争议解决法》(1952 年第 40 号)。总体而言,由于政治现状及以色列对巴勒斯坦土地的控制,目前巴勒斯坦的土地状况非常复杂。

2. 投资并购领域法律情况

巴勒斯坦《银行法》(2010 年第 9 号)第十章规定了银行并购的法律要件、并购类型、法律效果、权利义务及并购动机,并规定并购决议需要股东大会的绝对多数同意(75%)方可通过,且需获得巴勒斯坦金融管理局批准。

(三)外汇管制

巴勒斯坦没有国家货币,而是根据 1994 年巴勒斯坦与以色列签署的经济协定适用三种不同货币(美元、约旦第纳尔、以色列谢克尔)。巴勒斯坦金融管理局制定汇率需要依赖发行上述货币的中央银行制定的汇率,但货币兑换不受限制。现有法律对项目资本注入及本息汇出没有限制。

(四)税收制度

巴勒斯坦主要税收法律制度包括《所得税法》(2011 年第 8 号)、《增值税法》(1963 年第 16 号)等。《所得税法》要求居民须支付税款,居民指巴勒斯坦公民,以及在巴勒斯坦居住超过 183 天的外国人,不论其居住是否连贯。《增值税法》要求所有经营者就自第三方购买的货物或服务的增值支付税款(税率为 16%)。

五、法律风险评价

巴勒斯坦特殊的政治环境导致其在短期内较难实现经济的健康发展和法律环境的有效改善。目前未能检索到巴勒斯坦地区营商环境、合同强制执行及破产退出效率、跨境贸易法律限制或税务负担等方面的公开数据,企业难以获得充分有效的信息作出商业决策。虽然巴勒斯坦当局在近年来十分重视招商引资,并且致力于改善外商投资环境,但是复杂的国际关系和紧张的安全局势,使得对该地区法律风险的判断充满了不确定性,让许多投资者望而却步。

阿拉伯埃及共和国

The Arab Republic of Egypt

——走出变局的“尼罗河明珠”

阿拉伯埃及共和国基本情况

国家名称（中英文）	阿拉伯埃及共和国（The Arab Republic of Egypt）		
人口（百万）	91.51	人口增长率（年均%）	2.1
领土面积（千平方公里）	10,001.5	主要民族	阿拉伯人、利普特人
官方语言	阿拉伯语	主要宗教信仰	伊斯兰教、基督教
政体	总统制	主要政党	萨拉菲光明党、新华夫脱党、埃及社会民主党、自由埃及人党
GDP（十亿美元）	330.78	GDP 增长率（年均%）	4.2
国民总收入（十亿美元）	305.86	人均国民收入（美元）	3,440
通货膨胀率（年均%）	10.9	外国直接投资净流入（百万美元）	6,885
外债（百万美元）	39,624	总偿债额占出口贸易和收入的比率	12.7

数据来源：2015 年世界发展指标数据库。

一、国情简介

阿拉伯埃及共和国（以下简称“埃及”）地处北非东部，领土包括苏伊士运河以东、亚洲西南端的西奈半岛。埃及的官方语言是阿拉伯语，由于历史的原因，英语、法语在埃及也被广泛使用。埃及是中东人口最多的国家，也是非洲人口第二大国。伊斯兰教为埃及国教，信徒主要是逊尼派，占埃及总人口的 84%，科普特基督徒和其他信徒约占 16%。从长期来看，埃及政局总体趋于稳定，经济逐步复苏，民心思定，正逐渐摆脱动荡影响，前景良好。

（一）政治概况

1971 年 9 月阿拉伯埃及共和国正式成立，实行总统共和制。2012 年 12 月，经两阶段全民公投，制宪委员会制定的新宪法以 63.8% 的支持率获得通过。埃及新宪法限定总统任期四年,最多可连任一届。2014 年,埃及新宪法取消了与人民议会并行的原协商会议。因此,现在埃及人民议会是埃及最高立法机关。根据宪法规定,埃及议会的议员人数不能少于 450 人,多数由普选产生,另有不超过 5% 的名额可由总统提名任命,议员任期 5 年。议会的主要职能是主持制定和修改宪法、决定国家总政策、批准经济和社会发展计划及国家预算决算、对政府工作进行监督。

(二)经济概况

埃及拥有相对完整的工业、农业和服务业体系。农业、油气资源开发、制造业和批发零售业是埃及的支柱产业,这 4 个行业通常能占实际 GDP 的 50% 以上。同时,建筑、交通、通讯、苏伊士运河航运、金融、服务业也是埃及的重要产业。在油气资源开发中,石油产业占实际 GDP 的 10% 左右,天然气产业占实际 GDP 的 5% 以上。石油、天然气、旅游、侨汇和苏伊士运河航运是埃及外汇收入的主要来源。

埃及是农业国,其 55% 的人口依靠农业为生。2014 年,埃及的农业总产值达到 2316. 50 亿埃镑,占实际 GDP 的 14. 74% ,为埃及国民经济的重要产业。此外,由于埃及是中东北非地区人口最多的国家,农业也是保障埃及粮食安全的基础产业。埃及的主要农产品有棉花、小麦、水稻、玉米、甘蔗、大豆、水果、蔬菜等,其中主要出口农产品为棉花、大米和土豆。埃及粮食自给率较低,主要依靠进口来满足国内消费需求。

(三)外交政策

埃及奉行独立自主、不结盟的外交政策,主张在相互尊重和不干涉内政的基础上建立国际政治和经济新秩序,加强南北对话和南南合作。埃及一直积极开展和平外交,致力于加强阿拉伯国家团结合作并推动中东和平进程。埃及重视大国外交,同时也积极发展同新兴国家的外交关系。截至 2014 年 3 月,埃及已与 165 个国家建立了外交关系。

中国与埃及自 1956 年 5 月 30 日建交以来,两国关系一直发展顺利。中埃两国于 1956 年正式签署文化合作协定,此后双方共签署了 9 个文化合作执行计划。2014 年 12 月 22 日至 25 日,应中华人民共和国主席习近平邀请,阿拉伯埃及共和国总统阿卜杜勒—法塔赫·塞西对我国进行国事访问。随后,2016 年 1 月 20 日,习近平主席出访埃及,在开罗阿比丁宫会见了埃及总统塞西,会后两国元首共同发表了《中华人民共和国和阿拉伯埃及共和国关于加强两国全面战略伙伴关系的五年实施纲要》。

二、法律体系与司法制度

埃及是受西方法律体系和司法制度影响较深的国家之一,属于大陆法系国家,又有对英美法系国家法律制度的借鉴,是阿拉伯国家中法制比较健全的国家之一。

（一）法律体系

埃及法律体系的发展与完善经历了一个长期过程。埃及法律体系的主要渊源是罗马法、拿破仑法典和伊斯兰教法，1875 年埃及颁布以拿破仑法典为基础的《刑法典》《商法典》《海商法典》和适用于混合法庭的《民法典》。埃及现在的法律主要有埃及《宪法》《民法》《环境法》《资本市场法》《贸易法》《劳动法》《海关法》《所得税法》等。

（二）司法制度

1. 诉讼制度

与中东北非其他国家相比，埃及司法体系较为健全。埃及共有四种相互独立的法院，包括普通法院、军事法院、行政法院、宪法法院。埃及的普通法院又分为四级，即简易法院、初级法院、上诉法院、最高法院。普通法院的案件受理范围如下：

法院级别	受理范围
简易法院	埃及全国共有简易法院约 150 个，负责审理轻微的刑事案件，以及少于 5000 埃镑的小额民商事案件，这类案件均由 1 名法官负责审理
初级法院	埃及初级法院一般设在省府城市，全国共有 28 个初级法院。初级法院负责审理刑事案件，以及 5000 埃镑以上的民商事案件和不服简易法院判决的案件。初级法院根据案件情况分为独任审判和合议庭审判
上诉法院	埃及共有 6 个上诉法院，分设在各个大城市。上诉法院审理案件由 3 名法官组成合议庭进行，负责审理不服初级法院判决的上诉案件和一审的重罪案件
最高法院	埃及最高法院负责审理不服上诉法院判决的上诉案件和违反法律以及严重违反法定程序规定的案件。另外，判处死刑的案件不论被告人是否上诉都需要提交最高法院审核。最高法院有权撤销原审判决，也有权改变原审判决

2. 司法协助

埃及《民商事程序法》第 296 条及第 301 条规定了在埃及域外作出的仲裁裁决和判决要得到执行需要满足的条件，主要如下：

（1）在外国作出的判决和命令得依该外国法律所规定的同等条件在埃及进行执行；

（2）申请人应当按照标准诉讼程序向一审法院提交执行申请书；

（3）仅在下列事项得到确认以后埃及法院才会作出同意执行的裁定：

确认事项	
1	埃及法院对于外国法院作出的判决或命令所解决的争议事项没有管辖权，而该外国法院依据其适用法律所规定的国际司法管辖权条款对该等争议事项有管辖权，并且该判决或命令是由有管辖权的法院依据其所在国的法律作出的
2	外国法院作出的判决或命令涉及的被告方已被传唤并有代表代其参与诉讼程序
3	根据该外国法律规定，判决或命令为终局、生效的判决或命令
4	判决或命令与埃及任一法院之前作出的判决或者命令不发生冲突或相抵触，且不违反社会公共秩序

另外，埃及于 1959 年 3 月 9 日加入《承认及执行外国仲裁裁决公约》(即《纽约公约》)，且没有作出任何保留声明；1994 年 4 月 21 日埃及与中国签订《关于民事、商事和刑事司法协助的协定》，该协定已于 1995 年 5 月 31 日生效。

（三）司法效率

虽然埃及法律体系较为健全，司法体系相对独立，政府部门不得干预司法部门办案，但由于政府没有足够的财力负担执法成本，司法部门在一定程度上缺乏有效监督，因此司法执法效率不高。

三、金融法律制度

（一）银行准入与监管法律制度

埃及对外资银行的准入制度相对而言比较完善和严格，需要埃及中央银行的审批并满足一系列的条件。由于埃及中央银行已有数十年未发放新的商业银行牌照，因此，外国银行进入当地金融市场的主要方式是并购当地的银行。

1. 外国银行在埃及设立分支机构的组织形式和条件

根据埃及《中央银行法》的规定，外国银行在埃及可以通过两种分支机构组织形式运营：设立代表处或设立分行。

外资银行在埃及设立代表处，应遵循以下规定：一是在埃及境内无分支机构；二是总部受其所在国监管当局监管；三是代表处的活动仅限于市场调研、潜在投资分析，以及协助总部在埃及联络有关事务；四是禁止代表处从事任何银行业务或商业活动，包括代理的活动和中间业务。

外国银行设立分行的主要规定如下：

外国银行在埃及设立分行的条件	
1	作为外国银行的分支机构，总部应在所在国家注册，接受所在国监管当局监管
2	到埃及投资的外国银行实收资本不得少于5亿埃镑，外国银行分行在埃及从事金融活动的资本不少于0.5亿美元或其他等值货币
3	在授予上述执照之前，埃及央行会审阅该银行在埃及运营的商业计划，该银行在海外的监督机制，以及该银行在过去五个财政年度的财务审计报告
4	汇入至少五千万美元全部用于该分行在埃及境内开展业务的资本
5	该银行总行为在该埃及分行开立账户的所有存款提供担保（相比之下，在埃及设立代表处则不需要汇入资本金或由其总行对账户存款提供担保）

2. 外国银行在埃及设立分支机构的程序

任何有意在埃及设立分支机构的外国银行，都应通过以下程序，并获得埃及中央银行的批准。

外国银行在埃及设立分支机构的程序	
1	埃及央行必须批准该外国银行分行在埃及运营，并颁发相应执照
2	在埃及中央银行董事会决议生效后，埃及中央银行行长签发文件授权新成立分支机构的经营和管理范围
3	经过上述注册后，外国银行分行或代表处可登记挂牌，在获得埃及中央银行审批前，任何银行或分支机构不得开业从事任何业务

申请人将在提交注册申请后30日内，收到埃及中央银行的书面通知，内容包括埃及中央银行董事会的批准决议或须申请人重新补充申请资料的清单。若申请人在90天内不能满足书面通知的有关要求，申请将被驳回。埃及中央银行董事会批复同意申请人在埃及注册成立分支机构的决议，将在埃及国家公开刊物上发布。

3. 监管机构及主要监管要求

埃及中央银行董事会依据相关法令监督、管理、规范国内银行、外资银行及外资银行分支机构的经营活动，主要监管要求如下表：

埃及银行业主要监管要求	
1	设定最低资本充足率
2	设定银行境外投资最大风险集中度的上限标准
3	设定银行境外债务和对境外债务提供担保上限标准
4	对抵押类和保证担保类贷款业务的抵押率和保证系数、借款期限等设定上限标准
5	严格执行流动性和存款准备金率的标准
6	对银行的债券投资、房地产投资和以消费为目的信用贷款设定上限标准
7	对开立账户和银行业务制定相关规定
8	对银行的每一项资产价值设定标准
9	公开披露信息数据和信息发布的渠道
10	设定各银行发行或担保债券的上限标准,制定发行或担保债券的条件
11	最大限度地披露客户及其关联方在各家银行的交易情况和信用记录

4. 金融机构管理法规

埃及《中央银行法》是管理埃及本国金融机构的主要法律,规定埃及中央银行应履行监督职责,监督埃及各银行的业务活动,同时确保各银行满足《中央银行法》的各项要求。此外,《中央银行法》还包含多类适用于在埃及运营的本国和外国银行的相关法律法规。

(二)担保法律制度

在项目融资中,除一般的担保外,主权担保的相关制度对于外国投资者以及银行的影响较大。所以,如下主要介绍埃及的主权担保法律制度情况。

1. 埃及主权债务与主权担保的法律渊源

埃及主权债务与主权担保主要涉及的法律法规包括埃及《中央银行法》以及相关的法规和总统令。

2. 主权债务融资的主管部门分工

埃及主权债务融资主管部门主要包括埃及规划和国际合作部、埃及中央银行、财政部,各部门分工如下:

(1)埃及规划和国际合作部的主要职责为批准经济发展计划和签订国际经济合作协议,有权代表埃及政府对主权债务进行担保;

(2)埃及中央银行有权对埃及政府的外债进行记录和跟踪调查,并开展审计工作,拥有执行埃及政府银行类业务运营的排他权力。此外,经埃及政府指派,埃及中央银行可代表埃及政府发行各种类型和期限的短期、长期债券；

(3)财政部与规划和国际合作部在以下战略层面上进行协作：一是针对政府层面的主权债务问题提出建议，二是与有关方面签署管理主权债务发行的协议。此外，财政部还被授予了发行总值不超过20亿美元的主权债务的特别权力。

3. 主权担保及其流程

根据埃及的法律法规，埃及国库可以对国家发行的债务和其收益部分进行担保，且财政部在利用国库对国家债务进行担保的同时，可以与埃及中央银行行长就具体事宜进行商议。尽管依据埃及的法律规定，财政部与规划和国际合作部均有权代表国家进行主权担保，但在实践操作中，通常由财政部在主权担保文件上签字盖章。

(三)合同的法律适用

根据埃及法律的相关规定，贷款协议可约定适用外国法律。

(四)主权豁免

在国家主权豁免方面，埃及司法采用限制豁免主义，即主张把国家行为按其性质或目的分为主权行为(公法行为)和非主权行为(私法行为)，第一类行为在他国享有主权豁免权，而第二类行为则不享有。埃及在司法过程中采取限制豁免主义来处理国家及其财产豁免权问题。借款人如为政府部门或全资国有企业，能否享有豁免取决于其行为性质，如代表国家行使主权行为，则享有主权豁免权，否则不享有主权豁免。

四、投资法律制度

自埃及总统塞西上台以来，埃及积极响应中国提出的建设“丝绸之路经济带”和“21世纪海上丝绸之路”重大倡议。该倡议与埃及政府提出的埃及经济复兴计划及苏伊士运河走廊不谋而合。双方在能源、基础设施、农业、高新科技、金融等领域中有着巨大的合作潜力。

(一)企业法律制度

在埃及进行商业活动的公司的组织形式主要分为三类：股份有限公司、有限责任公司和股份制有限合伙公司，所有在埃及的投资者都可选择最适宜各自经营的公司形式。下文主要介绍在埃及投资可选择的企业类型，以及企业融资时需要满足的相关条件。

1. 企业主要类型

在埃及投资，可供选择的公司组织形式有三种，其设立条件分别如下：

公司类型	组建条件
有限责任公司	1. 成员要求:由至少2名、最多不超过50名股东组成,根据各自对公司的出资额承担责任 2. 公司名称:名称应体现公司的经营目的,可以包括1名或多名股东的姓名,并加注“有限责任公司”字样 3. 公司资本额:公司资本额不得少于5万埃镑并平均分成若干等值份额,且每个份额不得少于100埃镑。公司在成立时应提交公司资本额全部到位的证明
股份有限公司	1. 成员要求:由不少于3名股东构成。股东按其缴纳的股本金对公司承担责任 2. 公司注册资本:不公开募集股份的公司为25万埃镑;公开募集股份的公司为50万埃镑。公司注册资本平均分为若干等额股份,每股价格不得低于5埃镑,不得高于1000埃镑。注册资本额不得超过实际出资资本额的10倍 3. 公司资本额:公司成立时,应提交在银行存有10%公司资本额的证明。在公司注册3个月后,将投资的资本额提高到25%。在5年之内缴齐剩余的股本金 4. 公司经营管理:公司的管理由不少于3人的单数成员组成的董事会负责。董事会由股东大会任命,以多数票决通过公司管理事宜的决定。股东大会代表公司的全部股东。每位股东可亲自或委托他人参加股东大会
股份制有限合伙公司	1. 成员要求:由2名或2名以上合伙人组成,且其中至少有1名为普通合伙人。有限合伙人对公司承担有限责任 2. 公司资本额:由1名或多名合伙人拥有的资本份额构成 3. 公司经营管理:可由1名或多名普通合伙人负责管理公司。公司设立监事会,由不少于3人的单数成员组成,监事会成员由股东大会任命。公司股东大会代表资本份额所有者和全部股东。每名合伙人可亲自或委托他人参加股东大会

埃及企业注册的受理机构主要是投资部投资和自由区总局投资服务中心。外国企业在埃及投资可以申请设立办事处。

2. 投资鼓励和限制领域

根据埃及1997年《投资保护鼓励法》,以下16个领域受到投资保护和鼓励:荒地、沙漠的整治与种植(或其中任何一项),畜牧业、家禽饲养业、渔业、工业、矿业、餐饮业、旅游业、冷冻货物运输、农产品、工业产品、食品保鲜、船坞、谷物仓库、空运服务、海洋运输、海洋开采、石油工程的勘探项目服务、天然气运输、完全用于居住的整套房屋出租、供排水、电力、公路、通讯等基础设施,提供10%免费的医院和医疗中心,资金转贷,证券保证金,赌金,计算机程序、系统的制造和社会发展基金会资助的项目。

此外,在2000年,埃及政府又将以下领域增补进投资保护鼓励范围之内,它们是:全部或部分地下管线的设计、建造、管理、经营或维修以及地下管线现有部分的管理、经营或维修,新城区的开发,程序设计和电子产品生产,技术开发区的建设和管理,信用分类,内河运输工具的建造、管理、经营或维修,工业和公用设施项目的执行管理,垃圾、生产活动和服务活动遗留物的收集及再利用等。

埃及限制投资的领域主要有:埃及政府规定外商只能以合资的形式成立建筑公司,并且外资持股不得超过49%,非埃及员工在公司里的比例不得超过10%;对从事进口业务的企业有严格限制,规定本国人才能注册从事进口业务;外国人不得在埃及从事商品流通和批发业务;在埃及开办超市和连锁经营要经过特别委员会审批通过;只允许埃及人注册从事投标业务的商业代理;在未得到国有航空公司(埃及航空公司)许可的情况下,任何私营或外国航空承运人不得经营从开罗出发或抵达开罗的定期航班业务;不允许外国投资者进入棉花种植业;根据2003年4月新颁布的《劳动法》,非埃及人不得从事职业介绍、为企业招募员工等经营活动。

2004年埃及《关于修改投资保障和鼓励法实施条例部分款项的决定》第47条规定,在自由区不得从事下列经营活动:烟草、秘制烟草、鼻烟、香烟、雪茄制造工业;各种含酒精饮料、烈性酒制造工业;武器、弹药、爆炸物制造工业以及与国家安全相关联的项目;第65条规定,禁止自由区内生产的烟草、秘制烟草、鼻烟工业和各种含酒精饮料、烈性酒销往国内市场。

(二)特定行业与领域法律情况

埃及政府对矿产等自然资源的开采活动进行了较为详细的法律规定。在一定限制的基础上鼓励外国投资者与当地部门合作进行自然资源开发。另外,埃及对于基础设施行业及投资行业也有相应法律规定。

1. 矿产等自然资源领域法律情况

根据埃及法律,埃及境内及大陆架所蕴藏的矿藏都属于国有财产,其开发由国家统一规划并实行归口管理。归口管理机构为埃及贸工部,具体勘探、开采、对外合作等业务委托埃及地质勘探与开采管理总局实施。

埃及与矿业活动有关的法规主要包括:(1)1956年第86号《矿山和采石场法》。该法对矿床的勘查、勘探和开发进行了规定。(2)1956年第151号《蒸发盐法》。该法管理从卤水中通过蒸发作用所提取出的盐类矿产的生产。(3)《特别法协议》。该协议规定,石油和矿产资源部有权按照第86号《矿山和采石场法》的有关措施与一家公司、团体或企业在特殊条件下签订矿产普查和开发的协议(一般由地质调查和矿业局或石油总公司与具体的企业签订合同)。这种情况下,协议需遵守特别法。(4)1981年第27号《有关在矿山和采石场工作的劳工和雇员的法律》。埃及1981年颁发了第137号《劳工法》,再行颁布第27号法令的目的是吸引和鼓励劳动者从事矿产勘查和开采业的工作。第27号法提供了比第137号法更好的条件,其主旨在于推动矿产勘查和开发。

其中,埃及1956年制定的第86号《矿山和采石场法》主要针对埃及矿藏的勘探、开发和利用做出了具体规定，并对采矿与采石做了明确的划分。

（1）采矿。勘探矿藏首先须获得贸工部签发的专项矿产勘探特许证明，勘探区域不小于1平方公里，不大于16平方公里，勘探期限为1年，续延期限不得超过4年。每年交纳的勘探特许费应提前交予有关政府部门。矿产开采权也由贸工部签发，但只授予拥有勘探特许证明的持有者，开发期限不超过30年，续延期限也不得超过30年。土地租用费按年向政府交付。

（2）采石。根据埃及第43号法，采石场所在省省长签发采石场的出租证明，面积一般为0.5公顷到20公顷，出租期限不少于1年，不多于30年，续延期限不超过15年，土地租用费提前支付，特许开采费按法律规定的比例缴纳。

为促进经济发展，埃及政府通过"利益共享"的合作模式，鼓励外国投资者参与矿产资源的开发。埃及地质勘探与开采管理总局负责与外国勘探公司签署合作开发协议，报埃及人民大会审批。埃及政府向投资者提供其有意开采区域的所有地质资料，投资者自己承担勘探、开采的费用，所有成本在实际生产后三年内返还。

2. 基础设施建设领域法律情况

埃及新政府启动了一系列大型基础设施项目投资计划，推出苏伊士运河拓宽、苏伊士运河走廊经济带、首座核电站、高速公路网、南北高铁、新能源发电等多个重大项目。此外，埃及政府计划在电力、交通、物流等几乎所有基础设施领域开放PPP模式，目前已有6000MW的发电装机容量项目向私营部门开放。

埃及负责制定投资管理制度的部门是投资和自由区总局，该局统管外资项目和自由区，并具体负责制定和修改与投资相关的法律法规等。埃及投资部负责制定外资政策，协调与投资有关的各相关部门，并为投资者提供争端解决服务。

3. BOT及PPP立法情况

20世纪90年代，埃及在基础设施项目建设领域普遍使用BOT和BOOT模式。但在具体实施过程中出现了一系列弊端，特别是在13个BOT项目中，埃及政府承担了巨额损失。由于2003年埃镑巨幅贬值，导致政府不得不同意运营商以固定价格全额购买项目服务，并补贴原材料价格。

2006年，财政部成立了公私合作伙伴关系中心。2010年5月，埃及《公私合作伙伴关系法》实施。埃及政府通过更加严格和完善的制度建设，减少BOT模式的弊端，并继续大力推进PPP项目。

（1）法律规定

PPP模式主要适用于在基础设施等公用事业领域，项目金额一般不少于1亿埃镑，特许经营合同期限为5～30年。基于公私合作事务最高委员会的建议，如公共利益需要，内阁可以决定批准超过30年的PPP项目合同。

（2）监管体系

公私合营事务最高委员会是PPP项目的最高决策机构，由政府总理牵头，财政部、投资部等各行业主管部门以及公私合营中心的长官组成。

各行业主管部委为项目的具体主管部门，下设有专门的PPP管理部门。财政部PPP中心为委员会和各主管部委的PPP管理部门提供专业支持。该中心负责准备可行性研究，发布、跟踪和监督PPP项目的发标、签署和执行，决定PPP招标顾问。

（3）项目程序

首先是主管部门公开询价。主管部门成立"初审组"，确定投资方短名单。主管部门和PPP中心邀请入围投资方初步讨论项目情况和条件。主管部门在PPP中心批准之前，首先通过一对一竞争性对话，之后实施无约束性投标。

其次是主管部门预估项目投资成本，PPP中心审核并考虑融资成本、风险、私营部门负担等因素后，向最高委员会提交新的"公共部门参照值"。

最后是主管部门再邀请投标者递交最终标书。标书分为两份密封信函，一份为技术标，另一份为财务标，由各部门专家组成的委员会进行评标。只有当技术标中标后，财务标才可开启。最经济性的财务标赢得项目。如公共利益需要，投标过程可被中止。中标者成立以执行项目为唯一目的的项目公司。

（三）外汇管制

自1991年8月起，埃及放宽外汇管制，实行外币自由兑换，并建立了全国统一外汇市场，实行浮动汇率，由银行每日挂牌公布，外汇可在银行和钱庄自由兑换。国营和私营外贸公司进口用汇均自行在银行办理用汇申请，一般需向银行预付进口合同金额的10%至35%（银行付利息）。埃及1991年第117号《外汇交易法》规定，除政府机关和公共部门外，所有自然人与法人均可持有外币并进行外汇储蓄、兑换和国际支付，但必须通过政府批准的38家银行和4家专业银行进行。埃及的外汇收入主要来自旅游、侨汇、石油和运河收入，共占其外汇总收入的70%左右。

自20世纪90年代初以来，埃及实行的是埃镑可自由兑换外币的外汇管理政策，尚未实现资本项下可自由兑换。但自1999年以来，埃及国际收支持续逆差，外汇一直较为紧张。一般银行都规定了一次性兑换外汇的最高金额。但由于2012年底以来银行和货币兑换机构面临着严重的外汇短缺状况，因此在实际操作中，个人在商业银行购买外汇非常困难。

在埃及，对于货物贸易项下的资金，没有相关法律法规限制其汇入埃及境内，但个人进入埃及境内携带超过10,000美元现金须在入境时进行申报。在银行办理资金汇出业务时，相关方必须向银行提供证明货物贸易存在的文件，例如证明采购货物金额的文件、订单或者发票等，否则货物贸易项下资金不能经银行汇出。另外，个人在离开埃及边境时不得携带超过10,000美元的现金。资金汇出和汇入没有金额或批次的限制。

客户在银行办理上述资金汇出入业务时,需要提供相关背景材料。根据埃及现行《反洗钱法》的规定,客户在银行办理资金汇出汇入时需要提供有效身份证明。对于个人客户,需要提供的身份证明为当地身份证或有效护照。对于公司客户,除了需要提供公司名称、地址和业务范围等信息之外,还需要提供有效的授权委托书证明公司授权该人员代表公司办理转账业务。另外,根据该法的具体规定,公司客户还需要向银行提供持股超过10%的股东的姓名和地址信息。同时,为了增强每家银行的反洗钱识别能力,银行有权自主订立与反洗钱相关的特别规定,并向埃及中央银行举报任何可疑交易。

在埃及运营的外国公司可以将其在埃及境内获得的利润任意汇至其外国账户。根据埃及《中央银行法》第111节,任何实体(包括法人实体)均有权"依其意愿进行外汇操作,包括在埃及境内及向海外的转账或汇款"。

埃及允许各类机构在境外开立账户,包括本国公司类机构和银行。纯外国机构、外国机构在本国投资设立的分行、外国机构在本国设立的代表处等在埃及本国银行开立账户没有特别限制。埃及对外国机构在本国银行开立账户没有对账户币种的限制。但是在实际操作中,在埃及的大多数银行只提供开立美元、英镑、欧元以及埃及镑的账户。账户资金汇入没有特别的限制。在账户资金汇出方面,允许外国机构在证明资金合法性之后将资金汇出。在银行办理资金汇出业务时必须提供银行所需的相关证明文件,包括汇款人的身份证明文件、交易金额证明文件等。对于账户的使用,没有特别的限制规定。

(四)税收制度

埃及《税法典》是用于调整税收的基本法律。但是,在与主权债务融资相关的方面,《财政部法令》在其第3条中明确规定,所有通过埃及政府发行的债务而获得的收益将免于征收任何税项。

埃及现行税制中的主要税种有:公司所得税、个人所得税、销售税、印花税、社会保障税、土地税和具有所得税性质的动产税等。主要税种的基本情况如下:

税种	纳税人及征税对象	税率
公司所得税	纳税人:在埃及从事经营的公司和分支机构。居民公司的认定实行注册地原则和管理中心原则双重标准。 征税对象:居民公司就其来源于全世界所得纳税,而外国公司的分支机构和在埃及境内的经营单位只就其来源于埃及境内的所得纳税	2005年6月通过的新税收法案规定,从2006年1月1日起,公司所得税一般税率由原来的40%降至20%。但是,下列公司适用特别税率征税: 1. 苏伊士运河公司按40%的税率纳税; 2. 石油开采和生产公司仍按照40.55%的税率纳税; 3. 埃及石油局按照40%的税率纳税; 4. 埃及中央银行税率为40%

续表

税种	纳税人及征税对象	税率
个人所得税	纳税人:埃及居民个人 征税对象:埃及居民个人和非居民个人只就其来自在于埃及的所得缴纳个人所得税。下列所得为来自于埃及境内的所得:在埃及工作的个人取得的所得,不论其收入的支付地是否在埃及境内;由埃及居民雇主支付的所得,而不论其工作是否是在埃及境内完成	个人所得税税率为:不超过6500埃镑的部分,为0%;超过6500埃镑至30,000埃镑的部分,为10%;超过30,000埃镑至45,000埃镑的部分,为15%;超过45,000埃镑至200,000埃镑的部分,为20%;超过200,000埃镑的部分,为22.5%
销售税	征税对象:所有国内和进口的非免税商品和劳务	国内产品以正常条件下的公开市场销售价格为计税依据;进口商品以关税的计税价格为计税依据。商品进口和销售的税率一般为10%,提供劳务税率在5%至10%之间。有些商品(如植物油、水泥、钢筋等)按照吨或者公斤从量定额计征
印花税	征税对象:公司设立、合同签订、各种银行交易和其他交易、许可证、保险单、租约、奖券、可以转让证券和其他各种票据,都应当缴纳印花税	印花税可以分为两类:一是定额印花税,按凭证征收,而不论其涉及的价值多少,如一般合同按1埃镑/份贴花;二是比例印花税,实行从价定率征收,如贷款协议按贷款额的0.8%征收,而债权的转让则按债权金额的0.6%征收
社会保障税	征税对象:雇主应当在每月终了时向社会保险与社会事务部缴纳社会保障税,包括养老、伤残和死亡保险,工伤保险,医疗保险和失业保险	养老、伤残和死亡保险、基本工资、包括生病和产妇的医疗保险、工伤保险等均适用不同税率。 另外,在埃及就业的外国雇员,一般不纳入社会保障计划。但是下列情况例外:一是与埃及签订有税收协定,规定双方互相为对方公民提供社会保障的;二是外国雇员的就业合同超过一年的

五、法律风险评价

(一)营商环境有待改善

埃及的营商环境整体尚可,但在某些方面有待改善。根据世界银行2015年营商环境报告的数据,埃及的营商环境在189个国家和地区中排名第112位,居于中等偏下水平。具体而言,埃及在跨境贸易、保护少数投资者方面表现较好,但在纳税、财产登记、获得电力等方面表现较差。例如纳税人平均每年需要纳税29次,每年耗时392

个小时，平均税赋高达公司利润的45.0%，在全世界189个国家和地区中排名第149位。

公司注册		纳税		财产登记	
程序个数	7	每年赋税次数	29	程序个数	8
时间(日)	8	平均耗时(小时)	392	时间(日)	63
成本 (占单位收入的百分比)	9.2	平均税赋 (占企业利润的百分比)	45.0	成本 (占财产价值的百分比)	0.7
最低注册资本	0				

数据来源：2015年世界银行营商环境指南。

（二）合同执行成本较高，破产处置成本较高

埃及的司法透明度较低，合同强制执行的成本较高。根据2015年世界银行营商环境指南提供的数据，埃及的合同强制执行效率在世界189个国家和地区中排名第152位。埃及的破产处置效率同样不高，其全球排名第126位，资产回收率为43.3%，低于欧洲及中亚地区的平均水平。

合同强制执行	埃及	欧洲及中亚地区	经合组织
时间(日)	1010.0	448.1	539.5
成本(占标的额的百分比)	26.2	25.2	21.4
程序(个)	42	37.0	31.5
破产处置	埃及	欧洲及中亚地区	经合组织
时间(年)	2.5	2.3	1.7
成本(占资产价值的百分比)	22.0	13.3	8.8
回收率(每美元美分数)	43.3	47.7	71.9

数据来源：2015年世界银行营商环境指南。

（三）许可审批限制较大

尽管埃及对外国投资者的保护立法较为完善，但由于埃及行政效率不高，在埃及取得施工许可耗时费力。同时，出于保护本国工程建设企业的考虑，埃及为施工许可事项的审批设置了复杂而繁琐的程序和手续，增加了交易时间和资金成本。根据2015年世界银行营商环境指南提供的数据，埃及在取得施工许可的难易度方面在全世界189个国家和地区中排在第142位，获得许可的平均时间需要179天。

附　录

“一带一路”国家法律情况表

序号	国家名称	法律体系基础	对外国投资的保护力度	EPC立法情况	BOT立法情况	银行准入	外汇管制	与中国签约情况			国际条约签署情况	
								是否签署避免双重征税协定	是否签有双边投资保护协定	是否签有司法互助协定	是否华盛顿公约成员国	是否纽约公约成员国
1	蒙古	蒙古国法律体系基于大陆法系或罗马—德意志法系。蒙古国金融商事法律相对比较完备，但和其他大部分法律法规一样，新法和旧法衔接有待完善，且经常经国家大呼拉尔（议会）批准进行修订，因此仍处于不断的修改完善阶段，具有一定的不稳定性	根据《蒙古国外国投资法》，蒙古国给予外国投资者提供不低于蒙古投资者的待遇。外国投资在蒙古国受宪法、本法和与之相符的其他法规以及蒙古国参加的国际公约的保护。根据《蒙古国外国投资法》，外国投资者投资额超过一定金额即可要求与蒙古政府签订《稳定经营合同》，在规定的期限内享受政府提供的税收及其他优惠政策	在蒙古国承包工程的主管部门是道路交通建筑城市建设部，承包工程都需要该部门批准，并获得《建筑工程许可证》。获得相关批准后，还要接受国家技术监督局对承包工程的审查和项目监督，项目开工时要办理《建设开工许可证》	近年来，蒙古国政府积极推动在“公私合作伙伴关系（PPP）”框架下项目建设，推动公共部门和私营部门间合作，为蒙古国道路、电力等基础设施建设创造条件。2009年10月，蒙古国政府出台“公私合作伙伴关系”国家政策，鼓励私营部门参与各领域项目建设。2010年1月，蒙古国议会通过《特许经营法》。2012年蒙古国经济发展部成立，其下设立创新和公司合作司，专门负责特许经营项目实施协调等	外国银行在蒙古开展业务不存在限制，也无须进行注册或登记	蒙古国外汇管制较松。美元、人民币、欧元、日元、韩元等货币可在蒙古各商业银行自由兑换。外汇汇入蒙古国无限制，在蒙投资经营的本金及合法利润可无限制的自由汇出	是	是	是	是	是

续表

序号	国家名称	法律体系基础	对外国投资的保护力度	EPC立法情况	BOT立法情况	银行准入	外汇管制	与中国签约情况			国际条约签署情况	
								是否签署避免双重征税协定	是否签有双边投资保护协定	是否签有司法互助协定	是否华盛顿公约成员国	是否纽约公约成员国
2	俄罗斯	俄罗斯的法律体系属于大陆法系，受前苏联时期立法影响，部分法律仍带有较强的计划经济色彩。俄罗斯有较健全的法律体系，包括联邦和地方两个效力层级	俄罗斯投资领域主要法律包括《外国投资法》《限制外资程序法》《矿产资源法》《劳动法》《税收法典》《产品分成协议法》《土地法典》以及《特区经济法》等。《外国投资法》对于优先投资项目的保护为：对参与优先投资项目的外国投资者和外资商业组织，实行专门的优惠和法律保障，保证其投资条件的稳定性，在一定时期内不受俄法律法规变化的影响	EPC模式的实施途径是工程承包合同（EPC合同），在俄罗斯的法律基础是《俄罗斯联邦民法典》。按照民法典规定，政府部门与私营部门可以通过平等协商方式订立合同	特许权协议法于2005年7月21日颁布，主要规范了BTO模式（建设—转让—运营）相关问题。在BTO模式下，政府部门对项目拥有所有权，由私营机构实施项目建设，建成后将项目移交给政府，但仍可按照特许授权运营一段时间	在符合俄罗斯法律要求进行国家登记并从中央银行取得许可证后，信贷机构有权在俄罗斯开展经营活动。该信贷机构仅能在其取得的许可证规定的经营范围从事经营活动。没有相应的许可而从事经营活动要承担行政和刑事责任	一般来说，对于出资以及本金和利息的汇出没有限制。如果一笔利息的汇出超过了50,000美元，该交易需要履行特别的材料审核程序	是	是	是	否	是
3	乌兹别克斯坦	乌兹别克斯坦的法律体系属于大陆法系，基本沿用了前苏联时代形成的法律结构和体系	乌兹别克斯坦独立以来，制定多部法律法规，改善投资环境和完善法律基础，吸引外资和发展对外经济关系，为招商引资创造条件。截至目前，乌在深化经济改革、促进经济发展领域的法律法规达400多个，其中最重要的法律包括《外国投资法》和《外国投资者权利保护法》	乌兹别克斯坦《关于继续深化基建经营改革主要方向的总统令》《关于个别经营种类的许可制管理法》《关于完善基建经营关系机制的措施决议》《关于批准建筑领域许可证条例的决议》等法律法规规范了承包商行为及许可制度	《特许经营法》是以国家名义批准外国投资者对所提供财产、土地和地下资源在签订的特许经营合同的基础上进行某种经济活动	乌兹别克斯坦并无相关法律限制或禁止外国银行在当地从事银行业务	与资本流动有关的外汇业务首先要在央行注册合同、协议或文件，其中要指明执行的外汇业务，该注册是完成此外汇业务的基础	是	是	是	是	是

续表

序号	国家名称	法律体系基础	对外国投资的保护力度	EPC立法情况	BOT立法情况	银行准入	外汇管制	与中国签约情况			国际条约签署情况	
								是否签署避免双重征税协定	是否签有双边投资保护协定	是否签有司法互助协定	是否华盛顿公约成员国	是否纽约公约成员国
4	哈萨克斯坦	哈法律体系和其他独联体国家一样属于罗马—日耳曼法系。在前苏联时期，承袭的是俄罗斯社会主义联邦共和国的社会主义法。1991年独立后，法律体系进行本质性变革，变革的基本原则是：意识形态和政治的多元化，集中的社会市场经济，扩大人权和自由，加强保障。随着变革的进展，哈颁布和完善了一系列法律法规，由于在制定时以俄罗斯法律为模板，所以其法律思想经常与俄罗斯法律相吻合	1997年，哈萨克斯坦颁布了《哈萨克斯坦吸引外国直接投资的优先经济领域的清单》和《与投资者签订合同时的优惠政策》。近些年又先后通过了《国家支持直接投资法》等多部法律法规，对投资者做了各种保证。哈萨克斯坦的法律规定所批准的国际协议优先于国家法律。2003年4月，哈萨克斯坦颁布了新的《投资法》。投资立法工作对吸引外资起到了积极作用	根据2001年7月16日哈萨克斯坦共和国颁布的第242号法律《关于在哈萨克斯坦国境内从事建筑设计、城市建设工程和建筑工程》中的规定，凡在哈国境内承建当地工程项目的外国企业必须具有国外工程项目承包执照，在参加工程招标时，可以凭借总公司的资质购买标书，中标后同哈萨克斯坦招标委员会签订合同，并在哈萨克斯坦子公司或独立的合资公司以执行项目	BOT方式在哈萨克斯坦是一种新兴的投资方式，是政府实施“公共私营部门合作伙伴关系”的独特工具。涉及该领域的法律主要有《特许经营法》《投资法》《民法》《国家采购法》等，其中2006年颁布的《特许经营法》是在哈萨克斯坦开展特许经营活动的主要法律依据。特许经营权合同有效期最长不超过30年，期满之后可以另行签订合同，延长期限	外资银行不能在哈开设分行，但可以申请开设子银行或代表处	除涉及使用外汇的经营活动保留许可证制度外，哈央行将完全取消外汇兑换的行政许可。如需要将外汇收入汇回本国，只需在外贸合同规定的期限内执行即可	是	是	是	是	是

续表

序号	国家名称	法律体系基础	对外国投资的保护力度	EPC立法情况	BOT立法情况	银行准入	外汇管制	与中国签约情况			国际条约签署情况	
								是否签署避免双重征税协定	是否签有双边投资保护协定	是否签有司法互助协定	是否华盛顿公约成员国	是否纽约公约成员国
5	土库曼斯坦	土库曼属于单一制民法法系国家。规定所有规范性的法令必须符合宪法和效力较之更高的上位法	土库曼新版《外商投资法》于2008年正式生效。《外商投资法》明确了外商投资者包括：外国法人，包括其在土库曼的分支机构和代表处；国际组织；其他国家；外国自然人和无国籍人士；定居国外的土公民	根据土库曼总统令规定，土库曼国家投资项目一律采用招标方式（总统令特批的情况除外）。对于外国公司带资项目，可通过议标方式进行。土库曼当地招投标方式不完全与国际惯例接轨，具体操作办法（开标、评标等环节）完全由土方各行业招标委员会确定，随意性较大。土库曼对外国公司投标参与工程项目建设并无统一规定，也未建立许可制度	/	没有土库曼斯坦中央银行颁发的许可证，禁止从土库曼斯坦境内的法人或自然人处获得现金存款或其他支付手段，禁止以自有资金提供贷款	土库曼斯坦境内的所有外汇业务应通过被授权办理外汇业务的银行办理。每个被授权银行应保证其客户通过该银行进行兑换业务合法性。被授权银行有权根据土中央银行的规定在土境内外自由买卖外汇。同时对于本国企业在境外开立账户有严格规定，需要相关部门审批	是	是	否	是	否

续表

序号	国家名称	法律体系基础	对外国投资的保护力度	EPC 立法情况	BOT 立法情况	银行准人	外汇管制	与中国签约情况			国际条约签署情况	
								是否签署避免双重征税协定	是否签有双边投资保护协定	是否签有司法互助协定	是否华盛顿公约成员国	是否纽约公约成员国
6	塔吉克斯坦	塔吉克斯坦为大陆法系。塔吉克斯坦的法律具有模糊性、多变性等特点	近年来，塔吉克斯坦政府为加大吸引外资力度，从政策上出台了《塔吉克斯坦共和国外汇管理法》、《塔吉克斯坦共和国投资法》、《塔吉克斯坦共和国对外经济活动法》、《塔吉克斯坦税法》等政策法规	塔吉克斯坦目前实施的项目一般由国际组织提供资金支持或贷款，此类项目采取国际招标的方式进行。另有极少数项目，根据出资方的条件，采取议标的方式。在塔吉克斯坦办理建筑工程许可证的首要条件是在塔吉克斯坦的项目中标，经主管中标项目的部委审查，最后报塔吉克斯坦司法部批准，颁发许可证	/	塔吉克斯坦银行法规定，外资银行可通过购买当地银行股份或设立分支机构开展业务。塔吉克斯坦国民银行（中央银行）对外资进入其金融市场持欢迎态度	塔吉克斯坦外汇管制相对宽松。《外汇管理法》规定，本国货币可自由兑换，中、塔两国银行没有直接的业务结算关系，通常通过第三国银行实行外汇的转汇及信用证等业务。允许在境外开立账户	是	是	是	否	是
7	吉尔吉斯斯坦	吉尔吉斯的整体法律体系是比较健全的，从系别上看属于以苏联和东欧国家的法律为代表的社会主义法系	吉尔吉斯斯坦对外国投资者无行业限制。外国投资的主要方式为直接投资和间接投资，包括实物、不动产、购买企业股票、债券、知识产权、企业盈利和利润。外国企业可通过全资收购和部分参股等形式对吉尔吉斯斯坦企业实行并购	吉尔吉斯斯坦建筑法规定，除民用住宅外，其他建筑工程实行许可制度。办理建筑许可证的部门是吉尔吉斯斯坦政府建筑委员会。外国承包商在吉尔吉斯斯坦承包军工项目，需由两国政府签订备忘录，由指定公司执行。公开招标是主要方式。通常由招标委员会公布投标公司应具备条件	/	在吉尔吉斯共和国境内银行只能以（封闭式或开放式）股份公司的形式设立。在获取银行经营许可证之前，银行创立人必须将最低额度的注册资本存入在国家银行开设的储蓄账户	任何个人、机构、团体都可在商业银行、金融机构以及兑换点将索姆与美元进行自由兑换，无须任何手续，不受额度限制	是	是	是	否	是

续表

序号	国家名称	法律体系基础	对外国投资的保护力度	EPC 立法情况	BOT 立法情况	银行准入	外汇管制	与中国签约情况			国际条约签署情况	
								是否签署避免双重征税协定	是否签有双边投资保护协定	是否签有司法互助协定	是否华盛顿公约成员国	是否纽约公约成员国
8	越南	越南为大陆法系国家,法律以成文法形式存在。法律部门可以分为宪法、民法、刑法、经济法、行政法、诉讼法、国际法等	越南吸收外资的主要优势:一是劳动力成本相对较低;二是地理位置优越;三是面向东盟,投资者可利用自贸区优惠政策,将产品销往东盟其他国家	根据越南《投标法》规定,越南国家投资项目或国际组织贷款项目一律采用招标方式。大型项目的招标需过较长时间的审批。自筹资金项目可通过议标方式进行。越南对项目审批采取分级管理办法,具体包括:由政府总理审批的项目;总理批准投标计划;批准或委托批准承包商评选结果;批准或委托批准投标过程中产生的相关情况并处理违法行为	1993 年颁布《BOT 合同方式投资条例》,后经四次修订,现行为 2011 年颁布的《BOT、BTO 和 BT 方式合同投资法令》	外国银行也可向越南的借款人提供跨境贷款,但该借款人需在越央行登记期限长于 1 年的贷款。在跨境贷款中,境外贷款人无需向越南借款人提供跨境贷款的执照或许可证	对跨境商事交易或所得利润汇出时进行的外汇兑换,没有法律限制	是	是	是	否	是
9	老挝	经过了十多年,老挝经历了从独立到制定宪法,到各部门法颁布,法制初步成型。在立法上,基本采用统一的成文法法律规范,但也同时吸收了大陆法系和英美法系的优点,尤其是对程序法日益重视	老挝对外商投资关系实行统一的立法模式,无论是合资企业还是独资企业均统一适用《老挝人民民主共和国促进和管理外国在老挝投资法》,老挝无公司法,外国投资者的企业注册和成立,适用《老挝人民民主共和国企业法》	按老挝法律规定,外国承包商在老挝承包工程需获得许可。老挝法律没有明确禁止外国承包商在老挝承揽工程项目的领域。老挝工程建设除了世界银行、亚洲开发银行等国际组织援助项目及部分国家投资项目实行严格招标制度外,其他项目一般采用议标形式	老挝目前没有专门的 BOT 立法,与 BOT 相关的法律包括《投资促进法》《民法》《企业法》《管理和促进外国在老挝投资法》等,并设立外国投资管理委员会主管外资投资事项	中国金融机构在老成立代表处的准入条件只有一个,即取得中国银监会的批复同意在老设立代表处	老挝对外汇管制非常严格,不仅借用境外贷款和外国投资者在老挝境内投资需审批外,在老挝投资的个人或法人将批准的利润,股息,资本和收取的利息汇回国内或第三方国家时,需向老挝商业银行提交文件获得批准	是	是	是	否	是

续表

序号	国家名称	法律体系基础	对外国投资的保护力度	EPC 立法情况	BOT 立法情况	银行准入	外汇管制	与中国签约情况			国际条约签署情况	
								是否签署避免双重征税协定	是否签有双边投资保护协定	是否签有司法互助协定	是否华盛顿公约成员国	是否纽约公约成员国
10	柬埔寨	由于历史原因，柬埔寨现行法律制度包括了 20 世纪 60 年代民盟时期、金边政权时期和 1993 年王国政府成立以来三个不同历史时期制定的法律法规，在实际执行的过程中并没有明确的界限	在柬埔寨进行投资活动比较宽松，不受国籍限制（土地法有关土地产权的规定除外）。除禁止或限制外国人进入的领域外，外国投资人可以个人、合伙、公司等商业组织形式在商业部注册并取得相关营业许可，即可自由实施投资项目。但拟享受投资优惠的项目，需向柬埔寨发展理事会申请投资注册并获得最终注册证书后方可实施	柬埔寨国家投资项目或国际组织贷款和援助项目，一律用招标方式。在柬埔寨承包工程需要提供公司资质证明、母国出具的对外承包工程权证书、柬埔寨商业部注册证书及银行提供履约保函，还要经过招标资审，且要通过评标并中标	目前在柬埔寨开展 BOT 项目主要以中资公司为主，涉及行业包括水电站、输变电网等，特许经营期限没有特殊规定，水电站的经营期限一般是 30 ~ 40 年	虽然《银行法》中并未明文规定，但按照央行目前的实践操作，申请执照的要求并不适用于向柬埔寨提供跨境贷款的海外银行。一些海外贷款人已获得央行就此出具的无异议函	柬埔寨法律并未对项目资金注入或汇出本息施加限制。根据《投资法》第 11 条，以及央行向公众发布及发行的相关法律法规，柬埔寨王国政府允许投资者通过银行购买外币，并允许投资者将这些外币汇出用以清偿其投资有关的债务，包括偿还国际贷款的本金和利息	否	是	否	是	是

续表

序号	国家名称	法律体系基础	对外国投资的保护力度	EPC 立法情况	BOT 立法情况	银行准入	外汇管制	与中国签约情况			国际条约签署情况	
								是否签署避免双重征税协定	是否签有双边投资保护协定	是否签有司法互助协定	是否华盛顿公约成员国	是否纽约公约成员国
11	缅甸	从整体上看，缅甸法律体系尚不完善，政策法规透明度不足。缅甸的司法执法效率不高	根据新《外国投资法》规定，外国企业在缅甸投资方式有独资、与缅甸国民或相关政府部门或组织进行合作、根据双方合同进行合作	缅甸政府规定，承包工程项目原则上采用公开招标的形式，但由政府部门自筹资金金额在10万美元以上的项目，必须有3家以上的承包商进行投标。通常，发标部们对各投标方的技术细节与价格进行比较，形成授标意见后报请国家采购委员会审批。国家采购委员会一般要与竞标企业再进行一轮价格谈判，之后或维持发标部门的意见，或做出新的授标决定。根据采购委员会的意见，发标部门须上报国家贸易委员会审批，批准后再报内阁批准通过，最后进入实施阶段	在缅甸开展BOT的外资企业以水电为主。目前中资企业在缅甸投资主要注册独资或合资公司，投资领域主要集中在油气资源勘探开发、水电、矿业以及加工制造业等领域，投资项目主要采用BOT或产品分成合同运营	总体上看，缅甸对于外国银行采用了较为宽松的态度，外国银行的设立及日常经营未受到严格的限制。外国银行可在缅甸申请设立合资银行、分行和代表处	缅甸境内借款人若向境外贷款人借款，借款人必须向投资委员会提交申请，之后再向外汇管理委员会提交申请。申请必须附上贷款协议草稿，偿还贷款本金金额、利息率以及预计应付利息的总结、有关部委的信函（如适用）等	否	是	否	否	是

续表

序号	国家名称	法律体系基础	对外国投资的保护力度	EPC 立法情况	BOT 立法情况	银行准入	外汇管制	与中国签约情况			国际条约签署情况	
								是否签署避免双重征税协定	是否签有双边投资保护协定	是否签有司法互助协定	是否华盛顿公约成员国	是否纽约公约成员国
12	泰国	泰国有比较健全的法律体系，采用法典法律体系，由泰国国会建议和批准，国王颁布的法律规范，处于最高法律地位。其法律主要分两大类：主体法和程序法（又叫实施法）。泰国的成文法律属于主体法。成文法主要有宪法、法案、条例、紧急法令、法令、部级法规和社团公告等类型	总体来讲，泰国拥有较好的投资环境。泰国政局虽然不够稳定，但社会秩序和社会治安状况良好。泰国与中国政治外交关系友好。不过，近几年来，泰国政局持续动荡，各派政抬斗争较为激烈，对其投资环境带来一定影响。政府高层经常变动致使其行政效率较低，投资项目审批程序复杂，周期较长	根据《外籍人经商法》的有关规定，建筑业和工程服务业为限制外籍人从事的行业，外籍人只有与泰籍人组成合资公司或联合体才能承揽泰国的工程项目，且合资公司或联合体必须由泰籍人持股，外籍人投资所占比例不得超过49%。泰国的承包工程项目可分为两类：一是国家投资的公共项目，通常采取国际招标或者电子竞标的方式，仅有少数采取邀标的形式；二是私人投资的工程项目，目前通行的国际招标、邀标和议标等招标形式均有采用	泰国并无关于开展BOT投资的明确规定。从实际情况看，泰国BOT类的投资项目实践比较少，近二十年来实施的一些项目主要集中在国家出资或列入国家预算管理的公关基础设施类项目，如公路、城市垃圾处理、电力设施等	外国银行在当地开展业务是需要在当地进行注册或登记，需要向泰国央行申请牌照，泰国央行有责任监管在泰国的所有金融机构	在泰国对项目资本注入及本息汇出具有限制的，应获得泰国财政部和泰国央行等部门批准或备案。凡需进行各类外汇买卖和外币兑换必须前往获准经营外汇业务的银行办理	是	是	是	否	是

续表

序号	国家名称	法律体系基础	对外国投资的保护力度	EPC立法情况	BOT立法情况	银行准入	外汇管制	与中国签约情况			国际条约签署情况	
								是否签署避免双重征税协定	是否签有双边投资保护协定	是否签有司法互助协定	是否华盛顿公约成员国	是否纽约公约成员国
13	印度尼西亚	印尼受荷兰及英国殖民者影响，法律体系复杂，传统规则、不成文法和现代立法并存，法律部门较齐全	为保障外国投资安全，印尼政府与东盟各国政府达成了投资担保协议；此外还与55个国家签订了双边投资促进与保护协议。为营造良好的国际投资氛围，印尼还签订了各种多边协约，是世界银行集团多边投资担保局成员之一，这将为投资提供政治风险保护。为解决印尼与外国投资者的投资争端，印尼已成为《华盛顿公约》的缔约国	外国承包商在印尼承包工程需获得许可，并实行严格的招标制度，不进行公开招标的项目需要特别说明	印尼基础设施相对落后，其政府正在逐渐放宽对港口的控制，并计划允许私人机构通过BOT方式建设和管理港口	经印尼中央银行执行委员会批准，外资银行可在印尼设立分行、子银行或代表处；也可注资或收购印尼现有的商业银行，印尼中央银行鼓励将本地小银行出售给外资银行	印尼法律允许印尼实体或个人以外币接收或者汇出资金。在印尼法律项下，不存在将外币兑换为印尼盾的强制性要求。不要求将来自境外以外币进行的支付兑换为印尼盾，收款方可以外币保有并保留该付款	是	是	否	是	是
14	马来西亚	马来西亚仍存在世俗法院和伊斯兰法院两种制度，现在伊斯兰法院与世俗法院并行，两者都有专有管辖权。现行宪法、选举法、国家安全法、反煽动法、紧急状况法、内部安全法、国家机关组织法及公务员法以及各种门类的社会公共管理等方面的法律的表现形式以成文法为主。马来西亚民商法、经济法以英国的普通法和平衡法为基础，同时掺杂着伊斯兰法、印度法和土著的、中国的以及印度的各种习惯法	马来西亚投资由马来西亚总理府经济计划署（EPU）及国内贸易与消费者事务部（MDTCC）等有关政府部门负责，EPU负责审批涉及外资与土著持股比例变化的投资申请，而其他相关政府部门则负责其他业务有关事宜的审批。外资下述行业会在股权方面受到严格限制：金融、保险、法律服务、电信、直销及分销等	外国承包商在马来西亚注册成立建筑工程公司需要得到马来西亚建筑发展局批准，同时还要获得建筑承包等级证书。按照法律规定，外国独资公司不能获得A级执照，而没有A级执照，公司不能作为总承包商参与政府1000万马币以上项目招标。因此外国公司要成为A级公司，必须与当地公司合作，但是当地公司大多以其信誉或A级资质作为参股条件，并不直接出资，他们与外国公司合作的目的是利用外国公司的资金和技术	马来西亚政府鼓励私人资本与政府合作，开展BOT项目建设与运营，降低政府公共开支的负担。此类项目主管部门是马来西亚首相府经济计划署（EPU）主要负责经济发展规划和项目立项；2010年设立了公私合作署（PPU）负责公私合营项目协调。马来西亚政府在政策层面大力支持BOT项目的开展，并积极修订有关法律，使马来西亚国内法律环境与国际接轨	马来西亚中央银行规定外资银行中30%的管理者必须是马来西亚国民。在马来西亚境内的外资企业和外国机构的贷款，外资银行最多只能经营贷款总额的40%，其余60%必须由本地银行提供；现有的外资银行不允许在本地开设新的分支机构，中央银行也不再批准新的外资银行到马来西亚设立分行；外资可持股本地银行，但所持股份不能超过49%；外国银行在马来西亚设立的代表处只能有2名外国人	马来西亚对外汇实行管制。马来西亚中央银行代表政府负责全国的外汇管理工作。大部分对外支付的审批由指定银行承担	是	是	否	是	是

续表

序号	国家名称	法律体系基础	对外国投资的保护力度	EPC 立法情况	BOT 立法情况	银行准入	外汇管制	与中国签约情况			国际条约签署情况	
								是否签署避免双重征税协定	是否签有双边投资保护协定	是否签有司法互助协定	是否华盛顿公约成员国	是否纽约公约成员国
15	新加坡	新加坡法律制度是建立在英国法律制度基础上的，包括英国的习惯法和衡平法。法律原理、法理学、法律组织的结构、法律门类的原则及法律程序都和英国相似	新加坡投资环境的吸引力主要体现在七个方面：地理位置优越、基础设施完善、政治社会稳定、商业网络广泛、融资渠道多样、法律体系健全、政府廉洁高效	新加坡建设局（BCA）是新加坡国家发展部属下的法定机构，也是新加坡对建筑业的管理机构。它对整个新加坡建筑业行使行业管理职能，代表政府健全和完善市场机制，保证市场秩序，提供相关服务，培育和发展健康、统一、完善的市场	/	完全执照银行能够在新加坡境内从事所有银行业务；限制性执照银行不得接受新加坡货币，不得接受定期和储蓄存款，只能在新加坡境内设立一家办公机构，可以获得亚洲货币单位执照，从事离岸交易；离岸性执照银行主要集中于亚洲货币单位交易上	银行可自由进行任何币种的交易，对交易的数量、期限或种类没有限制	是	是	是	是	是
16	菲律宾	菲律宾法律受拿破仑法系影响，以成文法作为法院判决的主要依据。由于菲律宾存在较普遍的社会腐败现象，以及受到自身政局动荡的影响，导致其司法执行效率较低，不能按照规章制度及时处理事件成为常态	菲律宾政府将所有投资领域分为三类，即优先投资领域、限制投资领域和禁止投资领域。对于优先投资领域，菲律宾政府每年制定一个《投资优先计划》，列出政府鼓励投资的领域和可以享受的优惠条件，引导内外资向国家指定行业投资	菲律宾没有专门适用于国际工程承包的法律，其对国际工程承包法律关系的调整，主要是由国内一些相关法律来进行，而且对国际工程承包中的执照、承包商的登记、监督和管理都有专门的部门负责	菲律宾于 1993 年颁布《BOT 法》，根据该法案，特许经营年限最高为 50 年。2009 年，菲律宾成立 PPP 中心取代 BOT 中心，负责 PPP 项目的推进。PPP 项目亦由 BOT 法规范	1994 年，菲律宾通过了《银行业自由化法案》，允许境外资本进入菲律宾市场。2000 年，当局颁布了《银行及其他金融机构监管条例》，进一步完善了对银行业及其他金融机构的监管	菲政府就有关经常项目、资本项目、海外金融单位、外国银行代表处及外汇存款体制等制定了综合外汇管理制度。菲中央银行是国家货币管理部门，负责制定和实施国家外汇管理政策	是	是	否	是	是

续表

序号	国家名称	法律体系基础	对外国投资的保护力度	EPC立法情况	BOT立法情况	银行准入	外汇管制	与中国签约情况			国际条约签署情况	
								是否签署避免双重征税协定	是否签有双边投资保护协定	是否签有司法互助协定	是否华盛顿公约成员国	是否纽约公约成员国
17	文莱	文莱国内并存世俗法律和伊斯兰法律两套法律体系，该两套法律体系相互独立、平行适用。伊斯兰法律仅对穆斯林人适用。从传统而言，文莱国内涉及商业、贸易活动和个人之间纠纷的多数成文法总体上被称为普通法体系，它们基于英国法律和多数英联邦国家使用的普通法	在投资领域，文莱政府制定了改善投资环境的计划，计划包括和其他国家签署双边贸易条约和备忘录。文莱目前已发布了《经济发展法（2001）》《投资激励法（2001）》及《工业调整令》等相关法规。此外，在促进外来投资者创业和发展阶段，文莱提供比其他国家更为优惠的条件以促进企业的壮大。政府对任何企业不征收制造税、销售税、出口税等。绝大部分商品的进口关税为0～5%。目前成立的离岸金融中心，其目的是为投资者提供金融增值服务，并制定了适应国际贸易需要、提高效能、降低成本的相关法律	文莱对外国公司承包工程沿用英国法有关规定，本国无专门法规	文莱供水、供电、废物回收处理等公用事业在很大程度上得到政府补贴，道路交通设施完全由政府出资修建且不收取任何过路费，因此，在文莱开展BOT暂时没有市场基础	文莱由文莱货币金融管理局行使央行及金融监督的职能。外资银行在文莱从事银行业务及设立分支机构需要取得货币金融管理局的事先批准	文莱金融业实行对外开放，政府推行无外汇管制政策，文莱元与美元、新币、港币、日元、英镑、人民币等各国货币可以在文莱自由兑换，外汇可以自由汇入汇出	是	是	否	是	是

续表

序号	国家名称	法律体系基础	对外国投资的保护力度	EPC立法情况	BOT立法情况	银行准入	外汇管制	与中国签约情况			国际条约签署情况	
								是否签署避免双重征税协定	是否签有双边投资保护协定	是否签有司法互助协定	是否华盛顿公约成员国	是否纽约公约成员国
18	东帝汶	东帝汶欢迎外来投资，但是相关法律还不健全，比如《土地法》。由于东帝汶经历过葡萄牙殖民统治和印尼统治，其法律体系受罗马—日耳曼法系影响较大	东帝汶重视吸引外资，力争建立较完善的法律体系以改善投资环境，陆续颁布实施了《国民投资法》《外国投资法》《石油基金法》《石油法》《石油活动法》《商业注册法》《矿产 法》《土地法》《环境管理法》等一系列法律	东帝汶的工程项目都采用公开招标方式，相关信息都在当地报纸和财政部网站上公布，信息公开透明。所有项目采取公开国际招标方式，不存在议标等形式。东帝汶政府有专门的招标委员会，隶属于财政部。针对每一个工程项目都会成立审查委员会	东帝汶暂无关于外资开展BOT的规定	东帝汶已设立中央银行，但没有本土的商业银行	东帝汶对外汇没有管制，资金可以自由汇入和汇出	否	否	否	是	否
19	印度	印度为前英国殖民地，吸收和沿用了了大量英国殖民时期的法律，加之其文化、宗教和联邦制政治体制的多重影响，各邦法律差异性大，法律环境较为复杂	印度对外资持欢迎态度，但也设置了部分限制性规定，整体而言对外国投资保护力度较好。中印签有双边投资保护协定，在法律规则上有一定保护力度，但其司法效率一般，对本国利益存有保护倾向	印度招投标规则较为规范，工程市场对外国公司开放，不要求投标公司在印度注册，但中标后要按规定成立项目公司开展工作。部分敏感领域未开放，石油、天然气工程需内政部批准	根据目前资料，印度没有独立的BOT法律规则，但其目前有241个公路项目以BOT方式开展，可以认为BOT模式在印度合法可行	印度储备银行是外资银行准入的审批机构和主要监管部门，外资银行在印度可以通过三种方式开展银行业务：(1)分行；(2)具备法人资格的全资子公司；(3)参股印度私有商业银行	印度储备银行(RBI)是印度外汇管理的主管部门，其外汇管理局是具体负责外汇交易和控制的部门。《1999年外汇管理法》是印度外汇管理的主要法规。经常账户下卢比可以自由兑换，非居民资本账户项下卢比也可以自由兑换。但在实际操作中，政府对资本流动有很多具体的规定，如信息通报、特别账户开立等	是	是	否	否	是

续表

序号	国家名称	法律体系基础	对外国投资的保护力度	EPC 立法情况	BOT 立法情况	银行准入	外汇管制	与中国签约情况			国际条约签署情况	
								是否签署避免双重征税协定	是否签有双边投资保护协定	是否签有司法互助协定	是否华盛顿公约成员国	是否纽约公约成员国
20	巴基斯坦	巴基斯坦为前英国殖民地，受英国殖民时期的法律影响明显，加之其作为伊斯兰国家受宗教影响较深，法律环境较为复杂	中巴两国外交关系较好，签有双边投资保护协定，除此以外还有《中巴自由贸易协定》《中巴自贸区服务贸易协定》等，在法律规则上有一定保护力度，但其司法效率一般，不利于对外国投资的保护	外国承包工程企业进入巴基斯坦市场只需要在巴工程理事会注册即可，除部分特殊领域外（武器、放射性物质等），管理较为宽松。按照法律规定，大型项目应采用国际公开招标方式确定承包商，以EPC、PMC 和带资承包方式实施的项目比例逐年增高	巴基斯坦 BOT 项目属于公私合作项目（Public-Private Partnerships）中的一种，主要适用于基建领域。90 年代以来，巴先后公布了多个可以采取BOT 模式的项目，包括水电、公路、港口等。BOT 审批流程与公开招标类似	巴基斯坦的《银行机构条例》未对外国银行机构在巴基斯坦境内开展银行业务设定任何限制性或禁止性的准入规定，但外国银行在巴境内开展银行业务须进行必要的登记或备案手续。在完成相关的手续后，外国银行在巴境内开展业务时享有与本地银行同等的待遇，同时也接受无差别化的监管	巴基斯坦就外汇的管理设立了专门的《外汇管理法》，由巴基斯坦中央银行履行监管职责。《外汇管理法》对巴基斯坦境内的外汇交易、外汇流通、外汇投资等方面均做出了严格的限制	是	是	否	是	是

续表

序号	国家名称	法律体系基础	对外国投资的保护力度	EPC立法情况	BOT立法情况	银行准入	外汇管制	与中国签约情况			国际条约签署情况	
								是否签署避免双重征税协定	是否签有双边投资保护协定	是否签有司法互助协定	是否华盛顿公约成员国	是否纽约公约成员国
21	孟加拉	孟加拉经济发展落后，属于最不发达国家之一，整体法律体系建设较落后，法律空白较多，法制建设有待加强	中孟签有双边投资保护协定，但其法律体系尚不健全，司法效率较低。为鼓励投资（包括外国投资），孟加拉制定了一系列税收减免优惠政策	外国公司承揽孟加拉国国际工程项目无需经过特别许可，工程建设与验收以相关招标及合同文件规定指标为准	孟加拉允许外国投资者通过BOT方式参与基础设施建设，如电站、输变电、油气管道、公路、水厂等，以及自然资源的开发，并给予外国投资者国民待遇	在孟加拉国开展信贷业务的贷款人必须持有有效的牌照，否则不得开展任何信贷业务。牌照有效期3年，自取得之日起计算。本地的银行及其他金融机构可根据其银行及金融机构牌照进行贷款业务而无需独立的贷款业务牌照。如未取得银行牌照而发放贷款的贷款人将无权就该贷款收回任何本金或利息，或向任何法院申请执行该贷款项下任何协议的权利或取得的抵押，抵押品亦可能因违反《1947年外汇管理法案》等相关法案而被没收。因此，外国银行在孟加拉国开展贷款业务前须向孟加拉国央行申领银行牌照。如果外国银行要经营外汇交易等业务，还需要孟加拉国央行审批发放相关的外汇经营业务许可证	孟加拉国有关外汇管理的法律主要是《1947年外汇条例法》，这项法律在1996年6月30经过修正，一直沿用至今。根据《1947年外汇条例法》规定，孟加拉国货币塔卡（Taka）实行浮动汇率制，孟加拉国央行不对本外币汇率进行硬性规定，而由各银行根据市场供求情况自行制定。1994年3月24日，孟加拉国政府宣布塔卡在经常项目下可自由兑换，如进口贸易和旅行支出，但对资本项目仍然实行严格的管制，必须经过孟加拉国央行和投资委员会的批准。企业在境外开立账户，必须得到孟加拉国央行的事先批准	是	是	否	是	是

续表

序号	国家名称	法律体系基础	对外国投资的保护力度	EPC立法情况	BOT立法情况	银行准入	外汇管制	与中国签约情况			国际条约签署情况	
								是否签署避免双重征税协定	是否签有双边投资保护协定	是否签有司法互助协定	是否华盛顿公约成员国	是否纽约公约成员国
22	斯里兰卡	斯里兰卡法律制度受英美法系影响较大，同时存在大量土著法，与罗马—荷兰法、英国法相结合，既遵循判例，又对一些重要制度制定相关成文法	中斯签有双边投资保护协定，但斯里兰卡司法效率较低，对外国投资限制较严格	中资企业在斯里兰卡参加投标需办理相关手续：(1)向斯里兰卡中资企业商会申请；(2)中国使馆经商参处根据商会意见和企业提交的申请文件进行审核，出具同意公司参加投标的文件	斯里兰卡对外国投资方式没有限制，但在BOT方面没有明确规定，需要个案审批	根据斯里兰卡《银行法》，境外银行在斯里兰卡境内营业，必须(1)在斯里兰卡设立营业地；(2)从斯里兰卡中央银行的货币委员会获得从事银行业经营的许可证	《外汇管制条例》第5节规定，包括借款在内的黄金和外汇的交易权限已被限制，仅有经授权的交易商可以开展，而经授权的交易商仅包括持牌银行(LCB)。第7节禁止在斯里兰卡向位于斯里兰卡境外的任何债权人进行付款或为其付款，除非获得斯里兰卡外汇管控部门的一般或特别许可。该节也规定，未经外汇管控部门允许，禁止斯里兰卡的居民在境外向斯里兰卡境外的债务人进行付款或为其付款	是	是	否	是	是
23	马尔代夫	马尔代夫的法律体系受普通法系影响较大，同时混合伊斯兰教法，法律体系运行稳定	/	未发现马尔代夫有任何关于工程承包、招投标的独立法律规定	未发现马尔代夫有任何关于BOT的独立法律规定	马尔代夫不禁止外国银行在马尔代夫开展业务。所有拟从事银行业务的主体(银行业务指从马尔代夫公众吸收存款并将存款用于借贷或投资)必须从马尔代夫货币局取得执照方可营业	马尔代夫不存在外汇管制，因此货币不论金额皆不受任何限制，可自由出入马尔代夫	否	否	否	否	否

续表

序号	国家名称	法律体系基础	对外国投资的保护力度	EPC 立法情况	BOT 立法情况	银行准入	外汇管制	与中国签约情况			国际条约签署情况	
								是否签署避免双重征税协定	是否签有双边投资保护协定	是否签有司法互助协定	是否华盛顿公约成员国	是否纽约公约成员国
24	尼泊尔	尼泊尔是世界唯一一个以印度教为国教的国家，法律观念受宗教和英国殖民时期制度影响，内容杂糅，较为复杂，整体法制建设有待完善	中尼签有双边投资保护协定，但尼泊尔司法效率较低，执法能力不足，且对外资限制较多，对外国投资者的保护较不完备	在尼泊尔参加工程项目投标须具有国际承包工程资格。尼泊尔法律规定，取最低投标价的公司中标	根据《私人投资建设和运营基础设施法案(2006)》，外国投资者可以通过BOT方式投资与尼泊尔基础设施建设领域。一般来说，BOT经营期限不超过30年，如需延长，可申请不超过5年的延期	外国机构如欲在尼泊尔开展国际金融业务，需先向尼泊尔政府申请许可执照；当前尼泊尔政府在金融领域实行“自由进出政策”，对于外资银行在尼泊尔的业务范围和利率水平没有特别限制，政府允许外资银行在尼泊尔经营当地货币业务，允许外资金融机构投资尼泊尔股票市场，允许外资银行在尼泊尔开展包括吸收公众存款、信贷业务、发行信用卡等在内的多种业务	由于尼泊尔外汇储备有限，所以尼政府实行外汇管制政策。贷款过户前协议须得到工业部的批准，贷款金额须通过合适的银行渠道引进。收益汇回方面，则需要尼泊尔央行批准，即向尼泊尔央行递交纳税证明并取得央行许可证，利息和投资收益方可正常汇回。尼泊尔政府允许外资机构开立境外账户	是	否	否	是	是
25	不丹	不丹的法律制度源自英国的普通法，从20世纪50年代，不丹王国制定第一个涵盖民事和刑事的综合性法律，构成了整个不丹王国现代法体系的主体。不丹的现代法体系，不仅体现佛教精神的原有系列法典，也逐渐体现与国际接轨的趋势	不丹致力于为外国直接投资创造良好环境，2002年，政府批准了《外国直接投资政策》，鼓励外资在服务业和制造业进行投资，并废除了对外币支付和交易的许多限制	/	/	根据不丹《金融机构法》相关规定，如果从事金融机构业务，必须依照法律规定，向皇家货币局申请相关牌照	在外汇汇出方面，不丹允许外国投资者在不丹开设外币账户，所有外国投资企业的业务往来都需通过不丹正规渠道进行	否	否	否	否	是
26	阿富汗	阿富汗为典型的伊斯兰教国家，法律体系受宗教影响明显，加上外来西方因素的影响，法律执行力较差，尚未形成有效的法制体系	受多年战争影响，阿富汗整体司法体系并不完善，获得当地司法救济的便利性较差，法律体残缺，较难为外国投资者提供足够的法律保护	在阿富汗承包工程一般得到发包单位和业主的认可即可。投标企业需要提供相关资质和以前做过同类项目的业绩证明，并经阿富汗经济部招标办公室或其他发表单位认可	阿富汗总体对外国投资企业实行国民待遇，对外资开展BOT暂无法律规定	目前，阿富汗与银行信贷类业务相关的法律主要是阿富汗银行法。根据阿富汗外资银行准入条例，阿富汗对外资银行在阿设立分支机构无限制，阿富汗央行是审批核准外资银行设立分支机构的主管部门。外资银行和阿富汗本国银行享受同等待遇	在外汇监管方面，阿富汗实行阿尼汇率与美元挂钩的政策。目前美元在阿国内可自由流通兑换。近期，处于对保护本国经济的考虑，阿政府已加大了对美元外汇的监管力度，部分国有企业已被要求必须使用阿富汗尼结算。阿富汗对合法换汇、汇款等没有限制	否	否	否	是	是

续表

序号	国家名称	法律体系基础	对外国投资的保护力度	EPC立法情况	BOT立法情况	银行准入	外汇管制	与中国签约情况			国际条约签署情况	
								是否签署避免双重征税协定	是否签有双边投资保护协定	是否签有司法互助协定	是否华盛顿公约成员国	是否纽约公约成员国
27	波兰	波兰为欧洲大陆法系国家，加入欧盟后同时适用本国法律和欧盟法律，整体法律体系健全，法制化程度较高	波兰法律制度健全，且中波签有双边投资保护协定，并同时适用欧盟关于投资保护的相关法律，司法环境整体良好，法治程度较高，能够为外国投资者提供必要的法律保障	波兰法律未对外国企业在波兰参与当地公共项目招标予以限制。波兰政府工程实行严格的招标制度，如不进行公开招标，需要特别说明	波兰对BOT模式没有专门法律规定，但其《公私合营法》《工程服务特许经营法》准许通过BOT方式运行相关项目	波兰金融市场较为开放：1. 欧盟《2000年银行指令》（The bank act 2000）适用于波兰，该指令详细规定了银行的业务范围、银行业市场准入的基本条件等内容，是目前正在欧盟各成员国实施的银行法律。2. 波兰1996年加入“经济合作与发展组织”（OECD），1999年开放国内金融市场。从1999年起，外国银行有资格在波兰境内的任何地方设立机构。根据“国民待遇”原则，在波兰的外国银行和波兰银行享受同等待遇，适用同等法律。波兰政府既不限制外国银行在波兰设立分行的数量，也不限制外国银行收购本地银行	波兰货币兹罗提可自由兑换成外币，在波兰注册的外国企业可以在波兰开设外汇账户，用于进出口结算。波兰公民可自由开设境外银行账户，波兰公司可向海外分部汇款，不需获得波兰国家银行的特别许可	是	是	是	否	是

续表

序号	国家名称	法律体系基础	对外国投资的保护力度	EPC立法情况	BOT立法情况	银行准入	外汇管制	与中国签约情况			国际条约签署情况	
								是否签署避免双重征税协定	是否签有双边投资保护协定	是否签有司法互助协定	是否华盛顿公约成员国	是否纽约公约成员国
28	捷克	捷克为欧洲大陆法系国家，加入欧盟后，其法律体系与欧盟法律体系的融合度逐步加深，法律体系健全，法制化程度较高	捷克法律制度健全，且中捷签有双边投资保护协定，并同时适用欧盟关于投资保护的相关法律，司法环境整体良好，法治程度较高。欧债危机后，捷克采取一系列刺激投资的措施，提出“向东看”政策，积极开拓欧盟外市场	在捷克参与工程招标的外国企业必须在捷克设立公司，在工商部门登记并取得营业执照，然后缴纳建设项目总额1%的保证金，方可参加竞标。外国企业竞标享有国民待遇	未见捷克对BOT模式有专门的立法规定	捷克金融市场属于欧盟金融市场的一部分，欧盟《2000年银行指令》及捷《银行法》等金融法令并未为外国银行在捷开展业务进行限制性规定或禁止性规定，捷银行业是全面开放的，对外国银行在捷开展业务无限制性或禁止性规定	捷克政府1995年制定了《外汇法》（1995年219号法令），同年10月1日外汇法开始生效。《外汇法》取消了一些在商品支付、货物支付和转账方面的限制。2001年捷政府对外汇法进行了修订，除对国外自然人投资捷不动产有一定的限制外，新的《外汇法》取消了与资本流动和外汇交易有关的监管	是	是	否	是	是
29	斯洛伐克	斯洛伐克为欧洲大陆法系国家，加入欧盟后，其法律体系与欧盟法律体系的融合度逐步加深，法律体系健全，法制化程度较高	中斯签有双边投资保护协定，并同时适用欧盟关于投资保护的相关法律，司法环境整体良好，法治程度较高对外商投资采取与国内企业投资同等的鼓励政策	斯洛伐克《公共采购法》对公共项目采购进行了具体的规定，一般选取报价最低、或整体经条件最有利的作为中标方	斯洛伐克境内工程和基础设施建设资金主要来自欧盟基金，因此斯洛伐克BOT法律法规沿用欧盟相关规定	斯洛伐克于2004年加入欧盟，银行法律以欧盟的《2000年银行指令》为基本原则，此外斯洛伐克《国家银行法》《银行法》《存款保护法》等8个主要银行法律也对银行准入限制性规定、注册登记流程以及代表处设立等方面做出了较为明确的规定	斯洛伐克已经在2009年1月1日正式加入欧元区，欧元属于可兑换货币，在贸易项下和资本项下均可自由流通，不存在外汇管制	是	是	否	是	是

续表

序号	国家名称	法律体系基础	对外国投资的保护力度	EPC立法情况	BOT立法情况	银行准入	外汇管制	与中国签约情况			国际条约签署情况	
								是否签署避免双重征税协定	是否签有双边投资保护协定	是否签有司法互助协定	是否华盛顿公约成员国	是否纽约公约成员国
30	匈牙利	匈牙利为欧洲传统大陆法系国家，法治传统悠久，其法律体系与欧盟法律体系融合度很高，司法、执法及监督体系健全，法制化程度较高	匈牙利法律制度健全，且中匈签有双边投资保护协定，并同时适用欧盟关于投资保护的相关法律，司法环境整体较好，法治程度较高，为吸引外资，颁布《外国企业投资法》并加强基础设施项目招商引资，减免所得税	匈牙利对外国公司承包当地工程没有单独法律法规，与匈牙利公司一视同仁，但前提是外国公司必须在当地注册公司，并符合匈牙利承包工程的相应条件	匈牙利对BOT项目没有特别立法。BOT项目须遵循《政府采购法》和《特许经营法》。匈牙利项目主要以PPP模式开展，基本没有BOT项目	按照匈牙利国内法规及欧盟相关规定，只有位于欧盟(EU)或者经济合作与发展组织(OECD)成员国境内的金融机构才被允许为匈牙利的企业提供融资。为匈牙利的企业提供融资同样可以通过在欧盟以及经济合作与发展组织设有分支机构的组织完成，前提是这些组织的分支机构已被相关成员国认可为具备全部资质的信贷机构	根据《匈牙利消除外汇流动管制法(2001)》，以及《外汇自由化及相关法修订案》，合法外汇流动不受管制。外汇自由流动不但包括欧盟国家货币，而且包括非欧盟国家货币，如美元、日元等。同时，政府公布法令废除所有外汇管制，与欧美法规一致，并允许资本自由流动。公司及个人可以自由拥有外汇	是	是	是	是	是
31	斯洛文尼亚	斯洛文尼亚为欧洲大陆法系国家，加入欧盟后，其法律体系与欧盟法律体系的融合度逐步加深，法律体系健全，法制化程度较高	斯洛文尼亚法律制度健全，且中斯签有双边投资保护协定，并同时适用欧盟关于投资保护的相关法律，司法环境整体良好，法治程度较高，能够为外国投资者提供必要的法律保障	斯洛文尼亚法律规定，外国企业参与竞标必须在斯境内注册分公司，并提供相关资质证明材料。涉及本国或欧盟的项目，本国和欧盟企业优先	外国人从事BOT项目需获得斯洛文尼亚政府许可，并组建单独公司建设和管理项目	外国银行分支机构的设立及业务开展必须依照斯洛文尼亚《银行法》，外国银行在斯设立分支机构应获得斯中央银行的许可。如果存在以下情况的，斯洛文尼亚中央银行将不允许外国银行设立分支机构：1. 如果根据母公司(银行)注册地所在国的法律法规导致斯洛文尼亚中央银行法中明确的监管权力无法履行；或2. 如果母公司(银行)为了遵守和执行该等法律法规导致斯洛文尼亚中央银行法中明确的监管权力无法履行	斯洛文尼亚外汇管制类法律制度主要是指2003年10月通过的《外汇法》，对经常项目和资本项目的外汇收支几乎不加限制	是	是	否	是	是

续表

序号	国家名称	法律体系基础	对外国投资的保护力度	EPC 立法情况	BOT 立法情况	银行准入	外汇管制	与中国签约情况			国际条约签署情况	
								是否签署避免双重征税协定	是否签有双边投资保护协定	是否签有司法互助协定	是否华盛顿公约成员国	是否纽约公约成员国
32	克罗地亚	克罗地亚为欧洲大陆法系国家，法律体系较为完整，自2010年修宪后，日益与欧盟法律体系接轨	克罗地亚法律体系较为完整，且中克签有双边投资保护协定。为外国投资者提供多项保护条款，2007年颁布《投资促进法》，在税收、关税等方面实施优惠政策	外国承包商在克罗地亚承包工程需要获得许可	克罗地亚没有专门针对BOT的法律规定，但目前有一个项目在以BOT的模式开展	《信贷机构法案》：该法案规定，克罗地亚以外的金融机构可在获得克央行的准入许可后，通过在克设立分支机构开展银行及金融服务。《银行法》：根据该法规定，外国银行的分支机构可在获得克罗地亚央行的许可后在克提供一般银行服务及其他相关金融服务	克罗地亚《外汇法案》规定：外商直接投资不受任何限制（有其他特别规定的除外）。非本国居民可以在克本地商业银行设立外汇账户，并通过外汇账户对外支付，对外支付可用外汇也可用本国货币进行	是	是	否	是	是
33	罗马尼亚	罗马尼亚为欧洲大陆法系国家，法律体系受前苏联时期法律和政策影响较深，加入欧盟后，其法律体系完善程度较高	罗马尼亚法律制度健全，且中罗签有双边投资保护协定，并同时适用欧盟关于投资保护的相关法律，司法环境整体良好，法治程度较高，并有一系列鼓励外商投资的措施，对外国投资者利益保护较好	外国承包商在罗马尼亚承包工程原则上需要在当地注册企业。公共项目遵循欧盟《公共采购法》的相关规定	罗马尼亚没有专门针对BOT的法律规定，BOT在罗马尼亚PPP法框架下实施。特许经营权限通常为30～50年	对于外国银行在罗开展业务的监管由中央银行和经济财政部共同负责，允许外国银行赴罗开展业务和设立分支机构，但设立的代表处不能开展业务	根据罗马尼亚第4/2005号法案，现金或资金可以在居民与非本国居民间以外币或本币（列伊）的形式自由流动。非本国居民有权获得、持有、使用本币和外币资产，并可以在信贷机构开设本币和外币账户。非本国居民有权将所持有资金转移或转回本国	是	是	是	是	是

续表

序号	国家名称	法律体系基础	对外国投资的保护力度	EPC 立法情况	BOT 立法情况	银行准入	外汇管制	与中国签约情况			国际条约签署情况	
								是否签署避免双重征税协定	是否签有双边投资保护协定	是否签有司法互助协定	是否华盛顿公约成员国	是否纽约公约成员国
34	保加利亚	保加利亚为欧洲大陆法系国家，加入欧盟后，其法律体系逐步完善，司法效率不断提高，但行政和司法界限模糊	保加利亚法律体系较为完善，且中保签有双边投资保护协定，司法效率较高，但倾向于保护欧盟成员利益，能够为外国投资者提供的法律保障有限	保加利亚政府和国有企业招标按照《政府采购法》实施	《公司伙伴关系法》系统规定了 PPP 的业务模式，BOT 作为 PPP 的具体形式受到该法规制	根据保加利亚《银行与借贷法案》，银行应为获得相关许可开设的公司，或成立的合资企业，开展存款、授信以及其他银行交易。银行获取经营许可方面，银行将通过向保加利亚中央银行申请，并由央行颁发部分或全部业务许可证后方可开展业务	对收入、资本、特许权使用费和利息的汇出没有限制，实行经常项目下货币可自由兑换，资本项目完全开放。本国居民或者外国人可以自由的持有任何数量的本币或者外币，并且可以在保加利亚国内的任意一家银行进行存贮和交易，没有对外资流动设定任何的特殊限定	是	是	是	是	是
35	塞尔维亚	塞尔维亚为欧洲大陆法系国家，法律体系较为完整	塞尔维亚法律体系较为完善，且中塞签有双边投资保护协定，但司法效率一般，能够为外国投资者提供的法律保障有限	外国承包商在塞尔维亚承包工程需首先在当地注册公司，然后申请获得许可	塞尔维亚欢迎外国投资者开展 BOT 模式的项目合作，但该国并无 BOT 专门法律规则	在塞尔维亚设立分支机构需向塞央行提出申请，并求得同意，取得营业执照。并在塞尔维亚在设立分支机构后八天内通知塞央行。并应当向塞央行提供关于该分支机构的主营业务范围，如果有变化应当立即通知塞央行	依照法律，企业可以将出口商品和劳务所创外汇存放在外汇账户上并自由支配。拥有外国人股金的企业可将外汇存放在授权的银行外汇账户上，并根据投资合同或合资企业合同的规定自由支配	是	是	否	是	是
36	黑山	黑山实行议会共和制，法律体系属于欧洲大陆法。	黑山的投资等部门为联邦贸易部，黑山通过《外国投资法》规定外商投资者在黑山享有与当地投资者的国民待遇	/	/	外国银行在黑山开展银行业务要经过黑山中央银行许可，外国银行可在黑山设立分支机构开展业务	外国投资者可自由转出投资利润或进行再投资，也可以将投资利润兑换成外币	否	否	否	是	是

续表

序号	国家名称	法律体系基础	对外国投资的保护力度	EPC立法情况	BOT立法情况	银行准入	外汇管制	与中国签约情况			国际条约签署情况	
								是否签署避免双重征税协定	是否签有双边投资保护协定	是否签有司法互助协定	是否华盛顿公约成员国	是否纽约公约成员国
37	马其顿	马其顿为欧洲大陆法系国家，近年来随着加入欧盟，马其顿法律日益与欧盟接轨	中马签有双边投资保护协定，马其顿投资法律环境较好，政府出台投资计划以刺激外国投资，对外国企业坚持国民待遇和非歧视原则	马其顿政府尚未出台承包工程市场有关限制和准入方面的法律法规	马其顿鼓励外资以BOT模式投资本国基础设施建设，但并没有专门的BOT法律规则	外国银行（或其分行）必须在马其顿境内注册后才能向马方提供银行业服务，对马其顿境内的外国客户提供贷款的情况除外。在马银行的成立及运营必须遵守马其顿银行法	对经常项目和资本项目的外汇收支几乎不加限制。马法律规定，非马其顿共和国居民的直接投资应该是自由的，除非法律另有规定	是	是	否	是	是
38	波黑	波黑为欧洲大陆法系国家，法律体系不够完整，新旧法衔接存在一定问题，法制化程度有待加深	中波签有双边投资保护协定，但波司法环境整体一般，司法效率较低，法律体系不够完善，能够为外国投资者提供的法律保障有限	外国承包商在波黑承包工程需要获得许可。承包工程项目需在波黑注册公司，部分项目需获得环保许可或特许经营权	波黑BOT分为联邦模式和塞族模式两种，有两个联邦国独立立法规范。特许经营期限为一般为30年，并可以延期	外国银行必须在当地进行注册登记。在未获得实体银监会颁发的银行执照之前，任何人不得使用自身账户从事吸收存款发放贷款的行为	波黑对外汇支付和交易没有限制。《波黑中央银行法》第六章第48条关于外汇管理一项中有两条规定：（1）波黑货币允许在波黑境内自由兑换成外国货币。（2）中央银行和波黑政府其他机构不对外汇支付和国际结算进行限制，除非中央银行根据国际法规，为履行波黑的义务，需要决定采取外汇限制措施	是	是	是	是	是

续表

序号	国家名称	法律体系基础	对外国投资的保护力度	EPC 立法情况	BOT 立法情况	银行准入	外汇管制	与中国签约情况			国际条约签署情况	
								是否签署避免双重征税协定	是否签有双边投资保护协定	是否签有司法互助协定	是否华盛顿公约成员国	是否纽约公约成员国
39	阿尔巴尼亚	阿尔巴尼亚为欧洲大陆法系国家，法律体系一定程度上受前苏联影响，司法效率不高，法律服务能力不强。阿尔巴尼亚为加入欧盟，与欧盟签订了《稳定和联系协定（SAA）》，其法律体系正在逐步向欧盟国家法律体系靠拢，一些法律法规尚处于频繁修订变化中。阿尔巴尼亚国内法律法规还有待完善	中阿签有双边投资保护协定，但阿司法环境整体一般，法律规则稳定性较低，司法效率不高，法治程度有待提高，能够为外国投资者提供的法律保障有限	投标的要求由每次由工程发包人具体规定；对外国投标者基本给予国民待遇	阿尔巴尼亚几乎所有产业均向外资开放，可以与企业以 BOT 的方式展开合作，特许经营权合同一般为 35 年，可延长	根据阿尔巴尼亚法律及央行相关规定，阿对金融活动实行进入许可制度，无论是银行还是非银行金融机构，都要获得许可才能进行经营活动。阿央行是阿外资银行和其他金融机构的审批主管部门。阿央行依据《阿尔巴尼亚共和国银行法》及阿央行条例对商业银行进行审批和授权	外汇兑换市场由阿尔巴尼亚央行管理，公司或个人均可自由买卖外汇。阿实行浮动汇率制，阿尔巴尼亚银行作为中央银行每天公布列克对其他主要外币的汇率。根据阿尔巴尼亚央行相关规定，阿尔巴尼亚的公司和个人未得到阿央行的书面批准，不允许在国外的银行和金融机构开立账户。阿尔巴尼亚对于项目资本注入并无相应限制，但阿央行规定属于外国直接投资的资金和变卖设备款以及因投资而取得的合法收入，缴纳 10% 利润税和银行手续费后，可自由汇出	否	是	否	是	是
40	爱沙尼亚	爱沙尼亚为欧洲大陆法系国家，法律体系一定程度上受前苏联影响，加入欧盟后，其法律体系逐步完善，司法效率较好，法律服务能力较强，法制化程度整体较高	爱沙尼亚法律制度健全，且中爱签有双边投资保护协定，并同时适用欧盟关于投资保护的相关法律，司法环境整体良好，法治程度较高，能够为外国投资者提供必要的法律保障	在爱沙尼亚，参与投标的要求由每次投标具体规定；政府项目有特别规定：参与人或公司必须是生活或居住在爱沙尼亚、欧盟成员国内或是加入 WTO 政府采购协定的国家	爱沙尼亚尚无 BOT 专门立法	爱沙尼亚实行开放自由的经济政策，对外资银行的准入门槛较低，根据爱《信贷机构法案》规定，政府允许外资金融机构在爱开办银行或分支机构，在爱开办银行或分支机构需要向爱金融监管局提交相关信息和文件	爱沙尼亚对外汇没有管制，外汇可自由兑换、汇出汇入。爱克朗可以自由兑换成其他货币。外国公司根据爱法律要求交纳各种税收后，其经营利润可以汇往国外	是	是	否	是	是

续表

序号	国家名称	法律体系基础	对外国投资的保护力度	EPC立法情况	BOT立法情况	银行准入	外汇管制	与中国签约情况			国际条约签署情况	
								是否签署避免双重征税协定	是否签有双边投资保护协定	是否签有司法互助协定	是否华盛顿公约成员国	是否纽约公约成员国
41	立陶宛	立陶宛为欧洲大陆法系国家，法律体系一定程度上受前苏联影响，加入欧盟后，其法律体系完善程度较高，司法效率较好，法治化程度整体较高	立陶宛法律制度健全，且中立签有双边投资保护协定，并同时适用欧盟关于投资保护的相关法律，司法环境整体良好，法治程度较高，能够为外国投资者提供必要的法律保障	立陶宛对外国公司承包当地工程没有特别的限制性规定，但公司必须具备立陶宛法律规定的相关资质	立陶宛BOT项目主要通过特许经营权法来规范，PPP模式主要适用《投资法》第四章"政府主体与私营主体通过签订合营合同而开展投资活动"的规定	在立陶宛从事金融行业，必须要取得立陶宛银行（即立陶宛中央银行）批准。金融机构开展业务需要取得立陶宛银行所签发的执照。2004年加入欧盟之后，立陶宛逐渐采用了欧盟统一的金融监管法规并按照欧盟的要求监控制本国金融体系的运营。立陶宛金融机构法同时规定外国金融机构在立陶宛境内享受国民待遇，不得拒绝授权外国金融机构提供金融服务，不得因为经济或市场原因阻挠外国金融机构经营，不得拒绝外国金融机构活动	立陶宛无外汇限制，资本与红利可自由流动，所有经常账户和资本账户交易自由；如果交易双方达成一致，可采用欧元进行现金和非现金结算，或采用其他外汇进行所有国内非现金结算；所有自然人或法人都可与在立境内外经营的银行签署外汇期货合同	是	是	是	是	是

续表

序号	国家名称	法律体系基础	对外国投资的保护力度	EPC 立法情况	BOT 立法情况	银行准入	外汇管制	与中国签约情况			国际条约签署情况	
								是否签署避免双重征税协定	是否签有双边投资保护协定	是否签有司法互助协定	是否华盛顿公约成员国	是否纽约公约成员国
42	拉脱维亚	拉脱维亚为欧洲大陆法系国家，加入欧盟后，其法律体系逐步完善，但受前苏联法律体系影响，法治化程度有待提高	拉脱维亚与中国签有双边投资保护协定，并同时适用欧盟关于投资保护的相关法律，但法治程度有待提高，能够为外国投资者提供的法律保障有待加强	外国公司承包当地工程需要得到拉脱维亚相关行业主管部门的许可	拉脱维亚没有专门针对 BOT 的法律规定，但在 PPP 模式下有个专门立法（《公私合营法》），其特许经营权限一般不超过 30 年	1992 年 5 月 19 日，拉议会通过《拉脱维亚中央银行法》，至此，拉脱维亚银行作为中央银行以国家法律形式正式确定。2004 年，拉脱维亚加入欧盟之后，有关银行及金融体系的管理法律逐渐采用欧盟的标准，法律法规日益完善。具体包括：the Treaty of European Union（马斯特里赫特条约，Maastricht Treaty），1992the EU Second Banking Co-ordiantion Directive（欧盟银行第二协调指引），the EU Investment Services Directive（欧盟投资服务指引），European Communities Regulations，2003（欧洲机构管理规则）	拉脱维亚是严重依赖外贸的国家，出台很多税收优惠政策，鼓励外国投资，对外汇买卖方面管制较少	是	是	否	是	是

续表

序号	国家名称	法律体系基础	对外国投资的保护力度	EPC 立法情况	BOT 立法情况	银行准入	外汇管制	与中国签约情况			国际条约签署情况	
								是否签署避免双重征税协定	是否签有双边投资保护协定	是否签有司法互助协定	是否华盛顿公约成员国	是否纽约公约成员国
43	乌克兰	乌克兰实行议会制，法律体系属于大陆法系	中乌签有双边投资保护协定以及司法互助协定。乌克兰主管外国投资的部门是乌克兰经济部，对外资采取国民待遇投资原则，外资企业在乌可以享受与本地企业相同的待遇，凡未被法律严格规定的部门，外资均可进行投资，政府鼓励外商投资，但并没有具体的优惠政策	乌克兰建筑工程均实行招标制度，具体招标项目方式和要求不尽相同。要求投标公司先在乌克兰注册，提交材料后经审核颁发许可，手续复杂，周期较长（半年至一年），法律未规定禁止领域	乌克兰 BOT 项目有《特许经营权法》以及《公共—私营合作制法》进行法律规范与保护。1999 年《国家允许特许经营项目清单》列明了包括交通、矿产、电力等基建项目可实施领域。截至目前，尚未有外资企业采用 BOT 方式实施项目的范例	外国银行在乌克兰设立子行或分行开展业务须经乌克兰中央银行许可，但外国银行向乌境内居民提供跨境贷款应向乌央行办理贷款协议登记	乌克兰存在一定程度的外汇管制，不过基本实现了经常性项目下的外汇自由兑换，但资本性账户下尚未全部实现外汇自由兑换。2008 年 5 月，乌克兰正式加入世界贸易组织，正在积极推进全面取消外汇管制	是	是	是	是	是
44	白俄罗斯	实行总统制和三权分立，白俄罗斯法律体系为大陆法系，主要沿袭前苏联的法律制度，各门类比较健全	2007 年以来，白俄政府采取了一系列新措施，进一步改善投资环境，以吸引外资。白俄于中国是重要经贸合作伙伴，在能源、通讯等领域合作卓有成效。中国与白俄签有重要合作协定，为双边经贸关系的长期稳定奠定了法律基础。白俄政府还在其境内建立自由贸易区或开发区推动投资	白俄对 EPC 有比较严格的规定。根据投资法，没有总统特令，不允许外资进入国防和国家安全领域，不能生产销售卫生部清单所列麻醉型、剧毒型物质，除此之外，无其他限制。白俄招标方式于中国国内基本一致，先是技术标，后是商务标。一般有公开招标（主要针对国有企业和国有控股企业）和议标（扩容项目）两种方式	2009 年 5 月以来，允许私营企业投资工程、交通和社会基础建设。目前，白俄政府十分鼓励和推动 BOT 合作方式，出台了相关优惠政策，并提出一些优先合作的项目	外资银行在白俄罗斯合法注册后，在业务开发方面，享受和白俄罗斯银行一样的居民待遇。但是白俄罗斯银行业法律规定，白俄罗斯共和国银行系统中的外资所占比例不得超过整个银行业的 50%。因此，如果某外资银行的注册或非居民实体对银行的增资会导致超过上述 50% 的限额规定，白俄罗斯国家银行有权拒绝上述外国银行的注册或上述增资	白俄罗斯外汇管理制度主要由《外汇调整和监管法》、总统令和相应权力部门的法规组成。其外汇管制较严	是	是	是	是	是

续表

序号	国家名称	法律体系基础	对外国投资的保护力度	EPC 立法情况	BOT 立法情况	银行准入	外汇管制	与中国签约情况			国际条约签署情况	
								是否签署避免双重征税协定	是否签有双边投资保护协定	是否签有司法互助协定	是否华盛顿公约成员国	是否纽约公约成员国
45	摩尔多瓦	1991 年独立后，摩尔多瓦形成了新的政治体制。1994 年正式颁布宪法，确立三权分立的国家体制。确立了摩永久中立地位。摩尔多瓦是议会制国家，议会通常由每 4 年一次的大选中获得超过 5% 选票的政党组成	摩尔多瓦投资主管部门是摩尔多瓦经济部及下属的投资和出口促进组织，2004 年颁布的《摩尔多瓦企业投资活动法》规定外国投资者可向除军事领域外的任何领域投资，重点领域包括：农业、贮藏加工业、动力工程、电网建设、铁路公路等	/	目前为止，摩尔多瓦政府尚无与外资企业开展 BOT 方式合作的成功案例	摩尔多瓦国家银行是该国中央银行，在摩开展商业银行业务需获得摩尔多瓦国家银行许可	对外币与摩尔多瓦货币的互相兑换无限制	是	是	否	是	是
46	阿塞拜疆	阿塞拜疆是以大陆法系为基础建立的法制体系国家，阿塞拜疆金融商事法条基本沿用了前苏联的相关法律，法官根据法条判案，由于阿金融系统与外界接触较少，法条所承载的案件有限，金融纠纷在法条中涉案较少，法律的完备性存在一定不足	阿塞拜疆对外资企业实行国民待遇，有一定的优惠政策，但由于本国金融市场封闭，对本国金融资本实行高度保护，对外资保护力度一般	《国家采购法》规定，具备相应资质的外国承包商均有权通过投标或议标的方式承包工程。外国承包商在阿境内享受国民待遇。除涉及国防安全和国家机密的项目，对外国承包商无特别禁止的领域。招标方式多样，金额大于 2.5 亿马特（约 3.7 亿美元）进行公开招标，招标通告应予以公布	阿塞拜疆近期批准《关于实施对基础设施建设投资项目特殊融资法》，引入了 BOT 模式，BOT 模式最长年限为 49 年，对投资项目将免征关税，并允许 BOT 模式融资	1. 外国银行在当地开展业务不存在限制性规定或禁止性规定。2. 外国银行在当地开展业务不需要在当地进行注册或登记；3. 根据阿塞拜疆《投资法》和《外国投资保护法》的规定，目前并未对限制外国投资的行业做出明确规定，但实际上阿塞拜疆金融市场开放程度较低，外资银行的建立根据阿国银行法及银行业务法另作规定，外资进入其国内金融市场等行业的市场准入方面还是存在一定限制	阿塞拜疆外汇管理的主要法律基础是《外汇调节法》。阿塞拜疆实行浮动汇率制度，本国货币马纳特在国内实行可自由兑换，兑换的途径有 3 种。①银行间直接调汇，②通过交易所调汇，③通过兑换点兑换。企业往往采取前两种方式，个人多采取后一种方式。在阿外资企业可以在阿国内任何商业银行开设外汇账户	是	是	否	是	是

续表

序号	国家名称	法律体系基础	对外国投资的保护力度	EPC 立法情况	BOT 立法情况	银行准入	外汇管制	与中国签约情况			国际条约签署情况	
								是否签署避免双重征税协定	是否签有双边投资保护协定	是否签有司法互助协定	是否华盛顿公约成员国	是否纽约公约成员国
47	亚美尼亚	法律体系以大陆法系为基础，并逐渐引入普通法的元素。独立以来，亚美尼亚颁布了一系列法律、法规及法令来规范金融市场。但是，亚美尼亚法律法规不健全的情况依然客观存在，特别是不能完全保证投资人的权益	亚美尼亚对外国投资优惠政策的是外资企业享受与本国企业税收和财政补贴等方面的同等政策待遇（国民待遇）。中国与亚美尼亚签署了双边投资保护协定与避免双重征税协定	亚美尼亚在其《民法典》37 章对项目承包做了各项规定。实行严格的招标制度，有关招标信息在国内和国际重要刊物上公开发布	亚美尼亚运用国际惯例方式运用 BOT 模式开展相关工作，涉及电站、公路建设的。目前中资企业在亚美尼亚没有开展过 BOT 模式	亚美尼亚无针对外国银行开展业务的限制性或禁止性规定。外国银行在当地成立分支机构则需要在当地注册和登记，但如果是非定期为当地借款人提供贷款，则不需要取得相应执照	亚美尼亚依据《货币协调和交易控制法》和《亚美尼亚中央银行法》，对外汇实行有限管制，通过中央银行在外汇市场上的积极干预保持币值稳定。无论居民还是非居民在亚美尼亚市场购物只能用德拉姆支付，用外汇支付货款受到禁止，但外币兑换比较方便。总体来说，亚美尼亚对外汇管理没有过于特别的规定和限制，外汇市场相对比较开放，外汇的进出比较自由	是	是	否	是	是
48	格鲁吉亚	格鲁吉亚的法律体系属于大陆法系，法律体系较为完善，司法效率较高，政府较为清廉	中格签有双边投资保护协定，对外商投资实行国民待遇以及税收优惠。其对外资有比较完善的法律	格鲁吉亚在工程承包实行开放政策，除军工及敏感项目需特别许可，无其他禁止领域。对工程建设项目需公开招标，对商业建设项目没有规定，一般通过议标进行。项目在工程承包和设计必须符合一定标准，与本国内设计公司合作，才能获得批准	目前，格鲁吉亚基建领域 BOT 方式较少，有关 BOT 的相关规定根据各项目有所区别，特许经营年限亦有所不同，运用该方式的主要是国内两个机场项目	格鲁吉亚法律对外国银行在格鲁吉亚开展业务未做出限制性或禁止性规定，对不在本地注册机构的外国银行开展业务的活动也未做出需要进行注册或登记的规定。格鲁吉亚规范银行业活动的法律主要有《格鲁吉亚国家银行法》《格鲁吉亚商业银行活动法》《格鲁吉亚银行为非居民开设和维护本币和外汇账户的细则》《格鲁吉亚银行为居民个人和法人开设和维护外汇账户的细则》等	格鲁吉亚实行比较自由的外汇管理制度，制定了《关于格鲁吉亚银行机构为非居民个人和法人实体开设和维护本币和外汇账户（存款）的细则》《关于格鲁吉亚银行机构为居民个人和法人实体开设和维护外汇账户（存款）的细则》等管理办法，企业赚取的外汇可自由汇出国外，本外币在当地可自由兑换。允许本国企业在境外开立账户	是	是	否	是	是

续表

序号	国家名称	法律体系基础	对外国投资的保护力度	EPC 立法情况	BOT 立法情况	银行准入	外汇管制	与中国签约情况			国际条约签署情况	
								是否签署避免双重征税协定	是否签有双边投资保护协定	是否签有司法互助协定	是否华盛顿公约成员国	是否纽约公约成员国
49	土耳其	土耳其是以大陆法系为基础建立法律体制的国家，主要法律渊源依次排列如下：(1)国会批准通过的国际条约；(2)宪法；(3)法律(法典)或具有法律效力的法令；(4)法规；及(5)公报。法院判决是对某项法律条文的解释和适用作出说明的另一重要渊源。土耳其上诉法院的判决，特别是“综合”了上诉法院法庭联合会决定意见的判决，在法律适用和解释方面具有权威性	土耳其的地方保护性主义比较严重，外商投资主管部门是经济部，2011 年制定投资激励计划，鼓励外资	根据《政府采购法》，竞标对外国投资者有一定的歧视，参与竞标需资格认证，且费用昂贵、过程复杂、降低竞标公平性。其无明确限制的领域，只有个别做出了要求	土耳其最早提出 BOT 方式用于基建领域，项目主要集中于能源、交通和政府投资等工程，有年限限制，需满足联合体、责任划分、签订协议、协议期限、项目转让、担保等要求，其 BOT 方式法律保障比较完善	为在土耳其开展银行业务，外国银行应获得银行监管署(BRSA)的经营许可，外国银行经银行监管局的核准后可以在土耳其设立分行或子银行；在持有土耳其银行许可证的情况下，该等子银行或分行才可以运用。土耳其对银行准入要求较为严格。此外，外国银行可向土耳其居民提供贷款。外国银行在土耳其可设立联络处	土耳其无外汇管制，居民可以自由持有外币，土耳其居民在本国与外国人发生交易时可以直接从非土耳其居民手中接受外汇支付。土耳其货币价值法允许向土耳其汇入外汇。外汇汇率由土耳其央行确定，中央银行、中央银行指定的银行及其他机构可进行外汇交易	是	是	是	是	是
50	伊朗	伊朗实行政教合一的政体，神权统治高于一切，国家一切行为必须符合伊斯兰教原则。宗教领袖拥有至高无上的权力，凌驾于所有权力机构之上	伊朗财经部下属的“伊朗投资和经济技术支持组织”是伊朗唯一的鼓励外国资本在伊朗投资、审批与外国投资有关事务的官方机构	目前中国公司在伊朗主要是以 EPC 或 EPCF 项目承包的方式参与伊朗的大型项目建设	《伊朗鼓励和保护外国投资法》第三条规定，允许外资直接投资到对私营部门开放的领域，或是以“国民参与”、BOT 方式投资到其他部门	伊朗中央银行是银行业的监管主体。外国银行可以在伊朗境内设立子行、分行、代表处，但需经过货币和信贷委员会以及中央银行批准	投资者在完成全部义务缴纳了法定的费用后，提前 3 个月通知伊朗最高投资委员会，经委员会通过并经财经部部长批准后可将原投资及利息或投资余款汇出伊朗	是	是	否	否	是

续表

序号	国家名称	法律体系基础	对外国投资的保护力度	EPC 立法情况	BOT 立法情况	银行准入	外汇管制	与中国签约情况			国际条约签署情况	
								是否签署避免双重征税协定	是否签有双边投资保护协定	是否签有司法互助协定	是否华盛顿公约成员国	是否纽约公约成员国
51	叙利亚	叙利亚法律体系属于伊斯兰法系与大陆法系的混合法系	叙利亚由于政治因素，关键性行业的开放程度较低，整体而言投资法律制度并不完善	/	/	叙利亚货币信贷委员会是叙利亚银行业监管机构。外国银行可在叙利亚设立代表处或合资银行	叙利亚中央银行货币管理局为该国外汇主管部门，叙实行较严格的外汇管制，其基本方针是“集中管理，统一经营”。集中管理是指一切外汇收支均由国家集中管理。统一经营是指一切外汇业务统一由国家指定的银行经营。值得一提的是，从叙境内向境外汇款仍受到较多限制	是	是	否	是	是
52	伊拉克	伊拉克为联邦制国家，设总统委员会、总理府和议会，实际行政权力掌握在以总理为首的部长内阁手中。伊拉克法律体系属于大陆法系和伊斯兰法系结合的混合型法律体系	伊拉克投资投资管理委员会是投资主管部门。为吸引外国投资，伊拉克政府于 2006 年颁布了一项投资法并不断予以补充修订。隶属于伊拉克政府内阁的伊拉克投资管理委员会就是根据该项法案成立的，负责相关外资政策制定、执行和外资企业监督管理等	/	伊拉克政府欢迎有实力的外国公司到伊拉克承包当地工程，特别是带资或以 EPC、BOT、BOOT 形式承包，欢迎分包给当地公司或雇佣当地工人。根据承包工程的种类，实行向伊拉克有关政府部门申请批准的许可制度	伊拉克央行（CBI）负责制定货币政策。外国银行可以向伊拉克央行申请设立伊拉克子公司或者设立分行、代表处。	伊拉克政府明确表示，凡得到有效文件或证件支持，对涉及汇率的现钞和资本交易在实际中没有任何限制。但这并不意味着货币兑换可以完全自由进行，在实际操作中尚存在一些不确定性。根据伊拉克国家投资法条款规定，外国投资者可以通过银行将资本或资金转至伊拉克境内或境外	否	否	否	否	否

续表

序号	国家名称	法律体系基础	对外国投资的保护力度	EPC 立法情况	BOT 立法情况	银行准入	外汇管制	与中国签约情况			国际条约签署情况	
								是否签署避免双重征税协定	是否签有双边投资保护协定	是否签有司法互助协定	是否华盛顿公约成员国	是否纽约公约成员国
53	阿联酋	阿联酋法律体系受沙里亚（伊斯兰法）、大陆法和埃及法典影响深远。阿联酋市场化程度较高，法制相对健全，一切照章办事。政府官员受贿等腐败现象少	在阿联酋投资主管部门是经济部和财政部，对很多领域，只能由阿联酋公民和国内公司进行实施，并对国外公司限制较多。但迪拜金融中心为外国金融机构及 GCC 居民提供政策性便利	招标方式包括国际招标和当地招标两种方式，其承包等级分为 6 级，阿联酋对外国承包领域没有特别禁止的领域，在阿进行的承包活动受一系列法律法规调整。外商在阿承包工程必须在阿设立机构，每个酋长国规定了不同要求	/	外资银行在当地开展业务由取得的银行牌照决定，包括全牌照商业银行、有限牌照商业银行和投资银行三种形式。根据阿联酋有关法律法规，境外银行及金融机构可以在阿联酋设立代表处	阿联酋实行经常账户自由化，对于进口用汇和出口外汇收入，以及经常转移的收付均没有限制	是	是	是	是	是
54	沙特阿拉伯	沙特的法律体系是以伊斯兰教律法（沙里亚法）为基础。沙特法律法规主要有三种形式：伊斯兰法、制定法以及国王命令	2000 年新修改的《外商投资法》对外商采取较为宽松的政策，但支柱石油行业和贸易行业并不对外资开放	沙特实施资质管理制度，由城乡事务部统筹管理。《沙特政府采购和招标法》规定了禁止外国公司进入的领域。中沙《工程合作谅解备忘录》提供了中沙合作的良好基础，除资质管理，沙特政府通过垄断企业实行技术壁垒。其招标方式、主体都有明确规定	沙特对铁路、机场等大型项目实行 BOT 模式，中沙签订《中沙工程合作谅解备忘录》，为中国提供了方便。沙特承包工程市场受政府政策性保护，但目前除私人投资外，沙特政府投资项目仍未对国际承包商普遍开放。初次进入沙特市场需获得注册以及其他条件加以限制	外国银行可通过持有本地银行股份的形式进入沙特市场，或者在沙特成立分支机构。据了解，沙特金融市场的准入政策不透明，外国银行能否进入沙特基本取决于财政部的审批	除了禁止与以色列进行交易外，沙特阿拉伯在资本项下不论是对本国居民还是非本国居民都没有外汇限制，外国投资者可自由将资金及利润转移至他国。沙特实施的是将其货币“里亚尔”盯住美元的政策，汇率常年稳定	是	是	否	是	是

续表

序号	国家名称	法律体系基础	对外国投资的保护力度	EPC立法情况	BOT立法情况	银行准入	外汇管制	与中国签约情况			国际条约签署情况	
								是否签署避免双重征税协定	是否签有双边投资保护协定	是否签有司法互助协定	是否华盛顿公约成员国	是否纽约公约成员国
55	卡塔尔	卡塔尔系君主制国。埃米尔为国家元首兼武装部队最高统帅，由阿勒萨尼家族世袭。伊斯兰教为国教。沙里亚法是其法律体系的主要渊源	卡塔尔投资主管部门是经济贸易部，简称经贸部。除非获得特别许可，禁止外国投资者在卡塔尔银行业、保险公司和房地产等领域进行投资。卡塔尔鼓励外国投资者在农业、工业、卫生、教育、旅游、自然资源、能源及采矿业的开发和利用等领域投资	/	卡塔尔政府尚未制定有关外资开展BOT的专门法律政策，有关事项需特别批准	外资银行在卡塔尔开展业务并从事贷款活动或向消费者提供金融服务需获得卡塔尔中央银行的许可，并接受其监管	卡塔尔采取自由汇兑制度，不实行外汇管制。投资资金、贷款资金、个人所得可以自由汇出境外	是	是	否	是	是
56	巴林	巴林是世袭君主制国家，宪法规定“政权体制建于立法权、行政权、司法权分离并相互合作的基础之上”。“立法权由国王与国民议会掌握；国王和内阁及各部大臣掌握行政权；以国王的名义颁发法律条令”，巴林立法渊源仍然传承着伊斯兰宗教文明的体系	巴林主管国内外投资的政府部门是工商部，其在投资方面的职责是：制定和实施外资管理政策，对外推广投资机会，重点吸引制造类外资企业，以及工业公司许可及注册、工业土地管理等事宜	/	外资以BOT方式参与巴林基础设施建设，对于巴林政府缓解财政支出压力、引进国外先进技术、借鉴国外成熟管理经验有重要作用。2011年，污水处理项目作为首个BOT项目落地巴林	巴林中央银行负责银行业的监管，外国银行在巴林开展业务首先需向巴林中央银行申请许可	巴林不实行外汇管理。外汇的汇入汇出无需申报。外资企业利润自由汇出	是	是	否	是	是

续表

序号	国家名称	法律体系基础	对外国投资的保护力度	EPC 立法情况	BOT 立法情况	银行准入	外汇管制	与中国签约情况			国际条约签署情况	
								是否签署避免双重征税协定	是否签有双边投资保护协定	是否签有司法互助协定	是否华盛顿公约成员国	是否纽约公约成员国
57	科威特	科威特法律属于伊斯兰法系。其法律努力保证与宗教的统一，又吸收西方先进法律制度，虽法律法制体系基本健全，但很不够完善，极具保护本国金融和经济的特色	科威特新成立的直接投资促进局提供服务及相关管理。中科签有双边保护协定，但鉴于其法律体系并不完备，且具有保护本国金融的特点，对外资保护力度较低	投标人必须作为合格的承包商在投标委员会注册，该委员会会进行分类，外国公司必须有科威特代理或合作伙伴才能进行投标。科威特对石油上游投资不对外国企业开放。外国公司在当地的招标、投标以 EPC 为主	/	外国银行（如开行等）在当地开展银行零售业务和设立经营网点是需要在当地进行注册或登记的。科威特央行对外国银行（如开行等）在当地设立分支机构开展业务的范围，是通过发放经营牌照和允许经营业务范围的经营许可证来限定的。科央行对外国银行并不都发全牌照，主要限制的业务是零售业务和当地货币（科第）业务	科威特无外汇管制，当地货币可自由兑换成其他所有货币，外国银行若在科发放贷款、回收本息等资金流没有外汇管制问题	是	是	是	是	是
58	黎巴嫩	黎巴嫩实行三权分立，总统是国家元首，内阁行使行政权，议会行使立法权，最高法院为行使司法权的最高司法机关。其法律体系是有传统伊斯兰法系特点，并深受法国法影响	黎巴嫩投资发展局是其总理直接领导的黎巴嫩投资主管部门，有权对新的投资项目授予许可，并有权对重大的投资项目给予特别激励、免税及便利条件。黎巴嫩政府积极鼓励投资，提供一个在中东最为宽松的投资环境和优惠政策，并以法律的形式加以保障	/	/	在黎巴嫩定期开展业务的外国银行都必须获得黎巴嫩中央银行颁发的许可证	黎巴嫩拥有开放的金融环境，对资金、资本收益、汇款、股份分红的国内流动以及跨国流动，没有任何限制	否	是	否	是	是

续表

序号	国家名称	法律体系基础	对外国投资的保护力度	EPC 立法情况	BOT 立法情况	银行准入	外汇管制	与中国签约情况			国际条约签署情况	
								是否签署避免双重征税协定	是否签有双边投资保护协定	是否签有司法互助协定	是否华盛顿公约成员国	是否纽约公约成员国
59	阿曼	君主制国家，禁止一切政党活动。由苏丹颁布法律、法令和批准缔结国际条约、协定	实行自由和开放的经济政策，利用石油收入大力发展国民经济，努力吸引外资，引进技术，鼓励私人投资，推动产业多元化，经济私有化	/	阿曼在基础设施领域逐步推出私有化项目，引入私人资本，以 BOT 等形式建设基础设施项目	阿曼中央银行是负责制定金融政策和金融机构监督和管理的部门，也是外汇管理部门。根据阿曼《银行法》，无论本国银行还是外国银行，只有取得阿曼中央银行的许可证方可经营银行业务	阿曼实行外汇自由汇入汇出政策，外资企业经批准设立后即可在当地开立外汇账户，税后利润可自由汇出	是	是	否	是	是
60	也门	也门经济欠发达，行政、司法效率较低，有一定腐败现象，审批程序繁杂，地方保护主义较明显	也门金融相关法律法规很少，大都以行政命令的形式颁布，经常变动，金融法律体系较不健全。也门有关外国投资的立法主要通过《投资法》来规范。也门目前为外国投资者在也从事经营活动所提供的服务跟不上，也门现有的法律对外国投资者的待遇和保护十分有限	/	也门投资法在修订关于 BOT 的规定。目前，亚丁自由区主要以 BOT 和成立合资企业的方式建设	其金融法律落后不健全，大多是政策性法律，经常变动，对外资进入金融领域的法律限制尤其突出	/	否	是	否	是	否
61	约旦	约旦法律同时吸收了英美法系和大陆法系的法律精神，具有“混合型”的特点。约旦法律体系相对完善，制定了一系列有关商业及投资的法律及法规	目前，约旦国家内政局平稳，汇率稳定，经济发展向好，为金融业的发展创造了良好稳定的环境	在约旦进行基础设施建设时，由主管部委牵头进行审批和建设，其他部委提供咨询；如果是大项目，则由内阁审批，并由主管部委牵头进行建设	/	约旦的金融环境比较开放，对银行的准入条件也相对比较宽松。约旦《中央银行法》及《银行法》等有关法律均没有专门针对外资银行开展业务的禁止性或限制性规定。有一定的注册要求	约旦金融环境较为优越，资本市场较为发达，外币可自由兑换，对外国投资者的资本和利润汇出没有限制，管制较其他阿拉伯国家宽松	否	否	否	是	是

续表

序号	国家名称	法律体系基础	对外国投资的保护力度	EPC 立法情况	BOT 立法情况	银行准入	外汇管制	与中国签约情况			国际条约签署情况	
								是否签署避免双重征税协定	是否签有双边投资保护协定	是否签有司法互助协定	是否华盛顿公约成员国	是否纽约公约成员国
62	以色列	以色列是议会民主制国家，实行立法机构（议会）、行政机构（政府）和司法机构（法院）三权分立的互相制约的体制。至今为止以色列没有一部明文写成的宪法。因此以色列政府的运作都是依据以色列议会颁布的法规进行，包括了一系列的“以色列基本法”（Basic Laws），目前为止总计有 14 条基本法。基本法不是正式的宪法，但其法律地位高于普通法律，其制定和修改一般需议会特定多数通过	外国投资者或经批准的外资企业可享受减税待遇。近来以色列宣布对外国投资者减免私有股权资本收益税	以色列工程建设项目按照 1992 年制定并实施的《强制招标法》以及根据该法延伸出的《强制招标规定》（1993）、《关于优先选用以色列产品和强制性商业合作的强制招标规定》（1995）、《国防设施合同强制招标规定》（1993）、《关于优先选用国家优先区域产品的强制招标规定》（1998）等二级立法和法规确定招标方式和适用范围，并须由项目相关单位组成招标委员会，实行招标，不进行公开招标的项目需要特别说明	以色列承包工程市场在涉及国防、国家安全及公共安全等问题的项目禁止外国企业进入，在旅游代理、酒店业、国际通讯、无线电通信服务领域对外国企业参与施工也有不同程度的限制	根据《以色列银行法》以及《银行业法》，以色列银行为以色列国的中央银行，根据以色列在《服务贸易总协定》中的具体承诺，以色列对于外国银行在以开设分支机构没有限制。外国银行在以色列开展全球性银行及融资业务的三种可选方式，包括成立银行子公司、分行、代表处，需要在以色列进行注册，接受管理	从原则上说，以色列过去一直是一个外汇管制的国家，1978 年实施的《以色列外汇管制法》为外汇管制提供了法律框架。2003 年以来，以色列的外汇管制历史宣告结束，实现了外汇自由化，本币谢克尔最终成为可自由兑换货币。企业可以在境外开立账户	是	是	否	是	是

续表

序号	国家名称	法律体系基础	对外国投资的保护力度	EPC 立法情况	BOT 立法情况	银行准入	外汇管制	与中国签约情况			国际条约签署情况	
								是否签署避免双重征税协定	是否签有双边投资保护协定	是否签有司法互助协定	是否华盛顿公约成员国	是否纽约公约成员国
63	巴勒斯坦	民族、宗教及历史问题深刻影响巴勒斯坦法律体系的形成，该国法律体系既借鉴了埃及法、约旦法，也受到英国委任统治时期的法令、伊斯兰教法及伊斯兰习惯法的影响	虽然近年来巴勒斯坦当局十分重视招商引资，并且致力改善外商投资环境，但是复杂的国际关系和紧张的安全局势让许多外国投资者望而却步	/	/	/	巴勒斯坦货币兑换不受限制，现有法律对项目资本注入及本息汇出没有限制	否	否	否	否	否
64	埃及	埃及实行总统共和制。埃及是受西方法律体系和司法制度影响较早的国家之一，属于大陆法系，其法律体系的主要渊源是罗马法、拿破仑法典和伊斯兰教法。1875年埃及颁布以拿破仑法典为基础的《刑法典》《商法典》《海商法典》和适用于混合法庭的《民法典》，并建立了世俗的司法机构。埃及法律体系较为健全，但司法效率较低	埃及对外资保护的法律法规建设比较完善，外国投资者可根据《公司法》《投资保护鼓励法》在埃及进行投资。中埃签有双边投资保护协定	关于 EPC 项目，埃及有具体的招投标法，主要实行公开招标，少数实行议标。由业主会先进行资格预审，埃及建筑承包商联合会在其中其协调作用	20 世纪 90 年代，埃及在基建项目普遍使用 BOT 和 BOOT 模式，但出现一定弊端。2006 年成立公私合作伙伴关系中心，2010 年 5 月《公私合作关系法》实施，政府通过更加严格和完善的制度建设，避免模式弊端，大力推进 PPP 项目	根据最新《埃及中央银行法》，外资银行在埃及开展业务受到一定的限制，且要求较为严格，应经埃及中央银行批准且受其管制	自 1991 年 8 月起，埃及放宽外汇管制，实行外币自由兑换，并建立了全国统一外汇市场，实行浮动汇率，由银行每日挂牌公布，外汇可在银行和钱庄自由兑换。埃及 1991 年第 117 号《外汇交易法》规定，除政府机关，公共部门外（这些单位有外汇预算），所有自然人与法人均可持有外币并进行外汇储蓄、兑换和国际支付，但必须通过政府批准的 38 家银行和 4 家专业银行进行	是	是	是	是	是

后　记

国家开发银行胡怀邦董事长、郑之杰行长十分关心本书的研究和编写工作，胡怀邦董事长亲自为本书作序，郑之杰行长审定了本书的写作框架，并在本书付梓之际，提出了很多意见和建议。张旭光副行长也对写作要点给予我们很多具体的指导。在此，衷心感谢胡怀邦董事长、郑之杰行长、张旭光副行长的亲切关怀和悉心指导！

在本书编写中，国家开发银行法律事务局白映福、武靖人、林承果、姜玲、丁绪瑞、赵晶、赵佳星、燕林、温肖峰、孙吉、周宁、刘沫含、贾文婷、洪浩森、蒋怡然、许芳亚、张瑞东、胡冬苑同志以及樊星宇、曹嫄、闫昊旻同志分别承担了各章节的编写工作。李闽、彭图曦、郭东、郭凯、林林、孟甜甜同志为本书的编写提供了重要帮助。此外，还要感谢法律出版社的王扬女士为本书的设计、编辑与及时出版提供的大力支持。

编　者

2016 年 8 月

图书在版编目(CIP)数据

“一带一路”国家法律风险报告:全2册/国家开发银行编著.—北京:法律出版社,2016.8
ISBN 978-7-5118-9831-9

Ⅰ.①一… Ⅱ.①国… Ⅲ.①法律—汇编—世界
Ⅳ.①D911.09

中国版本图书馆CIP数据核字(2016)第190011号

“一带一路”国家法律风险报告 | 国家开发银行 编著 | 责任编辑 王 扬
装帧设计 乔智炜

开本 880毫米×1230毫米 1/16
印张 64.75 **字数** 1196千
版本 2016年8月第1版
印次 2016年8月第1次印刷
出版 法律出版社
编辑统筹 独立项目策划部
总发行 中国法律图书有限公司
经销 新华书店
印刷 固安华明印业有限公司
责任印制 沙 磊

法律出版社/北京市丰台区莲花池西里7号(100073)
电子邮件/info@ lawpress. com. cn
销售热线/010-63939792/9779
网址/www. lawpress. com. cn
咨询电话/010-63939796

中国法律图书有限公司/北京市丰台区莲花池西里7号(100073)
全国各地中法图分、子公司电话:
第一法律书店/010-63939781/9782 西安分公司/029-85388843 重庆公司/023-65382816/2908
上海公司/021-62071010/1636 北京分公司/010-62534456 深圳公司/0755-83072995

书号:ISBN 978-7-5118-9831-9
定价:268.00元
(如有缺页或倒装,中国法律图书有限公司负责退换)